Italien

Parra-Bordas/DIAF

Kennst du das Land, wo die Zitronen blühn,
Im dunklen Laub die Gold-Orangen glühn,
Ein sanfter Wind vom blauen Himmel weht,
Die Myrthe still und hoch der Lorbeer steht,
Kennst du es wohl?

Johann Wolfgang von Goethe,
Lied der Mignon, in
Wilhelm Meisters Lehrjahre

Michelin Reifenwerke KGaA
Reise-Verlag
Redaktion Der Grüne Reiseführer
Postfach 21 09 51
D-76159 Karlsruhe
www.ViaMichelin.de
DerGrueneReisefuehrer@de.michelin.com

Manufacture française des pneumatiques Michelin
Société en commandite par actions au capital de 304 000 000 EUR
Place des Carmes-Déchaux – 63 Clermont-Ferrand (France)
R.C.S. Clermont-Fd B 855 200 507

Dépôt légal avril 2000 - ISBN 2-06-000043-2 - ISSN 0763-1375
Printed in France 12-01/6.2

Photosotz: MAURY Imprimeur S.A., Malesherbes
Druck und broschur: I.M.E., Baume-les-Dames.

Umschlaggestaltung: Carré Noir, F - 75017 Paris

DER GRÜNE REISEFÜHRER, die Kunst des Reisens

DER GRÜNE REISEFÜHRER hat sich zum Ziel gesetzt, aus Ihrem Urlaub eine aufregende Zeit zu machen, an die Sie sich gerne erinnern; er möchte Sie bei der Entdeckung neuer Horizonte begleiten und Ihnen anregende Lektüre zugleich sein. Mit einem Wort, er möchte Ihre Reiselust entfachen.
Auch abseits der Touristenpfade erweist sich DER GRÜNE REISEFÜHRER als idealer Begleiter, da er Ihnen neue Facetten von Kultur und Natur erschließt. So können Sie Ihren Urlaub selbst gestalten und auf Entdeckung gehen.
DER GRÜNE REISEFÜHRER und Urlaub, das heißt auch, seine Zeit zu genießen und sich selbst zu verwöhnen, das malerische Hotel, das urige Restaurant und die gute Adresse schätzen zu lernen, die er für Sie ausgesucht hat.
DER GRÜNE REISEFÜHRER macht Ihren Urlaub zum besonderen Erlebnis. Er zeigt Ihnen dazu die Wege auf und lädt Sie ein, ihm zu folgen und zu entdecken, was die Kunst des Reisens bedeutet.

Inhalt

Einführung in das Reiseland 23

W. Buss/HOA QUI

Das Kloster Sant'Andrea und die Porta Soprana in Genua

Sehenswürdigkeiten 87

Maximilian Stock Ltd/DIAF

Italienische Teigwaren in allen Formen und Farben: von wegen nur Spaghetti!

M. Jean/RMN

Seit dem 16 Jh. ist Faenza für seine Fayencen berühmt

R. Mazin/DIAF

Fassade in Bologna, das nicht umsonst als „rote Stadt" bekannt ist

Karten und Pläne

ZU DIESEM REISEFÜHRER EMPFEHLEN WIR:

Michelin-Karte Nr. 988 Italia

– Praktische Straßenkarte im Maßstab 1: 1 000 000, die einen Gesamtüberblick über Italiens Verkehrswege bietet.

Michelin-Straßen- und Reise-Atlas Italien

– Handlicher Atlas mit Spiraleinband im Maßstab 1: 300 000 mit alphabetischem Ortsverzeichnis und 70 Stadtplänen.

Regionalkarten

– Fünf Regionalkarten im Maßstab 1: 400 000, auf denen das Reisegebiet detailliert dargestellt ist.

Nr. 428 Nordwestitalien

Nr. 429 Nordostitalien

Nr. 430 Mittelitalien

Nr. 431 Süditalien

Nr. 432 Sizilien

Nr. 433 Sardinien

Stadtplan von Rom Nr. 1038

– Maßstab 1: 10 000

VERZEICHNIS DER KARTEN UND PLÄNE

Stadtpläne

Gebietskarten

Ausgrabungsstätten

Hinweise zur Benutzung

Weil Reisen bei Michelin auch Entdecken und Erleben heißt, enthalten die Seiten, die wir Ihnen auf den Weg geben, nicht nur Hinweise auf Kirchen, Museen und Kulturdenkmäler, sondern auch auf ungewöhnliche Routen und Ausflüge abseits der ausgetretenen Pfade.

- Das umfangreiche **Kartenmaterial** zu Beginn des Bandes soll bei der Vorbereitung der Reise helfen: Sie können ihm die wichtigen Städte und Sehenswürdigkeiten, die bekanntesten Ferienorte sowie mehrere Streckenvorschläge entnehmen.
- Die **Einführung ins Reiseland** macht mit Italiens Natur, seiner Geschichte, Kunst und Kultur, seiner Küche und natürlich seinen Menschen bekannt.
- Im alphabetisch gegliederten **Hauptteil** sind die interessantesten Städte beschrieben, oft mit Hinweisen auf Ausflüge und Sehenswertes in der Umgebung. Das Zeichen ⓥ im Anschluß an den Namen einer Sehenswürdigkeit verweist auf das Kapitel **Besichtigungsbedingungen**, dem Sie in Öffnungszeiten und Eintrittspreise finden.
- Damit das Reisevergnügen nach Museumsschluß weitergeht, verweisen wir in den Kapiteln über die größeren Städte unter der Rubrik **Tips und Adressen** auf Hotels oder Pensionen mit besonderem Charme und empfehlenswerte Lokale: Trattorien, Weinstuben, Eisdielen usw. Gelegentlich werden Sie solche Hinweise auch bei kleineren Orten finden – immer dort, wo wir eine besonders reizvolle Adresse entdeckt haben.
- Die **Praktischen Hinweise** enthalten Adressen von Fremdenverkehrsverbänden und Konsulaten, Hinweise auf Unterkunftsmöglichkeiten, sportliche Aktivitäten und besondere Attraktionen sowie einen Kalender mit den Daten von Volksfesten und sonstigen Veranstaltungen. Am Ende des Kapitels sind zudem einige Film- und Buchtips aufgelistet.

Wenn Sie Anmerkungen oder Vorschläge haben, schreiben Sie uns bitte: Michelin Reiseverlag, Postfach 21 09 51, D-76159 Karlsruhe oder schicken Sie uns eine E-Mail: *DerGrueneReisefuehrer@de.michelin.com*

Marmounier/CEDRI

Zeichenerklärung

	Sehenswürdigkeit	Badeort	Wintersportort	Thermalbad
Ist eine Reise wert	★★★			
Verdient einen Umweg	★★			
Besonders sehenswert	★			

Sehenswürdigkeiten

Besichtigungsbedingungen am Ende des Bandes

Beschriebene Strecke
Ausgangspunkt der Besichtigung

Kirche

Synagoge – Moschee

Gebäude

Statue, kleines Gebäude

Bildstock

Brunnen

Befestigungsmauer – Turm – Tor

Ebenfalls sehenswert

AZ B Markierung einer Sehenswürdigkeit auf dem Stadtplan

Informationsstelle

Schloß, Burg – Ruine(n)

Staudamm – Fabrik, Kraftwerk

Festung – Grotte, Höhle

Megalith-Steindenkmal

Orientierungstafel – Aussichtspunkt

Sonstige Sehenswürdigkeiten

Sport und Freizeit

Pferderennbahn

Eisbahn

Freibad – Hallenbad

Jachthafen

Schutzhütte

Luftseilbahn, Kabinenbahn

Museumseisenbahn

Ausgeschilderter Weg

Freizeiteinrichtungen

Vergnügungspark

Tierpark, Zoo

Blumenpark, Arboretum

Vogelpark, Vogelschutzgebiet

Sonstige Zeichen

Autobahn oder Schnellstraße

Autobahneinfahrt und/oder -ausfahrt

Fußgängerzone

Gesperrte oder zeitweise gesperrte Straße

Treppenstraße – Weg

Bahnhof – Omnibusbahnhof

Standseilbahn, Zahnradbahn

Straßenbahn – U-Bahnstation

Bert (R.)... Auf den Stadtplänen vermerkte Einkaufsstraße

Hauptpostamt – Telefon

Markthalle

Kaserne

Bewegliche Brücke

Steinbruch – Bergwerk

B F Fähre

Auto- und Personenfähre

Personenfähre

③ Kennzeichnung der Ausfallstraßen auf den MICHELIN-Stadtplänen und Karten

Abkürzungen und besondere Zeichen

H Rathaus (Municipio)

J Justizgebäude (Palazzo di Giustizia)

M Museum (Museo)

P Präfektur (Prefettura)

POL. Polizei (Polizia) (in großen Städten: Questura)

T Theater (Teatro)

U Universität (Università)

Hotel

Nuraghe

Palast, Villa

Tempel, griechische und römische Ruinen

Hauptsehenswürdigkeiten
BERN
Luzern
SCHWEIZ
Lac de Neuchâtel
SUISSE
LAUSANNE
L. Léman
Schweiz-Suisse-Svizzera
De / En /Es/ Fr
San Gottardo
Rhein
S. Bernardino
SVIZZERA
Inn
Val Venosta
Adige
Strada dello Spluga
MADONNA DI C.
Chiavenna
Tirano
Rhône
Simplon
Locarno
Lago di Lugano
LAGO DI COMO
Val Camonica
Cervino/ Matterhorn
LAGO MAGGIORE
ISOLE BORROMEE
REGIONE
DEI
LAGHI
BREUIL CERVINIA
Chamonix
S. Pellegrino T.
Monte Rosa
Stresa
Como
Bergamo
Lago d'Iseo
LAGO DI GARDA
MONT BLANC
Gd St-Bernard
Gran San Bernardo
Monza
Lago d'Orta
COURMAYEUR
Aosta
Brescia
MILANO
Valle d'Aosta
Dora Baltea
Oglio
Novara
Ticino
CERTOSA DI PAVIA
Vigevano
Adda
Cremona
Tunnel du Fréjus
Traforo d. Fréjus
Pavia
Val di Susa
PO
Piacenza
Sabbioneta
Susa
Torino
SACRA DI SAN MICHELE
Tanaro
Parma
Torrechiara
Il Monferrato
Alba
Saluzzo
PROMONTORIO DI PORTOFINO
Genova
S. Margherita L.
Cinque Terre
La Spezia
France
De / En / Es
Fr / It
RIVIERA DI PONENTE
RIVIERA DI LEVANTE
Sarzana
Carrara
C. d. Tende
VIAREGGIO
FRANCE
San Remo
PISA
Bordighera
Toscana
De/En/Es
Fr/It
Livorno
NICE
MARE
LIGURE
De in Deutsch
En in English
Es en Español
Fr en Français
It in Italiano
Ne in het Nederlands
Po em Português
Isola d'Elba
Bastia
CORSE
Die schwarz verzeichneten Orte und Sehenswürdigkeiten sind in diesem Führer beschrieben. Sie finden die entsprechenden Seitenangaben im Register.
Die Badeorte, Kurorte, und Wintersportorte, sind nach eigenen Kriterien eingestuft.
Ist eine Reise wert ★★★
Verdient einen Umweg ★★
Besonders sehenswert ★
0
50 km

ÖSTERREICH
Österreich
De / En / Es / Fr / It
Brenner
Vipiteno
Drau
Bressanone
Merano
CORTINA D'AMPEZZO
PASSO PORDOI
Bolzano
CANAZEI
MARMOLADA
GRUPPO DI BRENTA
DOLOMITI
Trento
Belluno
Piave
Tagliamento
Villa Manin
Cividale del Friuli
LJUBLJANA
Udine
SLOVENIJA
MONTE GRAPPA
Conegliano
Aquileia
Asolo
Bassano del Grappa
Treviso
Portogruaro
Grado
Trieste
Lignano Sabbiadoro
Castelfranco Veneto
Rijeka
Vicenza
Brenta
Murano
VERONA
Padova
Lido di Venezia
HRVATSKA
ABANO T.
VENEZIA
Riviera del Brenta
Venezia
De/En/Es Fr/It/Ne
Mantova
ADIGE
PO
Pomposa
Ferrara
Comacchio
MARE
Modena
Reno
Reggio Emilia
Bologna
RAVENNA
ADRIATICO
Faenza
Forlì
RIMINI
Pesaro
Fano
MONTECATINI-T.
San Marino
Camaldoli
Pistoia
Prato
San Leo
Urbino
Ancona
Fiesole
Jesi
Portonovo
Collodi
LUCCA
FIRENZE
Sansepolcro
Frasassi
Loreto
S.Maria a Pié di Chienti
Arezzo
Gubbio
SAN GIMIGNANO
Fabriano
Volterra
Cortona
Potenza
Fermo
SIENA
Perugia
Lago Trasimeno
Tolentino
ASSISI
Monte Oliveto Maggiore
Montepulciano
Spello
Ascoli Piceno
S. Galgano
Chiusi
Riserva Naturale dei Calanchi
Montefalco
Pienza
Civitella del Tronto
Massa Marittima
S. Antimo
Ombrone
Spoleto
Orvieto
Todi
Gran Sasso
Atri
Grosseto
Bolsena
Terni
L'Aquila
S. Clemente a Casauria
Chieti
Greccio
Viterbo
Villa Lante
Rieti
Promontorio dell' Argentario
Tuscania
ABRUZZO
Pal. Farnese di Caprarola
TEVERE
Sulmona
Tarquinia
TIVOLI
Lago di Bracciano
PARCO NAZ. D'ABRUZZO
Subiaco
Civitavecchia
Cerveteri
ROMA
VILLA ADRIANA
Anagni
Casamari
Alatri
Roma
De/En/Es Fr/It/Ne
Ostia
Castelli Romani
Montecassino
Fossanova
Anzio
Parco Naz. del Circeo
Gaeta
Terracina
TIRRENO

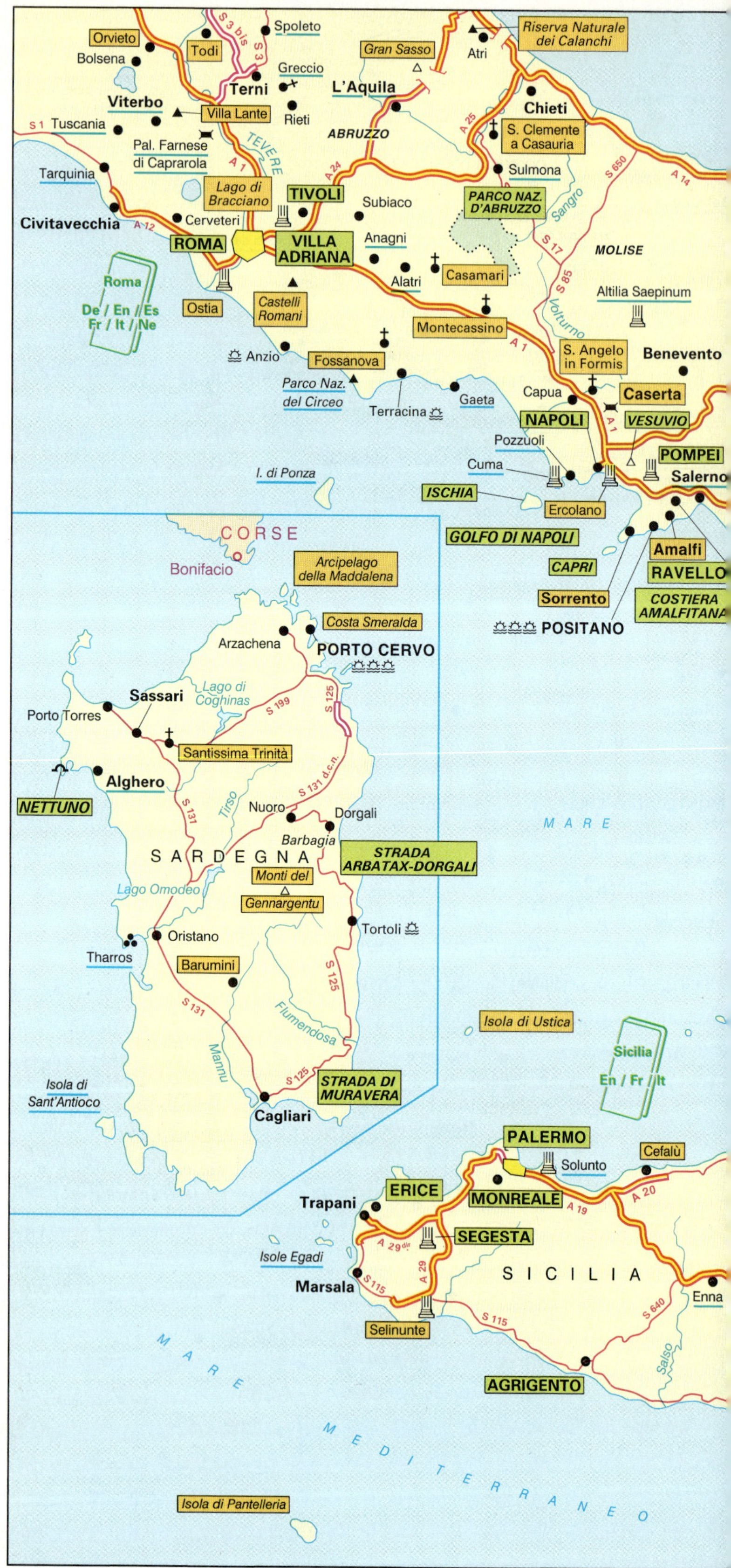
Orvieto
Bolsena
Todi
Spoleto
Terni
Greccio
Rieti
Viterbo
Villa Lante
Tuscania
Pal. Farnese di Caprarola
Tarquinia
Civitavecchia
Cerveteri
Lago di Bracciano
ROMA
TIVOLI
VILLA ADRIANA
Ostia
Castelli Romani
Roma
De / En / Es
Fr / It / Ne
Anzio
Fossanova
Parco Naz. del Circeo
Terracina
Gaeta
I. di Ponza
L'Aquila
Gran Sasso
ABRUZZO
Atri
Riserva Naturale dei Calanchi
Chieti
S. Clemente a Casauria
Sulmona
PARCO NAZ. D'ABRUZZO
Subiaco
Anagni
Alatri
Casamari
Montecassino
MOLISE
Altilia Saepinum
S. Angelo in Formis
Benevento
Capua
Caserta
NAPOLI
VESUVIO
Pozzuoli
Cuma
POMPEI
Salerno
ISCHIA
Ercolano
GOLFO DI NAPOLI
CAPRI
Amalfi
RAVELLO
Sorrento
COSTIERA AMALFITANA
POSITANO
CORSE
Bonifacio
Arcipelago della Maddalena
Costa Smeralda
Arzachena
PORTO CERVO
Sassari
Lago di Coghinas
Porto Torres
Santissima Trinità
Alghero
NETTUNO
Nuoro
Dorgali
Barbagia
SARDEGNA
STRADA ARBATAX-DORGALI
Monti del Gennargentu
Lago Omodeo
Oristano
Tharros
Tortolì
Barumini
Flumendosa
Mannu
Isola di Sant'Antioco
STRADA DI MURAVERA
Cagliari
MARE
Isola di Ustica
Sicilia
En / Fr / It
PALERMO
Solunto
Cefalù
ERICE
MONREALE
Trapani
SEGESTA
Isole Egadi
Marsala
SICILIA
Enna
Selinunte
AGRIGENTO
Salso
MARE MEDITERRANEO
Isola di Pantelleria

WÖRTERVERZEICHNIS

arcipelago.........Inselgruppe
costa..................Küste
golfo..................Golf
gruppo.............Gruppe
isola, isole.........Insel, Inseln
lago, laghi.........See, Seen
mare..................Meer
monte, monti....Berg, Gebirge
promontorio.....Vorgebirge
strada...............Straße

Streckenvorschläge

- 1 Golf von Genua und Seealpen : 700 km (7 Tage)
- 2 Vom Aostatal bis in die Weinregion von Monferrato : 600 km (4 Tage, davon 1 Tag in Turin)
- 3 Von den Oberitalienischen Seen bis in die Poebene : 850 km (10 Tage)
- 4 Von den Dolomiten nach Venedig und Triest : 800 km (10 Tage, davon 2 in Venedig)
- 5 Städtetour von der Ebene an die Adriaküste : 600 km (10 Tage, davon 2 in Venedig)
- 6 Kunst, Natur und Religion in der Toskana und in Umbrien : 750 km (15 Tage, davon 2 in Florenz)
- 7 Von Umbrien bis an die Adria : 850 km (8 Tage)
- 8 Von Rom und Umgebung bis in die Abruzzen : 1 000 km (8 Tage, davon 3 in Rom)

ÖSTERREICH
SLOVENIJA
HRVATSKA
LJUBLJANA
CORTINA D'AMPEZZO
Bolzano
CANAZEI
Belluno
Udine
Gorizia
Pordenone
Trento ★
DOLOMITI ★★★
Rovereto
Trieste ★
Treviso
Portogruaro ★
Aquileia
Grado
Vicenza ★★
VERONA ★★★
VENEZIA ★★★
Riviera del Brenta ★★
Padova
Chioggia ★
Mantova ★★
★★ Ferrara
Pomposa ★★
Il Polesine
Modena ★
RAVENNA ★★★
BOLOGNA ★★
MARE
ADRIATICO
MONTECATINI-T.
RIMINI
Pesaro
Fano
San Marino
Pistoia ★★
Prato ★★
Fiesole ★
Ancona ★
LUCCA ★★★
FIRENZE ★★★
★★ Urbino
Arezzo ★★
Gubbio ★★
Macerata
★★★ SAN GIMIGNANO
Volterra ★★
Cortona ★★
Asciano
Perugia ★★
ASSISI ★★★
★★★ SIENA
Montepulciano
Chiusi ★
Ascoli-Piceno ★★
★★ Monte Oliveto Maggiore
★★ Pienza
★★ Todi
Spoleto ★
Teramo
★★ Orvieto
Gran Sasso ★★
Terni
L'Aquila
★★ S. Clemente a Casauria
Viterbo
Rieti
ABRUZZO
Sulmona ★
MARE
Tarquinia
★★★ TIVOLI
Pescina
Scanno ★
PARCO NAZIONALE D'ABRUZZO ★★★
TIRRENO
★★★ ROMA
Anagni
Casamari ★★
★★ Ostia
Alatri
Montecassino ★★
★★ Castelli Romani
Frosinone
Cassino
Anzio
Die Orte, die dank ihrer Sehenswürdigkeiten und ihrer Hotelangebote einen interessanten Aufenthalt versprechen sind durch gekennzeichnet.
DOLOMITI ★★★ Region mit Kartenskizze im Führer.
0
50 km

9 Sehenswürdigkeiten der napolitanischen Küste : 600 km (7 Tage)

10 Apulien : 1000 km (7 Tage)

11	Sizilien und Kalabrien : 1800 km (10 Tage, davon 7 in Sizilien)
12	Sardinien : 1100 km (7 Tage)

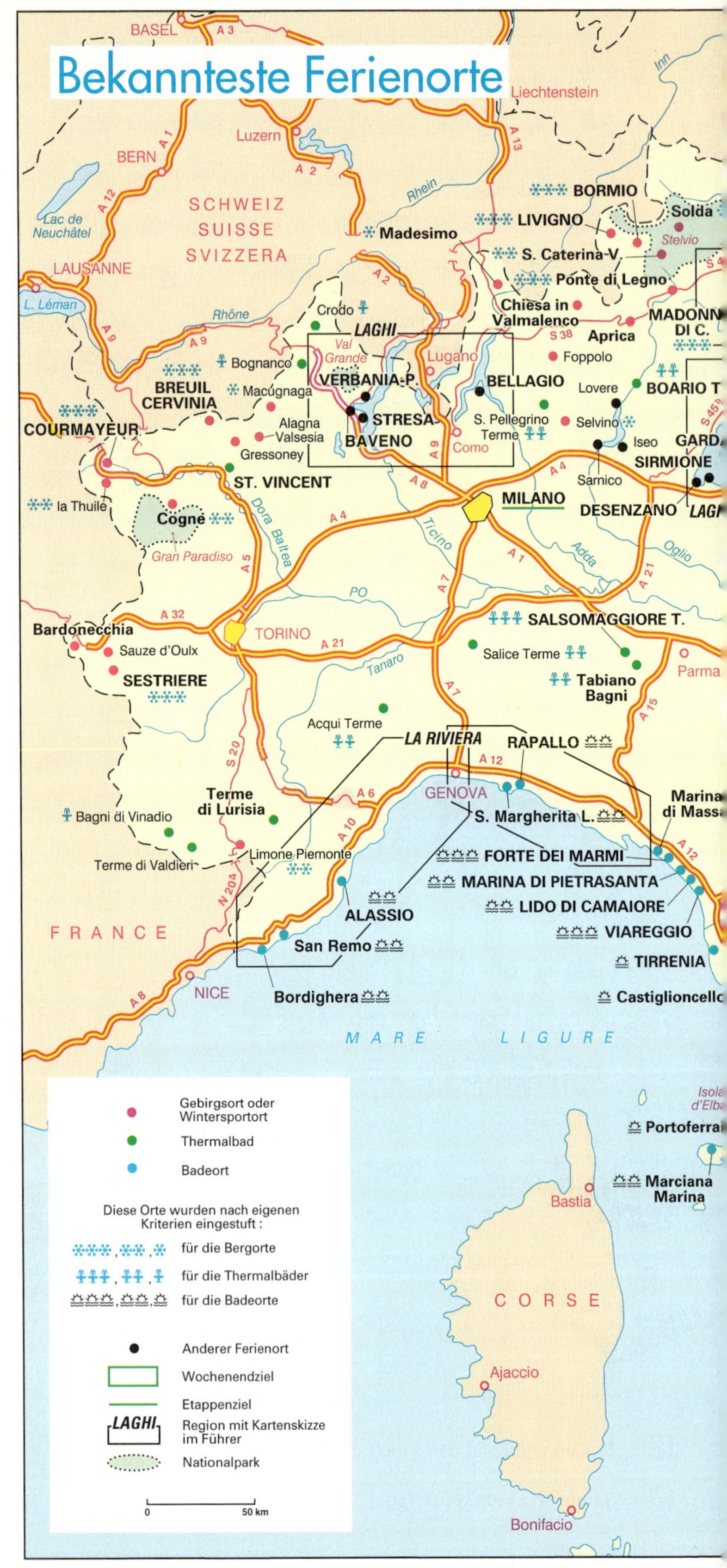

Bekannteste Ferienorte
BASEL
BERN
Luzern
Lac de Neuchâtel
LAUSANNE
L. Léman
SCHWEIZ
SUISSE
SVIZZERA
Liechtenstein
Rhein
Rhône
Inn
Madesimo
BORMIO
LIVIGNO
Solda
Stelvio
S. Caterina-V.
Ponte di Legno
Chiesa in Valmalenco
Aprica
MADONNA DI C.
Foppolo
Crodo
LAGHI
Val Grande
Lugano
Bognanco
VERBANIA-P.
BELLAGIO
Lovere
BOARIO T.
Macugnaga
BREUIL CERVINIA
COURMAYEUR
Alagna Valsesia
STRESA
BAVENO
S. Pellegrino Terme
Selvino
Iseo
GARDA
Como
Gressoney
SIRMIONE
Sarnico
ST. VINCENT
MILANO
DESENZANO
LAGHI
la Thuile
Cogne
Gran Paradiso
Dora Baltea
Ticino
Adda
Oglio
PO
TORINO
Bardonecchia
Sauze d'Oulx
SESTRIERE
SALSOMAGGIORE T.
Salice Terme
Tabiano Bagni
Parma
Tanaro
Acqui Terme
LA RIVIERA
RAPALLO
GENOVA
S. Margherita L.
Marina di Massa
FORTE DEI MARMI
MARINA DI PIETRASANTA
LIDO DI CAMAIORE
VIAREGGIO
TIRRENIA
Castiglioncello
Bagni di Vinadio
Terme di Lurisia
Terme di Valdieri
Limone Piemonte
ALASSIO
San Remo
Bordighera
FRANCE
NICE
MARE LIGURE
Isola d'Elba
Portoferraio
Marciana Marina
Bastia
CORSE
Ajaccio
Bonifacio
A 1
A 2
A 3
A 4
A 5
A 6
A 7
A 8
A 9
A 10
A 12
A 13
A 15
A 21
A 32
S 20
S 38
N 204
Gebirgsort oder Wintersportort
Thermalbad
Badeort
Diese Orte wurden nach eigenen Kriterien eingestuft :
für die Bergorte
für die Thermalbäder
für die Badeorte
Anderer Ferienort
Wochenendziel
Etappenziel
Region mit Kartenskizze im Führer
Nationalpark
0
50 km

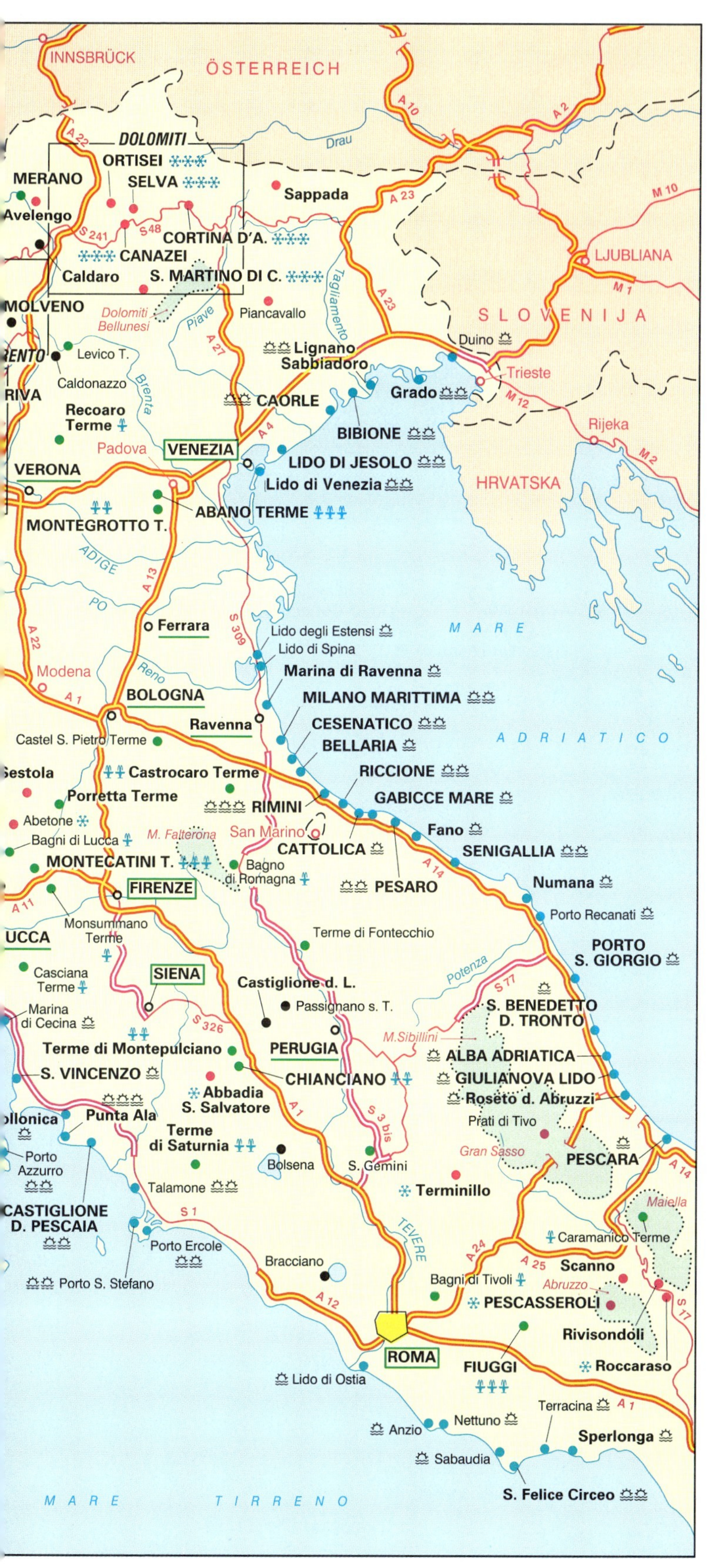

INNSBRÜCK
ÖSTERREICH
DOLOMITI
ORTISEI
SELVA
MERANO
Avelengo
CORTINA D'A.
CANAZEI
Caldaro
S. MARTINO DI C.
MOLVENO
Sappada
Piancavallo
Dolomiti Bellunesi
Lignano Sabbiadoro
Levico T.
Caldonazzo
RIVA
Recoaro Terme
CAORLE
Grado
Duino
Trieste
SLOVENIJA
LJUBLIANA
BIBIONE
LIDO DI JESOLO
Lido di Venezia
Padova
VENEZIA
VERONA
ABANO TERME
MONTEGROTTO T.
HRVATSKA
Rijeka
Ferrara
Lido degli Estensi
Lido di Spina
Marina di Ravenna
MARE
Modena
BOLOGNA
MILANO MARITTIMA
Ravenna
CESENATICO
BELLARIA
ADRIATICO
Castel S. Pietro Terme
Castrocaro Terme
RICCIONE
Porretta Terme
RIMINI
GABICCE MARE
Abetone
M. Falterona
San Marino
Fano
Bagni di Lucca
CATTOLICA
SENIGALLIA
MONTECATINI T.
Bagno di Romagna
FIRENZE
PESARO
Numana
Monsummano Terme
Porto Recanati
Terme di Fontecchio
PORTO S. GIORGIO
Casciana Terme
SIENA
Castiglione d. L.
Passignano s. T.
S. BENEDETTO D. TRONTO
Marina di Cecina
M.Sibillini
Terme di Montepulciano
PERUGIA
ALBA ADRIATICA
S. VINCENZO
CHIANCIANO
GIULIANOVA LIDO
Abbadia S. Salvatore
Roseto d. Abruzzi
Punta Ala
Prati di Tivo
Terme di Saturnia
Gran Sasso
PESCARA
Porto Azzurro
Bolsena
S. Gemini
Talamone
Terminillo
CASTIGLIONE D. PESCAIA
Maiella
Porto Ercole
Caramanico Terme
Scanno
Bracciano
Bagni di Tivoli
Abruzzo
Porto S. Stefano
PESCASSEROLI
Rivisondoli
ROMA
FIUGGI
Roccaraso
Lido di Ostia
Terracina
Nettuno
Anzio
Sperlonga
Sabaudia
S. Felice Circeo
MARE TIRRENO

Bolsena
S. Gemini
S 3 bis
Prati di Tivo
Gran Sasso
PESCARA
Terme di Saturnia
Terminillo
A 1
Caramanico Terme
Termoli
S 1
TEVERE
A 24
A 25
Maiella
Sangro
S 650
A 14
Bracciano
Scanno
Rivisondoli
Bagni di Tivoli
S 17
A 12
Abruzzo
FIUGGI
Roccaraso
PESCASSEROLI
ROMA
Campitello Matese
Lido di Ostia
S 85
Nettuno
A 1
Volturno
Telese
Anzio
Terracina
Sperlonga
Sabaudia
Caserta
S. Felice Circeo
A 1
NAPOLI
POSITANO
Procida
Ponza
ISCHIA
CORSE
AMALFI
CAPRI
Bonifacio
La Maddalena
Baia Sardinia
S. TERESA GALLURA
PORTO CERVO
Asinara
Porto Rotondo
Castelsardo
Tempio Pausania
Stintino
S 125
S. Teodoro
Sassari
Lago di Coghinas
Porto Conte
S 199
S 131 d.c.n.
ALGHERO
Tirso
S 131
Cala Gonone
MARE
SARDEGNA
Gennargentu
Lago Omodeo
Aritzo
Tortolì
Sardara
S 125
S 131
Fiumendosa
Mannu
Poetto
Muravera
Cagliari
Villasimius
Carloforte
Mondello
Terrasini
PALERMO
Cefalù
Sta Margherita
S. Antioco
S. Vito lo Capo
A 19
A 20
Porto Pino
Castellammare del Golfo
A 29dir
A 29
S 115
SICILIA
S 115
S 640
Agrigento
Sciacca
Salso
MARE MEDITERRANEO
Pantelleria
Lampedusa

remiti
Rodi Garganico
Peschici
Vieste
Pugnochiuso
Mattinata
Manfredonia
Gargano
MARE
ADRIATICO
S 159
Barletta
oggia
A 14
A 16
Bari
Polignano a Mare
Torre Canne
S 16
Marina di Ostuni
S 379
Brindisi
Ofanto
A 14
Bradano
Taranto
S 7
Contursi Terme
S 407
Lido Silvana
S 16
Sta Cesarea Terme
Porto Cesareo
S 106
Lido di Metaponto
Castro Marina
Gallipoli
Cilento
A 3
Pollino
alinuro
Maratea
Marina di Leuca
Trebisacce
Marina
Camerota
S 534
Praia a Mare
Scalea
Crati
Diamante
S 106
Cirò Marina
Terme Luigiane
CAMIGLIATELLO S.
TIRRENO
Amantea
Terme Caronte
Isola di Capo Rizzuto
S 280
Catanzaro Lido
Copanello
Pizzo
Soverato
Tropea
Panarea
A 3
Palmi
S 106
MARE
ipari
Scilla
Messina
Castroreale Terme
Gambarie d'A.
Reggio di Calabria
IONIO
A 20
A 18
Capo d'Orlando
TAORMINA
GIARDINI-NAXOS
Acireale
Simeto
Catania
A 19
S 114
Siracusa
S 115
0
100 km

Geislerspitze, Blick vom Villnösstal

Einführung in das Reiseland

Landesnatur

Über 1 300 km von Norden nach Süden, von der geographischen Breite Luzerns bis zu der von Tunis, schiebt sich Italien in seiner charakteristischen Stiefelform zwischen Griechenland und Spanien ins Mittelmeer. Das Land weist über die gesamte Länge eine außergewöhnliche Vielfalt an Klimazonen und Landschaften auf. Die Oberflächengestalt ist rauh und kontrastreich; etwa ein Viertel der 301 262 km² Gesamtfläche wird von Ebenen eingenommen. Die außerordentlich lange Küste (nahezu 7 500 km) grenzt an vier Meere: an das Ligurische, Tyrrhenische, Ionische und Adriatische Meer.

Die im Tertiär durch Faltungen entstandene gewaltige Bergkette der **Alpen** bietet Schutz und liefert gleichzeitig riesige Mengen elektrischer Energie. Zahlreiche Pässe und Tunnel verbinden Italien mit Frankreich, der Schweiz und Österreich und somit auch mit Nordeuropa. Der Montblanc ist mit 4 810 m der höchste Berg der Alpen. An ihrem Rand liegen viele tiefe, von Bergen eingerahmte Gletscherseen, an die sich im Süden die weite und fruchtbare Poebene anschließt.

Nicht weit von Genua beginnt im Anschluß an die Alpen der **Apennin**, der die ganze Halbinsel bis nach Sizilien durchzieht. Diese Gebirgskette entstand etwas später als die Alpen, ist ebenfalls ein tertiäres Faltengebirge und teilt die Halbinsel in zwei Hälften. Die Gipfel dieser im wesentlichen aus Kalkstein bestehenden Kette sind

jedoch erheblich niedriger als die der Alpen und erreichen ihren höchsten Punkt im Gran-Sasso-Massiv bei 2 914 m. Der Landbogen zwischen Neapel und Sizilien ist schon seit Menschengedenken einer intensiven Aktivität aus dem Erdinnern ausgesetzt: Vulkanausbrüche, Niveauschwankungen des Bodens und Erdbeben verändern in gewissen Zeitabständen die Oberflächenstruktur Süditaliens.
1998 hatte Italien 56 782 748 Einwohner. Die Bevölkerungsdichte lag mit 188 Einwohnern pro km² an fünfter Stelle in Europa, nach den Niederlanden, Belgien, Großbritannien und der Bundesrepublik Deutschland. Ungefähr ein Drittel der Bevölkerung lebt in den Provinzhauptstädten. Der Bevölkerungsrückgang wird zum Teil von starken Einwanderungswellen aufgefangen, die in den letzten Jahren zu einem erheblichen Anstieg des Ausländeranteils in Italien führten. Die größten Ausländergruppen stammen (in dieser Reihenfolge) aus Marokko, dem ehemaligen Jugoslawien, Albanien, den Philippinen, den USA, Tunesien, China, Senegal und Deutschland.

STRUKTUR DES ITALIENISCHEN STAATES

Seit der Volksbefragung vom 2. Juni 1946, mit der die Monarchie abgeschafft wurde, ist Italien eine demokratische Republik. Die entsprechende neue Verfassung wurde am 27. Dezember 1947 verkündet und trat am 1. Januar 1948 in Kraft. An der Spitze der Exekutive steht der auf sieben Jahre vom Parlament und von den insgesamt 65 Vertretern der Regionalräte gewählte Präsident. Das Parlament setzt sich aus den beiden Kammern zusammen, dem Abgeordnetenhaus und dem Senat, die beide in allgemeiner Wahl vom Volk gewählt werden. Der Ministerpräsident wird vom Staatspräsidenten ernannt und ist dem Parlament verantwortlich. Seit 1994 werden drei Viertel der Abgeordneten und Senatoren in direkter Wahl gewählt, die restlichen 25 % werden von den Parteivorsitzenden nach dem jeweiligen Stimmenanteil ernannt.

Von der Staatsform her ist Italien zwischen Zentralverwaltung und Föderalismus einzuordnen. Gemäß der italienischen Verfassung ist das Land in 20 Regionen aufgeteilt, deren Regierungen (allerdings erst seit 1970) über erhebliche gesetzgeberische, administrative und finanzielle Befugnisse verfügen, deren Umfang natürlich von der zentralstaatlichen Gesetzgebung festgelegt wird. Die Regierungen gehen aus einem vom Volk gewählten Regionalrat hervor. Die Regionen Aostatal, Trentino-Südtirol, Friaul-Julisch-Venetien, Sizilien und Sardinien besitzen einen Sonderstatus, der ihnen weitgehende Autonomie verleiht. Die Regionen sind ihrerseits in 95 Provinzen und diese wiederum in 8 100 Gemeinden (1990) unterteilt, denen jeweils ein Bürgermeister vorsteht.

DIE LANDSCHAFTEN ITALIENS

Aostatal - Dieses weite und tiefe Tal zwischen den höchsten Bergen Europas wird von dem Fluß Dora Baltea durchzogen, dessen Nebenflüsse malerische Seitentäler geformt haben: Valtournenche, Val Gressoney, Val d'Ayas, Val Grisenche. Im Südwesten erstreckt sich der **Nationalpark Gran Paradiso**.
In der Mitte des Tals liegt **Aosta**, die Hauptstadt der Region, die seit 1947 eine weitgehende Verwaltungsautonomie genießt. Die Wirtschaft des Aostatals beruht neben den für Gebirgsregionen typischen Erwerbszweigen hauptsächlich auf dem

B. Hennequin/VLOO

Aostatal: Courmayeur

Abruzzo: Abruzzen
Basilicata: Basilikata
Calabria: Kalabrien
Campania: Kampanien
Emilia-Romagna: Emilia-Romagna
Friuli Venezia Giulia: Friaul-Julisch Venetien
Lazio: Latium
Liguria: Ligurien
Lombardia: Lombardei
Marche: Marken
Molise: Molise
Piemonte: Piemont
Puglia: Apulien
Sardegna: Sardinien
Sicilia: Sizilien
Toscana: Toskana
Trentino Alto Adige: Trentino-Südtirol
Umbria: Umbrien
Valle d'Aosta: Aostatal
Veneto: Venetien

Fremdenverkehr, der durch die Alpentunnel des Montblanc und des Großen Sankt Bernhard gefördert wird, auf der metallverarbeitenden Industrie und der Elektrizitätserzeugung durch Wasserkraft. Zwischen Pont-Saint-Martin und Courmayeur haben die Städte und Dörfer noch französische Namen. Die Bevölkerung spricht hier verschiedene franko-provenzalische Dialekte.

Piemont – Die Region am „Fuße der Berge" wird an drei Seiten von den Alpen und dem Apennin eingeschlossen. Ihr flaches Kernland dehnt sich in der weiten Poebene aus, in der sich Weideflächen, Weizen- und Reisfelder abwechseln (3/5 der italienischen Reisproduktion stammen aus der Gegend um Vercelli und Novara). Die meisten Wasserläufe durch diese Region (Tessin, Sesia, Dora Riparia und Dora Baltea, Tanaro, Bormida und Scrivia) münden in den Po, der von seiner Quelle am Monte Viso (rund 100 Kilometer südwestlich von Turin) bis zu seiner Mündung in die Adria 652 km zurücklegt. Südöstlich von Turin, auf den Hügeln des **Monferrato**, reifen die berühmten Weine von Asti. Hier wird auch der Gorgonzola-Käse hergestellt. Zahlreiche Wasserkraftwerke liefern die Energie für die Textilfabriken in Biella und für die Industrie von Turin (Hüttenwerke, Fahrzeug- und Maschinenbau, chemische Industrie). **Turin**, am Ufer des Po, ist die Hauptstadt des Piemont, gleichzeitig Hochburg der Automobilindustrie und eines der Zentren der italienischen Mode.

Lombardei – Sie erstreckt sich über die grüne Poebene zwischen dem Tessin und dem Mincio, die gemeinsam mit der Adda die Alpenrandseen Lago Maggiore, Comer See und Gardasee speisen (der Mincio ist der Abfluß des Gardasees, der Zufluß heißt Sarca). Die Lombardei zeichnet sich durch ein äußerst reges Wirtschaftsleben aus, das sich aufgrund der günstigen geographischen Lage der Region hauptsächlich auf den Handel stützt. Die großen Täler an den oberitalienischen Seen führen zu den Alpenpässen.
Die Maulbeerbäume der **Brianza** bilden die Grundlage für die führende Stellung der Lombardei in der Seidenproduktion Italiens. Natürliche oder künstlich angelegte Weiden tragen zur Entwicklung einer modernen Milchwirtschaft bei.

In der **Lomellina** befinden sich weite Reisfelder. Die zahlreichen Städte waren schon im Mittelalter Zentren reger Bank- und Handelsgeschäfte: Como ist das Zentrum der Seidenverarbeitung, Brescia besitzt Stahlwerke, chemische Industrie und Maschinenbau, Bergamo Textilindustrie und Maschinenbau; in Mantua spielen die Petrochemie und die Herstellung von Kunststoffen eine große Rolle, Cremona lebt von der Landwirtschaft; Pavia ist durch seine alte Universität bekannt. Sie alle beweisen, daß die Lombarden auch heute noch zu Recht den Ruf haben, solide Arbeit zu leisten.
Das Wirtschaftszentrum, nicht nur der Lombardei, sondern ganz Italiens, ist **Mailand**. Hier werden die meisten Geschäfte getätigt. In den Vororten haben sich Textilindustrie, Raffinerien, Chemie- und Hüttenwerke sowie Firmen der Nahrungsmittelindustrie angesiedelt. In der modernen Innenstadt findet man neben unzähligen Geschäften auch zahlreiche kulturelle Einrichtungen.

Venetien – Diese Landschaft umfaßt im wesentlichen das ausgedehnte Schwemmland des Po und seiner Nebenflüsse, das im Norden von den Venezianer Voralpen und noch weiter nördlich vom östlichen Teil der Dolomiten **(Cadore-Gebiet)** beherrscht wird. In Venetien spielt die Landwirtschaft eine bedeutende Rolle: Die Ebene ist reich an Weizen- und Maisfeldern, es gibt Intensivkulturen von Maulbeerbäumen für die Seidenraupenzucht, und außerdem werden hier Oliven, Obst und Wein (Bardolino, Valpolicella) angebaut. Doch auch an Industrie mangelt es in Venetien nicht. Um Venedig und Mestre-Marghera konzentrieren sich Raffinerien, Gießereien und chemische Fabriken. In den Tälern der Voralpen ist Textilindustrie heimisch, die von den dortigen Wasserkraftwerken mit Energie versorgt wird. Zwei kleine vulkanische Gebirge überraschen in dieser Landschaft: die Monti Berici südlich von Vicenza und die **Euganeischen Hügel** bei Padua. Auf ihren fruchtbaren Hängen gedeihen Weintrauben und Pfirsiche sehr gut. Die Thermalquellen bei Padua sind berühmt. Im **Podelta** (Polesine, *s. Comacchio*) und an der Etsch-Mündung erstrecken sich tiefliegende, trostlos-öde Gebiete, die immer wieder von Überschwemmungen betroffen sind. Dank der seither durchgeführten Entwässerungsmaßnahmen werden dort heute intensiv Getreide und Zuckerrüben angebaut.
Die Küste besteht aus Lagunen, die durch Landzungen *(lidi)* vom Meer getrennt sind, in denen sich aber Öffnungen *(porti)* zum Meer hin befinden. **Venedig**, dessen Rolle im Handel immer bedeutender wird, wurde in einer dieser Lagunen auf Pfählen gegründet.

Trentino-Südtirol – Das auf italienisch Trentino-Alto Adige genannte Gebiet ist eine der fünf Regionen Italiens, die mit einem Sonderstatus ausgestattet sind (amtliche Bezeichnung von 1948 bis 1972: Trentino-Tiroler Etschland). Es reicht von den Zentralalpen im Norden und Westen, wo sich die Ortlergruppe befindet, über die südlichen Kalkalpen (Adamello, Brenta und Dolomiten) bis hinunter zum Gardasee. Das Gebiet, durch das Etsch (Adige) und Eisack (Isarco) fließen, setzt sich aus der Provinz Trient und der überwiegend deutschsprachigen Provinz Bozen (Südtirol) zusammen, die über besondere Autonomierechte verfügt. Durch das Etschtal führt die Brennerstraße, von jeher einer der einfachsten und meistbenutzten Alpenübergänge. Durch seine Südlage ist das tiefe Tal sehr sonnig, so daß eine intensive landwirtschaftliche Nutzung möglich ist. Im Talgrund wird Getreide, etwas höher Wein und Obst angebaut. Noch weiter oben liegt Weideland; hier findet man die Haflingerpferde, die aus Avelengo (Hafling), in der Nähe von Meran, kommen. **Bozen**/Bolzano und **Trient**/Trento, wo sich auch Industrie angesiedelt hat, sind die Handelszentren dieser Region. Die **Dolomiten**, ein durch die Erosion stark zerklüftetes Kalksteinmassiv, liegen teils in Trentino-Südtirol, teils in Venetien.

Friaul-Julisch-Venetien – Diese Region, die östliche Verlängerung Venetiens, grenzt an Slowenien und Österreich und genießt ebenfalls große Autonomie in Verwaltungs- und Kulturangelegenheiten. Friaul-Julisch-Venetien liegt am Fuß der Karnischen Alpen, einem Schiefergebirge mit Nadelwäldern und weiten Almen. Die Bewohner betreiben hauptsächlich Seidenraupenzucht. Udine ist eines der aktivsten Wirtschaftszentren dieses Landstrichs. Am südöstlichen Zipfel der Region liegt die Stadt **Triest**, einst der Zugang Österreichs zum Meer, die über einen Sonderstatus verfügt.

Emilia-Romagna – Die Ebene parallel zum Apennin hat ihren Namen von der Römerstraße Via Emilia, die von Piacenza nach Rimini führt. Die Gegend südlich und östlich von Bologna heißt Romagna. Im Getreide- und Zuckerrübenanbau steht die Region an erster Stelle in Italien. Die Felder werden von Reihen von Maulbeerbäumen und Weinreben unterbrochen, die sich um riesige Pfähle, Ulmen oder Ahorne winden. Auch an den Hängen des Apennins wächst Wein. Die Städte reihen sich längs der Via Emilia auf. Die wichtigste ist **Bologna**, berühmt durch ihre alte Universität. Als Verkehrsknotenpunkt und Hauptstadt der Region ist Bologna auch Zentrum der Eisen-, Stahl-, Lebensmittel- und Maschinenbauindustrie sowie Markt für Weizen- und Schweinehandel. Östlich von Ferrara, an den Ufern des Po, liegen weite Reisfelder. Südlich davon die **„Valli di Comacchio"**, eine typische Lagunenlandschaft, wo man Aalfang betreibt.

Ligurien – Das von tiefen, engen und senkrecht zur Küstenlinie gelegenen Tälern durchzogene Gebiet war bereits vor der römischen Epoche von Seefahrern besiedelt. An den steilen Hängen der Täler im Landesinnern drängen sich malerische kleine Dörfer, die von Kastanienwäldern oder Olivenhainen und Terrassenkulturen umgeben sind. An der felsigen, zerklüfteten Küste war noch nie viel Fischfang möglich, die Küstenschiffahrt hingegen ist wegen der zahlreichen kleinen Naturhäfen mit

P. Somelet/DIAF

Toskana: Landschaft bei Siena

tiefem Fahrwasser seit der Zeit der Ligurer bekannt. Die Römer gaben der Landschaft das Aussehen, das sie heute noch hat. Sie führten die schmale lange Feldaufteilung und die Bepflanzung mit Wein und Oliven ein. Später kamen noch Gemüsefelder, Obstgärten (Pfirsiche, Melonen) und Blumenzucht hinzu. Die **Riviera di Ponente** im Westen von Genua ist sonniger als die **Riviera di Levante**, die dafür aber eine reichere Vegetation hat. Die wichtigsten Städte sind Imperia, Savona, **Genua** (Erdölhafen, Schiffswerften, Eisen- und Stahlindustrie, Wärmekraftwerk) und La Spezia (Kriegs- und Handelshafen, Wärmekraftwerk und Waffenindustrie).

Toskana – Das liebliche Hügelland der Toskana ist außerordentlich reizvoll. Seine mit Olivenhainen und Weinbergen bedeckten sanften Hänge zeugen vom Fleiß der Bewohner, die diese Kulturlandschaft in Jahrhunderten geprägt und gestaltet haben. Die schlanken Zypressen setzen vertikale dunkle Akzente in diese harmonische Natur, der die Bewohner zweifellos ihren Sinn für Schönheit verdanken. Dabei ist die Toskana eine von der Bodenbeschaffenheit her vielfältige Region. Dem Toskanischen Archipel mit der gebirgigen, erzreichen **Insel Elba** liegt eine Küste gegenüber, die südlich von Livorno steil, in der **Versilia** (Gegend von Viareggio) dagegen flach und sandig verläuft. Die **Apuanischen Alpen** nördlich des Arno liefern den begehrten Marmor (Carrara).
Das **Becken des Arno**, das Herz der Toskana, ist sehr fruchtbar und schön: Weinberge und Olivenbäume wechseln sich mit Getreide-, Tabak- und Maisfeldern ab. Zwischen den Maulbeerbäumen gedeihen Paprika, Kürbisse und die bekannten Bohnen von Lucca. Auf den Hügeln liegen vereinzelt die Höfe. Inmitten dieser reizvollen Gegend breitet sich **Florenz** aus, die Hauptstadt der Toskana. Die südliche Toskana besteht aus einem sanft gewellten Hügelland, das um **Chianti**, südlich von Florenz, mit Rebstöcken **(Chianti)** bedeckt ist. Die Gegend von Siena ist von Weideland geprägt, bei Monte Oliveto Maggiore ist sie karg und öde. Im höheren **Toskanischen Erzgebirge** (Monti Metalliferi), südlich von Volterra, mutet das Land mächtig und geheimnisvoll an. An der Grenze nach Latium liegt die **Maremma**, eine Landschaft von melancholischer Schönheit. Das ehemals von Schäfern bewohnte und von Räuberbanden heimgesuchte Sumpfgebiet ist heute trockengelegt und urbar gemacht.

Umbrien – Die Heimat des hl. Franziskus von Assisi ist eine liebliche Landschaft mit zahlreichen Hügeln, Tälern und weiten Becken. Die gewundenen Täler, in denen die Pappeln in den leuchtend blauen Himmel ragen, sind typisch für das „grüne Umbrien", das **Clitumnus-Tal**. Seine satten Viehweiden waren schon im Altertum berühmt.
In Umbrien gibt es zwei Seen, den **Trasimenischen** und den Piediluco-See, und zahlreiche Flüsse, darunter auch den Tiber. Mittelalterliche Städte, die auf die etruskischen Siedlungen folgten, liegen hoch über Senken und Tälern: das strenge Gubbio, das stolze **Perugia**, Hauptstadt Umbriens, Assisi, Orvieto, Spoleto und Spello. Andere liegen inmitten einer Ebene, wie Foligno und Terni mit seinen Eisen- und Stahlwerken.

Marken – Der Name „Marken" stammt aus der Zeit, als diese Gegend das Grenzgebiet zwischen dem Frankenreich und dem Kirchenstaat war. Zwischen der Republik San Marino und Ascoli Piceno teilt sich die Region in kleinere Landschaften auf, denn die parallelen Bergketten des Apennin fallen zum Adriatischen Meer hin ab und bilden zahlreiche tiefe und enge Täler. Die Adriaküste hingegen ist flach und zieht sich wie ein Band geradlinig am Meer entlang, mit zahlreichen Stränden und Kanalhäfen.
Außer der Hauptstadt **Ancona** mit dem großen Hafen ist die Mehrzahl der alten Städte auf Anhöhen gelegen. Unter ihnen nehmen Urbino und Loreto einen besonderen Platz ein, Urbino als Stadt der Künste und Loreto wegen seines Marienkultes.

Latium – Zwischen dem Tyrrhenischen Meer und dem Apennin, der Maremma und Gaeta liegt Latium, die Wiege der römischen Kultur. Civitavecchia ist der einzige erhaltene Hafen des sandigen Küstenstrichs, an dem die antiken Häfen wie Ostia an der Tibermündung durch Anschwemmungen zugeschüttet wurden. Im Mittelpunkt von Latium liegt **Rom**, die Hauptstadt Italiens und der Christenheit. Es ist vor allem eine Wohnstadt, eine Stadt der Beamten und des Klerus, und natürlich begehrtes

Reiseziel vieler Touristen. Die berühmte **römische Campagna** wird im Osten und Norden von vulkanischen Bergen geprägt, deren erloschene Krater einsame Seen umschließen. Dichter und Maler haben immer wieder diese weite Landschaft dargestellt, in der noch Ruinen an die Antike erinnern. Vor einigen Jahren wurden diese Sumpfgebiete, wo einst die Malaria wütete, wieder zu neuem Leben erweckt. Die Trockenlegung der Pontinischen Sümpfe bei Latina war ein spektakuläres Unternehmen. Cassino ist ein bedeutendes Industriezentrum; um das Atomkraftwerk von Latina hat sich viel Industrie angesiedelt.
Im Süden befindet sich die charakteristische Landschaft **Ciociaria**. Ihren Namen verdankt sie den Schuhen, die zur traditionellen Tracht gehören. Die „ciocie" bestehen aus einer dicken Sohle und Lederriemen, die um die Waden geschnürt werden. Die regionalen Zentren sind Frosinone und Cassino.

Abruzzen - Die wildromantischen Gebirgsmassive des Gran Sasso und Maiella machen diese Landschaft zu dem Teil des Apennin mit dem ausgeprägtesten Hochgebirgscharakter. Der Naturpark der Abruzzen, der älteste Naturpark Italiens, wurde 1921 im Hochtal des Sangro eingerichtet. In den fruchtbaren, windgeschützten Tälern werden Weinreben sowie Mandel- und Olivenbäume angebaut. Mit der Ansiedlung von Industriebetrieben zunächst in Chieti-Pescara, später auch in Vasto (Glasindustrie), Sulmona (Automobilherstellung), L'Aquila (Eisen- und Stahlindustrie) und Avezzano (Textil- und Nahrungsmittelindustrie) hielt die Industrialisierung Einzug in die Abruzzen. Auch der Fremdenverkehr ist zu einem wichtigen Wirtschafsfaktor geworden, der sich vor allem an der Küste und in den Wintersportorten des Gran Sasso bemerkbar macht.

Molise - Diese Region (Hauptstadt **Campobasso**) liegt im Süden der Abruzzen, mit denen sie vieles gemeinsam hat: Gebirgsketten, tiefe Täler und naturbelassene Wälder, in denen noch Wölfe leben.
In der Gegend um Termoli konzentriert sich die Großindustrie, während die wirtschaftliche Grundlage dieser Region weiterhin auf der Landwirtschaft beruht (Weizen, Mais, Kartoffeln, Wein).

Kampanien - Die fruchtbaren Felder Kampaniens umgeben den Golf von Neapel. Hanf, Tabak und Getreide wechseln sich mit Olivenbäumen und Weinstöcken ab. Schon in der Antike bezauberte der **Golf von Neapel**, der von der charakteristischen Silhouette des **Vesuv** geprägt ist, durch seine Schönheit. Trotz des Baubooms der letzten Jahre findet man an den Küsten noch bezaubernde Flecken, wie die **Halbinsel von Sorrent** oder **Capri**.

Apulien, Basilikata, Kalabrien - Diese drei Regionen bilden den Fuß des italienischen Stiefels. Apulien an der Adria zeichnet sich durch seinen fruchtbaren Boden aus. In der Ebene zwischen Foggia und Manfredonia wird Getreide angebaut, aber auch bei Bari, Tarent, Lecce und Brindisi. Wein gedeiht fast überall, und die Reben stehen in Olivenhainen und zwischen Mandelbäumen entlang der Küste. Aus Apulien kommen 10 % des in der Welt hergestellten Olivenöls. Das recht hohe **Garganomassiv** hat die Form eines Sporns. Die Hauptstadt **Bari** mit ihrem Hafen steht in Handelsbeziehungen zum Nahen Osten. Sie ist mit Brindisi und Tarent eins der drei Wirtschaftszentren dieser Region.
Die Basilikata **(Lukanien)** und Kalabrien weisen völlig unterschiedliche Böden auf. So findet man felsige Ufer vom Golf von Policastro bis Reggio sowie das grandiose **Silagebirge** mit weiten Viehweiden und unendlichem Ausblick. Der südlichste Punkt der Halbinsel ist der **Aspromonte** mit seinen Kiefern-, Buchen- und Kastanienwäldern von rauher Schönheit.

Sardinien, Sizilien - *Siehe dort*

WIRTSCHAFT

Bis vor nicht allzu langer Zeit war Italien noch fast ausschließlich ein Agrarstaat. Es hat auf bemerkenswerte Weise seine Wirtschaft den Anforderungen der industriellen Entwicklung angepaßt und nimmt heute als eines der wirtschaftlich aktivsten Länder Europas den 6. Platz auf der Weltrangliste ein.
Zusätzlich zur traditionellen Land- und Viehwirtschaft hat sich Italien auf den **Reisanbau** (Poebene) und die Herstellung von **Naturseide** (Lombardei, Venetien) spezialisiert. Da es in Italien an Bodenschätzen wie Kohle und Eisen fehlt, hat man sich in der Industrie auf die Produktionszweige verlegt, in denen es mehr auf die Arbeitskraft als auf die Rohstoffe ankommt. Die **Kraftfahrzeugproduktion** Italiens ist hoch angesehen. Dazu ist Italien auf dem Gebiet der kleinen Maschinen (Näh-, Schreibmaschinen, Haushaltsgeräte) gut plaziert. Natürlich darf man die in großen Mengen hergestellten **Teigwaren**, das Nationalgericht der Italiener, nicht vergessen. Ein großer Teil dieser Produktion wird exportiert.
Der Süden Italiens oder **Mezzogiorno**, der für die Italiener südlich des Golfs von Gaeta und des Garganomassivs beginnt, nimmt im Wirtschaftsleben eine Sonderstellung ein. Der historische Vorsprung des Nordens vor dem Süden, das sog. Nord-Süd-Gefälle, hat sich seit der Einigung Italiens ständig verschärft. Trotz der großangelegten Entwicklungspolitik (Landwirtschaft: Aufteilung von Großgrundbesitz, Bodenverbesserung, Aufforstung; Industrie: Bau von Talsperren, Errichtung industrieller Großanlagen, die oft ungenügend in die Wirtschaftsstruktur vor Ort integriert waren), ist der Prozentsatz der arbeitenden Bevölkerung in Süditalien außergewöhnlich gering. Finanziert wurden die Förderungsmaßnahmen von der 1950 gegründeten *„Cassa del Mezzogiorno"* (Südkasse).

Presse – Die Dezentralisierung macht sich bei der Tagespresse besonders bemerkbar, denn alle großen Städte haben ihre Tageszeitung. Die *Repubblica* aus Rom, der *Corriere della Sera* aus Mailand und *La Stampa* aus Turin sind überregionale Zeitungen wie auch die wichtigste Wirtschaftszeitung *Il sole 24 ore* aus Mailand.
Dank der Begeisterung der Italiener für Sport können drei täglich erscheinende Sportzeitungen nebeneinander bestehen. Im Norden findet man *La Gazzetta dello Sport* aus Mailand und *Tuttosport* aus Turin; dazu kommt die im ganzen Land verbreitete Wochenzeitung *Guerin Sportivo*.

Mode – Phantasie und Überschwenglichkeit verbunden mit ausgesuchter Eleganz sind in der Damen- und Herrenmode zu sehen. Obwohl alljährlich große Modeschauen in Rom und Florenz (Palazzo Pitti) stattfinden, ist Mailand das unbestrittene Zentrum der Mode. Hier wird jedes Jahr für die beste Kollektion der Damenmode der Preis *„Occhio d'Oro"* verliehen. In Mailand sind auch die meisten großen Modeschöpfer ansässig: Armani, Versace (1997 ermordet), Gianfranco Ferré, Nicola Trussardi, Dolce e Gabanna, Mila Schön, Laura Biagiotti, Romeo Gigli u. a. sowie die Avantgarde mit Krizia und Moschino. Valentino und die Fendi-Schwestern haben allerdings ihre Modehäuser in Rom.
Berufe und Produkte rund um die Modebranche gehören zu einem der gewinnbringendsten Bereiche der italienischen Industrie. Konfektionsware kommt hauptsächlich aus der Lombardei, Venetien (Benetton und Stefanel), der Toskana und der Emilia-Romagna. Seide wird vor allem in Como hergestellt, Wolle in Prato und Biella, Lederwaren in Florenz (wo Gucci sein Modehaus führt) und Vicenza, das außerdem für seinen Schmuck bekannt ist.

Aus der Geschichte

Die Kulturen der Antike

Seit dem 2. Jahrtausend v. Chr. und die ganze Antike hindurch erlebte Italien mehrere Blütezeiten verschiedener Kulturen, die das Abendland noch heute prägen. Vor den Griechen, Etruskern und Römern war Italien von anderen Völkern besiedelt, darunter den Ligurern im Nordwesten des Landes, den Venetern, die sich an den Küsten der nördlichen Adria niedergelassen hatten, den Latinern in der Landesmitte und den Italikern, die hauptsächlich im Innern und im Süden des Landes anzutreffen waren. Die helle Hautfarbe und blauen Augen der Ligurer findet man auch heute noch bei einigen Einwohnern Liguriens vor. Die Italiker bauten befestigte Palast- und Tempelbezirke (Akropolen), deren zyklopische Mauern zum Teil noch erhalten sind, wie z. B. in Alatri im Latium.

Akragas: Agrigent	Felsina: Bologna	Velitrae: Velletri
Caere: Cerveteri	Poseidonia: Paestum	Veii: Veio
Clusium: Chiusi	Selinus: Selinunt	Volsinii: Bolsena
Faesulae: Fiesole	Tuder: Todi	Zancle: Messina

Die Griechen

Nach der Errichtung einiger Handelsplätze an der sizilianischen Küste durch die Phönizier gründeten die Griechen zwischen dem 8. und 5. Jh. v. Chr. eine große Anzahl von Kolonien an den Küsten Süditaliens, die sie **Großgriechenland** nannten, sowie an den Küsten Siziliens. Man unterschied ionische, achäische und dorische Kolonien, je nach dem hellenischen Volksstamm, der sich dort niedergelassen hatte. Die grundlegende Einheit dieser Kolonien war der „Stadtstaat" (Polis), der

Die griechischen Sagen in ihrem geographischen Umfeld

Die Küsten Siziliens und Süditaliens haben die Griechen der archaischen Zeit magisch angezogen (für sie lag hier das Ende der bewohnten Welt). Zahlreiche Geschichten der Mythologie haben hier ihren Schauplatz. In den Phlegräischen Feldern bei Neapel lag der Eingang zum Reich des Hades; Zeus besiegte mit der Hilfe des Herakles die Titanen am Ätna, wo auch die Zyklopen hausten und Hephaistos (Vulkanus) seine Schmiede hatte. Kore (Persephone), Demeters Tochter, wurde von Hades (Pluton) entführt, der aus dem Fluß Tartaros bei Enna (Sizilien) emporstieg.
In der *Odyssee* erzählt Homer (9. Jh. v. Chr.) die Abenteuer des Odysseus, der nach dem Trojanischen Krieg auf der Rückfahrt zwischen Skylla und Charybdis (Straße von Messina) geriet und den Versuchungen der Sirenen im Golf von Sorrent fast erlegen wäre.

über die umliegenden Gebiete regierte. Im 6. und 5. Jh. v. Chr., als die griechische Kultur in Italien ihren Höhepunkt erreicht hatte, wurden die griechischen Stadtstaaten Süditaliens durch den Seehandel so reich, daß Syrakus mit Athen konkurrieren konnte. Das gleiche gilt für Tarent, das zu einem der bedeutendsten politischen, wirtschaftlichen und kulturellen Zentren aufgestiegen war.

Leider kamen durch die Vielzahl und Verschiedenheit der Städte Rivalitäten und Streitigkeiten auf. Die Kämpfe der Tyrannen benachbarter Städte und das schwierige Zusammenleben mit den Karthagern waren die Gründe für den Untergang, der mit der Eroberung Siziliens durch Rom (Ende des 3. Jh.s v. Chr.) besiegelt wurde.

Die Etrusker

Während die griechische Kultur Sizilien und Süditalien beeinflußte, gründeten die Etrusker in Mittelitalien vom 8. Jh. v. Chr. an ein großes Reich, das erst mit der Etablierung der Vorherrschaft Roms (3. Jh. v. Chr.) unterging. Es handelt sich um ein fast unbekanntes Volk, von dem man inzwischen immerhin das Alphabet und einige Grabinschriften entziffert hat. Einige Forscher glauben, daß es sich dabei um die italienische Urbevölkerung handelt, andere sehen, wie Herodot, in Lydien (Kleinasien) den Ursprung dieses Volkes. Anfänglich waren die Etrusker im Gebiet zwischen Arno und Tiber ansässig, breiteten sich dann in Kampanien und der Poebene aus. Seinen Höhepunkt hatte das Reich der Etrusker im 6. Jh. v. Chr. **Etrurien** bildete zu dieser Zeit einen Bund von 12 Stadtstaaten: Tarquinia, das eine gewisse Vormachtstellung genoß, Vulci, Vetulonia, Cerveteri, Arezzo, Chiusi, Roselli, Volterra, Cortona, Perugia, Veji und Volsinii (das heutige Bolsena). Die etruskische Gesellschaft wurde vom mächtigen Landadel beherrscht, die Mittelschicht lebte von der Metallverarbeitung (Kupfer, Bronze und Eisen) oder vom Handel, zwei Wirtschaftszweigen, die auf den reichen Erzvorkommen der Gegend beruhten.

Von der Gründung des Römischen Stadtstaates bis zum Untergang des Römischen Reiches

Zur Geschichte Roms siehe auch S. 328

Vor Chr.	**Vom Ursprung bis zum Römischen Kaiserreich (753-27 v. Chr.)**
753	Gründung Roms der Sage nach durch Romulus, in Wirklichkeit durch den Bund der Latiner und Sabiner im 8. Jh.
7-6 Jh.	Abschüttelung der etruskischen Überlegenheit. Geschlecht der Tarquinier: Die Staatsgewalt wird zwischen König, Senat und Komitien aufgeteilt.

Auspizien und Haruspizien

Die wichtigsten Götter der Etrusker entsprachen weitgehend denen der Griechen und hießen Tinia (Zeus), Uni (Hera) und Minerva (Athene). Die etruskischen Könige führten diese Triade in der römischen Hauptstadt ein. Die Grundpfeiler ihrer Religion waren der Glaube an das Fortleben der Menschen im Totenreich, ein strenger Ritus und die besonders engen Beziehungen der Götter zu den Menschen, aus denen die Etrusker ihren Glauben an Vorahnungen ableiteten. Sie waren davon überzeugt, daß die Götter ihnen Botschaften schickten, einerseits durch die Vögel, deren Flug bei den sogenannten Auspizien (von lateinisch *avis* für „Vogel" und *specere* für „beobachten") gedeutet wurde, und andererseits durch die Eingeweide von Tieren, die bei den Haruspizien interpretiert wurden.

509 Rom wird Republik: Die Macht wird von zwei Konsuln ausgeübt, die auf ein Jahr gewählt werden.

451-449 Aufzeichnung der Strafgesetze im Zwölftafelgesetz, erster Schritt zur bürgerlichen Gleichberechtigung zwischen Patriziern und Plebejern.

390 Die Gallier erobern Rom, werden dann aber von Camillus verjagt.

281-272 Krieg gegen Pyrrhos, König von Epirus; Rom erringt die Vorherrschaft über ganz Süditalien.

264-241 Erster Punischer Krieg: Karthago überläßt Sizilien den Römern.

218-201 Zweiter Punischer Krieg:
Hannibal überquert die Alpen und schlägt die Römer am Trasimenischen See; er vernichtet das römische Heer bei Cannae. Hannibal steht mit seinen Truppen vor Rom, bezieht aber sein Winterlager in Capua, ohne anzugreifen.
210. **Scipio** d.Ä. führt Krieg in Spanien und Afrika, Hannibal wird nach Karthago zurückgerufen.
202. Entscheidungsschlacht bei Zama, vor den Toren Karthagos. Die Karthager unter Hannibal werden von den Römern (Scipio) geschlagen.

146 Makedonien und große Teile Griechenlands werden römische Provinzen. Zerstörung Karthagos.

133 Rom unterwirft Spanien, Ende der großen Eroberungen im Mittelmeerraum.

133-121 Politischer Mißerfolg der Gracchen, deren Gesetze zu einer Agrarreform scheitern.

118 Die Römer in Gallien.

112-105 Krieg gegen den Numidierkönig Jugurtha (im heutigen Algerien).

102-101 Marius, der Sieger über Jugurtha, schlägt die Teutonen bei Aquae Sextiae (Aix-en-Provence), die Cimbern bei Vercellae (Pogebiet) und verhindert ihren Durchmarsch nach Italien.

88-79 Sulla, Gegenspieler des Marius, besiegt Mithridates von Pontos und herrscht als Diktator in Rom, tritt aber um der Republik willen freiwillig zurück.

70 Pompejus und Crassus, zu Konsuln gewählt, übernehmen die Herrschaft.

63 Catilinas Verschwörung gegen den Senat wird von Cicero aufgedeckt, der den Ehrennamen „Vater des Vaterlandes" erhält.

60 1. Triumvirat: Pompejus, Crassus und Cäsar. Rivalität zwischen den drei Herrschern.

59 Cäsar wird römischer Konsul.

58-51 Eroberung Galliens durch Cäsar (Vercingetorix kapituliert 52 in Alesia).

49 Cäsar überschreitet den Rubicon und verjagt Pompejus aus Rom.

49-45 Cäsar besiegt Pompejus und dessen Anhänger in Spanien, Griechenland und Ägypten. Er verfaßt Denkschriften über den Gallischen Krieg („De bello Gallico").

44 Cäsar läßt sich zum Diktator auf Lebenszeit ausrufen.
Am 15. März desselben Jahres wird er von Anhängern der Republik, darunter sein Adoptivsohn Brutus, ermordet.

43 2. Triumvirat: Marcus Antonius, Lepidus und Oktavian (Neffe und Erbe Cäsars).

Die Römerstraßen

Mit dem Bau der **Via Appia** begann man bereits 312 v. Chr. Sie verband damals Rom mit Brindisi, endet heute jedoch bereits in einem Vorort von Rom.
Die **Via Aurelia** (241 v. Chr.) verband Rom mit Genua und Arles. Noch heute kann man diese Route, die mittlerweile einfach Aurelia (SS 1) genannt wird, bis Ventimiglia entlangfahren.
Die **Via Cassia** wurde im 2. Jh. v. Chr. angelegt, durchquerte Etrurien und verband Rom mit Arezzo. In der Folgezeit wurde sie bis nach Florenz und Modena verlängert, später sogar bis nach Luni. Die heutige SS 2, die denselben Namen trägt, führt von Rom nach Florenz.
Von der **Via Emilia** (187 v. Chr.), die Rimini mit Piacenza verbindet, hat die Region ihren Namen. Im Kaiserreich wurde sie bis nach Aosta und Aquileia weitergeführt. Die heutige Via Emilia folgt noch der antiken Route.
Zwischen Rom und Rimini verlief die **Via Flaminia** (220 v. Chr.). Heute ist nur noch ein eleganter Boulevard der Hauptstadt von ihr übriggeblieben.

Gesellschaft, Politik und Religion im antiken Rom

Die Gesellschaft war in *gentes* unterteilt, wobei jede *gens* (Sippe) von einem gemeinsamen Urahnen abstammte. Die *familia* unterstand einem *pater familias*, der über uneingeschränkte Autorität verfügte. Die Nachkommen der Sippenhäupter, die dem Adelsstand angehörenden Patrizier, stützten sich auf ihre Schutzbefohlenen, die zwar untätigen, ihnen aber ergebenen und von ihnen abhängigen „Klienten". Die Plebejer hatten keinen Einfluß auf die *res publica*, also auf Staat und Politik. Auf der untersten Stufe der sozialen Ordnung standen die Sklaven; sie bildeten die am meisten benachteiligte Schicht, konnten jedoch von ihren Herren freigelassen werden. Während des Königreiches wurde Rom vom Senat und den Komitien regiert, die sich aus Patriziern zusammensetzten. Während der Republik lag die Staatsgewalt in den Händen von zwei Konsuln, die für ein Jahr gewählt waren. Ihnen zur Seite standen die Quästoren, die für die Verwaltung der Finanzen verantwortlich waren und die Oberhoheit über die Staatspolizei innehatten. Die Zensoren achteten auf die Einhaltung der guten Sitten, die Ädilen leiteten die Stadtpolizei, und die Prätoren übten die Rechtsprechung aus. Der Senat hatte beratende Funktion und stimmte über die Gesetze ab. Zehn Volkstribunen vertraten die Rechte der Plebejer. Die eroberten Provinzen wurden von Konsuln oder Prokonsuln, von Prätoren oder Proprätoren verwaltet.

Das Kaiserreich behielt im wesentlichen die Verwaltungsstruktur der Republik bei, nur daß an Stelle der beiden Konsuln ein *Imperator* stand. Dieser war Oberbefehlshaber der Armee, ernannte die Senatoren und hatte das Recht, über Krieg und Frieden zu entscheiden. In der späteren Kaiserzeit nahm er eine absolute Machtstellung ein.

Die Götter des Römischen Reiches kamen aus allen Mythologien des Altertums. Die zwölf wichtigsten waren dem griechischen Olymp entlehnt und bildeten das **römische Pantheon**.

Apoll (lat. Apollo, griech. Apollon) ist nicht nur der Gott der Künste (weswegen er oft mit der Leier als Begleitinstrument für seinen Gesang und dem Lorbeerkranz als literarische Auszeichnung dargestellt wird), sondern auch des Lichtes, was sich durch seine Abbildung auf einem Wagen in einem Kranz von Sonnenstrahlen ausdrückt. Oft erhielt er den Beinamen **Phöbus**. Erst in späterer Zeit wurde er mit Helios gleichgesetzt.

Ceres (griech. Demeter) war die Göttin des Erdsegens, des Ackerbaus und der Fruchtbarkeit. Sie wurde mit einer Getreidegarbe und einer Sichel dargestellt.

Diana (griech. Artemis) war die Zwillingsschwester des Apoll und die Göttin der Jagd, der Keuschheit und des Mondes (daher die Mondsichel über ihrem Kopf).

Äskulap (lat. Aesculapius, griech. Asklepios) galt als Sohn Apolls und Gott der Heilkunst. Sein Attribut ist der Äskulapstab, um den sich die heilige Schlange windet.

Herakles (lat. Herkules), der panhellenische Heros, der für seine zwölf „Arbeiten" berühmt und nach seinem Tod im Olymp aufgenommen wurde, findet man in Abbildungen mit einer Keule und einem Köcher.

Juno (griech. Hera), Schwester und Gemahlin des Jupiter, war die Göttin der Treue und der Ehe. Ihre Attribute sind Pfau, Zepter und Diadem.

Jupiter (griech. Zeus) war der höchste Gott, Herrscher über die Menschen und die Götter. Oft wurde er mit Adler, Zepter und Blitz dargestellt.

Mars (griech. Ares), Kriegsgott, den man an seinen Waffen und seinem Helm erkennt.

Merkur (lat. Mercurius, griech. Hermes), der Götterbote, begleitete die Seelen in die Unterwelt. Er war der Gott des Handels und der Redekunst und wurde mit Heroldsstab (um den sich zwei Schlangen winden), Flügelschuhen und Reisehut abgebildet.

Minerva (griech. Athene) bildete mit Juno und Jupiter das Dreigestirn im kapitolinischen Heiligtum. Sie wurde aus dem Haupt des Jupiter geboren und galt als die Beschützerin der handwerklichen Kunstfertigkeit, der Gerechtigkeit und der Weisheit. Ihre kämpferischen Eigenschaften kommen in den Attributen Aigis und (manchmal) Helm zum Ausdruck; sie wird oft mit einer Eule dargestellt.

Neptun (lat. Neptunus, griech. Poseidon), Bruder des Jupiter und Gott des Meeres. Auf Abbildungen sieht man ihn oft mit seinem Dreizack auf einem Wagen.

Pluton (lat. Pluto, griech. Hades), ein weiterer Bruder des Jupiter und bärtiger Gott der Unterwelt. Die Kunst stellt ihn immer auf einem Thron dar.

Persephone (lat. Proserpina oder Kore), Tochter der Ceres und Gemahlin des Pluton, war die Herrscherin über die Jahreszeiten.

Venus (griech. Aphrodite) war die Göttin der Liebe (Attribut: Taube) und der Schönheit. Sie wurde aus dem Schaum (griech. Aphros) des Meeres geboren und wird oft auf einer Muschel oder umgeben von Meeresgottheiten dargestellt.

Vesta (griech. Hestia), trägt als Göttin des Herdes eine Flamme als Zeichen des Herdfeuers.

Vulcanus (griech. Hephaistos), der Gott des Erdfeuers war der Gemahl der Venus und arbeitete als Schutzgott der Schmiedekunst mit Hammer und Amboß in der Schmiede.

Neben der öffentlichen Götterverehrung in den Tempeln wurde den Hausgöttern (**Laren** und **Penaten**) ein häuslicher Gottesdienst gewidmet. Zahlreiche Haushalte besaßen einen eigenen kleinen Haustempel, ein **lararium**. Darüber hinaus war den **Manen** (den Seelen der Verstorbenen) ein spezieller Totenkult geweiht.

41-30 Krieg zwischen Oktavian und Antonius. Niederlage (Actium) und Tod des Antonius, Ende der Epoche des Hellenismus.

Frühe und Hohe Kaiserzeit (27 v.-192 n. Chr.) und Soldatenkaiser (235-305)

27 Oktavian übernimmt die Alleinherrschaft und erhält den Beinamen **„Augustus"**.

Nach Chr.

14 Tod des Augustus.

54-68 Herrschaft Neros, der Britannicus, seine Mutter Agrippina und seine Frauen Octavia und Poppäa umbringen läßt. Er läßt Rom in Brand stecken und daraufhin die Christen verfolgen.

68 Ende des julisch-claudischen Hauses: Augustus, Tiberius, Caligula, Claudius, Nero.

69-96 Dynastie der Flavier: Vespasian, Titus, Domitian.

96-192 „Das Goldene Zeitalter der Adoptivkaiser": Friedliche Regierungszeiten der Kaiser Nerva, Trajan, Hadrian, Antonius, Pius, Mark Aurel und Commodus, die das römische Imperium festigen.

193-275 Severische Dynastie: Septimius Severus, Caracalla, Heliogabal, Alexander Severus, Decius, Valerian, Aurelian.

235-305 Die Soldatenkaiser. Unruhen kennzeichnen diese Zeit. Die Legionen wählen Kaiser und setzen sie wieder ab.

270-275 Aurelian stellt die Einheit des Römischen Reiches wieder her.

Späte Kaiserzeit und Niedergang (284-476 n. Chr.)

284-305 **Diokletian** wird Kaiser; Einführung der Tetrarchie, der Herrschaft zu viert; Christenverfolgungen.

306-337 Regierung **Konstantins** d. Gr., der im **Mailänder Edikt** (313) die freie Ausübung und Gleichberechtigung aller Religionen proklamiert. Konstantinopel wird neue Hauptstadt des Römischen Reiches.

379-395 Regierung des christlichen Kaisers **Theodosius I.**, der 382 das Christentum zur Staatsreligion erklärt. Nach seinem Tod wird das Römische Reich unter seinen zwei Söhnen aufgeteilt: Arkadios erhält den Osten, Honorius den Westen, Ravenna wird Hauptstadt des Westreichs.

5. Jh. Völkerwanderungen in Italien: Rom wird 410 von Alarich, dem König der Westgoten, erobert; 455 Eroberung und Plünderung Roms durch die Wandalen unter Geiserich.

476 Odoaker setzt Romulus Augustulus ab. Ende des Weströmischen Reichs.

Vom Römischen Imperium zum Heiligen Römischen Reich Deutscher Nation

493 Odoaker wird von den Ostgoten unter Theoderich besiegt.

535-553 Wiedereroberung Italiens durch den oströmischen Kaiser Justinian (527-565).

568 Einfall der Langobarden in Italien unter König Albuin.

590-604 Papst Gregor der Große schickt Mönche zur Missionierung der Germanen und Angelsachsen aus.

752 Die Langobarden bedrohen Rom: Der Papst bittet den Frankenkönig Pippin um Hilfe.

754 Pippinsche Schenkung. Pippin zwingt den Langobardenkönig Aistulf zur Rückgabe der vormals byzantinischen Gebiete (Exarchat von Ravenna, Pentapolis), die er dem Papst schenkt. Sie bilden die Grundlage zur Gründung des Kirchenstaates und der weltlichen Machtstellung des Papstes.

774 Pippins Sohn, Karl der Große, wird König der Langobarden.

800 Papst Leo III. krönt Karl den Großen zum weströmischen Kaiser.

9. Jh. Der Zerfall des karolingischen Reiches hat in Italien innere Wirren und die Entstehung selbständiger Kleinstaaten zur Folge. Das Papsttum erlebt eine Zeit schwerer Erschütterungen und des Niedergangs seiner Vormachtstellung. Unter den Mitgliedern der kirchlichen Hierarchie macht sich Korruption breit.

951 Italienzug des Sachsenkönigs Otto I., der zum König der Langobarden gekrönt wird.

962 Mit der Kaiserkrönung Ottos I. in Rom Gründung des Heiligen Römischen Reichs.

Der Streit zwischen Papst und Kaiser

11. Jh. Die Normannen nehmen Sizilien in Besitz und dringen nach Süditalien vor.

1076 Die Kirchenreform von Papst Gregor VII. (Dictatus Papae) soll die kirchliche Machtposition stärken. Nach einem Zusammentreffen zwischen dem Papst und Kaiser Heinrich IV. bricht der Investiturstreit aus.

1077 Kaiser Heinrich IV. muß im Gang nach Canossa *(s. Reggio nell'Emilia)* eine Demütigung vor Papst Gregor VII. hinnehmen.

1155 **Friedrich Barbarossa** wird vom Papst zum Kaiser gekrönt. Der Kampf zwischen Papsttum und Kaiser geht weiter: Die **Ghibellinen** (Anhänger des Kaisers) kämpfen gegen die **Guelfen** (Anhänger des Papstes).

1167 Bildung des **Lombardischen Städtebundes** (Zusammenschluß der norditalienischen Guelfen-Städte unter Führung des Papstes gegen den Kaiser).

1176 Niederlage bei Legnano und Abschluß eines Vorfriedens zwischen Friedrich Barbarossa und Papst Alexander III. 1177 kommt es im Frieden von Venedig zur Aussöhnung mit dem Papst.

1216 Beim Tod von Papst Innozenz III. hat das Papsttum den Höhepunkt seiner Macht erreicht.

1227-1250 Weitere Machtkämpfe zwischen dem Kaiser (Friedrich II.) und dem Papst (Gregor IX. und Innozenz IV.). Erneuter Sieg des Papsttums.

Der französische Einfluß und der Verfall der Reichsmacht

13. Jh. Wirtschaftliche Blütezeit der Kommunen (Stadtrepubliken).

1252 Die florentinische Goldmünze **Florin**, ursprünglich als silberne Groschenmünze geprägt, ist im internationalen Handel sehr gefragt.

1265 Karl von Anjou, Bruder von Ludwig dem Heiligen, wird zum König von Sizilien gekrönt.

1282 **Sizilianische Vesper**: Blutbad und Vertreibung aller Franzosen aus Sizilien.

1300 Bonifaz VIII. ruft das erste Jubeljahr (Heilige Jahr) aus.

1302 Das **Haus Anjou** erhält das Königreich Neapel.

1303 Gefangennahme von Papst Bonifaz VIII. in Anagni, veranlaßt durch Philipp d. Schönen *(s. Anagni)*.

1309-1377 Exil der Päpste in Avignon (von Klemens V. bis Gregor XI., der auf Betreiben Katharinas von Siena nach Rom zurückkehrt).

1328 Erfolgloser Italienzug Kaiser Ludwigs des Bayern.

1337-1475 Hundertjähriger Krieg.

1378-1418 Großes Schisma (Gegenpäpste in Pisa und Avignon), das durch das Konzil zu Konstanz beendet wird (1414-1418).

1402 Letztes Eingreifen des Heiligen Römischen Reiches in Italien. König Ruprecht von der Pfalz wird von Giangaleazzo de Visconti in der Lombardei geschlagen.

1442 Alfons V. von Aragon wird König von Neapel und Sizilien.

1453 Konstantinopel, die Hauptstadt des christlichen Morgenlandes, fällt in türkische Hand.

1492 Tod Lorenzos von Medici („der Prächtige"); Christoph Kolumbus entdeckt Amerika.

1494 Eroberung Neapels durch Frankreichs König Karl VIII, im Bunde mit Herzog Ludovico Sforza (il Moro) von Mailand.

Die wirtschaftliche und kulturelle Blütezeit (15. Jh. und Anfang des 16. Jh.s)

Während im Süden des Landes weiterhin das auf Großgrundbesitz beruhende Feudalsystem vorherrscht, verwandelt die wirtschaftliche Dynamik der Zünfte und des Handwerks die Gesellschaftsstruktur im Norden und in der Mitte. Die wirtschaftliche Bedeutung Italiens ist in dieser Zeit weniger auf die Menge der hergestellten Waren (Stoffe, Leder, Glas, Keramik, Waffen) zurückzuführen als vielmehr auf den Handel und das Bankwesen. Im Ausland lebende Händler und Geschäftsleute tragen sehr zur Verbreitung der italienischen Kultur und Lebensweise in Europa bei, die an allen großen Höfen tonangebend wird. Für die Herrscher und Mäzene wie die Medici in

SCALA

Lorenzo der Prächtige

Florenz, Sforza in Mailand, Montefeltro in Urbino, Este in Ferrara, Gonzaga in Mantua und die Päpste in Rom (Julius II. und Leo X.) wird die Aufnahme von Künstlern und der Ehrgeiz, die schönsten Paläste zu besitzen, zum ständigen Anlaß für Rivalitäten.
Aber die Entdeckung der Neuen Welt führt unaufhaltsam zum Niedergang. Die Verlagerung wichtiger Handelsplätze an den Atlantik schadet den Mittelmeerrepubliken, die im Mittelalter eine große Bedeutung hatten. Genua ist schnell ruiniert. Pisa wird von der Rivalin Florenz vereinnahmt. Amalfi und Venedig befinden sich in ernsthaften Schwierigkeiten wegen der nach Westen vordringenden Türken. Die politische Zersplitterung der Halbinsel liefert sie fast schutzlos den mächtigeren und aufstrebenden Nachbarstaaten aus.

Vom 16. Jh. bis zum Zeitalter Napoleons

16. Jh. Kampf zwischen Frankreich und Spanien um die Vorherrschaft in Europa.

1515-1526 Der französische König Franz I., siegreich in Marignano, besiegt in Pavia, muß auf sein Erbe in Italien verzichten.

1527 Plünderung Roms („Sacco di Roma") durch die von Herzog Karl von Bourbon befehligten Söldner Karls V.

1545-1563 Das **Konzil von Trient** soll zur Wiederherstellung der Autorität und Glaubwürdigkeit der Kirche beitragen, die durch die Reformation schwer erschüttert waren.

1559 Vertrag von Cateau-Cambrésis, der die spanische Herrschaft über das Gebiet Mailand und die Königreiche von Neapel, Sizilien und Sardinien bis zum Beginn des 18. Jh.s festlegt.

17. Jh. Savoyen wird zum mächtigsten Staat in Oberitalien.

1713 Viktor Amadeus II. von Savoyen erhält Sizilien und die damit verbundene Königswürde; 1720 tauscht er es gegen Sardinien.

1796 Napoleon unternimmt einen Feldzug nach Oberitalien. Gründung der Cispadanischen Republik.

1797 Friede von Campo Formio: Venetien geht an Österreich. Gründung der Ligurischen und der Cisalpinischen Republik.

1798-1799 Ausrufung der Römischen und der Parthenopäischen Republik (Neapel).

1805 Neuordnung Italiens durch Napoleon: Er vereinigt die verschiedenen Republiken zum Königreich Italien, krönt sich mit der Eisernen Krone der langobardischen Könige und setzt seinen Stiefsohn Eugène de Beauharnais als Vizekönig ein.

1808 Rom wird von französischen Truppen besetzt. Murat wird König von Neapel.

1809 Der Kirchenstaat wird dem französischen Kaiserreich angeschlossen. Papst Pius VII. ist Gefangener Frankreichs (bis 1812).

1814 Zusammenbruch der napoleonischen Politik. Rückkehr des Papstes nach Rom.

Kampf um die Einigung Italiens (1815-1870)

Obwohl Machiavelli schon im 16. Jh. die Einigung Italiens empfahl, faßte diese Idee erst mit der Französischen Revolution in breiteren Schichten Fuß. Die Einigung der italienischen Provinzen dauerte etwa 50 Jahre und war das Ergebnis von vielen komplexen Ereignissen und Entwicklungen (1815-48). Bereits seit dem Wiener Kongreß 1815 erwachte ein verstärktes Nationalgefühl; das sog. **Risorgimento** wurde durch eine große Zahl von *Carbonari* und immer neuen Aufständen fortgesetzt, die blutig niedergeschlagen wurden. Die Gründung der patriotischen Bewegung „Junges Italien" 1831 durch **Guiseppe Mazzini** entfachte den Freiheitswillen erneut. Im Jahr 1848 kam es zum **Unabhängigkeitskampf** (Guerra Santa) gegen Österreich, der von Karl Albert, dem König von Sardinien, angeführt wurde. Nach anfänglichen Erfolgen führte die Niederlage bei Custoza zum Rücktritt des Königs Karl Albert (März 1849). Sein Nachfolger hieß **Viktor Emmanuel II.**, dessen Ministerpräsident **Graf Cavour** eine geschickte Strategie und die Teilnahme von Sardinien-Piemont am Krimkrieg (1854) auf der Seite von Frankreich betrieb, um die Frage der italienischen Einheit in den Mittelpunkt der europäischen Politik zu rücken. Im Abkommen von Plombières (1858) versprach Napoleon III. den Italienern Beistand gegen Österreich, der im folgenden Jahr im **Sardinisch-Französischen Krieg** gegen Österreich konkrete Formen annahm. Er endete mit den Siegen der Sardinier und Franzosen (in Magenta und Solferino). Nach Volksaufständen in Mittel- und Norditalien wurden Lombardei, Emilia-Romagna und Toskana an Sardinien angeschlossen. Nachdem **Garibaldi** und der „**Zug der Tausend**" Sizilien und Süditalien 1860 von der Bourbonenherrschaft befreit hatten (Nizza und Savoyen mußten im Vertrag von Turin an Frankreich abgetreten werden), wurden auch der Mezzogiorno, die Marken und Umbrien an Sardinien und den entstehenden italienischen Staat angeschlossen. Am 17. März 1861 rief das gesamt-italienische Parlament das Königreich Italien aus und erklärte Viktor Emmanuel II. zum König. Bis 1866 blieb Turin die Hauptstadt, danach kam dieser Status aus politischen Gründen Florenz zu.

DIE EINIGUNG ITALIENS

Trotz der Niederlagen bei Lissa und Custoza gelang Italien, das sich mit Preußen verbündet hatte, im Krieg gegen Österreich der Anschluß Venetiens an den neuen Staat. Vier Jahre später, am 20. September 1870, marschierten die Truppen General Cardonas über die Hintertür der Besetzung des Kirchenstaates in Rom ein: Rom wurde zunächst fester Bestandteil Italiens und 1871 zur Hauptstadt ernannt.

Die „Römische Frage"

Bei den Ereignissen des Risorgimento im 19. Jh. spielte die Haltung des Papstes eine wichtige Rolle. Denn schließlich konnte die vollständige Einigung Italiens so lange nicht vollzogen werden, wie der Papst nicht auf seine weltliche Oberhoheit über einen Teil der Halbinsel verzichten wollte. Als 1870 die Truppen Viktor Emmanuels II. in Rom einmarschierten, schloß sich der Papst im Vatikan ein und betrachtete sich fortan als „Gefangener des italienischen Staates". Erst 1929, unter dem Pontifikat Pius' IX., konnte die „Römische Frage" endgültig geklärt werden, als die **Lateranverträge**, die der Heilige Stuhl mit dem faschistischen Regime Mussolinis abschloß, die Souveränität des Papstes innerhalb des Vatikanstaates garantierten. Bestimmte Basiliken und Paläste in Rom wurden zu exterritorialen Gebieten erklärt, und die katholische Kirche bekam eine besondere Autorität in den Bereichen Schulwesen und Eheschließung zugesprochen. Die Lateranverträge wurden explizit in der neuen Verfassung Italiens von 1947 übernommen und bildeten lange Zeit die Grundlage der Beziehungen zwischen Kirche und Staat. Erst 1984 wurden diese in einem neuen Konkordat geregelt.

Von 1870 bis heute

1882	Italien, Deutschland und Österreich schließen die Tripelallianz.
1885	Die Italiener fassen in Eritrea und Somaliland Fuß.
1900	Ermordung König Humberts I. durch einen Anarchisten. Regierungsantritt Viktor Emmanuels III.
1903-1914	Die „parlamentarische Diktatur" **Giolittis** kann die Probleme der Arbeitslosigkeit und Not nicht lösen und führt zur Bildung von anarchistischen und revolutionären Bewegungen (Streiks).
1904-1906	Annäherung Italiens an Frankreich und England.
1911, 1912	Krieg Italiens gegen die Türkei. Italien besetzt den Dodekanes und Libyen.
1914	Ausbruch des **Ersten Weltkrieges**. Italien tritt an der Seite Frankreichs, Großbritanniens und Rußlands (Tripelallianz) am 24. Mai 1915 gegen Österreich-Ungarn und am 28. August 1916 gegen Deutschland in den Krieg ein.
1918	Mit der Schlacht von Vittorio Veneto beendet Italien den Ersten Weltkrieg (4. November).

1919 Friedensvertrag von St-Germain: Istrien, Triest und Südtirol kommen an Italien. Gabriele D'Annunzio marschiert an der Spitze seiner Legionäre *(arditi)* in Fiume (italien. Name der kroatischen Stadt Rijeka) ein. Diese wird 1924 von Italien annektiert.

Die Enttäuschung nationalistischer Kreise und die andauernde Wirtschaftskrise kommen den Rechtsextremisten zugute. Benito Mussolinis Gründung der ersten „Fasci di combattimento" (politische Kampfverbände) bezeichnet den Beginn des Faschismus.

1920, 1921 Soziale Unruhen (Besetzung von Fabriken, Streiks), angestiftet von der faschistischen Partei Mussolinis.

1922 Marsch der Faschisten auf Rom. Mussolini wird zum Regierungschef ernannt.

1925 Nach der Ermordung des Sozialisten Matteotti (1924), der sich im Parlament gegen die faschistischen Methoden erhoben hatte und dem vergeblichen Protest oppositioneller Parlamentarier („Aventino") verkündet Mussolini Ausnahmegesetze, die Grundlage der nun beginnenden Diktatur.

1929 Die **Lateranverträge** zwischen der italienischen Regierung und dem Heiligen Stuhl beenden die seit 1870 schwelende „Römische Frage" der Beziehungen zwischen Staat und Kirche.

1936 Nach dem erfolgreichen Krieg gegen Äthiopien wird dieses Land eine italienische Kolonie, Italien ein Imperium. Nachdem der Völkerbund Mussolinis Vorgehen verurteilt hat, schließt der „Duce" ein Bündnis mit Deutschland (Achse Berlin-Rom).

1939 Ausbruch des **Zweiten Weltkrieges**.

1940 Italien tritt als Verbündeter Deutschlands gegen Frankreich und Großbritannien in den Krieg ein.

1943 10. Juli: die Alliierten landen in Sizilien. 25. Juli: Absetzung und Verhaftung Mussolinis. 3. September: Waffenstillstand; ein Großteil des Landes ist von deutschen Truppen besetzt. 12. September: Befreiung Mussolinis durch einen Handstreich der Deutschen. Mussolini gründet in Norditalien die Repubblica Sociale Italiana mit der am Gardasee gelegenen Hauptstadt Salò (Republik von Salò).

1944, 1945 Gegen den zähen Widerstand der Deutschen erobern die Alliierten Italien nur langsam zurück. In Norditalien, das sich noch in der Hand der Faschisten befindet, bildet sich eine Widerstandsbewegung. Am 25. April ist das ganze Land befreit und der Krieg beendet. Mussolini wird auf der Flucht in die Schweiz festgenommen und am Ufer des Comer Sees erschossen.

1946 Im Mai Abdankung Viktor Emmanuels III.; Humbert II. besteigt den Thron.

2. Juni: Nach einer Volksabstimmung wird die Republik ausgerufen.

1947 Friedensvertrag von Paris: Italien verliert seine Kolonien sowie Istrien, Dalmatien und den Dodekanes. Ferner erhält es Auflagen zur Grenzberichtigung zugunsten Frankreichs.

1948 1. Januar: Inkrafttreten der neuen Verfassung.

1954 Triest fällt an Italien zurück.

1955 Italien tritt der UNO bei.

De Gasperi, der sich gemeinsam mit Jean Monnet, Robert Schuman und Konrad Adenauer für die Europäische Gemeinschaft einsetzt, wird zum Präsidenten der Montanunion (EGKS) gewählt.

März 1957 Römische Verträge zur Gründung der Europäischen Wirtschaftsgemeinschaft (EWG). Italien wird Mitglied der „Sechsergemeinschaft".

1966 Große Überschwemmungen verursachen besonders in Florenz und Venedig schwere Schäden.

1968 In Revolten äußert sich massive Kritik an der westlichen Gesellschaft. „Heißer Herbst" in Italien.

1970-1980 Krise und Stagnation; politisch motivierter Terrorismus.

1973 Der von der kommunistischen Partei vorgeschlagene Versuch einer Koalitionsregierung mit der „Democrazia Cristiana" scheitert.

1978 Ermordung des Alt-Ministerpräsidenten Aldo Moro durch die „Roten Brigaden".

1981 Der türkische Terrorist Mehmet Ali Agca verübt auf dem Petersplatz ein Attentat auf Papst Johannes Paul II.

1982 Der Präfekt von Palermo, Alberto Dalla Chiesa, seine Frau und ein Leibwächter werden am 3. September Opfer eines Mordanschlags.

1991 Historische Spaltung der Kommunistischen Partei Italiens (PCI) unter der Führung von Achille Occhetto in die PDS (Partito Democratico della Sinistra) und die RC (Rifondazione Comunista).

Im März beginnt der dramatische Zustrom albanischer Flüchtlinge an die Küste Apuliens.

1992	Beginn der Tangentopoli-Skandale (Schmiergeldaffären) und der Gerichtsprozesse („*Mani pulite*", dt. „Saubere Hände") gegen die Korruption in Wirtschaft und Politik, in deren Sog die herrschende politische Klasse der Ersten Republik untergeht. Ermordung des Richters Giovanni Falcone und des Staatsanwalts Paolo Borsellino, die sich dem Kampf gegen die Mafia verschrieben hatten.
1994	Die Mitte-Rechts-Koalition von Silvio Berlusconi gewinnt die ersten Wahlen nach dem neuen Mehrheitswahlrecht. Beginn der sogenannten Zweiten Republik.
29. Jan. 1996	Brand im Teatro La Fenice in Venedig.
21. April 1996	Wahlsieg des Mitte-Links-Bündnisses *Ulivo* (Ölbaum): Zum ersten Mal in der Geschichte der Republik gelangt die Linke an die Macht.
27. März 1998	Italien wird in den europäischen Währungsverbund des Euro aufgenommen.
13. Mai 1999	Carlo Azeglio Ciampi, ehemaliger Notenbankpräsident, wird 10. Staatspräsident der Italienischen Republik.

„Du bist der Fels, und auf diesen Felsen will ich meine Gemeinde bauen."

(Matthäusevangelium, Kap. 16, Vers 18)

Der Papsttitel (von griech. *pappas* für „Vater") war ursprünglich die Anrede der Patriarchen und Bischöfe der Ostkirche. Ab dem 5. Jh. breitete sich dieser Titel auch im Westen aus, wo er bald dem Bischof von Rom vorbehalten blieb, der Ansehen und Einfluß des Apostolischen Stuhls bedeutend stärken konnte. Die historischen und politischen Gegebenheiten sowie die wachsende Machtposition des römischen Bischofs und des Kaisers führten allmählich dazu, daß sich die Doktrin von der Vormachtstellung des Bischofs von Rom als direkter Nachfolger des hl. Petrus durchsetzte. In den ersten Jahrhunderten wurde der Papst vom Volk oder der Geistlichkeit bestimmt. Seit 1059 jedoch wird er von einem Konklave aus Kardinälen gewählt, dessen Zusammensetzung und Vorgehensweise von Papst Gregor X. im 13. Jh. festgelegt wurden. Heute finden die Konklaven in der Sixtinischen Kapelle statt. Gewählt wird zwei Mal am Tag, wobei hinterher stets die Wahlzettel verbrannt werden; dadurch entsteht schwarzer Rauch. Die Wahl ist entschieden, wenn ein Kandidat zwei Drittel plus eine Stimme auf sich vereinigt. Als sichtbares Zeichen dafür steigt über dem Vatikan weißer Rauch auf. Anschließend erscheint der oberste Kardinal auf dem Balkon der Segnungen der Peterskirche und verkündet den zukünftigen Papst mit folgenden Worten: *„Annuntio vobis gaudium magnum: habemus papam"* (Ich verkünde Euch eine große Freude: Wir haben einen neuen Papst).

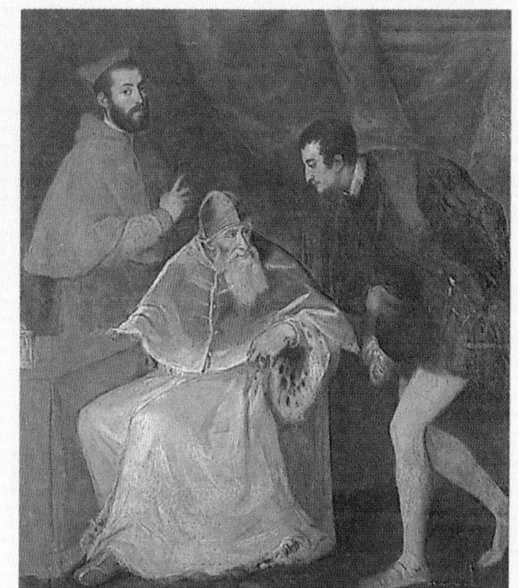

Farnese-Papst Paul III. mit seinen Neffen, von Tizian-(Neapel, Nationalgalerie von Capodimonte)

Im Lauf der Jahrhunderte stieg der politische Einfluß des Papsttums immer weiter an, so daß seine Geschicke bald mit denen der großen europäischen Mächte verstrickt waren. Während der Epoche des italienischen Risorgimento und durch die Lateranverträge von 1929 wurde der Status der Vatikanstadt innerhalb des italienischen Staates neu geregelt: Sie gilt als souveräner Staat, dessen Staatschef der Papst ist. Dieser ist das unbestrittene Oberhaupt der katholischen Kirche und genießt in Glaubens- und Sittenfragen, über die er *„ex cathedra"* entscheidet, nach der Definition des Ersten Vatikanischen Konzils aus dem Jahre 1870 absolute Unfehlbarkeit. Über die Person des Papstes ist das geistliche Wirken der katholischen Kirche in der ganzen Welt präsent.

Kunst und Architektur

Antike Baukunst

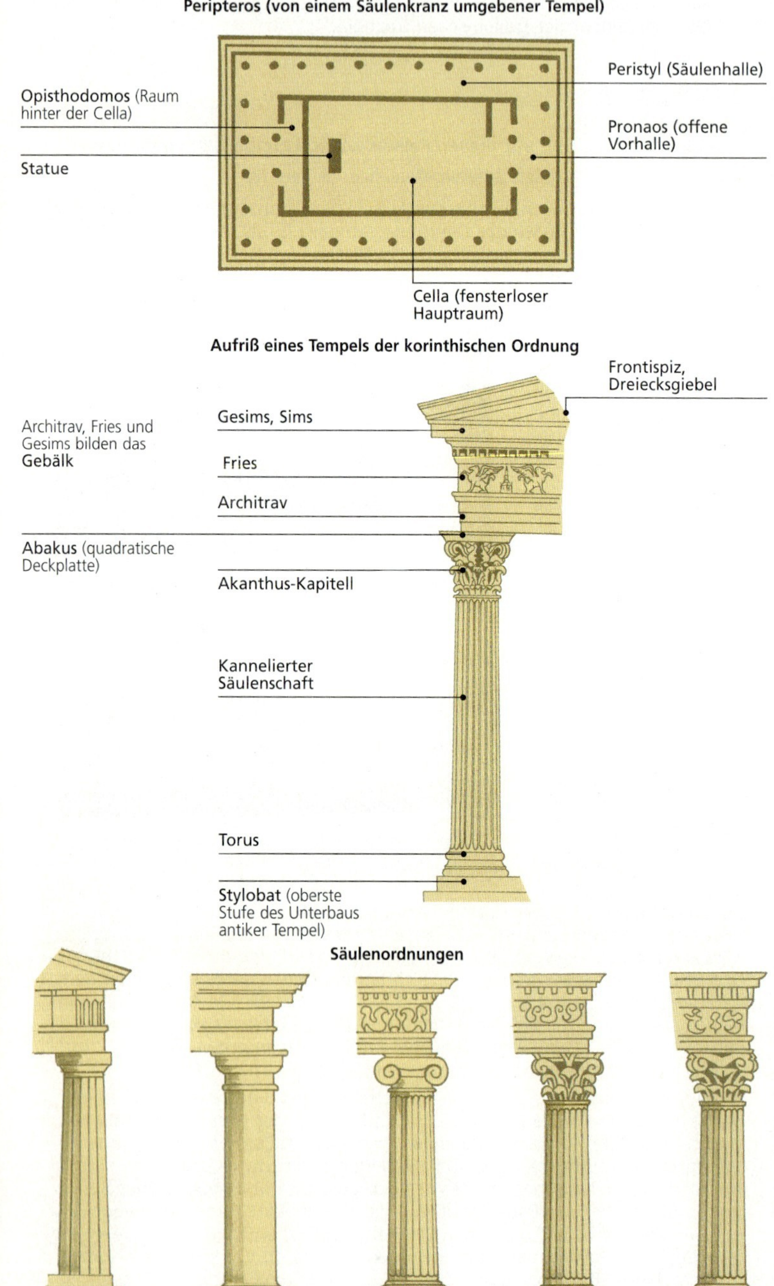

Peripteros (von einem Säulenkranz umgebener Tempel)
Peristyl (Säulenhalle)
Opisthodomos (Raum hinter der Cella)
Pronaos (offene Vorhalle)
Statue
Cella (fensterloser Hauptraum)
Aufriß eines Tempels der korinthischen Ordnung
Frontispiz, Dreiecksgiebel
Architrav, Fries und Gesims bilden das Gebälk
Gesims, Sims
Fries
Architrav
Abakus (quadratische Deckplatte)
Akanthus-Kapitell
Kannelierter Säulenschaft
Torus
Stylobat (oberste Stufe des Unterbaus antiker Tempel)
Säulenordnungen
Dorische Ordnung
Toskanische Ordnung
Ionische Ordnung
Korinthische Ordnung
Komposit-Ordnung
R. Corbel

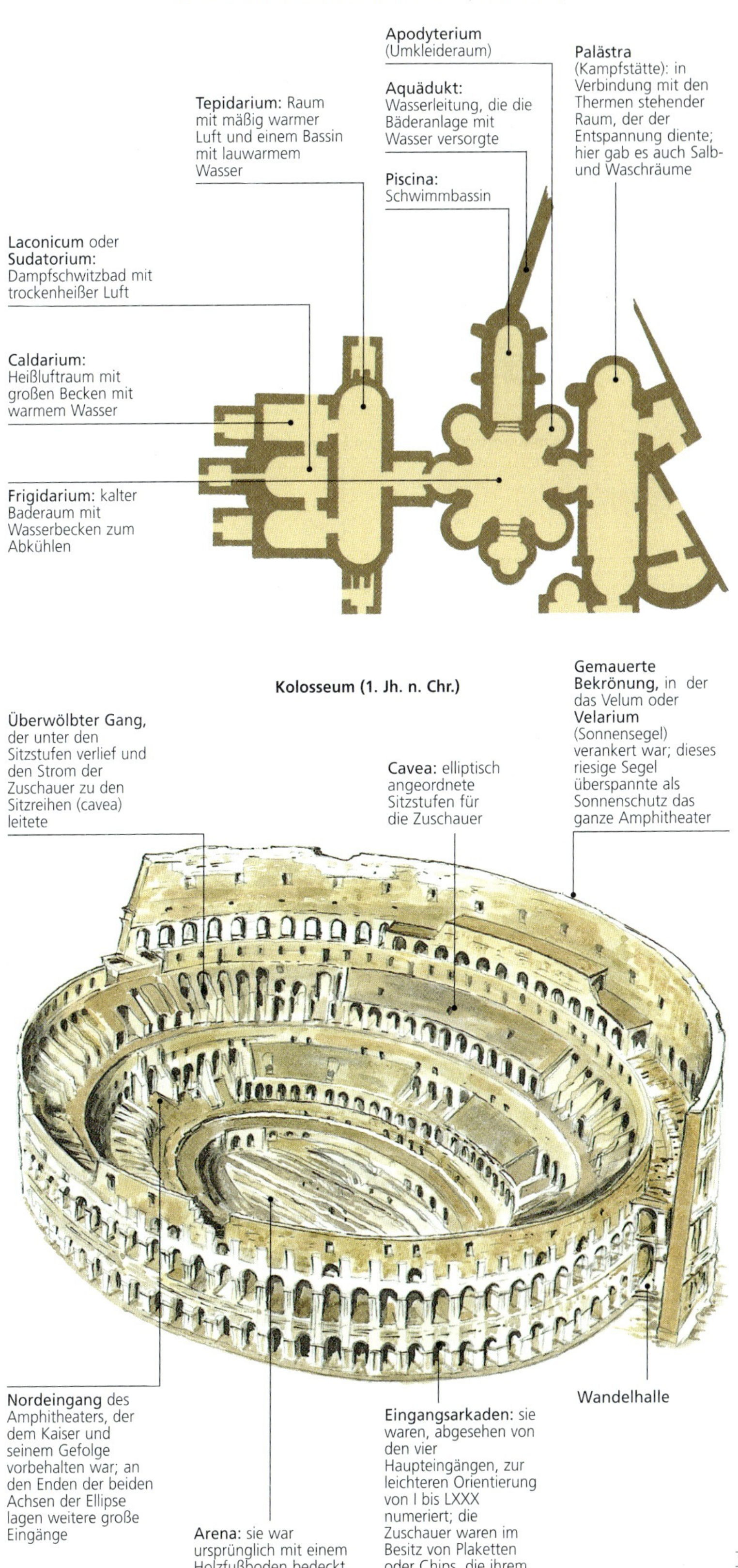
Thermen der römischen Villa del Casale (3. und 4. Jh.)
Apodyterium (Umkleideraum)
Aquädukt: Wasserleitung, die die Bäderanlage mit Wasser versorgte
Piscina: Schwimmbassin
Palästra (Kampfstätte): in Verbindung mit den Thermen stehender Raum, der der Entspannung diente; hier gab es auch Salb- und Waschräume
Tepidarium: Raum mit mäßig warmer Luft und einem Bassin mit lauwarmem Wasser
Laconicum oder Sudatorium: Dampfschwitzbad mit trockenheißer Luft
Caldarium: Heißluftraum mit großen Becken mit warmem Wasser
Frigidarium: kalter Baderaum mit Wasserbecken zum Abkühlen
Kolosseum (1. Jh. n. Chr.)
Gemauerte Bekrönung, in der das Velum oder Velarium (Sonnensegel) verankert war; dieses riesige Segel überspannte als Sonnenschutz das ganze Amphitheater
Überwölbter Gang, der unter den Sitzstufen verlief und den Strom der Zuschauer zu den Sitzreihen (cavea) leitete
Cavea: elliptisch angeordnete Sitzstufen für die Zuschauer
Nordeingang des Amphitheaters, der dem Kaiser und seinem Gefolge vorbehalten war; an den Enden der beiden Achsen der Ellipse lagen weitere große Eingänge
Arena: sie war ursprünglich mit einem Holzfußboden bedeckt
Eingangsarkaden: sie waren, abgesehen von den vier Haupteingängen, zur leichteren Orientierung von I bis LXXX numeriert; die Zuschauer waren im Besitz von Plaketten oder Chips, die ihrem gesellschaftlichen Rang entsprachen
Wandelhalle
R. Corbel

Sakralbauten

Grundriß des Doms von Parma (12.-14. Jh.)

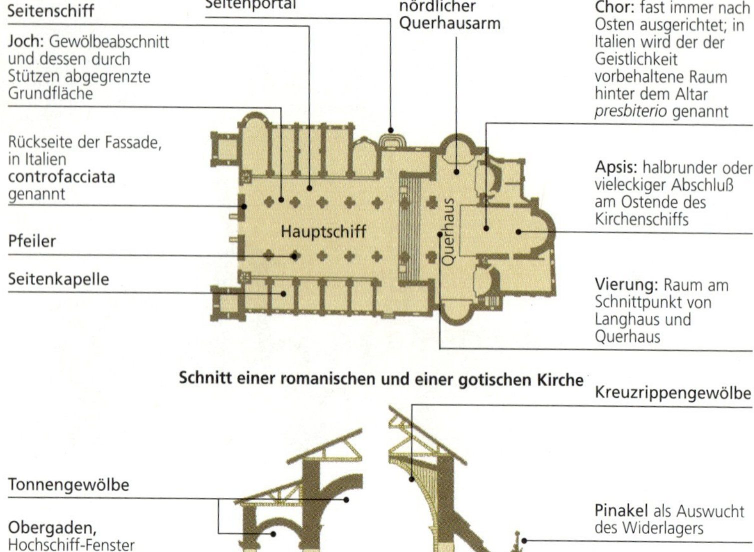

ROMANISCHE KIRCHE
Mailand – Basilica di Sant'Ambrogio (11. und 12. Jh.)

Der Bau bezaubert durch seine klaren Formen und harmonischen Proportionen; Lichtwirkung und Baumaterial sind meisterhaft aufeinander abgestimmt.

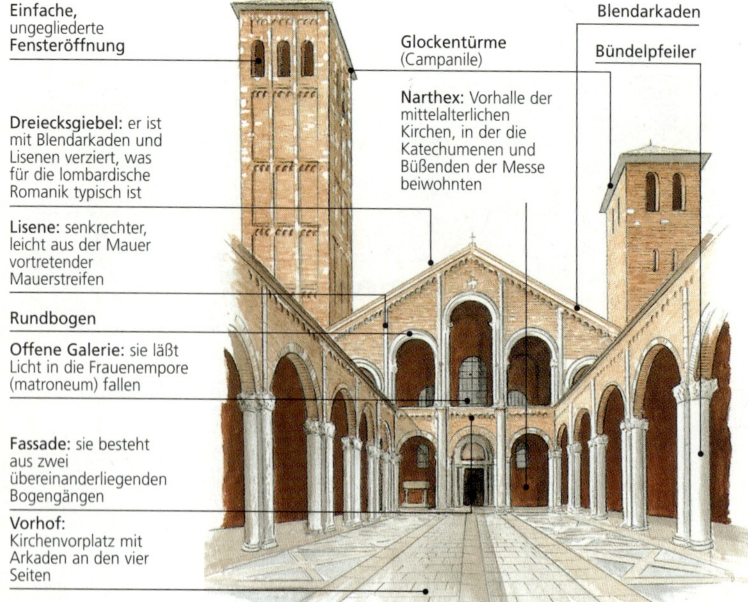

GOTISCHE KIRCHE
Mailand – Apsis des Doms (14. und 15. Jh.)

Der wunderbare Mailänder Dom ist das einzige gotische Gotteshaus in Norditalien. Er wurde 1386 im Auftrag des Giangaleazzo Visconti begonnen und erst Ende des 19. Jh.s mit der Errichtung der Fassade fertiggestellt. Durch den starken Einfluß von Dombauhütten nördlich der Alpen ist der Unterschied zu zeitgenössischen Bauten in der Toskana groß.

H. Choimet

RENAISSANCE-KIRCHE
Rimini – Tempio Malatestiano (Kathedrale - 15. Jh.)

Die zum Ruhm des Sigismund Malatesta errichtete Kirche ist ein typisch klassizistischer Bau; seine Architektur greift auf die Formensprache der klassischen Antike zurück, die dem Sakralbau angepaßt wird.

Pilaster in pietra serena
Giebel (unvollendet)
Blendarkade
Arkaden, wie bei römischen Aquädukten
Medaillon: rundes oder ovales Dekorationsmotiv, als Wandschmuck oder zur Hervorhebung von Architekturelementen verwendet
Fries: glatter oder ornamentierter, waagerechter Streifen
Portal, dessen Form vom römischen Triumphbogen inspiriert ist
Halbsäule: bis zu ihrer Mitte in die Wand eingefügte Stütze
Unterbau: langer fortlaufender Sockel, der dem Gebäude als Fundament dient

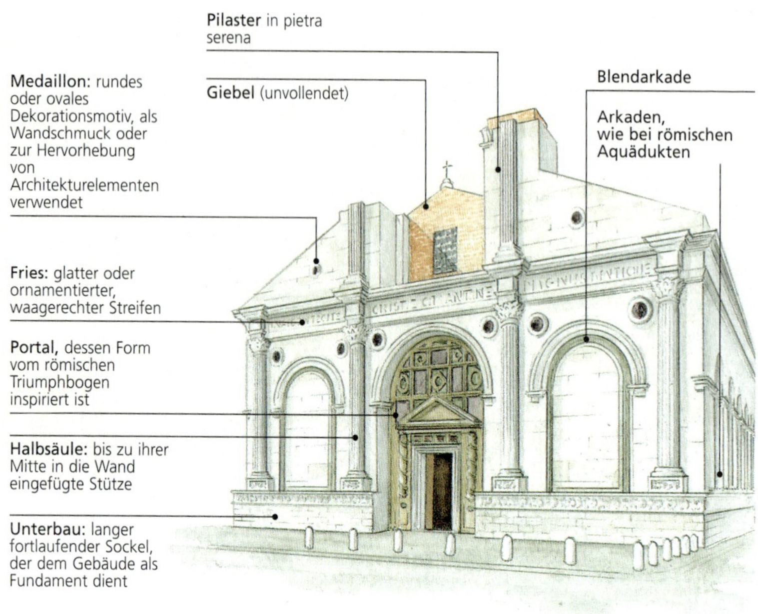

Florenz – Innenraum der Pazzi-Kapelle (1430-1445)

Die harmonischen Proportionen und der schöne Farbkontrast zwischen den durch *pietra serena* hervorgehobenen Architekturelementen und den weißverputzten Flächen lassen einen Raumeindruck von Klarheit und edler Schlichtheit entstehen.

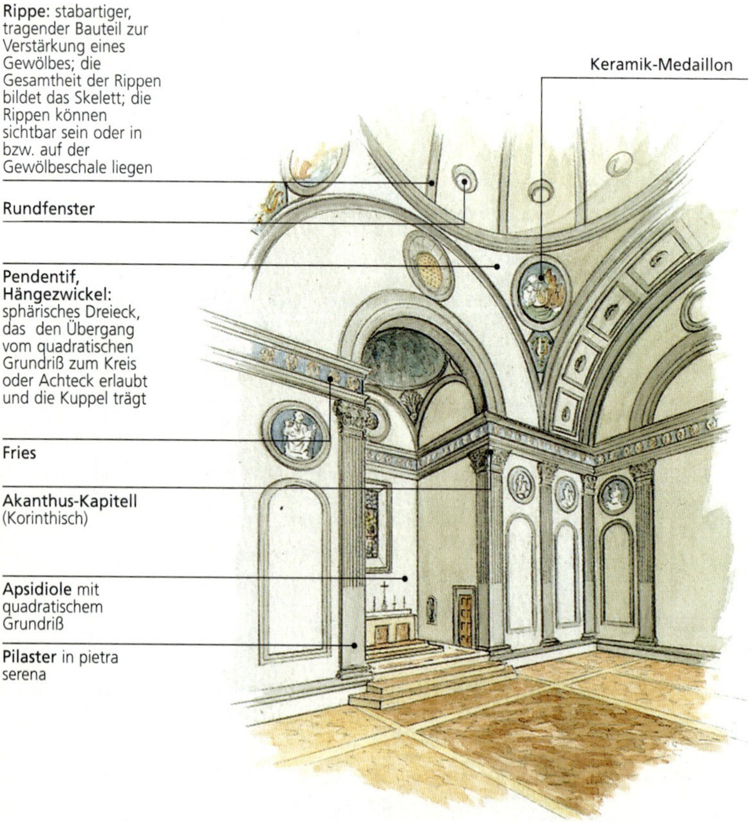

Rippe: stabartiger, tragender Bauteil zur Verstärkung eines Gewölbes; die Gesamtheit der Rippen bildet das Skelett; die Rippen können sichtbar sein oder in bzw. auf der Gewölbeschale liegen
Keramik-Medaillon
Rundfenster
Pendentif, Hängezwickel: sphärisches Dreieck, das den Übergang vom quadratischen Grundriß zum Kreis oder Achteck erlaubt und die Kuppel trägt
Fries
Akanthus-Kapitell (Korinthisch)
Apsidiole mit quadratischem Grundriß
Pilaster in pietra serena

R. Corbel

BAROCKKIRCHE
Lecce – Santa Croce (15.-17. Jh.)

In Lecce ist der Barock von romanischen und spanischen Einflüssen geprägt; die reiche Fülle dekorativer Elemente verweist auf den im 15. und 16. Jh. in Spanien beliebten Platereskstil, bei dem die Flächen wie bei Goldschmiedearbeiten mit feinen Mustern überzogen wurden.

Bekrönung: krönender Schmuck, Abschluß
Gesprengter Giebel
Fensterrose
Balustrade, von Atlanten und Fabelwesen getragen
Sturz: waagerechter, mit Skulpturen verzierter oberer Abschluß aus einem Stück; er ruht auf Säulen oder Pfeilern
Gesims mit **Aufsatz**
Nische mit **Statue**
Fries
Gesims mit Blendarkadenschmuck
Zwillingssäulen, auf eingeschrägten Postamenten stehend

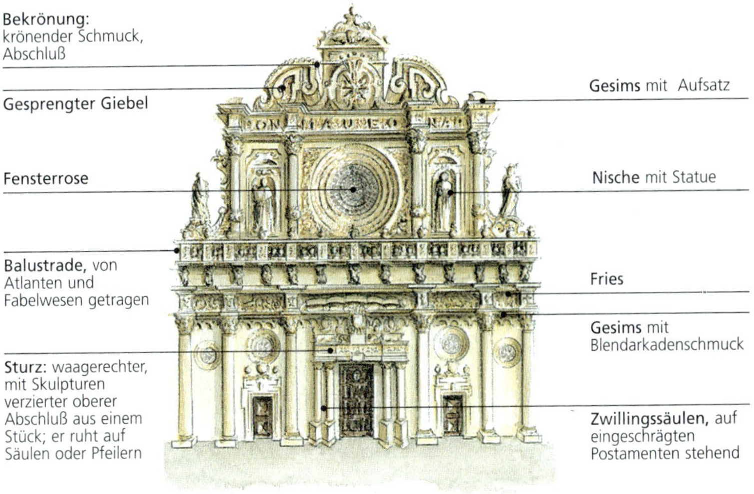

Rom – Innenraum von San Giovanni in Laterano

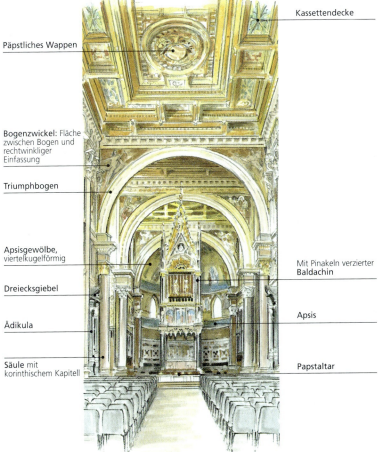

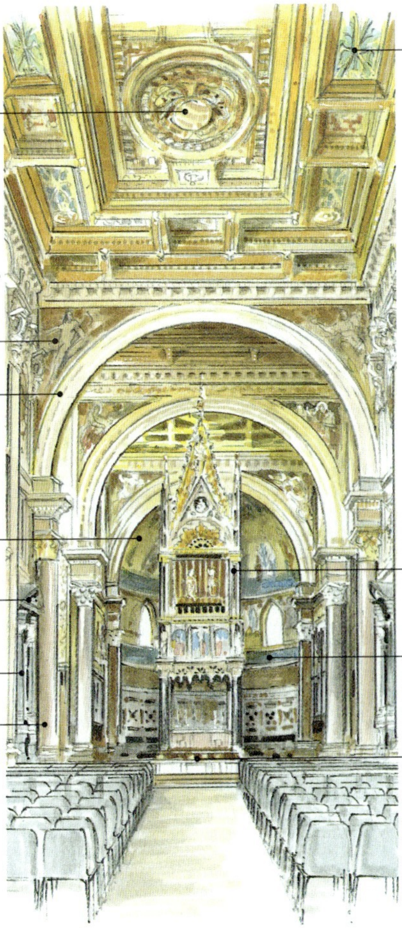

Kassettendecke
Päpstliches Wappen
Bogenzwickel: Fläche zwischen Bogen und rechtwinkliger Einfassung
Triumphbogen
Apsisgewölbe, viertelkugelförmig
Dreiecksgiebel
Ädikula
Säule mit korinthischem Kapitell
Mit Pinakeln verzierter **Baldachin**
Apsis
Papstaltar

R. Corbel

Profanbauten

Castel del Monte (13. Jh.)

Die Burg wurde für Friedrich II. wahrscheinlich als Lustschloß errichtet. Der Bau ist von der Zahl 8 bestimmt; er hat einen achteckigen Grundriß, acht Achtecktürme und acht Räume pro Stockwerk.

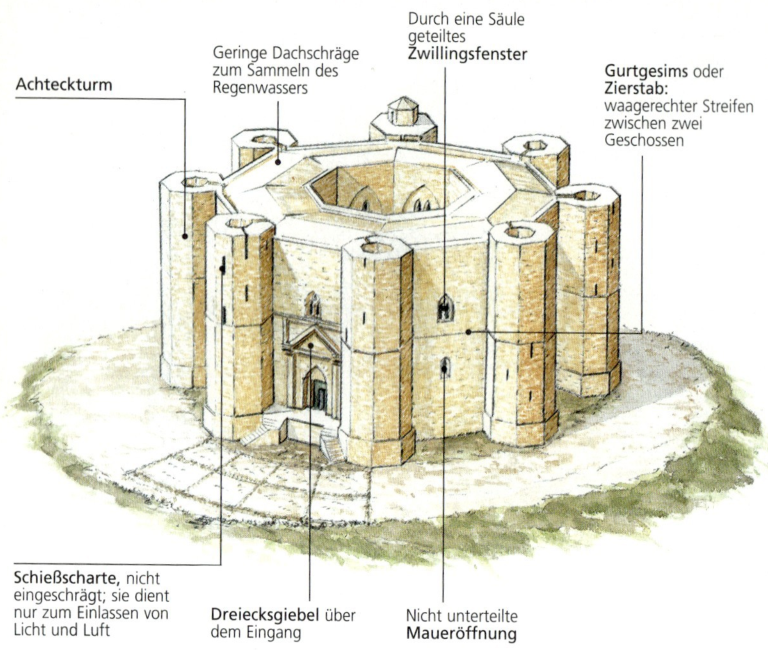

Florenz – Palazzo Rucellai (1446-1451)

An der Fassade dieses Palasts sind die drei klassischen Säulenordnungen (dorisch, ionisch und korinthisch) übereinandergestellt; die Gliederung entspricht einem Raster aus Vertikalen (Pilaster) und Horizontalen (Gesimse).

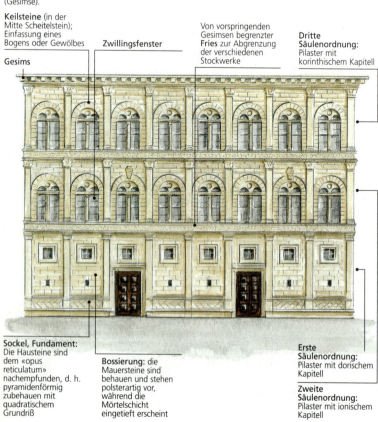

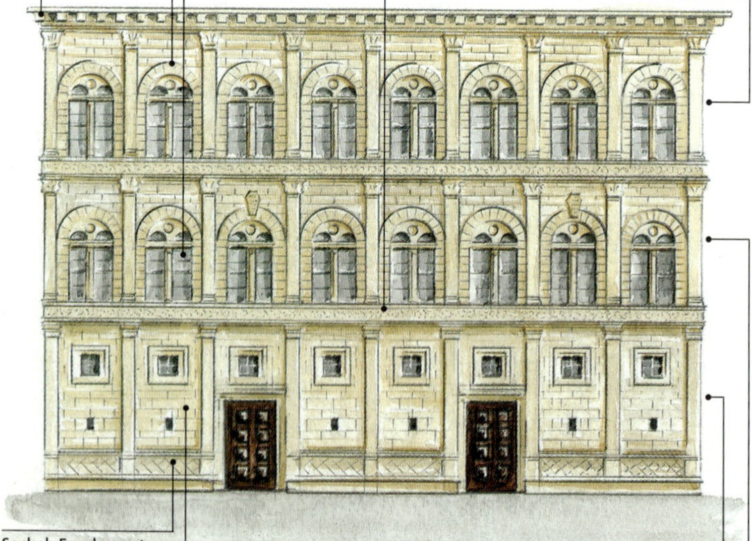

Keilsteine (in der Mitte Scheitelstein); Einfassung eines Bogens oder Gewölbes

Gesims

Zwillingsfenster

Von vorspringenden Gesimsen begrenzter **Fries** zur Abgrenzung der verschiedenen Stockwerke

Dritte Säulenordnung: Pilaster mit korinthischem Kapitell

Sockel, Fundament: Die Hausteine sind dem «opus reticulatum» nachempfunden, d. h. pyramidenförmig zubehauen mit quadratischem Grundriß

Bossierung: die Mauersteine sind behauen und stehen polsterartig vor, während die Mörtelschicht eingetieft erscheint

Erste Säulenordnung: Pilaster mit dorischem Kapitell

Zweite Säulenordnung: Pilaster mit ionischem Kapitell

H. Choimet

Turin – Palazzo Carignano (1679-1681)

Fassadengliederung durch ein Spiel von geraden und geschwungenen Linien; originell ist der Ziegelstein als Baumaterial, typisches Kennzeichen der Emilia, aus der der Architekt Guarino Guarini stammte.

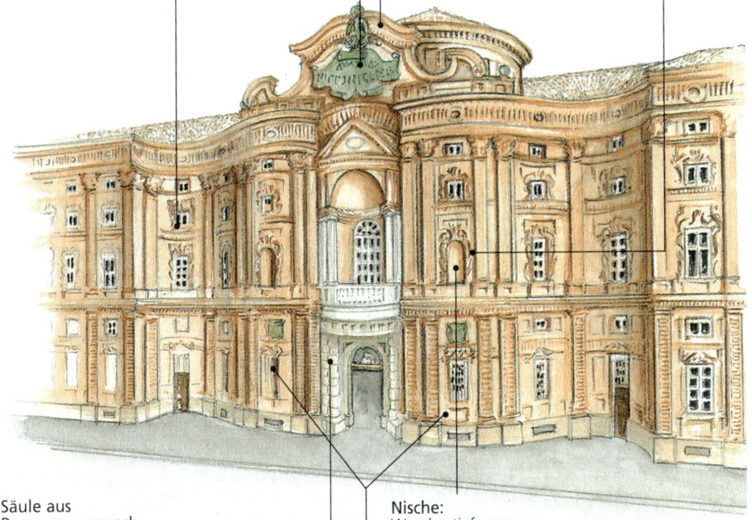

Konkaver Bauteil

Kartusche mit dem Familienwappen

Traufgesims: mehrere Gesimse (hier Voluten) über einem Dachgesims

Von Baldachinen inspirierte **Drapierungen**

Säule aus Bossenmauerwerk

Konvexer Mittelbau

Nische: Wandvertiefung zur Aufnahme einer Statue, Skulpturengruppe, Büste, Vase o.ä.

Mailand - Teatro alla Scala (1776-1778)

Das berühmte von Giuseppe Piermarini erbaute Opernhaus hat eine harmonische, schlichte Fassade, die nichts von der Pracht der Innenausstattung ahnen läßt. Das Theater wurde Vorbild für viele andere Opernhäuser des Klassizismus.

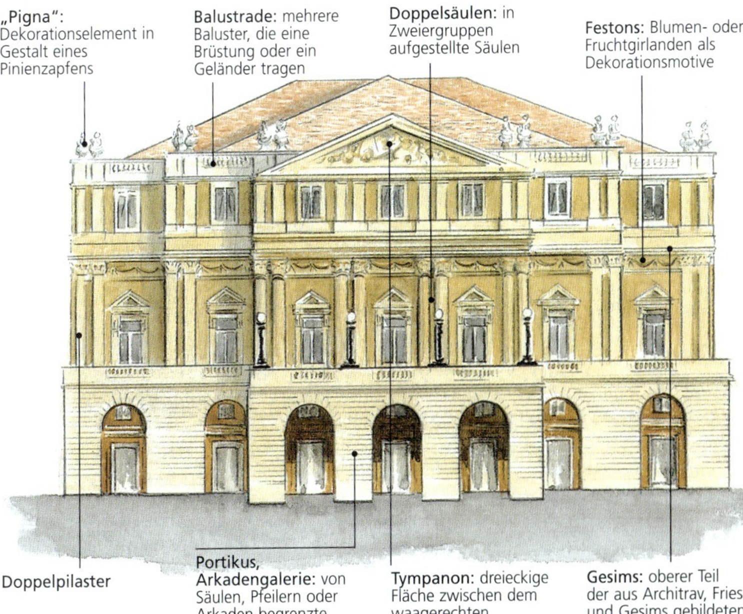

H. Choimet

Kleines Kunstglossar

Verschiedene Begriffe werden durch Abbildungen auf den vorhergehenden Seiten veranschaulicht.

Ädikula: eine Statue oder Heiligenbild umrahmender Aufbau in Form einer Tempelfront aus zwei Säulen, Gebälk und Giebel.

Apsis: halbkreisförmiger oder polygonaler Raum am Ende des Hauptschiffs einer Kirche, meist aber im Anschluß an den Chor.

Archivolte: profilierte Frontseite eines Bogens, Gesamtheit des Bogenlaufs einer Arkade, als Rundbogen oder Spitzbogen.

Atlant (oder Telamon): männliche Stützfigur, die das Gebälk trägt.

Atrium (oder Portikus mit vier Arkaden): der von Säulenhallen umgebene Hof vor der Fassade frühchristlicher und romanischer Sakralbauten.

Auskragung: Bau- oder Konstruktionsteil, das frei über ein Auflager hinausragt.

Baptisterium: runder Raum bzw. Kapelle innerhalb einer Kirche oder eigenständiges Taufgebäude, in dem das Sakrament der Taufe gespendet wird.

Basilika: nach dem Vorbild der römischen Basiliken errichtete, langgestreckte Kirche mit erhöhtem Mittelschiff und 2 oder 4 niedrigeren Seitenschiffen.

Bastion: vorspringendes, polygonales Bollwerk einer Festung.

Blattfries: Blumenornament, bestehend aus spiralförmig angeordneten Weinranken, Blättern und Trauben, die ein Fries bilden; florales Schmuckelement aus Weinranken, Blättern und Trauben.

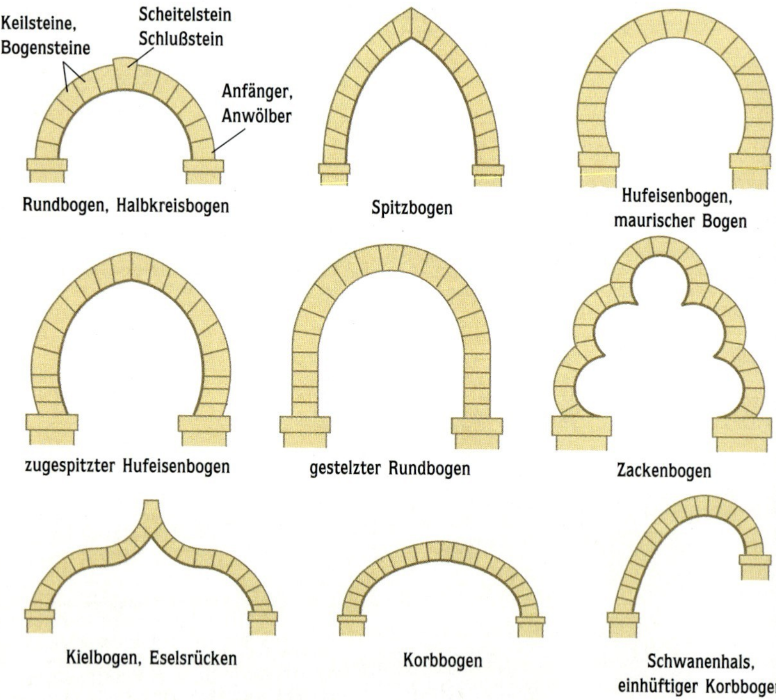

Bogen: gebogenes, von Säulen oder Pilastern gestütztes Bauelement. Man unterscheidet: s. Abbildung der verschiedenen Bogenformen.

Bogenstein: keilförmiger oder rechteckiger Stein, der zum Bau von Bogen oder Gewölben benutzt wird.

Bossenwerk: Mauerwerk oder Wandverkleidung aus Quadern, einheitlich behauenen, vorkragenden Steinen an der Außenwand eines Gebäudes. Zwischen diesen verlaufen tiefe Einkerbungen oder gemalte Trennlinien. Das Bossenwerk war besonders in der Renaissance in Mode.

Chor: in der Kirche Raum zwischen Langhaus und Apsis (vor dem Hochaltar), der zunächst für die Sänger bestimmt und dann den Geistlichen vorbehalten war, ausgestattet mit reichhaltig verziertem Chorgestühl aus Holz.

Ciborium: frei stehender, meist mit Pyramidendach abgedeckter Viersäulenbau über dem Altar.

Confessio: kleine Krypta mit dem Grab eines Märtyrers unter dem Altar.

Deambulatorium (Chorumgang): Weiterführung der Seitenschiffe um den Chor. Der Chorumgang ermöglichte den Pilgern das Ansehen der Reliquien in einer Wallfahrtskirche.

Eierstab: Viertelstab, auf dem sich ei- und pfeilspitzenförmige Reliefformen abwechseln.

Empore: in den frühchristlichen Kirchen zum Langhaus hin offene Galerie im Obergeschoß; später Schmuckelement der Außenfassade.

Exedra: Raum mit Sitzplätzen in römischen Basiliken; mit einer Halbkuppel überwölbte oder offene, im Grundriß halbkreisförmige Nische.

Fensterkreuz: Element aus Stein oder Holz zur Untergliederung eines Fensters oder einer Tür. Das vertikale Ornament nennt man Stabwerk.

Fensterrose: großes rundes Fenster mit Glasmalereien, meist über den Westportalen, auch an den Stirnseiten der Querschiffe; als Radfenster gebildet oder mit reichem Maßwerk gefüllt (kleine Verstrebungen, Voluten, verschiedene Motive).

Flachrelief: Werk der Bildhauerkunst, bei dem die Formen und Figuren nur wenig aus der Fläche hervortreten.

Frauenempore: in den frühchristlichen und romanischen Sakralbauten den Frauen vorbehaltenes galerieartiges Obergeschoß.

Fresko: Wandmalerei auf frischem, noch feuchtem Kalkputz.

Gebälk: Gesamtheit aus Architrav (Tragbalken aus Stein über den Kapitellen einer Kolonnade), Fries und Kranzgesims.

gekuppelt: paarweise angeordnet (gekuppelte Bögen, gekuppelte Säulen).

Gesims: aus der Mauer hervortretender, waagerechter, plastisch gestalteter Streifen zur horizontalen Gliederung eines Bauwerks.

Gewände: die schräg in die Mauerfläche eingeschnittene seitliche Begrenzung eines Portals oder eines Fensters.

Gewölbe: gekrümmte Decke über einem Raum. Man unterscheidet: siehe Abbildungen der Gewölbe.

Gewölbefeld: von zwei Rippen begrenzter Bereich in Gewölben oder Kuppeln.

Giebeldreieck: Zierrat, üblicherweise in dreieckiger Form, über einem Risalit, Türen, Fenstern, Nischen.

Groteske: Bezeichnung aus der Renaissance für übersteigerte oder wunderliche Schmuckmotive, die sich an Vorlagen aus der Antike inspirieren. Der Name rührt von den „Grotten" her, dem Fundort römischer Malereien des Domus Aurea, der in der Renaissance entdeckt wurde.

Hochrelief: Werk der Bildhauerkunst, dessen Figuren sich höher als beim Flachrelief vom Grund abheben (Zwischenstufe zwischen dem Flachrelief und der frei stehenden Plastik).

Kanzel (oder Ambo): erhöhte Tribüne für die Predigt, Standort innerhalb der Kirche nicht festgelegt.

Kapitell: oberer Abschluß von Säulen und Pfeilern, bestehend aus einer Deckplatte, dem Abakus, und einem Wulst, dem Echinus, der den Säulenschaft mit der Deckplatte verbindet. Die drei klassischen Ordnungen zeichnen sich durch die unterschiedliche Ausbildung des Wulstes aus: dorisch, ionisch (mit einem Volutenkranz) und korinthisch (mit Akanthusblättern geschmückt); letztere ist häufig bei Gebäuden aus dem 16. und 17. Jh. anzutreffen.

Karyatide: weibliche Gewandstatue anstelle eines Säulenschaftes.

Kassette: vertieftes, kastenförmiges Feld in einer flachen oder gewölbten Decke; kann leer oder mit Ornamenten bzw. gemalten Darstellungen ausgefüllt sein.

Kathedrale: Hauptkirche eines kath. Bistums oder eines entsprechenden kirchlichen Territoriums mit Sitz des Bischofs.

Kielbogengewölbe: in Form eines umgestülpten Bootsrumpfes.

Konsole (oder Kragstein): aus der Mauer hervortretender, häufig reich geschmückter Stein oder Holzstück, das als Stütze bzw. Auflage für Balken oder Gesimse dient.

Kreuzgrundriß: man unterscheidet dabei das griechische Kreuz mit vier gleich langen Armen und das lateinische Kreuz, dessen Querschiffarme kürzer sind.

Kreuzrippe: diagonale Rippe bei der Durchdringung von zwei Tonnengewölben zur Verstärkung der Grate.

Krypta: meist unter dem Chor liegender, unterirdischer Raum für die Aufbewahrung von Reliquien oder die Bestattung von Märtyrern und Heiligen. Oft handelt es sich dabei um eine eigenständige Kirche oder Kapelle.

Laibung: die innere Wölbfläche bei Bogen und Gewölben.

Laterne: von Fenstern durchbrochener Aufbau über dem Scheitel von Kuppelbauten.

Lisene: leicht hervortretender, glatter, senkrechter Streifen zur Gliederung der Wand.

Lukarne: erkerartige Dachluke, oft mit reich geschmückter Umrahmung.

Narthex: abgeschlossene Vorhalle hinter dem Haupteingang einer Kirche.

Nebenapside: kleine Altarnische, die sich zum Chorumgang einer romanischen oder gotischen Kirche hin öffnet.

Perystil: Säulenhalle, die ein Bauwerk oder den offenen Hof eines Gebäudes umgibt.

Pfosten: seitlicher senkrechter Abschluß einer Fenster- oder Türöffnung, die den Sturz abstützt.

Pietà (Vesperbild): Andachtsbild; Darstellung der Maria, die den Leichnam Christi im Schoß hält.

Polyptychon: durch Scharnier miteinander verbundene, bemalte oder geschnitzte Tafeln.

Predella: Unterbau eines Polyptychons oder eines Retabels.

Predigtstuhl: gotischer Sitz mit hoher Rückenlehne.

Presbiterio: Raum um den Altar, der den Geistlichen vorbehalten ist.

Profilleiste: geradliniges Schmuckelement, das aus einem plastisch gestalteten und aus der Wand hervortretenden Band besteht.

Pronaos: im antiken Tempel Vorhalle der Cella; später Portikus aus Säulen, der dem Eingang einer Kirche oder eines Palastes vorgelagert ist.

Pyxis: Behälter in zylindrischer Form aus Elfenbein oder emailliertem Kupfer zur Aufbewahrung von Schmuck oder Hostien.

Querschiff: das Langhaus kreuzender oder diesem quer vorgelagerter Raum, der dem Grundriß der Kirche die Form eines Kreuzes verleiht.

Retabel (Altaraufsatz): auf oder hinter dem Altar errichtete, künstlerisch gestaltete Rückwand.

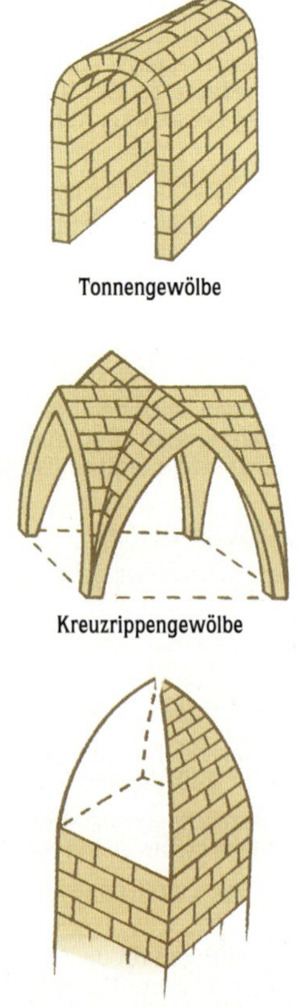

Tonnengewölbe

Kreuzrippengewölbe

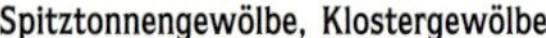

Spitztonnengewölbe, Klostergewölbe

Kreuzgratgewölbe

Fächergewölbe

Pendentifkuppel, Hängekuppel

Rippe: Verstärkung der Grate eines Gewölbes oder einer Kuppel, die das Gewicht auf die unteren Bauteile leitet.

Risalit: in der ganzen Höhe des Bauwerks vor dessen Flucht tretender Bauteil.

Rollwerk: Schmuckmotiv aus spiralenförmig aufgewickelten Formen.

Schiff: jeder langgezogene Teil einer Kirche. Das Mittelschiff ist oft größer als die Seitenschiffe.

Sparren: dreieckige Konstruktion, oft aus Holz, zum Abstützen des Daches.

Spitzbogen: diagonal angebrachter Bogen zur Abstützung eines Gewölbes.

Strebepfeiler: an den Außenmauern emporsteigende Pfeiler, die den Druck der Bogen und Gewölbe auffangen.

Sturz: oberer waagerechter Abschlußbalken einer Öffnung, der zwei Pfosten, Pfeiler oder Säulen miteinander verbindet und vor allem die Last der Mauer aufnimmt (bei antiken Gebäuden wie dem Tempel unterster Teil des Gebälks).

Tambour: meist von Fenstern durchbrochener zylindrischer oder polygonaler Unterbau einer Kuppel.

Triforium: schmaler Laufgang unter den Fenstern von Chor, Mittel- und Querschiff im Innenraum romanischer und bes. gotischer Kirchen, der sich in meist dreifachen Bogenstellungen öffnet.

Triptychon: dreiteiliges Tafelbild, bes. der dreiteilige Flügelaltar, dessen äußere Flügel sich zusammenklappen lassen.

Trompe-l'œil: Vortäuschung von Relief und Räumlichkeit mit malerischen Mitteln.

Tympanon: dreieckiges oder halbrundes Giebelfeld über Portalen, Türen oder Fenstern zwischen dem Sturz und den Schrägen des Giebels.

Wimperg: giebelförmiger gotischer Bauteil zur Bekrönung von Portalen und Fenstern, besetzt mit Krabben und Fialen und abgeschlossen von einer Kreuzblume.

Zierleiste: vorspringendes Zierelement in Form eines Streifens.

Zinne: kleine, in regelmäßigen Abständen angebrachte Steinpfeiler auf Wehrbauten. Man unterscheidet die Zinnen der Ghibellinen (schwalbenschwanzförmig), das Symbol kaiserlicher und weltlicher Macht, und die Zinnen der Guelfen (rechteckig), das Symbol päpstlicher und geistlicher Macht.

Zwickel: Gewölbeteil in Form eines sphärischen Dreiecks, der von den Ecken eines quadratischen Grundrisses zum Kreisrund einer Kuppel oder zu einem Oktogon überleitet.

Zwillings-, Dreifach-, Vierfachfenster: senkrecht in zwei, drei oder vier Abschnitte unterteilte Fenster.

Die bildende Kunst

Großgriechenland

Die Stadt – Die rationale Gliederung des Gebietes in heilige Bezirke, öffentliche Plätze und Gebäude sowie Wohnviertel entstand wahrscheinlich bereits bei den ersten Siedlungswellen der Griechen in Italien im 8. Jh. v. Chr. Grundsätzlich folgte der Stadtplan dem von **Hippodamos von Milet**, dem griechischen Philosophen und Architekten, der im 5. Jh. v. Chr. in Kleinasien gelebt hatte, entwickelten System, das von zwei sich rechtwinklig kreuzenden Hauptstraßen ausgeht: **Cardo** (grch. *Stenopos*) durchzog die Stadt von Norden nach Süden und **Decumanus Major** (grch. *Plateia*) von Osten nach Westen. Die zu Cardo und Decumanus parallel verlaufenden Nebenstraßen begrenzten die Häuserblocks. Innerhalb dieses schachbrettartigen Planes befanden sich die verschiedenen Einrichtungen der Stadt, darunter die **Agora**, Hauptplatz und Zentrum des öffentlichen Lebens, **Ekklesiasterion**, ein öffentliches Gebäude, das für die Volksversammlung *(Ekklesia)* vorgesehen war, und **Buleuterion**, das dem Rat der Bewohner der Stadt *(Bule)* als Sitzungsgebäude diente. Die Tempel, manchmal außerhalb des eigentlichen Stadtgebietes gelegen, waren oft von einem heiligen Bezirk umgeben, zu dem monumentale Portiken, Weihgebäude, Gymnasien und Theater gehörten. Die Stadtanlage wurde in der Regel durch umfangreiche Befestigungsanlagen geschützt, hinter denen sich das Ackerland, das in Parzellen für die einzelnen Familien unterteilt war, und das Terrain zur Bestattung der Toten erstreckten.

Der Tempel – Herzstück des Tempels war der **Naos**, in dem sich die Statue der Gottheit befand. Er war nach Osten ausgerichtet, damit die aufgehende Sonne, die als Quelle allen Lebens galt, ihr Licht auf das Bild der Gottheit warf. Vor dem Naos lag der **Pronaos**, die Vorhalle, während der **Opisthodomos**, die Rückhalle, als Schatz-

kammer diente. Um diese zentralen Partien des Tempels herum verlief der **Perystil**, eine Säulenhalle. Der Tempel selbst ruhte auf einem Unterbau, auf dessen oberster Stufe, dem **Stylobat**, die Säulen standen, auf denen das Gebälk lag. Den oberen Abschluß bildete ein flaches Satteldach.
Der in Großgriechenland und Sizilien vorherrschende Baustil war der dorische Stil. Die imposanten und gleichzeitig schlichten Säulen erhoben sich ohne Fuß direkt auf dem Stylobat. Das Kapitell besaß keinen plastischen Schmuck und bestand nur aus einem runden, kissenförmigen Teil, dem Echinus, auf den ein quadratischer Abakus aufgesetzt wurde. Das dorische Gebälk setzte sich nur aus einem einfachen Architrav und einem Fries darüber zusammen, auf dem sich Metopen (offenes Feld, das im allgemeinen mit Flachreliefs geschmückt war) und Triglyphen (rechteckige Steinplatte, in die zwei tiefe Kerben in der Mitte und zwei flachere an den Außenseiten eingeschnitten waren) abwechselten.

Neptuntempel in Paestum

Wegen der Schlichtheit der Konstruktion und der perfekten Harmonie der Proportionen galt die Architektur des dorischen Tempels lange Zeit als Inbegriff der idealen Schönheit. Die antiken Baumeister hatten herausgefunden, daß das menschliche Auge dazu neigt, die geraden Linien der Monumentalbauten zu verformen, und brachten deshalb an der herkömmlichen Konstruktion einige optische Korrekturen an. Da das Gebälk sich für das menschliche Auge im Zentrum leicht zu krümmen schien, wurde es beim Bau in der Mitte etwas erhöht und erhielt dadurch eine nicht sichtbare Bogenform. Um dem Bauwerk den Eindruck eines perfekten Gleichgewichtes zu verleihen, wurden die Säulen am Rande der Tempelfassade nach innen geneigt, womit der Effekt einer scheinbaren Neigung nach außen vermieden wurde. Bei besonders großen Bauwerken (wie dem Concordiatempel in Agrigent und der sog. Basilika in Paestum) schließlich schienen sich die Säulen nach oben zu verjüngen, weshalb man diese optische Täuschung durch eine Schwellung des Säulenschafts (Entasis) auf etwa zwei Drittel seiner Länge ausglich.
Die Tempel waren in der Regel reich mit Skulpturenzyklen und Flachreliefs geschmückt. Die plastische Wirkung sollte durch die bunte Bemalung (rot, blau, weiß) des Skulpturenschmucks noch unterstrichen werden. Gleichzeitig hoben sich dadurch die Säulen stärker von dem Naos ab.
Im Vergleich zu den Sakralbauten des Ursprungslandes zeigten die Tempel Großgriechenlands und Siziliens eine anhaltende Vorliebe ihrer Erbauer oder Auftraggeber für monumentale Bauwerke und räumliche Effekte sowie einen besonderen Hang zu überschwenglicher Ornamentik.

Bildhauerkunst – Aufgrund des Mangels an Marmor und der Vorliebe der Italiker für malerische Darstellung und Hell-Dunkel-Effekte wurden Kalkstein und Sandstein zu ihren bevorzugten Materialien. Für Giebelfelder und Akrotere der Tempel sowie für Votivstatuen aus Terrakotta wurde viel mit Ton gearbeitet. Ende des 6. Jh.s v. Chr. begann sich der dorische Stil in den Kolonien durchzusetzen, der sich durch eine starke Individualisierung der Züge, eine zunehmende dramatische Intensität und eine große Sanftheit der Formen auszeichnete. Zu den wichtigsten künstlerischen Zentren der Zeit gehörten Tarent, Neapel, Paestum, Agrigent und Syrakus.

Malerei und Keramik – Die Griechen betrachteten die Malerei als die vornehmste und intensivste künstlerische Ausdrucksweise. Leider sind aufgrund der Vergänglichkeit der Farben von dieser Kunst nur wenige Zeugnisse erhalten. Die

einzigen bedeutenden Beispiele der griechischen Monumentalmalerei befinden sich in den Grabstätten oder an den Wänden der unterirdischen Grabkammern. Von der griechischen Großbildmalerei, oft noch durch einen Brunnen verschönert, kann man sich anhand der Vasenmalerei ein Bild machen, bei der diese Vorlagen oft wiederaufgegriffen und schematisiert wurden.
Die Vasen mit schwarzen Figuren auf rotem oder gelbem Grund gehen auf die archaische Zeit und den Beginn der Klassik zurück. Die Details der Figuren wurden einfach mit einer Eisenspitze in die schwarze Farbe eingeritzt. Die dargestellten Szenen stammten im allgemeinen aus der Mythologie oder dem täglichen Leben. Die Vasen mit roten Figuren tauchten in Süditalien zum ersten Mal im 5. Jh. v. Chr. auf. Der schwarze Firnis, der ursprünglich zum Aufmalen der Figuren diente, bildete nun den Untergrund, auf dem man die karminrote Dekoration auftrug, die anschließend mit schwarzen oder weißen Pinselstrichen vervollständigt wurde. Diese Umkehrung der Farbgebung, die den Künstlern zu einer größeren Gestaltungsfreiheit verhalf, stellte eine revolutionäre Entdeckung für die Künstler dar, die ihnen geschmeidigere Linien ermöglichte. Die dargestellten Themen hingegen blieben im großen und ganzen die gleichen. Ab dem 3. Jh. v. Chr. wandte sich die künstlerische Tätigkeit auf der italienischen Halbinsel und in Großgriechenland immer mehr der Ornamentik zu.

Etrusker

Die etruskischen Städte, die meist auf einer Anhöhe lagen und von Mauern aus gewaltigen Steinblöcken umgeben waren, zeugen von der hochentwickelten Stadtkultur der Etrusker, die sich an das griechische Vorbild anlehnte. Außerhalb der Wohnsiedlungen befanden sich weitläufige unterirdische Nekropolen, deren Totenkammern (Hypogäen) Aufschluß geben über Sitten und Gebräuche sowie die Kunst dieses Volkes. Diese primitive Kunst besaß, obwohl sie stark von der orientalischen und griechischen Kunst beeinflußt war (vor allem ab dem 6. Jh. v. Chr.), durch ihren Realismus und ihre ausdrucksstarke Darstellung von Bewegung einen ganz eigenständigen Charakter. Die Entdeckung von Meisterwerken wie dem Apollo und dem Hermes von Veji sowie die systematische Untersuchung von Keramiken, Bronzen, Gebrauchsgegenständen und Toilettenartikeln, die in den Totenkammern gefunden wurden, haben der kraftvollen und hochentwickelten etruskischen Kunst, die lange Zeit als Ableger der griechischen Kunst angesehen wurde, zu einer angemessenen Würdigung verholfen.

SCALA
Chimäre von Arezzo

Bildende Kunst – Da von der etruskischen Architektur keine Spuren mehr vorhanden sind, liefert die **Bildhauerkunst** das wichtigste Anschauungsmaterial zum Studium der etruskischen Kunst. Ihre Glanzzeit lag im 6. Jh. v. Chr., als Statuen einen wesentlichen Teil des Tempelschmucks bildeten. Als Beispiel sei die großartige Statue des Apollo genannt (heute in der Villa Giulia in Rom), die den Giebel des Tempels von Veji schmückte und die den deutlichen Einfluß der griechischen Kunst widerspiegelt. Weitaus urtümlicher erscheinen die Büsten, die sich durch einen teilweise schonungslosen Realismus auszeichnen, den die ausdrucksstarke und im Vergleich zu zeitgleichen griechischen Skulpturen primitivere Gestaltung hervorruft. Die gleichen stilistischen Merkmale finden sich bei den auf Sarkophagen halb liegenden Figurengruppen, die oft echte Porträts der Verstorbenen waren. Auch bei Bronzeskulpturen erreichten die Etrusker eine hohe Kunstfertigkeit, von der die berühmte Chimäre von Arezzo (Archäologisches Museum Florenz) zeugt.
Von der etruskischen Malerei sind allein die Wandmalereien in den Grabkammern der Nekropolen (Cerveteri, Veji und vor allem in Tarquinia) erhalten, die den Verstorbenen die Freuden des irdischen Lebens (Bankette, Spiele und Schauspiele, Musik, Tanz und Jagd) in Erinnerung rufen sollten. Diese Malereien von großer künstlerischer und farblicher Feinheit zeugen von einer erstaunlichen Beobachtungsgabe und geben Aufschluß über das Leben dieses Volkes.

Keramik und Goldschmiedekunst - Die Etrusker waren ausgezeichnete Kunsthandwerker und stellten in großer Zahl Keramikgefäße her, von denen die **Bucchero**-Keramik besonders hervorgehoben werden soll. Es handelt sich dabei um schwarz gebrannte Tongefäße mit glänzender Oberfläche, die nach einem komplizierten Verfahren hergestellt wurden. Anfänglich waren die Vasen sehr schlicht, im Laufe der Jahrhunderte wurden Formen und Verzierungen jedoch immer vielgestaltiger und komplizierter. Im 5. Jh. begannen die Etrusker, sogenannte Kanopen herzustellen, Graburnen in Tier- oder Menschengestalt.
Männer und Frauen trugen prächtigen Schmuck. Die etruskischen Schmuckstücke waren schwer, meist aus Gold und zeugten von der unübertrefflichen Geschicklichkeit der Goldschmiede. Besondere Perfektion erreichten sie in der Filigran- und in der von ihnen entwickelten Granulierungstechnik. Dabei wurden Goldkügelchen verwendet, die nur Bruchteile eines Millimeters groß waren. Die Kunstfertigkeit der etruskischen Kunsthandwerker zeigt sich auch am Schliff der Edelsteine, in der Herstellung von geschliffenen Spiegeln, Räuchergefäßen und bronzenen Kandelabern, alle von seltener Eleganz, sowie von Zisten, zylinderförmigen Gefäßen, die als Hochzeitsschatullen dienten.

Römer

Die römische Stadt - Die von den Römern neu gegründeten Städte waren oft militärischen Ursprungs oder wurden beim Entwurf des Projektes in den Plan des *Castrum*, des Heerlagers, integriert. Die nach diesem Modell neu gegründeten und in unruhigen Zeiten mit Wällen umgebenen Städte waren im allgemeinen in vier Stadtviertel unterteilt, die durch zwei sich rechtwinklig kreuzende Straßen gebildet wurden. An den Enden dieser Hauptstraßen, *Decumanus* und *Cardo*, befand sich ein Stadttor. Alle anderen Straßen verliefen parallel zu den beiden Hauptstraßen und gaben dem Plan der Stadt das Aussehen eines Schachbretts. Die Straßen wurden manchmal von 50 cm hohen Bordsteinen eingefaßt. Oft wurden sie von Säulengängen gesäumt, die Schutz vor Regen, Schnee und der sengenden Sonne boten. Die Fahrbahn bestand aus großen, perfekt miteinander verbundenen Steinplatten. Damit Fußgänger die Straßen überqueren konnten, ohne hinauf- und hinuntersteigen zu müssen, führten in gewissen Abständen Stege aus Steinquadern in der Höhe des Bordsteins von einer Seite zur anderen, die jedoch so weit voneinander entfernt waren, daß Pferde und Wagenräder hindurchpaßten.

Das römische Haus - Die Ausgrabungen von Herculaneum, Pompeji und Ostia brachten zwei verschiedene Grundtypen der römischen Wohnformen zutage: *Insula*, das mehrstöckige Mietshaus, das zur Straße hin oft Läden beherbergte, und *Domus* mit *Atrium*, einer Weiterentwicklung des etruskischen Atriumhauses griechischen Ursprungs.
Von außen machten diese Häuser mit ihren kahlen Mauern und den wenigen Fenstern einen bescheidenen Eindruck. Das reich geschmückte Innere mit seinen Mosaiken, Statuen, Gemälden und Marmorarbeiten und zuweilen auch Thermen und Aquarien zeugte jedoch vom Wohlstand der Eigentümer. Am Eingang des Hauses, wo sich die Pförtnerloge befand, warnte manchmal ein Schild oder ein Mosaik den Besucher vor einem bissigen Hund *(Cave canem)*. Durch eine Vorhalle gelangte man zum Atrium. Das **Atrium** (1) bildete anfänglich den Mittelpunkt des Hauses und wandelte sich in der Folgezeit zu einem Innenhof, in dessen Mitte sich ein Becken für Regenwasser befand *(Impluvium)*. An den Seiten des Atriums, dem einzigen Ort, zu dem Fremde gewöhnlich Zutritt hatten, befanden sich einige mit einem Bett ausgestattete Gästezimmer *(Cubicula)*. Dahinter lag der Empfangsraum des Hausherrn, das **Tablinum** (2). Das Atrium und die angrenzenden Räume stellten den primitivsten Typ des römischen Wohnhauses dar, in dem einfachere Menschen lebten. Die hohen Beamten, die reichen Gutsbesitzer und die wohlhabenden Kaufleute fügten meist hinter dem Tablinum noch einen weiteren Gebäudeteil nach hellenistischem Vorbild hinzu, der wie ein zweites Haus wirkte und luxuriöser ausgestattet war.

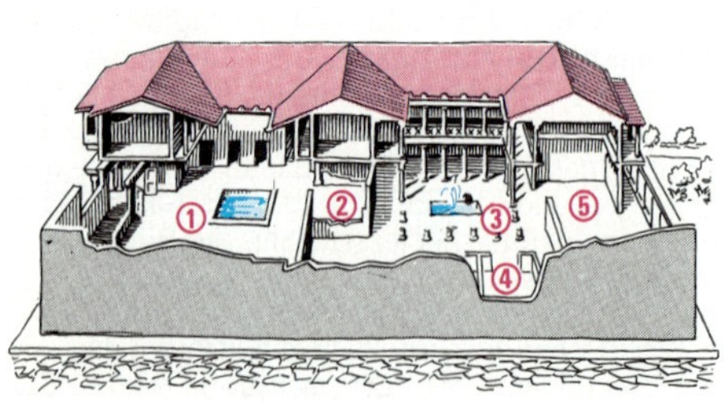

Der der Familie vorbehaltene Teil des Hauses lag am **Peristyl** (3), einem von einem Säulengang umgebenen Innenhof. Das Peristyl war meist ein Garten mit Becken, die mit Mosaiken gefliest waren, mit Wasserspielen und Statuen. Ringsherum lagen Wohnräume. Die sogenannten *Cubicula* waren einfache Schlafzimmer mit einer an die Wand gemauerten Schlafbank oder einer beweglichen Liege. Man hatte bereits Matratzen, Kissen und Decken, aber keine Bettlaken. Die Bezeichnung des Speisezimmers, **Triclinium** (4), geht auf die drei sich darin befindlichen Liegen zurück, auf denen die Gäste auf Kissen ruhend und nach griechischer Sitte auf einen

Ellbogen gestützt die Speisen einnahmen. Der Tisch in der Mitte war daher nur von drei Seiten umgeben, die vierte Seite blieb offen für die Bediensteten. Den Abschluß bildete das große Wohnzimmer, **Oecus** (5) genannt.
Die Wirtschaftsräume umfaßten eine Küche mit Ausguß, gemauertem Herd und Kochstelle, die Bäder (Thermen in kleinerer Ausführung), die Unterkünfte der Sklaven, Vorratsräume, Weinkeller, Pferdeställe usw. Die Latrinen befanden sich in einer Ecke der Küche und waren an die gleiche Kanalisation angeschlossen.

Forum - Ursprünglich war das Forum ein großer Marktplatz, der an der Kreuzung der beiden Hauptstraßen lag und zur Kaiserzeit von Säulengängen umgeben war. Es entwickelte sich zum Mittelpunkt des öffentlichen Lebens und des Handels in den römischen Städten. Die Männer versammelten sich hier, um die öffentlichen Bekanntmachungen zu lesen, den politischen Reden zuzuhören, sich die Ereignisse aus dem Imperium erzählen zu lassen, Bekannte zu treffen und sich zu unterhalten. Die Frauen besorgten ihre Einkäufe in den Geschäften rings um den Platz, auf dem es von Taschendieben wimmelte.
Um das Forum herum gruppierten sich die öffentlichen Gebäude: Kurie (Sitz der Kommunalverwaltung), Wahllokale, Rednertribünen, auf denen sich die einzelnen Redner gegenseitig in ihrer Redegewandtheit zu übertreffen suchten, die „Basilika argentaria" (Halle der Geldwechsler), das Schatzamt, die öffentlichen Getreidespeicher, Gericht, Gefängnis, die Tempel und eine große Zahl von Gedenkstätten.

Gräber - Die römischen Grabstätten lagen längs der Landstraßen außerhalb der Siedlungen. Ein Grab wurde entweder durch eine einfache Stele, einen Altar oder bei reicheren Familien durch ein Mausoleum gekennzeichnet. Es bestand bei den Ärmsten aus einem *Colombarium* genannten Raum, dessen Wände mit Nischen bestückt waren, in denen die Urnen mit der Asche der Verstorbenen aufbewahrt wurden. Die berühmteste Nekropole Italiens ist die der Via Appia Antica, südlich von Rom. Unmittelbar nach seinem Ableben wurde der Verstorbene auf einem besonderen Totenbett aufgebahrt, das man mit Kerzenleuchtern und Blumengirlanden umgab. Der Leichnam wurde dann von den Angehörigen beigesetzt oder zuerst verbrannt. An seiner letzten Ruhestätte legte man Gebrauchsgegenstände nieder für das Leben nach dem Tod, wie z. B. Kleider, Waffen, Werkzeuge für die Männer, Spielzeug für die Kinder oder Schmuck und Toilettengegenstände für die Frauen.

Architektur - Obwohl die römische Baukunst einige Elemente der griechischen Architektur übernommen hat, unterscheidet sie sich von dieser nicht nur durch die vorrangig repräsentativen Ansprüche an das Bauwerk selbst und die realistische, der Natur nachempfundene Formgebung, sondern auch durch den engen Zusammenhang zwischen der äußeren Form und der Gestaltung des Innenraums. Bedeutende technische Innovationen und eine neue Gestaltungsfreiheit erlaubten sanftere, geschwungene Formen, die im Bogen, in der Kuppel und im Gewölbe ihren Ausdruck fanden. Die Säule, die in der griechischen Baukunst das Grundelement der aus zwei Säulen und einem Architrav bestehenden Konstruktion bildete, wurde aus funktionalen Gründen ersetzt durch die Wand und den Wandpfeiler. Die Erfindung des **Gußbetons**, des in Schalungen gegossenen Gemischs aus Steinen und Mörtel, ermöglichte die Überwölbung großer Grundflächen. Bei der römischen Architektur ist insbesondere ihr technischer, städtischer Charakter zu unterstreichen, da er zur Umsetzung gigantischer öffentlicher Bauprojekte führte, wie Brücken, Aquädukte, Straßen, Tunnel, Kanalisationen, Thermen, Theater und Amphitheater, Stadien, Zirkusse, Basiliken und Nymphäen, Palästren und Kolonnaden, Triumphbögen sowie zahllose andere öffentliche oder private Bauten, die oft selbst den großartigsten öffentlichen Werken in nichts nachstanden. Die römische Ordnung leitete sich im wesentlichen von der griechischen ab, von der sie nur wenige Details unterschieden. Vorherrschend waren in Rom die korinthische Ordnung, die der ionischen ähnelt, bei der jedoch die Säulen schmaler und das Kapitell mit Akanthusblättern umgeben waren, sowie die Kompositordnung, bei der sich auf dem korinthischen Kapitell eine ionische Volute befindet.

Tempel - Die Tempel dienten der Verehrung von Göttern und Kaisern, die seit Kaiser Oktavian Augustus in den Rang von Gottheiten erhoben wurden. Der Tempel orientierte sich am griechischen Modell und umfaßte ein geschlossenes Sanktuarium (Cella), in dem sich ein Götterbild befand, und einen offenen Vorraum (Pronaos), der von Säulen umgeben war. Das Ganze ruhte auf einem hohen Podium.

Triumphbögen - Sie waren in Rom dazu bestimmt, des „Triumphs" siegreicher Feldherren oder Kaiser zu gedenken. Flachreliefs stellten ihre Heldentaten dar. In den Provinzen, wie z. B. in Aosta, Benevent oder Ancona, erinnern die Monumentaltore an wichtige Ereignisse oder an ein Mitglied der kaiserlichen Familie.

Thermen - Die römischen Thermen waren öffentlich, kostenlos und ein wichtiges Element des gesellschaftlichen Lebens. Man ging nicht nur zum Baden oder zur körperlichen Ertüchtigung in die Thermen, sondern auch zur Unterhaltung, zum Lesen, Spielen oder um Geschäfte zu tätigen. In diesen mit Marmor, Mosaiken, Statuen und Säulen prunkvoll ausgeschmückten Anlagen folgte der Besucher einer medizinisch festgelegten Badeordnung: Von der Palästra aus betrat er einen

SCALA

Trajansbogen in Benevent

angewärmten Raum, das **Tepidarium**, in dem er sich auf das Schwitzbad im **Caldarium** (heiße Halle) vorbereitete. Bevor er sich dann in das kalte Bad **(Frigidarium)** begab, suchte er nochmals das Tepidarium auf.
Ein kompliziertes Heizsystem (Hypokausten) verlief unter dem Fußboden und an der Wand. Für die Luft- und Wassererwärmung benutzte man mehrere unterirdische Feuerstellen, die für die gewünschten Temperaturen sorgten.

Amphitheater – Diese römische Erfindung setzt sich aus mehreren Stockwerken zusammen und ist leicht ellipsenförmig. In ihm fanden die Zuschauer der Zirkusspiele Platz. Die oberste Galerie besaß oft eine Mauer, an der ein riesiges Segeltuchdach **(Velarium)** befestigt werden konnte, das die Zuschauer vor Sonne oder Regen schützte.
Im Innern war die Arena durch eine Mauer abgetrennt, damit die Zuschauer der ersten Reihen nicht durch die wilden Tiere gefährdet wurden.
Über die Galerien, zahlreichen Treppen und Gänge konnten die Zuschauer von den verschiedenen Eingängen aus in relativ kurzer Zeit und ohne Gedränge ihre Plätze erreichen.
Die Darbietungen wurden vorher durch farbige Anschläge bekannt gemacht und angepriesen. Das Programm umfaßte im allgemeinen verschiedene Kämpfe, entweder von Tieren gegeneinander, von Gladiatoren gegen Tiere oder von Gladiatoren gegeneinander. Im Prinzip sollte ein Zweikampf stets mit dem Tod eines der Gladiatoren enden, aber das Publikum konnte beim Veranstalter der Spiele um Gnade für sein Leben bitten. Richtete sich der Daumen der Zuschauer nach oben, war der Gladiator begnadigt. Der Sieger eines Kampfes erhielt eine erhebliche Geldsumme, wenn er ein Berufskämpfer war, oder seine Freilassung, wenn es sich um einen Sklaven oder einen Kriegsgefangenen handelte.
Manchmal wurde die Arena zur Nachstellung von Seeschlachten geflutet, die mit Hilfe von flachrumpfigen Spezialschiffen durchgeführt wurden.

Zirkus – Der Zirkus, der in der Regel an den Kaiserpalast angrenzte, war ein langgezogenes, gerades Areal für Pferde- und Wagenrennen, dessen eine Schmalseite gebogen und dessen andere (Startlinie) gerade verlief. Die Zuschauer verfolgten das Spektakel von den seitlich ansteigenden Sitzreihen aus. In der Mitte der Bahn befand sich die Spina, eine langgestreckte niedrige Mauer, um die die Wettkämpfer herumfuhren. In späteren Jahrhunderten fanden hier Veranstaltungen aller Art statt. Das Stadion ist eine abgewandelte Form des Zirkus. Es ist griechischer Herkunft, kleiner als der Zirkus und diente ursprünglich Leichtathletikwettkämpfen.

Theater – Meist schloß eine Säulenhalle die halbkreisförmig ansteigenden Sitzreihen oben ab; die „Orchestra" war bekannten Persönlichkeiten oder den Statisten vorbehalten. Dahinter erhob sich, um einige Stufen erhöht, die Bühne. Die Schauspieler agierten vor einer Bühnenmauer, deren Verkleidung in Nachahmung einer Palastfassade aus Marmorsäulen, -nischen und -skulpturen bestand. Die perfekte Akustik wurde durch eine besonders ausgeklügelte Bauweise gewährleistet. Einige Kulissen waren feststehend, andere beweglich. Von den Kellerräumen und dem Schnürboden aus konnte man vielfältige Maschinen einsetzen, mit denen man Spezialeffekte produzierte, die modernen Bühnen in nichts nachstanden (Rauch, Blitze, Donnergrollen, Erscheinungen von Göttern – der berühmte *Deus ex machina* – oder Helden).
Neben der Aufführung von Komödien und Tragödien fanden in den Theatern jedoch auch Wettbewerbe, Lotterieziehungen und Brot- und Geldverteilungen statt.
Bis zum Ende des 2. Jh.s v. Chr. trugen alle Schauspieler Perücken unterschiedlicher Form und Farbe, je nach dem Wesen der Person, die sie darstellten. Später benutzten sie Masken aus Pappmaché, die der zu spielenden Rolle entsprachen. Bei Tragödien trugen die Schauspieler des hoheitsvolleren Aussehens wegen Kothurne (Bühnenschuhe mit hohen Korksohlen).

Die Kunst in Italien

Um die italienische Kunst und ihre Werke verstehen zu können, die ohne Unterbrechung in mannigfaltigen Formen in Italien vom 12. Jh. bis zum 18. Jh. geschaffen wurden, muß man sich die Geschichte dieses Landes vergegenwärtigen, die die Kunst selbstverständlich beeinflußt hat. Einerseits ist in ihr das griechische, etruskische und römische Erbe vorhanden, was sich in jeder Epoche in der Wiederaufnahme bestimmter wesentlicher Motive und Formen ausdrückt. Andererseits wurde durch die geographische Lage des Landes das Eindringen zahlreicher äußerer Einflüsse begünstigt. Nach Byzanz, das nach dem Zusammenbruch des Weströmischen Reiches mehrere Jahrhunderte lang der nördlichen Adriaküste seinen Stempel aufdrückte, führten die Ostgoten, die Langobarden, die Franken, die Araber und die Normannen ihre Kunstformen in der jeweils eroberten Provinz ein. Die außerordentliche Anpassungsfähigkeit des italienischen Charakters, der die Lehren der ausländischen Schulen aufnahm und verwertete, war die Voraussetzung dafür, daß Florenz, Siena, Verona, Ferrara, Mailand und etwas später Rom, Venedig, Neapel und Genua nacheinander die Geburtsstätten einer eigenständigen Kunst werden konnten.
Trotz regionaler Besonderheiten weisen die Kunstwerke, die auf der Halbinsel ab dem 12. Jh. entstanden, einige gemeinsame Züge auf, die sich bis zur Renaissance noch stärker herausbildeten. Dies äußerte sich im Sinn der Künstler für Harmonie und klare Formen sowie einem angeborenen Gefühl für Raum, das sie wahrscheinlich von der Klassik geerbt hatten. Aufgrund dieser Eigenschaften kann man feststellen, daß sich die italienische Kunst durch ihren Sinn für Ausgewogenheit und Harmonie charakterisieren läßt, der verstanden wird als die rationale und verständliche Ordnung der Dinge, die anderen Künstlervölkern abgeht.
Den ausgeprägten Realismus der nordischen Schulen lehnten die Italiener ab. Gleichzeitig vereinfachten sie die überschwengliche Ausschmückung und intellektuelle Abstraktion der orientalischen Kunst und entwickelten so einen Stil, der ihnen die Darstellung ihrer eigenen Empfindungen ermöglichte, die sie als vollkommen und endgültig ansahen. Die klassische Neigung zu Idealisierung äußerte sich vor allem in dem religiösen oder weltlichen Kult der Darstellung des Menschen. Trotz dieser wissenschaftlichen und elitären Vorstellung von Kunst war diese eine wichtige gesellschaftliche Komponente. Denn neben dem intellektuell bestimmten Streben nach Ordnung öffnete sich die Kunst Schritt für Schritt dem Realismus, der jedoch ständig in Anlehnung an die griechischen Vorbilder idealisiert wurde. Davon zeugt die **mittelalterliche Platzanlage**, die berühmte *Piazza*, bei der gemäß dem Modell des antiken römischen Forums die wichtigsten Gebäude des gesellschaftlichen Lebens vereint waren: zunächst die Kirche und das Baptisterium, später der Palazzo Comunale (Rathaus) oder der Herrscherpalast. Dazu kamen manchmal ein Gericht oder ein Krankenhaus. In der Mitte stand oft ein Brunnen. Märkte und öffentliche Veranstaltungen wurden hier abgehalten. In dieser städtischen Kulisse zeigte sich in aller Deutlichkeit der Sinn des italienischen Volkes für das Illusionäre und Theatralische. Wie eine Bühne, doch hauptsächlich eher das Ergebnis eines langsamen ästhetischen und gesellschaftlichen Prozesses, war die mit allen möglichen Schmuckelementen versehene *Piazza* der Ort, wo man Geschäfte abschloß, politische Entscheidungen traf und die Feierlichkeiten der Stadt abgehalten wurden. Darüber hinaus war hier die Geschichte der Stadt allgegenwärtig durch die Wiederverwendung von Baumaterialien und Motiven und in der Überlagerung verschiedener Baustile. Hier schuf der Künstler, der Baumeister, Bildhauer und Maler zugleich war, sein Kunstwerk vor den Augen der Allgemeinheit.
Diese genialen Städtebauer hatten aber auch eine innige Verbindung zur Natur und der Schönheit der Landschaft. Schon seit der Römerzeit errichteten sie im malerischen italienischen Hinterland prächtige Villen mit Terrassengärten, in denen Brunnen und Wasserläufe für Erfrischung sorgten und sorgfältig ausgewählte und gepflegte Baumgruppen Schatten spendeten.
Alle diese Anlagen luden zur Erholung, zur Meditation und zur Betrachtung des mal stillen, mal grandiosen Schauspiels ein, das die Natur ihnen bot. Von der Hadriansvilla in Tivoli über die Villa Rufolo in Ravello mit ihrem orientalischen Charme, die eleganten Gebäude in der Umgebung von Florenz, die manieristischen architektonischen Spielereien bei Rom, Tivoli und Bomarzo, die mit Grotten und Statuen geschmückt sind, die Palladio-Villen am Ufer der Brenta oder die städtebaulichen Inszenierungen eines Juvarra in Piemont bis zu den blumenübersäten Terrassen der Borromäischen Inseln haben die italienischen Baumeister und Gartenbauer unzählige Orte geschaffen, an denen der Mensch, unberührt von der steifen Feierlichkeit des französischen Klassizismus, ein harmonisches und friedliches Verhältnis zur Natur pflegte.

Der byzantinische Einfluß

Die Invasionen nordischer Völkerstämme hatten weitreichende Konsequenzen für die Entwicklung der italienischen Kunst. Sie führten zum Untergang des spätantiken, imperialen Kunststils und zur Entstehung eines volkstümlichen und erzählerischen künstlerischen Ausdrucks, der die Entwicklung der frühchristlichen Kunst gekennzeichnet hatte und von dem es heißt, er sei die Grundlage des romantischen

Impressionismus gewesen. Honorius, Kaiser des Weströmischen Reiches, verlegte seinen Regierungssitz nach Ravenna. Nach dem Tod des Ostgotenkönigs Theoderich und dem Krieg gegen die Westgoten kam die Stadt unter die Herrschaft des byzantinischen Kaisers Justinian und wurde zum politischen und kulturellen Zentrum eines Reiches, zu dem lediglich ein Teil der Halbinsel gehörte. Die byzantinischen Herrscher konnten sich zwar in Ravenna und in Julisch-Venetien nicht über das 8. Jh. hinaus halten, behielten jedoch ihre Herrschaft über einen Teil Süditaliens bis ins 11. Jh. hinein.
Die Ursprünge der byzantinischen Kunst liegen in der römisch-hellenistischen Kunsttradition, von der sie einen gewissen Realismus und den klassischen Sinn für ausgewogene Proportionen geerbt hat. Sie vermischte diese mit starken orientalischen Einflüssen, die sie abstrakter und dekorativer werden ließen.

Architektur und Bildhauerkunst – Die Architektur führte Merkmale der spätantiken Kunst fort, wobei sie sich auf die Weiterentwicklung von Gewölbe und Kuppel konzentrierte, ein Gebiet, auf dem sie außerordentliche Leistungen vollbracht hat. Neben diesen sowohl in ihrem Entwurf als auch in ihrer Ausführung äußerst komplizierten Bauformen (deren bestes Beispiel in Italien San Vitale in Ravenna darstellt), die folglich auch enorme Baukosten verursachten, wurde auch der einfache Basilikagrundriß weiterverwendet. Hier glich man die Schlichtheit und Klarheit der Bauform durch eine prachtvolle Ausschmückung des Innenraums mit Mosaiken und Marmor aus. Auf den Sarkophagen, den Chorschranken und Ambonen (Kanzeln) finden sich auf den Flachreliefs zahlreiche dekorative, symbolhafte Abbildungen stilisierter Tiere.

Mosaiken – In dieser Kunst waren die Byzantiner Meister. Die Kostbarkeit des Materials, das aus kleinen farbigen Würfeln (lat. *opus tessalatum*) aus Stein, Halbedelsteinen oder Glasfluß bestand, war am besten geeignet, die mystische Aura des orthodoxen Ritus zu unterstreichen. Die unregelmäßig geschnittenen Steinchen, die Gewölbe, Wände und Kuppeln bedeckten, reflektierten das einfallende Licht in alle Richtungen und spiegelten die Prachtentfaltung des byzantinischen Hofstaats wider. Rätselhafte, gewaltige Figuren heben sich von einem nachtblauen Himmel und einer Landschaft mit Bäumen, Pflanzen und Tieren ab.
Die berühmtesten Mosaiken befinden sich in Ravenna und stammen aus dem 5. und 6. Jh. Aber noch im 11. und 12. Jh. war der byzantinische Stil vorherrschend, wie es die Mosaiken der Markuskirche von Venedig, vieler Kirchen auf Sizilien (Cefalù, Palermo und Monreale) und in Rom sogar bis zum 13. Jh. leuchtend vor Augen führen.

SCALA

Petrus und Andreas lassen ihre Netze zurück, um Jesus zu folgen
(Mosaik aus Ravenna, Sant'Apollinare Nuovo)

Romanische und gotische Kunst des Mittelalters (11.-14. Jh.)

Im Mittelalter wurden, wie in allen anderen Ländern Europas, auch in Italien besonders viele Kirchen, Kapellen und Klöster gebaut. Doch hat die italienische Kunst aufgrund ihres Sinnes für Harmonie und in Anbetracht des Vorbildes der römischen Monumentalarchitektur nie versucht, die schwindelerregenden Höhen gotischer Bauwerke Frankreichs und Nordeuropas nachzuahmen.

Die romanische Epoche – Mit dem Wiederaufleben der künstlerischen Tätigkeit im 11. Jh. wurde die Grundlage geschaffen für die Herausbildung eines neuen, grandiosen Architekturstils. Städtische und ländliche Bauformen wurden miteinander vermischt. Die neuen Kathedralen und Benediktinerklöster übernahmen

klassische Elemente der karolingischen und ottonischen Kunst und verbanden sie mit verschiedenen zeitgenössischen Tendenzen. Grundlage der romanischen Bauweise, die die architektonische Funktion ihrer Stilmittel in den Vordergrund stellte, waren die wechselnde Folge von Säulen und Pilastern, die einer Fläche Leben und plastische Ausdruckskraft verlieh, und ihre Fortführung in den Dachkonstruktionen, wo sie sich in Rundbögen und Rippen, die das Gewölbe trugen, fortsetzte.
In der Entstehungsphase der neuen Formensprache kam den Baumeistern Norditaliens, die unter der Bezeichnung „**Maestri Comacini**" und „**Maestri Campionesi**" bekannt sind, eine herausragende Rolle zu. Erstgenannte bauten außergewöhnliche Gebäude, für die sie im Vorgebirgsland Stein und in den Ebenen Backstein verwendeten. Letztgenannte stammten aus der Gegend bei Lugano und den lombardischen Seen.
Hingegen waren in den zahlreichen Regionen Mittelitaliens andere kulturelle Strömungen vorherrschend, so daß man große Unterschiede in den einzelnen Baustilen feststellen kann. In Florenz erfreute sich das Erbe der antiken Klassik einer derartigen Beliebtheit, daß man von einem „mittelalterlichen Klassizismus" spricht, der von oft großem intellektuellen Anspruch und hoher Feinheit der Farben war und versuchte, Schwierigkeiten der Form und der Konstruktion durch Fläche und Plastizität zu lösen. In Rom blieb der frühchristliche Einfluß maßgebend, für den die berühmten konstantinischen Basiliken standen. In der Toskana, und hier besonders in Pisa, Lucca und Pistoia, ging die lombardische Architektur eine Verbindung mit der Florentiner Klassik ein, die von bedeutenden, wahrscheinlich aus dem Orient importierten Schmuckelementen bereichert wurde: Die Verzierung der Fassaden durch übereinanderliegende Bogengalerien, hohe Blendarkaden an den Seiten und der Apsis sowie kleine Einlegearbeiten mit Rauten und anderen Motiven aus buntem Marmor waren charakteristisch. In Latium und bis nach Kampanien gaben im 12. und 13. Jh. die **Cosmaten** in der Mosaik- und Marmorarbeit den Ton an. Ihre Spezialität waren mehrfarbige Marmorbeläge (für Fußböden, Bischofsstühle, Ambonen, Kanzeln und Osterleuchter) und Einlegearbeiten mit blauem, rotem oder goldfarbenem Email an Säulen und Friesen in Kreuzgängen. Die Einflüsse der Lombarden, Sarazenen, Normannen und Byzantiner vermischten sich in Süditalien und Sizilien. Der daraus entstandene sizilianisch-normannische Stil zeichnet sich durch nach oben strebende, monumentale Bauwerke aus. Sein orientalischer Einfluß zeigt sich in der prachtvollen Widerspiegelung des Lichtes auf den kunstvoll verzierten Oberflächen. Klassisch ist er in der strengen Abfolge der Kolonnaden *(siehe auch unter Sizilien)*.

Die **Bildhauerkunst** war eng mit der Architektur verbunden und zeigte eine ausgeprägte Vorliebe für das Flachrelief. Man findet es häufig als ganzen Zyklus mit didaktischer oder symbolischer Funktion. Es gab aber auch Flachreliefs zu weltlichen Themen, bei denen sich eine neue, sehr ausdrucksstarke Formensprache entwickelte, in der äußerst unterschiedliche Tendenzen in ihrer Eigenheit und Eigenwilligkeit miteinander verbunden wurden.

Die **Malerei** entfaltete sich ebenso wie die Mosaikkunst, ihre kostbarere Variante, hauptsächlich in den großen Kathedralen, in denen die riesigen Wände einschließlich der Gewölbe durch die Farben buchstäblich in eine neue Sphäre überführt wurden. Der nüchterne und kahle Eindruck, den die meisten Kirchen heute vermitteln, ist fast immer die Folge der durch die Zeit oder die Restaurateure angerichteten Schäden. Die phantasievolle und lebendige malerische Ausschmückung bildete ursprünglich zusammen mit den grandiosen und eindringlichen Freskenzyklen eine echte „Bibel der Armen" und diente als fruchtbares Experimentierfeld einer neuen bildlichen Ausdrucksweise, die man mit der byzantinischen Tradition in Einklang zu bringen wußte.

Die gotische Epoche – Vom technischen Standpunkt aus betrachtet ist die gotische Bauweise eine Fortführung einiger grundlegender Formen der Romanik. Die Weiterentwicklung des Spitzbogens, dessen Potential vorher nicht voll ausgeschöpft worden war, machte es möglich, die Gewölbe zu einer maximalen Höhe fortzuführen, das Gewicht auf extrem hohe und spektakulär schmale Pilaster zu verlagern, die aus Bündelsäulen bestanden, und das Mauerwerk von seiner tragenden Funktion zu befreien. Hierdurch konnten die wuchtigen Wände durch von zahlreichen Fenstern durchbrochene Flächen ersetzt werden, die das „Licht Gottes" in die Kirche strömen ließen. Außen wurden die bis dahin undenkbaren Höhen von Strebepfeilern und geschobenen Bögen gestützt, die von innen nicht sichtbar waren und die schwindelerregenden vertikalen Ausmaße noch unterstrichen. Der gotische Baustil war in Italien von zisterziensischen Mönchen eingeführt worden und blieb früher entwickelten Modellen treu, indem er lediglich und jedes Mal in einer anderen Art und Weise dem Licht als strukturellem Element eine noch größere Bedeutung zuwies. Der stark gegenständliche Skulpturenschmuck des Bauwerks blieb neben dem allerorts präsenten klassischen Erbe ein fester und unveränderlicher Bestandteil der italienischen Gotik. Die zahlreichen neuen Klostergründungen, namentlich von Franziskanern und Dominikanern, verhalfen ihr zu einer weiten Verbreitung. Häufig entschieden sich die neuen Orden aus praktischen und wirtschaftlichen Gründen für das traditionelle Modell der frühchristlichen Basilika, die den jeweiligen Erfordernissen angepaßt wurde.

In originellster Weise manifestierte sich der gotische Stil an den Profanbauten, Palästen und öffentlichen Gebäuden der blühenden Städte. In Venedig entwickelte sich eine reich verzierte Sonderform der Gotik, bei der Fassaden durch Maßwerkfenster und -loggien aufgelockert waren; sie hielt sich bis Ende des 15. Jh.s.

Die **Bildhauerkunst** wurde durch die Künstlerfamilie **Pisano** entscheidend beeinflußt, einerseits dadurch, daß sie sich wie **Niccolò Pisano** (um 1215-um 1280) stark an antiken Vorbildern orientierte, die durch den Klassizismus des Kaisers Friedrich II. neu interpretiert wurden, andererseits, indem sie wie **Giovanni Pisano** (1248-nach 1314) einen besonders ausdrucksstarken Realismus entwickelte, der untrennbar mit der Gotik verhaftet war. Diese Meister sowie später auch **Arnolfo di Cambio** (um 1245-1302) führten neue Themen in die Bildhauerkunst ein. So fertigten sie Kanzeln und Grabmäler, auf denen eine neue Menschheit erscheint, dargestellt in Scharen und nicht mehr hieratisch-streng, sondern lebendig-dramatisch.

Die ersten Zeugnisse der italienischen **Malkunst**, die bemalten oder geschnitzten Kruzifixe, stammen aus dem 12. Jh. In der Folgezeit lockerte sich der strenge, feierliche Charakter der byzantinischen und ottonischen Kunst. Ende des 13. Jh.s führte der Römer **Pietro Cavallini** (tätig von 1273 bis 1321) Fresken und Mosaiken in einem an die Antike angelehnten Stil aus, während sein Zeitgenosse, der florentinische Maler **Cimabue** (um 1240-um 1302), auf den Wänden der Oberkirche von Assisi einen neuen, intensiven Sinn für Dramatik erkennen ließ und damit teilweise mit der byzantinischen Tradition brach.

Erst **Giotto** (1266-1337), dessen Werk gekennzeichnet ist von Bewegung, der Tiefe des Raums, der naturalistischen Körperlichkeit seiner Figuren, dem innovativen Aufbau der Szenen und starken Emotionen, konnte die Früchte dieser künstlerischen Entwicklung ernten und revolutionierte mit seinen Freskenzyklen in Assisi, Padua und Florenz aus einem laizistischen und bürgerlichen Ansatz heraus die Malkunst. Alle nachfolgenden Künstler bis hin zu Masaccio und Michelangelo, die direkt durch Giotto beeinflusst wurden, konnten fortan unmöglich die von ihm eingeführten Neuerungen ignorieren.

In Siena malte **Duccio di Buoninsegna** (um 1255 - 1318/19) zunächst noch in Anlehnung an die byzantinische Tradition. Die Feingliedrigkeit seiner Formen, seine Vorliebe für dekorative Farben und vor allem die Lyrik seiner Linienführung machten aus ihm den Begründer der Schule von Siena, die in der Folge von **Simone Martini** (1284 - um 1344) und den Brüdern **Pietro** (1280 - um 1348) sowie **Ambrogio Lorenzetti** (1285 - um 1348) höchstes Niveau erreichen sollte.

Die Meister des Trecento (14. Jh.) in Florenz entwickelten einen Stil, der sowohl von realistischen als auch von mystizistischen Tendenzen durchdrungen war und nichts gemein hatte mit der rauhen und lebendigen Formensprache eines Giotto. Er zeichnete sich durch elegante Linienführung, lebhafte Farben und raffinierte Ausschmückungen aus. Zwischenzeitlich war an den europäischen Fürstenhöfen die „Internationale Gotik" entstanden, der sich vornehmlich die Künstler Mittel- und Norditaliens anschlossen und die vor allem hinsichtlich der dekorativen Elemente aus den Freskenzyklen herangereift war, die Simone Martini und Matteo Giovannetti (?-1367) in Avignon geschaffen hatten. Zu den herausragendsten Vertretern dieser künstlerisch ausgereiften, kraftvollen und teilweise dekadenten Epoche, die bis ins

SCALA

Guidoriccio da Fogliano, von Simone Martini (Sienna, Palazzo Pubblico)

15. Jh. reichte, gehörten die Veroneser Maler **Stefano da Zevio** (um 1379 - nach 1438), **Pisanello** (um 1380-1455), ein hervorragender Porträtist sowie Tiermaler und Meister der Bildnismedaille *(siehe auch unter Verona)*, und **Gentile da Fabriano** (um 1370 - 1427).

Quattrocento (15. Jh.)

Leidenschaftliches Interesse für die Antike, die städtische Gesellschaft, ein neues Bild des Menschen, der nun als Mittelpunkt des Universums galt, und eine Vielzahl junger, von Mäzenen geförderter Künstler, Wissenschaftler und Dichter charakterisieren die italienische Frührenaissance, die ihren Höhepunkt in der Medici-Stadt Florenz fand.

Architektur - **Filippo Brunelleschi** (1377-1446) aus Florenz hieß der „Begründer" und wichtigste Vertreter der neuen Kunstströmung. Er war Bildhauer und Baumeister zugleich und leidenschaftlicher Anhänger der Antike. Seine Wandlung vom erfahrenen Maurermeister des Mittelalters zum Architekten, der sein Werk am Reißbrett schuf, und damit vom Handwerker und Künstler zum Intellektuellen, konnte sich nur aufgrund seiner starken Persönlichkeit erfolgreich vollziehen. Ihm verdanken wir die Erfindung der Zentralperspektive, die es ihm ermöglichte, unglaublich harmonische und rationale Gebäude zu entwerfen. Er hatte intuitiv erfaßt, daß eine zweidimensionale Bildfläche eine dreidimensionale Wirklichkeit objektiv wiedergeben konnte. Seine Erfindung sollte sich für die Malerei als wegweisend herausstellen. Seine intellektuelle Strenge bestimmte den abstrakten Charakter seiner architektonischen Schöpfungen. Seine Nachfolger kopierten seine Technik, ohne jedoch jemals sein Niveau zu erreichen oder seine Denkweise zu verstehen. **Leon Battista Alberti** (1406-1472) hingegen nutzte seine eingehende Kenntnis der Antike zur Entwicklung einer neuen Ausdrucksweise, die auf der emotionalen Beziehung zwischen der Form- und Raumgestalt beruhte und die Bramante beeinflußt haben soll.

Bildhauerkunst - **Lorenzo Ghiberti** (1378-1455) interpretierte mit den wunderbaren Türen des Baptisteriums in Florenz die Gotik unter dem Blickwinkel seiner klassischen Studien neu. Der berühmteste Bildhauer dieses Jahrhunderts war jedoch **Donatello** (1386-1466). Als ein Künstler, für den der Mensch im Mittelpunkt seines Schaffens stand und der intellektuellen Überlegungen in der Kunst wenig abgewinnen konnte, belebte er die klassischen Formen durch einen neuen und freien Ansatz, versah sie mit einer mitreißenden Dynamik und verhalf ihnen so zu höchster Ausdruckskraft. Nach seiner Schaffensperiode in Padua, wo er ein Referenzwerk für die gesamte Kunst Norditaliens schuf, kehrte er nach Florenz zurück und begann in der veränderten Atmosphäre der zweiten Hälfte des 15. Jh.s, leidende Figuren zu gestalten, die die Krise der Jahrhundertwende ankündigten. Von seinen Zeitgenossen unverstanden, zollte ihm Michelangelo, als dessen Vorreiter er hinsichtlich der revolutionären Auflösung der klassischen Form gilt, schließlich den ihm gebührenden Respekt. Sein Zeitgenosse **Luca Della Robbia** (1400-1482) spezialisierte sich auf die Herstellung glasierter und bemalter Terrakotten. Die Florentiner Künstler **Agostino di Duccio** (1418 - um 1481), **Desiderio da Settignano** (1430-um 1464) und **Mino da Fiesole** (1429 - 1484) führten die Kunst Donatellos weiter, ohne jedoch seinen Grad an Dramatik zu erreichen.

SCALA

Der Frühling (Ausschnitt), von Botticelli (Florenz, Galleria degli Uffici)

Malerei – Neben Brunelleschi und Donatello galt **Masaccio** (1401-1428) als der dritte Protagonist der künstlerischen Revolution des 15. Jh.s. Er setzte konsequent Brunelleschis Kenntnisse der Perspektive um, die er noch verstärkte, da er durch den Einsatz von Licht den Körpern Volumen gab, die dadurch zum ersten Mal seit Jahrhunderten Schatten warfen und eine noch nie dagewesene physische Authentizität erlangten. Der neue perspektivisch dargestellte Raum ist bewohnt von greifbaren Personen, deren menschliche Würde natürlich hervorsticht. **Paolo Uccello** (um 1397-1475) nahm die neue Lehre von der Perspektive anders auf und verwendete eine größere Zahl von Fluchtpunkten, womit er zeigte, daß das Sichtbare auf verschiedene Weise dargestellt werden kann, wodurch unterschiedliche philosophische Interpretationen ausgedrückt werden konnten. Gleichzeitig eignete sich auch **Fra Angelico** (1387-1455), der geistig noch dem gotischen Stil anhing, die neuen Theorien der Renaissance an, wohingegen **Benozzo Gozzoli** (1420-1497) sie zur Darstellung weltlicher Festlichkeiten anpaßte. **Andrea del Castagno** (1419-um 1457) unterstrich das Kraftvolle seiner Modelle und das Monumentale der Formen *(siehe unter Florenz)*. Die Gemälde **Sandro Botticellis** (1444-1510) waren in der Anfangszeit durch außerordentlich reine Linien gekennzeichnet, die seinen Personen eine zerbrechliche, fast irreale Würde und den allegorischen Szenen insgesamt eine ausgesprochen geheimnisvolle Atmosphäre verliehen. Um die Jahrhundertwende, als die humanistischen Wertvorstellungen in eine Krise gerieten, begann er jedoch, Phantasiegestalten mit deftigen Pinselstrichen und in grellen Farben zu malen. **Domenico Ghirlandaio** (1449-1494) brachte in seinen Bildern seine bemerkenswerte Erzählkunst zum Ausdruck. Beispielhaft sind seine grandiosen Freskenzyklen, die in einer Atmosphäre großer Sachlichkeit die herrschende Klasse von Florenz darstellen.

Die für die toskanische Renaissance bezeichnende Ausgewogenheit der Kompositionen kommt besonders in der Person des **Piero della Francesca** (1415-1492, *siehe unter Arezzo*) zum Ausdruck, bei dem die in kristallklares Licht getauchte perspektivische Synthese von Formen und Farben die intellektuell und spekulativ am weitesten gehenden Ideale seiner Zeit umsetzt. In Mantua, am Hof der Gonzaga, schuf **Andrea Mantegna** (1431-1506) Szenen, die von Größe und Strenge zeugen. Seine nach antiken Vorbildern konzipierten Helden sind so undurchdringlich wie Stein. In der von esoterischen und alchimistischen Vorstellungen geprägten Spätgotik in Ferrara erfand **Cosimo Tura** (1430-1495) die grausigsten Figuren, die die Malerei jemals gekannt hat. Er tauchte Menschen und Gegenstände in ein farbliches Umfeld, das aus scharfen Metallteilchen und Edelsteinen zu bestehen scheint.

Der künstlerische Gegenpol dieser Entwicklung lag in Venedig, wo in den siebziger Jahren dank der Errungenschaften der „atmosphärischen" Malerei des Sizilianers **Antonello da Messina** (1430-1479), der die niederländische Öltechnik in Italien durchgesetzt hatte, und der theoretischen Untersuchungen Piero della Francescas **Giovanni Bellini** (1432-1516) den geometrisch strengen, intellektuell geprägten und antinaturalistischen florentinischen Kompositionen eine empirischere Konzeption des Raumes entgegensetzte, die er mit Hilfe einer reichen Farbvielfalt und fließenden Konturen zum Ausdruck brachte.

Quinquecento (16. Jh.)

Im 16. Jh. gelangte der Humanismus, der schon das vorherige Jahrhundert geprägt hatte, zu voller Reife. Die Künstler wandten sich immer mehr der Mythologie und der Kunst der Antike zu, wobei der Mensch im Mittelpunkt ihres Schaffens stand. Unter dem Einfluß der Päpste, die in der Ausschmückung ihrer Paläste und Kirchen wetteiferten, verlagerte sich das Zentrum des künstlerischen Wirkens von Florenz nach Rom. Durch die große Nachfrage wurden die Künstler unabhängiger und gewannen an Ansehen. Ende des 16. Jh.s fand die Renaissance in ganz Europa Verbreitung. Das goldene Zeitalter, das Dichter und Humanisten gleichermaßen anstrebten, war jedoch bereits vor seinem Entstehen durch die Wirren der Glaubenskriege und die dramatische Veränderung der politischen Strukturen in Europa zum Untergang verurteilt.

Architektur – Das Jahrhundert der Hochrenaissance begann im Anschluß an seine Mailänder Schöpfungsperiode mit der Ankunft **Bramantes** (1444-1514) in Rom, wo er den Neubau der Petersbasilika entwarf, der später durch Michelangelo vollendet wurde. Trotz des ersten Eindrucks sind seine Werke nicht uneingeschränkt klassisch, da er sich auch malerischer und illusionistischer Elemente bediente, wie bei dem Scheinchor der Kirche Santa Maria Presso San Satiro in Mailand, die ein Gefühl von Tiefe vermitteln, die in Wahrheit nicht existiert. Dadurch wurde deutlich, daß die Architektur nicht mehr nur ein rationales System von Erkenntnissen und Vorstellungen der Realität war. Hier geriet die klassische Ausdrucksweise in eine Krise, die erst durch die großartige barocke Baukunst beendet wurde. Für Michelangelo, der teilweise Bramantes Vorstellungen übernahm, unterlag die Architektur den gleichen Prinzipien wie die Bildhauerkunst. In dem Maße, in dem seine Skulpturen Verkörperung eines Lebensgefühls waren, versuchte er, einen Raum mit der gleichen plastischen Spannung zu schaffen wie eine Skulptur. **Vignola** (1507-1573) und **Palladio** (1508-1580), der vorwiegend Vicenza *(siehe dort)* seinen

Das Gewitter, von Giorgione (Venedig – Galleria dell'Accademia)

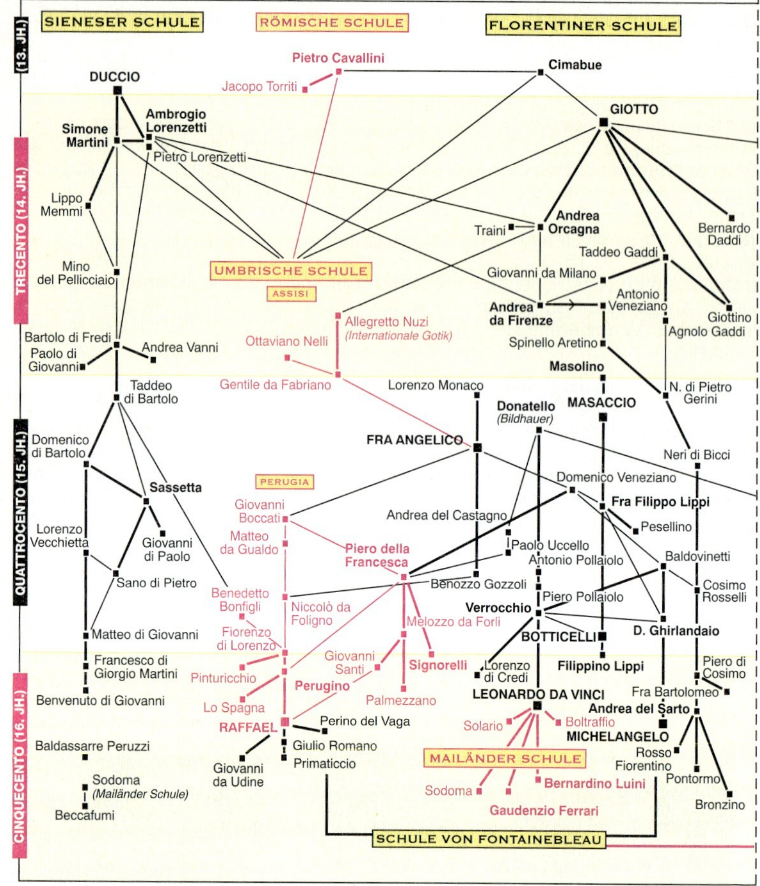

bedeutenden künstlerischen Stempel aufdrückte, setzten ihr in theoretischen Abhandlungen entwickeltes Konzept der Klassik durch den Bau von zahlreichen Kirchen, Palästen und Villen in Rom, im Latium und in Venetien architektonisch um.

Bildhauerkunst – **Michelangelo** (1475-1564) war die überragende Persönlichkeit des 16. Jh.s. Schon früh ging er in Florenz bei herausragenden Meistern in die Lehre. Als sein Gönner starb, ließ er sich in Rom nieder, wo sich sein schöpferischer, unruhiger und nach Idealen strebender Genius in Werken von noch nie zuvor erreichter plastischer Ausdruckskraft niederschlug. Im Mittelpunkt seiner Kunst standen das Problem der göttlichen Offenbarung und der innige Wunsch, zwischen dem irdischen, unvollkommenen, vergänglichen Dasein und dem ewigen Leben der Seele zu unterscheiden, die sich von den irdischen Fesseln und dem Zwiespalt zwischen Vernunft und Glauben befreien möchte. Obwohl Michelangelo seine Vorbilder in der Antike und bei Donatello suchte, weisen seine Werke eine einzigartige moralische Spannung auf. In seinem Spätwerk gelang es ihm, die Materie zu überwinden, in der er die Stofflichkeit des menschlichen Körpers sah, indem er sie durch die Stofflosigkeit des Lichts und des Geistes ersetzte. Damit zerstörte er endgültig den Optimismus der humanistischen Klassik. Sein Werk wurde zum Markstein und Ausgangspunkt für alle anderen Künstler seines Jahrhunderts. Von seinen Zeitgenossen sind vor allem der elegante und exzentrische **Benvenuto Cellini** (1500-1571), dessen Perseusstatue (Florenz) berühmt ist, und der Flame **Giovanni da Bologna** (1529-1608) zu nennen, der zahlreiche Skulpturengruppen in Florenz und Umgebung schuf. Wie viele andere ihrer damaligen Kollegen ordneten sie die Kunst den exquisiten Ansprüchen der Fürstenhöfe unter.

Malerei – Das 16. Jh. hat zahlreiche erstklassige Maler hervorgebracht. Die Grundprinzipien der neuen humanistischen Malerei entwickelten sich zunächst und vor allem in Florenz, von wo aus sie erst nach Rom und später auch nach Venedig gelangte. Gleich zu Beginn des Jahrhunderts wurde die Malerei von drei außergewöhnlichen, sich ergänzenden Künstlern geprägt. **Leonardo da Vinci** (1452-1519), eine faszinierende Persönlichkeit, die auf vollkommene Weise den universell interessierten Menschen des neuen Humanismus verkörperte, erfand das

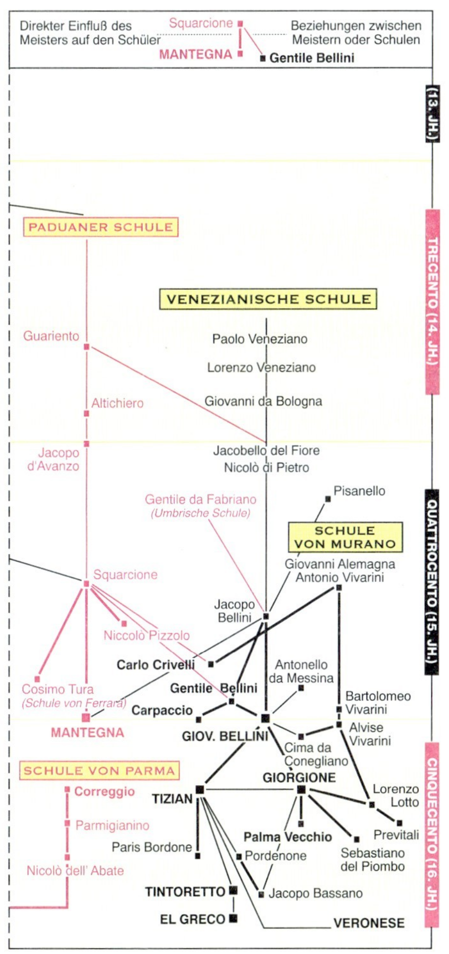

„sfumato", eine Malweise mit weichen, verschwimmenden Konturen, die die Distanz zwischen den Dingen sichtbar macht. Sein beständiges Bestreben, die Bewegungsmechanismen und die Gesetztzmäßigkeiten der Dinge zu untersuchen und zu überprüfen ebenso wie sein Versuch, die außerordentlich große Menge seiner Beobachtungen in ein kohärentes Schema zu übertragen, machen ihn zu einem Vorläufer der modernen wissenschaftlichen Forschungsarbeit und des neuzeitlichen Strebens nach Erkenntnis. Seine Überlegungen zu den „Regungen der Seele" und deren Illustration in herausragenden bildlichen Darstellungen (*Das Abendmahl* in Mailand) hatten einen maßgeblichen Einfluß auf seine Nachfolger.

Raffael (1483-1520) war nicht nur ein ausgezeichneter Maler von Porträts und sanften Madonnen. Er war auch ein genialer Raumgestalter, was in der Ausschmükkung der päpstlichen Gemächer im Vatikan, die von einer außerordentlichen Kompositionsgabe zeugt, unvergleichlich deutlich wird. Seinem künstlerischen Ausdruck, in jeder Hinsicht von klassischer Natur, gelang es, mit der gleichen Leichtigkeit sowohl intellektuelle als auch subtile Inhalte darzustellen, indem er sie einen überzeugend logischen, ansprechenden und anscheinend einfachen Charakter annehmen ließ. **Michelangelo**, der zwar in erster Linie Bildhauer war, gelang es, sein Talent für außerordentliche dramatische Ausdruckskraft und seinen Sinn für Tiefenwirkung auch in der Malerei umzusetzen, wie die bewundernswerten Fresken in der Sixtinischen Kapelle zeigen. Hier stellt eine grandiose und heroische Menschheit, von der göttlichen Botschaft völlig aufgewühlt, die Selbstsicherheit der damaligen klassischen Geisteshaltung in Frage, um die nachfolgenden Künstlergenerationen vor das Dilemma zu stellen, sich zwischen der Kunst des „göttlichen" Raffael und der des „schrecklichen" Michelangelo entscheiden zu müssen.

Die Venezianische Schule des 16. Jh.s entwickelte sich in Richtung des Kolorismus. **Giorgione** (1478-1510) beschäftigte vor allem das Verhältnis zwischen Mensch und Natur, das er in eine geheimnisvolle Atmosphäre kleidete. **Tizian** (1490 - um 1576), der Schüler der Bellinis war und in seiner Jugend mit Giorgione zusammenarbeitete, verkörpert den Höhepunkt der venezianischen Kunst. Dies gilt sowohl für die großformatigen Wandgemälde zu religiösen und mythologischen Themen als auch für die bestechenden Porträts, die er meist im Auftrag italienischer Fürsten und anderer europäischer Herrscher schuf. Sein Spätwerk, das sich durch kühne und sehr originelle Kompositionen und seine mit dichten und unregelmäßigen Pinselstrichen aufgetragenen Farbnuancen charakterisieren läßt, ist Teil des beeindruckenden und sehr persönlichen künstlerischen Erbes eines der Zeugen des 16. Jh.s. **Tintoretto** (1518-1594) fügte der „Lichtmalerei" seiner Vorgänger die bewegte und dramatische Atmosphäre seiner großen religiösen Bilder hinzu. **Veronese** (1528-1588) zeichnete sich durch seine Vorliebe für helle Lichteffekte aus. Für seine personenreichen Darstellungen wählte er gerne grandiose Architekturen als Rahmen. **Jacopo Bassano** (1518-1592) malte mit einer großen Freiheit des Farbauftrags und der Komposition ländliche und nächtliche Szenen, die sich auf völlig neue Art und Weise mit der Realität befaßten.

Unruhige Jahre

Die künstlerische Krise am Ende des 15. Jh.s, die Eroberung von Teilen Italiens durch ausländische Mächte, durch die zahlreiche Staaten ihre Autonomie verloren, die Verschärfung der religiösen Spannungen (die Plünderung Roms, die Entstehung des Protestantismus, die Gegenreformation) hatten für die sensibelsten Künstler der Zeit dramatische Folgen. In Norditalien brachte **Lorenzo Lotto** (1480-1556) die geistigen und moralischen Ängste und Nöte des Adels und des ländlichen Bürgertums mit ungewöhnlichem psychologischem Scharfsinn auf die Leinwand. In Brescia, wo in der Nachfolge Foppas dem „Wahren" und „Moralischen" große Aufmerksamkeit geschenkt wurde, widmeten sich mehrere Maler der Darstellung der schmerzlichen Wirklichkeit ihrer Zeit. Zu ihnen gehören **Romanino** (1484-1559), der unter dem Einfluß der nordischen und antiklassischen Schule zu einem heftigen Expressionismus fand, **Savoldo** (1480-um 1548), dessen Werk sich durch eine lyrische und innere Intensität auszeichnet, und **Moretto** (1498-1554), der in seinen Bildern einen naiven Glaubensansatz ausdrückt, der sich dem des einfachen Volkes annähert. Dennoch findet man die herausragendsten Werke der antiklassischen Strömung in Florenz, wo **Pontormo** (1494-1556) den genialen, aber unausgeglichenen und neurotischen, launischen und visionären Künstler verkörperte. Seine Bilder wurden durch Anregungen, die er sich bei Raffael und Michelangelo geholt hatte, bereichert und entwickelten bald eine verstörende, beunruhigende Spannung. Durch ihre Farbgebung und irreale Räumlichkeit erschütterten sie die geordnete Komposition der Renaissance zutiefst.

Der Manierismus (16.-17. Jh.)

Der Begriff „Manierismus" bezeichnet eine Stilrichtung in der Übergangszeit zwischen Renaissance und Barock. Er kennzeichnet das Ende der Renaissance, indem er ihre Prinzipien zwar aufnahm, sie aber in übersteigerter „Manier" verzerrte oder verwandelte und somit eine intellektuelle Antwort auf die Bewußtseinskrise der vorangegangenen Generation zu geben versuchte. Unter Manierismus versteht man eine Kunst, die sich an ein vornehmes Publikum richtete, eine Geisteshaltung, die, weil sie sich an den von Raffael und Michelangelo definierten höchsten Schönheitsidealen orientierte, sich zu einem fast besessenen Kult der förmlichen Eleganz und der Virtuosität der Ausführung wandelte. Als besonders typischer Vertreter dieser Strömung ist **Giorgio Vasari** (1511-1574) zu nennen, der Autor der *Lebensbeschreibungen der berühmtesten italienischen Architekten, Maler und Bildhauer*, die bis zum heutigen Tage einen bedeutenden Einfluß auf die historische und kunstkritische Beurteilung ausgeübt haben. Während sich der Manierismus im übrigen Europa ungehindert ausbreiten konnte, erfuhr er in Italien eine Eindämmung von seiten der katholischen Kirche, die nach dem Konzil von Trient (1545-1563) bestrebt war, die sakrale Kunst in Richtung einer größeren Verständlichkeit und Klarheit der Doktrin zu lenken. In der Profanarchitektur konnten sich die manieristischen Elemente jedoch durchsetzen und fanden ihren Ausdruck vor allem in Brunnen und Parkanlagen, in denen künstliche und natürliche Stilmittel eng miteinander verflochten waren. Nicht zu vergessen ist auch die Vorliebe dieser Epoche für Feste und Spiele.

17. Jahrhundert: Naturalismus, Klassizismus und Barock

Malerei - Gegen die Übertreibungen des Manierismus wandte sich zunächst die „**Akademie der Incamminati**" (Akademie der auf den richtigen Weg Gebrachten) in Bologna, die unter Führung der **Carracci** naturgetreuere und weniger affektierte Kunstformen entwickelte, die für mehrere aufeinanderfolgende Kunstströmungen wegbereitend waren. Ausgehend von den Grundlagen der Carracci entwickelte sich in der Umgebung von Bologna und Rom der Klassizismus, von wo aus er sich überallhin ausbreitete. Sein grundlegendes Credo bestand darin, daß die klassischen künstlerischen Formen, wie sie von der Antike und Raffael abzuleiten waren, dem Modell höchster Vollkommenheit entsprachen. Die Deckenfresken des Palazzo Farnese in Rom, die von Annibale Carracci ausgeführt wurden, bereiteten hingegen mit ihrer unvergleichlichen Dynamik und ihren ausgeprägten perspektivischen Effekten auf den Barock vor. Sowohl die Malerei als auch die Baukunst des Barock zeichnen sich durch ihre Betonung der Bewegung, die umgekehrte Perspektive, die Vorliebe für Voluten und Scheinreliefs aus. Die Malerei ergänzte oft die Architektur, und es entstanden beeindruckende illusionistische Wirkungen, wie z. B. bei den Fresken an der Decke der Kirche Il Gesù in Rom. Mit seiner Allegorie des *Triumphs des Namens Christi* schuf **Baciccia** (1639-1709) eine buchstäblich „offene" Decke, die in den architektonischen Raum eine fast greifbare Vision der himmlischen Wirklichkeit einführte.

Von **Caravaggio** (1573-1610), der die Jahrhunderte alte idealistische Tradition in der italienischen Malerei erschütterte, ging eine weitere tiefgreifende Neuerung aus. Sein Werk, das sich stark an die lombardische Tradition und die Schule von Brescia anlehnte, ist von einem grausamen und kompromißlosen Realismus gekennzeichnet und reich an Figuren aus dem einfachen Volk. Besonders auffällig sind die ausgeprägte Dramatik und die starken Hell-Dunkel-Kontraste, die dazu dienen, die

SCALA

Der Fruchtkorb, von Caravaggio (Mailand, Pinacoteca Ambrosiana)

moralische Realität aufzudecken, die hinter den menschlichen Machenschaften und der Gefühlswelt oft zurücksteht. Diese Malweise wurde von vielen Zeitgenossen in Italien, Frankreich und den Niederlanden nachgeahmt und als „Caravaggismus" bezeichnet.

Architektur und Bildhauerkunst – Die manieristische Baukunst, die gänzlich anhand von Entwürfen entwickelt wurde und daher intellektuell und statisch wirkte, unterscheidet sich grundlegend von der Barockkunst, deren Hauptkennzeichen die räumliche Dynamik, die gegenseitige Durchdringung von Äußerem und Innerem und die Verwendung von Linien, Bögen und Licht als Vermittler des göttlichen Wirkens sind. Der echte Barockstil, der sich einer starken Gliederung bedient und im wesentlichen römischen Ursprungs ist, wurde von Künstlern geschaffen, die gleichzeitig als Architekten, Maler, Bildhauer und Bühnenbildner tätig waren. **Berninis** (1598-1680) Umbauten am Petersdom sind dafür das beste Beispiel. Durch seine berühmten Kolonnaden, deren Seitenflügel die Gläubigen einladend empfangen, bricht er die etwas steife und wuchtige senkrechte Fassade des Petersdoms auf und macht sie zum harmonischen Hintergrund des zur Stadt hin offenen Platzes.
Im Innern bilden der reiche Lichteinfall und der imposante Baldachin, der durch seine gedrehten Säulen plastische Bewegung ausdrückt, einen Gegenpol zum Hauptschiff, dessen Länge den Blick mit wachsender Spannung wie durch einen perspektivischen Tunnel gleiten läßt. Im Gegensatz zu Bernini zeichnet sich die Baukunst **Borrominis** (1599-1667) durch sich gegenseitig aufhebende Formen, Kontraste und ungewöhnliche Raumlösungen aus. Sein unruhiges und aufgewühltes Wesen neigte eher dazu, den religiösen Zwiespalt und die Widersprüche der modernen Seele zu unterstreichen als die Stellvertreter Gottes auf Erden zu verherrlichen. In Apulien (vornehmlich in Lecce) und auf Sizilien entstanden unter dem Einfluß des spanischen Platereskstils überladene, prunkvoll verzierte Gebäude.

18. Jahrhundert

Die tiefen kulturellen Veränderungen des neuen Jahrhunderts, die zu einer rationalen und philosophisch ausgerichteten Sicht der Dinge führten, schlugen sich auch in der Kunst nieder. Die barocke Strömung, allmählich ihrer zutiefst religiösen Inhalte entleert, wandte sich mehr profanen und rein dekorativen Zwecken zu. Die Kunst begann, sich von der Bedeutung zu lösen, eigenständig und zum Selbstzweck zu werden. Sie wollte mehr unterhalten als belehren. Da Italien mittlerweile seine Vorreiterrolle in der Kunst verloren hatte, entstand diese neue Bewegung in Frankreich und nannte sich Rokoko. Dennoch brachte Italien, besonders Piemont, einige herausragende Künstler hervor. Die organisatorische und architektonische Umstrukturierung der Stadt Turin, die zu einer Hauptstadt europäischen Ranges geworden war, stellt die beeindruckendste Leistung dieser Zeit dar. Indem **Filippo Juvarra** (1678-1736) die räumlichen Spannungen und die bewegte Dramatik des 17. Jh.s und seines barocken Vorgängers **Guarino Guarini** (1624-1683) überwand, entwarf er mit seinen langen, von Bäumen und prachtvollen Gebäuden gesäumten Alleen einen neuartigen Stadtbaustil mit einer Vorliebe für das Theatralische, der für

J.-P. Langeland/DIAF

Der Baldachin von Bernini (Rom, Peterskirche)

die pompösen Auftritte des Hofes von Savoyen einen idealen Rahmen abgab. Die extrem lichtdurchflutete Malerei des Venezianers **Giovanni Battista Tiepolo** (1696-1770), der den perspektivischen Hintergrund nicht mehr um des Hintergrunds willen, sondern zur Freude des Betrachters malte, stellte bereits eine neue Vorstellung von der Kunst dar, deren Wert sich allein an ihren künstlerischen Leistungen messen lassen sollte.

19. Jahrhundert

Auch Italien wurde Ende des 18. und Anfang des 19. Jh.s von der klassizistischen Welle erfaßt, die in der Folge der neuen Erkenntnisse über das Altertum aufgrund der Ausgrabungen von Herculaneum und Pompeji entstanden war. Ziel war es, die Überladenheit des Barock durch eine Schlichtheit der Formen (und Sitten), eine reine und harmonische Bauform nach dem Vorbild ewig gültiger Modelle der Antike zu ersetzen. Hauptvertreter des italienischen Neoklassizismus war der Bildhauer **Antonio Canova** (1757-1822), dessen Werk in vollkommenster Weise den von Johann Joachim Winkelmann mit „edler Einfalt und stiller Größe" charakterisierten Merkmalen der griechischen Kunst entsprach (die in Wirklichkeit lediglich durch römische Kopien bekannt war). Bei seiner berühmtesten Skulptur, der Gruppe der Grazien, drückt die äußerste Vollkommenheit der Formen hingegen eine zwiespältige Verletzbarkeit aus, die durch die Sehnsucht nach einer vollkommenen, doch vergangenen Welt und im weiteren Sinn durch die Anspielung auf die unüberwindliche Barriere zwischen Leben und Tod hervorgerufen wird, die sein gesamtes Werk und die romantische Dichtung seiner Zeit kennzeichnet.
Die Begeisterung für die Antike machte sich auch in der Baukunst bemerkbar, wo sie im Zusammenspiel mit anderen Strömungen zum Eklektizismus führte, der das ganze Jahrhundert über vorherrschend blieb und in dieser Zeit sehr unterschiedliche Ergebnisse hervorbrachte. In diesem Zusammenhang stellte **Alessandro Antonelli** (1798-1888) einen Sonderfall dar, weil er die neoklassizistischen Stilelemente mit den technischen Möglichkeiten der Ingenieurkunst kombinierte und so einige der originellsten bautechnischen Erfindungen Europas mit der akademischen Tradition verband.

Neben der neoklassizistischen und oft explizit akademischen Strömung in der Malerei entwickelte sich mit **Francesco Hayez** (1791-1882) eine romantische Stilrichtung. Der Freund Canovas spielte mit Hilfe von Darstellungen mittelalterlicher Ereignisse hintergründig auf zeitgenössische Ereignisse des Risorgimento an. Ab 1855 und etwa zwanzig Jahre lang setzte mit den **Macchiaioli** („Kleckser") eine Gegenbewegung zum Akademismus ein. Sie nahmen dem Impressionismus einiges vorweg, indem sie ohne spezielle theoretische Grundlage ihre Staffeleien im Freien aufstellten, für die Dominanz der Farbe und einen einfachen Pinselstrich plädierten und vom Naturalismus beeinflußt wurden. Hauptvertreter dieser Bewegung waren **Giovanni Fattori** (1825-1908), **Lega** (1826-1895) und **Signorini** (1835-1901). Einige Künstler standen mit den Pariser Impressionisten in Verbindung. Auf die anekdotische Genremalerei, die Ende des 19. Jh.s den Ton angab, antworteten **Segantini** (1858-1899), **Pellizza da Volpedo** (1868-1907) und **Previati** (1852-1920) mit ihrer Technik des Divisionismus. Gemäß der von den französischen Neoimpressionisten entwickelten Theorie diente diese Maltechnik im Einklang mit den Geschehnissen in Europa einerseits einem tieferen Verständnis der Wirklichkeit, die stark unter sozialen Gesichtspunkten betrachtet wurde, und öffnete sich andererseits allegorischen Themen, die dem Symbolismus entlehnt waren. Die Ansätze der Neoimpressionisten bereiteten den Weg für die Avantgardisten des 20. Jh.s.

20. Jahrhundert

Das 20. Jh. begann brüsk mit der ungestümen, antiästhetischen Reaktion der **Futuristen**, die unter dem Einfluß des Dichters und Theoretikers der Gruppe, **Marinetti** (1876-1944), lautstark ihren Glauben an die Maschinen, die Geschwindigkeit und die Masse kundtaten. Ihre Bilder versuchten, die Dynamik der modernen Welt wiederzugeben. Ihre fragmentierte Formenwelt erinnert im Ansatz an die Kubisten, von denen sie sich jedoch durch ihren Sinn für Bewegung unterschieden, in dem sich die philosophischen Ideen von Zeitgenossen wie Bergson niederschlugen, und durch den von den Expressionisten abgeleiteten heftigen und leidenschaftlichen Zusammenbruch von Formen und Farben.

Rissa in galleria, von Boccioni (Mailand, Pinacoteca di Brera)

Alinari/GIRAUDON

Boccioni (1882-1916), **Balla** (1871-1958), **Severini** (1883-1966), **Carrà** (1881-1966) und der Architekt **Sant'Elia** (1888-1916) waren die Protagonisten dieser Avantgarde. Zusammen mit Carrà, der die künstlerischen „Gehversuche" seiner Jugendzeit hinter sich gelassen hatte, begründete **Giorgio De Chirico** (1888-1978) die **metaphysische Malerei**. Er inszenierte beängstigende Szenen, bei denen sich die Objekte, die er auf unvorhersehbare Weise in tatsächlich nicht möglichen, aber glaubwürdigen Perspektiven zusammenstellte, in einer zwielichtigen, rätselhaften Atmosphäre befinden. **Giorgio Morandi** hingegen, der zum Teil von den gleichen theoretischen Grundlagen ausging, gruppierte einfache Objekte auf einer einzigen Ebene und lud den Betrachter zu stiller Meditation über den tieferen Sinn der Geschichte und die Bedeutung der Malkunst ein.

Nach dem Ersten Weltkrieg machte sich in Italien ein Klima breit, das eine „Rückkehr zur Ordnung" forderte und von dem auch zahlreiche italienische Künstler nicht unberührt blieben. In diesem Zusammenhang bildete sich die Gruppe **Novecento** (20. Jh.) heraus, die zwar naturalistischen Prinzipien folgte, diese aber mittels einer Neubetrachtung der Metaphysik, der mittelalterlichen Kunst und des klassischen Erbes Italiens interpretierte und dadurch häufig äußerst poetische Werke hervorbrachte, die sich durch eine beachtliche Konzentration der Form auszeichneten. Die meisten italienischen Maler, Bildhauer oder Architekten schlossen sich dieser Strömung an oder waren zumindest von ihr beeinflußt. Dies gilt besonders für die 20er Jahre, als sich auch das politische Regime Italiens zugunsten der neuen Stilrichtung aussprach. Ihr widersetzten sich offen oder stillschweigend all jene, die einen distanzierteren und analytisch tiefergehenden Ansatz forderten. Um die Mailänder Gruppe **Corrente**, die **Römische Gruppe** und die **Gruppe der Sechs** in Turin versammelten sich die lebendigsten künstlerischen Kräfte Italiens dieser Zeit, die über die persönlichen Eigenheiten jedes einzelnen hinaus ein gemeinsames Interesse an expressionistischen Lösungsversuchen besaßen. Diese führten oft zu einem zutiefst tragischen Realismus, den eine große soziale Spannung und tiefe Menschlichkeit beherrschten. **Renato Guttuso** (1912-1987) verlieh der postkubistischen Formensprache, die er auf ausdrücklich antifaschistische Themen anwandte, eine ganz persönliche Note. Zu den herausragenden Bildhauern dieser Epoche gehört **Giacomo Manzù** (1908-1991). Seine Leistung besteht vor allem darin, daß er als Laizist der christlichen Kunst zu neuer Dynamik verholfen hat. Sein ausgeprägter Sinn für das Licht, der seinen Skulpturen und vornehmlich seinen Flachreliefs eine Lebendigkeit verleiht, die an Donatello erinnert, diente ihm zur Verurteilung von Gewalt, die er als die große Geißel der Menschheit betrachtete.

Nachkriegszeit

Die Tragödie des Krieges war nicht ohne Folgen für das künstlerische Schaffen. Immer wieder kam die Frage nach dem Sinn künstlerischer Betätigung in einer Welt auf, in der sämtliche moralischen Wertvorstellungen brutal zunichte gemacht worden waren. Selbst in der neuen Konsumgesellschaft und angesichts des Wohlstandes der 50er und 60er Jahre blieb die Prämisse vom „Tod der Kunst" bestehen. Kunst wurde nicht mehr länger als Darstellungsmittel der ästhetischen Wirklichkeit verstanden. Daher mußte sie auf neue Formen und Materialien zurückgreifen, die man als antiästhetisch bezeichnen kann, da sie bis dahin in der künstlerischen Gestaltung keinen Platz hatten. Viele Künstler gingen so weit, daß sie sogar das herkömmliche Grundelement der Malerei, die Leinwand, ablehnten. Dies war auch die Einstellung von **Alberto Burri** (1915-1995), der erst spät und als Autodidakt zur Malerei gelangte. Mit seinen Collagen auf alter, zerschlissener Leinwand wollte er nichts anderes darstellen als das, was man sah. Es ging ihm darum, aufzuzeigen, daß ein Stück Materie erst durch den Eingriff des Künstlers einen Sinn erhält, der so seine eigene Erfahrung in eine Form kleidet.
Auch für **Lucio Fontana** (1899-1968) waren die Grenzen traditioneller künstlerischer Ausdrucksmöglichkeiten erreicht. Er versuchte, indem er seine Leinwände zerschlitzte und perforierte, eine neue Antwort auf das Problem des Raums zu geben. Raum konnte seiner Auffassung nach nur geschaffen, aber nicht wiedergegeben werden. Deshalb war für ihn die Geste, die „Handlung", wichtig, bei der beide Seiten der Leinwand in Kontakt kommen. Auf diese Weise zerstörte er das klassische Raumkonzept. Andere Künstler gehörten zu der Strömung, die man „**Arte Povera**" („arme Kunst") nannte, die sich bewußt von der als reich empfundenen Welt absetzen wollte. Bei diesen Künstlern war der Bruch mit dem klassischen Kunstbegriff vollkommen. Sie gingen so weit, daß sie ihre Rolle als Künstler radikal ablehnten, da sie sie als verschleiernd und abhängig von einem Gesellschaftssystem sahen, das sie in Frage stellten.

Können Sie Heilige an ihren Symbolen erkennen?

Ein Großteil der italienischen Kunst beschäftigt sich mit religiösen Themen. Im folgenden finden Sie eine kleine Liste, die es Ihnen erleichtern wird, sich angesichts der Hunderte von Heiligen in Kirchen und Museen Italiens zurechtzufinden. Zu jedem Heiligen finden Sie eine Beschreibung seiner typischen Merkmale, auch wenn die unwiderstehliche Schöpfungskraft der Künstler dazu führt, daß manchmal die Ausnahmen häufiger als die Regel sind.

HEILIGE	DARSTELLUNG
Agatha	Man erkennt sie an ihren abgeschnittenen Brüsten, die meist auf einem Tablett liegen, und an der Zange.
Andreas	Er wird oft mit dem nach ihm benannten Andreaskreuz und der Ausrüstung eines Fischers dargestellt.
Antonius	Seine Erkennungsmerkmale sind das Feuer, das Ferkel und der Teufel.
Antonius von Padua	Er wird begleitet vom Jesuskind und hält ein Buch und eine Lilie in Händen.
Bartholomäus	Er hält in der Regel seine eigene Haut in der Hand.
Bernhardin von Siena	Sein Abbild ist das eines ausgemergelten Mönches mit dem Monogramm IHS Christi in der Hand.
Cäcilia	Ihre Attribute sind Musikinstrumente.
Christophorus	Wie sein Name bereits andeutet, trägt er immer das Jesuskind auf seinen Schultern.
Dominikus	Er ist in das weiße Gewand und den schwarzen Übermantel der Dominikaner gekleidet; oft steht ein Hund mit einer Kerze an seiner Seite.
Franz von Assisi	Er ist an seiner groben Mönchskutte und den Wundmalen Christi sehr leicht zu erkennen; manchmal werden ihm ein Wolf und Vögel beigestellt.
Georg	Bekannt als Ritter der den Drachen erlegt.
Hieronymus	Fast immer wird er von einem Löwen begleitet, egal ob als hoher Kirchenlehrer, fast unbekleidet als Büßer in der Einöde oder über seinen Büchern in seiner Studierstube.
Jakobus der Ältere	Seine Attribute sind Kutte und Jakobsmuschel.
Johannes der Evangelist	Er wird oft als junger Mann abgebildet. Seine Attribute sind der Adler und manchmal das Evangelium.
Johannes der Täufer	Man begegnet ihm im Fellkleid, meist mit dem Lamm Gottes im Arm. Er hält eine Standarte, auf der geschrieben steht: *Ecce agnus dei.*
Katharina von Alexandria	Sie wird immer mit einem Rad und dem Palmzweig der Märtyrer dargestellt.
Laurentius	Gemäß seiner Leidensgeschichte wird er mit dem glühenden Rost und dem Palmzweig der Märtyrer dargestellt.
Lucia	Sie hält ihre Augen und den Märtyrerzweig in den Händen.
Lukas, der Evangelist	Sein Symbol ist der Stier, manchmal sieht man ihn auch mit dem Evangelium.
Maria Magdalena	Man erkennt sie an ihrem wallenden Haar und dem Salbentopf.
Markus der Evangelist	Er wird immer von einem geflügelten Löwen begleitet und manchmal hält er das Evangelium in seinen Händen.
Matthäus der Evangelist	Er hat einen Engel und manchmal auch das Evangelium als Attribut.
Michael	Meist als Kämpfer dargestellt, der mit Schwert oder Lanze den Drachen oder den Teufel niederstreckt.
Nikolaus	Fast immer erkennt man ihn an den drei goldenen Kugeln und einem Schiff.
Paulus	Oft zusammen mit dem heiligen Petrus dargestellt, trägt er einen langen Bart und hält ein Schwert und ein Buch in der Hand.
Petrus	Sein unverkennbares Zeichen sind die Himmelsschlüssel. Daneben sieht man ihn oft mit einem Hahn, in Ketten oder mit einem Kreuz.
Petrus der Märtyrer	In seiner Stirn steckt ein Messer, und in seiner Hand hält er den Palmzweig.
Rochus	Man erkennt ihn an der Pestbeule an seinem Bein und dem Hund, der ein Stück Brot in der Schnauze hält.
Sebastian	Der gutaussehende junge Mann ist von zahlreichen Pfeilen durchbohrt.
Stephanus	Man sieht ihn mit den Steinen seiner eigenen Steinigung.
Theresa von Avila	Sie wird in ekstatischer Verzückung dargestellt mit einem Engel und einer Taube an ihrer Seite.
Ursula	Man sieht sie in Begleitung der Gefährtinnen, die mit ihr den Märtyrertod starben.

Literatur

Geburt und Blütezeit der italienischen Literatur - Bedingt durch die Vorrangstellung der lateinischen Sprache begann sich erst im 13. Jh. eine italienischsprachige Literatur herauszubilden. Zu den ältesten Schriften gehört der ergreifende *Cantico delle Creature* (dt. „Sonnengesang") des **Franz von Assisi** (1182-1226), den er getreu seiner Ordensregel nicht - wie damals üblich - in Latein, sondern in der Volkssprache seiner Region verfaßte.
Das 13. Jh. war das Jahrhundert der **Sizilianischen Dichterschule** *(Scuola siciliana)*, einer Gruppe von Dichtern, die am Hofe Friedrichs II. von Hohenstaufen in Palermo lebten und nach dem Vorbild der provenzalischen Minnedichtung in ihrer Landessprache dichteten. Die berühmteste literarische Bewegung des 13. Jh.s war der **Dolce stil nuovo** („der süße neue Stil"), eine äußerst musikalische Lyrik, die eine platonische und vergeistigte Liebesbeziehung besang, bei der die Frau in den Rang eines Engels erhoben wurde. Der Begriff geht auf Dante zurück, dessen Frühwerk dieser Stilrichtung zuzuordnen ist. Zwei der bekanntesten Vertreter des „Dolce stil nuovo" waren Guinizzelli und Cavalcanti.

Dante erklärt der Stadt Florenz die Göttliche Komödie (Florenz, Dom)

Mit seiner 1307 begonnenen, in toskanischer Mundart verfaßten *Göttlichen Komödie* schuf **Dante Alighieri** (1265-1321), dessen *Vita Nuova* (Erneuertes Leben), *Rime* (Gedichte), *Il convivio* (Das Gastmahl) und *De vulgari eloquentia* (Über die Ausdruckskraft der Volkssprache) ebenfalls herausragende Werke sind, die Grundlage für die italienische Schriftsprache und das größte Meisterwerk der italienischen Literatur. Die *Divina Commedia* beschreibt die visionäre Wanderung des Dichters als die eines sündigen Menschen durch die drei Reiche des Jenseits. Auf dieser fiktiven Reise, bei der der Dichter von Vergil durch Hölle und Fegefeuer geleitet und am Ende von Beatrice durch das Paradies geführt wird, begegnen ihm die verdammten Seelen vieler illustrer Verstorbener, denen im Jenseits die angemessene Strafe für ihr Verhalten auf Erden zuteil wird. Dantes Epos ist ein grandioses, an mittelalterlicher Symbolik reiches Gemälde der menschlichen Natur, in dem sich viele historische Details finden. In seinem *Canzoniere*, einem Zyklus von Sonetten und Balladen, besang **Petrarca** (1304-1374), der Dichter und Humanist, seine Liebe zu Laura und wirkte durch dieses Werk auf die gesamte europäische Literaturtradition. **Boccaccio** (1313-1375) schilderte in seiner Sammlung von hundert Novellen mit dem Titel *Il Decamerone*, die auf dem Lebensideal des entstehenden Bürgertums beruhen, auf eine derb-humorvolle und prägnante Weise die ganze Komplexität der handelnden Personen.

Humanismus und Renaissance - Die neue kulturelle und philosophische Rückbesinnung auf die griechische und römische Antike entwickelte das Konzept des *Humanismus*, der den Menschen in den Mittelpunkt des Universums stellte und solche Universalgenies wie Filippo Brunelleschi, Leon Battista Alberti und Leonardo da Vinci hervorbrachte.

In Florenz, das zum florierenden Zentrum des italienischen Geisteslebens aufgestiegen war, wirkte eine der vollkommensten Gestalten des humanistischen Menschenbildes, der Fürst, Politiker, Förderer der Künste und Dichter **Lorenzo de' Medici**, gen. *Il Magnifico* („der Prächtige", 1449-1492). **Poliziano** (1454-1494), der als Hofdichter Lorenzo de' Medicis fungierte, vollbrachte eine Synthese aus lateinischem Erbe, italienischer Lyrik und volkstümlicher Dichtung. Seine Name rührt von der lateinischen Bezeichnung seines Heimatortes Montepulciano her: *Mons Politianus*.
Am Hof von Ferrara wirkte **Boiardo** (1441-1494) und verfaßte *Rolando innamorato* („Rolands Abenteuer"), ein unvollendetes Ritterepos, in dem er epische und aus der Tradition der Minnesänger stammende Elemente der mittelalterlichen Sagenkreise um Karl den Großen und König Artus miteinander verband.
Die Entdeckung Amerikas war der Höhepunkt einer ganzen Reihe von Entdeckungsfahrten und brachte den endgültigen Bruch mit einem Weltbild, das sich auf althergebrachten Aberglauben stützte und dessen unüberschreitbare Grenze der bekannten Welt durch die Herkulessäulen (Straße von Gibraltar) verkörpert wurde. Die neuen Erkenntnisse öffneten sowohl geographisch als auch geistig neue Horizonte. Es brach eine Zeit besonders fruchtbarer philosophischer Betätigung an, die in **Machiavelli** (1469-1527) einen herausragenden Vertreter besaß. In seinem Aufsatz *Il Principe* („Der Fürst") zeigt er auf, daß ein Herrscher seinen Staat nur erhalten kann, wenn er dazu alle ihm zur Verfügung stehenden Mittel ohne moralische Einschränkung nutzt und gegen jeden, der die gesellschaftliche Ordnung stört, gnadenlos vorgeht. Weitere bedeutende Dichter und Denker der Zeit waren **Francesco Guicciardini** und **Ludovico Ariosto** (1474-1533), der Autor des *Orlando furioso* („Der rasende Roland", *siehe unter Ferrara*).
Besonders der klassischen Tradition verhaftet waren **Bembo** (1470-1547), dessen Werke zur systematischen Erfassung der italienischen Rechtschreibung und Grammatik beitrugen, **Baldassare Castiglione** (1478-1529), der mit *Libro del Cortegiano* („Der Hofmann") ein Idealbild des Höflings entwarf, und **Michelangelo** (1475-1564), der in seinem literarischen Werk eine platonische Auffassung von Liebe und Kunst entwickelte.
Im Gegensatz dazu wandte sich **Pietro Aretino** (1492-1556) in seinen heiteren Komödien gegen den aristokratischen Klassizismus. Form und Inhalt seines Werks liefen dem höfischen Ideal zuwider. Antiklassizistisch waren auch **Ruzzante** (1502-1542), der seine realistischen Schilderungen in paduanischer Mundart verfaßte, und **Cellini** (1500-1571), der außer Schriftsteller auch Bildhauer und Goldschmied war und wegen seines exzentrischen Charakters ein unstetes Leben führte.
Der Maler und Architekt **Vasari** (1511-1574) tat sich als Biograph hervor und schilderte in seinem Werk *Le Vite* die Lebensbeschreibungen von mehr als einhundert Künstlern, von Cimabue bis zu ihm selbst.

Gegenreformation und Barock – Die Entdeckung Amerikas, die für die Wirtschaft im Mittelmeerraum schwerwiegende Folgen hatte, und die Verbreitung der Reformation leiteten eine unruhigere Epoche ein. Es begann eine Phase des Konformismus, die arm an großen Werken war. Die Pflege der italienischen Sprache und Grammatik übernahm die *Accademia della Crusca*, die 1612 das erste Wörterbuch des Italienischen herausgab und damit den entscheidenden Beitrag zur Erhaltung der Literatursprache leistete.
Die Veränderung des geistigen und kulturellen Klimas spiegelt sich sehr gut in der bewegten Persönlichkeit des **Torquato Tasso** (1544-1595) und in seinem Hauptwerk *Das befreite Jerusalem (siehe unter Ferrara)* wider, das in seiner ersten Version die Anliegen der Gegenreformation aufgriff. Aus Furcht vor der Inquisition wurde es später jedoch vom Autor selbst umgearbeitet.
Der Mathematiker, Philosoph und Physiker **Galileo Galilei** (1564-1642) wandte sich der Theorie des Archimedes zu und verwarf die Lehren des Aristoteles; als er die Unabhängigkeit der Wissenschaft von Theologie und Philosophie forderte, zog er ungewollt den Zorn der Kirche auf sich. Vom Protestantismus in ihren Grundfesten erschüttert, versuchte die katholische Kirche damals mit allen Mitteln, ihre brüchig gewordene Machtstellung zu verteidigen. Die Angst vor der Inquisition erstickte jede Kritik im Keim. Die Literatur flüchtete sich in die Künstlichkeit des Konzeptismus *(conceptismo)*, einer barocken, von phantastischen Inhalten geprägten Stilrichtung, bei der geistreiche Wort- und Gedankenspiele im Vordergrund standen (wichtigster Vertreter G. Marino).

Von der Aufklärung zur Dekadenzdichtung – Im anbrechenden 18. Jh. war die Accademia dell'Arcadia tonangebend, eine 1690 in Rom gegründete literarische Gesellschaft, die sich dem Vorbild der klassischen bukolischen Dichtung verpflichtet hatte und zum Kampf gegen die manierierte Kunst des Barock aufrief. Einer der wichtigsten Vertreter der arkadischen Rokokolyrik war **Pietro Metastasio** (1698-1782). Das Settecento war ferner die Zeit des Geschichts- und Rechtsphilosophen **Giambattista Vico** (1668-1744), der das Modell von der gesetzmäßigen Wiederkehr je eines theokratischen, heroischen und menschlichen Zeitalters in einem Zyklus von Aufstieg, Blütezeit und Verfall entwickelte.
Der Mittelpunkt des italienischen Kulturgeschehens war damals Mailand, wo **Verri** (1728-1797) und **Beccaria** (1738-1794) wirkten. Letzterer kämpfte in seiner Abhandlung *Über Verbrechen und Strafen* mit einer konsequenten logischen

Argumentation für die Abschaffung der Todesstrafe. Die wichtigste dramaturgische Persönlichkeit jener Zeit war der venezianische Komödiendichter **Carlo Goldoni** (1707-1793), dessen Stücke durch die venezianische Umgangssprache große Lebendigkeit und Spontaneität erhielten.
Giuseppe Parini (1729-1799) schrieb satirisch-didaktische Gedichte, in denen er das müßige Leben des Adels geißelte. Der Kampf um Freiheit und die Auflehnung gegen die Tyrannei waren die zentralen Themen der Tragödien **Vittorio Alfieris** (1749-1803).
Ugo Foscolo (1778-1827) knüpft mit seinem Briefroman *Ultime lettere di Jacopo Ortis* („Die letzten Briefe von Jacopo Ortis") und seiner lyrischen Dichtung (*I Sepolcri*, „Gedicht von den Gräbern") an die Tradition Richardsons, Rousseaus, Goethes und Grays an.
Den Auftakt des 19. Jh.s bildeten **Giacomo Leopardi** (1798-1837) und **Alessandro Manzoni** (1785-1873). Der Erstgenannte entwickelte ein Konzept des „historischen Pessimismus", der auf dem Widerspruch zwischen der Natur als einem Urzustand vollkommenen Glücks und der Vernunft bzw. Zivilisation als Wurzel allen Übels basiert. Diese Überlegung führte ihn in der Folge zum „kosmischen Pessimismus", den er nunmehr auch auf die Natur ausdehnte, wobei er das Unglück zu dem Grundprinzip schlechthin der menschlichen Existenz erklärte. Manzoni hingegen trug mit seinem Roman *I promessi sposi* („Die Verlobten") - einem grandiosen Epos über das Leben der einfachen Leute - zur Entwicklung des historischen Romans bei, einem literarischen Genre, das Kreativität und historische Begebenheiten miteinander kombiniert. Manzonis Werk liegt ein christliches Weltverständnis zugrunde, dem zufolge die Gesellschaft durch Gottes Hilfe ihre Konflikte überwinden kann.
Von der christlich-optimistischen Grundhaltung Manzonis ist im Werk des **Giovanni Verga** (1840-1922), des wichtigsten Vertreters des Verismus, der italienischen Spielart des europäischen Naturalismus, nichts mehr zu spüren. In seinen sozialkritischen Romanen wie z. B. *I Malavoglia* („Die Malavoglias") drückt sich sein Engagement für die sozial Schwachen aus, die er als die „Besiegten" bezeichnet. In der lyrischen Dichtung der zweiten Hälfte des 19. Jh.s spielte **Giosuè Carducci** (1835-1907) eine wichtige Rolle. Er war 1906 der erste Italiener, der den Nobelpreis für Literatur erhielt. Der melancholisch angehauchte Carducci lehnte die Romantik ab, von der er lediglich den sentimentalen Aufbau übernahm und ließ sich eher von der antiken Dichtung inspirieren.
Zur Dekadenzdichtung gehörten, wenn auch in jeweils sehr unterschiedlicher Weise, **Gabriele D'Annunzio** (1863-1938), ein virtuoser Meister der elitären Sprache, der in seinen Werken die Sinnenlust feierte, und **Giovanni Pascoli** (1855-1912), für den die poetische Darstellung der kindlichen Unschuld künstlerischer Ausdruck für den Traum und einen Augenblick wunderbaren Erlebens ist.

Von der Dekadenzdichtung bis in die Gegenwart - Anfang des 20. Jh.s wurden zahlreiche politische, kulturelle, literarische und moraltheoretische Zeitschriften gegründet, an denen bedeutende Persönlichkeiten wie Guiseppe Prezzolini (1882-1982) und Giovanni Papini (1881-1956) mitarbeiteten.
Die Theorien des **Futurismus**, einer literarischen Bewegung, die sich auf sämtliche anderen Kunstgattungen ausdehnte, wurden in ihrem Gründungsmanifest von 1909 dargelegt. **Tommaso Marinetti** (1876-1944), der Begründer und Theoretiker der Bewegung, feierte darin den Mythos Krieg, den dynamisch-explosiven Kult der Bewegung und die Leistungen der Technik als die Errungenschaften einer rauschhaft empfundenen modernen Welt. Ihren formalen Widerhall fanden diese Theorien in der Zerstückelung der Syntax und der Satzzeichen und in der willkürlichen Anordnung der Wörter auf dem Papier.
Der Einfluß der Psychoanalyse, der Autoren wie Proust, Musil oder Joyce dazu gebracht hatte, sich mit „unbekanntem Terrain" und Themen wie Unterbewußtsein und Verdrängung auseinanderzusetzen, hinterließ auch in Italien seine Spuren. In seinem Hauptwerk *La coscienza di Zeno* - einem langen inneren Monolog, in dem verschiedene Zeitebenen ineinandergreifen - beschrieb **Italo Svevo** (1861-1928), der wichtigste italienische Vertreter dieser Strömung, die wachsende Entfremdung seiner Hauptfigur, die man als den Inbegriff der Unfähigkeit und Schwäche bezeichnen könnte. **Luigi Pirandello** (1867-1936) schilderte in seinen Theater-

Luigi Pirandello

stücken die tragische Einsamkeit des Menschen, dessen Identität sich an der Widersprüchlichkeit und Falschheit seiner Mitmenschen aufreibt und dem als letzter Ausweg nur die Flucht in den Wahnsinn bleibt.
Das Werk **Grazia Deleddas** (1871-1936), in dem sich veristische Einflüsse und das Vorbild D'Annunzios miteinander vermischen, läßt die Umgebung und geheimnisvolle Atmosphäre ihrer sardinischen Heimat wiedererstehen. Ihre Erzählungen handeln von den heftigen Leidenschaften und dem tief religiösen Verständnis des Lebens, von denen ihre Mitmenschen dort beseelt sind.
Der **Hermetismus**, der nach dem Ersten Weltkrieg entstand, hatte sich der Reinheit der lyrischen Sprache verschrieben, die sich von althergebrachten und belastenden Eindeutigkeiten befreien sollte. Die Gedichte von **Giuseppe Ungaretti** (1888-1970) zeichnen sich durch eine vielsagende, prägnante und im Wortmaterial sparsame Sprache aus. En anderer wichtiger Vertreter des Hermetismus, **Salvatore Quasimodo** (1901-1968), erwarb sich als Übersetzer bedeutender Werke Shakespeares sowie griechischer und lateinischer Autoren großes Ansehen.
Besondere Erwähnung verdienen darüber hinaus **Eugenio Montale** (1896-1981), der mit einer bitteren und beißenden Wortgewandtheit den dem menschlichen Wesen innewohnenden Lebensüberdruß beschrieb, und **Umberto Saba** (1883-1957), der durch seine habsburgische Geburtsstadt Triest deutschen und slawische Einflüssen ausgesetzt war und aus einer Kombination von klarer Sprache und Dialekteinfügungen ein ausgeprägt poetisches Lebenszeugnis formte.

Berühmte italienische Nobelpreisträger

Literatur - Giosuè Carducci (1906), Grazia Deledda (1926), Luigi Pirandello (1934), Salvatore Quasimodo (1959), Eugenio Montale (1975), Dario Fo (1997).

Physik - Guiglielmo Marconi (kabellose Telegraphie, 1909), Enrico Fermi (erste kontrollierte Kernreaktion, durch Neutronenbeschuß des Uraniums, das sich daraufhin spaltet, 1938), Emilio Segrè (Entdeckung des Antiprotons, 1959), Carlo Rubbia (Entdeckung der subatomaren W- und Z-Teilchen, die die schwache Wechselwirkung hervorrufen, 1984).

Chemie - Giulio Natta (Struktur und Erzeugung von Polymeren, 1963).

Medizin und Physiologie - Salvador Edward Luria (Vermehrungsmechanismen und genetische Struktur von Viren und Bakterien, 1969), Renato Dulbecco (Erforschung der Wechselwirkungen zwischen Tumoren auslösenden Viren und den Erbsubstanzen ihrer Wirtszellen,1975), Rita Levi-Montalcini (Entdeckung des Faktors, der das Wachstum der Zellen des peripheren Nervensystems steuert, 1986).

Wirtschaftswissenschaften - Franco Modigliani (Lebenszyklushypothese des Sparens und Modigliani-Miller-Theorem, 1985).

Nach dem Zweiten Weltkrieg setzte sich der **Neorealismus** durch, der sich mit dem Leben und dem Elend der Arbeiterklasse, der Bauern und Straßenkinder beschäftigte. **Cesare Paveses** (1908-1950) Romane, in denen sich eine tiefe Verzweiflung ausdrückt, die den Autor letztendlich in den Selbstmord trieb, kreisen immer wieder um das Thema der Einsamkeit und der Entfremdung. Einer der erfolgreichsten zeitgenössischen Autoren Italiens war **Alberto Moravia** (1907-1990), dessen Werk eine schonungslose Kritik des Bürgertums darstellt. In seinem Roman „Die Gleichgültigen" schildert er den moralischen und materiellen Niedergang einer Familie aus der römischen Mittelschicht.
Nach anfänglichen Experimenten mit dem Neorealismus erlangte **Italo Calvino** (1923-1985) durch philosophisch-märchenhafte Romane, die nicht zuletzt durch ihre feine Ironie bestechen, weltweites Ansehen. Sie zeichnen sich zum Teil durch wissenschaftliche Präzision und verschiedenartige Erzählverfahren aus. Der aus Sizilien stammende **Leonardo Sciascia** (1921-1989) machte es sich zur Aufgabe, die italienischen Übel, allen voran die Mafia, anzuprangern. Seine in einer sehr reinen Prosa geschriebenen, sozialkritischen Arbeiten nehmen oft die Form von Kriminalromanen oder historischen Tatsachenberichten an. Demgegenüber unterscheidet sich die Schreibweise von **Carlo Emilio Gadda** (1893-1973), der den Ingenieurberuf erlernt hatte, durch eine geniale sprachliche Experimentiertätigkeit, die in unverwechselbarer Weise die Scheinheiligkeit, den Wahnsinn und die verborgenen Leiden der modernen Gesellschaft aufzudecken vermag. **Pier Paolo Pasolini** (1922-1975) war eine der provozierendsten und umstrittensten Figuren der italienischen Literatur. Werk und Leben Pasolinis spiegelten auf tragische Weise den Widerspruch zwischen der marxistischen Ideologie, seiner christlichen Religiosität und den bäuerlichen Wertvorstellungen wider. Das von phantastischen Zügen geprägte Werk des Dichters, Schriftstellers, Zeichners und Journalisten **Dino Buzzati** (1906-1972), in dem der Einfluß von Maeterlinck und Kafka spürbar ist, beschäftigt sich mit dem Phänomen der Angst und der Absurdität der menschlichen Existenz. Die literarische Schaffensperiode der 1990er Jahre wurde durch den immensen

Erfolg des Romans *Der Name der Rose* (1980) eingeleitet, dem mittelalterlichen Kriminalroman des Essayisten und Professors für Semiotik **Umberto Eco** (*1932). Das Jahrhundert klingt für die italienische Literatur durch die Verleihung des Literaturnobelpreises 1997 an den Dramatiker und Theaterschauspieler **Dario Fo** (*1926) äußerst zufriedenstellend aus. Er ähnelt einem mittelalterlichen Spielmann, der in seinen politisch engagierten Farcen und Burlesken soziales Engagement beweist.

Musik

Die Italiener sind bekannt als Volk von Heiligen, Dichtern und Helden, aber auch von Musikern. Italien ist das Land, in dem die Notenschrift erfunden wurde und die Violine als Musikinstrument zur vollen Entfaltung kam. Es ist das Geburtsland Vivaldis, dieses großen Komponisten, der Bach maßgeblich beeinflußte, aber erst Anfang des 20. Jh.s als einer der bedeutendsten Musiker seiner Zeit erkannt wurde. Italien war auch die Heimat Verdis, eines Anhängers der Bewegung des Risorgimento, der Opern schuf, die weltweite Berühmtheit erlangten.

Die Ursprünge – Angeregt durch den Gregorianischen Gesang, der nach einem komplizierten Zeichensystem (den sogenannten Neumen – das moderne Liniensystem existierte noch nicht) notiert wurde, legte der Benediktinermönch **Guido von Arezzo** (997 - um 1050) Ende des 10. Jh.s mit seinem Terzliniensystem den Grundstein zu unserer heutigen Notenschrift. Er benannte die einzelnen Tonschritte dabei nach den Anfangsbuchstaben der sechs ersten Verse der Johanneshymne: „**Ut** queant laxis/**Re**sonare fibris/**Mi**ra gestorum/**Fa**muli tuorum/**So**lve polluti/**La**bii reatum Sancte Johannes". Hinzu kam das „**Si**" nach den Anfangsbuchstaben von Sancte Johannes, während sich das „Ut" im 17. Jh. in ein „**Do**" verwandelte. Diese in den romanischen Sprachen beibehaltenen Bezeichnungen lauten in der deutschen Tonleiter: C (Do), D (Re), E (Mi), F (Fa), G (So), A (La), H (Si).
Im 16. Jh. erreichte die nördlich der Alpen (franko-flämische Schule) entstandene vokale Mehrstimmigkeit ihren Höhepunkt in der Kunst **Giovanni Pierluigi da Palestrinas** (um 1525 - 1594), dem wir eine große Zahl meist sakraler Werke verdanken (105 Messen, darunter die berühmte *Missa Papae Marcelli*). Zur gleichen Zeit waren **Andrea Gabrieli** (um 1510 - 1586) und dessen Neffe Giovanni, beide Meister der A-cappella-Technik und der polyphonen Musik auch im profanen Bereich, im Markusdom von Venedig als Organisten tätig; von **Giovanni Gabrieli** (um 1557 - 1612) stammen einige der ersten Violinsonaten.
Der große Erneuerer der Musik hieß **Claudio Monteverdi** (1567-1643), der mit seiner „musikalischen Fabel" *L'Orfeo* (1607) sein persönliches Meisterwerk schuf. Mit der Musiksprache in seinen Werken versuchte er, die emotionalen Inhalte des Textes durch die Musik exakt wiederzugeben. Neben seinen Opern hinterließ der schon zu Lebzeiten berühmte Künstler zahlreiche kirchenmusikalische Werke und Madrigale (weltliche Komposition für zwei oder mehr Stimmen).
Girolamo Frescobaldi (1583-1643) wandte sich der Instrumentalmusik für Cembalo und Orgel zu, nachdem er zunächst Vokalmusik komponiert hatte.

Die Violine

Die Geige ist eine Weiterentwicklung der Viola, die von der mittelalterlichen Fiedel abstammt. Sie ist praktisch untrennbar mit den herausragenden Leistungen der norditalienischen Geigenbaumeister verbunden, die fast alle in Cremona ansässig waren (zweite Hälfte des 16. Jh.s bis Anfang 18. Jh.). So wird eine Geige auch üblicherweise mit dem Namen ihres Erbauers bezeichnet (in Konzertprogrammen erscheint der Name des Herstellers: Gasparo da Salò, Amati, Guarneri, Stradivari). Als große Geigenvirtuosen sind insbesondere zu nennen: **Arcangelo Corelli** (1653-1713), der durch seine Violinsonaten mit Basso continuo, wie die berühmte *Follia*, bekannt wurde (der Generalbaß ist eine fortlaufende Instrumentalbaßstimme als harmonische Grundlage für die instrumentale Melodiestimme); **Giuseppe Torelli** (1658-1709), Komponist von bedeutenden Concerti grossi (das Concerto grosso wird als Wettstreit zwischen den Soloinstrumenten und dem Orchester aufgefaßt); **Giuseppe Tartini** (1692-1770), der der Nachwelt unter anderem zwei mitreißende Sonaten hinterlassen hat, die dem Solisten große Bravour abverlangen: *Die Teufelstrillersonate* und *Die verlassene Dido*; **Pietro Locatelli** (1695-1764), der in seinen *Capriccios* die Violintechnik noch verfeinert hat; Giovan Battista Viotti *(siehe weiter oben)* und natürlich der unvergleichliche Niccolò Paganini *(siehe weiter unten)*.

Die Musik vom Barock bis zum 18. Jh. - Erst im 17. Jh. entstand in Italien eine typische Vokal- und Instrumentalmusik. Sie zeichnet sich durch eine besonders große Originalität und Melodik aus. **Alessandro Scarlatti** (1660-1725) war ein besonders schaffensfreudiger Vertreter der neapolitanischen Schule und einer der ersten Opernkomponisten, die die Gesangsstile des Rezitativs und der Arie voneinander trennten. Sein Sohn **Domenico** (1685-1757) machte sich als Komponist von Cembalosonaten und als Cembalovirtuose einen Namen.
Der Venezianer **Antonio Vivaldi** (1675-1741), der wegen seiner rotblonden Haarfarbe der „rothaarige Priester" genannt wurde, gehört zu den bekanntesten Komponisten überhaupt. Er schrieb zahllose nach einem dreiteiligen Schema (Allegro-Adagio-Allegro) aufgebaute Konzerte. Einige seiner Werke, wie z. B. die berühmten *Vier Jahreszeiten*, haben deskriptiven Charakter („Programmusik"). **Baldassare Galuppi** (1706-1785) aus Burano, einer Nachbarinsel Venedigs, vertonte Libretti von Goldoni und komponierte lebhafte Cembalosonaten. In den letzten glorreichen Jahren der Lagunenstadt wurden dort die Brüder **Benedetto** und **Alessandro Marcello** (1686-1739 und 1684-1750) geboren. Von Alessandro Marcello stammt das *Konzert für Oboe, Streicher und Orgel* mit dem berühmten Adagio. Auch **Tomaso Albinoni** (1671-1750), dessen Instrumentalwerk an Vivaldi erinnert, ist in Venedig geboren. Aus den humorvollen Intermezzi der venezianischen Oper entstand in Neapel, dem damaligen Zentrum der italienischen Musik, die Opera buffa, zu deren namhaften Meistern **Pergolesi** (1710-1736), **Cimarosa** (1749-1801), Autor der *Heimlichen Hochzeit*, und **Paisiello** (1740-1816), von dem vor allem die Oper *Nina, ossia la pazza per amore* bekannt ist.

SCALA

Antonio Vivaldi

Im 18. Jh. wirkten viele bedeutende Figuren der italienischen Musikgeschichte außerhalb der Landesgrenzen. Der aus Lucca stammende Cellist **Luigi Boccherini** (1743-1805) machte sich in Spanien mit seinen Menuetten einen Namen als Meister der Melodie. Von ihm stammt u.a. auch eine beeindruckende D-Moll-Sinfonie. Der in Venetien geborene **Antonio Salieri** (1750-1825) hatte mit seinen unzähligen Kompositionen in Wien großen Erfolg. Beethoven, Schubert und Liszt ließen sich von ihm in der hohen Kunst der Komposition unterweisen. Gegen Ende seines Lebens machte er eine schwere seelische Krise durch und bezichtigte sich der Ermordung Mozarts (eine Episode, die von M. Forman in seinem 1984 entstandenen Film *Amadeus* verarbeitet wurde). Salieris Zeitgenosse, der aus Piemont stammende

Das Klavier

Die Erfindung des Hammerklaviers ist das Resultat einer Weiterentwicklung des Cembalos. **Bartolomeo Cristofori** (1655-1732) kam auf die Idee, die Zupfmechanik des Cembalos (beim Drücken der Taste zupft der im Springer angebrachte Kiel die entsprechende Saite an) durch auf die Saiten schlagende Hämmer zu ersetzen. **Muzio Clementi** (1752-1832), ein gefeierter Pianist und als solcher ein Rivale Mozarts, machte das neue Instrument in ganz Europa populär. Er komponierte auch an die hundert Klavieretüden, den *Gradus ad Parnassum* und sechs Sonatinen, die eine reizvolle Verbindung zwischen den Sonaten Mozarts und denen Beethovens herstellen.
Sein außerordentlicher Ton- und Klangreichtum machte das Klavier zum bevorzugten Instrument der Romantiker, erlaubte es ihnen doch, leiseste Seelenregungen und melancholische Nachtstimmungen ebenso auszudrücken wie glühende Leidenschaften. In jüngerer Zeit hat der aus der Toskana stammende Komponist **Ferruccio Busoni** (1866-1924) zahlreiche Stücke von Bach für das Klavier bearbeitet.

Giovanni Battista Viotti (1755-1824) bereicherte das Violinenrepertoire um 29 Konzerte. Er lebte in Paris und London, wo er nach dem Bankrott seines Weinhandels vollkommen verarmt starb.

Obwohl er kein Musiker war, darf **Lorenzo Da Ponte** (1749-1838) hier nicht unerwähnt bleiben, hat er doch mit seinen literarischen Arbeiten die Musikgeschichte um bedeutende Opern bereichert. Sein abenteuerliches Leben führte ihn bis nach New York, seinem Sterbeort. Die wichtigste Phase seines Lebens verbrachte er jedoch in Wien, der musikalischen Hauptstadt jener Zeit, wo er für Mozart die Libretti von *Die Hochzeit des Figaro, Don Giovanni* und *Così fan tutte* schrieb.
Die Romantik (in der das Klavier der Geige den Rang abgelaufen hatte) erreichte ihren Höhepunkt erstaunlicherweise in der Gestalt eines Violinisten: des unvergleichlichen **Niccolò Paganini** (1782-1840). Die vielen Geschichten, die sich um seine Person ranken, seine Virtuosität und die erschreckende Magerkeit gaben ihm die Aura des Dämonischen. Zu seinen bekanntesten Werken zählen die 24 Capriccios für Violine solo und seine sechs Violinkonzerte (besonders bekannt ist das Finale des 2. Violinkonzerts, die *Campanella*).

Die Oper - Auf dem Gebiet der Instrumentalmusik hat Italien im 19. Jh. außer Paganini keine großen Künstler hervorgebracht. Die Komponisten gaben der Oper den Vorzug, da sie sich besser zum Ausdruck jener leidenschaftlichen Gefühle eignete, die das *Risorgimento* geweckt hatte. Im Werk von **Gioacchino Rossini** (1782-1868), der sich auch auf dem Gebiet der *Opera buffa* auszeichnete *(Die Italienerin in Algier, Die diebische Elster, Der Barbier von Sevilla)*, spiegelt sich der Übergang von der Klassik zur Romantik wider *(Otello, Wilhelm Tell)*. **Vincenzo Bellini** (1801-1835), dessen lyrischer Stil Verdi und Wagner beeinflußte, schuf unsterbliche Melodien *(Die Nachtwandlerin, Norma)*. Sein größter Rivale, **Gaetano Donizetti** (1797-1848), komponierte neben einigen melodramatischen Werken, in denen die Aktion hinter dem Bel Canto zurücktritt *(Lucia di Lammermoor)*, auch reizvolle komische Opern wie *Der Liebestrank* und *Don Pasquale*.
Giuseppe Verdi (1813-1901) wurde in den bewegten Zeiten des Konflikts mit Österreich als wichtigster Komponist Italiens gefeiert. Da traf es sich gut, daß „*Viva Verdi!*" auch als „*Viva* **V***ittorio* **E***manuele* **R***e* **D***'Italia*" verstanden werden konnte. Mit Verdis gefühlsstarken dramatischen Werken *(Nabucco, Rigoletto, Der Troubadour, La Traviata, Don Carlos, Aida)* erreichte die romantische Oper ihren Höhepunkt. Auch sein *Requiem* wird noch heute immer wieder aufgeführt. Beachtlichen Erfolg erfuhr damals auch Amilcare Ponchielli (1834-1886) mit seiner Oper *La Gioconda*, die die eingängige Ballettmusik *Tanz der Stunden* enthält. Auf die Romantik folgte der Verismus, als dessen wichtigste Vertreter Mascagni *(Cavalleria Rusticana)*, Leoncavallo (*I Pagliacci*, dt. *Der Bajazzo*) und vor allem **Puccini** (1858-1924) gelten (*La Tosca, Madame Butterfly, La Bohème sowie Manon Lescaut*, das gelungenste seiner bekannten Werke).

Die Musik des 20. Jh.s - Wohl als Reaktion gegen die Musik ihrer Väter beschäftigte sich die nächste Komponistengeneration fast ausschließlich mit der Instrumentalmusik. **Ottorino Respighi** (1879-1937) schrieb die sinfonischen Dichtungen *Fontane di Roma, Pini di Roma* und *Feste romane*, die dem Impressionismus verhaftet sind. **Dallapiccola** (1904-1975) war die Leitfigur der italienischen Zwölftonmusik (auf Schönberg zurückgehende Kompositionsmethode mit zwölf nur aufeinander

Die Scala um 1830

bezogenen Tönen). Auf dem Gebiet der seriellen Musik, bei der möglichst alle Strukturelemente eines Werkes durch eine vorweg festgelegte Ordnung bestimmt sein sollten, machte sich **Luigi Nono** (1924-1990) einen Namen.

Berühmte Bühnen und Interpreten – Die berühmtesten Opernhäuser Italiens sind die Mailänder Scala, das Regio und das kürzlich eröffnete Lingotto in Turin, das Carlo Felice in Genua, das bei einem Brand im Januar 1996 leider zerstörte Teatro La Fenice in Venedig, das demnächst wiederaufgebaut werden soll, das Ponchielli in Cremona, das San Carlo in Neapel und das Politeama in Palermo. Im Sommer finden in der Arena von Verona und in den Caracalla-Thermen in Rom grandiose Freilichtaufführungen statt; im Mai zieht es Musikfreunde aus aller Welt zum „Maggio musicale" nach Florenz. Auch die Musikhochschulen verfügen meist über Konzertsäle mit ausgezeichneter Akustik.
Unter den großen italienischen Orchestern und Kammermusikensembles sind das Orchester der Accademia di Santa Cecilia (Rom), die Filarmonica della Scala, die Solisti Veneti und das Orchester von Padua und Venetien zu erwähnen.
Italienische Dirigenten wie Claudio Abbado, Carlo Maria Giulini, Riccardo Muti, Chailly, Scimone oder Sinopoli sind heute in den großen Konzerthäusern der Welt zu Hause. Auch herausragende Solisten wie die Geiger Accardo und Ughi, die Pianisten Campanella, Ciccolini, Lucchesini und Maria Tipo oder die Cellisten Brunello und Filippini genießen internationalen Ruhm.
Große Künstler wie Maria Callas, Renata Tebaldi, Enrico Caruso und Beniamino Gigli haben den italienischen Bel Canto in die ganze Welt getragen. Viele Stars der internationalen Opernszene stammen aus Italien: Teresa Berganza, Bruson, Fiorenza Cossotto, Cecilia Gasdia, Pavarotti, Raimondi, Katia Ricciarelli, Renata Scotto und Lucia Valentini Terrani.
Nicht zu vergessen die großen italienischen Primaballerinen: Carla Fracci, Luciana Savignano und Alessandra Ferri.

Der italienische Film

Die Anfänge – Zu Anfang dieses Jahrhunderts entwickelte sich der italienische Film in Turin und erfuhr sehr schnell einen beachtlichen Aufschwung (1914 gab es 50 Produktionsgesellschaften) und internationalen Erfolg. Zunächst hatte er sich auf historische Themen spezialisiert, wandte sich dann aber um 1910 dem Abenteuerfilm zu. Um 1930 wurden Propagandafilme und viele vom Staat subventionierte Filme produziert, die es dem Zuschauer ermöglichten, in eine heile Welt zu entfliehen, um die Sorgen des täglichen Lebens für eine Weile zu vergessen.

Neorealismus – Zur gleichen Zeit wurden 1935 in Rom die Cinecittà-Studios und ein Zentrum für Filmwissenschaft gegründet; unter den Schülern befanden sich auch Rossellini und De Santis. Um die im Faschismus entstandene Diskrepanz zwischen dem wirklichen Leben und seiner Darstellung auf der Leinwand zu überbrücken, wollten die Regisseure zum Konkreten zurückkehren, zur genauen Beobachtung der alltäglichen Begebenheiten. Der Krieg und seine tragischen Folgen wurden somit die ersten Themen des **Neorealismus**. Rossellini enthüllt in *Rom – offene Stadt* (1945) und *Deutschland im Jahre Null* (1948) die Unterdrückung durch Nazis und Faschisten. De Sica stellt in *Schuhputzer* (1946) und *Fahrraddiebe* (1948) die Arbeitslosigkeit und das Elend im Nachkriegsitalien dar. De Santis beschreibt in *Bitterer Reis* (1949) und *Es gibt keinen Frieden unter den Oliven* (1950) das Milieu der einfachen Leute, die entweder zur herrschenden Ideologie stehen oder revolutionäre Ideen verfolgen. Der Neorealismus erlosch Anfang der 1950er Jahre, da man nun Not und Elend lieber vergessen wollte. Der Einfluß dieser Bewegung war jedoch auch noch bei den folgenden Generationen zu spüren.

Von den 1960er Jahren bis in die Gegenwart – In den 60er Jahren erlebte die italienische Filmkunst ihre Blütezeit. Die Produktion, die sich auf einen mächtigen Vertriebsapparat stützen konnte, erreichte eine ungeheure Zahl von mehr als 200 Filme pro Jahr. Drei Regisseure bestimmten diesen Zeitabschnitt. **Fellini** wurde beim Publikum 1954 mit *Das Lied der Straße* bekannt und realisierte 1960 *La dolce Vita* (Goldene Palme in Cannes). Häufig mischen sich in seinen Filmen Realität und Traum (*8 1/2*, 1963, *Fellinis Satyricon*, 1969, *Amarcord*, 1976). **Antonioni** begann seine Karriere 1959 mit *Die mit der Liebe spielen*. Sein Werk, das den Film dieser Jahre entscheidend beeinflußte (*Die rote Wüste*, 1964; *Blow up*, 1966) wirft das Problem der Kommunikationsschwierigkeiten unter den Menschen auf. 1960 drehte **Visconti** *Rocco und seine Brüder* und 1963 *Der Leopard*. Seine Bilder sind von Pracht, Schönheit und Suggestivkraft geprägt. Genau beobachtend erfaßt er alles, was flüchtig ist, verfällt oder dem Tode geweiht ist.
Aber in den 60er Jahren erschien auch eine neue Generation von Regisseuren, die politisches und soziales Engagement zeigten: Pasolini, Olmi, Rosi, Bertolucci, die Brüder Paolo und Vittorio Taviani. Der italienische Film glänzte auf der internationalen Filmszene bis Mitte der 70er Jahre mit großen Werken: *Tod in*

Venedig (1970) und *Ludwig II.* (1972) von Visconti; Fellinis *Casanova* (1974/75); *Beruf: Reporter* (1973/74) von Antonioni; *Der Fall Mattei* (1972) von Rosi. Am Ende der 70er Jahre wurde das Kino Opfer der Konkurrenz des Fernsehens. Der Markt brach zusammen. Der italienische Film steckte, was Produktion und Kreativität anbelangte, in einer Krise. Dennoch konnten sich Filme wie *Die Nacht von San Lorenzo* (1982) der Brüder Paolo und Vittorio Taviani, *Le Bal - Der Tanzpalast* (1982) von Ettore Scola, *Der letzte Kaiser* (1986/87) von Bertolucci durchsetzen. Der italienische Autorenfilm behauptete sich mit Nanni Moretti, Daniele Luchetti, Pupi Avati, Marco Risi.

Claudia Cardinale in *Der Leopard* von Visconti

Cahiers du cinéma

Eine Beschreibung des italienischen Films wäre jedoch unvollständig, ohne die berühmte „italienische Komödie" zu erwähnen, die in *Räuber und Gendarm* (1952), *Diebe haben's schwer* (1958), *Man nannte es den großen Krieg* (1959), *Die unglaublichen Abenteuer des hochwohllöblichen Ritters Branca Leone* (1965) und *Meine Freunde* (1982) von **Mario Monicelli** oder *Scheidung auf italienisch* (1961) von **Pietro Germi** herrliche Meisterwerke hervorgebracht hat.

Die neue Generation von Regisseuren wandte sich sozialen Fragen zu und stellte Neurotiker dar, denen das Leben schwer zu schaffen macht. Die sehenswertesten Filme dieser Gattung sind *Bianca* (1984), *Die Messe ist aus* (1985) und *Liebes Tagebuch* (1993) von **Nanni Moretti**, *Der Taschenträger* (1991) von **Daniele Luchetti**, *Das Weihnachtsgeschenk* (1986) von **Pupi Avati**, *Für immer Mery* (1989), *Raggazzi fuori* (1989) und *Il muro di gomma* (1991) von **Marco Risi**, *Die Nacht kennt keine Zeugen* (1987) und *Vesna va veloce* (1996) von **Carlo Mazzacurati**.

Das italienische Kino der letzten zwanzig Jahre zeichnet sich ebenfalls durch eine Art italienische Komödie aus, hochkarätige Produktionen, die auch außerhalb des Landes großen Erfolg hatten, darunter *Ricomincio da tre* (1981), *Non ci resta che piangere* (1984), *Le vie del Signore sono finite* und *Der Postmann* (1994) des „Nachtfalters" **Massimo Troisi**, *Un sacco bello* (1980), *Schulkameraden* (1989) und *Maledetto il giorno che ti ho incontrato* (1992) von **Carlo Verdone**, *Amore Amore* (1996) von **Leonardo Pieraccioni** und schließlich *Ein himmlischer Teufel* (1988), *Zahnstocher-Johnny* (1991) und *Das Monster* (1994) von **Roberto Benigni**. Dessen größter Triumph war sein rührendes und einfühlsames Meisterwerk *Das Leben ist schön* (1997), für das er 1999 zwei Oscars erhielt.

Aus dem italienischen Kino gingen auch große und unvergeßliche Schauspieler hervor, die ihrerseits die Filmkunst ihres Heimatlandes mitgeprägt haben: Vittorio Gassman, Gina Lollobrigida, Sophia Loren, Anna Magnani, Giulietta Masina, Marcello Mastroianni, Alberto Sordi, Ugo Tognazzi oder Totò, um nur einige zu nennen.

OSCARS, PALMEN, LÖWEN UND BÄREN

Oscar (oder Academy Award):

Das Leben ist schön von Roberto Benigni: 3 Oscars, davon einer für den besten ausländischen Film (1999)

Mediterraneo von Gabriele Salvatores: bester ausländischer Film (1992)

Cinema Paradiso von Giuseppe Tornatore: bester ausländischer Film (1990)

Der letzte Kaiser von Bernardo Bertolucci: 9 Oscars, darunter für den besten Film und die beste Regie (1988)

Amarcord von Federico Fellini: bester ausländischer Film (1975)

Der Garten der Finzi Contini von Vittorio de Sica: bester ausländischer Film (1972)

Ermittlung gegen einen über jeden Verdacht erhabenen Bürger von Elio Petri: bester ausländischer Film (1971)

Gestern, heute und morgen von Vittorio de Sica: bester ausländischer Film (1964)

Achteinhalb von Federico Fellini: bester ausländischer Film (1963)

Die Nächte der Cabiria von Federico Fellini: bester ausländischer Film (1971)

La Strada – Das Lied der Straße von Federico Fellini: bester ausländischer Film (1957)

Goldene Palme bei den Filmfestspielen von Cannes:

Der Holzschuhbaum von Ermanno Olmi (1978)

Mein Vater, mein Herr von Paolo und Vittorio Taviani (1977)

Der Fall Mattei von Francesco Rosi und *Der Weg der Arbeiterklasse ins Paradies* von Elio Petri (1972)

Aber, aber meine Herren von Pietro Germi (1966)

Der Leopard von Luchino Visconti (1963)

La Dolce Vita von Federico Fellini (1960)

Für zwei Groschen Hoffnung von Renato Castellani (1952)

Das Wunder von Mailand von Vittorio de Sica (1951)

Goldener Löwe in Venedig:

So haben wir gelacht von Gianni Amelio (1998)

Die Legende vom heiligen Trinker von Ermanno Olmi (1988)

Schlacht um Algier von Gillo Pontecorvo (1966)

Sandra (Die Triebhafte) von Luchino Visconti (1965)

Die rote Wüste von Michelangelo Antonioni (1964)

Hände über der Stadt von Francesco Rosi (1963)

Der falsche General von Roberto Rossellini und *Man nannte es den großen Krieg* von Mario Monicelli (1959)

Romeo und Julia von Renato Castellani (1954)

Goldener Bär in Berlin:

Das Haus der Freuden von Marco Ferreri (1991)

Pasolinis tolldreiste Geschichten von Pier Paolo Pasolini (1972)

Der Garten der Finzi Contini von Vittorio de Sica (1971)

Amore in Stockholm von Luigi Polidoro (1963)

Die Nacht von Michelangelo Antonioni (1961)

Kunsthandwerk

In Italien gibt es etwa 1 400 000 Handwerksbetriebe, die fünf Millionen Personen beschäftigen und ca. 20 % des Bruttoinlandsproduktes erwirtschaften. Allerdings stellt nur ein kleiner Teil dieses bedeutenden Wirtschaftssektors regionale kunsthandwerkliche Erzeugnisse her.
Die Bekleidungs- und ganz allgemein die Textilindustrie hat sich vor allem im Norden und in der Mitte des Landes niedergelassen. Mailand ist das Zentrum der Mode, in Carpi (Emilia-Romagna) hat man sich auf Wirk- und Strickwaren spezialisiert, und die Gegend um Como ist berühmt für ihre Seidenherstellung. Erwähnenswert ist auch die Stoffproduktion in Prato, wo man bis in die 1950er Jahre Lumpen zu neuen Stoffen verarbeitete.
Auch die Möbelfabrikation ist hauptsächlich im Norden und in der Mitte Italiens angesiedelt. Wichtige Produktionsstätten sind Mailand, Brianza, Forli und Pesaro. Zwei der bedeutendsten Zentren für kunsthandwerkliche Keramik befinden sich in Mittelitalien, in Faenza und Deruta. Florenz ist hingegen für seine Lederwarenherstellung bekannt. In den Marken, in der Region um Ancona (Castelfidardo), hat sich die Tradition der Akkordeonfabrikation erhalten und sich mit der Zeit auf zahlreiche andere Musikinstrumente ausgeweitet, auch wenn auf dem Gebiet der Saiteninstrumente nach wie vor Cremona die führende Position innehat.
Goldschmuck wird vor allem in Valenza Po (einschließlich der Verarbeitung von Edel- und Halbedelsteinen) und in Arezzo (nur Metallbearbeitung) hergestellt, gefolgt von Sardinien, wo man sich auf Filigranschmuck (auch aus Silber) spezialisiert hat.
Der folgenden Liste ist zu entnehmen, welche kunsthandwerklichen Artikel für die einzelnen Regionen typisch sind:

Aostatal: rustikale Möbel, Gegenstände aus Holz (Skulpturen, Spielsachen) und Schmiedeeisen, Klöppelspitzen (hauptsächlich in Cogne) und das sogenannte *drap* (bunter Stoff) aus Valgrisenche.

Lombardei: kostbare Seide (Como), Saiteninstrumente (Cremona), Möbel (Brianza).

Trentino-Südtirol: Tiroler Trachten, Holzschnitzereien (Val Gardena/Grödnertal), Artikel aus Zinn, Kupfer, Messing und Schmiedeeisen.

Friaul-Julisch-Venetien: Handwerkserzeugnisse aus Holz (Möbel, Skulpturen, Masken), aus Eisen, Kupfer und Keramik; Mosaiken.

Sizilianische Keramik

Venetien: Glaswaren (Murano), Spitze (Burano) und Keramik (Bassano).

Ligurien: In Genua findet man noch die sogenannten *mezzari* (viereckige Tücher orientalischer Herkunft aus Damast). An der Riviera di Levante (Chiavari und Lavagna) wird Schiefer abgebaut und weiterverarbeitet.

Toskana: Lederwaren, Papierwaren und Stickereien, Keramik und Terrakotten.

Umbrien: Majolika (Deruta) und Spitzen (Assisi und Orvieto).

Marken: Zinnartikel, Klöppelspitzen, Musikinstrumente.

Emilia-Romagna: Majoliken aus Faenza.

Latium: Schirme aus Carpineto Romano, Lederwaren aus Tolfa und Hirtenflöten aus Villa Latina.

Kampanien: Korallen aus Torre del Greco, Majoliken aus Vietri, Krippenfiguren aus Neapel.

Abruzzen: Wollwaren, Gegenstände aus Holz und Schmiedeeisen.

Apulien: Terrakottapfeifen aus Rutigliano, Pappmaché aus Lecce.

Basilikata: Terrakottapfeifen, Tonkrüge, Amphoren und sonstige Keramikartikel.

Sizilien: *pupi* (Marionetten), Krippenfiguren, Gegenstände aus Schmiedeeisen, Keramik (Caltagirone und San Stefano di Camastra) und Korallen.

Sardinien: Wandteppiche aus Wolle mit (schlichten geometrischen) traditionellen Mustern, Flechtkörbe (Castelsardo), Gegenstände aus Zucker, Korallen; silberne Eheringe nach altem sardischen Brauch.

Gastronomie

Die italienische Küche bietet eine überaus reiche Vielfalt an sinnlichen Genüssen, gleichermaßen für Auge und Gaumen. Sieht man einmal von den italienischen Spezialitäten ab, die auf der ganzen Welt zu finden sind (Spaghetti, Pizza und Espresso), kann man jedoch nicht von einer einheitlichen kulinarischen Tradition sprechen: der mediterrane Einfluß ist auf den Süden begrenzt, während im Norden die Gebirgswelt mit ihren Almen und fruchtbaren Hochebenen die Küche prägt. Im folgenden schlagen wir Ihnen eine kurze (und sicherlich nicht erschöpfende) kulinarische Reise durch verschiedene Regionen vor.

Piemont und Aostatal – Die *fonduta*, ein Käsefondue mit weißen Trüffeln, das mit warmer Milch und einem Ei verrührt wird, ist eine Spezialität des Aostatals. Das Piemont ist bekannt für seine *bagna cauda*, eine heiße Sauce aus Öl, Sardellen und viel Knoblauch, seine *agnolotti* (kleine Teigwaren), sein *brasato al Barolo* (in Barolowein geschmortes Rindfleisch), seine *bolliti* (Eintopf), sein *fritto misto alla piemontese* (gemischtes Pfannengericht auf piemontesische Art) und zum krönenden Abschluß seinen *bonet* (Art Schokoladenpudding). Aus dem Monferrato und den Langhe kommen die berühmten Käse *Robiola*, *Castelmagno* und *Bra* und ausgezeichnete Rotweine (wie *Barolo*, *Barbaresco*, *Barbera*, *Grignolino* und *Freisa*) und Weißweine (wie Gavi) sowie verschiedene Dessertweine, darunter der berühmte *Asti Spumante* (Schaumwein mit fruchtigem Geschmack) und der *Moscato*.

F. Vasseur/VISA

Die Polenta ist eine Spezialität aus Norditalien

Lombardei – Von der Mailänder Küche haben verschiedene Gerichte ihren Namen „alla milanese". So gibt es die **Minestrone**, eine Gemüsesuppe mit Speck und **Reis**; den **risotto alla milanese**, Reis mit Safran; die **costoletta**, ein paniertes Kalbsschnitzel mit Ei und Käse. Eine weitere berühmte Spezialität ist **ossobuco**, geschmorte Kalbshaxe. Die **Polenta**, ein breiartiges Gericht, gehört zu den Hauptspeisen der bäuerlichen Küche und erfreut sich nach wie vor großer Beliebtheit. Die *tortelli di zucca mantovi* (eine Art mit Kürbisfruchtfleisch gefüllte Ravioli in Sichelform) sind eine Spezialität der mantuanischen Küche. Die bekanntesten Käsesorten sind der **Gorgonzola**, der Grana Padano und der Taleggio. Unter den typischen Backwaren sind vor allem **panettone** und **torrone** aus Cremona erwähnenswert. Zu den besten Weinen der Lombardei zählen der Franciacorta (rot, weiß oder als Sekt), die Rotweine vom rechten Po-Ufer, aus der Gegend um Pavia, sowie die Weine aus dem Veltlin, einer Region, die auch für ihre *pizzoccheri* (dicke Bandnudeln aus Buchweizenmehl) und ihren scharfen Käse bekannt ist.

Venetien – Wie in der Po-Ebene ist auch hier **Polenta** (Maisbrei) ein wichtiger Bestandteil der Küche; bigoli (eine Art Spaghetti), risi e bisi (Reis mit Erbsen), **risotto al radicchio** (mit Endivien) oder **al nero di seppia** (mit Tintenfischsoße) und **fegato alla veneziana** (mit Zwiebeln gebratene Kalbsleber) sind traditionelle Spezialitäten. Vor allem die Fischgerichte sind in dieser Gegend unvergleichlich. Besonders schmackhaft sind **baccalà alla Vicentina** (Kabeljau auf Vicenzer Art), der lange in viel Öl und Milch gekocht wird, sowie die **sardelle in saor** (Sardinen in scharf gewürzter Marinade). Der König der hiesigen Käse heißt Asiago. Die Spezialität Veronas ist der **pandoro**, ein nach Orangenblütenessenz schmeckender hoher Kuchen, dessen Grundform einem Stern ähnelt. An den Hängen von Verona wachsen die besten Weine: **Valpolicella** und **Bardolino**, rot oder rosé und bukettreich, sowie **Soave**, ein körperreicher Weißwein.

Trentino-Südtirol und Friaul-Julisch-Venetien – Aus Südtirol sind die **canederli** zu erwähnen, eine Art Gnocchi aus Brot und Mehl, die in Brühe oder abgetropft serviert werden. Bekannt sind auch die **Gröstl** (Kartoffelkuchen mit Fleisch) und der **maiale affumicato con crauti** (Sauerkraut mit geräuchertem Schweinefleisch). Die verschiedenen Kuchen, Torten und besonders auch der **Strudel** sind hier sehr verführerisch. In Trentino-Südtirol wachsen hervorragende Weißweine, darunter Chardonnay, Pinot blanc, Müller-Thurgau und Riesling. Von den Rotweinen sind besonders Pinot Noir und Cabernet zu erwähnen. Eine Mahlzeit in Friaul ist ohne *cialzons* (getrocknete Nudeln), jota (Suppe mit Fleischeinlage) und die Räucherwaren **(Schinken von San Daniele)** zusammen mit den Meeresfrüchten (Scampi, Kaiserhummer, *grancevole*, Meeresspinnen), *frico* (Käseomelette) und dem Montasio-Käse nur schwer vorstellbar. Unter den Weißweinen seien Sauvignon, Pinot und Tokajer, unter den Rotweinen Cabernet und Merlot erwähnt.

Ligurien – Die berühmtesten Spezialitäten von Genua sind **cima** (gefüllter Braten) und die **pesto-Soße**, eine grüne Soße aus Basilikum, Piniennüssen, Knoblauch, Schafskäse und Olivenöl. Typischerweise begießt man damit die **trenette** und die Lasagne. Die *pansotti* (eine Art Ravioli) werden mit einer Nußsoße gereicht. Bekannt ist Ligurien natürlich für seine Fischgerichte, so **buridda** (Fischsuppe), **cappon magro** (Salat aus Fisch und kleingeschnittenem Gemüse) oder **zuppa di datteri** aus La Spezia, eine Muschelsuppe, die die Ligurer mit einem Weißwein wie dem Vermentino oder dem Pigato abschmecken.

Emilia-Romagna – Die Wurstsorten der Emilia-Romagna sind in ganz Italien berühmt, **Salami** und **Mortadella** aus Bologna, **zamponi** (gefüllte Schweinshaxen) aus Modena und der **prosciutto** (Schinken) aus Parma. Nudeln werden auf vielfältige Art zubereitet, typisch sind Tagliatelle alla bolognese, Nudeln mit einer Fleisch-Tomaten-Soße. Ebenso verbreitet sind Tortellini oder *capelletti* und Lasagne. Der feine **Parmesan** *(parmigiano)*, ein Hartkäse zum Reiben, rundet fast alle Gerichte ab. Der fruchtige und prickelnde Rotwein **Lambrusco**, der Sangiovese und der weiße Albano stammen aus der Emilia.

M. Rock/CEPHAS-TOP

Rufina-Chianti-Flaschen

Toskana – Die charakteristischen Gerichte der Toskana sind die verschiedenen Arten der Minestrone und anderer Suppen (wie *ribollita*) sowie *parpadelle* (eine Art Lasagne). In Florenz, am Hof der Medici, ist die italienische Küche entstanden. Spezialitäten „alla fiorentina" sind: **bistecca** (Beefsteak), sehr dick, gegrillt und mit Öl, Pfeffer und Salz serviert; Stockfisch *(baccalà)* in Öl mariniert, mit Knoblauch und Pfeffer; **fagioli all'uccelletto**, weiße Bohnen mit Öl, Knoblauch, Zwiebeln und Kräutern mit Wachteln. In Livorno gibt es **triglie** (Rotbarben) und **cacciucco**, eine Fischsuppe. Der **panforte**, ein Kuchen mit kandierten Früchten und Mandeln, ist eine Spezialität von Siena. Die regionalen Käsesorten sind *pecorino* (Schafskäse) und *caciotta*. Der rote **Chianti** wird in die ganze Welt exportiert und ist der bekannteste Wein Italiens, doch sollte man auch den **Brunello** aus Montalcino und den **Nobile** von **Montepulciano** sowie die Weißweine **Vernaccia** von San Gimignano und den „Strohwein" Vin Santo versuchen.

Umbrien und Marken – Norcia gilt als die Hochburg der umbrischen Küche, sowohl wegen der berühmten schwarzen Trüffel **(tartufo nero)** als auch wegen der Spezialitäten aus Schweinefleisch, das an Ort und Stelle nach alter Art zerteilt und zubereitet wird (von daher die Bezeichnung *norcino*). Ein weiteres regionales Geschmackserlebnis sind die *stringozzi*, eine Art Rohrnudeln. Auch der berühmte Weißwein Orvieto stammt aus dieser Gegend. Eine Spezialität der Marken sind **vincisgrassi**, ein Nudelauflauf mit Fleisch und Bechamelsauce, sowie die gefüllten Oliven *all'ascolana* (d. h. aus Ascoli Piceno), *brodetto* (Fischsuppe) und *stocco* (Stockfisch) *all'anconetana* (aus Ancona). Eine solche köstliche Mahlzeit begießt man mit einem Verdicchio (weiß), einem Rosso Conero oder einem Rosso Piceno.

Latium – Um nur einige der vielen römischen Spezialitäten zu nennen: **fettucine**, Bandnudeln, **spaghetti all'amatriciana** und **alla carbonara** (ziemlich scharf), **gnocchi** *alla romana* (Grießklöße), **saltimbocca** (Kalbsschnitzel mit Schinken umwickelt und mit Marsala abgeschmeckt), **abbacchio**, gebratenes Lamm mit einer Sardellensoße (alla cacciatora). Auch die *carciofi alla Giudea*, in Öl gebratene Artischocken mit Petersilie und Knoblauch, sind ein typisch römisches Gericht und haben ihren Namen daher erhalten, daß die alten Römer sie nur in den jüdischen Stadtvierteln serviert bekamen. Die wichtigsten Käsesorten sind **Pecorino**, ein Schafskäse, den man im Frühjahr zu frischen rohen Saubohnen ißt, Caciotta und Ricotta (dickgelegter Schafskäse). Die bekanntesten Weine sind die Weißweine aus Montefiascone und aus den **Castelli** (Frascati) sowie der Est! Est! Est!.

Abruzzen und Molise – Bei **maccheroni alla chitarra** wird der Nudelteig in lange dünne Streifen geschnitten. **Scamorza**, eine Art Quark, wird sehr gerne gegessen.

Kampanien – Die typischen Gerichte der köstlichen Küche Kampaniens sind *maccheroni* (Makkaroni) *alla napoletana* (Tomatensoße mit Knoblauch und Oregano), die traditionellen Spaghetti in ihren zahlreichen Variationen, Pizzas und *calzoni* (gefüllte Teigtaschen), **impepata di cozze** (in eigenem Saft gekochte Muscheln, sehr scharf), der köstliche Büffelmilchkäse Mozzarella und *pastiera* auf neapolitanische Art, der traditionelle Osterkuchen aus Ricotta-Käse und kandierten Früchten. Auf der Weinkarte finden sich Fiano di Avellino, Greco di Tufo oder Ischia (Weißweine); Rotweinliebhaber sollten den Taurasi kosten.

Apulien, Basilikata und Kalabrien – Die apulische Küche hat mit **orecchiette con le cime di rapa** (Nudeln in Form von Öhrchen, mit jungen Rübensprossen serviert), *riso con le cozze* (Muscheln mit Reis), **seppie ripiene** (gefüllten Tintenfischen), den leckeren Austern *(ostriche)* von Tarent und **capretto ripieno al forno** (mit aromatischen Kräutern gefülltes Zicklein) vorzügliche Gerichte zu bieten. Bei den Weinen sind die Weißweine Locrotondo und San Severo sowie Castel del Monte Rosato zu empfehlen. Die Spezialität der Basilikata sind **pasta alla potentina** (Nudeln mit einem Ragout aus Rindfleisch, Schweinefleisch, geräuchertem Schinken und Räucherspeck) und die Schaf- und Lammfleischgerichte. Zu den herausragenden Käsesorten zählen Caciocavallo, Scamorza und Ricotta. In Kalabrien sind die „Nationalgerichte" die *maccheroni ripieni* (gefüllt), Schweinefleischzubereitungen und Ziegenkitz am Spieß. Dazu trinkt man vornehmlich einen roten Cirò.

Sizilien – Unter den typischen Spezialitäten der Insel befinden sich *pasta con le sarde e alla Norma* (Nudeln mit Sardinen, Tomaten und Ricotta-Käse), verschiedene Schwertfischzubereitungen und, in der Gegend um Trapani, *cuscusu*, ein Gericht arabischer Herkunft, das mit einer speziellen Fischsoße gereicht wird. Die an Früchten reiche Insel (Zitronen, Orangen, Mandarinen, Mandeln) ist berühmt für ihre Kuchen und ihr Eis, besonders das mit Jasmingeschmack, oder das granita, ein Wassereis mit Fruchtsirup. Die echte sizilianische **Cassata** ist ein halbgefrorener aus Savoyen stammender Sandkuchen, der mit Quark, Schokoladencreme und kandierten Früchten gefüllt wird. Die **cannoli** sind mit Ricotta und kandierten Früchten gefüllt. Keinesfalls sollte man sich den sizilianischen Marzipan *(paste di mandorla)* oder das Blätterteiggebäck mit gehackten Mandeln *(dolce di marzapane)* entgehen lassen. Der **Marsala**, ein vollmundiger Südwein, ist der bekannteste Wein Siziliens. Aber auch **Malvasia**, ein Weißwein vom Ätna und den Lipari-Inseln sowie **Passito** von der Insel Pantelleria schmecken ausgezeichnet.

Sardinien – Die sardinische Küche wartet mit *malloreddus*, einer Art Nudelhörnchen mit Würstchen und Tomatensoße, einer köstlichen Langustensuppe und **porceddu allo spiedo** (Spanferkel am Spieß) auf, zu dem dünnes Brot gereicht wird, das *carasau* (wörtlich: Notenpapier) genannt wird. Käsearten gibt es viele, darunter die Schafskäse Caprino und Pecorino sardo sowie Fiore sardo (eine Art Mozzarella aus Kuhmilch). Von den Backwaren sollte man besonders die **sebadas** versuchen, runde Blätterteigtaschen, die fritiert und mit Honig bestrichen werden. Zu ihren Nudelgerichten trinken die Sarden einen weißen Vermentino oder einen roten Cannonau. *Siehe auch unter dem Kapitel Sardinien.*

PRIMA PRESS

Zu einer Pasta alla Norma gehören Spaghetti, Tomaten, Auberginen und Ricotta-Käse

Abendstimmung in der Zitadelle von Gradara

G. Simeone/DIAf

Sehenswürdigkeiten

ABRUZZO

(Die ABRUZZEN)

Michelin-Karte Nr. 988 Falten 26,27 oder Nr. 430 Falten 27, 28, 38, 39

Die rauhe Landschaft des Gebirgsmassivs der Abruzzen hat den Charakter dieser Region stark geprägt. Die Schafzucht, historische Grundlage der regionalen Wirtschaft, wird seit über 2 000 Jahren vom winterlichen Almauftrieb über steinige Graspfade, die sogenannten Routen, zu den Weideflächen in Apulien und Latium bestimmt. Die Abruzzen überraschen durch die Weite und Vielfalt ihrer Landschaften. In den drei Nationalparks (Abruzzen - der älteste in Italien -, Gran Sasso und Maiella), die im Sommer wie im Winter attraktive Reiseziele bieten, wechseln Karstgebiete, Wälder, öde Hochebenen und fruchtbare Weiden einander ab.

KUNST UND GESCHICHTE

Bis zum 3. Jh. v. Chr., als sich Rom endgültig durchsetzt, beherrschen verschiedene italische Bevölkerungsgruppen mehr oder weniger erfolgreich das Gebiet. Nach dem Zerfall des Römischen Reiches gerät die Region unter langobardische und fränkische Herrschaft. Ab dem 12. Jh. gehört sie bis zur Einigung Italiens zum Königreich Neapel.

Im Mittelalter führt die Verbreitung der Benediktinerregel, die auch die Abtei von Montecassino teilweise befolgt, zum Bau von Kathedralen, Abteien und Kirchen mit herrlich verzierten Ziborien und Kanzeln, den Meisterwerken der Kunst aus den Abruzzen. Werke des Architekten und Malers **Cola dell'Amatrice**, des Malers **Andrea de Litio**, des Bildhauers **Silvestro dell'Aquila** oder die wertvollen Goldschmiedearbeiten von **Nicola da Guardiagrele** gehören zu den schönsten Zeugnissen der neuen Ideen der Renaissance im 15. und 16. Jh.

Zu den berühmten Persönlichkeiten aus den Abruzzen zählen Ovid (43 v. Chr.-17 n. Chr.), Gabriele d'Annunzio (1863-1938), Benedetto Croce (1866-1952) und Ignazio Silone (1900-1978).

★★ GRAN SASSO

Von L'Aquila nach Castelli

159 km - ohne Besichtigung von L'Aquila und Umgebung einen 1/2 Tag rechnen

Der **Corno Grande** ist mit 2 912 m der höchste Gipfel der Abruzzen. Zum Norden hin senkt er sich sanft ab, im Süden aber fällt er schroff ab und bildet gewaltige Gletscherplateaus, die von engen Längstälern durchzogen werden. Die Wälder und Weiden des Nordhangs unterstreichen noch den Gegensatz zur trostlosen Öde des Südhangs.

★ **L'Aquila** - *Siehe dort*

Hinter Paganica führt die Straße durch Schluchten hinauf nach Fonte Cerreto.

★★ **Campo Imperatore** ⓥ - *Zu erreichen ab Fonte Cerreto auf der Zufahrtsstraße.* Man kommt durch eine großartige Hochgebirgslandschaft mit Weideland für Pferde und Schafherden. In Campo Imperatore war Mussolini inhaftiert, als ihn am 12. September 1943 deutsche Fallschirmjäger in einem kühnen Handstreich befreiten.

Zurück nach Fonte Cerreto, dort Richtung Valico delle Capannelle (von Dezember bis April für den Verkehr gesperrt) und dann auf der S 80 nach Montorio al Vomano.

Die Straße führt nun an den Ausläufern des Gran Sasso entlang, durch das grüne **Valle del Vomano**★★ (Vomano-Tal) und durch tiefe Schluchten, in denen man auf außergewöhnliche Felsen stößt, die durch Ablagerung entstanden sind (5 km hinter Tintorale).

Bei der Ortsausfahrt von Montorio rechts auf die S 491 nach Isola del Gran Sasso, wo Castelli ausgeschildert ist.

★ **Castelli** - Der Ort liegt auf einem bewaldeten Bergvorsprung am Fuße des Monte Camicia und ist seit dem 13. Jh. für seine reich verzierten Fayencen bekannt. Ein besonders schönes Beispiel ist die **Decke★** der **Kirche San Donato** aus dem 17. Jh. Etwas außerhalb des Ortes liegt ein ehemaliges Franziskanerkloster (17. Jh.), in dem heute das **Fayence-Museum** (Museo delle Ceramiche) ⓥ mit Arbeiten der großen Meister des Ortes aus dem 15.-19. Jh. untergebracht ist.

DAS HOCHLAND (I GRANDI ALTIPIANI)

Rundfahrt ab Sulmona

138 km - ohne Besichtigung von Sulmona 1 Tag rechnen

★ **Sulmona** - *Siehe dort*

Piano delle Cinquemiglia - Die Straße führt an Abhängen entlang, mit schönem Blick auf das Tal von Sulmona, zu einer Hochebene zwischen Sulmona und Castel di Sangro, die auf 1 200 m Höhe mit einer Länge von 8 km bzw. 5 römischen Meilen (daher der Name) die größte Ausdehnung erreicht. Über diese Hochebene, die für ihre harten Winter und gefährlichen Straßenräuber berüchtigt war, mußten früher die Postkutschen nach Neapel fahren.

Wenn das alte Dorf Rivisondoli in Sicht kommt, links abbiegen auf die S 84.

★ **Pescocostanzo** – In dem hübschen Bergdorf mit seinen gepflasterten oder mit Platten belegten Straßen und alten Häusern blüht das Kunsthandwerk auch heute noch (Schmiedeeisen, Kupfer-, Holzarbeiten, Spitzen, Goldschmiedearbeiten). Die Stiftskirche **Santa Maria del Colle** ⓥ ist im Renaissancestil erbaut, besitzt jedoch auch einige romanische und barocke Stilelemente (Orgelprospekt, Decke und Gitter im linken Seitenschiff).

★ **Alfedena** – Die Häuser des Städtchens drängen sich um eine Burgruine. Wege führen zum nördlich des Ortes gelegenen antiken *Alfedena*, von dem noch ein gewaltiges Mauerwerk und ein Gräberfeld vorhanden sind.

★ **Scanno** – Der Urlaubsort inmitten der herrlichen Hochgebirgslandschaft liegt über dem hübschen See **Lago di Scanno★**, welcher durch einen Erdrutsch entstand, der den Flußlauf des Sagittario aufstaute. Das alte Stadtbild mit engen steilen Gassen, die von Häusern und Kirchen gesäumt werden, blieb erhalten.
Richtung Anversa degli Abruzzi windet sich die Straße auf 10 km durch eindrucksvolle tiefe Schluchten (**Gole del Sagittario★★**).

★★★ PARCO NAZIONALE D'ABRUZZO (NATIONALPARK DER ABRUZZEN)

Der Nationalpark wurde 1923 im Zentrum des Massivs zum Schutz der Pflanzen- und Tierwelt sowie der landschaftlichen Besonderheiten geschaffen. Der Park selbst erstreckt sich über 40 000 ha, zu denen die 4 500 ha des Mainard-Gebietes in Molise hinzukommen, und ist von einem 60 000 ha großen Landschaftsschutzgebiet umgeben. Der Park besteht zu 2/3 aus Wald (Buche, Ahorn, Eiche und Schwarzkiefer) und bietet Tieren, die früher im gesamten Apennin verbreitet waren, eine letzte Zufluchtsstätte (z. B. Abruzzen-Braunbär, Apenninen-Wolf, Abruzzen-Gemse, Wildkatze, Otter, Marder und Steinadler).

Informationen über den Park erhalten Sie in der Zentrale der Nationalparks in Rom oder in den Büros der einzelnen Zonen in Pescasseroli, Barrea, Villetta Barrea, Civitella Alfedena, Villavallelonga und Forca d'Acero. Sie sind von 9-12 und 15-19 Uhr geöffnet. Die Verwaltung (Auskünfte möglich) befindet sich in Pescasseroli, Via Santa Lucia, ☎ (0863) 91 07 15, der Sitz in Rom, Viale Tito Livio 12, ☎ (0835) 40 33 31.

Zufahrt und Besichtigung – Die Zufahrt mit dem Wagen erfolgt im Norden über Gioia Vecchio, im Osten über Villetta Barrea und Barrea und im Westen über Forca d'Acero. Der riesige Naturpark ist je nach der Schutzwürdigkeit der Landschaft in vier Schutzzonen aufgeteilt, in denen jeweils bestimmte Aktivitäten gestattet, andere wiederum verboten sind; ein großer Teil des Gebiets ist dem Besucher durch befahrbare Straßen und zahlreiche gut markierte Wege zugänglich gemacht worden. Schutzhütten, Camping- und Picknickplätze sowie Informationszentren für den Besucher wurden ebenfalls angelegt.
Am besten geht man zu Fuß, um Tiere zu beobachten und Flora und Fauna kennenzulernen. Es ist zu empfehlen, die markierten Wege zu benutzen und mit einem behördlich zugelassenen Führer zu gehen.

✲ **Pescasseroli** – Im Hauptort des Sangro- Tals hat die Verwaltung des Nationalparks ihren Sitz. Pescasseroli liegt in einer Talmulde und ist von Buchen- und Kiefernwäldern umgeben.

Tips und Adressen

Eine erlesene Adresse

Villino Mon Repos – *Viale Colli dell'Oro, 67032 Pescasseroli, ☎ (0863) 91 28 58, Fax (0863) 91 28 18.* Die Anfang des 20. Jh.s erbaute und vollkommen restaurierte Villa steht in einem herrlichen Park mit hundertjährigen Bäumen. Sie war die Sommerresidenz von Benedetto Croce und besitzt 17 mit elegantem Charme eingerichtete Zimmer. Die Übernachtungspreise sind natürlich entsprechend.

AUSFLÜGE IN DEN ABRUZZEN

Alba Fucens – *50 km südlich von L'Aquila über die A 24.* **Ausgrabungen** ⓥ einer im Jahre 303 v. Chr. gegründeten römischen Kolonie. Unter den Bauten italischen Ursprungs sind besonders die Überreste der Basilika, des Forums, der Thermen, der Markthalle und des **Amphitheaters** sowie der gepflasterten Straßen, der Brunnen und Latrinen hervorzuheben. Über der Ausgrabungsstätte erhebt sich die im 12. Jh. auf den Resten eines Apollo-Tempels aus dem 3. Jh. v. Chr. errichtete Kirche **San Pietro★** ⓥ. Im **Inneren** befinden sich zwei berühmte Werke: ein **Ambo★★** (Lesepult) und eine wunderschöne **Ikonostase★★** aus dem 13. Jh., die aufgrund des cosmatischen Einflusses *(s. S. 59)* ungewöhnlich für die romanische Produktion in den Abruzzen sind.

Atri - *Siehe dort*

★ **Bominaco** - *30 km südöstlich von L'Aquila.* Etwa 500 m oberhalb des Weilers Bominaco stehen zwei romanische Kirchen, die zu einer im 15. Jh. zerstörten Benediktinerabtei gehörten. Das Gotteshaus **San Pellegrino★** ⓥ ist eine Kapelle aus dem 13. Jh. und zeigt im Inneren naive, aber sorgfältig gemalte **Fresken★** (13. Jh.), die das Leben Christi sowie einen riesigen hl. Christophorus darstellen. Auf zwei eleganten **Tafeln** (10. Jh.), die den Bereich für den Klerus abgrenzen, ist jeweils im mittleren Feld der zauberhafte **Kalender von Bominaco** mit französisch inspirierten Szenen im höfischen Stil illustriert. Die **Kirche Santa Maria Assunta★** ⓥ (11.-12. Jh.) mit ihren schönen, elegant geschmückten Apsiden ist eines der bedeutendsten Beispiele für den romanischen Stil in den Abruzzen. Im **Innenraum**, der in seiner Schlichtheit von benediktinischem Einfluß zeugt, befinden sich ein romanischer Säulengang, der ein harmonisches Gleichgewicht zwischen Licht und Volumen schafft, sowie ein schöner **Ambo★** (Lesepult) aus dem 12. Jh.

Chieti - *Siehe dort*

★ **Civitella del Tronto** - *Siehe Ascoli Piceno*

★★ **San Clemente a Casauria** - *Siehe Chieti*

San Giovanni in Venere ⓥ - *36 km südöstlich von Pescara, über die S 16.* Diese schöne Abtei, die im 8. Jh. auf den Resten eines Tempels der Venus errichtet und im 13. Jh. umgestaltet wurde, bietet einen **Panoramablick★** auf die Adria. Reliefs mit religiösen und profanen Motiven verzieren das **Mondportal★** (13. Jh.) der Fassade. Das Innere wird durch die Strenge des zisterziensischen Stils geprägt und besteht aus drei Schiffen mit einem erhöhten Chor: die **Krypta** ruht auf wiederverwendeten romanischen Säulen und enthält Fresken aus dem 12. und 15. Jh.

In Italien heißt die Hauptkirche einer Diözese „cattedrale", von „cathedra", dem Sitz des Bischofs. Die deutschen Termini Dom (aus lat. „domus" für „Haus") und Kathedrale sind in diesem Zusammenhang gleichbedeutend.

In den italienischen Gemeinden gibt es oft eine „Chiesa Madre", die auch „Chiesa Madrice" oder „Chiesa Matrice" genannt wird. Es handelt sich dabei um die Mutterkirche, die Hauptkirche eines Pfarrbereichs. Manche Kirchen romanischen Ursprungs werden auch „Pieve" genannt. Das Attribut „palatina" (aus lat. „palatinus") für eine Kirche oder Kapelle, die zu einem Palast gehörte, wird heute nur noch selten verwendet.

AMALFI★★

Kampanien

5 594 Einwohner

Michelin-Karte Nr. 988 Falte 27 oder Nr. 431 F 25

Das Städtchen Amalfi liegt an der Felsküste des Golfs von Salerno, die nach ihm Amalfitanische Küste genannt wird. Amalfi ist ein kleiner Ort mit spanischem Einschlag; die weißen Häuser hoch über der blauen Bucht bilden ein **Landschaftsbild★★★** von einmaliger Schönheit. Das milde Klima wird von den Urlaubern geschätzt.

Die Seerepublik Amalfi - Sie ist die älteste Seerepublik Italiens, wurde schon 840 erwähnt und stand ab dem späten 9. Jh. unter der Herrschaft eines Dogen. Im 11. Jh. stand die Republik auf dem Höhepunkt ihrer Macht. Aus dieser Zeit stammen auch die „Tavole Amalfitane", das erste geschriebene Seerecht, das im ganzen Mittelmeerraum gültig war. Die Republik unterhielt Handelsbeziehungen zum Orient, insbesondere zu Konstantinopel. Amalfi besaß auch **Werften** *(links vom Stadttor Porta Marina)*, in denen zahlreiche große Galeeren für die Kreuzfahrer gebaut wurden.

Leckere kandierte Früchte oder feines Obst aus Marzipan

... findet man in der Konditorei Pansa *(Piazza Duomo 40)*.

SEHENSWÜRDIGKEITEN

★ **Duomo di Sant'Andrea** – Das **Gotteshaus** wurde im 9. Jh. errichtet, im 10. und 13. Jh. vergrößert und mehrfach umgestaltet. Die Vorliebe der Küstenstädte für orientalischen Prunk kommt hier besonders deutlich zum Ausdruck. Die Kirchenfassade wurde im 19. Jh. in ihrer früheren Form mit bunten Ziegelsteinen in geometrischen Mustern wiederaufgebaut. Eine imposante Freitreppe führt ins Innere. Der Campanile (Glockenturm) links daneben ist der einzige Überrest der ursprünglichen Anlage. Ein weitläufiges Atrium (Vorhalle) liegt vor dem Dom, den man durch eine herrliche **Bronzetür**★ (11. Jh.) betritt, die in Konstantinopel gegossen wurde. Im barocken Innenraum des Doms sind zwei antike Säulen, zwei Kandelaber und zwei Kanzeln aus dem 12. Jh. sehenswert.
Vom Atrium aus gelangt man in den **Paradies-Kreuzgang**★★ (Chiostro del Paradiso) ⓥ (1268), in dem sich der strenge romanische und der kunstvoll verzierte arabische Stil verbinden. In den Galerien befinden sich einige schöne Sarkophage. In der Basilica del Crocefisso, die der ehemaligen Kathedrale aus dem 9. Jh. entspricht, befindet sich das **Museum der Diözese** ⓥ. Die Basilika gehörte früher zum Hauptgebäude, wurde dann im barocken Stil umgestaltet und hat heute ihr ursprüngliches romanisches Aussehen wiedererhalten (bemerkenswert sind die Empore mit einfachen und gekuppelten Fenstern sowie die Kapellen mit Resten von Fresken). Von der Basilika aus erreicht man die Krypta mit den Reliquien des Apostels Andreas, die 1206 von Konstantinopel nach Amalfi überführt wurden.

★ **Das historische Zentrum** – Die vom Domplatz (Piazza Duomo) abgehenden Straßen Via Genova, ihre Verlängerung Via Capuano und die rechte Parallelstraße Via dei Mercanti bilden den historischen Kern und das Geschäftszentrum der Stadt, das mit seinen verschiedenartigen Häuserfassaden, Balkonen und blumengeschmückten Nischen sehr malerisch ist. Gassen, Treppen und gewölbte Passagen, die auf brunnengeschmückte Plätze führen, prägen das arabisch inspirierte Stadtbild.

★★★ COSTIERA AMALFITANA (AMALFITANISCHE KÜSTE) *79 km – 1 Tag*

Von Sorrent nach Salerno führt eine Straße in unzähligen Windungen entlang der schönsten Küste Italiens, der Amalfitanischen Küste. Ihre außerordentliche natürliche Schönheit verhalf ihr 1997 zur Aufnahme in die Liste des Weltnaturerbes der UNESCO.
Auf einer Strecke von 30 km wechseln sich herrliche Ausblicke ab: schroff abfallende Felsen mit bizarren Formen; tiefe Schluchten, über die in schwindelnder Höhe Brücken führen; Sarazenentürme auf Hügeln und Klippen. Die Amalfitanische Küste ist der südliche Ausläufer des aus Kalkstein bestehenden

Lattari-Massivs. Die hübschen Fischerdörfer, die üppige Vegetation mit Weinreben, Orangen-, Zitronen-, Oliven- und Mandelbäumen und allen Blumen des Mittelmeerraums bilden einen reizvollen Kontrast zu der rauhen Gebirgsküste. In dieser von Touristen und Künstlern bevorzugten Gegend spielt auch die Küche eine wichtige Rolle: Auf den Tisch kommen hauptsächlich Fische, Krusten- und Schalentiere. Zum „mozzarella", einem Frischkäse aus Büffelmilch, munden die Rotweine aus Gragnano oder die Weißweine aus Ravello und Positano.

Bootsausflüge – Im Sommer fahren Tragflächenboote und Fährschiffe von Amalfi und Positano nach Capri, Ischia, Sorrent, Salerno und Neapel. Außerdem werden Ausflüge zur Smaragdgrotte (Grotta dello Smeraldo) und zur Insel Li Galli angeboten.

Besichtigung – Auf der Karte sind außer den beschriebenen Städten und Sehenswürdigkeiten weitere besonders malerische Orte vermerkt *(in der kleinsten schwarzen Schrift)*.

★★ **Sorrento (Sorrent)** – *Siehe dort*

Positano – Die weißen, maurisch anmutenden, würfelförmigen Häuser des ehemaligen Seefahrerstädtchens liegen in grünen Gärten, die terrassenartig zum Meer abfallen. Paul Klee meinte, Positano sei „der einzige Ort auf der Welt, der auf einer vertikalen Achse angelegt wurde". Die Stadt, die

Ph. Roy/EXPLORER

Amalfitanische Küste

Übernachten an der Küste

Zu den Hotel- und Preiskategorien siehe S. 478

„GUT & PREISWERT"

Hostel Brikette – *Via G. Marconi 358, 84017 Positano.* ☎ *und Fax (089) 87 58 57. 8 Zimmer.*
Das Übernachten in Positano erlaubt bekanntlich nicht jede Urlaubskasse. Daher bietet diese nette, in einem ortstypischen Haus untergebrachte Herberge eine ausgezeichnete Gelegenheit, in diesem bezaubernden, aber insgesamt leider recht teuren Ort länger zu verweilen. Die Herberge besitzt ein Einzel- und ein Doppelzimmer. Alle anderen sind 4/6-Personen-Zimmer (alle ohne Dusche und WC). Dafür ist das Frühstück im Preis inbegriffen (ca. 40 000 Lire pro Person). Herrliche Aussichtsterrassen.

Hostaria di Bacco – *Via Lama 9, 84010 Furore.* ☎ *(089) 83 03 60. Fax (089) 83 03 52. 15 Zimmer.*
Die Zimmer dieses schlichten, aber ordentlich geführten und angenehmen Hotels verfügen alle über ein Bad. Das hervorragende Preis-Leistungsverhältnis macht die etwas abseits gelegene Lage auf einer Anhöhe über der Küste (ca. 10 km über die Landstraße) wieder wett.

„UNSERE EMPFEHLUNG"

Aurora – *Piazza dei Protontini 7, 84011 Amalfi.* ☎ *(089) 87 12 09. Fax (089) 87 29 80. 29 Zimmer.*
Die nach vorne gelegenen Zimmer in diesem ansprechenden Hotel bieten eine herrliche Aussicht. Ein kleiner Garten geht zum Hafen von Amalfi hinaus.

Savoia – *Via Colombo 73, 84017 Positano.* ☎ *(089) 87 50 03. Fax (089) 81 18 44. 38 Zimmer.*
In diesem für die Gegend charakteristischen Gebäude mit Kuppeldach und Majolikafliesen herrscht eine familiäre Atmosphäre.

„SPITZENKATEGORIE"

Wer sich etwas gönnen und eine Nacht an einem traumhaften Ort verbringen will, findet hier die richtige Adresse:

Palazzo Sasso – *Via S. Giovanni del Toro 28, 84010 Ravello.* ☎ *(089) 81 81 81. Fax 0(89) 85 89 900.*
Nicht nur der Palast aus dem 12. Jh. und die atemberaubende Aussicht auf den Golf von Salerno, sondern auch der erlesene Luxus und Service (Abholservice mit Limousine oder Hubschrauber) dieses Hotels machen den Urlaub hier zu einem unvergeßlichen Erlebnis. Die Zimmer mit Blick auf die Berge sind etwas preiswerter. Selbstverständlich verfügen alle über denselben exzellenten Komfort.

früher bei Künstlern und Intellektuellen (Picasso, Cocteau, Steinbeck, Moravia und Nurejew, der die Insel Li Galli kaufte) sowie bei Freunden des Dolce Vita, die sich in der Bar *Buca di Bacco* trafen, sehr geschätzt war, ist heute eines der beliebtesten Ausflugsziele an der Amalfitanischen Küste. Hier entstand in den 1950er Jahren die „Positano-Mode" mit ihrem legeren Schnitt und den bunten Stoffen. Ebenso berühmt waren die Sandalen, denen die Damen der internationalen High Society während ihres Positano-Aufenthalts nicht widerstehen konnten.

Vettica Maggiore – Die Häuser liegen an den Hängen; von der Esplanade aus hat man einen hübschen **Blick★★** auf die Küste und das Meer.

★★ **Vallone di Furor** – Die zwischen 2 Tunnels gelegene „Schlucht des Zorns" ist der eindrucksvollste Einschnitt ins Küstengebirge. Sie erinnert mit ihren zerklüfteten, in dunkle Tiefen abfallenden Steilwänden an einen norwegischen Fjord. Das Schauspiel ist besonders bei starkem Seegang unvergeßlich, wenn das aufgepeitschte Meer die Felsen umbrandet.
An der Mündung des Bergbachs entstand dennoch ein Fischerdorf. Die Häuschen an den steilen Abhängen und die bunten Boote am Strand bilden einen reizvollen Kontrast zur schroffen Küste. Dem Zauber dieses Anblicks konnte sich auch Anna Magnani nicht entziehen: Bei ihrem Aufenthalt in Furore zu den Dreharbeiten für den Film Amore im Jahre 1948 mit Roberto Rossellini wollte sie ein kleines Fischerhäuschen kaufen. Vom Weg entlang der Schlucht läßt sich die Schönheit der Gegend am besten erkunden. Hier kann man, neben traditionelleren Werken, auch die „Muri d'autore" bewundern. Dabei handelt es sich um zeitgenössische Gemälde und Skulpturen, die unter freiem Himmel die lokale Geschichte darstellen.

★★ **Grotta dello Smeraldo** ⓥ - *Zugang per Aufzug von der Straße.* Das kristallklare Wasser der Smaragdgrotte erhält durch die Reflexion der Lichtstrahlen eine smaragdgrüne Farbe. Man kann ohne Mühe auf den Grund des Meeres sehen, das hier immerhin 10 m tief ist. Wie die seltsam gebildeten, aus dem Wasser ragenden Stalagmiten bezeugen, wurde die Grotte erst durch Bodensenkungen, die in dieser Gegend öfter vorkommen, vom Meer überflutet.

★ **Atrani** - Das am Ausgang des Drachentals liegende freundliche Fischerdorf besitzt zwei alte Kirchen: Santa Maria Maddalena und die im 10. Jh. gegründete San Salvatore. Die gut erhaltene Bronzetür von San Salvatore gleicht der Tür des Doms von Amalfi.
In Serpentinen führt eine wunderschöne Straße weiter bis nach Ravello.

★★ **Ravello** - *Siehe dort*

★ **Capo d'Orso** - Von dem Kap aus, einer bizarr geformten Felsgruppe, bietet sich ein interessanter Blick auf die Bucht von Maiori.

Vietri sul Mare - Von dem schön über dem Meer gelegenen Städtchen hat man einen herrlichen **Ausblick**★★ auf die Amalfitanische Küste. Vietri ist für seine Keramiken bekannt.

★ **Salerno** - *Siehe dort*

ANAGNI★

Latium

19 901 Einwohner

Michelin-Karte Nr. 988 Falte 26 oder Nr. 430 Q 21 - 65 km südöstlich von Rom

Die mittelalterlich anmutende Stadt liegt über dem Sacco-Tal auf einem Gebirgsvorsprung. Mehrere Päpste wurden in diesem Ort geboren, darunter **Bonifazius VIII.** (1235-1303), der hier seine berühmte „Ohrfeige" erhielt. Nach Jahren des Streites um die päpstliche Weltherrschaft, während derer der Papst mit der Bulle „Unam sanctam" und der Exkommunizierung des französischen Königs geantwortet hatte, schickte Philipp IV. im Jahr 1303 eine Abordnung nach Anagni, um den Papst unter Anklage der Ketzerei und Korruption gefangenzunehmen. Die schmachvolle Kränkung des Papstes, bei der dieser eine Ohrfeige erhalten haben soll, ging als „Ohrfeige (oder Überfall) von Anagni" in die Geschichte ein.

Die **Kathedrale**★★ steht an der Stelle der ehem. Akropolis und ist die Hauptsehenswürdigkeit Anagnis. Der romanische Bau entstand im 11. und 12. Jh.; im 13. Jh. wurden gotische Bauelemente hinzugefügt. Bei einem Gang um das Gotteshaus sieht man die drei romanischen Apsiden, die durch Lisenen und Blendarkaden gegliedert sind. Eine Statue von Bonifazius VIII. (14. Jh.) befindet sich links über der Loggia. Ein mächtiger romanischer Kampanile steht neben der Kathedrale. Das Innere ist in drei Kirchenschiffe aufgeteilt; der **Mosaikfußboden**★ (13. Jh.) mit verschiedenen Motiven ist eine Arbeit der Cosmaten. Sehenswert ist auch der romanische **Altarhimmel** über dem Hauptaltar. Der **Bischofsstuhl** und der mit Einlegearbeiten verzierte **Osterleuchter** mit gewundenem Schaft sind Werke von Pietro Vassaletto im Cosmatenstil; der Leuchter ruht auf zwei Sphingen und ist von einer Kinderfigur mit einer Schale gekrönt. Der Mosaikboden der **Krypta**★★★ ⓥ ist ebenfalls eine Cosmatenarbeit. Herrliche **Fresken** aus dem 13. Jh. stellen Szenen aus dem Alten Testament, Heiligenlegenden sowie einige Wissenschaftler (Galenus, Hippokrates) dar. Der **Kirchenschatz** ⓥ enthält mehrere schöne Reliquien und Gewänder, darunter das Meßgewand von Bonifazius VIII.
Das **mittelalterliche Stadtviertel**★ besteht fast ausschließlich aus Bauten des 13. Jh.s, wie dem **Palast Bonifazius' VIII.**; die Fassade hat zwei Galerien, deren eine von gewaltigen Rundbogenfenstern, und deren andere von schönen Zwillingsbogenfenstern zwischen gedrehten Säulen durchbrochen ist. An einer Ecke der Piazza Cavour steht das **Rathaus** (Palazzo Comunale) aus dem 12. und 13. Jh. Es ist auf einem weitgespannten **Gewölbe**★ erbaut und hat auf der Rückseite eine Fassade im Zisterzienserstil.

ANCONA★

Marken

101 185 Einwohner

Michelin-Karte Nr. 988 Falte 16 oder Nr. 430 L 22

Stadtplan im Michelin-Hotelführer ITALIA

Ancona, die Hauptstadt der Region Marken, liegt auf einem ellenbogenförmigen Felsvorsprung (griechisch: „ankon"), von dessen Form sich der Ortsname ableitet. Ancona wurde im 4. Jh. v. Chr. gegründet und war im Mittelalter eine autonome Seerepublik. Heute ist es ein wichtiger Handelshafen. Fährschiffe verbinden die Stadt mit Kroatien (Zadar, Split und Dubrovnik) und Griechenland (Korfu, Igoumenítsa, Patras und Kefallinia). Für die Musikinstrumenten-Industrie ist Ancona bedeutend (Akkordeons, Gitarren, elektrische Orgeln).

SEHENSWÜRDIGKEITEN

★ **Duomo** ⊙ - Der Dom ist dem hl. Cyriakus geweiht, einem Märtyrer aus dem 4. Jh., der auch der Schutzpatron der Stadt ist. Der im romanischen Stil errichtete Bau vereint byzantinische (Grundriß eines griechischen Kreuzes) und lombardische (Lisenen und Rundbogenfriese an den Außenmauern) Architekturelemente. Vor der Domfassade befindet sich eine majestätische, von zwei Löwen getragene gotische **Vorhalle** aus rosafarbenem Stein. Das Innere birgt monolithische Marmorsäulen mit romanisch-byzantinischen **Kapitellen.** Steht man unter der Kuppel, so kann man gut den geschickten Übergang vom Quadrat zum Tambour sehen, der die Kuppel trägt. Im Chor sollte man sich das bemerkenswerte Grabmal des Eremiten G. Giannelli (1509) anschauen, eine Arbeit des dalmatinischen Bildhauers Giovanni da Traù.

★ **Loggia dei Mercanti (Handelsbörse)** - Das Gebäude stammt aus dem 15. Jh. Die schöne Fassade im venezianisch-gotischen Stil schuf Giorgio Orsini.

★ **Chiesa di Santa Maria della Piazza** - Das kleine romanische Gotteshaus aus dem 10. Jh. besitzt eine reizvolle Fassade (1210), die mit volkstümlichen Skulpturen verziert ist. Der Bau wurde auf den Grundmauern zweier **frühchristlicher Heiligtümer** (5. und 6. Jh.) errichtet, von denen noch Mosaikböden erhalten sind.

Museo Archeologico Nazionale delle Marche (Staatliches archäologisches Museum der Marken) ⊙ - *Am Südende des Piazza del Senato.* Es befindet sich im Palazzo Ferretti und umfaßt vor- und frühgeschichtliche sowie archäologische Sammlungen.

Galleria Comunale Francesco Podesti (Städtische Kunstgalerie) ⊙ - *Via Ciriaco Pizzecolli.* Hier sind Werke von C. Crivelli, Tizian, L. Lotto, C. Maratta und Guercino ausgestellt; in der Abteilung für moderne Kunst sind Gemälde von Bartolini, Campigli, Cassinari und Tamburini zu sehen.

Chiesa di San Francesco delle Scale - *Via Ciriaco Pizzecolli, in der Nähe der Pinakothek.* Die Kirche (15. Jh.) hat ein herrliches venezianisch-gotisches Portal, das Meisterwerk Giorgio Orsinis.

Arco di Traiano (Trajansbogen) - *Im Norden des Lungomare Vanvitelli.* Der Bogen wurde im Jahre 115 zu Ehren Trajans errichtet, der den Hafen anlegen ließ.

UMGEBUNG

★ **Portonovo** - *12 km südöstlich.* Der malerisch gelegene Ort wird vom **Conero-Bergmassiv** überragt. Ein Privatweg führt durch ein Gehölz zur reizenden Kirche **Santa Maria**★ ⊙ (11. Jh.), die nach normannischer Art einen fast quadratischen Grundriß hat.

ANZIO

Latium

41 436 Einwohner

Michelin-Karte Nr. 988 Falte 26 oder Nr. 430 R 19

Anzio liegt an der Spitze eines Vorgebirges und bildet zusammen mit **Nettuno** einen beliebten Badeort, der auch einen Jachthafen besitzt.

Im antiken *Antium* der Volsker suchte Koriolan Zuflucht, nachdem er Rom wegen eines Konflikts mit den Plebejern verlassen mußte. Anzio ist auch der Geburtsort des Kaisers Nero, der hier später eine Villa besaß, in der die Kunstwerke Apoll von Belvedere (Vatikan), Fanciulla (Junges Mädchen von Anzio; Thermenmuseum, Rom) und der Borghesische Fechter (Louvre, Paris) gefunden wurden.

In Anzio landeten am 22. Januar 1944 Engländer und Amerikaner, die am 4. Juni nach heftigen Kämpfen Rom einnehmen konnten. Soldatenfriedhöfe, Denkmäler und Museen erinnern an das Ereignis.

UMGEBUNG

★ **Isola di Ponza** - *Schiffsverbindung ab Anzio oder Formia (Dauer der Überfahrt 2 1/2 Std.; mit dem Motorboot 1 Std.) sowie ab Terracina.*
Die vor der Westküste Italiens liegende Insel ist vulkanischen Ursprungs und hat einen schmalen grünen Berggrat. Die weißen oder graublauen Klippen fallen steil ins Meer ab oder lassen gerade noch Platz für einen schmalen Strand. Im Südosten befindet sich der Ort **Ponza**☼☼. Seine würfelförmigen bunten Häuser reihen sich wie ein Amphitheater um den kleinen Hafen, in dem Fischerboote, Jachten, Handels- und Fährschiffe vor Anker liegen. Die Insel ist besonders bei Freunden der Unterwasserjagd beliebt.

AOSTA★

Aostatal

34 989 Einwohner

Michelin-Karte Nr. 988 Falte 2, 219 Falte 2 oder Nr. 428 E 3/4

Stadtpläne im Michelin-Hotelführer ITALIA

Aosta ist die Hauptstadt der autonomen Region Aostatal. Der alte römische Grundriß eines Legionslagers blieb erhalten, einige Baudenkmäler dieser Zeit sind ebenfalls noch vorhanden. Im Mittelalter war Aosta ein religiöses Zentrum. Der Erzbischof Anselm von Canterbury stammt von hier (gest. 1109). Aosta ist heute ein aktives Industriezentrum, seit der Eröffnung des Montblanc-Tunnels (1965) auch ein bedeutender Touristenort an der Straße zum Großen St. Bernhard und in die Schweiz.

★ **Römische Bauwerke** - Sie stehen in der Innenstadt: die **Porta Pretoria**, der großartige **Augustusbogen** (beide aus dem 1. Jh. v. Chr.), die **Brücke**, das **Theater** und Ruinen des **Amphitheaters.**

Collegiata di Sant'Orso (Stiftskirche Sant'Orso) ⊙ - Das Kirchengebäude besteht aus mehreren Etagen. Im Innenraum sind das herrlich geschnitzte **Chorgestühl** (15. Jh.) und ein barocker Lettner sehenswert. Die Tür neben der **Krypta** (11. Jh.) führt zu einem hübschen kleinen romanischen **Kreuzgang**★; auf den **Kapitellen**★★ sind biblische und weltliche Szenen dargestellt.
Das **Priorat** (Priorato di Sant'Orso) ist im Renaissancestil erbaut und besitzt schmucke **Fenster**★.

Cattedrale - Die im 12. Jh. errichtete Kathedrale wurde mehrfach umgestaltet und hat heute eine klassizistische Fassade (1848). Im Chor ein bemerkenswerter Mosaikfußboden (12. Jh.), ein gotisches Chorgestühl (15. Jh.) und das Grabmal von Thomas II. von Savoyen (14. Jh.). Die Sakristei enthält einen reichen **Kirchenschatz** ⊙. Der Kreuzgang datiert vom 15. Jh.

★★ VALLE D'AOSTA (AOSTATAL)

Das Aostatal umfaßt die Alpentäler der Dora Baltea und ihrer Nebenflüsse und ist umgeben von den höchsten französischen und Schweizer Alpengipfeln Montblanc, Matterhorn, Monte Rosa, Grand Combin, Dent d'Hérens, Gran Paradiso, Grande Sassière usw. Phantastische **Ausblicke**★★★, stille Täler, die zahlreichen Burgen im Haupttal, malerische Dörfer sowie unzählige Ausflugsmöglichkeiten mit der Seilschwebebahn, zu Fuß oder mit dem Wagen machen das Aostatal zu einem vielbesuchten Reisegebiet, das bequem von Mailand aus oder über den Großen St. Bernhard erreicht werden kann.

EIN PAAR TAGE ERHOLUNG GEFÄLLIG?

Wer den Nationalpark intensiver erleben möchte, findet in diesen Hotels Doppelzimmer unter 150 000 Lire in einer angenehmen und ruhigen Umgebung.

La Barme - ☎ *(0165) 74 91 77, Fax (0165) 74 92 13.* In diesem kleinen Hotel (14 Zimmer) in Valnontey, 3 km südwestlich von Cogne, hat man eine herrliche Aussicht auf den Gran Paradiso.

Granta Parey - ☎ *(0165) 93 61 04, Fax (0165) 93 61 44.* Das Hotel liegt in Chanavey, 1,5 km nördlich von Rhêmes-Notre-Dames, und bietet ausgezeichnete Erholungsmöglichkeiten. Die Aussicht auf das Rhêmes-Tal ist bezaubernd.

A l'Hostellerie du Paradis - *Eau Rousse.* ☎ *(0165) 90 59 72, Fax (0165) 90 59 71.* Bei diesem Hotel in einem malerischen Bergdorf (3 km südlich von Val Savarenche) reserviert man am besten im voraus.

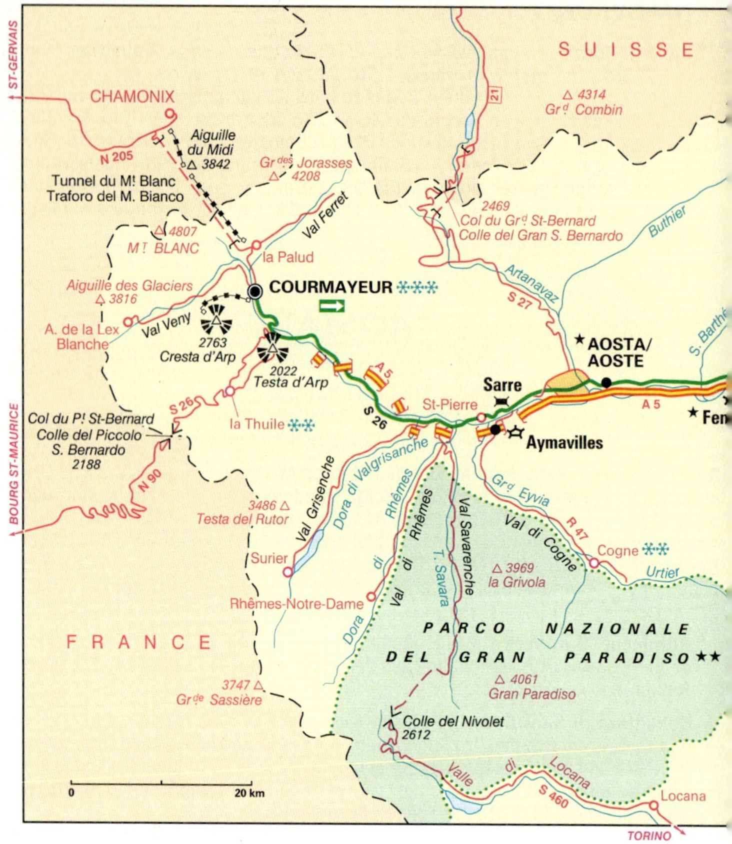

Verwaltungsrechtlich genießt die Region Aostatal seit 1948 eine weitgehende Autonomie. Viele der Bewohner sprechen noch einen provenzalischen Dialekt, und offizielle Dokumente werden sowohl in italienisch als auch in französisch verfaßt. Viehzucht und Kunsthandwerk, wie die Holzschnitzerei, stellen die wichtigsten Einnahmequellen dar.

Besichtigung – Auf der Kartenskizze sind außer den beschriebenen Städten und Sehenswürdigkeiten weitere besonders malerische Orte angegeben (in der kleinsten schwarzen Schrift).

★★ **Parco Nazionale del Gran Paradiso** ⓥ – Der Nationalpark erstreckt sich über eine Fläche von etwa 70 000 ha. Zufahrten führen durch die Täler von Rhêmes, Val Savarenche, Cogne oder Locana und die Nivolet-Paßstraße. Mit etwas Glück kann man zahlreiche Tiere, sogar die letzten Steinböcke Europas und seltene Alpenpflanzen sehen.

Im Winter kann man sich in Courmayeur im **Caffè della Posta** *(Via Roma 51)*, das 1911 eröffnet wurde, am warmen Feuer des riesigen Kamins wärmen und neue Kräfte schöpfen.

VON COURMAYEUR NACH IVREA

162 km - 1 Tag

✲✲✲ **Courmayeur** – *Stadtpläne im Michelin-Hotelführer ITALIA.* Der Ort ist Alpinisten und Skifahrern ein Begriff. Man kann von dort aus verschiedene Ausflüge unternehmen. Mit der Seilschwebebahn: Fahrt durch das Montblanc-Massiv *(ab La Palud, s. Grüner Reiseführer Französische Alpen);* Cresta d'Arp. Mit dem Wagen: Val Veny; Val Ferret; Testa d'Arp; Paßstraße über den Kleinen St. Bernhard, einen der wichtigsten Alpenübergänge, den die Römer schon im Altertum benutzten.

Die Strecke folgt dem Tal der Dora Baltea. Wenn man beim Ortsausgang von St-Pierre die Straße ins Cogne-Tal rechts liegen läßt, kommt auf der linken Seite das **Schloß von Sarre** in Sicht, ehem. Residenz der Grafen von Savoyen.

Rechts erscheint die **Burg von Aymavilles** (14. Jh.) mit ihren dicken, mit Zinnen bewehrten Rundtürmen.

★ **Aosta** - *Siehe oben*

★ **Castello di Fenis** ⓥ - Die Innenräume der eindrucksvollen Burg sind mit geschnitztem Mobiliar der Gegend ausgestattet. Im Innenhof bemerkenswerte Wandmalereien (Themen aus den mittelalterlichen Heiligenlegenden).

❄❄❄ **Breuil-Cervinia** - Der Wintersportort liegt in herrlicher Landschaft in 2 050 m Höhe. Ausflüge mit der Seilschwebebahn führen aufs Rosa-Plateau (Plan Rosa) und zum Furggenpaß (3 491 m).

★ **St-Vincent** - Sein Spielcasino in einem gepflegten Park wird viel besucht.

Die Straße führt dann vorbei an den Burgen von Montjovet und **Verrès** (14. Jh.), wobei die letztere eigenartigerweise weder Ecktürme noch einen Bergfried hat.

★ **Castello d'Issogne** ⓥ - Die Burg von Issogne wurde von Georges de Challant Ende des 15. Jh.s erbaut. Die Arkaden (die Fresken aus dem 15. Jh. stellen bäuerliche Szenen dar) und der mit einem schmiedeeisernen Granatapfelbaum geschmückte Brunnen im Hof sind sehenswert. Schönes Mobiliar aus der Gegend.

★ **Fortezza di Bard** - Die Festung wurde im Jahre 1800 von Napoleon zerstört, aber im 19. Jh. wieder aufgebaut; sie beherrscht das Hochtal der Dora Baltea.

Pont-St-Martin - Das Städtchen ist nach der Römerbrücke benannt, bei der eine Kapelle für den hl. Nepomuk steht.

Ivrea - Der Industrieort liegt am Ausgang des Aostatals, westlich der Serra d'Ivrea, der größten Endmoräne Europas.

APULIEN

Siehe unter PUGLIA

AQUILEIA

AQUILEJA - Friaul-Julisch Venetien

3 378 Einwohner

Michelin-Karte Nr. 988 Falte 6 oder Nr. 429 E 22

Diese alte römische Kolonie verdankt ihren Namen einem Adler („aquila"), der im Moment der Gründung (181 v. Chr.) über dem Ort kreiste. Im römischen Kaiserreich war Aquileia ein aktiver Handelsplatz und diente dem Kaiser Augustus während seiner Feldzüge gegen die Germanen als Hauptquartier. Später, von 554 bis 1751, wurde die Stadt Sitz eines der bedeutendsten geistlichen Patriarchate Italiens.

★★ **Basilica** - Diese romanische Basilika mit dem prächtigen Portal und dem abseits stehenden Campanile wurde im 11. Jh. auf den Grundmauern eines frühchristlichen Baus aus dem 4. Jh. errichtet. Ein Umbau fand im 14. Jh. statt. Der dreischiffige Innenraum besticht durch den prachtvollen **Mosaikfußboden**★★ (4. Jh.). Diese Mosaike zählen zu den bemerkenswertesten Kunstwerken dieser Art der abendländischen Christenheit. Holzdecke und Arkaden stammen aus dem 14. Jh., die Kapitelle sind romanisch, während die Ausschmückung des Querschiffs aus der Renaissance stammt. Die karolingische **Krypta** ⓥ aus dem

9. Jh. ist mit romanischen **Fresken★★** verziert. Vom Eingang des linken Seitenschiffs aus gelangt man in die **Cripta degli Scavi** mit Ausgrabungsfunden, insbes. herrlichen **Mosaikfußböden★★** (4. Jh.).

★ **Römische Ruinen (Rovine romane)** ⓥ - Direkt hinter der Basilika haben Ausgrabungen Reste der römischen Kolonie *Aquileia* zutage gefördert: Die Via Sacra (hinter der Basilika), die zum Binnenhafen führte, sowie Wohnhäuser und das Forum (Foro) wurden freigelegt. Die Museen **(Museo Archeologico** ⓥ und **Museo Paleocristiano** ⓥ**)** enthalten reiche Sammlungen von Ausgrabungsfunden aus Alt-Aquileia. Das Archäologische Museum zeigt u. a. Porträts, darunter die des Tiberius und des jungen Kaisers Augustus.

AREZZO★★

Toskana

91 578 Einwohner

Michelin-Karte Nr. 988 Falte 15 oder Nr. 430 L 17

Arezzo war eine reiche Etruskerstadt, blieb auch unter den Römern bedeutend und wurde Ende des 11. Jh.s Stadtrepublik. Nach langen Kämpfen kam es 1384 unter die Herrschaft von Florenz. Zahlreiche Denkmäler und Gebäude zeugen von dieser langen Geschichte. Arezzo ist die Geburtsstadt vieler bedeutender Persönlichkeiten, so z.B. von **Guido d'Arezzo** (um 997 - um 1050), dem Erfinder des Musiknoten-Systems, Petrarca (1304-1374), Pietro Aretino (1492-1556), Giorgio Vasari und wahrscheinlich auch Maecenas (ca. 70 - 8 v. Chr.), dem legendären Förderer der Künste.

SEHENSWÜRDIGKEITEN

San Francesco (**ABY**) - Der große einschiffige Kirchenbau im Stil der Gotik wurde im 14. Jh. für die Franziskaner errichtet und im 17. und 18. Jh. umgestaltet. Da die Franziskaner mit der Betreuung der Heiligen Stätten im Orient betraut waren, lag ihnen die Kreuzeslegende besonders am Herzen, und sie wählten diese als Thematik zur Ausschmückung ihrer Kirche.

★★★ **Fresken von Piero della Francesca** ⓥ - Dieser Freskenzyklus, der zwischen 1452 und 1466 an den Wänden der Apsis entstand, ist unumstritten eines der Hauptwerke Piero della Francescas und zählt zu den bedeutendsten der Kunstgeschichte. In den Szenen der Kreuzeslegende sind Adams Tod und Begräbnis, König Salomo und die Königin von Saba, Kaiser Konstantins Traum, Konstantins Sieg über Maxentius, die Auffindung des Kreuzes, der Sieg des Kaisers Herakleios über Chosrau, Maria erfährt die Nachricht vom Tode Jesu etc. dargestellt.
Der Künstler wurde in Florenz ausgebildet. Er verfaßte am Ende seines Lebens zwei Abhandlungen über die Perspektive und die Geometrie. In seinem Werk gelingt ihm auf meisterhafte Weise die zweidimensionale Umsetzung von Raum und Körpern. Seine von der antiken Plastik beeinflußten Gestalten zeigen in betonter Blickführung und Gestik nicht etwa das Pathos nur menschlicher Gefühle, sondern das überzeitlich Gültige des Geschehens der Heilsordnung. Dennoch wirken seine weihevoll strengen Kompositionen nicht kalt, da er in der Nachfolge Domenico Venezianos ein frisches Licht ins Bild bringt, das die Dargestellten wie von innen erhellt. Die Figuren ruhen in sich, man erfährt hier die zeitlose Stille, die dem Genie der Renaissance eigen ist.

★ **Santa Maria della Pieve** (**BY**) - Diese Kirche (12. Jh.) wird von einem stolzen Glockenturm überragt. Die **Fassade★★** in Pisaner Romanik wirkt grazil durch die übereinanderliegenden Säulenreihen, deren Abstände sich nach oben hin verringern. Den Hauptaltar schmückt ein Altarbild von Pietro Lorenzetti (14. Jh.).

★ **Piazza Grande** (**BY**) - Hinter der Kirche Santa Maria della Pieve liegt die Piazza Grande, gesäumt von Häusern und Palästen aus dem Mittelalter und der Renaissance, darunter auch der „Palazzo delle logge" von Vasari (16. Jh.). Auf diesem Platz finden alljährlich die „**Sarazenenkämpfe**" (Giostra del Saracino) statt, bei denen acht Reiter in historischen Kostümen auf eine Attrappe losgehen *(s. Veranstaltungskalender am Ende des Bandes).*

Duomo (**BY**) - Die große Kathedrale wurde im 13. Jh. hoch über der Stadt erbaut. Im Innern sind zahlreiche **Kunstwerke★** zu sehen: Kirchenfenster von Marcillat, das Fresko *Hl. Magdalena* von Piero della Francesca und das Grabmal (Arca) des hl. Donatus (14. Jh.).

San Domenico (**BY**) - 13. Jh. Der Innenraum ist mit Fresken aus der Schule von Duccio ausgeschmückt. Das bemalte **Holzkreuz★★**, um 1260 entstanden, wird Cimabue zugeschrieben.

Eingeschränkter Autoverkehr in der Innenstadt

Cavour (Via)	ABY	2	Maginardo (Viale)	AZ	14	Pileati (Via dei)	BY	28
Cesalpino (Via)	BY	3	Mecenate (Viale)	AZ	16	Ricasoli (Via)	BY	30
Chimera (Via della)	AY	5	Mino da Poppi (Via)	BZ	17	S. Clemente (Via)	AY	32
Fontanella (Via)	BZ	6	Mochi (Via F.)	AY	19	S. Domenico (Via)	BY	33
Garibaldi (Via)	ABYZ	8	Monaco (Via G.)	AYZ	20	Saracino (Via del)	AY	35
Giotto (Viale)	BZ	9	Murello (Piagga del)	AY	22	Sasso Verde (Via)	BY	36
Grande (Piazza)	BY		Niccolò Aretino (Via)	AZ	23	Vittorio Veneto (Via)	AZ	38
Italia (Corso)	ABYZ		Pellicceria (Via)	BY	25	20 Settembre (Via)	AY	40
Madonna del Prato (V.)	AYZ	13	Pescioni (Via)	BZ	26			

Museo Archeologico AZ M^1 Museo d'Arte Medievale e Moderna AY M^2

Casa del Vasari (Vasari-Haus) ⓥ (AY) – Das Wohnhaus des Malers, Bildhauers, Baumeisters und zugleich ersten Kunsthistorikers **Giorgio Vasari** (1511-1574) wurde von ihm selbst reich geschmückt. Ebenso sind darin Werke von Manieristen der toskanischen Schule zu sehen.

★ **Museo Statale d'Arte Medievale e Moderna (Museum für mittelalterliche und moderne Kunst)** ⓥ (AY M^2) – Das in dem Renaissance-Palast Bruni-Ciocchi untergebrachte Museum beherbergt Skulpturen, Möbel, Goldschmiedearbeiten und zahlreiche Gemälde vom Mittelalter bis zum 19. Jh. Außerdem sind eine schöne Sammlung von **Majoliken**★★ aus Umbrien, Waffen und eine Münzsammlung zu sehen.

Museo Archeologico ⓥ (AZ M^1) – Das Museum befindet sich neben dem **römischen Amphitheater** (1. und 2. Jh. n. Chr.). Es enthält eine bemerkenswerte Sammlung von Bronzestatuen aus der Etrusker- und Römerzeit (6. Jh. v. Chr. bis 3. Jh. n. Chr.); griechische Vasen (Mischkrug von Euphronios), Keramik der hellenistischen und römischen Epoche.

Santa Maria delle Grazie – *Zu erreichen über die Viale Mecenate* (AZ), *1 km südlich.* Der grazil wirkende **Vorbau**★ der Kirche stammt von Benedetto da Maiano (15. Jh.). Im Innern ein **Hochaltar**★ aus Marmor von Andrea della Robbia.

Auf den Stadtplänen und Kartenskizzen der Michelin-Führer ist Norden immer oben.

Promontorio dell'ARGENTARIO★

Toskana

Michelin-Karte Nr. 988 Falten 24,25 oder Nr. 430 O 15

Das Vorgebirge von Argentario ist ein 635 m hohes Kalksteinmassiv, das über zwei Nehrungen, die sog. „Tomboli" Feniglia und Giannella, und eine Landzunge mit dem Festland verbunden ist. Um die Halbinsel führt eine Straße, die fast immer an der Küste entlangläuft. Von ihr aus lassen sich viele malerische Winkel entdecken. Ungewiß ist, ob der Name des Kalksteinmassivs auf die silbrig glänzenden Felsen oder die einstige Tätigkeit seiner Bewohner als Bankiers *(argentarii)* zurückgeht.

Orbetello – Hauptattraktion des in der gleichnamigen Lagune, auf dem mittleren Landstreifen gelegenen Orts Orbetello sind die **Festungsanlagen**. Sie zeugen von der Herrschaft der Sieneser und der im 16. und 17. Jh. dort ansässigen Spanier, die Orbetello zur Hauptstadt einer kleinen Republik machten. Die **Kirche** wurde im 14. Jh. auf den Grundmauern eines älteren Bauwerks errichtet und im 17. Jh. von den Spaniern ausgebaut. Die Fassade ist gotisch.

Porto Santo Stefano – Der Hauptort der Insel ist gleichzeitig Ausgangspunkt für Fahrten zur Insel Giglio. Die Häuser des Ortes sind auf Bergterrassen zu beiden Seiten einer aus dem 17. Jh. stammenden Festung des Hauses Aragon übereinander gebaut. Von hier aus hat man einen schönen **Blick**★ über den Hafen und die Bucht von Talamone.

DOUBLE'S

Porto Ercole

Porto Ercole – In dem Badeort ist noch ein kleines Altstadtviertel erhalten, das man durch ein mittelalterliches Stadttor erreicht. Zwei zinnenbewehrte, parallel verlaufende Mauern verbinden dieses mit der Stadtburg. Von der Piazza Santa Barbara, die von den Lauben des ehem. Gouverneurspalasts (16. Jh.) gesäumt ist, kann man den Hafen, die Bucht und die spanischen Festungen auf den Felsen des Monte Filippo überblicken.

★ **Antica città di Cosa** – In der Nähe von **Ansedonia** liegen auf der dem Festland zugewandten Seite, auf einer Anhöhe am Ende der südlichsten der drei Landzungen, die **Ruinen** einer alten Römerkolonie. Von hier aus hat man einen wunderbaren Blick auf die Lagune von Orbetello und den Monte Argentario. Der von einem Schutzwall aus riesigen Steinblöcken umgebene Ort erlebte seine Blütezeit vom 3. Jh. v. Chr. bis zum 4. Jh. n. Chr. Unweit der Küste steht der Torre della Tagliata, in dem Giacomo Puccini (1858-1924) einen Teil seiner Oper *La Tosca* komponierte.

ASCOLI PICENO★★

Marken

53 505 Einwohner
Michelin-Karte Nr. 988 Falte 16 oder Nr. 430 N 22
Stadtplan im Michelin-Hotelführer ITALIA

Die aus Travertin-Stein erbaute Stadt der hundert Türme, die wegen der Harmonie und Eleganz ihrer Bauwerke aus dem Mittelalter und der Renaissance auch „Klein-Siena" genannt wird, liegt in einem engen Tal am Zusammenfluß von Tronto und Castellano.

Vom blühenden antiken *Asculum* sind zahlreiche Überreste erhalten, die meist in das Stadtbild integriert sind. Im Mittelalter und in der Renaissance erlebte die Stadt eine besondere Blütezeit, obwohl sie Schauplatz heftiger Kämpfe zwischen rivalisierenden Gruppierungen war. Damals entstanden zahlreiche religiöse und weltliche Bauwerke. Auch wenn sich die Kunst der Renaissance unter dem Antrieb lokaler Künstler wie **Cola dell'Amatrice** entwickelte, so zogen die intensiven künstlerischen und wirtschaftlichen Aktivitäten doch auch Fremde an, z. B. den Venezianer **Carlo Crivelli** (1430-1494), der Ascoli zu seiner Wahlheimat machte. Sein origineller Stil, der sich im Kontakt mit den Erfahrungen von Mantegna und Bellini ausgebildet hatte und die plastischen Volumen der Renaissance mit intensiv ausgearbeiteten Verzierungen eines spätgotischen Stils mischte, beeinflußte die lokalen Maler stark und trug zum künstlerischen Aufschwung der ganzen Region bei.

Am ersten Sonntag im August wird in der Stadt das **mittelalterliche Reitturnier** (Torneo Cavalleresco della Quintana – *s. S. 108*) ausgetragen, dessen Regeln bereits 1377 in den Statuten der Stadt festgelegt wurden.

★★ **Piazza del Popolo** – Der harmonisch gestaltete, längliche Platz ist Treffpunkt für die ganze Stadt. Er ist mit großen Steinen gepflastert, von Gebäuden aus der Gotik und der Renaissance umgeben und wird von eleganten Arkaden abgeschlossen.

Der im 13. Jh. errichtete **Ratspalast★** (Palazzo dei Capitani del Popolo) erhielt sein aktuelles Aussehen durch einen Umbau im 16. Jh., an der Cola dell'Amatrice mit dem Entwurf der strengen rückwärtigen Fassade beteiligt war. Der Palast hat einen schönen Innenhof mit Arkaden aus dem 16. Jh.

Die **Kirche San Francesco★** (13.-16. Jh.) weist einzelne lombardische Stilelemente auf. An der rechten Seitenfront befinden sich ein schönes Portal aus dem 16. Jh., unter einem Denkmal zu Ehren von Julius II., sowie die **Handelsbörse★** (Loggia dei Mercanti) aus dem 16. Jh., eine elegante Konstruktion nach toskanischem Vorbild (Kapitelle). An der linken Seitenfront liegen der **große Kreuzgang** (16.-17. Jh.), in dem ein farbenfreudiger Obst- und Gemüsemarkt untergebracht ist, und der ruhigere **kleine Kreuzgang** aus dem 14. Jh. *(Zugang von der Via Ceci)*. Im Bereich der Apsis fällt ein elegantes, hochaufragendes Ensemble mit einem doppelten Glockenturm auf.

> Unter den Arkaden der Piazza del Popolo befindet sich das historische **Caffè Meletti**, ein Schmuckstück des Jugendstils aus dem Jahre 1904, das durch seinen Anisaperitif und den Film *I Delfini* (1960) von Citto Maselli Berühmtheit erlangte.

Duomo ⓥ – Der im 12. Jh. erbaute Dom verfügt über eine eindrucksvolle Renaissance-Fassade, die auf **Cola dell'Amatrice** zurückgeht. Das „**Musenportal**" auf der rechten Seite ist ein kunstvolles Werk der Spät-Renaissance. In der Kapelle des Allerheiligsten im **Inneren** der Kirche *(rechtes Seitenschiff)* befindet sich ein wunderschönes **Polyptychon★** von **Carlo Crivelli**. Die Anmut der im spätgotischen Stil gestalteten *Maria mit dem Kind* bildet einen starken Kontrast zu der an Mantegna erinnernden **Pietà**.

Links neben dem Dom steht das schöne quadratische **Baptisterium★** aus dem 11. Jh., das von einer achteckigen, mit eleganten Drillingsfenstern durchbrochenen Laterne gekrönt wird. Über der Eingangstür befindet sich ein dreieckiger, horizontal durchbohrter Entlastungsbogen, ein typisches Element der Architektur in Ascoli Piceno.

★ **Pinacoteca** ⓥ – Im ersten Stock des Rathauses ist die Pinakothek mit einer umfangreichen Sammlung von Gemälden und Skulpturen aus dem 15.-19. Jh. (Guido Reni, Tizian, Luca Giordano, Carlo Maratta) untergebracht. Die Werke von **Carlo Crivelli, Cola dell'Amatrice** und **Pietro Alamanno**, einem Schüler von Crivelli, sind repräsentativ für die Kunst in den Marken. Glanzstück des Museums ist ein wunderschönes, in England hergestelltes **Pluviale★** aus dem 13. Jh., das Papst Nikolaus IV. dem Domkapitel 1288 schenkte.

Im Palazzo Panichi, gegenüber dem Rathaus, befindet sich das **Museo Archeologico** ⓥ, in dem Exponate aus der Epoche der Picener (9.-6. Jh. v. Chr.) sowie römische Mosaiken des 1. Jh.s n. Chr. ausgestellt sind.

Ganz in der Nähe, in der Via Buonaparte 24, steht der **Palazzo Buonaparte**, eines der schönsten Beispiele der weltlichen Renaissance-Architektur.

SPAZIERGANG DURCH DAS HISTORISCHE ZENTRUM

★ **Corso Mazzini** – Mit ihren Palazzi aus den verschiedensten Epochen, auf denen lateinische und altitalienische Inschriften zu erkennen sind, ist dies die prächtigste Straße der Stadt. Der **Palazzo Malaspina** (16. Jh.), mit der Nr. 224, hat originelle Arkaden mit Säulen in Form von Baumstämmen. Am Beginn der Via delle Torri steht die Renaissance-Kirche **Sant'Agostino**, die ein Fresko von Cola dell'Amatrice und eine Madonna aus der Schule von Gentile da Fabriano (14. Jh.) enthält.

Via delle Torri – Diese Straße verdankt ihren Namen den zahlreich vorhandenen Türmen, von denen die **Doppeltürme** aus dem 12. Jh. besonders bemerkenswert sind. Am Ende der Straße liegt die **Kirche San Pietro Martire** aus dem 14. Jh.

★ **Santi Vincenzo e Anastasio** – Diese Kirche frühchristlichen Ursprungs, ein schönes Beispiel für den romanischen Baustil, hat eine bemerkenswerte **Fassade**★ aus dem 14. Jh., die in 64, früher mit Fresken bemalte Tafeln aufgeteilt ist. Das Innere der Kirche ist erstaunlich schlicht. In der **Krypta** aus dem 6. Jh. sind Reste von Fresken aus dem 14. Jh. erhalten.

★ **Ponte romano di Solesta** – Vor der Römerbrücke befindet sich ein Tor aus dem 14. Jh. Die kühne Brückenkonstruktion aus der Epoche von Augustus überspannt in einem einzigen Bogen die Tronto-Schlucht in über 25 m Höhe. Etwas weiter entfernt liegt ein schönes **Waschhaus** aus dem 16. Jh.

Via dei Soderini – An den zahlreichen Palazzi, Geschlechtertürmen und malerischen Seitenstraßen sieht man noch heute, daß diese Straße im Mittelalter die bedeutendste Ader der Stadt war. Das interessanteste Gebäude ist der **Palazzetto Longobardo** (11.-13. Jh.), flankiert von dem eleganten und über 40 m hohen **Torre Ercolani**. Über dem Eingangstor des Turms befindet sich ein für Ascoli Piceno typischer Architrav mit einem dreieckigen, horizontal durchbohrten Entlastungsbogen.

UMGEBUNG

★ **Civitella del Tronto** – *24 km in südöstlicher Richtung.* Das hübsche Dorf befindet sich in wunderschöner **Lage**★★ auf einem Travertin-Hügel, 645 m über dem Meeresspiegel. Die verwinkelten, malerischen Gassen sind von schönen sakralen und weltlichen Gebäuden aus dem 16. und 17. Jh. gesäumt. Civitella wird von einer imposanten **Festunga**★ aus dem 16. Jh. überragt, der letzten Zitadelle der Bourbonen, die im Jahre 1861 vor den sardisch-piemontesischen Armeen kapitulierte.

ASSISI★★★

Umbrien

25 472 Einwohner

Michelin-Karte Nr. 988 Falte 16 oder Nr. 430 M 19

Die Stadt Assisi, angeschmiegt an die steilen Hänge des Monte Subasio, bietet einen malerischen Anblick. Überall atmet sie Erinnerungen an den **heiligen Franziskus** bzw. an das Bild, das viele Erzählungen von der Persönlichkeit und den Wundern des Heiligen überliefert haben. Aus der Begegnung mit ihm und unter dem Einfluß des von ihm gegründeten Franziskanerordens entwickelte sich auch ein neuer Stil in den Künsten, eine Wendung zum Schlichten, Gefühlsinnigen und Volkstümlichen, die ganz Italien befruchtete.

Die franziskanische Ordens- und Lebensregel betont die christliche Demut, die Ergebung in den Willen Gottes, den materiellen Verzicht, die mystische Liebe zu Gott und den Dienst an den Menschen. Aus ihr erwuchs die italienische Gotik, die sich abwendet

Der hl. Franziskus spricht mit den Vögeln, vom Meister des hl. Franziskus (13. Jh.) (Unterkirche)

vom romanischen Schmuck und zur Innigkeit des Gefühls und zu dessen Ausdruck in eleganter Linienführung findet. Zu Anfang sind die Kirchen einfach und ohne Aufwand, nur zur Predigt fürs Volk bestimmt: im Laufe des 13. Jh.s wird ihre strenge Architektur vor allem durch Fresken bereichert, die ihre Motive aus dem franziskanischen Heiligenleben des Bonaventura nehmen: Zeugnisse der innigen Liebe des Heiligen zur Schöpfung und allen Geschöpfen. Am Ende des 14. Jh.s arbeiten an der dem Heiligen geweihten Kirche die größten Meister aus Florenz und Rom. Sie brechen endgültig mit dem wirklichkeitsfernen feierlich-erhabenen Stil aus Byzanz und entwickeln eine Kunst, die das äußere und vor allem das seelische Geschehen in dramatischer Linienführung ausdrückt. Ihre bedeutendsten Verfechter sind Cimabue und vor allem Giotto.

Der heilige Franziskus von Assisi (1182-1226)

Der Sohn eines wohlhabenden Tuchhändlers hatte eine bewegte Kindheit und Jugend, während der er hauptsächlich von ritterlichen Idealen träumte. Später, in seinem geistlichen ***Testament***, bezeichnete er diesen Lebensabschnitt als eine „Zeit der Sünde". Seine Bekehrung soll 1206 stattgefunden haben, als der gekreuzigte heilige Damian zu ihm sprach: „Gehe und baue mein verfallenes Haus wieder auf". Er verzichtete fortan auf die Reichtümer seines Vaters und gründete den Minoriten- oder Franziskanerorden, dessen Regel auf dem Geist der **Brüderlichkeit** aller Menschen untereinander, der **Minderheit**, die sich in den Dienst aller stellt, und der **äußersten Armut** beruht.
Seine anspruchslose Lebensführung zeigte sich in der Benutzung der umbrischen Volkssprache, die auch die einfachen Leute verstehen konnten. Sein ***Sonnengesang***, eines der ersten und schönsten Werke der gerade entstehenden italienischen Literatur, gibt reges Zeugnis davon. Seine Schlichtheit und Liebe zu den Menschen äußerte sich aber auch in seiner unablässigen Fröhlichkeit, aus der er die Kraft schöpfte, auf eine immer neue Art und Weise und sehr erfolgreich seine Nächsten zur Umkehr zu bewegen. Am lebendigsten aber bleibt die Erinnerung des Volksglaubens an il poverello („den Armen") wohl in seiner Erfindung der Krippe (er ließ 1223 als erster die Geburtsszene Christi mit Menschen und Tieren nachspielen), die fortan im religiösen Leben des Landes eine wichtige Rolle spielte. Schon bald nach seinem Tod wurde er von der Bevölkerung als Schutzpatron verehrt.

★★★ BASILICA DI SAN FRANCESCO (A) *Besichtigung: 1 1/2 Std.*

Von der Esplanade mit dem gezeichneten Kreuz betrachtet oder von der Straße, die hinunter in die Ebene führt, wirkt die Basilika zu jeder Tageszeit imposant und eindrucksvoll. Die Fassade ist mit einer einfachen Fensterrose im Stil der Cosmaten geschmückt (s. S. 59).
Es handelt sich um den Doppelbau einer Ober- und Unterkirche, die mit gewaltigen Fundamenten am steilen Hang verankert ist. Sie geht auf die Pläne des Franziskanerbruders Elias zurück, der schon den reicher geschmückten Stil im Orden einführte, und wurde 1253 geweiht.

Basilica inferiore – Die Unterkirche aus Narthex, einem Schiff und Seitenkapellen ist niedrig und ziemlich dunkel. Die vier Kreuzgratgewölbe im Hauptschiff sind vollständig mit **Fresken**★★★ aus dem 13. und 14. Jh. bedeckt. In der ersten Seitenkapelle links erzählen **Fresken**★★ von Simone Martini (um 1284-1344) das Leben des hl. Martin mit großer Feinheit der Komposition und leuchtender Farbgebung. Weiter vorn, über der Kanzel, die *Marienkrönung* von Maso, einem Schüler Giottos (14. Jh.). Das **Chorgewölbe**★★ zeigt die Verklärung des hl. Franz und seine Tugenden und geht auf einen Giottoschüler zurück.
Der linke Kreuzarm ist mit **Fresken**★★ geschmückt, die in den Gewölbefeldern die Passionsgeschichte zeigen: reich an erzählerischen Einfällen und voll genau beobachteter Details, werden sie der Werkstatt des Pietro Lorenzetti zugeschrieben; von ihm selbst sind die Darstellungen an den Wänden, darunter die ***Kreuzabnahme*** von dramatischer Wucht.
Im rechten Kreuzarm kann man eine majestätische Komposition von Cimabue, ***Maria mit vier Engeln und dem hl. Franz***★★, bewundern.
Vom Kreuzgang Sixtus IV. gelangt man zur **Schatzkammer**★★ (Tesoro) ⌚ mit vielen sakralen Gegenständen und in die **Perkins-Sammlung** ⌚ mit Gemälden des 14. bis 16. Jh.s.
Eine Treppe führt hinab zum **Franziskus-Grab** auf der Höhe der Confessio in der Vierung.

Basilica superiore – *Das Erdbeben vom 26. September 1997, bei dem vier Menschen unter den Trümmern des mittleren Gewölbes ums Leben kamen, hat die Oberkirche stark beschädigt.* Ganz anders als die bescheidenen Raumkörper

der Unterkirche gibt das hohe, steil aufragende Schiff der Oberkirche einen eindeutig gotischen Raumeindruck, von flutendem Licht aus hohen Fenstern erfüllt. Apsis und Querschiff sind von Fresken des Cimabue und seiner Werkstatt überzogen, die leider sehr gelitten haben. Im linken Kreuzarm beachte man von des Meisters Hand eine **Kreuzigung★★★** von hohem tragischem Ausdruck.
Zwischen 1296 und 1304 hat **Giotto** mit seinen Gehilfen die Wände des Schiffs mit einem Zyklus aus 28 **Fresken★★★** bemalt, die das Leben des hl. Franziskus darstellen. Mit ihrer klaren und aufgelockerten Komposition und dem zunehmenden Realismus jeder Szene definieren diese Malereien eine neue Bildsprache in der italienischen Kunst, die zwei Jahrhunderte später mit der Renaissance ihren Höhepunkt erreichen sollte.

WEITERE SEHENSWÜRDIGKEITEN

★★ **Rocca Maggiore** (**B**) – Staufische Festung aus dem 14. Jh. Vom Bergfried aus hat man einen wundervollen **Rundblick★★★** auf Assisi und die umbrische Landschaft.

★★ **Santa Chiara** (**BC**) – Eine große Freitreppe mit herrlicher Aussicht führt in das Innere der Kirche. Sie wurde von 1257 bis 1265 erbaut. Mit den gotischen Stilelementen gleicht sie der Oberkirche San Francesco. Das Innere ist mit zahlreichen Kunstgegenständen verziert. Man beachte die Fresken im Giotto-Stil aus dem 14. Jh., die Episoden aus dem Leben und Wirken der hl. Klara erzählen.

Rechts dieser Kirche schließt sich die alte Kirche San Giorgio an. Hier wird das aus dem Kloster des hl. Damian stammende byzantinische Kreuz aufbewahrt, das der Legende nach zum hl. Franziskus sprach und seine Bekehrung bewirkte. Die Krypta beherbergt das Grab der hl. Klara.

★ **Duomo (San Rufino)** (**C**) – 11.-13. Jh. nach Vorgängerbau. Die romanische **Fassade★★** ist mit ihren Rundbögen und Verzierungen eine der schönsten Umbriens. Das Innere wurde 1571 umgebaut. Rechts vom Eingang befindet sich das Taufbecken, in dem auch der hl. Franziskus, die hl. Klara und Kaiser Friedrich II. getauft wurden.

★ **Piazza del Comune** (**B 3**) – Der Platz liegt an der Stelle des einstigen Forums. Der ehemalige **Minervatempel★** (1. Jh. v. Chr.) ist heute eine Kirche. Links davon befindet sich der Palazzo del Capitano del Popolo (13. Jh.).

★ **Via San Francesco** (**AB**) – Malerische Straße mit Häusern aus dem Mittelalter und der Renaissance. In Nr. 13A befindet sich das **Oratorio dei Pellegrini** (**B B**), eine Betkapelle für Pilger. Die Innenräume sind mit Fresken des 15. Jh.s ausgeschmückt, vornehmlich von Matteo da Gualdo.

★ **San Pietro** (**A**) – Von den Benediktinern zwischen 1029 und 1268 erbaute romanische Kirche.

UMGEBUNG

★★ **Eremo delle Carceri** – *4 km in östlicher Richtung.* Die Einsiedelei ist inmitten eines über tausendjährigen Eichenwalds gelegen. Die Legende besagt, daß von einem dieser Bäume eines Tages zahlreiche Vögel ausflogen, nachdem sie vom hl. Franziskus gesegnet wurden – was die Ausbreitung der Franziskaner über die ganze Welt symbolisiert. Die Einsiedelei wurde vom hl. Bernhard von Siena (1380-1444) an diesem besonderen Ort gegründet, wo Franziskus und seine Jünger sich mit Vorliebe in eine gefängnisähnliche Umgebung (auf italienisch *carcere*) zurückzogen, um – nach Aussage ihrer Biographen – „von ihrer Seele auch das kleinste Staubkörnchen zu vertreiben, das sich darauf nach dem Kontakt mit den Menschen niedergelassen hätte". Durch schmale, niedrige Gänge, die den Grundriß des Klosters nachvollziehen (welches in Anlehnung an die Umrisse einer Glocke angelegt wurde), gelangt man zur Grotte des hl. Franziskus und zum ehemaligen Refektorium, dessen Tische aus dem 15. Jh. stammen.

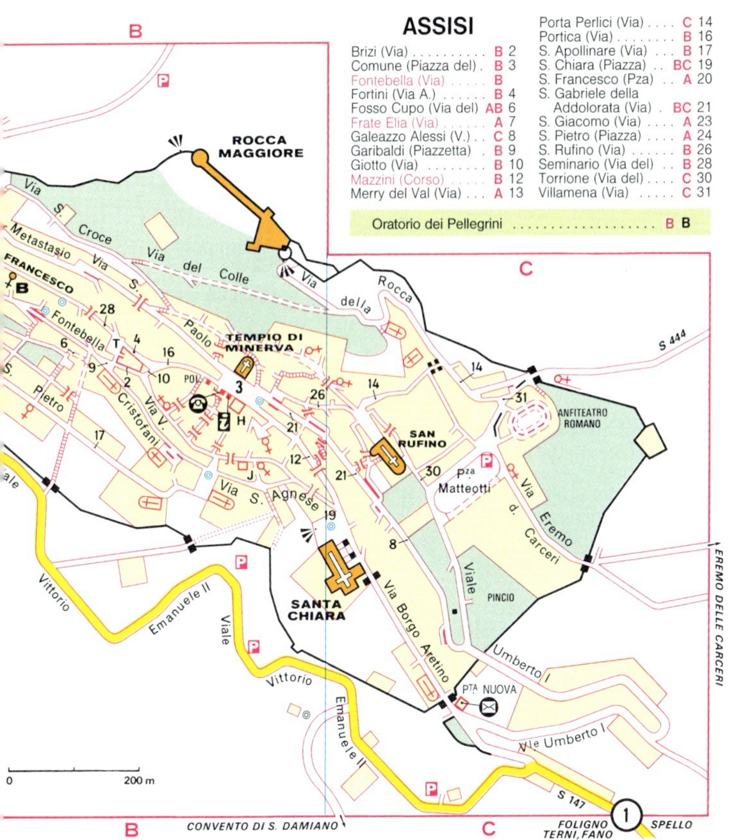

★ **Convento di San Damiano** ⓥ - *2 km in südlicher Richtung, ab der Porta Nuova.* Das Kloster, einsam inmitten von Zypressen und Olivenbäumen gelegen, und die dazugehörende kleine Kirche sind eng verbunden mit dem hl. Franziskus, der hier seine Berufung erhielt und den *Lobgesang der Geschöpfe* komponierte, und der hl. Klara, die 1253 in San Damiano starb. Der einfache und schlichte Innenraum ist ein ergreifendes Beispiel für die Strenge eines Franziskanerklosters im 13. Jh.

★ **Santa Maria degli Angeli** ⓥ - *5 km in südwestlicher Richtung in der Ebene.* Die Kirche wurde im 16. Jh. über der Cappella della Porziuncola erbaut, deren Name von dem Grundstück herrührt *(kleine Portion)*, auf dem sie vor dem Jahre 1000 errichtet wurde. In der Porziuncola-Kapelle, wo der hl. Franziskus Klara zur „Braut Christi" weihte, befindet sich ein **Fresko**★ (1393) mit Episoden aus der Geschichte der Franziskaner *(über dem Altar)*. In der benachbarten Kapelle del Transito verstarb der hl. Franziskus am 3. Oktober 1226. In der Krypta Santa Maria Maggiore ist ein **Flügelaltar**★ aus glasierter Terrakotta zu sehen, eine Arbeit von Andrea della Robbia (um 1490). Unweit der Kirche steht der Rosenstock, der seine Dornen an jenem Tag verlor, als der Heilige sich in ihn warf, um der Versuchung zu entgehen. Im Gang auf dem Weg zum Rosengarten fällt eine Statue des Heiligen mit einem Nest in der Hand auf, auf dem sich wirkliche Tauben niederlassen.

★ **Spello** - *12 km in südöstlicher Richtung.* Eine pittoreske, ruhige Kleinstadt, deren Stadtmauern und Tore von ihrer römischen Vergangenheit zeugen. In der Kirche Santa Maria Maggiore sind **Fresken**★★ *(Kapelle auf der linken Seite)* von Pinturicchio, auf denen Mariä Verkündung, die Geburt Christi und die Tempelpredigt *(an den Wänden)* sowie die Sibyllen *(am Deckengewölbe)* dargestellt sind. Zu beiden Seiten des Hauptaltars befinden sich Fresken von Perugino. In der unweit gelegenen, aus dem Jahre 1025 stammenden Kirche Sant'Andrea sind ein Gemälde von Pinturicchio und ein Giotto zugeschriebenes Kruzifix zu sehen. Das Dorf ist außerdem berühmt für sein Blumenfest („Le infiorate"), das an Fronleichnam abgehalten wird *(siehe Veranstaltungskalender am Ende des Bandes)*.

Foligno - *18 km in südöstlicher Richtung.* Auf der Piazza della Repubblica steht der **Palazzo Trinci**, den Adlige der Stadt im 14. Jh. erbauen ließen. Der **Dom** besitzt ein herrliches Rundbogenportal, geschmückt mit den geometrischen Motiven der lombardischen Romanik.

Giostra della Quintana

In Foligno findet nach wie vor das historische Ringstechen (**Giostra della Quintana**) statt. Die Reiter in Kostümen des 17. Jh.s, Vertreter der zehn Stadtviertel, müssen beim Vorbeireiten an der hölzernen „Quintana"-Figur aus dem 17. Jh. einen von ihr gehaltenen Ring mit der Lanze aufnehmen. Am Vorabend bewegt sich ein Zug von mehr als tausend Leuten in Kostümen des 17. Jh.s durch die Stadt.

Palazzo Trinci ⓥ – Das Besondere an diesem Bau sind die **Fresken**★ mit ihrer nahezu perfekten perspektivischen Darstellung. In der Loggia beispielsweise wirken die Fresken, auf denen die Legende von Romulus und Remus dargestellt ist, wie ein Relief. Die Fresken im Studierzimmer (dem sogenannten „Rosenzimmer", nach dem Emblem aller apostolischen Vikare, also auch der Trinci) sind den beiden Zyklen der freien Künste im mittelalterlichen Universitätsunterricht gewidmet: *Trivium* (Grammatik, Rhetorik und Dialektik) und *Quadrivium* (Arithmetik, Geometrie, Musik und Astronomie). Die Stunden des Tages sind hier den einzelnen Lebensabschnitten und Planeten zugeordnet. Die Darstellungen gotischer Thronsessel lassen vermuten, daß die Künstler aus dem Norden stammten.

Die Fresken und Zeichnungen des zur Kathedrale führenden Ganges zeigen auf der linken Seite berühmte Persönlichkeiten aus der Antike und auf der rechten Seite die sieben Lebensalter des Menschen.

Nur die Fresken in der Kapelle mit Darstellungen aus dem Leben der Jungfrau Maria tragen die Signatur von Ottaviano Nelli, der sie 1424 vollendete.

ATRI

Abruzzen

11 390 Einwohner

Michelin-Karte Nr. 988 Falte 27 oder Nr. 430 O 23

Atri, einst eine italische Gründung und anschließend als römische Kolonie unter dem Namen *Hatria-Picena* bekannt, ist sehr reizvoll mit Blick auf das Meer gelegen. In seinem historischen Stadtkern finden sich viele malerische Gäßchen und schöne Bauten aus dem Mittelalter, der Zeit der Renaissance und des Barocks.

★ **Cattedrale** ⓥ – Der Bau wurde im 13. und 14. Jh. auf den Grundmauern eines römischen Gebäudes errichtet. An diesem Gotteshaus wird der Übergang vom romanischen zum gotischen Baustil besonders deutlich. Ein romanisches Portal und die Rosette darüber schmücken die sonst schlichte Fassade. Der Turm mit einem quadratischen Grundriß bildet sich nach oben zu einem Vieleck aus. Im Innern, durch Spitzbogenarkaden unterteilt, befinden sich in der Apsis **Fresken**★★ des abruzzischen Malers **Andrea Delitio** (1450-1473). Sie schildern das Leben Jesu und der Jungfrau Maria. Die Darstellung ist von bemerkenswertem Realismus im Ausdruck und in der Beobachtung der Details.

Durch den Kreuzgang gelangt man zur römischen **Zisterne** und zum **Kapitularmuseum**, in dem eine interessante Sammlung an Keramiken aus den Abruzzen zu sehen ist.

Auf der Piazza Duomo stehen noch einige Ruinen aus der Römerzeit.

UMGEBUNG

★★ **Riserva Naturale dei Calanchi** – *2 km nordwestlich über die SS 353.* Die „Bolge" oder „Scrimoni" (Riffelungen, Zacken) genannten, zackigen Felsstürze sind Erosionserscheinungen des Wassers an einem Plateau aus dem Tertiär. Enge Schluchten und eine spärliche Vegetation prägen das Bild dieses unwegsamen Gebiets, das mit seinem weißen Gestein an eine Mondlandschaft erinnert.

San Clemente al Vomano ⓥ, bei **Guardia Vomano** – *15 km nordwestlich.* Diese im 9. Jh. erbaute Kirche wurde mehrere Male umgebaut. Durch ein schönes, klassisch inspiriertes Portal (12. Jh.) betritt man einen erstaunlich schlichten Innenraum, beherrscht von einem **Ziborium**★ aus dem 12. Jh., das mit Tier- und Pflanzenmotiven verziert ist. Der Altar darunter ist mit orientalischen Motiven und Terracotta-Einlegearbeiten geschmückt. Durch die Glasplatten im Fußboden lassen sich noch Reste des Vorgängerbaus erkennen.

BARI

Apulien

342 710 Einwohner
Michelin-Karte Nr. 988 Falte 28 oder Nr. 431 D 32
Plan Bari und Umgebung im Michelin-Hotelführer ITALIA

Bari, die Hauptstadt Apuliens, ist ein reges Handelszentrum für landwirtschaftliche und industrielle Güter. Die wichtigste Erwerbsquelle ist der Hafen, der für die Verbindung mit Griechenland (Korfu, Igoumenítsa, Patras und Kefallinia), Kroatien (Split und Dubrovnik) und Jugoslawien (Bar) sorgt. Die im September stattfindende Handelsmesse (Fiera del Levante) wurde 1930 ins Leben gerufen, um die Handelsbeziehungen mit den anderen Mittelmeerstaaten zu verbessern. Bari besteht aus der engen Altstadt, die sich auf dem Vorgebirge zusammendrängt, und den neueren Stadtvierteln aus dem 19. Jh. mit breiten, sich rechtwinklig kreuzenden Verkehrsadern. Der Ort war Stützpunkt der byzantinischen Herrschaft in Süditalien, im Mittelalter dann eine reiche Stadt, was vor allem auf die Pilgerfahrten zu St. Nikolaus und die Einschiffung der Kreuzfahrer zurückzuführen war. Der Niedergang der Stadt setzte ein mit dem Regime der Sforza aus Mailand und ging unter der spanischen Herrschaft im 16. Jh weiter.

★ CITTÀ VECCHIA (DIE ALTSTADT) (CDY) *Besichtigung: 1 1/2 Std.*

★★ **San Nicola** (DY) – Die inmitten der sog. „Cittadella Nicolaiana" gelegene Kirche wurde 1087 begonnen und 1197 dem hl. Nikolaus geweiht, der Bischof von Myra in Kleinasien war. Verehrt wird dieser Heilige wegen der Wiedererweckung von drei Kindern, die ein Metzger zerstückelt hatte. Als die Reliquien des Heiligen von Seeleuten aus Bari entwendet und in die Heimatstadt gebracht wurden, beschloß man, Nikolaus zu Ehren eine Kirche zu errichten.

Das Gotteshaus ist eines der großartigsten Beispiele romanischer Baukunst und wurde in der Gegend Vorbild für weitere Kirchen. Die klare edle Fassade wird von zwei Türmen gerahmt und durch Zwillingsfenster und das reich geschmückte Portal, dessen Säulen auf Stieren ruhen, aufgelockert. Auf der linken Seite befindet sich das prächtig ausgeschmückte Löwenportal (12. Jh.). Dem dreischiffigen Innenraum mit Triforium wurde im 17. Jh. eine Kassettendecke eingefügt. Über dem Hauptaltar erhebt sich ein mächtiger Baldachin (12. Jh.); in der Apsis dahinter steht der **Bischofsthron**★ (11. Jh.) aus weißem Marmor. In der linken Seitenkapelle befindet sich eine *Jungfrau mit dem Kind und den Heiligen* von dem Venezianer Bartolomeo Vivarini, auf der anderen Seite ein *Hieronymus im Gehäus* von Costantino da Monopoli. In der von Marmorsäulen mit schönen, reich verzierten Kapitellen getragenen Krypta befindet sich das Grab des hl. Nikolaus.

★ **Cattedrale** (DY **B**) – Im 11. und 12. Jh. im romanischen Stil erbaut, später vergrößert und verändert. Die drei Kirchenschiffe enden in Apsiden mit Halbkuppeln. Unterteilt wird das Innere durch ein Blendtriforium über den Bögen. Viele Kunstwerke schmücken den Raum, darunter eine Kanzel mit Fragmenten aus dem 11. und 12. Jh. und ein mit Elementen aus dem 13. Jh. rekonstruierter Baldachin.

Im linken Seitenschiff ist die Kopie einer **Exultet-Rolle** ausgestellt (das Original wird im Kuratorium beim Ausgang der Kathedrale aufbewahrt). Diese wertvolle byzantinische Pergamentrolle aus dem 11. Jh. ist mit einer vor allem im mittelalterlichen Süditalien häufig verwendeten Schrift, der sog. „Beneventana", beschrieben. Auffällig ist, daß die Bilder auf der Rückseite des Textes angeordnet sind. Auf diese Weise konnten die Gläubigen sie anschauen, während das Pergament für die Sänger entrollt wurde.

★ **Castello** ⓥ (CY) – Das Kastell wurde 1233 von Friedrich II. auf den Grundmauern byzantinischer und normannischer Bauten errichtet und im 16. Jh. stärker befestigt. Aus der Stauferzeit sind noch der trapezförmige Hof und zwei Türme erhalten.

WEITERE SEHENSWÜRDIGKEITEN

Pinacoteca (Gemäldesammlung) ⓥ – *Lungomare Nazario Sauro* (DY), *hinter der Piazza A. Diaz.* Im 4. Stock des Palazzo della Provincia *(Aufzug)* kann man Werke der byzantinischen Kunst (Skulpturen und Gemälde) besichtigen. Ein bemaltes **Holzkruzifix**★ (12.-13. Jh.), ein Gemälde von Giovanni Bellini *(Das Martyrium des Apostels Petrus)* sowie mehrere Ölgemälde der neapolitanischen Schule (17. bis 18. Jh.) sind dabei besonders hervorzuheben.

Museo archeologico ⓥ (DZ **U**) – *Im 1. Stock der Universität untergebracht.* Interessante griechisch-römische Sammlung mit zahlreichen Ausgrabungsfunden aus ganz Apulien. Besondere Beachtung verdienen die Fundstücke aus der griechischen Siedlung Canosa di Puglia.

Amendola (Via Giovanni) . . . DZ 3	Latilla (Via) . . . CY 43	Sparano (Via) . . . DYZ 76
Battisti (Piazza Cesare) . . . CDZ 5	Luigi di Savoia (Piazza) . . . DZ 44	Unità d'Italia (Via) . . . DZ 78
Carmine (Strada del) . . . DY 15	Martinez (Strada) . . . DY 48	Venezia (Via) . . . DY 80
Cavour (Corso) . . . DYZ	Massari (Piazza G.) . . . CY 49	Vittorio Emanuele II (C.) . . . CDY 82
Cognetti (Via Salvatore) . . . DY 17	Mercantile (Piazza) . . . DY 51	Zuppetta (Via Luigi) . . . DZ 83
Crociate (Strada delle) . . . DY 22	Odegitria (Piazza dell') . . . CDY 54	20 Settembre (Ponte) . . . DZ 85
De Cesare (Via Raffaele) . . . DZ 24	Petroni (Via Prospero) . . . DZ 62	24 Maggio (Via) . . . DY 86
De Giosa (Via) . . . DZ 26	Piccini (Via) . . . CY	
Diaz (Piazza Armando) . . . DY 28	Putignani (Via) . . . CDYZ 65	
Federico II (Piazza) . . . CY 30	Salandra (Viale) . . . CZ 69	Cattedrale . . . DY B
Ferrarese (Piazza del) . . . DY 32	S. Francesco d'Assisi (Via) . . . CY 70	Università (Museo archeologico) . . . DZ U
Fragigena (Rua) . . . DY 35	S. Marco (Strada) . . . DY 72	
Gimma (Via Abate) . . . CDY 39	S. Pietro (Piazza) . . . DY 74	
Isabella d'Aragona (Giardini) . CY 41	Sonnino (Corso Sidney) . . . DZ 75	

UMGEBUNG

Die Straße von Bari nach Barletta führt durch reizvolle kleine Küstenstädte, die sich wegen der ständigen Bedrohung vom Meer her (von den Raubzügen der Sarazenen im Frühmittelalter bis zu den Einfällen der Türken Ende des 15. Jh.s) mit Festungen und Stadtmauern geschützt haben.

Über **Giovinazzo**, einem verträumten Fischerort, thront eine kleine Kirche aus dem 12. Jh.

Das Stadtbild von **Molfetta** ist von seiner im Stil der apulischen Romanik erbauten Kirche aus weißem Kalkstein geprägt.

Bisceglie mit seinem malerischen Fischerhafen besitzt eine im 13. Jh. fertiggestellte Kathedrale. Das Hauptportal an der Fassade ruht auf zwei Löwen.

Ein Hinweis für Feinschmecker:

In der Einführung dieses Reiseführers sind die beliebtesten Spezialitäten und bekanntesten Weine des Landes aufgeführt. Außerdem bietet Ihnen der Rote Michelin-Führer ITALIA jedes Jahr eine große Auswahl guter Restaurants.

BARLETTA

Apulien

91 236 Einwohner

Michelin-Karte Nr. 988 Falten 28, 29 oder Nr. 431 D 30

Stadtplan im Michelin-Hotelführer ITALIA

Im 12. und 13. Jh. war Barletta eine bedeutende Stadt, da von hier die Kreuzfahrer in Richtung Osten aufbrachen. Barletta war Sitz zahlreicher Ritterorden.

Barletta ist heute ein Landwirtschafts- und Handelszentrum. Im alten Stadtkern sind weltliche und sakrale Bauten aus dem Mittelalter erhalten. Das Wahrzeichen der Stadt ist eine römische Statue: **Il Colosso★★** (auch „Statua di Eraclio" genannt). Diese über 4,5 m hohe Kolossalstatue stellt einen schwer zu identifizierenden oströmischen Kaiser dar. Das Werk stammt vermutlich aus dem 4. Jh. und ist ein interessantes Zeugnis der Übergangszeit von der spätantiken zur frühchristlichen Kunst. Die Starrheit der Figur kontrastiert mit der Kraft des Ausdrucks.

Nahe der Statue liegt die **Basilica di San Sepolcro** (12.-14. Jh.), in der sich ein schöner **Reliquienschrein★** (Partikel des Kreuzes Christi) befindet. Der Sockel ist mit Limosiner Email verziert.

Das mächtige, unter Friedrich II. erbaute **Kastell★** hat im Laufe der Jahrhunderte viele Veränderungen erfahren, insbesondere im 16. Jh unter der Herrschaft Karls V. Aus dieser Zeit stammen auch die vier über dem Grundriß einer Spitzbastion erbauten Ecktürme, in deren Innerem sich zwei übereinander gelegene halbkreisförmige Kasematten befinden. Das Kastell enthält eine Gemäldesammlung, die **Pinacoteca comunale** ⓥ, in der u. a ein schönes **Erntebild★** von Giuseppe de Nittis (1846-1884) zu sehen ist, einem aus Barletta stammenden, aber hauptsächlich in Paris tätigen Maler.

In der Via Cialdini, im Erdgeschoß des Palazzos des Don Diego de Mendoza (14. Jh.), liegt die berühmte **Cantina** (Weinausschank). Von ihr heißt es, sie sei während der französischen Belagerung im Jahre 1505 Schauplatz der sog. *„Disfida di Barletta"* („Duellforderung von Barletta") gewesen, in deren Folge 13 ausgewählte italienische Ritter über ebenso viele Franzosen gesiegt haben sollen; ein Ereignis, das im 19. Jh. beim Kampf um die italienische Einheit zu einem leuchtenden Beispiel des italienischen Patriotismus hochstilisiert wurde.

Der in unmittelbarer Nähe gelegene **Palazzo della Marra** (17. Jh.) verdient wegen seiner reich verzierten Barockfassade Erwähnung.

UMGEBUNG

Canne della Battaglia – *12 km südwestlich.* Der strategisch günstig gelegene Ort Cannae war Schauplatz der berühmten Schlacht, in der die von Hannibal angeführten karthagischen Heere die Römer besiegten (216 v. Chr.). Heute sind dort Ruinen einer mittelalterlichen Grabstätte und eines Dorfes zu sehen. In der Zitadelle sind noch Reste eines römischen Decumanus (Ost-West-Achse), im Mittelalter erbauter Kirchen und eines normannischen Kastells zu sehen.

BASSANO DEL GRAPPA★

Venetien

39 625 Einwohner

Michelin-Karte Nr. 988 Falte 5 oder Nr. 429 E 17

Bassano liegt in einer lieblichen Landschaft an den Ufern der Brenta. Bekannt ist Bassano für seine Keramikindustrie, vor allem aber für die Herstellung der „Grappa" (Branntwein).

Ein Spaziergang durch die Stadt führt durch enge Straßen mit bunten Häusern und über Plätze, die von Arkadengängen gesäumt werden. Das Zentrum ist die Piazza Garibaldi mit dem quadratischen Ezzelino-Turm (13. Jh.). Hier erhebt sich auch die Kirche **San Francesco** aus dem 12.-14. Jh. Die elegante Vorhalle stammt aus dem Jahre 1306; im Innern ist das Kruzifix von Guariento (14. Jh.) beachtenswert. Über die Brenta wölbt sich die gedeckte Holzbrücke (**Ponte Coperto**), die in ganz Italien bekannt ist. Sie wurde im 13. Jh. erbaut, im Laufe der Zeit jedoch mehrmals zerstört.

★ **Museo Civico (Städtisches Museum)** ⓥ – Im Kloster neben der Kirche San Francesco ist im 1. Stock die **Pinakothek** eingerichtet. Hier sind Werke der Künstlerfamilie Da Ponte zu sehen, die aus Bassano stammt. Jacopo da Ponte, genannt **Jacopo Bassano**, war im 16. Jh. das berühmteste Mitglied dieser Familie. Einige Meisterwerke dieses Malers, der in der Gunst Ludwigs XIV. stand, sind hier ausgestellt. Seinen Stil charakterisiert ein malerischer Naturalismus, der mit starken Licht- und Schattenkontrasten arbeitet, was besonders in dem Gemälde ***Der hl. Valentin tauft die hl. Lucilla*** deutlich wird. Weitere venezianische Maler wie Guariento, Vivarini, Giambono (14. und 15. Jh.) sowie Pietro Longhi, Tiepolo und Marco Ricci (18. Jh.) sind vertreten. Auch die Gemälde des Genuesen Magnasco (18. Jh.) und der Canova-Saal mit Skulpturen sind sehenswert.

UMGEBUNG

★★★ **Monte Grappa (1 775 m)** – *32 km nördlich.* Durch Wälder und vorbei an Weideflächen führt die Straße auf den Gipfel des Monte Grappa. Bei klarem Wetter kann man hier ein herrliches **Panorama** genießen, das zuweilen bis Venedig oder Triest reicht.

★ **Asolo** – *14 km östlich.* Von der Burg auf dem Hügel überblickt man die malerische kleine Stadt. Die engen Straßen werden von Palästen gesäumt, die mit Fresken bemalt sind. Die Erinnerung an den Dichter Robert Browning und die Schauspielerin Eleonora Duse ist noch gegenwärtig. Die berühmte Interpretin der Stücke von Gabriele D'Annunzio ist in Asolo auf dem Friedhof Sant'Anna begraben.

Marostica – *7 km westlich.* Den Mittelpunkt der reizenden kleinen Stadt mit mittelalterlichem Charakter bildet die große **Piazza Castello**★, ein überdimensionales Schachbrett. Im Sommer wird hier tatsächlich die **Partita a scacchi** (Schachpartie) mit kostümierten Personen gespielt *(s. Veranstaltungskalender am Ende des Bandes).*

Cittadella – *13 km südlich.* Die befestigte Stadt wurde im Jahre 1220 als Außenfestung von Padua erbaut, als Reaktion auf das von Treviso errichtete Castelfranco. Aus dieser Zeit ist noch die schöne **Festungsmauer**★ aus Backstein erhalten.

Possagno – *18 km nordwestlich.* In Possagno wurde der Bildhauer **Antonio Canova** geboren. Sein **Geburtshaus** ⓥ und die **Gipsoteca** ⓥ, in der zahlreiche Gipsmodelle und Skizzen Canovas ausgestellt sind, können besichtigt werden. Auf einer Anhöhe liegt der **Tempio di Canova** ⓥ, ein nach Plänen des Meisters erbauter Tempel. Er birgt Canovas Grab und seine letzte Skulptur, die ***Kreuzabnahme***★.

BELLUNO★

Venetien

35 230 Einwohner
Michelin-Karte Nr. 988 Falte 5 oder Nr. 429 D 18
Stadtplan im Michelin-Hotelführer ITALIA

Belluno liegt auf einem Felsvorsprung über dem Zusammenfluß des Piave mit dem Ardo. Die Stadt ist von Bergen umgeben: Im Norden erheben sich die Dolomiten und im Süden die Voralpen von Belluno. Im Mittelalter war Belluno eine freie Stadt, stellte sich aber 1404 unter den Schutz der Republik Venedig.

Ein Spaziergang durch die Stadt erschließt die Schönheiten Bellunos. Man nimmt die Via Rialto durch das Stadttor Porta Dojona (13. Jh., im 16. Jh. umgebaut) und geht dann über den Marktplatz (**Piazza del Mercato**★), der von Renaissancepalästen mit Arkadengängen umgeben ist. Der Platz wird durch einen Brunnen aus dem Jahre 1409 belebt. Weiter geht es in die Via Mezzaterra, die Via S. Croce bis zum Tor Porta Rugo. Von der Via del Piave aus hat man einen schönen **Ausblick**★ auf das Piave-Tal und das Gebirge.

Den Domplatz, **Piazza del Duomo**★, umsäumen mehrere sehenswerte Bauwerke: der **Palazzo dei Rettori**★ im venezianischen Stil (Ende 15. Jh.), der **Bischofspalast** und der Dom (16. Jh.). Daneben steht der Glockenturm, im Barockstil nach den Plänen von Juvara errichtet. Im Kircheninnern befinden sich einige interessante Gemälde der venezianischen Schule, darunter auch ein Bild von Jacopo Bassano. In der Krypta kann man einen **Flügelaltar**★ der Rimini-Schule (15. Jh.) bewundern. Im Palazzo dei Giuristi ist das Städtische Museum **(Museo Civico)** ⓥ untergebracht. In der Pinakothek sind Gemälde einheimischer und venezianischer Maler zu sehen, ferner eine große Münzsammlung und Dokumente, die an die Einigung Italiens *(Risorgimento)* erinnern.

UMGEBUNG

Feltre – *31 km südwestlich.* Feltre ist malerisch um seine Burg gruppiert. Teile der alten Stadtmauer und, in der **Via Mezzaterra**★, alte freskengeschmückte Häuser sind noch erhalten. Der perfekt angelegte Platz **Piazza Maggiore**★ mit Arkaden, Treppen, Balustraden liegt mitten in der Stadt.

Das Städtische Museum (**Museo Civico**, *Via L. Luzzo Nr. 23, in der Nähe des Stadttores Porta Oria)* ⓥ ist vornehmlich L. Luzzo aus Feltre gewidmet, besitzt aber auch Werke von P. Marescalchi, G. Bellini, Cima da Conegliano, M. Ricci und Jan Metsys. Interessant sind außerdem die historische Abteilung zur Geschichte der Stadt und die archäologische Abteilung.

BENEVENTO

BENEVENT - Kampanien

63 527 Einwohner

Michelin-Karte Nr. 988 Falte 27 oder Nr. 430 S 26, 431 D 26

Benevent war in der Antike die Hauptstadt der Samniter, die lange Zeit die territoriale Ausdehnung der Römer verhinderten (321 v. Chr. siegten die Samniter bei den Kaudinischen Pässen). Nach dem Sieg über Pyrrhus (275 v. Chr.) wurde Benevent römisch. Zu diesem Zeitpunkt änderten die Sieger den Namen Maleventum in Beneventum. Unter der Herrschaft Trajans erlebte die Stadt eine Blütezeit und wurde zum Ausgangspunkt für die Via Traiana nach Brindisi bestimmt. Ab 571 war es Hauptstadt eines langobardischen Herzogtums, später Fürstentum. 1266 war Benevent Schauplatz einer berühmten Schlacht, nach deren Ausgang der siegreiche Karl I. von Anjou, von Papst Urban IV. um Hilfe gerufen, anstelle des in der Schlacht gefallenen Staufers Manfred König von Sizilien wurde.

Teatro Romano ⓥ - *Eingang bei der Via Port'Arsa, links von der Kirche Santa Maria della Verità.* Das römische Theater, eines der größten noch erhaltenen Theater, wurde im 2. Jh. n. Chr. unter Hadrian erbaut und unter Caracalla erweitert. Im Sommer finden hier Theater-, Tanz- und Opernvorführungen statt.

Die Piazza Duomo wird von der Kathedrale beherrscht, die bei den Bombenangriffen 1943 stark beschädigt wurde (vom ursprünglichen Bau sind nur noch die Fassade und der gewaltige Glockenturm, beide aus dem 13. Jh., erhalten). Von hier gelangt man zum **Corso Garibaldi**, wo sich die bedeutendsten Denkmäler der Stadtgeschichte befinden, z. B. der **ägyptische Obelisk** aus dem Isistempel (88 n. Chr.).

Ägyptische Hexen

Im 1. Jh. n. Chr. ist Benevent eines der wichtigsten Zentren der Isis-Verehrung, die bis zum 6. Jh. eine Blütezeit erlebt. Nach der Ankunft der Langobarden erweisen sich die magischen und geheimnisvollen Rituale als unvereinbar mit dem Christentum. Die Gläubigen sollen sich aber weiterhin außerhalb der Stadt, bei einem Nußbaum im Tal des Flusses Sabato, zu ihren feierlichen Riten versammelt haben. Dies sei der Ursprung der Mythen um den Hexensabbat und die Hexen von Benevent gewesen, denen der hl. Barbato im 7. Jh. durch Fällen des Nußbaums ein Ende gesetzt haben soll. Ein berühmter Likör, *Strega* (Hexe), den Guiseppe Alberti, der Begründer des gleichnamigen Literaturpreises, im Jahre 1861 herstellte, hält die Erinnerung an diese Legende wach.

★★ **Arco di Traiano (Trajansbogen)** - *Vom Corso Garibaldi links in die Via Traiano einbiegen.* Die Porta Aurea, der am besten erhaltene Triumphbogen in Italien, wurde 114 n. Chr. zu Ehren des Kaisers Trajan errichtet, der Benevent zu einer unumgänglichen Station auf dem Weg nach Apulien machte. Der Trajansbogen ist mit Skulpturen von hohem künstlerischem Wert zur Verherrlichung des Kaisers verziert: Auf der zur Stadt gewandten Seite sind friedliche Szenen dargestellt, die der Stadt abgewandte Seite zeigt Kriegsparolen und Szenen aus dem Leben in den Provinzen.

Santa Sofia ⓥ - *Piazza Matteotti.* Diese Kirche aus dem 8. Jh. wurde im 17. Jh. wiederaufgebaut. Im Inneren erkennt man ihren erstaunlichen Grundriß mit einem zentralen Sechseck, das in einer zehneckigen und halb sternförmigen Struktur enthalten ist.
In den Apsiden befinden sich Reste von Fresken aus dem 8. Jh. Im Nebengebäude des **Kreuzgangs**★ (12. Jh.) mit schönen Säulen und Arkaden im maurischen Stil ist das **Museo del Sannio**★ ⓥ untergebracht. Es beherbergt bedeutende archäologische Sammlungen und Gemälde der neapolitanischen Schule.

Am Ende des Corso Garibaldi (Piazza IV Novembre) erhebt sich das strenge **Kastell Rocca dei Rettori**, das im 14. Jh. auf den Überresten einer langobardischen Festung errichtet wurde.

Auf der Karte der "Ferienorte" am Anfang dieses Reiseführers finden Sie Städte und kleinere Orte, die sich besonders gut für einen Aufenthalt eignen; sei es
- *für ein Wochenende*
- *für die Übernachtung auf der Durchreise*
- *als Ferienort*
- *als Seebad, Jachthafen oder Kurort.*

BERGAMO★★

Lombardei

117 619 Einwohner

Michelin-Karte Nr. Falte 988 Falte 3 oder Nr. 428 E 10/11

Bergamo, eine der größten Städte der Lombardei, liegt am Rande der lombardischen Ebene, am Ende des Brembana- und Serianatals. Bergamo ist nicht nur ein wichtiges Industrie- und Handelszentrum, sondern auch eine Kunststadt mit großer Tradition. Sie besteht aus der **Unterstadt**, modern und großzügig angelegt, und der altertümlichen, beschaulichen **Oberstadt**, die mit ihren vielen alten Bauten, Denkmälern und Bäckereien, in deren Schaufenstern die typischen kleinen gelben Kuchen (*„polenta e osei"*) ausgestellt sind, sehr malerisch wirkt.

Von der römischen Siedlung zur venezianischen Herrschaft – Etwa um 1200 v. Chr. läßt sich der Volksstamm der Ligurer an der Stelle der heutigen Altstadt nieder. Um 550 erobern die Kelten die Stadt und geben ihr den Namen *Berghem*. Die Römer, ab 196 v. Chr. Herrscher in dieser Stadt, ändern diesen Namen in *Bergomum* um. Nach der Zerstörung durch die Goten folgt im 6. Jh. eine friedliche Periode unter den Langobarden, vornehmlich unter der Herrschaft der Königin Theodolinde.
Vom 11. bis 13. Jh. ist Bergamo ein freier Stadtstaat, der im Kampf gegen Friedrich Barbarossa in den Lombardischen Bund *(s. Einleitung, Aus der Geschichte)* eintritt. Die Guelfen (Anhänger des Papstes) und die Ghibellinen (Anhänger des Kaisers) stehen sich bei Bergamo gegenüber und spalten die Stadt in zwei Lager.
Unter der Herrschaft von **Bartolomeo Colleoni** (1400-1475) fällt Bergamo nacheinander an die Visconti von Mailand und an die Republik Venedig, denen der berühmte Condottiere seine Dienste zur Verfügung stellt, und schließlich endgültig an Venedig, die Serenissima.
Ab 1814 gehört Bergamo zu Österreich, wird aber von Garibaldi 1859 befreit.

Bergamo und seine Maler – Neben der einheimischen Künstlergruppe aus der Gegend von Bergamo, wie Previtali, Moroni, Cariani, Baschenis, Fra Galgario ..., arbeiteten hier auch viele andere Maler; Lorenzo Lotto, Giovanni da Campione und Amadeo sind besonders zu erwähnen.

Scapino　Pantalone　Fracassa　Pulcinella　Scaramuz　Mezzetino

Masken und Bergamasken – In Bergamo entstand im 16. Jh. die **Commedia dell'arte** (Stegreifkomödie). Hierbei wird der Stoff der Improvisation, oder *„imbroglio"* (Verwicklung), mit dem *„scenario"*, der Handlungsverlauf und Szenenfolge bestimmt, vorher festgelegt. Die *„lazzi"*, Späße und Possen, verbinden die einzelnen Szenen, die, je nach dem Typ, von immer gleich kostümierten Personen ausgeführt werden. Da gibt es den Diener (Harlekin, *Arlecchino*) aus dem Brembanatal, der zwar schwerfällig, aber doch listig ist; den Prahlhans *(Pulcinella)*, die Kammerzofe *(Colombina)*, den jugendlichen Liebhaber *(Pierrot)*, den Schurken *(Scapino)*, den Haudegen (*Fracassa* oder *Scaramuz*), den komischen Alten *(Pantalone)* und den Musikanten *(Mezzetino)*. Diese Theaterform, deren Karikaturen oftmals ins Triviale gleiten, hatte im 17. und 18. Jh. einen bemerkenswerten Einfluß auf die französische Komödie.
Bergamo ist auch die Geburtsstadt des Opernkomponisten Gaetano Donizetti (1797-1848). Die volkstümliche Musik hat in Bergamo eine lange Tradition und wird in Form der Bergamaske, eines schnellen fröhlichen Volkstanzes, weitergepflegt. Begleitet wird dieser Tanz von den *Pifferi*, kleinen Querpfeifen aus Schilfrohr.

★★★ CITTÀ ALTA (OBERSTADT) (ABY) – *Für den Autoverkehr gesperrt – Besichtigung: 3 Std.*

Man kann mit dem Auto in die Oberstadt hinauffahren *(es gibt dort zwei Parkplätze)*, oder man nimmt, als Alternative, die Standseilbahn *(Station an der Viale Vittorio Emanuele II.)*, die direkt auf die malerische **Piazza del Mercato delle Scarpe** (Schuhmarkt) (**BY 38**) führt.

★ **Piazza Vecchia** (**AY**) – Dieser Platz ist der Mittelpunkt der Altstadt. Der **Palazzo della Ragione** (**C**), das älteste Rathaus in Italien, stammt aus dem Jahre 1199, wurde aber im 16. Jh. erneuert: Arkaden und Fenster mit Kleeblattbogen sowie der Markuslöwe über der Loggia (Symbol der venezianischen Herrschaft) kamen hinzu.

Eine gedeckte Treppe (14. Jh.) führt hinauf zum **Turm** ⓥ (**D**) (12. Jh.) mit der großen Turmuhr aus dem 15. Jh.
Gegenüber liegt der **Palazzo Scamozziano** (**E**) im Stil des Architekten Palladio. Der Brunnen auf dem Platz wurde 1780 vom Dogen von Venedig, Alvise Contarini, gestiftet.

EIN KLEINES GASTHAUS IN DER OBERSTADT

Das **Baretto di San Vigilio** ist ein kleines, freundliches Café-Restaurant direkt neben der Station der Standseilbahn, das traditionelle und auch ausgefallenere Gerichte serviert.

★★ **Piazza del Duomo** (**AY**) - Dieser romantische kleine Platz, der durch den Laubengang des Palazzo della Ragione mit der Piazza Vecchia verbunden ist, ist von prächtigen Bauten umgeben.

★★ **Cappella Colleoni** ⓥ (**AY**) - **Amadeo**, der Baumeister der Kartause von Pavia, schuf 1470-1476 diesen reich verzierten Renaissancebau im lombardischen Stil, der als Mausoleum für den Condottiere Bartolomeo Colleoni dienen sollte. Der Condottiere ließ sie am Ort der Sakristei Santa Maria Maggiore bauen. Die Grabkapelle wurde in die Seite der Basilika eingefügt.
Das Hauptgebäude trägt eine Kuppel; es lehnt an die nördliche Vorhalle der Kirche, die geschickt als Gegenstück zum Altarraum der Kapelle (mit eigener Kuppel) genutzt wird. Die elegante **Fassade** mit ihrer heiter wirkenden Dekoration ist mit Mustern in mehrfarbigem Marmor und mit grazilen Skulpturen geradezu überzogen: Putti, kleine kannelierte und gedrehte Säulen, Wandpfeiler, die mit Reliefs verziert sind, Vasen und Kandelaber, Medaillons und Flachreliefs, die in der für diese Zeit typischen Weise sakrale und profane Elemente miteinander verbinden: Allegorien, Szenen aus dem Alten Testament, berühmte Personen aus der Antike und die Sage von Herkules - mit dem sich der Condottiere gern identifizierte - werden dargestellt.
Das prunkvolle Innere ist mit Flachreliefs von außerordentlicher Feinheit, einem Deckenfresko von Tiepolo (eine Allegorie) und einem **Chorgestühl** mit Einlegearbeiten aus der Renaissance geschmückt.
Über dem **Grabmal des Colleoni**, das von Amadeo stammt, erhebt sich das Reiterstandbild des Condottiere aus vergoldetem Holz. Auf den Sarkophagen sind Szenen aus dem Neuen Testament eingemeißelt und in den Nischen Statuetten der Tugenden aufgestellt. Zwischen den beiden Sarkophagen erkennt man die Porträts der Kinder des Condottiere. Seine Lieblingstochter Medea, die im Alter von 15 Jahren gestorben ist, ruht neben ihm *(links)* in einem schönen Grabmal von einer zarten Reinheit, ebenfalls ein Werk von Amadeo (1482).

★ **Santa Maria Maggiore** ⓥ (**AY**) - Die Kirche stammt aus dem 12. Jh., wurde aber von Giovanni da Campione durch die schönen **Vorhallen** und die Löwenskulpturen in lombardischer Romanik (14. Jh.) an der Nord- und der Südseite verändert.
Der Innenraum mit Stuck- und Golddekorationen geht auf das Barock zurück (Ende 16.-Anfang 17. Jh.). An den Wänden der Seitenschiffe und des Chorraums sind neun prächtige **Wandteppiche**★★ florentinischer Herkunft (1580-1586) zu bewundern, die mit feinen Zeichnungen nach Entwürfen von Alessandro Allori geschaffen wurden und das Leben der Jungfrau Maria erzählen.
Die hintere Wand des Kirchenschiffs schmückt eine prächtige **Tapisserie**★★ (Kreuzigung) aus Antwerpener Werkstätten (1696-1698), nach Entwürfen von L. van Schoor. In diesem Teil der Kirche befindet sich auch das Grab des Komponisten Gaetano Donizetti (1797-1848).
Beachtung verdienen im linken Seitenschiff der barocke Beichtstuhl aus dem 18. Jh. und die vier schönen **Tafeln**★★ mit Einlegearbeiten in der Brüstung des Chorraums. Die Szenen aus dem Alten Testament wurden Anfang des 16. Jh.s nach Zeichnungen von Lorenzo Lotto gefertigt.
Man verläßt die Kirche zur Piazza di Santa Maria Maggiore hin, um das Südportal (14. Jh.) zu bewundern sowie den reizenden kleinen **Tempietto di Santa Croce** (**AY**), der um das Jahr 1000 im frühromanischen Stil mit einem Vierpaß als Grundriß erbaut wurde.
Zur Piazza del Duomo gelangt man, indem man um die **Apsis**★ der Kirche herumgeht, deren Chorkapellen mit grazilen Arkaden verziert sind.

★ **Battistero (Taufkapelle)** (**AY B**) - Den reizvollen achteckigen Bau umkränzt eine Galerie aus rotem Veroneser Marmor. Diese ist mit kleinen Säulen und allegorischen Statuen der Tugenden verziert (14. Jh.) und wurde von Giovanni da Campione 1340 erbaut.
Die heutige Kapelle ist allerdings eine Rekonstruktion dieses Werks. Ursprünglich stand es an der Rückseite des Hauptschiffs von Santa Maria Maggiore. Da man dies jedoch als platzraubend empfand, wurde das Baptisterium 1660 zerstört und 1898 an der jetzigen Stelle wieder errichtet.

BERGAMO

Belotti (Largo Bortolo) .... BZ 3
Borgo Palazzo (Via) ..... CZ 6
Botta (Via Carlo) .... BZ 7
Camozzi (Via) .... BCZ
Cesare (Viale Giulio) ..... CY 13
Colleoni (Via B.) .... AY
Conca d'Oro (Galleria) ... AY 16
Dante (Piazza) .... BZ 17
Donizetti (Via G.) .... AY 19
Fantoni (Via A.) .... CZ 23
Giovanni XXIII (Viale) .... BZ 24
Gombito (Via) .... AY 27
Lazzaretto (Via) .... CY 28
Libertà (Piazza della) .... BZ 30
Lupi (Via Brigata) .... BZ 32
Mercato delle Scarpe (Piazza) .... BY 38
Monte Ortigara (Via) .... BY 42
Mura di S. Agostino (Viale delle) .... BY 45
Mura di S. Grata .... AY 47
Muraine (Viale) .... CY 49
Orelli (Via) .... AZ 53
Partigiani (Via dei) .... BZ 56
Petrarca (Via) .... BZ 57
Pradello (Via) .... BZ 60
Previtali (Via Andrea) ..... AZ 62

Città Alta: eingeschränkter Autoverkehr

Tempietto di Santa Croce .... AY A
Battistero .... AY B
Palazzo della Ragione .... AY C
Torre .... AY D

S. Alessandro (Via) . . . . AZ
S. Vigilio (Via) . . . . AY 66
S. Lucia (Via) . . . . AY 67
Sauro (Via N.) . . . . CY 69
Scuri (Via E.) . . . . AZ 73
Spaventa (Via S.) . . . . BZ 74
Tasca (Via) . . . . AZ 76
Tasso (Via T.) . . . . BCZ
Vittorio Veneto (Piazza) . . . . . . BZ 80
Zambianchi (Via E.) . . . . BY 82
Zelasco (Via G. e R.) . . . . BZ 83
Zendrini (Via B.) . . . . AZ 84
20 Settembre (Via) . . . . BZ

Palazzo Scamozziano . . AY E
Teatro Donizetti . . . . . . BZ T

Duomo (**AY**) – Der **Dom** besitzt eine reiche Innenausstattung aus dem 18. Jh. mit herrlichem barockem Chorgestühl, das von den Sanzi geschaffen wurde.

Via Bartolomeo Colleoni ⓥ (**AY**) – In dieser Straße mit den alten Häusern wohnte einst in Nr. 9 und 11 der Condottiere Colleoni (Fresken zum Ruhme des Condottiere).

Rocca (**BY**) – Die **Zitadelle** entstand im 14. Jh., wurde aber von den Venezianern umgebaut. Von oben bietet sich ein schöner **Blick**★ auf die beiden Stadtteile Bergamos.

★ CITTÀ BASSA (UNTERSTADT)

Besichtigung: 1 1/2 Std.

Die Gemäldegalerie Akademie Carrara liegt inmitten von malerischen Straßen, während das Geschäftszentrum bei der Piazza Matteotti modern und großzügig angelegt ist.

★★ **Accademia Carrara** ⓥ (**CY**) – In dem neoklassizistischen Bau befindet sich eine bedeutende Gemäldesammlung mit Werken von italienischen und ausländischen Malern des 15.-18. Jh.s. Neben den Meisterwerken des frühen 15. Jh.s, die noch den Idealen der Internationalen Gotik entsprechen, befinden sich in der Gemäldesammlung auch zwei berühmte Porträts: **Giuliano de' Medici**, von Botticelli im Profil dargestellt, sowie ein feines Porträt des **Lionello d'Este** von Pisanello.

Es folgen Werke aus der venezianischen Schule, von den Vivarini, von Carlo Crivelli und Giovanni Bellini (sanfte Madonnen mit nachdenklichem Gesichtsausdruck, ähnlich denen seines Schwagers Mantegna), von Gentile Bellini (überzeichnete und bissige Porträts), Carpaccio *(Porträt des Dogen Leonardo Loredan)* und nicht zuletzt von Lorenzo Lotto.

Vom ausgehenden 15. Jh. und frühen 16. Jh. sind außerdem Werke vorhanden von Cosimo (Cosmè) Tura, der als führender Vertreter der Schule von Ferrara *(Jungfrau mit Kind)* unter dem Einfluß der flämischen Kunst einen stark zeichnerischen Stil von origineller Schärfe entwickelte, von dem lombardischen Maler Bergognone und von Previtali aus Bergamo.

Das 16. Jh. ist mit Werken des Venezianers Lorenzo Lotto (darunter die berühmte ***Heilige Familie mit der hl. Katharina von Siena***) und des einheimischen Malers Cariani, eines hervorragenden Porträtisten, vertreten. Ergänzt wird dies noch mit Gemälden der venezianischen Meister Tizian und Tintoretto. Raffael beeinflußte mit seinen zarten Zeichnungen und seiner Farbgebung Garofalo (Benvenuto Tisi), der auch „Raffael von Ferrara" genannt wird. Der Piemontese Gaudenzio Ferrari und Bernardino Luini, der Hauptvertreter der Renaissance in der Lombardei, stehen hingegen unter dem Einfluß von Leonardo da Vinci. Die **Porträtabteilung** zeigt viele Beispiele dieser Kunst: von der Schule von Ferrara, die im 16. Jh. auf dieses Gebiet spezialisiert war, bis hin zu Moroni aus Bergamo (1523-1578).

Unter den nicht-italienischen Künstlern sind vor allem Clouet *(Porträt Ludwigs von Kleve)* und Dürer zu erwähnen.

Die Schule von Bergamo des 17. und 18. Jh.s ist mit Werken von Baschenis (1617-1677) und ausgezeichneten Porträts von Fra Galgario (1655-1743) vertreten. Aus der Sammlung der flämisch-niederländischen Schule des 17. Jh.s (Rubens, van Dyck, Brueghel) sticht ein Seestück von van Goyen hervor. Den Abschluß des Rundgangs bildet die venezianische Malerei des 18. Jh.s: Interieurs von Pietro Longhi, „Ansichten" von Carlevarijs, Bernardo Bellotto, Canaletto und Francesco Guardi.

★ **Altes Stadtviertel** - Es erstreckt sich an der **Via Pignolo**★ (**BCYZ**), die kurvenreich an alten, vor allem aus dem 16. und 18. Jh. stammenden Palästen und Kirchen mit zahlreichen Kunstwerken vorbeiführt. Zu diesen Kirchen gehört **San Bernardino** (**CY**), mit einer schönen ***Thronenden Madonna mit Heiligen***★, die sich über dem Altar befindet und 1521 von Lorenzo Lotto geschaffen wurde (achten Sie auf die Farbgebung und die Kombination des leuchtend roten Gewandes von Maria mit dem dunkelgrünen Stoff der Engel). Ein zweites Beispiel ist die Kirche **Santo Spirito** (**CZ**), mit einer Darstellung von *Johannes dem Täufer* in einer Gruppe von Heiligen, einem Polyptychon von Previtali, einem von Bergognone ausgeführten Polyptychon mit der Jungfrau Maria sowie mit einer *Maria mit dem Kind* von L. Lotto.

★ **Piazza Matteotti** (**BZ**) - Dieser riesige Platz liegt mitten im Zentrum des modernen Bergamo. Am Platz entlang führt der **Sentierone**, die bevorzugte Promenade der Einwohner. Auf dem Platz befinden sich das **Teatro Donizetti** (**T**) und die **Kirche S. Bartolomeo** mit dem **Martinengo-Retabel**★ von Lorenzo Lotto, auf dem eine Madonna mit Heiligen dargestellt ist.

UMGEBUNG

★ **Museo del Presepio (Krippen-Museum)** ⌚ - *in Brembo di Dalmine, 8 km südwestlich von Bergamo.* Unschätzbare Sammlung von ungefähr 800 Krippen aus den verschiedensten Materialien, der unterschiedlichsten Herkunft und in den mannigfaltigsten Größen. Die Sammlung zeichnet sich durch ihre Vielfalt aus - von der winzigen Krippe im Innern einer Nußschale bis zur großen neapolitanischen Krippe aus dem 18. Jh. mit ihren bilderreichen Straßenszenen. Bemerkenswert ist auch die elektronische Krippe, die biblische Szenen aus der Weihnacht präsentiert.

★ **Val Brembana** - *25 km nördlich.* Bergamo auf der Straße S 470 verlassen, die zuerst durch ein Tal mit Industrieansiedlungen führt. Später erscheinen eigenartige zweifarbige Kalksteinschichten. Der bedeutende Thermalkurort **San Pellegrino Terme**⚕⚕ liegt inmitten einer malerischen Gebirgslandschaft.

BOLOGNA★★

Emilia-Romagna

403 397 Einwohner

Michelin-Karte Nr. 988 Falten 14, 15 oder Nr. 429, 430 I 15/16

Plan Bologna und Umgebung im Michelin-Hotelführer ITALIA

Bologna, gemeinhin als die gelehrte, reiche und rote Stadt bekannt, verstand sich von jeher als anti-aristokratisch und an der Gemeinschaft orientiert, was sich im Laufe ihrer außergewöhnlichen Geschichte sowohl durch die Taten Einzelner wie auch durch eine Identität als Einheit ausdrückte. Das historische Stadtzentrum ist in seiner harmonischen Gestaltung ein beredtes und einzigartiges Zeugnis des Gemeinsinns der Stadt.

Das Attribut „gelehrt" oder vielmehr „wissenschaftlich" steht Bologna vor allem auf Grund seiner berühmten Universität zu, neben der Sorbonne in Paris die älteste in Europa, die sich im Gegensatz zur Pariser „Universität der Professoren" als „Universität der Studenten" versteht, d. h. sie wird von den Studenten selbst verwaltet. Im Mittelalter war Paris die Wiege der Theologie, während Bologna als Zentrum der Rechtswissenschaften galt, das bei dem Investiturstreit zwischen dem Kaiser und dem Papst als Richter fungierte.

Das „reiche Bologna" ist eine Anspielung auf die Fülle von landwirtschaftlichen Erzeugnissen und auf die gastronomische Vielfalt in der Stadt, die sie zum kulinarischen Tempel der italienischen Gastronomie machen.

Bologna, die „rote Stadt": der Name, der mit der Zeit auch einen eindeutig politischen Beiklang erhalten hat, stand ursprünglich für die rote Farbe der Gebäude, Türme und der insgesamt 37 km langen Laubengänge, unter denen sich das geschäftige, aber nicht hektische Leben der Stadt abspielt, die für das Jahr 2000 zur europäischen Kulturstadt erhoben wurde.

AUS KUNST UND GESCHICHTE

Das etruskische *Felsina* wurde im 4. Jh. v. Chr. von dem keltischen Stamm der Bojer erobert, die ihrerseits im Jahre 190 v. Chr. von den Römern verjagt wurden. Das römische *Bononia* wurde dann von den Langobarden zerstört und blühte erst im 12. Jh. wieder auf.

Unter der Herrschaft eines freien Stadtparlaments begann im darauffolgenden Jahrhundert der Aufstieg Bolognas. In dieser Zeit wurden eine Stadtmauer, die Türme, zahlreiche Paläste und Kirchen errichtet. Durch den guten Ruf der Universität, an der man das Römische Recht lehrte, wurde Bologna über die Grenzen Italiens hinaus bekannt.

Im Kampf zwischen Ghibellinen (Anhänger des Kaisers) und Guelfen (Befürworter der freien Stadtstaaten) siegten die letzteren in der Schlacht von Fossalta (1249) über das Heer Friedrichs II.; Enzio, der Sohn des Kaisers, wurde gefangengenommen und starb 23 Jahre später in Bologna.

Nach Abschluß der heftigen Kämpfe zwischen den Familien Bolognas wurde die Stadt im 15. Jh. von dem einflußreichen Adelsgeschlecht der **Bentivoglio** regiert. Unter Giovanni II. Bentivoglio erfolgte in Bologna die Öffnung des geistigen Lebens zum Humanismus und der toskanischen Renaissance.

Im Jahre 1506 wurden die Bentivoglio von Papst **Julius II.** abgelöst; bis zur Napoleonischen Zeit blieb die Stadt beim Kirchenstaat.

Nach mehreren Volksaufständen, die von den Österreichern immer wieder niedergeschlagen wurden, schloß sich Bologna 1860 Piemont und damit dem Königreich Italien an.

Bologna ist die Geburtsstadt von Papst Gregor XIII., der durch die Kalenderreform (Gregorianischer Kalender) bekannt wurde (1582), von Papst Gregor XV. (17. Jh.) und Papst Benedikt XIV. (18. Jh.).

1530 zwang Karl V. nach seinem Sieg über Franz I. von Frankreich und dem Sacco di Roma Papst Klemens VII. dazu, ihn in der Kirche San Petronio in Bologna zu krönen.

Die Malerei-Schule von Bologna – Darunter versteht man die Reaktion auf die Übertreibungen des toskanischen Manierismus. Die Hauptvertreter sind die Brüder Agostino (1557-1602) und Annibale (1560-1609) sowie ihr Vetter Lodovico **Carracci**, die in ihrer Heimatstadt die Akademie der „Incamminati" gegründet hatten. Sie vertrat eine „klassischere" Bildkomposition, ein unmittelbares Studium der Natur und eine natürlichere Malkunst, die eine einfache und innige Religiosität zum Ausdruck bringen sollte. Zahlreiche Maler, insbesondere die aus Bologna stammenden Albani, Guercino, Domenichino und Guido Reni, schlossen sich ihr an. Als Annibale Carracci 1595 nach Rom in den Dienst der Farnese berufen wird, schafft er mit seinen Fresken im Palazzo Farnese ein von Bewegtheit und illusionistischer Malerei gezeichnetes Kunstwerk, das bereits den Barock vorwegnimmt.

BOLOGNA ERLEBEN

Auto, Eisenbahn oder Flugzeug?

Eine günstige geographische Lage und ein hervorragender Anschluß an das Fernstraßennetz machen die Stadt Bologna leicht erreichbar, ob mit Auto, Zug oder Flugzeug.

Mit dem Auto – Bologna liegt 100 km von Florenz, 200 km von Mailand und 150 km von Venedig entfernt und ist ein wichtiger Verkehrsknotenpunkt mit allgemein hohem Verkehrsaufkommen. Will man längere Zeit in der Stadt verbringen, ist es ratsam, auf den Wagen zu verzichten und auf andere Verkehrsmittel umzusteigen, allein schon, um damit die leidigen Parkprobleme zu vermeiden.

Mit dem Zug – Der Bahnhof liegt am äußersten Ende der Via dell'Indipendenza an der Piazza Medaglie d'Oro. Auskünfte erhalten Sie unter ☎ (0147) 88 80 88 (von 7 bis 21 Uhr). Ein Flughafenbus (siehe weiter unten) verkehrt zwischen dem Bahnhof und dem Flughafen Guglielmo Marconi. Die Buslinien Nr. 17, 25, 30 und 37 fahren zur Piazza Maggiore im Zentrum.

Mit dem Flugzeug – Der Flughafen Guglielmo Marconi liegt 6 km nordwestlich der Stadt in Borgo Panigale, ☎ (051) 64 79 615. Er wird von den wichtigsten italienischen und internationalen Fluggesellschaften angeflogen. Verbindungen bestehen z. B. nach Amsterdam, Barcelona, Brüssel, Frankfurt, Lissabon, London, Paris, Prag, Wien und Zürich.

Flughafenbus – Mit ihm gelangt man recht schnell zum Flughafen bzw. in die Innenstadt, zum Bahnhof oder ins Messeviertel. Er verkehrt von 6.30 bis 19 Uhr alle 30 Minuten. Für die gesamte Strecke beträgt der Fahrpreis 7 000 L, einschließlich Gepäck, für eine Teilstrecke 3 500 L. Die Fahrt vom Flughafen zum Bahnhof dauert etwa 20 bis 25 Minuten. Fahrkarten erhält man in den Verkaufsstellen des ATC, an Fahrkartenautomaten oder beim Fahrer.

Städtische Verkehrsmittel – Bologna verfügt über ein gut ausgebautes öffentliches Verkehrsnetz; Auskünfte unter ☎ (051) 29 02 90. Fahrkarten erhält man in den Verkaufsstellen des ATC sowie an Fahrkartenautomaten und sonstigen offiziellen Verkaufsstellen. Für abends oder an Feiertagen sollte man ein paar Fahrkarten im voraus haben, da viele Verkaufsstellen zu dieser Zeit geschlossen sind. Es gibt verschiedene Fahrkarten: der City Pass (10 000 L) gilt für 7 Fahrten (jeweils 60 Minuten tagsüber und 70 Minuten von 20.30 bis 6.30 Uhr) und ist übertragbar; das Tagesticket (6 000 L) ist ab der Entwertung 24 Stunden lang gültig; der Einzelfahrschein (1 800 L) ist tagsüber 60 Minuten und zwischen 20.30 und 6.30 Uhr 70 Minuten gültig.

Funktaxi – Taxibestellungen bei CO.TA.BO (Cooperativa Taxista Bolognesi) ☎ (051) 37 27 27 oder C.A.T. (Consorzio Autonomo Taxisti) ☎ (051) 53 41 41.

Nützliche Informationen

Telefonnummern

Medizinischer Bereitschaftsdienst ☎ (051) 33 33 33
Italienisches Rotes Kreuz ☎ (051) 23 45 67
Carabinieri (Polizei) ☎ (051) 20 21 11
Verkehrspolizei ☎ (051) 52 69 11

Autovermietung

AVIS ☎ (051) 25 50 24
HERTZ ☎ (051) 25 48 30 oder (051) 25 48 52
MAGGIORE ☎ (051) 25 25 25

Nacht-Apotheke- Comunale, Piazzo Maggiore 6, ☎ (051) 23 85 09.

Abends geöffnete Buchhandlung – RIZZOLI, *Via dei Mille 10*, ☎ (051) 24 03 02 (bis 3.00 Uhr).

Abends geöffnete Kioske – *Via Marconi 1* (geöffnet bis 2.00 Uhr) und *Via Riva Reno 100* (bis 2.00 Uhr).

Übernachten in Bologna

Eine vollständige Auflistung aller Hotels in Bologna finden Sie im aktuellen roten Michelin-Hotelführer ITALIA. Die nachfolgend aufgeführten Adressen wurden wegen ihres hervorragenden Preis-Leistungsverhältnisses, ihrer günstigen Lage oder ihrer besonderen Atmosphäre ausgesucht. Die Einteilung erfolgte nach drei Preisklassen für ein Doppelzimmer und innerhalb der

Preisklasse in alphabetischer Reihenfolge (siehe Stadtplan für die genaue Lage). Beachten Sie, daß zahlreiche Hotels ihre Preise an Feiertagen oder bei Festlichkeiten erhöhen. Es ist daher angebracht, sich die Preise telefonisch bestätigen zu lassen und lange im voraus zu reservieren. Dies gilt besonders für die Häuser der unteren Preisklasse, die sehr schnell ausgebucht sind.

Zu den Hotel- und Preiskategorien siehe S. 478

„GUT & PREISWERT"

Einige der in dieser Preiskategorie aufgeführten Hotels bieten auch Zimmer ohne Bad an; diese sind um ca. 20 bis 30 % billiger.

Albergo Accademia (ET ⓐ) – *Via delle Belle Arti 6. ☏ (051) 23 23 18, Fax (051) 56 35 90. 28 Zimmer. Kreditkarten werden akzeptiert.* Die Zimmer sind modern und praktisch eingerichtet, manche ohne Bad. Die Preise sind für diese Preisklasse etwas teuer, dafür ist das Frühstück inbegriffen. Parkplatz (gebührenpflichtig), ein nicht zu verachtender Vorteil in der Altstadt Bolognas.

Albergo centrale (DT ⓢ) – *Via della Zecca 2. ☏ (051) 22 51 14, Fax (051) 23 51 62. 20 Zimmer. Kreditkarten werden akzeptiert.* Das Hotel ist in den beiden obersten Stockwerken (kein Aufzug) eines alten Palazzo untergebracht und besitzt geräumige und angenehme Zimmer, fast alle mit Bad. Manche haben sogar Klimaanlage. In Zimmer Nr. 9 stehen noch original Art-déco-Möbel.

Albergo San Vitale – *Via San Vitale 94 (außerhalb des Plans). ☏ (051) 22 59 66, Fax (051) 23 93 96. 17 Zimmer. Kreditkarten werden – wenn auch ungern – akzeptiert.* Das vor allem in den Gemeinschaftsräumen sehr ansprechende und gepflegte Hotel ist ein umgebautes Kloster. Eines der Zimmer geht auf den Klostergarten hinaus. Die einfachen, aber bequemen Zimmer verteilen sich auf drei Stockwerke (kein Aufzug) und verfügen alle über ein Bad. Exzellentes Preis-Leistungsverhältnis.

Albergo Villa Azzura – *Viale Felsina 49 (außerhalb des Plans, ca. 5 km östlich der Altstadt über die Strada Maggiore). ☏ (051) 53 54 60, Fax (051) 53 13 46. Keine Kreditkarten.* Eine ausgezeichnete Unterkunft für motorisierte Besucher (Anfahrt über die Tangenziale, Ausfahrt 11 oder 11 bis), die ein wenig Ruhe suchen und deshalb nicht im Stadtzentrum wohnen möchten. Diese umgebaute elegante Villa liegt in einem schönen Garten und besitzt geräumige und geschmackvoll eingerichtete Zimmer mit Bad (im zweiten Stock sind es Mansardenzimmer mit Klimaanlage). Kostenloser Parkplatz. Der Bus (Nr. 37 und 25) fährt in 20 Minuten in die Stadtmitte.

„UNSERE EMPFEHLUNG"

Orologio (DU ⓧ) – *Via IV Novembre 10. ☏ (051) 23 12 53, Fax (051) 26 05 52. Etwa 30 Zimmer. Kreditkarten werden akzeptiert.* Das Hotel liegt mitten in der Altstadt. Die Zimmer sind komfortabel eingerichtet, sauber und mit Klimaanlage. Herrliche Aussicht auf die alten Palazzi und andere historische Gebäude der Stadt.

„SPITZENKATEGORIE"

Gd. H. Baglioni (DET ⓔ) – *Via dell'Indipendenza 8. ☏ (051) 22 54 45, Fax (051) 23 48 40. 125 Zimmer. Kreditkarten werden akzeptiert.* Die Inneneinrichtung besteht aus einer erlesenen Mischung aus modernstem Komfort und elegantem alten Mobiliar. Die Zimmer sind selbstverständlich alle klimatisiert und genügen höchsten Ansprüchen.

Corona d'Oro 1890 (ET ⓡ) – *Via Oberdan 12. ☏ (051) 23 64 56, Fax (051) 26 26 79. 35 Zimmer. Kreditkarten werden akzeptiert.* Das Hotel – klein aber fein – wurde 1890 gegründet, in einem mit Backsteinen verkleideten Gebäude aus dem 14. Jh. Die Decken schmücken Fresken aus dem 15. und 16. Jh., und die Eingangshalle ist im Jugendstil gehalten. Das Frühstück wird in einem wunderschönen Wintergarten serviert. Alle Zimmer sind klimatisiert.

Gaumenfreuden

L'Anatra e L'Arancia *(in der Nähe von San Domenico) – Via Rolandino 1/2. ☏ (051) 22 55 05.* Restaurant mit Tagesgericht zum Mittagessen.

Da Bertino – *Via delle Lame 55. ☏ (051) 52 22 30. Geschlossen: Sonntags, Samstags vom 20. Juni bis Ende Juli, Montagabend während der übrigen Monate, 1. Januar sowie vom 4. bis 31. August und am 25. Dez.* Die alte Trattoria bietet Spezialitäten aus Bologna.

Gigina *(außerhalb des Plans, ca. 4 km nördlich des Stadtzentrums) – Via Stendhal 1. ☏ (051) 32 21 32.* Geschlossen: *Samstags sowie vom 1. bis 22. August.* Traditionelle Gerichte in familiärem Rahmen.

Teresina – *Via Oberdan 4. ☏ (051) 22 89 85. Geschlossen: Sonntags sowie 5. bis 23. August.* Gehobene Speisekarte und im Sommer reiche Aperitifauswahl. Reservierung empfohlen.

FÜR LIEBHABER VON WEINSTUBEN

Die beiden genannten Weinstuben bieten Weinproben mit kleinem Imbiß an: **Cantina Bentivoglio**, *Via Mascarella 4b (die Via Moline gabelt sich, rechts beginnt die Via delle Belle Arti, links die Via Mascarella).* ☎ *(051) 26 54 16. Geschlossen: Mittags, Montags und Mitte August*; **Bottega del Vino Olindo Faccioli**, *Via Altabelle 15b (parallel zur Via Rizzoli, im Norden).* ☎ *(051) 22 31 71. Geschlossen: Mittags, Sonntags und im August.*

FÜR FEINSCHMECKER UND NOSTALGIKER DER BELLE EPOQUE

Paolo Atti & Figli – *Via Caprarie 7 (parallel zur Via Rizzoli, im Süden).* Legendäre Konditorei aus dem Jahr 1880, in deren Jugendstil-Räumen unter anderen Giosuè Carducci (bedeutendster italienischer Lyriker des 19. Jh.s) und der Maler Morandi zu Gast waren.

Zanarini – *Piazza Galvani 1 (gegenüber des Palazzo dell'Archiginnasio).* Ein weiteres Monument der italienischen Geschichte: das 1919 gegründete Café, das zum Stammlokal zahlreicher Künstler und Schriftsteller wurde, hat bis heute nichts von seiner Anziehungskraft eingebüßt.

★★★ HISTORISCHES ZENTRUM *Besichtigung: 1 Tag*

Die beiden zusammenliegenden Plätze **Piazza Maggiore** und **Piazza del Nettuno**★★★ bilden gemeinsam mit der **Piazza di Porta Ravegnana**★★ das Herz von Bologna und fügen sich zu einem außergewöhnlich harmonischen Gesamtbild zusammen.

★★ **Fontana del Nettuno (Neptunsbrunnen)** (**DT A**) – Die riesige Bronzefigur des muskulösen Neptun des flämischen Bildhauers Jean Bologne, genannt Giambologna, und die um ihn herum sitzenden Sirenen, die Wasser aus ihren Brüsten springen lassen, sind in ihrem Ausdruck von Stärke und Anmut ein passendes Symbol für die Stadt.

★ **Palazzo Comunale (Rathaus)** Ⓥ (**DT H**) – Die Fassade besteht aus Bauwerken verschiedener Epochen. Die linke Seite stammt aus dem 13. Jh., die rechte aus dem 15. Jh. Das große Portal am Mittelbau wurde im 16. Jh. von Galeazzo Alessi errichtet. Darüber die Statue des Papstes Gregor XIII.; links oben eine *Madonna* von Niccolo dell'Arca (1478). Unter der linken Galerie im Hof führt eine früher für die Pferde gedachte Treppe in die reich verzierten Säle im 1. Stock und weiter in den 2. Stock. Dort besichtigt man nach dem freskengeschmückten Farnese-Saal (17. Jh.) die kunstvoll dekorierten Säle, in denen die **Städtischen Kunstsammlungen** Ⓥ (Möbel-und **Gemäldesammlung**★ der Schule der Emilia aus dem 14. bis 19. Jh.) sowie das **Museo Morandi**★ Ⓥ untergebracht sind, das die umfangreichste Kollektion von Werken dieses bolognesischen Malers und Graveurs (1890-1964) besitzt. Es zeigt Gemälde, Zeichnungen, Aquarelle und Radierungen sowie eine Nachbildung des Ateliers des Künstlers und seine Sammlung antiker Kunst. Links vom Rathaus steht der **Palazzo dei Notari** (**DU B**) aus dem 14.-15. Jh.

> Ockergelb, blau, weiß, elfenbeinfarben, braun, grau... **Giorgio Morandi** (1890-1964) schöpfte in seinen Werken äußerster Sachlichkeit die gesamte Farbpalette zur Darstellung seiner nüchternen Welt aus, in der es keine Menschen gibt. Die Flaschen, Vasen, Karaffen und Fruchtschalen, Motive, die in seinen Stilleben immer wieder vorkommen, stehen wohlgeordnet und sind Piktogramme, Bilder ohne Inhalt, während die geometrisch abgemessenen Landschaften den Einfluß Cézannes verraten.

★ **Palazzo del Podestà** Ⓥ (**ET**) – Die Renaissance-Fassade dieses Baus liegt zur Piazza Maggiore hin und hat im Erdgeschoß Arkaden mit korinthischen Säulen und darüber eine Balustrade. Das Obergeschoß ist durch Pilaster gegliedert, das Attikageschoß weist Rundfenster auf. Daneben schließt sich der **Palazzo di Re Enzo** (**ET D**) aus dem 13. Jh. an. Das Gebäude hat einen schönen Innenhof, ein prächtiges Treppenhaus, das zu einer Galerie führt, und den Bürgermeistersaal. Links davon liegt ein winziger Innenhof, der vom Torre dell' Arengo überragt wird.

★★ **Basilica di San Petronio** (**DEU**) – Nach den Plänen des Antonio di Vincenzo (1340-1402) wurde 1390 mit dem Bau der riesigen Kirche begonnen, der jedoch erst im 17. Jh. mit dem Gewölbe fertiggestellt wurde. Die Fassade ist nur im unteren Teil mit Marmor verkleidet. Sie ist besonders durch ihr **Hauptportal**★★ bemerkenswert, ein Meisterwerk des Bildhauers Jacopo della Quercia aus Siena, der von 1425 bis 1438 daran arbeitete. Die Reliefs auf Gewänden, Türsturz und Pilastern sind sehr ausdrucksvoll und stellen biblische Geschichten dar.

Der überwältigende Innenraum mit weitgestellten hohen Arkaden birgt zahlreiche **Kunstschätze**★: Die 1. und vor allem die 4. Kapelle links (*Weisen aus dem Morgenland* und *Jüngstes Gericht*) sind mit erzählenden Fresken von

Giovanni da Modena spätgotisch ausgemalt (1410-1420); sehenswert sind (in der 5. Kapelle links) der *Hl. Sebastian* (Schule von Ferrara, Ende des 15. Jh.s), eine *Madonna* (1492) von Lorenzo Costa in der 7. Kapelle und das Grabmal der Schwester Napoleons, Elisa Bacciochi. Über dem Hauptaltar erhebt sich ein Baldachin von Vignola (16. Jh.). Die Orgel, rechts im Chor, ist eine der ältesten Italiens (15. Jh.).

★★ **Museo Civico Archeologico (Städtisches Archäologisches Museum)** Ⓥ (EU **M¹**) – In der Vorhalle und im Innenhof ist eine Sammlung von Steinskulpturen und im Seitenflügel eine Sammlung von Gipsfiguren ausgestellt. Im 1. Stock sind reich verzierte Grabmöbel (7. Jh. v. Chr.) aus den Gräbern des Friedhofes von Verucchio (in der Nähe von Rimini), einem bedeutenden Zentrum der keltischen Villanova-Kultur in der Emilia, zu sehen. Aus dieser Zivilisation stammt auch das **askos Benacci**, das wahrscheinlich als Gefäß zur Verwahrung von Salben und Parfums diente. Das Museum verfügt darüber hinaus über eine frühgeschichtliche, eine ägyptische, eine griechisch-römische (schöne Kopie des ***Kopfes der Athena Lemnia*** nach Phidias) und eine etruskische Abteilung.
Gleich neben dem Museum befinden sich der **Palazzo dell'Archiginnasio** (EU **V**) aus dem 16. Jh., in dem eine Bibliothek mit 10 000 Manuskripten untergebracht ist, und das **Teatro Anatomico** Ⓥ, der Anatomiesaal, der im 17.-18. Jh. erbaut wurde.

In der Nähe der Kirche Santa Maria della Vita (EU **L**) kann man die dramatische **Figurengruppe**★ aus Terrakotta von Nicolò dall'Arca (15. Jh.) bewundern, die den Tod Christi darstellt.

★★ **Torri pendenti (Die schiefen Türme)** (ET **R**) – Auf der malerischen Piazza di Porta Ravegnana stehen die beiden schiefen Geschlechtertürme, die von den Familienkämpfen zwischen den Ghibellinen und den Guelfen im Mittelalter zeugen. Der höhere, der **Torre degli Asinelli** Ⓥ, ist fast 100 m hoch und stammt aus dem Jahre 1109. 486 Stufen führen auf die obere Plattform, von der man ein schönes **Panorama**★★ der Stadt genießen kann.

Der **Torre Garisenda** hat eine Höhe von 50 m und eine Neigung von mehr als 3 m. Das Haus Nr. 1 des Platzes ist das Haus der Tuchhändler **(Casa dei Drappieri)** (**ET S**). Auf dem südlich angrenzenden Platz steht die **Mercanzia★** (**EU C**) oder Handelskammer (14. Jh.), die mit Medaillons der Innungen und mit Statuen verziert ist.

UNWEIT DES HISTORISCHEN ZENTRUMS

★ **San Giacomo Maggiore** (**ET**) – Sie wurde 1267 gegründet und besitzt eine schöne Renaissance-Vorhalle (1481) auf der linken Seite. Am Ende des linken Seitenschiffs befindet sich die **Bentivoglio-Kapelle★**, deren Fresken zum Teil von Lorenzo Costa aus Ferrara stammen, der den *Triumph des Lebens und des Todes* und die schöne *Thronende Madonna mit Mitgliedern der Familie Bentivoglio* ausführte. Die Kapelle beherbergt darüber hinaus eines der Meisterwerke von Francesco Francia, die *Thronende Muttergottes mit Heiligen* (um 1494), bei dem der trauernde und wehmütige Unterton unverkennbar ist. Gegenüber der Kapelle, im Chorumgang, befindet sich das **Grabmal★** des Rechtsgelehrten Antonio Bentivoglio (um 1433), ein Werk von Jacopo della Quercia.
In Oratorium **Santa Cecilia** ⓥ *(Eingang in der Via Zamboni 15)*, einer kleinen Kirche aus dem 13. Jh., die im 15. Jh. umgebaut wurde, sind bedeutende, der heiligen Cäcilia geweihte **Fresken★** (1506) von Francia, L. Costa und A. Aspertini erhalten.

★★ **Pinacoteca Nazionale (Gemäldesammlung)** ⓥ – *Via Belle Arti 56, außerhalb des Plans; Eingang Via Zamboni* (**ET**). Die staatliche Pinakothek besitzt eine bedeutende Sammlung von Gemälden, die hauptsächlich aus der bolognesischen Schule des 13. bis 18. Jh.s stammen. Unter den Künstlern aus dem Bologna des 14. und 15. Jh.s sticht der Maler **Vitale da Bologna** (erste Hälfte des 14. Jh.s) hervor, der in seinen Werken zu einem harmonischen Gleichgewicht zwischen gotischer Manieriertheit und einem kraftvolleren Realismus fand. Zu seinen Meisterwerken zählen der **Drachenkampf des heiligen Georg★** und die **Fresken★**, die aus der Kirche Santa Appolonia in Mezzarata stammen. Zu der Sammlung gehören ebenfalls das einzige noch erhaltene Werk, das Giotto in Bologna schuf, ein mehrteiliges Altarbild mit dem Titel *Thronende Muttergottes mit Jesuskind*, sowie schöne Gemälde von Simone de' Crocifissi und Giovanni da Modena. Die Abteilung Renaissance beginnt mit Werken der Schule von Venedig (Vivarini, Cima da Conegliano) und setzt sich mit einem umfangreichen Angebot der Kunst der Emilia-Romagna fort: das tragische Fragment von Ercole de' Roberti, das Maria Magdalena abbildet, sowie Werke von Francesco del Cossa (das Altarbild für die Mercanzia *Pala dei Mercanti*), Lorenzo Costa, Amico Aspertini, von dem geistreichen Francesco Francia, von Garofalo und Parmigianino mit seiner eleganten *Muttergottes mit Jesuskind und Heiligen*. Unter vielen anderen Gemälden kann man die ***Thronende Maria mit dem Kinde★*** von Perugino bewundern, der erheblichen Einfluß auf die Schule von Bologna ausübte, die berühmte ***Hl. Cäcilia★★*** von Raffael, die durch die am Boden liegenden Gegenstände den Verzicht auf alle irdischen Güter symbolisiert, die *Heimsuchung* von Tintoretto sowie die *Kreuzigung Christi* von Tizian. Der **Carracci-Saal★★** enthält zahlreiche Meisterwerke der Gegenreformation von Lodovico Carracci, der eine neue Religiosität vertrat, die sich mal diskret und andächtig, mal sehr emotionsgeladen zeigt: die zarte *Mariä Verkündigung*, die *Madonna Bargellini* (man beachte den Blick auf Bologna), eine von den Unbeschuhten Karmelitern in Auftrag gegebene Muttergottes sowie die dramatische *Bekehrung des heiligen Paulus*, ein Bild, das bereits den Barockstil ankündigt. Von Agostino Carracci, dem Begründer und Theoretiker der Schule, hängt dort eine *Kommunion des heiligen Hieronymus*, während Annibale unter anderem mit seiner *Himmelfahrt Mariä* vertreten ist; dieses Meisterwerk besitzt bereits eine barocke Raumaufteilung. Der **Guido Reni** gewidmete **Saal★★** beherbergt großartige Werke dieses Künstlers, der sich nach seiner anfänglichen Zugehörigkeit zur Carracci-Schule klassischen Vorbildern und Raffael annäherte. In seinem berühmten ***Kindermord zu Bethlehem*** wird der Moment der Ewigkeit festgehalten durch einen geschickten Aufbau der Komposition und durch das Gleichgewicht zwischen den Gebäuden und den Personen, die ein umgekehrtes Dreieck bilden. Das scharf beobachtete ***Porträt einer Witwe***, das allgemein als das seiner Mutter gilt, hat ausgeprägte psychologische Nuancen und zeichnet sich durch eine besondere Harmonie der Farben aus. Es wird als eines der gelungensten Porträts des 17. Jh.s betrachtet. Im Barockkorridor sind Werke von Künstlern der Akademie der Incamminati zu sehen (Domenichino, Tiarini, Albani) sowie von Guercino, der in seinen Bildern die bei den Carraccis gelernten Farbimpulse mit der bei Tizian abgeschauten nuancierten Pinselführung verbindet (***Der heilige Wilhelm von Aquitanien***, der die Barockmalerei vorwegnimmt). Das 18. Jh. ist durch Giuseppe Maria Crespi vertreten, einen der bedeutendsten italienischen Maler seiner Zeit. Sein schlichtes *Selbstporträt*, die ***Szene am Hof★***, der *Jäger* und das zarte *Junge Mädchen mit Rose und Katze* geben einen Überblick über sein Schaffen.

★ **Strada Maggiore** (EU) - Beim Spaziergang durch die elegante Straße, die von klassizistischen und gotischen Palästen gesäumt ist (besonders sehenswert die Nr. 19, **Casa Isolani**, mit einem Holzvorbau, eine Rarität der Wohnhausarchitektur des 13. Jh.s), gelangt man zu einem Palast aus dem Jahre 1658 *(Nr. 44)*, in dem das Museum für industrielles Design **(Museo d'Arte industriale)** ⓥ und die **Galleria Davia Bargellini** ⓥ untergebracht sind. Zu sehen gibt es darin eine Sammlung zum Thema Kunstgewerbe (d. h. angewandte und dekorative Kunst) sowie Gemälde aus dem 14. bis 18. Jh.

Etwas weiter rechts steht die Kirche **Santa Maria dei Servi** aus dem 14. Jh. Sie hat einen aus vier Arkaden bestehenden **Renaissance-Portikus**★ und eine interessante Apsislösung. Die dritte Seitenkapelle von rechts beherbergt einen **Thronenden Christus**★★ von Cimabue.

★ **Basilica di Santo Stefano** (EU) - An einem von Renaissance-Palästen umgebenen Platz liegt der Kirchenkomplex, der ursprünglich aus sieben verschiedenen Gebäuden bestand. Man betritt ihn durch die **Chiesa del Crocifisso**, eine ehemalige lombardische Kathedrale, die im 11. Jh. leicht und im 19. Jh. erheblich umgebaut wurde. Linker Hand geht es in die **Chiesa del San Sepolcro** aus dem 12. Jh., einen vieleckigen Bau, in dem sich das Grabmal des hl. Petronio, des Patrons Bolognas, befindet. Die Säulen aus schwarzem Cipollino stammen aus einem der Isis (100 n. Chr.) geweihten Tempel, der in ein Baptisterium umgewandelt und in die heutige Kirche eingegliedert wurde. Der Brunnen, der zunächst mit Nil-Wasser besprengt worden war, wurde mit dem Wasser des Jordan erneut geweiht. Links befindet sich die **Chiesa dei Santi Vitale e Agricola** (8.-11. Jh.), ein strenger und nüchterner Bau. Von S. Sepolcro aus gelangt man in den **Pilatushof** (11.-12. Jh.) und von dort in die **Chiesa della Trinità** (13. Jh.), ein ehemaliges Martyrium (4.-5. Jh.), in dem die Gebeine der Märtyrer ihre letzte Ruhe fanden. An der rechten Stirnseite des Pilatushofes beginnt der romanische Kreuzgang, der zu einem **Museum** ⓥ führt (Gemälde, Statuen, Kultgegenstände).

★ **Chiesa di San Domenico** (EU) - Die Kirche, die Anfang des 13. Jh.s erbaut und im 18. Jh. erneuert wurde, enthält das berühmte wunderbare **Grabmal**★★ (Arca) des hl. Dominikus. Der Sarkophag wurde 1267 von Nicola Pisano geschaffen, die Bekrönung des Monuments mit den Statuen aber wurde erst später (1468-1473) von Niccolò da Bari begonnen, der daraufhin den Beinamen Niccolò dell'Arca erhielt. Michelangelo stellte 1494 das Kunstwerk fertig; von ihm stammen die beiden Heiligen Procole und Petronio sowie ein Engel. Die Flachreliefs von Nicola Pisano stellen Szenen aus dem Leben des heiligen Dominikus dar. Das Gesims von Niccolò versinnbildlicht die Schöpfung, mit den Putti als Himmel, den Girlanden als Erde und den Delphinen als Meer.

Die Hunde des Herrn

Während ihrer Schwangerschaft hatte die Mutter des späteren Heiligen eine Vision, in der ihr ein Hund mit einer Fackel, dem Symbol der Treue und des Glaubens, erschien. Der lateinische Name des 1216 von dem Spanier Domenico Guzman gegründeten Ordens spielt auf diese Legende an (*Domini canes* bedeutet „die Hunde des Herrn"). An sie erinnert auch der kleine Hund mit der Fackel, mit dem der heilige Dominikus manchmal dargestellt ist.

In der Kapelle rechts des Presbyteriums ist ein Gemälde von Filippino Lippi zu sehen: ***Die Verlobung der hl. Katharina***★ (1501). Der Chor enthält wertvolle Gestühle, die von dem Mönch Damiano da Bergamo 1541 ausgeführt wurden.

Ganz in der Nähe, in der Via D'Azeglio, steht der **Palazzo Bevilacqua**★ (DU), einer der schönsten Paläste von Bologna im Florentiner Renaissancestil mit Bossenwerk.

★ **Chiesa di San Francesco** (DT) - Die um die Mitte des 13. Jh.s errichtete Kirche ist eines der kostbarsten Beispiele der Gotik in Italien. Von der Piazza Malpighi aus sieht man die drei wunderschönen Truhen der Glossatoren (Rechtskommentatoren) aus dem 13. Jh. Auf der Hinterseite erhebt sich die beeindruckende **Chorapsis**★, die man an ihren imposanten Strebepfeilern und ihren geschobenen Bögen im französischen Stil erkennt. Im Innern thront über dem Hochaltar ein prächtiges **Marmorretabel**★ (1392), ein Werk des venezianischen Bildhauers Paolo delle Masegne im gotischen Stil.
Durch eine Pforte auf der rechten Seite geht es zum Totenkreuzgang aus der Renaissance, von dem man die Längsseite der Kirche und die beiden Kirchtürme gut erblicken kann.

Museo Civico Medievale ⓥ (DT) - Die Sammlungen des Museums sind in dem herrlichen **Palazzo Fava-Ghisilardi**★ (Ende 15. Jh.) untergebracht, der an der Stelle eines römischen Kaiserpalastes steht. Sie verfolgen die Entwicklung der städtischen Kunst vom Mittelalter bis zum Beginn der Renaissance. Unter den ausgestellten Kostbarkeiten kann man die Truhen der Glossatoren der Rechtsschule von Bologna bewundern, eine von Manno Bandini ausgeführte Statue von Bonifaz VIII. (1301), eine wertvolle englische Cappa aus dem 13. Jh. sowie den kunstvoll bearbeiteten Grabstein des Domenico Garganelli, der von Francesco del Cossa um 1478 angefertigt wurde.

UMGEBUNG

Madonna di San Luca – *5 km südwestlich. Vom Stadtzentrum aus über die Via Saragozza* (**DU**) *zu erreichen*. Die Kirche aus dem 18. Jh. ist mit der Stadt durch einen 4 km langen **Säulengang**★ mit 666 Arkaden verbunden. Im Chorraum ist die *Madonna di San Luca*, ein Gemälde aus dem 12. Jh. im byzantinischen Stil, beachtenswert. Schöne **Aussicht**★ auf Bologna und den Apennin.

BOLSENA

Latium

4 170 Einwohner

Michelin-Karte Nr. 988 Falte 25 oder Nr. 430 O 17

Bolsena liegt an dem größten italienischen See vulkanischen Ursprungs. Seine Wasserfläche wurde im Lauf der Jahrhunderte immer wieder durch Erdstöße erschüttert und verändert.

Das etruskische *Volsinies*, heute Bolsena, ist wegen des Strandes und der schattigen Ufer, die in einem sanften silbrigen Licht erscheinen, ein beliebtes Ausflugs- und Reiseziel. Die Altstadt von Bolsena mit ihren dicht gedrängt stehenden Häusern aus dunklem Stein liegt auf einem Berghang.

Von der Straße S 2, die von Viterbo nach Siena führt, bietet sich ein schöner Blick auf die Stadt.

★ **Chiesa di Santa Cristina** ⓥ – Die hl. Cristina, die aus der Gegend von Bolsena stammte, lebte im 3. Jh. und fiel den Christenverfolgungen des Diokletian zum Opfer. Die im 11. Jh. begonnene Kirche hat eine schlichte Renaissance-Fassade, die von Pilastern mit grazilen Skulpturen aufgelockert wird. Das Gewölbe ruht auf römischen Säulen. Vom linken Seitenschiff führt ein Portal in die Kapelle **(Cappella del Miracolo)**, in der die mit dem Blut der Hostie gefärbten Marmorfliesen zu sehen sind. In der **Grotte** befindet sich der Altar, an dem das Wunder stattgefunden hat, und eine liegende Figur der hl. Cristina, die der Bildhauerfamilie della Robbia zugeschrieben wird.

Das Wunder von Bolsena

Auf dieses Wunder geht das Fest Fronleichnam zurück. Ein böhmischer Priester zweifelte an der Wandlung von Brot und Wein in Fleisch und Blut Christi. Als er die Messe in der Kirche Santa Cristina zelebrierte, floß beim Wandlungsgebet Blut aus der Hostie, ein wundersames Zeichen des Mysteriums der Inkarnation Christi.

BOLZANO/BOZEN★

Trentino-Südtirol

98 059 Einwohner

Michelin-Karte Nr. 988 Falte 4 oder Nr. 429 C 15/16 – Kartenskizze siehe unter DOLOMITI

Stadtplan im Michelin-Hotelführer ITALIA

Bozen, die Hauptstadt der gleichnamigen autonomen Provinz, die in etwa dem weitgehend deutschsprachigen Gebiet Südtirol entspricht, liegt verkehrsgünstig an der Brennerstraße, am Zusammenfluß von Eisack (Isarco) und Etsch (Adige), inmitten eines geschützten Talkessels. Der Einfluß, den Österreich vom 16. Jh. bis 1918 auf das Land ausübte, ist hier noch deutlich spürbar.

BOZEN UND DIE BEWEGTE GESCHICHTE SÜDTIROLS

Seit der Verdrängung der ladinischen Urbevölkerung durch die Römer um Christi Geburt hat Südtirol oft den Besitzer gewechselt. Gegen Ende des 8. Jh.s wurde die zuvor von den Bajuwaren besiedelte Region dem Fränkischen Reich Karls des Großen angegliedert. Zu Beginn des 16. Jh.s ging „Welschtirol", wie man damals sagte, in den Besitz des Habsburgerkaisers Maximilian I. über. Bozen selbst war lange ein

Zankapfel zwischen dem Bischof von Trient, dem die Stadt im 11. Jh. zugefallen war, und den **Grafen von Tirol**, den „Taufpaten" des Landes, die die Stadt 1531 ihr Eigen nennen durften. Seit dem Mittelalter war Bozen Zentrum des Durchgangshandels zwischen Italien und den deutschsprachigen Gebieten. Die lange Tradition der Stadt als **Waren- und Finanzumschlagplatz** führte 1635 zur Einrichtung eines autonomen Handels- und Wechselgerichts, das beispielgebend für die später im deutschen Raum gegründeten Gerichte wurde.
1805 fiel Tirol im Frieden von Preßburg an die mit Napoleon verbündeten Bayern, die die altständische Verfassung des Landes abschafften und damit viel Unmut bei der Bevölkerung weckten. Zudem machte die von Napoleon verhängte Kontinentalsperre, an die man sich nun zu halten hatte, den für Südtirol so wichtigen Durchgangshandel unmöglich. Bozen verlor seine Bedeutung als Handelszentrum. Die wachsende Unzufriedenheit der Bevölkerung entlud sich 1809 im **Tiroler Freiheitskampf** *(s. unter MERAN, Kasten „Der Sandwirt von Passeier")*. Nach der Niederschlagung des Volksaufstandes durch Napoleon wurde Bozen Italien zugesprochen, einem anderen Gefolgschaftsstaat des französischen Kaisers, kam jedoch 1814, nach dessen Sturz, wieder an Österreich.
Nach dem Ersten Weltkrieg mußte Österreich das Gebiet im Vertrag von Saint-Germain-en-Laye an Italien abtreten (1918). Unter den Faschisten erfolgte ab 1922 eine radikale „Italianisierung" der Region (Unterdrückung der deutschen Sprache und Kultur, Ansiedlung italienischer Familien usw.). Nach dem Anschluß Österreichs an Deutschland schloß Hitler mit Mussolini den sog. **Optionsvertrag** (23. Juni 1939), der den deutschsprachigen Südtirolern das mit einer Zwangsumsiedlung verbundene Recht auf die deutsche Staatszugehörigkeit gab. Wegen des Krieges wurde jedoch nur ein Teil der Umsiedlungswilligen tatsächlich umgesiedelt, zumal die Vereinbarungen 1943 ihren Sinn verloren, als Südtirol einem deutschen Gauleiter unterstellt wurde. 1946 gab das Gruber-De-Gaspari-Abkommen zwischen Österreich und Italien den Südtirolern eine gewisse Autonomie. Da diese jedoch von Italien sehr restriktiv gehandhabt wurde, kam es zu großen Spannungen, die in einer Reihe von Sprengstoffattentaten gipfelten. 1964 wurden auf nationaler und internationaler Ebene Verhandlungen eingeleitet, die in der Unterzeichnung des **„Südtirolpakets"** (1969) mündeten, das der deutschsprachigen und ladinischen Bevölkerung eine echte politische und kulturelle Autonomie zuerkannte.
Heute ist Bozen eine Industrie- und Handelsstadt, die wegen ihrer Nähe zu den Dolomiten einen starken Anziehungspunkt für den Fremdenverkehr darstellt. Im alten Stadtkern zwischen der **Piazza Walther** (Waltherplatz) und der **Via dei Portici** (Laubengasse) mit ihren charakteristischen Bürgerhäusern ist die Vergangenheit der Stadt noch lebendig.

★ **Duomo** – Der Dom aus rosafarbenem Sandstein mit farbig glasiertem Ziegeldach ist das Ergebnis verschiedener Bauphasen aus der frühchristlichen (5., 6. Jh.), der karolingischen (8., 9. Jh.), der romanischen (spätes 12. Jh.) und der gotischen (13., 14. Jh.) Periode. Der Glockenturm (1501-1519) verfügt über Schallöcher im spätgotischen Stil. Das an der Nordseite befindliche „kleine Weinportal" (Porticina del vino), dekoriert mit Motiven aus dem Weinanbau und der Weinlese, verdeutlicht das exklusive Recht der Kirche auf den Weinverkauf, der vor dieser Tür abgehalten wurde.
Im Innern Überreste von Fresken aus dem 14. und dem 15. Jh. und eine schöne spätgotische **Sandsteinkanzel★** (1514).

★ **Museo Archeologico dell'Alto Adige** ⏱ – Das Südtiroler Archäologiemuseum, auch **„Ötzi-Museum"** genannt, illustriert auf vier Etagen die Geschichte Südtirols von der letzten Eiszeit (15 000 v. Chr.) bis zur Epoche der Karolinger.
Star der ersten Etage ist die berühmte Gletschermumie „Ötzi", die zwei deutsche Alpinisten 1991 in der Nähe des Similaungletschers in den Ötztaler Alpen gefunden haben. Der Leichnam des im Alter von etwa 45 Jahren verstorbenen Ötzi hat in seinem Gletschergrab die 5 300 Jahre von der Kupferzeit bis ins 20. Jh. nahezu unbeschadet überstanden. Eine Kühlkammer mit -6° C und konstanter Luftfeuchtigkeit sichert den Erhalt der Mumie. Ausgestattet mit Flachbeil, Mantel und umfangreicher Ausrüstung bietet Ötzi hinter seiner Glasscheibe einen ebenso unerwarteten wie bewegenden Anblick. Filme und Audio-Führer ermöglichen einen interessanten und ansprechenden Museumsbesuch.

I Domenicani/Dominikanerkirche ⏱ – *Piazza Domenicani.* Die zu Anfang des 14. Jh. im gotischen Stil errichtete Kirche wurde später umgebaut und während der Säkularisierung im Jahre 1785 sogar beschädigt. Die unmittelbar nach dem Lettner rechts gelegene **Kapelle San Giovanni** ist vollständig mit Fresken der Schule Giottos ausgeschmückt (1330-1340), die an die Kapelle der Scrovegni in Padua erinnern und die Geschichte der Maria, des hl. Johannes des Täufers, des hl. Nikolaus und des hl. Johannes des Evangelisten illustrieren. Im Kreuzgang rechts von der Kirche sind weitere Fresken von Friedrich Pacher (15. Jh.) zu sehen.

I Francescani/Franziskanerkirche ⏱ – *Via Francescani 1.* Die 1291 abgebrannte Kirche wurde im 14. Jh. wiederaufgebaut. Die spätgotischen Gewölbe kamen im 15. Jh. hinzu. Im Innern steht ein prächtiger **Schnitzaltar★** von Hans Klocker (*Geburt Christi*, 16. Jh.). Der kleine Kreuzgang mit seinen eleganten Gewölben ist mit Fresken aus der Schule Giottos ausgeschmückt.

Chiesa parrocchiale di Gries (Pfarrkirche) – *Eingang vom Corso Libertà aus, hinter der Kirche Sant'Agostino.* Vorgängerbau romanisch; gotischer Neubau im 15. Jh. Gegenüber dem Eingang das ***Hepperger Kreuz*** ein meisterliches romanisches Kruzifix. Eindrucksvoll in seinem perspektivischen Aufbau der Szene ist der ***Marienkrönungsaltar***★, geschnitzt und gefaßt von Michael Pacher (um 1430 - 1498).

★ RITTEN

Der Ritten ist das Hochplateau über dem Eisack-Tal (Isarco) zwischen Bozen und Waidbruck (Ponte Gardena).
Man erreicht den Ritten problemlos mit dem Wagen von Bozen Nord oder mit der **Seilschwebebahn** von Bozen nach Oberbozen (Soprabolzano), aber romantischer ist die Fahrt natürlich mit dem **kleinen Elektrozug** zwischen Maria Himmelfahrt (Maria Assunta) und Klobenstein (Collalbo).
Das intensive Grün der Wiesen auf diesem Hochplateau wird nur von Zäunen unterbrochen, von Schäferhütten und von kleinen Kapellen, die plötzlich an einer einsamen Stelle mit wunderschöner Aussicht auftauchen, wie z. B. die Kirche Santa Verena zwischen Lengstein (Longostagno) und Saubach (Sant'Igenuino).
Der Ritten ist den Dolomiten zugewandt, die man aus der Seilschwebebahn bei der Fahrt auf das Rittner Horn (Corno del Renon) besser bewundern kann; von oben ist der Blick frei auf hübsche kleine Dörfer, wie Barbian (Barbiano) mit dem anmutigen, schiefen Glockenturm.
Die auf bestimmtem Untergrund schneller fortschreitende Erosion hat hier eine landschaftliche Besonderheit, die sogenannten **Erdpyramiden**, geschaffen. Das Wasser wäscht die Moränen zwischen den Felsen aus, wobei die Erde direkt unter den Felsen von der Auswaschung geschützt ist. So entstehen allmählich Säulen, die von den aufliegenden Felsen geschützt werden und solange erhalten bleiben, wie sie die schwere Last auf ihrer Spitze tragen können. Wenn die Erdsäulen zu schmal werden, fallen die Felsbrocken herunter, und die nun ungeschützten Säulen werden schnell abgetragen.
Es gibt drei Gruppen von Erdpyramiden auf dem Ritten: eine sieht man von der Seilschwebebahn in Oberbozen, eine zweite befindet sich in Mittelberg (Monte di Mezzo) und ist über den Wanderweg Nr. 24 von Lengmoos (Longomoso) aus erreichbar, und eine dritte Gruppe gibt es in Unterinn (Auna di Sotto).

Riviera del BRENTA★★

BRENTA-RIVIERA – Venetien

Michelin-Karte Nr. 988 Falte 5 oder Nr. 429 Falte 15 – 35 km östlich von Padua

Zwischen Strà und Fusina liegen an den Ufern des Brenta-Kanals prächtige **Villen**★, die im antikisierenden klassischen Baustil Andrea Palladios als Sommerpaläste für die reichen Patrizier von Venedig errichtet wurden. Diese feierten dort pompöse Feste, zur Unterhaltung diente die Musik von Vivaldi, Pergolesi oder Cimarosa.
Zur **Besichtigung** ⓥ kann man auch das Schiff (*burchiello*) nehmen, das Venedig mit Padua verbindet, oder natürlich die Straße am Brenta-Kanal entlangfahren, die durch die berühmten Orte Strà, Dolo, Mira und Malcontenta führt.

Villa Pisani: Prunkvoller Wohnsitz des Dogen Alvise Pisani

Strà - Die **Villa Pisani**★ ⓥ liegt in einer prächtigen Parkanlage mit Springbrunnen. Die großzügigen **Gemächer**★ der schloßähnlichen Villa (18. Jh.) sind mit Fresken von Giambattista Tiepolo ausgeschmückt, darunter auch sein Meisterwerk, ***Die Apotheose der Familie Pisani***★★.

Mira - Aus dem 18. Jh. stammen der **Foscarini-Palast** sowie die **Villa Widmann-Foscari** ⓥ, die einen wunderschönen, vollständig mit Fresken ausgemalten **Ballsaal**★ besitzt.

Malcontenta - Die **Villa Foscari**★ ⓥ wurde 1574 von Palladio erbaut. Die Gemächer sind mit Fresken von B. Franco und G. B. Zelotti dekoriert. Ihren Namen hat die „Malcontenta" (die Unzufriedene) von einer Dame aus der Dogenfamilie Foscari, die man in diese Villa verbannt hatte.

Auf den Stadtplänen und Kartenskizzen der Michelin-Führer ist Norden immer oben.

BRESCIA★

Lombardei

194 037 Einwohner

Michelin-Karte Nr. 988 Falte 4 oder Nr. 428 und 429 F 12

Am Fuße der lombardischen Voralpen liegt diese emsige Industriestadt, die sich aus dem römischen Castrum *Brixia* entwickelte. Im Norden erhebt sich das Kastell aus dem Mittelalter. Die Stadt kann sich zahlreicher Bauten und Denkmäler aus der Römerzeit und der Romanik sowie aus der Renaissance und der Barockzeit rühmen; sie befinden sich alle im Zentrum, das einen lebhaften Mittelpunkt städtischen Lebens bildet.

GESCHICHTLICHES

Der Kapitolstempel und die Überreste des römischen Forums zeugen noch von der Blütezeit des antiken *Brixia* unter den römischen Kaisern.
Im 8. Jh. wurde es Mittelpunkt eines lombardischen Herzogtums. Im 12. und 13. Jh., als freier Stadtstaat, der sich dem Lombardischen Bund anschloß, war Brescia eine der wohlhabendsten Städte Italiens. Es verdankte seinen Reichtum hauptsächlich den Waffenschmieden, die bis zum 18. Jh. ganz Europa mit Waffen belieferten.
Von 1426 bis 1797 stand Brescia unter der Herrschaft Venedigs. Aus dieser Zeit stammen zahlreiche Profan- und Sakralbauten. Begabte Künstler gründeten die Schule von Brescia, deren Hauptvertreter im 15. Jh. Vincenzo Foppa und im 16. Jh. Romanino, Moretto, Savoldo und Civerchio waren.

SEHENSWÜRDIGKEITEN

★ **Piazza della Loggia** (**BY 9**) - Die **Loggia** (**H**), heute Rathaus, wurde Ende des 15. Jh.s und Anfang des 16. Jh.s errichtet. Sansovino und Palladio trugen zum Bau des Obergeschosses bei. Gegenüber der Loggia steht der **Uhrturm** mit zwei Figuren nach Art der venezianischen „Mohren", die die Stunden schlagen (16. Jh.).
An der Südseite des Platzes befinden sich der **Palazzo Monte di pietà vecchio** (1484) und der **Palazzo Monte di pietà nuovo** (**B**) (1497), die früher als Pfandhaus dienten, um die Bevölkerung vor dem Wucher privater Pfandleiher zu schützen.
Nördlich des Platzes liegt ein malerisches Stadtviertel mit Bogengängen und alten Häusern.

Piazza Paolo VI. (**BY 16**) - Der **Duomo Nuovo**, der Neue Dom (17. Jh.), erdrückt mit seiner Masse aus weißem Marmor den **Duomo Vecchio**★, den Alten Dom. Das alte Gotteshaus, ein romanischer Rundbau aus dem späten 11. Jh., wurde über einer Kirche aus früheren Zeiten errichtet und wird wegen seiner Form auch La Rotonda genannt. Der weite Kuppelraum im Innern ist von strenger Großartigkeit.
Im Umgang steht das Grabmal mit einer liegenden Bischofsfigur aus rosa Marmor (Anf. 14. Jh.); im Chorraum erkennt man Gemälde von den Brescianer Malern Moretto und Romanino. Bei der Orgel handelt es sich um eine Antegnati aus dem Jahre 1536.
Links vom Duomo Nuovo steht der **Broletto** (**P**), ein Gebäude im strengen romanischen Stil, mit einem hohen quadratischen Turm. Vom Balkon an der Fassade wurden Bekanntmachungen verlesen.

★ **Pinacoteca Tosio Martinengo (Pinakothek)** ⓥ (**CZ**) – Hier sind bes. Gemälde der **Schule von Brescia** zu bewundern, die sich durch Reichtum und Mannigfaltigkeit der Farbgebung und einen ausgewogenen Bildaufbau auszeichnen. Neben Bildern von Moretto, einem Meister der religiösen Themen und Porträts, und Romanino, der prunkvolle religiöse Szenen im venezianischen Stil ausführte, sind weitere bedeutende Werke ausgestellt, so von V. Foppa und Savoldo. Aber auch Gemälde von Clouet, Raffael, dem Meister von Utrecht sowie von L. Lotto und Tintoretto sind zu sehen.

★ **Via dei Musei** (**CY**) – Diese malerische Straße bietet archäologiebegeisterten Touristen einen interessanten Spaziergang durch die Ruinen des **Kapitolstempels**★ (73 n. Chr.) mit Resten der *Cella*, der Kurie und des angrenzenden **römischen Theaters**.

Unmittelbar hinter den Ruinen des Forums folgt der Komplex **San Salvatore und Santa Giulia**★, ein im Jahre 753 von Ansa, der Frau des letzten Lombardenkönigs Desiderio, gegründetes Kloster. Nach der Überlieferung starb Desiderios Tochter Ermengarda, die Frau Karls des Großen (der sie später verstieß), an diesem Ort. Die Basilika San Salvatore aus dem 9. Jh. ist sehenswert aufgrund ihrer original erhaltenen Dekoration mit Fresken und Stuck.

Die Kirche Santa Giulia ist im Kuppelbereich mit einem Fresko des segnenden Gottvaters vor dem Hintergrund eines Sternenhimmels ausgeschmückt. Der Komplex beherbergt das **Stadtmuseum** (Museo della Città) ⓥ, dessen Ausstellungsstücke die Lokalgeschichte von der Bronzezeit bis in unsere Tage aufzeigen. In der Kirche Santa Maria in Solario ist das **Kreuz des Desiderius**★★ (8., 9. Jh.) zu sehen, das reich mit Steinen, Gemmen und farbigen Glasstücken verziert ist und wahrscheinlich die Bildnisse der weströmischen Kaiserin Galla Placidia *(siehe unter RAVENNA)* und ihrer Söhne (3., 4. Jh.) trägt.

Castellini (Via N.) .... CZ 3
Fratelli Porcellaga (Via) .... BY 7
Loggia (Piazza della) .... BY 9
Martiri della Libertà (Corso) .... AZ 13
Mercato (Piazza del) .... BY 15

Castello (**CY**) – Die 1343 von den Visconti auf den Überresten eines römischen Tempels errichtete Burg wurde im 16. Jh. durch Bastionen verstärkt und ist im Eingangsbereich mit dem Löwen des hl. Markus verziert. Im Innern ist das **Museo delle armi Luigi Marzoli** ⓥ zu besichtigen, eine interessante Kollektion von Waffen und Rüstungen des 14.-18. Jh.s. Das Museum zeigt außerdem Fragmente aus der Römerzeit.

Kirchen – Brescia kann zudem auf seine zahlreichen Kirchen der Romanik, der Renaissance und des Barock stolz sein. In fast allen Gotteshäusern findet man interessante Kunstwerke, vornehmlich der Brescianer Malerschule.

In **San Francesco**★ (**AY**), einer Kirche aus dem 13. Jh., sind die ***Drei Heiligen*** von Moretto, eine *Pietà* aus der Schule Giottos (14. Jh.) sowie *Maria mit dem Kind*, ein Altaraufsatz von Romanino erhalten.

An der Kirche **Santa Maria dei Miracoli** (**AYZ A**) aus dem 15. und 16. Jh. besticht die herrliche **Marmorfassade**★. **San Nazaro e San Celso** (**AZ**) besitzt die ***Marienkrönung***★, ein Meisterwerk Morettos, und ein Polyptychon von Tizian, in **Sant'Alessandro** (**BZ**) sind die ***Verkündigung***★ (15. Jh.) von Jacopo Bellini und die ***Kreuzabnahme***★ von Civerchio zu sehen.

Palestro (Corso) .... BY
Paolo VI (Piazza) .... BY 16
Pastrengo (Via) .... AY 17
S. Crocifissa di Rosa (Via) .... CY 18
Vittoria (Piazza) .... BY 20
Zanardelli (Corso) .... BZ 21
10 Giornate (Via delle) .... BY 22

Santa Maria dei Miracoli .... AZ A
Palazzo del Monte di Pietà Vecchio e del Monte di Pietà Nuovo .... BY B
Loggia .... BY H
Broletto .... BY P

Im prunkvoll ausgeschmückten **Innern★** der Kirche **Sant'Agata** (**BY**) befinden sich ein Flügelaltar der ***Barmherzigen Muttergottes*★** aus der Malerschule von Brescia (16. Jh.) und ein bezauberndes ***Madonnenfresko*★**, ebenfalls aus dem 16. Jh.
Weiter wären noch **San Giovanni Evangelista** (**BY**) zu nennen, mit Gemälden von Moretto und Romanino, die **Kirche Madonna delle Grazie** (**AY**) mit dem barocken Innenraum und schließlich die **Kirche Madonna del Carmine** (**BY**) mit ihrer orientalisch anmutenden Silhouette.

BRESSANONE/BRIXEN★

Trentino-Südtirol

17 972 Einwohner

Michelin-Karte Nr. 988 Falten 4, 5 oder Nr. 429 B 16

Kartenskizze siehe unter DOLOMITI – Stadtplan im Michelin-Hotelführer ITALIA

Am Zusammenfluß von Rienz (Rienza) und Eisack (Isarco) liegt Brixen, eine kleine Tiroler Stadt, die über ein sehr trockenes und gesundes Klima und eine außerordentlich sonnige Lage verfügt. Die Stadt besitzt zahlreiche Sehenswürdigkeiten, die ihre reiche Vergangenheit bezeugen. Sie wurde im Jahre 15 v. Chr. von den Römern erobert, war von 1027 bis 1803 Bischofssitz, befand sich von 1806 bis 1813 unter bayerischer und anschließend unter österreichischer Herrschaft und gehört seit 1918 zu Italien. Mit **Nikolaus von Kues** (Cusanus, 1401-1464) hatte Brixen einen noch heute als Gelehrten und Philosoph hochgeachteten Bischof. Das wohlerhaltene Stadtbild ist geprägt von dem mittelalterlichen Gegensatz zwischen Bischofssitz (Domplatz) und Bürgerstadt.

Duomo/Dom – Hinter der neoklassizistischen, von zwei Glockentürmen eingefaßten Domfassade von Jakob Pirchstaller (1783) verbirgt sich ein mit Marmor, Stuck, Goldverzierungen und Fresken von Paul Troger ausgeschmückter barocker Innenraum.

Rechts vom Dom befindet sich ein romanischer **Kreuzgang**★ (um 1200, eingewölbt um 1370), der mit spätgotischen Fresken aus dem 14. und 15. Jh. ausgeschmückt ist.

Palazzo Vescovile/Bischöfliche Hofburg – *Eingang in der Via Vescovado.* Das vom Bischof Bruno von Kirchberg nach 1250 errichtete Gebäude wurde später wiederholt umgebaut, hat aber seinen schönen **Arkadenhof**★ bewahrt. In der ehemaligen Wohnstätte und dem Verwaltungssitz der Bischöfe ist heute das umfangreiche **Diözesanmuseum**★ ⌚ untergebracht, in dem eine bemerkenswerte Sammlung von bemalten **Holzfiguren**★★ (romanische und gotische Tiroler Kunst), eine Reihe von **Altaraufsätzen** mit Hochreliefs aus der Renaissance, der **Domschatz**★ und eine Sammlung von **Krippen**★ des 18. bis 20. Jh.s ausgestellt sind.

UMGEBUNG

Convento di Sabiona/Kloster Säben – *10 km südlich. Das Auto auf dem Parkplatz im Norden von Chiusa/Klausen abstellen und zu Fuß weiter zum Kloster gehen (1/2 Std.).* Das Kloster der Benediktinerinnen wurde im 17. Jh. an einem herrlichen Standort in Säben errichtet. Die Anlage entstand auf einem Felsen, auf dem sich früher eine Bischofsresidenz erhob, die 1535 durch Blitzschlag zerstört wurde.

★★★ **Plose** ⌚ (2 446 m) – *Südöstlich.* Mit der Seilschwebebahn *(Funivia)* und dann der Kabinenbahn *(Cabinovia)* erreicht man einen Aussichtspunkt, der einen herrlich weiten **Blick**★★★ auf die österreichischen Alpengipfel im Norden und die Dolomiten im Süden bietet.

★★ **Abbazia di Novacella/Kloster Neustift** ⌚ – *3 km nördlich.* Das im Jahre 1142 von Bischof Hartmann von Brixen gegründete Kloster wird von Augustinermönchen geführt. Der im Innenhof gelegene **Brunnen der Weltwunder** ist mit den „acht" Weltwundern (das Kloster mitgerechnet) verziert. Die **Kirche** im bayerischen Barockstil überrascht durch ihr reichhaltiges Dekor. Der ursprünglich romanische **Kreuzgang** war vollständig mit Fresken ausgeschmückt, die während der Pestepidemie im 17. Jh. übertüncht und im 20. Jh. teilweise freigelegt wurden. Im wunderschönen Rokoko-Saal der **Bibliothek** werden 76 000 Bücher verwahrt, darunter zahlreiche Erstausgaben und illuminierte Manuskripte.

BRINDISI

Apulien

94 429 Einwohner

Michelin-Karte Nr. 988 Falte 30 oder Nr. 431 F 35 – Stadtplan im Michelin-Hotelführer ITALIA

Dieser bedeutende Kriegs- und Handelshafen liegt am Absatz des italienischen Stiefels. Von hier aus fahren regelmäßig Schiffe nach Griechenland. Schon in der Antike spielte die Stadt eine wichtige Rolle im Seehandel mit den Mittelmeerländern. Der Name geht möglicherweise auf das griechische Wort *Brenteseion* (Hirschkopf) zurück, an dessen Form die Altstadt, zwischen den beiden Buchten Seno di Levante und Seno di Ponente, erinnert. Besonders Trajan förderte die Stadt ab 109 n. Chr. durch die Anlage der Via Traiana, von Benevent *(s. unter Benevento)* nach Brindisi, die die alte Via Appia ersetzte. Nach der Eroberung durch die Normannen wurde Brindisi, wie auch Barletta, ein Flottenstützpunkt für die Kreuzfahrer. Von hier nahm im Jahre 1228 der 6. Kreuzzug unter dem Stauferkaiser Friedrich II. seinen Ausgang. Zusammen mit Tarent und Bari bildet Brindisi das berühmte „Dreieck" zur Industrialisierung des *Mezzogiorno.*

BESICHTIGUNG

Die interessanten Bauwerke befinden sich in der Altstadt. Die im 13. Jh. errichtete **Porta Mesagne** war der Hauptzugang zur Stadt. Das **Stauferkastell** (Castello Svevo), im Auftrag von Friedrich II. zum Schutz des Seno di Ponente im Jahre 1227 errichtet, ist heute Sitz der Admiralität. In der Nähe des Hafens erhebt sich eine **römische Säule** (Colonna Romana) aus Marmor, vermutlich die verbleibende der beiden Säulen, die das Ende der Via Appia markierten.

Piazza Duomo – An diesem Platz befinden sich die im 14. Jh. erbaute Fassade der **Loggia Balsamo** (Ecke zur Via Tarantini), das **Templerportal** (14. Jh.) und der romanische, im 18. Jh. umgebaute Dom. Im Inneren des Doms sind am Ende des linken Seitenschiffs und um den Hauptaltar noch Reste des einstigen Fußbodenmosaiks erhalten. An der Piazza Duomo steht auch das **Archäologische Museum** (Museo Archeologico F. Ribezzo) ⓥ, das zahlreiche Ausgrabungsgegenstände zeigt, insbesondere eine wertvolle Sammlung apulischer, messapischer und attischer Vasen.

Kirchen – Im historischen Kern der Stadt liegen mehrere Kirchen. Vor dem Portal von **San Giovanni al Sepolcro**, einer im 11. Jh. errichteten Kirche des Templerordens, befindet sich ein von Löwen getragenes Vordach. Der ausgesprochen schlichte Innenraum von **San Benedetto** (11. Jh.) besteht aus drei Schiffen mit Kreuzrippengewölben, die durch Säulen mit korinthischen Kapitellen und Tiermotiven (Stiere, Löwen, Widder) getrennt werden. Der alte Kreuzgang ist von einer Säulenhalle mit vieleckigen kleinen Säulen und stark stilisierten Kapitellen umgeben.
In der romanischen Kapelle **Santa Lucia** sind leider nur noch wenige Spuren der Fresken aus dem 13. Jh. erhalten. Unter dem Bau befindet sich der vorherige Altarraum der Basilianer mit Kreuzrippengewölben, die von Säulen mit korinthischen Kapitellen getragen werden. Die Mauern sind mit teilweise sehr gut erhaltenen **Fresken** aus dem 12. Jh. geschmückt, wie z. B. die Maria mit dem Kind und zu ihrer Rechten eine Maria Magdalena, die ein kleines Ziborium und zwei Meßkännchen in der Hand hält.

UMGEBUNG

★ **Santa Maria del Casale** – *Etwa 5 km in nördlicher Richtung, in der Nähe des Flughafens.* Diese Kirche ist ein wunderschönes Beispiel für den Übergang von der Romanik zur Gotik. Sie wurde im 14. Jh. auf Initiative von Philippe d'Anjou und seiner Frau Catherine de Valois erbaut. Das Vordach der mit geometrischen Mustern in zweifarbigen Einlegearbeiten geschmückten Fassade ist mit lombardischen Arkaden verziert, die das Motiv der Arkaden entlang der Fassade aufnehmen. Der Freskenzyklus im Inneren zeigt, wie so oft während dieser Epoche, byzantinischen Einfluß. Bemerkenswert sind die vier Register des *Jüngsten Gerichts* auf der Fassadenrückseite und das Passionskreuz im rechten Seitenschiff.

CALABRIA

KALABRIEN

Michelin-Karte Nr. 988 Falte 38, 39, 40
oder Nr. 431 Falten 22, 23, 26, 27, 31, 34, 35, 38, 39, 42, 43

Die Region Kalabrien, die schmale Landzunge an der äußersten Südwestspitze der italienischen Halbinsel zwischen dem Golf von Policastro und dem Golf von Tarent, ist zum Meer hin gekrümmt und reicht bis dicht an Sizilien heran. Die Farbe des Wassers kann hier manchmal sogar violette Töne annehmen, worauf auch der Name der Küste (Costa Viola) zwischen Gioia Tauro und Villa San Giovanni hinweist. Die Hälfte der Fläche Kalabriens wird von Gebirge eingenommen. Der Gebirgsrücken besteht, von Norden nach Süden, aus dem **Pollino-Massiv** (der Monte Pollino erreicht 2 248 m Höhe), das zu einem Nationalpark gehört, dem **Silagebirge** und dem **Aspromonte-Gebirge**. Den unterschiedlichen Landschaften entsprechen ebenso verschiedene klimatische Bedingungen: heiße Sommer und milde Winter an der Küste des Tyrrhenischen Meeres, Gebirgsklima in den Bergen und große Hitze am Ionischen Meer, wo es nur selten regnet.
Eine Fahrt über die Landstraßen in Kalabrien läßt die wichtigsten landwirtschaftlichen Aktivitäten erkennen: **Olivenanbau** für die Herstellung eines hervorragenden Olivenöls (das Olivenöl aus Rossano hat einen sehr niedrigen Säuregehalt) und **Anbau von Zitrusfrüchten**, vor allem Clementinen, Orangen und Bergamotten.
Griechen, Byzantiner und Basilianermönche (der hl. Basilius, der Begründer der griechischen Kirche, lebte um 330 bis 379) prägten die Kunst und Geschichte Kalabriens in der Antike. Die ersten Kolonien wurden im 8. Jh. v. Chr. von den Griechen an der ionischen Küste gegründet. Erst im 3. Jh. v. Chr. begann Rom mit der Eroberung Süditaliens. Die vollständige Unterwerfung und Befriedung gelang

aber erst, als Sulla die Verwaltung dieser Provinzen übernahm (1. Jh. v. Chr.). Nach dem Zerfall des Römischen Reiches geriet Kalabrien, wie die anderen süditalienischen Provinzen, unter die Herrschaft der Langobarden, Sarazenen und Byzantiner. Schließlich fiel Kalabrien an das Königreich Neapel und später an das Königreich beider Sizilien, mit dem die Region 1860 Italien angegliedert wurde.
Naturkatastrophen, wie die schweren Erdbeben von 1783 und 1908, Hungersnöte, Armut, Raubüberfälle, soziale Probleme und die Emigration haben dieser Region schwer zugesetzt. Die Agrarreform und Initiativen im Fremdenverkehr und in der Kultur lassen jedoch hoffen, daß die Region einen Aufschwung erleben wird.

★★ **Massiccio della Sila (Silagebirge)** – Der Name Sila, bei dem häufig eines der drei Adjektive Grande, Piccola oder Greca steht, ist von dem antiken Wort für „Wald" abgeleitet: *Hyla* auf griechisch und *Silva* auf lateinisch. Das Silagebirge ist eine Hochebene, auf der über 1 700 km² Lärchen- und Buchenwälder mit Wiesen abwechseln. Die mittlere Höhe beträgt 1 200 m.
Im Sila Grande liegen die beiden Dörfer Camigliatello und Lorica. Etwa 10 km von Camigliatello entfernt befindet sich das Besucherzentrum (Centro Visitatori) des **Nationalparks von Kalabrien**. Auf dem eingezäunten Gelände kann man aus Holzhütten mit verspiegelten Fenstern Damhirsche und Wölfe in ihrer natürlichen Umgebung beobachten, ohne selbst dabei gesehen zu werden. Der Nationalpark bietet außerdem einen botanischen und einen geologischen Lehrpfad.
Die gelegentlich vorhandenen Holzhäuser erwecken, vor allem an den Ufern der Seen Lago di Cecita, **Lago Arvo**★ und Lago Ampollino, den Eindruck, man befinde sich in Nordeuropa.
Eine Rundfahrt um die Seen kann man mit einem Besuch in **San Giovanni in Fiore** abschließen, wo Joachim von Fiore (um 1130-um 1202) eine Einsiedelei und einen neuen Orden gründete. Die Ordensregel war der des Zisterzienserordens vergleichbar, zeichnete sich aber durch größere Strenge aus.

★ **Aspromonte** – Den südlichsten Punkt von Kalabrien bildet das Aspromonte-Gebirge, das eine Höhe von fast 2 000 m erreicht. Zum Tyrrhenischen Meer hin bildet es eine Steilküste mit weiten Terrassen, auf der anderen Seite hingegen fallen die Berge sanft zum Ionischen Meer hin ab. Die Bergkette ist dicht mit Kastanien-, Eichen-, Kiefern- und Buchenwäldern bedeckt. Der Aspromonte ist eine Wasserscheide; die von den *fiumare* gegrabenen Täler gehen von hier strahlenförmig aus. Die breiten Bäche, die im Sommer oft austrocknen, können zu richtigen Sturzbächen werden und große Schäden verursachen. Von der Staatsstraße S 183 aus, die von der S 112 nach Melito di Porto Salvo führt, kann man die Vielfältigkeit und die Schönheit dieser Landschaft genießen und immer wieder viele überraschende **Ausblicke**★★★ entdecken.

Palmi – Hoch über dem Meer liegt Palmi, dessen Sandstrand zum Baden einlädt und das auch einen Fischerhafen hat. Im **Städtischen Museum** (Museo comunale) in der Casa della Cultura *(Via San Giorgio)* werden in der **Abteilung Volkskunde**★ anhand von Trachten, Kunsthandwerk, Keramiken usw. die Traditionen von Kalabrien dargestellt.

★ **Scilla** – Dieser Ort ist wie Bagnara Calabra ein Zentrum des Schwertfischfangs. Sein Name geht auf die griechische Mythologie zurück: Skylla hatte die Fähigkeit, sich in ein Meeresungeheuer zu verwandeln und war stets von Hunden begleitet, die vorbeifahrende Seeleute verschlangen. Dieses Schicksal erlitten sechs Gefährten von Odysseus.
Gegenüber, in der Nähe von Messina, lauerte Charybdis, die von Zeus als Strafe für ihre Gefräßigkeit in ein Seeungeheuer verwandelt wurde. Aber auch als Ungeheuer verlor Charybdis ihren Appetit nicht: Dreimal täglich verschlang sie gigantische Wassermassen und damit alles, was sich auf See befand, aber nur, um die Fluten gleich darauf wieder auszuspeien; dadurch entstanden mächtige Strömungen. Odysseus kam mit dem Leben davon, weil er sich an einem Feigenbaum am Eingang zur Grotte des Ungeheuers festklammern konnte.
Das Viertel der Fischer, Chianalèa, besteht aus einem nur zum Meer hin geöffneten Gewirr von Häusern und Durchgängen. Über dem Ort ragt schützend und erhaben das Kastell der Ruffo (1255) in die Höhe.

Villa San Giovanni – Von hier fahren die *traghetti*, die Autofähren nach Sizilien.

★ **Rocca Imperiale** – *25 km nördlich von Trebisacce*. Das malerische Dorf liegt am Hang eines Hügels, auf dem Friedrich II. eine mächtige Burg erbauen ließ.

Tropea – Tropea liegt auf sandigem Gestein, und direkt gegenüber befindet sich, einsam auf einem Felsen, die Kirche Santa Maria dell'Isola. Das schönste Zeugnis vergangener Zeiten ist die romanische **Kathedrale** im normannischen Stil. Vom ursprünglichen Bau sind noch die Fassade und der Seitenteil erhalten. Der an die Fassade angegliederte staufische Portikus verbindet die Kirche mit dem Bischofssitz.

Was hat Kalabrien mit Sukkoth zu tun?

Sukkoth ist der Name des jüdischen Laubhüttenfestes, das zur Erinnerung an den Auszug aus Ägypten gefeiert wird, als das Volk Israel in Laubhütten wohnte. Im 3. Buch Mose 23, 39-40 steht geschrieben:

Am fünfzehnten Tage des siebenten Monats, wenn ihr die Früchte des Landes einbringt, sollt ihr ein Fest des Herrn halten sieben Tage lang. Am ersten Tage ist Ruhetag und am achten Tage ist auch Ruhetag.
Ihr sollt am ersten Tage Früchte nehmen von schönen Bäumen, Palmwedel und Zweige von Laubbäumen und Bachweiden und sieben Tage fröhlich sein vor dem Herrn, eurem Gott.

Die Frucht, die traditionell für das Fest verwendet wird und genaue Kriterien erfüllen muß, ist die Zitronatzitrone. Jedes Jahr im Sommer kommen daher Rabbiner aus der ganzen Welt in die Provinz von Cosenza, nach **Santa Maria del Cedro**, wo sich den Zitronatzitronen ideale Bedingungen bieten, um hier die Früchte für das Fest auszuwählen.

Altomonte - *30 km südlich von Castrovillari.* Über dem großen Dorf Altomonte erhebt sich die imposante Kirche, die während der Herrschaft der Anjou im 14. Jh. erbaut wurde und der **Santa Maria della Consolazione** geweiht ist. Ein Portal und eine elegante Rosette schmücken die Fassade. Im einschiffigen Innenraum mit einem geraden Chorschluß befindet sich das **Grabmal★** von Filippo Sangineto.
Neben der Kirche ist ein kleines **Museum** (Museo Civico) ⌚, in dem der ***Hl. Ladislaus***★, der Simone Martini zugeschrieben wird, und andere wertvolle Kunstwerke zu sehen sind.

Cosenza - *Stadtplan im Michelin-Hotelführer ITALIA.* Über der modernen Stadt liegt die Altstadt. Hier erinnern die alten Straßen und Paläste an den Wohlstand unter der Herrschaft der Häuser Aragon und Anjou. Cosenza galt damals als künstlerische und religiöse Hauptstadt Kalabriens. Der **Dom** aus dem 12.-13. Jh. erhielt im Zuge der letzten Restaurierungsarbeiten seine ursprüngliche Form wieder.
Das Innere beherbergt das **Mausoleum★** mit dem Herz der Isabella von Aragon, die 1271 starb, als sie mit der sterblichen Hülle ihres Schwiegervaters, Ludwig des Heiligen, von Tunis nach Cosenza zurückkehrte. Ihre nach Frankreich überführten Gebeine ruhen in einer ihrer würdigen Grabstätte in der Kathedrale St-Denis bei Paris.

Crotone - *Beschreibung siehe dort*

Gerace - *Nordwestlich von Locri, an der S 111.* Gerace befindet sich auf einem Hügel in 480 m Höhe. Das Symbol der Stadt ist der Falke, auf griechisch *Hierax*, von dem der Name abgeleitet ist. Lange Zeit bewahrte man griechische Kultur und Liturgie. Byzantiner und Normannen lebten hier, bevor Staufer und die Häuser Anjou und Aragon über den Ort herrschten. Gerace war ein bedeutender Bischofssitz; es gab so viele Kirchen, daß man den Ort auch die „Stadt mit den hundert Glockentürmen" nannte. Die **Kathedrale** stammt aus dem 11. Jh. und mißt 73 m x 26 m. Die drei Schiffe sind durch 20 griechische und romanische Säulen getrennt. Nicht weit davon (Largo delle Tre Chiese) befindet sich die **Kirche San Francesco** mit einem Portal mit arabischen und gotischen Einflüssen und einem **Hauptaltar★** (17. Jh.) aus mehrfarbigem Marmor.

Locri - Die im 7. Jh. v. Chr. gegründete Stadt wurde nach den strengen Edikten des Zaleucos (des ersten Gesetzgebers von Großgriechenland) regiert und konnte die Rivalität mit Crotone in der Schlacht von Sagra für sich entscheiden. Locri wehrte sich erfolgreich gegen die Tyrannen von Syrakus, die die Stadt erobern wollten. Im 2. Punischen Krieg kämpfte es gemeinsam mit den anderen Städten der Ionischen Küste auf der Seite Hannibals. Locri verlor dann an Bedeutung und wurde schließlich im 9. Jh. von den Sarazenen zerstört. Die meisten archäologischen Funde von Locri befinden sich im Museum in Reggio di Calabria.
Im Süden des Seebads zeugen interessante Ausgrabungen von der Vergangenheit der Stadt.

Paola - Der heilige Franziskus von Paula wurde im Jahre 1416 hier geboren. Oberhalb der Stadt liegt der von vielen Pilgern besuchte **Santuario** ⌚, ein weitläufiger Gebäudekomplex. In der dazugehörigen Basilika mit der großartigen Barockfassade werden einige Reliquien des Heiligen aufbewahrt. Im Kreuzgang und in der Einsiedelei, die in eine Grotte gehauen ist, sind unzählige beeindruckende Votivgaben zu sehen.

★ **Pentedattilo** - *10 km nordwestlich von Melito di Porto Salvo.* Pentedattilo ist eine beeindruckende kleine Geisterstadt. Nach einer Legende wird der Felsen, der das Dorf drohend in Form einer Hand überragt (das griechische Wort *Pentedáktylos* bedeutet „fünf Finger"), der Gewalt unter den Menschen ein Ende setzen. Diese

Stilo: La Cattolica

Prophezeiung ist insofern eingetroffen, als die Gassen von Pentedattilo, seit den 1960er Jahren wegen eines drohenden Felssturzes als lebensgefährlich erklärt, heute menschenleer sind.

Reggio di Calabria – *Beschreibung siehe dort*

Rossano – *96 km nordwestlich von Crotone.* Die Stadt breitet sich an den Hängen eines mit Olivenbäumen bewachsenen Hügels aus. Im Mittelalter war Rossano die Hauptstadt des orientalischen Mönchtums im Westen. Es war Zufluchtsstätte der vertriebenen und verfolgten Basilianer-Mönche, die in Grotten wohnten, die man heute besichtigen kann. Aus dieser Epoche ist noch die byzantinische Kirche **San Marco** mit geradem Chorschluß und drei halbkreisförmigen, von Fenstern aufgelockerten Apsiden erhalten. Rechts neben der Kathedrale (Cattedrale) befindet sich das **Museo Diocesano** ⓥ, ehemals Sitz des Erzbischofs, in dem der kostbare ***Codex Purpureus***★, ein Evangeliar in leuchtenden Farben aus dem 6. Jh., betrachtet werden kann.
20 km westlich der Stadt führt die Straße zu einer kleinen Kirche **Santa Maria del Patire**, dem einzigen Zeugnis eines großen Basilianerklosters. Die drei Apsiden der Kirche sind mit Blendarkaden versehen; das Innere zeigt Mosaiken, die Tiere darstellen.

Serra San Bruno – Zwischen der Sila und dem Aspromonte liegt mitten in den Kalabreser Bergen das kleine Dorf Serra San Bruno. Es ist umgeben von **Buchen-** und **Nadelwäldern**★ und entstand um eine **Einsiedelei**, die der hl. Bruno gegründet hatte. Die Kartause aus dem 12. Jh. *(1 km vom Ort entfernt)* und die Grotte *(4 km südwestlich der Kartause)*, in die er sich zurückzog, erinnern an den Heiligen, der hier 1101 starb.

Sibari – *15 km südlich von Trebisacce.* Das antike *Sybaris* wurde im 8. Jh. v. Chr. in einer fruchtbaren Ebene gegründet, 510 v. Chr. jedoch von der Nachbarstadt Crotone zerstört. „Sybaritisch" wurde zum Inbegriff eines verwöhnten Lebensstils. Zu besichtigen sind das kleine **Museo Archeologico** ⓥ und eine **Ausgrabungsstätte** (Parco Archeologico della Sibaritide) ⓥ im Süden der Stadt.

Stilo – *15 km westlich von Monasterace Marina.* Die Geburtsstadt von **Tommaso Campanella** (1568-1639), die mehrere Einsiedeleien und Klöster der Basilianer beherbergt, liegt in 400 m Höhe an einem steilen Hang; etwas höher, beinahe verborgen, das byzantinische Schmuckstück des Ortes, die Kirche **La Cattolica**★★ ⓥ aus dem 10. Jh. Sie hat einen quadratischen Grundriß und wird von fünf kleinen zylindrischen Kuppeln gekrönt. Die Anordnung der Ziegelsteine, das Zwillingsfenster der mittleren Kuppel und die Dachziegel ergeben das nach außen hin sichtbare Schmuckwerk. Im Inneren bilden neun Quadrate den Grundriß eines griechischen Kreuzes. Die Quadrate werden von vier Marmorsäulen abgeschlossen und von kleinen Kuppeln und Tonnengewölben überragt. Von den stark beschädigten Mosaiken ist leider nicht mehr viel zu sehen.

Val CAMONICA

Lombardei

Michelin-Karte Nr. 988 Falte 4 oder Nr. 428 Falten 7, 17 oder Nr. 429 Falte 12

Zwischen Edolo und Lovere liegt das Camonica-Tal. Im unteren Teil findet man große Industrieansiedlungen; je höher man kommt, desto reizvoller wird das enge Tal mit zahlreichen Burgruinen auf den Anhöhen. Auf einem Gebiet, das sich über 60 km erstreckt, findet man viele Felszeichnungen von der Vorgeschichte bis zum Beginn der Romanisierung, die in die Liste des Weltkulturerbes der UNESCO aufgenommen wurden.

★★ **Felszeichnungen** – Die Felsen des Camonica-Tals wurden durch das Abgleiten der Alpen-Gletscher (die vor 10 000 Jahren verschwanden) glatt geschliffen. Sie bieten ebene Flächen, die für zeichnerische Darstellungen gut geeignet waren. Die Zeichnungen, die in den Stein gestochen oder gekratzt wurden, überliefern verschiedene Zeugnisse zum Alltag der Volksstämme, die sich an diesem Ort

niedergelassen hatten. Es handelte sich in der Altsteinzeit (ca. 8000-5000 v. Chr.) ausschließlich um Jäger. In der Jungsteinzeit betrieben die Menschen Landwirtschaft; in der Bronzezeit (ab 1800 v. Chr.) und in der Eisenzeit (von 900 v. Chr. bis zum Beginn unserer Zeitrechnung) beschäftigten sie sich mit der Verarbeitung von Metallen. Es gibt hauptsächlich vier Bildmotive: Hirsche (Jagdszenen); Horntiergespanne und Schwingpflüge; Waffen und Krieger; religiöse Darstellungen wie Oranten, Symbole, Idole ...
Die Zeichnungen kann man sich im Nationalpark der Felszeichnungen **(Parco Nazionale delle Incisioni Rupestri)** ⓥ *(Besichtigung: 2 Std. - Zufahrt von Capo di Ponte)* und im Regionalen Naturschutzpark von Ceto, Cimbergo und Paspardo **(Riserva Naturale Regionale)** ⓥ ansehen; man wende sich an das **Museum** ⓥ von Nadro in **Ceto**, das zu diesem Thema ausstellt, um zum Naturschutzpark zu gelangen.

Breno - Der Hauptort des Tals wird von einer Burg aus dem 10. Jh. überragt und besitzt zwei sehenswerte Kirchen: Sant'Antonio (14.-15. Jh.) und San Salvatore.

Palazzo Farnese di CAPRAROLA★

Latium

Michelin-Karte Nr. 988 Falte 25 oder Nr. 430 P 18 - 19 km südöstlich von Viterbo

Das Palais ⓥ - Die Villa wurde zwischen 1559 und 1575 für den Kardinal Alessandro Farnese nach Plänen von Vignola erbaut. Der Stil ist charakteristisch für den Manierismus des ausgehenden 16. Jh.s. Das fünfeckige Gebäude besteht aus fünf Etagen und hat einen runden Innenhof. Im Innern, gleich links neben der Eingangshalle, führt eine **Wendeltreppe**★★ nach oben. Sie wurde von Vignola entworfen, stützt sich auf 30 Zwillingssäulen und wurde von Antonio Tempesta mit Ornamenten und Landschaftsszenen bemalt. Die Ausmalungen mehrerer Säle der Villa stammen von Künstlern wie Taddeo (1529-1566), Federico Zuccari (um 1540-1609) und Bertoja (1544-1574): Sie stellen die letzten Werke in diesem raffinierten, kunstvollen Manierismus dar, der für das Ende der italienischen Renaissance charakteristisch ist.

Park - Das Gelände mit einer Fläche von 18 ha ist terrassenförmig angelegt und wird durch Springbrunnen und einen reizenden kleinen **Palast** von Vignola aufgelockert.

Isola di CAPRI★★★

Insel Capri - Kampanien

7 235 Einwohner

Michelin-Karte Nr. 988 Falte 27 oder Nr. 431 F 24

Die Trauminsel Capri war aufgrund der Nähe zur Halbinsel von Sorrent *(s. Kartenskizze Golfo di NAPOLI)*, wegen der sanft ansteigenden Hügel, des milden Klimas und nicht zuletzt der Vielfalt der üppigen Vegetation schon immer sehr beliebt. Zwei römische Kaiser wählten Capri als Aufenthaltsort: Augustus, der es gegen Ischia eintauschte, und Tiberius. Dieser verbrachte hier die letzten zehn Jahre seines Lebens. Im 19. Jh. entdeckten viele berühmte Künstler, darunter Maler und Dichter, Musiker und Schauspieler den Zauber der Felseninsel und kehrten jedes Jahr wieder hierher zurück. Heute ist Capri ein international bekanntes und beliebtes Ferienziel.

★ MARINA GRANDE

Vom Festland aus legt man mit dem Schiff im Hafen Marina Grande an, im Norden der Insel. Die weißen oder farbig getünchten würfelförmigen Häuser heben sich von den hohen Felsen ab, die einen eindrucksvollen Hintergrund bilden.

Von Marina Grande aus fährt eine Standseilbahn ⓥ hinauf zum Ort Capri (Piazza Umberto I). Von dort verkehren Busse nach Anacapri.

AUSFLÜGE MIT DEM SCHIFF

★★ **Grotta Azzurra (Blaue Grotte)** ⓥ - *Mit Motorbooten ab Marina Grande oder über die Straße (8 km ab Capri).* Die Blaue Grotte ist die berühmteste der zahlreichen Höhlen an der Steilküste der Insel. Das Licht kann in die Grotte nur indirekt, durch das Wasser, das es reflektiert, einfallen. So entsteht dieses blaue Licht, das auch dem Wasser seine Farbe verleiht.

★★ **Inselrundfahrt** ⓥ - *Ab Marina Grande.* Auf dieser Fahrt kann man vom Meer aus die steile Felsenküste der Insel kennenlernen, in der die Grotten liegen, die bizarr geformten Klippen, kleine friedliche Buchten oder hohe Felsen, die steil ins Meer abfallen.

ANREISE

Täglich ab **Neapel** mit der Fähre *(Dauer der Überfahrt 1 Std. 15 Min.)* mit **Caremar**-Travel and Holidays *(Molo Beverello, ☎ (081) 55 13 882, Fax (081) 55 22 011)*, mit den Tragflächen- und Motorbooten *(40-45 Min.)* der Gesellschaften **Caremar, Alilauro** *(Via Caracciolo 11, ☎ (081) 76 11 004, Fax (081) 76 14 250)*, **Linee Lauro** *(Molo Beverello, ☎ (081) 55 22 838, Fax (081) 55 13 236)*, **Aliscafi SNAV** *(Via Caracciolo 10, ☎ (081) 76 12 348, Fax (081) 76 12 141)* und **Navigazione Libera del Golfo** *(Molo Beverello, ☎ (081) 55 20 763, Fax (081) 55 25 589)*.
Tägliche Verbindung auch von **Sorrent** aus mit der Fähre *(45 Min.)* von **Caremar** (Agenzia Morelli, *Piazza Marinai d'Italia, ☎ (081) 80 73 077, Fax (081) 80 72 479*) oder mit den Tragflächen- und Motorbooten *(20-25 Min.)* von **Alilauro** *(am Hafen, ☎ (081) 87 81 430, Fax (081) 80 71 221)* und **Navigazione Libera del Golfo** *(am Hafen, ☎ (081) 80 71 812, Fax (081) 87 81 861)*.
Ab **Ischia** fahren die Tragflächenboote *(40 Min.)* von **Alilauro** *(am Hafen, ☎ (081) 99 18 88, Fax (081) 99 17 81)* von April bis Oktober täglich nach Capri.

Die Insel ist nicht groß, sie ist nicht ganz 6 km lang und 3 km breit. Das Klima, das hier außergewöhnlich mild ist, begünstigt den Artenreichtum der Flora. Kiefern, Pistaziensträucher, Wacholder, Sandbeerbäume, Lilien, Myrte und Bärenklau (Akanthus) sind auf der Insel keine Seltenheit. Beginnt man die Rundfahrt an der Nordküste im Uhrzeigersinn, so kommt man zuerst an der **Grotta del Bove Marino** (Seestier) vorbei, die nach dem brüllenden Geräusch der Brandung bei Sturm benannt wurde. Man umfährt die Nordspitze Punta del Capo, die vom **Monte Tiberio** überragt wird. Den beeindruckenden Felsen Salto di Tiberio läßt man hinter sich und steuert auf die Südspitze Punta di Tragara zu, wo die berühmten **Faraglioni-Klippen** aus dem Meer ragen. Diese bizarren, phantastischen Felsen entstanden im Laufe der Zeit durch die Einwirkung der Brandung. Die **Grotta dell'Arsenale** war zu Tiberius' Zeiten ein Nymphäum. Es geht weiter am Hafen von Marina Piccola vorbei, und man erreicht die flachere Westküste.
Die Rundfahrt endet an der Nordküste mit der Besichtigung der Blauen Grotte *(siehe oben)*.

★★★ CAPRI

Die Stadt gleicht einem Bühnenbild für eine Operette: kleine Plätze, weiße Häuschen und enge Gassen wie im Orient bilden die Kulisse. Bei einem Spaziergang lernt man weitere Reize des kleinen Städtchens kennen, das Nebeneinander von einer bunten Menschenmenge auf belebten Plätzen und von einsamen wilden Stellen verleihen dem Ort ein besonderes Flair und verleiten zum Träumen.

Insel Capri: die Faraglioni-Klippen

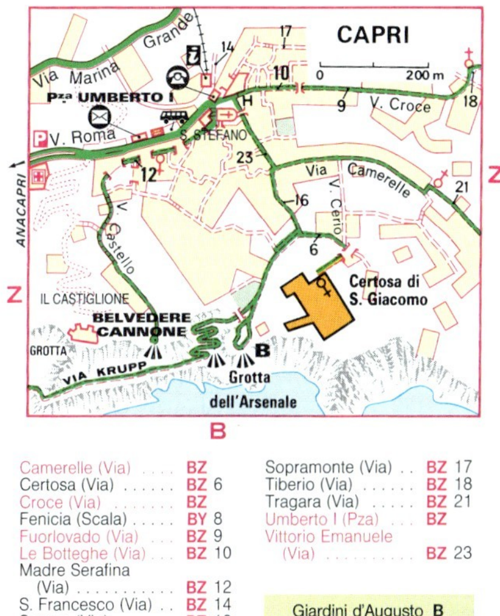

Camerelle (Via)	BZ	Sopramonte (Via)	BZ 17
Certosa (Via)	BZ 6	Tiberio (Via)	BZ 18
Croce (Via)	BZ	Tragara (Via)	BZ 21
Fenicia (Scala)	BY 8	Umberto I (Pza)	BZ
Fuorlovado (Via)	BZ 9	Vittorio Emanuele (Via)	BZ 23
Le Botteghe (Via)	BZ 10		
Madre Serafina (Via)	BZ 12		
S. Francesco (Via)	BZ 14	Giardini d'Augusto	B
Serena (Via)	BZ 16		

★ **Piazza Umberto I** - Das Herz von Capri ist dieser winzige Platz, am späten Nachmittag Treffpunkt der eleganten Welt. Sehen und gesehen werden lautet hier die Devise. Von hier gehen die belebten Geschäftsstraßen (Souvenirs, Luxusartikel) ab, wie die **Via Le Botteghe**★ (**10**).

★★ **Belvedere Cannone** - Über die **Via Madre Serafina**★ (**12**), die fast auf ihrer ganzen Länge von Gewölben überdeckt ist, erreicht man den Aussichtspunkt. Hier eröffnet sich dem Spaziergänger ein stilleres, unbekannteres Capri.

★★ **Belvedere di Tragara** - *Über die Via Camerelle und die Via Tragara.* Von hier bietet sich ein bezaubernder Blick auf die Faraglioni-Klippen.

★★ **Villa Jovis** ⏲ - Von der weitläufigen Sommerresidenz des Kaisers Tiberius zeugen heute noch die Ruinen der Dienstbotengemächer und der Zisternen. Von der Loggia der kaiserlichen Gemächer aus schaut man aufs Meer; die Terrasse neben der Kirche eröffnet ein einzigartiges **Panorama**★★ über die ganze Insel.

Man geht die Treppe hinter der Kirche hinunter und kommt zum **Salto di Tiberio**★, wo der Überlieferung nach Kaiser Tiberius seine Feinde hinunterstürzen ließ.

★ **Arco Naturale** - Dieser Felsen in Form eines Torbogens liegt über dem Meer. In der **Grotta di Matromania** unterhalb dieses Felsens verehrten die Römer früher die Göttin Kybele.

Certosa di San Giacomo ⏲ **(Kartause San Giacomo)** und **Giardini d'Augusto** (**B**) - Das Kartäuserkloster aus dem 14 Jh. besitzt zwei wunderschöne Kreuzgänge. In dem kleineren befinden sich römische Statuen, die in einem Nymphäum bei der Blauen Grotte gefunden wurden.

Von den Gärten des Augustus hat man einen zauberhaften **Blick**★★ auf die Südspitze Punta di Tragara und die Faraglioni-Klippen; unterhalb liegt die **Via Krupp**★, ein Serpentinenweg, der nach Marina Piccola führt.

★ **Marina Piccola** - Bei dem kleinen Ort mit einem Hafen für die Fischerboote gibt es mehrere kleine Badebuchten.

*** ANACAPRI

Plan im Michelin-Hotelführer ITALIA

Die Via Roma und eine Küstenstraße führen in das reizende Dorf mit seinen schattigen Gassen. Es ist weit weniger überlaufen als Capri.

* **Villa San Michele** ⊙ – *Zugang von der Piazza della Vittoria.* Die Villa wurde Ende des 19. Jh.s von dem schwedischen Arzt und Schriftsteller Axel Munthe erbaut (gest. 1949). Er lebte bis 1910 auf Capri in dieser Villa und beschrieb die Atmosphäre in seinem „Buch von San Michele" (1929). Die Innenräume sind mit Möbeln aus dem 17. und 18. Jh. ausgestattet, und zahlreiche Kopien von Kunstwerken aus der Antike sowie römische Skulpturen sind ausgestellt. Der schöne Garten endet zum Meer hin mit einer Pergola, die sich in schwindelnder Höhe über dem Meer erhebt. Das **Panorama***** auf Capri, Marina Grande, den Monte Tiberio und die Faraglioni-Klippen ist einzigartig. Unterhalb der Villa führt die **Phönizische Treppe** (Scala Fenicia), die lange Zeit einzige Verbindung zwischen Anacapri und dem Hafenplatz war, in fast 800 Stufen zur Küste. Auf dieser Treppe traf Axel Munthe die alte Maria, die Briefträgerin, die die Post verteilte, obwohl sie nicht lesen konnte. Sie wurde eine seiner Romanfiguren.

Chiesa di San Michele ⊙ – Von der Orgelempore aus hat man den besten Blick auf den herrlichen **Majolika-Fußboden*** (1761), der das Paradies auf Erden nach einer Zeichnung von Solimena darstellt.

*** **Monte Solaro** ⊙ – Mit dem Sessellift ab Anacapri schwebt man sanft über die üppige Vegetation nach oben und erreicht den Gipfel. Von hier kann man einen unvergleichlichen **Rundblick***** über die Insel Capri, den Golf von Neapel und noch weiter bis zur Insel Ponza, zum Apennin und den südlichen Bergen Kalabriens genießen.

* **Belvedere di Migliara** – *1 Std. zu Fuß hin und zurück. Man geht unter dem Sessellift durch und nimmt die Via Caposcuro.* Vom Aussichtspunkt bietet sich ein schöner **Blick*** auf den Leuchtturm von Punta Carena und die steilen Klippen.

CAPUA

Kampanien

18 844 Einwohner

Michelin-Karte Nr. 988 Falte 27 oder Nr. 431 D 24 – 38 km nördlich von Neapel

Der kleine, von Stadtmauern umgebene Ort wurde von den Langobarden gegründet und ist die Heimat von Pier della Vigna, dem Großkanzler Friedrichs II., und von Ettore Fieramosca, dem Offizier der 13 italienischen Ritter, die bei der Duellforderung von Barletta (1503) die Franzosen besiegten.

Piazza dei Giudici – Der Platz besteht aus der Barockkirche Sant'Eligio, einem gotischen Bogengang mit einer Loggia und dem Rathaus (16. Jh.). Die Kirche Mariä Verkündigung (16. Jh.) liegt ganz in der Nähe und besitzt eine schöne Kuppel auf einem Tambour. Im Innern fallen der kostbar ausgestattete Chor und die wertvolle Holzdecke auf.

Duomo ⊙ – Der Dom mit dem Glockenturm im lombardischen Stil, in dessen unterem Teil Reste antiker Bauwerke Verwendung fanden, wurde im 9. Jh. errichtet, im Laufe der Zeit aber mehrmals zerstört und wiederaufgebaut. Im Atrium sind Säulen mit schönen **korinthischen Kapitellen** aus dem 3. Jh. zu besichtigen. Im Inneren befinden sich ein Osterleuchter aus dem 13. Jh., eine *Himmelfahrt* von F. Solimena und in der Krypta die schöne Skulptur *Toter Christus* aus dem 13. Jh.

* **Museo Campano (Kampanisches Museum)** ⊙ – *Ecke Via Duomo/Via Roma.* Das Kampanische Museum ist in einem Palazzo aus dem 15. Jh. mit einem schönen katalanischen **Portal** aus Peperin-Gestein untergebracht. In der Archäologischen Abteilung sind ein bemerkenswertes **Mosaik** und eine schöne Sammlung italischer **Muttergottheiten *(Matutae)*** aus dem 6.-1. Jh. v. Chr. zu sehen, die ihre Neugeborenen in den Armen halten. In der Abteilung zum Mittelalter sind wertvolle Skulpturen ausgestellt, Reste des imposanten Stadttores, das Friedrich II. um 1239 errichten ließ (u. a. ein *Capua Fidelis* genannter Frauenkopf).

Südöstlich des Museums erstreckt sich ein Stadtteil mit mehreren interessanten Kirchen, die auf die Langobarden zurückgehen (San Giovanni a Corte, San Salvatore Maggiore a Corte, San Michele a Corte und San Marcello).

UMGEBUNG

Santa Maria Capua Vetere - *4 km in südöstlicher Richtung.* Dies ist das berühmte römische Capua, in dem sich Hannibal, sehr zu seinem Verhängnis, den Freuden des Lebens hingab. Der Ort war für seine Vasen aus Bronze und seine schwarz lackierte Keramik bekannt und galt als eine der reichsten Städte des Römischen Imperiums. Nach der Verwüstung der Stadt durch die Sarazenen im 9. Jh. verließen die Bewohner den Ort und gründeten in einer Schleife des Volturno das heutige Capua. Das **Kampanische Amphitheatera**★ ⓥ, das im 2. Jh. n. Chr. renoviert wurde, ist nach dem Kolosseum das größte Amphitheater des Römischen Reiches. Hier befand sich der Sitz der berühmten Gladiatorenschule, in der im Jahre 73 n. Chr. der von Spartakus angeführte Aufstand ausbrach. Das **Mithräum** (Mitreo) ⓥ aus dem 2. Jh. n. Chr. ist ein unterirdischer, rechteckiger Saal mit einem bemerkenswerten **Fresko**★, auf dem der persische Gott Mithra bei der Opferung eines Stiers dargestellt ist.

Das schöne **Archäologische Museum** (Museo Archeologico dell'Antica Capua ⓥ - *Via R. d'Angiò 48*) zeigt interessante Exponate aus der samaritanischen Geschichte zwischen Bronzezeit und Kaiserreich, z. B. schöne, bemalte architektonische Terrakotten und drei *Matres Matutae*.

Basilica di Sant'Angelo in Formis ⓥ - *5 km in nordöstlicher Richtung.* Die Basilika ist eines der schönsten mittelalterlichen Bauwerke Kampaniens. Der Bau wurde im 11. Jh. von Desiderius, dem Abt von Montecassino, veranlaßt und verbindet eine eher einfache architektonische Struktur mit einem Bilderzyklus, der zu den umfangreichsten der romanischen Malerei gehört. Der in drei Schiffe aufgeteilte Innenraum ist vollständig mit **Fresken** zu biblischen Themen bedeckt: Jüngstes Gericht (Fassadenrückseite), Leben Christi (Hauptschiff), Altes Testament (Seitenschiffe) und Thronender Christus (Apsis). Obwohl diese Bilder von der lokalen Malerschule ausgeführt wurden, zeigen sie einen deutlich byzantinischen Einfluß, der auf das Schaffen griechischer Künstler in Montecassino zurückgeht. Dieser Einfluß wird jedoch durch die regionalen Elemente abgeschwächt, die in farblich markanteren Passagen und in der Dynamik einzelner Szenen zum Ausdruck kommen. In der Apsis wird der Abt Desiderius bei der Übergabe der Kirche an Gott dargestellt (der merkwürdig eckige Heiligenschein weist darauf hin, daß der Abt zum Zeitpunkt der Darstellung noch am Leben war).

CARRARA

Toskana

67 092 Einwohner

Michelin-Karte Nr. 988 Falte 14 oder Nr. 430 J 12

Carrara liegt am Rande eines Kalksteinmassivs der wild zerrissenen und eindrucksvollen Apuanischen Alpen in einem lieblichen Becken. Der Name ist in der ganzen Welt bekannt wegen des hier abgebauten weißen **Marmors.** Er ist in seiner Reinheit und feinen Körnung einzigartig und wird in seiner Qualität nur vom Marmor von der griechischen Insel Paros erreicht. Michelangelo kam hierher und wählte die geeigneten Blöcke für seine herrlichen Skulpturen selbst am Steilhang aus.

Duomo - Die im Pisaner Stil gehaltene Fassade dieses romanisch-gotischen Bauwerks ist mit einer Fensterrosette aus kunstvoll bearbeitetem Marmor verziert. Der elegante Glockenturm stammt aus dem 13. Jh. Im Innern des Gotteshauses sind interessante Skulpturen des 14. Jh.s zu sehen.

Cave di marmo (Marmorbrüche) - Die wild zerklüftete Landschaft und die vom Menschen geleistete Herkulesarbeit sind ein einzigartiges Schauspiel. Von den **Marmorbrüchen von Fantiscritti**★★ *(5 km nordöstlich von Carrara)*, einer rauhen und eindrucksvollen Gegend, und von den Marmorbrüchen von **Colonnata**★ *(8,5 km östlich)* inmitten einer grünen Umgebung werden die riesigen Marmorblöcke in die Ebene transportiert. **Marina di Carrara** *(7 km südwestlich)* ist der Ausfuhrhafen für Marmor, der dort in riesigen Hallen gelagert wird.

Marmorbrüche: man meint, vor einem Eisberg zu stehen

UMGEBUNG

★ **Sarzana** - *16 km nordwestlich.* Früher war der Ort ein vorgeschobener Posten der Republik Genua und rivalisierte mit Pisa. In der geschäftigen Stadt zeugen noch zahlreiche Bauten von der großen Vergangenheit. In der **Kathedrale** befindet sich ein **Altaraufsatz**★ (1432), eine feine Bildhauerarbeit Riccomanis in Marmor; rechts im Chor wird eine Ampulle aufbewahrt, die das Blut Jesu Christi enthalten haben soll. In der Kapelle links vom Chor ist ein **Kruzifix**★ zu sehen, Meisterwerk der romanischen Malerei von Guglielmo von Lucca (1138).
Die **Fortezza di Sarzanello**★ ⓥ (Kastell) wurde 1322 von dem Condottiere Castruccio Castracani auf einer Anhöhe nordöstlich der Stadt erbaut. Es ist eine Festung mit tiefen Gräben und massiven Wällen, die von Rundtürmen begrenzt werden. Vom Bergfried aus bietet sich ein herrliches **Panorama**★★ auf die Stadt und die Ausläufer des Apennin.

Abbazia di CASAMARI★★

Abtei CASAMARI - Latium

Michelin-Karte Nr. 988 Falte 26 oder Nr. 430 Q 22

Nach den Regeln der Benediktiner liegt die **Abtei** ⓥ einsam mitten in den Bergen. Sie wurde 1217 von Papst Honorius III. geweiht und ist ein charakteristisches Beispiel für die Baukunst der Zisterzienser, die sich an das Vorbild von Fossanova hielten. So entspricht auch die Baukunst dem Prinzip der Strenge und Einfachheit, das der hl. Bernhard vorschrieb und predigte.

Die Kirche verkörpert die frühe Gotik in Italien. Über der Eingangshalle liegt das Obergeschoß mit Zwillingsarkaden, das in der Renaissance zur Abtswohnung ausgebaut wurde. Die Fassade im burgundischen Stil ist schlicht, nur geschmückt vom schönen Rundbogenportal mit üppig verziertem **Tympanon** und darüber einer Fensterrose; ein Vierungsturm in der typischen Zisterzienserbauweise krönt den Bau.
Das Kircheninnere besteht aus drei Schiffen, die jeweils durch kreuzförmige Pfeiler getrennt werden. Das hohe Spitztonnengewölbe ruht auf Wandsäulen. Die schlichte Kirche mit kreuzförmigem Grundriß und einem nicht sehr tiefen Chor wird innen von einem barocken Baldachin beherrscht. Die Apsis und die Querschiffe werden durch die hohen Fenster mit Licht durchflutet.
Rechts der Kirche gelangt man in den **Kreuzgang** mit Doppelsäulen, Brunnen und Blumengarten. Zur Ostseite hin liegt der Kapitelsaal, dessen kunstvolle Gewölbe auf vier Bündelpfeilern ruhen.

Ausflug

★ **Alatri** - *22 km nordwestlich über die SS 214 und 155.* Der Ort entstand im 6. Jh. v. Chr. und hat einen Teil seiner Zyklopenmauer (4. Jh. v. Chr.) bewahrt. Die **Akropolis**★, zu Fuß über die grandiose Treppe der Porta di Civita erreichbar, ist eine der besterhaltenen von Italien. Sie hat einen trapezförmigen Grundriß. Hier oben bietet sich ein herrlicher **Blick**★★ auf Alatri und das Frosinone-Tal. In der Stadt mit den steilen Treppen, schmalen Gassen und gotischen Häusern sind der **Palazzo Gottifredo** aus dem 13. Jh. und die Kirche **Santa Maria Maggiore**★ in romanisch-gotischem Stil sehenswert. Ihre Fassade besitzt drei Vorhallen. Im Innern befinden sich interessante **Holzschnitzereien**★ (12.-15. Jh.). An der Umgehungsstraße steht die aus Feldsteinen errichtete **Kirche San Silvestro** (13. Jh.) mit Fresken aus dem 13. bis 16. Jh. im Innern.

Reggia di CASERTA★★

Königspalast von Caserta - Kampanien

Michelin-Karte Nr. 988 Falte 27 oder Nr. 431 D 25

Karl III. von Bourbon beauftragte den Architekten **Luigi Vanvitelli** mit dem Bau des königlichen Schlosses, weil er weit entfernt von den unsicheren parthenopeischen Küsten einen Palast im europäischen Stil haben wollte. Im Vergleich mit den grandiosen königlichen Residenzen dieser Epoche zeichnet sich Caserta durch eine strenge, geometrische Anlage aus, ganz dem Wesen des Architekten entsprechend. Auch wenn die klaren Linien bereits als Vorgriff auf den Neoklassizismus verstanden werden können, ist die Vorliebe für Prunk, die die Ausstattung der Räume beherrscht, noch typisch Rokoko.

La Reggia ⓥ - Der Palast ist ein riesiger, rechteckiger Block (249 m x 190 m), der vier Innenhöfe umschließt, in die man durch eine herrliche **Vorhalle**★ gelangt. Die Fassade, die den Besucher empfängt, hat einen Säulenvorbau und eine doppelte Fensterreihe mit einer Brüstung aus Bossenwerk. Die Hauptfassade auf der Gartenseite greift dieses Dekorationselement wieder auf, bereichert es allerdings neben den Fenstern um Pilaster. Die große **Ehrentreppe**★★, das prächtige Meisterwerk von Vanvitelli, führt zur Palastkapelle *(keine Besichtigung)* und zu den prunkvollen, im klassizistischen Stil eingerichteten Königsgemächern. Besonders interessant sind die **Gemächer des 18. Jh.s** mit den Hafenansichten von J.-P. Hackert und einer Decke, die mit Fresken zu den vier Jahreszeiten ausgemalt ist. Die zauberhaften **Gemächer der Königin** sind mit Accessoires im Rokokostil ausgestattet: Zu den originellsten Stücken gehören eine Lampe mit kleinen Tomaten und eine Pendeluhr mit einem kleinen ausgestopften Vogel in einem Käfig. Im ellipsenförmigen Saal ist eine **neapolitanische Krippe**★ aus dem 18. Jh. aufgebaut.

Park ⓥ - Der Park, der von einer ins Unendliche führenden Perspektive beherrscht wird und um eine zentrale Achse, den Kanal, angeordnet ist, verkörpert das Ideal der grandiosen Gärten des Barock. Die Springbrunnen und Wasserbecken werden über ein Aquädukt (Acquedotto Carolino) mit Wasser versorgt, einem gewaltigen Werk von Vanvitelli, das auf einer Strecke von 40 km fünf Berge und drei Täler durchquert. Die schönste der zahlreichen Skulpturengruppen zu mythologischen Themen ist ***Diana und Aktaion*** mit der über einen Hirsch herfallenden Hundemeute am Fuße des **Großen Wasserfalls**★★ (78 m hoch).
Rechts vom Großen Wasserfall liegt der malerische **Englische Garten**★★, der für Maria-Karoline von Österreich angelegt wurde.

UMGEBUNG

★ **Caserta Vecchia** - *10 km in nordöstlicher Richtung.* Das Städtchen, das von den Ruinen eines Kastells aus dem 9. Jh. überragt wird, ist in den zum Teil verlassenen Gassen zwischen den alten Mauern aus braunem Tuffstein noch immer vom Zauber der vergangenen Zeit erfüllt. Die **Kathedrale** ⓥ, ein erlesenes Bauwerk aus dem 12. Jh., zeigt sizilianisch-arabische, lokale und lombardische Einflüsse. Im Inneren ist eine schöne Kanzel aus dem 13. Jh. erhalten.

Capua - *11 km in nordwestlicher Richtung.* *Siehe dort*

CASTELFRANCO VENETO★

Venetien

30 562 Einwohner

Michelin-Karte Nr. 988 Falte 5 oder Nr. 429 E 17

Die malerische Zitadelle Castelfranco ist noch vom Graben und von Häusern mit Arkaden umgeben. Hier wurde der große Maler **Giorgione** geboren. Im **Dom** ist ein Werk zu sehen, das mit großer Sicherheit von ihm stammt. Es handelt sich um die ***Madonna mit dem Kind zwischen dem hl. Franziskus und dem hl. Liberalis***★★.

Giorgione wurde 1477 geboren und starb im Alter von 32 Jahren wahrscheinlich an der Pest. Er hinterließ ungefähr zwanzig meisterhafte Gemälde, mit denen er nicht nur die venezianische Malerei beeinflußte (vor allem Tizian, seinen Schüler, der wohl einige seiner Bilder vollendete, Giovanni Bellini in seinen letzten Werken, Sebastiano del Piombo, Palma den Älteren, Savoldo, Dosso Dossi etc.). Besonders die ihm eigene Verwendung von Lichteffekten wirkte sich auf die Entwicklung der europäischen Malerei insgesamt aus.

Giorgione kam in seiner kurzen Schaffensperiode zu einer bewundernswerten Synthese von Gestalt und Natur. Er erreichte dies durch seine Zeichnungen von außerordentlicher Zartheit und eine meisterhafte Beherrschung der Farben. Die beiden Komponenten scheinen in seinen Werken zu verschmelzen, als ob die äußere, realistische Landschaft das Thema der Bildkomposition, erst durch innere friedliche Meditation der Menschen zustande käme. In dem Gemälde im Dom, das aus der frühen Schaffensperiode des Meisters stammt, ist dieses Ziel, die Verschmelzung, bereits spürbar in der Verteilung der Personen auf zwei Ebenen: die Heiligen im Schatten des gefliesten Saals und dagegen die Jungfrau auf einem erhöhten Thron, sich sanft von einer Landschaft abhebend. Auch das **Geburtshaus des Malers** (Casa natale di Giorgione) ⓥ, in dem heute ein Museum untergebracht ist, sollte man besichtigen *(Piazza del Duomo)*.

CASTELLAMMARE DI STABIA ⚕

Kampanien

68 332 Einwohner

Michelin-Karte Nr. 988 Falte 27 oder Nr. 431 E 25

Kartenskizze siehe unter Golfo di NAPOLI

Nach der Besiedlung durch die Osker, Etrusker und Samniter kam **Stabia** im 4. Jh. v. Chr. unter römische Herrschaft. Die Stadt erhob sich gegen Rom und wurde von Sulla im 1. Jh. v. Chr. zerstört. Doch kurze Zeit darauf entstand das als Thermalbad beliebte *Stabiae* wieder in kleinen Siedlungen; reiche Patrizier ließen sich auf den Anhöhen prächtige Villen erbauen. Mit dem Vesuvausbruch im Jahre 79 wurde *Stabiae* unter der Lava begraben. Der Naturforscher Plinius der Ältere, der das Schauspiel vom Meer aus verfolgte, erstickte an den frei werdenden Gasen. Die Bourbonen veranlaßten im 18. Jh. Ausgrabungen, setzten den Hafen wieder instand und gründeten Schiffswerften, die heute noch tätig sind.

★ **Antiquarium** ⓥ – *Via Marco Mario 2.* Von den Kunst- und Gebrauchsgegenständen aus den Ausgrabungen des antiken *Stabiae* sind vor allem **Wandmalereien** aus den Villen und **Flachreliefs** mit kunstvoller Stuckarbeit sehenswert.

Römische Villen – *2 km in östlicher Richtung. Von Norden kommend der S 145 in Richtung Agerola-Amalfi folgen, auf die Überführung fahren und nach dem Tunnel links, in Richtung Ausgrabungsstätte einbiegen.* Die **Villa di Arianna** ⓥ war ein herrlich gelegenes, weitläufiges Anwesen – mit Blick auf den Golf von Neapel und auf den Vesuv. Die **Villa di San Marco** ⓥ war auf zwei Terrassen angelegt und muß, nach der großartigen Architektur, den Gärten und Bassins zu schließen, besonders prächtig gewesen sein.

★★ **Monte Faito** – *Anfahrt mit der Standseilbahn ab der Piazza Circumvesuviana. Siehe Kartenskizze bei Golfo di Napoli.*

Auf der Karte der "Ferienorte" am Anfang dieses Reiseführers finden Sie Städte und kleinere Orte, die sich besonders gut für einen Aufenthalt eignen; sei es

für ein Wochenende
für die Übernachtung auf der Durchreise
als Ferienort
als Seebad, Jachthafen oder Kurort.

CASTELLI ROMANI★★

Latium

Michelin-Karte Nr. 988 Falte 26 oder Nr. 430 Q 19-20

Castelli Romani wird die Gegend südöstlich von Rom an den Albaner Bergen (Colli Albani) genannt, die vulkanischen Ursprungs sind.
Die Reihe von Festungen (castelli) wurde im Mittelalter von Adelsfamilien errichtet, die vor den Fehden und der Unsicherheit in der Hauptstadt fliehen wollten. Jeder Festungsort liegt geschützt am Rande eines riesigen Kraters, der selbst wiederum mit zahlreichen Nebenkratern übersät ist, die unter anderen auch den Albaner-See und den Nemi-See bilden.
Auf den Bergen dehnen sich Weiden und Kastanienwälder aus, in den unteren Lagen und in der Ebene gedeihen Oliven und der berühmte Castelli-Wein.
Seit jeher schätzen die Bewohner Roms in der heißen Zeit das angenehm frische Klima, die Ruhe, das außergewöhnliche Licht, die Ausflugsmöglichkeiten und die Landgasthöfe mit ihren schattigen Lauben.

RUNDFAHRT AB ROM *122 km - 1 Tag rechnen (siehe auch Grüner Reiseführer Rom)*

Rom über die Via Appia in Richtung **Castel Gandolfo**★ verlassen. Dieser kleine Ort ist die päpstliche Sommerresidenz. Das heutige Castel Gandolfo liegt wahrscheinlich an der Stelle, an der sich das antike *Alba Longa* befand, die Rivalin Roms. Die Rivalität zwischen den beiden mächtigen Städten wurde durch den von Livius geschilderten Kampf der drei Horatier aus Rom gegen die drei Curiatier aus Alba für Rom entschieden.
Das auf dem Gebiet der antiken Villa des Domitian errichtete **Albano Laziale** besitzt in der **Santa Maria della Rotonda**★ eine reizende Kirche, die auf dem ehemaligen Nymphäum der Villa steht und durch ihren imposanten Kampanile zu erkennen ist. Die **Villa Comunale**★ genannten Gärten umgeben eine Villa, die vormals Pompeius (106-48 v. Chr.) gehörte. In der Nähe des Borgo Garibaldi sind Grabstätten, in denen der Überlieferung zufolge die **Horatier und Curiatier**★ begraben sein sollen. Die Festungsstadt **Ariccia** weist einen schönen Platz auf, der von Bernini angelegt wurde, den Palazzo der Chigi und die Kirche dell'Assunzione. Im Süden der Albaner Berge liegt **Velletri**, eine wohlhabende kleine Stadt inmitten von Weinbergen.

Von Velletri aus fährt man über die Via dei Laghi zurück nach Rom.

Die schöne Via dei Laghi, die Seenstraße, schlängelt sich durch Kastanien- und Eichenwälder nach **Nemi**, einem kleinen Ort am gleichnamigen See in landschaftlich reizvoller **Lage**★★. Dann führt sie weiter in Richtung des **Monte Cavo** (949 m), wo früher ein Jupitertempel stand, der später in ein Kloster umgebaut wurde und heute ein Hotel beherbergt. Von der Aussichtsterrasse hat man einen schönen **Blick**★ auf die Castelli Romani bis nach Rom.
Über **Rocca di Papa**, das malerisch an den Hängen gegenüber den Seen liegt, kommt man auf der Seenstraße weiter nach **Grottaferrata**, in dem eine **Abtei**★ aus dem 11. Jh. erhalten ist, die auf die Gründung griechischer Mönche zurückgeht.
Nach **Tusculo**, dem Sitz der Grafen von Tusculum, die die Castelli beherrschten, erreicht man **Frascati**★. Die Stadt an den Hängen eines Hügels in der Nähe von Rom ist für ihre ausgezeichneten Weine bekannt. Die Villen aus dem 16. und 17. Jh., besonders die **Villa Aldobrandini**★ ⓥ mit der schönen Parkanlage mit Terrassen, gestutzten Hecken und Bäumen, prägen die Atmosphäre der kleinen Stadt.
Bevor man Rom wieder erreicht, kommt man durch die Filmstadt **Cinecittà**, das italienische Hollywood.

CERVETERI

Latium

20 614 Einwohner

Michelin-Karte Nr. 988 Falte 25 oder Nr. 430 Q 18

Auf einer Anhöhe östlich von dem heutigen Cerveteri lag die antike Etruskerstadt *Caere*. Im 7. und 6. Jh. v. Chr. stand sie in wirtschaftlicher und kulturell-religiöser Hinsicht auf dem Höhepunkt. Der Niedergang dieser einst so mächtigen Stadt setzte im 4. Jh. v. Chr. ein.
Erst im 20 Jh. wurden Ausgrabungen vorgenommen. Die Funde sind vorwiegend im Etruskischen Museum in der Villa Giulia in Rom zu sehen *(s. Grüner Reiseführer Rom)*.

★★ **Necropoli della Banditaccia** ⓥ - Die Nekropole erstreckt sich über zwei Kilometer im Norden der Stadt und ist ein bedeutendes Zeugnis des etruskischen Totenkults. Sie ist einer Stadt nachgebildet, mit einer Hauptstraße, an deren Seiten zahlreiche Hügelgräber liegen. Die üppige Vegetation verleiht der Gräberstadt durch ihre Anordnung und Farbenpracht eine fast heitere Atmosphäre.

Die Hügelgräber stammen im allgemeinen aus dem 7. Jh. v. Chr.: Die grasbewachsene konische Kuppel ruht auf einem Steinsockel, der manchmal von Hohlkehlen umgeben ist. Darunter befinden sich die Grabkammern. Andere Grabkammern sind unterirdisch angelegt, die Türen dazu sind nur wenig verziert. Von einem kleinen Vorraum aus gelangt man in die einzelnen Kammern, in denen oft zwei Grabstätten nebeneinander liegen.
Eine kleine Säule (als Stütze der Familie) bezeichnet das Grab eines Mannes, ein Dach (Schützerin des Herdes) das einer Frau. Von den unterirdischen Gräbern ist besonders das **Tomba dei Rilievi**★★ beachtenswert. Die Stuckarbeiten und Malereien stellen Szenen aus dem täglichen Leben dar.

★★ Rundfahrt um den Lago di Bracciano *36 km*

Von Cerveteri 18 km nach Norden bis Bracciano fahren (s. auch Grüner Reiseführer Rom).

Der See von Bracciano ist vulkanischen Ursprungs. Er liegt in 164 m Höhe, hat eine Fläche von 57,5 km² (achtgrößter See Italiens) und eine Tiefe von bis zu 160 m. Der in der Antike *Lacus Sabatini* genannte See war für die Wasserversorgung der Stadt Rom von erheblicher Bedeutung. Kaiser Trajan ließ z. B. einen Aquädukt von 30 km Länge bauen, der Trastevere mit Wasser versorgte und zeitweise noch bis in das 17. Jh. in Betrieb war.

Bracciano – Das Städtchen wird vom prächtigen **Castello Orsini-Odescalchi**★★★ ⌚ (14.-15. Jh.) überragt, dessen Gelände von sechs mächtigen Rundtürmen und zwei Befestigungsmauern begrenzt wird. Im **Innern** sind herrliche, mit Fresken geschmückte Räume, Decken aus dem 15. Jh. und Möbel aus verschiedenen Epochen zu besichtigen. Vom Wehrgang aus hat man eine wundervolle Aussicht auf die Stadt und den See. Das Schmuckstück der Burg ist jedoch der **Innenhof**★, wo man sich in die längst vergangene Zeit der Ritter- und Heldensagen zurückversetzt fühlt.

★ **Anguillara Sabazia** – Der anmutige mittelalterliche Marktflecken auf einem Felsvorsprung bietet eine herrliche Aussicht auf den See, zu dem man über malerische Wege hinuntergelangt.

Trevignano Romano – Der Ort mit seinen Fischerhütten, die sich am See entlang erstrecken, ist ein typisches altes Dorf.

CHIAVENNA

Lombardei

7 362 Einwohner

Michelin-Karten Nr. 988 Falte 3 oder Nr. 428 D 10

Chiavenna liegt mitten in einer Region ursprünglich gebliebener Alpentäler und nimmt eine Schlüsselstellung (*chiave* = Schlüssel) zwischen dem Splügenpaß und dem Malojapaß ein, Übergängen zwischen der Schweiz und Italien.

San Lorenzo – Die ursprünglich in romanischem Stil errichtete Stiftskirche wurde im 16. Jh. nach einem Brand wieder aufgebaut und enthält zwei bedeutende Gemälde: von Pietro Ligari (1738) *(2. Kapelle rechts)* und von Giuseppe Nuvoloni (1657) *(1. Kapelle links)*. Im **Baptisterium** ⌚ befindet sich ein romanischer **Taufstein**★ (1156), der mit interessanten Flachreliefs verziert ist (Taufszenen unter Mitwirkung von Personen aus verschiedenen Berufen bzw. Gesellschaftsschichten: ein Kind, mehrere Geistliche, ein Edelmann, ein Soldat, ein Handwerker). Die Inschrift nennt die Stifter. Im **Kirchenschatz** ⌚ wird ein wertvoller Einband eines Evangeliars aus dem 12. Jh. aufbewahrt. Über dem Portal des Kampanile (16. Jh.) hängen die ältesten Wappen der Ortschaft, die aus zwei sich kreuzenden Schlüsseln unter einem Adler bestehen.

Ganz in der Nähe steht über dem Palazzo Balbini (15. Jh.) der Felsen **Paradiso**, der als Botanischer Garten mit archäologischen Funden (**Giardino botanico e archeologico** ⌚) angelegt ist.
Sehenswert sind auch die interessanten Fresken an der Fassade des Palazzo Pretorio und das Portal auf der Via Dolzino, dessen Inschriften aus der Reformationszeit stammen.
Chiavenna ist darüber hinaus auch für seine „**crotti**" bekannt, den in natürlichen Höhlen eingerichteten Restaurants für lokale Spezialitäten (typisch für die Valtellina), wie zum Beispiel die Pizzoccheri (mit Käse überbackene Buchweizennudeln), die Bresaola (getrocknetes Fleisch) und den Bitto (Käse).

★★ **Passo dello Spluga (Splügenpaßstraße)** – *Von Chiavenna bis zum Paß 30 km.* Die Paßstraße ist eine der eindrucksvollsten in den Alpen, besonders die **Strecke von Campodolcino nach Pianazzo**★★★, die in Haarnadelkurven an den steilen Felshängen hinaufführt.

CHIETI

Abruzzen

57 094 Einwohner
Michelin-Karte Nr. 988 Falte 27 oder Nr. 430 O 24
Stadtplan im Michelin-Hotelführer ITALIA

Chieti, auf einem mit Olivenbäumen bewachsenen Hügel erbaut und von eindrucksvollen hohen Bergen umsäumt, wird aufgrund seiner Lage auch „Balkon der Abruzzen" genannt. Die Hauptstraße **Corso Marrucino**, mit ihren eleganten Portalen, ist die belebteste Verkehrsader der Stadt.

★★ **Museo Archeologico Nazionale d'Abruzzo (Archäologisches Museum der Abruzzen)** ⓥ – Das Museum befindet sich inmitten des schönen **Parks**★ der neuklassizistischen Villa Comunale und besitzt den größten Teil der archäologischen Fundstücke aus dem Abruzzen-Gebiet. Im Erdgeschoß sind Kunstwerke dieser Gegend aus der Römerzeit ausgestellt: Statuen und Porträts (z. B. ein ***Sitzender Herkules*** aus Alba Fucens) illustrieren verschiedene Aspekte der lokalen Geschichte und führen dem Besucher Sitten und Gebräuche dieser Epoche vor Augen. Weitere Exponate in diesem Teil des Museums sind eine wertvolle **Münzsammlung** des aus Sulmona stammenden **Giovanni Panza** (Votivbilder, Gegenstände aus dem täglichen Leben und kleine Bronzestatuen, u. a. ***Herkules von Venafro***) und ein prachtvolles **Totenbett**★ aus Knochen (1. Jh. v. Chr.-1. Jh. n. Chr.). Der erste Stock ist den vorrömischen Bestattungsriten in den Abruzzen gewidmet; hier sind Grabbeigaben aus den größten Nekropolen der Abruzzen ausgestellt (10. - 6. Jh. v. Chr.). Der berühmte ***Krieger von Capestrano***★★ (6. Jh. v. Chr.), das Symbol der Abruzzen, ist das wertvollste Werk der Kultur der Picener. Die majestätische Figur mit beunruhigender und zugleich magischer Ausstrahlung sollte ein Königsgrab schützen, wie die Inschrift auf dem rechten Pfeiler erkennen läßt: „Me, bella immagine, fece Aninis per il re Nevio Pompuledonio" (Ich, schönes Bildnis, wurde von Aninis für König Nevius Pompuledonius geschaffen.)

Römische Ruinen – Drei nebeneinander liegende **kleine Tempel** (1. Jh. n. Chr.) wurden 1935 bei Ausgrabungen in der Nähe des Corso Maruccino entdeckt. Nicht weit davon entfernt stehen Überreste eines **Theaters** aus derselben Epoche, das mindestens 5 000 Personen Platz bot. Die **Thermen** (gleiche Epoche) befinden sich im östlichen Teil der Stadt, außerhalb des historischen Zentrums. Die Wasserversorgung erfolgte über eine große Zisterne, die aus neun, in den Berg gebauten Räumen bestand; geheizt wurden die Thermen über einen Kessel und ein System aus doppelten Wänden und miteinander in Verbindung stehenden Kaminen.

UMGEBUNG

San Clemente a Casauria ⓥ – *30 km in südwestlicher Richtung über die SS 5.* Die 871 von Kaiser Ludwig II. gegründete einflußreiche Abtei wurde von den Sarazenen zerstört und im 12. Jh. von Zisterziensermönchen wiederaufgebaut. Dieser Zeitpunkt, der Übergang von der Romanik zur Gotik, prägte auch den heutigen Baustil der **Kirche**. Die bemerkenswerte **Fassade** verfügt über einen tiefen Portikus mit drei mächtigen Bögen, die auf schönen Kapitellen aufliegen. Das **Hauptportal**, das mit außergewöhnlichen bildhauerischen Elementen geschmückt ist, verschließt eine 1191 gegossene Bronzetür, auf der die Kastelle im Einflußgebiet der Abtei dargestellt sind. Der **Innenraum**, dessen mystische Schlichtheit ganz im Sinne des hl. Bernhard und der Zisterzienser war, zeigt zwei Beispiele für die romanische Kunst in den Abruzzen: einen monumentalen **Osterleuchter**★ und eine wunderschöne **Kanzel**★★★ aus dem 12. Jh. Der Hauptaltar besteht aus einem frühchristlichen Sarkophag aus dem 5. Jh., der von einem schön skulptierten romanischen **Ziborium**★★★ überragt wird. Die Krypta aus dem 9. Jh., deren Gewölbe auf antiken Säulen ruht, gehört zu den wenigen Resten des ursprünglichen Baus.

CHIUSI★

Toskana

8 802 Einwohner

Michelin-Karte Nr. 988 Falte 15 oder Nr. 430 M 17

Chiusi liegt auf einer kleinen Anhöhe inmitten von Olivenhainen. Es war eine der zwölf etruskischen Bundesstädte. Heute ist Chiusi ein ruhiger gastfreundlicher Ort.

★ **Museo Archeologico (Archäologisches Museum)** ⓥ – *Via Porsenna.* Es enthält Ausstellungsstücke aus den **etruskischen Gräbern** der Umgebung: Sarkophage, Grabdenkmäler und Urnen aus Stein oder Alabaster, Skulpturen, Kanopen in Form eines menschlichen Kopfes, Grabgeschenke aus Ton sowie Gebrauchsgegenstände, Vasen, Lampen, Schmuck. Der Phantasiereichtum und der Realismus der Etrusker kommt hier besonders deutlich zum Ausdruck.

Hat man einen Wagen zur Verfügung, kann man in Begleitung eines Museumswärters einige der etruskischen Gräber besuchen, die 3 km vor der Stadt erhalten sind.

Cattedrale di San Secondiano – Im 12. Jahrhundert auf den Überresten einer frühchristlichen Basilika aus dem 6. Jh. erbaut. Die drei Kirchenschiffe sind durch 18 antike Säulen getrennt, die aus verschiedenen romanischen Bauwerken stammen.

Museo della Cattedrale (Dommuseum) ⓥ – Etruskisch-romanische und frühchristliche Fundstücke aus Grabungen unter dem Dom und in seiner unmittelbaren Umgebung. Schöne Sammlung von Miniaturenhandschriften und Büchern des 15. und 16. Jh.s aus der Abtei des Monte Oliveto Maggiore, Goldschmiedearbeiten, Reliquiare, Schmuck.

Parco Nazionale del CILENTO★

Nationalpark CILENTO – Kampanien

Michelin-Karte Nr. 431 Falten 17, 18 und 22

Der 1991 eröffnete und 1997 in die Liste der Biosphärenreservate der UNESCO aufgenommene mediterrane Park verkörpert sehr gut den Charakter Süditaliens: Ort der Begegnung, Naturlandschaft und jahrtausendealte Heimat der Zivilisation, Schnittpunkt der unterschiedlichsten kulturellen Erfahrungen zwischen Mittelmeerraum und Apennin. Der Park erstreckt sich von der Tyrrhenischen Küste bis zum Vallo di Diano (einem eiszeitlichen See, der sich langsam mit den Ablagerungen des Tanagro füllte) und wird im Norden von den Monti Alburni und im Süden vom Golf von Policastro begrenzt. Die große Landschaftsvielfalt ist den unterschiedlichen Gesteinsarten zuzuschreiben: Das Flysch von Cilento, typisch für den westlichen Teil und die Küste (Monte Stella und Monte Gelbison), die gefälligen Landschaften und die Mittelmeervegetation kontrastieren mit dem trockeneren, kalkhaltigen Gestein im Landesinneren (Monti Alburni und Monte Carviati) und an der südlichen Küste (vom Cap de Palinuro bis Scario), mit Buchenwäldern und spektakulären Karsterscheinungen, z. B. den zahlreichen Höhlen auf dem Land und im Meer. Die interessanteste Blumenart ist die Primel von Palinuro, das Wahrzeichen des Parks; zu den hier beheimateten Tierarten zählen Fischotter, Steinadler, Hase, Wolf und Fuchs.

Die schönsten Stellen sieht man bei einer Rundfahrt, die von Velia die Küste hinunter- und Richtung Nordwesten wieder zurückführt. Rechnen Sie mit mindestens einem Tag.

★ **Velia** – *40 km südöstlich von Paestum über die SS 18 und 267.*
Die Phoker gründeten diese Kolonie im Jahre 535 v. Chr. Sie waren von den Persern aus Griechenland (Phokis) vertrieben worden, faßten zuerst Fuß auf Korsika (in Alalia, dem heutigen Aléria), besiegten die Karthager und Etrusker in der berühmten Seeschlacht von Alalia (um 538) und ließen sich dann in Marseille nieder. Die lebhafte und wohlhabende Hafenstadt *Velia*, die lange Zeit *Elea* genannt wurde, erlangte Berühmtheit durch ihre Philosophenschule, deren hervorragendste Vertreter im 5. Jh. v. Chr. Parmenides und sein Schüler Zenon d. Ä. waren.

Ausgrabungen ⓥ – Am Eingang der Ausgrabungen hat man den besten Überblick. Zu den Ruinen gehören der ehemalige Hafenleuchtturm, ein Stück Stadtmauer aus dem 4. Jh., die Thermen und die südliche Porta Marina. Diesem Tor gegenüber erhebt sich die **Porta Rosa**★, ein schöner Bau aus Tuffstein (Mitte des 4. Jh.s v. Chr.). Auf den Resten eines griechischen Tempels, der antiken Akropolis, wurde im Mittelalter eine Burg erbaut. Unterhalb der Burg trifft man auf die Ruinen eines Amphitheaters. Ein kleines **Museum** soll die Statuen des Parmenides, Zenon und Äskulap aufnehmen, die bei den Ausgrabungen entdeckt wurden.

★★ **Cap Palinuro** - *28 km südöstlich von Velia über die S 447.* Das Kap trägt den Namen des Fährmannes von Äneas, nach der griechisch-römischen Mythologie, der ins Meer stürzte und hier begraben wurde. Der Hafen von Palinuro ist Ausgangspunkt für **Ausflüge** ⓥ zur **Blauen Grotte**★ (Grotta Azzurra) und anderen Höhlen in diesem imposanten Vorgebirge, auf dem im Frühjahr die Primeln von Palinuro blühen.

Von der S 562 aus erreicht man den **natürlichen Bogen** der Mündung des Mingardo und die wunderschönen Strände an der Küste *(s. auch Golfo di Policastro).*

★ **Certosa di San Lorenzo** ⓥ - *in Padula, 11 km südöstlich von Sala Consilina über die S 19.* Die 1306 gegründete Certosa (Kartause) di San Lorenzo ist eine der weitläufigsten architektonischen Anlagen im Süden Italiens. Die Ausmaße des Bauwerks, das in seiner aktuellen Form in erster Linie aus dem Barock stammt, erforderten jahrhundertelange Bauarbeiten. Vom Foresteria-Kreuzgang führt ein wunderschönes Portal aus Zedernholz (14. Jh.) in die prächtige **Barockkirche** mit zwei schönen **Chören** aus dem 16. Jh., einem für die Laienbrüder und einem für die **Patres**★, sowie einem bemerkenswerten, mit Majolika bedeckten Hauptaltar. Die Mönchszellen sind rund um den **großen Kreuzgang** (104 m x 149 m) angeordnet. Durch das linke Portal erreicht man eine große majestätische **Treppe**★ aus dem 18. Jh., die von den Arbeiten Vanvitellis inspiriert ist.

Grotte di Pertosa ⓥ - *32 km nordwestlich von Padula über die S 19.* In dem wunderschönen natürlichen Amphitheater der Monti Alburni gibt es auf einer Strecke von 2,5 km zahlreiche Höhlen. Man erreicht sie über einen kleinen See, der von einem unterirdischen Fluß gespeist wird. Die ab dem Neolithikum bewohnten Grotten sind zumeist Tropfsteinhöhlen; besonders interessant ist der **Saal der Schwämme** (Sala delle Spugne).

Die S 166 führt durch eine zauberhafte **Landschaft**★ mit goldgelbem Ginster bis zum Passo della Sentinella (932 m).

WWF-Oase von Persano ⓥ - *35 km nordöstlich von Pertosa über die S 19.* Sie erstreckt sich über 110 ha einer Aufschüttungsebene, die zwischen den Monti Alburni und Picenti vom Fluß Sele geschaffen wurde. Die vorherrschenden Landschaften mit ihrer typischen Vegetation sind Sumpfland und Feuchtwälder, die letzten Zufluchtsorte des Fischotters, dem Wahrzeichen des Naturparks. Neben zahlreichen Wasservögeln leben hier außerdem Füchse, Dachse, Wiesel, Marder und Wildschweine.

Am Ende des Reiseführers finden Sie wichtige praktische Hinweise:
Anschriften von Verbänden,
Fremdenverkehrsämtern und Informationsstellen
einen Veranstaltungskalender
Hinweise zur Freizeitgestaltung
Buchvorschläge
Öffnungszeiten der Sehenswürdigkeiten

CINQUE TERRE★★

Ligurien

Michelin-Karte Nr. 988 Falte 13 oder Nr. 428 J 11

Kartenskizze siehe unter La RIVIERA LIGURE

Nordwestlich des Golfs von La Spezia liegen die Cinque Terre („5 Gemeinden"), die bis heute noch schwer zugänglich sind. Nur so konnte der felsige Küstenstreifen mit den Weinberghängen, an dem einige Fischerdörfer liegen, sein uraltes Brauchtum und auch das unberührte und zauberhafte Landschaftsbild bewahren. 1997 wurden die Cinque Terre gemeinsam mit Portovenere und den Inseln Palmaria, Tino und Tinetto in die Liste des Weltkulturerbes der UNESCO aufgenommen.

★★ **Vernazza** - Dies ist der faszinierendste Ort der Cinque Terre, mit seinen hohen, bunten Häusern und der Kirche, die sich um die kleine geschützte Bucht drängen.

Blick auf Manarola und seine Weinberge

★ **Manarola** – Das Fischerdorf ist umgeben von Weinbergterrassen und besitzt eine kleine Kirche aus dem 14. Jh. Vom Bahnhof aus geht ein herrlicher **Wanderweg**★★ *(1/4 Std. zu Fuß)*, von dem man die schönsten Aussichten auf die Küste und die Dörfer genießen kann.

★ **Riomaggiore** – *Von der Straße La Spezia-Manarola aus über eine Zubringerstraße zu erreichen.* Die uralten Häuser dieses mittelalterlichen Dorfs drängen sich in der engen Schlucht eines Wildbachs zusammen. Der winzige Fischerhafen schmiegt sich in eine Bucht, die von seltsam geformten Felsen aus schwarzem Schichtgestein, das für diese Gegend typisch ist, gebildet wird.

CIVIDALE DEL FRIULI★

Friaul-Julisch Venetien

11 187 Einwohner

Michelin-Karte Nr. 988 Falte 6 oder Nr. 429 D 22 – 17 km nordöstlich von Udine

Zur Römerzeit hieß der hoch über dem Flußbett der Natisone gelegene Ort *Forum Julii*, nach dem die Landschaft Julisch Venetien benannt wurde. Die aus Skandinavien stammenden Lombarden ließen sich im 6. Jh. hier nieder und begründeten das erste ihrer zahlreichen Herzogtümer in Norditalien. Die Stadt wurde später zur Residenz des Patriarchen von Aquileia. Im 15. Jh kam sie zum Machtbereich Venedigs.
Von dem Erdbeben im Mai 1976 war Cividale stark betroffen. Inzwischen ist der Ort größtenteils wiederaufgebaut.

Duomo – Der Dom wurde im 16. Jh. im Renaissance-Stil von Piero Lombardo (1435-1515) wiedererrichtet.
Die Fassade weist zum Teil noch gotische Stilelemente auf, während im Kircheninnern frühere gotische Elemente übernommen wurden. Das Altarbild aus dem 12. Jh. über dem Hauptaltar ist aus vergoldetem Silber im byzantino-venezianischen Stil.
Im rechten Seitenschiff befindet sich ein kleines Museum (**Museo Cristiano** ⓥ) mit wertvollen Kunstwerken aus der Zeit der Langobarden, darunter das achteckige Taufbecken des Patriarchen Calixtus, das im 8. Jh. mit byzantinischen Elementen rekonstruiert wurde. Daneben noch der Marmor-„Altar" (8. Jh.) des Herzogs Ratchis, auf dem Szenen aus dem Leben Christi dargestellt sind.

★★ **Museo Archeologico Nazionale** ⓥ – *Links vom Dom.* Das in einem schönen, möglicherweise von Palladio entworfenen Palazzo des ausgehenden 16. Jh.s. untergebrachte Archäologische Museum zeigt im 2. Stock zahlreiche Funde aus den lombardischen Friedhöfen von Cividale und Umgebung: Männer- und Frauenschmuck (darunter auch Goldschmiedearbeiten), Waffen und Gebrauchsgegenstände, die einen guten Einblick in die Kunst und Kultur des Langobardenreichs vom 6. Jh. bis zur Karolingerperiode geben. Bemerkenswert sind der römische Sarkophag und die Fundstücke aus dem Grab des Herzogs Gisulfo (7. Jh.). Im Erdgeschoß ist eine vor allem aus der römischen und der lombardischen Periode stammende Mineraliensammlung untergebracht.

★★ **Tempietto** ⓥ – *In der Nähe der Piazza San Biagio.* Dieser bemerkenswerte Bau aus dem 8. Jh., bestehend aus einem quadratischen Saal mit Spitzbogen, ist wunderschön in langobardischem Stil ausgeschmückt. Mit den **Fresken** und **Stuckreliefs** ist diese Kapelle ein in seiner Art einzigartiges Architekturbeispiel.

CIVITAVECCHIA

Latium

51 596 Einwohner

Michelin-Karte Nr. 988 Falte 25 oder Nr. 430 P 17

Civitavecchia, das antike *Centumcellae*, war seit der Regierungszeit Trajans der wichtigste Hafen Roms. Heute gehen von hier die Schiffe nach Sardinien ab. Der Hafen wird von der Festung Michelangelo beschützt, einem massiven Renaissancebau, der von Bramante begonnen wurde. Sangallo der Jüngere und Bernini führten ihn weiter, vollendet wurde die Festung erst von Michelangelo im Jahre 1557. 1831-36 war der französische Schriftsteller Stendhal (Henri Beyle) Konsul in Civitavecchia. Er verfaßte hier zahlreiche Werke, unter anderem auch die „Kartause von Parma".

Museo Nazionale Archeologico (Archälogisches Nationalmuseum) ⓥ – *Largo Plebiscito 2 A.* Von Ausgrabungen in der Gegend sind hier Kunstgegenstände der Etrusker und Römer zu sehen; besonders zu erwähnen ist eine Sammlung von römischen Ankern.

Terme di Traiano ⓥ **oder Terme Taurine (Trajansthermen)** – *3 km im Nordosten der Stadt.* Die römische Bäderanlage besteht aus 2 Baukomplexen: westlich liegen die Thermen aus der Zeit der römischen Republik; der andere, besser erhalte Teil geht auf Trajans Nachfolger Hadrian zurück.

COMACCHIO

Emilia-Romagna

21 807 Einwohner

Michelin-Karte Nr. 988 Falte 15 oder Nr. 429 H 18

In dieser Stadt, die auf Wasser und Sand gebaut ist und an Chioggia erinnert, war seit jeher die Aalfischerei die Haupterwerbsquelle der Bewohner. Mit den bunten Fischerhäusern und Booten, den Kanälen, die von malerischen, bis zu dreigliedrigen Brücken überspannt werden, bietet die Stadt einen reizvollen Anblick.

★ **Il Polesine** – Die Ebenen, die Comacchio umgeben, entstanden durch das ehemalige Po-Delta. Die früher ungesunde und ärmliche Gegend wurde durch Entwässerungskanäle für die Landwirtschaft nutzbar gemacht. Von der Straße zwischen Ravenna und Chioggia (90 km) kann man, soweit das Auge reicht, die flache, kaum besiedelte Ebene überblicken, in der da und dort einzelne Gehöfte aufragen. Die Eintönigkeit des Gebiets wird nur im Frühjahr durch das Grün der Pappeln und Pinien unterbrochen. In den zahlreichen Kanälen, die das Land durchziehen, werden noch Aale gefangen. In **Mesola** *(28 km nördlich von Comacchio)* erhebt sich eine Burg aus Ziegelsteinen über der Ebene; sie wurde 1583 für die Familie Este erbaut. Im südlichen Teil des Po-Deltas bildet das Comacchio-Tal **(Valli di Comacchio)** die größte Lagunenlandschaft Italiens, die von einer melancholischen Schönheit ist.

COMO★

Lombardei

90 799 Einwohner

Michelin-Karte Nr. 988 Falten 3 oder Nr. 428 E 9

Kartenskizze siehe unter DOLOMITI – Stadtplan im Michelin-Hotelführer ITALIA

Como war bereits unter den Römern eine bedeutende Stadt und erlebte im 11. Jh. seine Blütezeit. 1127 von Mailand zerstört, wurde es von Kaiser Friedrich Barbarossa wieder aufgebaut; es kam 1355 endgültig unter mailändische Herrschaft.

Seit dem 7. Jh. sind die sog. **Maestri Comacini** bekannt, eine Schule von Architekten und Bildhauern, die ihren „lombardischen" Stil nicht nur in Italien, sondern in ganz Europa verbreiteten. Die Bezeichnung „Comacini" rührt je nach Interpretation von *co-macini* (Maurervereinigung), von „cum machinis" (mit Maschinen arbeitende Künstler) oder von ihrer geographischen Herkunft.

★★ Duomo – Der Dom wurde Ende des 14. Jh.s begonnen, in der Renaissance vollendet und im 18. Jh. durch die Kuppel von Juvara aus Turin ergänzt. Die **Fassade★★** wurde von den **Brüdern Rodari** 1484 prächtig ausgeschmückt. Meisterhaft gelang ihnen auch die Ausführung des **nördlichen Seitenportals**, das auch „della Rana" (= Frosch) genannt wird, weil auf einer der Säulen ein Frosch dargestellt ist. Auch das **Südportal** trägt die Handschrift der Brüder.
Der **Innenraum★** ist von einer feierlichen Pracht, deren Wirkung auf die Renaissance-Ausschmückung und die gotische Architektur zurückzuführen ist. Neben den Bannern, die zwischen den Pfeilern aufgehängt sind, und den herrlichen **Wandteppichen★** die im 16. und 17. Jh. hergestellt wurden, befinden sich im rechten Seitenschiff Gemälde von Bernardino Luini ***(Anbetung der Könige, Madonna mit Heiligen★)*** und von Gaudenzio Ferrari ***(Flucht nach Ägypten)*** sowie eine bewegende Skulptur ***(Die Kreuzabnahme★)*** von Tommaso Rodari (1489). Im linken Seitenschiff ist eine bemerkenswerte Orgel zu sehen.
Direkt neben dem Dom befindet sich der **Broletto★★**, das ehemalige Rathaus aus dem 13. Jh. Das Erdgeschoß des Palastes wird durch Arkaden aufgelockert, das Obergeschoß durch Fenster mit Drillingsbogen unterbrochen.

★ San Fedele – Inmitten eines malerischen Viertels liegt die Kirche San Fedele. Sie wurde im 12. Jh. in lombardischer Romanik erbaut. Der dreischiffige Innenraum hat einen schönen, vieleckigen **Chor★** im romanischen Stil, der von Kapellen flankiert und mit einer doppelten Arkadenreihe geschmückt ist.

★ Basilica di Sant'Abbondio – Dieses Meisterwerk der lombardischen Romanik wurde im Jahre 1093 geweiht.
An der nüchternen und edlen **Fassade★** öffnet sich ein Rundbogenportal. Das Innere ist durch hohe, grazile Säulen in fünf Kirchenschiffe unterteilt. Die **Fresken★** aus dem 14. Jh. schildern das Leben Jesu.

Villa Olmo ⓥ – *3 km nördlich, über die Straße S 35, dann rechts abbiegen auf die S 340.* Die eindrucksvolle Villa, ein klassizistischer Bau aus dem späten 18. Jh., besitzt ein kleines Theater und einen hübschen Park, von wo sich ein schöner **Blick★** auf Como und den See bietet.

CONEGLIANO

Venetien

35 580 Einwohner

Michelin-Karte Nr. 988 Falte 5 oder Nr. 429 E 18 – 28 km nördlich von Treviso

Conegliano liegt in einer lieblichen Hügellandschaft, wo hauptsächlich Obst und Wein, insbesondere ausgezeichnete Weißweine, angebaut werden. Hier wurde der Maler **Cima da Conegliano** (1459-1518) geboren, der ein Verehrer Giovanni Bellinis war. Sein Stil zeichnet sich durch sanfte Farben aus; die abgebildeten Personen werden vor einem idealen Hintergrund in einem klaren Licht dargestellt. Im **Dom** ⓥ ist die ***Thronende Madonna mit Engeln und Heiligen★*** von diesem Maler zu sehen. In der Burg (**Castello** ⓥ) oberhalb der Stadt sind zwei **Museen** untergebracht; von hier hat man einen herrlichen **Blick★** auf die Stadt. Die **Scuola dei Battuti**, ein Saal der Flagellantenbruderschaft, gleich neben dem Dom, ist mit **Fresken★** aus dem 15. und 16. Jh. im Stil der Lombarden und Venezianer ausgemalt.

CORTINA D'AMPEZZO ✲✲✲

Venetien

7 104 Einwohner

Michelin-Karte Nr. 988 Falte 5 oder Nr. 429 C 18 – Kartenskizze siehe unter DOLOMITI
Stadtplan im Michelin-Hotelführer ITALIA

In einzigartiger Lage, 1 210 m über dem Meeresspiegel, liegt Cortina, der Hauptort des Ampezzo-Tals mitten im Gebirgsmassiv der Dolomiten. Cortina ist ein eleganter Urlaubsort, dem es an nichts fehlt und der immer Saison hat. Von hier kann man Ausflüge unternehmen, um die prächtige **Berglandschaft★★★** der Umgebung zu genießen.

★★★ Tondi di Faloria ⓥ – Vom Gipfel bietet sich ein großartiger Rundblick. Hervorragendes Skigebiet.

★★★ Tofana di Mezzo ⓥ – Mit der Seilbahn kann man bis in eine Höhe von 3 244 m hinauffahren. Von dort oben bietet sich ein wunderschönes Panorama auf die umliegenden Berge.

★★ Belvedere Pocol ⓥ **(Aussichtspunkt)** – *Besonders bei Sonnenuntergang zu empfehlen.* Phantastische Aussicht auf das Cortina-Tal.

CORTONA★★

Toskana

22 591 Einwohner
Michelin-Karte Nr. 988 Falte 15 oder Nr. 430 M 17
Stadtplan im Michelin-Hotelführer ITALIA

Eine mittelalterliche Stadtmauer umgibt Cortona, das zwischen Olivenhainen an den Hängen eines Berges liegt. Von hier ist der Trasimenische See zu erblicken.
Seit dem 14. Jh. ist Cortona eine Kunststadt. Es zog zahlreiche Künstler an wie Fra Angelico. In Cortona wurde 1450 der Maler **Luca Signorelli** geboren, der 1523 tödlich verunglückte. Mit seiner dramatischen und sehr plastischen Darstellungsweise gilt er als Vorläufer Michelangelos. Der Baumeister Domenico Bernabei aus Cortona, **Boccador** genannt, erbaute auf Verlangen Franz' I. von Frankreich das Rathaus von Paris. Der berühmteste Sohn der Stadt ist **Pietro da Cortona** (1596-1669), Maler und Baumeister mit großem Phantasiereichtum, einer der großen Meister des römischen Barocks. Der Name des letzten berühmten Künstlers, des Malers **Severini** (1883-1966), ist eng mit dem Futurismus verbunden.

SEHENSWÜRDIGKEITEN

Vom Rande der **Piazza del Duomo** (Domplatz) hat man einen schönen Blick über das Tal. Der ursprünglich romanische **Dom** wurde in der Renaissance vollständig umgebaut. Im Innern werden einige Kunstwerke aufbewahrt.

★★ **Museo Diocesano (Diözesanmuseum)** ⓥ – *Gegenüber vom Dom.* Das Museum birgt Kunstsammlungen von großem Wert. Fra Angelico ist mit der ***Verkündigung*** und einer *Madonna mit Heiligen* vertreten. Von der Sieneser Schule sind Gemälde von Duccio, Pietro Lorenzetti und Sassetta ausgestellt. Außerdem sieht man mehrere Werke von **Signorelli** und die großartige ***Ekstase der hl. Margarete*** von G.M. Crespi (1665-1747) aus Bologna. Von Bedeutung ist auch der römische Sarkophag aus dem 2. Jh. *(Kampf der Kentauren und Lapithen).*

★ **Palazzo Pretorio** – Das Gebäude aus dem 13. Jh. wurde in der Folgezeit umgebaut. Seine seitliche, noch original erhaltene Fassade ist mit Wappen verziert, während die Fassade auf der Piazza Signorelli um eine große Treppe ergänzt wurde und aus dem 17. Jh. stammt. Im Innern befindet sich das **Museo dell' Accademia Etrusca**★ ⓥ, das nicht nur Sammlungen aus der Etruskerzeit, sondern auch aus der römischen und ägyptischen Epoche, aus dem Mittelalter und der Renaissance zeigt. Besonders interessant ist in der Etruskischen Abteilung eine **Öllampe**★★ aus Bronze (5. Jh. v. Chr.), die von sechzehn Leuchten in Gestalt von Silenen und Göttinnen umgeben ist. Sehenswert sind darüber hinaus die Werke und Erinnerungsstücke von Severini, die der Künstler seiner Stadt hinterlassen hat.

Santuario di Santa Margherita – In der Kirche befindet sich das gotische **Grabmal**★ (1362) der hl. Margarete. Rechts von der Kirche verläuft die Via Santa Margherita, die Severini mit Mosaiken zu den Stationen des Kreuzwegs geschmückt hat.

Chiesa di San Domenico. – *Largo Beato Angelico.* In der rechten Apsis ist eine ***Madonna mit Engeln und Heiligen*** von Luca Signorelli zu bewundern, ferner der Flügelaltar von Lorenzo di Niccolò. Das Fresko wird Fra Angelico zugeschrieben.

★ **Chiesa di Santa Maria del Calcinaio** – *3 km in westlicher Richtung.* Die Kirche wurde zwischen 1485 und 1513 von Francesco di Giorgio Martini erbaut. In ihrem Stil erinnert sie sehr an die Bauten von Brunelleschi. Die elegante und harmonische Konstruktion und die ausgewogenen Proportionen verleihen ihr bewundernswerte Leichtigkeit. Der helle, weite Innenraum mit dem Grundriß eines lateinischen Kreuzes wird von einer Kuppel abgeschlossen. Die herrliche **Glasmalerei** (1516) im Rundfenster der Fassade schuf **Guillaume de Marcillat** (1467-1529).
Nicht weit von der Kirche liegt in westlicher Richtung auf der Straße nach Arezzo ein etruskisches Rundmausoleum aus dem 4. Jh., das sog. „Pythagorasgrab".

CREMONA★

Lombardei

73 991 Einwohner
Michelin-Karte Nr. 988 Falte 13, 14 oder Nr. 428 oder 429 G 11/12

Cremona ist heute ein landwirtschaftliches Zentrum in der fruchtbaren Oberitalienischen Tiefebene. Mittelpunkt der Altstadt ist die Piazza Roma. Cremona, einst gallische Siedlung, wurde später römische Kolonie. Im Mittelalter war es eine freie Stadt, die jedoch in den Kämpfen zwischen Guelfen und Ghibellinen immer wieder zerstört wurde.
1334 fiel Cremona an die Visconti. Im 15. Jh. kam es zum Herzogtum Mailand und erlebte in der Renaissance erneut eine Blütezeit mit großartigem künstlerischen Schaffen. Im 18. und 19. Jh. war die Stadt von Franzosen und Österreichern umkämpft. Dieser Zustand dauerte bis zum *Risorgimento*, zu dem Cremona aktiv beitrug.

Die Stadt der Geigen

Cremona ist die Heimatstadt der bedeutendsten Geigenbauer aller Zeiten, deren Instrumente noch heute bei allen berühmten Violinisten sehr gefragt sind. Der erste bekannte Geigenbauer Cremonas war **Andrea Amati**, bei dem der französische König Karl IX. bereits im 16. Jh. Instrumente anfertigen ließ. Sein Werk wurde von den Söhnen Amatis, seinem Neffen Niccolo (dem Lehrmeister von Andrea Guarneri) sowie dem weltweit bekannten **Antonio Stradivari** (um 1644 - 1737) fortgeführt, der mehr als 1 000 Instrumente baute. **Andrea Guarneri** begründete eine weitere berühmte Dynastie, deren bekanntester Vertreter Giuseppe Guarneri (1698-1744) ist, auch unter dem Namen del Gesù aufgrund der Abkürzung IHS (Jesus Retter der Menschheit), mit der seine Geigen gekennzeichnet sind. Der Kenner kann mühelos den kristallklaren und reinen Klang einer Stradivari vom mächtigen und tiefen Klang einer Guarneri del Gesù unterscheiden.

Cremona ist vor allem für seine Geigenbauer bekannt, die vom 16. Jh. ab hochwertige Instrumente, Violinen und Violoncelli, bauten. Die Internationale Geigenbauschule *(keine Besichtigung)* setzt diese Tradition fort. In Cremona wurde der Komponist **Claudio Monteverdi** geboren (1567-1643), Schöpfer der Opern *Orfeo* und *L'incoronazione di Poppea*.

★★ PIAZZA DEL COMUNE (BZ 7) *Besichtigung: 1 Std.*

★★★ **Torrazzo** ⓥ – Der großartige Glockenturm, der Ende des 13. Jh.s erbaut wurde, ist durch eine Renaissance-Galerie mit dem Dom verbunden. Unten besteht er aus festem Mauerwerk, in der Höhe ist er von einer achteckigen, mit Bogen durchbrochenen Bekrönung (14. Jh.) verziert. Von der Turmspitze aus (112 m) hat man eine phantastische **Aussicht**★ auf die Stadt. Die auf

CREMONA

Boccaccino (Via) .... BZ 3
Cadorna (Piazza L.) .... AZ 4
Campi (Corso) .... BZ 5
Cavour (Corso) .... BZ 6
Comune (Piazza del) .... BZ 7
Garibaldi (Corso) .... AYZ
Geromini (Via Felice) ...... BY 9
Ghinaglia (Via F.) .... AY 12
Ghisleri (Via A.) .... BY 13
Libertà (Piazza della) ...... BY 14
Mantova (Via) .... BY 17
Manzoni (Via) .... BY 18
Marconi (Piazza) .... BZ 19
Marmolada (Via) .... BZ 22
Mazzini (Corso) .... BZ 23
Matteotti (Corso) .... BYZ
Melone (Via Altobello) ..... BZ 24
Mercatello (Via) .... BZ 25
Monteverdi (Via Claudio) .... BZ 27
Novati (Via) .... BZ 28
Risorgimento (Piazza) ..... AY 29
S. Maria in Betlem (Via) .... BZ 32
S. Rocco (Via) .... BZ 33
Spalato (Via) .... AY 35
Stradivari (Piazza) .... BZ 37
Tofane (Via) .... BZ 39
Ugolani Dati (Via) .... BY 40
Vacchelli (Corso) .... BZ 42
Verdi (Via) .... BZ 43
Vittorio Emanuele II (Corso) . Z 45
4 Novembre (Piazza) ...... BZ 46
20 Settembre (Corso) ..... BZ 48

Sant'Agostino .... AZ B
Palazzo Fodri .... BZ D
Palazzo Stanga ... AY E
Palazzo Raimondi . AY F
Palazzo del Comune ... BZ H
Loggia dei Militi .. BZ K
Battistero .... BZ L

1471 zurückgehende astronomische Uhr wurde mehrfach umgestaltet, zuletzt in den 70er Jahren. Bemerkenswert sind die auf ihr abgebildeten Sterne und Tierkreiszeichen.

★★ **Duomo** – Dieser prächtige Dom wurde im lombardisch-romanischen Stil begonnen und später im Stil der Gotik vollendet (1107-1332). Die Domfassade mit der Vorhalle ist mit weißem Marmor verkleidet. Die reichen Ornamente, die diese Fassade schmücken, sind sehr vielfältig. Zu erwähnen sind ein Fries aus der Schule des Antelami, eine Fensterrose aus dem 13. Jh. und vier Säulenstatuen am Mittelportal, die an die Statuen der Kathedrale von Chartres erinnern.
Der weite **Innenraum** ist mit **Fresken**★ geschmückt, die der Schule von Cremona zugeschrieben werden (B. Boccaccino, die Campi, die Bembo und Romanino da Brescia, Pordenone und Gatti). Sehenswert ist das **Relief**★★ vorn im Chorraum, das von Amadeo stammt, dem Baumeister und Bildhauer der Kartause von Pavia.

★ **Battistero** (**L**) – Das schöne achteckige Baptisterium mit lombardischer Vorhalle und einer Säulengalerie wurde in der Renaissance baulich verändert.

Palazzo Comunale (Rathaus) ⓥ (**H**) – Es wurde im 13. Jh. errichtet und später immer wieder umgestaltet. Im Rathaus kann man fünf berühmte **Geigen** der Geigenbauer aus Cremona bewundern (Stradivari, Guarnieri und Amati). Links vom Rathaus befindet sich die **Loggia dei Militi** (Loggia der Soldaten – **K**) aus dem 13. Jh.

WEITERE SEHENSWÜRDIGKEITEN

Museo Civico Ala Ponzone (Städtisches Museum) ⓥ (**ABY**) – In dem Palazzo aus dem 16. Jh. ist eine **Pinakothek** untergebracht, die hauptsächlich Werke aus der Schule von Cremona zeigt, darunter einen gequälten ***Meditierenden heiligen Franziskus*** von Caravaggio und ein *Porträt mit Gemüse* von Arcimboldo, sowie eine Abteilung für **Kunstgewerbe** (Elfenbeinarbeiten aus Frankreich).

Museo Stradivariano ⓥ (**ABY**) – Das **Stradivari-Museum** präsentiert Modelle, Holzformen und Werkzeuge des großen Geigenbauers sowie Streichinstrumente vom 17. bis zum 20. Jh.

Renaissance-Bauwerke – Über die ganze Stadt sind zahlreiche Renaissance-Paläste verstreut. Interessant sind der **Palazzo Fodri**★ (**BZ D**), der **Palazzo Stanga** (**AY E**), der **Palazzo Raimondi** (**AY F**) sowie die Kirche **Sant'Agostino** (**AZ B**), in der viele Kunstwerke zu sehen sind: **Porträts**★ von Francesco Sforza und seiner Gemahlin, von Bonifacio Bembo gemalt, ein **Altaraufsatz**★ von Perugino.
Außerhalb der Stadtmauern liegt die Kirche **San Sigismondo** *(2 km entfernt, Ausfahrt auf ③ des Plans)*. Ihr **Innenraum**★ erinnert an einen richtigen Salon, der mit Fresken der Cremoneser Schule (16. Jh.) ausgemalt ist (Campi, Gatti, Boccaccino).

CROTONE

Kalabrien

59 879 Einwohner

Michelin-Karte Nr. 988 Falte 40 oder Nr. 431 J 33

Das antike *Kroton*, eine Gründung der Achäer 710 v. Chr., war in der Antike für seinen Wohlstand, seine schönen Frauen und für die außergewöhnlichen Leistungen seiner Athleten berühmt. Vergil besingt in seinen Versen die Ruhmestaten des Milo von Kroton. Um 532 v. Chr. gründete Pythagoras hier mehrere Philosophenschulen, die sich der Mathematik widmeten. Als die Pythagoreer zu mächtig wurden, verjagte man sie nach Metapont. Von Locri, seinem Rivalen, wurde Kroton im 6. Jh. v. Chr. eingenommen; seinen zweiten Gegner, Sybaris, konnte es besiegen. Im 2. Punischen Krieg diente Kroton Hannibal als Lager, und kurz darauf kam es unter römische Herrschaft. Heute ist Crotone eine Industrie- und Hafenstadt und wegen seiner langen Strände ein begehrtes Urlaubsziel.

Museo Archeologico (Archäologisches Museum) ⓥ – *Via Risorgimento.* Die Sammlungen zeigen Ausgrabungsfunde aus der Gegend, vor allem aus der Zeit, als sie zu Großgriechenland gehörte: Keramik, Terrakotten, Münzen und Skulpturen aus dieser Epoche werden dort aufbewahrt. Besonders sehenswert sind die Ruinen des Tempels der Hera Lacinia.

UMGEBUNG

Cap Colonna – *11 km südlich von Crotone.* Das im Altertum *Lacinium* genannte Kap war seit den letzten Jahrzehnten des 8. Jh.s v. Chr. Standort eines der berühmtesten Junotempel (Hera Lacinia) Großgriechenlands. Nach einer Blütezeit im 5. Jh. v. Chr. war er seit 173 v. Chr. dem Verfall preisgegeben, nachdem der Konsul Fulvius Flaccus ihn eines Teils seines Marmordaches beraubt hatte. Der Konsul wurde zwar gezwungen, das Dach wiederherzurichten, was ihm aber auf Grund der komplexen Konstruktion des Originaldaches nicht gelang. In der Folgezeit fiel der Tempel Piraten zum Opfer, und die Aragonier nutzten ihn im 16. Jh. als Steinbruch zur Befestigung der Stadt Crotone. Im Jahr 1683 erhielt das Bauwerk bei einem Erdbeben sozusagen seinen Gnadenstoß. Nur eine einzige von ehemals 48 Säulen erinnert noch an den mächtigen Tempel, der der bedeutendsten Göttin des Olymp geweiht war.

Hätten Sie es gewußt? – Pier Paolo Pasolini drehte hier 1964 einige Szenen seines Films *Das erste Evangelium nach Matthäus.*

★ **Santa Severina** – *34 km im Nordwesten.* Das **Baptisterium**★ der Kirche aus dem 13. Jh. ist außergewöhnlich schön. Der runde Kuppelbau stammt aus dem 8. Jh., der byzantinische Einfluß ist deutlich erkennbar. Das normannische Kastell ist ebenfalls sehenswert.

CUMA★

CUMAE – Kampanien

Michelin-Karte Nr. 988 Falte 27 oder Nr. 431 E 24 – 7 km nördlich von Pozzuoli
Kartenskizze siehe unter Golfo di NAPOLI

Cumae wurde als eine der ersten griechischen Kolonien in Italien im 8. Jh. v. Chr. gegründet. Schon bald beherrschte die Stadt die Region der Phlegräischen Felder einschließlich Neapel. Sie verlieh der Gegend ihren hellenistischen Einschlag. Während der Herrschaft des Tyrannen Aristodemos stand *Cumae* auf dem Höhepunkt seiner Macht. Es wurde jedoch von den Römern 334 v. Chr. erobert. Sein Niedergang begann in dieser Zeit und wurde mit der Plünderung durch die Sarazenen besiegelt (915 unserer Zeitrechnung). Die Ruinenstadt liegt in der Nähe des Meeres. Man kann die Ruinen der Oberstadt – der Akropolis – besichtigen, wo sich die meisten Tempel befanden. Aber auch in der Unterstadt hat man Reste von einem Amphitheater, einem Kapitolstempel und Thermen entdeckt.

★★ **Acropoli** ⌚ – Die Akropolis wurde auf einer Anhöhe aus Lava- und Tuffgestein vulkanischen Ursprungs angelegt. Nach einem kurzen Tunnel öffnet sich links die **Orakelgrotte der Sibylle**★, eine der heiligen Stätten der antiken Welt. Sie wurde im 6. oder 5. Jh. v. Chr. von den Griechen angelegt.
Wenn man zur Via Sacra zurückkehrt, so gelangt man zu einem Aussichtspunkt. Von hier aus hat man einen schönen **Blick**★ auf das Meer. An dieser Stelle sind Ausgrabungsfunde ausgestellt. Es geht weiter zum **Apollotempel**, der später als christliche Kirche benutzt wurde. Nicht weit entfernt liegt der **Jupitertempel**, der das gleiche Schicksal erfuhr: in der Mitte ist noch das große Taufbecken zu erkennen; in der Nähe des Heiligtums entdeckte man einige christliche Gräber.

★ **Arco Felice** – Von der Straße nach Neapel kann man diesen Bogen, der über die antike Via Domitiana führt, besonders gut bewundern. Teile der alten Fahrbahn sind erhalten.

Die Sibylle von Cumae

In der antiken Mythologie sind die Sibyllen weissagende, Apollo geweihte Jungfrauen, die als nahezu göttliche Wesen verehrt wurden. Eine der berühmtesten ist die Sibylle von Cumae. Von ihr soll Tarquinius Priscus, der Sage nach der 5. König Roms, die berühmten „Sibyllinischen Bücher" erhalten haben. Dabei handelt es sich um eine Sammlung von Weissagungen und Kultvorschriften, die im Keller des kapitolinischen Jupitertempels in Rom aufbewahrt und in Notzeiten von den römischen Herrschern zu Rate gezogen wurde. Eine der bedeutendsten Darstellungen der Sibylle von Cumae ist die Michelangelos im Deckengewölbe der Sixtinischen Kapelle.

DOLOMITI★★★

DOLOMITEN

Michelin-Karte Nr. 988 Falte 4, 5 oder Nr. 429 Falten 3-5

Zwischen Venetien und Trentino-Südtirol liegen die felsigen „Bleichen Berge" *(Monti Palladi)* mit dem berühmten Alpenglühen, das die Gipfel in der Abenddämmerung rot widerscheinen läßt und plötzlich erlöscht, sobald die Sonne untergegangen ist. Das schroffe Gebirgsmassiv schließt zahlreiche kristallklare Seen ein und birgt mancherlei Geheimnisse, die Stoff für unzählige poetische Legenden geliefert haben.

Das Alpenglühen in den Dolomiten

Einer Legende zufolge nahm ein Prinz, der am Fuße der Alpen wohnte, die Tochter des Mondkönigs zur Frau. Zwar erfüllten Wiesen und Blumen das Herz der jungen Frau mit Freude, doch die düstere Farbe der Felsen beunruhigte sie zutiefst. Das Heimweh nach den hellen Bergen ihrer Heimat zermürbte sie derart, daß sie auf den Mond zurückkehrte. Dem verzweifelten Prinzen kamen Zwerge zu Hilfe, die die Mondstrahlen zu Knäueln leuchtender Fäden aufwickelten, daraus große Tücher woben und sie über die Berge legten. Da kehrte die Prinzessin zurück, und die Zwerge bekamen das Recht zugesprochen, im Königreich zu wohnen.
Bei Sonnenuntergang jedoch schmückten sich die hellen Berge mit den Farben des Feuers, zweifellos von einem wunderschönen Rosenstrauch beeinflußt, der auf dem Berg, auf dem der König der Zwerge lebte, wuchs. Von diesen Farben angezogen, überfielen eines Tages fremde Krieger das Königreich und nahmen den König gefangen. Dieser sprach einen Fluch über die Pflanze aus: Weder bei Tag noch bei Nacht sollte man sie sehen können. Da er aber die Dämmerung vergaß, erglüht das Bergmassiv Catinaccio, auf deutsch „Rosengarten", bei Sonnenuntergang noch heute und bringt jeden Felsen der Dolomiten zum Erstrahlen.

DIE DOLOMITEN

Die Dolomiten bestehen aus hellem Kalkstein, dem Dolomit, benannt nach dem französischen Geologen Déodat de Dolomieu, der seine Zusammensetzung im 18. Jh. erforscht hatte. Vor 150 Millionen Jahren lag dieser Teil der Erde unter dem Urzeitmeer Tethys, und auf dem Meeresgrund begannen Mergel, Kalksteine und Korallenriffe die geologischen Schichten der Dolomiten zu formen.
Vor ungefähr 70 Millionen Jahren, zum Zeitpunkt der Alpenbildung (Faltung der Erdkruste), wurden die Schichten stark zusammengepreßt und an die Oberfläche gedrückt. So entstanden die Dolomiten, in denen man noch heute Versteinerungen aus dem Meer finden kann. Diese Entwicklungsphase wurde praktisch erst im Laufe der Eiszeiten des Quartärs (vor etwa 2 Millionen Jahren) abgeschlossen, als die Gletscher die Formen abrundeten und Täler auswuschen. Lediglich Pflanzen und Tiere fehlten zu jener Zeit in den Dolomiten; ihre Verbreitung begann nach dem Rückzug der Gletscher.

Die verschiedenen Gebirgsstöcke – Im Südosten erheben sich die Berge Pelmo (3 168 m) und Civetta (3 220 m). Im Süden liegt in der Nähe des Cima della Vezzana die Gruppe der „Pale di San Martino", drei stark zerklüftete Gebirgsketten, die eine Hochfläche trennt. Das Latemar-Massiv (2 842 m) und der Rosengarten (Catinaccio, 2 981 m) mit den berühmten „Vaiolet-Türmen" umrahmen den Karerpaß (Passo di Costalunga). Nördlich davon erheben sich der Langkofel (Sasso Lungo) und die kolossale Sella-Gruppe, um die eine Straße herumführt.
Die höchsten Gipfel der Dolomiten von Cortina im Osten sind die Tofana-Spitzen, Sorapis und Cristallo. Im Zentrum bildet die **Marmolada** (3 342 m) die höchste Erhebung der Dolomiten.
Das Gebiet **Cadore** ist eine Verlängerung der Dolomiten östlich und südöstlich von Cortina d'Ampezzo. Das Tal der Piave bildet die Achse dieses Gebietes, dessen Hauptort Pieve di Cadore ist. Der Antelao (3 263 m) und die Drei Zinnen (Tre Cime di Lavaredo) sind die höchsten Gipfel dieses Gebirgsmassivs.

Fauna und Flora – Nadelwälder, Krokus, Enzian, Edelweiß, Alpenrose, Lilie, Glockenblume und Teufelskralle bestimmen die Farben der Landschaft in den Dolomiten.
Auch wenn der Tourismus die Tiere immer weiter zurückdrängt, bieten die Dolomiten, die zum großen Teil in einem Nationalpark liegen, nach wie vor einen natürlichen Lebensraum für Gemsen, Murmeltiere, Steinadler und Auerhähne.

Entsprechung zwischen der italienischen und deutschen Schreibw

Adige/Etsch	Cornedo/Karneid
Alpe di Siusi/Seiseralm	Corvara in Badia/Kurfar
Badia/Abtei	Costalunga (Passo di)/Karerpaß
Badia (Val)/Gadertal	Croda Rossa/Hohe Geisel
Bolzano/Bozen	Dobbiaco/Toblach
Braies (Lago di)/Pragser Wildsee	Ega (Val d')/Eggental
Bressanone/Brixen	Gadera/Gaderbach
Brunico/Bruneck	Gardena (Passo)/Grödnerjoch
Campo Fiscalino/Fischleinboden	Gardena (Val)/Grödnertal
Carezza (Lago di)/Karersee	Isarco/Eisack
Catinaccio/Rosengarten	Monguelfo/Welsberg
Cervina (Punta)/Hirzerspitze	Nova Levante/Welschnofen
Collalbo/Klobenstein	Odie (le)/Geislerspitze

★★★ STRADA DELLE DOLOMITI (DOLOMITENSTRASSE)

1 Von Bozen nach Cortina d'Ampezzo *210 km - etwa 2 Tage*

Durch die Dolomiten führt eine historische Straße, die für ihre schönen Aussichten und die meisterliche Straßenbautechnik berühmt ist. Sie war bereits während der Renaissance eine Handelsstraße zwischen Venedig und Deutschland und diente im Ersten Weltkrieg als Militärstraße.

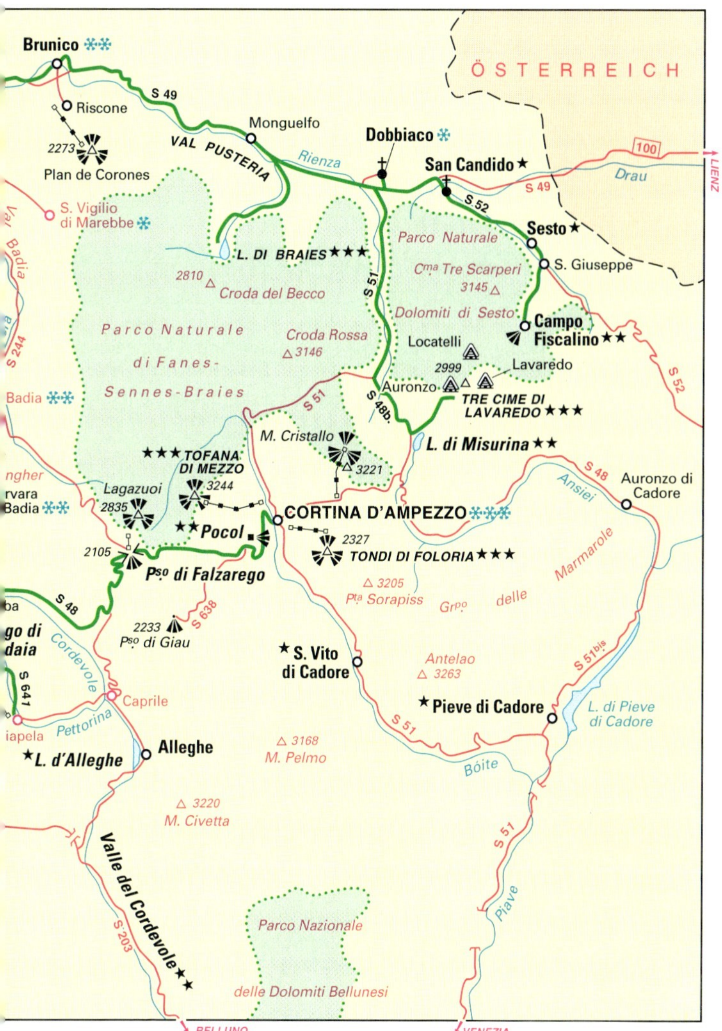

r Ortsnamen und geographischen Bezeichnungen

rtisei/St-Ulrich	S. Giuseppe/Moos
an de Corones/Kronplatz	Sarentina (Valle)/Sarntal
ose (Cima d.)/Plose Bühel	Sasso Lungo/Langkofel
enon/Ritten	Sella (Passo)/Sellajoch
enza/Rienz	Selva in Val Gardena/Wolkenstein im Grödnerta
o di Pusteria/Mühlbach	Sesto (Val di)/Sextental
scon/Reischach	Sopra Bolzano/Oberbozen
odengo/Rodeneck	Talvera/Talfer
an Candido/Innichen	Tre Cime di Lavaredo/Drei Zinnen
an Cassiano (Cima)/Kassianspitze	Tre Scarperi (Cima)/Dreischusterspitze
an Giacomo (Cima)/Jakobspitze	Vipiteno/Sterzing
an Vigilio di M./St. Vigil	
-Cristina/St-Christina	

★ **Bolzano/Bozen** – *Siehe dort*

★ **Gola della Valle d'Ega/Eggenschlucht** – Enge Schlucht aus rosafarbenem Sandstein mit der **Burg Karneid (Castello di Cornedo)**.

★ **Nova Levante/Welschnofen** – Der hübsche kleine Ort mit seinem Zwiebelturm liegt am Ufer eines Wildbachs und wird von dem eindrucksvollen Rosengarten (Catinaccio) überragt.

Wanderwege und Höhenwanderungen

In den Dolomiten gibt es ein dichtes Netz von Wanderwegen. Sowohl dem geruhsamen Wanderer als auch dem erfahrenen Alpinisten bieten sich zahlreiche Möglichkeiten, die Dolomiten zu Fuß zu erkunden. Karten und Führer zu Wanderwegen, Schutzhütten und Biwaks sind überall zu kaufen.

Einige Beispiele für Höhenwanderwege:

- Nr. 2 Brixen (Bressanone) - Feltre: Plose, Puez-Massiv, Gardenaccia, Sella-Gruppe und Marmolada.
- Nr. 3 Niederdorf (Villabassa) - Longarone: Pustertal (Val Pusteria), Hohe Geisel (Croda Rossa), Misurina, Cristallo, Sorapis und Antelao.
- Nr. 4 Innichen (San Candido) - Pieve di Cadore: Nationalpark Dolomiti di Sesto, Cardini di Misurina und Marmarole.

Eine gute Vorbereitung ist die wichtigste Voraussetzung für eine Bergtour. Sie sollten sich daher unbedingt bei folgenden Stellen informieren:

- Azienda di Promozione Turistica Dolomiti (Fremdenverkehrsamt der Dolomiten), Piazzetta San Francesco 8, I-32043 Cortina d'Ampezzo (BL), ☎ (0436) 32 31. Internet: www.sunrise.it/dolomiti
- Alto Adige Promozione Turismo (Fremdenverkehrsamt Südtirol), Piazza Parrocchia 1, I-39100 Bolzano, ☎ (0471) 99 38 09. Internet: www.provinzia.bz.it

★ **Lago di Carezza/Karersee** – Der winzige See ist in dunkle Nadelwälder eingebettet und wird von den Gipfeln des Latemar-Massivs und des Rosengartens (Catinaccio) überragt.

★ **Passo di Costalunga/Karerpaß** – Dieser Paß, der auch Passo di Carezza genannt wird, bietet eine prächtige **Aussicht**★ auf den Rosengarten auf der einen Seite und den Latemar auf der anderen.

❄❄ **Vigo di Fassa** – Dieser Ort in schöner **Lage**★ im Fassa-Tal ist bei Wanderern und Kletterern beliebt als Ausgangspunkt für Touren ins Rosengarten-Massiv *(Seilbahn)*.

❄❄❄ **Canazei** – Canazei liegt im Herzen des Gebirgsmassivs, umgeben von Rosengarten, Vaiolet-Türmen, Sella-Gruppe und Marmolada. Der Ort ist Ausgangspunkt für Wanderungen und anspruchsvolle Klettertouren in der Marmolada-Kette. Auf der Fassade der Kirche mit Schindeldach und Zwiebelturm ist der hl. Christophorus abgebildet.

In Canazei rechts auf die Straße S 641 abbiegen.

Die Straße bietet schöne **Blicke**★★ auf die Marmolada und ihren Gletscher. Nach einem langen Tunnel erblickt man den **Fedaia-See**★ (Lago di Fedaia), der vom Marmolada-Massiv überragt wird.

★★★ **Marmolada** – In diesem Gebirgsmassiv, dem höchsten der Dolomiten, gibt es einen Gletscher und eine steile Skipiste. Von **Malga Ciapela** führt eine **Seilbahn** bis auf 3 265 m. Von hier bietet sich einer der schönsten **Ausblicke**★★★ auf die Dolomiten von Cortina (Tofana, Cristallo), auf die zuckerhutförmigen Gipfel des Langkofels (Sasso Lungo), auf die riesige Sella-Gruppe und – ganz im Hintergrund – auf die österreichischen Alpen bis zum Großglockner.

Nach Canazei zurückfahren, nach 5,5 km links abbiegen.

★★★ **Passo di Sella/Sellajoch** – Der Paß verbindet das Fassa-Tal mit dem Grödnertal und bietet ein herrliches **Panorama**★★★. Die Aussicht, wohl eine der typischsten und weitesten in den Dolomiten, reicht von der Sella-Gruppe bis zu Langkofel und Marmolada.

★★★ **Val Gardena/Grödnertal** – Dieses Tal ist ebenso schön wie von Touristen überlaufen. Hier spricht man noch rätoromanisch (ladinisch), eine Sprache, die unter der römischen Besatzung entstanden ist und nur noch in einigen Tälern in den Dolomiten, in Graubünden und in den Karnischen Alpen gesprochen wird. Die Handwerker des Tals widmen sich vor allem der Holzschnitzerei, wovon die Auslagen in den zahlreichen schönen Geschäften der bekanntesten Dörfer Wolkenstein (Selva di Val Gardena), Sankt Christina (Santa Cristina di Val Gardena) und St. Ulrich (Ortisei) zeugen.

❄❄❄ **Selva di Val Gardena/Wolkenstein** – In diesem Ferienort am Fuße der Sella-Gruppe ist das Kunsthandwerk noch sehr lebendig: Holzschnitzereien, Zinngegenstände und Porzellan.

❄❄❄ **Ortisei/St. Ulrich** – Eine Seilbahn führt auf die **Seiseralm/Alpe di Siusi**❄, eine 60 km^2 umfassende Hochebene in herrlicher **Lage**★★ zwischen Langkofel und Monte Siciliar. Idealer Ausgangspunkt für Bergtouren, unabhängig von Interessen und Kondition.

Auf die Dolomitenstraße zurückfahren.

★★ **Passo Pordoi/Pordoijoch** – Dieser Paß ist mit 2 239 m der höchste der Dolomitenstraße. Die Landschaft zwischen den riesigen Felsblöcken mit ihren senkrechten Felswänden und stumpfen Gipfeln ist grandios.

Passo di Falzarego/Falsarego-Paß – Je mehr man sich Cortina d'Ampezzo nähert, um so schöner wird die Straße. Man fährt an den Tofana-Spitzen und den Fünf Türmen mit ihrer kargen Landschaft vorbei, die Tolkien für den *Herr der Ringe* inspiriert haben sollen.

✲✲ **Cortina d'Ampezzo** – *Siehe dort*

2 PUSTERTAL (VAL PUSTERIA) UND UMGEBUNG

Das Pustertal wird im Süden von den Dolomiten und im Norden von den Zentralalpen abgeschlossen. Vom Ende des 13. Jh.s bis zum 16. Jh. gehörte es zur Grafschaft Göritz (Gorizia) und war Teil der Handelsstraße von Venedig nach Deutschland.
Wenn man von der Brenner-Autobahn über die Nationalstraße in das Tal hineinfährt, erreicht man zunächst das Dorf Mühlbach (Rio di Pusteria). Wenige Minuten später taucht die **Burg Rodenegg** (Rodengo) ⓥ auf. Sie birgt den ältesten Zyklus weltlicher romanischer Fresken (aus dem 13. Jh.), die das Epos *Iwein* von Hartmann von der Aue zum Thema haben.

✲✲ **Brunico/Bruneck** – Dieser wichtige Knotenpunkt im Pustertal bietet in **Teodone/Dietenheim** ein interessantes **Freilichtmuseum**★ (Museo Provinciale degli Usi e Costumi ⓥ), das auf einer Fläche von 3 ha in verschiedenen ländlichen Gebäuden (vom adligen Wohnhaus bis zum Heuschober) eine Ausstellung zu den verschiedenen Tätigkeiten und dem Leben der Bauern und des Landadels in der Vergangenheit zeigt.

Von Bruneck (Brunico) Richtung Toblach (Dobbiaco) fahren. Nach Welsberg (Monguelfo) rechts abbiegen und dem Hinweisschild Lago di Braies folgen.

★★ **Lago di Braies/Pragser Wildsee** – Dieser See mit seinem abwechslungsreichen Farbenspiel liegt auf 1 495 m Höhe und grenzt an die Croda del Becco. Die Umrundung des Sees nimmt eine Stunde in Anspruch. Man kann auch Boote mieten oder schmale Pfade erwandern.

Durch das Pustertal weiterfahren. Vor Toblach (Dobbiaco) rechts nach Cortina abbiegen (Hinweisschild). Über Misurina und die Drei Zinnen (Tre Cime di Lavaredo) weiterfahren. Der letzte Straßenabschnitt ist mautpflichtig ⓥ.

★★ **Tre Cime di Lavaredo/Drei Zinnen** – Von der Auronzo-Schutzhütte erreicht man die Lavaredo-Hütte in einer halben Stunde; von dort aus gelangt man in einer Stunde zur Locatelli-Hütte. Auf diesem letzten Abschnitt bietet sich dem Wanderer ein überwältigender Blick auf die Drei Zinnen. Das Gebiet gehört zum Nationalpark der Dolomiten von Sexten (Parco Nazionale Dolomiti di Sesto). Man kann die Drei Zinnen auch von Sexten aus über den zur Locatelli-Hütte führenden Wanderweg 102 in 2 1/2 Stunden erreichen.

Auf dem Rückweg von den Drei Zinnen eine Rast am Misurina-See einplanen.

★★ **Lago di Misurina/Misurina-See** – Der in 1 759 m Höhe liegende See ist von Tannenwäldern umgeben und ein idealer Ausgangspunkt für Wanderungen zu den umliegenden Bergen (von den Drei Zinnen bis zum Cristallo).

Aerfoto/ARTEPHOT

Dolomiten: Die Drei Zinnen

✲ **Dobbiaco/Toblach** – Diese Stadt hatte im Mittelalter große Bedeutung, da sie direkt an der Handelsstraße von Venedig nach Deutschland lag. Die Pfarrkirche im Stil des Spätbarock stammt aus der 2. Hälfte des 18. Jh.s.

★ **San Candido/Innichen** – In diesem hübschen Dorf steht die bedeutendste romanische Kirche Südtirols. Die **Stiftskirche★** erhielt ihr heutiges Aussehen im 13. Jh.; der Glockenturm stammt aus dem 14. Jh. Über dem Südportal befinden sich Fresken des Malers und Bildhauers Michael Pacher (um 1430-1498). Das bemerkenswerteste Werk jedoch ist die Kreuzigung, eine Figurengruppe aus Holz vom Anfang des 13. Jh.s, bei der die Füße Jesu auf dem Kopf Adams ruhen. *In Innichen (San Candido) rechts nach Sexten (Sesto) abbiegen und das Pustertal verlassen, das in Österreich weiterverläuft.*

★ **Sesto/Sexten** – Sexten liegt ganz den Dolomiten zugewandt und bietet eine große Auswahl an Spazier- und Wanderwegen sowie Klettertouren, auf denen die herrliche Kulisse aus der Nähe erkundet werden kann. Die Seilbahn auf den Monte Elmo verringert die Entfernung zu den Gipfeln bereits ein wenig. Der Wanderweg 4 D, der sich für geruhsame Spaziergänge eignet, führt durch Wald und Hochalmen und bietet einen wunderschönen Blick auf die Meridiana di Sesto (vom Gipfel Neun bis zum Gipfel Eins). Dieser Weg wird auch „Parcours der Bibelmeditation" genannt, da er von 14 Holzskulpturen zu biblischen Themen gesäumt wird.

In San Giuseppe (Moos) beginnt das Fischleintal (Val Fiscalina), das bis nach **Fischleinboden★★** (Campo Fiscalino) führt. Dort bietet sich ein eindrucksvoller Blick auf die Meridiana di Sesto und die Dreischusterspitze (Tre Scarperi).

WEITERE ORTE UND SEHENSWÜRDIGKEITEN

Im Süden von Cortina bieten sich weitere interessante Ausflüge in die Dolomiten an.

★★ **Valle del Cordevole (Cordevole-Tal)** – Die äußerst malerische Straße von Caprile nach Belluno führt an hochgelegenen Dörfern und steilen Schluchten vorbei. Das am Ufer eines **Sees★** gelegene **Alleghe** ist ein günstiger Ausgangspunkt für Ausflüge.

✲✲✲ **San Martino di Castrozza** – San Martino di Castrozza, inmitten einer herrlichen Landschaft, ist ein günstiger Ausgangspunkt für Ausflüge; die alten Bräuche (Trachten) sind hier lebendig geblieben.

★ **Pieve di Cadore** – Der Geburtsort von **Tizian** liegt am Ende eines Stausees. In der Kirche ist eines der Werke des großen Meisters zu sehen; das Geburtshaus Tizians beherbergt heute ein **Museum** ⓥ.

★ **San Vito di Cadore** – Das kleine Dorf am Fuße des Antelao besitzt zwei Kirchen mit steilen Schindeldächern.

Isola d'ELBA★★

Insel ELBA – Toskana

29 411 Einwohner

Michelin-Karte Nr. 988 Falte 24 oder Nr. 430 N 12/13

Mit seinen langen Stränden, den unberührten Landschaften und dem trockenen, milden Klima ist Elba eine ideale Ferieninsel. Die Insel Elba war einst Teil des überfluteten Festlandes, von dem die Inseln Korsika, Sardinien, Elba, die Balearen und die Gebirgsmassive der Französischen Riviera und der Provence bestehen blieben. Wie diese Inseln und Gebirge hat auch die größte Insel des Toskanischen Archipels eine zerklüftete Küste mit kleinen Buchten, Grotten oder Stränden. Die Pflanzenwelt ist die der Mittelmeerländer. Man findet Palmen, Eukalyptusbäume, Zedern und Magnolien, außerdem werden Wein und Oliven angebaut. Bekannt sind die aromatischen, kräftigen Weine wie der weiße Moscato und der rote Aleatico.

Der höchste Gipfel der bergigen Insel, die hauptsächlich aus Granit besteht, ist der Monte Capanne. Der östliche Teil der Insel ist reich an Eisenerz, das schon die Etrusker hier abbauten. Heute werden die Erzgruben nicht mehr genutzt.

Die Insel Elba ist mit dem Schicksal Napoleons verbunden. Nach seiner Abdankung in Fontainebleau wurde der Kaiser auf die Insel Elba verbannt. Er herrschte vom 3. Mai 1814 bis zum 26. Februar 1815 souverän über die Insel und verfügte über einen kleinen Hofstaat und ungefähr 1 000 Soldaten.

Rundfahrten – Von Portoferraio aus kann man den Rundfahrten auf der Kartenskizze folgen: der **westliche Teil** *(ca. 70 km, 5 Std.)* und der **östliche Teil** *(68 km, etwa 3 Std.).*

⛱ **Portoferraio** – Die Hauptstadt der Insel liegt am Rande eines prächtigen Golfs im Schutz ihrer alten Mauerruinen und von zwei Befestigungen. In der Oberstadt befindet sich das **Museo Napoleonico dei Mulini** ⓥ, das in der gleichnamigen

Anreise

Mit dem Zug – Von der Eisenbahnstrecke Genua-Rom führt eine Abzweigung zum Bahnhof in Campiglia Marittima, von wo es eine direkte Verbindung nach Piombino gibt (14 km).

Mit dem Auto – Verlassen Sie die Schnellstraße von Livorno nach Grosseto an der Ausfahrt San Vincenzo oder Venturina. Die weitere Strecke ist gut ausgeschildert.

Am Hafen angekommen... – In Piombino haben Sie die Qual der Wahl: zahlreiche Überfahrten gehen täglich nach Portoferraio (Dauer etwa 1 Std., 1/2 Std. mit dem Tragflächenboot) und rund 10 Überfahrten täglich nach Rio Marina und Porto Azzurro (in der Hochsaison mehr). Einmal wöchentlich fährt auch ein Schiff von Livorno nach Elba.

Auskünfte – Folgende Fährgesellschaften geben Auskunft: Navarma, *Piazzale Premuda 13, ☎ (0565) 22 12 12;* Elba Ferries, *Piazzale Premuda, ☎ (0565) 22 09 56, Fax (0565) 22 09 96;* Toremar, *Piazzale Premuda 13/14, ☎ (0565) 31 100, Fax (0565) 35 294.*

Villa dei Mulini eingerichtet ist, einem Haus, das Napoleon während seines Aufenthaltes auf der Insel bewohnte. Man bewahrt hier seine Bibliothek und verschiedene Andenken auf.
Nach **Biodola**, das einen herrlich großen Sandstrand hat, erreicht man **Marciana Marina**. Der Fischerhafen am Fuß des Monte Capanne liegt in einer Bucht, die von zwei Molen geschützt wird. Auf der einen ist noch die Ruine eines runden Turms zu sehen.

★★ **Monte Capanne** – 1 018 m hoch. *Kabinenbahn ⌚ von Marciana aus.*
Vom Gipfel, gleich neben der Bergstation, eröffnet sich dem Besucher ein großartiges **Panorama**★★ über die ganze Insel, die toskanische Küste im Osten und im Westen die Ostküste Korsikas.

Marciana – Von dem reizvoll gelegenen Ort hat man eine schöne **Aussicht**★ auf **Poggio**, das hoch auf einem Felsvorsprung liegt, auf Marciana Marina und auf den Golf von Procchio.
Sehenswert ist das kleine **Museo archeologico** ⌚ (vorgeschichtliche Gegenstände, griechische Tonwaren etc.).

Madonna del Monte – Von der Staße, die in Marciana zur Burg führt, geht ein Weg zur Kapelle Madonna del Monte. Sie wurde im 16. Jh. am Nordhang des Monte Giove errichtet. Unweit der Kapelle befindet sich ein halbrunder Brunnen von 1698 und die „Einsiedelei", in der Napoleon im Juni 1814 mit Maria Walewska wohnte.

Prima/DOUBLE'S

Golfo Stella

Marina di Campo – Am Rande einer mit Olivenbäumen und Weingärten übersäten Ebene, in einer malerischen Bucht, liegt der Fischerort mit Hafen und einem langen Sandstrand.

★ **Villa Napoleone di San Martino** – Inmitten einer hügeligen Landschaft mit Eichenwäldern und Weinbergen liegt das bescheidene Haus, das Napoleon als Sommerresidenz benutzte.
Von hier genießt man einen schönen Blick über die Bucht von Portoferraio. Unterhalb davon wurde von dem Schwiegersohn Jerôme Bonapartes, dem Prinzen Demidow, ein Palast in neoklassizistischem Stil errichtet.

Capoliveri – Am Westrand dieser Ortschaft liegt der **Aussichtspunkt**★★, der „Drei Meere" genannt wird, weil man von hier die Buchten von Portoferraio, Porto Azzurro und den Golfo Stella sehen kann.

Porto Azzurro – Der schöne Hafen wird von einer Festung überragt, in der sich heute eine Strafanstalt befindet.

Rio Marina – Die hübsche Ortschaft, der Ausfuhrhafen für das Eisenerz, wird von einem zinnenbekrönten Turm bewacht.

Über **Cavo**, einen kleinen geschützten Ort am Kap Castello kehrt man über eine hochgelegene **Küstenstraße**★★ nach Portoferraio zurück. Dabei kann man noch den Blick auf die Ruinen von Volterraio, die Bucht von Portoferraio und das Meer genießen.

ERCOLANO★★

HERCULANEUM – Kampanien

61 111 Einwohner

Michelin-Karte Nr. 988 Falte 27 oder Nr. 431 E 25

Kartenskizze siehe unter Golfo di NAPOLI

Der Überlieferung nach soll Herkules die Stadt gegründet haben, die wie Pompeji 79 n. Chr. durch den Vesuvausbruch unter einem Schlammstrom begraben wurde. Herculaneum hatte niemals die wirtschaftliche und politische Bedeutung der Nachbarstadt Pompeji, doch der Hafen wurde für die Fischerei genutzt, und es gab zahlreiche Handwerksbetriebe. Reiche und gebildete Patrizier ließen sich hier Sommerhäuser bauen, denn wegen seiner schönen Lage am Golf von Neapel erfreute sich Herculaneum großer Beliebtheit. Es bestand aus fünf Stadtvierteln, die durch drei Hauptstraßen getrennt waren. Es gab verschiedene Hausformen, die von dem Schlammstrom, der sich über die Stadt ergoß, bis in den kleinsten Winkel ausgefüllt wurden. Diese Tatsache läßt den Besuch von Herculaneum zu einem besonderen Erlebnis werden, denn im Gegensatz zu Pompeji, wo alles Holz unter der heißen Lava verbrannte, blieb es hier unter dem schützenden Schlammpanzer vollständig erhalten: Balken, Träger, Treppen, Türen oder Wände zeugen vom schlagartigen Eintreten der Katastrophe. Die Bevölkerung wurde von dem Schlammstrom überrascht, als sie im Begriff war, aus der Stadt zu fliehen.
Die Ruinenstätte Herculaneum wurde 1997 in die Liste des Weltkulturerbes der UNESCO aufgenommen.

AUSGRABUNGEN (SCAVI) ⓥ *Besichtigung: 2 Std.*

Einige der beschriebenen Häuser sind unter Umständen wegen Restaurierungsarbeiten zeitweise nicht zu besichtigen.

Von der Straße, die zu den Ausgrabungen führt *(für Fahrzeuge gesperrt)*, bietet sich kurz vor der Ruinenstadt ein Blick über die Villen mit ihren Terrassen zum Meer.

Casa dell'Albergo – Als die Katastrophe eintrat, war man gerade dabei, dieses weitläufige Patrizierhaus in ein Mietshaus umzubauen, woher sich auch sein Name ableitet. Es ist eins der am stärksten zerstörten Gebäude Herculaneums.

★★ **Casa dell'Atrio a mosaico** – Dieses Haus ist nach dem Mosaikfußboden im Atrium benannt, der ein Schachbrettmuster zeigt. Rechts vom Haus liegt der von einem Peristyl umgebene Garten, links die Schlafzimmer. Im hinteren Teil des Hauses befindet sich das angenehme Triklinium (Speisezimmer). Rechts und links der Terrasse sind zwei kleine Ruheräume eingerichtet. Von hier konnte man den Blick auf das Meer genießen.

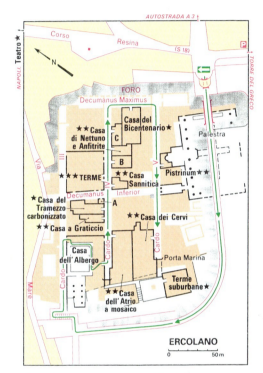

Casa: *Haus*
Foro: *Forum*
Porta: *Tor*
Teatro: *Theater*
Terme: *Thermen*
Palestra: *Palästra (Sportanlage)*

★★ **Casa a Graticcio** – Die Wände des einfachen Hauses bestehen aus einem Flechtwerk *(graticcio)* aus Zweigen und Lehm. Es ist das einzige Beispiel dieser Bautechnik, das aus der Antike überliefert ist.

★ **Casa del Tramezzo carbonizzato** – Die Fassade dieses Hauses ist erstaunlich gut erhalten. Es ist ein typisches Beispiel für ein Patrizierhaus, das mehrere Familien aufnehmen konnte. Eine Zwischenwand *(tramezzo)* aus Holz trennte das Atrium vom Tablinium (Wohnraum). Von der Holzwand sind nur noch die Seitenteile erhalten.
Neben der Casa del Tramezzo steht das Haus des Färbers (**A**) mit einer hölzernen Presse.

★★ **Casa Sannitica** – Das samnitische Haus wurde nach einem klaren Plan erbaut. Es besitzt in der Mitte ein großes **Atrium**, das von einer Galerie mit ionischen Säulen umgeben wird. Die Zimmer sind mit Fresken ausgemalt.

★★★ **Terme** – Die unter der Herrschaft des Augustus erbauten Thermen sind nicht so großartig wie andere ähnliche Anlagen, zeichnen sich aber durch klug durchdachte Anordnung der Räume aus; zudem sind sie erstaunlich gut erhalten. Zuerst besichtigt man das **Männerbad** mit der Palästra (Saal für sportliche Übungen), dem Umkleideraum (**a**), dem Frigidarium (**b**) oder Kaltwasserbad, dessen Gewölbe mit Fresken verziert ist. Es folgt das Tepidarium, das Bad mit lauwarmem Wasser (**c**) und das Caldarium, das Warmwasser- und Dampfbad (**d**). Im **Frauenbad** kommt zuerst der Wartesaal (**e**), danach das Apodyterium (Kleiderablage) (**f**) mit einem Mosaik, das Triton darstellt. Schließlich das Tepidarium (**g**), dessen Mosaikfußboden ein Labyrinth zeigt, und das Caldarium (**k**).

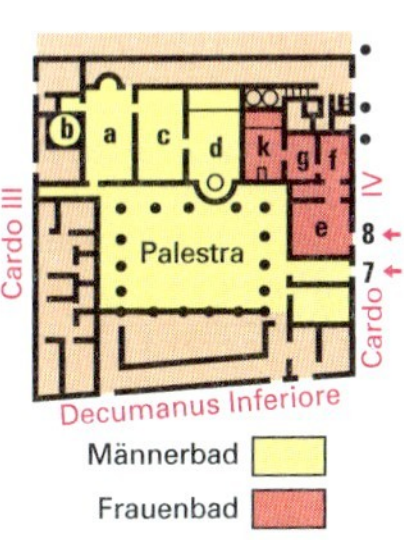

★ **Casa del Mobilio carbonizzato (B)** – Den Namen erhielt das bescheidene, aber dennoch schöne Haus nach den verkohlten Möbeln, die sich in einem der Räume befanden. In einem Raum ist noch ein Bett mit Holzpfosten erhalten.

★★ **Casa del Mosaico di Nettuno e Anfitrite** – Zu dem Wohnhaus gehört noch ein **Geschäft**★, dessen Ladentisch zur Straße zeigt. Das Nymphäum ist mit einem Mosaik mit Neptun und Amphitrite verziert, das dem Haus den Namen gab.

★ **Casa del Bel Cortile (C)** – Durch die Anlage des Innenhofs unterscheidet sich das Haus von den anderen der Stadt: das Atrium fehlt und wird durch einen erhöht liegenden Hof mit Steintreppe und Balkon ersetzt.

★ **Casa del Bicentenario** – Erst 1938, zweihundert Jahre (daher „Bicentenario") nach Beginn der Ausgrabungen wurde das Haus freigelegt. Es ist mit Fresken ausgemalt und enthält noch ein Kreuzzeichen, das eines der ältesten Zeugnisse des Christentums im römischen Kaiserreich ist.

★★ **Pistrinum** – Laut Inschrift gehörte diese Bäckerei dem Sextus Patulus Felix. Im Laden und im Raum dahinter befinden sich Mühlen und der Backofen.

★★ **Casa dei Cervi** – Das reiche Patrizierhaus gehört sicher zu den schönsten Häusern, die Blick zum Meer haben. Es ist reich mit Fresken und Kunstwerken geschmückt. Besonders die Skulpturen der Hirsche *(cervi)*, die von einer Meute Hunde angefallen werden, sind bemerkenswert.

★ **Terme Suburbane** – Die elegante Dekoration der Thermen ist gut erhalten.

★ **Teatro** – *Corso Resina.* Das riesige Theater bot 2 000 Zuschauern Platz.

FABRIANO

Marken – 29 382 Einwohner

Michelin-Karte Nr. 430 L 20

Seit dem 13. Jh. ist die kleine Industriestadt für ihre Papierfabriken bekannt. Außerdem wurden hier zwei große Künstler geboren: **Allegretto Nuzi** (um 1320 - 1373), der führende Kopf der Malerei in Fabriano, die der toskanischen Schule sehr nahestand, und **Gentile da Fabriano** (um 1370 - 1427), einer der wichtigsten Vertreter der internationalen italienischen Gotik, zu der Künstler wie Pisanello und Jacopo Bellini zählten. Von Gentile da Fabriano ist jedoch kein einziges Werk in seiner Geburtsstadt erhalten.

★ **Piazza del Comune** – Der ungewöhnliche trapezförmige Platz wird begrenzt von dem strengen **Palazzo del Podestà** (13. Jh.), einem der schönsten Beispiele des mittelalterlichen Profanbaus in den Marken, sowie dem bischöflichen Palais und dem Rathaus, an das sich die Galerie (Loggiato) di San Francesco anschließt. In der Mitte des Platzes erhebt sich ein schöner gotischer Brunnen (Sturinalto), der an den Großen Brunnen in Perugia erinnert.

Piazza del Duomo – Auf diesem hübschen ruhigen Platz steht der dem hl. Venantius geweihte **Dom**, in dem einige Fresken von Allegretto Nuzi erhalten sind. Gegenüber befindet sich das ehemalige Hospital der Madonna del Buon Gesù (15. Jh.), Sitz der Städtischen **Pinakothek** (Pinacoteca Civica) ⌚, die der Entwicklung der Malerei in Fabriano zwischen dem 13. und 15. Jh. gewidmet ist. Hier werden außerdem zwei schöne **Figurengruppen aus Holz**★ (2. Hälfte des 14. Jh.s), *Die Anbetung der hl. drei Könige* und *Das Mysterium*, sowie eine Sammlung von Wandteppichen gezeigt.

★★ **Museo della Carta e della Filigrana** ⌚ – *Largo Fratelli Spacca.* Das Museum ist in den schönen Gebäuden des ehemaligen Klosters San Domenico (15. Jh.) untergebracht. Es handelt sich um ein „lebendiges" Museum, das die Techniken der Papierherstellung in einer nachgebildeten mittelalterlichen Werkstatt in voller Aktivität darstellt. Das Museum zeigt außerdem eine Ausstellung alter Karten aus Fabriano und eine internationale Sammlung von Wasserzeichen.

UMGEBUNG

★★ **Grotte di Frasassi** ⌚ – *15 km nordöstlich.* Die herrlichen Grotten entstanden durch den Wildbach Sentino, der sich seinen Weg durch ein Kalksteinmassiv grub. Sie bilden ein riesiges unterirdisches Netz. Die größte Grotte ist die **Grotta del Vento** (Windgrotte). Sie besteht aus sieben zusammenhängenden Sälen, in denen man Stalagmiten, Stalaktiten und Konkretionen in allen Farben bewundern kann.

Die Zeitspannen bei den Ausflügen ist so berechnet, dą Sie während der Fahrt Landschaft und empfohlene Sehenswürdigkeiten in Mųe betrachten können.

FAENZA

Emilia-Romagna

54 124 Einwohner

Michelin-Karte Nr. 988 Falte 15 oder Nr. 429 und 430 J 17

Stadtplan im Michelin-Hotelführer ITALIA

Aus Faenza stammen die gleichnamigen glasierten oder emaillierten Keramiken, die **Fayencen**, für die es seit dem 15. Jh. berühmt ist. Diese gebrannten Tonwaren werden auch Majoliken genannt, da sich die italienischen Töpfereien in der Renaissance an den Tonwaren aus Mallorca inspirierten.
Die Keramiken von Faenza sind bekannt für die Feinheit des Tons, die hervorragende Glasur, ihre leuchtenden Farben und die Dekorvielfalt.
Ein internationaler Wettbewerb und eine alle zwei Jahre stattfindende internationale Ausstellung der Keramikkunst zeugen von der Bedeutung der Keramikherstellung in Faenza, wo zahlreiche ortsansässige Künstler und Kunsthandwerker die Tradition fortsetzen.

★★ **Museo Internazionale della Ceramica (Internationales Keramikmuseum)** ⓥ – Anhand der Sammlungen kann man die Entwicklung der Keramikherstellung auf der Welt studieren. Im ersten Stock befinden sich italienische Majoliken aus der Zeit der Renaissance, heimische Produkte, Volkskunst sowie Keramiken aus dem Fernen Osten. Das Erdgeschoß veranschaulicht das zeitgenössische Schaffen in Italien und enthält Stücke namhafter Künstler aus Frankreich wie Matisse, Picasso, Chagall, Léger, Lurçat sowie aus den Ateliers von Vallauris (Südfrankreich).

★ **Pinacoteca Comunale (Städtisches Kunstmuseum)** ⓥ – Es enthält bedeutende Werke von Giovanni da Rimini, Palmezzano, Dosso Dossi, Rosselino und einige Gemälde ausländischer Schulen (Porträts von Pourbus).

Keramikteller (Ende 15. Jh.)
(Internationales Keramikmuseum, Faenza)

Museo Internazionale delle Ceramiche, Faenza

Cattedrale – Die Kathedrale wurde im 15. Jh. von dem Florentiner Architekten Giuliano da Maiano erbaut, die Fassade blieb jedoch unvollendet. Im Kircheninnern kann man das Grabmal des Bischofs St. Savinus sehen, das Benedetto da Maiano schuf (1471).
Auf der Piazza della Libertà befindet sich ein hübscher Brunnen aus der Barockzeit (17. Jh.).

Piazza del Popolo – An dem langgestreckten Platz mit Arkaden und darüber verlaufenden Galerien stehen der Palazzo del Podestà (12. Jh.) und der Palazzo del Municipio (13.-15. Jh.).

FANO

Marken

55 233 Einwohner

Michelin-Karte Nr. 988 Falte 16 oder Nr. 430 K 21

Stadtplan im Michelin-Hotelführer ITALIA

Das Städtchen Fano ist heute ein beliebtes Seebad. Es war vom 13.-15. Jh. ein Lehen der Malatesta von Rimini. Im April des Jahres 1581 weilte der französische Philosoph Montaigne in Fano.

★ **Corte Malatestiana (Hof der Malatesta)** – Die Renaissance-Anlage (15. Jh.) besteht aus einem Hof mit Garten und einem Palast. Das Ganze bildet eine ideale Theaterkulisse, im Palast ist das Städtische Museum **(Museo Civico)** ⓥ untergebracht, das eine archäologische, eine numismatische Abteilung sowie Skulpturen und Gemälde vom 14. bis zum 18. Jh. zeigt. Bemerkenswert ist ein Gemälde von Guercino, ***Der Schutzengel*** (1641).

Chiesa di Santa Maria Nuova – 16.-18. Jh. Hier befinden sich **Gemälde**★ von Perugino, deren feine Zeichnung und Farbwahl außergewöhnlich ist. Auf dem 3. Altar rechts eine Madonna mit Kind (1497), am 2. Altar links die Verkündigung (1498).

Fontana della Fortuna (Fortuna-Brunnen) – Auf der Piazza 20 Settembre steht der Brunnen mit dem Symbol der Glücksgöttin (16. Jh.). Die Göttin, auf einer rollenden Kugel, fängt den wechselnden Wind in ihrem Mantel auf.

Arco d'Augusto (Augustusbogen) – *Am Ende der gleichnamigen Straße.* Dieser Bogen aus dem 1. Jh. n. Chr. hat eine breite Durchfahrt in der Mitte und an beiden Seiten je einen Durchgang für Fußgänger. An der Fassade der Kirche San Michele, die sich dem Bogen anschließt, ist er auf einem Relief in seiner ursprünglichen Form dargestellt. Links vom Bogen sind noch Überreste der römischen Stadtmauer erhalten.

FERMO★

Marken

35 466 Einwohner

Michelin-Karte Nr. 988 Falte 16 oder Nr. 430 M 23

Fermo, in schöner **Lage**★ an den Abhängen eines Hügels, der Land und Meer beherrscht, war während der Römerzeit eine aufstrebende Kolonie und erlebte seine Blütezeit im Mittelalter und der Renaissance; damals entstanden zahlreiche religiöse und weltliche Bauten.
Getreu einer jahrhundertealten Handwerkstradition ist die Region von Fermo immer noch die Heimat der Schuhindustrie.

★ **Piazza del Popolo** – Dieser Platz im Zentrum der Stadt ist von Galerien und eleganten Arkadengängen aus dem 16. Jh. umgeben. Mehrere Paläste befinden sich hier: Der **Palazzo Comunale** (15.-16. Jh.), dessen Fassade von einer Statue von Sixtus V., ehemals Bischof von Fermo, dominiert wird, der Palazzo degli Studi, früher Sitz der Universität und heute Stadtbibliothek, sowie das bischöfliche Palais an der gegenüberliegenden Seite.

Pinacoteca Civica ⓥ – Die in der ersten Etage des Palazzo Comunale untergebrachte Städtische Gemäldegalerie enthält eine schöne Sammlung von Werken, die in erster Linie aus den Marken und Venetien stammen. Die bedeutendsten Exponate sind ***Lu Marguttu*** (16. Jh.), eine bei Turnieren als Zielscheibe dienende Holzstatue eines Sarazenen, ***Acht Szenen aus der Legende der hl. Lucia***★ von Jacobello del Fiore (1394?-1439), mit der für die Spätgotik typischen, anmutsvollen Ausstrahlung, und die ***Anbetung der Hirten***★★ von Rubens (1577-1640), eines der schönsten Gemälde, die der Künstler während seines Italienaufenthalts geschaffen hat. Im Raum mit der Weltkarte ist ein schöner **Erdglobus** aus dem 18. Jh. ausgestellt.

Römische Zisternen ⓥ – *Via degli Aceti.* Es handelt sich um ein gewaltiges Bauwerk aus dem 1. Jh. n. Chr. aus 30 miteinander in Verbindung stehenden Räumen, die eine Fläche von über 2 000 m^2 einnehmen und als Wasserreservoir für die Stadt und den Hafen verwendet wurden.

Corso Cefalonia – An dieser Hauptverkehrsader des historischen Zentrums stehen schöne Renaissance-Paläste (Azzolino, Vitali Rosati) und der Matteucci-Turm aus dem 13. Jh.

Piazza del Duomo – Hoch oben auf dem Hügel hat man von der weiten Esplanade vor dem Dom einen herrlichen **Blick**★★ auf die Gegend von Ascoli, den Apennin, das Meer und die Halbinsel von Conero.

★ **Duomo** ⓥ – Der im 13. Jh. im romanisch-gotischen Stil von „Maestri comacini" *(s. S. 59)* erbaute Dom hat eine majestätische **Fassade** aus weißem istrischen Stein. Die sehr fein ziselierten Portalskulpturen zeigen am Türsturz Christus mit den Aposteln und an den Türpfosten symbolische Szenen und Figuren. Im Atrium, das zu den Resten der alten Kirche gehört, steht der Sarkophag (14. Jh.) des Stadtherrn Giovanni Visconti. In dem aus dem 18. Jh. stammenden **Innenraum** befinden sich eine schöne byzantinische **Ikone** und ein **Mosaik**★ aus dem 5. Jh. n. Chr.; der hier dargestellte, aus einem Gefäß trinkende Pfau verkörpert die Auferstehung Christi und die Wiedergeburt des Geistes.

UMGEBUNG

Montefiore dell'Aso – *20 km südlich.* In der **Stiftskirche** ⓥ dieser hübschen Kleinstadt befindet sich ein Meisterwerk von Carlo Crivelli: ein leider unvollständiges, mit Gold überzogenes **Polyptychon**★★, das aus sechs Tafeln mit Heiligenbildern besteht. Die Darstellung der Maria Magdalena symbolisiert einen der Höhepunkte im Schaffen von Crivelli. Die Heilige, die in prächtige, golddurchwirkte Brokatstoffe und Seide gekleidet ist und den scharlachroten Mantel trägt, Sinnbild für das Leiden Christi, hält ein Salbgefäß in der Hand und bewegt sich mit Anmut und Würde.

★ **Santa Maria a piè di Chienti** ⓥ - *in Borgo di Stazione Montecosaro, 24 km in nordwestlicher Richtung.* Dieses berühmte romanische Bauwerk wurde im 12. Jh. errichtet und mehrere Male umgestaltet. Der wunderschöne Innenraum erhält durch die Alabasterfenster ein goldenes Licht. Er ist in drei Schiffe aufgeteilt, die in einen **Chorumgang**★ mit einem Kapellenkranz kluniazensischen Ursprungs münden. Die Erstellung eines erhöhten Chors zu Beginn des 15. Jh.s führte zum Bau einer zweiten Kirche, deren Apsis mit Fresken derselben Epoche geschmückt ist.

FERRARA★★

Emilia-Romagna

143 736 Einwohner

Michelin-Karte Nr. 988 Falte 15 oder Nr. 429 H 16

Das in der fruchtbaren Poebene gelegene Ferrara hat seit der Renaissance, als der glanzvolle und kulturell hochstehende Fürstenhof der Este mit denen von Mailand, Venedig und Mantua rivalisierte, seinen Grundriß der Straßen und Plätze bis heute fast unverändert bewahrt. Seine geradlinigen Straßen, die von roten Backsteinbauten gesäumt sind, seine strengen Palazzi und seine weiten, leeren Plätze, von denen sich De Chirico inspirieren ließ, strahlen eine sonderbare Atmosphäre heimlicher Melancholie aus. Im August findet in der Stadt das Festival der **Buskers** statt, der fahrenden Musikanten, die in der Altstadt die unterschiedlichsten Klänge widerhallen lassen.

Eine Dynastie von Mäzenen - Als freie Stadt kam Ferrara 1208 in den Besitz des **Hauses Este** (bis 1598). Dieses Haus konnte, obwohl einigen Vertretern der Familie Este der Geruch von Grausamkeit anhängt, die Stadt mit unzähligen Gebäuden bereichern. Künstler und Schriftsteller fühlten sich von der Stadt angezogen und wurden großzügig aufgenommen. **Niccolò III.** (1393-1441) brachte seine Frau Parisina mit ihrem Liebhaber um, erzog aber seine beiden Söhne **Lionello** und **Borso** zu tüchtigen Verwaltern und kunstverständigen Mäzenen. **Ercole I.** (1431-1505), der für die Ermordung seines Neffen verantwortlich war, war ein großer Förderer der Künstler, wie auch seine beiden Töchter Beatrice und Isabella. Auf **Alfonso I.** (1476-1534), den dritten Gatten der Lucrezia Borgia, folgte **Ercole II.** (1508-1559), der mit der protestantischen Renate von Frankreich verheiratet war, die Marot und die Calvinisten beschützte.

Nach dem Tod von **Alfonso II.** (1533-1597), der keinen direkten Erben hatte, wurde Ferrara dem Kirchenstaat einverleibt. Die Este kehrten in ihr Herzogtum Modena zurück.

Dank der 1391 gegründeten Universität und dem Mäzenatentum der Este entwickelte sich Ferrara zu einer Hochburg der Künste und der Literatur. Drei große italienische Dichter genossen die Gunst des Hofes von Ferrara, die man als die drei „Kronen der Este" bezeichnete: **Matteo Maria Boiardo** (1441-1494), der Autor des *Orlando innamorato* (dt. „Rolands Abenteuer"), **Ludovico Ariosto** (1474-1533) und **Torquato Tasso** (1544-1595). Ariosto stand sein ganzes Leben lang im Dienste des Hauses Este. Sein Meisterwerk, den **„Rasenden Roland"**, eines der herausragenden Stücke der italienischen Literatur, schrieb er während seiner Mußestunden unter der Herrschaft Alfonsos I. Das an Verwicklungen reiche Epos gründet sich auf das karolingische Rolandslied, das der Autor jedoch sehr frei und mit viel Ironie behandelt. In seiner geschliffenen, lebhaften Sprache schildert er Kampfszenen, beschreibt Fabelwesen, Ungeheuer und Landschaften und analysiert die Leidenschaften, die seinen Helden verzehren. **Torquato Tasso** wurde in Sorrent geboren und lebte einige Jahre am Hof von Ferrara. Dort entstand auch sein Kreuzzugsepos ***La Gerusalemme Liberata***, das von der Eroberung Jerusalems durch die Christen und der Liebe Rinaldos zu Armida erzählt. In dem umfangreichen Werk kommt in einer damals neuen lyrischen, klangvollen Sprache die schwärmerische, stürmische und zugleich düstere Persönlichkeit Tassos zum Ausdruck. Die letzten Lebensjahre des Dichters wurden durch Anfälle von Wahnsinn verdunkelt, weswegen man ihn in ein Hospital brachte. Den Konflikt zwischen höfischer Konvenienz und genialer Unbedingtheit des Dichters stellte Goethe in seinem „Tasso" dar.

Die Malerschule von Ferrara - Die Malerschule von Ferrara, in hohem Maße von der starken Persönlichkeit **Cosmè Turas** (um 1430 - 1495) geprägt, ist gekennzeichnet durch einen Realismus, der vom Einfluß der niederländischen und deutschen Meister zeugt, eine von Mantegna übernommene Ausdruckskraft und eine eindrucksvolle, an Donatello erinnernde Plastizität. Die wichtigsten Vertreter seiner Schule waren **Francesco del Cossa** (1435-1477), in dessen Werk die scharfen Konturen und die metallische Härte der Formgebung Turas durch einen hellen und flächigen, an Piero

Tips und Adresse

Eine Nacht in Ferrara

Die sollte man unbedingt in der winzigen Herberge (nur 4 Zimmer) **Locanda Borgonuovo** im Herzen der Altstadt *(Via Cairoli 29, ☏ (0532) 21 11 00)* verbringen. Für eine Übernachtung in dieser eleganten und komfortablen Pension empfiehlt es sich, lange im voraus zu reservieren.

della Francesca erinnernden Stil abgemildert ist, **Ercole de' Roberti** (1450-1496), der ganz dem Vorbild seines Meisters verpflichtet ist, und **Lorenzo Costa** (1460-1535), der eine enge Verbindung zu den Werkstätten in Bologna schuf, wo die warmen Töne der umbrischen und toskanischen Schule vorherrschten. Im 16. Jh. gingen **Dosso Dossi** und **Garofalo** unter dem Einfluß der Venezianer zu einer zarteren Farbgebung über, die sie mit klassischen, dem Werk Raffaels und der römischen Schule entliehenen Elementen verbanden.

CITTÀ VECCHIA (ALTSTADT)

★ **Castello Estense** ⓥ (**BY B**) – Dieses mächtige Kastell, geschützt durch Wassergräben, vier massive Ecktürme und Zugbrücken, war der Wohnsitz der Este. Im Erdgeschoß befinden sich enge Gefängniszellen, in denen Parisina und ihr Liebhaber gefangengehalten wurden. Im ersten Stock kann man die Orangerie, die stille herzogliche Kapelle und die Säle besichtigen, die von den in der zweiten Hälfte des 16. Jh.s in Ferrara tätigen Filippi mit Fresken ausgemalt wurden.

★★ **Duomo** (**BYZ**) – Der im 12. Jh. in einem lombardischen Übergangsstil zwischen Romanik und Gotik erbaute **Dom** hat eine dreigeteilte **Fassade**★★. Im Bogenfeld des schönen **Portalvorbaus** befindet sich eine Darstellung des Jüngsten Gerichts, die an das Schmuckwerk der Kathedralen der französischen Gotik erinnert. Die Figur des hl. Georg in der Lünette des Mittelportals stammt von Niccolò, einem Meister der romanischen Schule des Wiligelmus, der die Portalskulpturen der Kathedrale von Modena schuf. An der rechten Seitenfront befinden sich im oberen Teil zwei Galerienordnungen, im unteren Teil der Portikus sowie die Läden der Loggia dei Mercanti (15. Jh.). Hier stand auch das „Portale dei Mesi", dessen Teile heute im Dommuseum aufbewahrt werden. Der unvollendete Turm wurde von Leon Battista Alberti entworfen. Die halbkreisförmige Apsis mit Verzierungen aus gebranntem Ton stammt von Biagio Rossetti. Das **Innere** wurde im 18. Jh. verändert und enthält einige Kunstwerke, darunter im rechten Querschiff *Das Martyrium des hl. Laurentius* von Guercino und zwei Bronzestatuen aus dem 15. Jh. (der hl. Maurelius und der hl. Georg) sowie im Gewölbe der Apsis das Jüngste Gericht von Bastianino.
Das **Dommuseum**★ (Museo del Duomo) ⓥ besitzt zwei Statuen von Jacopo della Quercia, zwei von Cosmè Tura bemalte ehemalige **Orgelflügel**★★ (*Der hl. Georg kämpft gegen den Drachen* und die *Verkündigung*) und wunderschöne **Skulpturen**★ (12. Jh.), die vom Portale dei Mesi stammen und sich durch große Lebendigkeit und genaue Beobachtung der Realität auszeichnen (das schönste Beispiel dafür ist die Darstellung des Monats September).

Gegenüber dem Dom liegt das **Rathaus** (Palazzo del Municipio – **BY H**) aus dem 13. Jh., einst Herzogschloß.

Mittelalterliche Straßen – Die **Via San Romano** (**BZ**), in der zahlreiche Häuser einen für Ferrara ungewöhnlichen Portikus aufweisen, führte früher vom Marktplatz (Piazza Trento e Trieste) zum Hafen (heute Via Ripagrande) und ist immer noch eine wichtige Geschäftsstraße. Die einzigartige **Via delle Volte** (**BZ 22**) ist zu einem der Wahrzeichen der Stadt geworden. Die überdachten Gänge *(Volte)* führten von den Wohnhäusern der Kaufleute zu ihren Geschäften und vergrößerten die Wohnfläche.

Sinagoghe ⓥ (**BZ R**) – Das Gebäude, das der römische Bankier Ser Samuel Mele 1481 der jüdischen Gemeinde stiftete, beherbergt drei Synagogen für verschiedene Riten: den fanesischen (von der Stadt Fano in den Marken), den italienischen und den deutschen Tempel.

★ **Palazzo Schifanoia** ⓥ (**BZ E**) – Der Palazzo wurde Ende des 14. Jh.s erbaut und von Herzog Borso vergrößert. Im **Salone dei Mesi**★★ sind wunderschöne Fresken erhalten: Der zu Ehren von Herzog Borso geschaffene, leider nur zum Teil erhaltene komplexe Bilderzyklus der zwölf Monate des Jahres verbindet äußerst geschickt Alltagsleben, Astrologie und Mythologie und zeigt das hohe kulturelle Niveau, das die Renaissancekunst in Ferrara erreichte. Die Fresken, unter Leitung von Cosmè Tura von verschiedenen Künstlern, darunter Francesco del Cossa (März, April, Mai) und Ercole de' Roberti (September), ausgeführt, zeichnen sich durch ungewöhnliche Detailgenauigkeit sowie durch wunderbar lebendige Pinselführung und Farbgebung aus.

Die jüdische Gemeinde in Ferrara

Dank der toleranten Politik des Hauses Este erlebte die jüdische Gemeinde im 15. und 16. Jh. eine Blütezeit; Juden aus Rom, Spanien und Deutschland kamen nach Ferrara. Das Ghetto wurde 1624 von der Regierung des Kirchenstaates eingerichtet: Fünf Tore zwischen der Via Mazzini, der Via Vignatagliata und der Via Vittoria riegelten das Viertel von Sonnenuntergang bis zum Morgen ab. Erst 1859, im neuen italienischen Königreich, wurden die Tore des Ghettos wieder abgerissen. Die jüdische Gemeinde von Ferrara spielt eine zentrale Rolle in Giorgio Bassanis Roman *Der Garten der Finzi-Contini*, der Vorlage zum gleichnamigen Film von Vittorio de Sica, der 1970 den Oskar als bester ausländischer Film erhielt.

Im Palazzo Schifanoia ist das Städtische **Museum für antike Kunst** (Museo Civico di Arte Antica) untergebracht, in dem archäologische Funde, Medaillen, Bronzefiguren, Holzmarketerien und Elfenbeingegenstände ausgestellt sind. Dem Museum ist das benachbarte **Lapidarium** in der ehemaligen Kirche Santa Libera angegliedert.

In der Nähe des Palazzo Schifanoia befindet sich die Kirche **Santa Maria in Vado** (15.-16. Jh.) mit schönen Fresken und Gemälden im großzügigen Innenraum.

★ **Palazzina di Marfisa d'Este** ⓥ (**BZ N**) – In diesem Stadtpalais, das früher von Arkaden, Pavillons und Gärten umgeben war, lebte Marfisa d'Este, die hier Torquato Tasso empfing. Im Inneren verdienen die Groteskenmalereien an den Decken und die Möbel aus dem 16. und 17. Jh. Beachtung. Durch den Garten gelangt man in die Loggia degli Aranci (Orangerie), deren Gewölbedecke mit einer Trompe-l'œil-Malerei in Form eines Laubenganges mit Weinreben und Tierfiguren ausgeschmückt ist.

★ **Casa Romei** ⓥ (**BZ**) – Ein geradezu einzigartiges Beispiel für ein Bürgerhaus aus dem 15. Jh., in dem sich Elemente der Spätgotik, wie das Schmuckwerk der Räume im Erdgeschoß (**Sala delle Sibille**, Sala dei Profeti), mit Merkmalen der Renaissance, wie dem Portikus im **Ehrenhof**, mischen.

★ **Palazzo di Ludovico il Moro** ⓥ (**BZ M[1]**) – Das Gebäude, das Ende des 15. Jh.s von Biagio Rossetti entworfen, aber nicht ganz fertiggestellt wurde, hat einen hübschen Hof mit Arkaden und eine große Ehrentreppe mit interessanten Marmorverzierungen. Im ersten Stock ist das **Nationale Archäologiemuseum** untergebracht. Es besitzt eine umfangreiche Sammlung von Grabbeigaben (6.-5. Jh. v. Chr.) und griechischen **Vasen aus Attika**★, die bei Ausgrabungen in der Stadt Spina, einem der wichtigsten Handelshäfen im Mittelmeerraum, gefunden und nach einem 2 000 Jahre dauernden „archäologischen Krimi", von dem sich u. a. sogar Boccaccio mitreißen ließ, im 20. Jh. schließlich ans Tageslicht befördert wurden.

Sant'Antonio in Polesine ⓥ (**BZ**)– Im 1257 von der Benediktinerin Beatrice d'Este gestifteten Kloster herrscht eine Atmosphäre friedvoller Abgeschiedenheit. Die drei Kapellen der **inneren Kirche** sind mit kostbaren **Fresken**★ der Schule von Giotto oder der Malerschule der Emilia-Romagna aus dem 14. bis 16. Jh. geschmückt.

CITTÀ RINASCIMENTALE (RENAISSANCEVIERTEL)

1490 betraute Ercole I. d'Este **Biagio Rossetti** mit der Erweiterung der Stadt nach Norden. Mit der **Addizione Erculea** wurde entlang zweier Hauptachsen (dem Corso Ercole I d'Este zum einen sowie den Corsi Porta Po, Biagio Rossetti und Porta di Mare zum anderen) eine große Renaissancestadt mit Parkanlagen und Gärten geschaffen. Nach Ansicht des Kunsthistorikers Jacob Burckhardt wurde Ferrara damit zur ersten „modernen Stadt Europas". 1995 wurde sie in die UNESCO-Liste des Weltkulturerbes aufgenommen.

★ **Corso Ercole I d'Este** (**BY**) – Der von herrlichen Palästen gesäumten Prachtstraße ganz ohne Geschäfte haftet auch heute noch die Aura einer herrschaftlichen Wohngegend an. Die Stelle, an der sie auf die andere Achse der Addizione trifft, bildet unter dem Namen **Quadrivio degli Angeli** (Engelskreuzung) das Herz des Corso, dem drei schöne Eckhäuser mit reichen Verzierungen, darunter der berühmte Palazzo dei Diamanti, besonderen Glanz verleihen.

★★ **Palazzo dei Diamanti** (**BY**) – Seinen Namen verdankt das Meisterwerk von **Biagio Rossetti** dem facettenartigen Bossenwerk (Diamantierung) der Fassaden: Über 8 500 Diamantquader, die asymmetrisch und mit unterschiedlicher Ausrichtung auf drei Seiten angeordnet sind, erzeugen eine intensive plastische Wirkung. Der Palazzo wurde nach dem Prinzip der Diagonalen entwickelt: der wichtigste Teil ist daher die Ecke, die durch **Pilaster** und einen kleinen Balkon hervorgehoben wird.

Im ersten Stock befindet sich die **Pinacoteca Nazionale**★ ⓥ, wo die thematisch angelegten Sammlungen die Entwicklung der Malerei in Ferrara, Venedig und der Emilia vom 13. bis 18. Jh. illustrieren. Zu den schönsten Exponaten gehören zwei dem hl. Maurelius gewidmete Medaillons von Cosmè Tura, der ***Marientod*** des Venezianers Carpaccio, die ***Grablegung*** von Ortolano, die **Retabel** von Garofalo und die aus verschiedenen Kirchen in Ferrara stammenden **Fresken**. Die Collezione Sacrati Strozzi zeigt die **Darstellungen der Musen Erato und Urania**, die sich im Arbeitszimmer des Lionello d'Este im Palazzo di Belfiore befanden (das ursprünglich in der Nähe des heutigen Corso Ercole I d'Este gelegene Bauwerk wurde während der päpstlichen Herrschaft zerstört).

Im Corso Ercole I d'Este 17 befindet sich das **Museo Michelangelo Antonioni**, das dem Werk des bekannten Filmregisseurs aus Ferrara gewidmet ist.

Palazzo Massari (**BY**) – In diesem Palazzo aus dem späten 16. Jh. ist das **Museo Boldini** ⓥ untergebracht. Hier sind Ölgemälde, Pastelle und Zeichnungen ausgestellt, die die Entwicklung Boldinis (1842-1931) während seiner Schaffensperioden in Ferrara, Florenz und Paris dokumentieren. Darüber hinaus sind einige Werke anderer Künstler aus Ferrara zu sehen.

Casa dell'Ariosto ⓥ (**AY**) – *Via Ariosto 67*. Das Haus von Ariosto, in dem heute ein Kulturzentrum untergebracht ist, besitzt einen Garten, in dem der Dichter Rosen und Jasmin züchtete.

Die praktischen Angaben in diesem Reiseführer entsprechen dem Stand bei Redaktionsschluß.
Preise, Öffnungszeiten, Zufahrtswege usw. unterliegen
jedoch ständigen Änderungen. Für eventuelle Unstimmigkeiten bitten wir daher um Verständnis.

FIESOLE★

Toskana

15 077 Einwohner

Michelin-Karte Nr. 988 Falten 14, 15 oder Nr. 430 K 15 – Stadtplan im Michelin-Hotelführer ITALIA

Die Straße führt von Florenz aus in Serpentinen auf den Hügel von Fiesole, dessen Hänge von Olivenhainen, Gärten und Zypressenalleen bedeckt sind. Das alles vereint sich zu einem **Landschaftsbild★★★**, das in seiner Schönheit unvergleichlich ist. Die Maler der Renaissance haben oft versucht, dies in ihren Gemälden festzuhalten. Fiesole wurde im 7. oder 6. Jh. v. Chr. von den Etruskern gegründet, die die Lage auf dem Hügel aus strategischen Gründen und aufgrund des gesunden Klimas für günstig erachteten. Es war das Zentrum des nördlichen Etrurien und konnte den Gegner Florenz lange Zeit beherrschen, bis es im 12. Jh. von den Florentinern erobert wurde.

★ **Convento di San Francesco** ⓥ – Der Weg zum Kloster hinauf, der dem Dom gegenüber beginnt, bietet einen herrlichen **Blick★★** auf Florenz *(Aussichtsterrasse etwa auf halber Strecke)*. Das bescheidene Franziskanerkloster mit einem kleinen Kreuzgang liegt herrlich auf dem Gipfel des Hügels, über dem Arnotal.

★ **Duomo** – Der Dom wurde im 11. Jh. begonnen, im 13. und 14. Jh. erweitert und Ende des 19. Jh.s restauriert. Der nüchterne **Innenraum★** hat den Grundriß einer Basilika mit erhöhtem Chorraum. Die Säulen tragen antike Kapitelle. Zwei schöne **Skulpturen★** von Mino da Fiesole sind sehenswert.

A Antiquarium Costantini
D Museo archeologico
H Palazzo Pretorio (Municipio)
K Teatro romano
L Tempietto etrusco
N Terme

Zona Archeologica (Archäologischer Bezirk) ⓥ – In einer schönen **Hügellandschaft★** liegt das **römische Theater★** (um 80 v. Chr. – **K**), das heute wieder zu Aufführungen dient. Des weiteren ein **etruskischer Tempel** (**L**) und die Reste der **Thermen** (**N**), die die Römer im 1. Jh. erbauen ließen. Im **Museum★** (**D**) ist eine interessante Sammlung von Ausgrabungsfunden ausgestellt, die von der etruskischen Zeit bis zum Mittelalter reichen.

Antiquarium Costantini ⓥ (**A**) – *Eingang in der Nähe des Archäologischen Bezirks.* Schöne Sammlung griechischer und etruskischer Vasen. Im Untergeschoß Fundstücke aus den Ausgrabungen am Standort des Museums (Wandmalereien aus der römischen Epoche).

Museo Bandini ⓥ – *Gegenüber dem Eingang der Zona Archeologica.* Es zeigt Gemälde aus der Toskana des 14. und 15. Jh.s. Bemerkenswert sind im 1. Stock u.a. die ***Triumphe*** nach einem Werk Petrarcas, illustriert von Jacopo del Sellaio.

San Domenico di Fiesole – *2,5 km in südwestlicher Richtung (siehe Plan Florenz und Umgebung im Michelin-Hotelführer Italia).* In dieser Kirche aus dem 15. Jh., die im 17. Jh. umgebaut wurde, legte Fra Angelico sein Gelübde ab und malte das Altarbild der ***Madonna mit Heiligen*★**, das sich in der 1. Kapelle links befindet. Die ***Taufe Christi*** von Lorenzo di Credi ist in der 2. Kapelle rechts zu sehen.

Badia Fiesolana – *3 km südwestlich (siehe Plan Florenz und Umgebung im Michelin-Hotelführer Italia).* Das alte Benediktinerkloster wurde im 15. Jh. dank der Großzügigkeit Cosimos des Älteren, der hier oft weilte, teilweise wieder aufgebaut. Die ursprüngliche romanische **Fassade★** mit geometrischen Mustern aus weißem und grünem Marmor wurde in die neue Fassade integriert. Durch den Tod Cosimos blieb sie jedoch unvollendet. Das Kircheninnere und der Kreuzgang sind im Stil Brunelleschis gehalten.

Ein Hinweis für Feinschmecker:
In der Einführung dieses Reiseführers sind die beliebtesten Spezialitäten und bekanntesten Weine des Landes aufgeführt. Außerdem bietet Ihnen der Rote Michelin-Führer ITALIA jedes Jahr eine große Auswahl guter Restaurants.

FIRENZE★★★

FLORENZ – Toskana

379 687 Einwohner
Michelin-Karte Nr. 988 Falten 14, 15 oder 430 K 15
Stadtplan nachstehend – Plan Florenz und Umgebung im Michelin-Hotelführer ITALIA

Florenz ist wahrscheinlich die Stadt, in der der italienische Geist am strahlendsten und unverfälscht zum Ausdruck kommt. Drei Jahrhunderte lang, vom 13. bis zum 16. Jh., war Florenz die Wiege einer außerordentlichen Fülle von schöpferischen Geistern. Sie formten nicht nur das Gesicht des damaligen Italien, sondern auch die Kultur der Neuzeit in ganz Europa. Die wesentlichen Merkmale dieser Bewegung, die man später Renaissance nannte, sind einerseits die Weltoffenheit und die wissenschaftliche Spekulation, die die Erfinder verpflichtet, ihre neuen Forschungen auf eine gewandelte Interpretation der Vergangenheit zu gründen oder die alten Grenzen zu durchbrechen; andererseits ist für diese Bewegung auch das Streben nach Universalität bezeichnend, was die Erweiterung der Forschungs- und Interessengebiete zur Folge hatte.

Dante ist nicht nur ein bedeutender Dichter, sondern auch Grammatiker und Historiker, der über die Ursprünge und die Kraft seiner Sprache nachdenkt. Er nimmt auch aktiv am politischen Leben seiner Stadt teil und ist mit verschiedenen Ämtern im Rat von Florenz und in Gesandtschaften betraut.
Giotto ist Maler, zugleich Architekt und seit 1334 Dombaumeister in Florenz.
Der Fürst, der den Glanz von Florenz verkörpert, ist **Lorenzo der Prächtige** (il Magnifico), ein ebenso geschickter Diplomat wie realistischer Staatsmann. Daneben war er ein Freund der Künste und der Künstler, ein Mäzen, Dichter und Philosoph. Er stand in enger Verbindung mit der Platonischen Akademie (Accademia di Carreggi), in der sich Philosophen (Marsilio Ficino, Pico della Mirandola) und Schriftsteller (Poliziano und andere) versammelten und das Fundament für einen neuen Humanismus legten.
Das Streben nach einem Ausgleich zwischen Natur und Ideal findet in der Person **Michelangelos** seinen vollkommensten Ausdruck. Der aus Caprese (Toskana) stammende Künstler war Maler, Architekt, Bildhauer, Dichter und Philosoph in einem, und sein Werk spiegelt die typisch florentinische Unruhe wider, ein ständiges Streben nach Vollkommenheit.
Florenz liegt in einer wunderschönen **Landschaft**★★★, die durchdrungen ist von einem matten, sanften Licht und geprägt von Heiterkeit und Harmonie. Auf den niedrigen Hügeln, die Florenz umgeben, erstrecken sich Olivenhaine und Weinberge, stehen Zypressen, so als seien sie bewußt dort arrangiert, um das Auge zu erfreuen, in einer Harmonie, die der Mensch angeordnet hat. Die Florentiner Maler und Architekten haben versucht, diese Ausgewogenheit der Natur in ihr Werk zu übertragen. Ob es nun der Glockenturm der La Badia von Arnolfo di Cambio ist oder der des Doms, ein Werk Giottos; die Fassade von Santa Maria Novella von Alberti oder Brunelleschis Kuppel von Santa Maria del Fiore: jedes dieser Kunstwerke scheint in der Reinheit und Eleganz seiner Linien der Schönheit der Landschaft und dem einzigartigen Licht gerecht werden zu wollen.

Florenz: Blick auf die Stadt

FLORENZ ERLEBEN

Anreise

Mit dem Flugzeug - Der kleine Flughafen von Florenz **Amerigo Vespucci** *(in Peretola, 4 km außerhalb der Stadt),* ☎ *(055) 37 34 98)* ist hauptsächlich ein Binnenflughafen und wird nur von einigen wenigen internationalen Fluggesellschaften aus 10 europäischen Städten angeflogen. Direktflüge gibt es von Berlin, Frankfurt und München mit Lufthansa. Am Flughafen fährt ein Bus der SITA (Abfahrt stündlich, Fahrtdauer ca. 20 Min.) zur historischen Altstadt. Fahrkarten sind in der Flughafenbar erhältlich.

Mit dem Auto - Die Stadt ist verkehrstechnisch sehr gut angebunden, da sie am Knotenpunkt der Autobahnen A 1 Mailand-Neapel über Bologna und A 11 Florenz-Pisa sowie an der Schnellstraße Florenz-Pisa-Livorno liegt.

Mit dem Zug - Eine bequeme Möglichkeit der Anreise bietet der Nachtzug, der im zentral gelegenen Bahnhof Santa Maria Novella ankommt. Von hier aus sind die verschiedenen Stadtviertel mit Bus oder Taxi gut zu erreichen.

Stadtbesichtigung

Ein Tip: Besichtigen Sie Florenz zu Fuß oder per Bus. Florenz ist kunstgeschichtlich eine derart bedeutende Stadt, daß man allein für die Besichtigung der wichtigsten Sehenswürdigkeiten mindestens vier Tage benötigt. Die herausragenden Gebäude und Museen liegen alle in der Stadtmitte und ziemlich nahe beieinander, so daß man in diesem Teil der Stadt, wo der Autoverkehr sehr dicht und das Straßennetz unübersichtlich ist, sein Auto auf dem Parkplatz Fortezza da Basso oder des Bahnhofs Santa Maria Novella (2 000 oder 3 000 L pro Stunde) stehen lassen und seinen Weg zu Fuß oder mit dem Bus fortsetzen sollte.

Bus - Hier nur einige der wichtigsten Verbindungen:
- Die Linie 13 verkehrt entlang des Spazierweges nach San Miniato al Monte und zum Piazzale Michelangelo.
- Die Linie 7 fährt vom Bahnhof nach Fiesole.
- Die Linie 10 verbindet den Bahnhof mit Settignano.
- Die Linie 17 B verkehrt zwischen dem Bahnhof und der Jugendherberge.

Fahrkarten: 1 500 L (gültig 1 Std.), 2 000 L (2 Std.), 5 800 L (Mehrfahrtenkarte mit 4 Fahrten, jeweils 1 Std. gültig), 6 500 L (Touristenpaß, 24 Std. gültig).

Taxi - Telefonzentrale: ☎ (055) 42 42, (055) 43 90 oder (055) 47 98.

Autovermietung - Agenturen befinden sich in der Stadt und am Flughafen:
AVIS, Borgo Ognissanti 128r, ☎ (055) 21 36 29 oder (055) 239 88 26
ITALY BY CAR-THRIFTY, Borgo Ognissanti 53r, ☎ (055) 28 71 61 oder (055) 29 30 21
EUROPCAR, Borgo Ognissanti 53r, ☎ (055) 23 60 072/3
HERTZ, Via Maso Finiguerra 33r, ☎ (055) 23 98 205 oder (055) 28 22 60.

Übernachten in Florenz

Florenz ist zwar nicht Venedig, aber was die Unterkunft angeht, begegnen einem dort die gleichen Schwierigkeiten wie in der Lagunenstadt. Seit langem schon stehen die Preise in keinem Verhältnis mehr zur Qualität der Unterkunft. Dennoch läßt sich in Florenz für jeden Geschmack und Geldbeutel etwas Passendes finden, solange man flexibel und bereit ist, sich auf die jeweiligen Umstände einzustellen. Im folgenden finden Sie eine nach Preiskategorien geordnete Liste einiger Unterkunftsmöglichkeiten, bei denen die angegebenen Preise (bei traditionellen Hotels) für ein Doppelzimmer gelten. Auf jeden Fall ist es ratsam, sich im voraus nach den aktuellen Preisen zu erkundigen, die je nach Saison variieren, und so früh wie möglich zu reservieren.

Zu den Hotel- und Preiskategorien siehe S. 478

„GUT & PREISWERT"

Jugendherbergen (Ostelli della Gioventù) - Es gibt drei Jugendherbergen: **Ostello Archi Rossi** *(Via Faenza 94r,* ☎ *(055) 29 08 04, Fax (055) 23 02 601)*; **Ostello Villa Camerata** *(Viale Righi 2/4,* ☎ *(055) 60 14 51, Fax (055) 61 03 00)*; **Ostello Santa Monica** *(Via Santa Monica 6,* ☎ *(055) 26 83 38, Fax (055) 28 01 85).*

Campingplätze - **Campeggio Italiani e Stranieri** *(Viale Michelangelo 80,* ☎ *(055) 68 11 977, geöffnet von April bis Okt.)* und **Campeggio Villa Camerata** *(Viale A. Righi 2/4,* ☎ *(055) 60 03 15).*

Von Ordensleuten geführte Hospize - Mehrere Orden unterhalten Herbergen. Die Preise sind angemessen und die Atmosphäre angenehm. Man sollte nicht vergessen, sich nach den abendlichen Schließungszeiten zu erkundigen, die selbstverständlich relativ früh sind.

Alfa Nuova (Herz-Jesu-Missionare) - *Via E. Poggi 6, ☎ (055) 47 28 83.*

Casa Madonna del Rosario (Franziskanerschwestern der Unbefleckten Jungfrau) - *Via Capodimondo 44, ☎ (055) 67 96 21.*

Casa Regina del S. Rosario (Oratorianerinnen des heiligen Filippo Neri) - *Via G. Giusti 35, ☎ (055) 24 77 650 oder (055) 29 89 18.*

Casa SS. Nome di Gesù (Franziskanermissionsschwestern) - *Piazza del Carmine 21, ☎ (055) 21 38 56 oder (055) 21 48 66.*

Casa del SS. Rosario (Dominikanerinnen) - *Via Guido Monaco 4, ☎ (055) 32 11 71.*

Istituto Gould-Tavola valdese - *Via dei Serragli 49, ☎ (055) 21 25 76.*

Istituto Oblate dell'Assunzione - *Borgo Pinti 15, ☎ (055) 24 80 582/2.*

Istituto Pio X-Artigianelli - *Via dei Serragli 106, ☎ (055) 22 50 44 oder (055) 22 50 08.*

Istituto del Sacro Cuore (Herz-Jesu-Schwestern) - *Viale Michelangelo 27, ☎ (055) 68 11 872.*

Istituo Salesiano dell'Immacolata - *Via del Ghirlandaio 40, ☎ (055) 66 34 33 oder (055) 66 61 16.*

Istituto San Francesco di Sales Conventino - *Viale Ariosto 13, ☎ (055) 22 41 90 oder (055) 22 41 17.*

Istituto San Giovanni Battista (Johanniterschwesternschaft) - *Villa Merlo Bianco, Via di Ripoli 82, ☎ (055) 68 02 394.*

Istituto San Gregorio (Servitinnen) - *Via Bonaini 9, ☎ (055) 49 08 91.*

Istituto Santa Caterina (Barmherzige Schwestern) - *Via Santa Caterina d'Alessandria 15, ☎ (055) 49 53 41 oder (055) 47 20 53.*

Istituto Santa Chiara (Schwestern des Dritten Franziskanerordens) - *Borgognissanti 56, ☎ (055) 21 59 15.*

Istituto Sant'Angela (Ursulinen der Heiligen Familie) - *Via Fra' Bartolomeo 56, ☎ (055) 57 22 32.*

Istituto Sant'Anna (Franziskanerinnen) - *Via Lanzi 41/43, ☎ (055) 48 64 02.*

Istituto Sant'Elisabetta (Elisabethinerinnen) - *Viale Michelangelo 46, ☎ (055) 68 11 884.*

Oasi del Sacro Cuore (Kongregation der Herz-Jesu-Töchter) - *Via della Piazzola 4, ☎ (055) 57 75 88.*

Pensionato San Filippo Neri (Oratorianerpatres) - *Via dell'Anguillara 25, ☎ (055) 21 13 31 oder (055) 29 09 80.*

Scolopium - *Via Venezia 18b, ☎ (055) 57 52 43.*

Suore Oblate dello Spirito Santo - *Via Nazionale 8, ☎ (055) 23 98 202.*

Villa Agape (Barmherzige Schwestern) - *Via Torre del Gallo 8, ☎ (055) 22 00 44.*

Villa I Cancelli (Ursulinen) - *Via Incontri 21, ☎ (055) 42 26 001.*

Villa Santissima Maria Assunta (Redemptoristinnen) - *Via delle Forbici 38, ☎ (055) 57 76 90.*

Hotels - Die Buchstaben in Klammern geben die Lage auf dem Stadtplan an. Die Auswahl in dieser Preisklasse ist sehr gering, hier dennoch einige Adressen:

Residenza Hannah e Johanna (ET ⓐ) - *Via Bonifacio Lupi 14. ☎ (055) 48 18 96, Fax (055) 48 27 21. 11 Zimmer. Keine Kreditkarten.* Eine gewisse Liebe zum Detail, wie z. B. die überall gegenwärtigen Bücher- und Zeitschriftenecken (in einigen Zimmern befindet sich sogar ein kleines Bücherregal), macht den Aufenthalt in diesem Hotel sehr angenehm. Wie im kleinen „Ableger", der Residenza Johanna, ist das Frühstück bereits auf einem Tablett vorbereitet. Durch die Nähe zur Piazza S. Marco ist die Lage sehr günstig. Empfehlenswert auch wegen des freundlichen Empfangs und der angemessenen Preise.

Residenza Johanna *(außerhalb des Plans)* - *Via delle Cinque Giornate 12. ☎ und Fax (055) 47 33 77. 6 klimatisierte Zimmer. Keine Kreditkarten.* Das kleine Hotel ist beschaulich und freundlich, wie es sich in Florenz gehört. Angenehm sind die sauberen Zimmer, seine abgeschiedene Lage, auch wenn man etwas weit von der Innenstadt entfernt ist (1/2 Std. zu Fuß), sowie der kleine geschotterte Hof, in dem man sein Auto abstellen kann (eine Seltenheit in Florenz!). Das Frühstück, auf einem kleinen Tablett vorbereitet, muß vom Gast im Do-it-yourself-Verfahren auf dem Zimmer selbst zubereitet werden.

„UNSERE EMPFEHLUNG"

Villa Azalee (CT ⓡ) - *Viale Fratelli Rosselli 44. ☎ (055) 21 42 42 oder (055) 28 43 31, Fax (055) 26 82 64. 24 klimatisierte Zimmer.* In diesem Hotel in einer Patriziervilla aus dem Jahre 1860 ist jedes Zimmer anders, aber immer im Florentiner Stil eingerichtet. Besonders ansprechend sind der Garten und der Aufenthaltsraum mit seinem kleinen Kamin.

Hotel Villa Liberty (FV ⓢ) - *Viale Michelangelo 40.* ☎ *(055) 68 10 581 oder (055) 68 38 18, Fax (055) 68 12 595, E-Mail: hotel.villa.liberty@dada.it. 14 Zimmer und 2 Suiten mit Klimaanlage. Kreditkarten werden akzeptiert.* Das schöne Haus aus dem frühen 20. Jh. steht unter den schattigen Bäumen der Viale Michelangelo. Sein Vorzug liegt in seiner Nähe zum Stadtzentrum und seiner Atmosphäre der Jahrhundertwende. Der Jugendstil (it. *Liberty*), der dem Hotel seinen Namen gegeben hat und der hier als Hauptmotiv eine elegante stilisierte Schwertlilie aufweist, findet sich überall auf Wandmalereien, an den Decken, den Betten und Lampen wieder.

„SPITZENKATEGORIE"

J and J (EU ⓒ) - *Via di Mezzo 20.* ☎ *(055) 23 45 005, Fax (055) 24 02 82, E-Mail: jandj@dada.it. 14 Zimmer und 5 Suiten mit Klimaanlage. Kreditkarten werden akzeptiert.* Das Hotel ist in einem Palazzo aus dem Jahre 1600 untergebracht, an dessen Wänden man noch Spuren von alten Fresken erkennen kann. Das in jedem Zimmer unterschiedliche Mobiliar unterstreicht das Alter des Gebäudes. Der kleine Innenhof, in dem man das Frühstück so richtig genießen kann, ist besonders reizvoll.

Auf der Suche nach der landestypischen Küche

TOSKANISCHE „TRATTORIAS"

Wenn Sie eine rustikale Atmosphäre und die echte Küche des Landes lieben, empfehlen wir Ihnen das **Acquacotta** *(Via dei Pilastri 51r)*, ein einfaches und preiswertes Restaurant.

Eine junge und ansprechende Atmosphäre verbreitet das **Acqua al 2** *(Via della Vigna Vecchia, Ecke Via dell'Acqua)*, bei dem immer ein solcher Andrang herrscht, daß es ratsam ist, zu reservieren.

Eine weitere Adresse für den Liebhaber von einheimischen Spezialitäten ist das **Il Latini** *(Via dei Palchetti 6r)*.

Weinliebhaber werden die Weinstube **Le volpi e l'uva** *(Piazza De'Rossi, oberhalb des Arno)* zu schätzen wissen. Auch mittags geöffnet.

Besonders freundlich geht es im **Palle d'oro** zu *(Via Sant'Antonino 43-45r)*, einem von den Florentinern sehr geschätzten, preiswerten Restaurant.

KOSCHER ESSEN

In der Nähe der Synagoge gibt das Restaurant **Ruth's** *(Via Farini 2/A)* Gelegenheit, die koschere vegetarische Küche zu genießen und sich bei Klezmer-Musik mit den jüdischen Essensgewohnheiten vertraut zu machen. Sehr angenehm (auch die äußerst vernünftigen Preise). Reservierung empfehlenswert.

AUCH BÜCHERWÜRMER GEHEN NICHT LEER AUS

In dem Buchladen-Café **CIMA** *(Borgo degli Albizi 37r)* zwischen dem Bargello und der Kathedrale ist das Auswählen eines Schmökers nicht so „trocken".

Nützliche Informationen

Fremdenverkehrsamt - Die Zentrale **Azienda di Promozione Turistica (APT)** liegt in der *Via Manzoni 16, Fax (055) 23 46 286 (Auskünfte nur schriftlich)*. Für weitere Informationen wendet man sich an die Auskunftsstellen in der *Via Cavour 1r* (☎ *(055) 29 08 32)*, an der *Piazza Stazione, Bahnhofsvorhalle* (☎ *(055) 21 22 45)* und in der *Borgo Santa Croce 29r* (☎ *(055) 23 40 444)*. APT im Internet: http://www.firenze.turismo.toscana.it
E-Mail: firenze@mail.turismo.toscana.it

Rund um die Uhr geöffnete Apotheken - Sie befinden sich im Bahnhofsgebäude (☎ *(055) 21 67 61 oder (055) 28 94 35)*, in der *Via dei Calzaiuoli 7r* (☎ *(055) 21 54 72 oder (055) 28 94 90)* und im Krankenhaus Santa Maria Nuova.

Post und Telefon - *Via Pellicceria 3 (in der Nähe der Piazza della Repubblica).* Telefonate können hier nach Einheiten bezahlt werden. Ein weiteres Postamt befindet sich in der *Via Pietrapiana 53/55.*

Fundbüro - *Via Circondaria 19.* Geöffnet von 9-12 Uhr außer an Sonn- und Feiertagen (☎ *(055) 32 83 942)*.

Eintauchen in das Florentiner Leben

Mit dem Fahrrad – Das Fahrrad ist das beste Fortbewegungsmittel in einer Stadt, in der das hohe Verkehrsaufkommen ein permanentes Problem darstellt. Fahrradverleih bei **Florence by bike** (Internet: www.florencebybike.it). Der Verein verleiht alle Arten von Rädern und organisiert Führungen durch die Stadt und die Umgebung per Rad mit einem kundigen Führer.

Zeitungen – Das Florentiner Tagesblatt heißt *La Nazione*. In ihm findet man das Veranstaltungsprogramm der Stadt. *Firenze avvenimenti* ist eine monatlich erscheinende Broschüre, die man im Fremdenverkehrsamt in der Via Cavour bekommen kann und die auf der Rückseite des Stadtplans das Programm der Veranstaltungen des Monats auflistet.

Toskanische Küche – Um toskanische Spezialitäten in einem typisch Florentiner Ambiente zu genießen, sollte der Besucher nach einer *buca* (wörtl. Keller, in einem Untergeschoß eingerichtetes Restaurant) Ausschau halten.

Cafés – An der Piazza Repubblica, die sich an der Stelle des antiken Forums befindet und gegen Ende des 19. Jh.s umgebaut wurde, gibt es drei große Cafés: **Le Giubbe Rosse**, Literatencafé seit 1890, und gegenüber das **Paszkowski**, das 1846 von einem ehemaligen polnischen General gegründet wurde (abends Musik auf der Terrasse), und daneben das **Gilli**, das bereits aus dem Jahre 1733 stammt und im alten Stil eingerichtet ist. An der Piazza della Signoria ist das **Rivoire** berühmt für seine unvergleichliche Heiße Schokolade. Obwohl es erst seit 1882 existiert, hat es eine schöne Inneneinrichtung im Stil des 18. Jh.s. In der Via De' Tornabuoni 87/r befindet sich das **Giacosa** aus dem Jahre 1800.

Theaterabende – Auch abends bleibt Florenz die Stadt der Künste, wenn in den Theatersälen Theaterstücke und Konzerte gegeben werden. Das Veranstaltungsprogramm finden Sie in *La Nazione* und auf den Florentiner Seiten der großen überregionalen Zeitungen sowie bei den Theatern selbst:

Teatro Comunale, *Corso Italia 12, ☏ (055) 27 791.*
Teatro della Pergola, *Via della Pergola 102/31, ☏ (055) 247 96 51.*
Teatro Verdi, *Via Ghibellina 101, ☏ (055) 21 23 20.*

Das Streben der florentinischen Maler des Quattrocento (15. Jh.) nach Perspektive drückt einerseits die Faszination aus, die diese Landschaft ausübt, andererseits zeugt es von dem Willen, die Wahrnehmungen des Auges getreu wiederzugeben und zugleich mit den Mitteln der Mathematik, der eine höhere symbolische Wahrheit zuerkannt wurde, zu erfassen. Das Zusammenspiel der verschiedensten Geister mit vielfältigen Interessen, die ständig bestrebt waren, ihre Wissensgebiete zu erweitern, in einer durch Handel und Kunst blühenden und von klugen, weltoffenen Fürsten und Mäzenen geleiteten Stadt, all diese Faktoren haben dazu beigetragen, daß Florenz während einiger Jahrhunderte zum bedeutendsten Zentrum für die philosophische und künstlerische Entwicklung wurde und unzählige künstlerische Schöpfungen und Erfindungen prägte.

GESCHICHTLICHES

Im 1. Jh. v. Chr. gründete Cäsar am rechten Ufer des Arno auf der Höhe des heutigen Ponte Vecchio eine Kolonie, die den Namen *Florentia* erhielt. Dort waren Veteranen stationiert. Sie kontrollierten den Flußübergang der *Via Flaminia*, die Rom mit Norditalien und Gallien verband.
Erst im 11. Jh. erhielt die Stadt eine gewisse Machtstellung in der Toskana, als Hugo, Markgraf der Toskana, Florenz zu seinem Sitz erkor. Ende des 11. Jh.s erhielt Florenz unter der Markgräfin Mathilde eine weitgehende Autonomie. Das 12. Jh. stand dann im Zeichen einer Blütezeit, hervorgebracht durch die neue Klasse der Kaufleute. Damals enstanden bedeutende Bauwerke, so z. B. das Baptisterium und die Kirche San Miniato. Die Handwerker organisierten sich in mächtigen Zünften, den „Arti", auf die sich die gesetzgebende Macht auch stützte, als Florenz eine freie Stadt wurde. Im 13. Jh. war ein Drittel der Bevölkerung in die Zünfte der Tuch- und Seidenherstellung eingetragen und trug, durch die Ausfuhr der Produkte nach ganz Europa und weiter, zum außergewöhnlichen Aufschwung der Stadt bei. Die Handwerker wurden in ihren Geschäften von den Florentiner Bankleuten unterstützt, den Nachfolgern der jüdischen und lombardischen Geldverleiher. Das Bankwesen florierte, der Wechsel wurde erfunden und der berühmte „Florin" geschaffen, eine Münze, die das Wappen der Stadt trug und erst Ende des 15. Jh.s von dem venezianischen Dukaten abgelöst wurde. Die größten Bankiers waren die Bardi-Peruzzi, die im Hundertjährigen Krieg England enorme Summen zur Verfügung stellten; auch die Pitti, Strozzi, Pazzi und – nicht zu vergessen – die Medici besaßen bedeutende Bankhäuser und standen den Bardi-Peruzzi nur wenig nach.

Trotz dieses wirtschaftlichen Aufschwungs konnte sich Florenz den Machtkämpfen zwischen den Ghibellinen, Anhängern des Kaisers, und den Guelfen, die den Papst unterstützten, nicht entziehen. Die **Guelfen** trugen zuerst den Sieg davon und verjagten die Ghibellinen; diese übernahmen dann 1260 wieder in Montaperti die Macht, nachdem sie sich mit anderen, Florenz feindlich gesinnten Städten verbündet hatten, allen voran mit der Stadt Siena. Nach einer kurzen Pause kehrten die Guelfen 1266 nach Florenz zurück und veränderten das Aussehen der Stadt gewaltig: sie zerstörten alle Geschlechtertürme der ghibellinischen Adelsfamilien, riefen die Republik aus und errichteten die Regierung der Signoria, die von Vertretern *(Priori)* des Volkes gestellt wurde. Aber auch hier bildeten sich zwei Parteien, die Schwarzen *(Neri)* und die Weißen *(Bianchi)* Guelfen, wobei sich letztere gegen den Papst wandten. Das wurde Dante zum Verhängnis, der den Weißen angehörte. Als Parteigänger der Unterlegenen wurde er 1302 für immer verbannt. Die Epidemie der Schwarzen Pest im Jahre 1348 raffte über die Hälfte der Stadtbevölkerung hinweg und setzte diesen blutigen Kämpfen ein Ende.
Unter den reichen Familien der Stadt war es das Haus **Medici**, aus dem die bedeutendsten Herrscher der Stadt kamen. Sie hatten sowohl die Hochfinanz als auch das Zunftwesen in ihrer Gewalt. Begründer der Dynastie war Giovanni de'Bicci, der an der Spitze eines reichen Bankhauses stand, das er 1429 seinem Sohn, **Cosimo dem Älteren**, vererbte. Dieser verstand es, das Familienerbe zu einem der florierendsten Unternehmen der Stadt zu machen. Er übte eine persönliche Herrschaft aus, jedoch diskret über Mittelsmänner; er wußte private und öffentliche Interessen geschickt zu verbinden und Florenz auf friedliche Weise die Vorherrschaft zu sichern. Doch es ist wohl sein größtes Verdienst, daß er einen Kreis von Künstlern und Philosophen um sich scharte und ihnen zahlreiche Aufträge zukommen ließ. Als Liebhaber der Baukunst ließ der „Vater des Vaterlandes", wie er auch genannt wird, unzählige Gebäude im Zentrum der Stadt errichten. Sein Sohn, Piero der Gichtige, überlebte Cosimo nur um 5 Jahre und so fiel die Macht an Cosimos Enkel **Lorenzo den Prächtigen** (1449-1492). Nachdem dieser der Verschwörung der Pazzi entkommen war, regierte er, wenn auch ohne offizielle Legitimation, als Fürst. Er zeichnete sich durch eine außerordentlich geschickte Politik aus, die die Vormachtstellung von Florenz unter den anderen Städten Italiens gewährleistete, ruinierte aber die Bank der Medici. Von feinsinniger Begabung, begeisterte sich Lorenzo für den Humanismus, schwärmte für Literatur und die bildenden Künste und umgab sich mit einem Hof von Dichtern und Philosophen. So trug er viel dazu bei, daß Florenz unumstritten Zentrum und Hauptstadt der Frührenaissance wurde.
Sein Tod, der in ganz Europa beachtet wurde, begünstigte das Hochkommen des Dominikanermönchs **Girolamo Savonarola**, der die Wirren der Zeit ausnutzte und den Sturz der Medici verursachte. Dieser asketische, fanatische Mönch, Prior von San Marco, hatte einen außerordentlich großen Einfluß auf die Florentiner. Er predigte gegen ihre Sinnenlust und Kunstleidenschaft und brachte sie so weit, daß sie auf der Piazza della Signoria im Jahre 1497 Bilder, Musikinstrumente, Bücher etc. verbrannten. Ein Jahr später wurde der große Sittenrichter auf demselben Platz verbrannt.
Die Medici kehrten durch die Unterstützung Karls V. an die Macht zurück und konnten bis ins 18. Jh. regieren. **Cosimo I.** (1519-1574) gab Florenz den verlorenen Glanz zurück. Ihm gelang es nun, Siena zu unterwerfen, und und er wurde zum Großherzog der Toskana ernannt. Er führte auch das Mäzenatentum weiter und förderte zahlreiche Künstler. Sein Sohn Francesco I. (1541-1587), dessen Tochter Maria Königin von Frankreich wurde, heiratete in zweiter Ehe die schöne Venezianerin Bianca Cappello. Der letzte Medici von Bedeutung war Ferdinando I. (1549-1609), der mit Christine von Lothringen vermählt war. Nach dem Aussterben der Medici kam das Großherzogtum an Lothringen, wo es bis auf die Jahre unter Napoleon (1805-14) verblieb. Als Teil des Königreichs Italien war Florenz zwischen 1865 und 1870 Hauptstadt Italiens.

FLORENZ, DIE STADT DER KÜNSTE

Die verhältnismäßig späte Bildung der Stadt zur kulturellen Einheit (11. Jh.) sowie die nur wenig spürbare römische Vergangenheit haben wahrscheinlich die Ausbildung einer unabhängigen, typisch florentinischen Kunst begünstigt, die sich im Laufe der Jahrhunderte stark entwickelte. Eins ihrer wichtigsten Merkmale war das Streben nach Klarheit und Harmonie, Ziele, die sowohl Architekten als auch Maler und Bildhauer verfolgten.
Dante Alighieri (1265-1321) legte mit mehreren Werken über die Redekunst den Grundstein für die italieninische Sprache. Sein erstes Meisterwerk, *Vita Nova*, erzählt von seiner Begegnung mit dem jungen Mädchen Beatrice Portinari, die ihn zu seiner ***Göttlichen Komödie*** *(Divina Commedia)* inspiriert.
Zusammen mit der lyrischen Sprache Petrarcas und den Erzählungen Boccaccios hat Dante im 14. Jh. ein sprachliches Werkzeug von großer Schmiegsamkeit geformt.
Machiavelli (1469-1527) hat in einer noblen und kraftvollen Sprache seine Erfahrungen als Staatsmann niedergeschrieben. In seinem Hauptwerk, ***Il Principe*** *(Der*

Fürst) (1513), wendet er sich an den Enkel von Lorenzo dem Prächtigen, Lorenzo II. von Medici. Er empfiehlt ihm, eine auf Wirksamkeit ausgerichtete Politik zu führen, ohne sich um Moral zu kümmern. Nach seiner These rechtfertigt der Zweck die benötigten Mittel. **Francesco Guicciardini** (1483-1540) verfaßte eine Geschichte von Florenz und Italien. **Giorgio Vasari** (1511-1574) war mit seiner Schrift *Lebensläufe der berühmtesten Maler, Bildhauer und Architekten* der erste Kunsthistoriker, der die Malerei in Schulen einteilte und ihren Anfang im 13. Jh. mit Cimabue festsetzte, den Dante bereits in seiner *Göttlichen Komödie* lobend erwähnt hatte.
Tatsächlich nimmt die Florentiner Malschule mit **Cimabue** (1240-1302) ihren Anfang. Sie entfernt sich immer mehr vom byzantinischen Stil mit seinen verschlungenen Ornamenten und erreicht mit **Giotto** (1266-1337) einen wirklichkeitszugewandten Stil ohne Schnörkel. Allein die Bewegung und der Ausdruck sind nun maßgebend für die neue Malweise. Etwas später wird dieses Streben von **Masaccio** (1401-1428) noch verfeinert, indem er die Tiefe des Raums und die Plastizität der Figuren wiederzugeben sucht. Die Darstellung der Natur mittels einer perspektivischen Malweise beschäftigt in der folgenden Zeit die florentinischen Maler, Architekten, Bildhauer und Theoretiker, die so den Begriff der Perspektive stetig vervollkommnen. Im Quattrocento bildet sich eine Gruppe von Künstlern, darunter **Paolo Uccello** (1397-1475), **Andrea del Castagno** (1423-1457), **Piero della Francesca** aus den Marken, die beherrscht sind von der Idee der perspektivischen Verkürzung und dem Linienfeld. Bei anderen Künstlern wie **Fra Angelico** (1387-1455) und etwas später auch **Filippo Lippi** (1406-1469) und **Benozzo Gozzoli** (1420-1497) ist der Einfluß der Internationalen Gotik noch sichtbar. Sie sind wesentlich empfänglicher für verspielte Arabesken und lebhafte Farben. Diese gegenläufigen Strömungen werden auf harmonische Weise in den Werken des Malers **Sandro Botticelli** (1444-1510) vereint, in dem sich Florenz gerne wiedererkennt. Seine Themen nimmt er aus der Antike, ganz so, wie es der Humanismus, der gerade am Hof Lorenzos des Prächtigen in Mode ist, fordert. Er stellt selbsterfundene Fabeln dar, in denen die rätselhaften Figuren, geschmeidige Erscheinungen, Schwingungen ausgesetzt zu sein scheinen, die den ganzen Raum beleben. Eine gewisse Melancholie dämpft jedoch die Bewegung und die Leuchtkraft der Farben. Neben Botticelli führen die Brüder **Pollaiuolo, Ghirlandaio** (1449-1494), **Filippino Lippi** (1457-1504) die florentinische Malkunst in ihrer Vielfalt und Beständigkeit weiter. Die Renaissance, deren große Zentren Rom und die norditalienischen Städte sind, wird im 16. Jh. in Florenz mit **Leonardo da Vinci, Michelangelo** und **Raffael** vorbereitet, die hier ihre Laufbahn beginnen. An ihren Werken orientieren sich die jungen manieristischen Maler wie **Pontormo, Rosso Fiorentino, Andrea del Sarto** (1486-1530) und auch der eigenwillige Porträtist der Medici, **Bronzino** (1503-1572).
Die Florentiner Malschule, die stets der Zeichnung, der Linienführung sich verpflichtet wußte, muß im Zusammenhang mit den Bemühungen der Architekten gesehen werden, die einen eigenen, von der Antike inspirierten Stil schaffen. Dieser vereint Maß, Rhythmus, Einhaltung der Proportionen und geometrische Muster. Die Konstruktion von perspektivischen Innenräumen oder Fassaden trägt dem ständigen Streben nach Verwirklichung der Perspektive Rechnung. **Leon Battista Alberti** (1404-1472) war sowohl in der Theorie als auch in der Praxis ein meisterlicher Verfechter dieser Richtung. Am perfektesten verkörpert **Filippo Brunelleschi** (1377-1446) den Florentiner Stil. Ihm verdankt Florenz Bauwerke, die Strenge und Leichtigkeit vereinen; das schönste Beispiel dafür ist sicher die bewundernswerte Kuppel von Santa Maria del Fiore, mit der Florenz sein Wahrzeichen gefunden hat. Während des Quattrocento (15. Jh.) werden die Gebäude mit herrlichen Skulpturen bereichert, die dafür geschaffen sind, sich harmonisch in die Architektur einzufügen. Die Türflügel des Baptisteriums werden zum Gegenstand eines Wettbewerbs, an dem sich die besten Künstler beteiligen. Wenn auch **Ghiberti** (1378-1455) den Auftrag erhält, so stellt sein Gegner **Donatello** (1386-1466) später mit unzähligen herrlichen Schöpfungen, die stilisiert und realistisch zugleich sind, seine Genialität unter Beweis. Ebenso schmücken **Luca Della Robbia** (1400-1482) und seine Nachfolger, **Verrocchio** (1435-1488) und viele andere Künstler die sakralen und profanen Bauwerke in Florenz. Im 16. Jh. schafft **Michelangelo**, Erbe dieser großen Tradition, ein vollendetes Beispiel mit der Neuen Sakristei (1520-1555) von San Lorenzo. Er entwirft den Plan für die Sakristei, auch die Skulpturen stammen von ihm. Später lebt mit **Benvenuto Cellini** (1500-1571), **Giambologna** (1529-1608) und **Bartolomeo Ammannati** (1511-1592) dieser Typus des auf mehreren Gebieten gleichermaßen begabten Künstlers weiter, dem Florenz seine unvergleichliche Schönheit verdankt.

BESICHTIGUNG

Florenz ist eine Kunststadt von solcher Bedeutung, daß zur Besichtigung der wichtigsten Sehenswürdigkeiten mindestens vier Tage erforderlich sind. Da fast alle Sehenswürdigkeiten nahe beieinander im Zentrum liegen, empfehlen wir Ihnen, nicht zuletzt wegen der hohen Verkehrsdichte, zu Fuß zu gehen. Organisieren Sie den Rundgang entsprechend den Öffnungszeiten der Gebäude.

★★★ Piazza del Duomo (EU)

Besichtigung: 1/2 Tag

Mitten im Zentrum bildet der Dom mit Glockenturm und Baptisterium ein hervorragendes Zusammenspiel von weißem, grünem und rotem Marmor, an dem man die Entwicklung der florentinischen Kunst vom Mittelalter bis zur Renaissance verfolgen kann.

SCALA

Benozzo Gozzoli: *Zug der Hl. Drei Könige durch eine Gebirgslandschaft* (Ausschnitt mit Lorenzo dem Prächtigen)

★★★ **Duomo (Santa Maria del Fiore)** ⓥ – Der Dom, im Mittelalter Zeichen des Reichtums und der Macht von Florenz, ist eine der größten Kathedralen der Christenheit.

Die Arbeiten wurden 1296 von Arnolfo di Cambio begonnen, im Jahre 1436 wurde der Dom geweiht. Das Gebäude im gotischen Stil trägt eindeutig die Merkmale der typisch florentinischen Bauweise: weite Räume, Vorliebe für die horizontale Linie und mehrfarbige Dekorationen.

Äußeres – Um die Schönheit der Intarsienarbeit aus Marmor, die den ganzen Dom schmückt, und die riesige **Apsis**★★★ in ihrem vollen Umfang bewundern zu können, sollte man rechts um den Dom herumgehen. Die wohlproportionierte **Kuppel**★★★, die sich majestätisch über dem Kirchenschiff erhebt, kostete ihren Erbauer Brunelleschi 14 Jahre seines Lebens. Dem extremen Druck der Kuppel wirkte er mit zwei Kalotten entgegen, die miteinander durch unsichtbare Stützbalken verbunden sind. Die Fassade entstand Ende des 19. Jh.s.

Innenraum – Das schlichte Kirchenschiff steht im Gegensatz zu der prunkvollen Marmorverkleidung des Äußeren. Die hohen gotischen Gewölbe ruhen auf Arkaden mit immenser Spannweite, die wiederum von mächtigen Pfeilern getragen werden. Der weite achteckige **Chorraum**★★, von einer eleganten Marmorbrüstung aus dem 16. Jh. umgeben, schließt mit der riesigen Kuppel ab, deren Wölbung mit **Fresken** des Jüngsten Gerichts ausgemalt ist. Von der **Galerie** aus hat man einen guten Überblick über das Kirchenschiff; vom Scheitel der **Kuppel** ⓥ aus bietet sich ein großartiger **Rundblick**★★ über Florenz.

Zu beiden Seiten des Hauptaltars versah Luca della Robbia die Lünetten über den Sakristeitüren mit Keramikbildern auf zartblauem Grund *(Auferstehung* und *Himmelfahrt).* In der Neuen Sakristei (links) befinden sich Wappen in Einlegearbeit der Brüder da Maiano (15. Jh.).

Im Chorraum spielte sich die dramatische **Verschwörung der Pazzi** ab. Diese Rivalen der Medici wollten am 26. April 1478 während der Messe, genau bei der Wandlung, Lorenzo den Prächtigen ermorden. Lorenzo konnte sich, obwohl er von zwei Mönchen verwundet worden war, in eine der Sakristeien retten; sein Bruder Giuliano wurde erstochen.

Die Mittelkapelle im Chor enthält ein Meisterwerk von Ghiberti, den Bronzeschrein des hl. Zenobius, des ersten Bischofs von Florenz. Ein Relief zeigt die Wiedererweckung eines Kindes durch den Heiligen.

Im linken Seitenschiff befindet sich im ersten Joch *(vom Chor aus)* ein Fresko (1465) mit Dante, der in Florenz seine *Göttliche Komödie* erklärt; etwas weiter rechts zwei Fresken von Paolo Uccello (1436) und Andrea del Castagno (1456), auf denen Condottieri zu sehen sind.
Zwischen dem 1. und 2. Pfeiler auf der anderen Seite des Mittelschiffs führt eine Treppe hinab in die **Krypta Santa Reparata**, Überreste der Grundmauern einer romanischen Basilika, die der heutigen Kirche weichen mußte und die ihrerseits auf eine frühchristliche Basilika zurückgeht (5.-6. Jh.). Bei den Ausgrabungen wurden auch Teile eines Mosaikbodens der ersten Kirche und das Grabmal von Brunelleschi freigelegt *(hinter dem Gitter an der Treppe unten links)*.

★★★ **Campanile (Glockenturm)** ⓥ (**EU B**) – Der schlanke elegante Campanile (82 m) bildet einen reizvollen Kontrast zu Brunelleschis Kuppel und setzt den runden Marmorrippen gerade Linien entgegen. Die Pläne stammen von Giotto, dem 1334 die Arbeiten übertragen wurden, der aber schon 1337 verstarb. Erst Ende des 14. Jh.s. wurde der gotische Turm fertiggestellt. Er zeichnet sich durch seine geometrischen Muster aus, bei denen die horizontalen Linien vorherrschen. Die Reliefs im unteren Teil des Turms wurden durch Kopien ersetzt; die unteren Reliefs stammen von Andrea Pisano und Luca della Robbia, die zweite Reihe wurde von Pisanos Schülern gefertigt. Die Entwürfe hierzu hatte bereits Giotto gemacht. Die Originale der Reliefs sind im Dommuseum aufbewahrt.
Von der oberen Plattform herrlicher **Blick**★★ auf den Dom und die Stadt.

★★★ **Battistero** ⓥ (**EU A**) – Das Baptisterium, das mit weißem und grünem Marmor verkleidet ist, ist ein klarer, ausgewogener romanischer Bau. Berühmt ist es besonders für seine **Bronzetüren**★★★. Das Südportal *(heute der Eingang)* von Andrea Pisano (1330) zeigt in gotischer Manier oben Szenen aus dem Leben Johannes' des Täufers und unten die Tugenden. Die kunstvollen Einrahmungen der Felder wurden von Vittorio Ghiberti ausgeführt, Sohn von Lorenzo Ghiberti, dem Schöpfer der beiden anderen Portale.
Den Auftrag für die Nordtür (1403-1424) erhielt Lorenzo Ghiberti aufgrund eines Wettbewerbs, an dem sich auch Brunelleschi, Donatello und Jacopo della Quercia beteiligten. Die Szenen aus dem Leben Christi sind in stillen, edlen und ausgewogenen Kompositionen gestaltet.
Das Ostportal (1425-1452), dem Dom gegenüber, bezeichnete Michelangelo als die „**Pforte zum Paradies**". Ghiberti stellte darauf das Alte Testament dar; in den Nischen sind Propheten und Sibyllen zu sehen. Der Künstler hat sich in einem Medaillon selbst dargestellt, kahlköpfig und mit schelmischem Blick.

Innenraum – Mit 25 m Durchmesser, dem grünen und weißen Marmor und dem Mosaikfußboden mit orientalischen Motiven strahlt das Innere des Baptisteriums eine majestätische Ruhe aus.
Die Kuppel ist mit großartigen **Mosaiken**★★★ aus dem 13. Jh. ausgeschmückt. Zu beiden Seiten des Christus als Weltenherrscher sieht man das Jüngste Gericht. Auf den anderen fünf Flächen der Kuppel kann man vom Scheitel zur Basis lesen: Die himmlischen Heerscharen, Schöpfungsgeschichte, Leben Josephs, Szenen aus dem Leben Mariä und Jesu, Leben Johannes' des Täufers.
Rechts der Chornische das Grabmal des Gegenpapstes Johannes XXIII., der ein Freund von Cosimo dem Älteren war. Das Grabmal schuf 1427 Donatello mit seinem Schüler Michelozzo.
Südlich des Baptisteriums steht die **Loggia del Bigallo** (**EU G**) aus dem 14. Jh., unter deren gotischen Bögen die verirrten Kinder und die Findelkinder ausgestellt wurden.

★★ **Museo dell'Opera del Duomo (Dommuseum)** ⓥ (**EU M[5]**) – Kunstwerke aus dem Dom, dem Baptisterium und dem Campanile werden hier aufbewahrt.
Im Erdgeschoß sehr interessante Modelle der Domkuppel von Brunelleschi. Das Zwischengeschoß enthält die berühmte unvollendete ***Pietà***★★ von Michelangelo, der große Raum des 1. Stocks drei berühmte Statuen von Donatello, nämlich die Holzfigur der ***Büßenden Magdalena***★ und die *Propheten Jeremias* und *Habakuk*. Wegen seiner Kopfform wurde der letztere auch „*Zuccone*" (Kürbis) genannt; außerdem die einzigartigen aus dem Dom stammenden Sängerkanzeln *(**Cantorie**★★)* von Lucca della Robbia und Donatello sowie der berühmte **Silberaltar**★★, auf dem Szenen aus dem Leben Johannes' des Täufers (14. und 15. Jh.) dargestellt sind und wunderbare **Reliefplatten**★★ vom Campanile. Die sechseckigen Reliefs mit Darstellungen der Genesis und verschiedener Tätigkeiten stammen von Andrea Pisano und Luca della Robbia.

★★ Piazza della Signoria (EU) *Besichtigung: 1 Tag*

★★ **Der Platz** – Er ist das politische Zentrum der Stadt und wird beherrscht von der großartigen Architektur des Palazzo Vecchio, der Loggia della Signoria im Hintergrund und dem Uffizienpalast, von dem man gerade noch ein kleines Stück erblickt. Die unzähligen Skulpturen, die den Platz schmücken, lassen ihn wie ein Freilichtmuseum erscheinen.

Mitten auf dem Platz steht die Reiterstatue Cosimos I. von Giambologna, an der Ecke des Palazzo Vecchio der Neptunsbrunnen (1576) von Ammannati; direkt vor dem Palast eine Kopie des „Marzocco"-Löwen, des Wahrzeichens von Florenz, von Donatello, und eine Kopie von Michelangelos berühmtem *David*.

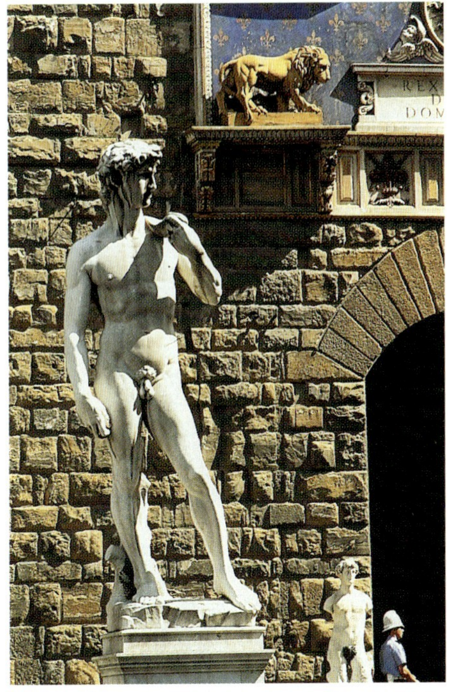
R. Leslie

Piazza della Signoria: Michelangelos *David*

★★ **Loggia della Signoria** (**EU K**) - Das Gebäude der Loggia wurde Ende des 14. Jh.s erbaut. Es diente einst als Versammlungsort und wurde später von den „Lanzi", den deutschen Landsknechten Cosimos I., in Besitz genommen. Die Lanzi waren die Leibwache von Cosimo.
Im Innern sind mehrere Statuen der Antike und der Renaissance aufgestellt: *der Raub einer Sabinerin* (1583) sowie *Herkules mit Nessus*, beides Werke von Giambologna. Weiter vorn ist der einzigartige **Perseus**★★★ mit dem Medusenhaupt zu sehen, ein Werk, das Benvenuto Cellini zwischen 1545 und 1553 geschaffen hat. Cellini war Goldschmied und Bildhauer und ist durch seine Selbstbiographie, die Goethe übersetzt hat, in die italienische Literaturgeschichte eingegangen.

★★ **Palazzo Vecchio** ⌚ (**EU H**) - Der mächtige Palast, der von einem eleganten, 94 m hohen Turm überragt wird, beherrscht den ganzen Platz. Das massive Gebäude wurde zwischen 1299 und1314 erbaut; die Pläne dazu stammen wahrscheinlich von Arnolfo di Cambio. Der strenge gotische Stil zeichnet sich durch wenige Öffnungen im unteren Teil aus, die Stockwerke darüber weisen Zwillingsfenster auf. Darüber verläuft ein Wehrgang mit Pechnasen und Zinnen, die schließlich vom Turm überragt werden.
Das Innere steht mit seiner prächtigen und kunstvollen Renaissance-Ausstattung in krassem Gegensatz zum strengen Äußeren.
Der **Innenhof**★ wurde im 15. Jh. von Michelozzo im Stil der Renaissance umgestaltet und im nächsten Jahrhundert von Vasari ausgeschmückt. Die Mitte des Hofs wird von einem eleganten Brunnen eingenommen, auf dem ein geflügelter Genius steht (16. Jh.). Hier im Hof ist nur die Kopie zu sehen, das Original von Verrochio befindet sich im Palast.
Der Palast war zuerst Sitz des Stadtrates, der „Signoria"; im 16. Jh. wurde er Residenz von Cosimo I., der die Innenräume dann den Erfordernissen des Hofs anpassen ließ. Aus dieser Zeit stammen auch die meisten Dekorationen von Giorgio Vasari. Als Cosimo den Palast verließ und in den Palazzo Pitti übersiedelte, wurde der Palast - bis dahin Palazzo della Signoria - Palazzo Vecchio (Alter Palast) genannt.
Die Säle wurden prunkvoll mit Skulpturen von Benedetto und Giuliano da Maiano (15. Jh.) und Malereien von Vasari und Bronzino (16. Jh.) ausgeschmückt, zur Verherrlichung von Florenz und der Medici.
Einen Teil des ersten Stockwerks nimmt der riesige „Saal der Fünfhundert" (Salone dei Cinquecento) ein, der von verschiedenen Künstlern, darunter Vasari, ausgemalt wurde. An der Seite die Skulptur *Der Sieg* von Michelangelo. Vasari konzipierte das Studierzimmer (**Studiolo**★★) von Francesco de' Medici; seine Wände wurden von florentinischen Künstlern des Manierismus bemalt; die Porträts von Cosimo I. und Eleonore von Toledo stammen von Bronzino. Die verschiedenen Räume der Wohnung Leos X. wurden von Vasari und dessen Gehilfen mit Episoden aus dem Leben der Medici geschmückt.
Im zweiten Stockwerk besichtigt man die Gemächer Cosimos I., auch „Appartement der Elemente" genannt, aufgrund der allegorischen Szenen im 1. Saal. Die von Vasari ausgeführte Dekoration hat die antike Mythologie zum Thema. Es folgen die Gemächer der Eleonore von Toledo, die ebenfalls von Vasari

ausgeschmückt wurden, mit Ausnahme der Kapelle, deren Fresken von Bronzino stammen. Zum Schluß besichtigt man in den ehemaligen Gemächern der Priori den **Liliensaal** mit seiner herrlichen **Kassettendecke**★ von Giuliano da Maiano und den **Garderoben-Saal**★ mit Landkarten aus dem 16. Jh.

★★★ Galleria degli Uffici (Die Uffizien) ◷ (EU M³)

Die Uffizien sind eine der schönsten Gemäldegalerien der Welt. Hier kann man die Entwicklung der italienischen Malerei verfolgen, von den ersten Anfängen bis zum 17. Jh. Dies ist ein Verdienst der Medici, die über mehrere Generationen hinweg die Sammlungen zusammentrugen. Francesco I. (1541-1587) legte den Grundstein für die Kunstsammlung, die durch die Sammlungen späterer Familienmitglieder ergänzt wurde. Die letzte Medici, Anne-Marie-Louise, Kurfürstin von der Pfalz, vermachte diese Schätze im Jahre 1737 endgültig der Stadt Florenz.

Alinari/GIRAUDON

Pallas und der Zentaur, von Botticelli

Die Galerie ist in einem Renaissancepalast untergebracht, den Vasari 1560 errichtete, und in dem sich einst Büros (ital. *uffizi*) und Verwaltungsräume der Medici befanden. Aus dieser Zeit blieb ihr der Name erhalten.

Das graphische Kabinett befindet sich im 1. Stock. Die Gemälde- und Skulpturensammlungen befinden sich im 2. Stock in 45 Räumen, die um zwei parallel verlaufende Galerien angeordnet sind.

Im Korridor sind antike Bildwerke (Sarkophage, Statuen - meist römische Kopien griechischer Werke - und Büsten aus der römischen Kaiserzeit) aufgestellt.

Gemäldesammlung im Ostflügel - Werke des 13. und 14. Jh.s aus der Toskana: Thronende Madonnen von Cimabue, Giotto, Duccio sowie die ***Verkündigung*** von Simone Martini aus Siena; Florentiner Malerschule mit Bernardo Daddi und Giottino, einem Schüler Taddeo Gaddis *(Kreuzabnahme)* (**Säle 1-4**). Dem weichen, verfeinerten Stil der Internationalen Gotik (**Säle 5 und 6**) entsprechen die Tafeln von Lorenzo Monaco *(Anbetung der Könige, Marienkrönung)* und Gentile da Fabriano *(**Anbetung der Könige**)*.

Ab **Saal 7** Maler der **Frührenaissance**, insbesondere die berühmte ***Schlacht von San Romano*** von Paolo Uccello. Das Bild gehörte zu einem Flügelaltar, dessen andere Tafeln sich in der National Gallery in London und im Pariser Louvre befinden. Seine Farbgebung und die teils flächige Malweise lassen an moderne Kunst denken; von Piero della Francesca ein *Bildnis des Herzogs Federico da Montefeltro* und von Fra Angelico die *Marienkrönung*. In **Saal 8** befinden sich mehrere Werke von Filippo Lippi, insbesondere eine *Madonna mit Kind und zwei Engeln* (um 1465), die von zwei Gemälden der *Anbetung des Kindes* umrahmt wird.

Das Glanzstück des Museums ist der **Sala del Botticelli**★★★ (**10-14**). Hier befinden sich u. a. das Rundgemälde der ***Madonna des Magnificats***, Allegorien der ***Geburt der Venus***, des ***Frühlings*** sowie *Pallas und der Zentaur*; lieblich erscheint auch das Rundgemälde der ***Granatapfelmadonna***. *Die Verleumdung des Apelles (**La Calunnia**)* ist ein Spätwerk. *In der Anbetung der Könige* sind Mitglieder der Familie Medici porträtiert.

Der ***Portinari-Altar*** (um 1478 in Gent gemalt) gehört zu den Hauptwerken des Hugo van der Goes. Der Realismus und die präzise Zeichnung des Niederländers beeinflußten mehrere Florentiner Maler, darunter Ghirlandaio *(Anbetung der Könige*, 1487). Im **Sala di Leonardo** befinden sich die beiden berühmtesten Gemälde des Meisters, nämlich die ***Verkündigung***, ein um 1475 gemaltes Jugendwerk und die unvollendete ***Anbetung der Könige*** (1481), die erste Dreieckskomposition ihrer

Art. Von Verrocchio, dem Lehrmeister Leonardos, sieht man die *Taufe Christi* (um 1470). Weiches Licht und symmetrische Komposition kennzeichnen die Werke Peruginos *(Christus am Ölberg)*. Die „**Tribuna**" (Saal 18) wurde 1588 auf Wunsch Francescos de' Medici von Buontalenti errichtet. Umgeben von römischen Kopien griechischer Skulpturen aus dem 4. und 3. Jh. v. Chr. sowie Bildnissen der Medici (von Vasari, Pontormo und dem Hofmaler Bronzino) erhebt sich im Zentrum die ***Venus Medici***, Kopie eines Werks von Praxiteles.
Saal 19: Die umbrische Malerei der Renaissance repräsentiert Perugino, dessen klaren Bildaufbau und lichte Farben man bei seinem Schüler Raffael wiederfindet (Bildnis des *Francesco delle Opere*). Realismus kennzeichnet die Werke Signorellis.
Die deutsche Renaissance (**Saal 20**) ist insbesondere mit Dürers ***Anbetung der Könige*** - man beachte die Raumtiefe und die lebendig gestalteten Figuren - und den sinnlichen Aktfiguren **Adam** und ***Eva*** von Lucas Cranach d. Ä. vertreten.
Das 15. Jh. in Venedig repräsentieren in **Saal 21** Giovanni Bellini *(**Allegoria Sacra**)* und Giorgione *(Das salomonische Urteil)*. **Saal 22** enthält u. a. von Albrecht Altdorfer zwei realistische Szenen aus der St. Florianslegende mit Phantasielandschaften im Hintergrund, Bildnisse von Hans Holbein d. J. *(Botschafter Sir Richard Southwell)* sowie von Joos van Cleve und Van Orley.
In **Saal 23** Werke von Correggio insbesondere eine ***Anbetung des Kindes***. **Saal 24** enthält eine Miniaturensammlung mit Bildnissen.
Vom Korridor aus bietet sich ein schöner **Blick** auf San Miniato und den Arno mit der berühmten Brücke Ponte Vecchio im Vordergrund.

Gemäldesammlung im Westflügel *(parallel zum Ostflügel)* - Mit Michelangelo und den Florentiner Malern beginnen in **Saal 25** die Werke von **Meistern der Hochrenaissance** (ital. *Cinquecento*, 16. Jh.) : Rundbild der „***Doni*"*-Madonna*** (1530) von Michelangelo; **Saal 26** ***Madonna mit dem Stieglitz*** und **Bildnis Papst Leos X** von Raffael; von Andrea del Sarto die ***Madonna delle arpie*** (nach den vogelartigen Mädchengestalten am Sockel benannt); Pontormo, der bedeutendste Maler des Manierismus in der Toskana, war von Michelangelo beeinflußt; in **Saal 27** befindet sich sein Werk *Die Jünger in Emmaus*. **Saal 28**: Gemälde **Tizians**, darunter die ***Venus von Urbino*** (1538) und die ***Flora*** (1515).
Typisch für den **Manierismus** ist von Parmigianino eine Madonna mit auffallend langem Hals *(**Madonna dal collo lungo**)* (**Saal 29**); in **Saal 31** Werke von Dosso Dossi aus Ferrara. Venezianischen Meistern ist **Raum 32** gewidmet. Hier befindet sich vom Giorgione-Schüler Sebastiano del Piombo *Der Tod des Adonis*; Michelangelos Vorbild zeigt sich in den Aktfiguren. In **Saal 34** *Die Hl. Familie mit der hl. Barbara* von Veronese; **Saal 35** von Tintoretto Bildnisse sowie ***Leda mit dem Schwan***.
Die folgenden Räume enthalten **europäische Malerei des 17. Jh.s.**: **Saal 41** Bildnisse von van Dyck und Rubens *(**Isabella Brandt**)*. Im **Sala della Niobe** steht die römische Skulpturengruppe (Kopie eines Werks von Skopas; 4. Jh. v. Chr.) mit der kinderreichen Niobe, die dafür bestraft wurde, daß sie Latona verspottete, weil sie Zeus nur zwei Kinder geschenkt hatte. Im **Saal 43** Gemälde von **Caravaggio** *(**Bacchus**)* und von Claude Lorrain ein ***Seestück***, bei dem die Landschaft in ein warmes, goldenes Licht getaucht ist. **Saal 44** Maler der flämischen und niederländischen Schule, insbesondere Bildnisse von **Rembrandt**. **Saal 45** ist dem 18. Jh. vorbehalten: Werke von Goya, Chardin, Canaletto und Guardi.

Dachterrasse - *Cafeteria*. Hier bietet sich eine wunderschöne Aussicht auf die oberen Stockwerke des Palazzo Vecchio. Die Medici hatten hier einst einen Garten.
Das marmorne *Wildschwein* in der **Rotunde** vor der Treppe zum Ausgang war ein Geschenk Pauls IV. an Cosimo I.; eine Bronzekopie dieses hellenistischen Werks des 3. Jh. v. Chr. schmückt den Brunnen des Mercato Nuovo.

★★ Ponte Vecchio (DU)

Wie der Name schon sagt, ist der Ponte Vecchio die älteste Brücke in Florenz; sie wurde mehrmals neu errichtet und führt an der Stelle über den Arno, wo das Flußbett am schmalsten ist. Die Goldschmiedegeschäfte auf beiden Seiten verleihen ihr eine eigenartige Silhouette. Durch den **Corridoio Vasariano**, der von Vasari entworfen wurde, ist der Palazzo Vecchio mit dem am anderen Arno-Ufer liegenden Palazzo Pitti verbunden.

★★ Palazzo Pitti (DV)

Der imposante Renaissancepalast (15. Jh.) mit den rustikalen Bossenquadern und den vielen Fenstern wurde nach Plänen von Brunelleschi für die reiche Florentiner Familie Pitti, Rivalen der Medici, erbaut. Eleonora di Toledo, Gemahlin Cosimos I., ließ den Bau um die Seitenflügel erweitern und verwandelte den Palast in eine fürstliche Residenz, in die der Hof 1560 übersiedelte.

Im Mittelalter waren Brücken oft mit Wohnungen versehen. Der Ponte Vecchio ist noch heute ein gutes Beispiel dafür

★★★ **Galleria Palatina** ⓥ - *1. Stock*. Die Gemäldesammlung mit Werken des 16., 17. und 18. Jh.s in den prachtvollen Räumen dieses Palasts ist nicht chronologisch geordnet. Sie ist wegen ihrer vielen berühmten **Werke von Raffael und Tizian**★★★ ausgesprochen sehenswert.

Nach der **Galleria delle Statue** mit römischen Bildwerken aus dem 2. und 3. Jh. kommt man in den **Sala Castagnoli**, wo ein herrlicher Marmortisch mit Pietra-dura-Arbeit (**Tavola delle Muse**) steht. Die **Dekoration**★★ (vergoldeter Stuck und illusionistische Malerei) der folgenden Räume wurde im 17. Jh. von Pietro da Cortona geschaffen. Im **Sala di Venere** befinden sich zwei große *Seestücke* von Salvatore Rosa, Tizians Jugendwerk ***Das Konzert***, ein kraf volles Bildnis des *Dichters Aretino*, der mit Cosimo I. befreundet war und schließlich ***La Bella***, eine unbekannte Schönheit.

Im **Sala di Apollo** wird das aristokratische Bildnis ***Karls I. von England mit seiner Gattin Henriette de France*** von van Dyck gezeigt; Tizian ist hier mit einer *Maria Magdalena* und dem *Bildnis eines Edelmanns* vertreten, das auch unter dem Namen ***Der Mann mit den grauen Augen*** bekannt ist. Im **Sala di Marte** zwei *Madonnen* von Murillo, die ***Vier Philosophen*** von Rubens (eins der letzten Werke des Meisters) und ein großes Bildnis des ***Kardinals Bentivoglio*** von van Dyck. Im **Sala di Giove** befindet sich das berühmte in Braun-, Weiß- und Gelbtönen gehaltene Frauenbildnis ***Donna Velata*** von Raffael. Der **Sala di Saturno** bewahrt acht Gemälde von Raffael, darunter die ***Madonna del Granduca*** von 1505, einer Zeit, in der Raffael unter dem Einfluß Michelangelos und Leonardos da Vinci stand. Die ***Madonna della Seggiola*** (sie sitzt auf einem Stuhl, von dem man die Lehne sieht) ist ein Rundgemälde aus der besten Schaffenszeit Raffaels. Erwähnt sei auch die melancholische *Maria Magdalena* von Perugino. Der **Sala dell'Iliade** verdient wegen der Bildnisse von Joost Sustermans (1597-1681) Beachtung. Sustermans stammte aus Antwerpen und war Hofmaler der Medici geworden; er ist der Schöpfer des wunderschönen Bildnisses des ***Prinzen Christian Waldemar von Dänemark***. Im **Sala dell'Educazione di Giove** ein *Schlafender Amor*, den Caravaggio kurz vor seinem Tod malte. Der mit einer Majolikadekoration ausgelegte **Sala della stufa** (Ofensaal) gehörte zum Badezimmer der großherzoglichen Wohnung. Pietro da Cortona schuf die allegorischen **Fresken**★★, mit dem Thema der vier Lebensalter des Menschen. Das Badezimmer (**Saletta da bagno**) wurde im 19. Jh. für die Napoleon-Schwester Elisa Baciocchi eingerichtet, die 1809 Großherzogin der Toskana geworden war. Der **Sala di Ulisse** enthält die berühmte ***Madonna dell'Impannata*** (rechts hinter ihr ein Bogenfenster) von Raffael. Im **Sala di Prometeo** *Maria mit dem Kind* von Filippo Lippi; hier ist der durch Personen und eine Architektur belebte Hintergrund eine Neuerung. Die **Galleria Poccetti** enthält Werke von Rubens und einen Tisch mit herrlicher Marmorintarsienarbeit (1716), die folgenden Räume beinhalten italienische Malerei des 16. und 17. Jh.s. Der **Sala della Musica** und der **Salone di Ercole** haben eine klassizistische Ausstattung.

★ **Appartamenti Reali** ⓥ - *1. Stock*. Die herzöglichen und später königlichen Gemächer sind prächtig mit Gemälden, Kunstwerken und Wandteppichen ausgestattet.

Kabinette mit Ebenholzgesimsen haben der Gelbe und der Grüne Saal (Sala Gialla, Sala Verde); der Weiße Saal (Sala Bianca) diente als Ballsaal, der Nischensaal war Speisesaal.

★★ **Museo degli Argenti** ⓥ – *Im Erdgeschoß. Eingang: Cortile dell'Ammannati, hinten links* – Herrliche kunsthandwerkliche Arbeiten aus Gold und Silber, Halbedelstein (Gemmensammlung der Medici, Pietra-dura-Arbeiten), Kristall, Porzellan und Glas.

★ **Galleria d'arte moderna** ⓥ – *Über der Galleria Palatina.* Die Sammlung enthält vor allem Werke von toskanischen Malern und Bildhauern und umfaßt den Zeitraum vom späten 18. bis zum frühen 20. Jh. Besondere Beachtung verdienen die **Gemälde der Macciaioli**★★. Diese Kunstströmung entstand um die Mitte des 19. Jh.s in der Toskana und wandte sich gegen den Akademismus. Wie bei den Impressionisten war die von *macchia* (ital. „Fleck") abgeleitete Bezeichnung zunächst ein Spottname, der sich aus der lockeren, spontanen Malweise ergeben hatte. Die bedeutendsten Maler dieser Gruppe sind Fattori (*Bildnis der Stieftochter*, ital. *figliastra*, und ***La Rotonda di Palmieri*** in Saal 23), Lega, Signorini *(Gefängnis von Portoferraio)*, Cecione, Abbati, Boldini; ihr Einfluß auf De Nittis wird im Gemälde *Strand bei Barletta* deutlich.

★ Giardino di Boboli ⓥ (DV)

Eingang links vom Haupttrakt des Palazzo Pitti

Die italienischen Terrassengärten erstrecken sich hinter dem Palazzo Pitti und wurden 1549 von Tribolo angelegt. Der Garten ist mit Statuen aus der Antike und der Renaissance geschmückt. Am Ende einer Allee links des Palasts öffnet sich die **Grotta Grande**, eine künstliche Grotte, die von Buontalenti (1587-1597) geschaffen wurde. Man durchquert das Amphitheater und geht zum höchstgelegenen Gartenteil hinauf. Rechts führt die **Viottolone**★ genannte Zypressenallee zum **Piazzale dell'Isolotto**★ hinunter, einem hübschen runden Wasserbecken mit einer kleinen Insel, auf der Orangen- und Zitronenbäume stehen sowie ein Brunnen von Giambologna. In einem Pavillon kann man sich das **Museo delle Porcellane**★, das Porzellanmuseum ⓥ ansehen. Vom höchsten Punkt des Hügels, dem **Forte del Belvedere**, kann man einen weiten **Blick**★ auf die Stadt und die Umgebung genießen.

Bargello (Palast und Museum ⓥ – EU M[10])

Der strenge **Palast** aus dem 13. und 14. Jh. war erst Sitz des Podestà (Bürgermeisters) und später des Polizeichefs (Bargello). Er stellt ein schönes Beispiel der bürgerlichen Architektur des Mittelalters dar. Der reizende **Hof**★★ mit dem Portikus und der Loggia ist eine der malerischsten Anlagen Italiens.
In den Räumen befindet sich eine bedeutende Sammlung von Bildwerken der Frührenaissance sowie außerordentlich reiche Kollektionen von Waffen und kunsthandwerklichen Arbeiten.

Erdgeschoß – Hier sind Werke von verschiedenen Florentiner Bildhauern des 16. Jh.s ausgestellt. Von Michelangelo sind der ***Trunkene Bacchus***, die *Brutusbüste*, ein *Apollo* und das *Tondo Pitti* zu sehen; von Cellini der *Narziß* und das Relief ***Perseus befreit Andromeda*** von der Loggia della Signoria sowie die Büste Cosimos I.

Erster Stock – In dem weiten hohen Saal ist eine außergewöhnliche Sammlung von **Skulpturen**★★★ von **Donatello** und seinen Schülern (Desiderio da Settignano, Agostino di Duccio) ausgestellt sowie Plastiken von Luca della Robbia. Von Donatello, dem bedeutendsten Meister der italienischen Frührenaissance, stammen der ***Marzocco-Löwe***, der ***Hl. Georg*** von Orsanmichele und der ***David*** in Bronze, Meisterwerk seiner reifen Schaffensjahre.
Die übrigen Räume des Stockwerks enthalten die Sammlung, die Louis Carrand aus Lyon Ende des 19. Jh.s hinterließ.

Zweiter Stock – Terrakotten von Giovanni und Andrea della Robbia *(**Madonna degli Architetti**)* sowie Werke von **Verrocchio**, darunter auch der ***David*** in Bronze. Weiter sind Kleinbronzen aus der Renaissance, Waffen und Rüstungen (**Prunkharnisch** der Medici) zu besichtigen.

San Lorenzo (DU V)

Die **Kirche**★★, die 1420 von Brunelleschi begonnen wurde, liegt gleich neben dem Medici-Palast und war quasi die Pfarrkirche dieser großen Familie. Über drei Jahrhunderte hinweg diente San Lorenzo den Medici als Grabstätte. Der Innenraum besticht durch seinen nüchternen klaren Stil, den **Brunelleschi** hier einführte. Diese strenge, kraftvolle Architektur, die ohne Überschwang und mit

Cellini:
Cosimo I. von Medici
(Bargello)

Luca Della Robbia:
Madonna mit Kind
(Bargello)

Donatello: *David* (Bargello)

Michelangelo: Neue Sakristei von San Lorenzo. Grabmal des Lorenzo II. v. Medici, Herzog v. Urbino.

SCALA

Michelangelo: Vestibül der Bibliotheca Laurenziana

Bezug auf den Menschen konzipiert ist, findet ihre höchste Vollendung in der **Alten Sakristei**★★, der Sacrestia Vecchia *(Zugang vom linken Querschiff aus)*. Einen Teil der Innenausstattung schuf Donatello. Von ihm stammen insbesondere die beiden **Kanzeln**★★ im Schiff, deren Bronzetafeln von der großen Virtuosität und dem feinen Gespür des Künstlers für dramatische Szenen zeugen.

★★ **Bibliotheca Medicea Laurenziana** ⓥ – Sie wurde von Cosimo d. Ä. gegründet und von Lorenzo dem Prächtigen weitergeführt *(Zugang vom linken Seitenschiff der Kirche)*. Auch ein reizender **Kreuzgang**★ des 15. Jh.s führt zur Bibliothek *(links von der Kirche)*.
Vom Vestibül, das wie die Außenseite eines Gebäudes behandelt ist, führt ein majestätischer dreifacher **Treppenaufgang**★★, den Ammannati nach den eleganten Plänen Michelangelos ausführte, zum großen **Lesesaal**. Dieser wurde ebenfalls von Michelangelo entworfen. Hier werden in Wechselausstellungen jeweils einige der 10 000 Manuskripte gezeigt.

★★ **Cappelle Medicee (Medici-Kapellen)** ⓥ – *Eingang: Piazza Madonna degli Aldobrandini*. Unter dieser Bezeichnung versteht man die Fürstenkapelle und die Neue Sakristei.
Die **Fürstenkapelle**, (17.-18. Jh.) besticht durch ihre großartige Ausschmückung. Sie ist vollständig mit Marmor und Halbedelsteinen ausgekleidet und enthält die Grabmäler von Cosimo I. und seinen Nachkommen.
Die **Neue Sakristei**, eine weitere Grabkapelle der Medici, die 1520 begonnen wurde, ist nicht fertiggestellt. Diese Grabkapelle war das erste Werk Michelangelos als Architekt. Er verließ 1534 Florenz und konnte sie nicht vollenden.
Michelangelo machte sich den Kontrast vom Grau des „Pietra serena" und dem strahlenden Weiß des Marmors an den Wänden zunutze, der dem Raum eine große Feierlichkeit verleiht. Diese Atmosphäre wird durch die imposanten **Medici-Grabmäler**★★★ noch unterstrichen.
Giuliano von Medici, Herzog von Nemours (gestorben 1516), wird als edler, starker Führer dargestellt. Er wird von zwei berühmten allegorischen Figuren eingerahmt, dem Tag und der Nacht.
Lorenzo II., Herzog von Urbino (gestorben 1519), wird in Gedanken versunken gezeigt, zu seinen Füßen die Allegorien von Abenddämmerung und Morgengrauen. Die beiden Skulpturengruppen wirken außerordentlich kraftvoll und tragisch zugleich.
Das Grabmal, das Lorenzo dem Prächtigen zugedacht war, blieb unvollendet; lediglich die Skulpturengruppe der *Jungfrau mit dem Kind*, wurde von Michelangelo fertiggestellt. Der berühmteste Medici liegt zusammen mit seinem Bruder Giuliano in einem einfachen Sarg in der Krypta begraben.

★★ Palazzo Medici-Riccardi ⓥ (EU S²)

Der Palazzo ist ein vorbildliches Beispiel für den Florentiner Renaissancestil. Das strenge, um einen Arkadenhof angelegte Gebäude ist im Erdgeschoß in Rustikaquadern ausgeführt, die nach oben kleiner werden. Baumeister war Michelozzo, der 1444 von seinem Freund Cosimo d. Ä. den Auftrag erhielt und mit den Bauarbeiten begann. Von 1459 bis 1540 bewohnten ihn die Medici; Lorenzo der Prächtige hielt hier Hof und versammelte Dichter, Philosophen und Künstler um sich. In der 2. Hälfte des 17. Jh.s ging der Palast in den Besitz der Riccardi über, die zahlreiche Umbauten vornahmen.

★★★ **Kapelle** – *1. Stock, Zugang von der 1. Treppe rechts im Hof.* Der kleine Kapellenraum ist mit bewundernswerten **Fresken** (1459) von **Benozzo Gozzoli** ausgeschmückt. ***Der Zug der Hl. Drei Könige*** gibt auf einzigartige Weise das Leben in Florenz unter der Herrschaft der Medici wieder und zeigt Persönlichkeiten, die 1439 aus dem Orient zum Konzil von Florenz gekommen waren.

★★ **Sala di Luca Giordano** – *1. Stock, Zugang von der 2. Treppe rechts im Hof.* Das Gewölbe dieser Galerie, die Ende des 17. Jh.s von den Riccardi eingerichtet wurde, ist prächtig ausgeschmückt mit vergoldetem Stuck und einem Fresko, das die Apotheose der 2. Dynastie der Medici darstellt. Das barocke Deckenfresko wurde 1683 in einzigartig frischen, lebhaften Farben und mit außergewöhnlicher Kunstfertigkeit von Luca Giordano ausgeführt.

★★ San Marco ⓥ (ET)

In dem ehemaligen Dominikanerkloster, das 1436 von Michelozzo in einem nüchternen Stil erneuert worden war, ist heute ein Museum mit **Werken**★★★ des **Fra Angelico** eingerichtet. Nachdem Fra Angelico in Fiesole in den Orden eingetreten war, lebte er in diesem Kloster und bemalte die Wände der Zellen mit erbaulichen Episoden. Seine Kunst, die noch in der Tradition der Gotik steht, ist von Demut und mystischer Sanftheit geprägt, Eigenschaften, die den Mönch und Maler charakterisieren. Die kunstvolle Farbgebung, die extreme Feinheit der Zeichnung, die Andeutungen der Perspektive und die Klarheit der Themen verleihen seinem Werk – besonders an diesem friedlichen Ort, der für die Meditation wie geschaffen ist – eine beruhigende Kraft.
Von der ehemaligen Pilgerherberge aus geht rechts ein Kreuzgang ab, in dem viele Tafelbilder von Fra Angelico hängen, darunter auch das Triptychon der ***Kreuzabnahme***, das ausdrucksvolle ***Jüngste Gericht*** und weitere Gemälde mit religiösen Darstellungen. Im Kapitelsaal die Kreuzigung und im Refektorium das ***Abendmahl***★ von Ghirlandaio.
Gegenüber der Treppe zum 1. Stock ist die berühmte ***Verkündigung*** zu sehen, ein Meisterwerk an Ausgewogenheit und Klarheit. Die Mönchszellen befinden sich an drei Gängen mit herrlichem offenen Dachstuhl. Zu den schönsten Werken gehört im linken Gang das *Noli me tangere (Christus erscheint der Maria Magdalena) (1. Zelle links)*, die *Verklärung (6. Zelle links)* und die *Krönung Mariä (9. Zelle links)*. Am Ende des nächsten Ganges liegen die Zellen Savonarolas, der Prior des Klosters war. Der rechte Gang führt zur **Bibliothek**★, einem der schönsten Räume von Michelozzo.

★★ Galleria dell'Accademia ⓥ (ET)

Durch die wohldurchdachte Präsentierung der Kunstwerke bietet das Museum Gelegenheit, die außergewöhnliche Persönlichkeit **Michelangelos** zu verstehen, immer im Zwiespalt hin- und hergerissen zwischen Materie und idealisierendem Geist. Im **Großen Saal**★★★ findet man die mächtigen Figuren der „***Sklaven***" (1513-1520) und die Statue des *Hl. Matthäus*. Diese Skulpturen, die nicht vollendet wurden, scheinen sich aus dem Marmor befreien zu wollen. Am Ende des Saals erhebt sich der berühmte ***David*** (1501-1504), ein Symbol für die jugendliche beherrschte Kraft. Er ist ein hervorragendes Beispiel für die humanistische Sehweise des Künstlers.
In der Gemäldesammlung (**Pinacoteca**★) sind Werke von Künstlern aus der Toskana des 13.-19. Jh.s ausgestellt, darunter die bemalte Truhe der Adimari und zwei Gemälde von Botticelli.

★★ Santa Maria Novella ⓥ (DU W)

Die **Kirche**★★ und das dazugehörige Kloster wurden im 13. Jh. von Dominikanermönchen gegründet. Im Nordwesten schließen die Gebäude einen langgestreckten Platz ab, auf dem früher Wagenrennen stattfanden.
Die Bauarbeiten begannen 1279 und wurden 1360 abgeschlossen, mit Ausnahme der **Fassade** in schlichten Linien und maßvoller weiß-grüner Marmordekoration mit geometrischen Motiven, die erst im 15. Jh. von Alberti (oberer Teil) vollendet wurde.

Das geräumige Gotteshaus (100 m lang) diente in erster Linie den Predigten. Die Wand des 3. Jochs im linken Seitenschiff zeigt das großartige ***Dreifaltigkeitsfresko***★★ mit Maria, Johannes und den Stiftern, bei dem Masaccio die neuen Theorien der Renaissance anwendete und eine meisterhafte Technik der Perspektive entwickelte. Hinten im linken Querschiff liegt etwas erhöht die Strozzi-di-Mantora-Kapelle. Die **Fresken**★ (1357) des Florentiners Nardo di Cione haben das Jüngste Gericht zum Thema. Der **Flügelaltar**★ stammt von Orcagna, dem Bruder Nardo di Ciones. Die Sakristei birgt ein **Kruzifix**★ *(über der Eingangstür)* von Giotto und eine elegante **Nische**★ aus glasierter Terrakotta von Giovanni della Robbia. In der Gondi-Kapelle *(1. Kapelle links des Hauptaltars)* hängt ein **Kruzifix**★★ von Brunelleschi, dessen Ausdruckskraft Donatello so beeindruckt haben soll, daß er die Eier, die er gerade trug, fallen ließ. Der Chor ist mit **Fresken**★★★ von **Ghirlandaio** geschmückt. Sie zeigen Szenen aus dem Leben der Jungfrau und Johannes' des Täufers, mit Frische und Lebendigkeit gemalt.
Zwei Kreuzgänge befinden sich an der Längsseite der Kirche. Der schönere ist der Grüne Kreuzgang (**Chiostro verde**★ ⓥ), der aufgrund seiner grünen Fresken von Paolo Uccello (Szenen aus dem Alten Testament) so genannt wird. An der Nordseite liegt die **Cappelone degli Spagnoli** (Spanische Kapelle), die mit **Fresken**★★ des späten 14. Jh.s ausgeschmückt ist. Sie stammen von Andrea di Bonaiuto (auch Andrea da Firenze genannt) und stellen den Triumph der Kirche und die großen Figuren der Dominikaner dar. Das östlich gelegene Refektorium enthält den Kirchenschatz.

★★ Santa Croce ⓥ (EU) *Besichtigung: 1 Std.*

Kirche – Die Kirche und die Kreuzgänge von Santa Croce liegen an einem der ältesten Plätze der Stadt. Mit dem Bau der Franziskanerkirche wurde 1294 begonnen, Ende des 14. Jh.s war er beendet. Die Fassade und der Glockenturm stammen jedoch aus dem 19. Jh. Das weite **Innere** (140 x 40 m) ist typisch für eine Predigerkirche der Bettelorden. Das nüchterne Kirchenschiff geht in eine hohe Apsis über, die von Buntglasfenstern (15. Jh.) erhellt wird. Im Boden sind 276 Grabplatten eingelassen, an den Wänden reihen sich prächtig ausgestattete Grabmäler.

Rechtes Seitenschiff – Am ersten Pfeiler ein Relief mit *Maria und dem Kind* von A. Rossellino (15. Jh.); gegenüber das Grabmal Michelangelos (gest. 1564) von Vasari. Dem 2. Pfeiler gegenüber ein mächtiger Kenotaph (19. Jh.) für den 1321 in Ravenna verstorbenen und dort begrabenen Dante; am 3. Pfeiler eine fein gearbeitete **Kanzel**★ von Benedetto da Maiano (1476) und gegenüber das Monument von Canova für V. Alfieri (gest. 1803). Das Denkmal für Machiavelli (gest. 1527) befindet sich gegenüber dem 4. Pfeiler; gegenüber dem 5. Pfeiler das vergoldete Relief der ***Verkündigung***★★ von Donatello und gegenüber dem 6. Pfeiler das **Grabmal Leonardo Brunis**★★ (Humanist und Staatskanzler der Republik, gest. 1444) von B. Rosselino; daneben das Grabmal G. Rossinis, der 1868 verstarb.

Rechtes Querschiff – Die Baroncelli-Kapelle an der Stirnseite wurde 1338 von Taddeo Gaddi mit **Fresken**★ ausgemalt, die das *Marienleben* schildern; die ***Marienkrönung***★ auf dem Altar stammt aus Giottos Werkstatt.

★ **Sakristei** ⓥ – *(Zugang durch den Flur rechts vom Chor).* Sie wurde im 14. Jh. errichtet und ist mit **Fresken**★ ausgemalt, darunter eine bemerkenswerte Kreuzigung von Taddeo Gaddi und Szenen aus dem Leben Mariä und der Maria Magdalena von Giovanni da Milano. Am Ende des Flurs die Medici-Kapelle, die von Michelozzo erbaut wurde (1434), mit einem schönen **Altaraufsatz**★ aus glasierter Terrakotta.

Chorraum – Die erste Kapelle rechts vom Altar birgt bedeutende **Fresken**★★ der Franziskus-Legende (um 1320) von Giotto, die 3. Kapelle enthält das Grabmal der Julie Clary, Gemahlin des Joseph Bonaparte. Im Hauptchor sind Decke und Wände mit **Fresken**★ von Agnolo Gaddi (1380) ausgemalt, die die Kreuzeslegende darstellen.

Linkes Querschiff – In der hinteren Kapelle auf dem Altar, das **Kruzifix**★★ von Donatello, das Brunelleschi mit dem Kruzifix in Santa Maria Novella übertreffen wollte.

Linkes Seitenschiff – *(Rückweg).* Nach dem 2. Pfeiler das schöne **Renaissance-Grabmal des Carlo Marsuppini**★ von Desiderio da Settignano (15. Jh.); am 4. Pfeiler die Grabplatte des Künstlers L. Ghiberti (gest. 1455); das letzte Grabdenkmal (18. Jh.) ist das von Galilei (gest. 1642).

★★ **Cappella dei Pazzi** (**Pazzi-Kapelle**) ⓥ – *Am Ende des ersten Kreuzgangs (Eingang rechts von der Kirche).* Sie wurde von Brunelleschi erbaut. Dieses Meisterwerk der Florentiner Renaissance öffnet sich in einer kuppelüberwölbten Vorhalle; es zeichnet sich durch klare Linien und harmonische Proportionen aus. Die Innendekoration mit Terrakotten wurde von der Werkstatt der Della Robbia vorgenommen.

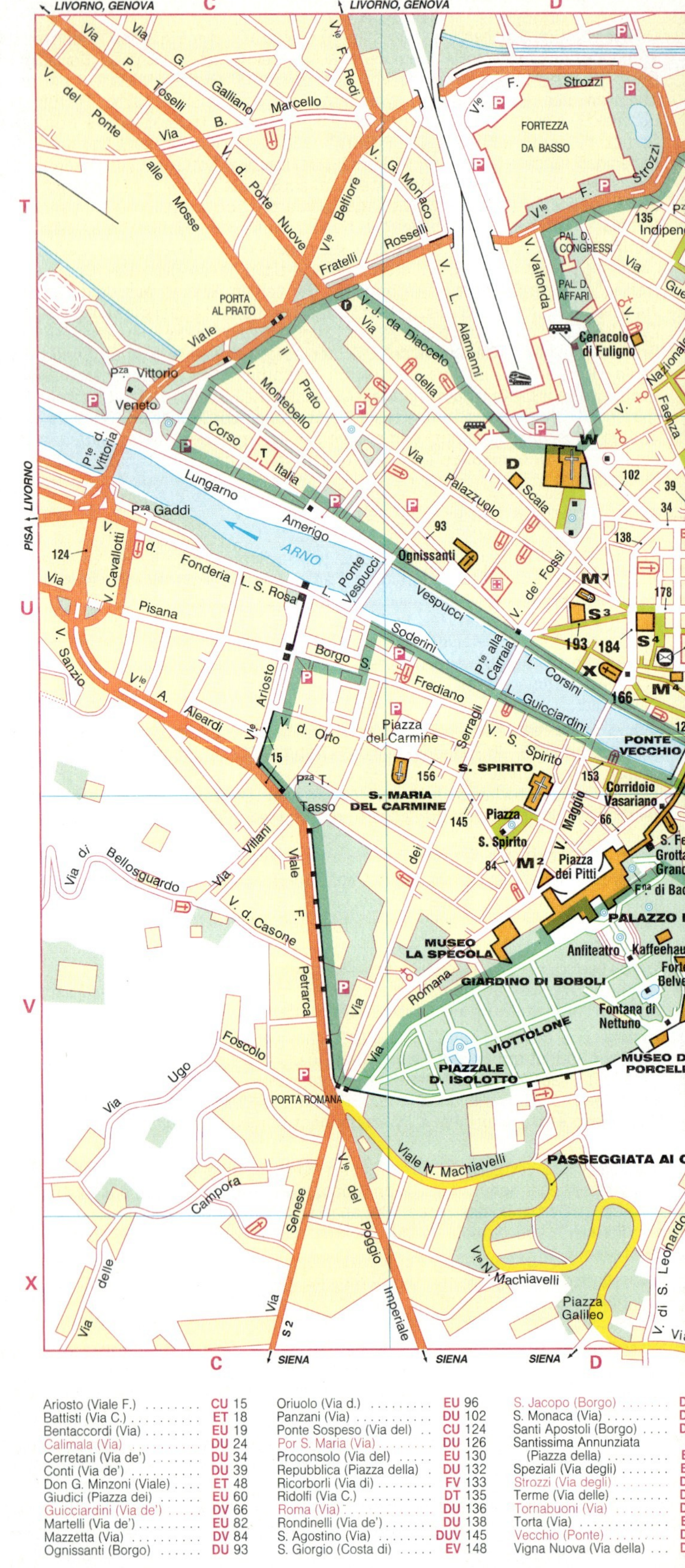

Ariosto (Viale F.)	CU	15
Battisti (Via C.)	ET	18
Bentaccordi (Via)	EU	19
Calimala (Via)	DU	24
Cerretani (Via de')	DU	34
Conti (Via de')	DU	39
Don G. Minzoni (Viale)	ET	48
Giudici (Piazza dei)	EU	60
Guicciardini (Via de')	DV	66
Martelli (Via de')	EU	82
Mazzetta (Via)	DV	84
Ognissanti (Borgo)	DU	93
Oriuolo (Via d.)	EU	96
Panzani (Via)	DU	102
Ponte Sospeso (Via del)	CU	124
Por S. Maria (Via)	DU	126
Proconsolo (Via del)	EU	130
Repubblica (Piazza della)	DU	132
Ricorborli (Via di)	FV	133
Ridolfi (Via C.)	DT	135
Roma (Via)	DU	136
Rondinelli (Via de')	DU	138
S. Agostino (Via)	DUV	145
S. Giorgio (Costa di)	EV	148
S. Jacopo (Borgo)	D	
S. Monaca (Via)	D	
Santi Apostoli (Borgo)	D	
Santissima Annunziata (Piazza della)	E	
Speziali (Via degli)	E	
Strozzi (Via degli)	D	
Terme (Via delle)	D	
Tornabuoni (Via)	D	
Torta (Via)	E	
Vecchio (Ponte)	D	
Vigna Nuova (Via della)	D	

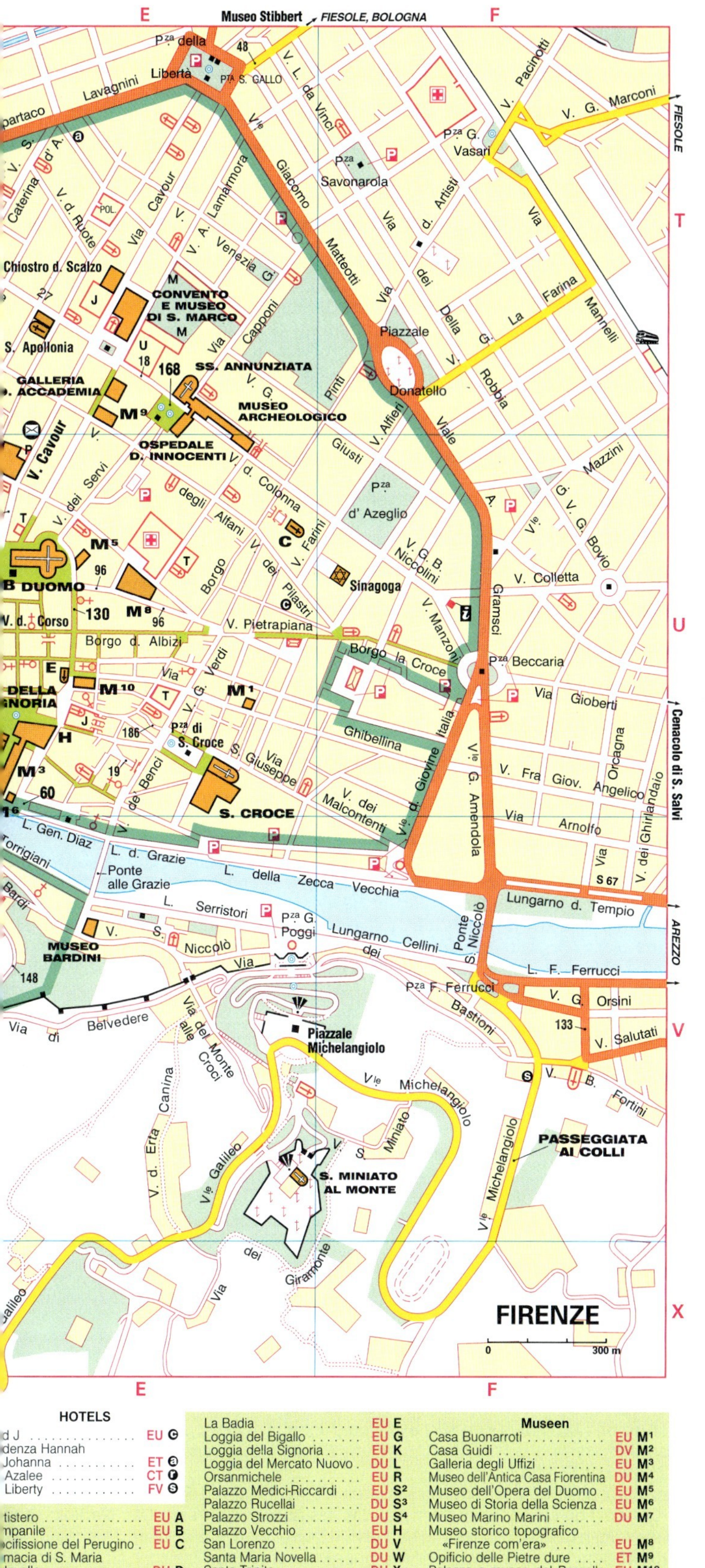

HOTELS

d J	EU	c
denza Hannah		
Johanna	ET	a
Azalee	CT	f
Liberty	FV	s

tistero	EU	A
mpanile	EU	B
cifissione del Perugino	EU	C
macia di S. Maria Novella	DU	D

La Badia	EU	E
Loggia del Bigallo	EU	G
Loggia della Signoria	EU	K
Loggia del Mercato Nuovo	DU	L
Orsanmichele	EU	R
Palazzo Medici-Riccardi	EU	S2
Palazzo Rucellai	DU	S3
Palazzo Strozzi	DU	S4
Palazzo Vecchio	EU	H
San Lorenzo	DU	V
Santa Maria Novella	DU	W
Santa Trinita	DU	X

Museen

Casa Buonarroti	EU	M1
Casa Guidi	DV	M2
Galleria degli Uffizi	EU	M3
Museo dell'Antica Casa Fiorentina	DU	M4
Museo dell'Opera del Duomo	EU	M5
Museo di Storia della Scienza	EU	M6
Museo Marino Marini	DU	M7
Museo storico topografico «Firenze com'era»	EU	M8
Opificio delle Pietre dure	ET	M9
Palazzo e museo del Bargello	EU	M10

Chiostro Grande (Großer Kreuzgang) – *Eingang am Ende des ersten Kreuzgangs rechts.* Die Pläne für den eleganten Bau wurden von Brunelleschi kurz vor seinem Tod (1446) entworfen, im Jahre 1453 wurde der Kreuzgang fertiggestellt.

Museo dell'Opera di S. Croce (Museum von Santa Croce) ⓥ – Das Museum ist im ehemaligen Refektorium eingerichtet, das zum ersten Kreuzgang hin liegt. Hier befindet sich das berühmte **Kruzifix**★ von Cimabue, das durch das Hochwasser von 1966, von dem besonders Santa Croce betroffen war, schwer beschädigt wurde.

Spaziergang nach San Miniato al Monte

Dauer: zu Fuß 2 Std., mit dem Auto 1 Std.

In östlicher Richtung am linken Ufer des Arno entlanggehen bis zu einem mittelalterlichen Turm, der auf dem Platz Giuseppe Poggi (er legte zwischen 1865 und 1870 den großartigen Panoramaweg „Via dei Colli" an) steht. Die Fußgängerzone führt im Zickzack bis zum Piazzale Michelangelo hinauf, von wo aus sich ein herrlicher **Blick**★★★ auf die Stadt bietet.
Nicht weit von diesem Platz, in exponierter **Lage**★★, herrscht die Kirche **San Miniato al Monte**★★ über Florenz. Sie entstand zwischen dem 11. und 13. Jh. und ist eines der schönsten Bauwerke der florentinischen Romanik. Die Fassade, von einer ausgesprochenen Eleganz, erinnert mit ihren grün-weißen Marmorintarsien und den geometrischen Motiven an das Baptisterium. Auch der Innenraum ist mit mehrfarbigen Marmorarbeiten versehen, der Fußboden stammt aus dem 13. Jh. Im linken Seitenschiff die **Cappella del Cardinale del Portogallo**★, im Renaissancestil gehalten. Die Kreuzkapelle im Chor wurde von Michelozzo entworfen. Die **Kanzel** und die **Chorschranken** sind mit Marmoreinlegearbeiten (frühes 13. Jh.) versehen und bilden eine harmonische **Einheit**★★. In der Apsis ein Mosaik mit dem Segnenden Christus. Die **Sakristei** ist mit **Fresken**★ von Spinello Aretino (1387) ausgemalt. Die eleganten Säulen der **Krypta** aus dem 11. Jh. sind mit antiken Kapitellen verziert.

WEITERE SEHENSWÜRDIGKEITEN in alphabetischer Reihenfolge

★★ **Affreschi di Santa Maria del Carmine (Fresken von Santa Maria del Carmine)** (**DUV**) – Einzigartig in dieser Kirche, die im 18. Jh. durch einen Brand stark beschädigt wurde, sind die Fresken in der **Brancacci-Kapelle** ⓥ *(hinten im Querschiff rechts).* Diese Arbeit wird zum größten Teil **Masaccio**, einem Wegbereiter der Renaissance-Malerei, zugeschrieben. Er stellte diesen Zyklus 1427 im Alter von 26 Jahren, ein Jahr vor seinem Tode, fertig. Geschildert werden die Erbsünde und das Leben des hl. Petrus. In allen Szenen, wie in der *Vertreibung aus dem Paradies*, dem *Zinsgroschen*, den *Neugetauften*, der *Heilung der Kranken* wurden die Figuren in schlichten und kräftigen Formen mit einer neuen Erkenntnis und Nutzung des Lichts plastisch gestaltet. Sie sind von einer ergreifenden Ausdrucksfähigkeit (man beachte die Würde mancher Blicke). Die anderen Fresken sind von Masolino (1424) und Filippino Lippi (1481).

La Badia (**EU E**) – Es war die Kirche einer einstigen Benediktinerabtei *(= Badia)*, die im 10. Jh. gegründet worden war. Der sechseckige **Campanile**★ (Glockenturm) ist einer der elegantesten in Florenz.
Im Innenraum mit seiner prächtigen **Kassettendecke**★★ sind mehrere Kunstwerke zu sehen, wie das Bild ***Maria erscheint dem hl. Bernhard***★, von Filippino Lippi *(links vom Eingang)*, ein zartes **Marmorrelief**★★ und zwei **Grabmäler**★, von Mino da Fiesole skulptiert.

★ **Casa Buonarroti (Buonarroti-Haus)** ⓥ (**EU M'**) – Dieses Haus hat Michelangelo gekauft, aber er wohnte nie darin. Im Inneren sind einige Skulpturen des Florentiner Bildhauers zu sehen *(Die Kentauren-Schlacht* und *Die Madonna an der Treppe).*

Cenacolo di Sant'Apollonia (Abendmahl von Sant'Apollonia) ⓥ (**ET**) – Das ehemalige Refektorium des Kamaldulenserklosters ist mit einer **Abendmahlsszene**★ von **Andrea del Castagno** (1430) geschmückt.
Die Genauigkeit der Perspektive und die mineralisch erscheinenden Farben und Formen sind typisch für den Maler und verleihen der Szene eine beeindruckende dramatische Würde.

★ **Cenacolo di San Salvi (Abendmahl von San Salvi)** ⓥ – *Im Osten der Stadt (siehe Plan Florenz und Umgebung im Michelin-Hotelführer ITALIA,* **FU***). Zu erreichen über die Piazza Beccaria, Via V. Gioberti, über die Piazza L.B. Alberti in die Via Aretina bis zur Via San Salvi Nr. 16.*
Eine Seite des Refektoriums dieses alten Klosters wurde 1520 von **Andrea del Sarto** mit einem herrlichen Fresko bemalt, das das Abendmahl zeigt. Das Werk ist sehr ausgewogen in der Farbgebung und erfüllt von einer dramatischen Spannung. Im Refektorium wurde außerdem ein kleines Museum florentinischer Altarbilder aus dem 16. Jh. eingerichtet.

Chiesa d'Ognissanti (**DU**) - Die im 13. Jh. errichtete und im 17. Jh. restaurierte Kirche enthält schöne Fresken von Botticelli *(Der hl. Augustinus)* und von Ghirlandaio *(Der hl. Hieronymus)*; letzterer hat auch das ***Abendmahlsfresko*** ★ im Refektorium des Klosters links neben der Kirche gemalt.

★ **San Spirito** (**DU**) - Der Innenraum der Kirche, die 1444 nach den Plänen von Brunelleschi erbaut wurde, erinnert an San Lorenzo. Hier werden zahlreiche **Kunstwerke** ★ aufbewahrt, darunter auch eine *Madonna mit Heiligen* von Filippino Lippi *(5. Kapelle des rechten Querschiffs)*.

Santa Trinità (**DU X**) - Im nüchternen gotischen Innenraum beachte man die **Cappella dell'Annunciazione** ★★ *(4. rechts)*, die von Lorenzo Monaco mit einem *Marienleben* ausgemalt wurde. Die **Cappella Sassetti** ★★ *(2. rechts vom Chor)* trägt von Ghirlandaio den Freskenzyklus *Leben des hl. Franziskus* und das Altarbild *Geburt Christi*.

★ **Loggia del Mercato Nuovo (Der Neue Markt)** (**DU L**) - Mitten im Herzen und Geschäftsviertel der Stadt unter eleganten Renaissance-Arkaden ist der Neue Markt untergebracht, auf dem handwerkliche Arbeiten aus Florenz feilgeboten werden.

★★ **Museo Archeologico (Archäologisches Museum)** ⓥ (**ET**) - Hier sind bedeutende Stücke zur griechischen, ägyptischen, etruskischen (***Chimära von Arezzo*** ★★, Meisterwerk aus dem 5. Jh. v. Chr.; **François-Vase** ★★ 6. Jh. v. Chr.) und zur römischen Kunst ausgestellt. Außerdem kann man Sammlungen von Schmuck und Goldschmiedearbeiten der Medici und der Herzöge von Lothringen besichtigen.

★ **Museo della Casa Fiorentina Antica** ⓥ (**DU** M^{4}) - Im **Palazzo Davanzati** ★ (14. Jh.), der mit den hohen, um einen Innenhof angeordneten Gebäuden einen mittelalterlichen Charakter bewahrt hat, vermitteln die alten Möbel und Gebrauchsgegenstände der Renaissance eine Idee vom damaligen Leben im Hause einer reichen Familie.

Museo Marino Marini ⓥ (**DU** M^{7}) - Das Museum enthält Gemälde und Bildhauerarbeiten dieses berühmten florentinischen Künstlers, der 1980 verstorben ist.

★ **Museo di Storia della Scienza (Museum für Geschichte der experimentellen Naturwissenschaften)** ⓥ (**EU** M^{6}) - Schöne Sammlung alter wissenschaftlicher Instrumente, darunter die Linse des Fernrohrs Galileis.

★ **Opificio delle Pietre Dure** ⓥ (**ET** M^{9}) - Nach einer antiken Tradition, die von Lorenzo dem Prächtigen wieder aufgenommen wurde, bearbeiten und schneiden die Florentiner Halbedelsteine *(pietre dure)* wie Quarz, Porphyr, Onyx, Jaspis etc. und setzen sie zu Inkrustationen (sog. Pietra-dura-Mosaik) zusammen. Heute ist die Werkstatt *(opificio)* allerdings haupsächlich mit Restaurierungen beschäftigt. Ein kleines **Museum** zeigt einige erlesene Arbeiten.

★ **Orsanmichele** (**EU R**) - Der ehemalige Kornspeicher wurde im 14. Jh. wieder aufgebaut, im Übergangsstil von der Gotik zur Renaissance. Das Äußere ist mit Skulpturen der Schutzpatrone der Zünfte geschmückt (Werke von Donatello, Ghiberti, Verrocchio). Im Innern ist ein kostbarer **Tabernakel** ★★ aufgestellt. Orcagna schuf ihn im gotischen Stil und versah ihn mit mehrfarbigen Marmormosaiken.

★★ **Palazzo Rucellai** (**DU** S^{3}) - Bernardo Rossellino erbaute ihn Mitte des 15. Jh.s nach einer Zeichnung von Leon Battista Alberti. In der Fassade wurden hier zum ersten Mal die drei antiken Ordnungen gleichmäßig übereinander gelagert.

★★ **Palazzo Strozzi** (**DU** S^{4}) - Der letzte private Palast aus der Renaissance (Ende 15. Jh.) ist gleichzeitig auch einer der größten und würdevollsten mit seinem Bossenwerk, dem Gesims und dem eleganten Innenhof.

★ **Piazza della Santissima Annunziata** (**ET 168**) - Der schöne Platz wird von einer Reiterstatue Ferdinandos I. von Giambologna und zwei Brunnen aus dem Barock geschmückt. Er ist gesäumt von der Chiesa della Santissima Annunziata, dem Ospedale degli Innocenti (Waisenhaus) und dem Palast der Bruderschaft der Diener Mariens.

Chiesa della Santissima Annunziata (**ET**) - Die Kirche wurde im 15. Jh. von Michelozzo umgebaut. Die **Fresken** ★ (beschädigt) in der Vorhalle stammen von Rosso Fiorentino, Pontormo, Andrea del Sarto, Franciabigio und Baldovinetti. Der Innenraum ist barock ausgestaltet. Vom linken Querschiff gelangt man in den **Chiostro dei Morti** („Kreuzgang der Toten"). Dort befindet sich die ***Madonna del Sacco*** ★ *(oberhalb des Eingangs, hinter Glas)* von Andrea del Sarto (16. Jh.).

★ **Ospedale degli Innocenti** (**ETU**) - Der elegante **Portikus** ★★ des ehemaligen Waisenhauses ist ein Werk von Brunelleschi. Er ist mit **Medaillons** ★★ (die Wickelkinder darstellen) aus Terrakotta von Andrea della Robbia geschmückt. Die **Kunstgalerie** ⓥ enthält interessante Werke von Florentiner Künstlern.

UMGEBUNG

Siehe Plan Florenz und Umgebung im Michelin-Hotelführer ITALIA

★★ **Ville Medicee (Medici-Villen)** – Die Medici errichteten im 15. und 16. Jh. in der Umgebung von Florenz elegante Villen, zu denen oftmals schöne Gärten gehören.

★ **Villa La Petraia** ⓥ – *3 km nördlich.* Kardinal Ferdinando de' Medici ließ 1576 die einstige Burg von Buontalenti zu einer Villa umbauen. In dem schönen **Park** (16. Jh.) befindet sich der sehenswerte Venus-Brunnen von Tribolo mit einer bronzenen Venus von Giambologna.

★ **Villa di Castello** ⓥ – *5 km nördlich in Castello.* Diese Villa wurde von Lorenzo dem Prächtigen reich ausgestattet und im 18. Jh. restauriert. Die schöne Gartenanlage ist mit Brunnen und Skulpturen geschmückt.

★★ **Villa di Poggio a Caiano** ⓥ – *17 km westlich, an der Straße nach Pistoia, S 66.* Lorenzo der Prächtige beauftragte Sangallo mit dem Bau dieser Villa. Die Loggia wurde von den della Robbia ausgestaltet. Im Innern der Villa sind im Großen Salon eine herrliche Kassettendecke sowie **Fresken** von Pontormo zu bewundern, die Pomona und Vertumnus darstellen, die Götter der fruchtbaren Weinberge und Gärten.

★ **Villa La Ferdinanda** – *26 km westlich* in **Artimino**. Das Anwesen wurde im 16. Jh. von Buontalenti im Auftrag des Großherzogs Ferdinand I. von Medici mit Blick auf den Arno an den Hang gebaut. Besondere Beachtung verdienen die vielen Kamine und der eindrucksvolle Treppenaufgang. Die Innenräume beherbergen das **Museo archeologico etrusco** ⓥ.

★★ **Certosa del Galluzzo (Kartause von Galluzzo)** ⓥ – *6 km südlich, an der Straße nach Siena.* Das Kloster reicht ins 14. Jh. zurück, wurde aber bis zum 17. Jh. mehrmals umgebaut. In dem danebenliegenden Palast führte Pontormo die Fresken aus. Die Mönchszellen liegen rings um einen **Renaissance-Kreuzgang**★.

FORLI

Emilia-Romagna

109 425 Einwohner

Michelin-Karten Nr. 988 Falte 15, 429 Falte 35 oder, 430 J 18

Stadtplan im Michelin-Hotelführer ITALIA

An der Via Emilia liegt Forli, das im 13. und 14. Jh. eine freie Stadt war. Im Jahre 1500 verteidigte Caterina Sforza die Burg heldenmütig gegen Cesare Borgia.

Basilica di San Mercuriale – *Piazza Aurelio Saffi.* Die Kirche wird von einem hohen romanischen Glockenturm überragt. Das Portal der Fassade ist mit einem herrlichen **Relief** (13. Jh.) im Bogenfeld verziert.
Im Innern befinden sich zahlreiche sehenswerte Kunstwerke, darunter auch Gemälde von Marco Palmezzano, und das Grabmal der Barbara Manfredi von Francesco di Simone Ferrucci.

Pinacoteca ⓥ – *Corso della Repubblica Nr. 72.* In dieser Gemäldesammlung sind Werke von Malern aus der Emilia-Romagna des 13.-15. Jh.s zu sehen. Bemerkenswert ist ein zartes ***Porträt eines jungen Mädchens*** von Lorenzo di Credi.

UMGEBUNG

Cesena – *19 km von Forli, an der Via Emilia.* Die Stadt liegt am Fuße eines Hügels, der die Burg *(Rocca)* Malatesta (15. Jh.) trägt. Die **Biblioteca Malatestiana**★ ⓥ *(Piazza Bufalini)* aus der Renaissancezeit besteht aus einem dreischiffigen Innenraum, dessen Gewölbe auf kannelierten Säulen mit schönen Kapitellen ruhen. Man kann hier einige der seltenen Handschriften der Buchmalerschule von Ferrara sehen sowie ein Missorium, eine vergoldete Silberplatte, wahrscheinlich aus dem 4. Jh.

Bertinoro – *14 km südöstlich.* Das Städtchen ist bekannt für den weiten Rundblick und seinen goldfarbenen Albana-Wein. Mitten im Ort steht die sog. „Säule der Gastfreiheit". Sie trägt Eisenringe, von denen jeder einer Familie am Ort gehörte. Der Ring, an dem der Reisende sein Pferd anband, bestimmte das Haus, das ihn aufnahm. Von der Terrasse daneben kann man eine weite **Aussicht**★ über die Romagna genießen.

Die Zeitspannen bei den Ausflügen ist so berechnet, dą Sie während der Fahrt Landschaft und empfohlene Sehenswürdigkeiten in Mųe betrachten können.

Abbazia di FOSSANOVA★★

Abtei FOSSANOVA – Latium

Michelin-Karte Nr. 988 Falte 26 oder 430 R 21

Die Zisterzienser-Abtei ⓥ, die älteste dieses Ordens in Italien, liegt einsam in einer stillen Landschaft, wie es die Zisterzienserregel vorschreibt. 1133 ließen sich Mönche aus Cîteaux hier nieder. Im Jahre 1163 begannen sie mit dem Bau der Abteikirche, die als Vorbild für viele italienische Gotteshäuser diente. Obwohl die Kirche mehrmals stark restauriert wurde, blieben Architektur und Grundriß bewahrt. An ihnen kann man die strengen Regeln des Bernhard von Clairvaux und das Gebot äußerster Einfachheit ablesen. Die Anordnung der einzelnen Gebäude trägt dem Leben der wirtschaftlich autonomen Gemeinschaft Rechnung, die sich aus Mönchen in Klausur und aus Laienbrüdern *(Konversen)* zusammensetzte. Die letzteren kümmerten sich um die handwerklichen und körperlichen Arbeiten.

Kirche – Die 1208 geweihte Kirche ist in burgundischem Stil gebaut, die Dekoration hingegen erinnert zuweilen an den lombardischen Stil, mit maurischem Einschlag.
Der Grundriß in Form eines lateinischen Kreuzes mit geradem Chorabschluß, der achteckige Vierungsturm, die Rosetten und das dreibogige Fenster der Apsis sind typisch für die Zisterzienserkirchen. Der hohe, lichtdurchflutete Innenraum ist schlicht und besteht aus einem Mittelschiff und zwei Seitenschiffen mit Kreuzgratgewölben.

Kreuzgang – Mit seinen drei romanischen und dem frühgotischen Flügel (Südseite, Ende 13. Jh.) ist der Kreuzgang sehr beeindruckend. Die Verzierung und Form der Säulen zeigen den lombardischen Stil. Der schöne gotische Kapitelsaal öffnet sich zum Kreuzgang hin mit Zwillingsbogenfenstern. In dem etwas abseits stehenden Pilgerhaus starb am 7. März 1274 Thomas von Aquin.

GAETA★

Latium

22 911 Einwohner

Michelin-Karte Nr. 988 Falte 27 oder Nr. 430 S 22

Diese alte Festungsstadt, von der noch das Kastell erhalten ist, liegt herrlich an der äußersten Spitze des Vorgebirges, das den schönen **Golf**★ abschließt. Am Golf entlang führt eine Straße, die großartige Aussichten bietet. Das Seebad von Gaeta ist Serapo mit seinem feinsandigen Strand im Süden der Stadt.

Duomo – Am interessantesten ist der Campanile im romanisch-maurischen Stil (10. und 15. Jh.), der mit Fayencen geschmückt ist, wie die Kirchtürme auf Sizilien oder um Amalfi. Innen ist der hohe **Osterleuchter**★ (Ende 13. Jh.) sehenswert, auf dem in 48 Reliefs das Leben Jesu und des hl. Erasmus dargestellt ist. Um den Dom liegt das malerische mittelalterliche Stadtviertel.

Castello – Das Kastell reicht in das 8. Jh. zurück und wurde mehrmals umgebaut. Der untere Teil geht auf die Anjou, der obere Teil auf das Haus Aragon zurück.

Monte Orlando ⓥ – Auf dem Gipfel des Berges befindet sich das Grabmal des römischen Konsuls Lucius Munatius Plancus (Mausoleo di Lucio Munazio Planco). Er war ein Weggenosse Cäsars und gründete die Kolonien *Lugdunum* (Lyon) und *Augusta Raurica* (Augst bei Basel).

UMGEBUNG

Sperlonga – *16 km nordwestlich.* Dieser reizvolle Ort liegt auf einem Gebirgsvorsprung mit vielen Grotten.

Grotta di Tiberio und Museo Archeologico (Tiberius-Grotte und Archäologisches Museum) – Die Grotte liegt unterhalb der Küstenstraße Gaeta-Terracina *(nach dem letzten Tunnel links)*. Kaiser Tiberius entging hier mit knapper Not dem Tod, als sich aus dem Gewölbe der Grotte Steine lösten und herabfielen.
Das **Museum** ⓥ befindet sich direkt an der Küstenstraße. Man sieht eine Sammlung schöner Skulpturen aus dem 4. und 2. Jh. v. Chr., Büsten und sehr realistische Theatermasken sowie die Rekonstruktion der riesigen Skulpturengruppe „Odysseus blendet den Zyklopen Polyphem".
Am anderen Ausgang des Tunnels (Richtung Gaeta) die brandgeschädigten Ruinen der Tiberius-Villa.

Promontorio del GARGANO★★★

GARGANOMASSIV - Apulien

Michelin-Karte Nr. 988 Falte 28 oder 431 Falten 2, 6

Das weiße Gebirge unter dem blauen Himmel ragt wie ein Sporn aus dem italienischen Stiefel. Das Garganomassiv ist eine der hinreißendsten Landschaften Italiens. Der weite Horizont, die tiefen und geheimnisvollen Wälder und die zerklüftete und einsame Küste bilden eine einzigartige Kulisse, ein wahres Paradies für Sonnenanbeter. Leider befinden sich die meisten Strände und Buchten in Privatbesitz (viele davon gehören den Hotels bzw. Campingplätzen).
Geologisch besteht kein Zusammenhang zwischen dem Gargano und dem Apennin. Der Gargano ist ein verkarstetes und zergliedertes Kalkmassiv, in dem Bäche verschwinden, um an anderer Stelle wieder aufzutauchen.
Früher bildete der Gargano eine Insel, die erst durch die Anschwemmungen der vom Apennin herabfließenden Wasserläufe mit dem Festland verbunden wurde.
Heute erscheint der Monte Gargano als ein von Tälern zerfurchtes Hochland; in den Niederungen hat sich fruchtbarer Boden angesammelt, der landwirtschaftliche Nutzung ermöglicht. Der Osten des Gebirges ist mit Wäldern bedeckt; auf den mageren Bergwiesen und Hochebenen weiden Schafe, Ziegen und schwarze Schweine.
Zur gleichen geologischen Formation gehören auch die malerischen **Tremiti-Inseln** *(s. dort)*.

RUNDFAHRT

Folgen Sie der auf der Kartenskizze eingezeichneten Strecke ab Monte Sant'Angelo (146 km - 1 Tag rechnen)

★ **Monte Sant'Angelo** - *Beschreibung siehe dort*

★★ **Foresta Umbra (Umbra-Wald)** - Der ausgedehnte Mischwald ist einzigartig in ganz Apulien. Er erstreckt sich 11 000 ha weit über die kleinen Täler, ist gut gepflegt und für den Fremdenverkehr erschlossen. Im Forsthaus (Casa Forestale), das kurz hinter der Abzweigung nach Vieste liegt, ist ein **Informationszentrum** für Besucher untergebracht.

Peschici - Der kleine Fischerort entwickelte sich zu einem Seebad. Er liegt reizvoll auf einem Gebirgsvorsprung über dem Meer.

Vieste - Wie Peschici verfügt auch Vieste über eine reizvolle Lage. Die kleine alte Stadt auf der Felsenklippe wird von einer Burg aus dem 13. Jh. überragt. In Vieste befindet sich das interessante **Museo Malacologico**, in dem Muscheln aus aller Herren Länder ausgestellt sind.
Im Süden des Ortes liegt der lange Sandstrand mit dem spitzen Kalkfelsen **Faraglione di Pizzomunno**.

Von Vieste bis Mattinata fährt man die **Höhenstraße**★★ an der zerklüfteten Küste entlang. Nach 8 km erreicht man die **Testa del Gargano**, einen quadratischen Turm, der das östliche Ende des Garganomassivs anzeigt. Von hier bietet sich eine schöne **Aussicht**★ auf die **Cala di San Felice**, eine kleine Bucht, die von einem Kalkfelsen begrenzt wird, der wie ein Torbogen geformt ist.
Über **Pugnochiuso**, einem Paradies für Urlauber, kommt man zur reizenden **Zagare-Bucht**★ (Baia delle Zagare).

Mattinata - Die Abfahrt nach Mattinata bietet einen schönen **Blick**★★ auf dieses Bauerndorf, das zwischen den Olivenbäumen und den Bergen wie ein heller Fleck in der Ebene wirkt.

GENOVA★★

GENUA – Ligurien

676 069 Einwohner

Michelin-Karte Nr. 988 Falte 13 oder Nr. 428 I 8 – Kartenskizzen siehe unter La RIVIERA
Plan Genua und Umgebung im Michelin-Hotelführer ITALIA

Genua hat den größten Handelshafen Italiens. Die Stadt selbst steckt voller Überraschungen und Kontraste.
Das stolze Genua, „La Superba", erstreckt sich wie ein Amphitheater an den Hängen der Berge; in seinen malerischen Vierteln stehen unzählige prächtige Paläste in unmittelbarer Nachbarschaft von bescheidenen Gäßchen, auch *Carruggi* genannt.

GESCHICHTLICHES

Genua verdankt Größe und Ansehen seiner bedeutenden Flotte, die im 11. Jh. im Kampf gegen die Sarazenen ihre Macht auf dem Tyrrhenischen Meer bewies. Bereits im Jahre 1104 verfügte sie über 70 Schiffe, die alle aus den Genueser Werften stammten. Auf diese mächtige Flotte griffen vom 14. Jh. an auch ausländische Herrscher gerne zurück, so die Könige von Frankreich Philipp der Schöne und Philipp von Valois. Durch die Kreuzzüge hatte Genua Gelegenheit, Handelsbeziehungen mit Städten im östlichen Mittelmeerraum anzuknüpfen.
Es wurde im Jahre 1100 eine Republik, die „Republik des hl. Georg", deren Selbständigkeit die Seefahrer, Kaufleute, Finanzmänner und Bankiers hochhielten, und die sich eine Vormachtstellung im Mittelmeer errang. Im Kampf gegen die Sarazenen war Genua zuerst noch mit Pisa verbunden (11. Jh.); dieses wurde jedoch später im Kampf um Korsika sein Rivale (13. Jh.); dann rang Genua lange mit Venedig (14. Jh.) um die Vorherrschaft im Mittelmeer. Die genuesischen Besitzungen erstreckten sich bis zum Schwarzen Meer.
Im 14. Jh. lag der Handel mit den wertvollen Waren aus dem Orient in den Händen der Genueser Seeleute. Sie besaßen auch das Monopol für Alaun, das zum Fixieren von Farben diente. An Land kamen die ersten „Kommanditgesellschaften" auf, 1408 wurde die „Bank des hl. Georg" gegründet, eine Vereinigung von Gläubigergesellschaften des Staates, die die Finanzen und die Verwaltung der Handelsniederlassungen regelten. Im Rahmen dieser Organisation wurden die Kaufleute zu einfallsreichen Bankiers, die sich bereits modernster Mittel bedienten. So arbeiteten sie schon mit Wechsel, Scheck, Versicherungen, um ihren Gewinn zu erhöhen. Die erbitterten Kämpfe der Genueser Familien untereinander führten ab dem Jahre 1339 zur Wahl eines Dogen auf Lebenszeit. Vor allem aber führten diese Zwistigkeiten dazu, daß Genua im 15. Jh. unter die Schutzherrschaft fremder Staaten kam.
1528 gab der Condottiere **Andrea Doria** (1466-1560) Genua eine strenge aristokratische Verfassung, unter der Genua eine „Handelsrepublik" wurde. Andrea Doria ist eine der ruhmreichsten Persönlichkeiten der Stadt, Abbild des genuesischen Unternehmungsgeistes und Freiheitswillens. Der unerschrockene und zugleich besonnene Admiral, Condottiere und Gesetzgeber bekämpfte 1519 erfolgreich die Türken, unterstützte Franz I. und sorgte nach der Niederlage bei Pavia für einen sicheren Rückzug seiner Truppen. Durch die ungerechte Behandlung seitens des Königs von Frankreich gekränkt, trat er 1528 in die Dienste Kaiser Karls V., der ihn mit Ehren überhäufte. Nach seinem Tod begann mit der Konkurrenz der Hafenstädte am Atlantik der unaufhaltsame Abstieg Genuas. Ludwig XIV. ließ 1684 den Hafen zerstören; 1768 trat Genua im Vertrag von Versailles Korsika an Frankreich ab. Unter dem Freiheitskämpfer Giuseppe Mazzini wurde die Stadt 1848 zu einem Mittelpunkt des *Risorgimento (s. Einleitung, Geschichtstabelle).*

Die Schönen Künste in Genua – Der wirtschaftliche Niedergang der Stadt fällt im 16. und 17. Jh. mit dem Aufkommen einer intensiven künstlerischen Tätigkeit zusammen, die sich im Bau zahlreicher Paläste und Kirchen äußert. Zu dieser Zeit kamen auch viele Maler, vor allem flämische, nach Genua. Rubens veröffentlichte 1607 eine Abhandlung über die „Palazzi di Genova"; van Dyck porträtierte zwischen 1621 und 1627 den Adel der Stadt. Puget arbeitete von 1661 bis 1667 für Genueser Patrizierfamilien, darunter die Doria und die Spinola.

GIRAUDON

Andrea Doria (Sebastiano del Piombo)

GENUA ERLEBEN

„Art bus" (Linie 10) – Die AMT hat diese Linie, die die interessantesten Stellen in Genua anfährt, eingerichtet, damit man die Stadt bei einer Busfahrt kennenlernen kann. Abfahrt an der Piazza Caricamento. Normale Fahrkarte für den Stadtverkehr (90 Min. gültig) oder Tageskarte für Touristen (5 000 L). ☎ (010) 59 82 414.

Übernachten in Genua

Das vollständige Angebot der Hotels und Restaurants in Genua finden Sie im aktuellen Roten Hotel- und Restaurantführer ITALIA. Im folgenden sind einige Unterkünfte nach Preiskategorie aufgeführt (die Preise entsprechen den Kosten für ein Doppelzimmer und gelten das ganze Jahr über, außer an den 10 Tagen der Internationalen Bootsausstellung im Oktober, während der höhere Preise verlangt werden), die wir wegen ihres günstigen Preis-Leistungsverhältnisses, ihrer guten Lage oder ihrem besonderen Reiz ausgesucht haben. Die Häuser sind alphabetisch in drei Preisklassen unterteilt. Die Koordinaten und Buchstaben in den Klammern verweisen auf den Stadtplan. Wir empfehlen Ihnen auf jeden Fall, nach der Festlegung Ihres Reisetermins die Preise telefonisch zu überprüfen und rechtzeitig zu reservieren. Dies gilt vor allem für die preisgünstigeren Hotels, die in der Regel nur recht wenige Zimmer besitzen und rasch ausgebucht sind.

Zu den Hotel- und Preiskategorien siehe S. 478

„GUT & PREISWERT"

Albergo Cairoli (FX ⓐ) – *Via Cairoli 14/4. ☎ (010) 24 61 454; Fax: (010) 24 67 512. 12 Zimmer. Kreditkarten werden akzeptiert.* Dieses kleine, einfach möblierte Hotel befindet sich im 3. Stock (Aufzug) eines Gebäudes im historischen Zentrum, in unmittelbarer Nähe der Via Garibaldi.

„UNSERE EMPFEHLUNG"

Hotel Europa – *Via Monachette 8 (außerhalb des Plans, Zugang über die Via Balbi – EX). ☎ (010) 24 63 537; Fax: (010) 26 10 47. 38 Zimmer mit Klimaanlage. Kreditkarten werden akzeptiert. Parkplatz.* Das Hotel liegt in einer winzigen Querstraße der Via Balbi, wenige Schritte vom Hauptbahnhof (Genova Principe) entfernt.

Hotel Galles – *Via Bersaglieri d'Italia 13 (außerhalb des Plans, Zugang über die Via A. Gramsci oder die Via Balbi – EX) ☎ (010) 24 62 820; Fax: (010) 24 62 822. 20 Zimmer mit Klimaanlage. Kreditkarten werden akzeptiert.* Das Hotel befindet sich neben dem Hauptbahnhof und ist ideal für Reisende, die mit dem Zug ankommen und im Zentrum wohnen möchten.

„SPITZENKATEGORIE"

Hotel Bristol (GY ⓝ) – *Via XX Settembre 35. ☎ (010) 59 25 41; Fax: (010) 56 17 56. 128 Zimmer und 5 Suiten mit Klimaanlage. Kreditkarten werden akzeptiert.* Das Hotel befindet sich in einem Stadtpalais vom Ende des 19. Jh.s. Die Zimmer sind mit Stilmöbeln eingerichtet.

Restaurants

„GUT & PREISWERT"

Cantine Squarciafico (FY) – *Piazza Ivrea 3 R (in der Nähe der Kirche San Lorenzo). ☎ (010) 24 70 823.* Das Restaurant befindet sich in den ehemaligen Zisternen des Palazzo Squarciafico aus dem 16. Jh. und bietet typische Gerichte der Genueser Küche an.

„UNSERE EMPFEHLUNG"

Antica Osteria del Bai – *Via Quarto 12, Quarto dei Mille (außerhalb des Plans, 7 km östlich in Richtung Nervi). ☎ (010) 38 74 78. Geschlossen: Montags, 10. bis 20. Januar und 1. bis 20. August.* Das historische und elegante Restaurant ist in einem ehemaligen Semaphor an der Bucht untergebracht, in der Garibaldis „Zug der Tausend" die Anker lichtete. Auf der Speisekarte stehen Meeresfrüchte und regionale Spezialitäten.

Trattoria Pintori (FY) – *Via San Bernardo 68. ☎ (010) 27 57 507.* Wenn man die traditionelle ligurische Küche kennenlernen möchte, ist dieses Restaurant in einem ehemaligen Palazzo im historischen Zentrum die ideale Adresse. Bemerkenswerte Weinkarte.

DAS AUGE ISST MIT

Mangini (GY) – *Piazza Corvetto 3 R.* Die 1876 gegründete Café-Konditorei, berühmter Treffpunkt der Schriftsteller und Journalisten des 19. Jh.s, strahlt noch heute die gleiche faszinierende Atmosphäre aus.

Romanengo (FY) – *Via Soziglia 74/76 R (der Via Luccoli in Richtung Innenstadt folgen).* Die Konditorei aus dem Jahr 1780 ist eine der berühmtesten ganz Italiens. Feinschmecker kommen unter der großen Auswahl an Bonbons, kandierten Früchten, Pralinen, Kuchen und sonstigen Süßwaren voll auf ihre Kosten.

Die Genueser Malerschule zeichnet sich durch fieberhafte Dramatik und düstere, ineinander übergehende Farben aus. Vertreter dieser Richtung sind Luca Cambiaso (16. Jh.), Bernardo Strozzi (1581-1644), Castiglione Genovese, ein begabter Graveur. Der Hauptvertreter jedoch ist **Alessandro Magnasco** (1667-1749), der durch seinen raschen und intensiven Pinselstrich, seine poetische Sehweise und seine Palette zum Vorläufer der modernen Kunstauffassung wurde.
Der Baumeister Alessi (1512-1572) ist in seinen besten Bauwerken durch die Eleganz der Proportionen und durch die vortreffliche Einfügung der Bauwerke in das Stadtbild mit Sansovino und Palladio gleichzusetzen.

★★ ALTSTADT *Besichtigung: 1 Tag*

Sie erstreckt sich östlich des Alten Hafens und reicht bis hinauf in das Gewirr der engen und malerischen Gassen bis zur Via Garibaldi und der Piazza De Ferrari.

★★ **Hafen** ⓥ (EXY) – Einen guten Überblick über die Hafenanlagen bietet die am Ufer entlangführende Hochstraße Strada Sopraelevata (EXYZ).
Die Anlage des größten Hafens Italiens erstreckt sich über nahezu 50 km. Im Osten liegt der Alte Hafen, der Porto Vecchio, mit dem Jacht- und Segelhafen, den Werften und den Ladekais für Fähren zu den Inseln und nach Afrika. Er wird von einem Werk von **Renzo Piano** überragt. Von dieser Bigo genannten, einem Kran ähnelnden Metallkonstruktion mit einem Panoramaaufzug hat man einen schönen **Blick**★ auf die Stadt. Man erkennt den Glockenturm der Kathedrale, die massige Kirche Santa Maria di Carignano und den Leuchtturm von Genua, die **Lanterna**, das Wahrzeichen der Stadt.
Westlich liegt der Neue Hafen, der Porto Nuovo, der an ein großes Industriegebiet mit Stahl- und Eisenindustrie, Chemiewerken und Raffinerien angeschlossen ist. Genua ist der größte Umschlaghafen in Italien: Es werden Rohstoffe eingeführt (Erdölprodukte, Kohle, Erze, Getreide, Metalle, Holz usw.) und Fertigprodukte ausgeführt wie z. B. Maschinen, Fahrzeuge, Textilien.

★ **Acquario** ⓥ (EY) – *Modern und didaktisch gestaltetes Aquarium.* Auf Leuchttafeln werden (in italienischer und englischer Sprache) die verschiedenen Tierarten sowie ihre jeweiligen, in den Wasserbecken künstlich nachgestalteten Lebensräume erläutert. Zu Beginn des Rundgangs wird ein Film zur Einführung in die Unterwasserwelt gezeigt. Computerbildschirme ermöglichen danach einen „aktiven" Besuch des Aquariums. An einigen Beobachtungspunkten hat der Besucher den Eindruck, sich inmitten der Fische und Meeressäugetiere zu befinden. Nachgebildet wurden die Unterwasserwelt von Mittelmeer, Rotem Meer und Meer von Madagaskar sowie der tropische Regenwald und ein Korallenriff. Besonders interessant sind die Robben, Reptilien, Delphine, Haie, Pinguine und Muränen sowie das Rochen-Streichelbecken.

Antichi Magazzini del Cotone – *Zugang über die Via del Molo* (EY). Die im 19. Jh. errichteten **ehemaligen Lagerhallen für Baumwolle** wurden von Renzo Piano anläßlich der Feiern zum 500. Jahrestag der Entdeckung von Amerika durch Christoph Kolumbus restauriert. Im ersten Stock befindet sich die **Città dei Bambini**★ ⓥ, die Stadt der Kinder, die für Drei- bis Vierzehnjährige mit Unterstützung und nach dem Vorbild der Cité des Sciences de La Villette in Paris entworfen wurde. Eine Reihe interaktiver Spiele soll den jungen Besuchern die sinnliche Wahrnehmung, die Natur und die großen Prinzipien von Wissenschaft und Technik nahebringen sowie ihr demokratisches Verständnis fördern und sie für Begriffe wie Respekt, Toleranz und Andersartigkeit sensibilisieren. Im dritten Stock befindet sich das **Padiglione del Mare e della Navigazione**★ ⓥ, ein interessantes Museum, das die Tradition der Stadt im Bereich der Seefahrt anhand verschiedener Instrumente und Modelle beschreibt: Zu sehen sind eine Waffensammlung, die Bibliothek eines Geschäftsmannes, die Nachbildung einer *Carruggio* (typische enge Gasse der ligurischen Städte) aus dem 19. Jh. mit ihren Geschäften (u. a. Segelhersteller, Marinemaler und Schnitzer von Galionsfiguren), eine Werft und ein Frachtschiff.

★ **Quartiere dei marinai (Hafenviertel)** (**FY**) – Das Zentrum bildet der Palazzo San Giorgio aus dem 13. Jh., der im 16. Jh. umgebaut wurde, einst Sitz der berühmten Genueser „Bank des hl. Georg". Hinter dem Palast erhebt sich auf der Piazza Banchi (Platz der Banken) die Loggia dei Mercanti (der Kaufleute), wo heute noch der Blumen- und Gemüsemarkt gehalten wird.

★ **Piazza San Matteo** (**FY**) – Der kleine harmonische Platz im Herzen der Stadt wird von Palästen (13.-15. Jh.) gesäumt, die früher im Besitz der Familie Doria waren. Der Renaissance-Palast Nr. 17 wurde Andrea Doria von der Stadt Genua geschenkt.
Die Fassade der Kirche **San Matteo** weist den Genueser Stil auf (abwechselnd weiße und schwarze Mauerschichten); in der Krypta befinden sich das Grabmal und ein Schwert von Andrea Doria.

★ **Cattedrale San Lorenzo** (**FY**) – Die ursprünglich im 12. Jh. errichtete und bis zum 16. Jh. mehrfach umgebaute Kathedrale hat eine herrliche gotische **Fassade**★★ im typischen Genueser Stil, wobei jedoch an der Anordnung der Portale aus dem 13. Jh. und der großen Fensterrose der französische Einfluß zu erkennen ist. Die Skulpturen am Hauptportal stellen Szenen aus dem Leben Jesu dar (Türpfosten), im Tympanon sind das Martyrium des hl. Laurentius und Christus zwischen den Evangelistensymbolen zu erkennen. Der Scherenschleifer (13. Jh.) in der rechten Fassadenecke erinnert an den Engel der Sonnenuhr an der Kathedrale von Chartres, der die gleiche Funktion hat. Die Kuppel wurde von Alessi entworfen. Das Mittelschiff des strengen und majestätischen **Innenraums**★ ruht auf Marmorsäulen und wird von einer Scheinempore (den Frauen vorbehaltene Galerie) überragt. Die **Kapelle San Giovanni Battista**★ *(am Ende des linken Seitenschiffs)* birgt Reliquien von Johannes dem Täufer. Zum **Domschatz**★ ⊙ gehören der berühmte **Sacro Catino**, eine sechseckige, mundgeblasene Glasschale in smaragdgrüner Farbe, die der Legende zufolge dem Heiligen Gral entsprechen soll, sowie der Sarkophag (14. Jh.) mit der Asche von Johannes dem Täufer und ein wertvoller Teller aus Chalzedon, der je nach Lichteinfall in verschiedenen Farben schillert. Er stammt aus dem 1. Jh. n. Chr.; der in der Mitte abgebildete Kopf des Heiligen wurde im 15. Jh. hinzugefügt.

Wenn man auf der Via San Lorenzo weitergeht, erreicht man die Piazza G. Matteotti, die von der monumentalen Fassade des **Palazzo Ducale** (1178) überragt wird, dessen Südseite an der Piazza De Ferrari (**FY**) liegt. Dort befinden sich auch das berühmte **Teatro Carlo Felice** (1944 teilweise zerstört, dann wiederaufgebaut und 1993 wiedereröffnet) sowie mehrere andere Paläste.
Im prächtigen Innenraum der 1597 von Tibaldi erbauten **Chiesa del Gesù** (**FY**) befinden sich eine *Himmelfahrt* von Guido Reni und zwei Gemälde von Rubens, die *Beschneidung* und das *Wunder des hl. Ignatius.*
Die Via San Lorenzo führt dann zur **Porta Soprana** (**FZ 45**), einem der ältesten Stadttore Genuas (12. Jh.), das sich durch seine eleganten Doppeltürme auszeichnet. Auf der anderen Seite des Stadttors befinden sich die Reste des Hauses von Kolumbus **(Casa di Colombo)** und, daran angrenzend, der elegante Kreuzgang von Sant'Andrea (12. Jh.).

San Donato (**FZ**) – Die Kirche, die im 12. und 13. Jh. erbaut wurde, besitzt einen hübschen, achteckigen **Glockenturm**★ im romanischen Stil.
Auch der Innenraum, ebenfalls im romanischen Stil, lohnt einen Besuch. In der Kapelle rechts des Chors ist eine *Madonna mit Kind* (14. Jh.) zu bewundern.

Sant'Agostino (**FZ**) – In diesem Kloster mit seiner angrenzenden Kirche aus dem 13. Jh. (heute ein Auditorium) ist das ligurische Architektur- und Skulpturenmuseum (**Museo di Architettura e Scultura Ligure** ⊙) untergebracht, das Fragmente und Skulpturen aus zerstörten religiösen Gebäuden oder privaten Wohnhäusern versammelt. Besonders erwähnenswert sind der *Grabstein von Simonetta und Percivalle Lercari* (13. Jh.), in Form einer Seite aus einem verzierten, steinernen Buch, und das *Grabmal der Margarete von Brabant* von Giovanni Pisano. Im zweiten Stock fallen die Skulpturen von Pierre Puget *(Entführung der Helena)* und Antonio Canova *(Magdalena, die Büßerin)* auf.

★ **Via Garibaldi** (**FY**) – Die einstige Via Aurea wurde im 16. Jh. von Alessi neu gestaltet. Sie ist von prunkvollen Palästen gesäumt, die die Via Garibaldi zu einer der schönsten Straßen Italiens machen. Alessi hat unter anderem den **Palazzo Cambiaso** (Nr. 1) aus dem Jahre 1565 und den **Palazzo Carrega-Cataldi** (1558-1561; Nr. 4) ⊙ entworfen. Letzterer hat eine schöne Vorhalle mit Groteskendekoration, die in einen Salon führt. Der vor dem Salon liegende Garten fiel im 18. Jh. der Vergrößerung des Palastes zum Opfer. Im Obergeschoß dieses neueren Flügels befindet sich eine herrliche, goldverzierte **Galerie**★ im Rokokostil. G. B. Castello war der Baumeister des Palazzo Doria (Nr. 6) und des Palazzo Podestà (1565-1567; Nr. 7), in dessen Hof sich ein schönes Nymphäum befindet. Das Rathaus (**Palazzo Municipale** ⊙ – **H**), der frühere Palazzo Doria Tursi (Nr. 9), hat einen schönen Innenhof mit Arkaden. Hier werden Manuskripte von Christoph Kolumbus *(normalerweise nicht einzusehen)* und die Geige von Paganini aufbewahrt *(zur*

Besichtigung im Sekretariat des Bürgermeisters im ersten Stock anfragen). Im **Palazzo Bianco** (Nr. 11) ⓥ ist eine sehr schöne **Pinakothek**★ untergebracht. Die Sammlung zeigt zunächst ein wertvolles *Pallium* aus dem 13. Jh., das mit Darstellungen der Legenden des hl. Laurentius, des hl. Sixtus und des hl. Hippolyt verziert ist und ein Geschenk des byzantinischen Kaisers an die Republik anläßlich des Abschlusses eines Vertrages im Jahre 1261 war. Von den intensiven Handelsbeziehungen zwischen Genua und den Niederlanden zeugen zahlreiche Werke flämischer und holländischer Maler aus dem 15. bis 17. Jh., wie z. B. die aufgrund ihrer dunklen Farben und der schlichten Komposition dramatisch wirkende *Kreuzigung* von Gérard David, der eindrucksvolle ***Segnende Christus***★ von Hans Memling sowie Werke von Jan Matsys, Van Dyck *(Der Zinsgroschen)* und Rubens *(Venus und Mars)*. Es sind jedoch auch italienische Künstler, wie Veronese *(Kreuzigung)* und Palma der Jüngere *(Jesus und die Samariterin)*, vertreten. Die Ausstellung wird mit Werken spanischer Künstler (Murillo) und Genueser Maler fortgesetzt, darunter B. Strozzi (1581-1644), D. Piola (1627-1703, *Barmherzigkeit*) und G. De Ferrari (1647-1726). Auch im **Palazzo Rosso** (Nr. 18) ⓥ befindet sich eine **Kunstgalerie**★, in der Werke von Palma dem Älteren, Guido Reni, Guercino (*Der himmlische Vater mit einem Engelchen*, 1620), Mattia Preti und von Genueser Künstlern, z. B. Guidobono, ausgestellt sind. Im zweiten Stock findet man bemerkenswerte, in groben Pinselstrichen gemalte **Porträts**★ von Van

Dyck und Sammlungen von Holzskulpturen aus dem Barock. Sehenswert sind auch die von den Genueser Malern Ferrari, Piola und Viviano mit Fresken bemalten Decken.

★ **Galleria Nazionale di Palazzo Spinola (Nationalgalerie im Palazzo Spinola)** ⓥ (**FY**) – In diesem Palast, der Ende des 16. Jh.s von der Familie Grimaldi errichtet und anschließend an die Familie Spinola übergeben wurde, ist die ursprüngliche Inneneinrichtung erhalten. Die ausgestellten Werke und die Stilmöbel fügen sich zu einem wunderbaren Gesamtbild. Die beiden oberen Stockwerke sind ein schönes Beispiel eines Wohnsitzes aus dem 17. Jh. (im ersten Stock) und dem 18. Jh. (im zweiten Stock). Man kann die Entwicklung des Einrichtungsstils und der mit Fresken bemalten **Decken**★ verfolgen: Tavarones Deckengemälde (17. Jh.) sind üppig und im barocken Stil, während Ferraris und Galeottis Fresken (18. Jh.) aufgelockerter wirken. Zwischen dem ersten und zweiten Stock befindet sich noch die Küche. Die **Gemäldesammlung**★ zeigt Werke der italienischen und niederländischen Renaissance, z. B. das reizende ***Porträt des Ansaldo Pallavicino*** von Van Dyck, das *Porträt einer Nonne* des Genuesen Strozzi, *Christliche und weltliche Liebe* von Guido Reni und im dritten Stock (wo sich heute die eigentliche Gemäldesammlung befindet) das schmerzerfüllte ***Ecce Homo*** von Antonello da Messina.

La Santissima Annunziata (**EFX**) – Diese Kirche aus dem 17. Jh. zählt aufgrund ihres Schmuckes zu den prächtigsten von ganz Genua. Die prunkvolle Innenausstattung verbindet auf gelungene Weise Goldverzierungen, Stuck und Fresken und stellt ein typisches Beispiel des Genueser Barock dar.

Via Balbi (**EX**) – Diese Straße ist mit der Via Garibaldi durch die Via Cairoli verbunden und ebenfalls von interessanten Palästen gesäumt, insbesondere dem **Palazzo Reale** ⓥ (Nr. 10), Königspalast aus dem Jahre 1650, ehemals Palazzo Balbi Durazzo, dessen erster Stock mit Möbeln aus dem 18. und 19. Jh. eingerichtet ist. Die Decke ist mit Fresken von Domenico Parodi (1668-1740) geschmückt, von dem auch die schöne **Spiegelgalerie**★ im Stil der Galerie des Palazzo Doria Pamphili in Rom und der noch berühmteren Spiegelgalerie von Versailles stammt. Sehenswert sind auch der Thronsaal und das *Porträt der Catarina Balbi Durazzo* von Van Dyck im Audienzsaal. Der imposante **Palazzo dell'Università**★ (17. Jh.) im Haus Nr. 5 besitzt einen Hof und eine majestätische Treppe. In Haus Nr. 1 befindet sich der Palazzo Durazzo Pallavicini aus dem 17. Jh.

WEITERE SEHENSWÜRDIGKEITEN

★ **Palazzo del Principe** ⓥ – *Via San Benedetto, in der Nähe des Hauptbahnhofs. Ausgang zur Via Gramsci* (**EX**). Dieser Wohnsitz von Andrea Doria, der 1531 den Titel des Principe erhielt, stammt aus dem 16. Jh. und wurde von **Perin del Vaga** ausgeschmückt, einem Schüler Raffaels aus Rom. Von Del Vaga stammen die **Fresken**★ in der Vorhalle, in der Heldenloge und in den symmetrisch angeordneten Gemächern des Condottiere und seiner Frau, welche man über die Heldenloge betritt. Im Salon des „Sturzes der Titanen" befinden sich ein besonders gut erhaltenes Fresko (das dem Saal den Namen gab), ein ***Porträt des Andrea Doria***★ von **Sebastiano del Piombo** (1526) und ein Porträt Dorias im Alter von 92 Jahren.
Giovanni Andrea, Neffe und Erbe des Principe, vergrößerte den Palast und ließ die goldverzierte Galerie bauen, in der sich eine bemerkenswerte Serie von **Wandteppichen**★ befindet. Sie wurden Ende des 16. Jh.s in Brüssel hergestellt und zeigen die Schlacht von Lepanto zwischen der christlichen und türkischen Flotte (1571).

Santa Maria di Carignano – *Eingang von der Via Ravasco aus* (**FZ 39**). Das monumentale Gotteshaus wurde im 16. Jh. nach den Plänen von Alessi errichtet. Im Innern eine schöne Statue des ***Hl. Sebastian***★ von Puget.

Villetta Di Negro (**GXY**) – Dieser Park, eine Mischung aus Aussichtspunkt und Labyrinth mit Palmen, Wasserfällen und künstlichen Grotten, liegt über der Piazza Corvetto. Die Terrasse bietet einen schönen **Blick** auf die Stadt und das Meer. Auf dem Gipfel der Villetta Di Negro befindet sich das **Museo Chiossone**★ (**M**) ⓥ mit der Sammlung des gleichnamigen Genueser Graveurs, der sich Ende des 19. Jh.s 23 Jahre lang in Japan aufhielt und ein großer Liebhaber der orientalischen Kunst war. Gezeigt werden: Buddhafiguren, Kunstgegenstände, Rüstungen, eine bemerkenswerte Kollektion von Stichen sowie Elfenbeingegenstände und lackierte Objekte.

Castelletto (**FX**) – *Ein Aufzug führt zur Burg hoch.*
Von der Terrasse bietet sich ein schöner **Blick**★ über die Stadt.

★ **Cimitero di Staglieno (Friedhof Staglieno)** – *1,5 km nördlich. Zu erreichen ab der Piazza Corvetto* (**GY**), *siehe Stadtpläne im Michelin-Hotelführer ITALIA.*
Auf dem seltsamen Friedhof bilden die prunkvollen Mausoleen einen krassen Gegensatz zu den einfachen Tumuli-Gräbern aus Lehm.

GRADO

Friaul-Julisch Venetien

9 105 Einwohner

Michelin-Karte Nr. 988 Falte 6 oder 429 E 22

Die Einwohner von Aquileia flüchteten während der Hunneneinfälle aus ihrer Stadt und gründeten Grado, das vom 5.-9. Jh. der Sitz des Patriarchen wurde. Heute ist Grado ein geschäftiger kleiner Fischerhafen und ein geschätztes See- und Thermalbad. Seine Lage mitten in einer Lagune und die Umgebung sind äußerst reizvoll.

★ **Altes Stadtviertel** - Die engen Gassen *(calli)*, die sich zwischen dem Kanalhafen und dem Dom verzweigen, verleihen ihm eine malerische Note. Der Dom Santa Eufemia, der den Grundriß einer Basilika hat, reicht ins 6. Jh. zurück. Es sind noch Marmorsäulen mit byzantinischen Kapitellen, ein Mosaikfußboden aus dem 6. Jh., ein Ambo aus dem 10. Jh. und ein wertvolles vergoldetes **Silberretabel**★, eine venezianische Arbeit des 14. Jh.s, erhalten. Neben dem Dom steht das Baptisterium, ebenfalls aus dem 6. Jh., davor eine Reihe Sarkophage sowie die Basilika Santa Maria delle Grazie (6. Jh.), in der die ursprünglichen Mosaiken und schöne Kapitelle zu sehen sind.

GROSSETO

Toskana

72 453 Einwohner

Michelin-Karte Nr. 988 Falten 24, 25 oder 430 N 15

Die moderne Provinzhauptstadt liegt in der fruchtbaren Ebene des Ombrone. Grosseto besitzt einen alten Stadtkern, von mächtigen Stadtmauern mit Bastionen umgeben, die die Medici Ende des 16. Jh.s errichten ließen.

Museo archeologico della Maremma (Museum für Archäologie der Maremma) ⓥ - *Piazza Baccarini.* Schmuck und Tonwaren aus der Bronzezeit, Statuen der etruskisch-römischen Kulturepoche. Bemerkenswerte **Sammlung griechischer und etruskischer Vasen** aus dem 6. bis 2. Jh.

Chiesa di San Francesco - *Piazza dell'Indipendenza.* In der Klosterkirche des 13. Jh.s sind noch einige kleine Fresken der Sieneser Schule (14. Jh.) und ein schönes bemaltes Kruzifix aus dem 13. Jh. erhalten.

UMGEBUNG

Rovine di Roselle (Ruinen von Roselle) ⓥ - *12 km nordöstlich. Grosseto in Richtung Siena verlassen; nach 10 km rechts in eine unbefestigte Straße einbiegen.* Bedeutende Ausgrabungsstätte einer im 3. Jh. von Rom kolonisierten etruskischen Stadt.

GUBBIO★★

Umbrien

31 342 Einwohner

Michelin-Karte Nr. 988 Falte 16 oder Nr. 430 L 19

Gubbio, das auf den steilen Hängen des Monte Ingino liegt, hat fast alle Spuren seiner großen kulturellen und künstlerischen Vergangenheit bewahrt. Das von der Stadtmauer umgebene Zentrum, die ockerfarbenen Häuser mit den braunroten römischen Ziegeln, die Silhouette der Türme und Paläste vor dem großartigen Hintergrund der herben, ausgedörrten Landschaft machen Gubbio zu einer der Städte Italiens, in denen die karge mittelalterliche Atmosphäre noch erhalten und deutlich zu spüren ist. Im 11. und 12. Jh. stand die freie Stadt Gubbio entschieden auf der Seite der Ghibellinen und erlebte einen bemerkenswerten Aufstieg. Im 15. Jh. geriet sie unter die Herrschaft der Montefeltro, später der della Rovere, bis sie 1624 päpstlicher Besitz wurde.

Seit dem Mittelalter haben sich Gubbios Handwerker auf die Herstellung von Keramik spezialisiert; Maestro Giorgio erfand Anfang des 16. Jh.s die rotschimmernde Rubinglasur, deren Geheimnis die Nachbarstädte vergeblich zu ergründen suchten. Die Stadt ist auch noch aus einem anderen Grunde bekannt. Zur Zeit des hl. Franziskus wurde diese Gegend von einem Wolf heimgesucht. Der „Poverello", der in Gubbio lebte, suchte das Tier auf, um ihm seine bösen Taten vorzuwerfen. Der Wolf zeigte Reue, legte seine Pfote in die Hand des hl. Franziskus und schwor, niemandem jemals wieder Böses anzutun. Danach wurde „Bruder Wolf" von der Bevölkerung aufgenommen und bis ans Ende seiner Tage ernährt.

Gubbio hat seine traditionellen Feste bewahrt, besonders den spektakulären **Ceri-Lauf** (Corsa dei ceri). Drei „ceri" (Kerzen), seltsame, 4 m hohe Holzgestelle mit der Statue eines Heiligen (darunter die des hl. Ubaldo, des Schutzpatrons der Stadt), werden in einem anstrengenden Wettlauf über 5 km, zwischen dem historischen Stadtzentrum bis zu der auf 820 m Höhe auf dem Monte Igino gelegenen Basilica di Sant'Ubaldo durch die Menge getragen. Dabei steht die Geschicklichkeit der in historische Trachten gekleideten Träger im Mittelpunkt, die ihren „cero" unter keinen Umständen fallen lassen dürfen und den hl. Ubaldo als erstes in die Basilika tragen und anschließend die Tür hinter den beiden anderen schließen müssen. Diese drei seltsamen „ceri" haben einen frühchristlichen Ursprung und erscheinen auf dem Wappen Umbriens *(siehe auch Veranstaltungskalender am Ende des Bandes).*

SEHENSWÜRDIGKEITEN

★★ **Città Vecchia** – Die Altstadt mit der Piazza della Signoria als Zentrum, wirkt durch ihren nüchternen Charme und die steilen Gäßchen, die zuweilen in Treppen übergehen. Hie und da sind sie von Brückchen überspannt, in denen kleine Wohnräume liegen. An diesen Gassen drängen sich zwischen den beherrschenden Adelspalästen und ihren Türmen die andern, schmaleren Häuser, in denen zumeist Handwerksgeschäfte von Keramikern zu finden sind. Die Fassaden sind aus Backsteinen, vermischt mit Quadersteinen und Bruchsteinen, erbaut. Meist gibt es eine zweite schmalere Tür zusätzlich zum Haupteingang, die sogenannte „Totentür", durch die die Särge hinausgetragen wurden.
Die malerischsten Straßen sind die Via Piccardi, Baldassini, dei Consoli, 20 Settembre, Galeotti und die Straßen entlang des Campignano, die zur Piazza 40 Martiri führen.

★★ **Palazzo dei Consoli** ⓥ (**B**) – Das imposante gotische Gebäude beherrscht die Piazza della Signoria. Wegen der Hanglage ruht der Palast zur Via Baldassini hin auf einem gewaltigen Sockelgeschoß mit hohen Arkaden. Die prächtige Fassade beschreibt die innere Aufteilung des Palastes. Über die Treppe gelangt man in den weiträumigen „Salone", wo die Volksversammlungen abgehalten wurden; hier

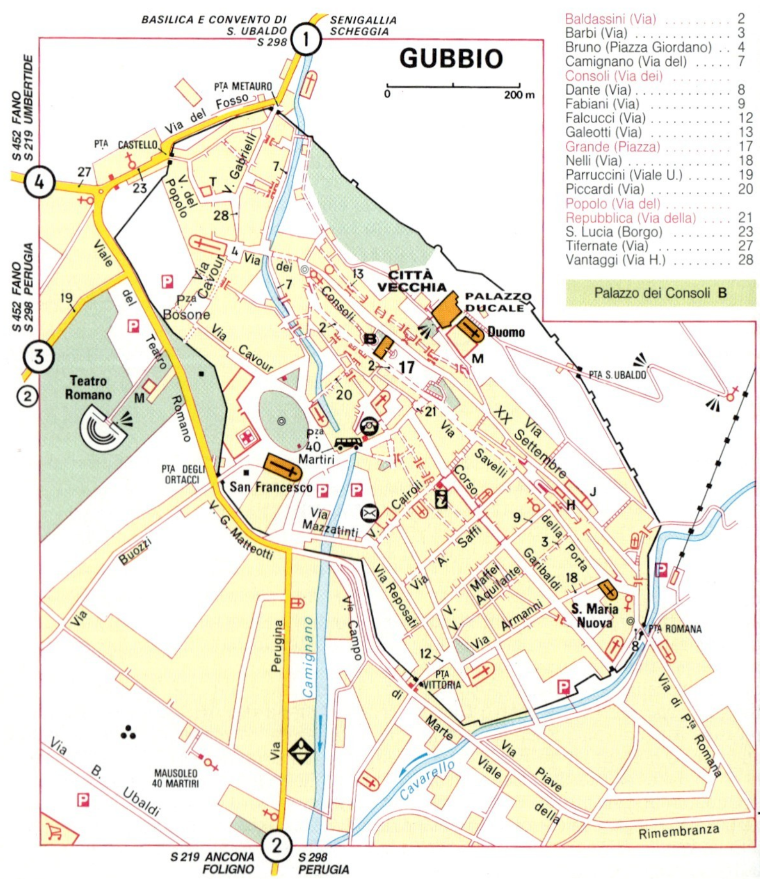

befinden sich Statuen- und Steinsammlungen. Seitlich im Museum werden hauptsächlich die „**Tavole eugubine**" aufbewahrt. Es handelt sich um mit Gravierungen versehene Bronzetafeln, die im 2. und 1. Jh. v. Chr. im antiken Umbrisch beschrieben wurden. Diese Tafeln sind äußerst wichtige sprachliche und epigraphische Dokumente. Auf ihnen sind das politische System und religiöse Praktiken der Antike festgehalten. Schließlich enthält dieser Stock noch die Pinakothek (Werke von Signorelli); er ist mit der seitlich liegenden Loggia verbunden, von der aus man einen schönen Blick auf die Stadt hat.

★ **Palazzo Ducale** ⓥ - Der Palast wurde nach 1470 an der höchsten Stelle der Stadt auf Wunsch von Federico di Montefeltre errichtet, wird Laurana zugeschrieben, ist aber wahrscheinlich von Francesco di Giorgio Martini erbaut worden. Der elegante Hof ist reich geschmückt; die Gemächer sind mit Fresken ausgemalt und verfügen über schöne Kamine. Besonders interessant ist der „Salone".

Teatro Romano (Römisches Theater) - Das ziemlich gut erhaltene Amphitheater stammt aus der Zeit des Kaisers Augustus.

Chiesa di San Francesco - Die Wände der linken Apsis wurden Anfang des 15. Jh.s durch den einheimischen Maler Ottaviano Nelli mit **Fresken**★ ausgemalt.

Duomo - Einziger Schmuck der nüchternen Domfassade sind die Flachreliefs mit den Evangelistensymbolen. Im einschiffigen Innenraum öffnet sich rechts die **Bischofskapelle (cappella vescovile)** ⓥ, ein heller Saal, der im Stil des 17. Jh.s reich verziert ist. Hier saß der Bischof, wenn er an der Messe teilnahm.

Chiesa di Santa Maria Nuova - Sie birgt ein sehr hübsches **Fresko**★ von Ottaviano Nelli.

HERKULANEUM★★

Siehe unter ERCOLANO

Isola d'ISCHIA★★★

Insel ISCHIA - Kampanien

47 485 Einwohner

Michelin-Karte Nr. 988 Falte 27 oder 431 E 23 - Kartenskizze siehe Golfo di NAPOLI

Die Insel wird auch „Grüne Insel" genannt, weil sie mit üppigem Grün bedeckt ist. Ischia, die größte Insel im Golf von Neapel, ist wohl auch der bekannteste Anziehungspunkt dieser Region. Ein helles silbriges Licht erfüllt die abwechslungsreiche Landschaft, die Kiefernwälder entlang der Küste, die kleinen und großen Buchten, in die bunte Fischerhäfen und kleine Häuser eingebettet sind. In den mit Olivenbäumen und Weinstöcken bepflanzten (die den weißen und roten Epomeo hervorbringen) Hängen sind zahlreiche kleine Ortschaften verstreut. Die flachen, weißen Häuser mit Außentreppe, die manchmal mit Kuppeln überwölbt sind, und die weinbewachsenen Mauern erhöhen noch den Reiz der Dörfer.
Die Insel entstand im Tertiär durch einen Vulkanausbruch; ihr Boden besteht aus Lava. Ischia ist auch reich an Thermalquellen, die verschiedene therapeutische Eigenschaften besitzen.

ANREISE NACH ISCHIA

Tägliche Verbindung ab **Neapel** mit den Fähren *(Dauer der Überfahrt 1 Std. 25 Min.)* von **Caremar**-Travel and Holidays *(Molo Beverello, ☎ (081) 55 13 882, Fax (081) 55 22 011)* und **Linee Lauro** *(Molo Beverello, ☎ (081) 55 22 838, Fax (081) 55 13 236)* oder den Tragflächen- *(30 Min.)* und Schnellbooten *(45 Min.)* von **Caremar**, **Alilauro** *(Via Caracciolo 11, ☎ (081) 76 11 004, Fax (081) 76 14 250)*, **Linee Lauro** oder **Aliscafi SNAV** *(Via Caracciolo 10, ☎ (081) 76 12 348, Fax (081) 76 12 141)*.
Von **Capri** aus verkehren die Tragflächenboote *(40 Min.)* von **Alilauro** *(Marina Grande 2/4, ☎ (081) 83 79 995, Fax (081) 83 76 995)* täglich von April bis Oktober.
Tägliche Verbindungen ab **Pozzuoli** mit den Fähren *(1 Std.)* von **Caremar**-Agenzia Ser.Mar. e Travel *(Banchina Emporio, ☎ (081) 52 62 711, Fax (081) 52 61 335)* oder **Linee Lauro** *(am Hafen, ☎ (081) 52 67 736, Fax (081) 52 68 411)*.
Ab **Procida** verkehren Fähren *(30 Min.)* oder Schnellboote *(15 Min.)* von **Caremar**-Agenzia Lubrano *(am Hafen, ☎ und Fax (081) 89 67 280)*.

SEHENSWÜRDIGKEITEN

Auf obiger Karte sind außer den beschriebenen Städten und Sehenswürdigkeiten weitere besonders malerische Orte vermerkt (in der kleinsten schwarzen Schrift). Für die Inselrundfahrt braucht man nur einige Stunden *(40 km nach dem Weg auf der Karte)*. Die enge Straße verläuft durch Weinberge und bietet immer wieder einen schönen Blick auf die Küste und das Meer.

★ **Ischia** – *Stadtplan im Michelin-Hotelführer ITALIA.* Der Hauptort der Insel besteht aus den beiden Gemeinden **Ischia Porto** und **Ischia Ponte.** Der Corso Vittoria Colonna, den zahlreiche Terrassencafés und schöne Geschäfte säumen, verbindet den alten Hafen an dem ehemaligen Kratersee mit Ischia Ponte. Letzteres wurde nach dem Damm (= ponte) benannt, der unter der Herrschaft der Aragonier erbaut wurde. Der Damm verbindet die Insel mit dem senkrecht ins Meer abfallenden Felsen, auf dem das **Castello Aragonese**★★ ⏲ und mehrere Kirchen stehen. Von der Terrasse der gleichnamigen Bar hat man eine bezaubernde **Aussicht**★★. Am Rande von Ischia Ponte erstrecken sich Kiefernwälder und ein langer Sandstrand.

★★★ **Monte Epomeo** – *Zufahrt von Fontana aus, über einen Weg, der in einer Kurve, fast gegenüber dem öffentlichen Park abgeht. Etwa 1 1/2 Std. zu Fuß hin und zurück.* Von dem Berggipfel aus Tuffgestein, der bei dem Vulkanausbruch mit der Insel entstand, kann man ein weites **Panorama** über die Insel und den Golf von Neapel genießen.

Serrara Fontana – Von dem **Aussichtspunkt**★★ in der Nähe der Ortschaft kann man auf Sant'Angelo, den Strand und die Halbinsel Sant'Angelo hinunterblicken.

★ **Sant'Angelo** – Die Häuser des stillen Fischerdorfs drängen sich um den kleinen Hafen. Nicht weit entfernt von hier liegt der lange Strand **Marina dei Maronti**, an dem zahlreiche Kurhäuser und Thermalbäder erbaut wurden *(zu erreichen über einen schmalen Weg)*.

ANREISE NACH PROCIDA

Tägliche Verbindung ab **Neapel** mit den Fähren *(Dauer der Überfahrt 1 Std.)* oder Schnellbooten *(35 Min.)* von **Caremar**-Travel and Holidays *(Molo Beverello, ☎ (081) 55 13 882, Fax (081) 55 22 011)* oder mit den Tragflächenbooten von **Aliscafi SNAV** *(Via Caracciolo 10, ☎ (081) 76 12 348, Fax (081) 76 12 141)*.
Von **Ischia** aus verkehren die Fähren *(25 Min.)* von **Caremar**-Agenzia Travel and Holidays *(Banchina del Redentore, ☎ (081) 98 48 18, Fax (081) 55 22 011)* und die Tragflächenboote *(15 Min.)* von **Caremar** und **Aliscafi SNAV**-Ufficio Turistico Romano *(Via Porto 5/9, ☎ (081) 99 15 12, Fax (081) 99 11 67)*.
Tägliche Verbindungen ab **Pozzuoli** mit den Fähren *(30 Min.)* oder Schnellbooten *(15 Min.)* von **Caremar**-Agenzia Ser.Mar. e Travel *(Banchina Emporio, ☎ (081) 52 62 711, Fax (081) 52 61 335)* oder **Linee Lauro** *(am Hafen, ☎ (081) 52 67 736, Fax (081) 52 68 411)*.

★ **Spiaggia di Citara (Strand von Citara)** – Der schöne Sandstrand wird von dem mächtigen Punta (Kap) Imperatore begrenzt. Direkt am Strand wurde ein bedeutendes Thermalkurzentrum errichtet, die Poseidon-Gärten. Die schöne Anlage umfaßt mehrere Heißwasser-Becken inmitten eines Parks, zwischen Blumen und Statuen.

Forio – Den Mittelpunkt dieses Ortes bildet die Piazza Municipio, ein Park mit tropischen Pflanzen, der von alten Gebäuden umgeben ist.

Lacco Ameno – *Stadtplan im Michelin-Hotelführer ITALIA.* Das ehemalige *Pithecusa* war die erste griechische Kolonie auf der Insel. Heute ist Lacco Ameno ein bedeutender Urlaubsort. Unter der Kirche Santa Restituta *(Piazza Santa Restituta)* fand man eine frühchristliche Basilika und eine Nekropole; ein kleines Archäologisches Museum gibt Auskunft darüber. Die Inselrundfahrt endet in **Casamicciola Terme**, das für seine Thermalbäder bekannt ist.

★ Isola di PROCIDA

Die kleine Insel ist vulkanischen Ursprungs. Die einstigen Krater sind jedoch heute durch Erosion eingeebnet. Procida ist eine der Inseln im Golf von Neapel, die ihre Ursprünglichkeit am besten bewahren konnten. Fischer, Gärtner und Winzer wohnen in den hübschen bunten Häusern mit Kuppeln, Lauben und Terrassen.

JESI

Marken

39 208 Einwohner
Michelin-Karte Nr. 429 L 21
Stadtplan im Michelin-Hotelführer ITALIA

Das ehemalige römische *Aesis* wurde im 12. Jh. unter dem Schutz von Friedrich II., der 1194 in Jesi geboren wurde, zu einer wohlhabenden freien Gemeinde. Anschließend kam die Stadt zum Kirchenstaat und blieb dort bis zur Einigung Italiens. Als Überrest aus der Vergangenheit ist der vorwiegend aus dem Mittelalter und der Renaissance stammende Stadtkern erhalten, der von einer wunderschönen **Stadtmauer**★★ (13.-16. Jh.) mit Stadttoren und Wachtürmen umgeben ist. Das Stadttheater (18. Jh.) ist dem aus Jesi stammenden berühmten Komponisten Giovanni Battista Pergolesi gewidmet. Der **Corso Matteotti**, die Hauptverkehrsstraße der Stadt, ist von schönen Palästen und Kirchen gesäumt.

★ **Pinacoteca Comunale** ⓥ – Die Pinakothek befindet sich im Palazzo Pianetti, in dessen erstem Stock eine bemerkenswerte, mit Symbolen und Allegorien überladene **Rokokogalerie**★ eingerichtet ist. Die Sammlung umfaßt eine kleine, überzeugende Auswahl von Werken des Venezianers Lorenzo Lotto *(s. Loreto)*. Das ***Retabel der hl. Lucia*** gehört zu den Meisterwerken des Künstlers.

★ **Palazzo della Signoria** – Er wurde Ende des 15. Jh.s nach einem Projekt von Francesco di Giorgio Martini aus Siena, einem Schüler von Brunelleschi, errichtet. Das imposante quadratische Bauwerk hat eine elegante Fassade, die mit einer Ädikula aus Stein verziert ist.

KALABRIEN

Siehe unter CALABRIA

Regione dei LAGHI★★★

Oberitalienische Seen

Michelin-Karten Nr. 988 Falten 2-4 oder Nr. 219 Falten 6-10, Nr. 428 D-F 7-14

Das Gebiet der Oberitalienischen Seen erstreckt sich am Fuße der Lombardischen Alpen von Piemont bis nach Venetien und im Norden von der Schweiz bis zum Trentino. Die Seen, deren Entstehung auf Gletscher zurückgeht, sind alle schmal und lang. Bezeichnend ist das milde Klima und die üppige Fülle der Vegetation entlang der Ufer. In dem klaren, blauen Wasser spiegeln sich die Gipfel und schaffen ein Panorama, das von Reisenden und Künstlern schon immer bewundert wurde. Der Reiz dieser Seen liegt im Kontrast von Gebirge und freundlicher südländischer Landschaft, in den unzähligen Villen mit prächtigen Gärten und in den kleinen Häfen, wo man ausgezeichnet Fisch essen kann. Obwohl sie beieinander liegen, hat jeder See seine Besonderheiten.

Besichtigung ⓥ – Auf den Kartenskizzen sind außer den beschriebenen Städten und Sehenswürdigkeiten weitere besonders malerische Orte vermerkt (in der kleinsten schwarzen Schrift).

★★★ LAGO MAGGIORE ⓥ

Der „**weite See**", majestätisch und wild zugleich, mit seinen wechselnden schönen Ausblicken, ist der bekannteste der Voralpenseen. Zu seiner Berühmtheit haben die Borromeischen Inseln, die mitten im See liegen, sicher nicht wenig beigetragen. Er wird vom Fluß Tessin (Ticino) durchquert, der in der Schweiz entspringt. Bei schönem Wetter ist sein Wasser im Norden jadegrün und im Süden tiefblau. Durch die Alpen und Voralpen wird er vor kalten Winden geschützt, so daß an den Küsten des Lago Maggiore immer ein mildes Klima herrscht. Das begünstigt natürlich die Pflanzenwelt, so daß hier subtropische Pflanzen gedeihen und die Flora außerordentlich vielfältig ist.

Lago Maggiore: Isola dei Pescatori

★ **Angera** – Dieser schöne Ferienort wird von der mächtigen Silhouette der Burg **Rocca Borromeo** ⓥ beherrscht, auf der sich vom **Castellana-Turm** aus ein weiter Rundblick bietet. In der seit der lombardischen Periode (8. Jh.) bekannten Rocca ist der Justizsaal erhalten, der mit herrlichen **Fresken**★★ aus dem 14. Jh. ausgemalt ist, die das Leben des Erzbischofs Ottone Visconti schildern. Die Burg enthält außerdem ein bedeutendes **Puppenmuseum**★ (Museo della Bambola), das die Entwicklung dieses Spielzeugs vom frühen 19. Jh. an aufzeigt.

Arona – Das Handelszentrum des Lago Maggiore wird von dem **San Carlone**★ ⓥ, dem überlebensgroßen **Standbild des hl. Karl Borromäus** (24 m hoch und 12 m Sockel), überragt. Dieser Erzbischof und Kardinal von Mailand hat sich um die Wiederherstellung der Disziplin in der Kirche bemüht und durch seinen Mut während der Pest von 1576 verdient gemacht.
Die **Kirche Santa Maria** in der oberen Altstadt birgt einen schönen **Flügelaltar**★ von Gaudenzio Ferrari (1511). Von der **Burgruine** (Rocca) aus hat man einen schönen **Blick**★ auf den Lago Maggiore, Angera und das Gebirge.

★ **Baveno** – Der ruhige, angenehme Kurort besitzt eine romanische Pfarrkirche und ein Renaissance-Baptisterium mit achteckigem Grundriß.

★★ **Isole Borromee (Borromäische Inseln)** ⓥ – *Plan im Michelin-Hotelführer ITALIA, unter Stresa.* Ein großer Teil des Sees wurde der Fürstenfamilie Borromeo im 15. Jh. als Lehen übertragen. Diese kaufte schrittweise sämtliche Inseln des kleinen Archipels dazu. Karl III. kümmerte sich im 17. Jh. um die **Isola Bella**★★★, so benannt zu Ehren seiner Frau Isabella. Das **Schloß** ⓥ, ein Schulbeispiel für lombardischen Barock, besteht aus unzähligen prunkvollen Sälen: der Medaillensalon, der Ehrensalon, der Musiksalon, der Napoleonsalon, der Ballsaal und der Spiegelsaal. Den originellsten Teil des Schlosses stellen die Grotten dar, in denen man sich bei großer Hitze erfrischte. Ihr Dekor aus Steinen in hellen und dunklen Farben und aus Muscheln ist dem Meer nachempfunden. Der Park, eine erstaunliche Barockanlage in zehn an einem Hang in Form einer abgestumpften Pyramide angelegten Terrassen, ist reich an Statuen, Wasserbecken, Springbrunnen und architektonischen Perspektiven. Die artenreiche südländische Flora verbreitet einen angenehmen Duft. Das zentrale „Amphitheater" mit seiner Muschelform bietet ausgezeichnete szenische und akustische Effekte.
Bei der Bootsfahrt kann man auch die **Isola dei Pescatori**★★, die ihren ursprünglichen Charakter noch bewahrt hat, und die **Isola Madre**★★★ besichtigen, die einen einzigen großartigen **Garten** ⓥ darstellt, in dem seltene und exotische Pflanzen wachsen. Im Palazzo ist vor allem das Marionettentheater der Borromei bemerkenswert.

★★ **Cannero Riviera** – Der beliebte Luftkurort Cannero liegt anmutig an den Hängen über dem See; die Häuser sind zwischen Oliven-, Orangen- und Zitronenhainen und Weinbergen verstreut.

★ **Cannobio** – In dem Ort dicht an der italienisch-schweizerischen Grenze sieht man alte Bürgerhäuser. Nahe beim See steht die Renaissance-Wallfahrtskirche Madonna della Pietà. Drei Kilometer vom Ort entfernt *(Straße nach Malesco)* kann man die vom Bergbach ausgewaschene Klamm **Orrido di Sant'Anna**★ erblicken.

★ **Cerro** – In dem friedlichen Dorf mit dem kleinen Fischerhafen und dem schattigen, romantischen Ufer ist ein interessantes **Keramikmuseum** (Museo della Ceramica) ⓥ zu besichtigen.

Laveno Mombello ⓥ – Eine Kabinenbahn führt von Laveno aus hinauf auf den **Sasso del Ferro**★★. Hier bietet sich ein weiter **Rundblick** über das Gebiet der Oberitalienischen Seen.

★★ **Pallanza** – Die unzähligen Villen dieses wunderschönen Ferienortes liegen in einem Blumenmeer. Magnolien und Oleander spenden Schatten an den sonnigen **Kais**★★, von denen man eine herrliche Aussicht genießen kann. Am Ortsausgang, an der Straße nach Intra, befindet sich die **Villa Taranto**★★, deren Park ⓥ mit einer Vielzahl von Azaleen, Heidekraut, Rhododendren, Kamelien, Dahlien, Ahornbäumen usw. angelegt ist.

Santa Caterina del Sasso ⓥ – *Etwa 500 m von Leggiuno.* Das Kloster in malerischer Lage, hoch am Felsenhang oberhalb des Sees, wurde von dem Einsiedler Alberto Besozzo im 13. Jh. gegründet.

★★ **Stresa** – *Stadtplan im Michelin-Hotelführer ITALIA.* Stresa ist durch seine herrliche Lage gegenüber den Borromeischen Inseln als mondäner Ferienort bekannt, der schon immer Künstler und Schriftsteller anzog. Man kann hier sowohl einen angenehmen Sommerurlaub mit Baden und Wassersport verbringen, als auch im Winter auf den Hängen des **Mottarone**★★★ ⓥ skilaufen *(Zufahrt auf der Straße nach Armeno, 29 km, oder auf der gebührenpflichtigen Panoramastraße „Strada Borromea" ab Alpino, 18 km, oder mit der Seilbahn ab Stresa).* Vom Gipfel des Mottarone hat man ein großartiges **Panorama** über den See, die Alpen und das Bergmassiv des Monte Rosa. Am Ortseingang von Stresa, aus Richtung Arona kommend, stößt man auf die **Villa Pallavicino**★ ⓥ, in deren Park ein großer Tiergarten untergebracht ist.

Gignese – *8 km südwestlich von Stresa in Richtung Vezzo Gignese.* Ein kleines **Regen- und Sonnenschirmmuseum** (Museo dell'ombrello e del parasole) ⓥ verdeutlicht die Geschichte dieses Gegenstands von 1850 bis in die Gegenwart und berücksichtigt dabei die enge Verbindung zur Mode (unter anderem der des Sonnenbadens) und zur Emanzipation der Frau.

★★ LAGO D'ORTA (ORTASEE) ⓥ

Der Monte Mottarone, der den Ortasee im Nordosten überragt, trennt ihn vom Lago Maggiore. Der **Ortasee** ist einer der kleinsten, aber vielleicht auch einer der lieblichsten der Oberitalienischen Seen mit dem bewaldeten Ufer und der kleinen Insel San Giulio in der Mitte. Seine Ufer sind seit der Antike bewohnt; hier predigte im 4. Jh. der hl. Julius das Evangelium.

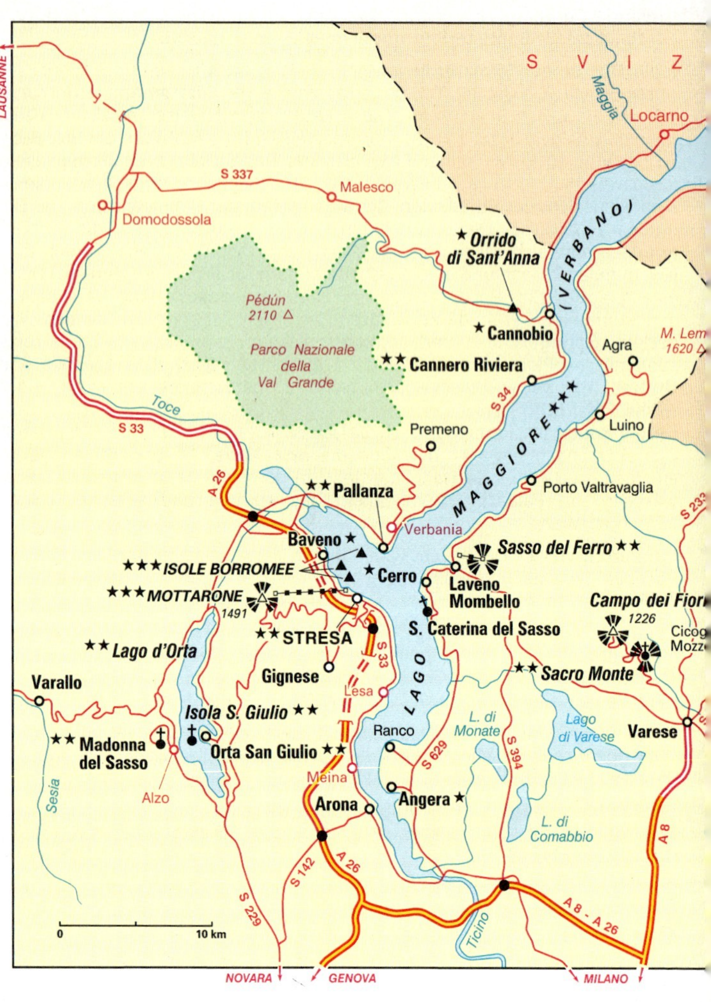

★★ **Madonna del Sasso** – *5 km ab Alzo.* Vom Kirchenvorplatz aus kann man den ganzen See überblicken, der in die grünen Berge eingelassen ist.

★★ **Orta San Giulio** – Orta ist reizvoll an der Spitze einer Halbinsel gelegen und ein belebter Kurort. In den engen Gäßchen stehen alte Häuser mit eleganten Balkons, verziert mit schmiedeeisernen Geländern. Das frühere Rathaus aus dem 16. Jh., der **Palazzotto**★, ist mit Fresken bemalt.

★ **Sacro Monte d'Orta** – *1,5 km von Orta entfernt.* Die zwanzig Barockkapellen, die auf den Hängen zu Ehren des hl. Franziskus von Assisi erbaut wurden, sind innen mit Fresken ausgemalt, die als Kulisse für Skulpturengruppen aus Terrakotta dienen. Es entsteht so eine realistisch-theatralische Szenerie.

★★ **Isola di San Giulio** ⓥ – *Überfahrt mit dem Schiff ab Orta.* Die bezaubernde Insel ist 300 m lang und 160 m breit. Die **Basilica di San Giulio** ⓥ wurde wahrscheinlich im 4. Jh. in der Zeit des hl. Julius gegründet. Im Innern der Kirche ist ein schöner **Ambo**★ aus dem 12. Jh. zu sehen sowie Fresken der Schule des Gaudenzio Ferrari (16. Jh.) und, in der Krypta, der Reliquienschrein mit den Resten des hl. Julius.

Varallo – *Etwa 20 km westlich des Sees gelegen.* Das Industrie- und Handelszentrum des Sesia-Tals ist berühmt für seine Wallfahrt auf den **Sacro Monte**★★, der die Stadt beherrscht. Die 43 Kapellen auf dem „heiligen Berg" sind mit Fresken und Skulpturengruppen (16.-18. Jh.) in Lebensgröße geschmückt, die Szenen aus dem Leben Jesu und die Erbsünde darstellen. Mehrere Künstler waren an diesem gigantischen Werk beteiligt, darunter auch der Maler Gaudenzio Ferrari (1480-1546), der unter dem Einfluß Leonardo da Vincis stand.

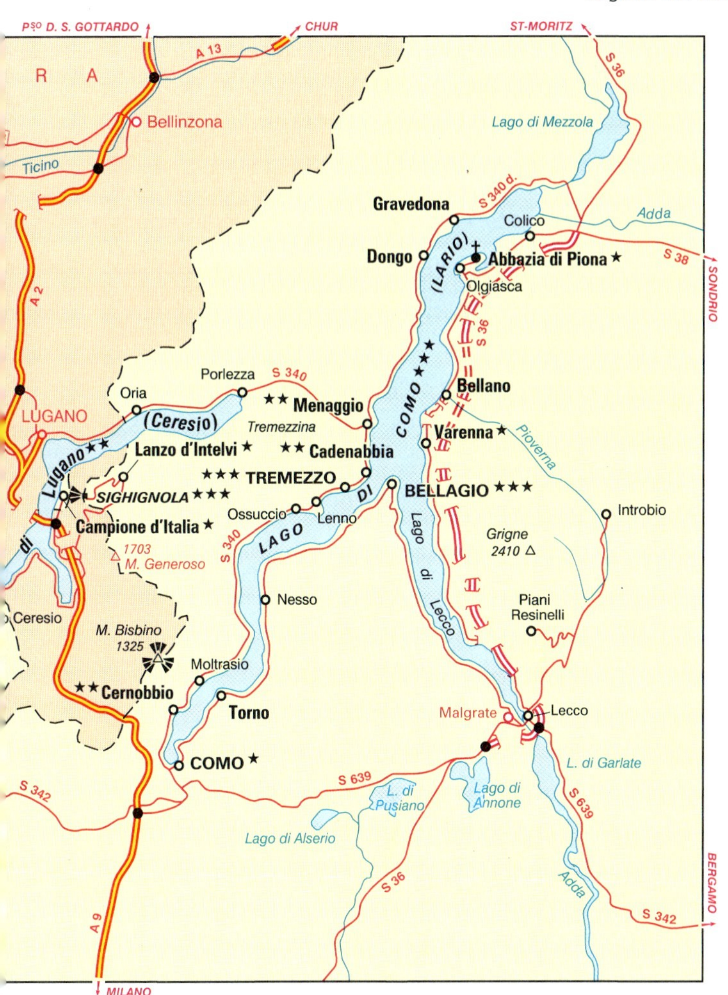

★★ LAGO DI LUGANO (LUGANER SEE) ⓥ

Nur ein kleiner Teil des Sees, der manchmal auch Lago Ceresio genannt wird, gehört zu Italien. Der übrige Teil des Seeufers liegt in der Schweiz. Der **Luganer See** ist ursprünglicher als der Lago Maggiore und der Comer See; er hat eine kompliziertere Form und lange nicht die Ausdehnung und Majestät dieser beiden anderen Seen. Aber das milde Klima und die reizvolle Landschaft mit den abrupten Hängen verhelfen ihm zu seiner Beliebtheit als Sommerfrische.

★ **Campione d'Italia** – Das Dorf, das in der Schweiz liegt und eine italienische Exklave darstellt, ist im Sommer stark besucht: es gibt hier ein Spielcasino. Die Kapelle San Pietro ist ein graziler Bau von 1326, der von den Campionesen, den **maestri Campionesi** *(s. S. 18)*, errichtet wurde. Diese Bildhauer und Baumeister, die mit den *maestri Comacini (ebda.)* rivalisierten, verbreiteten den lombardischen Stil in ganz Italien.

★ **Lanzo d'Intelvi** – Der Kurort in 907 m Höhe liegt inmitten eines Kiefern- und Lärchenwaldes. Im Winter kann man hier gut Ski fahren. 6 km von Lanzo d'Intelvi entfernt befindet sich der **Aussichtspunkt von Sighignola**★★★, der auch „Balkon von Italien" genannt wird, da man von hier einen schönen Rundblick über den Luganer See und die Alpen bis zum Monte Rosa hat. Bei guter Sicht ist sogar der Mont Blanc zu erkennen.

Varese – *13 km südwestlich von Porto Ceresio. Stadtplan im Michelin-Hotelführer ITALIA.* Die belebte moderne Stadt erstreckt sich unweit des gleichnamigen Sees. Das milde und sonnige Klima verdankt sie der Nähe der Oberitalienischen Seen.

8 km nordwestlich erhebt sich der **Sacro Monte★★**, ein bedeutender Marienwallfahrtsort. Die vierzehn Kapellen sind alle mit Fresken in illusionistischer Malerei ausgemalt und mit lebensgroßen Statuen aus Terrakotta geschmückt. Nach den Kapellen erreicht man die Basilika. Vom Gipfel bietet sich eine großartige **Aussicht★★** auf die Seen und die umliegenden Berge.
Etwa 10 km nordwestlich von Varese liegt der **Campo dei Fiori★★**, ein langer, bewaldeter Gebirgsrücken, der sich hinter der Ebene erhebt. Schöner **Blick★★** über die Seen.

Villa Cicogna Mozzoni ⓥ, in **Bisuschio** – *8 km von Varese entfernt in Richtung Porto Ceresio.* Die von einem schönen Terrassengarten im italienischen Stil umgebene Villa wurde im 15. Jh. als Jagdhaus errichtet und im darauffolgenden Jahrhundert zu einem Wohnsitz ausgebaut. Die oberen Teile der Wände und einige Decken der vollständig möblierten Räume im ersten Stock sind mit schönen Renaissancefresken verziert.

★★★ LAGO DI COMO (COMER SEE) ⓥ

Von den Oberitalienischen Seen ist der **Comer See**, der ganz in der Lombardei liegt, der abwechslungsreichste. Freundliche Dörfer, kleine Häfen und Villen mit schattigen Gärten und exotischen Pflanzen wechseln sich am Ufer ab, das an die Voralpen angrenzt. Er ist wie ein Y in drei Arme unterteilt, an deren Schnittpunkt die Halbinsel von Bellagio liegt, eine der schönsten Stellen des Sees.

★★★ **Bellagio** – Der berühmte Kurort liegt in wunderschöner Lage auf der Spitze der bergigen Landzunge, die den südwestlichen Teil des Sees vom südöstlichen, dem Lago di Lecco, trennt. Bellagio ist bekannt für seine Luxushotels und Unterhaltungsmöglichkeiten.
Die **Gärten★★** der **Villa Serbelloni** ⓥ und der **Villa Melzi** ⓥ sind das Kleinod von Bellagio.

Bellano – Der Ort liegt am Ausgang des Sassina-Tals (Valsassina), einer Schlucht, die der Sturzbach Pioverna gegraben hat. Überragt wird die kleine Industriestadt Bellano von der Grigne-Gruppe. Die **Kirche** aus dem 14. Jh. besitzt eine schöne Fassade in lombardischer Gotik, die von Giovanni da Campione stammt.

★★ **Cadenabbia** – In wunderbarer Lage, gegenüber von Bellagio, wurde Cadenabbia zu einem beliebten Kurort. In Deutschland wurde es als regelmäßiger Urlaubsort von Kanzler Adenauer bekannt. Die Platanenallee Via del Paradiso führt zur Villa Carlotta und nach Tremezzo. Von der hochgelegenen **Kapelle San Martino** *(1 1/2 Std. zu Fuß hin und zurück)* hat man einen besonders schönen **Blick★★** auf die Halbinsel von Bellagio, den Lecco-See und die Grigne-Gruppe der Dolomiten.

★★ **Cernobbio** – Reizvoller Ort, der seine Bekanntheit der **Villa d'Este** verdankt, einem zum Hotel ausgebauten prächtigen Anwesen des 16. Jh.s, das in einem großen Park liegt *(Hotel und Park sind nur den Hotelgästen zugänglich).* Der schönste Blick auf die Villa, die vom See aus nicht zu sehen ist, bietet sich bei der Landungsbrücke an der Piazza del Risorgimento.

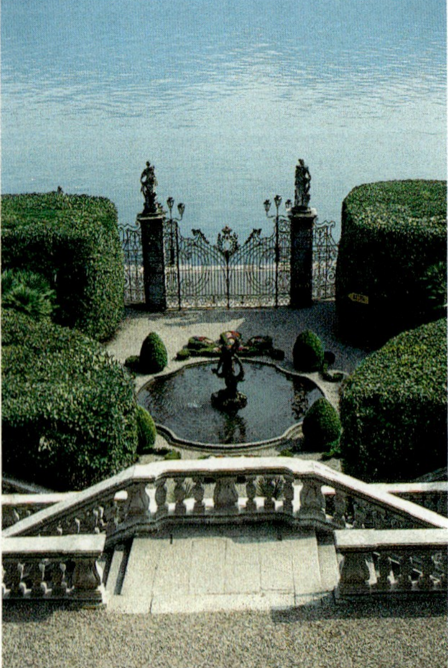
S. Chirol
Villa Carlotta

★**Como** – *Beschreibung siehe dort*

Dongo – In diesem Ort wurden am 27. April 1945 Mussolini und Clara Petacci gefangengenommen und am nächsten Tag in Giulino di Mezzegra bei Tremezzo erschossen.

Gravedona – Das Fischerdorf besitzt die reizende romanische Kirche **Santa Maria del Tiglio★**, ursprünglich eine Taufkapelle aus dem 5. Jh., die im 12. Jh. im lombardischen Stil umgebaut wurde.

★★ **Menaggio** – In dem lieblichen Ferienort, einem der schönsten am Ufer des Comer Sees, ist es im Sommer angenehm kühl.

★ **Abbazia di Piona (Abtei Piona)** - *2 km ab Olgiasca*. Das im 11. Jh. von Kluniazensermönchen gegründete Kloster ging 100 Jahre später an die Zisterzienser über. Die Kirche besitzt einen bemerkenswerten **Kreuzgang**, der 1252 in lombardischer Romanik erbaut wurde.

Torno - Am Ende des Hafens steht die Kirche **San Giovanni** (14. Jh.). Die Fassade hat ein reich geschmücktes **Portal★** im lombardischen Renaissance-Stil.

★★ **Tremezzo** - Das milde Klima und die landschaftlich schöne Lage machen Tremezzo zu einem vielbesuchten Ferienort. Die Terrassengärten des **Stadtparks★** (Parco comunale) sind grüne Inseln der Stille.
Die **Villa Carlotta★★★** ⊙ *(Eingang neben dem Grand Hotel von Tremezzo)*, die im 18. Jh. erbaut wurde, ist herrlich gelegen direkt gegenüber dem Grigne-Massiv. In den Sälen sind Statuen zu bewundern, darunter eine Kopie von Canovas *Amor und Psyche*, ein Werk von A. Tadolini. Am interessantesten sind jedoch die **Terrassengärten**.

★ **Varenna** - Der anmutige Ferienort inmitten von Gärten und Zypressen liegt auf einer kleinen Landzunge. Die **Villa Monastero** (16. Jh.) ⊙ und ihre **Gärten★★** sind sehenswert.

★ LAGO D'ISEO (ISEOSEE) ⊙

Wenn auch der **Iseosee** nicht so berühmt ist wie die anderen Oberitalienischen Seen, so wirkt er doch durch die landschaftliche Vielfalt seiner Umgebung anziehend. Die ursprünglich gebliebenen Ortschaften heben sich vom Hochgebirge ab; das Ufer, mal schroff, mal buchtenreich, säumen kleine stille Dörfer. Mitten aus dem tiefblauen Wasser ragt die Insel mit dem Monte Isola (600 m).

★ **Iseo** - Die Kirche Pieve di Sant'Andrea mit dem Glockenturm aus dem 13. Jh. steht auf einem hübschen Platz.

Lovere - Sehenswert in dem Industrieort ist die **Galleria Tadini** ⊙ mit Waffen, Gemälden (Bellini, Parmigianino), einer Porzellansammlung und Skulpturen (Canova).

★★ **Monte Isola** ⊙ - Diese grüne Insel bietet von der Kapelle Madonna della Ceriola einen weiten **Rundblick★★** über den Iseosee und die Bergamasker Alpen.

★ **Pisogne** - Kleiner, hübsch gelegener Hafen am Ufer des Sees. In der Kirche **Santa Maria della Neve** (Madonna im Schnee) sind **Fresken★** (16. Jh.) von Romanino da Brescia zu sehen.

★★ LAGO DI GARDA (GARDASEE) ⊙

Der größte italienische See ist auch gleichzeitig einer der harmonischsten, obwohl er sehr viele verschiedene Gesichter hat. Im Süden ist das Ufer flach und weit, es entstand durch Anschwemmungen; im Westen hingegen sind die Abhänge zum Ufer steil, im Osten wird das Ufer von der Gebirgskette des Monte Baldo beherrscht.
Die Dolomiten im Norden halten die kalten Nordwinde ab und sind der Grund für sein mildes Klima. Schon im Altertum war der See dafür berühmt und erhielt den Namen „Il Benaco" (= Der Gesegnete). Nicht minder bewußt war man sich der strategischen und wirtschaftlichen Bedeutung. So teilten sich die angrenzenden Staaten im Lauf der Jahrhunderte die Herrschaft über diesen bedeutenden See. Was die Kunst betrifft, so macht sich in Architektur und Malerei der Einfluß der venezianischen Republik am stärksten bemerkbar; diese beherrschte das Gebiet vom 15. bis 18. Jh. Seit dem römischen Kaiserreich wurden die Ufer des Gardasees zum Erholungsort erwählt, und auch heute noch finden die zahlreichen Touristen hier viele Ferienorte, die ihnen Erholung, Komfort und gutes Essen bieten.

Bardolino - Hier gedeiht ein vorzüglicher Rotwein. In dem belebten Dorf ist eine elegante romanische **Kirche★** aus dem 11. Jh. erhalten, die dem hl. Severus geweiht ist.

Campione del Garda - Die Bischöfe von Trient, Brescia und Verona versammelten sich hier, um den See zu segnen.

Desenzano del Garda - Der alte Hafen, die malerische Piazza Malvezzi und die angrenzende Altstadt laden zum Bummeln ein. Die Pfarrkirche **Chiesa parrocchiale** Santa Maria Maddalena aus dem 16. Jh. besitzt ein schönes ausdrucksstarkes ***Abendmahl★*** von Tiepolo. Im Norden der Ortschaft, in der Via Scavi Romani, liegt die **Villa Romana** ⊙, in der noch bemerkenswerte bunte **römische Mosaiken★** erhalten sind.

★ **Garda** - In diesem beliebten Urlaubsort, der dem See seinen Namen gab, erinnern der Palazzo dei Capitani und der Palazzo Fregoso, beide aus dem 15. Jh., an die venezianische Herrschaft.

★★ **Gardone Riviera** – Der elegante Kurort ist für seine sonnige Lage und seine ausgezeichneten Hotels bekannt.
1 km vom Ort entfernt liegt der Landsitz **Vittoriale**★ ⓥ. Er gehörte dem Dichter **Gabriele D'Annunzio** (1863-1938), der hier begraben werden wollte. Die neoklassizistische **Villa La Priora** ⓥ vermittelt die seltsame düstere Atmosphäre, in der sich dieser Schriftsteller und Ästhet wohlfühlte. Im Museum und im Park erinnert vieles an das bewegte Leben des Dichters.

Gargnano – Der reizende Ferienort ist von Gewächshäusern mit Zedrat- und Zitronenbäumen umgeben.
Die Kirche **San Francesco** besitzt einen schönen Kreuzgang aus dem 15. Jh., dessen Arkaden im maurischen Stil auf Kapitellen ruhen, in die Orangen und Zitronen eingemeißelt sind. Sie erinnern an die Überlieferung, nach der die Franziskaner die Zitrusfrüchte am Seeufer eingeführt haben sollen.
Eine Uferstraße führt zur **Villa Feltrinelli.** Es ist ein neoklassizistischer Bau, in dem das Sekretariat Mussolinis in der Zeit der Repubblica Sociale Italiana seinen Sitz hatte *(siehe Geschichtstabelle: 1943).*

★ **Limone sul Garda** – Dies ist unzweifelhaft einer der malerischsten Orte am Gardasee. Am Ufer entlang werden auf Terrassen in zahlreichen Treibhäusern Zitronen angebaut. Von Limone aus führt eine **Panoramastraße**★★ auf die Hochfläche von Tremosine. Von dort aus schlängelt sie sich hinunter nach Tignale. Auf dieser Strecke bieten sich phantastische **Blicke**★★★ auf den See und die Berge.

★ **Malcesine** – Das malerische Dorf liegt auf einer Anhöhe unterhalb des Monte Baldo. Es wird von der mächtigen zinnenbekrönten Silhouette der **Burg**★ (Castello Scaligero) der Scaliger von Verona (13.-14. Jh.) beherrscht. Am Ufer des Sees steht der Palazzo dei Capitani (Sitz der venezianischen Statthalter) im venezianischen Stil (15. Jh.). Vom Gipfel des **Monte Baldo** ⓥ *(Seilschwebebahn)* hat man eine herrliche **Aussicht**★★★ auf den See und im Norden auf das Brenta- und das Adamello-Massiv.

★★ **Punta di San Vigilio** – Dieser Landvorsprung bietet ein Bild von romantischer Harmonie. Die **Villa Guarienti** *(keine Besichtigung)* wurde im 16. Jh. für den Veroneser Humanisten Agostino Brenzoni nach Plänen von Sanmicheli erbaut.

★ **Riva del Garda** – Das hübsche Städtchen Riva wird im Westen von beeindruckenden Steilhängen überragt. Seit der Antike war es ein strategischer und wirtschaftlicher Knotenpunkt aufgrund seiner Schlüsselstellung an der Straße von Verona in die Alpen. Heute ist in Riva die malerische **Altstadt**★ noch gut erhalten. Sie besteht aus einem Netz enger und belebter Gäßchen. Das interessanteste Bauwerk ist die Burg **(Rocca)**, in der ein **Städtisches Museum** (Museo civico) ⓥ mit einer archäologischen und einer geschichtlichen Abteilung untergebracht ist.

★ **Salò** – Früher war Salò die Hauptstadt des „Herrlichen Vaterlandes", in der die venezianischen Statthalter, die „Capitani", residierten. Von der Blütezeit der Stadt zeugt noch der **Dom** aus dem 15. Jh. Im Innern sind ein vergoldeter hölzerner **Flügelaltar**★ (1510) sowie einige Kunstwerke von Moretto da Brescia und Romanino zu sehen.

San Martino della Battaglia – Ein **Beinhaus**, ein **Museum** und ein **Turm** erinnern an die Schlacht vom 24. Juni 1859 und die Kriege während des Risorgimento, in der die Italiener gegen die Österreicher kämpften.

★★ **Sirmione** – Dieser an der Spitze der Halbinsel von Sirmione, einer langen schmalen Landzunge, gelegene Ferienort ist seit Anfang des Jahrhunderts als Thermalbad berühmt, in dem vor allem Erkrankungen der Atemwege geheilt werden. Die Häuser des kleinen Ortes drängen sich um die **Scaligerburg**★ (Rocca Scaligera) aus dem 13. Jh.
Die kleine Kirche Santa Maria Maggiore, die auf das 15. Jh. zurückgeht, ist mit Fresken aus dem 15. und 16. Jh. ausgemalt.
Am äußersten Ende der gebirgigen Halbinsel befinden sich noch Ruinen einer riesigen römischen Villa, die einst dem Dichter Catull gehörte. Das **Ausgrabungsgebiet**★★ trägt den Namen **Grotte di Catullo**, und man kann an diesem zauberhaften **Ort**★★ noch viele Spuren der früheren Bauten entdecken.

Solferino – Ein **Beinhaus** (Cappella ossario) und ein **Museum** rufen Erinnerungen an die Schlacht vom 24. Juni 1859 wach (das Schlachtfeld breitete sich bis San Martino aus) und den Sieg der piemontesisch-französischen Truppen über die Österreicher.
Die für damalige Verhältnisse enormen Verluste (11 000 Tote, 23 000 Verletzte) veranlaßten Henri Dunant zur Gründung des **Roten Kreuzes**; man kann die **Gedenkstätte** sehen.

Torbole – Der angenehme Kurort war im Jahre 1439 Schauplatz eines besonderen Ereignisses. Venedig wollte dem von den Mailänder Visconti belagerten Brescia zu Hilfe kommen. Zu diesem Zweck beschloß die Republik, eine Gardasee-Flotte auszurüsten. Diese fuhr auf der Etsch bis in die Nähe von Mori und wurde von dort über die Berge bis Torbole transportiert. Von hier lief sie aus und belagerte bald Maderno. So konnte Venedig im darauffolgenden Jahr Riva und den ganzen Gardasee erobern.

Valeggio sul Mincio – *Die Autobahn Mailand-Venedig in Peschiera verlassen und der Beschilderung für die Parkanlage Sigurtà folgen, die 8 km von Peschiera del Garda entfernt ist.* Carlo Sigurtà (1898-1983), ein Pharmaunternehmer, der sich 40 Jahre lang mit Thermalkuren beschäftigte, gestaltete das kahle Grundstück einer Villa aus dem 17. Jh., die 1859 Napoleon III. als Hauptquartier diente, völlig neu (mit der Genehmigung, Wasser aus dem Mincio abzupumpen).
Heute können die 50 Hektar der sorgfältig gepflegten **Parkanlage Sigurtà**★★ (Parco Giardino Sigurtà) per Auto besichtigt werden. Auf einer Strecke von 7 km sind 13 Parkplätze eingerichtet, von denen zahlreiche Wanderwege abgehen.
Außer der schönen Lage über dem Mincio tragen auch die mediterrane Flora, die weiten Rasenflächen, die Sehenswürdigkeiten aus dem Bereich der Architektur und der Natur sowie die an verschiedenen Stellen übertragene klassische Musik zum einmaligen Zauber des Ortes bei.

L'AQUILA★

Abruzzen

69 516 Einwohner
Michelin-Karte Nr. 988 Falte 26 oder Nr. 430 O 22
Kartenskizze siehe unter Appennino ABRUZZESE
Stadtplan im Michelin-Hotelführer ITALIA

Kaiser Friedrich II. von Hohenstaufen gründete den Ort im 13. Jh. und gab ihm den Königsadler ins Stadtwappen. Karl I. von Anjou übernahm 1266 die Macht und ließ eine Stadtmauer errichten. Erhalten sind noch zahlreiche alte Kirchen im romanischen Stil und aus der Zeit der Renaissance sowie Häuser aus ockergelbem Stein, die das Zeichen des Bernhardin von Siena (IHS = Iesus Hominum Salvator, zur Verehrung des Namen Jesu) tragen; Bernhardin predigte in Aquila und starb hier im Jahre 1444.

★★ **Santa Maria di Collemaggio** – Aufgrund ihres historischen und architektonischen Wertes ist dies die berühmteste Basilika der Abruzzen. Der Bau, mit dem 1287 im romanischen Stil begonnen wurde, geht auf eine Initiative von Pietro da Morrone zurück, dem späteren **Coelestin V.**, der hier 1294 zum Papst gekrönt wurde. Die weitläufige **Fassade**★★ mit dem geradlinigen Aufsatz aus dem 14. Jh. zeichnet sich durch ihre herrliche Verzierung mit geometrischen Mustern aus weißen und rosafarbenen Steinen aus und wird durch Portale und Fensterrosen aus dem 15. Jh. in harmonischer Weise unterteilt. Der kleine, achteckige Turm auf der rechten Seite war der Sockel des im Jahre 1880 zerstörten Glockenturms.

Den Feigheit zum Verzicht, dem großen, antrieb...

(Dante, Die Hölle, 3. Gesang, 60)

Pietro da Morrone (1215-1296), Eremit und Gründer der Zölestiner-Gemeinde der Abtei von Morrone, in der Nähe von Sulmona, wurde im September 1294 überraschend zum Papst gewählt. Er litt unter den Intrigen und Machenschaften am Hof und dankte schon nach wenigen Monaten ab. Sein Nachfolger, Bonifatius VIII., hielt ihn in der Burg von Fumone gefangen, wo er kurze Zeit später starb. Er wurde im Jahr 1313 von Klemens V. heiliggesprochen.

Auf der linken Seite befindet sich die **Porta Sacra**, ein schönes, mit feinen Verzierungen geschmücktes romanisches Portal. Im Inneren befindet sich das Grab des hl. Coelestin aus dem 16. Jh. im lombardischen Renaissancestil.

★★**San Bernardino** ⊙ – Der zwischen 1454 und 1472 errichtete, herrliche Bau besitzt eine bemerkenswerte **Fassade**★★, die **Cola dell'Amatrice** 1527 schuf. Sie wird durch Gesimse unterteilt, die die drei Doppelsäulenordnungen (ionisch, dorisch und korinthisch) abschließen. Das weite, lichterfüllte Innere hat den Grundriß eines lateinischen Kreuzes. Sehenswert sind die schöne barocke Holzdecke, das mit Skulpturen von Silvestro dell'Aquila verzierte **Mausoleum**★ des hl. Bernhardin von Siena und das elegante **Grabmal**★ der Maria Pereira, ebenfalls eine Arbeit Silvestros.

★ **Castello** – Das im 16. Jh. von dem Architekten des Castello Sant'Elmo in Neapel, Pirro Luigi Escribà, erbaute Kastell ist mit seiner quadratischen Anlage, die an den Ecken durch mächtige Bastionen verstärkt wird, ein schönes Beispiel der Militärarchitektur. In den weitläufigen Sälen ist das **Museo Nazionale d'Abruzzo**★★ ⊙ untergebracht. Im Erdgeschoß sieht man neben dem **Archidiskodon Meridionalis Vestinus**, einem Fossil des Vorfahren unseres heutigen Elefanten, der vor ungefähr einer Million Jahren gelebt hat, interessante Funde aus den Abruzzen aus römischer Zeit, darunter auch den **Kalender von Amiterno**. Im ersten Stock befindet sich die **Abteilung für sakrale Kunst** (12.-17. Jh.), das Herz des Museums. Gezeigt werden typische Werke aus Malerei, Bildhauerei und Kunstgewerbe der Abruzzen, z. B. verschiedene bunte Holzfiguren, das **Prozessionskreuz**★ von Nicola di Guardiagrele, ein Meisterwerk der Goldschmiedekunst der Abruzzen, und die Holzfigur des ***Hl. Sebastian***★ von Silvestro dell'Aquila. Das Museum umfaßt außerdem Abteilungen für Münzkunde und sakrale Goldschmiedekunst, Gemälde der Schule der Abruzzen aus dem 15. bis 18. Jh. und eine Abteilung für moderne Kunst.

★ **Fontana delle 99 cannelle (Brunnen der 99 Röhren)** – Der eindrucksvolle Brunnen wurde ab 1272 auf einem trapezförmigen Grundriß aus weißen und rosafarbenen Steinen errichtet. Die 99 unterschiedlichen wasserspeienden Masken erinnern an die Gründungslegende der Stadt, der zufolge L'Aquila aus 99 Burgen entstanden sein soll.

LECCE★★

Apulien

100 893 Einwohner

Michelin-Karte Nr. 988 Falte 30 oder Nr. 431 F 36 – Stadtplan im Michelin-Hotelführer ITALIA

Die Stadt ging aus dem antiken römischen *Lupiae* hervor und liegt mitten auf der Halbinsel von Salento. Später gehörte sie zum Normannenreich. Lecce wurde nach Otranto zur Hauptstadt dieser Region, die auch Terra d'Otranto genannt wird.
Von 16. bis 18. Jh. erlebte Lecce eine Glanzzeit, in der die vielen Renaissance-, Barock- und Rokoko-Gebäude erbaut wurden. Lecce wird auch „Florenz des Barock" genannt, aufgrund seiner unzähligen Barockbauten. Der Barock von Lecce zeichnet sich durch reiche Verzierungen aus, die mit dem äußerst feinkörnigen Kalkstein der Gegend gut zu verwirklichen waren, da Kalkstein leicht zu bearbeiten ist. Wenn die Stadt bei Nacht festlich beleuchtet ist, erinnert das Bild an eine prunkvolle Bühnendekoration.
Die genialsten Künstler gehören der Familie **Zimbalo** an. Ihr typischer Stil findet sich an Kirchen und Palästen auf der ganzen Halbinsel von Salento wieder.

★★ DIE BAROCKSTADT

Das historische Zentrum, früher von einer Stadtmauer (16. Jh.) umschlossen, von der nur noch wenige Überreste und das **Kastell** (von Karl V. am Standort eines Kastells des Hauses von Anjou errichtet) erhalten sind, ist heute von einem Ring von Straßen umgeben. Das Herz der Stadt ist die lebendige **Piazza Sant'Oronzo** mit der Statue des hl. Oronzo, des Schutzpatrons der Stadt. Die Statue steht auf einer der beiden Säulen, die das Ende der Via Appia in Brindisi markierten *(s. dort)*. Am südlichen Teil des Platzes wurden Reste eines **römischen Amphitheaters** (2. Jh.

LECCE

- Aragona (Via F. d') .... YZ 3
- Caracciolo (Via Roberto) .... Z 7
- Cavallotti (Viale F.) .... Y 8
- Fazzi (Via Vito) .... Y 12
- Imperatore Adriano (V.) .... Y 14
- Imperatore Augusto (V.) .... Y 15
- Jacobis (V. Agostino de) .... Z 17
- Ludovico (Via) .... Y 21
- Marche (Viale) .... Z 22
- Orsini del Balzo (Via) ...... Z 25
- Palazzo dei Conti di Lecce (Via del) .... Z 26
- Pietro (Via M. de) .... Y 28
- Realino (Via Bernardino) .... Z 29
- Rubichi (Via Francesco) .... Y 32
- S. Oronzo (Piazza) .... Y
- Taranto (Via) .... Y 38
- Trinchese (Via Salvatore) .... Y
- Vitt. Emanuele (Cso) .... Y 42
- Vitt. Emanuele (Pza) .... Y 43
- 25 Luglio (Via) .... Y 44

n. Chr.) gefunden. Auf dem Platz befinden sich die kleine Kirche **San Marco**, die Gabriele Riccardi zugeschrieben wird und von der venezianischen Gemeinde errichtet wurde, sowie der antike **Palazzo del Seggio**, wo vorübergehend eine Statue des hl. Joseph aus Pappmaché (einem in dieser Gegend häufig verwendeten Material) aus dem 19. Jh. steht.

★★ **Santa Croce** (Y) – Die dem Hl. Kreuz geweihte Basilika wurde im 16. und 17. Jh. von mehreren Architekten erbaut. Sie ist eines der typischsten Gebäude des hiesigen Barock.

Die Fassade *(siehe Abbildung)* ist prachtvoll verziert, ohne jedoch überladen zu wirken (zumindest der Entwurf der unteren Partie ist der Renaissance zuzurechnen). Das obere, ausgesprochen reich verzierte Register ist vermutlich das Werk von Zimbalo. Zwischen den beiden Registern verläuft ein langer, von Atlanten und Karyatiden in Tiergestalt gestützter Balkon. Die Balustrade ist mit Putti geschmückt, die Mitren und Bücher tragen. Die darüberliegende mittlere Fensterrose sieht aus, als wäre sie von einer geschickten Spitzenklöpplerin gefertigt worden. Der hohe, helle **Innenraum** ist nach der Renaissance-Theorie von Brunelleschi in klaren architektonischen Linien gehalten. Seine Architektur wird vom

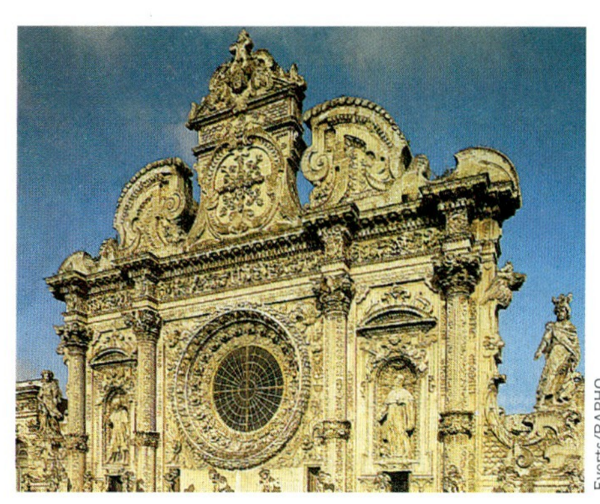

Lecce: Giebel von Santa Croce

überreichen barocken Dekor überspielt. In der Kapelle am Ende des linken Seitenschiffs befindet sich ein schöner **Hochaltar** mit Flachreliefs, die mit Szenen aus dem Leben des hl. Franziskus von Francesco Antonio Zimbalo geschmückt sind.

Palazzo del Governo (Y) – An die Kirche Santa Croce schließt sich dieses ehemalige Zölestinerkloster an. Es wurde von Zimbalo (Erdgeschoß) und G. Cino erbaut. Der Palast aus Bossenwerk wird durch Kranzgesimse horizontal gegliedert; im 1. Stock fällt die prunkvolle Fensterdekoration besonders auf.

Chiesa del Gesù (oder **Chiesa del Buon Consiglio**) (Y) – *Via Francesco Rubichi.* Die Jesuiten haben dieses Gotteshaus zwischen 1575 und 1579 errichtet. Es stellt mit seinem strengen Stil eine Ausnahme unter den Kirchen von Lecce dar. Im Inneren befindet sich ein prächtiger **Barockaltar**★.

Sant'Irene (oder **Chiesa dei Teatini**) (Y) – Diese Kirche wurde von Francesco Grimaldi für die Theatinermönche erbaut. Die **Barockaltäre**★ im Inneren sind prachtvoll geschmückt und werden Francesco Antonio Zimbalo zugeschrieben.

★★ **Piazza del Duomo** (Y) – Dieser Platz, der von einem einheitlichen Ensemble von Barockbauten umgeben ist und unter einem Bogen in den Corso Vittorio Emanuele einmündet, ist einer der schönsten Plätze Süditaliens. Auf der linken Seite sieht man den von Guiseppe Zimbalo zwischen 1661 und 1682 errichteten **Campanile** (Glockenturm), daneben den **Dom** (1659-1682) desselben Architekten, den **Bischofspalast** (Palazzo vescovile) aus dem 17. Jh. und den **Palazzo del Seminario**, der 1709 nach den Plänen von Giuseppe Cino errichtet wurde. Im Hof des Priesterseminars ist ein reich geschmückter **Brunnen**★ desselben Bildhauers zu bewundern.

Duomo – Das zuerst sichtbare Portal an der linken Seite ist das prächtigste von allen. Der imposante Eingang wird von einer eleganten Arkade mit einer Statue des hl. Oronzo überragt. Die Hauptfassade *(nur vom Platz aus zu sehen)* ist sehr viel schlichter. Die im 16. Jh. erneuerte **Krypta** ruht auf 92 Säulen, deren Kapitelle mit Tiergestalten verziert sind.

★ **Il Rosario** (oder **San Giovanni Battista – YZ**) – Das letzte Werk von Guiseppe Zimbalo ist die Fassade dieser Kirche. Sie ist überaus reich geschmückt, mit äußerst feinen und gleichzeitig eleganten Verzierungen. Das **Innere**★ birgt mehrere Retabel von außerordentlicher Pracht.

Via Palmieri (Y) – In dieser Straße befinden sich mehrere elegante Gebäude, z. B. der Palazzo Marrese (oder Palmieri – 18. Jh.) gegenüber der Piazzetta Falconieri. Die **Porta di Napoli** (oder Triumphbogen) am Ende der Straße wurde zu Ehren Karls V. im 16. Jh. errichtet.

Sant'Angelo (Y) – *Via Manfredi.* Die Fassade dieser Kirche von Francesco Giuseppe Zimbalo (1663) blieb zwar unvollendet, seine Handschrift ist dennoch unverkennbar. Girlanden, Engelchen und Cherubinen schmücken die Fassade.

★ **San Matteo** (Z) – Die harmonische Fassade dieser Kirche stammt von Achille Carducci (1667-1700). Der Einfluß Borrominis, des Erbauers der Kirche San Carlo alle Quattro Fontane in Rom, ist hier deutlich sichtbar.

★ **Museo Provinciale Sigismondo Castromediano** (**Provinzialmuseum**) ◷ (**Z M**) – In einem modernen Gebäude befindet sich dieses Museum, das eine große archäologische Abteilung besitzt *(Erdgeschoß)* und im ersten Stock eine bedeutende **Keramiksammlung**★★ ausstellt. Von besonderem Interesse sind die attischen Vasen mit roten Figuren. Gezeigt werden außerdem zahlreiche Inschriften verschiedener Herkunft und zwei schöne Bronzestatuetten (3. Jh. v. Chr.), die eine Frau und einen Priester darstellen. Im dritten Stock ist die Gemäldesammlung untergebracht.

WEITERE SEHENSWÜRDIGKEITEN

Santi Nicolò e Cataldo – *Im Norden der Stadt, in der Nähe des Friedhofs.* Der Normanne Tankred von Lecce hat 1180 diese Kirche erbaut, die 1716 wahrscheinlich von Giuseppe Cino restauriert wurde. Dabei blieb der Mittelteil der romanischen Fassade mit der kleinen Fensterrose und dem normannischen Portal erhalten. Im Kreuzgang ist ein hübsches Barocktempelchen (16. Jh.) zu sehen.

UMGEBUNG

Santa Maria di Cerrate – *14 km in nördlicher Richtung über die S 613 nach Brindisi, dann nach rechts abbiegen (Hinweisschild).* Diese zauberhafte Benediktinerabtei aus dem 12. Jh. liegt völlig abgeschieden auf dem Lande. Ein Portikus mit schönen Figurenkapitellen (13. Jh.) flankiert die linke Seite der **Kirche**★. Der Stirnbogen des eleganten Portals ist mit Szenen aus dem Neuen Testament verziert. Im Innenraum sind noch Teile der Fresken vorhanden, mit denen er ursprünglich vollständig ausgeschmückt war. Einige Fresken wurden in das Volkskundemuseum (**Museo delle Tradizioni Popolari** ◷) in den Klostergebäuden gebracht. Hier sind auch alte Werkzeuge und Geräte ausgestellt, die vor allem der Ölherstellung dienten (die Abtei besitzt noch eine unterirdische Ölpresse).

LIGNANO ⛱⛱

Friaul – Julisch Venetien

5 693 Einwohner

Michelin-Karte Nr. 988 Falte 6 oder 429 E/F 21

Lignano ist der größte Badeort an der friaulischen Küste und auf einer langen Halbinsel gelegen, deren Sandboden noch dicht mit Kiefernwäldern bedeckt ist. Sie erstreckt sich im Osten bis zur Mündung des Tagliamento und schließt einen Teil der den Fischern vorbehaltenen Lagune von Marano ab. Sein (bei gutem Wetter) mit Blick auf Grado, den Golf von Triest und den Küstenstreifen Istriens gelegener, 8 km langer **Strand★★** ist wegen seines feinen und goldfarbenen Sands beliebt. Das flache Meeresufer ermöglicht Familien einen Badeurlaub ohne jedes Risiko.

Die Halbinsel – Der Ort teilt sich in drei Teile auf. Der älteste Stadtteil **Lignano Sabbiadoro** ist an der Spitze der Halbinsel gelegen und sehr belebt mit seinen kleinen Häusern, seinen Geschäftsstraßen und seinem großen Bootshafen *(darsena)*. Das von Sabbiadoro durch einen Kiefernwald getrennte **Lignano Pineta** ist eher elegant und modern, in Form einer Spirale angelegt und unterteilt durch Straßen, die vom Hauptplatz abgehen. Der Kiefernwald gehört dem Vatikan und ist Ferienlagern vorbehalten. **Lignano Riviera** verdankt seinen Namen der Nähe des Tagliamento. Das Wasser an diesem Strand ist etwas kühler, aber hier ist auch die Vegetation am dichtesten. Im Hinterland warten ein Golfplatz mit 18 Löchern und ein Zoo, der **Parco Zoo Punta Verde** ⏲, mit Tieren aus der ganzen Welt auf den Urlauber.

LIVORNO

Toskana

167 087 Einwohner

Michelin-Karten Nr. 988 Falte 14, 428 Falte 37 oder 430 L 12

Stadtplan im Michelin-Hotelführer ITALIA

In dem bedeutenden Handelshafen werden vor allem Holz, Marmor, Alabaster, Autos und Erzeugnisse des Florentiner Handwerks verschifft. Der Hafen wurde von Cosimo I. Medici angelegt und sollte den Hafen Porto Pisano ersetzen, der versandet war. Unter Cosimo II. wurde die Hafenanlage 1620 fertiggestellt. Die belebtesten Geschäftsstraßen der Stadt sind die Via Grande, die von großen Gebäuden mit Arkaden gesäumt wird, die Via Cairoli und die Via Ricasoli. Auf der Piazza Micheli erhebt sich das **Denkmal★** zu Ehren Ferdinands I. Medici; die vier maurischen Gefangenen aus Bronze sind das Werk des Bildhauers Pietro Tacca (1624). Von hier kann man die Festung Fortezza Vecchia sehen.

Montenero – *9 km südlich.* Der Wallfahrtsort aus dem 18. Jh. ist der Madonna delle Grazie geweiht. Dazu gehören die reich ausgeschmückte barocke Kirche, ein Kloster, durch ein schmiedeeisernes Gitter geschützt, und der „Famedio", Kapellen, in denen berühmte Bürger Livornos begraben liegen.

LORETO★

Marken

11 317 Einwohner

Michelin-Karte Nr. 988 Falte 16 oder Nr. 430 L 22

Stadtplan im Michelin-Hotelführer ITALIA

Der alte Stadtkern, der zum Teil noch von der Stadtmauer aus Backsteinen (16. Jh.) umgeben ist, ist gut erhalten. Weltweit bekannt wurde Loreto als Wallfahrtsort. Man verehrt dort das „Haus der Maria von Nazareth", die Santa Casa. Nach der frommen Legende sollen Engel das Haus – nach mehreren Zwischenstationen – in einem Lorbeerhain *(lat. lauretium)* niedergesetzt haben. Aus *lauretium* wurde Loreto. Tatsächlich hat die das Gebiet von Nazareth beherrschende Familie Angeli („Engel" auf italienisch) 1294 drei Wände vom Haus der Maria von Dalmatien, wo sie sich seit 1291 befunden hatten, nach Loreto transportiert. Die bedeutendsten Wallfahrten finden an Mariä Geburt und dem Tag der Überführung der Santa Casa statt *(siehe Veranstaltungskalender am Ende des Bandes)*. Der venezianische Maler **Lorenzo Lotto** (1486-1556) lebte ab 1535 bis zu seinem Tod als Oblatenmönch in der Santa Casa. Sein sensibler und unruhiger Charakter ließ ihn ein kaltes Kolorit den sinnlich-frohen Farben der Schule von Venedig vorziehen. Seine emotional ausdrucksstarken Personen verdeutlichen das große Einfühlungsvermögen des Malers.

★★ SANTUARIO DELLA SANTA CASA ⌚ *Besichtigung: 1 Std.*

1468 wurde der Bau der Basilika unter Beteiligung mehrerer berühmter Baumeister begonnen und erst im 18. Jh. vollendet. Die ersten Architekten waren Giuliano da Sangallo und Bramante, der die Seitenkapellen errichtete. Vanvitelli entwarf den Glockenturm. Erst wenn man um die Basilika herumgeht, kann man den schönen **Dreiapsidenchor**★★ und die elegante Kuppel von Sangallo bewundern. Die Fassade ist typisch für die Spätrenaissance; mit den Doppelpfeilern, über denen an den Ecken zwei Uhren angebracht sind, ergibt sich ein schlicht-harmonisches Bild.

Die drei **Bronzeportale**★★, die mit Statuen (Ende 16. - Anfang 17. Jh.) geschmückt sind, führen in das dreischiffige Innere. Die Kuppel der **Sakristei San Marco**★ am Ende des rechten Seitenschiffs wurde von Melozzo da Forlì 1477 mit Fresken ausgemalt. In starker Verkürzung stellte er Engel mit den Passionswerkzeugen dar. In der **Sakristei San Giovanni**★ befindet sich ein Becken von Benedetto da Maiano, die Decke schmücken Fresken von Luca Signorelli. Unter der Vierungskuppel steht die **Santa Casa**★★, in einer teilweise von Antonio Sansovino im 16. Jh. kunstreich verzierten Marmorverkleidung. Vom linken Querschiff aus betritt man einen Raum, der von Pomarancio mit einem Zyklus ausgemalt wurde (1605-1610).

Vor der Basilika liegt die **Piazza della Madonna**★, an der der unvollendete Säulengang des Palazzo Apostolico steht. In diesem Palast ist eine **Pinakothek** ⌚ untergebracht, in der bemerkenswerte **Sammlungen**★ mit Gemälden von Lorenzo Lotto, Simon Vouet und Pomarancio ausgestellt sind. Daneben sind flämische Wandteppiche, die nach Entwürfen von Raffael gefertigt wurden, und Fayencen aus Urbino zu sehen.

UMGEBUNG

Recanati - *7 km südwestlich.* In dieser kleinen Stadt, die auf einem Hügel liegt, kam 1798 einer der scharfsinnigsten und pessimistischsten Dichter Italiens, **Giacomo Leopardi**, zur Welt. Im **Palazzo Leopardi** ⌚ werden Erinnerungsstücke aus seinem Leben aufbewahrt. Die kleine Gemäldesammlung **(Museo Civico)** ⌚ des Ortes ist in der Villa Colloredo Mes *(Via Gregorio XII)* untergebracht und zeigt einige bedeutende Bilder von Lorenzo Lotto, darunter eine *Verkündigung*.

LUCCA★★★

Toskana

86 966 Einwohner

Michelin-Karte Nr. 428, 429 oder 430 K 13

Inmitten einer fruchtbaren Ebene liegt die Stadt Lucca. Der alte Stadtkern, in dem noch zahlreiche Gebäude von der großen Vergangenheit zeugen, wird von einer fast vollständig erhaltenen Ringmauer umgeben, die zu einem schattigen Promenadenweg umgestaltet wurde. Die alten Kirchen, Paläste, Plätze und engen Gäßchen tragen zum Reiz dieser Stadt bei, die vom modernen Städtebau bisher verschont blieb.

GESCHICHTLICHES

Im 2. Jh. v. Chr. entstand hier die römische Kolonie *Lucca*. Der ursprüngliche Grundriß eines Militärlagers mit den beiden sich rechtwinklig schneidenden Hauptstraßen blieb erhalten und wurde im Mittelalter durch ein wirres Netz von Gäßchen und unregelmäßig geformten Plätzen überlagert.

Im 12. Jh. wurde Lucca freier Stadtstaat und blühte und gedieh bis Mitte des 14. Jh.s. Die wirtschaftliche Bedeutung beruhte vor allem auf der Herstellung von Seide und dem Handel mit dem kostbaren Stoff.

Unter der Regierung des Condottiere Castruccio Castracani erlebte die Stadt ihre Glanzzeit. In dieser Epoche wurden ihre schönsten profanen und sakralen Prachtbauten errichtet. Die Luccheser Architekten orientierten sich zwar am Pisaner Stil, entwickelten jedoch eine eigene verfeinerte, phantasievolle Richtung. Ab 1550 wandte sich Lucca mehr und mehr der Landwirtschaft zu; diese neue Tätigkeit führte auch zu einem Wiederaufschwung der Architektur.

Auf dem Land wurden Villen gebaut, der Stadtkern mit einem Wall umgeben, die meisten Häuser wurden restauriert oder neu aufgebaut.

Eine Frau prägte zu Anfang des 19. Jh.s das Leben in Lucca. Von 1805 bis 1813 war **Elisa Bonaparte**, Napoleons Schwester, Fürstin von Lucca und Piombino. Sie regierte ihr Fürstentum mit Klugheit, Weisheit und Milde und förderte die Entwicklung der Stadt und der bildenden Künste. In der deutschen Literatur hat die Stadt ein Denkmal erhalten in Heinrich Heines anspielungsreicher Satire „Die Bäder von Lucca".

Die Legende des Volto Santo - Der **„Volto Santo"** (Heiliges Antlitz) ist ein Kreuz unbekannter Herkunft, das im Dom aufbewahrt wird. Nach der Überlieferung soll Nikodemus nach der Kreuzigung dem Antlitz der geschnitzten Christusfigur die Züge Jesu verliehen haben.

Der italienische Bischof Gualfredo entdeckte das Kruzifix auf einer Pilgerfahrt im Heiligen Land, nahm es an sich, schiffte sich ohne navigatorische Hilfe ein und landete am Strand von Luni, in der Nähe von La Spezia.
Die Gläubigen von Luni und Lucca machten sich lange Zeit den Volto Santo streitig, bis der Bischof von Lucca das Kreuz auf einen Ochsenkarren laden ließ, der alsbald den Weg nach Lucca nahm.
Die Kaufleute von Lucca verbreiteten den Ruf des Volto Santo in ganz Europa, selbst Frankreichs Könige leisteten ihren Eid auf „Saint Vaudeluc" (Santo Volto di Lucca).
Jedes Jahr findet in der Stadt die „Luminaria di Santa Croce" statt, eine nächtliche **Prozession zu Ehren des Volto Santo** *(siehe Veranstaltungskalender am Ende des Bandes)*.

PUBBLI AER FOTO

Blick auf die Piazza dell'Anfiteatro und San Frediano

DIE GROSSEN KIRCHEN *Besichtigung: 3 Std.*

Von der weitläufigen **Piazza Napoleone** *(Parkplatz)* aus gelangt man zur Piazza San Giovanni, wo die gleichnamige Kirche steht, und weiter zur Piazza San Martino. An der linken Seite steht der Palazzo Micheletti, ein Werk von Ammannati (16. Jh.), mit den schönen Terrassengärten.

★★ **Duomo** (C) – Der im 6. Jh. begonnene Dom, der dem heiligen Martin geweiht ist, wurde im 11. Jh. wieder aufgebaut. Schon im 13. Jh. wurde das Äußere fast gänzlich erneuert und im 14.-15. Jh. der Innenraum neu gestaltet. Der Architekt Guidetto da Como schuf die **Fassade**★★ in weißem und grünem Marmor, die trotz ihrer asymmetrischen Form majestätisch und ausgewogen wirkt. Die Fassade ist ein typisches Beispiel des lucchesisch-pisanischen Stils und zeigt im oberen Teil drei übereinanderliegende Säulengalerien. Die Architekten aus Lucca stellten hier einen Stil vor, der sich durch Leichtigkeit und neue Formen der Verzierung auszeichnet.
Der mächtige, hochstrebende Campanile wird nicht nur durch den Wechsel von Backstein und Marmor aufgelockert, sondern auch durch die Bogenöffnungen, die nach oben hin immer zahlreicher werden.
Die Vorhalle ist mit mannigfaltigen Ornamenten geschmückt. Die Pfeiler tragen schlanke Säulen, Blendarkaden, Friese oder die Darstellung verschiedener Szenen.
Der gotische **Innenraum** besitzt ein schönes Triforium, das durch seine Leichtigkeit einen reizvollen Kontrast zu den massiven Rundbögen bildet, die von dicken Pfeilern getragen werden. An der Rückseite der Fassade eine romanische Skulptur, die St. Martin zeigt, wie er den Mantel teilt; der nüchterne klassische Stil kündigt bereits Nicola Pisano an. Im linken Seitenschiff steht

der *Tempietto*, ein kleiner Tempel, von dem Luccheser Matteo Civitali (1436-1501) im Renaissancestil erbaut, in dem der Volto Santo aufbewahrt wird.

Das große **Kruzifix**★ stammt aus dem 12. Jh., das Holz ist mit der Zeit schwarz geworden. Sein strenger Stil zeugt von orientalischem Einfluß, doch soll die Figur nur eine Kopie des berühmten Christus sein, von dem die Legende erzählt.

Die Sakristei enthält eines der Meisterwerke der italienischen Grabmalkunst: das **Grabmal der Ilaria del Carretto**★★, der Gattin des Paolo Guinigi, eines der Herren der Stadt, der Anfang des 15. Jh.s in Lucca lebte. Dieses Meisterwerk stammt von dem Sienesen Jacopo della Quercia. Das Grabmal zeigt die junge Frau liegend, der Faltenwurf ihres Kleides ist von ausgesuchter Geschmeidigkeit; zu ihren Füßen wacht ihr Hund, ein Symbol der Treue. Unter den vielen Kunstwerken im Innern des Doms sind besonders die Darstellung der *Maria im Tempel*, von Bronzino *(linkes Seitenschiff)*, und das ***Abendmahl***★ – von Tintoretto *(rechtes Seitenschiff)* erwähnenswert.

★★ **San Michele in Foro** (**B**) – Die romanische Kirche wurde vom 12. bis 14. Jh. über dem römischen Forum errichtet. Mit ihrer hohen weißen Fassade beherrscht sie den Platz, der von alten Wohnhäusern und dem Palazzo Pretorio umgeben wird.

Die **Fassade**★★ ist außergewöhnlich hoch, da sie ursprünglich für ein höheres Kirchenschiff geplant war. Sie beeindruckt durch ihren herrlichen pisanisch-lucchesischen Stil, dessen Harmonie auch die baulichen Veränderungen des letzten Jahrhunderts im unteren Teil nicht schmälern. Sie besteht aus vier übereinanderliegenden reich verzierten Säulengalerien über Blendarkaden. Jede Säule ist anders verziert. Gekrönt wird die Fassade von einer Statue, die den Erzengel Michael als Sieger über den Drachen darstellt, eingerahmt von zwei musizierenden Engeln.

Das romanische **Innere** ist im Vergleich zur prächtigen Fassade schlicht. Am ersten Altar des rechten Seitenschiffs eine **Terrakottamadonna**★ von Andrea della Robbia. Im rechten Querschiff befindet sich ein farbenprächtiges **Gemälde**★ von Filippino Lippi.

★ **San Frediano** (**B**) – Das romanische Gotteshaus wurde im 12. Jh. wieder aufgebaut. Seine Fassade ist sehr schlicht; sie besteht aus dem Marmor des römischen Amphitheaters. Blickfang des im 13. Jh. umgebauten Mittelteils ist ein großes byzantinisches Mosaik, das Christi Himmelfahrt darstellt und von Luccheser Künstlern stammt.

Der dreischiffige Innenraum mit dem Grundriß einer Basilika ist holzgedeckt und vom Rhythmus der antiken Säulen mit schönen Kapitellen bestimmt, wie bei den frühchristlichen Vorbildern. Das Hauptschiff mündet in eine halbkreisförmige Apsis; an die Seitenschiffe haben sich Kapellen aus Renaissance und Barock angelehnt.

Rechts vom Eingang steht ein reich verziertes **Taufbecken**★, das im 12. Jh. geschaffen wurde; die Reliefs zeigen Szenen aus dem Leben Mose. Die Kapelle Sant'Agostino ist mit Fresken von Amico Aspertini aus Ferrara ausgemalt; ein Fresko stellt den wundersamen Transport des Volto Santo von Luni nach Lucca dar.

LUCCA

Eingeschränkter

Anfiteatro (Pza dell')	C	2
Angeli (Via degli)	B	3
Antelminelli (Pza)	C	4
Asili (Via degli)	B	5
Bacchettoni (V. dei)	D	
Barsanti (Viale)	B	
Batoni (V. P.)	C	
Battisti (Via C.)	B	7
Beccheria (Via)	B	8
Bernardini (Pza dei)	C	9
Boccherini (Pza L.)	A	10
Cadorna (Viale)	D	12
Calderia (Via)	B	13
Cantore (V.)	D	
Carducci (Viale Giosué)	A	
Castracani (Viale)	D	
Catalani (Via)	A	15
Cavalletti (V.)	A	

Battistero e chiesa dei Santi Giovanni e Reparata	B	B
Casa d. Guinigi	C	
Casa natale di Puccini	B	G
Città Vecchia	BC	

Autoverkehr in der Innenstadt

Cavour (Viale) . . . . B	Mordini (Via A.) . . . . C 25	S. Giorgio (Via) . . . . B 34
Civitali (Via M.) . . . . C 17	Napoleone (Pza) . . . . B 26	S. Giovanni (Piazza) . . . . B 35
Elisa (V.) C	Nieri (V.) . . . . A	S. Marco (V. delle Tagliate di) B
Europa (Viale) . . . . A	Ospedale (Via d') . . . . D	S. Maria (Pza) C
Fillungo (Via) . . . . BC	Papi (Viale) . . . . A	S. Martino (Pza) . . . . B 36
Filzi (V. F.) . . . . D	Portico (Via del) . . . . C 27	S. Michele (Pza) . . . . B 38
Fosso (V. del) C	Prete (Viale Carto del) . . . . AB	S. Nicolao (Via) C
Fratta (Via della) . . . . C 18	Quarquonia (Via della) . . . . D 28	S. Paolino (Via) . . . . A
Garibaldi (Corso) . . . . AB 20	Quercia (V. Lacopo della) . . D	S. Pietro (Pza) . . . . C 40
Giannotti (Via Borgo) C	Repubblica (Viale) . . . . B 29	Sauro (Via N.) . . . . CD
Giglio (Pza del) . . . . B 22	Ricasoli (Pza) C	Servi (Pza dei) . . . . C 42
Giusti (Viale Giuseppe) . . . . . CD	Risorgimento (Pzale) . . . . . B 30	Tagliate (V. delle) . . . . A
Guinigi (Via) . . . . C 23	Roma (Via) . . . . B 31	Tassi (Via Galli) . . . . A
Indipendenza (Piazza dell') . . B 24	Rosi (Via M.) C	Tiglio (V.) . . . . D
Libertà (Pzale d. Martiri della) . C	S. Andrea (Via) . . . . C 32	Varanini (Pza L.) . . . . D 43
Marconi (Vle Guglielmo) . . . . D	S. Anna . . . . A	Verdi (Pzale G.) . . . . A 45
Margherita (Vle Regina) . . . . BC	S. Croce (V.) C	Vittorio Emanuele II (Via) . . . AB 47
Marti (Viale Agostino) . . . . . . CD	S. Gemma Galgani (Via) . . . C 33	Vittorio Veneto (Via) . . . . B 50

Duomo C	Palazzo Pretorio . . . . B R	San Michele in Foro . . . . . . B
Museo della cattedrale . . . . C M¹	Passegiata delle Mura . ABCD	San Paolino . . . . A V
Museo Nazionale di Villa Guinigi D	Pinacoteca . . . . A	San Pietro Somaldi . . . . C X
Palazzo Bernardini . . . . C N	San Cristoforo . . . . B S	Santa Maria Forisportam . . . C W
Palazzo Pfanner . . . . B	San Frediano . . . . B	Torre Civica delle Ore . . . . . B Z

WEITERE SEHENSWÜRDIGKEITEN

★ **Città Vecchia (Die Altstadt)** (**BC**) – Die Straßen und Plätze des alten Lucca haben einen ganz besonderen Charme bewahrt. Die Paläste aus der Gotik oder der Renaissance, die herrschaftlichen Türme, die alten Geschäfte, die kunstvoll gestalteten Portale, die skulptierten Wappen und die eleganten schmiedeeisernen Geländer und Balkone machen den Reiz dieser Stadt aus.

Von der Piazza San Michele aus durch die Via Roma und die Via Fillungo bis zur eigenartigen **Piazza dell'Anfiteatrò** gehen, die mitten im römischen Amphitheater liegt.

Weiter geht es über die hübsche Piazza San Pietro (Kirche aus dem 12.-13. Jh.) in die Via Guinigi, vorbei am **Haus** (Casa) **der Guinigi** (**C**) ⓥ, das auf einer immensen Fläche mit gotischen Kleeblattbogenfenstern übersät ist; das Haus wird von einem Geschlechterturm überragt, auf dem Bäume wachsen (von oben bietet sich ein schöner **Rundblick**★ auf die Stadt). Die Häuser Nr. 20 und Nr. 22 gehörten ebenfalls der Familie Guinigi. Man kommt zur romanischen Kirche **Santa Maria Forisportam** (**C W**), deren Name von ihrer einstigen Lage außerhalb der Stadtmauern zeugt.

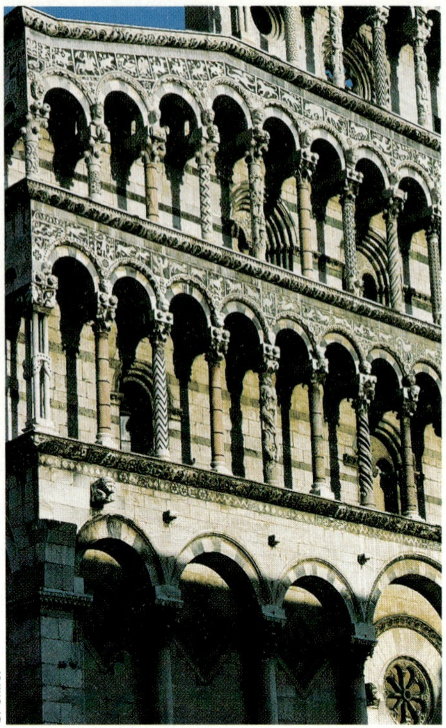
S. Chirol

San Michele in Foro

Über die Via Santa Croce, die Piazza dei Servi, die Piazza dei Bernardini, wo der gleichnamige Palast (**C N**) aus dem 16. Jh. bemerkenswert ist, kehrt man zurück zur Piazza San Michele.

★ **Passeggiata delle Mura** **(Spaziergang auf der alten Stadtmauer)** – Die Wälle umgeben die Stadt über eine Länge von vier Kilometern. Sie wurden während des 16. und 17. Jh.s gebaut und bestehen aus elf Bastionen mit Außenwerken. Diese sind durch Kurtinen verbunden und mit vier Toren versehen.

Pinacoteca Nazionale di Palazzo Mansi **(Nationalgalerie Palazzo Mansi)** ⓥ (**A**) – Die **Räume** besitzen eine prunkvolle **Ausstattung**★ (17.-18. Jh.). Die staatliche **Gemäldesammlung** zeigt Werke von italienischen Malern des 17. Jh.s (V. Salimbeni, Barocci) und Gemälde ausländischer Schulen.

Museo Nazionale di Villa Guinigi **(Nationalmuseum Villa Guinigi)** ⓥ (**D**) – *Via della Quarquonia.*
Der ehem. Landsitz von Paolo Guinigi beherbergt heute eine archäologische Sammlung, eine Abteilung mit Skulpturen der Romanik, Gotik und Renaissance, eine weitere mit lucchesischer und toskanischer Malerei sowie bemerkenswerte Intarsienarbeiten.

UMGEBUNG

Villa Reale ⓥ **in Marlia** – *8 km nördlich über ① des Plans.* Die Villa liegt inmitten von großartigen **Gärten**★★ aus dem 17. Jh., die von Elisa Bonaparte umgestaltet wurden.
Man geht durch den Blumengarten, den Zitronenhain und besichtigt das Nymphäum aus dem 17. Jh. sowie das reizende Freilichttheater.

Villa Mansi ⓥ **in Segromigno** – *11 km nordöstlich über ① des Plans.* Der Bau wurde im 16. Jh. errichtet und im 18. Jh. umgebaut. Die Fassade ist überladen mit Statuen; ein **Park**★ umgibt die Villa, in dem die Alleen, von Statuen gesäumt, zu einem Wasserbecken führen.

★ **Villa Torrigiani** ⓥ (oder **Camigliano**) – *12 km nordöstlich über ① des Plans.*
Der Marchese Nicolao Santini, Gesandter Luccas am Hofe des Papstes und Ludwigs XIV., ließ sich im 17. Jh. den Palazzo aus dem 16. Jh. zu einer eleganten Sommerresidenz umbauen.
Der Park wurde nach den Plänen des französischen Gartenarchitekten Le Nôtre angelegt und mit Springbrunnen, Grotten und Nymphaën bereichert. Das Gebäude im heiteren Rokokostil hat mit Fresken ausgemalte Räume und besitzt eine Gemäldegalerie.

Auf der Karte der Ferienorte am Anfang dieses Reiseführers finden Sie Städte und kleinere Orte, die sich besonders gut für einen Aufenthalt eignen; sei es
für ein Wochenende
für die Übernachtung auf der Durchreise
als Ferienort
als Seebad, Jachthafen oder Kurort.

Siehe unter MILANO

MANTOVA★★

MANTUA – Lombardei

56 821 Einwohner

Michelin-Karte Nr. 988 Falte 14 oder Nr. 428 oder 429 G 14

Im äußersten Südosten der Lombardei liegt Mantua, mitten in einer fruchtbaren Tiefebene, einem trockengelegten Moorgebiet. Im Norden wird der Ort von den drei Seen im Lauf des Mincio begrenzt. Mantua ist heute eine wohlhabende Stadt mit vielen Industriebetrieben (Maschinenbau und petrochemische Industrie). Die Provinz Mantua ist darüber hinaus eines der weltweit wichtigsten Zentren für die Strumpfherstellung.

GESCHICHTLICHES

Nach der Sage, die Vergil wieder aufnahm, wurde Mantua von Manto, der Tochter des griechischen Sehers Teiresias, gegründet. Vermutlich ist die Stadt aber eine Gründung der Etrusker (im 6. oder 5. Jh. v. Chr.). In der Folgezeit kam sie unter keltische Herrschaft und entwickelte sich auch in der römischen Epoche, vom 3. Jh. v. Chr. an. Im Jahre 70 v. Chr. ist in Mantua **Vergil** (Publius Virgilius Maro), der größte Dichter der römischen Antike, geboren. In seinem Hauptwerk, der unvergänglichen *Aeneis*, schildert er die Irrfahrten des aus Troja geflohenen Äneas und die Anfänge Roms. Seine anderen Werke, die *Bucolica* und die *Georgica*, preisen die Freuden und das Tagwerk auf dem Lande und sind durchdrungen von der Melancholie der lombardischen Landschaft mit ihrem oft verhangenen Himmel, die den Dichter prägte.

Im Mittelalter war Mantua Schauplatz zahlreicher Parteikämpfe, die die Stadt ruinierten. Im 13. Jh. war es freier Stadtstaat; im 14. Jh. kam es unter die Herrschaft von Luigi I. Gonzaga, der den Ehrentitel „Capitano del Popolo di Mantova" (Hauptmann der Bürger von Mantua) trug. Unter dem Mäzenatentum des Herrschergeschlechts **Gonzaga**, Förderern von Kunst und Literatur, wurde die Stadt im 15. und 16. Jh. eines der bedeutenden geistigen und künstlerischen Zentren Norditaliens. Gian Francesco Gonzaga (1407-1444) vertraute seine Kinder dem berühmten Pädagogen Vittorio da Feltre (1379-1446) an; er beauftragte den veronesischen Maler **Pisanello** (1395-um 1450) mit der Dekoration des Herzogspalastes. Sein Sohn Ludovico II. (1444-1478) war Condottiere und verkörperte den Prototyp des Herrschers und Mäzens der Renaissance. Er vergab Land, ließ Brücken bauen und rief bedeutende Künstler an seinen Hof: den Humanisten Angelo Poliziano (1454-1494) aus Siena, den florentinischen Baumeister Leon Battista Alberti (1404-1472) und den Maler **Andrea Mantegna** (1431-1506) aus Padua. Francesco II. (1484-1519) vermählte sich mit der schönen und klugen Isabella d'Este. Sie wurde in Ferrara erzogen und trug als Gemahlin Francescos viel zum Ruhm von Mantua bei. Ihren Sohn Federico II. erhob Karl V. 1530 zum Herzog. Federico II. berief den Architekten und Maler **Giulio Romano** (1499-1546), Schüler von Raffael, an seinen Hof; Romano arbeitete am Palazzo Ducale und am Dom und entwarf die Pläne für den Palazzo del Tè.

Im Jahre 1627 starb Vincenzo II., ohne Erben zu hinterlassen. Die Nevers-Gonzaga, eine jüngere Seitenlinie der Familie, sollte daraufhin die Erbfolge antreten. Aber der Habsburger Kaiser Ferdinand II. stand der französischen Kandidatur feindlich gegenüber und schickte ein deutsches Söldnerheer gegen Mantua, das im Jahre 1630 die Stadt plünderte; dabei wurde die Pest eingeschleppt, die auch Mailand und die Lombardei heimsuchte (diese dramatischen Ereignisse bilden den Hintergrund für die Geschichte des Romans *Die Verlobten* von Manzoni). Dennoch herrschten die Nevers-Gonzaga noch bis 1707 über die Stadt; dann wurden sie des Amtes enthoben, und Mantua fiel an das österreichische Kaiserreich, in dessen Besitz es – abgesehen von der Zeit der napoleonischen Herrschaft (1797-1814) – bis zum Anschluß der Stadt an den neu gegründeten italienischen Staat 1866 blieb.

Spezialitäten aus Mantua

Zu den zahlreichen kulinarischen Spezialitäten Mantuas gehören die köstlichen *Tortelli*, eine Art halbmondförmige Ravioli mit einer Füllung aus Kürbis, Amaretto, Senf und Walnüssen sowie der berühmte Kuchen *Sbrisolona*, der seinen merkwürdigen Namen seiner krümeligen Beschaffenheit verdankt (das italienische Wort *sbriciolare* bedeutet „krümeln").

★★★ PALAZZO DUCALE (HERZOGSPALAST) ⌚ (BY) *Besichtigung: 1 1/2 Std.*

Der beeindruckende Herzogspalast setzt sich aus Gebäuden verschiedener Epochen zusammen: Das Magna Domus und der Palazzo del Capitano wurden Ende des 13. Jh.s von den Bonacolsi erbaut, den Herren von Mantua zwischen 1272 und 1328; das Castello di San Giorgio entstand während des 14. Jh.s, und die verschiedenen Bauten im Inneren, wie die pfalzgräfliche Kirche Santa Barbara aus dem 16. Jh., ließen die Gonzaga im 15. und 16. Jh. errichten.

★★★ **Gemächer** – Der Rundgang beginnt mit der großen Herzoginnentreppe aus dem 17. Jh. (Scalone delle Duchesse), die in den ersten Stock führt. In einem der ersten Räume hängt ein Gemälde von Domenico Morone (1442-1517) *Vertreibung der Bonacolsi und Triumph des Hauses Gonzaga am 16. August 1328*, auf der die mittelalterliche Gestaltung der Piazza Sordello mit der ehemaligen Domfassade zu sehen ist. In den Pisanello-Räumen sind Fragmente von Fresken zu sehen sowie bemerkenswerte **„Sinopien"**★★ (mit einer dem Rötelstift verwandten Ockerfarbe auf dem Rauhputz ausgeführte Vorzeichnung eines Freskos). Diese Werke des feinsinnigen und streitbaren Pisanello wurden 1969 wiederentdeckt und stellen in einem phantastischen und zeitlosen Universum Szenen aus dem Heldenepos der Tafelrunde des Königs Artus dar.

Nimatallah/ARTEPHOT

Palazzo Ducale von Mantua: Ausschnitt aus einem Deckengemälde

Der **klassizistische Saal der Wandteppiche**, der früher **Appartamento Verde** hieß, enthält neun wunderschöne Brüsseler Wandteppiche, die nach Vorlagen von Raffael gefertigt wurden. Durch die **Camera dello Zodiaco** mit den Darstellungen der Tierkreiszeichen gelangt man in das im venezianischen Stil gehaltene kleine maurische Zimmer (**Stanzione dei Mori**) und, zum **hängenden Garten** hin, in den **Saal der Flüsse** (Sala dei Fiumi). Die auf den Wänden dargestellten Riesen verkörpern die Flüsse der Provinz Mantua.

Der **Corridorio dei Mori** führt in die berühmte **Spiegelgalerie** (Galleria degli Specchi), die als Ballsaal diente. Im eleganten **Saal der Bogenschützen** (Sala degli Archieri), dem Vestibül der eigentlichen herzoglichen Gemächer, hängen jetzt Gemälde von Rubens und Domenico Fetti. Die **herzoglichen Gemächer**, darunter auch das Appartamento del Paradiso und das winzige Zimmer der Hofzwerge (Appartamento dei Nani), wurden Anfang des 17. Jh.s von Antonio Maria Viani für Vincenzo I. umgebaut. Das **Rustica** genannte Gebäude und der Reiterhof **(Cortile della Cavallerizza)** wurden von Giulio Romano entworfen. Den Abschluß des Reiterhofs bilden die **Gemäldegalerie**, die Antonio Maria Viani Ende des 16. Jh.s für die Gemäldesammlung Vincenzos I. erbaute, und die ebenfalls von Giulio Romano entworfene **Galerie der Monate** (Galleria dei Mesi). Im **Castello San Giorgio** befindet sich der berühmte, zwischen 1465 und 1474 von **Andrea Mantegna** geschaffene **Saal der Eheleute**★★★ (Camera degli Sposi), in dem sich die frisch Vermählten ins Stadtbuch eintragen ließen. Die Fresken verherrlichen Glanz und Pracht des Hofes der Gonzaga.

Mantegna beherrschte die Darstellung der Perspektive und die Verkürzung der Linien auf meisterliche Art. Er bediente sich der gegebenen Architektur und schuf – vor allem dank der üppigen Verzierung mit illusionistischer Malerei und Stuckarbeiten – eine schwindelerregende Raumwirkung, in der sich Raum und Materie durchdringen.

An der Nordwand erkennt man Ludovico II. zu seinem Sekretär gewandt, daneben sitzt seine Gemahlin Barbara; um die Ehegatten gruppieren sich ihre Kinder, der Hofstaat und die rätselhafte Figur einer Zwergin.

An der Westseite sieht man, wie Ludovico seinen Sohn, den Kardinal Francesco, trifft. Die Stadt im Hintergrund, mit den großartigen Bauten, könnte Rom sein; zwar war der Künstler noch nicht in dieser Stadt, aber er fühlte sich von ihr stark angezogen. Auf derselben Wand, vor dem als Trompe-l'œil gemalten Pfeiler rechts der Widmung, hat sich Mantegna selbst dargestellt. Die außergewöhnliche Trompe-l'œil-Technik des Künstlers erreicht ihren Höhepunkt in dem blinden Rundfenster an der Decke, das herabblickende Amorfiguren und die Dienerschaft zeigt. Dieser schöpferische Einfall Mantegnas, dem glänzender Erfolg beschieden war, verleiht dem feierlichen Ensemble eine besondere, leichte Note.

Die Lagune von Mantua

Auf der Höhe des Kastells San Giorgio verlassen täglich Schiffe den mittleren und unteren See (Lago di Mezzo und Inferiore) für herrliche Ausflugsfahrten auf dem Mincio. Wenn Sie zwischen Mitte Juli und Ende August in Mantua sind, sollten Sie unbedingt mit einem der kleinen Boote durch die weißen und rosafarbenen Lotusblüten fahren *(Reservierung einige Wochen vorher telefonisch bei der Associazione per il Parco ☎ 0376 68 91 66).*

CENTRO STORICO (HISTORISCHES ZENTRUM)

★ **Piazza Sordello** (**BY 21**) – Dieser Platz, das Zentrum des historischen Mantua, konnte seinen mittelalterlichen Charakter bewahren. An der Westseite stehen die Palastbauten der Bonacolsi mit dem bischöflichen Palais, an dessen Fassade zwei Atlanten einen Balkon tragen, und dem hohen Torre della Gabbia, der nach dem eisernen Käfig (gabbia) benannt wurde, in dem Gesetzesbrecher eingesperrt und öffentlich zur Schau gestellt wurden. An der Ostseite wird der Platz durch das Magna Domus und den zinnengekrönten Palazzo del Capitano begrenzt, den ältesten Teilen des Herzogspalasts (Palazzo Ducale).
Die Nordseite wird durch den **Dom** abgeschlossen, der verschiedene Dekorationselemente und Stilrichtungen in sich vereint: Die Fassade ist klassizistisch, die rechte Seitenfront spätgotisch und der Glockenturm romanisch. Das Kircheninnere wurde im 16. Jh. von Giulio Romano gestaltet.

Piazza Broletto (**BZ 4**) – An diesem Platz, während der Epoche der Stadtrepubliken das Zentrum des öffentlichen Lebens, steht der Palazzo Broletto, in dem im 13. Jh. die Regierung des freien Stadtstaates ihren Sitz hatte und der im 15. Jh. teilweise umgebaut wurde. An der Fassade ist eine Statue aus dem 13. Jh. zu sehen, die Vergil als Redner darstellt. An der rechten Ecke befindet sich der Torre Comunale, der Stadtturm, der später zum Kerker wurde.

★ **Piazza delle Erbe** (**BZ 8**) – Der nach seinem malerischen Obst- und Gemüsemarkt benannte Platz ist an der Nordseite von der Rückfront des Palazzo Broletto und an der Ostseite vom „Palast der Vernunft", dem Palazzo della Ragione (nach dem mittelalterlichen Wort für „Justiz") aus dem 13. Jh. begrenzt. Dieser Palazzo wird vom Uhrturm (15. Jh.) und der **Rotonda di San Lorenzo**★ ⓥ (**B**) flankiert, einer eleganten und schlichten romanischen Kirche auf rundem Grundriß. Der Innenraum hat einen Säulengang mit Galerie, über dem sich eine Kuppel erhebt.

★ **Sant'Andrea** (**BYZ**) – Diese, im 15. Jh. nach Plänen von Leon Battista Alberti erbaute Basilika ist einer der Höhepunkte der italienischen Renaissancekunst. Die Fassade setzt sich aus klassischen Bauelementen zusammen: Tympanon, Triumphbogen und Nischen zwischen den Pilastern. Die Wände des einschiffigen **Innenraums** mit Tonnengewölbe und Rundbogen sind mit Reliefs in Trompe-l'œil-Malerei verziert. In der ersten Kapelle auf der linken Seite befindet sich das Grab Mantegnas. Über der Vierung erhebt sich die zwischen 1732 und 1765 von Filippo Juvarra erbaute Kuppel. In der Krypta befinden sich in einem Schrein zwei Reliquiengefäße mit dem Blut Christi, das von dem römischen Söldner Longino nach Mantua gebracht worden sein soll.

Teatro Accademico ⓥ (**BZ T**[1]) – Das hübsche kleine Theater wurde im 18. Jh. von Antonio Bibiena erbaut und besitzt eine feste Bühne aus falschem Marmor sowie vier mit Helldunkelmalerei geschmückte Logenreihen aus Holz. In diesem Gebäude, das auch heute noch als Konzertsaal dient, trat am 13. Dezember 1769 der damals 13jährige Mozart auf.

Palazzo d'Arco ⓥ (**AY**) – *Piazza d'Arco.* Der klassizistische Palast im Stile Palladios birgt interessante Sammlungen von Möbeln, Gemälden und Keramik aus dem 18. Jh.

MANTOVA

Accademia (Via)	BY 2
Acerbi (Via)	AZ 3
Broletto (Via e Piazza)	BZ 4
Canossa (Piazza)	AY 5
Don Leoni (Piazza)	AZ 6
Don Tazzoli (Via Enrico)	BZ 7
Erbe (Piazza delle)	BZ 8
Fratelli Cairoli (Via)	BY 10
Libertà (Corso)	AZ 12
Mantegna (Piazza Andrea)	BZ 13
Marconi (Piazza)	ABZ 15
Martiri di Belfiore (Piazza)	AZ 16
Matteotti (Via)	AZ 17
Roma (Via)	AZ
S. Giorgio (Via)	BY 20
Sordello (Piazza)	BY 21
Umberto (Corso)	AZ
Verdi (Via Giuseppe)	AZ 24
Virgilio (Via)	AY 25
20 Settembre (Via)	BZ 27

«Rotonda» di San Lorenzo . BZ **B** Palazzo di Giustizia . . . . AZ **J** Teatro Accademico . . . . . . BZ **T¹**

VON DER ALTSTADT ZUM PALAZZO TE

Palazzo di Giustizia (**AZ J**) – Der Justizpalast fällt durch seine monumentale Fassadenordnung mit Karyatiden auf (frühes 17. Jh.). Das Haus Nr. 18 in derselben Straße gehörte Giulio Romano, der es 1544 nach eigenen Plänen erbauen ließ.

Casa del Mantegna (Mantegnahaus) (**AZ**) – *Via Acerbi 47*. Strenges, 1476 vermutlich nach Plänen des Künstlers erbautes Backsteinhaus mit einem schönen runden Innenhof.

★★ **Palazzo Te** ⓥ (**AZ**) – Diese weitläufige Villa ließ sich Federico II. Gonzaga von Giulio Romano zwischen 1525 und 1535 nach dem planimetrischen Schema des römischen Domus bauen. Das Bauwerk, in dem klassische und neue Stilelemente (z. B. das irritierende „gebrochene" Gesims im Ehrenhof) miteinander verknüpft sind, gilt als Meisterwerk des Manierismus. Die **Innenräume** wurden von Romano und seinen Schülern prachtvoll ausgeschmückt. Im **Festsaal** (Sala dei Cavalli) sind die besten Pferde aus den Gestüten der Gonzaga dargestellt. Die sinnliche und energische Kunst Romanos im **Bankettsaal** (Sala di Psiche) verkörpert am besten den hedonistischen Geist, der dem ganzen Palast innewohnt. Auf den Fresken im berühmtesten Saal des Palastes, dem **Sala di Giganti**, ist der Zorn Jupiters auf die Titanen dargestellt. Das Gemälde erstreckt sich über Wände und Gewölbe und erzeugt einen Eindruck räumlicher Unbestimmtheit, während die förmlich in der Luft hängende Kuppel bewußt künstlich wirkt und damit in krassem Gegensatz zu dem Effekt Mantegnas in der Camera degli Sposi im Herzogspalast steht.

MASSA MARITTIMA★★

Toskana

9 494 Einwohner

Michelin-Karte Nr. 988 Falte 14 oder Nr. 430 M 14

Massa Marittima liegt auf den Ausläufern des Toskanischen Erzgebirges (Colline Metallifere). In Massa Marittima zeugen noch viele Gebäude aus der romanischen und gotischen Epoche von der Vergangenheit.

★★ **Piazza Garibaldi** – Der mit großen Steinplatten gepflasterte Platz wird vom Palazzo del Podestà (Zwillingsfenster), dem Palazzo Comunale (Zinnen) und vom Dom eingefaßt; alle drei Bauten sind romanisch.

★★ **Duomo** – Das majestätische Gebäude in Pisaner Romanik wird von Blendarkaden umzogen. An seiner Seite erhebt sich ein **Campanile**★ mit Bogenfenstern, deren Zahl mit der Höhe zunimmt. Die Fassade ist reich verziert. Der **Innenraum** hat einen basilikalen Grundriß; die Säulen im Schiff sind mit verschiedenartigen Kapitellen verziert. In der Kapelle links des Chors befinden sich eine sehenswerte **Gnadenmadonna**, Duccio di Buoninsegna zugeschrieben, sowie Teile von einem beschädigten Gemälde von Sano di Pietro mit dem Thema der Darstellung Jesu im Tempel. Der in der Apsis aufgestellte Sarkophag (Arca) des hl. Cerbonius ist eine Bildhauerarbeit von Goro di Gregorio (1324), die *Kreuzigung* rechts im Chor ein Werk von Segna di Bonaventura (frühes 14. Jh.).

Palazzo del Podestà – Er wurde in fünfjähriger Bauzeit ab 1224 errichtet und hat als Fassadenschmuck die Wappen der kaiserlichen Vögte (Podestà), die sich in der Verwaltung der Stadt ablösten. Heute ist im Palais das **Museo archeologico** ⓥ untergebracht. Besondere Beachtung verdienen die Stele aus Vado all'Arancio (ihr Stil entspricht dem der Nordwest-Toskana bzw. Südfrankreichs und ist in Etrurien einzigartig) sowie Funde aus der etruskischen Gräberstadt beim Lago de l'Accesa. Die Gemäldesammlung enthält eine schöne ***Thronende Madonna*** von Ambrogio Lorenzetti (14. Jh.).

★ **Fortezza dei Senesi** ⓥ **und Torre del Candeliere** – In der Oberstadt steht der schön geschwungene Arco senesi, ein Bogen von 22 m Spannweite, der den wuchtigen Candeliere-Turm (1228) mit den Resten der fünftürmigen Festung der Sienesen aus dem 14. Jh. verbindet.

Chiesa di Sant'Agostino – *Corso Diaz.* Die Kirche stammt aus dem frühen 14. Jh. Die Fassade ist im romanischen Stil gehalten, die Apsis im gotischen. Der zinnenbewehrte Glockenturm datiert aus dem 17. Jh.

Museo della Miniera (Bergwerksmuseum) ⓥ – Das unweit des Piazza Garibaldi gelegene Museum verdeutlicht in einem Stollen von 760 m Länge den Abbau des Eisenerzes in dieser Region.

UMGEBUNG

★★ **Abbazia** und **Eremo di San Galgano** – *32 km nordöstlich.* Die gotische Abtei, von der heute nur noch Ruinen zu sehen sind, wurde zwischen 1224 und 1288 im Zisterzienserstil erbaut. Der Bau entstand zu Ehren des **Hl. Galganus von Siena**, der nach einem ausschweifenden Leben ins Kloster ging. Die Kirche war der erste gotische Bau in der Toskana und das Vorbild für den Sieneser Dom. In 200 m Entfernung erhebt sich der kleine Rundbau der Einsiedelei (Eremo). Er stammt aus dem 12. Jh. und ist mit einer römisch-etruskischen Kuppel abgeschlossen. Die Kirche wurde zur Bewahrung der Reliquien des Galgan Guidotti errichtet und bewahrte auch den Felsen, in den der Ritter sein Schwert stieß und seine Waffe in das Symbol des Kreuzes Christi verwandelte. Die Kapelle links des Altars ist mit Fresken von Ambrogio Lorenzetti (14. Jh.) ausgeschmückt.

MATERA★★

Basilikata

56 387 Einwohner

Michelin-Karte Nr. 988 Falte 29 oder Nr. 431 E 31

Die Provinzhauptstadt Matera liegt äußerst malerisch oberhalb einer Felsschlucht jenseits des apulischen Kalkgebirges der Murge. Die Erosion hat in dieser Gegend die Berge stark zerfurcht und zerklüftet; so entstand eine herbe, unwirtliche Landschaft mit weitem Horizont. Die moderne Oberstadt auf einem Plateau bildet das belebte Zentrum von Matera. Die „Sassi" (= Steine) genannten Höhlenwohnungen in der alten Unterstadt sind fast alle verlassen. Die Felsen in und um Matera bildeten eine so bedeutende Höhlensiedlung, daß man einst 130 Felsenkirchen zählte. Seit dem 8. Jh. gründeten griechisch-katholische Mönche hier klösterliche Gemeinschaften, und so entwickelte sich in dieser Gegend und im benachbarten Apulien eine regelrechte unterirdische Architektur. Die Einrichtung und Ausschmückung dieser Höhlenwohnungen wurde vom byzantinischen Stil beeinflußt.

★★ **„Die Sassi"** – Auf beiden Seiten des Felsens, der den Dom trägt, liegen die beiden größten Viertel mit Höhlenwohnungen. Die kleinen weißgekalkten Häuser sind so verschachtelt gebaut, daß die Dächer als Straße benutzt werden. Die verschiedenen Terrassen, die engen Gäßchen und die Verbindungstreppen überlagern sich und bilden ein nahezu unentwirrbares Netz.

★★ **Strada dei Sassi** – Diese Panoramastraße führt um den Domfelsen am Rande der tiefen Felsschlucht entlang. In der gegenüberliegenden Felswand entdeckt man unzählige natürliche und künstliche Höhlen.

★ **Duomo** – Das Gotteshaus im romanischen Stil Apuliens (13. Jh.) besitzt eine dreiteilige Fassade, die mit einer Fensterrose und einer Galerie geschmückt ist und nur ein Portal hat. Die Außenmauern sind mit Blendarkaden versehen. An der rechten Seite befinden sich zwei prächtige Portale. Der Innenraum wurde im 17. und 18. Jh. umgestaltet. Eine Madonna im byzantinischen Stil (Fresko aus dem 12.-13. Jh.), eine neapolitanische Krippe (16. Jh.) und Statuen des 15. Jh.s im Chorraum sind hier zu bewundern. Die **Verkündigungskapelle**★ *(letzte Kapelle links)* ist im Renaissancestil ausgeschmückt.

San Pietro Caveoso ⓥ – Die Barockkirche liegt am Fuß des Monte Errone. Um sie herum gruppieren sich einige Felsenkirchen, die zum Teil mit Fresken ausgemalt sind: Santa Lucia alle Malve, Santa Maria de Idris, San Giovanni in Monterrone.

Museo Nazionale Ridola ⓥ – Das Museum in einem früheren Kloster präsentiert eine Sammlung von archäologischen Funden aus der Gegend um Matera.

UMGEBUNG

★★ **Ausblicke auf Matera** – *4 km auf der Straße nach Altamura, weiter in Richtung Taranto; dann rechts dem Schild „Chiese rupestri" (Felsenkirchen) folgen.* Die Straße führt zu zwei herrlichen Aussichtspunkten, von wo aus man einen wunderschönen Blick über Matera hat. Links unterhalb des Parkplatzes liegen über den Hang verstreut einige Felsenkirchen.

MERANO/MERAN★★

Trentino-Südtirol

33 947 Einwohner

Michelin-Karten Nr. 218 Falte 10 oder 429 B/C 15

Stadtplan im Michelin-Hotelführer ITALIA

Meran liegt am Ausgang des Vintschgaus im Etschtal. Sein mildes Klima und seine Thermalquellen machen es zu einem bedeutenden Ferienort. Zahlreiche Bergbahnen führen hinauf nach **Meran 2000**, einem beliebten Wintersportgebiet und idealem Ausgangspunkt für Bergtouren.

★★ **Passeggiate d'Inverno e d'Estate/Winterpromenade und Sommerpromenade** – Die beiden Spazierwege führen an der Passer entlang. Die auf der Sonnenseite angelegte Winterpromenade ist belebter, sie ist von Geschäften, Cafés und Terrassen gesäumt und durch die Gilfpromenade fortgesetzt, die bei einem großen Wasserfall endet. Die Sommerpromenade am anderen Ufer der Passer verläuft in einem schattigen Park (Kiefern, Palmen).

★★ **Passeggiata Tappeiner/Tappeiner Weg** – Dieser großartige, vier Kilometer lange Höhenweg zieht sich 150 m oberhalb von Meran entlang. Er bietet wunderschöne Aussichten über die Stadt und das Talbecken bis zum Dorf Tirol.

Duomo di San Nicolò/St. Nikolaus-Kirche – Die gotische Pfarrkirche wird von einem hohen Glockenturm überragt. An der zinnenbekrönten Fassade beachte man die Statue des *Hl. Nikolaus* (rechte Seite; 14. Jh.) und den riesigen, im 19. Jh. übermalten *Christophorus*. Die **Netzgewölbe**★ des Innenraums werden von Rundpfeilern getragen. Zwei schöne Kirchenfenster aus dem 15. Jh. und zwei gotische geschnitzte **Flügelaltäre**★ die im 16. Jh. durch den Tiroler Knoller neu gefaßt wurden, schmücken die Kirche. In der benachbarten **Kapelle der hl. Barbara**, zu Beginn des Weges nach Dorf Tirol gelegen, befindet sich ein Hochrelief des *Abendmahls* aus dem 16. Jh.

★ **Castello Principesco/Landesfürstliche Burg** ⓥ – Dieser im 14. Jh. gebaute und im 15. Jh. erweiterte zinnengekrönte Bau mit Turm und Pechnase diente den Landesfürsten von Tirol bei einem Aufenthalt in der Stadt als Wohnstätte. Die schönen Gemächer sind edel (wenn auch sehr schlicht) möbliert.

UMGEBUNG

★ **Avelengo/Hafling** - *10 km südöstlich. Zufahrt über die Panoramastraße.* Der hübsche Ort liegt auf einer Hochebene über dem Meraner Tal.

★ **Meran 2000** - *Zu erreichen mit der Seilschwebebahn ⓥ ab Val di Nova (3 km östlich).* Auf der Hochfläche mit Nadelwäldern gibt es zahlreiche Skipisten. Es ist ein günstiger Ausgangspunkt für Bergwanderungen und Klettertouren.

★ **Tirolo/Dorf Tirol** - *4 km nördlich. Anreise mit dem Sessellift von Meran möglich.* Dieses reizende Tiroler Dorf ist von Weinbergen und Obstplantagen umgeben und wird von einer im 12. Jh. von den Grafen des **Vintschgaus** errichteten Burg (**Castel Tirolo/Burg Tirol** ⓥ) überragt. Die **Brunnenburg** (oder **Fontana**) ist ein seltsamer Nachbau von Befestigungsanlagen des 13. Jh.s. Der amerikanische Dichter **Ezra Pound** arbeitete hier nach 1958 an seinen *Cantos*, als die Beschuldigungen der Zusammenarbeit mit den Faschisten für Rundfunksendungen aufgehoben wurden und er nach Italien zurückkehren durfte.

AUSFLUG

★ **Val Passiria/Passeier Tal** - *50 km bis zum Timmelsjoch (Passo del Rombo); 40 km bis zum Jaufenpaß (Monte Giovo).* Die Straße führt durch das liebliche Passeier Tal bis nach **St. Leonhard** (San Leonardo), einem hübschen Tiroler Dorf, dessen Häuser sich um die Kirche drängen. Die steil in den Felsen gehauene **Timmelsjoch-Hochalpenstraße**★ ist allein wegen ihrer landschaftlichen Schönheit von besonderem Interesse. Die Straße zum **Jaufenpaß**★ (Monte Giovo) führt durch Nadelwälder. Bei der Abfahrt bietet sich eine herrliche **Aussicht**★★ auf die verschneiten Gipfel der österreichischen Berge.

Der Sandwirt von Passeier

Wir schreiben das Jahr 1809. Seit vier Jahren ist Südtirol im Besitz der mit Napoleon verbündeten Bayern. Die neuen Herren haben die in Jahrhunderten gewachsene Ordnung des Landes umgestürzt und damit die Eingesessenen gegen sich aufgebracht. Besonders heftig ist das Murren im Sankt Leonharder Gasthaus „Am Sande", das einem gewissen Andreas Hofer gehört. Im April ist es soweit: Angeführt vom Sandwirt Hofer und einigen anderen - J. Haspinger, P. Mayr und J. Speckbacher - erheben sich die Tiroler Bauern. Gleichzeitig ziehen auch die Österreicher wieder gegen Napoleon ins Feld. Den Aufständischen gelingt es, Innsbruck in ihre Hände zu bringen. Erbost entsendet der französische Kaiser seine Truppen. Der Erfolg bleibt nicht aus. Doch der französische Eingriff schürt nur den Widerstand der Tiroler, deren Gebirgstaktik immer besser wird. Ganz Europa schaut voller Bewunderung auf das kleine Bergvolk, das es wagt, dem großen Kaiser zu trotzen. Dreimal besiegen Andreas Hofer und seine Mannen die Bayern und Franzosen am Berg Isel (15. und 29. Mai, 13. August). Andreas Hofer wird Regent von Tirol.
Doch während die Tiroler ihre Erfolge feiern, zwingt Napoleon die Österreicher in die Knie. Bereits am 12. Juni hatten diese Tirol im Waffenstillstand von Znaim preisgegeben. Im Oktober besiegelt der Frieden von Schönbrunn das Schicksal der Aufständischen, die ohne die österreichische Unterstützung verloren sind. In der letzten, vierten Schlacht am Berg Isel (1. Nov.) werden sie niedergeworfen. Andreas Hofer indes führt den Kampf weiter. Nachdem die Franzosen die Acht über ihn verhängt haben, versteckt er sich mit den Seinen in einer einsamen Berghütte. Doch er wird verraten. Man bringt ihn nach Mantua, wo er auf Befehl Napoleons am 20. Februar 1810 im Alter von 42 Jahren standrechtlich erschossen wird.

Am Ende des Reiseführers finden Sie wichtige praktische Hinweise:
Anschriften von Verbänden, Fremdenverkehrsämtern und Informationsstellen
einen Veranstaltungskalender
Hinweise zur Freizeitgestaltung
Buchvorschläge
Öffnungszeiten der Sehenswürdigkeiten

MILANO★★★

MAILAND – Lombardei

1 367 733 Einwohner
Michelin-Karte Nr. 988 Falte 3 oder Nr. 428 F 9
Siehe auch Pläne im Michelin-Hotelführer ITALIA

Die betriebsame Stadt, Hauptstadt der Lombardei, ist bevölkerungsmäßig die zweitgrößte Stadt Italiens. Wenn sie auch in politischer und kultureller Hinsicht nur den zweiten Rang einnimmt, so gebührt ihr sicher der erste Platz unter Italiens Städten, wenn es um Wirtschaft, Handel und Bankgeschäfte geht. Nicht umsonst wird Mailand die wirtschaftliche Hauptstadt Italiens genannt.
Ihre Lage am Fuße der Alpen und im Herzen Norditaliens, die unternehmungslustige Bevölkerung und nicht zuletzt die geschichtlichen Ereignisse haben dazu beigetragen, daß Mailand eine der aktivsten Industrie- und Handelsstädte Italiens ist und noch weiter expandieren wird.
Zwei breite Ringstraßen begrenzen die Innenstadt: die innere schließt den mittelalterlichen Stadtkern ein und wurde an der Stelle der einstigen Befestigungen des 14. Jh.s angelegt – zwei Tore, die Porta Ticinese (**JY**) und die Porta Nuova (**KU**), sind davon erhalten geblieben – der äußere Ring entspricht den Ausmaßen der Stadt zur Zeit der Renaissance. Seit 1870 hat sich Mailand rasend schnell jenseits dieser Befestigungen ausgedehnt.

Die Galleria Vittorio Emanuele lädt zum Flanieren ein

DIE GESCHICHTE DER STADT

Die ursprünglich wahrscheinlich keltische Siedlung wurde im Jahre 222 v. Chr. von den Römern erobert, die zur Entwicklung der Stadt *Mediolanum* beitrugen. Ab Ende des 3. Jh.s, seit Diokletian, residierten die weströmischen Kaiser hier. 313 wurde von Konstantin das **Mailänder Edikt** erlassen, mit dem das Christentum als Religion anerkannt wurde. 375 wurde der **Heilige Ambrosius** (340-396) Bischof von Mailand. Der für seine außerordentliche Beredtsamkeit bekannte Kirchenlehrer trug zum Ruhme der Stadt bei. Im 5. und 6. Jh. war die Gegend von den Völkerwanderungen betroffen, bevor sich hier die Langobarden endgültig niederließen. Ihr Königreich mit der Hauptstadt Pavia wurde 756 vom Frankenkönig Pippin erobert. Sein Sohn Karl der Große wurde 774 mit der Eisernen Krone der Langobarden gekrönt. Erst 962 wurde Mailand wieder zur Hauptstadt erklärt.
Im 12. Jh. widersetzte sich Mailand Friedrich Barbarossa, der auf die kaiserlichen Rechte und Einkünfte im italienischen Teil des Heiligen Römischen Reiches pochte und übernahm die Führung im Lombardischen Städtebund (1167). Nach seiner Niederlage bei **Legnano** mußte der Kaiser die städtische Autonomie anerkennen. Im 13. Jh. herrschten die **Visconti** und die Ghibellinen, mächtige Adelsfamilie der Stadt über Mailand. Der bedeutendste Visconti war **Giangaleazzo**. Er war eine schillernde Persönlichkeit, einerseits ein geschickter Feldherr und äußerst gebildet, andererseits aber ein Mörder und doch zugleich ein Frömmler. Er war es, der mit dem Bau des Domes und der Kartause von Pavia begann. Seine Tochter Valentina heiratete den Großvater Ludwigs XII. Diese Verbindung löste den habsburgisch-französischen Konflikt um Italien aus.

Nach dem Tod des letzten Visconti, Herzog Filippo Maria, im Jahre 1447, lebte die autonome Stadtherrschaft als Repubblica Ambrosiana wieder auf. So gelangte der Schwiegersohn Filippo Marias, Francesco, an die Macht. Er stammte aus einer Bauernfamilie, die den Beinamen **Sforza** hatte. Mit Francesco konnten die Sforza die Nachfolge der Visconti antreten.

Der bekannteste Sforza, **Ludovico il Moro** (1452-1508), machte Mailand zu einem der glänzendsten Kunstzentren der Renaissance. Er holte die genialsten Künstler seiner Epoche wie Bramante und Leonardo da Vinci an den Hof. Aber Ludwig XII., König von Frankreich, machte seine Erbansprüche auf das Herzogtum Mailand geltend und fiel 1500 mit seinen Truppen in das Gebiet ein. Nach ihm unternahm Franz I. einen weiteren Eroberungsversuch. In der Schlacht von Pavia wurde der französische König von den Truppen Karls V. geschlagen, und das Herzogtum Mailand fiel an die spanischen Habsburger (1535-1713). Während dieser Zeit prägten zwei hervorragende Persönlichkeiten das geistige und kulturelle Leben in Mailand: Der hl. Karl Borromäus (1538-1584) und sein Neffe Federico Borromeo (1564-1631). Sie lenkten die Geschicke der Stadt während der Pest, die Mailand zweimal heimsuchte (1576 und 1630).

Unter Napoleon wurde Mailand die Hauptstadt der Cisalpinischen Republik (1797) und des Königreichs Italien (1805). 1815 wurde Mailand Hauptstadt des lombardisch-venezianischen Königreichs.

DAS MAILÄNDER LEBEN

Die Straßen und Plätze um den Dom (**MZ**), die Via Dante (**JX**) und die Via Manzoni (**KV**) sind das Zentrum der Stadt und stets sehr belebt.

Die **Galleria Vittorio Emanuele**★ (**MZ**), die 1877 nach den Plänen von Giuseppe Mengoni erbaut wurde, ist das politische und gesellschaftliche Zentrum der Stadt. Hier treffen sich die Mailänder, um in den Cafés und Bars an der Seite der Touristen ihren „Corriere della Sera" zu lesen oder über die Tagesereignisse zu diskutieren. Der Corso Vittorio Emanuele II (**NZ**), die Piazza San Babila (**NZ**) und der Corso Venezia (**LV**), der Bereich der Via Monte Napoleone (**NZ 171**) und der Via della Spiga (**KV**), wo sich die Boutiquen der bekannten Modeschöpfer befinden, eignen sich hervorragend zum Einkaufen oder ganz einfach zum Bummeln.

Das pittoreske Brera-Viertel (**KV**), welches bei Künstlern und Kunstgalerien ganz besonders hoch im Kurs steht, ist vor allem abends mit Leben erfüllt. Der Corso Magenta (**HJX**) und die Straßen rund um Sant'Ambrogio (**HJX**) haben sich den Charme des alten Mailand erhalten - dank ihrer historischen Gebäude und der gewundenen Gäßchen, der alten Cafés und der Antiquitätenhändler.

Die **Scala** ist mit ihrem anspruchsvollen Programm eines der berühmtesten Opernhäuser der Welt. Das **Piccolo Teatro** (**JX T**[1]) ist ebenfalls international bekannt.

Die Hauptstadt der Lombardei bietet aber auch eine Reihe von Veranstaltungen, die außerhalb von Mailand eher unbekannt sind, von den Mailändern aber sehr geschätzt werden, wie die bedeutende Theatersaison der Stadt (Teatro Lirico, Manzoni, Carcano) und die zahlreichen guten Konzerte im Theater des **Konservatoriums** (**NZ T**[2]) (in der Nähe von S. Babila) und in den verschiedenen Kirchen bezeugen.

Die Mailänder Küche ist vor allem für *Scaloppina alla Milanese*, ein paniertes Kalbsschnitzel, *Osso buco* (Kalbshaxe), *Risotto* (Reis mit Safran) und *Minestrone* (Gemüsesuppe mit Speck) bekannt, um nur einige Spezialitäten zu nennen. Dazu trinkt man Veltliner Weine oder Weine aus der Gegend von Pavia.

KUNSTGESCHICHTE

In der Baukunst stellt der Dom den Höhepunkt der Spätgotik dar. Die begabtesten Renaissance-Architekten waren der Florentiner Michelozzo (1396-1472) und **Donato Bramante** (1444-1514), der im Dienste Ludovicos il Moro stand, bevor er nach Rom ging.

Bramante war ein großer Verehrer der Antike, er entwickelte einen neuen und dennoch klassischen Stil. Er führte auch die **Rhythmische Gliederung** der Wandpilaster und Nischen zur Fassadengliederung ein.

In der Malerei suchte die Lombardische Schule vornehmlich die Wiedergabe der Schönheit und Anmut. Ihre bekanntesten Vertreter waren Vincenzo Foppa (1427-1515), Bergognone (1450-1523) und Bramantino (geb. zwischen 1450 und 1465-1536). Die Werke der Maler Andrea Solario (1473 - um 1520), Boltraffio (1467-1516), **Giovanni Sodoma** (1477-1549) und vor allem von **Bernardino Luini** (um 1480 - 1532) zeigen den Einfluß **Leonardo da Vincis**, der einige Zeit in Mailand lebte.

Heute sind in Mailand die meisten italienischen Verlage konzentriert. Auch als Kulturzentrum gewinnt die Stadt immer mehr an Bedeutung; besonders moderne Kunst wird in vielen Galerien ausgestellt.

MAILAND ERLEBEN

Anreise

Mit Auto oder Zug – Gäbe es nicht die vielen Staus, wäre es ein leichtes, mit dem Auto nach Mailand zu fahren, denn die Stadt ist sehr gut an das Autobahnnetz angeschlossen (A 4 Turin-Venedig, A 8/A 9 Mailand-oberitalienische Seen, A 7 Mailand-Genua, A 1 Autostrada del Sole). Mit dem Zug ist es jedoch wesentlich bequemer, nach Mailand zu fahren. Der sehr zentral gelegene Bahnhof ist an das U-Bahnnetz angeschlossen.

Mit dem Flugzeug – Zahlreiche internationale Flugrouten verbinden Mailand täglich mit den großen Städten des Erdkreises. Die wirtschaftliche Hauptstadt Italiens besitzt zwei Flughäfen: **Linate**, 10 km östlich der Stadt und **Malpensa**, 46 km nordwestlich.
Die Reisenden, die in Malpensa ankommen, können mit dem Zug (Abfahrt ca. jede halbe Stunde) zum Bahnhof Cardona fahren, von wo aus die U-Bahn sie weiter bringt. Die Fahrkarte kostet 20 000 L (13 000 L für Kinder). Darüber hinaus gibt es eine Busverbindung nach Mailand. Der Bus fährt alle 20 Min. und benötigt 45 Min. bis 1 Std. (je nach Verkehr) bis zum Hauptbahnhof und zum Bahnhof Cardona. Der Bus ist besonders zwischen 20.20 Uhr und 6.50 Uhr angeraten, weil in dieser Zeit keine Züge verkehren. Die Fahrkarte kostet 13 000 L. In Anbetracht der großen Entfernung zur Stadt ist das Taxi ein recht teures Transportmittel.
Die Fahrgäste, die in Linate landen, nehmen den Bus Nr. 73 bis nach San Babila. Der Fahrpreis entspricht einer normalen Strecke in der Stadt (1 500 L).

Hauptschwierigkeit: Fortbewegung in der Stadt

Öffentliche Verkehrsmittel – Es ist äußerst ratsam, die im allgemeinen zuverlässigen öffentlichen Verkehrsmittel zu benutzen. Vor allem sind sie eine viel schnellere Alternative zum Auto (besonders die drei U-Bahnlinien), weil man rund um die Uhr in einen Stau geraten oder sich verfahren kann. Diese Gefahr droht insbesondere, wenn man sich in Mailand nicht auskennt und im Stadtzentrum unterwegs ist, wo es von Einbahnstraßen nur so wimmelt und man deswegen sehr schnell an einer ganz anderen Stelle ankommt als geplant. Und schließlich bleibt einem die zermürbende Suche nach einem Parkplatz erspart.

Mit dem Auto – Für diejenigen, die in Mailand mit dem Auto fahren müssen, sei daran erinnert, daß das Parken in der Innenstadt und um das Messegelände zeitlich begrenzt und gebührenpflichtig ist. Gelbe Streifen bedeuten, daß hier nur Anwohner parken dürfen, blaue Streifen, daß die Parkdauer begrenzt ist (in diesem Fall muß an der Windschutzscheibe der Parkschein, den man bei den Parkwächtern oder in den Tabakläden für eine (2 500 L) oder zwei Stunden (5 000 L) erstehen kann, deutlich angebracht sein). Unter Umständen ist es jedoch besser, auf den bewachten Parkplätzen (erkennbar am blauen Schild) oder außerhalb der Innenstadt (doch auch hier nur an den blauen Streifen) zu parken, wo es etwas billiger ist und wo man auch Pauschalpreise bekommen kann (fragen Sie beim Parkwächter im voraus nach dem Preis, um unangenehme Überraschungen zu vermeiden).

Übernachten in Mailand

Zwar mangelt es in Mailand gewiß nicht an Hotels, doch ist die Auswahl wegen der exorbitanten Preise recht schwierig. Im folgenden finden Sie eine kleine Auflistung nach Preisklasse *(einige Hotels befinden sich noch auf unserem Stadtplan)*. Auf jeden Fall ist es ratsam, sich im voraus nach den aktuellen Tarifen zu erkundigen und so früh wie möglich zu reservieren.

Zu den Hotel- und Preiskategorien siehe S. 478

„GUT & PREISWERT"

Jugendherberge – Die ideale Unterkunft für junge Leute: **Ostello della Gioventù A.I.G. Piero Rotta**, *Viale Salmoiraghi 1, U-Bahnstation QT8 oder Lotto, ☎ (02) 39 26 70 95.*

Hotels

Città Studi – *Via Saldini 24 (außerhalb des Plans). ☎ (02) 74 46 66, Fax (02) 71 31 22. 45 klimatisierte Zimmer. Kreditkarten werden akzeptiert.* Einfach und ruhig, genau richtig für denjenigen, der seine Ausgaben begrenzen will.

Garden – *Via Rutilia 6 (außerhalb des Plans). ☎ (02)55 21 28 38, Fax (02) 57 30 06 78. 23 Zimmer. Im August geschlossen. Kreditkarten werden akzeptiert.* Trotz einfacher Ausstattung ein gutes Preis-Leistungsverhältnis

„UNSERE EMPFEHLUNG"

Gala – *Viale Zara 89 (außerhalb des Plans). ☎ (02) 66 80 08 91, Fax (02) 66 80 04 63. 23 klimatisierte Zimmer. Im August geschlossen. Kreditkarten werden akzeptiert.* Das Hotel in einer Villa mit Garten aus dem 19. Jh. ist ein sehr gastliches Haus.

„SPITZENKATEGORIE"

Four Seasons (KV ⓐ) – *Via Gesù 8. ☎ (02) 77 088, Fax (02) 77 08 50 00. 82 klimatisierte Zimmer, 16 Suiten. Kreditkarten werden akzeptiert.* Das in einem ehemaligen Kloster aus dem 15. Jh. untergebrachte Hotel ist eines der luxuriösesten von Mailand. Aus der Vergangenheit haben ein Kreuzgang und einige Fresken überlebt. Der Service ist erstklassig, der Komfort ausgezeichnet (zwei Restaurants und ein Fitneßstudio stehen zu Ihrer Verfügung).

Spadari al Duomo (KX ⓔ) – *Via Spadari 11. ☎ (02) 72 22 23 71, Fax (02) 86 11 84. 40 Zimmer mit Klimaanlage. Kreditkarten werden akzeptiert.* Die Eleganz des Hotels wird abgerundet durch eine Sammlung moderner Kunst.

Mailänder Köstlichkeiten

Bei Mailand ist es in der Regel nicht Liebe auf den ersten Blick, denn seine Kunstschätze offenbaren sich dem Besucher meistens erst nach zielstrebiger Suche. Im allgemeinen bringt man die Stadt mit ihrer hektischen Lebensart, dem dichten Verkehr und der stressigen Arbeitswelt in Verbindung. Doch auch für denjenigen, der es eilig hat (was in Mailand fast auf jeden zutrifft) oder aus beruflichen Gründen in die Stadt kommt, genügt es, die reizvollen Stadtviertel aufzusuchen, um das andere Gesicht Mailands kennenzulernen.
Wer jetzt noch skeptisch ist, dem möchten wir empfehlen, den Tag mit einem Cappuccino und italienischem Gebäck zu beginnen, nachher einen Aperitif mit kleinen Häppchen zu sich zu nehmen, ein wenig Musik zu hören, eine der zahlreichen kulinarischen Spezialitäten, eventuell in einem ausländischen Restaurant, zu versuchen oder an einem dickflüssigen dunklen Schokoladengetränk zu nippen, um schließlich doch festzustellen, daß es in Mailand eine eigene Kunst zu leben gibt.

HINWEIS – An vielen Orten liegt die Gratiszeitschrift **Zero02** aus, die für die Auswahl des Restaurants, der Bar, der Konzerte und anderer Veranstaltungen sehr hilfreich ist.

CAPPUCCINO, GEBÄCK, SCHOKOLADE UND SONSTIGES

Bar Bianco – Im Palestro-Park, ganz in der Nähe der Porta Venezia. Man findet hier alle Produkte der Centrale del latte (Molkerei).

Gattulo – *Piazzale Porta Lodovica 2, Stadtviertel Genova-Ticinese.* Im Angebot sind zahlreiche Backwaren frisch aus dem Ofen sowie ein guter Cappuccino.

Taveggia – *Via Visconti di Modrone 2, in der Innenstadt.* Hier trinkt man eine der besten Schokoladen (tiefbraun und dick) von ganz Mailand.

PANINI, KLEINE MAHLZEITEN, EIS UND FRULLATI

Bar Basso – *Via Plinio 39, im Stadtviertel Città Studi.* Hier wurde der Cocktail *Negroni sbagliato* erfunden, der im Gegensatz zum *Negroni* nicht mit Gin, sondern mit Sekt gemixt wird.

Bar della Crocetta – *Corso di Porta Romana 67.* Hier kommen die Liebhaber von *Panini* auf ihre Kosten, denn es gibt sie in allen Variationen und beachtlichen Größen. Für die Besucher des Teatro Carcano gleich nebenan ist es zudem eine praktische Adresse.

Bar Magenta – *Via Carducci 13, in der Nähe von Sant'Ambrogio.* Es handelt sich um eine der berühmtesten Bars von Mailand, die, je nach dem Geist der Zeit, mehr die eine oder die andere Generation anspricht. Die Theke ist das charakteristischste Möbelstück in dieser im Jugendstil eingerichteten Kneipe, die man bei einem Aperitif in Augenschein nehmen kann.

Crota piemunteisa – *Piazza C. Beccaria 10.* Die kleine Gaststätte hinter dem Dom besteht nur aus Holztischen und -stühlen, einer Jukebox und zwei Theken, einer für das Bier, die anderen für die *Panini*. Besonders zu empfehlen: *Würstel e crauti* (Sauerkraut).

Gelateria Marghera – *Via Marghera 33.* Liegt ganz in der Nähe des Nationaltheaters und des Messegeländes. Das cremige Eis, das es in allen Geschmacksnuancen gibt, ist besonders lecker.

Moscatelli – *Corso Garibaldi 93, in der Innenstadt.* Ein Muß, wenn man italienische Weine kosten will, die mit kleinen Häppchen serviert werden.

Victoria – *Via Clerici 1, in der Innenstadt.* In der Gaststätte im herkömmlichen Stil findet man neben Pizzas eine reiche Auswahl.

Viel – *Foro Bonaparte 71 und Corso Buenos Aires 15.* Seit Jahrzehnten das Stammlokal der Studenten, berühmt für seine *Frullati* (ein oder mehrere Früchte werden zusammen mit Milch durch den Mixer gegeben).

KLEINER IMBISS GEFÄLLIG?

Gran Burrone – *Via V. Paoli 2. ☎ (02) 58 10 02 16.* Bar und Restaurant in einem, an den Navigli (Kanälen) gelegen, einfach, aber charaktervoll eingerichtet. Sonntags kann man von 10.30 bis 17 Uhr zum *Brunch* hingehen, der nach amerikanischer Art (Fruchtsaft, ziemlich dünner Kaffee, *Pancakes*, *Hash Brown*, Würstchen, Hamburger und Joghurt) zusammengestellt ist. Preis: um 30 000 L, Reservierung empfohlen.

Il Melograno – *Via V. Monti 16, unweit von Santa Maria delle Grazie und Sant'Ambrogio. ☎ (02) 48 19 54 68.* Das nette Café gilt als Begründer der Imbißtradition in Mailand. Man kann aber auch nur zu einem Aperitif herkommen. Preis für einen Imbiß: um 20 000 L. Am besten vorher reservieren.

... ODER LIEBER EINE PIZZA?

Geppo – *Via G.B. Morgagni 37, im Stadtviertel Buenos Aires. ☎ (02) 29 51 48 62.* Das winzige Restaurant ist wegen seiner großen und dünnen Pizzas äußerst gefragt, weswegen man unbedingt vorab reservieren sollte.

La Pizzaccia – *Via Don Bosco 11, nur ein Steinwurf vom Corso Lodi entfernt.* Hier gibt es Pizzas und andere Spezialitäten in gemütlichem Rahmen.

Premiata Pizzeria – *Alzaia Naviglio Grande 2, ☎ (02) 89 40 06 48.* In einer netten Umgebung werden hier köstliche Pizzas serviert. Das Restaurant ist immer voll besucht, so daß man bei der Ankunft erfährt, wie lange man voraussichtlich auf seinen Tisch warten muß. Nachdem der Kellner den Namen notiert hat, kann man, bis man aufgerufen wird, noch einen Spaziergang in die umliegenden Sträßchen machen, beispielsweise in das Vicolo dei Lavandai (Lavendelgäßchen), ganz in der Nähe.

Rino Vecchia Napoli – *Via G. Chavez 4, im Stadtviertel Loreto, ☎ (02) 26 19 056.* Bekannt für seine hervorragenden Pizzas, die bereits mehrfach ausgezeichnet wurden. Der Kunde sollte hier viel Geduld mitbringen, da das Restaurant immer bis zum letzten Platz gefüllt ist; und er sollte bereit sein, rasch Platz für die nächsten Gäste zu machen. Der Service ist entsprechend flott. Reservierung unbedingt erforderlich.

TRATTORIAS UND SONSTIGE LOKALE

La Bettola di Piero – *Via Orti 17, nur zwei Minuten vom Corso di Porta Romana entfernt, ☎ (02) 55 18 49 47.* Das Restaurant, in dem man schlicht und ungezwungen ißt, spiegelt die Freundlichkeit der Besitzer wider. Es gibt hausgemachte, meist lombardische Speisen. Um 35 000 L.

Le Scimmie – *Via A. Sforza 49, im Stadtviertel Navigli, ☎ (02) 89 40 28 74.* Kleines schummeriges Lokal mit Live-Musik (meistens Jazz). Das Boot gegenüber auf dem Naviglio ist ein ruhigerer Ort, an dem häufig Gemäldeausstellungen stattfinden.

Trattoria Madonnina – *Via Gentilino 6, im Stadtviertel Genova-Ticinese, ☎ (02) 89 40 90 89.* Außer Freitag und Samstag nur mittags geöffnet. Schon die Fassade ist einladend. Innen präsentiert sich ein anheimelndes und einfaches Restaurant mit rot-weiß-karierten Tischdecken, in dem man hausgemachte Speisen und gute Kuchen essen kann. Preis: um 40 000 L. Am besten vorher reservieren.

„EXOTISCHE" KÜCHE

In diesen Restaurants sind die Preise relativ günstig. Im allgemeinen belaufen sie sich auf 35 000 bis 40 000 L.

Bodeguita del Medio – *Via Col di Lana 3, im Stadtviertel Genova-Ticinese.* Kubanische Küche.

Dixieland Café – *Piazzale Aquileia 12, in der Nähe des Corso Vercelli, ☎ (02) 43 69 15 und Via M. Quadrio, unweit des Cimitero Monumentale, ☎ (902) 659 85 13.* Mexikanische Spezialitäten.

Fondaco dei Mori – *Via Solferino 33, im Stadtviertel Brera, ☎ (02) 65 37 11.* Hier gibt es Couscous und sonstige arabische Gaumenfreuden.

Mykonos – *Via Tofane 5, im Stadtviertel Viale Monza, entlang des Naviglio Martesana, ☎ (02) 26 10 209.* Wie der Name bereits andeutet, gibt es hier griechische Küche. Vorher reservieren.

Shri Ganesh – *Via Lombardini 8, im Stadtviertel Navigli, ☎ (02) 58 11 09 33.* Eine empfehlenswerte Adresse der indischen Küche.

★★ DUOMO UND NÄHERE UMGEBUNG (MZ) *Besichtigung: 1 1/2 Std.*

*Es ist schwierig, in der Innenstadt zu parken. Gebührenpflichtige Tiefgaragen befinden sich an der Piazza Diaz (**MZ**), in der Via San Marco (**KUV**) und in der Via Santa Radegonda (**MZ 237**). Parkmöglichkeiten gibt es auch auf den äußeren Ringstraßen und auf den Parkplätzen bei einigen Endstationen der Untergrundbahn.*

S. Chirol

Blick auf die Fialen und Wimperge des Doms

★★ **Äußeres** – Am Ende einer weiten, dicht mit Tauben bevölkerten Esplanade erhebt sich dieses großartige und feine Wunderwerk der Spätgotik, das mit einer Unzahl von Türmchen, Fialen, Giebeln und Statuen verziert ist. Den schönsten Blick hat man am Spätnachmittag, wenn die Sonne tiefer steht und das weiße Marmorgebäude schwach beleuchtet.

Mit dem Bau des Doms wurde auf Betreiben von Giangaleazzo Visconti 1386 begonnen. Im 15. und 16. Jh. wurde der Dombau unter Leitung italienischer, französischer und deutscher Baumeister fortgesetzt. Erst Napoleon ließ 1805-1809 die Fassade vollenden.

Man sollte um den Dom herumgehen, um das **Chorhaupt** mit den drei großen kunstvollen Maßwerkfenstern und herrlichen Rosetten zu bewundern, das Werk des Franzosen Nicolas de Bonaventure und des Baumeisters Filippino degli Organi aus Modena.

Vom 7. Stock des *Rinascente*, des Kaufhauses am Corso Vittorio Emanuele bietet sich ein interessanter Blick aus nächster Nähe auf die architektonischen und bildhauerischen Details der Dächer.

★★ **Inneres** – Der strenge und schlichte Innenraum mit der klaren Linienführung, die durch die Dunkelheit noch verstärkt wird, bildet einen starken Kontrast zu dem Übermaß an Dekoration des Äußeren. Die fünf Langschiffe sind durch 52 außergewöhnlich hohe Pfeiler unterteilt. Das Querhaus ist dreischiffig. Die Länge beträgt 148 m und die größte Breite im Querhaus 91 m (Kölner Dom: 144 m lang und 45 m breit). Prächtige Glasmalerein, die ältesten aus dem 15. und 16. Jh., schmücken Lang- und Querschiffe.

Im Querschiff rechts sieht man das Grabmal des Gian Giacomo de' Medici von Leone Leoni (16. Jh.); links davon steht die Statue des hl. Bartholomäus, des Märtyrers, der zu Tode geschunden wurde, von Marco d'Agrate. Man geht unter die Kuppel und vor dem 1570-1590 von Pellegrino Tibaldi angelegten Chorraum und Hochaltar entlang zum linken Querschiffarm. Hier befindet sich ein herrlicher Bronzekandelaber, eine französische Arbeit aus dem 13. Jh.

In der **Krypta** und im **Domschatz** ⓥ sind die silberne Urne mit den Überresten des hl. Karl Borromäus, Erzbischof von Mailand (gest. 1584), sowie kostbare Goldschmiedearbeiten und Elfenbeinschnitzereien zu erwähnen.

Auf dem Weg zum Ausgang bemerkt man den Zugang zum frühchristlichen **Baptisterium** ⓥ und zur Basilika Santa Tecla aus dem 4. Jh., deren Umrisse auf dem Vorhof nachgezeichnet sind.

★★ **Rundgang auf dem Dach (Visita ai terrazzi)** ⓥ – Von den Dachplattformen aus erkennt man die enorm feine Ausführung der 135 Fialen, unzähligen Wimperge und Kreuzblumen sowie 2 245 Marmorstatuen. An der höchsten Stelle des Dachs erhebt sich der „Tiburis" mit der Statue der Madonnina (1774) auf der Spitze (108 m).

MILANO

Albricci (Via A.) . . . . MZ 3
Arcivescovado (Via) . . . . MNZ 10
Augusto (Largo) . . . . NZ 12
Baracchini (Via) . . . . MZ 17
Bergamini (Via) . . . . NZ 27
Borgogna (Via) . . . . NZ 36
Cantù (Via C.) . . . . MZ 48
Cordusio (Piazza) . . . . . . MZ 72
Edison (Piazza) . . . . MZ 83
Festa del Perdono (Via) . . NZ 93
Gonzaga (Via) . . . . MZ 105
Laghetto (Via) . . . . NZ 120
Manzoni (Via A.) . . . . MZ 140
Marconi (Via) . . . . MZ 144
Marino (Piazza) . . . . MZ 147
Mengoni (Via) . . . . MZ 153
Mercanti (Piazza e Via) . . MZ 155
Missori (Piazza) . . . . MZ 162
Monforte (Corso) . . . . . . NZ 168
Monte Napoleone (Via) . . NZ 171
Morone (Via) . . . . MNZ 176
Orefici (Via) . . . . MZ 188
Pattari (Via) . . . . NZ 197
S. Clemente (Via) . . . . . . NZ 231
S. Radegonda (Via) . . . . . MZ 237
S. Stefano (Via Piazza) . . NZ 240
Sforza (Via Francesco) . . NZ 248
Torino (Via) . . . . MZ
Unione (Via) . . . . MZ 264
Verdi (Via) . . . . MZ 269
Verziere (Via) . . . . NZ 270
Visconti di Modrone (Via) . NZ 275
Vittorio Emanuele II (Corso) . . NZ

Palazzo dei Giureconsulti . MZ C
Palazzo della Ragione . . . MZ D
Museo del Duomo . . . . . . MZ M¹
Casa di Manzoni . . . . MZ M⁷
Conservatorio . . . . NZ T²

Die Mailänder Innenstadt (auf dem Michelin-Stadtplan grün umrandet) ist in verkehrsberuhigte Sektoren eingeteilt. Um von einem Sektor in den nächsten zu gelangen, muß man über den Außenring fahren

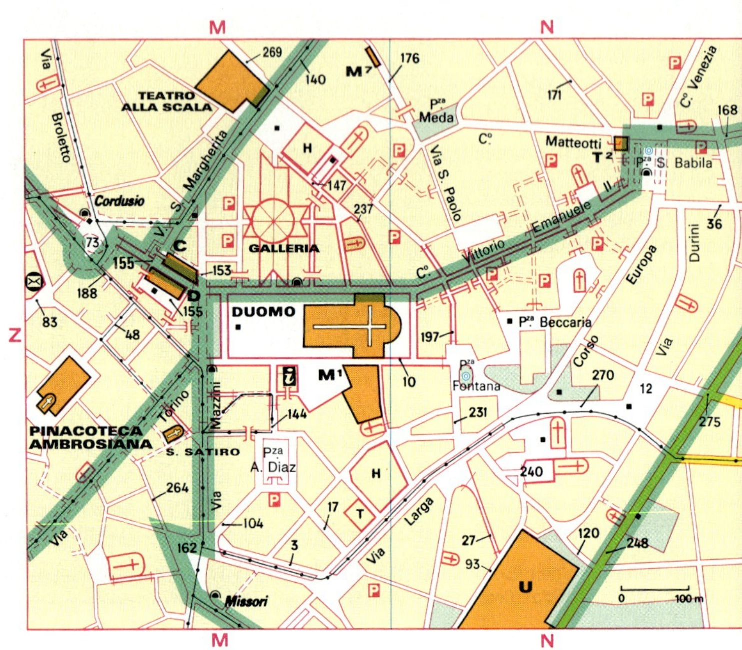

★★ Museo del Duomo (Dommuseum) (MZ M¹) - Das Dommuseum befindet sich im Königlichen Palast (Palazzo Reale), der im 18. Jh. von Piermarini erbaut wurde. Es zeichnet die verschiedenen Bau- und Restaurierungsphasen des Doms nach und enthält Skulpturen, Wandteppiche und alte Kirchenfenster. Von großer Bedeutung sind das ***Aribert-Kreuz***★ (1040), der ursprüngliche Unterbau für die Madonnina (1772/73) und das große **Holzmodell**★ (*Modellone*) des Doms im Maßstab 1: 20 (16.-19. Jh.).

★ Via und Piazza Mercanti (MZ 155) - In der Via Mercanti befindet sich der Palazzo dei Giureconsulti (**C**), der 1564 errichtet wurde und dessen Fassade mit einer Statue des lehrenden hl. Ambrosius geschmückt ist.
Die Piazza Mercanti ist ein stiller, malerischer Platz. Hier steht die Loggia degli Osii (1316), die mit Wappen und Heiligenstatuen versehen ist. Von ihrem Balkon aus wurden die Urteile verkündet. Rechts daneben erhebt sich der Barockpalast der Scuole Palatine, in den Mauernischen die Statuen des römischen Dichters Ausonius und des hl. Augustinus. Gegenüber liegt der **Palazzo della Ragione** (oder *Broletto Nuovo*) (**D**), der im 13. Jh. erbaut und im 18. Jh. erweitert wurde. In einer Nische steht das **Reiterdenkmal** des Podestà Oldrado da Tresseno, ein Werk im romanischen Stil der Antelami-Schule.

★★ Teatro alla Scala (Scala) (MZ) - Die Scala wird traditionsgemäß als das berühmteste Opernhaus der Welt anerkannt. Sie überrascht durch ihr einfaches Äußeres, das die prächtige Ausgestaltung des Saals nicht vermuten läßt. Das von 1776 bis 1778 gebaute Opernhaus kann mit seinen sechs Logenetagen bis zu 2 000 Zuhörer aufnehmen.
Um einen Eindruck von dem grandiosen Opernsaal zu bekommen (von einer Loge aus), empfiehlt sich ein Besuch des **Museo teatrale alla Scala**★. Dort kann man sich über die Geschichte der Scala informieren und Erinnerungsstücke von Verdi oder Toscanini, Büsten, Porträts und Kostüme aus berühmten Inszenierungen ansehen.

★★ DIE MUSEEN

★★ **Pinacoteca di Brera** (KV) – Die Pinakothek ist Teil eines mehrere Institutionen – Kunsthochschule, Bibliothek, astronomisches Observatorium, lombardisches Institut für Wissenschaft, Literatur und Kunst – umfassenden Ensembles, das in einem schönen Palazzo aus dem 16. Jh. untergebracht ist. Im Ehrenhof steht eine Bronzestatue von Canova, die Napoleon als siegreichen Cäsaren darstellt (1809).
Der Rundgang beginnt in der Collezione Jesi mit den großen künstlerischen Strömungen der 1. Hälfte des 20. Jh.s: dem Futurismus mit seinen Darstellungen von Geschwindigkeit und Bewegung (*La Rissa in Galleria* von Boccioni, *Abbildung s. S.* 69) und der Pittura metafisica mit ihren klaren geometrischen Formen (*Stilleben* von Morandi, *Metaphysische Muse* von Carrà). In der Gruppe der Bildhauer fallen drei Namen auf: Medardo Rosso, Arturo Martini und Marino Marini.
Im Gang kann man durch die Glasscheibe auf der linken Seite einen Blick auf die riesigen Holzregale des zur Biblioteca Braidense gehörenden Maria-Teresia-Saales werfen.
Die sog. Capella Mocchirolo ist der Ausgangspunkt für einen kurzen Rundgang durch die Abteilung der italienischen Malerei des 13.-15. Jh.s (*Polyptychon aus Valle Romita* von Gentile da Fabriano).
Große Bedeutung kommt den venezianischen Malern zu: Die Pinacoteca Brera besitzt die qualitativ und quantitativ bedeutendste Sammlung mit Werken der **Malerschule von Venedig** außerhalb der Lagunenstadt. Zu sehen sind Meisterwerke, wie z. B. die ***Pietà***★★ von Giovanni Bellini, bei der die Tragödie auch in der trostlosen Landschaft und dem metallfarbenen Himmel zum Ausdruck kommt, oder die ***Beweinung Christi***★★★ von Mantegna, eine Meditation über den Tod, bei der die realistische Darstellung durch die Technik der Verkürzung besondere Dramatik erhält. In den Napoleonischen Sälen sind Gemälde von Tintoretto (***Auffindung des Leichnams des hl. Markus***★), Veronese (**Gastmahl im Hause des Simon**) sowie von Giovanni und Gentile Bellini *(Die Predigt des hl. Markus in Alexandria)* zu sehen.
Die **lombardische Schule** wird von Vincenzo Foppa (**Polyptychon**★ der Madonna mit Heiligen) beherrscht, dessen Werke von Mantegna und der Schule von Padua beeinflußt sind. Im Gegensatz dazu steht die im Stil des Leonardo da Vinci realisierte zarte ***Madonna im Rosengarten***★★ von Bernardino Luini.
Zwei Meisterwerke der Renaissancemalerei aus Mittelitalien befinden sich in einem Raum: der ***Pala de Montefeltro***★★★ (Madonna mit Heiligen und Federico da Montefeltro als Stifter) von Piero della Francesca, wo das Straußenei sowohl die Unbefleckte Empfängnis als auch die vom Künstler angestrebte abstrakte und geometrische Perfektion der Form symbolisiert, sowie Raffaels ***Vermählung Mariä***★★★, wo sich die anmutigen und schönen Figuren vor der Kulisse eines Rundtempels im Stil des italienischen Baumeisters Bramante befinden. Einige Säle weiter findet man das ***Mahl in Emmaus***★★★, dessen dramatisches Helldunkel der überaus realistischen Darstellung typisch für die Kunst Caravaggios ist.
Im Saal der venezianischen Malerei des 18. Jh.s bezaubert der erstaunt naive Blick des jungen Mädchens auf dem Bild **Rebekka am Brunnen**★★ von Piazzetta.
Die letzten Säle sind der Malerei des 19. und 20. Jh.s gewidmet (*Der Kuß* von Hayez und *Der rote Wagen* von Fattori). Unter den Arbeiten nichtitalienischer Künstler sind die Werke von Ribera, Van Dyck, Rubens, Rembrandt und Reynolds zu erwähnen.

★★ **Castello Sforzesco** (JV) – In dem riesigen Festungsviereck, einst Residenz der Herzöge von Mailand, wurden nach dem Krieg die **Städtischen Kunstsammlungen** untergebracht.

★★ **Museo di Scultura** – *Erdgeschoß.* Es sind vorwiegend Skulpturen aus der Lombardei der romanischen, gotischen und der Renaissance-Epoche zu sehen. Von den einzelnen Epochen sollen jeweils nur die herausragenden Stücke genannt werden. Für die romanischen Werke ist dies das monumentale **Grabmal des Bernabò Visconti**★★ (14. Jh.) mit seiner Reiterstatue; für die Renaissance sind zwei Meisterwerke zu erwähnen, das **Grabmal des Gaston de Foix**★★, das von Bambaia 1523 im klassischen, harmonischen Stil ausgeführt wurde, und die ***Pietà Rondanini***★★★, das letzte Werk Michelangelos, das er unvollendet gelassen hatte.

★ **Pinacoteca** – *1. Stock.* Sie enthält Gemälde von Mantegna, Giovanni Bellini, Crivelli, Bergognone, Luini, Moretto, Moroni, Magnasco, Tiepolo und Guardi.

★ **Museo degli strumenti musicali (Musikinstrumentenmuseum)** – Reiche Sammlung von Saiten-, Blas- und Tasteninstrumenten.

Museo archeologico – Die Räume des Archäologischen Museums befinden sich unter dem Cortile della Rocchetta. Es handelt sich um die aus dem Archäologischen Museum der Stadt *(s. weiter unten)* ausgelagerten Abteilungen zur Vor- und Frühgeschichte, ägyptischen Kunst und die Sammlung von Steindenkmälern.

MILANO

Aurispa (Via) . . . . JY 14
Battisti (Via C.) . . . . KLX 20
Bocchetto (Via) . . . . JX 30
Borgogna (Via) . . . . KX 36
Borgonuovo (Via) . . . . KV 38
Calatafimi (Via) . . . . JY 45
Caradosso (Via) . . . . HX 49
Ceresio . . . . JU 59
Circo (Via) . . . . JX 63
Coldi Lana (Viale) . . . . JY 65
Col Moschin (Via) . . . . JY 66
Conca del Naviglio (Via) . . . JY 69
Cordusio (Piazza) . . . . KX 73
Curie (Viale P.N.) . . . . HV 77
Dante (Via) . . . . JX
Dugnani (Via) . . . . HY 80
Fatebenefratelli (Via) . . . . . . KV 92
Ghisleri (Via A.) . . . . HY 101
Giardini (Via dei) . . . . KV
Guastalla (Via) . . . . KX
Maffei (Via A.) . . . . LY
Manzoni (Via A.) . . . . KV
Melzo (Via) . . . . LU
Mercato (Via) . . . . JV
Modestino (Via) . . . . HY
Molière (Viale E.) . . . . HY
Monte Napoleone (Via) . . . . KV
Muratori (Via L.) . . . . LY

Die Mailänder Innenstadt (auf dem Michelin-Stadtplan grün umrandet) ist in verkehrsberuhigte Sekto

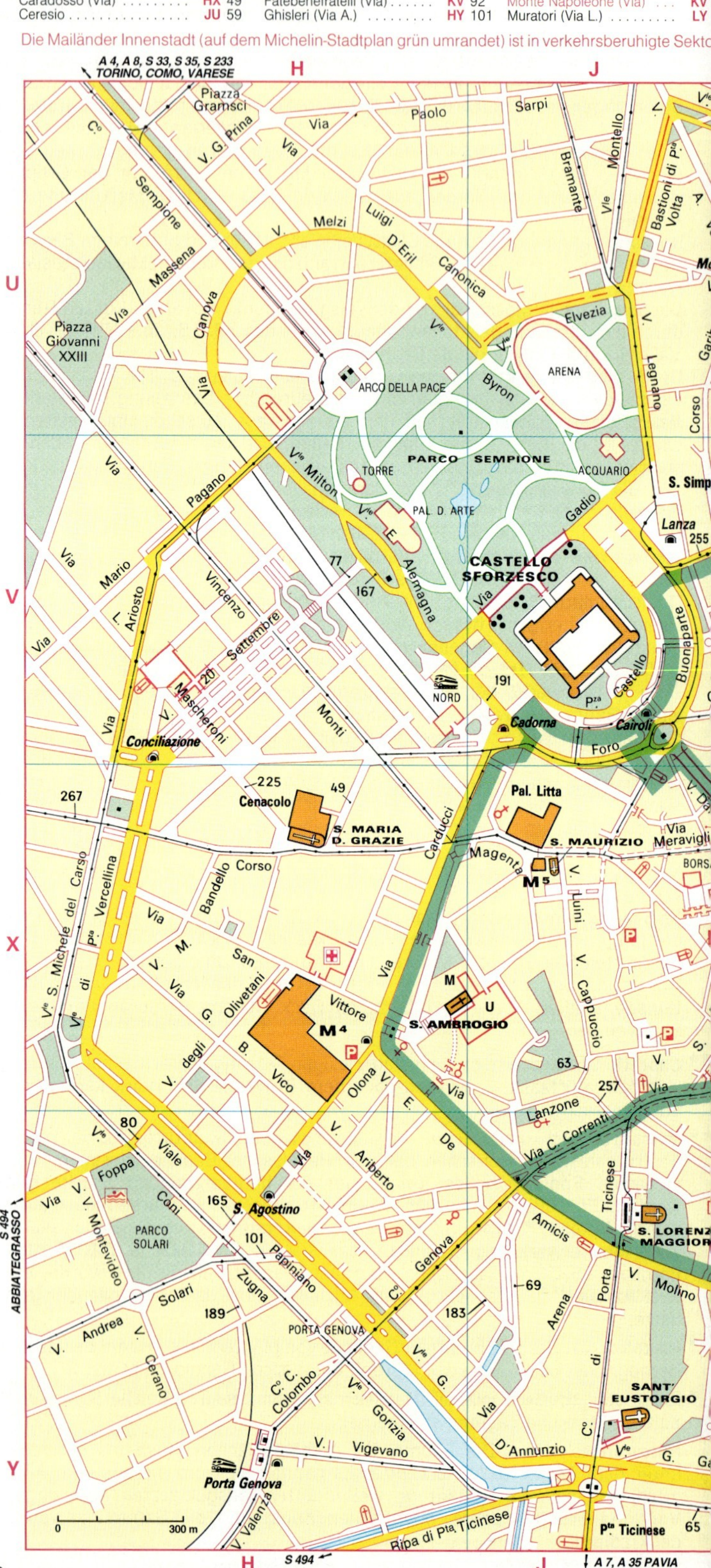

ggiono (Via M. d') . . . . . . HJY 183
rseolo (Via) . . . . HY 189
aleocapa (Via) . . . . JV 191
onte Vetero (Via) . . . . JV 205
uffini (Via Flli) . . . . HX 225
Babila (Piazza) . . . . KX 228
Calimero (Via) . . . . KY 230
avoia (Viale F. di) . . . . KU 243
voli (Via) . . . . HV 255
orchio (Via) . . . . JX 257

Torriani (Via N.) . . . . LU 258
Vercelli (Corso) . . . . HX 267
Verdi (Via) . . . . KV 269
Vittorio Veneto (Viale) . . . . . KLU 278
Zezon (Via) . . . . LU 281

HOTELS

Spadari al Duomo . . . . KX e
Four Seasons . . . . KV a

Pal. Bagatti Valsecchi . . . . KV L
Museo Poldi Pezzoli . . . . . KV M2
Galleria d'Arte Moderna . . LV M3
Museo Nazionale della Scienza e della Tecnica L. da Vinci HX M4
Museo Civico di Archeologia JX M5
Museo Civico di Storia Naturale . . . . . LV M6
Piccolo Teatro JX T1

ngeteilt. Um von einem Sektor in den nächsten zu gelangen, muß man über den Außenring fahren.

★★ **Pinacoteca Ambrosiana** ⓥ (**MZ**) - Die Pinakothek befindet sich in einem 1609 von Kardinal Federico Borromeo errichteten Palast, in dem zunächst eine der ersten öffentlichen Bibliotheken Italiens untergebracht war. Als der Kardinal einige Jahre später seine Bildersammlung stiftete, wurde die Gemäldegalerie hinzugefügt.
Die Bibliothek, eine der umfangreichsten der Welt, verfügt über eine erstaunliche Sammlung von Zeichnungen, u. a. von Leonardo da Vinci **(Codice Atlantico)**.
Die Pinakothek ist im ersten Stock untergebracht und beginnt mit der Malerei des 15. und 16. Jh.s (die ursprüngliche Sammlung des Kardinals sowie spätere Anschaffungen). Zu den interessantesten Werken gehören ein ***Damenporträt*** von De Predis und das zauberhafte ***Jesuskind mit dem Lamm***★★ von Bernardino Luini, dessen intensive Ausstrahlung von Wärme und Innigkeit das Talent des Künstlers für die Wiedergabe von Gefühlsäußerungen zeigt. Eines der wichtigsten Zeugnisse der lombardischen Malerei ist ***Sacra Conversazione*** von Bergognone (1453-1523). Die Perspektive ist noch mittelalterlich, da die Figur der Jungfrau Maria, die oben in der Mitte der Komposition plaziert ist, die Szene beherrscht. Der seltsam dunkle Hintergrund des ***Musikers***★★ von Leonardo da Vinci läßt den Wunsch des Künstlers erkennen, die Figur im Vordergrund mit dem Raum in Beziehung zu setzen. ***Die thronende Madonna mit Kind und Heiligen***★ von Bramantino in Saal 3 enthält sehr viele Symbole: Die riesige Kröte zu Füßen des hl. Michael, die an den Tod des Drachen erinnert, wird der grotesken und aufgedunsenen Figur des Arius gegenübergestellt, ein Verweis auf das Scheitern der arianischen Irrlehre, die der hl. Ambrosius bekämpft hatte. Auffallend ist auch, daß Maria maskuline Züge (Bartansatz) trägt. Bei der schönen ***Krippe***★ von Barocci erleuchtet das vom Jesuskind ausstrahlende Licht eine ausgesprochen sanfte Maria. Der wunderschöne **Karton**★★★, der von Raffael für die Schule von Athen (ein Fresko zur Dekoration des Vatikans in Rom) erstellt wurde, ist der einzige noch erhaltene Renaissance-Karton. Mit dem ***Fruchtkorb***★★★ macht Caravaggio das Stilleben zum Hauptthema. Auf einem gleichförmig einfarbigen Hintergrund scheinen eingerollte Blätter und überreife Früchte bereits die Anzeichen von Alter und Tod zu zeigen. Die Sammlung des Kardinals umfaßt außerdem einige schöne flämische Werke von Paul Bril und Jan Bruegel d. Ä. (genannt Samtbruegel), darunter das eigenartige ***Mäuschen mit Rosen***★. Die folgenden Säle sind ausschließlich der italienischen Kunst des 16.-19. Jh.s gewidmet, wobei die lombardischen Künstler den Vorrang erhalten. Bemerkenswert sind vier wunderschöne **Porträts**★ von Francesco Hayez.

★★ **Museo Poldi-Pezzoli** ⓥ (**KV M**[2]) - Das Museum ist in einem alten Patrizierhaus untergebracht und beherbergt Sammlungen von Waffen, Stoffen, Gemälden, **Uhren**★ und kleinen Bronzen. Unter den Gemälden im 1. Stock (den man über eine alte Treppe in einem unregelmäßigen achteckigen Treppenaufgang erreicht) befinden sich Gemälde aus der lombardischen Schule (Bergognone, Luini, Foppa, Solario, Boltraffio) sowie zwei **Bildnisse**★★ Luthers und seiner Gemahlin von Cranach. Im goldenen Salon hängen ein prächtiger **Perserteppich**, das berühmte ***Bildnis einer Dame***★★★ von Piero del Pollaiolo, eine **Kreuzabnahme** und eine **Madonna**★★ von Botticelli, eine ausdrucksvolle ***Beweinung***★ von Giovanni Bellini. In den anderen Sälen sind Gemälde von Pinturicchio, Palma il Vecchio *(Porträt einer Kurtisane)*, Francesco Guardi, Canaletto, Tiepolo, Perugino und Lotto untergebracht.

Galleria d'Arte Moderna (Galerie Moderner Kunst) ⓥ (**LV M**[3]) - *Via Palestro, Nr. 16.* Die Galerie wurde in der 1790 erbauten Villa Reale eingerichtet, die ebenfalls das Museum Marino Marini und die Sammlung Grassi beherbergt. Zu sehen sind *Der vierte Stand* von Pelliza da Volpedo, die Gemälde von Giovanni Segantini *(Die zwei Mütter, Der Engel des Lebens)*, ein berühmtes Porträt Alexander Manzonis von Francesco Hayez sowie Skulpturen des Mailänder Künstlers Medardo Rosso (1858-1928). Die **Sammlung Carlo Grassi** umfaßt Gemälde von Kaspar Van Wittel, Pietro Longhi, Cézanne, Van Gogh, Manet, Gauguin, Sisley, Corot, Toulouse-Lautrec, Boccioni und Balla. Im **Museum Marino Marini** sind Skulpturen und Gemälde des Künstlers ausgestellt. Der **Pavillon für Gegenwartskunst** *(Via Palestro, Nr. 14)* ist für Ausstellungen von Kunst unserer Zeit vorgesehen.

★ **Casa di Manzoni (Manzoni-Haus)** ⓥ (**MZ M**[7]) - *Via G. Morone Nr. 1.* Manzoni bewohnte 60 Jahre lang diese schöne, prächtig ausgestattete Villa. Im Erdgeschoß kann die Bibliothek mit den Büchern und dem Schreibtisch des Schriftstellers besichtigt werden. Im ersten Stock: Erinnerungsstücke, Photos, Porträts, Briefe und Illustrationen zu seinem berühmtesten Roman *Die Verlobten*. Das Zimmer, in dem Manzoni starb, enthält noch immer sein ursprüngliches Mobiliar, nicht anders als die Bibliothek im 1. Stock. Im Hause befindet sich auch das Zentrum für Manzoni-Studien.

★ **Museo civico di Storia Naturale (Städtisches Museum für Naturgeschichte)** ⓥ (**LV M**[6]) - *Corso Venezia Nr. 55.* Interessante geologische, paläontologische und zoologische Sammlungen. Präsentation nach didaktischen Gesichtspunkten mit zahlreichen Dias, speziell für Kinder gedacht.

★★ **Palazzo Bagatti Valsecchi** ⓥ (**KV L**) – Das Palais liegt dem heutigen Wohnsitz der Familie Bagatti Valsecchi gegenüber. Es besteht aus zwei Flügeln, die durch eine Loggia *(1. Stock)* mit Dachterrasse verbunden sind.

Museum – Eine Treppe mit schönem schmiedeeisernen Gitter führt in die Wohnräume von Fausto und Giuseppe Bagatti Valsecchi. Diese sind nach dem Geschmack der Jahrhundertwende im Stil der Renaissance ausgestattet und enthalten sowohl echte alte Möbel und Gemälde als auch ausgezeichnete Kopien. Man besichtigt die beiden Appartements und die Repräsentationsräume. Die Wohnung Faustos besteht aus dem mit dem Fresko einer Gnadenmadonna (1496) geschmückten **Sala dell'affresco**, der **Bibliothek**, die herrliche Globen aus Leder (16. Jh.) sowie alte Kunstobjekte enthält (Roulett aus Deutschland, 17. Jh.), und dem **Schlafzimmer** mit einem prachtvollen Bett, dessen Schnitzerei Schlachtenszenen und Christi Weg nach Golgatha darstellt. Eine Renaissance-Nische hat im Bad das Waschbecken aufgenommen. Der **Passaggio del labirinto**, ein Gang, in dem man sich die Decke anschauen muß, um den Namen zu verstehen, führt in die **Galleria della cupola**, wo die verschiedenen Teile des Stockwerks zusammenlaufen. Durch den **Sala della stufa valtellinese** (Veltlin-Kachelofen-Zimmer) erreicht man das Appartement Giuseppes. Täfelung und der mit figürlichen und pflanzlichen Motiven gestaltete Fries lassen es wohnlich erscheinen. Das **Rote Zimmer** (Camera rossa) war das Schlafzimmer von Giuseppe und seiner Frau Carolina. Hier sind heute Kindermöbel und ein schönes sizilianisches Bett zu sehen, während das ganz in Grün gehaltene Schlafzimmer Giuseppes eine besonders schöne Decke besitzt.
Nach Rückkehr in die Galleria della cupola geht man in die Repräsentationsräume, zunächst in den Salon mit dem mächtigen Kamin. Die **Galleria delle armi** enthält eine schöne Sammlung von Hieb- und Stichwaffen. Das Eßzimmer **(Sala da pranzo)** hat als Schmuck flämische Tapisserien des 14. Jh.s, die in bemalte Wandbespannungen eingefügt sind; die Keramik stammt aus dem 17. Jh.

★ **Museo della Scienza e della Tecnica Leonardo da Vinci (Museum für Wissenschaft und Technik Leonardo da Vinci)** ⓥ (**HX M**[4]) – Großes Museum mit interessanten wissenschaftlichen Dokumentationen. Die **Leonardo da Vinci-Galerie** zeigt Modelle der Erfindungen des Künstlers aus der Toskana. Weitere Abteilungen des Museums beschäftigen sich mit Akustik, Chemie, Telekommunikation und Astronomie. Große Pavillons sind speziell der Eisenbahn, dem Flugwesen und der Schiffahrt gewidmet.

WEITERE SEHENSWÜRDIGKEITEN

★ **Santa Maria delle Grazie** (**HX**) – Die Kirche wurde von den Dominikanern zwischen 1465 und 1490 im Renaissancestil begonnen und von Bramante vollendet. Das restaurierte Innere enthält Fresken von Gaudenzio Ferrari (4. Kapelle rechts). Bemerkenswert sind die **Kuppel**★, die Empore und der Kreuzgang von Bramante. Von der Via Caradosso (**HX 49**) hat man den besten Blick auf das **Chorhaupt**★ der Kirche.

Cenacolo ⓥ – Im einstigen Refektorium (Cenacolo) des Klosters befindet sich das berühmte ***Abendmahl***★★★ von **Leonardo da Vinci.** Dieser malte das Fresko zwischen 1495 und 1497 im Auftrag Ludovico il Moros. Das Fresko schildert auf geschickte (der bemalte Raum erscheint als Verlängerung des wirklichen Raumes) und dramatische Weise den feierlichen Augenblick der Begründung des Abendmahls. Der offenstehende Mund Jesu deutet an, daß er gerade eben zu Ende gesprochen hat. Auf den Gesichtern der Jünger erkennt man ihre Betroffenheit angesichts des bevorstehenden Verrats, dessen sich Judas schuldig machen wird.
Die angewandte Maltechnik (Leonardo benutzte Temperafarben, die er wohl mit Öl mischte, und wählte die kälteste Wand als Untergrund), eine Bombe, die 1943 auf das Refektorium fiel und das Fresko der Witterung und der Verschmutzung aussetzte, sowie die Umweltverschmutzung der letzten Jahre machten mehrere Restaurierungsaktionen notwendig. Der Zustand des Kunstwerks hatte sich bereits 1517 verschlechtert, und 1901 schrieb D'Annunzio eine Ode mit dem vielsagenden Titel: Für den Tod eines Meisterwerkes.
Nach einundzwanzig Jahren Restaurierungsarbeit ist das Refektorium seit Mai 1999 wieder der Öffentlichkeit zugänglich. Besonders gelungen kommen die Originalfarben der Stoffe und die Hell-Dunkel-Abstufungen der Rottöne zur Geltung. Gegenüber, eine ***Kreuzigung***★ (1495) von Montorfano, die natürlich ganz im Schatten des Abendmahls steht.

Die Anordnung der Apostel am Abendmahlstisch

Von links nach rechts: Bartholomäus, Jakobus der Ältere, Andreas, Judas Ischariot, Petrus, Johannes. Auf der rechten Seite Jesu, von links nach rechts: Thomas, Jakobus der Jüngere, Philippus, Matthäus, Judas, Simon der Zelot.

★★ **Sant'Ambrogio** (**HX**) – Die Kirche geht auf eine Stiftung des hl. Ambrosius, Bischof von Mailand, im ausgehenden 4. Jh. zurück. Der heutige Bau zeigt lombardisch-romanischen Stil (11.-12. Jh.) mit einem eindrucksvollen **Atrium**★. Die Glockentürme rechts (9. Jh.) und links (12. Jh.) umgeben die von Bogen aufgelockerte Fassade. Die beiden bronzenen Türflügel des Portals, das im 18. Jh. erneuert wurde, stammen noch aus dem 9. Jh. In der Krypta hinter dem Chor befinden sich die Reliquien des hl. Ambrosius, des hl. Gervasius und des hl. Protasius.
Im Innern steht ein herrlicher **Ambo**★ im byzantinisch-romanischen Stil aus dem 12. Jh. (mittleres Kirchenschiff, links); außerdem bewundert man am Hochaltar die herrliche **Verkleidung**★★ aus vergoldeten Reliefs, ein Meisterwerk der Karolingerzeit (9. Jh.) Die Kapelle San Vittore in Ciel d'oro *(im hinteren Teil des rechten Seitenschiffs)* verfügt über bemerkenswerte **Mosaiken**★ aus dem 5. Jh. Hinten im linken Seitenschiff führt eine Tür zur Säulenhalle, die von Bramante errichtet worden ist.

Die seltsame Geschichte eines in Trier geborenen Mailänders, der zum Bischof ernannt wurde, bevor er getauft war, den heiligen Augustinus taufte, den liturgischen Kalender und den Ritus der Mailänder Kirche neu gestaltete und Schutzpatron von Mailand wurde.

Der hohe Staatsbeamte Ambrosius (um 337/339-397), der in Trier geboren wurde, setzt sich von den Persönlichkeiten des Römischen Reiches in ganz besonderem Maße ab. Er vermittelte zwischen den katholischen und arianischen Christen in Mailand, die sich nach dem Tod des arianischen Bischofs Auxentius bekriegten (der Arianismus war eine Irrlehre, die die göttliche Natur Jesu Christi leugnete), und wurde vom Volk zu dessen Nachfolger bestimmt, obwohl er selbst nicht getauft war.
Sein Einfluß bei den römischen Kaisern war groß, es gelang ihm sogar, Theodosius, der in Thessalonike siebentausend Menschen hatte hinrichten lassen, zu öffentlicher Buße zu bewegen.
Seine hinreißenden Predigten führten zur Bekehrung des heiligen Augustinus, den er 387 taufte.
Er erneuerte die Meßliturgie und den kirchlichen Kalender der Mailänder Kirche, die sich noch heute an seinem Ritus orientiert.

★ **Sant'Eustorgio** (**JY**) – Diese romanische Basilika wurde im 9. Jh. für die Dominikaner errichtet. Die Seitenkapellen wurden erst im 15. Jh. angebaut. Hinter dem Chor liegt die als Grabkapelle geschaffene **Capella Portinari**★★. Sie wurde nach den Plänen des Florentiner Baumeisters Michelozzo im Renaissancestil errichtet. Architektur, Malerei (die Fresken von Vincenzo Foppa schildern das Leben des hl. Petrus Martyr) und Bildhauerei (das reich verzierte Grabmal, das Giovanni di Balduccio 1339 schuf) stimmen wunderschön zusammen.

★ **San Satiro** (**MZ**) – Die Kirche wurde nach den Entwürfen Bramantes Ende des 15. Jh.s neu erbaut. Von dem Vorgängerbau blieb lediglich der viereckige Glockenturm aus dem 9. Jh. stehen. Die Fassade wurde erst 1871 vollendet. Das Problem des Platzmangels wurde von Bramante elegant gelöst, indem er durch illusionistische Malerei und vergoldeten Stuck den Eindruck von Raumtiefe vermittelte. Bemerkenswert ist auch die **Kuppel**★. Sehenswert sind ferner das kleine Heiligtum auf dem Grundriß eines griechischen Kreuzes, in dem sich eine *Kreuzabnahme* (15. Jh.) aus bunt glasierter Terrakotta befindet, und Fresken aus der Zeit vom 9. bis 12. Jh.

★ **Ca Granda ehem. Ospedale Maggiore** (**NZ U**) – Francesco Sforza gründete 1456 dieses Krankenhaus. Es wurde im 17. Jh. erweitert und gehört heute zur medizinischen Fakultät der Universität. Das Gebäude besteht aus drei Flügeln, deren Loggienfassaden mit Büsten berühmter Männer geschmückt sind.
Im Brera-Viertel kann man die **Kirche San Marco** (**KV**) besichtigen, die 1286 auf antiken Grundmauern errichtet wurde. Interessantes Schwarz-Weiß-Fresko der Schule Leonardo da Vincis *(linkes Kirchenschiff)*, das eine *Jungfrau mit Kind* und *Johannes den Täufer* darstellt und 1975 entdeckt wurde.
In unmittelbarer Nähe wurde 385 auf Anweisung des hl. Ambrosius, Erzbischof von Mailand, die **Basilica di San Simpliciano** (**JV**) erbaut. Während des Hochmittelalters und der romanischen Epoche wurde das frühchristliche Bauwerk um einige Strukturen ergänzt; auf dem Gewölbe der Apsis *Krönung der Jungfrau* von Bergognone (1481-1522). *In diesen beiden Kirchen werden häufig Konzerte gegeben.*

★★ **San Maurizio (Monastero Maggiore)** (**JX**) – Klosterkirche im lombardischen Renaissancestil (frühes 16. Jh.). Hinter der unauffälligen Fassade verbirgt sich ein in zwei Teile gegliederter Innenraum, der mit **Fresken**★ von Bernardino Luini ausgemalt ist. Durch einen kleinen Gang links im hinteren Teil der Kirche gelangt man in den Chorraum, der auch als Konzertsaal dient.

★ **Museo Civico di Archeologia** ⓥ (**JX M**[5]) – Das Museum in dem noch erhaltenen Teil des ehemaligen großen Benediktinerklosters umfaßt fünf thematische Abteilungen: Das Erdgeschoß ist der römischen Antike und den Völkern außerhalb des römisch-griechischen Kulturkreises gewidmet; im Zwischengeschoß sind etruskische und griechische Fundstücke sowie Zeugnisse der Gandharakunst ausgestellt; in der römischen Abteilung sind die zwei interessantesten Exponate der Sammlungen zu sehen: ein kunstvolles **Diatretglas**★ (4. Jh. n. Chr.), das aus einem einzigen Glasblock durchbrochen gearbeitet wurde, und der **Silberteller von Parabiago**★ (4. Jh. n. Chr.), auf dem kultische Feiern zu Ehren der Göttin Kybele dargestellt sind.
Im Garten sind interessante Überreste der befestigten Ringmauer des spätrömischen Reichs aus dem 3. Jh. n. Chr. zu sehen.

Gegenüber befindet sich der **Palazzo Litta** mit einer Fassade aus dem 18. Jh.

★ **San Lorenzo Maggiore** (**JY**) – Die Kirche aus dem 4. Jh. wurde im 12. und 16. Jh. erneuert, der achteckige Grundriß blieb jedoch erhalten. Vor dem Gotteshaus befindet sich der von 16 römischen Säulen gebildete **Portikus**★, eines der wenigen bedeutenden Zeugnisse des antiken *Mediolanum*. Der majestätische Innenraum im byzantinisch-romanischen Stil ist von Emporen umgeben, die ausschließlich den Frauen vorbehalten waren. Der Bau wird von einer Kuppel gekrönt. Rechts vom Chor gelangt man durch ein Atrium und dann durch eine römische Tür aus dem 1. Jh. in die **Kapelle Sant'Aquilino**★ ⓥ. Der Grundriß und die frühchristlichen Mosaiken des Gebäudes aus dem 4. Jh. blieben erhalten.
Nicht weit von San Lorenzo entfernt befindet sich das Stadttor **Porta Ticinese** (**JY**), Rest der Stadtbefestigung aus dem 14. Jh., das zum malerischen Altstadtviertel Naviglio Grande führt, heute das Künstlerviertel der Stadt.

UMGEBUNG

★ **Abbazia di Chiaravalle** ⓥ – *7 km südöstlich. Mailand durch die Porta Romana (**LY**) verlassen. Weitere Strecke siehe Plan Mailand und Umgebung im Michelin-Hotelführer ITALIA.*
Die 1135 von Bernhard von Clairvaux (daher der Name Chiaravalle) gegründete Abtei ist eine der bedeutendsten Anlagen im Zisterzienserstil. Die Abtei aus Backsteinen, die den Beginn der gotischen Architektur in Italien anzeigt, ist mit weißen Steinen verziert und wird von einem eleganten polygonalen **Glockenturm**★ überragt. Die Vorhalle entstand erst im 17. Jh.
Das dreischiffige Innere wird von einer Kuppel abgeschlossen, die im 14. Jh. mit Fresken ausgemalt wurde. Das Fresko im rechten Querhaus stellt den Stammbaum der Benediktinerheiligen dar. Hübscher Kreuzgang.

MODENA★

Emilia-Romagna

177 121 Einwohner

Michelin-Karte Nr. 988 Falte 14, 428 oder 429 I 14

Stadtplan im Michelin-Hotelführer ITALIA

Inmitten einer fruchtbaren Ebene, die sich zwischen den Flüssen Secchia und Panaro erstreckt, liegt Modena verkehrsgünstig an der Kreuzung der Via Emilia und der Brennerstraße. Die rege Handels- und Industriestadt (Schuhe, Eisenbahnbau, Autoindustrie) ist eine der bedeutendsten Städte der Emilia-Romagna. Dennoch hat Modena, Universitätsstadt und Sitz eines Erzbischofs, etwas von einer ruhigen Provinzstadt. Das Zentrum um den Dom besteht aus breiten Alleen; die großen Plätze sind von Arkaden gesäumt. Hier kann man die kulinarischen Spezialitäten der Stadt genießen, z. B. die *zamponi*, gefüllte Schweinsfüße. Dazu trinkt man perlenden Lambrusco, den Rotwein aus dieser Gegend.
Die römische Kolonie war unter dem Namen *Mutina* bekannt. Als freie Stadt schloß sich Modena im 12.-13. Jh. dem Lombardischen Städtebund an, bevor sie sich unter den Schutz der **Este** von Ferrara stellte, um der Herrschaft Bolognas zu entgehen. 1453 erhob Borso d'Este Modena zum Herzogtum. Als die Este im Jahre 1598 vom Papst aus Ferrara vertrieben wurden, ließen sie sich in Modena nieder und erklärten es zur Hauptstadt ihres Herzogtums. In dieser Zeit, und noch während des ganzen 17. Jh.s erlebte Modena seine Blütezeit.
Im Jahr 1997 wurden Dom, Torre Civica (Stadtturm) und Piazza Grande in die Liste des Weltkulturerbes der UNESCO aufgenommen.

★★ **Duomo** – Das Gotteshaus ist dem Schutzpatron der Stadt, San Geminiano, geweiht und zählt zu den schönsten romanischen Kirchenbauten Italiens. Der lombardische Baumeister Lanfranco entwarf die Pläne und entfaltete dabei sein großes Können auf dem Gebiet der Proportionen und der Aufteilung. Die Campionesen *(s. S. 18)* vollendeten den Bau. Bis auf wenige Ausnahmen schuf der Lombarde **Wiligelmus** (12. Jh.) die plastische Dekoration.
Die durch zwei Stützpfeiler unterteilte Fassade überragt ein Todesengel mit Lilie, ein Werk der Campionesen. Das zentrale Portal wird durch einen von zwei Löwen (ein Werk von Wiligelmus) gestützten Vorbau geschmückt. Sein Name erscheint

auch auf einem Stein links vom Portal, auf dem außerdem das Datum der Gründung der Kirche (1099) vermerkt ist. Die Reliefs über den seitlichen Türen und auf beiden Seiten der zentralen Tür stellen Geschichten aus der Genesis dar. Die Südseite des Gebäudes grenzt an den Platz und weist eine phantasievolle architektonische Gliederung auf. Hier sieht man von links nach rechts: die von Wiligelmus geschaffene *Porta dei Principi*, die *Porta Regia*, ein Meisterwerk der Campionesen aus dem 13. Jh. und eine mit den Evangelistensymbolen verzierte Kanzel aus dem 16. Jh. Durch den gotischen Säulengang erreicht man die gegenüberliegende Seite, die die Kathedrale mit dem majestätischen Kampanile aus weißem Marmor (88 m) verbindet. Er wird wegen der Säulengirlande, die den achteckigen Teil umgibt, „Ghirlandina" genannt. Die Bildhauerarbeiten an der auf der Nordseite gelegenen *Porta de la Pescheria*, die ihren Namen von dem ehemals in unmittelbarer Nähe befindlichen Fischteich (*pescheria*) erhielt, stammen aus der Werkstatt des Wiligelmus. Die auf dem Stirnbogen abgebildeten Heldenszenen gehören zu den ersten Schmuckplastiken ihrer Art in Italien.

Das **Innere** des Backsteinbaus ist eine gelungene Mischung aus dem Aufwärtsstreben gotischer Kirchen und der Schlichtheit und Helligkeit romanischer Sakralbauten. Blickfang der Kathedrale ist der Lettner im Hintergrund. Das Mittelschiff wird abwechselnd von Pfeilern und Säulen begrenzt, auf denen eine Frauenempore ruht *(s. Kunst und Architektur)*.

Im linken Kirchenschiff bemerkt man hinter dem *altare delle statuine* (Altar der kleinen Statuen, 15. Jh.) eine Kanzel aus dem 14. Jh. und genau gegenüber einen einfachen Holzsitz, der der Überlieferung nach dem Scharfrichter gehörte. Das Gestühl des liturgischen Chors (Presbyterium) wurde im 15. Jh. von den Gebrüdern Da Lendinara angefertigt. Der von lombardischen Löwen und kleinen Atlanten getragene romanische **Lettner**★★★ wurde zwischen 1170 und 1220 von den Campionesen geschaffen. Auf der Brüstung der Kanzel sieht man unter anderem die Fußwaschung, das Abendmahl und die Verurteilung Christi.

In der Krypta, deren Gewölbe von vielen zierlichen Säulen getragen wird, ist eine ***Heilige Familie***★ aus Terrakotta (15. Jh.) von Guido Mazzoni sowie das Grab des hl. Geminiano zu besichtigen. Im rechten Seitenschiff steht in der Nähe des Ausgangs ein echtes Juwel, eine Terrakotta-Krippe aus dem 16. Jh.

Im **Museo del Duomo** ⓥ befinden sich als wichtigste Stücke die **Metopen**★★ (12. Jh.), Flachreliefs, die früher die Strebepfeiler des Doms zierten. Die in ihrer Symbolik schwer zu interpretierenden Figuren dieser Reliefs zeigen in ihrer vereinfachten ausgeglichenen Form Anklänge an den Stil der Antike.

Palazzo dei Musei – In dem im 18. Jh. errichteten Gebäude sind die beiden bedeutendsten Kunstsammlungen der Este untergebracht.

★ **Biblioteca Estense** ⓥ – *1. Stock, Treppe rechts.* Die Bibliothek der Este ist eine der größten Italiens – sie umfaßt 600 000 Bände, 15 000 Manuskripte, wovon die interessantesten ausgestellt sind. Am kostbarsten ist die **Bibel des Borso d'Este**★★, deren 1 020 Seiten von Künstlern aus Ferrara im 15. Jh. illustriert wurden (darunter auch Taddeo Crivelli).

★ **Galleria Estense** ⓥ – Der Gang durch die Galerie beginnt mit der **Marmorbüste von Francesco I. d'Este**, einem Meisterwerk von Gian Lorenzo Bernini. Die Sammlungen bieten einen schönen Überblick über die Malerschule von Modena im 15. Jh. (Bonascia, Francesco Bianchi Ferrari). Die Kunst der Ferrarer Maler, die großen Einfluß auf die Künstler aus Modena ausübten, wird durch die eindrucksvolle Plastizität des *hl. Antonius* von Cosmè Tura hervorragend illustriert. Sehenswert sind auch die Werke der venezianischen Meister (Cima da Conegliano, Veronese, Tintoretto, Bassano), der Ferrarer Maler des 16. Jh.s (Dosso Dossi, Garofalo) und der mit der Accademia degli Incamminati verbundenen Malerschule von Bologna (Carracci, Guido Reni, Guercino). Auch zahlreiche Werke ausländischer Schulen sind zu sehen, z. B. das **Porträt Francescos I. d'Este** von Velázquez.

In der Galleria Estense sind zudem kostbare Terrakottafiguren aus den Modenaer Bildhauerateliers des 15. und 16. Jh.s (Nicolò dell'Arca, Guido Mazzoni, Antonio Begarelli), Majoliken und schöne Musikinstrumente, darunter eine Harfe aus dem Besitz der Este (1581), zu sehen.

★ **Palazzo Ducale** – Unter der Herrschaft Francescos I. d'Este wurde dieser Bau 1634 begonnen. Das stilvolle, noble Gebäude, ehemals Herzogspalast, ist heute Sitz der Militärakademie.

UMGEBUNG

Abbazia di Nonantola ⓥ – *11 km nördlich.* Die Abtei, die im 8. Jh. gegründet wurde, erlebte im Mittelalter eine große Blütezeit. Die Klosterkirche stammt aus dem 12. Jh.; am Portal sind noch bemerkenswerte **romanische Skulpturen**★ erhalten, die 1121 von der Werkstatt des Wiligelmus ausgeführt wurden.

Carpi – *18 km nördlich.* An der **Piazza dei Martiri**★ der reizenden kleinen Stadt steht eine Renaissancekirche, die nach den Plänen von Peruzzi erbaut wurde. Die mächtige, mit Türmen befestigte Burg **(Castello dei Pio**★ ⓥ**)** besitzt einen von Bramante entworfenen Hof. In der Burg selbst ist ein kleines Museum untergebracht. Die Chiesa della Sagra (12.-16. Jh.) wird vom **Torre della Sagra**, dem romanischen Campanile, überragt.

MOLISE

Michelin-Karte Nr.430, Falte 39 und 40

Die zwischen Apennin und Meer gelegene Region Molise war früher ein Durchgangsgebiet für Schafherden, Armeen und Reisende. Die Landschaft ist ganz durch das Gebirge geprägt, in dem die Bewohner schon immer Schutz oder Zuflucht fanden: Festungen, Burgen und Bergdörfer sind daher allgegenwärtig.

Auflistung in alphabetischer Reihenfolge.

Agnone – *42 km nordöstlich von Isernia.* Dieser zauberhafte kleine Marktflecken verdankt seine Berühmtheit dem **Museo Internazionale della Campagna** ⓥ, das auf eine der ältesten Glockengießereen der Welt zurückgeht, deren Anfänge in das 10. Jh. reichen. In der Hauptstraße, der Via Vittorio Emanuele, befinden sich die **Kirche Sant'Emidio** (15. Jh.) und das **Italienisch-argentinische Theater**, das im 19. Jh. mit Mitteln der nach Südamerika ausgewanderten ehemaligen Einwohner gegründet wurde. Löwen (das Symbol der venezianischen Kaufleute) schmücken die Wohnhäuser in der **Via Garibaldi**, die zur **Ripa**★ führt, einem schönen Aussichtspunkt in einem Park mit Blick auf das Tal des Verrino.

★ **Altilia Saepinum** – *25 km südlich von Campobasso über die S 87.* Die Ruinen des römischen *Saepinum* erstrecken sich am Fuße des Matese, nicht weit von den Häusern des heutigen Altilia entfernt, das aus den Steinen der antiken Bauwerke entstand. Der von Samnitern bewohnte Marktflecken wurde von den Römern unterworfen, die es zum Municipium machten und im 1. Jh. mit einer 1 250 m langen Befestigungsmauer mit über 25 Rundtürmen und vier befestigten Stadttoren umgaben. Saepinum erlebte seine Blütezeit Ende des 5. Jh.s; die Sarazenen zerstörten es im 9. Jh.

Besichtigung ⓥ– Man betritt die Stadt durch die **Porta di Terravecchia** am Südende des von Norden nach Süden verlaufenden Cardo, einer der beiden wichtigsten Straßen der Stadt. An der Kreuzung des Cardo und des Decumanus (Hauptstraße, die von Osten nach Westen durch römische Städte führte), befinden sich die Ruinen der **Basilika** (ionische Säulen des Peristyls), rechts breitet sich das **Forum** aus, ein weitläufiger, mit Platten belegter rechteckiger Platz. Längs dieses Wegs *(in den man rechts einbiegt)* liegen die Ruinen des Sitzungssaals des Senats, eines Jupiter-, Juno- und Minervatempels sowie der Exedra (in der Antike halbrunde Sitznische) eines Gebäudes, in dem früher die Ölpresse stand. Die vier Ölsilos aus Backstein sind noch erhalten. Es folgen die Reste eines samnitischen Hauses mit einem Sammelbecken für Regenwasser (*Impluvium*). Am Ostende des Decumanus steht neben der **Porta di Benevento** das **Mausoleum des Ennius Marsus**, ein schöner, halbkreisförmiger Bau, der auf einem viereckigen Sockel steht und von zwei Löwen aus Stein (in schlechtem Zustand) bewacht wird. *Zurück zur Hauptkreuzung und weiter auf dem Decumanus.* Im ehemaligen Wohnviertel, rechts, sind noch Reste der Geschäfte und des Marktes (*Macellum*) zu sehen. Am Ende der Straße erhebt sich die **Porta di Boiano**★, die als Triumphbogen für den späteren Kaiser Tiberius und seinen Bruder Drusus errichtet wurde. Von oben kann man den westlichen, am besten erhaltenen Teil der Befestigungsmauer und die Ruinen der Stadt gut überblicken. Außerhalb der Befestigung erreicht man rechts Richtung Norden das **Mausoleum des Numisius Ligus**, eine viereckige Grabanlage mit einfacher, aber eleganter Giebelverzierung.

Das halbkreisförmige **Theater**★ ist innen an den Verteidigungsring angebaut und weist noch den monumentalen Eingang aus weißem Stein auf. In den umliegenden Bauten ist ein **Museum** untergebracht, in dem interessante Skulpturen, Sarkophage und kleinere Grabstelen zu sehen sind.

Pietrabbondante – *28 km nordöstlich von Isernia über die S 650.* Das **italische Heiligtum von Pietrabbondante**★ ⓥ befindet sich in schöner Umgebung inmitten der Natur. Da an dieser heiligen Stätte der Samniter nicht nur religiöse, sondern auch politische Versammlungen stattfanden, wurde sie zum Symbol des antirömischen Widerstands. Erhalten sind die Fundamente des **großen Tempels**, Reste des kleinen Tempels und ein schönes **Theater** am Abhang des Hügels.

Santa Maria di Canneto – *36 km südöstlich von Vasto über die S 16 und 650.* Die Klosteranlage wurde im 8. Jh. errichtet und ist ein wichtiges Zeugnis der lombardischen Benediktinerkultur. In der **Kirche** befinden sich zwei berühmte Bildhauerarbeiten: die **Kanzel**★ aus dem 13. Jh. und die **Altarverkleidung**★ mit einer Darstellung des Abendmahls aus dem 10. Jh. Neben der Kirche wurden Reste einer römischen Villa mit Mosaikfußboden aus dem 3. und 4. Jh. n. Chr. gefunden.

San Vincenzo al Volturno ⓥ – *28 km nordwestlich von Isernia über die S 627 und 158.* Die schöne, im 8. Jh. gegründete und von den Sarazenen mehrmals zerstörte Klosteranlage des Benediktinerordens liegt in einer zauberhaften Naturlandschaft vor dem Hintergrund der Mainard-Berge und spektakulärer Bergdörfer. Vor der **Kirche**, die 1950 mit dem vorhandenen Material der

Vorgängerbauten neu errichtet wurde, befindet sich eine schöne **Bogenanordnung** aus dem 13. Jh. Bei **Ausgrabungen** auf der anderen Seite des Volturno kamen wertvolle Zeugnisse der ursprünglichen Abtei zum Vorschein.

Termoli – Termoli ist der einzige Hafen der Region Molise und Abfahrtsstelle zu den Tremiti-Inseln. Die Stadt verfügt über ein schönes **Kastell** aus dem 13. Jh., Teil der Befestigungsanlagen, die von Kaiser Friedrich II. zur Verteidigung des Hafens in Auftrag gegeben wurden. Durch die engen gewundenen Gassen der Altstadt erreicht man die **Kathedrale**★ (12. Jh.), das bedeutendste romanische Bauwerk in Molise. Die Fassade ist mit Pilastern und Blendarkaden mit gekuppelten Fenstern verziert. Das Motiv der Arkaden wird an der rechten Seitenfront und im Bereich der Apsis aus dem 13. Jh. aufgenommen. In der Krypta ist ein Mosaikfußboden aus dem 10.-11. Jh. erhalten.

Abbazia di MONTECASSINO★★

Abtei von MONTECASSINO – Latium

Michelin-Karte Nr. 988 Falte 27 oder 430 R 23

Zu der Abtei führt in Serpentinen eine Straße hoch, von der sich immer wieder herrliche Aussichten auf das Tal bieten. Das Kloster Montecassino kann wohl zu Recht als eines der bedeutendsten Klöster der Christenheit bezeichnet werden. Der hl. Benedikt, der hier 547 starb, verfaßte im Kloster Montecassino die Benediktinerregel, die die Prinzipien von religiöser Betrachtung, handwerklicher Arbeit, Pflege der Liturgie sowie Abkehr vom weltlichen Leben und Gehorsam festsetzte. Das Kloster wurde im Jahre 529 vom hl. Benedikt gegründet; im 11. Jh. galt es unter dem Abt Desiderius als das reichste Kloster der Welt. Die Mönche pflegten hier die Kunst der Miniaturmalerei, beherrschten Fresken- und Mosaiktechniken. Ihre Kunstwerke übten einen entscheidenden Einfluß auf die Kunst der Kluniazenser aus.

Seit ihrer Gründung wurde die Abtei mehrmals zerstört, das letzte Mal bei der **Schlacht** von Montecassino (Mai 1944). Nachdem die Alliierten Neapel eingenommen hatten, machten die Deutschen diese Stadt zu ihrem Hauptstützpunkt auf dem Weg nach Rom. Am 17. Mai setzten die Alliierten das polnische Armeecorps zum entscheidenden Angriff ein. Nach erbitterten Kämpfen mußten die Deutschen Cassino am nächsten Tag aufgeben. Die Alliierten hatten damit ihren Truppen den Weg nach Rom freigemacht. Nach dem Krieg wurde die Abtei getreu nach den alten Bauplänen wieder aufgebaut; die viereckige Anlage mit den mächtigen Sockelgeschossen erhebt sich wie einst auf dem Gipfel des Monte Cassino.

★★ **Abbazia** ⓥ – Vier miteinander verbundene Kreuzgänge, in denen eine feierliche Stimmung herrscht, umgeben die Abtei. Die schlichte Fassade der Basilika läßt das prunkvoll ausgeschmückte **Innere**★★ nicht vermuten. Marmor, Stuck, Mosaiken und Goldverzierungen bilden eine funkelnde, aber nach dem Wiederaufbau doch ziemlich kalt anmutende Atmosphäre im Stil des 17.-18. Jh.s. Im Chor befinden sich schön geschnitztes Chorgestühl, aus Nußbaumholz gefertigt (17. Jh.) und das Marmorgrabmal mit den Reliquien des hl. Benedikt.

★★ **Museo abbaziale (Klostermuseum)** ⓥ – Aufgezeigt wird in erster Linie die Geschichte der Abtei. Die Kunstwerke, die der Bombardierung 1944 nicht zum Opfer fielen, sind hier aufbewahrt.

Bei der Rückfahrt nach Cassino kommt man am Archäologischen Nationalmuseum **(Museo Archeologico Nazionale)** ⓥ vorbei und an dem angrenzenden Ausgrabungsgebiet (Amphitheater, Theater, Grabmal der Umidia Quadratilla).

MONTECATINI TERME⫶⫶⫶

Toskana

20 671 Einwohner

Michelin-Karte Nr. 988 Falte 14, 428, 429, 430 K 14

Stadtplan im Michelin-Hotelführer ITALIA

Das elegante Thermalbad ist eines der bekanntesten in Italien. Das Wasser ist heilsam für Magen-, Darm- und Lebererkrankungen.

Die kleine Stadt besitzt ein interessantes Museum für moderne Kunst **(Museo dell'Accademia d'Arte** ⓥ), das Werke von italienischen Künstlern wie Guttuso, Primo Conti, Messina und persönliche Gegenstände von Verdi und Puccini enthält.

LARA PESSINA

Hier läßt sich gut kuren: Montecatini Terme

UMGEBUNG

★★ **Collodi** – *15 km westlich.* Das kleine Dorf wurde berühmt durch den Schriftsteller Carlo Collodi, eigentlich Carlo Lorenzini (dessen Mutter von hier stammte), besser noch, durch seine Erfindung, die Puppe Pinocchio. Der **Parco di Pinocchio**★ ⓥ ist dem „Vater" des Pinocchio und seinem hölzernen Bengele gewidmet. Der Park in Form eines Labyrinths liegt am Ufer des Gebirgsbaches Pescia.

★ **Villa Garzoni** ⓥ – Ein erstaunliches Barockbauwerk aus dem 17. Jh. Die **Gärten**★★★ verdienen besondere Aufmerksamkeit. Von der üppigen Barockanlage mit Terrassen, Bassins, gestutzten Bäumen, Grotten, Skulpturen, Labyrinthen geht ein eigenartiger Zauber aus.

MONTEFALCO★

Umbrien

5 609 Einwohner

Michelin-Karte Nr. 430 N 19

Mauern aus dem 14. Jh. umgeben das hübsche Städtchen, das sich inmitten von Weinbergen und Olivenhainen ausbreitet. Wie ein Falke auf seinem Horst (daher der Name „Falkenberg") beherrscht Montefalco die Ebene und wird daher auch die „Balustrade Umbriens" genannt. Seine strategische Lage machte Montefalco zu einem vielumstrittenen Ort. Friedrich II. zerstörte es; zwei Jahrhunderte lang bemühten sich die Päpste um seinen Besitz. Der im Jahre 390 von dem hl. Fortunatus christianisierte Ort hat auch seine Heilige, die hl. Klara, eine Mystikerin aus dem Mittelalter, die aber nicht mit der gleichnamigen Gefährtin des hl. Franziskus verwechselt werden darf.

Torre Comunale (Stadtturm) ⓥ – Von der Plattform des Turms (110 Stufen) bietet sich ein prachtvolles **Panorama**★★★ über ganz Umbrien.

Museo di San Francesco ⓥ – Die ehemalige Franziskanerkirche bietet diesem Museum einen idealen Rahmen. Gezeigt werden **Fresken**★★ von Benozzo Gozzoli (Mitte des 16. Jh.s), die das Leben des hl. Franziskus und des hl. Hieronymus darstellen. Bemerkenswert sind außerdem eine *Geburt Christi* von Perugino und vor allem eine eindrucksvolle *Kreuzigung* des expressionistischen Meisters der hl. Klara, der Ende des 13. und Anfang des 14. Jh.s in Umbrien aktiv war und möglicherweise mit Giotto an der Basilika in Assisi gearbeitet hat. In der Gemäldegalerie werden unter anderem Werke von Francesco Melanzio (von 1487-1526 erwähnt) ausgestellt, der in Montefalco geboren wurde.

Santa Illuminata - Renaissancestil. Die Ausmalung des Bogenfeldes am Portal und einiger Nischen im Kirchenschiff wurde von Melanzio vorgenommen.

Sant' Agostino - *Corso G. Mameli.* Die Kirche ist mit gotischen Fresken der umbrischen Schule des 14., 15. und 16. Jh.s verziert.

San Fortunato - *1 km südlich.* Die Kirche besitzt einen Kreuzgang aus dem 14. Jh. Das **Fresko**★ im Bogenfeld des Portals stammt von Benozzo Gozzoli und stellt eine Madonna zwischen dem hl. Franziskus und dem hl. Bernhardin dar. Im Innern, über dem rechten Altar, ein weiteres Fresko von Gozzoli, das den hl. Fortunatus zeigt.

Abbazia di MONTE OLIVETO MAGGIORE★★

Abtei MONTE OLIVETO MAGGIORE - Toskana

Michelin-Karte Nr. 988 Falte 15 oder 430 M 16
36 km südöstlich von Siena

Die weitläufigen Gebäude der berühmten Abtei ⓥ aus rotem Backstein liegen verborgen hinter Zypressen in einer Hügellandschaft. Monte Oliveto ist das Mutterhaus der Olivetaner, einer Kongregation innerhalb des Benediktinerordens, die 1319 vom Seligen Bernardo Tolomei aus Siena gegründet wurde.

Großer Kreuzgang - Er ist mit 36 herrlichen **Fresken**★★ geschmückt, die das Leben des hl. Benedikt schildern. Sie wurden von **Luca Signorelli** ab 1498 und **Sodoma** von 1505 bis 1508 ausgeführt. Der Zyklus beginnt rechts am Eingang der Kirche, an dem großen Bogen, wo man Christus in Banden und Christus sein Kreuz tragend sieht. Es handelt sich um Meisterwerke von Sodoma. Die meisten Arbeiten des Zyklus stammen von ihm. Sodoma, ein feinsinniger Mensch, wurde von Vinci und Perugino beeinflußt.
In seinen Werken sollen die Menschen, die Landschaft und das malerische Detail verführerisch anziehend wirken. Davon zeugen das 4. Fresko, wo der hl. Benedikt das Einsiedlergewand erhält, das 12., wo der Heilige zwei junge Leute inmitten einer Gruppe von Personen in unterschiedlichen Haltungen empfängt. Auf dem 19. werden Kurtisanen zu Mönchen geschickt, um sie zu verführen (mit wunderschönen architektonischen Einzelheiten, die in eine weite Landschaft weisen). Signorelli hat nur acht Fresken geschaffen. Seine Figuren scheinen gemeißelt zu sein, die Szenen zeichnen sich durch ihre Dramatik aus. Die Landschaften bieten lediglich einen einfachen räumlichen Eindruck, wie auf dem 24. Fresko, wo der hl. Benedikt einen Mönch auferweckt, der von einer Mauer gefallen ist.
Vom Kreuzgang gelangt man zum Refektorium (15. Jh.), zur Bibliothek und zur Apotheke.

Klosterkirche - Das Innere wurde im 18. Jh. im Barockstil erneuert. Das Kirchenschiff ist vom **Chorgestühl**★★ (1505) mit Intarsien von Fra Giovanni da Verona umgeben. Rechts vom Chor befindet sich der Zugang zur Krippe.

MONTEPULCIANO★★

Toskana

14 042 Einwohner
Michelin-Karte Nr. 988 Falte 15 oder 430 M 17

Auf dem Kamm eines Tuffsteinhügels zwischen zwei Tälern liegt das Städtchen Montepulciano. Zahlreiche Kirchen und Paläste wurden im Stil der florentinischen Renaissance erbaut. Gegründet wurde der Ort im 6. Jh. von den Bewohnern der benachbarten Stadt Chiusi, die vor den Einfällen der Goten und Langobarden flüchteten. Hier wurde einer der feinsinnigsten Dichter der Renaissance geboren, **Angelo Poliziano** (1454-1494). Er war ein Freund und Vertrauter von Lorenzo dem Prächtigen, den er „Lauro" nannte. Bei der Verschwörung der Pazzi im Dom von Florenz rettete Poliziano seinem Freund das Leben. In seinen „Stanzen" beschreibt Poliziano ein Paradies im Reich der Venus. Polizianos Dichtkunst entspricht in der Malerei die Kunstauffassung Sandro Botticellis, mit dem er auch befreundet war.

★ **Città antica (Altstadt)** - Durch das befestigte Stadttor Porta al Prato gelangt man zur Hauptstraße, die im ersten Abschnitt Via Roma genannt wird. Sie teilt sich, um im Stadtteil mit den Monumenten eine Schleife zu bilden. In der Via Roma sind folgende Häuser bemerkenswert: Nr. 91 der Palazzo Avignonesi (16. Jh.), der Vignola zugeschrieben wird; Nr. 73 der Palast des Antiquitätenhändlers Bucelli, der mit etruskischen und romanischen Steinfragmenten geschmückt ist; etwas weiter **Sant' Agostino**, deren **Renaissancefassade**★ von Michelozzi (15. Jh.) gezeichnet wurde und gegenüber ein Turm, wo Polichinelle die Stunden läutet. Am Kornspeicher (Loggia del Grano) angelangt, nimmt man links die Via di Voltaia nel Corso - Nr. 21 der Palazzo Cervini, ein schönes Beispiel für die florentinische Renaissancearchitektur mit Bossen, krummlinigen und dreieckigen Giebeln, ein Werk von Antonio da Sangallo, Mitglied einer berühmten Familie von Architekten und Bildhauern, der in Montepulciano einige seiner bekanntesten Bauwerke schuf. Dann den Straßen dell'Opio nel Corso und Poliziano folgen. Nr. 1 ist das Geburtshaus (14. Jh.) des Dichters.

★★ **Piazza Grande** - Dieser große Platz ist der Mittelpunkt der Stadt. Durch seinen unregelmäßigen Grundriß und die Vielgestaltigkeit der Bauten, die ihn umgeben, wirkt er sehr malerisch.
Der gotische **Palazzo Comunale**★ wurde im 15. Jh. von Michelozzo umgebaut; von der Plattform des **Turms** ⓥ öffnet sich ein weiter **Rundblick**★★★ über die Stadt und die toskanische Landschaft.
Der **Palazzo Nobili-Tarugi**★ gegenüber dem Dom wird Antonio da Sangallo, zugeschrieben. Der Palast besitzt einen Bogengang und ein großes Rundbogenportal. Sechs ionische Säulen auf überhohem Basis tragen die Pilaster des oberen Stockwerks. Der **Brunnen**★ der Piazza Grande ist mit den beiden Löwen, die das Wappen der Medici tragen, sehr dekorativ.
Im Innern des **Doms** (16.-17. Jh.) befindet sich links vom Eingang die liegende Grabfigur des Bartolomeo Aragazzi, der Sekretär von Papst Martin V. war. Diese Statue gehörte zu einem Denkmal, das von Michelozzo (15. Jh.) entworfen wurde; von dort stammen die Basreliefs der beiden ersten Pilaster und die den Hochaltar umstehenden Statuen. Taddeo di Bartolo aus Siena malte 1401 das gewaltige **Retabel**★.

Museo civico - Pinacoteca Crociani **(Städtisches Museum)** ⓥ - *Via Ricci*. Hier sind eine schöne Sammlung glaslerter Töpfereien von Andrea della Robbia, Reste aus der etruskischen Zeit und Malereien vom 13.-18. Jh. ausgestellt.
Weiter die Hauptstraße entlang, von wo aus man zur Piazza San Francesco gelangt. Hier hat man einen wunderbaren **Blick** auf die Umgebung und auf die Kirche von San Biagio. Die Via del Poggiolo hinuntergehen, rechts in die Via dell'Erbe abbiegen, wo man wieder auf die Markthallen trifft.

★★ **Madonna di San Biagio** - *1 km. Ausfahrt durch das Tor Porta al Prato, die Straße nach Chianciano nehmen und rechts abbiegen.* Die herrliche Kirche aus goldgelbem Stein wurde 1529 eingeweiht. Sie ist das Meisterwerk von **Antonio da Sangallo.** Er wurde stark von Bramantes Projekt zum Wiederaufbau der Peterskirche in Rom beeinflußt (das jedoch in dieser Form nie verwirklicht werden konnte, da der Künstler verstarb). Deshalb bleibt San Biagio ein wertvolles Zeugnis der Entwürfe Bramantes für den Papst.
In vereinfachter Form entstand die Kirche nach dem Schema des griechischen Kreuzes und wurde mit einer Kuppel gekrönt. Die Hauptfassade wird von zwei Glockentürmen verschönert, die in den Winkeln des Kreuzes stehen. Der eine Turm blieb unvollendet, der andere weist die drei Ordnungen (die dorische, ionische und korinthische) auf. Das südliche Seitenschiff ist hier durch eine halbrunde Sakristei verlängert. Dank der harmonischen Linienführung und der Beherrschung der architektonischen Motive, die den Aufbau der Kirche unterstreichen, gibt Sangallos Werk dem Besucher ein Gefühl von Vollständigkeit. Das Innere vermittelt den gleichen majestätischen und erhabenen Eindruck. Links am Eingang steht eine im 14. Jh. gemalte *Verkündigung*; weiter beeindruckt ein Hochaltar aus Marmor (16. Jh.).
Gegenüber der Kirche steht die „Canonica", ein eleganter, den Mönchen vorbehaltener Palast mit Portikus.

UMGEBUNG

✝✝ **Chianciano Terme** - *10 km südöstlich.* Das elegante Thermalbad ist äußerst hübsch gelegen und sehr gut ausgestattet. Die Heilkraft seines Wassers (Nieren-, Leber- und Gallenleiden) war schon bei den Etruskern und Römern bekannt. Die Hotel- und Kuranlagen sind sehr gut ausgebaut, und schöne Parkanlagen laden zu Spaziergängen ein.

MONTE SANT'ANGELO★

Apulien

15 051 Einwohner

Michelin-Karte Nr. 988 Falte 28 oder Nr. 431 B 29 – Kartenskizze siehe unter Promontorio del GARGANO

Die **Lage**★★ von Monte Sant'Angelo ist sehenswert: auf einem Felsvorsprung erbaut, der von den Ruinen einer Burg beherrscht wird, überragt die Stadt das Garganomassiv und das Meer. Die Legende berichtet, daß der Erzengel Michael, der Herrscher der himmlischen Heerscharen, zwischen 490 und 493 dem Bischof von Siponto dreimal in einer nahen Grotte erschienen sei. Nachdem sich die Erscheinung im 8. Jh. wiederholt hatte, beschloß man, hier ein Kloster zu gründen. Im Mittelalter wurde Michael der Schutzpatron der Kreuzfahrer, die, bevor sie sich in Manfredonia einschifften, hierher kamen und seinen Schutz erbaten. Am 29. September finden jedes Jahr ein Fest und eine Prozession statt, bei der das Schwert des Erzengels durch die Stadt getragen wird.

★ **Santuario di San Michele (Wallfahrtskirche)** – Der Bau wurde im romanisch-gotischen Übergangsstil errichtet. Seitlich erhebt sich der achteckige Campanile aus dem 13. Jh. Hinter dem Eingang führt eine lange überdachte Treppe hinunter zu dem wunderschönen, kunstvoll gearbeiteten byzantinischen **Bronzetor**★ aus dem Jahre 1076. Hinter dem Tor öffnet sich der von einem Kreuzrippengewölbe abgeschlossene Innenraum, von dem aus man rechts in die Grotte gelangt, in der der hl. Michael erschienen sein soll. Die Marmorstatue des Erzengels wurde im 16. Jh. von Andrea Sansovino geschaffen; der Bischofsthron stammt aus dem 11. Jh. und zeigt den typisch apulischen Stil.

★ **Tomba di Rotari (Grab des Rodelgrimus)** ⓥ – *Die Treppe gegenüber dem Campanile hinuntergehen.* Links von der Apsis der einstigen Kirche San Pietro befindet sich die Grabkapelle. Über dem Eingang sind Szenen aus dem Leben Christi dargestellt. Die Kuppel des Innenraums wird von einem Quadrat, einem Achteck und einer konischen Trommel getragen. Hier sollen die Reliquien des Langobardenkönigs Rodelgrimus (7. Jh.) aufbewahrt worden sein, wahrscheinlich war es aber eine Taufkapelle (12. Jh.).

Santa Maria Maggiore – *Links vom Grab des Rodelgrimus.* Auffallend schön ist das Portal dieser im Stil der apulischen Romanik erbauten Kirche. Im Inneren sind noch Teile der byzantinischen Fresken zu sehen, die einst alle Wände schmückten (u. a. eine Darstellung des hl. Michael im rechten Seitenschiff).

AUSFLÜGE

San Giovanni Rotondo – *24 km westlich über die S 272.* Die Gemeinde ist ein Wallfahrtsort, zu dem Scharen von Gläubigen in Erinnerung an den Kapuzinermönch **Padre Pio** (1887-1968) aus **Pietrelcina**, in der Nähe von Benevent, pilgern. Der Pater wurde in diesem Ort zum Priester geweiht und verbrachte den größten Teil seines Lebens hier. 1918 erschienen die Kreuzigungsmale Christi auf seinem Körper und verschwanden erst wieder bei seinem Tod. Er wurde 1999 seliggesprochen.

MONZA

Lombardei

120 464 Einwohner

Michelin-Karte Nr. 988 Falte 3 oder Nr. 428 F 9

Monza liegt am Rande der Brianza, einer grünen hügeligen Gegend mit Seen, freundlichen Dörfern und Villen mit ausgedehnten Gärten. Die Industriestadt (hauptsächlich Textilindustrie) bietet touristisch viel Interessantes.

★ **Duomo** – Der Dom wurde im 13. und 14. Jh. erbaut. Sehr schön ist die **Fassade**★★ von dem Baumeister und Bildhauer Matteo da Campione, dem berühmtesten Vertreter der Campionesen *(s. S. 59)*, die den lombardischen Stil in ganz Italien verbreiteten. Sie ist durch das Wechselspiel von weißem und grünem Marmor gekennzeichnet und besticht durch die Harmonie ihrer Maße und die Vielfalt der Fensterformen. Das **Innere**★ wurde im 17. Jh. verändert. Bemerkenswert ist der vergoldete **Altarvorsatz**★ aus Silber (14. Jh.). Die Theodolindenkapelle (links) wurde im 15. Jh. mit **Fresken**★ ausgemalt, die das Leben der Königin Theodolinde schildern. Hier ist auch eine Nachbildung der berühmten **Eisernen Krone der Langobarden**★★ (5.-9. Jh.) zu sehen, deren Original Papst Gregor d. Gr. der Königin überreichte. Es wird im **Domschatz**★ ⓥ aufbewahrt, der auch Goldschmiedearbeiten (6.-9. Jh.), Reliquienschreine (17. Jh.) und Wandteppiche (16. Jh.) enthält.

★★ **Parco di Villa Reale** – Das großartige Gebäude im klassizistischen Stil war einst Residenz von Eugène de Beauharnais und später von König Umberto I., der 1900 in Monza von einem Anarchisten ermordet wurde. Hinter dem Palast erstreckt sich ein weitläufiger Park im englischen Stil. Im Nordteil des Parks wurden Sportanlagen gebaut, vor allem die berühmte Autorennbahn, auf der jedes Jahr der Große Preis von Monza, ein Formel-I-Rennen, ausgetragen wird.

NAPOLI★★★

NEAPEL – Kampanien

1 068 927 Einwohner

Michelin-Karte Nr. 988 Falte 27 oder Nr. 431 E 24 – Kartenskizze siehe Golfo di NAPOLI – Stadtplan nachstehend – Pläne Neapel und Umgebung im Michelin-Hotelführer ITALIA

Die Schönheit Neapels hat schon Millionen begeistert, von vielen wurde sie besungen. Auch die UNESCO-Kommission, die Neapels historische Altstadt 1995 zum Weltkulturerbe erklärte, zeigte sich von ihrem Reiz angetan. Der vom Posillipo, den Inseln und der Halbinsel von Sorrent umkränzte Golf von Neapel mit dem majestätischen Vesuv zählt zu den herrlichsten Landschaften der Erde. Nicht nur die Lage der Stadt und das milde Klima machen Neapel so anziehend, sondern auch seine Bevölkerung: Im Charakter der Neapolitaner, der bisweilen von einem Anflug von Resignation überschattet wird, überwiegt doch die Lebensfreude und die Neigung zum Theatralischen, so daß man Neapel als das „Dauertheater Italiens" bezeichnen kann. Die Industrieviertel im Osten der Stadt, die mit Abfall verstopften Gäßchen, die oft baufälligen Häuser, der dichte Verkehr, unter dem die Stadt in Stoßzeiten zu ersticken droht, der leichte Dunst, der oft die Landschaft verhüllt – alle diese Faktoren können aber auch den Touristen enttäuschen, der ein Neapel an einer Meeresbucht in einer harmonischen Landschaft unter ewigblauem Himmel erwartet. Wie in vielen Großstädten ist in den Altstadtvierteln, insbesondere an den malerischsten Orten und in der Nähe der Sehenswürdigkeiten (Spaccanapoli, Via Tribunali) etwas Vorsicht geboten, damit Ihnen die Erinnerung an einen ansonsten sehr schönen Besuch nicht verdorben wird. Wertgegenstände sollten Sie unbedingt im Hotel lassen und auch nur wenig Bargeld und keine wichtigen Ausweispapiere (Reisepaß, Führerschein) oder große Taschen bei sich tragen. Wer mit dem Pkw reist (wovon ohnehin abgeraten wird), sollte keine Gepäckstücke oder Wertgegenstände sichtbar im Auto liegenlassen. Außerdem ist es ratsam, die Gegend um die Via Forcella, auch tagsüber, zu meiden.

GESCHICHTLICHES

Nach der Überlieferung soll die Stadt um das Grab der Sirene Parthenope entstanden sein; auch heute noch wird Neapel manchmal als die „Parthenopäische Stadt" bezeichnet. Tatsächlich entwickelte sich Neapel aus der griechischen Kolonie *Neapolis*, die von den Römern im 4. Jh. v. Chr. erobert wurde. Die Stadt wurde zum bevorzugten Aufenthaltsort der Römer in den Wintermonaten. Reiche Patrizier wie Vergil, Augustus, Tiberius und Nero hatten hier ihre Villen. Trotz der Zugehörigkeit zu Rom behielt Neapel jedoch bis zum Ende der Kaiserzeit seine griechische Lebensweise und Sprache bei. Seit dem 12. Jh. lösten sich in der Herrschaft über Neapel sieben Fürstenhäuser ab: die Normannen, die Hohenstaufen, die Häuser Anjou und Aragon, die spanischen Habsburger und die Bourbonen. Nach der Revolution von 1789 fielen französische Truppen auch in Neapel ein, und 1799 wurde die „**Parthenopäische Republik**" ausgerufen. Es folgten die französischen Könige (1806-1815) **Joseph Bonaparte** und **Joachim Murat**, die eine Reihe von Reformen durchführten. Nach diesem Zwischenspiel regierten wieder die Bourbonen in Neapel (1815-1860) und konnten sich trotz der Revolutionen von 1820 und 1848 bis zur Einigung Italiens halten.

DIE KUNST IN NEAPEL

König und Mäzen – Unter der Regierung der Anjou wurden in Neapel zahlreiche Kirchen erbaut, die von der französischen Gotik geprägt waren. König **Robert der Weise** von Anjou (1309-1343) rief Dichter, Gelehrte und Künstler aus ganz Italien an seinen Hof. So verbrachte Boccaccio einen Teil seiner Jugend in Neapel und verliebte sich in „Fiammetta", vielleicht eine Tochter des Königs; auch sein Freund und Zeitgenosse Petrarca weilte in Neapel. 1324 beauftragte König Robert den Sienesen Tino di Camaino mit der Ausschmückung der Kirchen und monumentalen Grabdenkmäler. Der römische Maler Pietro Cavallini, etwas später auch Giotto (dessen Werke heute verschwunden sind) und Simone Martini malten zahlreiche Kirchen in Neapel mit Fresken aus.

Die Neapolitanische Malschule (17. - Anfang 18. Jh.) – Der größte Erneuerer der italienischen Malerei, Michelangelo Merisi, gen. **Caravaggio** (1573-1610), kam um 1606 nach Neapel, wo er Schule machte und sich ein von seiner großzügig bewegten und dramatischen Malweise beeinflußter Stil entwickelte. Hauptvertreter dieser Neapolitanischen Schule waren **Artemisia Gentileschi**, der Spanier **José de Ribera**, der Kalabrier Mattia Preti und Salvatore Rosa.

Luca Giordano (1632-1705), der eher abseits der Caravaggio-Schule anzusiedeln ist, zeichnet sich durch seine virtuosen, lebhaften Wand- und Deckengemälde aus; er stand dem römischen Barockstil nah. **Francesco Solimena** führte zunächst Giordanos Stil weiter und malte dann in der Art der Hell-Dunkel-Malerei Pretis. Seine Bilder zeichnen sich durch ruhige plastische Modellierung und kraftvolle Figuren aus. In vielen Kirchen Neapels findet man Bilder dieses Malers, besonders aber in San Nicola alla Carità (**KY**).

Blick auf Neapel und die Flotte von Ferdinand von Aragon (15. Jh.)

Barockzeitalter – Zahlreiche Baumeister errichteten in Neapel und Umgebung Gebäude im Barockstil. **Ferdinando Sanfelice** (1675-1748) beherrschte die hohe Kunst der Inszenierung von Treppen innerhalb einer Anlage. Er verlegte die Aufgänge in den Hof, und sie stellen oftmals den einzigen Schmuck der Paläste dar. **Luigi Vanvitelli** (1700-1773) war in Neapel der große Architekt des 18. Jh.s. Der Bourbone Karl III. beauftragte ihn mit den Entwürfen für Caserta.

In der Volkskunst entstanden ab dem 17. Jh. herrliche **Weihnachtskrippen** *(presepi)*.

Peperin

Der in Neapel häufig verwendete Peperin ist ein Tuffstein vulkanischen Ursprungs. Er verdankt seinen Namen seiner grauen Farbe, die seit der Antike als „pfeffergrau" bezeichnet wurde. Im Lateinischen bedeutet *piper* nämlich Pfeffer.

Musik und Theater – Die Neapolitaner bewiesen schon immer eine große Vorliebe für Musik, sei es für die **Oper**, bei der das Können des Sängers im Vordergrund steht, oder für das **Volkslied**, dessen Grundstimmung heiter oder sehnsüchtig-melancholisch sein kann. Begleitinstrument sind Gitarre oder Mandoline.

In die Commedia dell'arte ist die neapolitanische Figur des **Scaramuz** eingegangen.

Kirchenfeste – Sie werden in Neapel äußerst prunkvoll gefeiert. Die bekanntesten sind: Madonna di Piedigrotta, Santa Maria del Carmine und vor allem das Blutwunder des hl. Januarius. Zwischen Weihnachten und dem Dreikönigstag werden in den Kirchen prächtige, figurenreiche Krippen aufgestellt. *Siehe Veranstaltungskalender am Ende des Bandes.*

★★ INNENSTADT *Besichtigung: 2 1/2 Std.*

★★ **Castel Nuovo** ⊙ (KZ) – Die mächtige Burg, die von tiefen Gräben umgeben ist, ließ Karl I. von Anjou 1282 von seinen Architekten Pierre de Chaulnes und Pierre d'Agincourt erbauen. Vorbild für den Wehrbau war die Burg von Angers. Den Eingang von der Stadt her betont ein herrlicher **Triumphbogen**★★, der 1467 nach den Plänen von Francesco Laurana errichtet wurde. Die Skulpturen und Reliefs, die ihn zieren, verherrlichen das Haus Aragon.

Im Hof sieht man ein schönes Renaissance-Portal mit einer Madonnenstatue von Laurana (1474).

★ **Teatro San Carlo** ⊙ (KZ T[1]) – Das berühmte Opernhaus wurde 1737 unter Karl III. von Bourbon erbaut und 1816 in klassizistischem Stil erneuert. Das Innere weist prunkvolle Dekorationen auf und besteht aus sechs Rängen. Um eine perfekte Akustik zu erzielen, sind alle Wandverkleidungen aus Holz und Stuck ausgeführt.

NEAPEL ERLEBEN

Anreise – Nach Neapel sollte man am besten mit der Bahn oder dem Flugzeug reisen, auch weil die chaotischen Verkehrsverhältnisse und die Tatsache, daß die wenigsten Hotels über Parkplätze verfügen, einen Aufenthalt mit dem Pkw eher beschwerlich machen. Vom Flughafen Capodichino, 6 km außerhalb, fährt ein Bus (Linie 14) in die Stadt, Endhaltestelle Piazza Garibaldi (Bahnhof).

Öffentliche Verkehrsmittel – Neapel verfügt über ein gut ausgebautes Nahverkehrsnetz, auch wenn die oberirdischen Verkehrsmittel an den häufigen Staus nicht vorbeikommen. *Die folgenden Angaben verstehen sich ohne Gewähr. Bei Bedarf bieten die beim Fremdenverkehrsamt erhältlichen Fahrpläne genauere Informationen.*

Eisenbahn – Die **Cumana** und die **Circumflegrea** (Bahnhof auf der Piazza Montesanto – **JY**) verbinden Neapel mit Bagnoli und den Phlegräischen Feldern. Mit der **Circumvesuviana** (Bahnhof am Corso Garibaldi – **MY**) erreicht man schnell Herculaneum, Pompeji, Castellammare, Vico Equense und Sorrent.

U-Bahn – Die **Linie FS** (Ferrovia Statale) durchquert die Stadt in ihrer ganzen Länge von der Piazza Garibaldi bis Pozzuoli, während die **Metropolitana Collinare** von der Piazza Vanvitelli nach Piscinola/Secondigliano hinaufführt.

Standseilbahn – Mit den folgenden drei Linien erreicht man in wenigen Minuten das Vomero-Viertel: **Funicolare Centrale** (**JZ** – Via Toledo bis Piazza Fuga), **Funicolare di Chiaia** (Via del Parco Margherita bis Via Cimarosa – Zugang über den Corso Vittorio Emanuele – **JZ**) und **Funicolare di Montesanto** (**JY** – Piazza Montesanto bis Via Raffaele Morghen). Die **Funicolare di Mergellina** (beim Hafen Sannazzaro, Zugang über den Tunnel della Vittoria – **JZ**) verbindet die Via Mergellina mit der Via Manzoni.

Fahrscheine – Mit den Tickets „**GiraNapoli**" kann man Busse, Straßenbahnen, die Standseilbahn, die U-Bahn FS und die Metropolitana Collinare benutzen. Diese Fahrscheine gibt es als Tageskarte oder mit einer Gültigkeitsdauer von 90 Minuten. Darüber hinaus sind Monatskarten erhältlich.

Funktaxi – Dieser Service wird von vier Taxiunternehmen angeboten: **Cotana** ☏ (081) 57 07 070; **Free** ☏ (081) 55 15 151; **Napoli** ☏ (081) 55 64 444 und **Partenope** ☏ (081) 55 60 202.

Schiffsverbindungen – Von der Mole Beverello (**KZ**) und vom Hafen von Mergellina (Zugang über den Tunnel della Vittoria – **JZ**) fahren Fährschiffe und Tragflächenboote nach Capri, Ischia, Procida und Sorrent.

Die Stadtviertel – Mittelpunkt des städtischen Lebens sind die **Piazza del Plebiscito** und die **Galleria Umberto I°** (**JKZ**). Die volkstümlichen Viertel mit ihren engen Straßen, über denen auf quer gespannten Leinen die Wäsche trocknet, sind Spacca Napoli und die „spanischen" Viertel (Quartieri spagnoli) westlich der Via Toledo (**KY**).
Die elegantesten Wohnviertel liegen im Westen, auf den Anhöhen des **Vomero** und des **Posillipo**, von wo aus sich ein herrlicher Blick auf das Meer bietet.

B. Morandi/DIAF

Galleria Umberto I

Nützliche Telefonnummern

Carabinieri (Gendarmerie): (081) 54 81 111
Nationale Polizei: (081) 79 41 111
Verkehrspolizei: (081) 59 54 111
Stadtpolizei: (081) 75 13 177
Notruf Krankenwagen: (081) 75 28 282 oder (081) 75 20 696
Zugauskunft: 147 88 80 88

Übernachten in Neapel

Eine vollständige Auflistung der Unterkunftsmöglichkeiten in Neapel finden Sie im aktuellen roten Michelin-Hotelführer ITALIA. Im folgenden haben wir einige Adressen aufgeführt, die wir wegen ihres guten Preis-Leistungs-verhältnisses, ihrer guten Lage oder ihres besonderen Reizes ausgesucht haben. Die Unterkünfte sind in drei Preisklassen unterteilt (Preis jeweils für ein Doppelzimmer) und alphabetisch geordnet. *(Die Koordinaten verweisen auf den Stadtplan.)*

Wir empfehlen Ihnen, die Preise telefonisch zu überprüfen und rechtzeitig zu reservieren. Dies gilt vor allem für die preisgünstigeren Hotels, die in der Regel nur wenige Zimmer besitzen und rasch ausgebucht sind.

Zu den Hotel- und Preiskategorien siehe S. 478

„GUT & PREISWERT"

Manche der in dieser Kategorie aufgelisteten Gasthäuser bieten auch Zimmer ohne Bad an; in diesem Fall vermindert sich der Preis um ca. 20-30 %.

Ausonia – *Via Caracciolo 11 (in Mergellina, außerhalb des Plans). ☎ (081) 68 22 78 24. 20 Zimmer. Kreditkarten werden akzeptiert.* Das Hotel liegt im Innenhof eines Palazzo gegenüber dem Hafen von Mergellina. Ruhige Lage und angenehme, im Küstenstil eingerichtete Zimmer.

Le fontane al mare – *Via Tommaseo 14 (in Santa Lucia, außerhalb des Plans). ☎ (081) 76 43 470 oder (081) 76 43 811. 20 Zimmer. Kreditkarten werden akzeptiert.* Die Zimmer befinden sich im 4. Stock *(200 L für den Aufzug)* und sind eher bescheiden eingerichtet. Dafür gehen sie auf die Via Partenope hinaus und bieten fast alle einen einzigartigen Blick auf das Meer.

Le orchidee (KZ ⓔ) – *Corso Umberto I 7. ☎ und Fax (081) 55 10 721. 8 Zimmer. Keine Kreditkarten.* Das Hotel befindet sich im 5. Stock eines ehemaligen Palazzo (50 L für den Aufzug). Die Zimmer sind schlicht, aber angenehm und sehr geräumig. Vom Fenster aus kann man gut die Stadt überblicken.

San Pietro (MY ⓝ) – *Via San Pietro ad Aram 18. ☎ (081) 28 60 40, Fax (081) 55 35 914). 50 Zimmer. Kreditkarten werden akzeptiert.* Das etwas anonyme, aber korrekte Hotel liegt sehr günstig und kann vom Bahnhof aus zu Fuß erreicht werden.

„UNSERE EMPFEHLUNG"

Suite Esedra (LY ⓐ) – *Via Cantani 12 (Corso Umberto I). ☎ und Fax (081) 55 37 087. 17 klimatisierte Zimmer. Kreditkarten werden akzeptiert.* Die Zimmer in diesem kleinen Hotel, das in einem umgebauten Palast untergebracht ist, sind recht klein, doch sehr sauber und schön möbliert. Das Hotel besitzt auch eine kleine Bibliothek.

Villa Capodimonte – *Via Moiariello 66 (Anhöhe von Capodimonte, außerhalb des Stadtplans; über die Via Santa Teresa degli Scalzi). ☎ (081) 45 90 00, Fax (081) 29 93 44. 49 Zimmer mit Klimaanlage. Parkplatz. Kreditkarten werden akzeptiert.* Für denjenigen, der mit dem Auto reist und sich lieber weit entfernt vom neapolitanischen Trubel in einem ruhigen und gepflegten Rahmen aufhält, ist dieses Hotel mit Restaurant und Garten genau die richtige Adresse. Es liegt ca. 1 km von der Ausfahrt Nr. 5 der Stadtautobahn entfernt.

„SPITZENKATEGORIE"

Grand Hotel Parker's – *Corso Vittorio Emanuele 135 (Westteil der Stadt, außerhalb des Plans). ☎ (081) 76 12 474, Fax (081) 66 35 27. 70 klimatisierte Zimmer. Gebührenpflichtige Hotelgarage. Kreditkarten werden akzeptiert.* Eine gelungene Mischung aus exquisiter Eleganz und modernem Komfort. Hinzu kommt eine atemberaubende Aussicht auf den Golf von Neapel.

Grande Albergo Vesuvio – *Via Partenope 45 (in Santa Lucia, außerhalb des Plans). ☎ (081) 76 40 044, Fax (081) 58 90 380. 165 klimatisierte Zimmer. Gebührenpflichtige Hotelgarage. Kreditkarten werden akzeptiert.* Das 1882 eröffnete Hotel ist fester Bestandteil der Geschichte der Stadt und bietet eine herrliche Aussicht auf die Festung Castel dell'Ovo und den kleinen Hafen von Santa Lucia.

Kulinarisches für jeden Geschmack

NEAPOLITANISCHE SPEZIALITÄTEN UND LECKEREIEN

Die wichtigsten Zutaten der neapolitanischen Küche sind Nudeln, Pizza, Ricotta-Käse (unfermentierter Frischkäse), der köstliche Büffelmilchkäse Mozzarella, Fisch und Meeresfrüchte. In den meisten Restaurants der Stadt kann man noch bis spät in die Nacht Spaghetti mit Venusmuscheln (selbstverständlich *al dente* – bißfest gekocht), eine knusprige Pizza, gebackenen Fisch oder Jakobs- und Venusmuscheln im eigenen Saft kosten. Dazu paßt ganz ausgezeichnet eine Flasche *Greco di Tufo*. Wer davon noch nicht satt ist, kann sein Mahl mit einem Stück pastiera abschließen, dem typischen neapolitanischen Weihnachts- oder Osterkuchen, der mit einer Mischung aus Hartweizen, Ricotta-Käse und kandierten Früchten gefüllt ist. Hierzu trinkt man ein Glas *Lacrima Christi*.
Wer auf guten Wein Wert legt, ist mit den hier auf vulkanischem Boden wachsenden berühmten „Rebsäften" wie dem Falerno, dem roten oder weißen Capri und dem weißen Ischia bestens bedient.

EINIGE ADRESSEN ZUR AUSWAHL

Im aktuellen roten Michelin-Hotelführer finden Sie eine vollständige Liste der besten Restaurants der Stadt. Die im folgenden aufgeführten Lokale bieten traditionelle Gerichte in einem familiären Rahmen und zu angemessenen Preisen.

Europeo – *Via Campodisola 4. ☎ (081) 55 21 323. Geschlossen: Dienstag und abends (außer Freitag, Samstag und vor Feiertagen) sowie vom 15. bis 31. August. Menü ab 45 000 L.* Einfaches und gemütliches Restaurant, das schon seit 100 Jahren besteht. Auf der Speisekarte stehen Pizzas und neapolitanische Spezialitäten.

La Chiacchierata – *Piazetta Matilde Serao 37 (hinter der Galleria Umberto I, in einer Querstraße zur Via Toledo). ☎ (081) 41 14 65. Geschlossen: August, abends (außer Freitag), Sonntag; von Juni bis September auch Samstag. Menü ab 40 000 L.* Neapolitanische Gerichte in familiärer Umgebung.

Marino – *Via Santa Lucia 118 (in Santa Lucia, außerhalb des Plans). ☎ (081) 77 40 280. Geschlossen: Montag und im August. Menü ab 30 000 L.* Traditionelle Trattoria, die neben der unumgänglichen Pizza auch Meeresfrüchte anbietet.

Osteria della Mattonella – *Via G. Nicotera 13. ☎ (081) 41 65 41. Sonntag abends geschlossen. Menü ab 25 000 L.* Das kleine Restaurant gibt es bereits seit über hundert Jahren und hat auf seiner Speisekarte typische lokale Gerichte stehen.

PIZZERIEN

Es ist sicher überflüssig zu erwähnen, daß Pizza essen in Neapel einfach dazugehört. Sinnvoller ist dagegen schon der Hinweis, daß die typisch neapolitanische Pizzeria selten mehr als die klassischen Pizzasorten führt und die Gäste hier wie am Fließband bedient werden. Pizzerien sind daher nicht der Ort für einen gemütlichen Plausch; die Tische werden mit Rücksicht auf die allmählich bis vor die Türe reichende Warteschlange schnell frei gemacht. Hier eine Auswahl traditioneller Pizzerien:

Bellini (**KY 145**) – *Via Santa Maria di Costantinopoli 80 (hinter dem Archäologischen Museum). ☎ (081) 45 97 74.*

Brandi (**JZ**) – *Salita Sant'Anna di Palazzo 1 (Ecke Via Chiaia, hinter der Piazza Trento e Trieste). ☎ (081) 41 69 28.* In dieser Pizzeria soll 1889 die legendäre, nach der damaligen Königin benannte Pizza Margherita erfunden worden sein.

Da Michele (**LY**) – *Via C. Sersale 1 (in der Nähe des Hotels Suite Esedra). ☎ (081) 55 39 204.*

Lombardi a Santa Chiara (**KY**) – *Via B. Croce 59. ☎ (081) 55 20 780.*

Trianon (**LY**) – *Via P. Colletta 46 (nahe des Hotels Suite Esedra). ☎ (081) 55 39 426.*

LUST AUF SÜSSES

Wer sich einen guten Kaffee und ein Stück Kuchen gönnen möchte, dem empfehlen wir **Caflish** (Via Chiaia 143), **La Cafettiera** (Piazza dei Martiri), **Motta** (Via Toledo 152) und natürlich das **Gran Caffè Gambrinus** (Piazza Trieste et Trento), dessen reich dekorierte Räume seit über 150 Jahren Zeugen der wichtigsten Ereignisse der Geschichte Neapels sind.
Und wer in Spaccanapoli spazierengeht, sollte sich nicht entgehen lassen, bei **Scaturchio** (Piazza San Domenico Maggiore) eine ofenfrische *Sfogliatella Riccia* (eine mit Ricotta und kandierten Früchten gefüllte Blätterteigtasche mit Orangenblütenaroma) oder einen Baba zu kosten. Diese aus dem Ausland stammende Gebäckspezialität ist im „Königreich Neapel" weit verbreitet und sehr beliebt.

EINE KLEINE RUHEPAUSE...

... kann man sich nach anstrengender Stadtbesichtigung im **Caffè Letterario Intra Moenia** an der Piazza Bellini gönnen.

★ **Piazza del Plebiscito** (**JKZ**) - Der halbkreisförmige, majestätische Platz wurde unter der Herrschaft Murats angelegt. Auf der einen Seite wird er durch den Palazzo Reale (Königliches Schloß) begrenzt, auf der anderen Seite durch die Kirche **San Francesco di Paola**. Das Gotteshaus mit der klassizistischen Fassade wurde nach dem Vorbild des römischen Pantheons geschaffen. Zwei Kolonnadenarme fassen den Platz ein; in der Mitte stehen die Reiterstandbilder des Ferdinand von Bourbon, von Canova ausgeführt, und des Königs Karl III. von Bourbon.

★ **Palazzo Reale (Königliches Schloß)** ⌚ (**KZ**) - Domenico Fontana war der Baumeister dieses Schlosses (17. Jh.), das mehrere Male erneuert wurde. Die Hauptfassade zeigt sich jedoch noch etwa in ihrer ursprünglichen Form. In den Nischen wurden Ende des 19. Jh.s Statuen der acht bedeutendsten neapolitanischen Könige aufgestellt.

Eine doppelläufige **Treppe** in dem großartigen Treppenhaus mit Kassettendecke führt in die königlichen **Gemächer**★ und die **Kapelle**, die prunkvoll ausgeschmückt ist. Bei der Besichtigung der Gemächer, die den Königen erst ab 1734 als Residenz dienten, sieht man rechts zuerst das Hoftheater. In den prächtig ausgestatteten Räumen werden noch zahlreiche Kunstwerke aufbewahrt (Wandteppiche, Gemälde, Möbel und Porzellan).

★★ **Porto di Santa Lucia** - *Siehe Plan im Michelin-Hotelführer ITALIA.* Der winzige Hafen zwischen einer Felseninsel und der Mole, der sie mit der Küste verbindet, ist durch das gleichnamige neapolitanische Lied unsterblich gemacht worden. Die alte Festung **Castel dell'Ovo** wurde von den Normannen erbaut und unter der Herrschaft der Anjou 1274 erweitert. Ihren Namen verdankt die Festung der Legende, nach der Vergil in ihren Mauern ein verzaubertes Ei (ovo) versteckt haben soll; falls das Ei zerstört wird, ereilt die Festung das gleiche Schicksal. Von der Mole aus bietet sich ein wunderschöner **Blick**★★ auf den Vesuv und, in die andere Richtung, über den westlichen Teil des Golfs von Neapel. Abends ist der **Blick**★★★ von der Piazza Vittoria aus besonders reizvoll, wenn in den Häusern der Vomero- und Posillipo-Anhöhe die Lichter brennen.

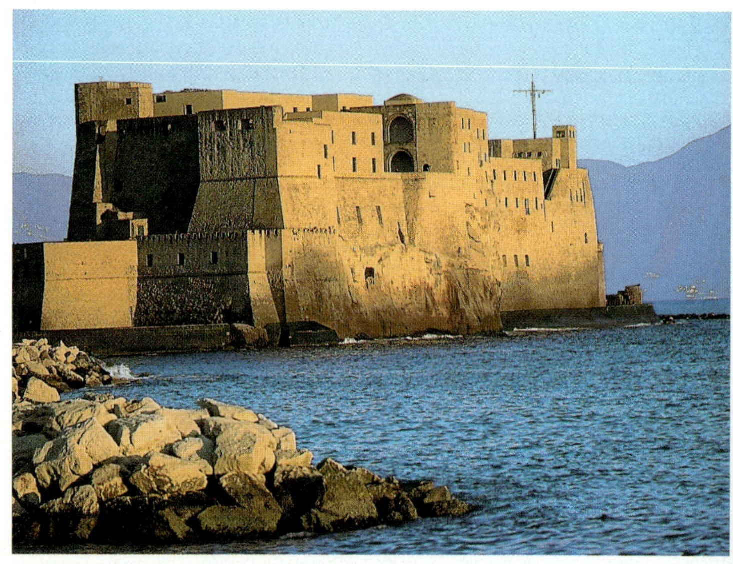

Castel dell'Ovo

★★ ALTSTADTVIERTEL SPACCANAPOLI UND DECUMANO MAGGIORE

Besichtigung: 4 Std. zu Fuß

Die von der Via S. Benedetto Croce, der Via S. Biagio dei Librai und der Via Vicaria Vecchia gebildete Achse teilt die Stadt gewissermaßen in zwei Teile. Daher wird sie, wie auch das ganze Viertel, Spaccanapoli genannt (von *spaccare* = spalten, teilen). Sie folgt in etwa der Trasse eines der drei römischen Decumani (Ost-West-Achsen) des antiken Neapolis. Die Hauptachse, der Decumanus Maior, verlief ungefähr in der Höhe der heutigen Via dei Tribunali (**KLY**). Mit seinen vielen Kirchen, verfallenen Palästen, kleinen Handwerksbetrieben und engen Gassen ist Spaccanapoli eines der belebtesten, lautesten und somit typischsten Viertel Neapels. Der Rundgang durch Spaccanapoli ist zugleich ein Streifzug durch die neapolitanische Geschichte von der griechisch-römischen Zeit bis zum 18. Jh.

An der Piazza del Gesù Nuovo erhebt sich die 1705 geweihte **Chiesa del Gesù Nuovo** ⓥ (**KY D**). Ihre schöne Diamantquaderfassade gehörte ursprünglich zum Palazzo Sanseverino (15. Jh.). An der Innenseite der Eingangswand ist die *Vertreibung des Heliodor* von Solimena zu sehen.

In die Via Benedetto Croce einbiegen.

★ **Santa Chiara** ⓥ (**KY**) – Die ausgesprochen schlichte Fassade hat einen Portalvorbau aus Peperin, dessen graue Farbe einen schönen Kontrast zu dem gelben Tuffstein bildet.
Der barocke Innenraum wurde nach dem Brand, der von einem Bombenangriff im Jahre 1943 ausgelöst wurde, in dem ursprünglichen, schlichten gotischen Stil wiederhergestellt. Das Einzelschiff, das Licht aus hohen schmalen Fenstern mit gekoppelten Fensteröffnungen erhält, ist von neun Kapellen umgeben. Im Chorraum mit dem platten Chorabschluß befinden sich mehrere Grabmäler derer von Anjou. Das **Grabmal**★★ Roberts des Weisen hinter dem Altar wurde im Jahre 1345 von florentinischen Meistern ausgeführt. Das Grab von Carlo di Calabria, rechts, wird Tino di Camaino zugeschrieben, der auch das **Grabmal**★ von Maria von Valois, rechts an der Wand, schuf. Rechts neben dem Bereich, der dem Klerus vorbehalten ist (Presbiterio), gelangt man durch eine Vorhalle und ein schönes Marmorportal in den **Chor**★ aus dem 14. Jh., an dessen Wänden sich Reste von Fresken der Schule von Giotto befinden.

★★ **Kreuzgang** – Seine Umgestaltung ist das Werk von Domenico Antonio Vaccaro (18. Jh.), der aus der offenen Mitte einen Garten gemacht hat. Die mittleren Wege sind zwei Alleen in Kreuzform, die von einer Pergola überdacht sind. Die Mauersockel unter den Arkaden im Kreuzgang, die Säulen in den Alleen und die Bänke dazwischen sind mit herrlichen **Majoliken**★ verkleidet, auf denen Blumenmuster, Landschaften, Idyllen oder Szenen aus der Mythologie zu sehen sind.

San Domenico Maggiore ⓥ (**KY**) – Die Apsis der Kirche stößt an die Piazza San Domenico mit einem barocken Obelisken („Guglia").
Im Innenraum verbinden sich gotische (**Karyatiden** von Tino di Camaino, die eine Osterkerze tragen) und barocke Stilelemente (Altar). In der Sakristei (18. Jh.), die mit einer Holztäfelung ausgekleidet ist, stehen Särge von Angehörigen des Hofs von Aragon.

Cappella Sansevero ⓥ (**KY**) – Die im 16. Jh. erbaute Kapelle besticht durch ihre üppige Barockausstattung aus dem 18. Jh. Besonders die allegorischen **Marmorstatuen**★ sind bemerkenswert. Rechts und links im Chor *Der Anstand* (verschleierte Frau) sowie *Die Verzweiflung* (dargestellt von einer Männerfigur, die sich aus einem Netz zu befreien sucht). In der Mitte des Chors eine ***Liegefigur Christi***★, mit einem Schleier bedeckt, ein Werk von G. Sammartino.

Nahe bei der Kirche San Domenico liegt die berühmte **Piazzetta Nilo**, die ihren Namen nach der antiken Statue des Nils erhielt.
Etwas weiter auf der Via S. Biagio dei Librai geht links die malerische Via S. Gregorio Armeno ab, in der sich zahlreiche kleine Geschäfte befinden sowie Werkstätten, in denen die *Pastori* hergestellt werden, die berühmten Krippenfiguren. Neben den traditionellen Figuren haben die Handwerker (deren Handwerkskunst seit dem 19. Jh. von Generation zu Generation weitergegeben wird) auch Persönlichkeiten aus der Gegenwart aufgestellt *(das Viertel ist besonders im Dezember einen Besuch wert).*
Am Ende der Straße erkennt man über einem Torbogen den Kirchturm von San Gregorio Armeno.

San Gregorio Armeno ⓥ (**LY**) – Durch die tiefe Vorhalle gelangt man in das prachtvolle barocke **Kircheninnere**★. Die Fresken an den Seitenwänden des Kirchenschiffs und in der Kuppel stammen von Luca Giordano. Zu den Glanzstücken der Kirche gehören die zwei riesigen **Barockorgeln**, der mit Marmorintarsien verzierte Hochaltar im Presbyterium und die Brüstung der Nonnenempore. Die schöne Holzdecke ist mit Medaillons von Teodoro di Enrico ausgeschmückt.
Im Zentrum des **Kreuzgartens** *(Zugang über die Treppe des Konventsgebäudes)* befindet sich eine marmorne Brunnenanlage mit Statuen, die die Begegnung Christi mit der Samariterin darstellen (18. Jh.).

San Lorenzo Maggiore ⓥ (**LY**) – Die Kirche wurde im 14. Jh. auf einem frühchristlichen Bauwerk errichtet, von dem noch die Außenwände, zwei Mosaiken und die das Schiff tragenden Säulen erhalten sind. Bei der kürzlich erfolgten Restaurierung wurden die barocken Zusätze entfernt. Die Vierung wird von einem schönen **Triumphbogen**★ mit einem Rundbogen überragt. Das rechteckige und (mit Ausnahme der fürstlich geschmückten barocken Kapelle einer adeligen Familie auf der rechten Seite) schlichte Schiff illustriert die nüchterne Strenge der Franziskaner. Dazu kontrastiert der **polygonale Chor**★ im Stil der französischen Gotik, der von hohen gekuppelten Fenstern mit Lanzettbogen überragt wird. Vom Chorumgang gehen Kapellen ab, die mit Fresken von Schülern Giottos geschmückt sind. Im linken Arm des Querschiffs befindet sich die große Cappellone di Sant'Antonio. Das Gemälde (1438) über

Palazzo Spinelli di Laurino	KY	A	S. Pietro a Maiella	KY	C
Croce di Lucca	KY	B	Gesù Nuovo	KY	D

dem Altar der Kapelle zeigt den Heiligen, umgeben von Engeln auf goldenem Grund. Rechts vom Hauptaltar befindet sich das von Tino di Camaino geschaffene **Grabmal**★ der Katharina von Österreich. Über den Kreuzgang der Kirche erreicht man den **Kapitelsaal**, dessen Gewölbe und Wände mit Fresken geschmückt sind. Hier wird eine einzigartige „illustrierte Bibel" aufbewahrt; die Themen auf Terrakotten befinden sich in Nußschalen. Diese sorgfältige Arbeit entstand in den 1950er Jahren.

Im Kreuzgang beginnt auch der archäologische Rundgang durch die **Ausgrabungen** ⓥ: freigelegt wurden eine kleine Straße der griechisch-römischen Stadt und ein Forum (man sieht Ärarium, Backofen und Macellum).

Annunziata (Via dell')	LY	4
Arte della Lana (Via)	LY	8
Cangiani al Mercato (Vico)	LY	14
Capitelli (Via D.)	KY	15
Chiaia (Via)	JZ	
Concezione a Montecalvario (Via)	JZ	31
Conte di Ruvo (Via)	KY	32
Cortese (Via Giulo C.)	KZ	34
Duca di S. Donato (Via)	LY	49
Egiziaca a Forella (Via)	LY	50
Filangieri (Via Gaetano)	JZ	57
Forcella (Via)	LY	60
Giudecca Vecchia (Via)	LY	65
Imbriani (Via M. R.)	JY	67
Maddalena (Via)	MY	71
Maddaloni (Via)	KY	72
Marchese Campodisola (Via)	KZ	73
Marotta (Via G.)	LY	74
Miroballo al Pendino (Via)	LY	81
Monteoliveto (Piazza)	KY	82
Montesanto (Via)	JY	83
Morgantini (Via M.)	KY	85
Museo Nazionale (Piazza)	KY	88
Nicola (Piazza E. de)	LY	89
Pironti (Via M.)	LY	117
Poerio (Via A.)	MY	120
Port' Alba (Via)	KY	123
S. Anna dei Lombardi (Via)	KY	136
S. Arcangelo a Baiano (Via)	LY	137
S. Brigida (Via)	KZ	138
S. Domenico (Piazza)	KY	139
S. Gregorio Armeno (Via)	LY	142
S. Maria di Costantinopoli (Via)	KY	145
S. Pietro a Maiella (Via)	KY	148
S. Sebastiano (Via)	KY	149
Sedile di Porto (V. del)	KYZ	154
Toledo (Via)	KY	
Trinità Maggiore (Calata)	KY	165
Vicaria Vecchia (Via)	LY	169
Vittorio Emanuele III (Via)	KZ	171

Pio Monte della Misericordia	LY	E
Purgatorio ad Arco	KY	F
Quadreria dei Girolamini	LY	L
Teatro San Carlo	KZ	T[1]

HOTELS

Le Orchidee	KZ	e
San Pietro	MY	n
Suite Esedra	LY	a

Rechts in die Via dei Tribunali einbiegen und zum **Pio Monte della Misericordia** ⓥ (17. Jh. – **LY E**) hinaufgehen. Dort befinden sich sieben Altarbilder, die mit der karitativen Tätigkeit der dort ansässigen Stiftung in Zusammenhang stehen. Besonders beachtenswert sind die *Befreiung Petri* von Caracciolo und ***Die Sieben Werke der Barmherzigkeit***★★★ von **Caravaggio**.

Umkehren und an der Kreuzung mit der Via Duomo rechts abbiegen.

★ **Duomo** (**LY**) – Der große Kirchenbau wurde im 14. Jh. errichtet und in den folgenden Jahrhunderten stark verändert. Die im Inneren, in einem überaus prächtigen Barockstil errichtete Kapelle **San Gennaro**★ ⓥ ist den Neapolitanern

besonders heilig. Das schöne bronzene Chorgitter stammt aus dem 17. Jh. Hinter dem Altar der Kapelle werden zwei Ampullen aufbewahrt, die das Blut des Heiligen enthalten, das sich zweimal im Jahr verflüssigen soll; wenn nicht, droht der Stadt großes Unheil (dieses sogenannte **„Blutwunder" des hl. Januarius** findet am ersten Sonntag im Mai und am 19. September statt). Die Kuppel ist mit einem unruhigen Fresko von Lanfranco (Das Paradies) ausgemalt. Im rechten Querschiff befindet sich eine ***Himmelfahrt Mariä*** von Perugino. Die gotische **Kapelle Minutolo** hat einen schönen Mosaikfußboden aus dem 13. Jh. und mit Fresken geschmückte Wände. Die elegante **Krypta (Succorpo)** stammt aus der Renaissance.
Durch eine Tür in der Mitte des linken Seitenschiffs gelangt man in die Basilika **Santa Restituta** ⓥ, die ursprüngliche Kathedrale aus dem 4. Jh. Sie wurde während der Gotik und im 17. Jh. umgebaut. Einzig das **Baptisterium San Giovanni** aus dem 5. Jh. blieb in Verlängerung des rechten Seitenschiffs mit Fragmenten von bemerkenswerten **Mosaiken**★ dieser Zeit erhalten. Die linke Apsis bietet Zugang zu einem spektakulären **archäologischen Rundgang** durch das griechische, römische sowie hochmittelalterliche Neapel.

Quadreria dei Girolamini ⓥ – *Via Duomo 142.* Die Galerie ist im ersten Stock des Oratorianerklosters untergebracht und enthält eine umfangreiche Sammlung von Werken der Malerschulen aus Neapel, Rom und Florenz vom 16.-18. Jh., z. B. Gemälde von Luca Giordano, G. B. Caracciolo, José de Ribera ***(Apostel)***, Guido Reni und Francesco Solimena *(Propheten)*. Das Kloster verfügt außerdem über eine **Bibliothek** ⓥ mit einem wunderschönen **Saal★ aus dem 18. Jh.**

★★ **Decumano Maggiore** ⓥ (**KY**) – Die **Hieronymiten-Kirche** ⓥ („Girolamini", deren Schutzpatron der hl. Hieronymus ist – *Eingang an der Via dei Tribunali*) enthält Werke von Pietro Bernini (dem Vater von Gian Lorenzo Bernini), Pietro da Cortona, Luca Giordano und Francesco Solimena.
Umkehren und die Via dei Tribunali bis zum gewaltigen Gebäudekomplex des Hieronymitenklosters (Girolamini) und weiter zur **Chiesa di San Paolo Maggiore** ⓥ (**KY**) hinuntergehen. Hinter der majestätischen Eingangstreppe von San Paolo Maggiore öffnet sich der barocke Innenraum der prächtig ausgestatteten Kirche. In der Sakristei befinden sich zwei schöne **Fresken**★ von **Solimena**, *Sturz des Simon Magus* und *Bekehrung Pauli*, die zu seinen Meisterwerken gehören.
Weiter rechts liegt der kleine unterirdische Friedhof der **Chiesa del Purgatorio ad Arco** ⓥ, wo noch bis vor wenigen Jahren eine eigenartige, in Neapel verbreitete Zeremonie stattfand, bei der mit der Waschung von Gebeinen um Gnade gebeten wurde.
Via dei Tribunali 362 befindet sich der **Palazzo Spinelli di Laurino** (**A**) mit seinem eigenartigen, fast ellipsenförmigen Hof und der komplizierten, von F. Sanfelice entworfenen Treppenanlage.
Auf dem 1764 mit Backsteinen und Majolika gepflasterten Vorplatz der Kirche **Santa Maria Maggiore**, auch „La Pietrasanta" („Heiliger Stein") genannt, steht links die im Renaissancestil erbaute Cappella Ponsano und rechts der Campanile, letztes Überbleibsel der ersten, im 11. Jh. hier errichteten Kirche.
Hinter der Kirche **Croce di Lucca** (**B**), die wegen ihrer Kassettendecke Erwähnung verdient (18. Jh.), führt der Weg weiter zur **Chiesa di San Pietro a Maiella** ⓥ (**C**). Die Glanzstücke dieser in der Gotik errichteten, im 17. Jh. umgestalteten Kirche sind die Fresken in der Apsis und das mit Intarsien verzierte Chorgestühl.
Anschließend gelangt man zur Piazza Bellini, wo noch Überreste der antiken griechischen Stadtmauer zu sehen sind. Dahinter befindet sich die von Vanvitelli entworfene **Piazza Dante**.

★★★ MUSEO ARCHEOLOGIO NAZIONALE ARCHÄOLOGISCHES NATIONALMUSEUM ⓥ (KY) *Besichtigung: 2 Std.*

Das Museum befindet sich in den Gebäuden, die im 16. Jh. für die königliche Kavallerie erbaut wurden. Von 1610 bis 1777 war die Universität dort untergebracht. Es besitzt eine der reichsten Sammlungen der Welt zum Verständnis des griechischen und römischen Altertums. Seine Bestände sind aus der Sammlung Farnese und den Funden von Herculaneum und Pompeji hervorgegangen.

Erdgeschoß

★★★ **Griechisch-römische Skulpturen** – Im großen Atrium befinden sich Skulpturen aus Pompeji und Herculaneum. Rechts am Eingang des Saals führt eine Treppe in das Zwischengeschoß mit der **epigraphischen Abteilung** und der **ägyptischen Sammlung**.

Saal der Tyrannenmörder – *Am Eingang zum Atrium nach rechts gehen.* Hier sind neben archaischen Bildwerken die stolze ***Aphrodite Sosandra*** (Replik einer griechischen Bronzefigur aus dem 5. Jh. v. Chr.) und die berühmte ***Gruppe der Tyrannenmörder*** zu sehen. Diese stellt Harmodios und Aristogeiton dar, die im 6. Jh. v. Chr den athenischen Tyrannen Hipparch ermordeten (Marmorkopie nach einer griechischen Bronze).

Saal der Großen Meister – *Parallel zur vorherigen Galerie, an der Fassade.* Hier befinden sich die *Pallas Athene* aus der Kollektion Farnese und ein ergreifendes Flachrelief (Replik eines Werks aus dem 5. Jh. v. Chr.), auf dem der Abschied des Orpheus von seiner Gattin Eurydike dargestellt ist (Saal II). Eine Kopie des ***Doryphoros*** (Speertragender Jüngling) von Polyklet (5. Jh. v. Chr.) ist in Saal III aufgestellt.

In einem Raum links am Ende des Saals der Tyrannenmörder befindet sich die berühmte *Aphrodite Kallipygos* (1. Jh., griech.: „Die mit dem schönen Hintern"). Hier sind auch zwei Kopien der ***Badenden Aphrodite*** von Doidalsas (3. Jh.) und die wunderschöne **Artemis von Ephesus** aus Alabaster und dunkler Bronze zu sehen, eine Nachbildung des Idols, das im berühmten Tempel am Ägäischen Meer verehrt wurde. Da Artemis im Orient mit der Fruchtbarkeitsgöttin gleichgesetzt wurde, trägt die Statue eine Vielzahl von Brüsten als Zeichen der allnährenden Natur.

Saal des Farnesischen Stiers – *Zugang über den vorherigen Saal.* Hier werden Monumental-Skulpturengruppen ausgestellt, die im 16. Jh. in den Caracalla-Thermen in Rom entdeckt wurden. In der Mitte erhebt sich die kolossale *Farnesische Flora*, man sieht die bildhauerisch hervorragende ***Figurengruppe Krieger und Kind*** und gegenüber eine schöne *Nike* (Victoria) aus Basalt. Im letzten Raum befindet sich die imposante Figurengruppe des ***Farnesischen Stiers***, die aus einem einzigen Marmorblock gehauen wurde und die Qualen der Dirke, der legendären Königin von Theben, darstellt. Es handelt sich um eine römische Kopie aus dem 2. Jh., die wie viele andere Werke der Farnesischen Sammlungen durch zahlreiche Veränderungen und Restaurationen ihr ursprüngliches Aussehen teilweise verloren hat. Im rechten Flügel kann man den monumentalen ***Farnesischen Herakles*** bewundern, der sich nach der Durchführung seiner berühmten Arbeiten ausruht.

Die nächste Abteilung ist **geschliffenen Edelsteinen** gewidmet und enthält ein Schmuckstück des Museums: die **sog. *Tazza Farnese***★★★ ist eine riesige Kamee in der Form eines Kelchs, die im 2. Jh. v. Chr. in Alexandria hergestellt wurde.

★★ **Mosaiken** – *Zwischengeschoß links.* Die meisten Mosaiken, die sich im Stil und in den dargestellten Sujets unterscheiden, stammen aus Pompeji. Herausragend sind zwei Mosaiken von Dioskurides aus Samos (Saal LIX) mit realistischen Motiven (Besuch bei einer Wahrsagerin und Wandermusikanten). Die berühmte ***Alexanderschlacht*** (Saal LXI) zierte das Haus des Fauns in Pompeji. Sie hat den Sieg des Makedonierkönigs Alexander über den Perserkönig Dareios (Schlacht bei Issos, 333 v. Chr.) zum Thema.

1. Stock

★★ **Säle der Villa der Pisonen** – *Am Eingang zum Saal der Sonnenuhr rechts.* Man nimmt an, daß diese Villa, die im 18. Jh. in Herculaneum ausgegraben und dann wieder zugeschüttet wurde, dem L. Calpurnius Piso, dem Schwiegervater Cäsars, gehört hatte. Der Eigentümer hatte sein Anwesen in ein wahres Museum verwandelt. Die Dokumente und Kunstgegenstände sind von unschätzbarem Wert. Im Saal der Papiri (CXIV) sieht man Fotografien der etwa 800 Papyrusrollen, die die Bibliothek bildeten. In Saal CXVI **Bronzefiguren** aus dem Peristyl der Villa: der ***Trunkene Silen***, in ausgelassener Freude dargestellt; der ***Schlafende Satyr***, mit einem bewundernswert gelösten Gesichtsausdruck; die zwei lebensvollen ***Ringer*** zeigen den Einfluß des Bildhauers Lysipp (4. Jh. v. Chr.); die berühmten Mädchengestalten, die sog. ***Tänzerinnen von Herculaneum***, wahrscheinlich Wasserträgerinnen; der ***Ruhende Hermes*** mit kräftigem, schlankem Körper zeigt das Ideal, das Lysipp anstrebte.
Der Saal CXVII enthält neben dem bekannten, fälschlich als ***Seneca*** bezeichneten Dichterbildnis, wegen seiner Lebensnähe eines der beeindruckendsten Porträts der Antike, eine Idealdarstellung der Göttin Artemis und die majestätische Athena Promachos (1. Jh. v. Chr).

★ **Kleine Bronzen, Elfenbeingegenstände, glasierte Terrakotten, Glasobjekte** – *Am Eingang zum Saal der Sonnenuhr links.* In den Sälen XC bis XCV werden größtenteils Ausgrabungsfunde aus Pompeji und Herculaneum aufbewahrt. Zu erwähnen wäre ein Silberschatz, der in der Casa del Menandro in Pompeji gefunden wurde, sowie kleine Gegenstände aus Elfenbein, griechische und italische Waffen sowie Gegenstände aus Glas, u. a. die schöne, mit Amorfiguren und Szenen der Weinlese verzierte **blaue Vase**★★.

Von dieser Abteilung aus erreicht man den Saal mit dem **Modell von Pompeji** aus Korkeiche aus dem 19. Jh.

★★ **Säle des Isistempels** – *Im Anschluß an die Säle mit den kleinen Bronzen.* Objekte und Malereien aus dem Tempel, der in Pompeji an der Rückseite des großen Theaters entdeckt wurde. Dabei sind insbesondere drei Bereiche vertreten, die partiell rekonstruiert wurden: Portikus, Ekklesiasterion (wo sich die Anhänger der Isis versammelten) und Sacrarium. Die Fresken an den Wänden zeigen Stilleben mit Feigen, Trauben, Gänsen, Tauben und anderen Elementen, die mit dem Kult der ägyptischen Göttin in Beziehung stehen. Besonders bemerkenswert sind die schönen und großen (gut erhaltenen) Tafeln, auf denen heilige Landschaften und Szenen aus dem Mythos der Io abgebildet sind.

★★★ **Freskensäle** – *Am Ende des Saals der Sonnenuhr links oder nach den Sälen des Isistempels.* Schöne Fresken, die in erster Linie aus Pompeji, Herculaneum und Stabies stammen, und deren stilistische Vielfalt und Farbenpracht Beweise für den dekorativen Reichtum der Römerzeit sind (s. Abschnitt Pompeji, Einführung in die pompejanische Malerei). Die wunderschönen Malereien sind von der Mythologie (Mythos von Herakles, Ariadne), der Tragödie (*Medea, Iphigenie*) oder von Epen (Episoden aus dem trojanischen Krieg) inspiriert und oft von architektonischen Elementen, Amorettenfriesen, Satyren oder Mänaden eingerahmt. Bemerkenswert sind die Anmut und Leichtigkeit der in Stabies gefundenen Darstellungen von *Leda, Medea, Flora* und *Artemis*. Aus einer Villa in Boscotrecase stammen Rahmen und Medaillons mit Darstellungen von Landschaften aus Kampanien.

Am Ende des Saal der Sonnenuhr, rechts, ist eine **topographische Abteilung** mit archäologischen Exponaten aus Kampanien von der Vorgeschichte bis zum römischen Zeitalter geplant.

„Bei ganz rein heller Atmosphäre kamen wir Neapel näher; und nun fanden wir uns wirklich in einem anderen Lande. Die Gebäude mit flachen Dächern deuten auf eine andere Himmelsgegend, inwendig mögen sie nicht sehr freundlich sein. Alles ist auf der Straße, sitzt in der Sonne, solange sie scheinen will. Der Neapolitaner glaubt im Besitz des Paradieses zu sein und hat von den nördlichen Ländern einen sehr traurigen Begriff: Sempre neve, case di legno, gran ignoranza, ma danari assai. Solch ein Bild machen sie sich von unserem Zustande. Zur Erbauung sämtlicher deutscher Völkerschaften heißt diese Charakteristik übersetzt: Immer Schnee, hölzerne Häuser, große Unwissenheit; aber Geld genug."
Johann Wolfgang von Goethe, Italienische Reise

Neapel, den 25. Februar 1787

WEITERE SEHENSWÜRDIGKEITEN IM HISTORISCHEN ZENTRUM

★ **Porta Capuana** (**LMY**) – Das ehemalige Stadttor wurde 1484 nach einem Plan von Giuliano da Maiano errichtet. Ganz in der Nähe liegt das **Castel Capuano** (**LY**), ehemals Sitz der Normannenherzöge und der Staufer.

★ **San Giovanni a Carbonara** (**LY**) – Eine Freitreppe aus dem 18. Jh. führt hinauf zum gotischen Portal der Kirche aus dem 14. Jh. Im Kircheninnern ist das eindrucksvolle Grabmal von Ladislaus von Anjou zu bewundern (15. Jh.). Sehenswert sind ebenso die Kapelle Carracciolo del Sole *(hinter dem Chor)* und die Kapelle Carracciolo del Vico *(links im Chor)*, die reich ausgestattet sind.

★ **Santa Maria Donnaregina** (**LY**) – In die kleine gotische Kirche (14. Jh.), die deutlich von der französischen Baukunst beeinflußt wurde, gelangt man durch eine Barockkirche gleichen Namens. Der Kreuzgang zwischen den beiden Kirchen ist mit Fayencen aus dem 18. Jh. geschmückt. Im Inneren befindet sich das **Grabmal**★ (Tino di Camaino) der Stifterin der Kirche, der Königin Maria von Ungarn, Gemahlin Karls II. von Anjou. Die Wände des Mönchschors wurden im 14. Jh. mit **Fresken**★ ausgemalt.

★ **Palazzo Cuomo** ⏲ (**LY**) – Der majestätische Palast (Ende 15. Jh.) erinnert mit seinen Bossenquadern an die florentinische Renaissance. Heute befindet sich hier das **Museo Civico Filangieri** mit Waffensammlungen, Fayencen und Porzellan, alten Möbeln sowie Gemälden u. a. von Ribera, Carracciolo, Mattia Preti.

Sant'Anna dei Lombardi ⏲ (**KYZ**) – Der Renaissancebau ist außerordentlich reich an florentinischen **Bildhauerarbeiten**★ dieser Zeit. Er enthält insbesondere das Grabmal der Maria von Aragon *(erste Kapelle links)*, das Antonio Rossellino schuf, sowie eine Verkündigung *(erste Kapelle rechts)* von Benedetto da Maiano. In der Kapelle rechts vom Chor befindet sich eine Kreuzabnahme aus Terrakotta, die Guido Mazzoni Ende des 15. Jh.s ausführte. Sie ist ein gutes Beispiel für den theatralischen und realistischen Stil, der damals in ganz Süditalien Schule machte. In der ehemaligen Sakristei steht ein fein gearbeitetes Chorgestühl von Fra Giovanni da Verona (1457-1525).

★★ CERTOSA DI S. MARTINO (KARTAUSE SAN MARTINO) ⏲ (JZ)

Besichtigung: 1 Std.

Die Klosteranlage ist herrlich auf einem Bergvorsprung der Vomero-Höhe gelegen. Oberhalb im Westen sieht man das **Kastell Sant'Elmo**, eine Festung mit Bastionen, die im 16. Jh. von den Spaniern ausgebaut wurde und lange als Gefängnis diente. Die Kartause, vom Haus Anjou gegründet, wurde im 16. und 17. Jh. fast völlig neu errichtet. Heute sind Teile des Klosters und das Museum mit historischen Sammlungen zu besichtigen, die den Kreuzgang (Chiostro dei Procuratori) umschließen.

Klosterkirche – Das **Innere**★★ ist im prunkvollen Barockstil ausgestattet. Im Chor steht eine prächtige Kommunionsbank von Sammartino; außerdem befinden sich hier einige Gemälde von Guido Reni und Caracciolo. Die Sakristei ist ganz mit Holzintarsien verkleidet. In der Cappella del Tesoro Gemälde von Ribera und Luca Giordano.

Großer Kreuzgang – Die harmonische Anlage geht auf den Architekten und Bildhauer Fanzago zurück.

★ **Museum** – Die Abteilung Volksfeste und -bräuche umfaßt eine einzigartige Sammlung von neapolitanischen Figuren und **Krippen**★★ (= presepi). In den Sälen zur Geschichte Neapels werden Erinnerungsstücke von der Bourbonenzeit (1734) bis Garibaldi (1860) gezeigt. Von Saal 25 aus bietet sich ein überwältigender **Blick**★★★ über den Golf von Neapel. Die **Pinakothek** birgt Gemälde vom 15.-19. Jh. Auch die große **Skulpturensammlung** (Werke von Tino di Camaino) ist sehenswert.

★★ PALAZZO UND GALLERIA NAZIONALE DI CAPODIMONTE

(PALAST UND NATIONALGALERIE) ⌚ *Besichtigung: 2 Std.*

*Im Norden der Stadt. Zu erreichen mit der Buslinie 24, die von der Piazza Municipio (**KZ**), durch die Via Medina, Via Monteoliveto und Via Santa Teresa degli Scalzi (**JKY**) führt.*

Das **Anwesen**★ liegt auf einem Hügel über der Stadt. Es besteht aus dem massiven, strengen Königspalast (Palazzo Reale), der zwischen 1738 und 1838 errichtet wurde und einem großen Park, in dem noch die Gebäude der im 18. Jh. berühmten Porzellanmanufaktur stehen. Im Palast sind die königlichen Gemächer und eine Gemäldesammlung zu besichtigen.

★★ **Pinacoteca** – Den Kernbestand der Pinakothek bildet die Farnesische Sammlung aus dem Erbe der Bourbonen, die im Laufe der Jahre weiter vergrößert wurde. Die in erster Linie chronologische Anordnung der Werke bietet einen Überblick über wichtige Etappen der Geschichte der italienischen Malerei im Vergleich mit einigen herausragenden ausländischen Werken.
Die Sammlung beginnt mit der Galerie Farnese, die berühmte Porträts der wichtigsten Familienmitglieder zeigt, z. B. ***Farnese-Papst Paul III. mit seinen Neffen***★★, ein Meisterwerk psychologischer Tiefe von Tizian *(siehe Abbildung S. 39)*.
Auf der ergreifenden ***Kreuzigung***★★★ von Masaccio ist die Figur der Maria Magdalena, die, in ein leuchtend rotes Gewand gehüllt, die Arme in einer dramatischen Geste dem Kreuz entgegenstreckt, ein anschauliches Beispiel für die ersten Versuche einer perspektivischen Darstellung. Masaccio erweist sich hier als ein Wegbereiter der Renaissance. Der eingezogene Kopf Christi ist kein Fehler, sondern geht darauf zurück, daß die Tafel ursprünglich der oberste Teil eines hohen Polyptychons war und von unten betrachtet wurde. Die Renaissance ist mit Werken von Botticelli *(Madonna mit Kind und Heiligen)*, Filippino Lippi und Raffael vertreten. Ein schönes Beispiel für die Kunst der venezianischen Malerschule ist Bellinis ***Verklärung Christi***★★, wo das Licht und die Farbnuancen einen Eindruck von Heiterkeit schaffen, die sich über die gesamte Landschaft ergießt. In dieser Abteilung ist auch das berühmte *Porträt von Fra Luca Pacioli* ausgestellt. Unter den Manieristen fallen Werke von Sebastiano del Piombo ***(Porträt Clemens' VII.***★***)***, Pontormo und Rosso Fiorentino auf. In seiner sinnlichen ***Danae*** zeigt sich Tizian als Meister der Lichtführung. Auch im *Knaben mit der Kerze*, einem Werk seines Schülers El Greco, scheint das Licht die Hauptrolle zu spielen. Ein Gefühl sanfter Heiterkeit spricht aus dem kleinen Gemälde von Correggio, ***Die Verlobung der hl. Katharina***. Das gilt auch für die *Heilige Familie* von Parmigianino, wo die Figur der Mutter im Mittelpunkt steht und das Jesuskind nicht vollständig im Bild erscheint. Vom selben Künstler sind die *Lukretia* und die elegante ***Antea***★ zu sehen. In der flämischen Abteilung werden zwei schöne Werke von Pieter Bruegel gezeigt: *Der Misanthrop* und ***Gleichnis von den Blinden***★★. Die *Verlobung der hl. Katharina* von Annibale Carracci besticht durch die maßvolle Eleganz der Darstellung.
Im zweiten Stock befindet sich die „Neapolitanische Galerie", eine Sammlung, die von Murat zusammengestellt wurde, der die Werke bei der Auflösung der Klöster aufkaufte. Unter den ausgestellten Meisterwerken sind ***Der Heilige Ludwig von Toulouse*** von Simone Martini, der berühmte ***Heilige Hieronymus in seiner Zelle*** von Colantonio und die ***Geißelung***★★ von Caravaggio sowie Werke von Caracciolo, Ribera, Mattia Petri, Luca Giordano und Francesco Solimena zu bewundern.

Der dritte Stock ist der zeitgenössischen Kunst gewidmet.

Königliche Gemächer – Erster *Stock*. Die historischen Räume sind mit schönem Mobiliar ausgestattet. Von besonderem Interesse ist das **Porzellankabinett**★. Es ist vollständig mit Porzellan verkleidet, das mit Weinranken und Chinoiserien verziert ist. Hier befinden sich auch eine Sammlung von Porzellangegenständen, darunter die elegante *Sfilata dell'Aurora*, eine Figurengruppe aus Biskuitporzellan (Anfang des 19. Jh.s), und die ausgesprochen reich ausgestattete königliche Waffenkammer.

WEITERE SEHENSWÜRDIGKEITEN

Die im folgenden beschriebenen Sehenswürdigkeiten liegen außerhalb unseres Stadtplans. Zur besseren Orientierung siehe den Plan von Neapel und Umgebung im Michelin-Hotelführer ITALIA oder den Straßenatlas Italien.

★ **Villa Floridiana** - *Im Westen der Stadt.* Das elegante klassizistische Palais liegt in einem Park am Hang des Vomero. Von der Gartenfront der Villa aus erschließt sich eine herrliche **Aussicht**★ auf Neapel und den Golf.

★ **Museo Nazionale di Ceramica Duca di Martina** ⓥ - Die Villa birgt ein Museum mit einer sehenswerten Sammlung von Email- und Elfenbeinarbeiten, Fayencen und Porzellan.

★★ **Catacombe di San Gennaro** ⓥ - *Im Norden der Stadt.* Die Katakomben sind seit dem 5. Jh. nach dem Stadtheiligen San Gennaro (St. Januarius) benannt, der in Pozzuoli den Märtyrertod starb und hier beigesetzt wurde. Die Anlage umfaßt unterirdische Gänge auf zwei übereinander liegenden Ebenen, in denen noch Reste von frühchristlichen Wandmalereien erhalten sind.

Villa Comunale - Diese Garten- und Parkanlage wurde 1780 von Vanvitelli entworfen. Reizvoll sind die Gärten, die sich über nahezu eineinhalb Kilometer entlang der Küste erstrecken. Die Promenade ist vor allem für abendliche Spaziergänge beliebt. In diesem Park befindet sich auch das **Aquarium** ⓥ, wo man zahllose, für den Golf von Neapel charakteristische Meerestiere bewundern kann.

Museo Principe di Aragona Pignatelli Cortes ⓥ - *Riviera di Chiaia gegenüber der Villa Comunale.* Zu besichtigen ist das Erdgeschoß der Sommerresidenz von Prinzessin Pignatelli, die hier bis Ende der 50er Jahre des 20. Jh.s lebte. In den ehemaligen Pferdeställen im Garten ist eine interessante Sammlung von Karossen aus jener Zeit untergebracht. Die sehr gut erhaltenen Fahrzeuge stammen aus England, Frankreich und Italien.

★ **Mergellina** - Am Fuß des Posillipo erstreckt sich Mergellina mit seinem kleinen Hafen Sannazzaro. Es ist eine der wenigen Stellen in Neapel, wo man spazierengehen kann. Von dem Fischerdorf aus bietet sich ein schöner **Blick**★★ über die Bucht von Neapel. Auf dem Vomero thront das Kastell Sant'Elmo. Der Vomero fällt sanft ab bis zur Landspitze Santa Lucia mit dem Castel dell'Ovo, immer mit dem Vesuv im Hintergrund.

Golfo di NAPOLI★★★

GOLF VON NEAPEL - Kampanien

Michelin-Karte Nr. 988 Falte 27 oder 431 E 24, 25

Der Küstenstreifen zwischen Cumae und Sorrent am Golf von Neapel ist nicht nur eine der schönsten Landschaften Italiens, sondern auch eine der geschichtsträchtigsten. Man trifft hier auf überraschend starke Kontraste: So gibt es einsame, erholsame, ruhige Orte, wie z. B. die Ausgrabungsstätten, die kahlen Hänge des Vesuv, die Grotte der Sibylle oder auch der Averner See. Aber die Gegensätze liegen nahe beieinander, und so befindet man sich nur einige Meter weiter oftmals mitten im Trubel. Der Lärm, der dichte Verkehr und die Überschwenglichkeit der Neapolitaner bringen den Besucher ganz schnell in die andere Welt zurück. Auch wenn die legendäre Schönheit des Golfs von Neapel durch die Industrieansiedlungen heute etwas geschmälert ist, so bleiben die Kaps, Berge und Inseln immer noch das Ziel unvergeßlicher Ausflüge.

Rundfahrt - *Folgen Sie der auf der Kartenskizze eingezeichneten Strecke.*

★★VON NEAPEL NACH CUMAE

1 I Campi Flegrei (Die Phlegräischen Felder) *45 km - etwa 6 Std.*

Dieses Hügelland erhielt seinen Namen wegen der regen Vulkantätigkeit im Altertum, denn „phlegraei" wird aus dem Griechischen abgeleitet und bedeutet „entflammt". Es umschließt halbkreisförmig den Golf von Pozzuoli. Der Erde und dem Meer entströmen Thermalquellen, heiße Gase und schweflige Dämpfe, die von der unterirdischen Vulkantätigkeit zeugen. Mehrere Krater von erloschenen Vulkanen sind heute zu Seen geworden. Ebenso sind **Niveauschwankungen** des Bodens festzustellen.

★★★ **Napoli (Neapel)** - *Beschreibung siehe NAPOLI*

★ **Posillipo** - Bekannter Bergrücken, der, durch ein Vorgebirge verlängert, den Golf von Neapel vom Golf von Pozzuoli trennt. Es ist eine der vornehmsten Wohngegenden Neapels mit Villen in großen Parks und eleganten Appartementhäusern, viele davon mit einem herrlichen Blick auf das Meer.

B. Morandi/DIAF

Golf von Neapel

★ **Marechiaro** - Die Schönheit dieses Fischerdorfs wurde in einem bekannten neapolitanischen Lied „Marechiare" besungen. Die Fischerhäuser erheben sich steil über dem Meer.

Parco Virgiliano - Er wird auch **Parco della Rimembranza** (Park der Erinnerung) genannt. Von der Spitze des Vorgebirges aus hat man eine herrliche **Aussicht**★★ auf den Golf, vom Kap Miseno bis zur Halbinsel von Sorrent und zu den Inseln Procida, Ischia und Capri.

★ **Pozzuoli** - *Beschreibung siehe dort*

★★ **Solfatara** - *Beschreibung siehe unter POZZUOLI*

Lago Lucrino - In der Antike betrieb man an diesem See Austernzucht. An den Ufern standen die prächtigen Villen reicher Römer; eine davon gehörte Cicero. In einer anderen Villa ließ Nero seine Mutter Agrippina ermorden.

★★ **Terme di Baia** ⓥ - Der von den Griechen gegründete Ort war während der Römerzeit ein berühmtes Luxusbad und besaß die bedeutendsten Thermalanlagen des Römischen Reichs.
Vertreter des Adels und die römischen Kaiser hatten hier herrliche, weitläufige Villen, die inzwischen durch Bodensenkung im Meer verschwunden sind. Von den Thermen allerdings sind noch eindrucksvolle Ruinen erhalten. Auf dem Hügel erkennt man zum Meer hin von links nach rechts die Thermen der Venus, der Sosandra und des Merkur.

Bacoli - Auf dem Bergrücken in der Altstadt kann man das antike Wasserreservoir **Cento Camerelle**★ ⓥ besichtigen *(Via Cento Camerelle, rechts neben der Kirche)*. Die zweistöckige Zisterne gehörte zu einem Privathaus. Das vierschiffige Obergeschoß mit seinen weitgespannten Arkaden stammt aus dem 1. Jh. Das Untergeschoß ist wesentlich älter; es besteht aus einem System enger, kreuzförmig angeordneter Gänge, die steil über dem Meer enden.
Die berühmte **Piscina Mirabile**★ ⓥ *(an der Kirche links in die Via Ambrogio Greco einbiegen, dann geradeaus weiter auf der Via Piscina Mirabile)* ist eine riesige Zisterne, aus der die römische Flotte im Hafen von Miseno mit Süßwasser versorgt wurde . Sie ist 70 m lang, 25 m breit und 15 m hoch. Das fünfschiffige Innere wird von einem Gewölbe, das auf 48 Pfeilern ruht, überspannt.

Miseno - See, Hafen, Kap und Ortschaft tragen den gleichen Namen. Der Miseno-See ist ein Kratersee, in dem man im Altertum den Styx zu sehen glaubte; hier setzte der Fährmann Charon in seinem Nachen die Seelen der Verstorbenen über. Während der Herrschaft des Augustus war die Landzunge, die See und Hafen trennt, durch einen Kanal durchbrochen. Der Hafen war Stützpunkt der römischen Flotte. Der kleine Ort wird vom Monte Miseno überragt, an dessen Fuß der Held Misenos, eine Freund des Aeneas, begraben liegen soll. An den Hängen des Vorgebirges standen die Villen römischer Patrizier; in einer von diesen erlag Kaiser Tiberius 37 n. Chr. einem Erstickungsanfall.

Lago di Fusaro - Auf der kleinen Insel der Lagune erbaute Carlo Vanvitelli 1782 einen Jagdpavillon für Ferdinand IV. von Bourbon.

★ **Cuma (Cumae)** - *Beschreibung siehe dort*

★ **Lago d'Averno (Averner See)** – *Unterhalb der Straße Cumae-Neapel; Aussichtspunkt rechts, etwa 1 km nach dem Arco Felice.* Der stille, tiefe Kratersee, dessen Umgebung mit Wäldern bedeckt ist, wirkt dunkel und unheimlich. Diese geheimnisvolle Atmosphäre war im Altertum noch stärker ausgeprägt, denn Vögel konnten den See wegen der ausströmenden giftigen Gase nicht überfliegen, ohne erstickt im Wasser zu enden. Vergil sah in ihm den Eingang zur Unterwelt. Unter Augustus wurde der Averner See vom Feldherrn Agrippa durch einen Kanal mit dem Lucrino-See verbunden, der seinerseits Zugang zum Meer erhielt, und zu einem sicheren Flottenhafen ausgebaut. Ein Tunnel von etwa 1 km Länge, die **Grotta di Cocceio**, stellte die Verbindung zu der Hafenstadt Cumae her.

★★★ VON NEAPEL NACH TORRE ANNUNZIATA

2 Vesuv *44 km – etwa 1 Tag*

Die Nationalstraße, die – von der Autobahn Neapel-Salerno etwas entlastet – am Golf entlangführt, durchquert eine triste Gegend, in der sich Wohnsiedlungen und Industriegebiete abwechseln. Man sollte sich jedoch vor Augen halten, daß gerade dieser Landstrich im 18. Jh. und zu Beginn des 19. Jh.s eine bevorzugte Sommerfrische war, in die der neapolitanische Adel in den Sommermonaten flüchtete. Etwas abseits von der Straße stößt man auf zwei Orte, die immer noch zu den Hochburgen des Tourismus in Italien zählen.

Portici – Die Straße führt mitten über den Hof des **Königlichen Palastes**, der im Jahre 1738 für Karl III. von Bourbon errichtet wurde. Heute ist in dem Gebäude die Fakultät für Agrarwissenschaften der Universität Neapel untergebracht. In der Oper *„Die Stumme von Portici"* hat Auber die Geschichte der Revolte geschildert, die im 17. Jh. unter der Führung von Masaniello, einem Fischer aus Portici, gegen die Spanier ausbrach.

★★ **Ercolano (Herculaneum)** – *Beschreibung siehe ERCOLANO*

★★★ **Vesuvio (Vesuv)** – Der Vesuv ist einer der wenigen noch tätigen Vulkane Europas. Seine kegelförmige Silhouette bestimmt das Bild der neapolitanischen Landschaft. Er hat zwei Gipfel, im Norden der **Monte Somma** mit 1 132 m und im Süden der eigentliche Gipfel Vesuv mit 1 277 m. Die verwitterten Lavaschichten auf den unteren Hängen sind heute fruchtbar und tragen Obstbaumpflanzungen und Weingärten, die den bekannten Wein Lacrima Christi hervorbringen.

Die Eruptionen des Vesuvs – Der Vesuv galt im Altertum als erloschen, bis das Erdbeben von 62 n. Chr und der Ausbruch von 79 die Städte Herculaneum und Pompeji begruben. Bis dahin war der Berg bis zum Gipfel bewaldet, und an den

Hängen gedieh ein vorzüglicher Wein. Bis 1139 verzeichnete man 7 Ausbrüche, darauf folgte eine Ruhepause, während der die Hänge des Berges sich erneut bis zum Gipfel mit Anbauflächen und Wald bedeckten. Am 16. Dezember 1631 brach der Vesuv ganz überraschend wieder aus; die umliegenden Ortschaften wurden unter der Lava begraben, 3 000 Menschen kamen ums Leben. Der Ausbruch von 1794 zerstörte Torre del Greco; in den Jahren 1858, 1871, 1872, von 1895 bis 1899, 1900, 1903 und 1904 war der Vulkan immer wieder tätig, bis es 1906 zu einer starken Eruption kam. Es folgten noch Ausbrüche in den Jahren 1929 und 1944, wobei Krater und Gipfelhöhe sich veränderten. Seit dieser Zeit gibt er, mit Ausnahme des leichten Erdbebens von 1980, nur kleine Rauchwolken ab.

Aufstieg – *Von Herculaneum aus, Rückweg über Torre del Greco: 27 km, zuzüglich 3/4 Stunde Fußweg hin und zurück (festes Schuhwerk erforderlich).* Eine gute Straße führt durch die von Lavaflüssen geformte Landschaft bergauf. An der Kreuzung biegt man links ab *(Parkplatz einige Kilometer höher. Vom Parkplatz aus geht man zu Fuß weiter).* Von hier führt ein bequemer Weg an dem eindrucksvollen Ringwall des Kraters empor, der aus Asche und Lapilli besteht. Die **Aussicht vom Gipfel**★★★ reicht bei klarem Wetter über Neapel und seinen Golf mit den Inseln bis zur Halbinsel von Sorrent im Süden; im Norden bis zum Kap Miseno und dem dahinter liegenden Golf von Gaeta.

Der offene Krater bietet ein unvergeßliches Schauspiel, mit seinen riesigen Ausmaßen, der tristen Atmosphäre, den steilen Hängen und den Rauchwölkchen, die er noch ausspuckt; im Sonnenlicht nimmt er eine rosarote, flammende Farbe an.

„Wenn ich Worte schreiben will, so stehen mir immer Bilder vor Augen des fruchtbaren Landes, des freien Meeres, der duftigen Inseln, des rauchenden Berges, und mir fehlen die Organe, das alles darzustellen."
Johann Wolfgang von Goethe, Italienische Reise

Neapel, den 17. März 1787

Torre del Greco – Der Ort wurde mehrere Male von den Ausbrüchen des Vesuvs unter der Lava begraben. Torre del Greco ist vor allem berühmt für seine Korallenarbeiten, sowie natürlich auch für die aus Lavagestein und Kameen.

Torre Annunziata – Hier wird die berühmte neapolitanische „Pasta" hergestellt (Teigwaren wie Spaghetti, Makkaroni etc.). Die Stadt war insgesamt sieben Mal unter der Lava des Vesuvs begraben.
Hier kann man die mit herrlichen Fresken geschmückte **Villa di Oplontis**★★ ⓥ besichtigen, die 1997 in das Weltkulturerbe der UNESCO aufgenommen wurde.

★★ **Villa di Oplontis** – Dieses herrliche Exemplar einer römischen Vorstadtresidenz könnte Poppaea, der Gemahlin Neros, gehört haben. In dem riesigen Gebäude, in dem man noch den Gesindeflügel (im Osten) und die kaiserlichen Gemächer (im Westen) erkennen kann, sind einige sehr schöne Fresken aus der Bauzeit erhalten. Sie zeigen Landschaftsbilder mit Bauwerken, Porträtmedaillons und Stilleben, unter denen ein Korb mit Feigen und sonstige Kompositionen mit Früchten besonders hervorstechen (jeweils in den Räumen im Osten und Westen des Atriums, die als Speisezimmer (Triclinium) identifiziert wurden). Wegen der zahlreichen Pfauendarstellungen hat man angenommen, daß der Name der Villa von diesem Vogel herrühren könnte. Leicht auszumachen sind die Küche anhand des Ofens und des Spülbeckens sowie die Latrinen, die über ein damals fortschrittliches Spül- und Abflußsystem verfügten. Die Räumlichkeiten im Westen des Schwimmbades dienten vielleicht als Wintergarten und besitzen wunderschöne Fresken mit Blumen- und Brunnenmotiven.

★★★ 3 VON TORRE ANNUNZIATA NACH SORRENT

69 km – etwa 1 Tag

Torre Annunziata – *Siehe oben*

★★★ **Pompei** – *Beschreibung siehe dort*

⚓ **Castellammare di Stabia** – *Beschreibung siehe dort*

★★ **Monte Faito** – *Anreise ab Vico Equense über eine malerische Landstraße oder ab Castellammare di Stabia über eine Standseilbahn* ⓥ *, die von der Piazza Circumvesuviana abfährt.* Der Berg Faito gehört zum **Lattari-Gebirge**, das den Golf von Neapel und den Golf von Salerno trennt und in der Halbinsel von Sorrent endet. Sein Name leitet sich vom lat. Wort für Buche ab *(fagus)*. Die Buchenwälder sorgen im Sommer für angenehme Frische. Vom Aussichtspunkt Belvedere dei Capi kann man eine herrliche **Sicht**★★★ über den gesamten Golf von Neapel genießen. Von hier geht eine Straße weiter bergauf zur Kapelle **San Michele**. Dort bietet sich ein unvergleichlicher **Rundblick**★★★: die zerklüfteten Lattari-Berge bilden einen verblüffenden Kontrast zu der freundlichen Landschaft der Sarno-Ebene und des Golfs von Neapel.

★ **Vico Equense** – Der kleine Badeort hat eine hübsche **Lage** auf einem Felsvorsprung.

★★ **Sorrento und seine Halbinsel** – *Beschreibung siehe SORRENTO*

★★★ DIE INSELN

★★★ **Capri** – *Siehe dort*

★★★ **Ischia** – *Siehe dort*

★ **Procida** – *Siehe unter ISCHIA*

Sie haben mehr von Besichtigungen und Ausflügen, wenn Sie vorher die Kapitel der Einleitung zur Kunst und Architektur, Landesnatur und Gastronomie gelesen haben.

NOVARA

Piemont

102 404 Einwohner

Michelin-Karten Nr. 988 Falten 2, 3, 219 Falte 17 oder 428 F 7

Stadtplan im Michelin-Hotelführer ITALIA

Novara liegt an der Grenze zwischen dem Piemont und der Lombardei, im Norden der Lomellina-Ebene *(s. Pavia)*, die vor allem für Reisanbau bekannt ist. Es ist eine rege Handels- und Industriestadt sowie ein bedeutender Verkehrsknotenpunkt Norditaliens.

★ **San Gaudenzio** – Nach den Plänen des lombardischen Architekten Pellegrino Tibaldi wurde die Basilika zwischen 1577 und 1659 erbaut. Sie wird von einer schönen **Kuppel**★★ gekrönt, eine gewagte Konstruktion (1844-1878) von A. Antonelli, einem Baumeister aus Novara. Im Innern sind interessante Gemälde von Morazzone (17. Jh.) und Gaudenzio Ferrari (16. Jh.) zu bewundern. Schmuckstück der Kirche ist ein silberner **Sarkophag**★ des hl. Gaudentius, des Schutzpatrons von Novara.

Cortile del Broletto – Er wird von sehenswerten Palästen umgeben, darunter der Palazzo del Podestà (15. Jh.), der Broletto (Palazzo del Comune) aus dem 13. Jh. und der Palazzo dei Paratici, heute Städtisches Museum (**Museo Civico**; Malerei und Archäologie).

Duomo – Das monumentale Bauwerk im neoklassizistischen Stil wurde von A. Antonelli entworfen, der das frühchristliche Baptisterium (6. und 7. Jh.) der einstigen Anlage beibehielt. Im Chor ist noch das **Fußbodenmosaik**★ in byzantinischem Stil erhalten.

ORVIETO★★

Umbrien

21 380 Einwohner

Michelin-Karte Nr. 988 Falte 25 oder Nr. 430 N 18

Das etruskische Zentrum Orvieto erlangte als Zufluchtsort des Papstes Klemens VII. während der Plünderung Roms (Sacco di Roma, 1527) eine besondere Bedeutung. Heute gehört Orvieto mit seinen herrlichen Baudenkmälern zu den interessantesten Städten Mittelitaliens. Seine Lage hoch auf einem vulkanischen Tuff-Felsen ist einzigartig. Geradezu hinreißend ist der **Blick**★★★, wenn man von Bolsena oder Montefiascone kommt.
In der Umgebung wächst der „Orvieto", ein vorzüglicher frischer und bukettreicher Weißwein.

★★ DUOMO *Besichtigung: 1 Std.*

Den stillen majestätischen Domplatz umgeben eine Anzahl von interessanten Bauwerken. Rechts neben dem Dom steht der strenge **Palazzo dei Papi**★ ⊙ (**M**[2]), der Ende des 13. Jh.s aus Tuffgestein erbaut wurde. Er zeigt auf hervorragende Weise den Übergang von der Romanik zur Gotik. Das Gebäude beherbergt heute das Dommuseum.
Der Dom wurde 1290 begonnen zur Aufbewahrung der Reliquien des Wunders von Bolsena *(s. dort)*. Die Errichtung des Bauwerks erforderte bis zur Vollendung im Jahre 1600 die Zusammenarbeit von ungefähr hundert Architekten, Bildhauern, Malern und Mosaiklegern.

★★ **Fassade** – Es ist die kühnste und die farbenprächtigste Fassade der italienischen Gotik. Die hochstrebenden und dennoch ruhigen Linien kommen durch die Ziergiebel und die hohen, mit kleinen bunten Marmorplatten belegten Strebepfeiler, die sich nach oben in Fialen verlängern, noch besser zur Geltung. Die Einzigartigkeit des Bauwerks beruht jedoch auf der Pracht der Dekoration, dem Farbenreichtum der Mosaiken im oberen Teil und den fein ziselierten Marmorskulpturen im unteren Teil. An der Gestaltung der Fassade arbeiteten Lorenzo Maitani aus Siena (1310-1330?), später Andrea Pisano, Orcagna und Sanmicheli. Die berühmten **Flachreliefs**★★ an den Seiten der Portale schuf Maitani; von links nach rechts sind die Schöpfung, der Stammbaum Jesu, Szenen aus dem Neuen Testament und das Jüngste Gericht dargestellt. Von Orcagna stammt die Fensterrosette in einer quadratischen Umrahmung, die von Nischen eingefaßt ist, in denen Statuen von Aposteln und Propheten stehen. Das Mosaik auf dem Wimperg (Ende des 18. Jh.s) zeigt die Krönung der Muttergottes.

Innenraum – Er ist durch Säulen aus abwechselnd schwarzen und weißen Steinlagen in drei Schiffe geteilt; die Säulen tragen schöne Kapitelle und stützen Rundbogenarkaden; über den Arkaden führt ein Laufgang um das Mittelschiff. Während das Kirchenschiff einen offenen Dachstuhl besitzt, sind Querhaus und

Fassade des Doms von Orvieto (Ausschnitt)

Chor mit gotischen Gewölben versehen. Der Boden steigt zum Chor hin an und verkürzt die Perspektive. Durch die Kirchenfenster aus Alabaster dringt Tageslicht ein. Am Eingang ein Weihwasserbecken aus dem 15. Jh. und ein gotisches Taufbecken. Im linken Seitenschiff gewahrt man ein Fresko von Gentile da Fabriano: *Madonna* (1425).
Im linken Querschiff unter der großen Orgel (16. Jh.) öffnet sich die **Cappella del Corporale**, in der die Reliquien des Wunders von Bolsena, darunter auch das Kelchtuch, in dem die blutende Hostie eingewickelt war, aufbewahrt werden. In einem Tabernakel befindet sich der mit Emaillearbeiten und Gemmen reich verzierte **Reliquienschrein**★★ des Kelchtuchs, ein Meisterwerk der mittelalterlichen Goldschmiedekunst (1338). In der Kapelle rechts fällt eine *Madonna der Barmherzigkeit* von Lippo Memmi aus Siena (1320) auf.
Der Chorraum ist mit einem schönen gotischen **Kirchenfenster**★ geschmückt, das Szenen aus dem Evangelium schildert sowie Kirchenväter und Propheten zeigt. Vom rechten Querschiff aus gelangt man durch ein schmiedeeisernes Gitter (1516) in die berühmte **Cappella della Madonna di San Brizio** ⓥ. Die herrlichen **Fresken**★★ in der Kapelle (Gewölbe) wurden 1447 von Fra Angelico begonnen; **Luca Signorelli** vollendete das Werk ab 1499. Dieser Künstler, der sich schon immer mehr für Personen als für Landschaften oder sogar Farben interessierte, bringt sein Können hier zur vollen Entfaltung. Zwar fehlt Signorelli Michelangelos Tiefe, aber mit seiner fast skulpturalen Prägung, mit der Bemühung um anatomische Stimmigkeit, der dramatischen Komposition, den ausdrucksstarken Gesichtern und den fließenden Bewegungen gilt er durchaus als sein Wegbereiter.

Signorellis Fresken

Die Darstellungen in der Kapelle San Brizio sollen ein Bild von der Apokalypse vermitteln und sind in der Wirkung eher beängstigend als ergreifend. Die Ungeheuer, die Qualen der Verdammten und die leichenhaften Dämonen verstärken das Gefühl der Angst. Hier wird der Gipfel des Häßlichen, ja des Grotesken erreicht.
Von der linken Wand aus betrachtet zeigt die erste Freske die Predigten und Taten des Antichrist, der, von Satan beraten, die Züge Jesu angenommen hat. Der Künstler hat sich ganz links in der dunklen Gestalt eines Edelmannes selbst dargestellt. Es folgt der Aufruf der Auserwählten. Auf der Altarwand links geleiten Engel die Auserwählten ins Paradies, rechts jagen sie die Verstoßenen in die Hölle, wo der Acheron fließt.
Auf der rechten Wand sieht man die Verdammten in der Hölle sowie die Auferstehung der Toten. Die Rückwand des Eingangs ist dem Jüngsten Gericht gewidmet: Sonne und Mond werden zu feindlichen Gestirnen, die Erde wird von Beben erschüttert, und es erscheinen eine Sibylle, ein Prophet und die Dämonen.

WEITERE SEHENSWÜRDIGKEITEN

„Orvieto Underground ⓥ " – Die Stadt wurde auf Tuffgestein und Puzzolan vulkanischen Ursprungs errichtet. Steigt man in den „Keller" (im wahrsten Sinne des Wortes), werden Geschichte und Erscheinungsbild der Stadt verständlicher. Der größte Teil der schon zur Etruskerzeit in den Hügel gegrabenen unterirdischen Gänge wird als Kellerräume verwendet. Bei der Besichtigung der

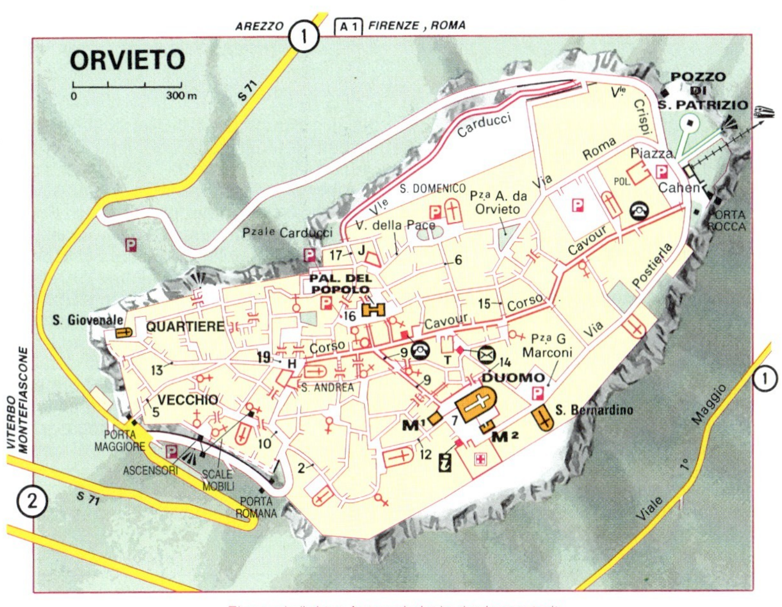

Eingeschränkter Autoverkehr in der Innenstadt

Alberici (Via degli)	2	Garibaldi (Via)	10	Pza del Popolo (Via di)	17
Cava (via della)	5	Maitani (Via)	12	Repubblica (Pza della)	19
Cavallotti (Via Felice)	6	Malabranca (Via)	13		
Cavour (Corso)		Nebbia (Via)	14	Museo Archeologico Faina	M¹
Duomo (Pza del)	7	Orvieto (Via A. da)	15	Palazzo dei Papi	M²
Duomo (Via del)	9	Popolo (Piazza del)	16		

(mehr als tausend) Grotten findet man Grabnischen aus dem Mittelalter, Fundament und Mühlsteine einer Ölmühle aus dem 14. Jh. sowie Brunnen aus dem 6. Jh. v. Chr., die bis zum Grundwasserspiegel reichen und mit einem primitiven System zum Abstieg ausgestattet sind.

★★ **Pozzo di San Patrizio** ⓥ **(Brunnen San Patrizio)** – Dieser Brunnen wurde auf Veranlassung von Papst Klemens VII. Medici angelegt, um im Fall einer Belagerung die Stadt mit Wasser zu versorgen. Antonio Cordiano da Sangallo, genannt Antonio da Sangallo der Jüngere, entwarf den Plan. Zwei übereinander liegende, durch 72 Fenster erhellte Wendeltreppen führen in den Brunnenschacht. Sie sind so angelegt, daß hinabsteigende und emporsteigende Personen sich nicht begegnen. Der Brunnen ist 62 m tief.

★ **Palazzo del Popolo** – Er wurde im romanisch-gotischen Stil aus vulkanischem Tuffstein erbaut. Er besitzt an der Fassade einen Balkon, elegante Fenster und eigenartige Mauerzacken mit Voluten.

★ **Quartiere Vecchio (Altes Stadtviertel)** – In der menschenleeren, stillen Altstadt sind die mittelalterlichen Gebäude noch erhalten. Am westlichen Ende erhebt sich die **Kirche San Giovenale**, deren Apsis mit Fresken aus dem 13. und 15. Jh. ausgemalt ist.

Museo Archeologico Faina (Archäologisches Museum Faina) ⓥ **(M¹)** – Es wird eine bedeutende **Sammlung etruskischer Kunst**★ ausgestellt, die kunstvoll bemalte Vasen, Urnen aus Ton und einen Sarkophag aus dem 4. Jh. enthält.

San Bernardino – Faszinierende, reich ausgeschmückte Barockkirche auf elliptischem Grundriß.

Piazza della Repubblica (19) – Hier befand sich einst das römische Forum. Die Kirche Sant'Andrea hat einen bemerkenswerten, zwölfseitigen romanischen Turm.

Die praktischen Angaben in diesem Reiseführer entsprechen dem Stand bei Redaktionsschluß.
Preise, Öffnungszeiten, Zufahrtswege usw. unterliegen
jedoch ständigen Änderungen. Für eventuelle Unstimmigkeiten bitten wir daher um Verständnis.

OSTIA ANTICA★★

Latium

Michelin-Karte Nr. 430 Q 18 – 24 km südwestlich von Rom

Ostia liegt an der Mündung des Tiber, die der Stadt ihren lateinischen Namen „Ostium" (Mündung) gab. Nach der Vergilschen Überlieferung soll Ostia nach der Landung der Flotte des Äneas entstanden sein; tatsächlich geht die Gründung auf das 4. Jh. v. Chr. zurück, als Rom mit der Eroberung des Mittelmeers und seiner Randgebiete begann. Von da an war das Geschick Ostias immer eng mit dem Roms verbunden; zur Zeit seines Aufschwungs war es Kriegshafen, später entwickelte es sich auch zu einem bedeutenden Handelshafen. Die um eine Festung zum Schutz des Hafens angelegte Siedlung erhielt im 1. Jh. v. Chr. Stadtrechte. Im Jahre 79 v. Chr. ließ Sulla die Stadtmauer bauen. Der Niedergang Ostias begann im 4. Jh., gleichzeitig mit dem Roms. Der Ort verschwand nach und nach unter den Anschwemmungen des Flusses, die Malaria dezimierte die Bevölkerung. Erst Anfang dieses Jahrhunderts, im Jahre 1909, wurde Ostia Antica wiederentdeckt. Ausgrabungen legten den Ort frei und zeigen heute Reste von Lagerhäusern *(horrea)*, Thermen, Heiligtümern, luxuriösen Wohnhäusern – vom Typ des *domus* – sowie mehrstöckiger Mietshäuser *(insulae)*, die alle aus Backstein erbaut waren *(zur römischen Wohnhausarchitektur s. S. 54)*. Ferner sind die Versammlungsorte zu sehen, Plätze, auf denen Händler, Reeder und Spediteure zusammentrafen und wo sich das politische und gesellschaftliche Leben abspielte.
Im römischen Kaiserreich zählte Ostia 100 000 Einwohner, darunter viele Ausländer.

DIE AUSGRABUNGEN (SCAVI) ⏲ *Besichtigung: 3 Std.*

Folgen Sie den Pfeilen auf dem grün eingezeichneten Besucherpfad auf der Skizze. Neben den beschriebenen Sehenswürdigkeiten sind auch weitere interessante Ausgrabungen verzeichnet. *Eine genauere Beschreibung erhalten Sie im Grünen Michelin-Reiseführer Rom.*

Aus Richtung Rom kommend erreicht man auf der **Via delle Tombe** das wichtige Stadttor **Porta Romana**. Hier beginnt der **Decumanus Maximus**, die Ost-West-Achse, wie sie in allen römischen Städten zu finden ist. Die Straße ist mit großen Platten belegt und war von Häusern mit Vorhallen und Geschäften gesäumt.
Rechts liegen die **Terme di Nettuno**. Die Neptunsthermen stammen aus dem 2. Jh. Von der Terrasse aus überblickt man das **Mosaik**★★ mit der Hochzeit des Neptun und der Amphitrite. Etwas weiter steht dann auf der anderen Straßenseite ein weitläufiges Lagerhaus **(Horrea di Hortensius**★**)** aus dem 1. Jh.; im Säulenhof befanden sich die Läden. Gegenüber das **Theater**. Es ist trotz der starken Restaurierung einer der Orte, an denen man sich das Leben in der antiken Stadt gut vorstellen kann.

★★ **Piazzale delle Corporazioni** – Der Platz war ringsum von 70 Büros von Handelsvertretungen aus der ganzen damaligen Welt umgeben. Die als Fußbodenmosaike gestalteten Embleme geben über Art und Herkunft des Handels Auskunft. In der Platzmitte sind noch die Überreste eines Tempels zu sehen, von dem man annimmt, daß er der Ceres, der Göttin der Ernte, geweiht war.

1 Statue der Siegreichen Minerva
2 Mosaik
(Hochzeit des Neptun und der Amphitrite)
3 Mosaik
(Die Winde und 4 römische Provinzen)
4 Augusteum
5 Öffentlicher Springbrunnen
6 Taverne des Fortunatus
7 Bühnenmasken
8 Tempel
9 Mühlsteine für Weizen
10 Piazza dei Lari
11 Öllager
12 Taverne
13 Grabmal
14 Fischgeschäfte
15 Öffentliche Latrinen
16 Tempel der Kybele
17 Heiligtum des Attis

Ara:	*Altar*
Casa:	*Haus*
Cinta Sillana:	*Unter Sulla errichtete Mauer*
Foro:	*Forum*
Horrea:	*Lagerhaus*
Kurie:	*Versammlungsort des Senats*
Museo:	*Museum*
Porta:	*Tor*
Tempio:	*Tempel*
Terme:	*Thermen*

Man kommt am Casa di Apuleio (rechts) vorbei, dann am **Mitreo delle Sette Sfere**, einem sehr gut erhaltenen dem Mithraskult geweihten Heiligtum.

★ **Thermopolium** – Von der Schankstube für heiße Getränke ist die Marmortheke erhalten.

★ **Casa di Diana** – Besonders gutes Beispiel einer „Insula", deren Gänge und Räume um einen Innenhof angeordnet sind.

Museo ⏲ – *Wegen Restaurierung geschlossen.* Es enthält die neusten Grabungsfunde, nämlich römische Kopien von Werken des Phidias und des Polyklet; Kariatyden (Kopien nach denen des Erechteions auf der Akropolis von Athen).

★ **Capitolium und Forum** – Das Kapitol war der größte Tempel in Ostia. Es wurde im 2. Jh. erbaut und war der „Kapitolinischen Triade", den Göttern Jupiter, Juno und Minerva, geweiht. Vom Forum sind noch die Säulen des Portikus erhalten. Am Ende des Platzes stand der Tempel der Roma und des Augustus (1. Jh.), der mit Marmor verkleidet war. Rund um den Innenhof der **Casa del Larario**★ waren mehrere Läden angeordnet, und die ausgedehnten Lagerhäuser der **Horrea Epaganthiana**★ aus dem 2. Jh. sind noch mit einem schönen Säulenportal geschmückt.

Ostia Antica: Forum und Kapitol

★★ **Casa di Amore e Psiche** – Das Haus aus dem 4. Jh. ist schön gelegen mit Blick zum Meer. Es sind interessante Überreste von Mosaiken und Marmorverzierungen sowie ein schönes Nymphäum erhalten.

Terme di Mitra – Die Thermen stammen aus dem 2. Jh. Die zum Hypokaustum führende Treppe, Überreste des Frigidariums sowie einige Mosaiken sind erhalten geblieben.

★ **Insula del Serapide** – Bauwerk aus dem 2. Jh., bestehend aus zwei mit Säulenhöfen versehenen Gebäuden, die durch eine Bäderanlage voneinander getrennt sind.

★ **Terme dei Sette Sapienti** **(Thermen der Sieben Weisen)** – Sie gehörten zu einer Häusergruppe. Der große Rundsaal zeigt noch seinen kunstvollen Mosaikfußboden.

Terme della Marciana – Hinter den mächtigen Pilastern der Apsis des Frigidariums stellt ein prächtiges **Mosaik**★ Athleten in den typischen Haltungen verschiedener Sportarten der Epoche dar.

★★ **Schola del Traiano** – Das große Gebäude aus dem 2. und 3. Jh. war Sitz der Innung der Kaufleute. Im Innern ist noch die Statue Trajans zu sehen. Die Mitte nahmen mehrere Innenhöfe mit Säulengängen und ein rechteckiges Wasserbecken ein.

Basilica cristiana – In der christlichen Basilika aus dem 4. Jh. erkennt man die beiden durch Säulen getrennten Schiffe, die Apsis und eine Inschrift im Querbalken der Kolonnade, die das Baptisterium begrenzt.

★ **Terme del Foro** **(Forum-Thermen)** – Diese Bäderanlage war die größte von Ostia. Ganz in der Nähe die öffentlichen **Latrinen**, die äußerst gut erhalten sind.

Campo della Magna Mater – An diesem dreieckigen Platz stand der Tempel der Kybele (Magna Mater), von dem noch Überreste zu besichtigen sind.

OTRANTO

Apulien

5 279 Einwohner

Michelin Karte Nr. 988 Falte 30 oder Nr. 431 G 37

Am südlichsten Zipfel Italiens, an der Ostküste des Stiefelabsatzes, liegt dieser Fischerhafen, der einst Hauptstadt der „Terra d'Otranto" war. Es war die letzte byzantinische Festung, die den Lombarden und später auch den Normannen lange Zeit standhielt.
Im 15. Jh., als die Truppen des osmanischen Sultans Mohammed II. den Ort eroberten, flüchteten die Bewohner in die Kathedrale, wo es zu einem regelrechten Blutbad kam. Die Überlebenden wurden gefangengenommen und auf dem Minervahügel ermordet. Zu ihrer Erinnerung wurde an dieser Stelle eine Kapelle errichtet. Der griechische Einfluß in der Terra d'Otranto war so groß, daß die Bewohner noch heute einen dem Griechischen verwandten Dialekt sprechen.

Altstadt (Città Vecchia) - Vom Hafen aus (nordöstliche Mole) hat man einen guten Blick über die Stadt. Links erhebt sich das trapezförmige **Kastell** des Hauses Aragon (15. Jh.), das von zwei großen Rundtürmen eingerahmt wird. Durch die Porta di Terra und die Porta Alfonsina (15. Jh.) gelangt man in das Städtchen, das malerisch hoch oben auf einer Klippe thront.

★ **Cattedrale** - Die Kathedrale wurde im 12. Jh. errichtet und Ende des 15. Jh. s umgebaut. Die drei Kirchenschiffe des Innenraums werden durch antike Säulen voneinander getrennt. Der herrliche **Mosaikfußboden**★★★ wurde zwischen 1163 und 1165 von Pantaleone, einem einheimischen Priester, angefertigt. Die einfache, fast primitive Ausschmückung besticht durch die lebendigen Darstellungen, die lebhaften Farben und die Vielfältigkeit der Symbole. Im Mittelschiff steht der Baum des Lebens, der von zwei indischen Elefanten abgestützt wird und auf dessen Ästen und Zweigen mittelalterliche Tiergestalten abwechseln mit Heldenfiguren aus Minnedichtungen, Szenen aus der Mythologie, einem Monatszyklus, Sternzeichensymbolen und biblischen Darstellungen. Zwei weitere Bäume findet man in den äußersten Enden der Seitenschiffe. Der linke stellt den Himmel und die Hölle, der rechte Gestalten aus der Bibel und der Mythologie dar. Beeindruckend ist auch die riesige **Krypta**, die in fünf Schiffe unterteilt ist und auf einem Meer von antiken (klassischen, byzantinischen und römischen) Kapitellen ruht.

San Pietro - Die kleine Kirche im byzantinischen Stil entstand zwischen dem 9. und 10. Jh. Sie ist auf einem quadratischen Grundriß in Form eines griechischen Kreuzes gebaut und besitzt in ihrer Mitte eine Kuppel über einem Hängezwickel. Die schönen Fresken stammen aus der Bauzeit, sind aber leider sehr mitgenommen.

AUSFLUG

★ **Costa meridionale (Die Südküste)** - Von Otranto bis **Santa Maria di Leuca** *(51 km)* führt eine Straße, von der man einen großartigen Blick auf diesen wilden, unberührten Küstenstreifen hat. In einer kleinen Felsbucht liegt die **Grotte Zinzulusa** ⊙. Tropfsteinformationen und zwei Seen, der eine mit Süß-, der andere mit Salzwasser, sind in dieser einzigartigen Höhle zu besichtigen. In beiden Seen leben seltene Tierarten.

PADOVA★★

PADUA - Venetien

215 017 Einwohner

Michelin-Karte Nr. 988 Falte 5 oder Nr. 429 F 17

Stadtplan von Padua und Umgebung im Michelin-Hotelführer ITALIA

Vom antiken *Patavium* sind heute nur noch einige Ruinen erhalten. Die Stadt nahm besonders im 1. Jh. v. Chr. durch die Flußschiffahrt, die Landwirtschaft und den Pferdehandel einen großen Aufschwung. Sie wurde eine der wohlhabendsten römischen Städte in Venetien.
Nach der Zerstörung durch die Langobarden im 7. Jh. konnte Padua vom 11. bis zum 13. Jh. ein freier Stadtstaat werden. In dieser Zeit entstanden zahlreiche Paläste und Kirchen. Die Stadt nahm weiter Aufschwung und erlebte ihre wirtschaftliche und kulturelle Blütezeit unter der Regierung der Lehnsherren von Carrara (1337-1405). Ab 1405 ging die Stadt in die Herrschaft der Republik von Venedig über, der sie bis zur Abschaffung der Verfassung durch Napoleon (1797) treu blieb.
Belebter Mittelpunkt der Universitäts- und Kunststadt Padua ist die **Piazza Cavour** (**DY 15**) ganz in der Nähe des berühmten Cafés Pedrocchi im neoklassizistischen Stil, in dem sich Anfang des 19. Jh.s die liberal gesinnte Elite traf. Unter den Gästen befand sich damals auch der französische Dichter Alfred de Musset.

Die Stadt des hl. Antonius - Auch als Wallfahrtsort ist Padua sehr berühmt. Man verehrt hier den hl. Antonius, der 1195 in Lissabon geboren wurde und im Alter von 36 Jahren in der Umgebung von Padua starb. Der Franziskaner war ein wundertätiger Prediger von außerordentlicher Beredsamkeit; früher wurde er zur Rettung der Schiffbrüchigen und Befreiung der Gefangenen angerufen. Er wird stets mit einem Buch und einer Lilie dargestellt.

Eine berühmte Universität - Im Jahre 1222 wurde die Universität, nach Bologna die zweitälteste Italiens, gegründet. Sie zog Studenten aus ganz Europa an sowie zahlreiche Gelehrte - Galilei lehrte hier; Pico della Mirandola, Kopernikus und Torquato Tasso studierten in Padua.

Kunst in Padua - **Giotto** begab sich 1304 von Florenz nach Padua, um die Scrovegni-Kapelle auszumalen. Der Freskenzyklus ist eines der Meisterwerke der italienischen Malerei.
Im 15. Jh. wurde die Renaissance in Padua von dem Florentiner **Donatello** geprägt, der 1444-1453 in der Stadt weilte; die Kunst erlebte eine Glanzzeit, was vor allem auf die weite Verbreitung der Werke des Malers **Andrea Mantegna** (1431-1506) aus Padua zurückgeht. Er war ein Meister von großer Originalität mit leidenschaftlichem Interesse für Anatomie und Architektur, der als Neuerer in der Darstellung der Perspektive gilt.

PADUA, STADT DER MALER *Besichtigung: 2 1/2 Std.*

★★★ **Fresken von Giotto** - Zwischen 1305 und 1310 bemalte der Künstler die Wände der 1303 errichteten **Cappella degli Scrovegni** ⏲ (**DY**) mit 39 Fresken. Sie schildern das Leben der Jungfrau Maria und Jesu (die *Flucht nach Ägypten*, der *Judaskuß* und eine *Grablegung* sind die berühmtesten Szenen). Unten an den Wänden symbolisieren Figuren in Grisaille-Malerei die Laster (links) und die Tugenden (rechts). Das auf der Rückseite der Fassade angebrachte *Jüngste Gericht* stellt den Abschluß des Werkes dar. Dieser außergewöhnliche Zyklus ist mit seiner dramatischen Wirkung, der Harmonie der Komposition und dem tief religiösen Empfinden, das sich in dem ganzen Werk widerspiegelt, ein Höhepunkt im künstlerischen Schaffen Giottos. Die **Madonnenstatue**★ auf dem Altar ist von Giovanni Pisano.

★★ **Fresken der Chiesa degli Eremitani** (**DY**) - Die Bombenangriffe von 1944 haben die Kirche stark beschädigt. Das Gotteshaus aus dem 13. Jh. wurde im ursprünglichen romanischen Stil wieder aufgebaut. Die Ovetari-Kapelle *(2. rechts der Chorscheitelkapelle)* enthält **Mantegna-Fresken.** Es blieben nur wenige Szenen erhalten, die aber die visionäre Vorstellungskraft dieses Künstlers erahnen lassen, der ganz und gar von der Idee der Perspektive und der minutiösen Darstellung der Architektur erfüllt war.
Das *Martyrium des hl. Jakobus* (linke Wand), die *Himmelfahrt Mariä* (Apsis) und das *Martyrium des hl. Christophorus* (rechte Wand) zeugen von dieser Kunstauffassung. Die Chorkapelle ist mit herrlichen **Fresken** ausgemalt, die **Guariento** zugeschrieben werden, einem venezianischen Schüler Giottos.

★ **Museo civico agli Eremitani (Städtisches Museum)** ⏲ (**DY M**) - Es ist im Kloster der Eremiten des hl. Augustin eingerichtet und enthält eine archäologische Abteilung (ägyptische, etruskische, frührömische und römische Epoche), eine Münzsammlung (Schenkung Bottacin), venezianische und flämische Malerei des 15.-18. Jhs (Sammlung Emo Capodilista) sowie die reiche Sammlung aus der ehemaligen Pinakothek, die zusätzlich zu den Möbeln, Keramiken und Skulpturen zahlreiche **Gemälde**★★ ausschließlich venezianischer Herkunft (14.-18. Jh.) umfaßt. Sehenswert sind insbesondere die Gemälde von Giotto, Guariento, Giovanni Bellini, Veronese und Tintoretto sowie die *Expedition von Uri*, ein kostbarer Wandteppich aus dem 15. Jh.

PADUA, DER WALLFAHRTSORT *Besichtigung: 1 1/2 Std.*

★★ **Basilica del Santo** ⏲ (**DZ**) - Die Wallfahrtskirche ist dem hl. Antonius geweiht. Sie beherrscht den Platz, auf dem Donatello das berühmte **Reiterstandbild des Gattamelata**★★ (**A**) errichtete (Gattamelata, d. h. „gescheckte Katze", wurde der venezianische Condottiere Erasmo da Nardi genannt, der 1443 in Padua starb). Das Denkmal ist das erste in Bronze gegossene Werk dieser Größe in Italien.
Die Basilica del Santo entstand zwischen 1232 und 1300 im romanisch-gotischen Übergangsstil. Die acht byzantinischen Kuppeln erinnern an die Silhouette von San Marco in Venedig.
Das majestätische **Innere**★★ enthält zahlreiche bemerkenswerte Kunstwerke. Im linken Seitenschiff öffnet sich die **Cappella dell'Arca**★★, ein Meisterwerk der Renaissance, in der in einem Grabmonument von Tiziano Aspetti (1594) die Reliquien des hl. Antonius ruhen. An den herrlichen **Wandreliefs**★★, die im 16. Jh. entstanden, haben mehrere Künstler gearbeitet.

PADOVA

Altinate (Via)	DYZ
Carmine (Via del)	DY 10
Cavour (Piazza e via)	DY 15
Cesarotti (Via M.)	DZ 17
Dante (Via)	CY
Erbe (Piazza delle)	DZ 20
Eremitani (Piazza)	DY 21
Filiberto (Via E.)	DY 24
Frutta (Piazza della)	DZ 25
Garibaldi (Corso)	DY 27
Garibaldi (Piazza)	DY 28
Gasometro (Via dell' ex)	DY 29
Guariento (Via)	DY 35
Insurrezione (Piazza)	DY 39
Monte di Pietà (Via del)	CZ 45
Petrarca (Via)	CY 50
Ponte Molino (Vicolo)	CY 52
Ponti Romani (Riviera dei)	DYZ 53
Roma (Via)	DZ
S. Canziano (Via)	DZ 57
S. Fermo (Via)	DY
S. Lucia (Via)	DY 59
Vandelli (Via D.)	CZ 66
Verdi (Via G.)	CY 67
Vittorio Emanuele II (Corso)	CZ 70
8 Febbraio (Via)	DZ 74
58 Fanteria (Via)	DZ 75

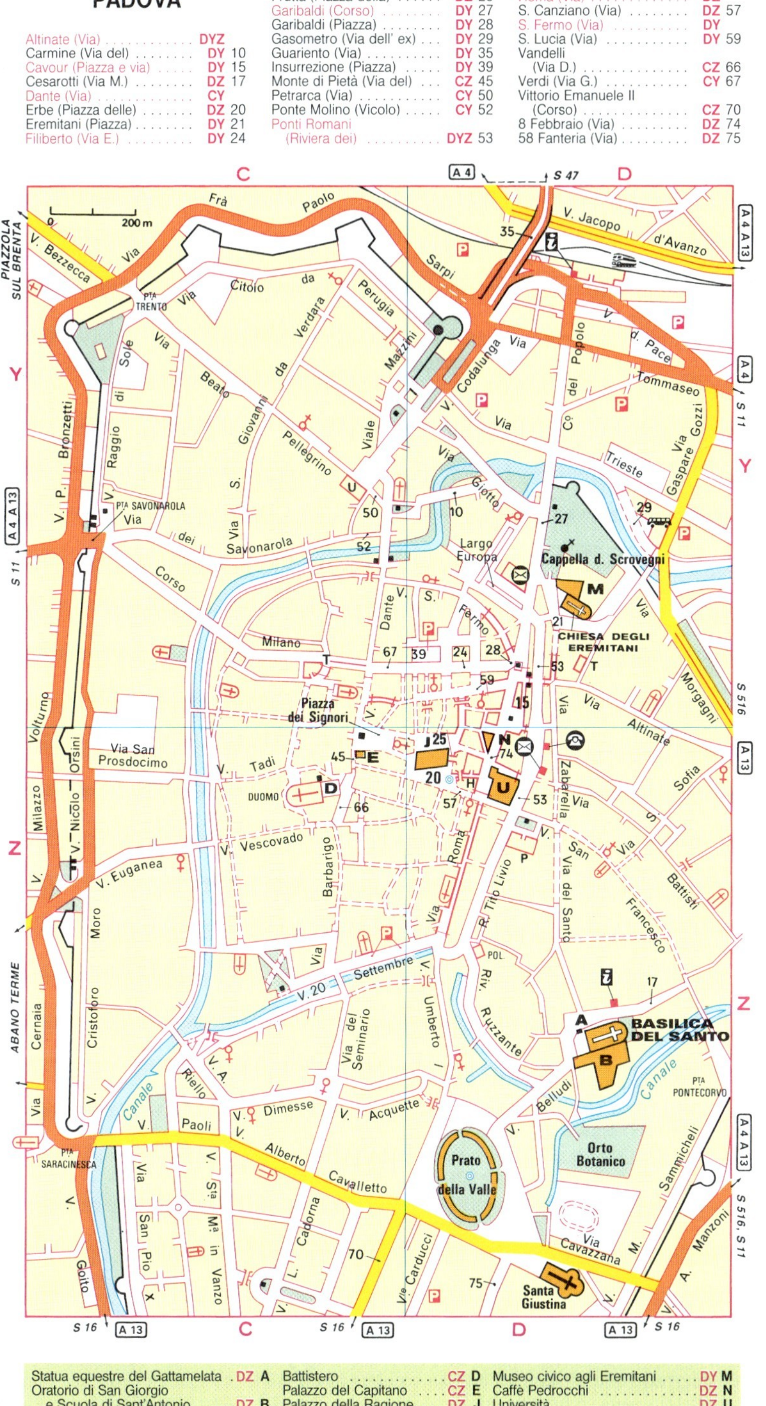

Statua equestre del Gattamelata	DZ A	Battistero	CZ D	Museo civico agli Eremitani	DY M
Oratorio di San Giorgio e Scuola di Sant'Antonio	DZ B	Palazzo del Capitano	CZ E	Caffè Pedrocchi	DZ N
		Palazzo della Ragione	DZ J	Università	DZ U

Im Chor steht auf dem Hochaltar das berühmte **Retabel**★★ von Donatello mit wunderbaren Bronzereliefs (1450). Die 3. Kapelle des rechten Seitenschiffs wurde von dem Veronesen Altichiero mit **Fresken**★ zur Jakobuslegende ausgemalt (14. Jh.). Von dem Kreuzgang rechts der Basilika hat man eine **Gesamtansicht**★ der Kirche.

★ **Oratorio di San Giorgio** ⓥ **und Scuola di Sant'Antonio** (**DZ B**) – Das Oratorium ist eine Votivkapelle, ausgemalt von Altichiero und seinen Schülern mit 21 **Fresken**★ (1377), die verschiedene religiöse Szenen darstellen. Daneben folgt die Scuola di Sant'Antonio, in deren Obergeschoß ein Saal 18 **Fresken**★ aus dem Leben des hl. Antonius (16. Jh.) enthält. Vier der Fresken stammen von Tizian.

WEITERE SEHENSWÜRDIGKEITEN

★ **Palazzo della Ragione (Justizpalast)** ⓥ (**DZ J**) – Zwischen der Piazza delle Erbe (**DZ 20**) und der Piazza della Frutta (**DZ 25**), zwei malerischen **Plätzen**★, erhebt sich der Palast. Bemerkenswert sind besonders die Loggien und das Kielbogendach. Der **Salone**★★, im 1. Stock, ist mit Fresken aus dem 15. Jh. geschmückt. Die Malereien zeigen Monatsbilder, die Freien Künste und Tierkreiszeichen.

Piazza dei Signori (**CYZ**) – Hier wurde im 14. Jh. der Palazzo del Capitano (**E**), Residenz der Statthalter von Venedig, errichtet. Ende des 16. Jh.s wurde er fast vollständig umgebaut. Der große **Uhrtum**★ ist durch eine Arkade aufgelockert. Links vom Palazzo del Capitano steht die Loggia del Consiglio im Renaissance-Stil.

Università (**DZ U**) – Die Universität befindet sich im Palazzo Bo, der nach dem Gasthaus zum Ochsen *(bue)*, das einst davor lag, benannt wurde. Schön ist der Hof aus dem 16. Jh. Das **„Teatro Anatomico"** (Anatomiesaal) ⓥ von 1594 ist unversehrt erhalten.

Caffè Pedrocchi (**DZ N**) – Das aus dem Jahre 1831 stammende klassizistische Gebäude beherbergt ein Café mit einem weißen, einem roten und einem grünen Saal, das 1848 Schauplatz eines Studentenaufstandes gegen die Österreicher war. Im ersten Stock liegen in verschiedenen Stilrichtungen gehaltene **Versammlungsräume und Konzertsäle** ⓥ.

Battistero (Baptisterium) (**CZ D**) – Neben dem Dom befindet sich die Taufkapelle, die im Innern interessante Fresken und einen Flügelaltar von Menabuoi (14. Jh.) birgt.

Chiesa Santa Giustina (**DZ**) – Das klassische Gebäude aus dem 16. Jh. erinnert mit seinen Kuppeln an die Basilica del Santo. Im Chor ist ein **Altaraufsatz**★ von Veronese zu bewundern.

Orto Botanico (Botanischer Garten) ⓥ (**DZ**) – Der 1545 angelegte Garten gehört zu den ältesten Europas. Man sieht hier üppige exotische Flora und die Palme, die Goethe zu seinen Betrachtungen über die Metamorphose der Pflanzen anregte.

Prato della Valle (**DZ**) – Der kleine ovale Park (17. Jh.) ist mit Platanen bestanden und von einem stillen Kanal umgeben, der von Statuen berühmter Männer gesäumt wird.

UMGEBUNG

★ **Montagnana** – *47 km südwestlich.* Die kleine Stadt wird von einer eindrucksvollen **Wehrmauer**★★ aus dem 14. Jh. umgeben, über die 24 Türme hinausragen und die vier Stadttore besitzt. Der **Dom** wird Sansovino zugeschrieben. Am Hochaltar eine *Verklärung* von Veronese sowie Fresken und Chorgestühl aus dem 16. Jh. Bemerkenswert ist der gotische Glockenturm der Kirche **San Francesco**, die direkt an die Stadtmauer angebaut ist.

★ **Colli Euganei (Euganeische Hügel)** – Südlich von Padua liegen diese Hügel vulkanischen Ursprungs. In dem freundlichen Bergland gedeiht Obst und Wein. Bereits die Römer schätzten diese Gegend aufgrund ihrer Thermalquellen und des guten Weins.

‡‡‡ **Abano Terme** – *Stadtplan im Michelin-Hotelführer ITALIA.* Das moderne und elegante Thermalbad, das schattig unter Kiefern liegt, ist einer der bekanntesten Kurorte in Italien.

‡‡ **Montegrotto Terme** – Das römische *Mons Aegrotorum* (der Berg der Kranken) ist zwar nicht ganz so bekannt wie Abano, jedoch auch ein beliebtes aufstrebendes Heilbad.

★ **Monselice** – Dieser reizende Ort, dessen lateinischer Name *Mons Silicis* von einer regen Bergbautätigkeit zur Zeit der Römer zeugt, wird von der Ruinen einer Burg überragt und ist noch teilweise von der alten Mauer umgeben. Von der Piazza Mazzini aus führt die steile, malerische Via del Santuario hinauf zur Burg (13.-14. Jh.), zum romanischen Dom und noch höher zum Heiligtum der Sieben Kirchen (Anfang 17. Jh.) bis zur Villa Balbi. Vor der Villa ist ein kleiner Garten im italienischen Stil angelegt. Von der Terrasse oberhalb bietet sich ein schöner **Blick**★ auf die Gegend.

★ **Arquà Petrarca** – *6,5 km nordwestlich von Monselice.* In diesem noch ganz mittelalterlich wirkenden Ort starb 1374 **Francesco Petrarca**, der 1304 in Arezzo geboren wurde und in verschiedenen Orten Italiens und des Auslandes ein ruheloses Leben führte. In Avignon traf er Laura in einer Kirche, verliebte sich für immer in sie und verewigte sie in seiner Sonnettensammlung *Canzoniere.* Sein Werk wurde in Europa zu einem Schulbeispiel für die Liebeslyrik und besonders in der Renaissance nachgeahmt.

Das Haus (**Casa del Petrarca**★ Ⓥ), in dem er seine letzten Lebensjahre verbrachte und schließlich starb, kann besichtigt werden: Fresken aus dem 16. Jh. und originale Kassettendecke, Erinnerungsstücke des Dichters und Autogramme berühmter Gäste wie Carducci oder Byron. Sein Sarkophag aus rosafarbenem Marmor steht seit 1380 auf dem Platz vor der Kirche.

Este - Das antike *Ateste* ist die Wiege des Adelsgeschlechts der Este. Im Norden begrenzen malerische alte **Mauern**★ die Stadt. Das im aus dem 16. Jh. stammenden Palazzo Mocenigo eingerichtete **Museo Nazionale Atestino**★ Ⓥ umfaßt eine reiche archäologische Sammlung, welche die lokale landwirtschaftliche Tätigkeit von der Altsteinzeit bis in die romanische Periode verdeutlicht. Im Dom mit elliptischem Grundriß kann man ein großes Gemälde von Tiepolo bewundern (1759).

★★ **Riviera del Brenta (Brenta-Riviera)** - *Beschreibung siehe unter BRENTA*

PAESTUM★★★

Kampanien

Michelin-Karte Nr. 988 Falte 28 oder Nr. 431 F 26, 27

Das antike *Paestum*, eine der größten Ausgrabungsstätten Italiens, wurde im Jahre 1750 nur durch Zufall entdeckt, als die Bourbonen durch dieses Gebiet eine Straße bauen wollten und bei Grabungen auf die Ruinen stießen. Griechen aus *Sybaris* gründeten im 6. Jh. v. Chr. die Stadt und gaben ihr den Namen *Poseidonia*. Um 400 fiel sie in die Hände der Lucaner, eines einheimischen Volksstamms.

273 v. Chr. kam die Stadt unter römische Herrschaft und wurde in Paestum umbenannt. Gegen Ende der Kaiserzeit verlor sie an Bedeutung, weil die Bewohner wegen der Malaria die Stadt verließen.

Paestum hat aber noch ein anderes Gesicht aufzuweisen: Begünstigt durch einen langen Sandstrand vor einem schönen Kiefernwald, entwickelte es sich zu einem beliebten Badeort.

BESICHTIGUNG (ROVINE) Ⓥ *etwa 2 Std.*

Der angegebene Streckenvorschlag führt von Süden nach Norden. Soll das Museum zuerst besichtigt werden, ist es besser, im Norden zu beginnen.

Man durchschreitet die Porta della Giusticia, läßt die **Stadtmauer**★ hinter sich, die auf einer Länge von nahezu 5 km die Stadt umgibt, und folgt der **Via Sacra**, der Hauptachse der griechischen und römischen Altstadt.

★★ **Basilica** - Rechts an der Via Sacra liegt die rückwärtige Fassade dieses Gebäudes, das von den Archäologen des 18. Jh.s „Basilika" genannt wurde. In Wirklichkeit war dieser älteste Tempel der Stadt (Mitte des 6. Jh.s v. Chr.) der Göttin Hera geweiht, der Schwester und Gemahlin des Zeus. Der archaische Charakter des Tempels wird durch die in der Mitte deutlich ausgebauchten Säulen *(Entasis)* und den stark gedrückten Wulst *(Echinus)* der Kapitelle bestätigt. Diese Merkmale entsprechen der antiken Konzeption, nach der die Strukturen eines Gebäudes wie menschliche Gliedmaßen bei Anstrengung anschwellen und durch Gewicht zusammengestaucht werden. Durch eine Vorhalle *(Pronaos)* gelangt man in den zentralen Raum, der wahrscheinlich wegen der zwei Kulte, die hier zelebriert wurden, in zwei Schiffe unterteilt ist.

★★ **Tempio di Nettuno (Neptuntempel)** - Bei der Entdeckung dieses hervorragend erhaltenen Tempels nahm man fälschlicherweise an, er sei Neptun (griech.: Poseidon, daher *Poseidonia*) geweiht gewesen. Heute glaubt man, daß es sich um einen Tempel für Hera (oder, nach neueren Hypothesen, für Zeus oder Apollo) handelt. Das Gebäude im wunderbar harmonischen dorischen Stil aus dem 5. Jh. v. Chr. überrascht durch einfallsreiche Details, wobei die (um 2 cm) leicht konvexen horizontalen Linien am auffälligsten sind, durch die eine optische Verbindung zwischen den zahlreichen Säulen hergestellt werden sollte. Aus demselben Grund neigen sich auch die Kannelüren der Ecksäulen leicht nach innen.

In der Stadtmitte befindet sich das **Forum**, das von einer Säulenhalle und von Geschäften umgeben ist und zu dem sich **Curia**, **Macellum** (Markthalle) und **Comitium** (3. Jh. v. Chr.) öffnen; letzteres war das wichtigste öffentliche Gebäude, in dem die Wahl der Magistrate stattfand. An das Comitium schließt sich links der **Friedenstempel** (2.-1. Jh. v. Chr.) an, der nach italischem Brauch von Norden nach Süden verläuft.

Östlich des Forums erhebt sich das durch die Straße zweigeteilte **Amphitheater**, das mit seiner zentralen Lage von dem sonst üblichen Prinzip abweicht, Theater zum besseren Zugang der großen Menschenmengen am Ortsrand zu errichten. Es entstand in der Übergangszeit zwischen Republik und Kaiserreich. Das sogenannte **Gymnasium** (etwa 3. Jh. v. Chr.) war vermutlich eine heilige Stätte mit einem Wasserbecken, in das man bei rituellen Feierlichkeiten die Gottesstatue tauchte, bevor sie anschließend auf ein Podest an der Westseite gestellt wurde. Im 1. Jh. n. Chr. wurde das Becken zugeschüttet, und das Gebäude diente fortan als *Gymnasium*.

Der **kleine unterirdische Tempel** (6. Jh. v. Chr.) gilt als *Heroon*, eine Art Kenotaph zur Erinnerung an den Stadtgründer, der nach seinem Tode wie ein Held verehrt wurde. Hier fand man Bronzegefäße mit Honigresten, die im Museum ausgestellt sind.

★★★ **Tempio di Cerere (Cerestempel)** – Der Tempel aus dem späten 6. Jh. v. Chr. wurde zu Ehren der Göttin Athene errichtet und zeichnet sich durch eine interessante Mischung unterschiedlicher Stile aus: massive, mächtige dorische Säulen außen, grazilere, reich geschmückte ionische Säulen im Inneren. Daneben befindet sich der Opferaltar.

★★ **Museo** – Besonders berühmt sind die **Metopen**★★, dorische Flachreliefs aus dem 6. Jh. v. Chr., die einst in Sele *(10 km nördlich, an der Selemündung)*, im Heiligtum der Hera, den *Thesauros* (mit Szenen aus dem Leben des Herakles und aus dem Trojanischen Krieg) sowie den großen Tempel (junge Frauen beim Tanz) schmückten. Bemerkenswert ist auch das **Grab des Tauchers**★★ *(Tomba del Tuffatore)*, ein seltenes Beispiel griechischer Grabmalerei. Zu sehen sind hier lebhafte Bankettszenen sowie der berühmte Sprung über die Säulen des Herkules, die Grenze der damals bekannten Welt, als Allegorie des Übergangs vom Leben zum Tod. Weitere Exponate des Museums sind prachtvolle **Gefäße**★, Meisterwerke der Bronzekunst des 6. Jh.s v. Chr. aus dem kleinen unterirdischen Tempel, und lukanische, bemalte Gräber aus dem 4. Jh. v. Chr. sowie für Paestum typische Darstellungen: die Göttin Hera Argeia mit einem Granatapfelbaum (Fruchtbarkeitssymbol) und ein Räuchergefäß aus Terrakotta in Form einer Blumenfrau.

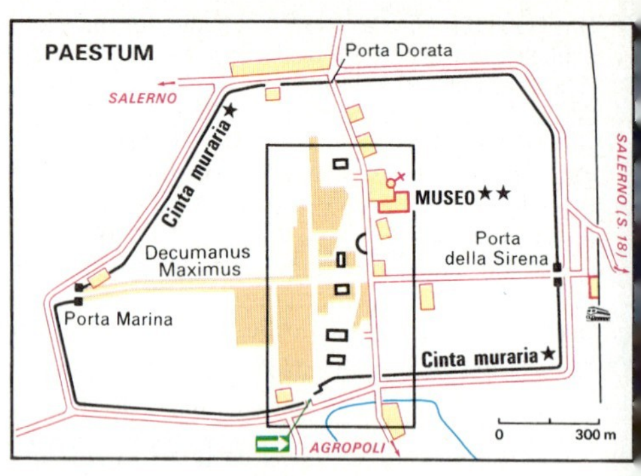

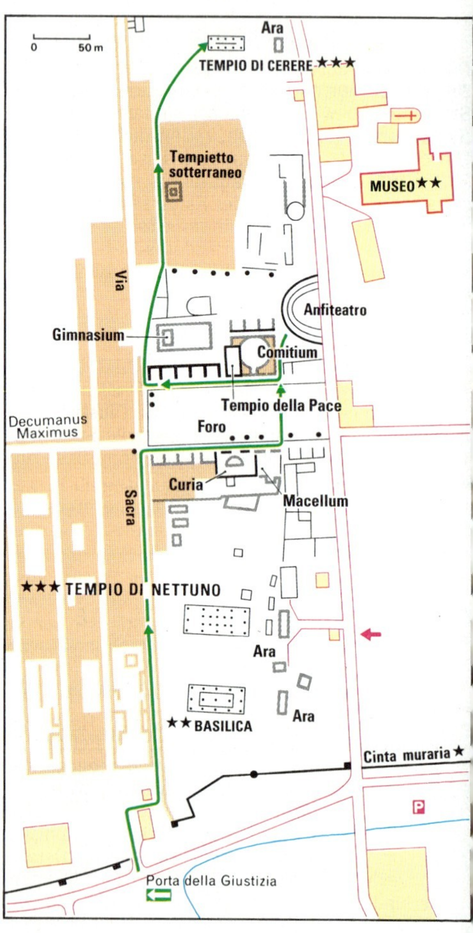

Anfiteatro:	*Amphitheater*	**Foro:**	*Forum*
Ara:	*Altar*	**Museo:**	*Museum*
Basilica:	*Basilika*	**Tempietto sotterraneo:**	*Unterirdischer Tempel*
Cinta muralia:	*Mauerring*	**Tempio:**	*Tempel*
Curia:	*Curia (Versammlungsort des Senats)*		

„Von diesem Lande fällten die Griechen, ein Volk, das sich selbst unmäßig zu rühmen pflegte, das ehrenvollste Urteil, indem sie einen Teil davon Großgriechenland nannten."
Johann Wolfgang von Goethe, Italienische Reise

PARMA★★

Emilia-Romagna

170 178 Einwohner

Michelin-Karte Nr. 988 Falte 14 oder Nr. 429 H12/13

An der Kreuzung der Via Emilia und der Straße Mantua-La Spezia liegt Parma, eine bedeutende Handels- und Industriestadt. Zahlreiche Gebäude zeugen noch von der großen Vergangenheit. Oft ist Parma in ein sanftes Licht gehüllt, was ihm einen besonderen Reiz verleiht. Bei schönem Wetter sind die Cafés auf der Piazza Garibaldi (**BZ 9**) ein beliebter Treffpunkt. In Parma wurde der Dirigent Arturo Toscanini geboren.

GESCHICHTLICHES

Die Siedlung, die die Etrusker um 525 v. Chr. gründeten, wurde 183 v. Chr. römische Kolonie. Mit dem Verfall des Römischen Reichs erlebte auch Parma seinen Niedergang. Erst die Herrschaft des Ostgotenkönigs Theoderich (6. Jh.) brachte wieder glückliche Zeiten für die Stadt. Im Mittelalter (11.-13. Jh.) war Parma eine freie Stadt und schloß sich dem Lombardischen Bund an. Nach dem Sturz der städtischen Regierung im Jahre 1335 wurde Parma abwechselnd von den Visconti, den Sforza und anschließend von den Franzosen regiert, bis die Stadt 1513 vom Papst annektiert wurde. 1545 errichtete Papst **Paul III**. Farnese für seinen Sohn Pier Luigi Farnese (1547 ermordet) das Herzogtum Piacenza. Die **Farnese** regierten bis 1731; unter ihnen befanden sich Mäzene und leidenschaftliche Kunstsammler. Dann fiel das Herzogtum an die Bourbonen und wurde zunächst von Karl, König von Neapel und anschließend von Spanien, regiert. Durch die Heirat von Philipp von Bourbon (Sohn Philipps V. von Spanien und Elisabeths Farnese) mit Louise Elisabeth, der Tochter Ludwigs XV. von Frankreich, erlebte die Stadt von 1748 bis 1801 eine neue Blütezeit, in der Sitten, Verwaltung und Künste französisch geprägt waren. Wie viele andere Franzosen erkor Stendhal die Stadt zu seinem Wohnsitz und machte sie zum Schauplatz seines Romans *Die Kartause von Parma*. Die Bourbonen der Linie Parma hatten ihr „Versailles" in Colorno, nördlich von Parma; das Anwesen ist heute verfallen. Als letzte berühmte Persönlichkeit herrschte Marie Louise von Habsburg, die zweite Frau Napoleons, von 1814 bis 1847 über die Stadt.

Die Malschule von Parma – Sie wurde hauptsächlich von Correggio und Parmigianino geprägt, die mit ihren Werken den Übergang von der Renaissance zum Barock einleiteten. Antonio Allegri (1489-1534), genannt **Correggio**, ist ein Meister der Helldunkelmalerei, der Sinnlichkeit und Optimismus zum Ausdruck bringt, wie später die französische Malerei des 18. Jh.s; **Parmigianino** (1503-1540), einer der ersten manieristischen Maler, liebte stilisierte, langgestreckte Figuren und kühle Farben. Er schuf einen neuen ästhetischen Kanon der weiblichen Schönheit, der über Nicolò dell'Abate und Primaticcio die Schule von Fontainebleau beeinflußte und dann von den europäischen Manieristen des 16. Jh.s übernommen wurde.

★★ HAUPTSEHENSWÜRDIGKEITEN *Besichtigung etwa 1/2 Tag*

Das historische Zentrum der Stadt ist einerseits von dem **Centro Episcopale**★★★ geprägt, das vom romanischen Dom, dem Baptisterium aus blaßrosa Backstein sowie der Barockkirche San Giovanni und den umliegenden Palästen gebildet wird und ein Bild von außergewöhnlicher Harmonie abgibt, andererseits von dem Palazzo della Pilotta (16., 17. Jh.) und der Camera del Correggio.

★★ **Duomo** (**CY**) – An der Seite des Kirchenbaus in von Padua beeinflußter Romanik erhebt sich ein hoher gotischer Glockenturm. Die Fassade wird durch drei begehbare Säulengalerien gegliedert. Das Mittelportal ist durch eine auf Löwen ruhende Vorhalle im Lombardischen Stil betont, die sich nach oben in einer Loggia fortsetzt. Besondere Beachtung verdienen die zwischen 1526 und 1530 entstandenen **Fresken** in der Kuppel. Sie stammen von Correggio und haben die Himmelfahrt Mariä zum Thema. Die Muttergottes ist inmitten einer wirbelnden Engelschar dargestellt, wodurch die Komposition von einer schwindelerregenden Bewegung ergriffen scheint. In der Beherrschung der Perspektive und der meisterhaften Umsetzung der Bewegung kündigt sich bereits die Kunst des Barock an. Im rechten Querschiff befindet sich die ***Kreuzabnahme*** (1178) des romanischen Bildhauers Antelami, die trotz des feierlichen Charakters der Figuren die provenzalische Schule erkennen läßt. Die Fresken des Mittelschiffes stammen von Gambara (1530-1574) und die der Wölbung von Bedoli (16. Jh.). Die vergoldete Kupferfigur des Engels (1284), die einst die Spitze des Glockenturms schmückte, befindet sich jetzt am dritten Pfeiler im Mittelschiff.

★★ **Battistero (Baptisterium)** (**CY A**) – Es wurde 1196 begonnen und verkörpert das einheitlichste mittelalterliche Monument Norditaliens. Architektur und Verzierungen, die eng miteinander verbunden sind, stammen aus dem 13. Jh. Dieses Werk wird Antelami zugeschrieben. Das achteckige Baptisterium wurde aus rosafarbenem Veroneser Marmor geschaffen. Man erkennt die Arbeit des Meisters an den Skulpturen. Außerdem hat er seinen Namenszug im Türsturz des

PARMA

Straße	Planquadrat	Nr.
Basetti (Viale)	BZ	2
Cavour (Strada)	BY	3
Duomo (Strada al)	CY	8
Farini (Strada)	BZ	
Garibaldi (Piazza)	BZ	9
Garibaldi (Strada)	BCY	
Mazzini (Strada)	BZ	13
Pace (Piazza della)	BY	15
Pilotta (Piazza)	BY	17
Ponte Caprazucca	BZ	19
Ponte di Mezzo	BZ	21
Ponte Verdi	BY	22
Regale (Borgo)	CZ	25
Repubblica (Strada della)	CZ	
Studi (Borgo degli)	CY	27
Toscanini (Viale)	BZ	28

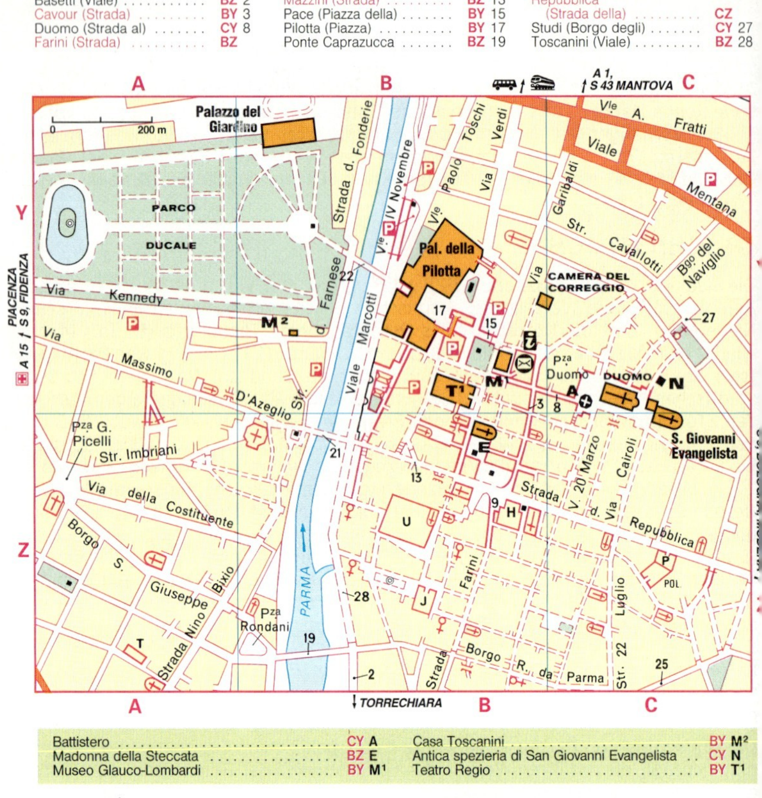

Sehenswürdigkeit	Planquadrat	
Battistero	CY	A
Madonna della Steccata	BZ	E
Museo Glauco-Lombardi	BY	M[1]
Casa Toscanini	BY	M[2]
Antica spezieria di San Giovanni Evangelista	CY	N
Teatro Regio	BY	T[1]

Nordportals verewigt. Im der Maria geweihten Innenraum beachte man einen 16eckigen **Freskenzyklus** aus dem 13. Jh. Er ist von Byzanz beeinflußt und gibt Szenen aus dem Leben Christi und aus der mittelalterlichen Heiligenlegende (Legenda Aurea) wieder.

San Giovanni Evangelista (**CYZ**) – Renaissancekirche mit reich verzierter Barockfassade.
Die von Correggio zwischen 1520 und 1524 gemalten **Fresken der Kuppel**★★ stellen die Offenbarung des heiligen Johannes auf Patmos und die Überführung seiner Leiche dar. Die Fresken der Bogen der auf der linken Seite gelegenen Kapellen (1., 2. und 4.) stammen von Parmigianino.
In dem Kloster daneben sind **Renaissance-Kreuzgänge** ⓥ zu besichtigen.

Antica spezieria di San Giovanni Evangelista (Apotheke) ⓥ (**CY N**) – Die von den Benediktinermönchen im 13. Jh. gegründete Apotheke wurde im 16. Jh. neu dekoriert.

Palazzo della Pilotta (**BY**) – Der Palast erhielt seinen Namen nach dem baskischen Ballspiel Pelota, das in den Innenhöfen gespielt wurde. Der strenge, weitläufige Bau wurde unter den Farnese zwischen 1583 und 1622 erbaut. In ihm sind zwei Museen, die Biblioteca Palatina und das Teatro Farnese untergebracht.

★ **Museo archeologico Nazionale** (Nationalmuseum für Altertümer) ⓥ – Es werden vornehmlich Funde aus der vorrömischen und römischen Zeit gezeigt, die aus der Umgebung von Parma stammen (Ausgrabungen der Römerstadt *Velia*).

★★ **Galleria Nazionale** (Nationalgalerie) ⓥ – Sie enthält Gemälde der Emilianer, Toskaner und Venezianer Malschulen des 14., 15. und 16. Jh.s: Es sind Werke von Fra Angelico, Dosso Dossi, El Greco, Canaletto, Bellotto, Piazzetta, Tiepolo etc. zu sehen. Von Parmigianino ist die ***Türkische Sklavin*** zu bewundern, ein Frauenbildnis von höchster Eleganz. Die ***Madonna mit dem hl. Hieronymus*** (1528) ist ein Meisterwerk von Correggio, von dem noch weitere Gemälde ausgestellt sind. Nennenswert ist vor allem ein Entwurf von Leonardo da Vinci für einen Mädchenkopf (*La Scapigliata*).

★★ **Teatro Farnese** ⓥ – Das reizende Theater wurde 1619 von G. B. Aleotti nach dem Modell des Olympischen Theaters in Vicenza ganz aus Holz erbaut.
Das anläßlich der Hochzeit von Margarethe von Medici und Ottavio Farnese eingeweihte Theater wurde 1944 fast völlig zerstört und in den 50er Jahren des 20. Jh.s identisch wiederaufgebaut.

★ **Camera del Correggio** ⓥ (CY) - Der einstige Speisesaal der Äbtissin des Klosters San Paolo wurde auch **Camera di San Paolo** genannt. Correggio malte das Deckengewölbe mit leuchtenden mythologischen Bildern aus. An diesem ersten bedeutenden Werk des Meisters (1519-20) ist der Einfluß von Mantegna nachweisbar, bei dem er in seiner Jugendzeit in Mantua gearbeitet hatte. Man sieht es an den Obst- und Weingirlanden sowie an den Malereien auf Relief und architektonischen Details am Gewölbeansatz. Im Nebenraum ist eine Verzierung von Araldi (1504) zu bewundern.

WEITERE SEHENSWÜRDIGKEITEN

★ **Fondazione-Museo Glauco-Lombardi** ⓥ (BY M[1]) - Das hauptsächlich dem Herzogtum Parma-Piacenza des 18. und 19. Jhs gewidmete Museum birgt Gemälde und Gebrauchsgegenstände aus dem Besitz der Kaiserin Marie-Luise, die bis 1847 klug und weise über das Herzogtum herrschte. Die Sammlung umfaßt zahlreiche französische Maler: Nattier, Mignard, Chardin, Watteau, Fragonard, Greuze, La Tour, Hubert Robert, Élisabeth Vigée-Lebrun, David, Millet.

Santa Maria della Steccata ⓥ (BZ E) - Der Kirchenbau aus dem 16. Jh., ein Werk der Architekten Bernardino und Zaccagni, birgt schöne **Fresken**★ von Parmigianino, die die törichten Jungfrauen zwischen Moses und Adam und die klugen Jungfrauen zwischen Eva und Aaron darstellen. Die Gräber der Farnese und der Bourbonen befinden sich in der Krypta, ebenso das Mausoleum des Grafen Neipperg, des zweiten Gatten der Kaiserin Marie-Luise.

Teatro Regio (BY T[1]) - Das zwischen 1821 und 1829 im Auftrag von Marie Luise von Habsburg errichtete Königliche Theater hat eine klassizistische Fassade. Es wurde mit der Oper *Zaira* von Bellini eingeweiht. Es besitzt eine hervorragende Akustik.

Palazzo del Giardino (BY) - Der Herzogliche Garten **(Parco Ducale★)** wurde von dem französischen Architekten Petitot angelegt und von seinem Landsmann, dem Bildhauer Boudard, mit Statuen geschmückt.

★ **Casa Toscanini** ⓥ (BY M[2]) - Das Geburtshaus des berühmten Dirigenten (1867-1957) birgt interessante Dokumente für Musikinteressierte: neben Auszeichnungen, die der Meister erhielt, u. a. Skulpturen und Erinnerungsstücke der Familie Toscanini, aber auch von Verdi und Wagner, Briefe von Mazzini, Garibaldi, D'Annunzio und Einstein, zahlreiche Ausstellungsstücke mit Bezug auf die Tätigkeit des Meisters in Amerika. Film über die Karriere des Künstlers.

UMGEBUNG

★ **Torrechiara** ⓥ - *17 km südlich, Richtung Langhirano.* Hoch auf einem Hügel liegt diese **Burg** mit ihrer doppelten Festungsmauer, mächtigen Ecktürmen, einem Bergfried und einem Wall mit Zinnen. Erbaut wurde die Festung im 15. Jh. Die oberen Gemächer (Spielsaal, Goldsaal) sind mit **Fresken**★ ausgemalt.
Von der Terrasse aus hat man einen schönen **Blick**★ bis hin zur Gebirgskette des Apennin.

Fidenza - *23 km westlich. Parma über die Via Massimo D'Azeglio* (AY) *verlassen.* Die kleine Stadt, die hauptsächlich von der Landwirtschaft lebt, besitzt einen interessanten **Dom**★, der im 11. Jh. begonnen und im 13. Jh. im gotischen Stil vollendet wurde. Am schönsten ist das **Mittelportal**★★ mit edlen, ausdrucksvollen Skulpturen, die von Antelami stammen könnten.
Die drei schönen romanischen Portale sind mit Löwen, einem in der Emilia-Romagna beliebten Motiv, verziert (s. Reggio, Modena, Ferrara, Parma).

Fontanellato - *19 km nordwestlich, über die Staße nach Fidenza zu erreichen, dann rechts abbiegen in Richtung Soragna.* Die **Rocca San Vitale** ⓥ, eine weitläufige Festung, die von Burggräben umgeben ist, beherrscht das Zentrum der Stadt. Von besonderem Interesse sind die Möbel aus dem 17. Jh. und ein Deckengewölbe mit einem **Fresko**★ von Parmigianino, in dem die Geschichte von Diana und Akteon dargestellt ist.

Ein Hinweis für Feinschmecker:

In der Einführung dieses Reiseführers sind die beliebtesten Spezialitäten und bekanntesten Weine des Landes aufgeführt. Außerdem bietet Ihnen der Rote Michelin-Führer ITALIA jedes Jahr eine große Auswahl guter Restaurants.

PAVIA★

Lombardei

76 792 Einwohner
Michelin-Karte Nr. 988 Falte 13 oder Nr. 428 G 9
Stadtplan im Michelin-Hotelführer ITALIA

Die stolze Stadt am Ufer des Tessins (Ticino) ist reich an sehenswerten Gebäuden der Romanik und der Renaissance.
Der in der Römerzeit bedeutende militärische Stützpunkt entwickelte sich mit der Zeit zur Hauptstadt des Langobardenreichs und konkurrierte im 11. Jh. mit Mailand. Unter der Regierung der Visconti wurde Pavia im 14. Jh. zum Zentrum der Kunst und Kultur. Im 16. Jh. überwog wieder die militärische Bedeutung; im 19. Jh. war die Stadt eins der Zentren der Unabhängigkeitsbewegung. Die im 11. Jh. gegründete Universität ist eine der ältesten und bekanntesten Europas. – Petrarca, Leonardo da Vinci und der Dichter Ugo Foscolo, späterer Autor der *Letzten Briefe an Jacopo Ortiz*, haben hier studiert.

★ **Castello Visconteo** ⓥ – Der mächtige Backsteinbau wurde von den Visconti errichtet. Im Kastell sind die Sammlungen der Stadt (**Musei Civici**★) ausgestellt, archäologische Funde, Skulpturen aus dem Mittelalter und der Renaissance. Das Hauptaugenmerk ist jedoch auf die Gemälde zu richten. Die **Pinakothek**★ im 1. Stock zeigt bedeutende Werke, darunter ein Altarbild von Vincenzo Foppa aus Brescia, eine *Muttergottes mit Kind* von Giovanni Bellini und von Bergognone den *Kreuztragenden Christus*. Im letzten Saal ist ein Holzmodell des Doms aufgestellt, von Fugazza im 16. Jh. nach den Plänen Bramantes gefertigt.

★ **Duomo** – Die Pläne für den imposanten Zentralbau, der 1488 begonnen wurde, entwarfen Bramante und Leonardo da Vinci. Seine Kuppel gehört zu den größten in Italien; die Fassade wurde erst im 19. Jh. fertiggestellt. Links davon erhob sich der mächtige Stadtturm aus dem 11. Jh., der im März 1989 einstürzte. Ihm gegenüber das Bischofspalais aus dem 16. Jh. An der Piazza Vittoria liegt der **Broletto**, der Stadtpalast aus dem 12. Jh. Von hier hat man einen schönen Blick auf das Chorhaupt des Doms.

★ **San Michele** – Die großartige romanische Kirche mit ihrer **Fassade** aus gelbem Sandstein beeindruckt durch die verschiedenartigen und dennoch ausgewogenen Steinmetzarbeiten. Auf dem Türsturz über dem prachtvollen romanischen Kirchenportal an der rechten Seite zeigen Reliefs Christus, wie er Paulus Schriftrollen und Petrus den Schlüssel übergibt. Äußerst bemerkenswert ist die architektonische Gestaltung des Innenraums (Trompenkuppel, weite Emporen mit Friesen und Konsolen, der erhöhte Chor, Mosaiken, Kapitelle und vieles mehr). In der Apsiskuppel ist noch ein **Fresko**★ aus dem 15. Jh. erhalten *(Krönung der Jungfrau Maria)*.

★ **San Pietro in Ciel d'Oro** – Die romanische Kirche wurde 1132 geweiht. Das **Portal** ist mit Skulpturen bedeckt. Im Chor befindet sich das Grabmal des hl. Augustinus (354-430), ein Werk der Campionesen: **Arca di Sant'Agostino**★.

San Lanfranco – *2 km westlich*. Der Chor birgt ein **Kenotaph**★, das Amadeo Ende des 15. Jh.s schuf, zum Gedenken an den in Pavia geborenen Theologen Lanfranc, der 1098 als Erzbischof von Canterbury starb.

AUSFLÜGE

La Lomellina – Das Gebiet zwischen Tessin (Ticino) und Po ist das Zentrum des Reisanbaus in Italien. Typisch für diese Region sind weite, unter Wasser stehende Flächen mit zartgrünen Reispflanzen, begrenzt von Weiden und Pappeln. Die wichtigsten Städte der Lomellina sind **Lomello** *(32 km südwestlich von Pavia)*, wo noch einige Bauwerke aus dem Mittelalter erhalten sind, wie die Kirche Santa Maria aus dem 11. Jh. und das Baptisterium aus dem 8. Jh., **Mortara** *(15 km nördlich von Lomello über die S 211)*, mit der Kirche San Lorenzo aus dem 14. Jh., in der Gemälde von G. Ferrari zu sehen sind, und schließlich **Vigevano** *(12 km nordöstlich von Mortara über die S 494)* mit seiner majestätischen **Piazza Ducale**★★, einem ellipsenförmigen Platz, an dem sich das Sforza-Schloß erhebt, das von einem imposanten, von Bramante errichteten Turm überragt wird.

Certosa di PAVIA★★★

Kartause von PAVIA – Lombardei

Michelin-Karte Nr. 988 Falte 13 oder Nr. 428 G 9 – 9 km nördlich von Pavia

Die Kartause von Pavia, auch „Gra Car" oder *Gratiarum Cartusia* (Kartause der Gnade) genannt, ist eines der charakteristischsten Monumente der lombardischen Kunst und beherbergt eine kleine Zisterziensergemeinschaft. Sie wurde 1396 von **Giangaleazzo Visconti** als Grabstätte des Hauses Visconti gegründet. Erbaut wurde sie größtenteils im 15. und 16. Jh. von mehreren Architekten. Im Hof befinden sich rechts der ehem. Palast der Herzöge von Mailand (1625), links die Werkstätten, in denen die Bildhauer arbeiteten, die mit dem Baudekor beauftragt waren.

★★ **Fassade** – Das sehr kunstvoll gestaltete Bauwerk überrascht durch die Fülle und Erlesenheit der dekorativen Elemente einerseits sowie durch die schlichte Eleganz seines Aufbaus andererseits. Der untere Teil, der am prächtigsten geschmückt ist, wurde von den Brüdern Mantegazza, dem berühmten Bildhauer und Architekten Amadeo, der sonst vornehmlich in Bergamo tätig war, und dessen Schüler Briosco zwischen 1473 und 1499 ausgeführt. Der obere Teil hingegen stammt von Cristoforo Lombardo, Architekt und Bildhauer, der den Bau 1560 vollendete.

Skulpturen aus verschiedenfarbigem Marmor, Medaillonbilder am Sockel, Statuen in den Nischen, Rankenornamente, Girlanden und Verzierungen in unendlichen Variationen bilden den phantasievollen Schmuck der Fassade. Die schönen Fenster von Amadeo sind umrahmt von Szenen aus der Bibel und dem Leben Christi sowie Begebenheiten aus dem Leben des Gian Galeazzo Visconti. Die Flachreliefs von Briosco, die das Mittelportal einfassen, erzählen Ereignisse aus der Geschichte der Kartäuser. Bevor man die Kirche betritt, betrachte man die linke Außenseite im Stil der lombardischen Spätgotik mit übereinander liegenden Arkadengalerien.

R. Bouquet/DIAF

Kartause von Pavia

★★ **Innenraum** ⓥ – Der Innenraum ist im gotischen Stil gehalten, in Querschiff und Chor kündigt sich jedoch schon die Frührenaissance an.

Wer beim Betreten des Gebäudes den Blick nach oben schweifen läßt, erkennt in einem Zwillingsfenster über den Kapellen des rechten Seitenschiffs einen Kartäusermönch in einer Trompe-l'œil-Malerei. In den Gewölben noch weiter oben erhellen Sterne den tiefblauen Untergrund.

Im rechten Querhausarm kann man eine *Muttergottes mit Jesuskind* von **Bergognone** (1481-1522) bewundern; vom gleichen Künstler stammt auch die *Madonna auf dem Teppich* über dem Eingang zu dem **kleinen Kreuzgang**. Von diesem gelangt man zum **Refektorium**, an dessen Decke man eine *Stillende Muttergottes* sieht, ebenfalls ein Werk von Bergognone. Über den Arkaden des großen und besonders reizvollen **Kreuzgangs** ragen die Dächer und Schornsteine der Mönchszellen hervor, in denen bis 1968 die **Kartäusermönche** wohnten. Die äußerst schlichten Behausungen sind jede für sich eigenständige Wohnungen, die auf einen Garten hinausgehen.

Die traurige Geschichte eines Meisterwerks, die ein glückliches Ende fand

Im Jahr 1984 wurde das Triptychon gestohlen. Aus Kummer darüber starb der Prior an einem Herzinfarkt. Um das geforderte Lösegeld bezahlen zu können, veranstaltete man ein Konzert, bei dem der große Flötenspieler Severino Gazzelloni (1919-1992) auftrat. Das Triptychon wurde wiedergefunden und die Diebe gefaßt.

Wieder in die Kirche zurückgekehrt, kann man in der Halbkuppel, in der sich der rechte Altar des Querschiffs befindet, noch ein weiteres Fresko von Bergognone bewundern: es zeigt die Muttergottes auf einem Thron, wie sie von Gian Galeazzo Visconti ein Modell der Kartause erhält. Das Grabmal des Herzogs stammt aus dem späten 15. Jh. Die „**Lavabo**", eine großartige Renaissance-Fontäne aus Marmor, schmückt eine *Madonna mit Nelke* von Bernardo Luini (um 1480-1532). Ein Chorabschluß aus Marmor trennt den Altarraum *(presbiterio)* vom Querschiff. Die Intarsien des Chorgestühls gehen auf Vorlagen von Bergognone zurück.
Die **ehemalige Sakristei** beherbergt ein Triptychon von Baldassarre degli Embriachi (Ende 14. Jh.) aus Flußpferdzähnen und Elfenbein. Auch hier findet sich, wie an so vielen Orten in der Kartause, eine *Madonna mit Jesuskind;* die zahlreichen Darstellungen zeugen von der tiefen Verehrung, die Katharina, die Gemahlin Gian Galeazzo Viscontis, der Muttergottes entgegenbrachte. Das Triptychon zeigt Szenen aus dem Leben Mariä und Jesu.
Auch das linke Querschiff trägt mit einem *Ecce Homo* die Handschrift Bergognones. Darüber hinaus fällt es durch die berühmten **Liegefiguren** des Ludovico il Moro und der Beatrice d'Este von C. Solari (1497) auf.
In der zweiten Kapelle links, auf dem Weg zum Ausgang, hängt ein *Gottvater*-Bild von Perugino (um 1445-1523).

PERUGIA★★

Umbrien

154 566 Einwohner
Michelin-Karte Nr. 988 Falte 15 oder Nr. 430 M 19

Perugia war einer der mächtigsten unter den 12 Stadtstaaten, die im 7. und 6. Jh. v. Chr. Etrurien bildeten. Die dicke Festungsmauer mit den Stadttoren zeugt heute noch von dieser Blütezeit. Aber auch zahlreiche Profan- und Sakralbauten des Mittelalters sind erhalten.
Heute ist Perugia, die Hauptstadt Umbriens, ein wirtschaftliches und industrielles Zentrum, dessen Universität viele Studenten anzieht.

Die umbrische Malerei – Unter dem Einfluß der heiteren Landschaft bringen die Maler Umbriens in ihren Werken zarte und mystische Empfindungen zum Ausdruck. Sie lieben Landschaften mit klaren Linien, rhythmisch gegliedert durch Bäume mit lichtem Laub. In diesen Rahmen stellen sie ihre stilisierten Kompositionen. Ihre Frauenbildnisse sind von einer zarten, zuweilen fast allzu weichen Anmut. Eine außerordentlich feine Strichführung und seidenschimmernde Farben kennzeichnen ihre Maltechnik.
Zu den wichtigsten Vertretern dieser Schule zählen Giovanni Boccati (1410 - um 1485), Fiorenzo di Lorenzo (gest. 1520) und vor allem Pietro Vannucci, genannt **Perugino** (1445-1523), der der Lehrmeister Raffaels war. Seine bevorzugten Themen liegen auf religiösem Gebiet; in ihnen bringt er sein Gespür für Raum und Perspektive, sein Empfinden für Stimmung und landschaftliche Schönheit nicht ohne einen Anflug von Manierismus meisterlich zum Ausdruck. Von Perugino beeinflußt, aber wirklichkeitstreuer, malte **Pinturicchio** (1454-1518). Seine Szenen sind liebenswürdig, ungekünstelt und weniger kompliziert als die seines Vorbilds.

★★ PIAZZA 4 NOVEMBRE (BY) *Besichtigung: 2 Std.*

Um diesen Platz im Herzen der Altstadt reihen sich die bedeutendsten Monumente der ruhmreichen Stadtgeschichte: der Palazzo dei Priori, die Fontana Maggiore und der Dom. In die Piazza mündet die malerische **Via Maestà delle Volte**★ (**ABY 29**) mit zahlreichen mittelalterlichen Häusern und überdachten Passagen.

★★ **Fontana Maggiore** – Der Große Brunnen wurde 1278 nach den Plänen des Fra Bevignate erbaut, die Skulpturen schufen Nicola Pisano (unteres Becken) und sein Sohn Giovanni (oberes Becken). Ein Teil der Originalbildwerke ist durch Abgüsse ersetzt worden und befindet sich nun in der Umbrischen Nationalgalerie.

★★ **Palazzo dei Priori** (**BY D**) – Der Stadtpalast, im 13. Jh. begonnen und im 14. und 15. Jh. vergrößert, beeindruckt durch seinen strengen und imposanten Stil. Die Fassade liegt zur Piazza hin. Eine majestätische Freitreppe führt zur Estrade mit

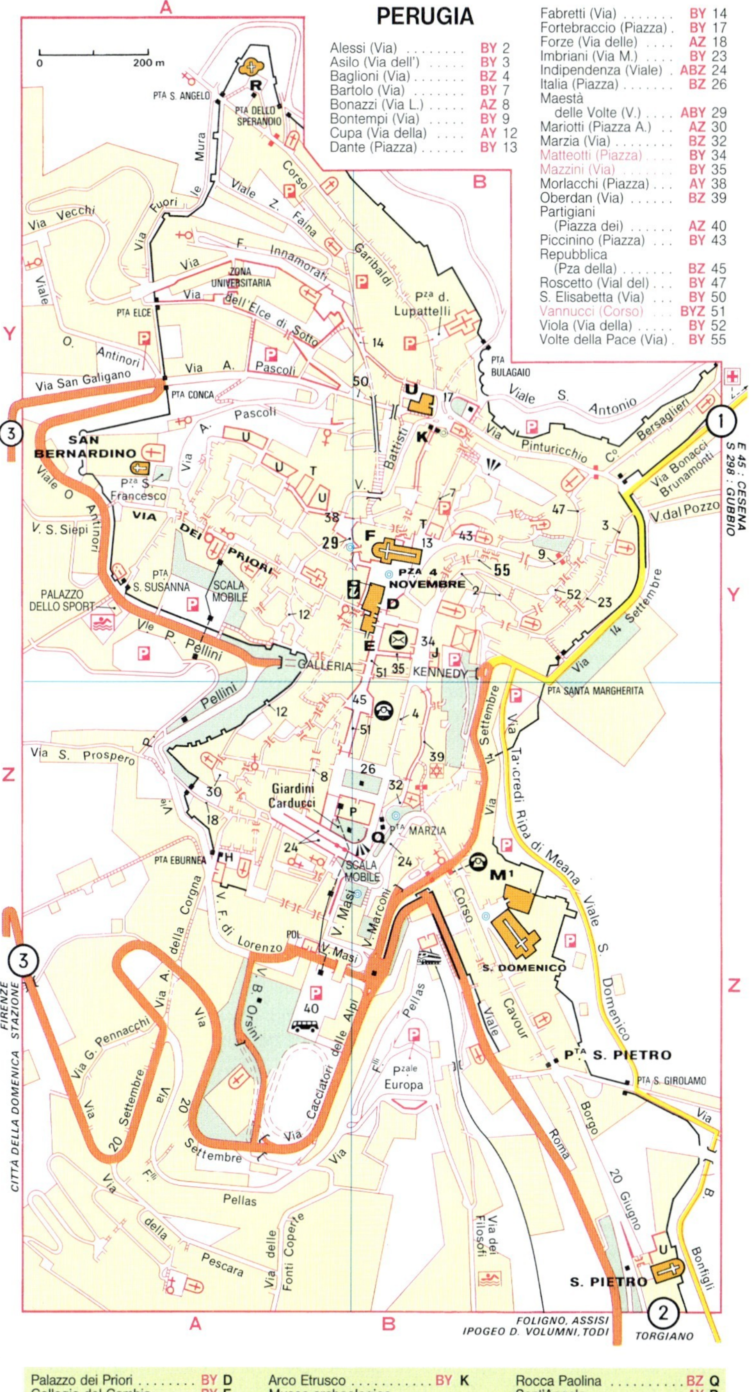

Palazzo dei Priori .... BY D	Arco Etrusco .... BY K	Rocca Paolina .... BZ Q
Collegio del Cambio ..... BY E	Museo archeologico nazionale dell'Umbria .. BZ M1	Sant'Angelo .... AY R
Cattedrale .... BY F		Palazzo Gallenga .... BY U

einer Kanzel. In der Fassade am Corso Vannucci (**BY 51**) öffnet sich ein schönes Portal aus dem 14. Jh. Die Säle des Palastes sind mit Fresken (14. Jh.) ausgemalt oder mit fein geschnitzter Holztäfelung geschmückt (Saal der Notare und Kollegium der Mercanzia: 15. Jh).

★★ **Galleria Nazionale dell'Umbria** (Umbrische Nationalgalerie) Ⓥ – Sie besitzt die bedeutendste Sammlung der umbrischen Kunst überhaupt und ist im oberen Stockwerk des Palazzo dei Priori untergebracht. Hier wird auf vorbildliche Weise die Entwicklung der umbrischen Malschule vom 13. Jh. bis Ende des 18. Jh.s aufgezeigt.

Die Galerie enthält Werke von Duccio ***(Madonna)***, von dem Meister von San Francesco ***(Kruzifix)***, von Fra Angelico, Piero della Francesca ***(Flügelaltar des hl. Antonius)***, Boccati, Fiorenzo di Lorenzo etc. Von Pinturicchio und Perugino sind der ***„Cristo morto"***, eigentlich ein auferstehender Christus, auf schwarzem Hintergrund, und eine ***Gnadenmadonna*** zu bewundern. Sehenswert sind außerdem die Marmorstatuen von Nicola und Giovanni Pisano, die von der Fontana Maggiore stammen, sowie Skulpturen von Arnolfo di Cambio. Das 17. Jh. ist mit Werken von Federico Barocci, Pietro da Cortona und Orazio Gentileschi vertreten.
Die Cappella dei Priori (15. Jh.) ist den Heiligen Herculanus von Perugia und Ludwig von Toulouse geweiht, den Schutzpatronen der Stadt. Benedetto Bonfigli (gest. 1496) hat die Kapelle mit **Fresken** der Legende dieser Schutzheiligen ausgemalt. Im Museum sind ferner schöne Email- und Elfenbeinarbeiten französischer Herkunft (13.-14. Jh.) ausgestellt.

★ **Kathedrale** (**BY F**) – Sie wurde im gotischen Stil erbaut, aber die Fassade an der Piazza Danti erhielt ein Barockportal. Die rechte Seitenkapelle enthält eine ***Kreuzabnahme*** von Barocci (1567), die später Rubens zum Vorbild diente. In der linken Seitenkapelle wird in einem Tabernakel der legendäre Hochzeitsring Mariens aufbewahrt. Bemerkenswert in beiden Kapellen ist das schöne **Chorgestühl** mit wertvollen Intarsien aus dem 16. Jh.

WEITERE SEHENSWÜRDIGKEITEN

★★ **San Pietro** (**BZ**) – Man gelangt durch die großartige, aber unvollendete **Porta San Pietro★** (**BZ**), ein Werk des Florentiners Agostino di Duccio, in das Innere. Die Kirche wurde Ende des 10. Jh.s erbaut und während der Renaissance umgestaltet. Sie birgt 11 Gemälde des griechischen Malers Vassilacchi, eines Zeitgenossen El Grecos. Ferner sind ein fein behauener **Tabernakel** von Mino da Fiesole und das reich verzierte **Chorgestühl★★** aus dem 16. Jh. zu bewundern.

★ **San Domenico** (**BZ**) – Der Innenraum der majestätischen Kirche im gotischen Stil wurde im Laufe des 17. Jh.s verändert. Rechts vom Chor befindet sich das **Grabmal des Papstes Benedikt XI.** (14. Jh.).

★★ **Museo Archeologico Nazionale dell'Umbria (Archäologisches Nationalmuseum von Umbrien)** ⌚ (**BZ M**[1]) – Es besteht aus einer etruskischen, einer römischen und einer vorgeschichtlichen Abteilung. Bemerkenswert sind die Urnen, Sarkophage und Bronzen aus der Etruskerzeit.

★ **Collegio del Cambio (Palast der Geldwechsler)** ⌚ (**BY E**) – Die Wechselbörse wurde im 15. Jh. errichtet. Den Audienzsaal schmückten Perugino und seine Schüler mit **Fresken★★**, die die humanistische Einstellung der damaligen Zeit bezeugen und versuchen, die antike Kultur mit den christlichen Anschauungen in Einklang zu bringen. Die Statue der Justitia im gleichen Saal stammt von Benedetto da Maiano (15. Jh).

★★ **Oratorio di San Bernadino** (**AY**) – Man erreicht die Kapelle zu Fuß durch die malerische **Via dei Priori★**. Die Kapelle, ein Kleinod der Renaissance (1461), ist eine Schöpfung des Agostino di Duccio. Ihm gelang es, die Reinheit der Linien mit der Dekoration aus polychromem Marmor und fein gestalteten Skulpturen harmonisch zu vereinen. Die Flachreliefs auf dem Bogenfeld der Fassade zeigen den hl. Bernhardin von Siena im Glorienschein; auf dem Türsturz das Leben des Heiligen und an den Türpfosten Engel mit Musikinstrumenten. Der im Innenraum befindliche Altar besteht aus einem urchristlichen Sarkophag aus dem 4. Jh.

★ **Via delle Volte della Pace** (**BY 55**) – Die malerische mittelalterliche Straße wird von einem langen gotischen Säulengang (14. Jh.) entlang der etruskischen Stadtmauer gebildet.

★ **Sant'Angelo** (**AY R**) – Der kleine Rundbau aus dem 5.-6 Jh. stützt sich im Innern auf 16 antike Säulen.

★ **Rocca Paolina (Paulsburg)** (**BZ Q**) – *Zugang von der Porta Marzia aus.* Es handelt sich um die Überreste einer im Jahre 1540 durch Papst Paul III. zur Stärkung des Kirchenstaats errichteten Festung, daher der Name „Paolina". Im beeindruckenden Burginneren sind mächtige Mauern, Gassen und Brunnen aus dem 11. bis 16. Jh. erhalten. Es wurden mehrere Rolltreppen installiert, um die Besichtigung zu erleichtern.

★ **Arco Etrusco (Etruskisches Stadttor)** (**BY K**) – Der monumentale Torbau wird von mächtigen Steinblöcken gebildet. Die kleine Loggia links über dem Turm wurde erst im 16. Jh. hinzugefügt.
Daneben erhebt sich der herrschaftliche **Palazzo Gallenga** (**U**) aus dem 18. Jh., in dem die Universität für ausländische Studenten untergebracht ist, die vor allem im Sommer hier stark vertreten sind.

Giardini Carducci (Carducci-Gärten) (**AZ**) – Sie wurden im Stadtviertel San Pietro angelegt; von hier aus bietet sich ein herrlicher **Blick★★** über das Tibertal.

UMGEBUNG

★ **Ipogeo dei Volumni** ⓥ **(Volumniergrab)** – *6 km südöstlich. Ausfahrt ② auf dem Plan.* Die etruskische Grabanlage ist in den Tuff-Felsen gegraben. Sie umfaßt ein Atrium und neun Grabkammern. Die Grabstätte der Familie der Volumnier ist die größte; sie enthält sechs Grabstelen mit dem Familiennamen, wobei der Stein des Familienoberhaupts der größte ist (2. Jh. v. Chr.).

Torgiano – *16 km südöstlich. Ausfahrt ② auf dem Plan.* In dem Ort oberhalb des Tibertals ist ein interessantes **Weinmuseum**★ ⓥ (Fondazione Lungarotti) zu besichtigen, das eine anschauliche Sammlung von Objekten zum Thema umbrische und italienische Weinbautraditionen von der etruskischen Epoche bis heute besitzt (mit guten Fotos und historischen Dokumenten).

Panicale – *32 km südwestlich. Ausfahrt ③ auf dem Plan und auf der S 220 weiterfahren. Kurz nach Tavernelle rechts abbiegen.* Die Häuser des mittelalterlichen Dorfes liegen dicht gedrängt auf einem Hügel über dem Lago Trasimeno. In der Kirche Santo Sebastiano befindet sich das *Martyrium des hl. Sebastian* von Perugino.

Città della Pieve – *42 km südwestlich. Ausfahrt ③ auf dem Plan und auf der S 220 weiterfahren.* Das Stadtbild des ehemaligen Castrum Plebis aus dem 7.-8. Jh. wird von der warmen Ockerfarbe der umbrischen Erde bestimmt. Hier wurde Pietro Vannucci geboren, der unter dem Namen **Perugino** berühmt wurde. Er hat der Kathedrale seiner Heimatstadt eine *Taufe Christi* und eine *Jungfrau zwischen den Heiligen Petrus und Paulus, Gervasius und Protasius* hinterlassen. Im Oratorium Santa Maria dei Bianchi befindet sich eine anmutige Komposition *(Anbetung der Könige)*, die mit den sanften umbrischen Landschaften harmoniert. In der Kirche Santa Maria dei Servi ist eine *Kreuzabnahme* zu sehen.
Jacopo di Mino del Pellicciaio, ein Künstler der Malerschule von Siena, hat das Oratorium Santo Bartolomeo in der Mitte des 14. Jh.s mit Fresken *(Trauer der Engel)* ausgemalt.
In der Stadt gibt es zahlreiche Gebäude aus dem Mittelalter bis zum 18. Jh. Besondere Beachtung verdient der Palazzo della Corgna, der um die Mitte des 16. Jh.s von dem Baumeister Galeazzo Alessi aus Perugia errichtet und von Niccolò Pomarancio und Salvio Savini mit Fresken geschmückt wurde.

PESARO

Marken

88 475 Einwohner

Michelin-Karte Nr. 988 Falte 16, Nr. 429 Falte 36 oder Nr. 430 K 20

Stadtplan im Michelin-Hotelführer ITALIA

Pesaro liegt an der Adriaküste, am Ausgang des freundlichen Foglia-Tals, umgeben von Weinbergen, Obstgärten und Pappeln. Aus Pesaro stammt der Komponist **Gioacchino Rossini** (1792-1868). Man kann sein Geburtshaus (**Casa natale** ⓥ) *(Via Rossini 34)* besichtigen, das als Museum eingerichtet ist.

★ **Musei Civici (Städtische Museen)** ⓥ – Die **Pinakothek** ist stolz auf ihren Besitz von einigen Gemälden des Venezianers Giovanni Bellini: die **Pala di Pesaro** (1475) ist ein riesiges Altarbild, das in der Mitte die Marienkrönung und an der Predella verschiedene andere Szenen zeigt.
Die **Keramikabteilung**★★ ist hauptsächlich der umbrischen Keramik gewidmet, enthält aber auch einige Stücke aus dem Gebiet der Marken.

Gioacchino Rossini (Pesaro 1792 - Paris 1868)

Die musikalische Laufbahn des Komponisten führte ihn in einem anhaltenden „Crescendo" von Pesaro zunächst in die großen Städte Italiens und von dort an die bedeutendsten Fürstenhöfe Europas. Obwohl seine Werke zunächst recht vorschnell als „leichte Kost" abgetan wurden, zeugen seine von komischen Charakteren gespickten Opern, die der Theaterbühne nachempfunden sind, stellenweise von einem gewissen ironischen Abstand, den der Künstler den oft vergeblichen Anstrengungen des täglichen Lebens entgegenbringt. Diese im Grunde pessimistische Einstellung ist der seines Zeitgenossen Leopardi ähnlich. Mit 37 Jahren, als Rossini sich auf dem Höhepunkt seiner Schaffenskraft und seiner Karriere befand, gab er sein musikalisches Wirken auf und widmete sich fortan nur noch seinem Privatleben.
Die Italienerin in Algier, Der Barbier von Sevilla, Aschenputtel und *Wilhelm Tell* sind einige seiner bekanntesten Werke. Die Ouvertüren seiner Opern gehören mittlerweile zum Standardrepertoire von Konzertveranstaltungen.

Palazzo Ducale (Herzoglicher Palast) – Der Palast wurde im 15. Jh. für einen Sforza errichtet. Das mächtige Gebäude beherrscht die Piazza del Popolo, auf der ein Brunnen mit Tritonen und Seepferden steht. Die zinnenbewehrte Fassade des Palastes besteht aus einer Säulenvorhalle und darüber einem Stockwerk mit Fenstern, die im 17. Jh. mit Festons und Putten dekoriert wurden.

Museo Oliveriano ⓥ – *Via Mazza 97.* Das Museum zeigt interessante Ausgrabungsfunde der Italiker, Griechen, Etrusker und Römer.

Antica chiesa di San Domenico – *Via Branca, hinter der Post.* Von der Kirche blieb nur die Fassade übrig, die aus dem 14. Jh. stammt. Das schöne Spitzbogenportal wird von gedrehten Säulen und Skulpturen eingerahmt.

UMGEBUNG

Gradara – *15 km nordwestlich.* Das mittelalterliche Städtchen ist noch fast ganz von seinen mit Zinnen bekrönten Mauern und Toren mit Pecherkern umschlossen. Seine **Rocca**★ ⓥ (Zitadelle) mit dem quadratischen Grundriß und den vier Ecktürmen ist ein Musterbeispiel der militärischen Baukunst des 13. und 14. Jh.s *(s. Abbildung S. 30)* Hier soll Gianni Malatesta seine Gattin Francesca da Rimini mit seinem Bruder Paolo überrascht und beide ermordet haben. Dante erzählt die tragische Liebesgeschichte dieses Paares, das auch im Tod vereint ist, in seiner „Göttlichen Komödie".

PIACENZA★

Emilia-Romagna

102 051 Einwohner

Michelin-Karte Nr. 988 Falte 13 oder Nr. 428 G 11

Stadtplan im Michelin-Hotelführer ITALIA

Piacenza wurde am rechten Ufer des Po am Beginn der Via Emilia von den Römern gegründet. In ihrer Blütezeit im Mittelalter schloß sich die Stadt dem Lombardischen Städtebund an. 1545 erhob Papst **Paul III.** (vorher Alessandro Farnese) Piacenza gemeinsam mit Parma zum Herzogtum und übertrug die Herrschaft seinem unehelichen Sohn Pier Luigi. Trotz diverser Schwierigkeiten regierte die Familie **Farnese** die Stadt, bis das Herzogtum 1731 an die Bourbonen fiel *(s. auch Parma).* Piacenza ist eine bescheidene, gastfreundliche Stadt, die sich zwar nicht gerne in den Vordergrund drängt, ihren Besuchern jedoch wertvolle Kunstschätze aus einer großen Vergangenheit bieten kann.

Piazza Cavalli – Dieses ehemalige Zentrum der lokalen Politik und Wirtschaft verdankt seinen Namen den **Reiterstandbildern**★★ der Herzöge Alessandro und Ranuccio I. Farnese, zwei barocken Meisterwerken von Francesco Mochi (1580-1654).
Der Platz wird von dem riesigen Gebäude **„Il Gotico"**★★ beherrscht, dem ehemaligen Rathaus, einem wunderschönen Beispiel der lombardischen Gotik (13. Jh.). Dieser Bau wirkt streng und harmonisch zugleich, da der Marmor im unteren Teil und das Backsteinmauerwerk des Obergeschosses mit den großen Arkaden und der eleganten Verzierung der Fenster kontrastieren.
Auf der linken Seite des Platzes erhebt sich die Fassade der **Kirche San Francesco** (13. Jh.), ein interessantes Beispiel der franziskanischen Gotik mit einem schönen ausgeschrägten Portal.

★ **Duomo** ⓥ – Der Dom ist ein bemerkenswertes Bauwerk aus dem 12.-13. Jh. im Stil der lombardischen Romanik. Die Fassade wird durch eine Fensterrose und drei schöne Portale mit Portikus aufgelockert. Die beiden seitlichen Portale stammen aus den Bildhauerschulen von Modena und Nonantola. Der ausgesprochen schlichte **Innenraum** hat die Form eines lateinischen Kreuzes und ist mit wundervollen Fresken geschmückt. Die Fresken in der Kuppel (17. Jh.) stammen von Guercino und Morazzone, die Fresken in den Gewölben des *Presbiterio* sind von C. Procaccini und L. Carracci.

Sant' Antonino – *Piazza S. Antonino.* Die ursprünglich frühchristliche Basilika, die im 11. Jh. umgebaut wurde, hat einen 40 m hohen, achteckigen Turm mit Laternentürmchen und an der Nordseite eine gotische, „Paradies" genannte Vorhalle (1350).

Galleria d'Arte Moderna Ricci Oddi (Galerie für Moderne Kunst) ⓥ – *Via San Siro 13.* Hier sind Gemälde verschiedener italienischer Regionen von der Romantik bis ins 20. Jh. ausgestellt: u. a. Werke des Landschaftsmalers Antonio Fontanesi, der Macchiaioli (Fattori), der vom französischen Stil beeinflußten Maler (Boldini, Zandomeneghi), zeitgenössische orientalisch inspirierte und figurative Bilder (De Pisis) sowie futuristische (Boccioni) und metaphysische Gemälde (De Chirico, Carrà). Es sind auch einige Skulpturen (Medardo Rosso) und Bilder ausländischer Künstler zu sehen, welche die italienische Produktion beeinflußt haben (Klimt).

San Savino – *In der Nähe der Kreuzung Via G. Alberoni mit Via Roma.* In dieser Kirche aus dem 12. Jh., die sich durch ihre klaren Linien und ihre Schlichtheit auszeichnet, befinden sich wertvolle Fragmente des ursprünglichen Baus, wie z. B. die bemerkenswerten Kapitelle und die **Mosaikfußböden★** in Chor und Krypta.

Palazzo Farnese – Das imposante, unvollendete Gebäude wurde von Vignola entworfen und stammt aus der späten Renaissance. Im Palast sind die **Städtischen Museen★** (Musei Civici) untergebracht. Im Erdgeschoß befinden sich ***Die Annalen der Farnese*★**, ein grandioser, mit Stuck umrahmter Zyklus von S. Ricci (1659-1734) und G. Draghi (1657-1712), der von den Taten des Condottiere Alessandro Farnese und des Papstes Paul III. erzählt. Ausgestellt sind außerdem Sammlungen von Mosaiken und Glasarbeiten, Fresken aus Kirchen der Region (14.-15. Jh.) und eine Reihe romanischer Skulpturen der „Schule von Piacenza", wo sich Einflüsse der französischen Bildhauerkunst der damaligen Zeit mit den Erfahrungen von Wiligelmus (*Die Propheten David und Hesekiel*, 13. Jh.) mischen. Hier wird auch die etruskische **Wahrsageleber★★** aus Bronze (2.-1. Jh. v. Chr.) gezeigt, ein Hilfsmittel der Haruspizes bei der Wahrsagung. Im ersten Stock mit der reich verzierten Decke findet man Werke des 16.-19. Jh.s aus der Emilia-Romagna, der Lombardei und aus Ligurien sowie die ***Anbetung des Kindes durch Maria und den hl. Johannes*★★** von Botticelli und die Elisabeth Farnese gewidmeten *Annalen der Farnese*. Die Städtischen Museen umfassen außerdem ein **Automobilmuseum** und das **Museum des Risorgimento**.

San Sisto – *Am Ende der Via San Sisto.* Die Architektur der Kirche (16. Jh.) des aus Piacenza stammenden Alessio Tramello ist eigenartig. Vor der Fassade erhebt sich ein Portal aus dem Jahre 1622, das in ein Atrium aus dem 16. Jh. führt. Im **Inneren** entdeckt man ein interessantes Renaissance-Dekor und einen wunderschönen **Retrochor aus Holz** (16. Jh.). Für diese Kirche malte Raffael die berühmte Sixtinische Madonna, die heute durch eine Kopie ersetzt ist.

★ **Madonna di Campagna** – *Via Campagna.* Diese Kirche in der Form eines griechischen Kreuzes wurde von Alessio Tramello in einem von Bramante inspirierten Stil errichtet und ist eines der wichtigsten Bauwerke der italienischen Renaissance. Die Kirche birgt schöne **Fresken★** von Pordenone (1484-1539), einem Vertreter des Manierismus, der sich durch seinen plastischen Stil und seine leuchtenden Farben auszeichnet.

Galleria Alberoni – *Via Emilia Parmense 77. 2,5 km in südöstlicher Richtung.* Sie befindet sich auf dem Gelände einer im 18. Jh. von Kardinal Alberoni gegründeten höheren Schule und enthält italienische und flämische **Wandteppiche** aus dem 16. und 17. Jh. sowie eine reichhaltige Sammlung italienischer (G. Reni, Baciccia, L. Giordano) und flämischer (Jan Provost) Gemälde aus dem 15.-19. Jh., deren Schmuckstück das ergreifende ***Ecce Homo*★★** von Antonello da Messina ist. Das Museum zeigt außerdem Reliquien und Objekte aus dem Besitz Alberonis, Kardinal von Piacenza und Premierminister von Philipp V. von Spanien.

PIENZA★★

Toskana

2 325 Einwohner

Michelin-Karte Nr. 988 Falte 15 oder Nr. 430 M 17

Ehemals hieß dieser Ort Corsignano. Man benannte ihn dann nach dem berühmtesten Einwohner, dem Diplomaten und humanistischen Dichter Eneo Silvio Piccolomini (1405-1464), der 1458 Papst **Pius II**. wurde. Er beschloß, in seinem Geburtsort einen **idealen Platz** einzurichten, wo sich öffentliche und religiöse Macht zusammenfinden. Die Ausgewogenheit in der Architektur sollte das Gleichgewicht innerhalb des Zentrums ausdrücken. Der Florentiner **Bernardo Rossellino** (1409-1482), Schüler Albertis, realisierte mit der Anlage des Zentrums von Pienza den ersten geplanten Renaissance-Städtebau. Er entwarf die wichtigsten Monumente und legte sie an der Längsachse durch die Stadt an. Gegenüber dem Dom liegt das Rathaus, das man im Erdgeschoß durch eine Loggia betritt. Die anderen Seiten des Platzes werden vom Bischofspalast (im 15. Jh. restauriert) und vom Palazzo Piccolomini abgeschlossen. Vor letzterem steht ein anmutiger Brunnen, der das Gesamtbild betont.
Hinter der Kathedrale bietet sich ein schöner **Blick★** auf das Val d'Orcia.

★ **Cattedrale** – Der Bau des Doms war 1462 beendet. Das Äußere wird durch die Renaissance-Fassade geprägt; der gotische Innenraum wurde restauriert; er enthält zahlreiche Gemälde der Sieneser Schule, darunter das Meisterwerk des Malers Vecchietta, ***Mariä Himmelfahrt*★★**.

Museo Diocesano ⓥ – Gemälde der Sieneser Schule des 14. und 15. Jh.s. werden hier ausgestellt sowie ein reich geschmückter Umhang englischer Herkunft aus dem 14. Jh.

★ **Palazzo Piccolomini** ⓥ – Dieser Bau von Rossellino nach dem Vorbild des florentinischen Palazzo Rucellai ist sicher das Meisterwerk dieses Architekten. Die drei zur Stadt hinzeigenden Fassaden ähneln sich; diejenige, die zum Orcia-Tal und auf die ersten hängenden Gärten weist, ist auf drei Stockwerken von Loggien durchbrochen. Der Innenhof wirkt durch die schlanken korinthischen Säulen elegant. Im Inneren sind der Wappensaal sowie die Inkunabeln und das Barockbett des Papstzimmers erhalten.

Abteikirche Sant'Antimo

UMGEBUNG

★ **Montalcino** – *24 km westlich.* Diese kleine, an einem Hang gelegene Stadt hat außer einem Teil ihrer Befestigungsanlagen aus dem 13. Jh. eine wunderschöne **Burg**★★ ⓥ bewahrt, die 1361 errichtet wurde und ein typisches Beispiel für die Verteidigungsbauten jener Periode darstellt: fünfeckige Form der hohen, mit Pechnasen und einem Wehrgang versehenen Mauern mit insgesamt fünf Türmen; einer davon diente den Offizieren als Unterkunft und war im Falle einer Belagerung für die Aufnahme des Adels bestimmt, während die Bevölkerung im Innern der Festungsmauer Zuflucht suchte. Hier fand auch die Regierung von Siena Asyl, als die Stadt im Jahre 1555 durch Karl V. eingenommen wurde.
Montalcino ist aber auch für seinen **Brunello** berühmt, einen hochwertigen Rotwein aus einem kleinen Anbaugebiet. Die Stadt besteht aus einem pittoresken Labyrinth mittelalterlicher Gassen, die den Besucher nacheinander zu einer römisch-gotischen Kirche, zum **Palazzo Comunale**★ aus dem 13. Jh. (ergänzt um eine Säulenhalle und überragt von einem hohen Turm) oder zum kleinen **Museo diocesano** ⓥ führen (Gemälde und Skulpturen der Schule von Siena aus dem 14. und 15. Jh., Keramiken aus Montalcino, antike Überreste).

★★ **Sant'Antimo** – *35 km südwestlich.* Die im 9. Jh. gegründete Abtei steht einsam in der hübschen hügeligen **Landschaft**★ mit Olivenbäumen und Zypressen.
Die Blütezeit Sant'Antimos fällt ins 12. Jh. In dieser Zeit wurde auch die **Kirche** ⓥ erbaut, ein sehr schönes Beispiel der romanischen Zisterzienserbaukunst; Chorumgang und Kapellenkranz zeigen burgundischen Einfluß. Die Vorhalle und die den Campanile und verschiedene Fassaden schmückenden Lisenen sind typisch für den lombardischen Baustil. Der weite Innenraum ist schmucklos. Das Hauptschiff ist durch Säulen mit Alabasterkapitellen von den Seitenschiffen (Kreuzgewölbe) getrennt.
Die Abteigebäude sind nur noch zum Teil erhalten.

PISA★★★

Toskana

98 810 Einwohner

Michelin-Karte Nr. 988 Falte 14, Nr. 428, 429 oder 430 K 13

Der erste Eindruck von Pisa ist der einer ruhigen Stadt ohne Hektik in der Nähe der Küste. Bewundernswerte Bauwerke erinnern an die einstige Größe der mächtigen Stadtrepublik.

GESCHICHTLICHES

Bis zum Ende des Kaiserreichs war Pisa römischer Flottenstützpunkt, der aufgrund seiner Lage vor Piraten gut geschützt war. Schon vom 9. Jh. an war Pisa eine unabhängige Republik, die aus ihrer günstigen geographischen Lage Kapital schlug. Im 11. Jh. rivalisierte Pisa mit Genua und Venedig und bekämpfte die Sarazenen im Mittelmeer. Im 12. Jh. und zu Beginn des 13. Jh.s standen die Pisaner auf dem Gipfelpunkt ihrer Macht, der Seehandel florierte. Pisa übernahm damals eine führende Rolle in der Entwicklung der Kunst und Architektur; die Universität wurde gegründet. Im Kampf zwischen dem Kaisertum und dem Papst (13. Jh.) schlug sich Pisa auf die Seite der Ghibellinen (Anhänger des Kaisers); damit geriet es zur See in Konflikt mit Genua und zu Lande mit Lucca und Florenz. Im Jahre 1284 wurde die pisanische Flotte in der **Schlacht von Meloria** vernichtet. Es mußte Korsika und Sardinien, seit dem 11. Jh. pisanisch, an Genua abtreten. Mit dieser Niederlage und durch innere Kämpfe erschüttert, begann der Abstieg der Seemacht Pisa. 1406 kam es schließlich unter die Herrschaft von Florenz. Immerhin schenkten die Medici dieser Stadt ihre besondere Aufmerksamkeit, dies vor allem auf wissenschaftlichem Gebiet.
Der berühmteste gebürtige Pisaner ist **Galilei** (1564-1642), der sich schon in jungen Jahren mit Physik und Astronomie befaßte. Er wurde von Cosimo II., Großherzog der Toskana, mit Ehren überhäuft, mußte jedoch als 70jähriger seine Theorie von der Bewegung der Erde um die Sonne vor dem Inquisitionsgericht vertreten und widerrufen.

KUNST IN PISA

Der Wohlstand und die Herrschaft Pisas auf See trugen natürlich vom 11.-13. Jh. ihren Teil zur Entwicklung der Kunst, vornehmlich der Architektur und der Bildhauerei, bei. Der Dom gilt als Prototyp der **Pisaner Romanik**. Charakteristisches Kennzeichen hierfür ist die Verzierung der Fassade: geometrische Motive in verschiedenfarbigem Marmor; Bogengalerien mit Säulchen im oberen Teil, die Licht- und Schattenspiele bewirken; Intarsienschmuck, an dem der orientalische Einfluß deutlich erkennbar ist.
Architekten wie Buscheto, Rainaldo und Diotisalvi und zahlreiche Bildhauer waren mit der Ausschmückung der Gebäude beschäftigt. Durch **Nicola Pisano**, der aus Apulien stammte (1220 - um 1280), und später seinen Sohn **Giovanni** (1250 - um 1315) wurde Pisa zum Zentrum der gotischen Bildhauerei in Italien. Mit ihren Werken, vor allem durch die Kanzeln (eine im Baptisterium und eine im Dom), beeinflußten sie sehr entscheidend die toskanische Frührenaissance.

★★ PIAZZA DEL DUOMO (AY) *Besichtigung: 3 Std.*

Dieser herrliche Platz, der auch **Campo dei Miracoli** genannt wird, ist dank seiner vier Baudenkmäler einer der schönsten auf der Welt. Man betritt den Domplatz am besten durch die Porta Santa-Maria, da von hier die Neigung des Schiefen Turms am besten zu erkennen ist.

★★ **Duomo** ⓥ – Die Errichtung dieses epochemachenden Kirchenbaus ist der sagenhaften Beute aus den Seekriegen gegen die Sarazenen zu verdanken. Der Bau wurde 1063 unter der Leitung des Architekten Buscheto begonnen und unter Rainaldo vollendet.
Die **Fassade**★★★, die Rainaldo schuf, wirkt mit ihren vier Säulengalerien harmonisch und zierlich-leicht. Der Grundriß zeigt die Form des lateinischen Kreuzes; als Baumaterial wurde abwechselnd heller und dunkler Marmor verwendet. Die **Bronzetüren**★, die die ursprünglichen ablösten, wurden 1602 nach Zeichnungen von Giambologna gegossen. Das Portal am rechten Querschiffarm besitzt schöne romanische **Türflügel**★★ aus Bronze, die Ende des 12. Jh.s von Bonanus von Pisa geschaffen wurden. Sie zeigen Szenen aus dem Leben Christi, die zwar in einer naiven Weise, aber dennoch mit viel künstlerischer Freiheit gestaltet sind.
Das fünfschiffige **Innere** beeindruckt mit seinen 100 m Länge, seiner tiefen Apsis, dem dreischiffigen Querhaus und den unzähligen Säulen, die immer wieder andere Perspektiven bieten. Die großartige **Kanzel**★★★ wurde von **Giovanni Pisano** zwischen 1302 und 1311 geschaffen. Sie ruht auf sechs Porphyrsäulen und fünf aus religiösen und allegorischen Figuren gebildeten Pfeilern. Die Kanzelbrüstung selbst setzt sich aus acht leicht gewölbten Relieftafeln zusammen, die einen Kreis

Ein Wunder aus Stein: die Piazza dei Miracoli

bilden. Sie sind mit Szenen aus dem Leben Christi geschmückt und mit einer Vielzahl ausdrucksvoller Figuren versehen. Unweit der Kanzel hängt die „Lampe des Galilei". Durch ihre Schwingungen soll Galilei zur Entwicklung seiner Pendeltheorie angeregt worden sein.

★★★ **Torre pendente** oder **Campanile (Der Schiefe Turm)** – Der Bau des weißen Marmorturms in reinster Romanik, der Glockenturm und Stadtturm zugleich war, wurde 1173 von Bonanus von Pisa begonnen und 1350 beendet. Der nach byzantinischer Art zylindrische Turm besteht aus 6 Säulengalerien, die aufgrund der Neigung spiralförmig wirken. Im unteren Teil findet man mit Rauten verzierte Blendarkaden, was typisch für die Pisaner Romanik ist. Seine zunehmende Neigung (erstmals 1178 festgestellt und seitdem um 1 bis 2 mm pro Jahr zunehmend) ist der Senkung des Bodens zuzuschreiben (Schwemmland), der dem Gewicht des Baus nicht standhalten kann und ständig nachgibt. Die nachfolgenden Architekten versuchten immer wieder vergeblich, diesen Fehler auszugleichen. Der 1990 für Besucher gesperrte Turm wurde im 1. Stock mit zwei rostfreien Stahlkabeln eingefaßt. 1993 wurde sein Sockel durch eine Stahlbetonhülle verstärkt, um mit 670 Tonnen Blei ein Gegengewicht zur Neigung des Turms zu bilden.

★★★ **Battistero (Baptisterium)** ⓥ – Es wurde 1153 begonnen. Die unteren Stockwerke sind in Pisaner Romanik gehalten, die Wimperge und Giebel des 1. Stockwerks sind allerdings gotisch. Das Kuppeldach wird gekrönt von einem Aufbau in Form eines Pyramidenstumpfs.

In das Innere führen vier Portale, die jeweils mit Skulpturen verziert sind. Der mächtige, lichtdurchflutete Innenraum hat einen Durchmesser von 35 m. Die Ausschmückung beschränkt sich auf die abwechselnd hellen und dunklen Marmorflächen. In der Mitte steht das achteckige **Taufbecken**★, das Guido Bigarelli, ein Bildhauer aus Como, 1246 schuf. Das Meisterwerk der Taufkapelle ist jedoch die herrliche **Kanzel**★★ von Nicola Pisano aus dem Jahre 1260. Im Vergleich zur Kanzel, die sein Sohn Giovanni für den Dom schuf, ist sie schlichter in der Ausführung. Sie ruht nur auf einfachen Säulen; die Brüstung besteht aus fünf Relieftafeln mit Szenen aus dem Leben Christi. Der Künstler ließ sich wahrscheinlich von den römischen Sarkophagen inspirieren, die nebenan auf dem Friedhof (Camposanto) zu sehen sind, und schuf so Figuren in einem reinen klassischen Stil voller Eleganz.

★★ **Camposanto (Friedhof)** ⓥ – Die Begräbnisstätte wurde 1277 von Giovanni di Simone, einem der Baumeister des Campaniles, angelegt. Die Schlacht von Meloria unterbrach die Arbeiten, so daß die Anlage erst im 15. Jh. fertiggestellt wurde. Blendbogen gliedern die äußeren fensterlosen Marmorwände. Im Inneren wurde ein überdachter Kreuzgang angelegt, mit einem grünen Rasenrechteck als Mittelpunkt, zu dem sich eine Arkadenwand öffnet, in deren Rundbögen einfache Filigrane zu bewundern sind. Die Konstruktion ist von einer erstaunlichen Leichtigkeit geprägt.

Die eigentliche Begräbnisstätte soll mit Erde vom Hügel Golgatha angelegt worden sein, die die Kreuzfahrer mitgebracht hatten. Die Galerien mit sehenswerten griechisch-römischen Sarkophagen sind mit etwa 600 Grabplatten gepflastert. Die Wände waren mit Fresken bemalt, die jedoch 1944 fast vollständig durch Artilleriebeschuß und Brand zerstört wurden. Die berühmtesten Fresken, ***Der Triumph des Todes***★★★, ***Das Jüngste Gericht***★★ und ***Die Hölle***★, die Buffalmacco zugeschrieben werden, konnten glücklicherweise gerettet werden und sind in einem Raum zu sehen, der vom Nordflügel aus zugänglich ist. Die Werke des Meisters aus dem 14. Jh. stellen sehr realistisch die Kürze und Nichtigkeit des Erdenlebens dar.

★★ **Museo dell'Opera del Duomo (Dommuseum)** ⏲ (**AY M**[1]) – Es beherbergt Kunstwerke, die von den Monumenten an der Piazza del Duomo stammen: Skulpturen vom 12. bis 16. Jh. (romanischen Stils mit islamischen und burgundischen Einflüssen, gotischen Stils und aus der Renaissance); Domschatz (***Maria mit dem Kind*** aus Elfenbein von Giovanni Pisano) und Silberarbeiten. Im 1. Stock sind Malereien und Skulpturen des 15.-18. Jh.s ausgestellt, Fragmente von einem Renaissance-Chorgestühl, illuminierte Texte des 12. und 13. Jh.s, Bischofs- und Meßgewänder sowie archäologische Stücke, die von Carlo Lasinio zu Beginn des 19. Jh.s auf dem Friedhof gefunden wurden. Er fertigte eine Reihe von Kupferstichen zu den Fresken des Camposanto an.

★ **Museo delle Sinopie (Sinopienmuseum)** ⏲ (**AY M**[2]) – Hier sind die Sinopien (in roter Erdfarbe ausgeführte Vorzeichnungen für Mosaik und Fresken; so genannt, weil diese Farbe ursprünglich aus der türkischen Stadt Sinop am Schwarzen Meer stammte) ausgestellt, die man 1944 bei den Restaurierungsarbeiten unter den Fresken des Camposanto fand. Die Zeichnungen wurden abgelöst und restauriert und illustrieren den lebendigen und freien Zeichenstil der Künstler des 13.-15. Jh.s.

WEITERE SEHENSWÜRDIGKEITEN

★ **Piazza dei Cavalieri** (**AY**) – Dieser Platz bildet das historische Zentrum von Pisa. Er erhielt seinen Namen nach den „Cavalieri di Santo Stefano", einem Ritterorden, der sich die Bekämpfung der Ungläubigen zur Aufgabe gemacht hatte. Die Piazza ist gesäumt von folgenden Gebäuden: **Palazzo dei Cavalieri** (**BY N**), dessen **Fassade**★ von Vasari geschmückt wurde; Kirche **Santo Stefano** mit einer Fassade aus weißem, rosafarbenem und grünem Marmor von 1569; **Palazzo Gherardesca** (**AY R**), den Vasari 1607 auf den Resten des Torre della Fame (Hungerturm) erbaute. Der Herzog Ugolino della Gherardesca, der nach der Niederlage in der Schlacht von Meloria des Verrats angeklagt war, mußte in diesem Turm mit seinen Kindern den Hungertod erleiden.

Santa Caterina (**BY**) – Die harmonische **Fassade**★ der Kirche ist in Pisaner Gotik erbaut. Das Innere birgt auf beiden Seiten des Chors Statuen von Nino Pisano, darunter eine schöne Verkündigung.

San Michele in Borgo (**BY V**) – Der Übergang vom romanischen zum gotischen Stil Pisas wird an der **Fassade**★ deutlich.

Die Kais – Am **Lungarno Pacinotti** (**ABY**) und am **Lungarno Mediceo** (**BZ**) stehen eine Reihe prächtiger Paläste: der **Palazzo Upezzinghi** (**AY S**) aus dem 17. Jh. (heute Universitätsgebäude); der **Palazzo Agostini**★ (**ABY**) aus dem 15. Jh., dessen Fassade reich geschmückt ist (das Café dell'Ussero im Erdgeschoß war Treffpunkt der Schriftsteller des *Risorgimento*); gegenüber liegt auf dem anderen Ufer der **Palazzo Gambacorti** (**BZ H**), der aus dem Ende des 14. Jh.s datiert; weiterhin der **Palazzo Toscanelli** (**BZ**), in dem Byron seinen „Don Juan" schrieb, und der **Palazzo dei Medici** (**BZ P**) aus dem 13.-14. Jh.

★★ **Museo Nazionale di San Matteo** ⏲ (**BZ**) – Das Museum zeigt aus Pisa stammende Werke des 13. bis 15. Jh.s, die verdeutlichen, was für ein bedeutendes künstlerisches Zentrum die Stadt im späten Mittelalter darstellte. Nach einer kleinen Keramikabteilung stehen vor allem die Skulpturen und Gemälde im Vordergrund. Besondere Aufmerksamkeit verdienen die berühmten Bildhauer Andrea Pisano ***(Mariä Verkündigung)*** und Nino Pisano ***(Stillende Madonna)*** sowie die gotischen Maler aus Pisa und die Künstler aus Florenz, die im 14. Jh. während des Baus des Camposanto zum Arbeiten in die Stadt gekommen sind (**Flügelaltar** von Simone Martini und das ***Bildnis des Apostels Paulus*** von Masaccio).

Chiesa del San Sepolcro (**BZ**) – Die Kirche in Pyramidenform ist ein Werk Diotisalvis aus dem 12. Jh. Der **Chorraum**★ schließt mit einer hohen Kuppel ab; ferner ist das Grabmal der Maria Mancini, der Geliebten des Sonnenkönigs Ludwig XIV., zu sehen, die 1715 in Pisa starb.

★★ **Santa Maria della Spina** (**AZ**) – Die Kirche aus dem 14. Jh. ist reich mit Wimpergen, Fialen, Türmchen, Statuetten und Statuen aus der Werkstatt der Pisano verziert (einige wurden durch Kopien ersetzt).

San Paolo a Ripa d'Arno (**AZ**) – Wie die Kirche Santa Maria della Spina liegt San Paolo am Ufer des Arno. Die schöne **Fassade**★ ist ein gutes Beispiel für die Pisaner Romanik.

PISA
0
200 m
A
B
Y
Z
S 1
A 11
A 12
GENOVA, LUCCA, VIAREGGIO
S 12
S 1 : LIVORNO
PONTEDERA
S 206 CECINA
CAMPO SPORTIVO
CAMPOSANTO
TORRE PENDENTE
BATTISTERO
DUOMO
M¹
M²
Pza S. Maria
Pza DEI MIRACOLI
V. Contessa
Matilde
Via Vecchia
Lucchese
Via Bianchi
Pta LUCCA
Via S. Caterina
Via di S. Zeno
S. Caterina
Via Buonarroti
Via V. Veneto
V. Card. Maffi
V. Pisano
Via Roma
Via Santa Maria
Via Savi
ORTO BOTANICO
PZA DEI CAVALIERI
S. Stefano
V. Carducci
Via S. Lorenzo
Via San Francesco
Pza Dante
PAL. AGOSTINI
POL.
Via Bonanno
Via Pisano
Via del Risorgimento
Via N. Pisano
Via Volturno
CITTADELLA
Pza Solferino
Lungarno Pacinotti
Lungarno Gambacorti
Pza Cairoli
Toscanelli
MUSEO DI S. MATTEO
S. MARIA D. SPINA
Lungarno Simonelli
L. Sonnino
S. Paolo a ripa d'Arno
V. F. Niosi
Via Manzoni
Via Mazzini
Corso Italia
Lungarno Mediceo
Lungarno Galilei
S. Sepolcro
V. Martino
Via Bovio
G. Bruno
Via S. Marta
V. Stampace
V. Nino Bixio
Crispi
Via Conte Fazio
Pza Vittorio Emanuele II
Pza Toniolo
PALAZZO DEI CONGRESSI
Via Cesare Battisti
Via B. Croce
Vle Bonaini
Pza Guerrazzi
AIR TERMINAL
Via A. Vespucci
Via F. Corridoni
Via C. Cattaneo
ARNO

UMGEBUNG

★ **Basilica di San Piero a Grado** - *6 km südwestlich; Ausfahrt auf ⑤ des Plans, Via Conte Fazio.* Die romanische **Kirche**★ wurde an der Stelle erbaut, wo nach der Legende der Apostel Petrus bei seiner Ankunft aus Antiochia zuerst italienischen Boden betreten hat. Bemerkenswert ist die Apsis mit drei Chorkapellen.

Viareggio - *20 km nordwestlich; Ausfahrt auf ① des Plans. Plan im roten Michelin-Hotelführer.* Das elegante Seebad bietet schöne Strände und viele Freizeitmöglichkeiten.
In **Torre del Lago Puccini** - *(5 km südöstlich)* schrieb Puccini seine Opern *La Bohème, Madame Butterfly* und *Tosca.* In der **Villa Puccini** ⓥ kann man sein Grab und einige Andenken aus seinem Leben besichtigen.

PISTOIA★★

Toskana

87 698 Einwohner

Michelin-Karte Nr. 988 Falte 14 oder Nr. 428, 429 oder 430 K 14

Stadtplan im Michelin-Hotelführer ITALIA

Der historische Kern dieser Industriestadt blieb erhalten und spiegelt die Bedeutung wider, die Pistoia im 12., 13. und 14. Jh. hatte. Lucca und Florenz kämpften lange um die Stadt, die schließlich 1530 unter den Medici zu Florenz kam.

★★ PIAZZA DEL DUOMO *Besichtigung: 1 Std.*

Man verfällt unweigerlich dem Charme dieses ausgewogenen und harmonischen Platzes, der von profanen und sakralen Bauten gesäumt wird.

★ **Duomo (Dom)** - Er wurde im 12. und 13. Jh. wieder aufgebaut, der Innenraum im 17. Jh. restauriert. Die **Marmorfassade**★ verbindet gekonnt Elemente der Pisaner Romanik (übereinander liegende Galerien im oberen Teil) und der florentinischen Renaissance (Portalvorbau mit feinen Säulen aus dem 14. Jh.). Der Glockenturm ist im unteren Teil massiv und wird nach oben hin durch drei Säulengalerien aufgelockert.
Im Innern ist in einer Kapelle der berühmte **Silberaltar des hl. Jakobus**★★★ ⓥ zu bewundern, ein Meisterwerk der Goldschmiedekunst aus dem 13. Jh. Er wurde im Laufe des 14. und 15. Jh.s verändert und vergrößert. Der Mittelteil zeigt in einer Nische den hl. Jakobus umgeben von Heiligen und darüber einen Thronenden Christus; Szenen aus dem Alten und Neuen Testament ergänzen die Dekoration. In der Kapelle links im Chor hängt ein Gemälde von Lorenzo di Credi (um 1480), das die ***Thronende Muttergottes***★ zeigt.

★ **Battistero (Taufkapelle)** ⓥ - Der gotische Bau mit dem achteckigen Grundriß ist mit weißem und grünem Marmor verkleidet (14. Jh.). Im Bogenfeld des Hauptportals eine schöne **Madonna**, umgeben vom Apostel Petrus und Johannes d. T., die Nino und Tommaso Pisano zugeschrieben wird.

Palazzo Pretorio - Der Palast aus dem 14. Jh. war einst Sitz des Statthalters (Podestà). Im vergangenen Jahrhundert wurde er vollständig umgebaut.

Palazzo del Comune - Erbaut wurde er zwischen 1294 und 1385. Die **Fassade**★ ruht auf Arkaden und wird durch Zwillings- und Drillingsbogenfenster aufgelockert. Heute ist im Palast das Städtische Museum **(Museo Civico)** ⓥ eingerichtet (Gemälde vom 13.-20 Jh.).

WEITERE SEHENSWÜRDIGKEITEN

Palazzo del Tau - *Corso Silvano Fedi.* Das ehemalige im 14. Jh. errichtete Kloster des Antoniusordens ist nach dem T aus blauer Emaille benannt, das sich auf den Gewändern der Ordensbrüder befand. Im Innern ist ein **Dokumentationszentrum** ⓥ untergebracht, das dem Bildhauer **Marino Marini** (1901-1980) gewidmet ist.

Ospedale del Ceppo (Krankenhaus) - Giovanni della Robbia schmückte 1530 die Vorhalle mit einem **Fries**★★ aus glasierter Terrakotta, der mit überraschender Natürlichkeit und in frischen Farben die Werke der Barmherzigkeit darstellt.

★ **Sant'Andrea** - Die Kirche ist ein Beispiel des reinen pisanisch-romanischen Stils. Sie birgt die berühmte **Kanzel**★★, die von 1298 bis 1308 von Giovanni Pisano ausgeführt wurde. Auf der Brüstung sind auf dramatische und äußerst lebendige

Weise fünf Szenen aus dem Leben Jesu wiedergegeben. Bewundernswert ist auch ein vergoldetes **Kruzifix★** von G. Pisano *(in einer Nische hinter dem ersten Altar rechts).*

San Giovanni Forcivitas - Die Kirche mit der langen **Nordfassade★** in Pisaner Romanik wurde vom 12. bis 14. Jh. errichtet. Die **Kanzel★** (1270) ist eine Arbeit des Fra Guglielmo von Pisa. Der Flügelaltar stammt von Taddeo Gaddi, das Keramikbild ***Die Heimsuchung*★★** von Luca della Robbia.

UMGEBUNG

★ **Vinci** - *24 km südlich.* In diesem Städtchen kam Leonardo zur Welt. Im Schloß ist das **Museo Leonardiano** ⓥ untergebracht. Die Sammlungen geben Einblick in das Schaffen des Künstlers.
2 km nördlich von Vinci befindet sich das Geburtshaus (**Casa natale** ⓥ) Leonardos. Es liegt in Olivenhainen, in ein sanftes Licht getaucht.

Golfo di POLICASTRO★★

Golf von Policastro - Kampanien - Basilikata - Kalabrien

Michelin-Karte Nr. 988 Falte 38 oder Nr. 431 G 28

Der weite, herrliche Golf zwischen der Landspitze Punta di Infreschi und Praia a Mare ist von Gebirgszügen umgeben, die teilweise in steilen Felsnadeln enden. Der Fuß der Berge ist mit Getreidefeldern und Olivenbäumen bedeckt, die Höhen tragen Hochwald, zum Teil auch Kastanienwälder. Von Sapri bis Praia a Mare führt die Küstenstraße in der Höhe am türkisfarbenen Meer entlang. Der Küstenstreifen mit seinen unzähligen Buchten und den kleinen Ortschaften in lieblicher Umgebung ist äußerst reizvoll.

Maratea - Die Villen und Hotels dieses Badeorts, der viele kleine Strände und Buchten aufweisen kann, liegen verstreut inmitten der üppigen Vegetation. Der Ort schmiegt sich an die Hänge des Monte Biagio, auf dessen Gipfel sich die Basilika San Biagio und eine riesige Statue erheben. Mit 22 m Höhe ist diese weiße Statue des Erlösers, ein Werk Innocentis (1965), weithin sichtbar. Von hier genießt man einen großartigen **Rundblick★★** über den Golf von Policastro und die kalabrische Küste.

POMPEI★★★

POMPEJI - Kampanien

26 121 Einwohner

Michelin-Karte Nr. 988 Falte 27 oder 431 E 25

Siehe unter Golfo di NAPOLI/Kartenskizze

Die reiche Landstadt in bevorzugter Lage, die im Jahre 79 n. Chr. bei einem ungeheuren Vesuvausbruch plötzlich verschüttet wurde, gibt uns ein hervorragendes Zeugnis von der Lebensweise in der Antike. Die Größe und Verschiedenheit der Ruinen und die idyllische Landschaft vermitteln einen großartigen und ergreifenden Eindruck davon, wie die römische Stadt im Kaiserreich ausgesehen haben muß.

GESCHICHTLICHES

Pompeji wurde wahrscheinlich im 8. Jh. v. Chr. von den Oskern gegründet. Im 6. Jh. v. Chr. lag der Ort im griechischen Kulturbereich mit dem Zentrum Cumae. Ende des 5. Jh.s nahmen die Samniten Pompeji ein. In diese Epoche fällt auch die erste Blütezeit Pompejis bis zum frühen 1. Jh.: Städtebau und Kunst entwickelten sich. Im Jahre 80 v. Chr. kam Pompeji in den Herrschaftsbereich Roms. Für die wohlhabenden römischen Familien wurde es ein geschätzter Aufenthaltsort. So führten die Römer nun ihre Sprache, Sitten, Lebensweise und auch die Bautechnik und Dekoration in Pompeji ein.
Als der Vesuv ausbrach, war es eine blühende Stadt geworden, die ungefähr 25 000 Einwohner zählte. Sie lag in einer fruchtbaren Ebene; der Handel und das Handwerk florierten; und Pompeji hatte einen eigenen Hafen am Meer. Sieht man heute die zahlreichen Geschäfte und Handwerksbetriebe dieser Zeit, die breiten Straßen mit den Fahrspuren der Wagen, so fällt es nicht schwer, sich die rege Betriebsamkeit, die hier herrschte, vorzustellen. Sehr beliebt waren bei den Einwohnern aber auch Schauspiele und Gladiatorenkämpfe. Wie ein Fresko im Archäologischen Museum in Neapel zeigt, kam es im Jahre 59 v. Chr. zu einer wilden Prügelei zwischen den „Fans" von Pompeji und Nuceria; daraufhin wurde das Amphitheater für 10 Jahre geschlossen, und es ist nur dem Eingreifen Poppeas, Neros Frau, zu verdanken, daß es vor Ablauf dieser Frist wieder eröffnet werden konnte.

Im Jahre 62 n. Chr. erschütterte ein Erdbeben die Stadt. Ihr Wiederaufbau war noch nicht beendet, als sie im August 79 unter dem Aschenregen versank. Auch Herkulaneum und Stabiae wurden bei diesem großen Vesuvausbruch vernichtet. Innerhalb von zwei Tagen war Pompeji mit einer 6-7 m dicken Ascheschicht bedeckt. Erst im 18. Jh. begann man auf Anregung Karls III. von Bourbon, König von Neapel, mit offiziellen und systematischen Ausgrabungen. Die Entdeckung Pompejis hatte eine so große Auswirkung auf ganz Europa, daß einige Jahre später eine pompejanische Mode kreiert wurde.

ARCHITEKTUR UND BAUDEKOR

Bautechnik – In Pompeji wurden vielerlei Materialien für die Bauten verwendet, die unterschiedlich verarbeitet wurden. Man unterscheidet vier Techniken: **Opus quadratum** (behauene Steine werden ohne Mörtel übereinandergesetzt); **Opus incertum** (ein Mauerwerk aus Bruchstein von Tuff oder Lava mit Mörtel); **Opus reticulatum** (kleinere, quadratisch behauene Steine aus Kalkstein oder Tuff werden, auf einer Spitze stehend, zu einem netzartigen und dekorativen Mauerwerk zusammengefügt); **Opus testaceum** (dreieckige Ziegelsteine werden mit der Spitze nach innen vermauert). Zudem wurden die Häuser mit Gips verputzt, oder mit Marmor verkleidet. Fast alle Typen von antiken Häusern sind in Pompeji zu finden. Zur Zeit der Samniter waren die Bauten schlicht und streng, unter dem griechischen Einfluß wurden die Häuser größer und reich dekoriert. Mit der Ankunft der Römer und dem starken Anstieg der Bevölkerung glich man die räumliche Begrenzung durch prunkvolle Ausschmückungen aus.

Pompejanische Malerei – Ein großer Teil der pompejanischen Fresken, die die Häuserwände schmückten, sind nicht mehr an Ort und Stelle. Sie wurden abgelöst und befinden sich heute im Archäologischen Museum von Neapel.
Dennoch gibt eine Besichtigung der Ruinenstadt einen Einblick in die Verschiedenartigkeit der Wanddekorationen, die man in vier **Stile** unterteilt. Der Erste pompejanische Stil kennt keine Motive; die Struktur und die Farben des Marmors werden nachgeahmt. Der Zweite pompejanische Stil gilt als der schönste der vier Stile. Die Wände werden mit perspektivischen Malereien versehen. Zwischen Scheinarchitektur aus Kolonnaden mit Giebeldreiecken, oder überdacht von kleinen Tempeln, öffnen sich vorgetäuschte Fenster und Türen, durch die man in Landschaften blickt. Zur Grundierung wird das typische „Pompejanischrot", ein Quecksilbersulfat, benutzt, das im Kontrast zu Schwarz den Gemälden die typische Ausstrahlung verleiht. Der Dritte pompejanische Stil ersetzt die illusionistische Malerei durch mythologische Szenen und Landschaftsbilder in zarten Farbtönen. Die meisten Häuser Pompejis sind im Vierten pompejanischen Stil ausgemalt. Er verbindet Elemente des Zweiten Stils mit den üppigen Kompositionen des Dritten Stils.

BESICHTIGUNG ◷ *Einen ganzen Tag einplanen.*

Manche der hier beschriebenen Häuser sind unter Umständen wegen Renovierungsarbeiten nicht zugänglich.

Porta Marina – Durch dieses Stadttor führte der Weg hinab zum Meer. Für Lasttiere und Personen waren getrennte Durchgänge vorgesehen.

Pompejis Straßen – Das Straßennetz ist von sich rechtwinklig kreuzenden Straßen gebildet. Sie verlaufen zwischen hohen Bürgersteigen; Steinblöcke auf der Fahrbahn erleichterten es, vom Bürgersteig aus die Straße trockenen Fußes zu überqueren, denn bei heftigen Regenfällen verwandelten sich die Straßen in regelrechte Sturzbäche. Der Abstand dieser Steine war so berechnet, daß Fuhrwerke noch passieren konnten. Die öffentlichen Brunnen waren alle nach dem gleichen Modell, einem einfachen Viereckbecken, angelegt.

★★★ **Foro (Forum)** – Das Forum war der Mittelpunkt des öffentlichen Lebens. Hier lagen die meisten großen Gebäude und Tempel. Auf dem weiten Forum versammelte man sich bei religiösen Veranstaltungen, hier wurde Handel getrieben und Recht gesprochen. Der weitläufige Platz nur für Fußgänger war mit großen Marmorplatten gepflastert und mit Kaiserstatuen geschmückt. An drei Seiten umgab ein Säulengang mit einer Terrasse als erstem Stockwerk den Platz.
Die **Basilika**★★ (Basilica) war mit den Maßen 67 × 25 m das größte Gebäude Pompejis. Sie war der Versammlungsort für Gerichtsverhandlungen und Börsengeschäfte.
Im Hintergrund des **Apollotempels**★★ (Tempio di Apollo) zeichnet sich der Vesuv ab. Der Opferaltar steht unten an der Treppe, die zur Cella hinaufführt. In der ehem. Säulenhalle stehen sich die Kopien des Apollo und der Diana gegenüber, die bei Ausgrabungen hier gefunden wurden (Originale im Archäologischen Museum in Neapel). Im Horreum, wohl ein ehem. Kornspeicher, sind Architekturfragmente ausgestellt.
Der **Jupitertempel**★★ (Tempio di Giove) nimmt wie üblich einen Ehrenplatz ein und ist der kapitolinischen Triade (Jupiter, Juno und Minerva) gewidmet. Zu beiden Seiten stehen zwei Triumphbogen, die mit Marmor verkleidet waren.

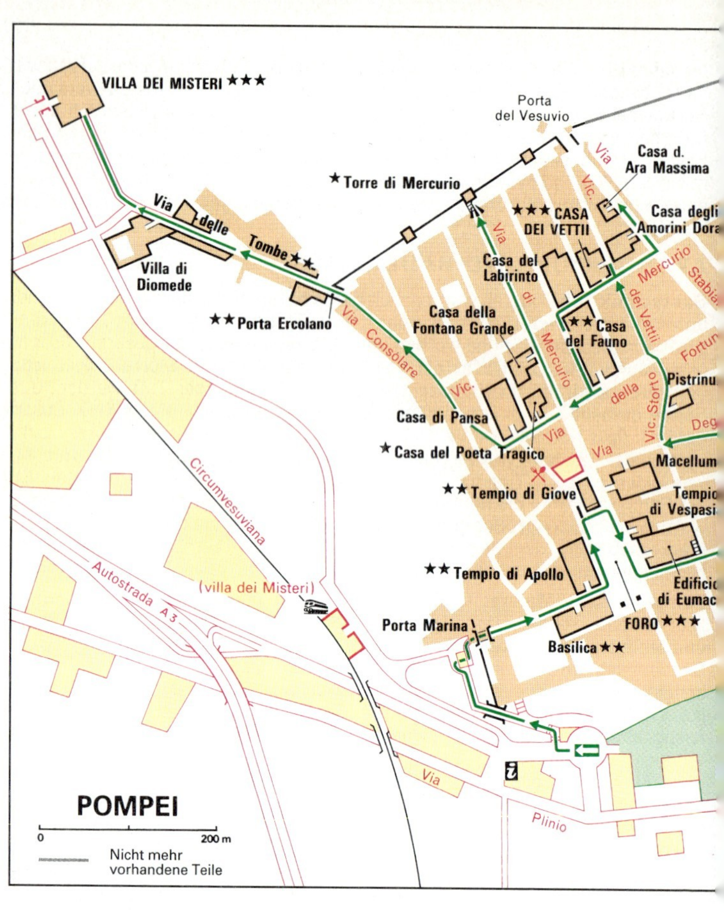

Anfiteatro:	*Amphitheater*	**Casa:**	*Wohnhaus*	**Foro:**	*Forum*
Basilica:	*Basilika*	**Edificio:**	*Gebäude*	**Necropoli:**	*Nekropole*

Das **Macellum** war eine große Markthalle, die von Geschäften umgeben war. In der Mitte befand sich eine runde überkuppelte Säulenhalle mit einem Becken zum Reinigen der Fische.

Im **Tempel des Vespasian** (Tempio di Vespasiano) stand ein Altar aus Marmor, den eine Opferszene zierte.

Ein Tor mit fein gemeißelter Marmorumrandung mit Pflanzenmotiven führte in das **Gebäude der Eumachia** (Edificio di Eumachia). Es wurde unter der strengen Leitung dieser Priesterin errichtet und war wahrscheinlich Sitz der mächtigen Färberzunft, der *fullone*, deren Schutzpatronin Eumachia war.

★ **Foro Triangolare** – Durch eine mächtige Säulenhalle, von der noch einige ionische Säulen stehen, betrat man diesen dreieckigen Platz. Hier sieht man Reste des ältesten Gebäudes von Pompeji, des **Dorischen Tempels**. Er ist eines der wenigen Zeugnisse aus der Stadt im 6. Jh. v. Chr.

★ **Teatro Grande (Großes Theater)** – Das Theater entstand bereits im 5. Jh. v. Chr., wurde in hellenistischer Zeit (zwischen 200 und 150 v. Chr.) umgebaut und hat heute die Form, die es bei der letzten Erneuerung durch die Römer im 1. Jh. n. Chr. erhielt.

Das offene Theater konnte mit einem Sonnensegel vor der sengenden Hitze geschützt werden und bot Platz für etwa 5 000 Zuschauer.

Caserma dei Gladiatori (Gladiatorenkaserne) – Der weitläufige, von einem Säulengang begrenzte Platz diente ursprünglich den Theaterbesuchern als Foyer.

★★ **Odeon** – Die Odeen, kleinere, mit Holzdach überdeckte Theater, wurden für Konzerte, Dichterlesungen und Ballette benutzt. Dieses Odeon konnte etwa 800 Zuschauer aufnehmen. Die Konstruktion datiert aus den Anfängen der römischen Kolonisierung.

★ **Tempio d'Iside (Isistempel)** – Der Kult der ägyptischen Göttin Isis konnte sich während der hellenistischen Epoche aufgrund der Kontakte mit dem Orient und mit Ägypten verbreiten. Der kleine Tempel steht leicht erhöht inmitten eines von

Palestra:	*Palästra (Sportanlage)*	**Teatro:**	*Theater*	**Terme:**	*Thermen*
Porta:	*Tor*	**Tempio:**	*Tempel*	**Torre:**	*Turm*

Arkaden umgebenen Hofs. An der linken Seite des Tempels liegt das *Purgatorium*, der Raum für die Reinigungszeremonien, wo auch Wasser aus dem Nil aufbewahrt wurde. Der Bilderschmuck des Tempels wird heute im Archäologischen Museum in Neapel aufbewahrt.

Casa di Lucius Ceius Secundus – Die Fassade dieses Hauses ist charakteristisch für den Ersten pompejanischen Stil: Die Stuckarbeit täuscht ein Quaderwerk vor. Hübsch ist auch das Atrium.

★★ **Casa del Menandro** – Das große Patrizierhaus ist reich mit Wandmalereien (4. Stil) und Mosaiken ausgeschmückt; es besaß seine eigene Bäderanlage. Die Räume für die Dienerschaft lagen getrennt in einem eigenen Gebäudeflügel.
Im Atrium steht in einer Ecke das Laren-Heiligtum (Altar der Hausgötter) in Form eines kleinen Tempels. Sehr schön sind das Peristyl mit dorischen Säulen und die mit Pflanzen und Tieren verzierte Brüstung.
Man erreicht die **Via dell'Abbondanza**★★; sie war eine der Geschäftsstraßen des antiken Pompeji. Heute vermittelt sie uns mit ihren Häusern und Läden ein besonders lebendiges Bild des Lebens in Pompeji.

Casa del Criptoportico – *Nr. 2.* Man durchquert das Peristyl (Laren-Malerei: *Merkur mit Pfau, Schlangen und pflanzlichen Motiven*) und geht zum Kryptoportikus hinab. Es handelt sich um einen im Untergeschoß angelegten Gang mit Tonnengewölbe, der durch Oberlichter erhellt wurde. Man nimmt an, daß diese Art von Gang, die vor allem in römischen Villen der Kaiserzeit zu finden war, als witterungsgeschützte Promenade und Aufenthaltsraum angelegt wurde.

★★ **Fullonica Stephani** – *Nr. 7.* Es handelt sich hier um ein ehemaliges Wohnhaus, das in eine Färberei und Wäscherei umgewandelt worden war. Im Römerreich waren die Zünfte der Tuchhersteller und Färber (fullone) wegen des großen Bedarfs an Stoffen für die weiten, faltenreichen Gewänder äußerst wohlhabend gewesen. In den „Fullonicae" walkte und bearbeitete man die neuen Stoffe; die getragenen Gewänder wurden gewaschen. In Pompeji gab es mehrere dieser Anstalten, in denen die Stoffe in großen, mit Sodawasser oder Urin gefüllten Becken mit den Füßen durchgewalkt wurden.

Termopolio di Asellina – In diesem Laden wurden Getränke und fertige Speisen verkauft. Der gemauerte Ladentisch, der direkt an der Straße lag und gleichzeitig als Auslage diente, weist Öffnungen auf, in die Töpfe und Gefäße eingelassen wurden.

★ **Termopolio Grande** – Es gleicht dem vorhergehenden Geschäft, enthielt aber ein bemaltes Laren-Heiligtum.

Casa di Trebius Valens – Die Inschriften in der Fassade hatten die Funktion von Wahlplakaten. Im Atrium ist ein raffiniertes buntes Fresko zu sehen, das eine Steinwand vortäuscht.

★ **Casa di Loreius Tiburtinus** – Nach dem schönen Impluvium, dem Marmorbecken, dem freskengeschmückten Triclinium (Speisesaal) und den **Wandmalereien**★ auf weißem Grund, ausgezeichneten Beispielen des Vierten pompejanischen Stils, zu urteilen, gehörte dieses Haus einem wohlhabenden Bürger. Prächtiger noch als die Wohnräume ist die **Gartenanlage**★, die speziell für Wasserspiele konzipiert war.

★ **Villa di Giulia Felice (Villa der Julia Felix)** – Fast am Stadtrand liegt diese Villa, die man in drei Komplexe unterteilen kann: die Wohnräume, die Thermen, die der Öffentlichkeit zugänglich waren, und eine Reihe von Räumen, darunter eine Gaststätte und Geschäfte, die vermietet wurden. Der Ziergarten wird durch einen **Säulengang**★ und durch Wasserbecken verschönt.

★ **Anfiteatro (Amphitheater)** – Dieses älteste Amphitheater der römischen Welt (80 v. Chr.) wurde am Rande der Stadt errichtet, um die großen Menschenmengen besser bewältigen zu können. Bei großer Hitze konnte zum Schutz der Zuschauer ein von Holzmasten gehaltenes Leinendach aufgespannt werden. Direkt nebenan befindet sich die große **Palästra**, der Trainingsplatz der Athleten.

★ **Necropoli fuori porta Nocera (Nekropole bei der Porta Nocera)** – Der römischen Sitte gemäß stehen die Grabbauten an einer der Straßen, die aus der Stadt hinausführten.

Auf der Via di Porta Nocera zur Via dell'Abbondanza zurückkehren und dieser nach links folgen.

★★★ **Terme Stabiane (Stabianer Thermen)** – *Eingang an der Via Abbondanza.* Es ist die vollständigste und älteste Bäderanlage Pompejis (2. Jh. v. Chr.). Sie hat zwei getrennte Abteilungen, eine für Männer, eine für Frauen. Man betritt zuerst den Innenhof (Palästra); links davon befinden sich ein Umkleideraum und ein Schwimmbecken.. Rechts hinten kommt man zum **Frauenbad**: man sieht die Kleiderablage mit den Kleiderkästen; danach folgen das Tepidarium, das mäßig warme Bad, und das Caldarium für heiße Bäder. Die Heizungsräume trennen Frauen- und **Männerabteilung**. Auch hier kommt zuerst die Kleiderablage mit gut erhaltenen Kleiderkästen, dann das Frigidarium, das Tepidarium und das Caldarium; schöne Kassettendecken in Stuck.

Lupanare (Bordell) – Das offizielle Freudenhaus der Stadt war mit obszönen Malereien ausgeschmückt, die die „Spezialitäten" der einzelnen Prostituierten illustrierten. Im Gegenzug ritzten die Kunden ihre Kommentare zu den erhaltenen Dienstleistungen in die Wände.

★ **Pistrinum** – Von der Bäckerei sind Mühlsteine und der Backofen zu sehen.

★★★ **Casa dei Vettii (Haus der Vettier)** – Die beiden Brüder Vettius waren reiche Kaufleute. Ihr Haus, das sie kurz vor dem Vesuv-Ausbruch hatten dekorieren lassen, übertraf an Prunk alle anderen Häuser. Es ist heute das gelungenste Beispiel für die genaue Rekonstruktion eines pompejanischen Hauses und seines Gartens. Bei dem Atrium wurde das Dach wiederhergestellt. Von hier aus gelangt man direkt in das Peristyl, dessen Mitte mit Statuen, Wasserbecken und Blumenrabatten als bezaubernder Garten gestaltet ist.
Die **Fresken** im Triclinium (rechts vom Peristyl) zeigen mythologische Motive; der Fries mit Putten, die mit Hausarbeiten beschäftigt sind, gehört zu den besten der Antike.

★ **Casa degli Amorini Dorati** – Die Ausstattung zeugt vom Kunstsinn und von der Vorliebe für das Theater des ehemaligen Besitzers, der wahrscheinlich zur Zeit Neros lebte. In einem Raum befanden sich runde, vergoldete Glasscheiben mit eingeritzten Putten, die dem Haus den Namen gaben. Das Anwesen ist recht gut erhalten. Bei dem Peristyl liegt ein Flügel höher und ist bühnenartig gestaltet. Im Durchgang zwischen Atrium und Peristyl ist ein Obsidianspiegel in die Wand eingelassen.

Casa dell'Ara Massima – Sehr gut erhaltene **Wandmalereien**★ (darunter eine in illusionistischer Malerei).

Casa del Labirinto (Haus des Labyrinths) – In einem der zum Peristyl hin gelegenen Räume stellt das Fußbodenmosaik das Labyrinth dar, in dem Theseus den Minotaurus tötete.

★★ **Casa del Fauno (Haus des Fauns)** – Das Haus muß außerordentlich prunkvoll gewesen sein. Schon die Ausmaße sprechen für ein weitläufiges Patrizierhaus, das einen ganzen Häuserblock einnahm. Es besaß zwei Atrien, ein kleines und ein großes Peristyl sowie Speiseräume für jede Jahreszeit. Das Original der bronzenen Faunfigur, die eines der Impluvien schmückte, befindet sich im Archäologischen Museum von Neapel. Die Böden der Räume waren mit herrlichen Mosaiken ausgelegt, darunter die berühmte *Schlacht bei Issos* (Archäologisches Museum in Neapel), die den Raum zwischen beiden Peristylen zierte.

Casa della Fontana Grande – Sehr schön ist die **Brunnennische**★ im Garten, die mit Mosaiken und bunten Glasscherben im ägyptischen Stil geschmückt ist.

★ **Torre di Mercurio (Merkurturm)** – Von dem wiederhergestellten Viereckturm der Stadtmauer hat man einen ausgezeichneten **Blick**★★ über die Ausgrabungsstätte.

★ **Casa del Poeta Tragico** – Das „Haus des tragischen Dichters" wurde nach dem Fußbodenmosaik benannt (im Archäologischen Museum von Neapel). Im Eingang Mosaik eines Hundes mit der Inschrift „Cave Canem" (Vorsicht vor dem Hund).

Casa di Pansa – Das weitläufige, aus der hellenistischen Zeit stammende Haus wurde später unterteilt und vermietet.

★★ **Porta Ercolano** – Das Stadttor an der Straße nach Herculaneum ist der umfangreichste Torbau der Stadtmauer. Man sieht die beiden Durchgänge für die Fußgänger und den für die Fuhrwerke.

★★ **Via delle Tombe** – Von dieser von Zypressen gesäumten Gräberstraße geht eine melancholische Stimmung aus. Alle Formen der hellenistisch-römischen Grabbauten sind hier anzutreffen: Nischengräber, kleine Rund- oder Vierecktempel, Gräber in Altarform auf einem Podest, Mausoleen mit rundem Grundriß, einfache halbkreisförmige Steinbänke (Exedren).

Villa di Diomede – Das mächtige Anwesen hatte eine Loggia, die über dem Garten und dem Wasserbecken lag.

★★★ **Villa dei Misteri (Mysterienvilla)** – *Zufahrt mit dem Auto möglich.* Dieses etwas abseits der Stadt gelegene Patrizierhaus besteht aus zwei Teilen: einem Wohntrakt *(im Westen)*, der sich durch großen Luxus und viele Finessen auszeichnet, und den Wirtschaftsgebäuden *(im Osten)* für die anfallenden Hausarbeiten und landwirtschaftlichen Zwecke, wo sich auch die Räume der Dienerschaft befanden. Im Bereich der herrschaftlichen Wohnung, im Speisesaal (der in diesem Labyrinth von Räumen nicht leicht zu finden ist: von dem halbrunden Saal im Westen vor der Veranda in das Tablinum, nach rechts in das Cubiculum und dann wieder nach rechts, in einen Saal, der zum Triklinium führt), befindet sich das wunderschöne **Fresko**, dem die Villa ihren Namen und ihre Bekanntheit verdankt. Die Komposition auf pompejischrotem Grund auf den Wänden rundherum soll die Einführung einer jungen Braut in die Geheimnisse des Dionysos-Kults darstellen. Von links nach rechts: Verlesung des rituellen Textes durch einen Knaben, Szenen mit Opfergaben, Opferungen und Dionysos-Riten, Geißelung eines jungen Mädchens, tanzende Bacchantin und Schmückung der Braut. Die Hausherrin soll eine Priesterin des Dionysos-Kults gewesen sein, der damals besonders in Süditalien viele Anhänger fand.
Sehenswert sind auch das Peristyl und der Kryptoportikus.

Abbazia di POMPOSA★★

Abtei von POMPOSA – Emilia-Romagna

Michelin-Karte Nr. 988 Falte 15 oder Nr. 429 H 18 – 49 km östlich von Ferrara

Die im 6. Jh. gegründete Benediktinerabtei war im Mittelalter ein einflußreiches Kultur- und Geisteszentrum. Sie erreichte ihre größte Bedeutung im 10.-12. Jh., als Guido von Ravenna Abt war und der Mönch Guido von Arezzo die Notenschrift auf vier Linien im Terzabstand festlegte. Im Juli und August finden hier zahlreiche Konzertveranstaltungen statt *(Auskunft und Kartenbestellung beim Fremdenverkehrsamt ☎ (0533) 71 91 10)*.

Besichtigung ⌚ – Die frühromanische **Kirche**★★ im ravennatischen Stil besitzt eine Vorhalle, deren Schmuck sichtlich unter dem Einfluß der byzantinischen Kunst steht. Zur Linken erhebt sich ein romanischer Campanile (1063). Seine neun Stockwerke weisen nach oben hin größere und reichere Fensteröffnungen auf und sind mit Lisenen und Arkaturen sowie mit geometrischen Ornamenten aus Backstein geschmückt. Im Kirchenschiff ist das teilweise erhaltene großartige **Fußbodenmosaik** zu bewundern sowie ein romanisches und ein byzantinisches Weihwasserbecken. Die Wände sind mit einem herrlichen **Freskenzyklus** aus dem 14. Jh. bedeckt, der den Einfluß der Miniaturmalerei erkennen läßt. Von rechts nach links sieht man oben Geschichten aus dem Alten Testament, unten das Leben Christi, in den Zwickeln der Arkaden die Apokalypse, auf der Fassadenrückseite das *Jüngste Gericht* und in der Chorkapelle den *thronenden Christus*.
Vor der Kirche steht der Palazzo della Ragione, in dem der Abt die Rechtsprechung ausübte.

Promontorio di PORTOFINO★★★

Halbinsel von PORTOFINO – Ligurien

Michelin-Karte Nr. 988 Falte 13 oder Nr. 428 J 9 – Kartenskizze: La RIVIERA LIGURE

Die Halbinsel von Portofino, ein felsiges, zerklüftetes Vorgebirge, ist durch das weiche Licht, in das die felsige Küste und die Fischerhäfen getaucht sind und das die Landschaft verzaubert, einer der schönsten Abschnitte der ligurischen Küste. Ein Teil der Halbinsel wurde zum **Naturpark** erklärt; hier sind Fauna und Flora geschützt. Auf den Küstenstraßen oder auf einem der zahlreichen Fußwege lernt man die Schönheiten der Halbinsel am besten kennen.

★★★ PORTOFINO

Von dem eleganten Seebad **Santa Margherita Ligure** aus *(5 km)* führt eine **Küstenstraße★★** (Strada Panoramica), die sich hoch am Steilufer hinzieht, nach Portofino.
Unterwegs wird man immer wieder von einzigartigen Ausblicken auf die steile Küste und die Halbinsel überrascht.
Der kleine malerische Fischerhafen mit seinen bunten Häusern liegt um eine geschützte Bucht.
Von besonderem Reiz ist der **Spaziergang zum Leuchtturm★★★** *(1 Std. zu Fuß hin und zurück)*, insbesondere wenn der Golf von Rapallo im Licht der untergehenden Sonne liegt. Die Aussicht auf Portofino, seinen Hafen und die kleinen Buchten, ist zauberhaft.
Vom ehemaligen Kastell **San Giorgio** ⓥ aus *(zu erreichen über die Treppen vom Hafen aus, oder ab Kirche San Giorgio)* bietet sich dabei ein großartiges **Panorama★★★** auf Portofino und den Golf von Rapallo; geht man den Weg weiter bis zum Leuchtturm, so überblickt man die Küste bis nach La Spezia.

UMGEBUNG

San Lorenzo della Costa – *10 km*. In Santa Margherita Ligure die **Küstenstraße★★** (Strada Panoramica) nehmen, die eine Folge von herrlichen Ausblicken bietet; der Golf von Rapallo erscheint immer unter einem anderen Blickwinkel. Die Kirche **San Lorenzo** besitzt einen schönen **Flügelaltar★** von einem Meister aus Brügge (1499). Das Werk könnte Gérard David zugeschrieben werden, da dieser einige Zeit in Genua lebte.

★★ **Portofino Vetta** – *14 km. Zu erreichen auf einer gebührenpflichtigen Straße* ⓥ. Vom Gipfel des Bergs Portofino (450 m) bietet sich eine herrliche Aussicht auf die Halbinsel von Portofino und die ligurische Küste.

★★ **San Fruttuoso** – **Wanderung:** *von Portofino führt ein schöner ausgeschilderter Fußweg hierher, 4 1/2 Std. hin und zurück; der Weg von Portofino Vetta aus ist etwas beschwerlicher, 3 Std. hin und zurück.* **Schiffsverbindung** ⓥ: *von Rapallo, Santa Margherita Ligure, Portofino und Camogli aus.*
Das entzückende Fischerdorf, zu dem keine befahrbare Straße führt, liegt an einer engen Felsenbucht unterhalb des Berges Portofino.

★★ **Belvedere di San Rocco (Aussichtspunkt)** – *13 km*. Vom Vorplatz der Kirche aus überblickt man Camogli und die Küste; der Blick reicht von der Punta **Chiappa** bis nach Genua.
Die **Punta Chiappa★★★** ist nur auf dem Treppenweg zu erreichen, der rechts der Kirche beginnt *(2 1/2 Std. zu Fuß hin und zurück)*. Die Mühe wird aber reichlich belohnt mit dem grandiosen Panorama über die Halbinsel von Portofino. Von der Kapelle aus genießt man einen unvergeßlichen Blick auf die genuesische Küste.

★★ **Camogli** – *15 km*. Hohe Häuser drängen sich um den kleinen alten Hafen; dieses Bild prägt die Kulisse von Camogli.

POTENZA

Basilikata

69 695 Einwohner

Michelin-Karte Nr. 988 Falte 28 oder Nr. 431 F 29 –
Stadtplan im Michelin-Hotelführer ITALIA

Die Provinzhauptstadt Potenza liegt auf einem Bergrücken oberhalb des tiefen Basento-Tals. Das antike, von den Römern gegründete Potenza war eine blühende Stadt. In den letzten Jahren sind erhebliche Anstrengungen gemacht worden, um das Gebiet durch Verkehrswege (Straßen und Bahnlinien) zu erschließen und Industrie anzusiedeln. Diese Entwicklung kam Potenza zugute, das wirtschaftlicher Mittelpunkt der Basilikata geworden ist. Die neuen Stadtviertel mit mehrstöckigen Wohnblocks in verschiedenen Höhenlagen bieten besonders abends, hell erleuchtet, einen hübschen Anblick. In der Altstadt, die durch das Erdbeben von 1980 stark zerstört wurde, sind dennoch einige interessante historische Gebäude zu sehen. Die Kirche **San Francesco** (13. Jh.) besitzt ein schönes **Holzportal★** aus der Renaissance; das Innere birgt einen Marmorsarkophag aus der Renaissance-Zeit und eine Madonna aus dem 13. Jh. Um Potenza liegt die unberührte Hochebene Lucania, deren Boden durch Erosion und Trockenheit zerfurcht ist.

POZZUOLI★

Kampanien

81 526 Einwohner

Michelin-Karte Nr. 988 Falte 27 oder Nr. 431 E 24 – Kartenskizze: Golfo di NAPOLI

Pozzuoli wurde von den Griechen gegründet und in römischer Zeit zum Mittelmeerhafen ausgebaut. Die Stadt liegt am Rande der Phlegraïschen Felder und ist öfter Schwankungen des Bodenniveaus ausgesetzt, die in dieser Region vorkommen; die Innenstadt mußte evakuiert werden. Sie gab der kieselhaltigen Pozzuolan- oder Puzzolanerde ihren Namen, die zur Mischung von Zement verwendet wird.

★★ **Anfiteatro Flavio (Amphitheater)** ⓥ – *Corso Terracciano.* Das Amphitheater aus der Zeit Vespasians, des Gründers der Flavischen Dynastie, ist eines der größten Italiens. Aus Stein und Ziegeln erbaut, konnte es immerhin 40 000 Zuschauer aufnehmen und ist heute noch sehr gut erhalten. Die Zuschauerränge, die Haupteingänge und die **unterirdische Anlage★★** sind noch vollständig.

★ **Tempio di Serapide (Serapeion)** – *An der Via Roma, etwas zurückgesetzt.* Dicht am Meer befindet sich diese „Tempel" genannte Anlage, die eigentlich ein antiker Markt ist. Geschäfte umgaben den viereckigen Säulengang. Der Flügel gegenüber dem Eingang ist durch eine Apsis erweitert, in der eine Statue des Serapis aufgestellt war, Schutzgott der Händler. Das Naturphänomen der Niveauschwankungen des Bodens ist hier gut zu beobachten: An den Säulen des Tempels ist zu erkennen, daß der Markt in einigen Epochen bis zu 5,70 m tief im Wasser lag.

★ **Tempio di Augusto (Augustus-Tempel)** – An der höchsten Stelle der Oberstadt wurde der Tempel in den ersten Jahren der Kaiserzeit erbaut. Im 11. Jh. wurde er in eine christliche Kirche umgewandelt. Nach dem Brand im Jahre 1964 kam in einer Wand eine marmorne Kolonnade mit Gesims zum Vorschein.

★★ **Solfatara** ⓥ – *2 km nordöstlich auf der Straße nach Neapel.* Der Solfatara ist der Krater eines erloschenen Vulkans. Es sind trotzdem noch eine Reihe vulkanischer Phänomene zu beobachten: Aus den Bodenspalten steigen beißende Dämpfe und Schwefelgase auf; die kleinen Vulkane sind meist Schlammvulkane, bei anderen spritzt kochendheißer Sand hoch, der durch austretende Gase und Dämpfe mitgerissen wird. Der Boden, dessen Oberflächentemperatur recht hoch ist, klingt beim Daraufklopfen hohl. Schon die Römer nutzten die Schwefeldämpfe für therapeutische Zwecke.

PRATO★★

Toskana

169 927 Einwohner

Michelin-Karte Nr. 988 Falte 14, Nr. 429 oder 430 K 15

Die beschauliche Provinzstadt mit ihren alten Vierteln ist nicht so verträumt wie es auf den ersten Blick scheint. Prato ist eine aktive Stadt, die ihre Bedeutung der Textilindustrie verdankt. Sie hat hier eine lange Tradition (seit dem 13. Jh.).
Im Mittelalter kämpfte Prato lange gegen Florenz, kam jedoch 1351 unter die Herrschaft der Florentiner und teilte bis ins 18. Jh. das Schicksal dieser Nachbarstadt. Die Sehenswürdigkeiten Pratos befinden sich alle innerhalb der Stadtmauer aus dem 14. Jh., die ein Sechseck bildet.

★ **Duomo** (**B**) – Der Bau wurde im 12.-13. Jh. errichtet und in den folgenden Jahrhunderten erweitert; romanischer und gotischer Stil verbinden sich zu einem harmonischen Bild. Die Fassade in weißem und grünem Marmor beeindruckt durch den hohen Mittelbau, die fein gemeißelten Skulpturen und die zierliche runde Außenkanzel mit Schalldeckel, ein Werk von Michelozzo und Donatello (15. Jh.). Die rechte Seite zieren Blendarkaden im Pisaner Stil. Der Campanile hingegen hat eine gotische Spitze.

Der schlichte Innenraum ruht auf massiven Säulen aus grünem Marmor. Die **Kapelle des Heiligen Gürtels** (Cappella del Sacro Cingolo) wird durch zwei kunstvoll gearbeitete **Bronzegitter**★ abgeschlossen. Sie birgt den Hl. Gürtel Mariens. Nach der Überlieferung soll der Apostel Thomas an der Himmelfahrt Mariä gezweifelt haben. Als er die Öffnung des Grabes verlangte und darin nur Lilien vorfand, hob er die Augen zum Himmel und erblickte Maria, die ihm diesen Gürtel überreichte. Die Reliquie wurde im 12. Jh. von einem Bürger der Stadt von Jerusalem nach Prato gebracht und wird seitdem im Dom von Prato aufbewahrt. Die von A. Gaddi und seinen Schülern stammenden Fresken (1392-1395) in der Kapelle stellen diese Legende dar.

Über dem Altar befindet sich eine ***Madonna***★ (1317), eine Skulptur von Giovanni Pisano. Die **Fresken**★★ von **Filippo Lippi** in der Axialkapelle schildern die Geschichte des hl. Stephan und die von Johannes d. Täufer. Von 1452 bis 1465 schuf Lippi, dieser begabte Mönch, der durch sein leichtes Leben von sich reden machte, im Dom von Prato ein Meisterwerk. Besonders berühmt ist die Szene mit dem ***Bankett des Königs Herodes***★★★ und der vor ihm tanzenden Salome. Das Fresko besticht durch seine leuchtenden Farben und durch die naturgetreue, spontane Wiedergabe der Personen. Hier ist bereits die melancholische Grazie der weiblichen Figuren zu erkennen, die seinen berühmtesten Schüler, Botticelli, später auszeichnet. In der Kapelle rechts des Altars sind die Wände mit **Fresken**★ bemalt, die Paolo Uccello begann und Andrea di Giusto vollendete.

Duomo: Michelozzos Außenkanzel

Banchelli (Via)	A	2	Mazzini (Via G.)	B	19	S. Francesco d'Assisi (Piazza)	A	35
Bettino (Via)	B	3	Mazzoni (Via G.)	B	20	S. Jacopo (Via)	AB	37
Bologna (Via)	AB	4	Misericordia (V. della)	A	22	S. Marco (Piazza)	B	38
Cairoli (Via)	B	5	Monte Grappa (Viale)	B	24	S. Silvestro (Via)	B	40
Cambioni (Via)	A	6	Muzzi (Via L.)	A	25	S. Maria d. Carceri (Pza)	B	42
Carducci (Largo)	A	9	Pellegrino (Via)	A	27	Savonarola (Corso)	A	43
Dante (Via)	B	12	Ponte Mercatale	B	28	Serraglio (Via del)	B	45
Garibaldi (Via)	B		Porta Serraglio (V. di)	A	30	Simintendi (Via A.)	B	46
Guasti (Via Cesare)	A	13	Ricasoli (Via)	A	32	Stufa (V. della)	A	48
Guizzelmi (Via)	A	15	S. Domenico (Piazza)	A	34	Tintori (Via de')	B	50
Lippi (Via)	B	16				Verdi (Via G.)	B	51
Martini Arcivesco (V.A.)	B	18						

Nicht vergessen seien die **Marmorkanzel**★, die die originelle Form eines Kelches hat, und in einer Nische die ergreifende ***Jungfrau Maria mit der Olive***★, eine Terrakottafigur von Benedetto da Maiano (1480).

Museo dell'Opera del Duomo (Museum der Dombauhütte) ⓥ (**B**) – In den Sälen zum Innenhof hin sind die sieben **Relieftafeln**★ ausgestellt, die Donatello zwischen 1428 und 1438 für die Außenkanzel Michelozzos an der Ecke des Doms schuf. Ferner sind Goldschmiedearbeiten und Gemälde von Filippino Lippi, dem 1457 in Prato geborenen Sohn Filippos sowie von Carlo Dolci (1616-1686) zu sehen.

★ **Palazzo Pretorio** (**A**) – Der Palazzo Pretorio (Gerichtspalast) vereint romanischen und gotischen Stil. Das mächtige, strenge Gebäude säumt die hübsche kleine **Piazza del Comune**, die mit einem Brunnen mit Bronzefigur von Tacca (1659) geschmückt ist. In der **Galleria Comunale** sind Gemälde der Toskanischen Malschule des 14. und 15. Jh.s zu sehen. Besondere Beachtung verdient die Sammlung von **Flügelaltären**★ von Bernardo Daddi, Lorenzo Monaco, Filippo Lippi und anderen. Ebenso sind Werke des Neapolitaners Caracciolo (17. Jh.) und des Niederländers Gaspar van Wittel (gen. Vanvitelli) ausgestellt.

Castello dell'Imperatore (**B**) – Die Burg zählt zu den wenigen in Nord- und Mittelitalien erhaltenen Bauten, die Kaiser Friedrich II. von Hohenstaufen errichten ließ. Das Gebäude zeichnet sich durch eine strenge Architektur aus. Die Viereckanlage wird durch mächtige Türme verstärkt. Das Mauerwerk ist kaum durch Fenster oder Türen unterbrochen. Als Vorbild für diese Anlage dienten apulische Burgen, wie z. B. Castel del Monte (um 1230). Die ghibellinischen Zinnen erinnern an das Bestreben des Kaisers, die Stadt zu einem befestigten Stützpunkt auszubauen. Tatsächlich lag sie strategisch sehr günstig an der Straße, die die beiden Herrschaftsgebiete, das deutsche Kaiserreich und das Königreich Sizilien, verband.

Santa Maria delle Carceri (**B**) – Der Baumeister Giuliano da Sangallo errichtete Ende des 15. Jh.s den schönen Kirchenbau. Das **Innere** wird durch den edlen, strengen florentinischen Stil geprägt, der Brunelleschi nachempfunden ist.

San Francesco (**AB**) – Im 13.-15. Jh. wurde die Kirche San Francesco erbaut. Den Kapitelsaal schmücken **Fresken**★ von Nicolò di Pietro Gerini, einem Florentiner, der unter dem Einfluß Giottos stand.

PUGLIA

APULIEN

Michelin-Karte Nr. 988 Falten 28, 29, 30

Die Region verdankt ihren Namen dem römischen *Apulia* und erstreckt sich vom Sporn bis zum Absatz des Stiefels, entlang der südlichen Adriaküste. Abgesehen vom Garganomassiv und dem Kalkgebirge der Murge, das sich hinter Bari erhebt, ist Apulien ein flaches Land, in dem Getreide angebaut wird und das mit Olivenbäumen, Weinstöcken und Weiden bedeckt ist. Abseits der großen Touristenzentren bietet Apulien dem interessierten Besucher die herben Schönheiten der Landschaft, die relativ leeren Strände und einige großartige sakrale und militärische Bauten.

GESCHICHTLICHES

Seit dem Ende des 8. Jh.s v. Chr. gründeten Griechen aus Lakonien und Sparta an der Küste Apuliens die Städte Gallipoli, Otranto und natürlich Tarent, das im 5. und 4. Jh. v. Chr. die wohlhabendste Stadt Großgriechenlands war. Die einheimischen Bewohner, die Lapygen, leisteten der griechischen Kolonisierung heftigen Widerstand; später, im 3. Jh., mußten sich die griechischen Städte und das Volk der Italiker ihrerseits der römischen Herrschaft unterwerfen. Tarent verlor an Bedeutung und trat seine Vormachtstellung an Brindisi ab, die Hafenstadt am östlichen Mittelmeer, die mit Rom durch die von Trajan verlängerte Via Appia verbunden war. Sowohl unter dem Gesichtspunkt der Verkehrswege als auch dem der politischen Struktur profitierte Apulien von der römischen Kolonisierung.
Das Christentum, das sich ab dem 3. Jh. in Apulien verbreitete, setzte sich im 5. Jh. dank der Erscheinung des Erzengels Michael am Monte Sant'Angelo durch *(siehe dort)*. Im Laufe der Zeit kam Apulien unter die Herrschaft von Byzanz, der Langobarden und der Sarazenen. Im 11. Jh. bat Apulien um die Unterstützung der Normannen, die daraufhin ihre Herrschaft auf die gesamte Gegend ausdehnten. Die ersten Kreuzzüge, die in den Häfen Apuliens ihren Ausgang nahmen, und auch die Regierung von Roger II. verhalfen Apulien zu beträchtlichem Reichtum und zahlreichen historisch wertvollen Bauten.
Seine Blütezeit erlebte Süditalien unter **Friedrich II. von Hohenstaufen**, einem der größten Geister seiner Zeit *(s. Kasten)*. Der Stauferkaiser liebte dieses Land, das er zum Zentrum seines Herrschaftsbereichs machte. Er einte die Region und förderte ihre wirtschaftliche und kulturelle Entwicklung. Sein Sohn Manfred, der seine Herrschaft weiterführte, fiel 1266 in der schlacht von Benevent gegen Karl von Anjou. Die Franzosen gaben schnell das Interesse an dieser abgelegenen Region auf, die zusehends an Bedeutung und Ansehen verlor. Hierauf fiel Apulien an das Haus Aragon, von dem es weiterhin vernachlässigt wurde, was die unaufhaltsame Verarmung des Landes nach sich zog.
Nach einer kurzen Periode österreichischer Herrschaft in Apulien sorgten die Bourbonen von Neapel für eine gewisse Verbesserung der Lebensbedingungen. Die Bemühungen um angenehmere Lebensverhältnisse standen auch bei der Napoleonischen Regierung im Vordergrund. 1860 schloß sich Apulien ganz entschieden dem geeinten Italien an. Im Lauf des 20. Jh.s konnte es sich nach und nach von seinem schlechten Ruf als unterentwickeltes Gebiet, den es mit dem ganzen „Mezzogiorno" teilt, wenigstens teilweise befreien. Industriestädte wie Lecce und Tarent, die Messe von Bari, die Universitäten, die in den bedeutendsten Zentren der Region gegründet wurden, all dies zeugt von der wirtschaftlichen Unabhängigkeit, die sich Apulien im 20. Jh. erarbeitet hat.

SEHENSWÜRDIGKEITEN UND ORTE *(in alphabetischer Reihenfolge)*

Altamura - Das weitläufige Gebirgsdorf in den Murge besitzt einen schönen alten Stadtkern, der eng zusammengedrängt auf einer Anhöhe liegt. Ganz oben in der Hauptstraße ragt die **Kathedrale** empor, die im 13. Jh. im romanisch-gotischen Übergangsstil errichtet wurde. Die Fassade mit einer kunstvoll geschmückten **Fensterrose**★ (13. Jh.) und einem reich verzierten **Portal**★ (14.-15. Jh.) wird von zwei Zwiebeltürmen (16. Jh.) überragt.

Bari - *Siehe dort*

Barletta - *Siehe dort*

Bitonto - *17 km südwestlich von Bari.* In einem Meer von Olivenbäumen versteckt sich die kleine Stadt Bitonto. In der Altstadt ist eine schöne **Kathedrale**★ zu besichtigen, für die die Kirchen von Bari und Trani als Vorbild dienten. Die dreiteilige Fassade wird durch viele mit Steinmetzarbeiten verzierte Fenster aufgelockert. An der rechten Seite verläuft ein Säulengang mit hohen Arkaden. Im Innern sind die Säulen mit schönen Kapitellen zu bewundern, die eine Empore tragen, sowie die Kanzel aus dem Jahre 1229.

Brindisi - *Siehe dort*

Canosa di Puglia - *23 km südwestlich von Barletta.* Die Bewohner der ehemaligen griechischen und später römischen Kleinstadt stellten Keramikgefäße, die sogenannten „Askoi" her. Canosa besitzt noch heute eine romanische

Die Burgen Friedrichs II.

Kaiser Friedrich II. (1194-1250), der als universeller Herrscher und undogmatischer Geist Traditionelles mit Neuartigem zu verbinden wußte, war ein hochgebildeter Monarch. In Apulien ließ er zahlreiche Schlösser und Festungen errichten, deren Bau er selbst überwachte. Die Grundform des Vierecks war vom römischen Castrum abgeleitet. Zudem sprach man im Mittelalter den Zahlen eine symbolische Bedeutung und magische Wirkung zu. Quadrat und Kreis repräsentierten jeweils die irdischen und himmlischen Kräfte. Die praktische und zugleich magische Synthese von Mensch und Gott, die den weltlichen und geistlichen Herrschaftsanspruch des Kaisers zum Ausdruck brachte, fand im achteckigen gleichschenkligen Grundriß von Castel del Monte ihren Höhepunkt. Das Achteck stellte den idealen Kompromiß zwischen Quadrat und Kreis dar und vereinte damit Menschheit und Göttliches. Die Zahl 8 ist in dem Kastell allgegenwärtig: acht Seiten, acht Ecktürme, acht Zimmer auf jedem Stockwerk.
Neben Castel del Monte ließ Friedrich II. noch zahlreiche andere Burgen in Apulien errichten, u. a. in Bari, Barletta, Brindisi, Gioia del Colle, Lagopesole, Manfredonia (von Manfred, dem Sohn des Kaisers) und Trani.

Kathedrale aus dem 11. Jh. Der byzantinische Einfluß ist noch sichtbar, obwohl das Gebäude im 17. Jh. nach einem Erdbeben umgebaut wurde. Die Fassade stammt aus dem 19. Jh. Das Innere birgt einen schönen Bischofsthron (11. Jh.) und das **Grabmal**★ Boemunds (gest. 1111), Sohn Robert Guiscards. Über dem eigenartigen würfelförmigen Mausoleum erhebt sich eine Kuppel. In der Via Cadorna sind drei unterirdische Gruften (**Ipogei Lagrasta** ⓥ) aus dem 4. Jh. v. Chr. zu besichtigen. Rechts von der Straße nach Andria kann man die Überreste der frühchristlichen Basilika **San Leucio** erkennen, die über einem römischen Tempel errichtet wurde.

★★ **Castel del Monte** ⓥ – *29 km südöstlich von Barletta.* Das stolze Kastell steht in beherrschender Lage in der Einsamkeit der Murge. Es wurde hoch über der Ebene um 1240 von Friedrich II. erbaut. Der ganze Bau ist aus einer einzigen geometrischen Figur entwickelt, dem Achteck. Damit bildet Castel del Monte eine Ausnahme unter den rund 200 viereckigen Festungen, die der Kaiser auf dem Rückweg von seinem Kreuzzug in Italien errichten ließ. Das Kastell wurde aus hellem Stein erbaut, mit achteckigen, 24 m hohen Türmen an den acht Ecken. Das großartige Eingangstor hat die Form eines gotischen Triumphbogens, läßt aber Einflüsse der Antike erkennen. Durch das Tor gelangt man in den Innenhof, den acht trapezförmige Säle mit Kreuzrippengewölbe umgeben, deren Form sich aus der konsequenten oktogonalen Durchstrukturierung des Baukörpers ergibt. Das obere Stockwerk umfaßt acht gleichartige Räume, die von kunstvoll verzierten Fenstern erhellt werden. Das Kastell bot einen für die damalige Zeit unvorstellbaren Luxus an sanitären Anlagen und verfügte über ein beeindruckendes Wasserleitungssystem: Das vom Dach in Zisternen ablaufende Regenwasser wurde durch gemauerte Rohre in die einzelnen Räume geleitet.

★★ **Grotte di Castellana (Grotten von Castellana)** ⓥ – *in Castellana-Grotte, 40 km südöstlich von Bari.* Die Grotten liegen entlang eines ehemaligen unterirdischen Flusses unter dem Kalkgebirge der Murge. Sie wurden 1938 entdeckt und bergen verschiedenste Konkretionen: „Vorhänge", Stalaktiten und Stalagmiten in schillernden Farben und unendlich vielen Formen. Besonders grandios ist der Anblick in der **Weißen Grotte**★★★, in der Kalkspatkristalle glänzen.

Foggia – *Stadtpläne im Michelin-Hotelführer ITALIA.* Inmitten der Tavoliere-Hochebene, einer weiten mit Getreide bebauten Fläche, wurde die heutige Industrie- und Handelsstadt um 1050 von Robert Guiscard gegründet. Friedrich II. ließ hier 1223 eine Burg errichten, die heute zerstört ist. Von der im 13. Jh. erbauten **Kathedrale** sind noch der untere Teil mit Blendarkaden und einem skulptierten Kranzgesims und die Krypta erhalten; der Rest des Gebäudes fiel im Jahre 1731 einem Erdbeben zum Opfer, wurde aber wiederaufgebaut.

Galatina – Handwerksbetriebe und Weingüter prägen den Hauptort des Salento, einer flachen und steinigen Halbinsel. Die Fassade der Kathedrale ist vom üppig verzierten Barockstil Lecces geprägt. In der Kirche **Santa Caterina d'Alessandria**★ (14. Jh.), die von Raimond des Baux Orsini in Auftrag gegeben wurde, ist ein herrlicher **Freskenzyklus**★ zu bewundern, an dem mehrere Künstler des 15. Jh.s arbeiteten und bei dem die Frauengestalten häufig die Züge der Maria von Enghien, der Gemahlin Raimonds, annehmen. Im Mittelschiff sieht man Szenen aus der Apokalypse, der Genesis und aus dem Leben Jesu. Im rechten Seitenschiff zeigen die Fresken Szenen aus dem Marienleben, die im Chor berichten von der Heiligen Katharina. Die achteckige Apsis mit ihrem Kreuzrippengewölbe mit Nebenrippen wurde 1455-1460 ausgeführt.

Galatone – *24 km südwestlich von Lecce.* Die Kirche **Crocifisso della Pietà** beeindruckt mit ihrer **Barockfassade★** im typischen Stil von Lecce. Der Innenraum ist prunkvoll mit Stuck und goldenen Verzierungen ausgestattet.

Gallipoli – Die Altstadt, die dicht gedrängt auf einer kleinen Insel liegt, ist mit der Neustadt durch eine Brücke verbunden. Der kleine Hafen der alten Inselstadt wirkt äußerst reizend. Das im 16. Jh. am Standort eines Forts errichtete Schloß der Anjou mit seinem mächtigen Bergfried und die **Kathedrale** mit der Barockfassade im Stil von Lecce (im Inneren zahlreiche Gemälde aus dem 17. und 18. Jh., hauptsächlich von Künstlern der salentinischen Halbinsel) tragen zum Charme des Hafenstädtchens bei. An der alten Stadtmauer, von der noch die Befestigungsanlagen übrig sind, befindet sich in der Nähe der Küste die Kirche **Purissima**, deren reich mit Stuck verziertes **Inneres★** wundervolle Gemälde aus dem 18. Jh. und einen bemerkenswerten Majolika-Fußboden aufweist.

★★★ **Promontorio del Gargano (Garganomassiv)** – *Siehe unter Gargano*

Gioia del Colle – In der Mitte des Städtchens thront eine gewaltige **normannische Burg** ⓥ, die nach dem Grundriß der Festungen Friedrichs II. am Standort einer ehemaligen byzantinischen Festung errichtet wurde. Vom quadratischen Innenhof gelangt man in das Archäologische Museum im Erdgeschoß (sehr schöner apulischer Krater mit roten Figuren aus dem 4. Jh. v. Chr., Opfergaben und in der Mitte ein kleines Mausoleum), wo sich auch der Ofen und die Verließe befinden. Im Stockwerk darüber befindet sich der Thronsaal. Auffällig darin sind das schöne Zwillingsfenster und der große Rundbogen.

★★ **Lecce** – *Siehe dort*

Locorotondo – *Siehe unter Terra dei Trulli*

Lucera – Die Stadt war bereits zur Zeit des römischen Kaiserreichs von Bedeutung: Friedrich II. siedelte hier die ihm treu ergebenen sizilianischen Sarazenen an, die nach dem Niedergang der Staufer durch Karl II. von Anjou vertrieben wurden. Das imposante **Kastell★** (900 m Umfang) wurde im 13. Jh. von den Anjou erbaut und bietet einen schönen **Ausblick★** auf die Tavoliere-Ebene. Der historische Stadtkern wird vom **Dom** aus dem 14. Jh. beherrscht; der Domplatz ist ein beliebter Treffpunkt der Einwohner. Nicht weit entfernt steht eine weitere schöne romanische Kirche, die durch ihre klaren Formen besticht. Sie ist dem hl. Franziskus von Assisi geweiht, aber auch mit der Gestalt des lokalen Heiligen San Francesco Fasani verbunden, der im 18. Jh. ihre Restaurierung veranlaßte. In einem schönen, allerdings schlecht erhaltenen Palazzo in der Nähe ist das **Städtische Museum** (Museo civico G. Fiorelli) ⓥ untergebracht, in dem eine marmorne **Venus★** zu sehen ist, die römische Kopie einer Statue aus der Schule des Praxiteles. In Zentrumsnähe liegt das sehr gut erhaltene **römische Amphitheater★**, das unter Augustus erbaut wurde.

Manfredonia – Die Stadt wurde im 13. Jh. von König Manfred, dem Sohn Friedrichs II., gegründet. Über dem Hafen thront ein **Kastell** aus dem 13. Jh. mit einer Spitzbastion. Von Manfredonia aus ist es nicht weit nach **Santa Maria di Siponto★** *(3 km südl. auf der S 89).* Diese romanische Kirche (11. Jh.) verbindet arabische (quadratischer Grundriß, Terrassendach, Kuppel) und pisanische (Blendarkaden auf Säulen mit Rhomben im Mauerwerk) Stilelemente.
Die **Kirche San Leonardo** *(hinter Santa Maria nach rechts in Richtung Foggia abbiegen)* stammt aus dem 11. Jh. Ein reich mit Skulpturen geschmücktes **Portal★** (Anf. 13. Jh.) führt in den Innenraum.

★ **Martina Franca** – *Siehe unter Terra dei Trulli*

★ **Monte Sant'Angelo** – *Siehe dort*

★ **Ostuni** – *35 km westlich von Brindisi.* Das große Dorf erstreckt sich über mehrere Hügel. Um den alten Ortskern zieht sich die aragonische Festungsmauer; die Straßen winden sich um die **Kathedrale**. Sie wurde Ende des 15. Jh.s mit romanischen und spätgotischen Elementen erbaut. An der **Fassade★** fallen die ungewöhnlichen konkaven (oberes Mittelteil) und konvexen Linien (an den Seiten) auf, deren weiche Formgebung durch Vierblattornamente abgerundet wird. Die wunderschöne **Fensterrose★** ist mit komplexen Zeichen bestückt, die symbolhaft die Zeit darstellen: 24 Außenbogen nach der Zahl der Stunden am Tag und 12 Innenbogen, nach der Zahl der Monate, während die Christusfigur in der Mitte von 7 Engelsköpfen umgeben ist, entsprechend der Zahl der Wochentage.

Tips und Adressen

Übernachten wie in der „Belle Epoque"

Das **Hotel Novecento** *(Contrada Ramunno, ☎ (0831) 30 56 66)*, vor den Toren Ostunis, konnte die Atmosphäre einer Villa aus dem frühen 20. Jh. bis heute bewahren.

Unweit davon kann man in San Vito (oder Santa Maria Maddalena dei Pazzi) ein kleines **Archäologisches Museum** (Museo Archeologico) ⏲ besichtigen, in dem der Abguß von **Delia** aufbewahrt wird, einer jungen Frau, die vor rund 25 000 Jahren lebte und kurz vor der Geburt ihres Kindes starb (am Skelett sind die Knochen des Fötus zu erkennen).

Otranto - *Siehe dort*

Ruvo di Puglia - *34 km westlich von Bari.*
Am Anfang der Murge-Berge erstreckt sich Ruvo di Puglia. Der **Dom**★ wurde im apulisch-romanischen Stil erbaut. Die Wirkung der schlichten Fassade wird durch die Rosette, die Zwillingsfenster, das fein ausgearbeitete Portal und den Bogenfries verstärkt. Hohe Arkaden unterteilen das Kirchenschiff. Über den Bogen verläuft ein Kranzgesims, das von reliefverzierten Konsolen getragen wird. Im **Museo Archeologico Jatta** ⏲ ist eine interessante Sammlung attischer, italischer und apulischer **Vasen**★ ausgestellt. Das wohl schönste Exponat ist der **Krater von Talos**★★, eine schwarze, mit roten Figuren bemalte Vase.
In der Via De Gasperi befinden sich ein Uhrturm aus dem 16. Jh. und, auf der gegenüberliegenden Straßenseite, der im Renaissancestil erbaute Palazzo Caputi. Die Straße führt weiter zur Piazza Matteotti, an der sich mehrere schöne Paläste sowie die Überreste eines mittelalterlichen Kastells befinden.

Trani - Der bedeutende Weinort in Apulien besitzt einen malerischen antiken Hafen, der von alten Häusern gesäumt wird. Das Prunkstück von Trani ist die **Kathedrale**★★ (11.-13. Jh.), eine der schönsten romanischen Kirchen Apuliens. Sie wurde dem hl. Nikolaus dem Pilger geweiht, einem griechischen Hirten, der auf dem Rücken eines Delphins nach Trani gekommen sein soll. Das von Blendarkaden umgebene **Bronzeportal**★ des Gotteshauses wurde um 1180 gegossen. Im Innern fällt der Blick auf das hohe, schmale Querschiff und die Apsis, deren Fenster mit zarten Skulpturen verziert ist. Rechts erhebt sich der Glockenturm. Der Innenraum trägt normannische Stilmerkmale. Die Schiffe sind über zwei riesigen Krypten errichtet worden, deren untere einen wahren Säulenwald birgt. In der Oberkirche, einem hellen und schlichten Raum, tragen schlanke Doppelsäulen die weiten Arkaden und die Galerie mit Drillingsbögen.
Vom **Stadtpark**★ (Giardino pubblico) aus, der sich östlich des Hafens erstreckt, kann man die Altstadt und die Kathedrale überblicken. Das vollständig restaurierte **Kastell** am Meeresufer wurde von Friedrich II. errichtet.

Troia - *17 km südwestlich von Foggia*. Die kleine Stadt liegt auf den Ausläufern des Apennin, etwas oberhalb der Tavoliere-Ebene. Dieses landwirtschaftliche Zentrum besitzt eine stattliche, im apulisch-romanischen Stil erbaute **Kathedrale**, die im 11. Jh. begonnen und im 13. Jh. vollendet wurde. Die prächtige Fassade mit Arkaden trägt im Giebel eine wunderschöne **Fensterrose**★. Das großartige **Bronzetor**★ im byzantinischen Stil wurde im 12. Jh. gegossen. Es führt in einen dreischiffigen Innenraum, der von Säulen mit schönen Kapitellen unterteilt ist. Außen an der linken Seite befindet sich über dem Portal im **Giebelfeld** ein Relief mit Christus, umgeben von zwei Engeln.

★ **Taranto (Tarent)** - *Beschreibung siehe dort*

★ **Tremiti (Inseln)** - *Beschreibung siehe dort*

★★ **Terra dei Trulli e Alberobello (Gebiet der Trulli und Alberobello)** - *Beschreibung unter Terra dei Trulli*

RAVELLO★★★

Kampanien

2 544 Einwohner

Michelin-Karte Nr. 431 F 25 – Kartenskizze siehe unter AMALFI

Zwischen Himmel und Meer baut Ravello seine Gassen, Treppen und Laubengänge an den Steilhängen des „Drachenhügels" empor. Diese einzigartige Lage ergibt ein unvergeßliches **Bild★★★**. Die Straße aus Richtung Amalfi führt in Serpentinen bergauf durch das enge, mit Olivenhainen und Weinbergen bedeckte Tal des Dragone. Die vornehme Schlichtheit von Ravello übte eine gewisse Anziehungskraft auf Künstler, Schriftsteller und Musiker aus, u. a. auf die Bloomsbury Group um Virginia und Leo Woolf *(s. unter Villa Cimbrone weiter unten)*, D. H. Lawrence, Graham Greene, Gore Vidal, Escher und Mirò.

★★★ **Villa Rufolo** ⓥ – *Piazza Vescovado, gegenüber dem Dom.* Die Villa wurde im 13. Jh. von den Rufolo, einer reichen, in Boccaccios *Decamerone* erwähnten Familie aus Ravello erbaut und diente mehreren Päpsten, Karl von Anjou sowie im Jahr 1880 **Richard Wagner** als Wohnsitz. Auf der Suche nach einer Inspiration für den Parsifal soll Wagner beim Anblick des wunderschönen Gartens der Villa ausgerufen haben: „Ich habe den Garten von Klingsor gefunden!". Eine schattige Allee führt auf den Palast zu. Durch den gotischen Turm mit dem Eingang gelangt man direkt in einen „maurischen" Innenhof. Der viereckige Hof wirkt mit seinen spitzbogigen Arkaden und darüber liegenden Flechtwerkornamenten im arabisch-normannischen Stil besonders malerisch; im 11. Jh. war dies der Kreuzgang eines Klosters. Ein mächtiger Turm, ebenfalls aus dem 11. Jh., überragt die üppigen Gärten und die Bauten der eleganten Villenanlage. Von den Terrassen aus bietet sich ein prachtvoller **Blick★★★** über die Berggipfel bis zum Kap d'Orso, der Bucht von Maiori und dem Golf von Salerno. Die Kuppeln im Vordergrund gehören zur Kirche Annunziata. Im Sommer sind die Gärten mit ihrer unvergleichlichen Kulisse aus Bäumen, Blumen und Meer ein idealer Ort für **Konzerte** ⓥ.

Duomo – Er wurde 1086 gegründet und im 18. Jh. umgebaut. Der Campanile stammt noch aus dem 13. Jh. Durch eine herrliche **Bronzetür★** mit Reliefs von Barisanus von Trani aus dem Jahre 1179 gelangt man in den Innenraum. Das Mittelschiff ruht auf von späteren Verkleidungen wieder befreiten antiken Säulen. Die Mosaiken der prächtigen **Kanzel★★** zeigen phantasievolle Motive und Fabeltiere (1272). Links davon steht ein **Ambo** aus dem 12. Jh., dessen Mosaiken die Geschichte von Jonas und dem Walfisch darstellen. In der Krypta ist ein kleines **Museum★** ⓥ untergebracht, in dem Fragmente von Skulpturen und Mosaiken ausgestellt sind, sowie ein silberner **Kopfreliquiar**, in dem die Reliquien der hl. Barbara aufbewahrt werden.

Links vom Dom befindet sich die Cameo Factory mit einem kleinen **Korallenmuseum**, in dem Stücke von großem künstlerischem Wert, darunter eine wertvolle Tabaksdose mit Kamee-Einlagen, ausgestellt sind.

San Giovanni del Toro ⓥ – Die kleine Kirche wurde im 11. Jh. erbaut und im 18. Jh. erneuert. Die Arkaden im Inneren ruhen auf antiken Säulen. Die Kirche birgt eine reich geschmückte **Kanzel★** aus dem 11. Jh., einen römischen Sarkophag (rechtes Schiff) und Fresken aus dem 14. Jh. (Krypta).

★★ **Villa Cimbrone** ⓥ – Ein hübsches **Gäßchen★** führt von der Piazza Vescovado unter dem gotischen Portalvorbau des Klosters San Francesco hindurch zur Villa Cimbrone. Sie wurde von Lord William Bechett Anfang des 19. Jh.s in einem eklektischen Stil errichtet, der an bestimmten Stellen auf die Villa Rufolo und San Francesco verweist. Die Villa Cimbrone ist eine Art Verbeugung vor der Geschichte Ravellos, aber auch ein Bezugspunkt für die **Bloomsbury Group**, deren ästhetisches Ideal von Klarheit, Ordnung und Harmonie in dem wunderschönen Garten zum Ausdruck kommt. Die große Allee quer durch die schönen Gärten führt zum Belvedere: Von der Terrasse aus, die von Marmorbüsten umgeben ist, entfaltet sich ein großartiger **Rundblick★★★** über die mit Terrassenkulturen bedeckten Hügel, Maiori und das Kap d'Orso bis hin zum Golf von Salerno.

Am Ende des Reiseführers finden Sie wichtige praktische Hinweise:
Anschriften von Verbänden, Fremdenverkehrsämtern und Informationsstellen
einen Veranstaltungskalender
Hinweise zur Freizeitgestaltung
Buchvorschläge
Öffnungszeiten der Sehenswürdigkeiten

RAVENNA★★★

Emilia-Romagna

137 721 Einwohner

Michelin-Karten Nr. 988 Falte 15 oder Nr. 429 Falte 35 oder 430 I 18

Die ruhige Stadt mit der kleinstädtischen Atmosphäre hat in ihren nüchtern erscheinenden Bauten blendende Schätze gesammelt und bewahrt. Diese stammen noch aus der Zeit, als Ravenna Hauptstadt des Weströmischen Reiches war und später als Sitz des byzantinischen Exarchats Bedeutung erlangte. Die zahlreichen Mosaiken, die die Wände von Ravennas Kirchen zieren, stellen durch ihre strahlenden Farben, die Vielfalt der Muster und die Einzigartigkeit der Formen ein frühchristliches Erbe von atemberaubender Schönheit dar; die Symbolkraft und die Religiosität, die sie kennzeichnen, sind unübertroffen.

Ravenna wurde 404 zur Hauptstadt des Weströmischen Reiches, nachdem der Kaiser Honorius Rom aufgegeben hatte; Rom war damals schon stark durch die Teilung des Römischen Reiches (395), die Theodosius verwirklicht hatte, geschwächt. **Galla Placidia**, die Schwester des Honorius, regierte mit römischer Prachtentfaltung. Ravenna wurde dann von den Ostgoten erobert, und die Könige Odoaker (476-493) und **Theoderich** (493-526) regierten und verschönerten die Stadt auf ihre Weise. Durch seinen Adriahafen Classis hatte Ravenna Kontakt zu Byzanz, das seit 476 Hauptstadt des Oströmischen Reiches war. Dann wurde Ravenna von Byzanz beherrscht; unter **Kaiser Justinian** (482-565) war es Sitz eines Exarchats, das seinen Einfluß lange Zeit über einen großen Teil der Halbinsel auszuweiten wußte.

Mosaiken – Die ältesten Mosaiken schmücken das Baptisterium der Orthodoxen und das Mausoleum der Galla Placidia (5. Jh.). Danach kommen in chronologischer Folge die im Baptisterium der Arianer, die von Sant'Apollinare Nuovo, San Vitale und Sant'Apollinare in Classe (6. Jh.). Künstlerisch spiegeln sie zwei große antike Schulen wider, die damals nebeneinander wirkten: die griechisch-römische Schule, die sich durch eine hohe Plastizität und die Bedeutung des Realismus bei der Landschaftsdarstellung auszeichnet, und die byzantinische Schule, bei der die seltenen Personenabbildungen schematisiert werden und sich in steif-feierlicher Haltung vom goldenen Untergrund abheben. Die frühchristlichen Baudenkmäler von Ravenna wurden 1996 in die Liste des Weltkulturerbes der UNESCO aufgenommen.

SEHENSWÜRDIGKEITEN

★★ **Basilica di San Vitale** ⓥ (Y) – Beim Gang zur Basilika kann man das kostbare und wiederhergestellte Fresko von Pietro da Rimini (um 1320) bewundern, das aus der Kirche Santa Chiara stammt. Die Kirche San Vitale im byzantinischen Stil wurde 547 von Erzbischof Maximian geweiht. Sie ist ein Meisterwerk der Architektur, denn sie vereint prunkvolle Ausschmückung mit dem Streben nach verschiedenen Lichtquellen, beides charakteristische Stilelemente der Spätantike. Der achteckige Zentralbau hat einen überkuppelten Mittelraum, der von einem doppelgeschossigen Umgang umgeben ist, und eine tiefe Apsis. Im Gegensatz zum einfachen Äußeren überrascht die prachtvolle Dekoration des Inneren. Der überkuppelte Rundbau, Symbol der Gegenwart der göttlichen Ewigkeit, zu deren Statthalterschaft der irdische Herrscher sich berufen sieht, stammt von der Hagia Sophia und wirkt weiter bis zur Karlskapelle in Aachen. Das Gesamtbild wird geprägt durch wertvolle Marmorarbeiten, byzantinische Säulenkapitelle, Fresken und natürlich durch die großartigen **Mosaiken** in der Apsis, deren Farbenreichtum unvergleichlich ist. Auf den Wandflächen und vor dem Chor sind Szenen aus dem Alten Testament dargestellt. An den Seitenwänden des Chors sind herrliche

GIRAUDON

San Vitale: Kaiserin Theodora (Ausschnitt aus dem Apsismosaik)

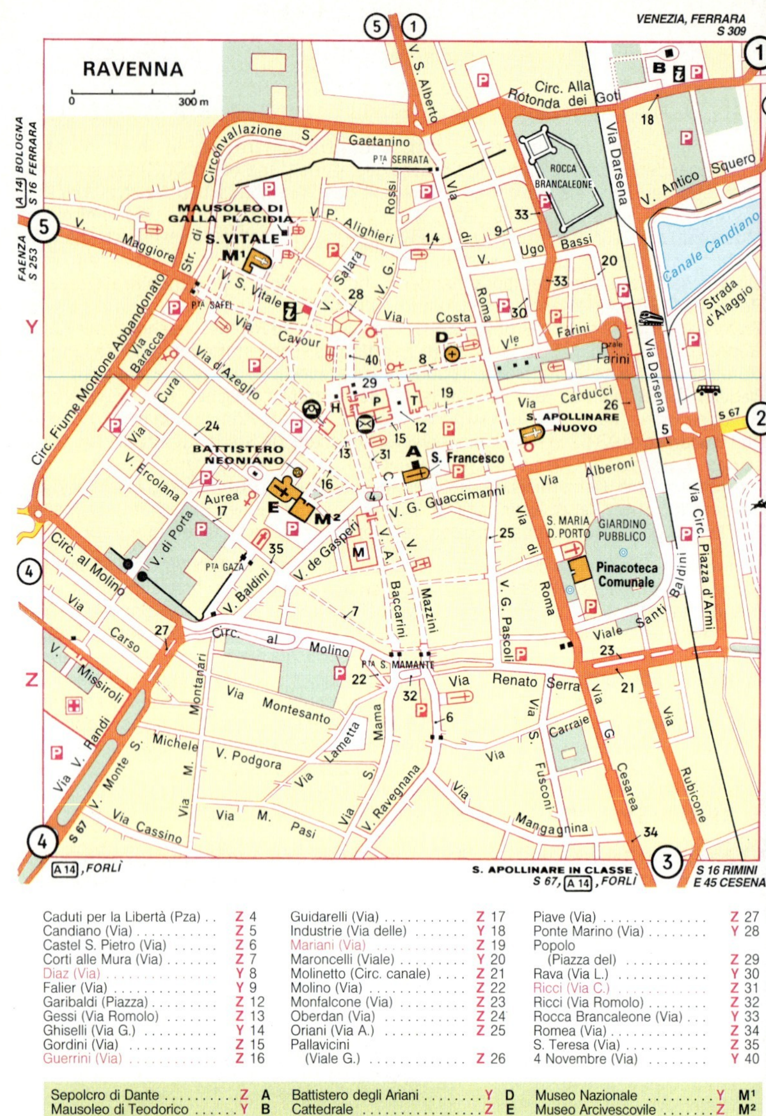

Caduti per la Libertà (Pza) . . Z 4	Guidarelli (Via) . . . . Z 17	Piave (Via) . . . . Z 27
Candiano (Via) . . . . Z 5	Industrie (Via delle) . . . . Y 18	Ponte Marino (Via) . . . . Y 28
Castel S. Pietro (Via) . . . . . . Z 6	Mariani (Via) . . . . Z 19	Popolo (Piazza del) . . . . Z 29
Corti alle Mura (Via) . . . . Z 7	Maroncelli (Viale) . . . . Y 20	Rava (Via L.) . . . . Y 30
Diaz (Via) . . . . Y 8	Molinetto (Circ. canale) . . . . Z 21	Ricci (Via C.) . . . . Z 31
Falier (Via) . . . . Y 9	Molino (Via) . . . . Z 22	Ricci (Via Romolo) . . . . Z 32
Garibaldi (Piazza) . . . . Z 12	Monfalcone (Via) . . . . Z 23	Rocca Brancaleone (Via) . . . Y 33
Gessi (Via Romolo) . . . . Z 13	Oberdan (Via) . . . . Z 24	Romea (Via) . . . . Z 34
Ghiselli (Via G.) . . . . Y 14	Oriani (Via A.) . . . . Z 25	S. Teresa (Via) . . . . Z 35
Gordini (Via) . . . . Z 15	Pallavicini (Viale G.) . . . . Z 26	4 Novembre (Via) . . . . Y 40
Guerrini (Via) . . . . Z 16		

Sepolcro di Dante . . . . Z A	Battistero degli Ariani . . . . Y D	Museo Nazionale . . . . Y M¹
Mausoleo di Teodorico . . . . . Y B	Cattedrale . . . . Z E	Museo Arcivescovile . . . . Z M²

Ensembles zu sehen, **Theodora** mit ihrem Gefolge und **Justinian** mit seinem Hofstaat. In diesen Mosaiken zeigen sich der Sinn für Prachtentfaltung, die erhabene Erdenferne und die strenge Zeichensprache, wie sie für den byzantinischen Stil kennzeichnend sind.

Im Gewölbe ist der ***Thronende Christus*** zu sehen, umgeben von dem hl. Vitalis und Bischof Ecclesius, dem Kirchengründer.

★★★ **Mausoleo di Galla Placidia (Mausoleum der Galla Placidia)** ⓥ (**Y**) – Die Kapelle in Form eines lat. Kreuzes wurde im 5. Jh. erbaut. Die herrlichen Mosaiken bestechen durch ihre Farbwirkung. Die Kuppel und das Gewölbe zieren Sterne und Blumenmotive auf einem dunkelblauen Hintergrund. Sie wirken durch das wenige Licht, das durch das Alabasterfenster dringt, noch geheimnisvoller und eindringlicher. In den Giebelfeldern und Zwickeln sind symbolische Motive dargestellt, wie z. B. der idyllische Christus als Guter Hirte an der Eingangswand. In den Armen des Mausoleums befinden sich Sarkophage, die die sterblichen Überreste der Galla Placidia und ihrer Familie aufnehmen sollten.

Das Benediktinerkloster neben der Kirche beherbergt das **Museo Nazionale** ⓥ (**Y M¹**), das spätrömische und frühchristliche Kunstwerke enthält: Stoffe, Elfenbeinarbeiten, Ikonen der kretisch-venezianischen Schule und Mosaiken.

★ **Battistero Neoniano (oder degli Ortodossi)** ⓥ (**Z**) – Die Taufkapelle wurde im 6. Jh. von Bischof Neon errichtet. Als Kapelle der Orthodoxen ist sie das Gegenstück zu der Taufkapelle der Arianer, die Theoderich erbauen ließ. Über dem achteckigen Grundriß erheben sich zwei Arkadenreihen, auf denen das Gewölbe ruht, das mit prachtvollen **Mosaiken** geschmückt ist. Auf der Kuppel ist in der Mitte die ***Taufe Christi***, darunter der Zug der Apostel dargestellt. Auf dem unteren Teil sieht man acht kleine Tempel, deren tragbare Altäre in Throne umfunktioniert wurden, über denen ein Kreuz hängt (es handelt sich um eine Entlehnung aus der orientalischen Bildersprache, bei der auf die Thronbesteigung des Allerhöchsten beim Jüngsten Gericht angespielt wird). Beiderseits der Fenster stellen flache byzantinische Skulpturen die Propheten dar.

Was bedeutet Arianismus?

Die arianische Glaubenslehre wurde von dem alexandrinischen Presbyter Arius (280-336) und seinen Anhängern ab dem 4. Jh. verbreitet und bestand darin, daß Jesus Christus nicht wesensgleich mit Gott dem Vater sei. Obwohl der Arianismus auf dem Konzil von Nicäa im Jahr 325 verdammt wurde, setzte er sich im Oströmischen Reich im 4. Jh. durch und blieb bei den Goten, Wandalen und Langobarden bis ins 6. Jh. vorherrschend.

Neben der Taufkapelle steht der **Dom** (**Z E**) aus dem 18. Jh. mit einem schönen runden Kampanile (10.-11. Jh.). Im Innern ist der mit symbolischen Tierfiguren verzierte Ambo aus dem 6. Jh. zu besichtigen.

Museo Arcivescovile (Erzbischöfliches Museum) ◷ (**Z M²**) – Außer einer Sammlung von Steindenkmälern enthält das Museum den **Bischofsthron**★★ des Erzbischofs Maximian (6. Jh.), ein Meisterwerk der Elfenbeinschnitzerei. In der Kapelle **Sant'Andrea**★ findet man bemerkenswerte Mosaiken.

Sepolcro di Dante (Dantes Grab) (**Z A**) – Der aus Florenz verbannte Dichter starb 1321 in Ravenna. Das Grabmal im klassizistischen Stil stammt aus dem Jahre 1780.

San Francesco (**Z**) – Neben der romanischen Kirche aus dem 10. Jh. erhebt sich ein Kampanile aus der gleichen Zeit. Nach dem Zweiten Weltkrieg wurde die Kirche vollständig neu erbaut; erhalten blieben lediglich schöne Säulen aus griechischem Marmor, ein Hauptaltar aus dem 5. Jh. und die Krypta des 9.-10. Jh.s.

Battistero degli Ariani (Baptisterium der Arianer) ◷ (**Y D**) – Diese achteckige Taufkapelle wurde im 6. Jh. während der Regierungszeit Theoderichs erbaut. Sehenswert sind das **Kuppelmosaik** der *Taufe Christi* sowie die Mosaiken der *Zwölf Apostel* und des *Throns mit Kreuz*.

★★ **Sant'Apollinare Nuovo** ◷ (**Z**) – Sie wurde zwischen 493 und 526 von Theoderich wahrscheinlich als Palastkirche erbaut. Die dreischiffige Basilika wird von korinthischen Säulen aus griechischem Marmor getragen und ist kunstvoll ausgeschmückt. Die Seitenwände sind mit glänzenden, auf goldenem Grund gearbeiteten **Mosaiken** bedeckt, die in drei Zonen gegliedert sind. Die beiden oberen Zonen stammen aus der Zeit Theoderichs; die untere Zone wurde unter Justinian erneuert, der sämtliche arianischen Elemente entfernen ließ. Auf den beiden Seiten des oberen Streifens werden in einem „natürlichen" Umfeld nach Art der griechisch-römischen Kunst Szenen aus dem Leben Christi dargestellt, während der mittlere Teil zwischen den Fenstern Heilige und Propheten zeigt. Auf der rechten Seite des unteren Streifens erkennt man die **Prozession der Märtyrer**, die sich, angeführt vom heiligen Martin, vom Palast Theoderichs zum thronenden Christus begibt. Die Würdenträger Theoderichs, von denen lediglich die Hände auf den Säulen zu sehen sind, werden verdeckt von den Stoffbehängen der Fenster des prachtvollen Palastes. Auf der anderen Seite, ausgehend vom Hafen von Classe, in dem drei Schiffe vor Anker liegen, sowie von der Stadt Ravenna, bewegt sich der **Zug der Jungfrauen** im Gefolge der Heiligen Drei Könige, der in seiner bunt zusammengewürfelten und dynamischen Darstellung einen markanten Kontrast zu der sonst steifen und feierlichen Prozession bildet. Bemerkenswert ist die zarte Darstellung der von Engeln umgebenen Muttergottes mit Jesuskind.

Pinacoteca Comunale (Städtische Gemäldesammlung) ◷ (**Z**) – Sie ist in dem ehemaligen Kloster der Lateranakanoniker untergebracht, dessen Fassade zum Park von der herrlichen **Loggetta lombardesca** geprägt ist. Zu sehen sind Werke mehrerer Malschulen (meist aus der Emilia-Romagna) vom 14. bis 20. Jh. Das Schmuckstück des Museums ist die wundervoll gearbeitete **Liegefigur**★ des Ritters Guidarello Guidarelli (der in den Diensten von Cesare Borgia stand) von Tullio Lombardo (1525).

Junge Frauen auf der Suche nach einem Ehemann...

...finden noch im selben Jahr ihren Mustergatten, wenn sie, so will es die Legende, Guidarello küssen. Trotzdem sollten Sie nicht bis Ende Dezember damit warten.

AUSSERHALB DER ALTSTADT

★ **Mausoleo di Teodorico (Grabmal des Theoderich)** ⓥ (**Y B**) – Den einzigartigen Bau ließ sich der König 520 noch zu Lebzeiten errichten. Das Grabmal besteht aus Quadersteinen, die ohne Mörtel zusammengefügt wurden. Es umfaßt 2 Etagen und wird von einer Kuppel gedeckt, die aus einem einzigen Wölbungsstein von 11 m Durchmesser besteht. Im Innern eine Porphyrwanne, die als Sarkophag benutzt wurde.

★★ **Sant'Apollinare in Classe** ⓥ – *5 km südlich. Ausfahrt ③ auf dem Stadtplan, Richtung S 16 oder mit dem Bus Nr. 4 oder 44 ab der Piazza Caduti, dem Bahnhof oder der Via di Roma (15-20 Min. Fahrtdauer).* Die Kirche steht einsam in ländlicher Gegend, nicht weit vom Meer. Sant' Apollinare wurde 534 begonnen und 549 geweiht. Der runde Glockenturm neben der Basilika stammt aus dem 11. Jh. Der majestätische Innenraum wird durch Arkaden auf Marmorsäulen mit prächtigen korinthischen Kapitellen in drei Schiffe unterteilt. In den Seitenschiffen sind großartige christliche Sarkophage aufgestellt (5.-8. Jh.). Den Triumphbogen und die Apsis zieren unvergleichliche **Mosaiken** (6.-7. Jh.) von bestechender Einfachheit und mit fein abgestimmten Farben.

Auf dem Triumphbogen thront ein Christkönig inmitten von Symbolen der Evangelien. Darunter verlassen zwei Gruppen von 6 Lämmern (die Apostel) zwei mit Türmen ausgestattete Städte (Bethlehem und Jerusalem). In der Halbkuppel der Apsis erkennt man eine Verklärung Christi. Gottvater hält seine Hand über das Kreuz, das vor einem sternenübersäten Himmel mit dem Bild Christi entschwebt. Die griechischen Buchstaben Alpha und Omega auf den Armen Gottes erinnern daran, daß Gott der Anfang und das Ende ist. Neben dem Medaillon stehen die Propheten Moses und Elias, während die Apostel Petrus, Jakobus und Johannes, die Zeuge der Verklärung waren, durch drei Lämmer dargestellt sind. Im unteren Teil hebt sich die Gestalt des heiligen Apollinaris inmitten einer blumenübersäten Wiese von seiner Schafherde (die Gläubigen) ab.

Imbiß mit einem edlen Tropfen aus der Romagna

Die **Ca' de ven** *(Via Ricci 24, ☎ (0544) 30 163, geöffnet: 11-14 und 17.30-22.15 Uhr, Montag Ruhetag)* ist eine Trattoria mit vorzüglicher Weinkarte, die sich in einer „mittelalterlichen Taverne" mitten im alten Stadtkern befindet.

REGGIO DI CALABRIA

Kalabrien

180 158 Einwohner

Michelin-Karte Nr. 988 Falte 39 oder Nr. 431 M 28

Stadtplan im Michelin-Hotelführer ITALIA

Die nach dem Erdbeben von 1908 modern wiederaufgebaute Stadt liegt am Fuße des Aspromonte, auf der Ostseite der Meerenge von Messina. In der Umgebung werden Oliven und Wein angebaut, sowie Zitronen und Orangen, deren Blüten in der Parfümindustrie verwendet werden. In Reggio wird immerhin nahezu die Hälfte der Weltproduktion an Bergamotte-Öl erzeugt.

Zwischen Reggio und Sizilien bestehen zahlreiche Schiffsverbindungen.

Charakterstudie: Die Krieger von Riace

Die griechischen Statuen stammen aus dem 5. Jh. v. Chr. und sind 1,98 m bzw. 2 m hoch. Obwohl sie innen hohl sind, wiegt jede 250 kg. Im Museum werden sie recht anonym mit den Buchstaben A und B bezeichnet. Jede Statue zeigt jedoch eine ausgeprägte eigene Persönlichkeit. Die Hornhaut ihrer Augen (bei A fehlt eines) besteht aus Elfenbein und Sandstein, die Pupillen aus Glaspaste und die Wimpern aus Silber. Aus dem gleichen Metall sind die Zähne von A (B besitzt keine). Beide halten noch den Riemen eines Schildes in der linken Hand, während die Lanzenschafte, die sie ursprünglich in ihrer Rechten hielten, nicht mehr existieren. Ihre Haltung und Gesichtszüge drücken unterschiedliche Empfindungen aus. A hält den Kopf leicht zur Seite und macht einen unbesiegbaren und aggressiven Eindruck. Sein linkes Bein steht leicht vor, und er scheint etwas sagen zu wollen. Im Gegensatz dazu blickt B ganz erschrocken, er wirkt zögernd und zurückweichend.

★ **Lungomare** – An der eleganten Strandpromenade wachsen riesige Palmen und Magnolienfeigen. Der Blick auf die sizilianische Küste und den Ätna ist überwältigend.

★★ **Museo Nazionale** ⓥ – Auch wenn die meisten Besucher dieses Museum nur wegen der beiden geheimnisvollen Krieger aus der Urzeit besichtigen, sollten hier doch auch die anderen Funde Erwähnung finden. Auf jeden Fall sehenswert sind die **Pinakes**★, Terrakotta-Flachreliefs, die im 5. Jh. v. Chr. in Locri als Votivtafeln dienten. Sie waren für Persephone gedacht, die Hades entführt hatte, als sie gerade Blumen pflückte. Er brachte sie in sein Totenreich und machte sie zu seiner Gemahlin. Ein vertrautes Interieur-Gemälde zeigt eine *Frau, die ein Peplos in eine mit Ornamenten geschmückte Truhe legt.*
Im Untergeschoß kann man die beiden **Krieger von Riace**★★★ bewundern. Diese Bronzestatuen wurden 1972 auf dem Meeresboden gefunden.

UMGEBUNG

★ **Aspromonte** – *Vom „Bivio Brandano" (Kreuzung der Straßen S 112 und S 183) bis nach Melito di Porto Salvo entlang der Südküste; die S 183 durchquert das Massiv von Norden nach Süden und bietet ständig neue Ausblicke. Beschreibung siehe unter Calabria.*

REGGIO EMILIA

Emilia-Romagna
139 200 Einwohner
Michelin-Karte Nr. 988 Falte 14, Nr. 428 oder 429 H 13
Stadtplan im Michelin-Hotelführer ITALIA

Reggio ist eine bedeutende Industrie- und Handelsstadt an der Via Emilia. Wie Modena und Ferrara stand Reggio von 1409 bis 1776 unter der Herrschaft der Este. Aus Reggio stammen der Dichter Ariosto und der Landschaftsmaler Antonio Fontanesi (1818-1882).

Historisches Zentrum – An der **Piazza Prampolini**, dem politischen und religiösen Herz sowie Geschäftszentrum der Stadt, stehen der Dom, der antiken Ursprungs ist, aber im 15. Jh. umgestaltet wurde, die romanische Taufkirche und das Rathaus mit dem Bordello-Turm aus dem 16. Jh.
Rechts vom Dom führt die malerische und sehr belebte **Via Broletto** zur Piazza San Prospero, die von der Fassade (18. Jh.) und dem unvollendeten Glockenturm der Kirche **San Prospero** ⓥ beherrscht wird. In ihrem Innern befindet sich ein wertvolles intarsienverziertes Chorgestühl. Die Kuppel der Apsis ist mit einem schönen Freskenzyklus von C. Procaccini und B. Campi bemalt.

In der Nähe *(auf der Via San Carlo weitergehen)* befindet sich die charmante Piazza Fontanesi mit Antiquitätenläden und Kunstgalerien.

Musei Civici ⓥ – *Via Spallanzani 1.* Die Städtischen Museen umfassen das Museum für Naturgeschichte sowie eine paläontologische und ethnologische Abteilung mit Exponaten aus der Region, römischen und mittelalterlichen Mosaiken, Marmorobjekten und Gemälden lokaler Künstler (15.-20. Jh.), darunter die ***Einsamkeit***★ von A. Fontanesi, sowie eine Abteilung, die M. Mazzacurati (1908-1969) gewidmet ist.

★ **Galleria Parmeggiani** ⓥ – *Corso Cairoli 2.* Dieser Palazzo wurde im 20. Jh. in einem eklektischen Stil errichtet. Er hat ein spanisch-maurisches Portal aus dem 15. Jh. und beherbergt eine umfangreiche Sammlung mit französischen Goldschmiedearbeiten, Stoffen, Trachten, Waffen, Möbeln, flämischen und spanischen – El Greco und Ribera zugeschriebenen – Gemälden sowie Malereien der italienischen Manieristen.

★ **Madonna della Ghiara** ⓥ – *Corso Garibaldi.* Diese schöne Kirche, die zu Beginn des 17. Jh.s nach einem Wunder errichtet wurde, enthält im **Inneren** schöne Fresken, Retabel und Malereien auf Holz, die eine eindrucksvolle Anthologie der Malerei der Emilia des 17. Jh.s darstellen. Zu den bedeutendsten Werken gehört der ergreifende *Gekreuzigte Christus* von Guercino.

UMGEBUNG

Brescello – *28 km nordwestlich.* Das Dorf verdankt seinen Namen (Brixellum) den in der Poebene ansässigen Kelten, die auch Bressanone (Brixen) und Brescia (Brixia) gründeten. In jüngerer Zeit ist es jedoch vor allem durch eine Reihe von Filmen mit **Don Camillo** und **Peppone** berühmt geworden. Im gleichnamigen **Museum** ⓥ sind Artikel und Plakate zu den Filmen und während der Dreharbeiten verwendete Objekte ausgestellt.

Der Journalist und Romancier **Giovanni Guareschi** (1908-1968), der sich im wahrsten Sinn des Worts dem Humor verschrieb, gründete mit Giovanni Mosca (1908-1983) die Zeitschrift ***Candido*** und war der Autor der Geschichten von ***Don Camillo und Peppone***, die mit Fernandel und Gino Cervi ausgezeichnet verfilmt wurden.

Castello di Canossa – *32 km südwestlich. Auf der Straße nach San Polo d'Enza fahren und dort nach links in Richtung Canossa abbiegen.* Von der einstigen Burg hoch auf dem Berg sind nur noch wenige Ruinen erhalten. Von dieser mächtigen Burg aus kämpfte die toskanische Markgräfin Mathilde 30 Jahre lang im Investiturstreit gegen den Kaiser. Dabei verbündete sich die zum Welfenhaus gehörige **Mathilde**, die sich der Lehnsherrschaft des Kaisers entziehen wollte, mit dem Papst, der über die Verflechtung von geistlichem Amt und weltlicher Herrschaft der Bischöfe im Reich seine Vorherrschaft gegenüber dem Kaiser durchsetzen wollte (Kaiser und Papst sahen sich beide als Nachfolger bzw. Stellvertreter Christi). Als, geschockt von der Kirchenstrafe des Banns gegen Heinrich IV., sich eine gefährliche Überzahl opponierender Reichsfürsten dem päpstlichen Lager angeschlossen hatte, sah der Kaiser nur noch die Möglichkeit, durch einen Bußgang, barfuß und im Schnee, die Aufhebung des Banns zu erlangen. Durch diese Demonstration im politischen Kampf zweier großer Gewalten kam es zu dem geflügelten Wort „Gang nach Canossa".

RIETI

Latium

45 830 Einwohner

Michelin-Karte Nr. 988 Falte 26 oder Nr. 430 O 20

Rieti liegt an einem Kreuzungspunkt von Tälern in einem Landbaugebiet. Es ist der geographische Mittelpunkt Italiens. Rieti ist ein idealer Ausgangspunkt, um den Spuren des hl. Franziskus zu folgen, der in dieser Gegend lebte und wirkte.

Piazza Cesare Battisti – Um diesen Platz liegen die bedeutendsten Bauwerke der Stadt. Durch das Tor rechts neben dem Palazzo del Governo (16.-17. Jh.) mit seiner eleganten Loggia gelangt man in den gepflegten **Stadtpark★** (schöner Blick auf Stadt und Umgebung).

Duomo – Der Dom besitzt eine Eingangshalle aus dem 15. Jh. und einen schönen romanischen Campanile (1252). Im Innern ist ein Madonnenfresko aus dem Jahre 1494 zu bewundern. Die **Krypta** stammt aus dem 12. Jh.

Palazzo Vescovile (Bischofspalast) – *Hinter dem Dom.* Er wurde im 13. Jh. errichtet. Imposant wirkt das durch breite Bandrippen verstärkte **Gewölbe★**, das die weite Halle in zwei Schiffe unterteilt.

UMGEBUNG

Convento di Fonte Colombo ⓥ – *5 km südwestlich. Auf der Straße nach Contigliano nach 3 km links abbiegen.* In der ehem. Einsiedelei wurde der hl. Franziskus von einem Augenleiden geheilt; in der Grotte diktierte er, nach 40tägigem Fasten, die Ordensregel der Franziskaner. Die Magdalenenkapelle aus dem 12. Jh. ist mit Fresken ausgemalt, die auch das „T" einschließen, das vom „Poverello" gezeichnete Kreuzessymbol. Ebenso kann man die Michaelskapelle, die Grotte, in der er fastete, den Baumstamm, an dem ihm Jesus erschien, die ehem. Einsiedelei und die Kirche aus dem 15. Jh. besichtigen.

★ **Convento San Francesco** ⓥ in **Greccio** – *15 km nordwestlich. Greccio ist über Contigliano zu erreichen. 2 km hinter Greccio den Wagen auf einem Platz unterhalb des Klosters abstellen.* Das Kloster liegt in 638 m Höhe auf dem Vorsprung eines steil abfallenden Felsens. Die Klostergebäude wurden im 13. Jh. errichtet. Hier schuf der hl. Franziskus durch seine Krippenfeier die Tradition der Weihnachtskrippe („Presepio").

Man besichtigt die Kapelle der Krippe mit Fresken aus der Schule Giottos und den Platz, wo der hl. Franziskus und seine Gefährten lebten. Im oberen Stockwerk befindet sich ein schlichtes, 1228 errichtetes Kirchlein, in dem das ursprüngliche Mobiliar erhalten blieb.

Convento San Giacomo ⓥ in **Poggio Bustone** – *10 km nördlich, über die Straße nach Terni zu erreichen.* In 818 m Höhe, mitten im Grünen, ist dieses Kloster gelegen. In der stark veränderten und umgebauten Kirche, die im 14. Jh. errichtet wurde, sind noch Fresken aus dem 15., 16. und 17. Jh. erhalten.
Daneben existieren noch ein kleiner Kreuzgang (15.-16. Jh.), das Refektorium aus dem 14. Jh. sowie die Grotten, in denen der hl. Franziskus sein Obdach hatte.

Convento La Foresta ⓥ – *5 km nördlich.* Hier verfaßte der hl. Franziskus den *Sonnengesang* und vollbrachte das Wunder des Weinstocks. Der Weinkeller mit dem Bottich, den die Trauben des wundersamen Weinstocks füllten, und die Grotte, in der der Heilige lebte, sind noch vorhanden und können besichtigt werden.

RIMINI

Emilia-Romagna

127 884 Einwohner

Michelin-Karten Nr. 988 Falte 15, Nr. 429 Falte 36 oder Nr. 430 J 19

Stadtplan im Michelin-Hotelführer ITALIA

Rimini, früher ein exklusives Reiseziel für illustre Gäste (darunter König Humbert I.), ist heute ein international bekannter Badeort mit modernen Hotels, Jachthafen, Flughafen und vor allem mit einem langen, feinsandigen Strand.
Aber daneben besitzt Rimini auch einen alten Stadtkern, der von der großen Vergangenheit der Stadt zeugt.
Die antike umbrische, später gallische Siedlung, die im Kaiserreich aufblühte, lag strategisch günstig an der Kreuzung der Römerstraßen Via Aemilia und Via Flaminia. Unter der Familie **Malatesta** erreichte die Stadt im 13. Jh. den Gipfel ihres Ruhms. In der *Göttlichen Komödie* schildert Dante die unglückselige Liebschaft zwischen Paolo Malatesta und Francesca da Rimini, die vom Bruder bzw. Ehemann Gianni Malatesta ermordet wurden. Später wußte Sigismondo I. (1417-1468) skrupellose Politik und obskure familiäre Auseinandersetzungen mit Mäzenatentum zu verbinden und rief Piero della Francesca sowie Leon Battista Alberti an seinen Hof. Im 16. Jh. fiel Rimini an den Kirchenstaat.
Im Bereich der Kunst haben die Arbeiten von Giotto in der Kirche San Francesco (später Tempio Malatestiano) die Entwicklung der **Schule von Rimini** gefördert, die sich durch einen von Giotto geprägten, jedoch markanteren und dramatischeren Stil auszeichnet.

Rimini ist auch die Heimatstadt des großen Regisseurs Federico Fellini (1920-1993), der in Meisterwerken wie *Die Müßiggänger* und *Amarcord* seiner Heimat ein Denkmal setzte.

★★ **Tempio Malatestiano** – Die im 13. Jh. von den Franziskanern errichtete Kirche wurde im 14. Jh. das Mausoleum der Familie Malatesta. Ab 1447 beauftragte Sigismondo I. Leon Battista Alberti mit dem Umbau der Kirche. Sie sollte das Grabmal des Tyrannen und seiner geliebten Gemahlin Isotta aufnehmen. Aus diesem Grund wählte der florentinische Baumeister den Triumphbogen (wobei er sich vom nahegelegenen Augustusbogen inspirieren ließ) sowie eine ganze Reihe klassizistischer Elemente. Zwar blieb dieser „Renaissance-Tempel" von Rimini unvollendet, er begründete aber einen neuen Fassadentyp für Sakralbauten, der einige Jahrzehnte später bei der Basilica di Sant'Andrea in Mantua wieder aufgegriffen werden sollte.
Das **Innere** enthält allegorischen Schmuck im spätgotischen Stil. Die Bildhauerarbeiten von Agostino di Duccio sind von erlesener Anmut und bilden eine Art mittelalterliche Enzyklopädie, die um antike und heidnische Elemente erweitert wurde (hervorzuheben sind die herrlichen ***Kinderspiele*** in der zweiten Kapelle links). Im rechten Seitenschiff befinden sich das Grab von Sigismondo (an der Fassadenrückseite) und der Reliquiensaal *(falls geschlossen, in der Sakristei nachfragen)* mit dem berühmten Bild ***Sigismondo Malatesta vor dem hl. Sigismund***★★ von Piero della Francesca. Das Bild beeindruckt durch den Kontrast zwischen der immateriellen Figur im Profil und der Plastizität des diagonal gezeigten, sitzenden Heiligen. Das Grabmal von Isotta in der nächsten Kapelle ruht auf Elefanten (den Lieblingstieren ihres Gatten), die das Monogramm „SI" (von Sigismondo) tragen. In der 3. Kapelle rechts befindet sich zu Ehren von Gottes Werk eine Darstellung der Planeten und der Tierkreiszeichen (eine Ansicht von Rimini ist mit dem Krebs dargestellt, dem Tierkreiszeichen der Stadt), im Gegensatz zur Aktivität des Menschen, symbolisiert durch die Freien Künste, gegenüber in der Kapelle des linken Seitenschiffs. Hinter dem Altar thront das **Kruzifix**★★ von Giotto.

Arco d'Augusto (Augustusbogen) – *Piazzale Giulio Cesare.* Der im Jahre 27 v. Chr. errichtete Bogen ist mit seinen kannelierten Säulen und korinthischen Kapitellen ein majestätisches Bauwerk.

Historisches Zentrum - An der Piazza Cavour befinden sich das Rathaus, der Versammlungspalast (Palazzo dell'Arengo) und der Palazzo del Podestà, die aus dem 13.-14. Jh. stammen, aber stark umgestaltet wurden. Wenn man unter den Arkaden des ehemaligen Fischgeschäfts durchgeht und rechts in die Via Cairoli einbiegt, erreicht man die **Kirche Sant'Agostino**, die interessante Zeugnisse der Malerschule von Rimini aus dem 14. Jh. enthält. An der nahen Piazza Malatesta erhebt sich das wuchtige **Castello Sigismondo**, ein schmuckloses Gebäude, das Sigismondo I. mit Brunelleschis Hilfe bauen ließ.

Museo della Città ⓥ - *Via Tonini 1.* Hier sind archäologische Funde aus dem römischen *Ariminum* (dem heutigen Rimini) und eine große Sammlung von Werken aus dem 14.-19. Jh. ausgestellt. Besondere Beachtung verdienen die Malereien auf Holz und die Kruzifixe der Schule von Rimini, die zarte ***Pietà*** von Giovanni Bellini, das **Retabel des hl. Vicente Ferrer** von Domenico Ghirlandaio und in der Abteilung zum 17. Jh. einige Werke von Guercino und Guido Cagnacci.

Ponte di Tiberio (Tiberiusbrücke) - Gemäß der Inschrift wurde der Brückenbau unter Augustus begonnen und im Jahre 21 n. Chr. unter Tiberius fertiggestellt. Er besteht aus mächtigen Quadern istrischen Kalksteins.

La RIVIERA LIGURE★★

Ligurische Riviera - Ligurien

Michelin-Karte Nr. 988 Falte 12 oder Nr. 428 Falten 24, 25, 32-36

Von Ventimiglia bis La Spezia, am Fuß der Alpen und des Ligurischen Apennin, beschreibt die Küste einen weiten Bogen. Genua liegt genau in der Mitte dieses Bogens.
Wie die Côte d'Azur in Frankreich ist die ligurische Riviera ein Paradies für Urlauber. Das milde und ausgeglichene Klima ist auch im Winter einladend. Die Seebäder an dem schmalen Küstenstreifen erfreuen sich großer Beliebtheit; zahlreiche Hotels sorgen für das Wohl der Gäste. Das verhältnismäßig einsame Hinterland ist mit seinen ursprünglich gebliebenen Wäldern ein Paradies für Spaziergänger und Wanderer.

Besichtigung - Auf den Kartenskizzen sind außer den beschriebenen Städten und Sehenswürdigkeiten weitere besonders malerische Orte vermerkt (in der kleinsten schwarzen Schrift).

★RIVIERA DI PONENTE

1 Von Ventimiglia nach Genua *175 km - etwa 1 Tag*

Die große Verkehrsader ist auch heute noch die alte Römerstraße Via Aurelia, schwierig zu befahren, nicht nur wegen ihrer Enge und der vielen Kurven, sondern auch wegen des lebhaften Verkehrs. Sie führt fast auf dem gesamten Verlauf an der Küste entlang, und man hat immer wieder neue Ausblicke auf das Meer, besonders wenn sie als Höhenstraße ausgebaut ist. Parallel zu dieser Küstenstraße wurde eine Autobahn (A 10) angelegt, die durch Tunnel und über Viadukte verläuft. An diesem Küstenstrich folgen Ortschaften und Villen in fast ununterbrochener Kette aufeinander. Dann wieder durchquert die Via Aurelia Schwemmlandebenen an den Mündungen der zahlreichen Gebirgsbäche.
Die sonnige Lage der Riviera di Ponente begünstigt das Pflanzenwachstum; so wird hier das ganze Jahr über in den Gewächshäusern, die sich an den Hügeln hinziehen, Blumenzucht betrieben.

Ventimiglia - *Stadtplan im Michelin-Hotelführer ITALIA.* Unweit der französischen Grenze liegt Ventimiglia, das sich sein mittelalterliches Stadtviertel (Città Vecchia) bewahren konnte. Mitten in dem Gewirr von engen Gäßchen und Straßen erheben sich die sehenswertesten Baudenkmäler der charmanten Küstenstadt: Der Dom aus dem 11.-12. Jh., daneben das Baptisterium mit achteckigem Grundriß (11. Jh.), die Kirche San Michele (11.-12. Jh.) und die Betkapelle der Neri (17 Jh.). In **Mortola Inferiore** ist der Besuch der **Hanbury-Gärten**★★ (Giardini Hanbury) ⓥ empfehlenswert *(6 km westlich von Mortola, in Richtung französische Grenze).* Die einzigartigen Terrassengärten liegen hoch über dem Meer und enthalten eine äußerst vielfältige exotische Vegetation.

⛱⛱ **Bordighera** - Das Städtchen ist ein berühmtes Seebad der Riviera, dessen Villen und Hotels verstreut in blühenden Gärten mit prächtigen Palmen liegen. Die Altstadt Bordigheras mit ihren winkligen Gassen besitzt noch die alten Stadttore.

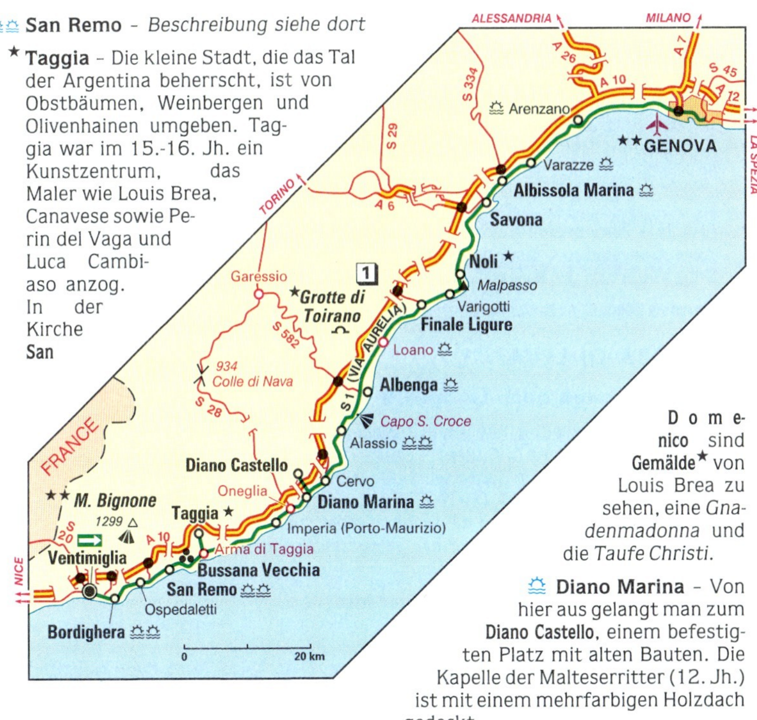

San Remo – *Beschreibung siehe dort*

★ **Taggia** – Die kleine Stadt, die das Tal der Argentina beherrscht, ist von Obstbäumen, Weinbergen und Olivenhainen umgeben. Taggia war im 15.-16. Jh. ein Kunstzentrum, das Maler wie Louis Brea, Canavese sowie Perin del Vaga und Luca Cambiaso anzog. In der Kirche **San Domenico** sind **Gemälde**★ von Louis Brea zu sehen, eine *Gnadenmadonna* und die *Taufe Christi*.

Diano Marina – Von hier aus gelangt man zum **Diano Castello**, einem befestigten Platz mit alten Bauten. Die Kapelle der Malteserritter (12. Jh.) ist mit einem mehrfarbigen Holzdach gedeckt.

Albenga – Albenga liegt unweit des Meeres in einer fruchtbaren Schwemmlandebene mit Gemüsekulturen. Die Gassen der mittelalterlichen **Altstadt**★ ziehen sich um den **Dom**. Dieser wird von einem eindrucksvollen Campanile des ausgehenden 14. Jh.s überragt. Das Gewölbe des Kirchenschiffs ist mit Fresken in illusionistischer Malerei ausgemalt. Im Baptisterium (5. Jh.) mit achteckigem Grundriß ist noch ein Taufbecken erhalten; eine Nische ist mit einem Mosaik aus frühchristlicher Zeit im Stile Ravennas ausgekleidet.

★ **Grotte di Toirano** – Der Eingangsbereich dieser Höhlenanlage war schon in der Jungsteinzeit von Menschen bewohnt. Es finden sich dort noch Fußabdrücke, Fackelspuren, Bärenknochen und -spuren sowie als Waffen verwendete Tonkugeln. An den Eingangstrakt schließt sich eine Reihe von Tropfsteinhöhlen an. Besonders interessant ist der letzte Abschnitt der Höhlenanlage, in dem sich zeitweise ein unterirdischer See befand, der eigenartige rundliche Gebilde aus Stein geschaffen hat.

Finale Ligure – Dieses bekannte Seebad setzt sich aus vier Ortsteilen zusammen. In **Finale Marina** ist die Kirche mit einer phantasiereichen Barockfassade sehenswert. Die Abteikirche mit einem seitlichen Campanile in **Finale Pia** stammt aus dem 13. Jh. **Finale Borgo**★ liegt 2 km landeinwärts; die Stadtmauern des ehemaligen Festungsortes sind noch erhalten sowie die Stiftskirche San Biagio mit dem eleganten polygonalen Campanile aus dem 13. Jh.; das Innere birgt einen Flügelaltar der hl. Katharina (1533) und ein Gemälde des 16. Jh.s mit St. Blasius umgeben von Heiligen.
Vom **Castello San Giovanni** *(1 Std. Fußweg hin und zurück von der Via del Municipio aus)* bietet sich ein schöner **Blick**★ auf Finale Ligure, die Küste und das Hinterland. Im etwas höher liegenden **Castel Gavone** sieht man den runden Turm, dessen Bossenquader diamantförmig behauen sind.

★ **Noli** – Das Fischerdorf ist wegen seiner alten Häuser und Türme aus dem 13. Jh. interessant. In der romanischen Kirche ist ein Holzkruzifix aus der Romanik zu besichtigen.

Savona – *Stadtplan im Michelin-Hotelführer ITALIA.* Die Industriestadt hat den siebtgrößten Hafen Italiens. Hier werden hauptsächlich Erdöl, Kohle, Zellulose und Autos in Richtung Großbritannien und USA verschifft. Die Altstadt schmücken Bauten aus der Renaissancezeit. Der Dom entstand im 16. Jh. Am Ufer erhebt sich die Festung **Priamar** (16. Jh.), in der 1830 der Freiheitskämpfer Mazzini gefangengehalten wurde.

Albissola Marina – Der Ort ist für seine Kunsttöpferei berühmt, die bis ins 13. Jh. zurückzuverfolgen ist.

> Versäumen Sie es auf keinen Fall, im **Caffè Defilla** *(Corso Garibaldi 4 in Chiavari)* vorbeizuschauen, dem mondänen Treffpunkt der Künstler und Intellektuellen seit fast einem Jahrhundert.

Im späten 16. Jh. berief Ludovico Gonzaga, der durch Heirat Herzog von Nevers geworden war, die Brüder Corradi aus Albisola an seinen Hof, um die berühmte Fabrik für Fayencen zu gründen. In der **Villa Faraggiana** ⓥ (18. Jh.), die von einem exotischen **Park★** umgeben ist, befindet sich das Ligurische Keramikmuseum. Es sind Empire-Möbel und Keramikböden ausgestellt. Sehenswert ist der **Ballsaal★**, der mit Fresken und Stuck geschmückt ist.

★★ **Genova (Genua)** – *Beschreibung siehe dort*

★★★ RIVIERA DI LEVANTE

2 Von Genua nach La Spezia *173 km – 1 Tag rechnen*

Dieser Küstenstreifen hat einen herberen Charakter und ist zerklüfteter und wilder als die Riviera di Ponente. Spitze Vorgebirge überragen das Meer, kleine geschützte Buchten, in denen winzige Fischerhäfen liegen, und große weite Golfe bestimmen hier das Bild. Die Kiefernwälder der Steilküsten und die Olivenbäume des Hinterlandes verleihen der Gegend einen besonderen Reiz. Die kurvenreiche und oft schwierige Straße führt selten direkt an der Steilküste entlang, oft verläuft sie weiter landeinwärts.

★★ **Genova (Genua)** – *Beschreibung siehe dort*

★★★ **Portofino** – *Beschreibung siehe dort*

Rapallo – *Stadtplan im Michelin-Hotelführer ITALIA.* Der Kurort von Weltruf liegt am gleichnamigen Golf, am Beginn der Halbinsel von Portofino. Eine reizende **Promenade★** (Lungomare Vittorio Veneto) mit großen Palmen führt an der Küste entlang.

Chiavari – Das Seebad hat einen weiten Strand und einen schönen Jachthafen.

2 km von der Küste entfernt (nordöstlich) liegt San Salvatore, bekannt durch seine Kirche, die **Basilica dei Fieschi★** aus dem 13. Jh. Die Fassade ist mit weißem und schwarzem Marmor überzogen, das Innere von einem Kreuzgewölbe abgeschlossen. Gegenüber steht der Palazzo Fieschi im eleganten Stil der Genueser Gotik (13. Jh.).

★★ **Cinque Terre** – *Siehe dort*

La Spezia – *Stadtplan im Michelin-Hotelführer ITALIA.* La Spezia ist Flottenstützpunkt, besitzt einen großen Hafen und ist ein geschäftiges Industrie- und Handelszentrum. In La Spezia befindet sich das wichtigste Marine-Arsenal Italiens; es werden hier auch Waffen hergestellt. Man kann das **Schiffahrtsmuseum** (Museo Navale) ⓥ besichtigen, das Erinnerungsstücke, Waffen und Modelle zeigt.

★★ **Museo Lia** ⓥ – *Via del Prione 234.* Die Kollektion des Museums in einer vollständig renovierten Klosteranlage aus dem 17. Jh. geht auf die Sammelleidenschaft von Amadeo Lia zurück, der im Laufe seines Lebens über 1 100 Werke (die mittlerweile der Stadt übergeben wurden) aus der römischen Epoche bis ins 18. Jh. erwarb. Das Museum ist thematisch gegliedert und umfaßt eine stattliche Zahl an Elfenbeinobjekten, Emailkunst, Kreuzen und Kultobjekten,

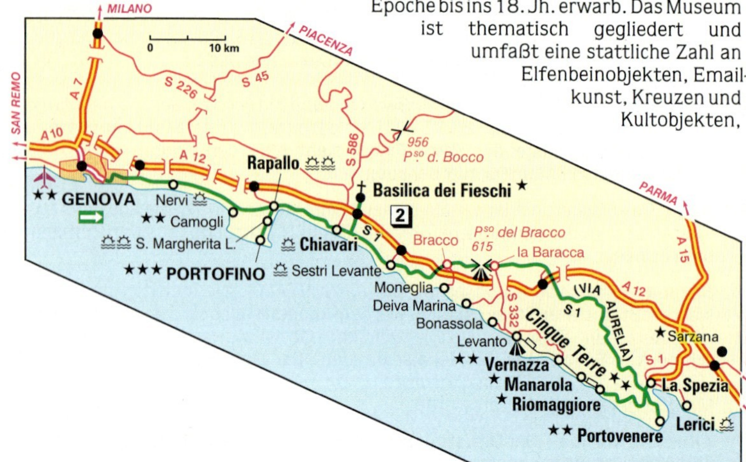

eine herrliche Serie von kolorierten Manuskripten, Gemälde sowie Objekte aus Glas und Bergkristall. Einige der bedeutendsten Werke sind nachstehend aufgeführt (die kursiv gedruckten Angaben entsprechen der Numerierung des Museums).
Saal I - Die Sammlung beginnt mit einer umbrischen *Maria mit dem Kind* aus bemaltem Holz (13. Jh.). Rechts vom Eingang befindet sich in einer der römischen Kunst gewidmeten Vitrine ein **kleiner Kopf aus Amethyst**, der vermutlich eine der Schwestern von Caligula darstellt. Links sind mehrere Elfenbeinobjekte (z. B. eine reich verzierte deutsche Schale aus dem Barock mit dem Langobardenkönig Alboin und seiner Gattin Rosamunde - *A20*) und Emailarbeiten zusammengestellt (Schnecke eines Bischofsstabs mit hl. Georg und Drachen aus Gold und Email; Medaillon *(565)* aus Gold und Email mit der Anbetung der Hl. drei Könige). Am Ende des Saales sind Kreuze zu sehen, darunter ein französisches Prozessionskreuz (Limoges) aus dem 13. Jh. *(516)*.
Saal II - Dieser den Miniaturen gewidmete Saal enthält drei komplette Antiphonarien und zahlreiche Buchmalereien vorwiegend italienischer Herkunft (14.-16. Jh.).
Mit Saal IV beginnt die chronologisch angeordnete Gemäldeausstellung (13.-18. Jh.). Unter den zahlreichen vertretenen Künstlern sind vor allem die Schüler von Giotto Bernardo Daddi, Pietro Lorenzetti *(Der hl. Johannes der Evangelist)* und Alvise Vivarini *(Die Buße des hl. Hieronymus)* zu beachten. Für das 16. Jh. sind Giampietrino *(Maria mit dem Kind und dem hl. Johannes)*, Bellini und ein Selbstporträt von **Pontormo** zu nennen. Die Malerei des 17. und 18. Jh.s ist durch die Caravaggisten sowie durch Landschaften und Porträts im venezianischen Stil (Longhi, Guardi) vertreten.
In den Sälen XI und XII befinden sich wertvolle Bronzen, Bergkristallobjekte und römische Glaskunst, darunter eine kleine Flasche mit Goldstreifen aus dem 1. Jh. v. Chr. Im letzten Saal sind Stilleben vor allem aus dem 17. Jh. ausgestellt.

★★ **Portovenere** - Ein mächtiges Kastell (12.-16. Jh.) beherrscht die malerische Hafenstadt, die noch ihren altertümlichen Charakter bewahrt hat. Sehr alte Häuser, zum Teil noch aus dem 12. Jh., säumen den Hafen und die Hauptstraße. Einige davon wurden einst von den Genuesern befestigt. Die Kirche San Lorenzo stammt aus dem 12. Jh., die Kirche San Pietro weist noch Spuren aus dem 6. Jh. auf. Vom Kirchenvorplatz aus hat man einen sehr schönen Ausblick über den Golf von La Spezia und Cinque Terre.

Lerici - Der Badeort liegt an einer stillen und windgeschützten Bucht. Die gewaltige Burg (Castello) wurde im 13. Jh. errichtet und von den Genuesern im 16. Jh. erneuert.

ROMA***

ROM - Latium

2 773 889 Einwohner
Michelin-Karte Nr. 988 Falte 26 oder Nr. 430 Q 19 -
Michelin-Stadtplan Maßstab 1/10 000 Nr. 1038

Rom, die „ewige Stadt", Hauptstadt eines Weltreiches, dem sie ihren Namen gab, Wahrzeichen der Christenheit, seitdem die antike Welt unterging, hat aus ihrer reichen Vergangenheit so viele Schätze in die Gegenwart gerettet, daß man mit Fug und Recht von ihr als die herausragendste Museumsstadt der Welt sprechen kann. Heute drängen sich neben dem Marmor der Stadt des Augustus und anderer römischer Kaiser und dem prachtvollen Glanz des Machtzentrums der Päpste dem Besucher noch andere Bilder auf. Seit die Stadt die Hauptstadt des 1870 vereinten Italiens geworden ist, ist sie in ungewöhnlich schneller und seit dem Zweiten Weltkrieg vor allem in häufig unkontrollierter Weise gewachsen.
Roms Hinterland ist dagegen noch recht unberührt. Seine Zypressen und Pinien, sein unvergleichlich klarer Himmel und sein goldenes Licht machen es zu einem Refugium der Bewohner dieser Stadt, die die Glanzzeit des Manierismus und Barock erlebte und in der die Kunststile aller Epochen unbekümmert nebeneinander stehen. Rom ist nicht nur ein Muß für den Kunstfreund, sondern auch für denjenigen, der in das Herz Italiens vordringen will.

ZWISCHEN GESCHICHTE UND LEGENDE

Die Sage von der Gründung Roms ist von den Dichtern und Historikern der Antike überliefert und ausgeschmückt worden. Livius verfaßte eine *Geschichte Roms* und Vergil gestaltete sie in der *Aeneis* zum Epos. Der Sage nach soll der trojanische Held und Göttersohn Äneas nach dem Fall Trojas mit seinen Gefährten nach Westen gefahren sein und die Tibermündung erreicht haben, wo er ein neues Troja gründete. Als erster Ort entstand Lavinium. Dann gründete Ascanius, der Sohn des Äneas und als Julus Ahnherr der Julier, Alba Longa, die Keimzelle Roms. Hier verband sich der Gott Mars mit einer Vestalin, und diese gebar die Zwillinge Romulus und Remus. Die Neugeborenen wurden in einem Korb im Tiber ausgesetzt und erreichten auf den Fluten den Fuß des Palatin, wo der Korb ans sandige Ufer geschwemmt wurde. Dort fand ihn eine Wölfin. Sie nahm sich der Kinder an, nährte sie mit ihrer Milch und ein Hirte zog sie auf. Romulus kehrte an den Ort seiner Rettung zurück und zog dort eine Furche als Grenze der von ihm geplanten Stadt. Als Remus - vielleicht aus verletzter Eitelkeit - diesen Graben übersprang, erschlug ihn sein Bruder.
Als erste Siedler ließen sich latinische Banditen auf dem kapitolinischen Hügel nieder. Romulus verheiratete sie mit Frauen aus dem Stamm der Sabiner. Auf diese Weise verbanden sich die beiden Volksstämme und wechselten sich bis zur Herrschaft der Etrusker in der Regierung ab.
Im 7. vorchristlichen Jahrhundert eroberten die Etrusker den Ort. Man nimmt heute an, daß der Palatin eine wichtige Etappe auf der Salzstraße (Via Salaria) darstellte und dort im 8. Jh. v. Chr. eine Siedlung entstanden war.
Die Etrusker legten den Ort neu an und errichteten eine Festung auf dem Kapitolinischen Hügel. Nach dem letzten Etruskerkönig Tarquinius Superbus (509 v. Chr.) wurde Rom von Konsuln regiert, dann war es Republik und verfolgte eine expansionistische Politik. Im 2. und 1. vorchristlichen Jahrhundert wurde die Republik von Bürgerkriegen erschüttert. Erst **Julius Cäsar** (101-44 v. Chr.) stellte die Ordnung wieder her und versetzte Rom in den Stand, die neu eroberten Gebiete (51 v. Chr. Gallien) zu beherrschen und zu verwalten. Er war ein überragender Stratege und kluger Politiker. Dank seines politischen Geschicks und Rednertalents wurde er nach seinen Kriegszügen zunächst zum Konsul, dann zum Diktator auf Lebenszeit gewählt. Seine nahezu königliche Machtstellung brachte die Republikaner gegen ihn auf, die ihn an den Iden des März 44 ermordeten. Nach ihm konnte **Octavian**, ein Großneffe Cäsars, die Regierung an sich reißen. Er war zwar kein überragender Stratege, dafür aber zäh und diplomatisch, so daß es ihm gelang, alle seine Gegner durch Bündnisse oder Kriege auszuschalten. Im Jahre 27 wurde ihm vom Senat der Ehrenname **Augustus** verliehen, womit er zur obersten Instanz in Fragen der Politik, Justiz und Religion wurde. Unter seiner Herrschaft als erster römischer Kaiser stand Rom politisch und kulturell auf dem Höhepunkt. Das römische Herrschaftsgebiet (Imperium Romanum) war ein Weltreich geworden und erlebte in der die folgenden drei Jahrhunderte dauernden Friedenszeit (Pax Augusta) eine der glanzvollsten Epochen der Geschichte überhaupt. Das Imperium reichte vom Persischen Golf bis England, und Rom war das Haupt der damals bekannten Kulturwelt.
Unter den auf Augustus folgenden Kaisern erlangten Caligula, Nero und Domitian für ihre Grausamkeit bzw. ihren Wahnsinn traurige Berühmtheit. Andere trugen zur weiteren Ausdehnung, zu Glanz und Größe Roms bei. Es waren dies insbesondere Vespasian (kluge Finanz- und Steuerpolitik), Titus (friedliche und milde Herrschaft), der aus Spanien stammende Trajan (unter der Regierung des „besten aller Kaiser" blühten Literatur und Kunst, und es wurde in Rom viel gebaut), Hadrian (großer Bewunderer der griechischen Kultur und ständig auf Reisen).

Christentum - Bereits in der Regierungszeit des Augustus trat das von Palästina über Syrien nach Rom gedrungene Christentum als neue geistige und kulturelle Macht in Erscheinung; diese wurde später, als Wirtschaftskrisen, Aufstände und Bedrohung der Grenzen zum Niedergang des Römischen Reichs führten, immer stärker. Die christliche Idee der Nächstenliebe und der Glaube an ein Leben nach dem Tod waren in jenen wirren Zeiten etwas grundlegend Neues und so standen die Christen zunächst mit den Kaisern im Konflikt, wurden verfolgt und mußten sich verstecken. Durch den Übertritt **Kaiser Konstantins** zur neuen Religion und das **Toleranzedikt von Mailand** (313) wurde Rom dann jedoch zum Zentrum der Christenheit. Nachdem im Frühchristentum jeder Bischof einer Gemeinde noch als der Vertreter Christi auf Erden gegolten hatte, gewann der Bischof von Rom bald den Primat in der kirchlichen Hierarchie. Als **Päpste** (vom vulgärlateinischen *papa* = Vater) standen die Bischöfe von Rom an der Spitze der Christenheit, bestimmten die Geschichte der Kirche als Institution und prägten durch ihre Bauten die Ewige Stadt.
Nach der Völkerwanderungszeit und den Plünderungen durch die Westgoten, Wandalen und Ostgoten entvölkerte sich die Stadt. Als die Langobarden im 8. Jh. Rom bedrohten, rief der Papst den fränkischen König Pippin zu Hilfe. Dieser schenkte dem Papst eroberte langobardische Gebiete (754) und gründete damit den **Kirchenstaat** als

S. Chirol

Das Flavische Amphitheater oder Kolosseum

ROM ERLEBEN

Anreise

Fremdenverkehrsämter – Das E.P.T. (Ente provinciale del Turismo), dessen Sitz sich in der Via Parigi 11 befindet, gibt in seinen Geschäftsstellen kleine Broschüren (u a. *Qui Roma*) und Stadtpläne aus. Die Adressen sind:
- Flughafen Fiumicino: ☎ (06) 65 95 60 74
- Hauptbahnhof (Stazione Termini), Bahnsteig 4: ☎ (06) 48 71 270
- Via Parigi 5: ☎ (06) 48 89 92 53

Mit dem Zug – Die internationalen Züge kommen in Rom im Bahnhof Termini oder Tiburtina an, die beide durch die U-Bahn (Linie A und B) an die Innenstadt angebunden sind. Einige Zugverbindungen mit Ortschaften im Norden Roms wie z. B. Viterbo betreibt die Eisenbahngesellschaft Roma Nord vom Bahnhof am Piazzale Flaminio aus.

Nützliche Telefonnummern – Reisezugauskunft der **italienischen Eisenbahn** (FFSS): ☎ 1478 88 088. Bahnhöfe: **Termini**, Piazza dei Cinquecento, ☎ (06) 48 84 466; **Ostiense**, Piazza Partigiani, ☎ (06) 57 50 732; **San Pietro**, Via Stazione San Pietro, ☎ (06) 63 13 91; **Tiburtina**, Circonvallazione Nomentana, ☎ (06) 44 04 856; **Trastevere**, Piazzale Biondo, ☎ (06) 58 16 076. **Club Euro Star Italia**, ☎ (06) 47 42 155.

Mit dem Flugzeug – Der Hauptflughafen, Leonardo da Vinci, befindet sich in Fiumicino, 26 km südwestlich von Rom. Von dort aus gibt es zwei Zugverbindungen in die Stadt:
- die direkte Verbindung **Fiumicino-Roma Termini** fährt jede Stunde (Dauer 30 Min., Fahrkarte 15 000 L) und in Stoßzeiten jede halbe Stunde.
- die Verbindung FM1 **Fiumicino-Fara Sabina** verkehrt alle 20 Min. Die Fahrkarte kostet 7 000 L.

Abfahrtszeiten ab Fiumicino: von 6.30-23.30 Uhr (ab 20.15 Uhr fahren alle Züge nach Tiburtina); ab Tiburtina: von 5 bis ca. 22.30 Uhr. An Feiertagen verkehren die Züge nur stündlich.
Darüber hinaus gibt es einen Nachtbus vom Bahnhof Tiburtina zum Flughafen und umgekehrt (Dauer 3/4 Std., Preis 7 000 L).

Nützliche Telefonnummern – Flughafen Leonardo da Vinci, Fiumicino, ☎ (06) 65 951; **Ciampino,** ☎ (06) 79 49 41; **Reservierung für internationale Flüge:** ☎ (06) 65 641; **Flugauskunft:** ☎ (06) 65 95 36 40 oder (06) 65 95 44 55.

Mit dem Auto – Die **Anfahrt in die Stadt** erfolgt im allgemeinen über zwei große Ringstraßen. Die äußere Ringstraße, die Grande Raccordo Anulare (oder G.R.A.), liegt außerhalb des Stadtgebietes. Die Autobahnen A 1, A 2, A 18 und A 24 sowie die Nationalstraßen münden alle in diesen Ring. Die zweite Ringstraße, die Tangenziale Est, ist eine breite Umgehungsstraße, die das Olympiastadion direkt mit der Piazza San Giovanni in Laterano verbindet. Dabei durchquert sie sämtliche östlichen Stadtviertel wie Nomentano, Tiburtino, Prenestino etc.

Unterwegs in der Stadt

Mit dem Taxi – Um ein Taxi zu bestellen, können Sie eine der folgenden Nummern wählen: (06) 35 70, (06) 49 94, (06) 66 45 oder (06) 41 57.

Mit Bus, Straßenbahn oder U-Bahn – Es ist sinnvoll, sich einen Plan der öffentlichen Verkehrsmittel in Buchhandlungen oder Zeitungskiosken bzw. den von ATAC (Azienda Tramvie e Autobus del Comune di Roma, ☎ (06) 46 951) herausgegebenen Plan (1 000 L) am Informationsschalter der Städtischen Verkehrsbetriebe an der Piazza dei Cinquecento zu besorgen. Fahrkarten müssen vor dem Einsteigen in den Bus gekauft werden.

Mit dem Auto – Davon wird abgeraten. Autofahren in Rom ist wahrlich kein Vergnügen. Zahlreiche Straßen sind Fußgängerzonen oder Taxen, Bussen und Anwohnern vorbehalten. Die historische Altstadt gehört zur *fascia blu* (blauen Zone), in der von 6 bis 19.30 Uhr (und zusätzlich freitags und samstags von 22 bis 2 Uhr) keine Privatautos fahren dürfen. In der Innenstadt gibt es zwei Parkmöglichkeiten: eine Tiefgarage unter der Villa Borghese, in der Nähe der Porta Pinciana, sowie das Parkhaus Ludovisi in der Via Ludovisi 60.

Nützliche Informationen

Polizeirevier (Questura Centrale), Via San Vitale 15, ☎ (06) 46 86
Ausländerbehörde (Ufficio Stranieri), Via Genova 2, ☎ (06) 46 29 87
Städtische Polizei (Vigili Urbani), Notruf, ☎ (06) 67 691
Fundbüro (Ufficio Oggetti smarriti), Via N. Bettoni 1, ☎ (06) 58 16 040
Krankenwagen des Roten Kreuzes (Pronto Soccorso Autoambulanze – Croce Rossa), ☎ (06) 55 10

Notarzt (Guardia Medica Permanente), ☏ (06) 58 20 10 30
Apothekennotdienst: Farmacia San Paolo, Via Ostiense 168 (24 Std.), ☏ (06) 57 50 143

Banken – Die Öffnungszeiten sind im allgemeinen von Montag bis Freitag von 8.30 bis 13.30 und von 15 bis 16 Uhr. Manche Filialen in der Innenstadt und in den Geschäftsvierteln haben auch Samstag morgens geöffnet.

Apotheken – In der Innenstadt gibt es mehrere Apotheken, die 24 Stunden täglich geöffnet haben: Piazza dei Cinquecento 49/50/51 (Bahnhof Termini), Via Cola di Rienzo 213, Corso Vittorio Emanuele 343/343a, Corso Rinascimento 50, Piazza Barberini 49, Via Arenula 73, Piazza della Repubblica 67 und Via Nazionale 228.

Besichtigungen

Die Stadtverwaltung von Rom hat in der Innenstadt Informationsstände eingerichtet, die über alle künstlerischen, kulturellen und sonstigen Freizeitaktivitäten Auskunft erteilen. Sie sind geöffnet von Dienstag bis Samstag von 10 bis 18 Uhr und am Sonntag von 10 bis 13 Uhr. Die Information werden täglich aktualisiert. Das Personal spricht italienisch und englisch.
Im **Internet** kann man unter folgender Adresse ebenfalls Informationen abrufen: http://www.comune.roma.it/

Behinderte – Bei **CO.IN** (Consorzio Cooperative Integrate, Via Enrico Giglioli 54/a, ☏/Fax (06) 23 26 75 04/5) ist eine Liste der Sehenswürdigkeiten erhältlich, die für Behinderte zugänglich sind und spezielle Führungen anbieten (Öffnungszeiten: Montag bis Freitag 9 bis 17 Uhr).

Übernachten in Rom

Da Rom zu jeder Jahreszeit von Touristen und Pilgern geradezu überrannt wird, mangelt es an Unterkunftsmöglichkeiten wahrlich nicht. Um sicher zu sein, daß man noch ein Zimmer bekommt und um unliebsame Überraschungen zu vermeiden, ist es daher ratsam, lange im voraus zu reservieren.
Eine vollständige Auswahl der Hotels in Rom finden Sie im aktuellen roten Michelin-Hotelführer ITALIA. Die im folgenden aufgeführten Adressen wurden wegen ihres besonders günstigen Preis-Leistungsverhältnisses, ihrer guten Lage oder ihres speziellen Reizes ausgesucht. Sie sind unterteilt in drei Preiskategorien auf der Grundlage des Preises für ein Doppelzimmer. Innerhalb der Kategorie ist die Reihenfolge alphabetisch *(zum Auffinden siehe Stadtplan)*. Wir raten Ihnen dringend, die Zimmerpreise telefonisch im voraus zu erfragen.

Zu den Hotel- und Preiskategorien siehe S. 478

Buchungsservice – Zur Reservierung eines Hotelzimmers kann man sich auch an **Hotel Reservation** (☏ (06) 69 91 000, von 7 bis 22 Uhr) wenden. Der Service ist kostenlos und bietet eine Auswahl von über 200 Hotelbetrieben in der Hauptstadt.

„GUT & PREISWERT"

Manche der in dieser Kategorie aufgelisteten Gasthäuser bieten auch Zimmer ohne Bad an; in diesem Fall verringert sich der Preis um ca. 20-30 %.

Pensione Barrett (**BY** ❺) – *Largo Torre Argentina 47, ☏ (06) 68 68 481; 20 Zimmer.* Die schlichte, aber sehr gepflegte Pension wird von einer Person geführt, die ein Vorbild an Gastlichkeit ist. Die Zimmer bieten kleine „Extras" wie z. B. ein Fußbad.

Hotel Campo dei Fiori (**BY** ❼) – *Piazza del Biscione 6, ☏ (06) 68 80 68 65. 27 Zimmer, davon 9 mit Bad. Kreditkarten werden akzeptiert.* Das Hotel ist in einem sechsstöckigen Stadtpalais (kein Aufzug) untergebracht, dessen Terrasse auf den Campo dei Fiori hinausgeht. Die Zimmer sind klein, aber gemütlich.

Hotel Casa tra Noi (**AY** ⓝ) – *Via Monte del Gallo 113, ☏ (06) 39 38 73 55. 110 Zimmer und zwei Suiten für drei oder vier Personen. Kreditkarten werden akzeptiert.* Es ist ein einfaches und ruhiges Hotel am Ende einer Straße, von dem aus man den Petersdom sieht. Hier können auch größere Gruppen absteigen, und die Preise für Halb- oder Vollpension sind annehmbar.

Albergo del Sole (**BY** ⓡ) – *Via del Biscione 76, ☏ (06) 68 80 68 73. 60 Zimmer, davon 20 mit Bad.* Das älteste Hotel Roms liegt ganz in der Nähe des Campo dei Fiori und wurde auf dem Fundament des Theaters des Pompejus erbaut. Es besitzt eine schöne Aussichtsterrasse und einen gebührenpflichtigen Parkplatz.

„UNSERE EMPFEHLUNG"

Hotel Coronet (**BX** ⓤ) - *Piazza Grazioli 5, ☎ (06) 67 92 341. 13 Zimmer. Kreditkarten werden akzeptiert.* Das sehr gepflegte kleine Hotel ist im 3. Stock (Aufzug) des Palazzo Doria Pamphili untergebracht. Die Zimmer sind geräumig und komfortabel.

Hotel Invictus (**DX** ⓐ) - *Via Quintino Sella 15, ☎ (06) 42 01 14 33. Derselbe Inhaber wie Solis Invictus (s. weiter unten).* Ein sehr gastliches und gepflegtes Haus in der Nähe der Foren, das gerade renoviert wurde. Die Zimmer befinden sich im ersten Stock (Aufzug).

Hotel Parlamento (**BX** ⓒ) - *Via delle Convertite 5, ☎ (06) 69 92 10 00. 23 Zimmer, davon 16 mit Klimaanlage. Kreditkarten werden akzeptiert.* Das sehr gepflegte und ansprechende Hotel liegt im 3. und 4. Stock (Aufzug). Im Sommer wird das Frühstück auf einer hübschen Terrasse serviert, die auf die Piazza San Silvestro hinausgeht.

Hotel Solis Invictus (**CY** ⓧ) - *Via Cavour 305, ☎ (06) 69 92 05 87. 10 Zimmer. Kreditkarten werden akzeptiert.* Der kleine Familienbetrieb ist ein gastliches und gepflegtes Hotel im ersten Stock (Aufzug) eines Hauses in der Nähe der Foren.

„SPITZENKATEGORIE"

Hotel Hassler Villa Medici (**CX** ⓔ) - *Piazza Trinità dei Monti 6, ☎ (06) 69 93 40. 85 Zimmer, 15 Suiten. Kreditkarten werden akzeptiert.* Ein traditionsreiches und ehrwürdiges Hotel in herrlicher Lage auf dem höchsten Punkt von Trinità dei Monti.

Hotel Eden (**CX** ⓘ) - *Via Ludovisi 49, ☎ (06) 47 81 21. 101 Zimmer, 11 Suiten. Kreditkarten werden akzeptiert.* Ein Stadtpalast aus dem späten 19. Jh., der nach der Renovierung in neuem Glanz erscheint, beherbergt dieses Hotel, das für sein Restaurant La Terrazza bekannt ist. Wie der Name bereits andeutet, speist man hier auf einer verglasten Terrasse, von der aus man einen herrlichen Blick auf Rom genießt.

Hotel Lord Byron - *Via De Notaris 5 (außerhalb des Plans), ☎ (06) 32 20 404. 28 Zimmer, 9 Suiten. Kreditkarten werden akzeptiert.* Das Hotel ist ein elegantes „Schmuckkästchen" und liegt in einem noblen Wohnviertel. Sein Restaurant **Relais Le Jardin** ist bekannt für seine besonders erlesene Küche.

ANDERE UNTERKUNFTSMÖGLICHKEITEN

Jugendherbergen und Jugendorganisationen - Der Verein der italienischen Jugendherbergen (Associazione Italiana Alberghi per la Gioventù - AIG) hat seinen Sitz in der Via Cavour 44, (☎ (06) 48 71 152). Der Bezirksverein des Latium ist im gleichen Gebäude wie die Pension Foro Italico, in der Viale delle Olimpiadi 61 (☎ (06) 32 36 267) untergebracht.

Klöster und kirchliche Einrichtungen - Einige religiöse Institutionen unterhalten Pensionen, in denen man für wenig Geld übernachten kann. Als Gegenleistung für die „christlichen" Preise wird von den Gästen allerdings erwartet, daß sie abends zu ebenso „christlichen" Zeiten, im allgemeinen spätestens um halb elf, zurückkommen. Eine Liste der Einrichtungen mit Gästezimmern erhält man bei Peregrinatio ad Petri Sedem, Piazza Pio XII 4 (Vatikanstadt, ☎ (06) 69 88 48 96, Fax (06) 69 88 56 17). Für große Gruppen unternimmt diese Organisation auch die Reservierung.

Essen und Trinken

Im folgenden unsere Auswahl an einfachen Trattorias und feineren Restaurants, in denen Sie die Spezialitäten der römischen Küche kosten können. In der Kategorie **„Gourmet-Tempel"** sind einige der besten Restaurants der Stadt aufgeführt. Die Preise sind entsprechend!

„GUT & PREISWERT"

Da Betto e Mary - *Via dei Savorgnan 99, ☎ (06) 24 30 53 39. Geöffnet: nur abends, außer am Sonntag. Donnerstags Ruhetag.* Hier kann man in einer echt römischen Atmosphäre traditionelle Gerichte wie Ravioli mit Kalbsbries essen. Die Gerichte vom Holzkohlengrill, darunter z. B. Pferdesteaks, sind ebenso köstlich.

Trattoria dal Cav. Gino - *Vicolo Rosini 4, ☎ (06) 68 73 434.* Bei dem gutbürgerlichen Restaurant sollte man wegen der hohen Nachfrage besser vorher reservieren.

„UNSERE EMPFEHLUNG"

Paris - *Piazza San Callisto 7a, ☎ (06) 58 15 378.* Das Restaurant liegt im Herzen von Trastevere. Auf dem Speisezettel stehen hauptsächlich jüdisch-römische Gerichte. Gegessen wird in einem barocken Raum oder, im Sommer, draußen. Ganz vorzüglich sind die *Tagliolinis* auf Fischsoße, der Fisch *all'acqua* *pazza* (gekocht, mit Tomatensoße, Knoblauch und Petersilie), die Artischokken auf jüdische Art *(alla giudìa)*, das gebratene Gemüse und zum Abschluß die leckeren Kugeln aus Ricotta-Käse.

Sora Lella - *Via di Ponte Quattro Capi 16, ☏ (06) 68 61 601.* Das historische Restaurant, das früher von Lella Fabrizi, der Schwester des Schauspielers Aldo Fabrizi, geführt wurde, untersteht heute der Leitung ihres Sohnes, der neben den traditionsreichen Familienrezepten neue Spezialitäten eingeführt hat. Unbedingt kosten sollte man die Käseplatte mit Konfitüre und die selbstgebackenen Kuchen.

„GOURMET-TEMPEL"

Agata e Romeo - *Via Carlo Alberto 45, ☏ (06) 44 66 115.* Neben einer vorzüglichen römischen Küche, die hier eine persönliche Note bekommt, bietet das Restaurant eine unvorstellbar reiche Auswahl an erlesenen Weinen.

La Terrazza - *Via Ludovisi 49, ☏ (06) 47 81 21.* Von dem Restaurant im verglasten Terrassenanbau des Hotels Eden *(s. weiter oben)* hat man eine wundervolle Aussicht auf Rom. Die Küche ist modern und kreativ.

Für Fischliebhaber

La Rosetta - *Via della Rosetta 9, ☏ (06) 68 61 002.* Das Restaurant ist auf Meeresfische spezialisiert und wegen seiner erlesenen Gerichte berühmt.

EINIGE ORIGINELLE ADRESSEN

L'Asino cotto - *Via dei Vascellari 48, ☏ (06) 58 98 985. Internet: http://www.giulianobrenna.com. Montag geschlossen. Um 40 000 L.* Hier herrscht eine sehr warmherzige und anheimelnde Atmosphäre. Die erlesenen Speisen werden zu angemessenen Preisen angeboten. Exzellente Adresse.

L'Eau Vive - *Via Monterone 85, ☏ (06) 68 80 10 95. 60 000 L.* Das von französischen Missionarinnen geleitete Restaurant ist im Palazzo Lante aus dem 16. Jh. untergebracht. Im freskengeschmückten Speisesaal im ersten Stock werden französische Spezialitäten serviert.

Il Pulcino Ballerino - *Via degli Equi 66, ☏ (06) 49 41 255. Um 35 000 L.* Die Besonderheit dieses kleinen Restaurants, in dem es ungezwungen und gemütlich zugeht, besteht darin, daß die Speisen (Gemüse, Fleisch, Käse) von den Gästen selbst auf einem heißen Pfannenstein in der Mitte des Tisches zubereitet werden.

SCHNELL ETWAS AUF DIE HAND

Obwohl auch Rom in den letzten Jahren von Schnellrestaurants nach amerikanischer Art überschwemmt wurde, konnten die *Pizzerie al taglio* nicht gänzlich vertrieben werden. Diese Art Cafeterias, die es in jedem Stadtviertel gibt, bestehen nur aus ein paar wenigen Tischen und Stühlen und eignen sich besonders für ein Stück Pizza zwischendurch.
Weinliebhaber werden die Weinbars zu schätzen wissen, die es seit Anfang der 1970er Jahre in Rom gibt und sich großer Beliebtheit erfreuen. Zu den angebotenen Weinen wird entweder eine hausgemachte Spezialität oder ein leckeres Sandwich serviert.

Bookowsky - *Via Pomponio Leto 1, ☏ (06) 68 33 844. Sonntag geschlossen.* Das kleine Lokal steht in der Tradition der Literatencafés der europäischen Großstädte. Große Auswahl herrscht nicht nur beim Lesematerial, sondern auch bei den Weinen (auch glasweise), Sandwiches, *Bruschette* und anderen warmen oder kalten Köstlichkeiten.

La Bottega del Vino da Anacleto Bleve - *Via Santa Maria del Pianto 9A, ☏ (06) 68 65 970. Geöffnet: nur zur Mittagszeit mittwochs, donnerstags und freitags.* Gleich beim Betreten ißt das Auge mit, wenn der Gast vor der Theke mit den von der Besitzerin zubereiteten Aufläufen und *Carpacci*, Salaten und Käsezubereitungen steht (der Mozzarella ist besonders zu empfehlen). Bevor man sich zu Tisch begibt, wählt man ein Gericht aus und gibt seine Bestellung auf. Als Nachspeise empfehlen wir Zitronen- oder Mokkacreme. Die Atmosphäre ist locker, der Service ausgezeichnet.

Trimani il Wine Bar - *Via Cernaia 37B, ☏ (06) 44 69 630. Sonntag geschlossen. Durchschnittspreis ohne Wein 45 000 L.* Die älteste römische Weinkellerei, die sich noch in Familienbesitz befindet, bietet neben einer unvorstellbar reichen Auswahl an Weinen auch ausgezeichnete Gerichte wie geräucherten Fisch, Gemüsepastete oder Käseplatten (italienische und ausländische Käsesorten). Besonders originell sind Spezialitäten wie Schwertfisch auf Orange, Camembert auf Trüffel und die Torte aus Rührteig mit getrockneten Früchten, die man eventuell im Gartenpavillon genießen kann.

KAFFEEHÄUSER MIT TRADITION

Caffè della Pace – *Piazza della Pace 4*. In diesem Lokal an einem kleinen hübschen Platz in der Nähe der Piazza Navona kann man abends unter den Gästen auf der Terrasse zahlreiche Künstler antreffen. In den beiden Räumen mit den weichen Sofas, der schwachen Beleuchtung und den blinden Spiegeln ist die Atmosphäre sehr wienerisch.

Caffè Greco – *Via dei Condotti 86*. Es liegt in der Nähe der Piazza di Spagna und ist eines der ältesten Literatencafés in Rom, was der Besucher auch heute noch spürt.

Doney – *Via Veneto 145*. Die schicke Piano-Bar, eines der legendärsten Cafés der Straße, verbreitet einen Hauch Nostalgie.

Sant'Eustachio – *Piazza S. Eustachio 82*. Anlaufstelle für Liebhaber des *Gran caffè speciale*, der hier besonders cremig und aromatisch ist und dessen Geheimnis sorgsam gewahrt wird. Da er bereits gezuckert serviert wird, sollten diejenigen, die den Kaffee ohne Zucker trinken, die Bedienung bei der Bestellung davon unterrichten.

Tre Scalini – *Piazza Navona 28*. Das Lokal liegt an einem der schönsten Plätze Roms und ist berühmt für seine köstlichen *Tartuffi*.

weltliche Basis der geistlichen Macht. Im 11. Jh. kam es wegen der Vergabe von Kirchenämtern zwischen Papst **Gregor VII.** und dem deutschen Kaiser zum berühmten **Investiturstreit**, den der Gang Heinrichs IV. nach Canossa beendete. Das Abendländische Schisma der Kirche (1378-1417) wurde durch Martin V. beigelegt. In der Renaissance trugen mehrere gelehrte und kunstliebende Päpste als Mäzene zur Verschönerung Roms bei, indem sie geniale Künstler ihrer Zeit mit Aufträgen betrauten. In diesem Sinne wirkten Pius II., Sixtus IV. (er ließ die Sixtinische Kapelle sowie die Kirchen Santa Maria della Pace und Santa Maria del Popolo errichten), Julius II. (er beauftragte Michelangelo mit den Fresken der Sixtinischen Kapelle), Leo X. (er ernannte Raffael zum Minister der Künste), Clemens VII., Sixtus V. (bekannt für seine Bauleidenschaft) und schließlich Paul III., der den Palazzo Farnese errichten ließ.

ROM HEUTE

In keiner anderen Stadt der Welt sind so viele Bauwerke aus verschiedenen Epochen vereint. Sie koexistieren trotz der unterschiedlichen Stile harmonisch nebeneinander. So findet man neben Ruinen aus dem Altertum Gebäude des Mittelalters, Renaissancepaläste, Barockkirchen und natürlich Bauten der neueren und neusten Zeit. Überraschenderweise stören die Bauwerke einander nicht, sondern ergänzen sich vielmehr mit einer gewissen Folgerichtigkeit – ein glücklicher Umstand, der wohl der Genialität der römischen Baumeister zu verdanken ist. Natürlich haben die als Ruinen erhaltenen Bauwerke der Kaiserzeit mit der Marmorverkleidung viel von ihrer einstigen Pracht eingebüßt und auch die Fassaden der Paläste sind sicherlich nicht mehr das, was sie waren. Der dichte Verkehr und die Anpassung der Hauptstadt an moderne Erfordernisse haben ein übriges dazu beigetragen, daß Rom an vielen Stellen nicht mehr der Stadt gleicht, die Goethe oder Stendhal so bewundert haben.

Dennoch erscheint Rom wie ein riesiges, in Jahrhunderten entstandenes Kunstwerk. Von den Aussichtspunkten Gianicolo (**AY**), dem Aventin (**CZ**) und dem Pincio (**BV**) kann man es in seiner Gesamtheit überblicken. Am Abend entdeckt man von dort aus den besonderen Zauber der Stadt in dem in Rom ganz besonderen Licht durch die dunkelgrünen Flecken der Parks und Gärten, die aus dem rosafarbenen Dächermeer herausragenden Silhouetten von Zypressen und Schirmpinien und die unzähligen Glockentürme und Kuppeln. Denn Rom ist die Stadt der Kirchen, von denen es ca. 300 gibt. Manche stehen sich sogar in ein und derselben Straße gegenüber. Leider hat man selten genug Platz, um ihre Fassaden aus dem nötigen Abstand zu betrachten; dafür wird man durch die Fülle der Schmuckornamente und die Kunstfertigkeit der Trompe-l'œil-Technik belohnt. Die Innenräume versetzen den Besucher dann von neuem in Erstaunen. Der Erfindungsreichtum der Erbauer bei den Raumlösungen oder auch die Stille und die Lichtfülle, die darin herrschen, scheinen keine Grenzen zu kennen. Im *Vecchia Roma*, im alten Rom, um den Pantheonsplatz (**BX**), die Piazza Navona (**BX**) oder den Campo de' Fiori (**BY**) reiht sich ein Palazzo an den anderen. In diesen Stadtvierteln trifft man zwischen den ockergelben Gebäuden nicht selten auf einen Platz, wo gerade Markt gehalten wird, oder einen Treppenaufgang, an dessen Fuß ein Brunnen Erfrischung spendet. Am romantischsten ist ein abendlicher Spaziergang in diesen abgelegenen Gassen, die hohe Straßenlaternen in ein verwunschenes Licht tauchen und die mit der Betriebsamkeit der breiten Boulevards nichts gemein haben.

Luxusartikel sind im Gebiet zwischen der Piazza del Popolo (BV), der Via del Corso (BCX), der Piazza di Spagna (CX) und den in sie mündenden Querstraßen zu finden. Im oberen Teil der Via Veneto (CX) findet man mehrere Luxushotels und Cafés, in denen sich Touristen aus aller Welt tummeln. Die Piazza Navona ist das Modezentrum der Stadt. Im Stadtteil **Trastevere** (BY), einem ursprünglichen Arbeiterviertel, gibt es besonders viele Restaurants, und in der Via dei Coronari (BX **25**) haben sich die Antiquitätenhändler niedergelassen.

BESICHTIGUNG

Wer bei seiner Rundreise durch Italien 2 oder 3 Tage lang in Rom Station machen möchte, findet im folgenden ca. zwanzig der wichtigsten Sehenswürdigkeiten, die in alphabetischer Reihenfolge geordnet sind. Die unter dem Untertitel „Weitere Sehenswürdigkeiten" aufgeführten Kirchen, Bauwerke des Altertums, Museen und Paläste wurden ausgewählt, um das Bild vom außergewöhnlichen kulturellen Reichtum Roms abzurunden.

★★★ Campidoglio **(Kapitol)** (CY)

Der Kapitolinische Hügel war der bedeutendste Hügel des antiken Rom. Er trägt heute die Gebäude der Stadtverwaltung, die Kirche Santa Maria d'Aracoeli, den von Palästen gesäumten Kapitolsplatz und schöne Grünanlagen.

★★ **Chiesa di Santa Maria d'Aracoeli** (**D**[2]) – Zu der Kirche mit der herben Backsteinfassade, deren einziger Schmuck ein Renaissanceportal und zwei gotische Fensterrosen sind, führt eine majestätische Treppe, die 1346 von den Römern als Dank für die Errettung der Stadt vor der Pest gestiftet worden war. Die Kirche wurde 1250 an der Stelle errichtet, wo die Tiburtinische Sibylle dem Kaiser Augustus das Kommen Christi voraussagte. Ihr Name bewahrt die Erinnerung an eine der ersten Zitadellen Roms (Arx) oder an einen Altar zu Ehren einer Göttin des Himmels. Die erste Kapelle rechts wurde von Pinturicchio um 1485 mit **Fresken**★ ausgemalt. Die mit Motiven aus der Seefahrt verzierte Decke ist eine Dankesgabe des Marcantonio Colonna, der in der Seeschlacht von Lepanto gegen die Türken gekämpft hatte (Sieg der Christen vom 7. Oktober 1571). In der Kapelle neben der Sakristei wird der Santo Bambino verehrt, ein wundertätiges Christkind, von dem man sagt, daß es aus dem Holz eines Ölbaums vom Garten Gethsemane geschnitzt wurde.

★★★ **Piazza del Campidoglio** (**17**) – Die Pläne für den Kapitolsplatz stammen von Michelangelo, der ab 1536 auch einen Teil der Arbeiten ausführte. Der Platz ist von drei Palazzi und einer Balustrade mit den Statuen der beiden Dioskuren umgeben. Die Mitte des Platzes nahm das von Michelangelo aufgestellte antike Reiterstandbild Marc Aurels ein (heute im Museo Capitolino).
Im Konservatorenpalast (**Palazzo dei Conservatori**)★★★ (**M**[4]), einem Bau aus dem 15. Jh., den Giacomo della Porta 1568 umgestaltete, befindet sich ein **Museum**★★★ ⓥ antiker Kunstwerke: die berühmte ***Kapitolinische Wölfin***★★★ (6.-5. Jh. v. Chr.), der ***Dornauszieher***★★, eine griechische Skulptur oder eine sehr gute Replik aus dem 1. Jh. v. Chr. und die Büste des ***Junius Brutus***★★ mit bemerkenswertem Kopf aus dem 3. Jh. v. Chr. sind zu bewundern. Die **Pinakothek**★ *(2. Stock)* enthält Werke aus dem 14. bis 17. Jh. (Tizian, Caravaggio, Rubens, Guercino, Reni).
Im **Palazzo Nuovo**★★★ (**M**[6]) (1655), wo sich die **Musei Capitolini**★★ ⓥ befinden, sollte man sich das ***Reiterstandbild Marc Aurels***★★ (Ende des 2. Jh.s) und den ***Sterbenden Gallier***★★★, ein römisches Werk nach einer Bronze aus dem 3.-2. Jh. v. Chr. im Stil der pergamesischen Schule ansehen, sowie den Kaisersaal (**Sala degli Imperatori**★★) mit Porträtbüsten aller römischen Kaiser, die ***Kapitolinische Venus***★★, eine römische Skulptur nach der Aphrodite von Knidos des Praxiteles und das ***Taubenmosaik***★★ aus der Hadriansvilla in Tivoli.
Der Senatorenpalast (**Palazzo Senatorio**★★★) (**H**) aus dem 12. Jh. erhielt sein heutiges Aussehen durch die Umbauten von 1582-1602 des Giacomo della Porta und des Girolamo Rainaldi.
Von der Via del Campidoglio (**19**) bietet sich ein ausgezeichneter **Überblick**★★★ über die Ruinen des Forum Romanum.

Am Fuß des Kapitolinischen Hügels befinden sich folgende nahe beieinander liegende interessante antike Bauten: **Teatro di Marcello**★★ (BY **T**[1]), mit 15 000 Sitzplätzen eins der größten der Stadt. Es wurde im Jahre 11 v. Chr. von Augustus eingeweiht. Kannelierte **Säulen**★★ sind vom **Tempio di Apollo Sosiano**★★ (BY **W**) erhalten. Schließlich ist noch die Brücke (**Ponte Fabricio**) (BY **31**) zur Tiberinsel (**Isola Tiberina**★) zu nennen, die einzige aus der Antike erhaltene Brücke Roms.

ROMA

Ara Pacis Augustae .... BX A

Kirchen

S. Agnese in Agone .... BX B1
S. Agostino .... BX B2
S. Andrea al Quirinale ..... CX B3
S. Andrea della Valle ...... BY C1
S. Carlo
alle Quattro Fontane ..... CX C2
S. Ignazio .... BX C3
S. Luigi dei Francesi ...... BX D1
S. Maria d'Aracœli .... CY D2
S. Maria degli Angeli ...... DX D3
S. Maria della Pace .... BX E1
S. Maria dell'Anima .... BX E2
S. Maria del Popolo .... BV E3
S. Maria Sopra Minerva .... BX F1
S. Susanna .... CX F2
S.S. Cosma e Damiano .... CY F3

Museen

Aula Ottagona .... DX M1
Palazzo Altemps .... BX M2
Palazzo Braschi .... BX M3
Palazzo dei Conservatori .. CY M4
Palazzo Doria Pamphili .... CX M5
Palazzo Nuovo .... CY M6
Palazzo Venezia .... CY M7
Palazzo Chigi .... BX N1
Palazzo della Sapienza .... BX N2
Palazzo Madama .... BX N3
Palazzo Senatorio .... CY H
Piramide di Caio Cestio ... CZ R
Teatro di Marcello .... BY T1
Tempio della Fortuna Virile .. CY V
Tempio di Apollo Sosiano .. BY W
Tempio di Venere e di Roma . CY X
Tempio di Vesta .... CY Y

Alessandra (Via) .... CY 2
Alvoti (L. degli) ..... BX 3
Anguillara (L. degli) .. BY 4
Annibaldi (V. degli) .. CY 6
Aracœli (Pza e V.) ... CY 7
Arnaldo
da Brescia (L.) .... BV 9
Augusta (L. in) ..... BX 10
Azuni (Via D.A.) ..... BV 12
Babuino (Via del) ... BX
Battisti (Via C.) ..... CXY 14
Bocca della Verità
(Pza della) .... CY 15
Botteghe Oscure (V.) . BY 16
Campidoglio (Pza del) CY 17
Campidoglio (V. del) . CY 19
Carlo Alberto (V.) ... DY 20
Collegio Romano
(Pza del) .... CX 22
Condotti (Via dei) ... BCX 23
Coronari (V. dei) .... BX 25
Corso (Via del) ..... BCX
Dataria (V. della) .... CX 26
Due Macelli (Via) .... CX 28
Einaudi (Vie Luigi) ... DX 29
Emmanuelle
Filiberto (Via) ..... DY 30
Fabricio (Ponte) .... BY 31
Florida (V.) .... BY 32
Frattina (Via) .... BCX 33
Garibaldi (Ponte) .... BY 35
Giubbonnari (Via dei) . BY 36
Margutta (Via) ...... BX 39
Mercede (Via della) .. CX 41
Montecitorio (Pza di) . BX 43
Nomentana (Via) .... DV 45
Parlemento (Pza del) . BX 46
Petroselli (Via L.) .... CY 47
Pierleoni (L. dei) .... BY 48
Pta Cavalleggeri
(V. di) .... AX 49
Pta S. Giovanni (Pza) . DY 51
Principe Amedeo
Savoia Aosta (Ponte) . AX 52
Ramni (V. dei) ...... DX 53
Rinascimento (Cso d.) BX 54
Ripetta (V. di) ...... BX 55
Rotonda (Pza d.) .... BX 56
S. Angelo (Ponte) ... BX 57
S. Ignazio (Pza) ..... BX 58
S. Luigi dei
Francesi (Pza) .... BX 59
S. Marco (Pza di) ... CY 60
S. Silvestro (Pza) .... CX 63
Sassia (L. in) .... AX 64
Scrofa (V. della) .... BX 65
Sistina (Via) .... CX 68
Spagna (Piazza di) .. CX
Stamperia (V. della) .. CX 69
Teatro di
Marcello (V. del) .. CY 73
Torre Argentina
(Largo di) .... BY 74
Traforo (V. del) ..... CX 75
Tritone (Via del) CX
Tulliano (V. del) ..... CY 77
Umberto I (Ponte) ... BX 79
Umiltà (Via) .... CX 80
Vaticano (L.) .... ABX 81
Vittorio
Emanuele (Ponte) . AX 83
Vittorio Veneto (Via) . CX
Zanardello (Via) ..... BX 85
4-Novembre (Via) ... CXY 87
24-Maggio (Via) ..... CX 88

C
D
HOTELS
Albergo del Sol BY
Campo dei Fiori BY
Casa tra Noi AY
Coronet BX
Eden CX
Hassler Villa Medici CX
Invictus DX
Parlamento BX
Pensione Barrett BY
Solis Invictus CY
V
X
Y
Z
GIARDINO ZOOLOGICO
GALLERIA NAZ. D'ARTE MODERNA
GALLERIA BORGHESE
VILLA BORGHESE
VILLA ALBANI
Castro Pretorio
Terme di Diocleziano
PAL. BARBERINI
PAL. DEL QUIRINALE
PAL. MASSIMO
TERMINI (AIR TERMINAL)
S. MARIA MAGGIORE
MTE VIMINALE
FORI IMPERIALI
MTE ESQUILINO
PARCO OPPIO
DOMUS AUREA
FORO ROMANO
COLOSSEO
ARCO DI COSTANTINO
PALATINO
PARCO D. CELIO
S. CLEMENTE
BATTISTERO
SAN GIOVANNI IN LATERANO
Scala Sancta
VILLA CELIMONTANA
MTE CELIO
TERME DI CARACALLA
PARCO D. SCIPIONI
AVENTINO
Circo Massimo
OSTIENSE
S. Lorenzo Fuori le Mura
E.U.R.
Catacombe
Via Appia Antica
0
300 m

★★★ Terme di Caracalla (Caracallathermen) ⓥ (CZ)

Die 212 durch Caracalla erbauten öffentlichen Thermen bedeckten eine Fläche von 11 ha: 1 600 Menschen konnten gleichzeitig die Bäder benutzen.
Innerhalb eines Mauergevierts mit Säulengängen liegt das mächtige Badehaus, dessen Räume sich spiegelbildlich um die Mittelachse lagerten, die von Caldarium, Tepidarium und Frigidarium gebildet wurde. Seitlich schlossen sich Nebenräume an (Ankleideräume, Gymnasien, Heißluftbäder).
In dem einst kuppelüberwölbten Rundbau des Caldariums von 34 m Durchmesser finden im Sommer Opernaufführungen statt.

★★★ Catacombe (Katakomben)

Ausfahrt auf der Via di Porta San Sebastiano (DZ). Die weitere Strecke ist aus dem Stadtplan des Großraums von Rom im Roten Michelin-Führer ITALIA ersichtlich.

In der Nähe der **Via Appia Antica**★★, einer 312 eröffneten antiken Konsularstraße, die Rom mit Brindisi verband, liegen viele frühchristliche Grabstätten, die sogenannten Katakomben. Sie wurden hier vom 2. nachchristlichen Jahrhundert an wegen des Bestattungsverbots innerhalb der Stadtmauern geschaffen, gerieten in Vergessenheit und wurden zwischen dem 16. und 19. Jh. entdeckt. Die Katakomben sind unterirdische Grabkammern, die an Gängen liegen und mehrere Stockwerke hoch sind. Sie entstanden meist um die Begräbnisstätten von zum Christentum bekehrten Adelsfamilien, die ihren Landsitz den Christengemeinden überließen. Die Dekoration der Katakomben (Zeichnungen und Malereien mit symbolischen Motiven) sind wertvolle Zeugnisse frühchristlicher Kunst. Die bedeutendsten Anlagen sind:
Catacombe di San Callisto★★★ ⓥ an der Via Appia Antica
Catacombe di San Sebastiano★★★ ⓥ an der Via Appia Antica
Catacombe di Santa Domitilla★★★ ⓥ Via delle Sette Chiese 282.
An der Via Appia Antica befindet sich auch das imposante turmartige Mausoleum der Gattin Crassus' d. J., **Tomba di Cecilia Metella**★ (DZ) aus dem 1. Jh. v. Chr.

★★★ Castel Sant'Angelo (Engelsburg) ⓥ (ABX)

Der eindrucksvolle, wehrhaft geschlossene Bau wurde 135 n. Chr. von Hadrian als Mausoleum für sich und seine Familie erbaut. Papst Gregor d. Gr. ließ im 6. Jh. nach einer Erscheinung des Erzengels Michael, der sein Schwert in die Scheide steckte und damit symbolisch das Ende der damals herrschenden Pestepidemie ankündigte, Kapelle und Engelsstatue auf dem Grabmonument errichten. Unter

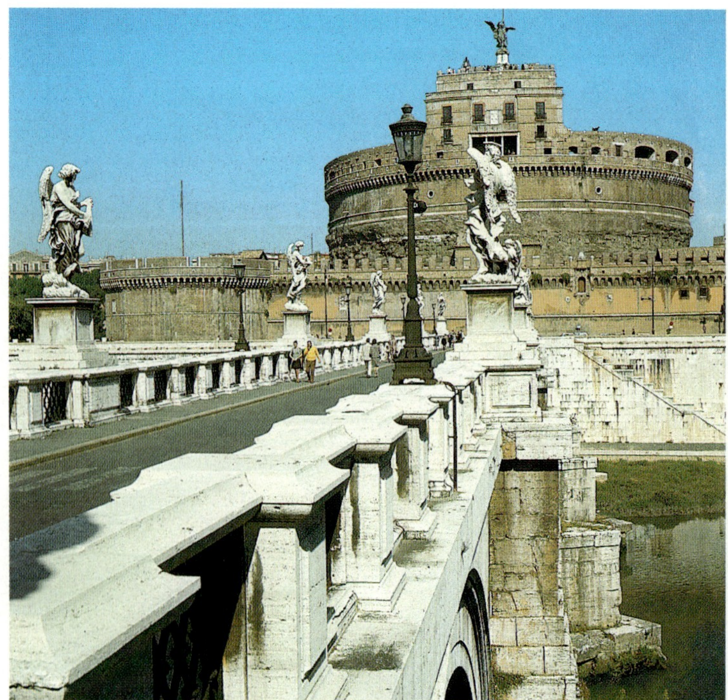

Festung der Päpste: die Engelsburg

Nikolaus V. erhielt die Engelsburg im 15. Jh. das Stockwerk aus Ziegelstein und Befestigungstürme an den Ecken des viereckigen Unterbaus; Alexander VI. führte (1492-1503) den Ausbau zur Befestigung weiter und legte die Bastionen an. Die Engelsburg diente den Päpsten als Zufluchtsstätte, so auch 1527, als Clemens VII. sich vor den Landsknechten Karls V. hierher rettete. Die von ihm angelegten **Gemächer★** ließ Paul III. prächtig ausstatten und dekorieren; sie zeugen von dem erlesenen Komfort, mit dem sich die Renaissance-Päpste zu umgeben wußten.
Der „Passetto", eine Mauer mit Zinnen und überdecktem Gang, verbindet Engelsburg und Vatikanspalast. Vom Hof aus betritt man auf einer Spiralrampe, die noch von dem antiken Bau stammt, die Engelsburg. Von der Plattform herrliche **Aussicht★★★** über Rom.
Über den Tiber führt die schöne Engelsbrücke (**Ponte Sant'Angelo★**) (**BX 57**), die mit barocken Engeln von Bernini und den beiden Heiligenfiguren Petrus und Paulus (16. Jh.) geschmückt ist.
Über die Brücke zum anderen Ufer gehend erreicht man die **Chiesa Nuova★** (**BX**). Diese im 12. Jh. gestiftete und im frühen 17. Jh. vollständig umgebaute Kirche ist typisch für den Jesuitenstil. Sie ist eng mit Filippo Neri verbunden, denn dieser aus Florenz stammende, später heiliggesprochene Mönch erhielt sie von Papst Gregor XIII. zur Gründung des Oratorianerordens zum Geschenk.
Unweit der Kirche erhebt sich das **Oratorio dei Filippini** mit einer schönen **Fassade★** von Borromini; es wird heute für Tagungen und Kongresse benutzt.

★★★ Colosseo (Kolosseum) ⓥ (CY)

Das Kolosseum, das im Jahre 80 n. Chr. eingeweiht wurde, wurde zunächst nach seinem Erbauer, Kaiser Vespasian aus dem Geschlecht der Flavier, Amphitheater der Flavier genannt. Bald kam der heutige Name auf, vielleicht nach der Kolossalstatue Neros, die in unmittelbarer Nähe stand, oder einfach wegen seiner großen Ausmaße: 527 m Umfang, 57 m Höhe. Das Kolosseum gilt als einer der großartigsten Nutzbauten des antiken Rom.
Die drei Arkadenreihen und das vierte Obergeschoß weisen die dorische, ionische und korinthische Säulenordnung auf. Im Obergeschoß sieht man die Löcher für die Masten, die das Schutzsegel (lat. *velum*) trugen. Innen ermöglichte ein komplexes Netz aus Gängen und Treppen den Zuschauern, in wenigen Minuten ihre Plätze bzw. den Ausgang zu erreichen; eine bewundernswerte Ingenieursleistung stellen auch die Wölbungen dar und die Umwandlungsmöglichkeit des Zirkus in ein Bassin für Seeschlachten.
In diesem Amphitheater wurden sowohl Kämpfe zwischen Gladiatoren, Tieren, Reitern und Kampfwagen als auch Rennen und Seeschlachten ausgetragen.
Der **Konstantinsbogen★★★** (Arco di Trionfo di Costantino) wurde 315 anläßlich des Sieges Konstantins d. Gr. über den Gegenkaiser Maxentius errichtet. Zur Ausschmückung wurden Reliefs von Bauwerken aus dem 2. Jh. zu Ehren Trajans, Hadrians und Marc Aurels verwendet.

★★★ Fori Imperiali (Kaiserforen) (CY)

Als das Forum Romanum für die öffentlichen Aufgaben zu klein wurde, erweiterten es Cäsar, Augustus, Vespasian, Nerva und Trajan in nördlicher Richtung. Von den Foren des Nerva und des Vespasian besteht fast nichts mehr. Die 1932 angelegte Via dei Fori Imperiali durchschnitt das Gebiet der Kaiserforen.

★★ **Foro di Cesare (Cäsarforum)** – *Von der Via del Tulliano* (**CY 77**) *aus zu sehen.* Erhalten sind drei korinthische Säulen mit originalem Gebälk vom Tempel der Venus Genitrix, den Cäsar nach seinem Sieg über Pompejus bei Pharsalos 48 v. Chr. errichten ließ.

★★ **Foro di Augusto (Augustusforum)** – *Von der Via Alessandrina* (**CY 2**) *aus zu sehen.* Nach dem endgültigen Sieg über Brutus und Cassius, die Mörder Cäsars, errichtete dessen Adoptivsohn Octavianus (Augustus) dem rächenden Mars (Mars Ultor) einen Tempel, in dem das Schwert Cäsars aufbewahrt wurde. Vom Tempel sind noch ein paar Säulen zu sehen, außerdem Reste der Tempeltreppe und der Mauer, die den Forumbezirk von dem Stadtviertel Suburrum trennte. Im 15. Jh. errichteten die Malteserritter innerhalb des Bezirks ihr dortiges Priorat (**Casa dei Cavalieri di Rodi**) neu und benutzten dazu Teile antiker Bauten.

★★★ **Foro di Traiano (Trajansforum)** – Dieses Forum war das größte und wahrscheinlich das prächtigste der Kaiserforen. Nur wenige der Ruinen in Rom lassen so deutlich die kühne edle Bauweise der Antike erkennen.
Großartig ist die Triumphsäule des Kaisers Trajan (**Colonna Traiana★★★**), auf der der Bandfries in über einhundert Szenen den Krieg gegen die Daker erzählt. Die Reliefs sind eine wichtige historische Quelle. Eine Petrusstatue auf der Spitze ersetzte im 16. Jh. die des Kaisers.
Der Trajansmarkt (**Mercati Traianei★★** ⓥ; **CXY 87**; *Eingang Via 4 Novembre*) enthielt etwa 150 staatliche Läden für die gebräuchlichsten Lebensmittel. Die eindrucksvolle Ruine bildet einen Halbkreis mit Läden in zwei Stockwerken. In der

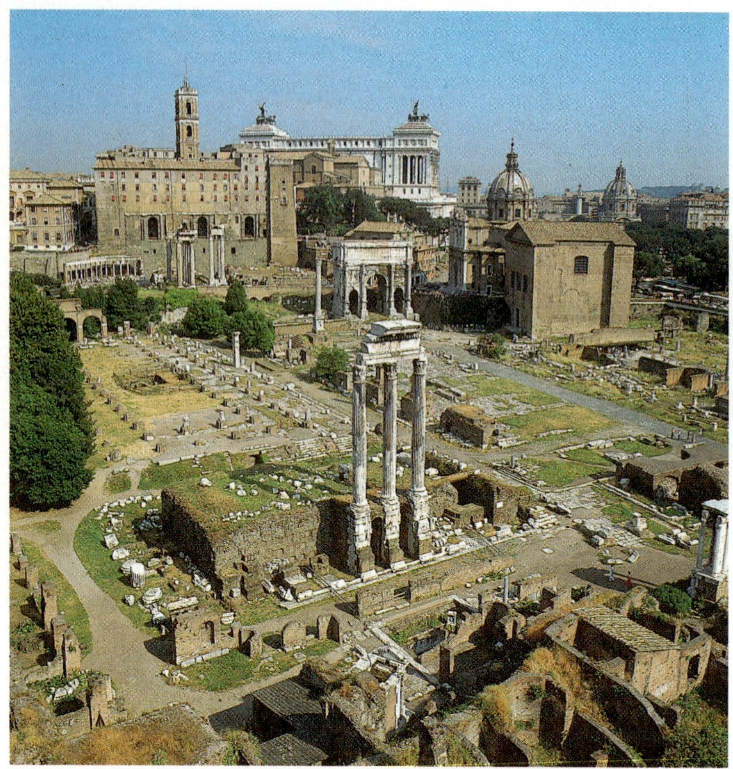
PICTOR

Blick vom Palatin auf das Forum

Anlage des Trajansmarktes kommt am besten das Können des Baumeisters Apollodoros von Damaskus zum Ausdruck, der den Nutzbauten eine Großartigkeit verlieh, die man sonst nur bei Repräsentationsbauten findet.
Der **Torre delle Milizie**★ ist der einzige Überrest von einer im 13. Jh. erbauten Festung. Als sich der Turm im 13. Jh. nach einem Erdbeben leicht neigte, trug man das oberste Stockwerk ab und setzte einen Zinnenkranz auf.

★★★ Foro Romano (Forum Romanum) ⌚ (CY)

Von der Kapitolsterrasse aus bietet sich ein guter Überblick über das Ruinenfeld. Eine schöne Aussicht auf den Palatin hat man in den Farnesischen Gärten (Orti Farnesani).

Die Reste des Forums bezeichnen den Mittelpunkt des politischen, religiösen und wirtschaftlichen Lebens des antiken Rom; es sind Bauzeugen aus zwölf Jahrhunderten römischer Geschichte.
Im 8. vorchristlichen Jahrhundert war der Ort noch ein sumpfiges Tal gewesen, das der Tiber regelmäßig überschwemmte. In der auf die Vertreibung der Etrusker folgenden republikanischen Zeit wurden mehrere Tempel und öffentliche Gebäude errichtet, darunter die Kurie, in der die 300 Senatoren tagten. Im Jahre 52 n. Chr. brannte ein Teil des Viertels ab, und Cäsar nahm dies zum Anlaß, das Forum zu vergrößern und so umzugestalten, daß nichts aus der republikanischen Epoche übrig blieb.
In der Kaiserzeit wurden Triumphbögen, Basiliken und Tempel errichtet; letztere waren den nun vergöttlichten Kaisern geweiht. Vom 3. Jahrhundert unserer Zeitrechnung an wurden dann keine neuen Bauten mehr geschaffen, teils wegen Platzmangels, teils auch, weil die heidnischen Tempel endgültig geschlossen waren.
Die auf ihrer Wanderung in Rom einfallenden Germanenstämme verursachten große Zerstörungen. Schließlich wurde das Forum im Mittelalter und der Renaissance praktisch als Steinbruch benutzt, wo man sich Teile der verbliebenen Bauten und Gräber holte und diese Spolien in die Neubauten von Kirchen und Palästen integrierte. Die Ausgrabungen begannen 1803.
Die **Via Sacra**★, auf der die Triumphzüge der siegreichen Feldherren stattfanden, führt zur **Curia**★★, dem Sitzungssaal des Senats, der nach einem Brand im 3. Jh. von Diokletian neu errichtet wurde. In der Curia wurde Anfang

März 44 v. Chr. Caesar ermordet. Hier befinden sich die einzigartigen **Reliefplatten des Trajan★★** aus dem 2. Jh. n. Chr. mit Szenen aus dem Leben am Kaiserhof und Tieropfern.
Die Rednertribüne (**Rostri★**) wurde nach den eroberten Schiffsschnäbeln, die hier angebracht waren, benannt; diese stammten vom Seesieg bei Antium 338 v. Chr.
Der Trimphbogen des Septimius Severus (**Arco di Settimio Severo★★**) wurde 203 anläßlich seines Sieges über die Parther errichtet. Am Fuße des Kapitols standen besonders bemerkenswerte Bauten: der Tempel des Vespasian (**Tempio di Vespasiano★★**) (Ende 1. Jh.), von dem noch drei elegante korinthische Säulen stehen, der im 4. Jh. neu erstellte Saturntempel (**Tempio di Saturno★★★**), von dem noch acht Säulen zu sehen sind, und die Halle **Portico degli Dei Consenti★**, deren korinthische Säulen mit Kapitellen erhalten sind; sie stammen von einer Restauration im Jahre 367 (die Halle war den 12 wichtigsten Göttern geweiht). Die Phokassäule (**Colonna di Foca★**) wurde 608 zu Ehren des byzantinischen Kaisers Phokas errichtet, der Papst Bonifatius IV. das Pantheon geschenkt hatte. Die fünfschiffige **Basilica Giulia★★**, die Cäsar begann und die durch Augustus vollendet wurde, diente als Gerichtssaal und Handelsbörse. Vom Tempel des Cäsar (**Tempio di Cesare**) sind nur noch die Grundmauern erhalten. Er ist historisch bedeutend, da hier nach der Weihe 29 v. Chr. durch Oktavian zum ersten Mal der Kult der vergöttlichten Kaiser gefeiert wurde.
Vom Tempel der Dioskuren Kastor und Pollux (**Tempio di Castore e Polluce★★★**) stehen noch drei schöne Säulen. Der Tempel war den Zwillingsbrüdern Castor und Pollux, den Dioskuren, gewidmet, die Rom geholfen hatten, die Latinerstädte am Regillus-See um 496 v. Chr. zu besiegen. In dem Rundbau des Tempels der Vesta (**Tempio di Vesta★★★**) unterhielten die Vestalinnen das heilige Feuer; auf den Tempel folgt das Haus der Vestalinnen (**Casa delle Vestali★★★**). In den geringen Mauerresten (unter einem Schutzdach) glaubt man die **Regia** zu erkennen, den Amtssitz des Romulus-Nachfolgers Numa Pompilius.
Der Tempel des Antoninus Pius und der Faustina (**Tempio di Antonino e Faustina★★**) war diesem Kaiser und seiner Gemahlin geweiht: schöner Fries mit Greifen und Kandelabern. Im 17. Jh. wurde der Tempel zur Kirche San Lorenzo in Miranda umgebaut. Den Rundbau (**Tempio di Romolo**) ließ Maxentius seinem verstorbenen Sohn (gest. 307) errichten; in der konkaven Fassade öffnet sich zwischen zwei Porphyrsäulen das Portal mit zwei bronzenen Türflügeln aus dem 4. Jh.
Am Ende des Forums steht die **Basilica di Massenzio e Costantino★★★**, die von Konstantin vollendet wurde; Reste von der Maxentius- und Konstantinsbasilika werden zur Zeit im Innenhof des Konservatorenpalasts gezeigt. Den Abschluß bildet der Titusbogen (**Arco di Tito★★**), der im Jahre 81 errichtet wurde, um an die Einnahme Jerusalems durch den Kaiser zu erinnern.

„Anderer Orten muß man das Bedeutende aufsuchen, hier werden wir davon überdrängt und überfüllt. Wie man geht und steht, zeigt sich ein landschaftliches Bild aller Art und Weise, Paläste und Ruinen, Gärten und Wildnis, Fernen und Engen, Häuschen, Ställe, Triumphbögen und Säulen, oft alles zusammen so nah, daß es auf ein Blatt gebracht werden könnte. Man müßte mit tausend Griffeln schreiben, was soll hier eine Feder!"
Johann Wolfgang von Goethe, Italienische Reise

Rom, den 7. November 1786

★★ Palatino (Palatin) ⌚ (CY)

Von den sieben Hügeln Roms hinterläßt der Palatin, die Keimzelle der Ewigen Stadt, wohl den stärksten Eindruck. Abgesehen von seinem außerordentlich großen archäologischen Interesse ist er ideal für Spaziergänge durch italienische Gärten der Renaissance.
Auf dem Palatin fand der Hirte Faustulus die von der Wölfin vor dem Verhungern geretteten Zwillinge; hier zog Romulus später die Grenzen seiner Stadt. Zur Zeit der Republik war der Palatin ein ruhiges Wohnviertel, in dem bekannte Persönlichkeiten wie Cicero und Agrippa wohnten. Dies änderte sich, nachdem Octavian mit dem Ehrentitel Augustus geehrt worden war, denn Augustus vergrößerte seinen hier befindlichen Palast und baute ihn nach einem Brand (3 n. Chr.) wieder auf. Seine Nachfolger residierten ebenfalls auf diesem Hügel, veränderten jedoch nicht mehr viel. Es war der letzte Flavier-Kaiser Domitian (81-96), der durch den Bau des **Domus Flavia★**, wo sich das öffentliche Leben abspielte, den Hügel grundlegend umgestaltete. Obwohl von jenem Palast nur noch die Grundmauern stehen, erkennt man die Basilika, wo der Kaiser Recht sprach, den Thronsaal und das Lararium, den Raum für die Hausgötter. Jenseits des Peristyls liegt das Triclinium, der Speisesaal, mit zwei Nymphäen. Das **Domus Augustana★★** umfaßte die kaiserlichen Wohnräume, die sich um zwei, auf verschiedenen Höhen liegende Peristyle gruppieren. Das in der Regierungszeit Domitians gebaute angrenzende **Stadion★** ist heute nur noch ein breiter Graben von 145 m Länge. Es war wahrscheinlich gar keine Sportanlage, sondern ein Park vom Typ des sog. Hippodrom-Gartens.

Die sog. **Casa di Livia★★** ist wegen der erhaltenen Wandmalereien interessant. Sie gehörte wahrscheinlich zum Haus des Augustus.
Von den im 16. Jh. angelegten Farnesischen Gärten (**Orti Farnesani**), unter denen der Palast des Tiberius liegt, hat man einen guten **Blick★★** über das Forum und die Stadt Rom.

Den Palatin durch eine Tür beim Titusbogen verlassen.

★ **Tempio di Venere e di Roma (Tempel der Venus und der Roma)** (**CY X**) – Der Doppeltempel wurde zwischen 121 und 136 durch Hadrian erbaut. Er war mit 110 × 53 m der größte Tempel Roms und hatte zwei Cellae (Kulträume). Eine Cella ging aufs Forum hin und war der Göttin Roma geweiht, die andere mit dem Standbild der Venus öffnete sich Richtung Kolosseum, so daß ihre Apsiden aneinanderstießen.

★★★ Chiesa del Gesù (BY)

Die Mutterkirche der Jesuiten, die 1568 von Vignola erbaut wurde, ist ein für das einsetzende Barock richtungweisendes und für die Bauten der Gegenreformation charakteristisches Bauwerk.
An der Fassade entsteht durch Gesimse und stark vortretende Pilaster ein Spiel von Licht und Schatten; das Relief zwischen den Wandflächen sowie den Portal- und Fensteröffnungen wird betont.
Das weite Innere war als „Einraum", der besonders für die Predigt geeignet ist, angelegt und verbindet den Langhausbau des Mittelalters und den Zentralbau der Renaissance zum neuen Typus des längsgerichteten Kuppelbaus. Er ist prächtig im Barockstil ausgestattet: Das **Deckengemälde★★** von Baciccia (1679) hat den Triumph des Namen Jesu zum Thema. Das rechte Querhaus wurde durch den Jesuitenbruder Andrea Pozzo (1696-1700) als **Grabkapelle des hl. Ignatius von Loyola★★★** gestaltet und mit unglaublicher Pracht ausgeschmückt.
In einem Gebäude rechts der Kirche lag die Wohnung *(Piazza del Gesù 45)* des hl. Ignatius von Loyola, in der er auch starb. Andrea Pozzo hat die Wände und Decke des Korridors vollständig mit Fresken in illusionistischer Malerei bedeckt.

★★★ Pantheon ⏲ (BX)

Der 27 v. Chr. durch Marcus Agrippa erbaute und durch Hadrian (117-125) neu errichtete Rundbau ist das besterhaltene antike Bauwerk Roms. Im 7. Jh. übergab Phokas es dem Papst, der darin eine Kirche einrichtete. Den Eingang bildet eine Vorhalle, deren 16 Granitsäulen antik sind, außer den dreien an der linken Seite. Auch die beiden Türflügel sollen noch antik sein. Der **Innenraum★★★** ist ein Meisterwerk von klaren Proportionen und Größe, ein Zentralraum von 43,20 m Durchmesser und Höhe. Über der durch Nischen aufgelockerten Wand wölbt sich die **antike Kassettenkuppel★★★**, die ebenso breit wie hoch ist, nämlich 21,60 m, so daß Breite und Höhe des Raums sich die Waage halten. In den abwechselnd von einem Dreiecks- und einem Segmentgiebel gekrönten Nischen nehmen Grabmäler der italienischen Könige den Platz der früheren Götterbilder ein; links das Grab Raffaels.

★★ Piazza del Popolo und Pincio (BV)

Giuseppe Valadier (1762-1839) gab diesem Platz seine heutige Form; er ist einer der weitläufigsten Roms. Valadier behielt die alte **Porta del Popolo★** bei, das Stadttor in der aurelianischen Mauer (3. Jh.), das im 16. Jh. mit einer neuen Außenfassade und im 17. Jh. durch Bernini mit einer Innenfassade versehen wurde.
Die Fassade der Renaissance-Kirche **Santa Maria del Popolo★★** (**E³**) wurde in der Barockzeit verändert. Die Kirche ist mit ihren vielen Kunstwerken nahezu ein Museum. In der 1. Kapelle rechts **Fresken★** von Pinturicchio (15. Jh.); in der Apsis von Andrea Sansovino ausgehauene **Grabmäler★**; in der 1. Kapelle links im Chor zwei **Gemälde von Caravaggio★★★**, nämlich ***Die Kreuzigung des Petrus*** und ***Die Bekehrung des Paulus***; die von Raffael erbaute und ausgestaltete **Cappella Chigi★** *(2. Kapelle links)*.
In der Platzmitte erhebt sich der von Augustus für den Circus Maximus bestimmte Obelisk aus Heliopolis, der seit 1589 an der heutigen Stelle steht.
An der Piazza del Popolo beginnen die Via di Rietta, die Via del Corso und die Via del Babuino. Die von Cafés und Palästen gesäumte **Via del Corso** (**BCX**) ist die Hauptstraße der Stadtmitte Roms.

Pincio – Dieser öffentliche Park ist einer der angenehmsten Roms. Er wurde Anfang des 19. Jh.s zusammen mit der Piazza del Popolo von Giuseppe Valadier angelegt und geht in den Park der Villa Borghese über.
Von hier aus hat man einen der schönsten **Blicke★★★** über Rom, der zur Dämmerstunde am reizvollsten ist, wenn die für Rom typischen Rot- und Ockertöne durch das goldene Licht hervorgehoben werden.
Beim Pincio beginnt die Viale della Trinità dei Monti (**BCVX**), an der die **Villa Medici** (**CX**) liegt (heute Besitz der französischen Kunstakademie).

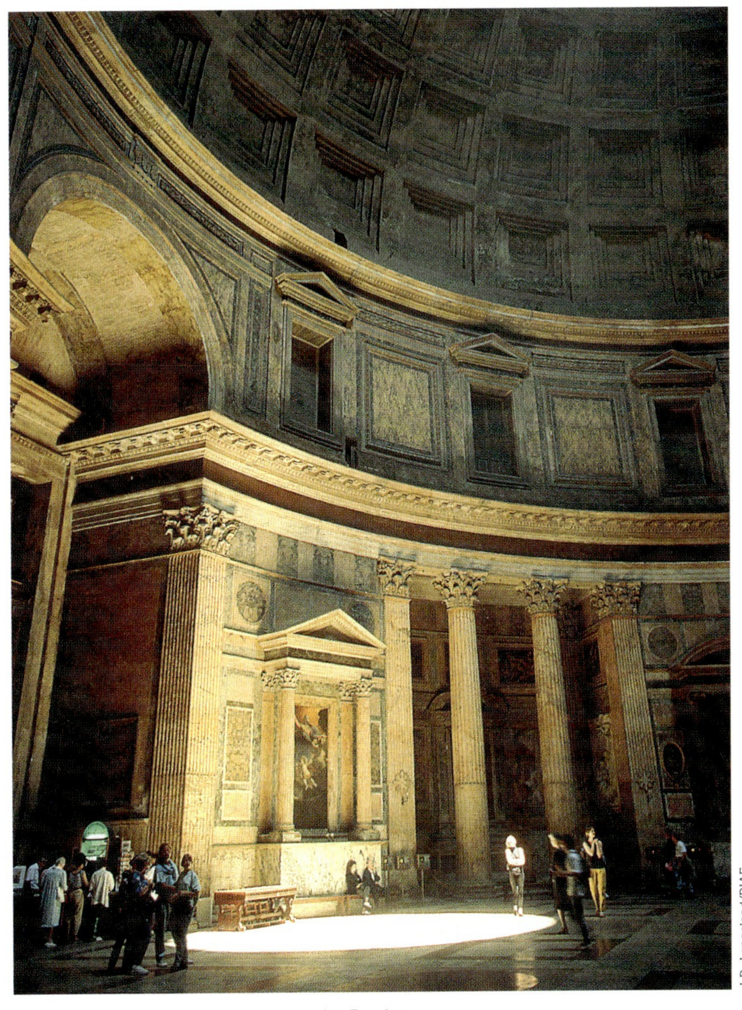

Im Pantheon

★★★ Piazza di Spagna (CX)

Der belebte Platz wurde nach dem Palazzo di Spagna benannt, Sitz der Spanischen Botschaft beim Heiligen Stuhl. Durch die großartige **Spanische Treppe**★★★ gehört die Platzanlage zu den eindrucksvollen Anlagen römischer Baukunst.
Bei der **Fontana della Barcaccia**★, einem Werk Pietro Berninis (17. Jh.), dem Vater Lorenzos, beginnt die Treppe in mehrfach unterbrochenen Aufgängen. Sie wurde im 18. Jh. von De Sanctis und Specchi, den Vertretern des Spätbarock, während einer Zeit mit Hang für Perspektive und repräsentative Anlagen, ausgeführt. Auf der Höhe steht die Kirche **Trinità dei Monti**★ eine französische Gründung aus dem 16. Jh.; sie wurde im 19. Jh. restauriert. Zur Ausstattung gehört die ***Kreuzabnahme***★ von Daniele da Volterra (1541), der zum Kreis Michelangelos zählte *(2. Kapelle links).*
Die vom Platz abbiegende **Via dei Condotti** (**BCX 23**) ist von eleganten Geschäften gesäumt. Hier befindet sich das weithin bekannte **Caffè Greco**, bevorzugtes Lokal der Künsterkolonie des 18. und 19. Jh.s, das 1760 gegründet wurde und in dem Goethe, Liszt, Berlioz, Wagner, Gogol, Leopardi, D'Annunzio, Andersen und Stendhal verkehrten.

★★★ Piazza Navona (BX)

Der Platz hat die längliche Form des Stadions, das Domitian hier anlegen ließ. Da er für den Verkehr gesperrt ist, ist es ein beliebter Treffpunkt. In der Mitte steht der großartige barocke Vier-Ströme-Brunnen (**Fontana dei Fiumi**★★★), den Bernini 1651 vollendete. Die die Ströme (Donau, Ganges, Rio de la Plata, Nil) verkörpernden Figuren symbolisieren auch die Erdteile Europa, Asien, Südamerika, Afrika.
An einer der beiden Längsseiten des Platzes stehen **Sant'Agnese in Agone**★★ (**B**[1]), deren barocke Doppelturmfassade von Borromini geschaffen wurde (schöner **Innenraum**★ über einem Kreuz mit gleichlangen Kreuzarmen), sowie daneben der **Palazzo Pamphili** (17. Jh.).

★ Piazza Venezia (CXY)

Verkehrsmittelpunkt Roms, den mehrere Palazzi säumen: Palazzo Venezia, Palazzo Bonaparte und Palazzo dell' Assicurazioni Generali di Venezia (frühes 20. Jh.).

★ **Palazzo Venezia** (CY M[7]) – Der Bau, durch Papst Paul II. (1464-1471) erstellt, war eines der ersten Renaissancegebäude Roms. Die erste Etage ist ein **Museum** ⓥ mit einer Sammlung mittelalterlicher Kunst (Elfenbein- und Emailarbeiten aus Byzanz und dem Limousin, italienische Tafelbilder, Goldschmiedearbeiten) sowie Keramiken und Kleinbronzen (15.-17. Jh.). Im 15. Jh. wurde die **Basilica di San Marco** mit der **Renaissance-Fassade**★ zum Piazza San Marco (CY 60) in den Palazzo einbezogen.

Vittoriano (Nationaldenkmal für Viktor Emanuel II.) (CY) – Das Denkmal wurde nach dem Entwurf Giuseppe Sacconis 1885 errichtet. Es ist wegen seiner Größe und des weißen Steins von überall in Rom sichtbar. Von der Kolonnade des Denkmals hat man einen weiten **Blick**★★ über Rom.

★★★ Basilica di San Giovanni in Laterano (Lateranbasilika) ⓥ (DY)

Sie ist eine der vier Patriarchalbasiliken und die älteste Papstkirche Roms. Konstantin d. Gr. ließ hier die erste Basilika im Lateran erbauen; im 17. (Borromini) und im 18. Jh. erfolgten tiefgreifende bauliche Änderungen.
Die Hauptfassade legte Alessandro Galilei im 18. Jh. an; am Mittelportal wurden die antiken bronzenen Türflügel der Curia von dem Forum Romanum angebracht (im 17. Jh. verändert).
Das Innere ist von feierlicher Weite, die **Decke**★★ aus dem 16. Jh. wurde im 18. Jh. restauriert. In von Borromini zwischen Arkaden angelegten Nischen stehen ***Apostelstatuen***★, die von Schülern Berninis geschaffen wurden. Architektonisch reizvoll ist die **Cappella Corsini**★ *(1. Kapelle links)* von Alessandro Galilei (18. Jh.). Auch im Querhaus schöne **Decke**★★ aus dem 16. Jh. In der **Capella del Santo Sacramento** *(linkes Querhaus)* vergoldete antike **Bronzesäulen**★. Der **Kreuzgang**★ wurde mit außerordentlich abwechslungsreichen Marmorintarsien von den Vassalletto, mit den Cosmaten arbeitenden Künstlern, ausgestattet (13. Jh.). Im **Baptisterium**★, dem ältesten, das uns überliefert ist, schöne Mosaiken aus dem 5. und 7. Jh. Im Zentrum die *piscina;* Taufe durch Eintauchen, wie einst im Jordan.
Auf der **Piazza di San Giovanni in Laterano** steht der höchste Obelisk Roms (Ägypten, 15. Jh. v. Chr.). Neben der Kirche liegt der **Palazzo Lateranense** (1586), der Residenz der Päpste war. Der erste Bau brannte ab, und nach der Rückkehr der Päpste aus Avignon verlegten diese ihre Residenz in den Vatikan. Der mittelalterliche Bau der **Scala Santa**, der den Brand überstand, birgt die päpstliche Privatkapelle **Sancta Sanctorum** und die Scala Santa aus holzverkleideten Marmorstufen, die als Treppe des Hauses des Pilatus gilt, die Jesu herabgestiegen ist; die Gläubigen begehen sie nur auf Knien.

★★ Basilica di San Paolo fuori le Mura ⓥ

Über die Via Ostiense (BZ) die Innenstadt verlassen, zur Orientierung siehe Michelin-Plan Nr. 1038 (Planquadrat W 11).

Die Kirche St. Paul vor den Mauern ist eine der vier Patriarchalbasiliken. Konstantin d. Gr. ließ sie im 4. Jh. über dem Grab des Apostels Paulus errichten. Nachdem ein Brand die Basilika 1823 fast völlig vernichtet hatte, wurde sie im 19. Jh. neu erbaut.
Das **Innere**★★★ zeigt die Anlage einer fünfschiffigen Kaiserbasilika mit Querschiff und Apsis. Die bronzenen Türflügel *(im 1. rechten Seitenschiff)* wurden im 11. Jh. in Konstantinopel gegossen. Über dem Hochaltar, der auf einer Marmorplatte aus dem 4. Jh. mit dem Schriftzug Paulus steht, erhebt sich ein gotisches **Ziborium**★★★ (1285) von Arnolfo di Cambio.
Links vom Chor befindet sich die **Cappella del Santo Sacramento**★ mit einem Pietro Cavallini zugeschriebenen Holzkruzifix (14. Jh.), der *Knienden hl. Brigitta* von Stefano Maderno (17. Jh.) und einer Paulusstatue aus dem 14. oder 15. Jh. Der reich geschmückte **Osterleuchter**★★ ist eine romanische Arbeit von den Vassalletto (12. Jh.); dieselben Marmorkünstler schufen wahrscheinlich auch den **Kreuzgang**★.

★★★ Santa Maria Maggiore ⓥ (DX)

Eine der vier Patriarchalbasiliken Roms mit einem Papstaltar. Sie wurde durch Sixtus III. (432-440) erbaut und mehrfach verändert. Der Glockenturm von 1377 ist der höchste Roms. Im 18. Jh. setzte Ferdinando Fuga die Barockfassade (1743-1750) mit der Segensloggia ⓥ des Papstes vor die alte Fassade, die noch ein **Mosaik**★ von Filippo Rusuti (Ende 13. Jh.) trägt; es wurde im 19. Jh. weitgehend restauriert.
Das majestätische **Innere**★★★ vermittelt trotz späterer Zufügungen den Raumeindruck frühchristlicher Basiliken. Hier befinden sich ganz außerordentliche **Mosaiken**★★★. Die an den Mittelschiffwänden unterhalb der Fenster zählen zu den

ältesten christlichen Mosaiken Roms (5. Jh.); ihr Themenkreis ist das Alte Testament; auf dem Triumphbogen Szenen aus dem Neuen Testament, ebenfalls aus dem 5. Jh. Das Apsismosaik stellt die Marienkrönung dar; es entstand im 5. Jh., wurde aber im 13. Jh. von Jacopo Torriti erneuert. Zur Vergoldung der **Kassettendecke★** soll das erste Gold verwendet worden sein, das aus Amerika nach Europa kam.

Man verläßt die Kirche durch die Tür im rechten Seitenschiff hinten.

Von der **Piazza dell'Esquilino**, auf dem ein ägyptischer Obelisk steht, hat man einen guten **Blick★★** auf den eindrucksvollen, barock umgebauten Ostteil der Kirche mit der Freitreppe davor.

★★★ Fontana di Trevi (CX)

Der grandiose Brunnen des Spätbarock, den Nicola Salvi zwischen 1732 und 1751 schuf, ist eines der repräsentativsten Monumente Roms. Die Besucher kommen scharenweise hierher, sei es auch nur, um sich die Atmosphäre der Szene in Fellinis Film *Das süße Leben* zu vergegenwärtigen, als Anita Ekberg im Abendkleid ins Wasser steigt. Der Brauch will, daß der Besucher zwei Geldstücke über die Schulter in das Brunnenbecken wirft; eins, um nach Rom zurückzukehren und das zweite zur Erfüllung eines Wunsches.
Der Architekt baute den Brunnen, der wie ein Triumphbogen gestaltet ist, im Auftrag von Papst Clemens XIII. und paßte seine Proportionen den Ausmaßen des Palastes an, der sich hinter ihm erhebt. Vor der Brunnenwand thront in einer Nische Okeanos, Gott der Meere, auf einem Gefährt, das Seepferde und Tritonen ziehen.

VATICANO ⓥ (AX)

Achten Sie beim Besuch des Vatikans auf angemessene Kleidung. Kurze Hosen, Miniröcke und schulterfreie Kleider bzw. Oberteile sind dort unangebracht, und Sie werden nicht eingelassen.

Der Vatikan ist im Norden von der Mauer an der Viale Vaticano umfaßt und im Osten von der Kolonnade des Petersplatzes begrenzt. Er ist mit 44 ha Fläche und knapp Tausend Einwohnern der kleinste Staat der Erde. Zum Vatikan gehören Kirchen und Paläste in Rom, darunter der Lateranspalast, nach dem das Abkommen vom 11. Februar 1929 benannt ist, das die dem Heiligen Stuhl überlassenen Gebiete bestimmte, zu denen auch Castel Gandolfo gehört.
Der Kirchenstaat geht auf die nach dem fränkischen König benannte Pippinsche Schenkung an Papst Stephan II. zurück (754) und bestand bis 1870, als Rom von den Truppen des italienischen Königs eingenommen und zur Hauptstadt erklärt wurde. Der Vatikan, dessen Staatschef der Papst ist und bei dem die anderen Staaten diplomatische Vertretungen unterhalten, hat seine eigene Fahne und Staatshymne, Briefmarken und eine Währung, die in ganz Italien Gültigkeit hat. Die verschiedenen Garden wurden 1970 durch Paul VI. aufgelöst; bestehen blieb nur die Schweizer Garde, deren malerische Uniformen von Michelangelo entworfen sein sollen.
Der Papst ist nicht nur Staatschef, sondern auch Oberhaupt der katholischen Kirche und geistiger Vertreter der Frohen Botschaft in der ganzen Welt.
Wenn der Heilige Vater in Rom ist, gibt er **öffentliche Audienzen**.

Wichtigste Zeremonien

Karfreitagabend – Kreuzweg zwischen Kolosseum und Palatin.

Ostersonntag – Um 12 Uhr erteilt der Papst von einem zum Petersplatz gehenden Balkon den Segen *Urbi et Orbi*.

28. und 29. Juni – Festgottesdienste im Petersdom anläßlich des Fests der Heiligen Peter und Paul.

24. Dezember – Um Mitternacht erteilt der Papst von einem zum Petersplatz gehenden Balkon den Segen *Urbi et Orbi*.

★★ **Giardini Vaticani** ⓥ – Viele Brunnen sowie Bau- und Kunstwerke, meist Staatsgeschenke an den Papst, bilden den Schmuck der herrlichen Gärten des Vatikans. Als besonders reizvoll erscheint die mit Stuck und Malerei verzierte kleine Casina di Pio IV., ein Gebäude aus dem 16. Jh. Von den Gärten bietet sich ein schöner Blick auf die majestätische Kuppel der Peterskirche.

★★ Piazza San Pietro (Petersplatz) (AX)

Bernini schuf 1656-1667 dieses Meisterwerk der Barockarchitektur. Zwei halbkreisförmige Kolonnaden mit vier Säulenreihen fassen den Platz ein und tragen entscheidend zu der Wirkung der großartigen Kirchenfassade bei. Auf den Flügelbauten und Kolonnaden befinden sich Statuen von Heiligen sowie das Wappen Alexanders VII.

In der Mitte des ovalen Platzes steht ein Obelisk aus dem 1. Jh. v. Chr. aus Heliopolis, der 37 n. Chr. unter Caligula nach Rom gelangte. Papst Sixtus V. ließ ihn durch Domenico Fontana 1585 hier aufstellen; in der Spitze wird eine Reliquie des Hl. Kreuzes aufbewahrt.
Zwischen dem Obelisken und den beiden seitlichen Brunnen (17. Jh.) markieren zwei Scheiben im Pflaster die beiden Brennpunkte der Ellipse, die den Platz bildet. Von dieser Stelle aus erkennt man nur die erste Säulenreihe; Bernini hat die vier Säulenreihen genau hintereinander gestellt und läßt den Umfang der Säulen nach außen zunehmen, so daß man nur die vorderen sieht.

★★★ Basilica di San Pietro (Petersdom) ◷ (AX)

Konstantin d. Gr., der erste christliche Kaiser Roms, beschloß 324, über dem Grab des Apostels Petrus, der in dem benachbarten Circus Neros den Märtyrertod erlitten haben soll, eine Basilika zu erbauen. In dieser Kirche wurde Karl der Große 800 zum Kaiser gekrönt.
Im 15. Jh. begann man mit einem Neubau, und während der folgenden zwei Jahrhunderte entstanden immer wieder neue Pläne für die Peterskirche. Der ursprüngliche Plan Bramantes sah einen dreischiffigen kuppelüberwölbten Zentralbau über dem Grundriß eines griechischen Kreuzes vor, den Michelangelo wieder aufnahm und bis zum Kuppeltambour ausführte. Paul V. ließ 1606 durch Carlo Maderna zwei Langhausjoche und die Fassade anfügen, so daß ein Langhausbau in Form eines lateinischen Kreuzes entstand.
Die **Fassade**, die Maderna 1614 vollendete, ist 115 m lang und 45 m hoch, sie verdeckt die Kuppel, die nur von Weitem sichtbar ist. Von der Loggia über dem Mittelportal erteilt der Papst den Segen *urbi et orbi*.
Von der **Vorhalle** führen Portale mit bronzenen Türflügeln in die Kirche; die linken schuf Giacomo Manzù (1964), die mittleren stammen aus der Renaissance (1455); die vermauerte Tür ganz rechts, die Porta Santa, wird nur in Heiligen Jahren durch den Papst geöffnet.
Geht man zu den aus der Ferne nicht übermäßig groß erscheinenden Weihwasserbecken, wird man sich durch ihre riesigen Ausmaße der Höhe und Weite und der harmonischen Proportionen des Kirchenraums bewußt.
Im Boden des Mittelschiffs sind zum Vergleich Metallschilder mit den Längen anderer großer Kirchen eingelassen.

Petersplatz

In der ersten rechten Seitenkapelle steht die berühmte ***Pietà***★★★ von Michelangelo (1499-1500), ein bewegendes, tiefempfundenes Werk von vollendeten Proportionen. Im rechten Seitenschiff, gleich nach der Sakramentskapelle, das **Grabmal Gregors XIII.**★, mit einem Relief, das an die Kalenderreform dieses Papstes erinnert (von Giuliano della Porta nach einem Entwurf Michelangelos). Hinter dem rechten Querhaus ist das **Grabmal Clemens' XIII.**★★★. Unter der Kuppel erhebt sich über dem Hochaltar der riesige **Baldachin**★★★, der mit 29 m die gleiche Höhe wie der Palazzo Farnese hat. Wegen dieses Werks, das manchen zu theatralisch wirkte, wurde Bernini stark kritisiert. Es wurde aus den Bronzeplatten, die man dem Pantheon entnommen hatte, gegossen.

Die **Kuppel**★★★ ⓥ *(Zugang: beim Hinausgehen rechts der Kirche)* wurde nach den Plänen Michelangelos von ihm selber erbaut und die Laterne im Jahre 1593 von Giacomo della Porta und Domenico Fontana beendet. Von der Höhe der Kuppel bietet sich ein herrlicher **Blick**★★★ über den Petersplatz, die Vatikanstadt und Rom vom Gianicolo bis zum Monte Mario.

An einem Kuppelpfeiler im Mittelschiff befindet sich die ***Bronzestatue des hl. Petrus***★★ aus dem 13. Jh., die Arnolfo di Cambio zugeschrieben wird. Dieses Werk wird von den Gläubigen hoch verehrt, die den rechten Fuß küssen. Das **Grabmal für Innozenz VIII.**★★★, mit dem Papst als Totem und als thronende Figur, ist ein Meisterwerk der Renaissance von Antonio del Pollaiuolo (1498) *(linkes Seitenschiff, zwischen 2. und 3. Joch)*. Am klassizistischen **Denkmal für die letzten Stuarts** *(linkes Seitenschiff, zwischen 1. und 2. Joch)* von Canova schöne ***Engel***★ als Relief.

Das **Museo Storico e Tesoro (Museum für Geschichte und Kirchenschatz)** ⓥ – *Eingang im linken Seitenschiff, gegenüber dem Stuart-Denkmal.* Enthält u. a. das **Grabmal Sixtus' IV.**★★★ von A. del Pollaiuolo (1493) und den Kirchenschatz.

Grotte Vaticane (Vatikanische Grotten) – *Eingang an einem Kuppelpfeiler.*
Sie bestehen aus unterirdischen Räumen, die im Halbkreis um die ehemalige Apsis der Konstantins-Basilika liegen, und aus drei sich nach Osten erstreckenden Schiffen.
In den Grotten sind Architekturfragmente der ersten Peterskirche aufgestellt; auch einige große Päpste wurden hier bestattet.

A. Gaël

★★★ Musei Vaticani (Vatikanische Museen) ⓥ (AX)

Zugang: Viale Vaticano

Die Museen befinden sich in einem Teil des Vatikanischen Palastes, dessen Baugeschichte im 13. Jh. beginnt und der ständig, bis heute, umgebaut wurde.

★★★ **Museo Pio-Clementino** – *1. Stock. Eingang am Cortile delle Corazze, dann die Treppe (Scala Simonetti) links.*
Das Museum ist im Palazzo del Belvedere (im 15. Jh. von Innozenz VIII. errichtet) und in den im 18. Jh. von Simonetti angebauten Räumen untergebracht.

Sala a Croce Greca – Zwei schöne **Porphyrsarkophage★** aus dem 4. Jh.

★ **Sala Rotonda** – Architektonisch besonders gelungener Saal von Simonetti (18. Jh.). ***Büste des Zeus★***, römische Kopie nach einer griechischen Plastik aus dem 4. Jh. v. Chr.

Sala delle Muse – **Belvederischer *Torso*★★★**, ein Hauptwerk der griechischen Skulptur aus dem 1. Jh. v. Chr., das Michelangelo sehr bewunderte und von dem Goethe sagte: „Aber ich bin selbst geneigt, diesen Rest für das Schönste zu halten, was ich je gesehen habe".

Sala degli Animali – ***Statue des Meleagros★***, römisch (2. Jh.), nach der griechischen Bronze von Skopas, 4. Jh. v. Chr.

Galleria delle Statue – Zwischen zwei römischen Kandelabern die ***Schlafende Ariadne★***, Kopie nach einem hellenistischen Original (2. Jh. v. Chr.), und rechts vom Eingang, in der Mitte der Galerie, der ***Apollo Sauroktonos★***, Kopie nach einer Skulptur des Praxiteles, 4. Jh. v. Chr.

Sala dei Busti – *In der Verlängerung der Galleria delle Statue.* ***Büsten des Cato und der Portia★***, in ihrer Strenge charakteristisch für den Stil der republikanischen Zeit (1. Jh. v. Chr.).

Gabinetto delle Maschere – *Dem Eingang der Galleria delle Statue gegenüber.* ***Aphrodite von Knidos★★***, römische Kopie nach dem Original des Praxiteles, 4. Jh. v. Chr.

★ **Cortile Ottagonale** – *Zurück zur Sala degli Animali.* Simonetti fügte im 18. Jh. den Umgang an, wodurch der Innenhof die Achteckform erhielt. Hier befinden sich die besten Werke der vatikanischen Antikensammlung. An erster Stelle die ***Laokoon-gruppe★★★***, bei der der Apollo-Priester mit seinen beiden Söhnen von Schlangen erstickt wird, ein griechisches Werk vom 1. Jh. v. Chr., dem Ende der hellenistischen Zeit; ***Apollo von Belvedere★★★***, Kopie (2. Jh.) nach einem griechischen Original 4. Jh. v. Chr. Er ist seit Winckelmann („edle Einfalt, stille Größe„) und Goethe zur gültigen Darstellung des klassischen Menschheitsideals geworden. ***Perseus★★*** (Anfang 19. Jh.), den Pius VII. von Canova kaufte; ***Hermes★★★***, römische Skulptur (2. Jh.), die den von Praxiteles ausgebildeten Typus wiedergibt, sowie der ***Schabe***genannte ***Apoxyomenos★★★***, der sich nach dem Wettkampf mit dem Schabeisen von Öl und Schmutz reinigt. Kopie (1. Jh.) nach einem Original des Lyssip, 4. Jh v. Chr.

★ **Museo Etrusco (Museum etruskischer Altertümer)** – *2. Stock.* Unter den Funden sind die außergewöhnliche **Goldfibel★★** mit Löwen und Enten aus dem 7. Jh. v. Chr *(Saal II)* und der sog. ***Mars von Todi★★*** (5. Jh. v. Chr.), eine der wenigen etruskischen Großbronzen *(Saal III)*, besonders zu bemerken.

Sala della Biga – Der Saal ist nach dem Zweigespann benannt, einem **römischen Wagen★★** aus dem 1. Jh., der im 18. Jh. aus Bruchstücken zusammengesetzt wurde. Der Rundgang führt durch die Galerien des Belvedere-Palais weiter zu den Bauten, die von Nikolaus V., Sixtus IV., Alexander VI. und Julius II. errichtet wurden. Man sollte einen Augenblick in der **Galleria delle Carte geografiche★** verweilen deren Wände im 16. Jh. von Ignazio Danti und seiner Werkstatt mit Landkarten und Stadtansichten ausgemalt wurden.

★★★ **Stanze di Raffaello (Stanzen Raffaels)** – Julius II. ließ die von Nikolaus V. erbauten Appartements zu seinen Wohnräumen (Stanze) umgestalten. Der Papst betraute mit der Ausführung der Fresken Sodoma und Perugino, übergab sie aber später auf Anraten Bramantes Raffael. Die herrlichen Wandmalereien der Stanzen sind der vollkommene Ausdruck der Hochrenaissance.

Sala dell'Incendio del Borgo (1514-17) – Die Entwürfe und Vorzeichnungen für die Fresken dieses Zimmers stammen von Raffael, ausgeführt wurden die Wandgemälde jedoch von seinen Schülern. Rechts neben der Tür: *Krönung Karls des Großen; Brand des Borgo* (nach dem der Raum benannt ist), den Leo IV. durch das Kreuzeszeichen löschte; *Seesieg Leos IV. bei Ostia* über die Sarazenen; *Reinigungseid Leos III.*

Sala della Segnatura (1508-11) – Die Fresken dieses Raums bilden den Höhepunkt im Schaffen Raffaels. Die *Disputation über das heilige Sakrament* zeigt den Triumph des Christentums; rechts außen erkennt man den lorbeerbekränzten Dichter Dante. Auf der gegenüberliegenden Wand die berühmte *Schule von Athen.* Um Plato und Aristoteles im Zentrum malte Raffael die exakten Wissenschaften, denen er die Züge seiner Zeitgenossen gab: Archimedes, de auf einer Schiefertafel geometrische Figuren zeichnet, trägt die Züge Bramantes; etwas weiter Raffael selber mit einer schwarzen Mütze und sein Mitarbeiter Sodoma mit einer weißen. Im Vordergrund in der Bildmitte fügte er, als das Fresko schon beendet war, Michelangelo als einsamen, melancholischen Diogenes ein. Auf den beiden anderen Wänden der *Parnaß* sowie die *Kardinaltugenden*. An der Decke die allegorischen Gestalten der Theologie (über der Disputation), der Philosophie (über der *Schule von Athen*), der Gerechtigkeit und der Poesie.

Sala di Eliodoro (1512-14) – Im nächsten Raum, auf der dem Eingang gegenüberliegenden Wand, die *Vertreibung Heliodors aus dem Tempel von Jerusalem*; links auf dem päpstlichen Thron, der Auftraggeber Julius II., der den Kirchenstaat von den Eindringlingen befreite. Daneben die *Messe von Bolsena* mit dem knienden Julius II.; die Befreiung Petri aus dem Kerker; auf der letzten Wand: *Leo I. d. Gr. bittet Attila, von Rom abzulassen*.

Sala di Costantino (1517-25) – Der Raum wurde, fünf Jahre nach dem Tod Raffaels, beendet. Sein Schüler Giulio Romano malte die *Erscheinung des Kreuzes* und den *Sieg Konstantins d. Gr. an der Milvischen Brücke* über den Mitkaiser Maxentius. Ein weiterer Schüler Raffaels, Francesco Penni, schuf die *Taufe Konstantins*. Das letzte Fresko, die *Stiftung Konstantins*, wurde von Romano und Penni gemeinsam ausgeführt; beide Maler gehören bereits dem Manierismus an.

★★ **Loggia di Raffaello (Loggia Raffaels)** – *Zugang nur für Fachleute*. In dem langen gewölbten Korridor malte Raffael mit seinen Schülern Szenen aus dem Alten und Neuen Testament. An den Wänden Stuckdekorationen und Grotesken. Die Loggia, die auch „Raffaels Bibel" genannt wird, ist ein Werk voller Frische und Phantasie.

★★ **Sala dei Chiaroscuri und Cappella di Niccolò V (Saal der Grisaillen und Kapelle Nikolaus' V)** – Der erste Raum wurde nach den Ton-in-Ton-Malereien von Raffael (1517) benannt.
Die **Cappella di Niccolò V**★★ ist einer der ältesten Teile des päpstlichen Palais (12.-13. Jh.). Die schönen Fresken mit der Stephans- und der Laurentiuslegende schuf Fra Angelico (1454-55) als letztes Werk vor seinem Tod.

★ **Appartamento Borgia** – *1. Stock*. Die Räume für Papst Alexander VI. wurden von Pinturicchio 1492-95 mit Fresken ausgestattet. Ausstellung moderner Kunst.

★★ **Collezione d'Arte moderna religiosa** (Sammlung zeitgenössischer sakraler Kunst) – Reicher Bestand mit über 500 Gemälden und Skulpturen, die Künstler und Sammler gestiftet haben.

★★ **Cappella Sistina (Sixtinische Kapelle)** – Die Kapelle ist ein schlichter Saal, der den wichtigsten kirchlichen Zeremonien dient: Konklaven und feierlichen Gottesdiensten. Sixtus IV. ließ die Sixtinische Kapelle 1475-81 erbauen und übergab die Ausmalung der Seitenwände den besten Malern Umbriens und der Toskana. Michelangelo schuf eigenhändig das Deckengemälde (1508-1512) und *Das Jüngste Gericht* auf der Altarwand (1535-1541).

Themen der Südseite: Leben Mosis – Moses in Ägypten (Perugino und Pinturicchio); Jugend Mosis (Botticelli); Zug der Juden durch das Rote Meer und Moses empfängt die Gesetzestafeln (Cosimo Rosselli); Bestrafung der Rotte Korah (Botticelli); Tod Mosis (Luca Signorelli).

Themen der Nordwand: Leben Christi – Taufe Christi (Perugino und Pinturicchio); Versuchung Christi und Reinigungsopfer der Aussätzigen (Botticelli); Berufung der Jünger Petrus und Andreas (Ghirlandaio); Bergpredigt und Heilung des Besessenen (Cosimo Rosselli und Piero di Cosimo); Übergabe des Schlüssels an Petrus (Perugino); Abendmahl (Cosimo Rosselli).

Themen der Decke – Sie ist mit bewundernswerten Fresken, in verhaltener Dynamik, dezenten Farben, plastisch ausgebildeten und sich frei bewegenden Figuren innerhalb einer Scheinarchitektur versehen. In der Mitte malte Michelangelo die *Erschaffung der Welt und des Menschen (vom Altar aus zu betrachten)*. In den Ecken der jeweiligen Bilder die sog. „Ignudi", nackte Figuren in verschiedensten Haltungen, charakteristisch für die kraftvolle Malweise des Künstlers. In den beiden äußeren Streifen die Gestalten der *Propheten* und *Sibyllen*, sehr ausdrucksvolle Bildnisse. In den Zwickelfeldern die Helden des Volkes Israel: David, Judith, Esther und Moses. In den Dreieckfeldern Ahnen Christi, deren Namen über den Fenstern stehen.

Das Jüngste Gericht (1535-41) – Auf der Wand hinter dem Altar. Anders als bei der Deckenmalerei sind hier Personenfülle und Bewegungsreichtum fast barock angelegt. Den Mittelpunkt der Komposition nehmen Christus als Weltenrichter und Maria mit den Propheten, Heilige mit ihren Leidenswerkzeugen ein. Engel blasen zum Jüngsten Gericht, und rechts (von Christus aus) steigen die Seligen zum Himmel auf; zu seiner Linken stürzen die Verdammten in die Hölle.

★ **Biblioteca Apostolica (Vatikanische Bibliothek)** – *Zugang über ein paar Stufen von der Sixtinischen Kapelle aus.* Der quer zur Kapelle stehende **Salone Sistino**★, den Sixtus V. 1587 erbauen ließ, war auf seine Anregung hin als Lesesaal eingerichtet. Heute ist er ein Ausstellungsraum. Die Dekoration entspricht dem manieristischen Stil; die Schränke (17. Jh.) wurden im 19. Jh. bemalt.

★★★ **Pinacoteca** – Zeitlich geordnete Sammlung hauptsächlich italienischer Meister. In Saal I die frühen italienischen Meister; in Saal III die Florentiner Fra Angelico, Benozzo Gozzoli, Filippo Lippi; die *Musizierenden Engel* von Melozzo da Forli in Saal IV und die umbrischen Meister des 15. Jh.s mit Perugino, Pinturicchio in Saal VII. **Saal VIII**★★★ enthält die Werke Raffaels: *Marienkrönung, Madonna von Foligno* und sein letztes Werk, die *Verklärung Christi*. In Saal IX von Leonardo da Vinci, dem Meister der Hell-Dunkel-Gegensätze und der schmiegsamen Körper, der ***Hl. Hieronymus***★★. In Saal XII die ***Kreuzabnahme***★★ von Caravaggio, der mit seiner Wirklichkeitsnähe gegen den damals üblichen Manierismus (Saal XI) reagierte.

★ **Musei Gregoriano profano e Cristiano (Museum für antike und christliche Kunst)** – Im Treppenhaus zum Museum, das Sammlungen antiker und altchristlicher Kunst (zahlreiche Sarkophage) enthält, sieht man die **Mosaiken aus den Caracalla-Thermen**★ (3. Jh.) mit Figuren von Athleten und Gladiatoren.

WEITERE SEHENSWÜRDIGKEITEN

Kirchen

★★ **Sant'Andrea al Quirinale** (**CX B**[3]) – Meisterwerk von **Bernini**, mit ovalem Grundriß im **Innern**★★.

★ **Sant'Andrea della Valle** (**BY C**[1]) – Frühes 17. Jh. Reiche **Barockfassade**★★ von Carlo Rainaldi (17. Jh.); herrliche riesige **Vierungskuppel**★★ von C. Maderna, deren Schmuck von Lanfranco stammt; Ausschmückung der **Apsiskuppel**★ von Domenichino.

★ **Sant'Agnese fuori le Mura** – *Anfahrt auf der Via Nomentana* (**DV 45**); *weitere Strecke siehe Michelin-Karte Nr. 1038 (Quadrat F17).* 7. Jh. In der Apsis ein **Mosaik**★ im byzantinischen Stil. **Santa Costanza**★, das Gebäude daneben, ist ein ehemaliges antikes Mausoleum (4. Jh.) und enthält ebenfalls schöne **Mosaiken**★.

★ **Sant'Agostino** (**BX B**[2]) – Sie enthält mehrere bedeutende Kunstwerke: die ***Madonna del Parto***★ von Jacopo Sansovino (um 1521), das Fresko des ***Propheten Jesaja***★ (1512) von Raffael und die ***Madonna dei Pellegrini***★★★ (1605) von Caravaggio.

★★ **San Carlo alle Quattro Fontane** (**CX C**[2]) – Meisterwerk des genialen Barockbaumeisters **Borromini**; geschwungene Fassade und ellipsenförmiges **Inneres**★★.

★ **Santa Cecilia in Trastevere** ⌚ (**BY**) – 9. Jh., später umgebaut. ***Marmorbild der hl. Cäcilia***★ von Stefano Maderno (1599); ***Jüngstes Gericht***★★★ von Pietro Cavallini (um 1293).

★★ **San Clemente** (**DY**) – Mehrgeschossige Basilika mit **Kuppelmosaik**★★★ in der Apsis (12. Jh.) und **Fresken**★ in der Cappella di Santa Caterina von Masolino.

★★ **Sant'Ignazio** (**BX C**[3]) – 17. Jh. Fassade und **Deckenfresko**★★ von **Andrea Pozzo**.

★★ **San Lorenzo fuori le Mura** – *Anfahrt auf der Via dei Ramni* (**DX 53**); *weitere Strecke siehe Michelin-Karte Nr. 1038 (Quadrat K18).* Aus dem 6. und 13. Jh. Antiker **Sarkophag**★ mit dem Thema der Traubenlese (5. und 6. Jh.), **Ambo**★ (13. Jh.), **Bischofsthron**★ (13. Jh.).

San Luigi dei Francesi (**BX D**[1]) – Kirche der Franzosen in Rom. **Freskenzyklus**★ von Domenichino und **Gemälde**★★★ mit Szenen aus dem Leben des heiligen Matthäus von Caravaggio.

★★ **Santa Maria degli Angeli** (**DX D**[3]) – Die Kirche wurde auf Resten der Diokletiansthermen errichtet und liegt mitten darin. Das weitbemessene **Querhaus**★ gibt eine Vorstellung von der Größe der römischen Bäder.

Santa Maria dell'Anima (**BX E**[2]) – Einer der seltenen gotischen Innenräume in Rom.

★★ **Santa Maria in Cosmedin** (**CY**) – Eleganter **Glockenturm**★ aus dem 12. Jh. In der Vorhalle der berühmte Maskenkopf „**Bocca della Verità**" (Mund der Wahrheit).

★★ **Santa Maria Sopra Minerva** (**BX F**[1]) – Sie enthält interessante Kunstwerke darunter **Fresken**★ von Filippino Lippi und mehrere gotische bzw. barocke **Wandgräber**★.

★ **Santa Maria della Pace** (**BX E**[1]) – In einer Seitenkapelle die vier ***Sibyllen***★ von Raffael.

★★ **Santa Maria in Trastevere** (**BY**) – 12. Jh. **Mosaik**★★★ in der Apsis (12. und 13. Jh.).

S. Chirol

Bernini: *Die Verzückung der hl. Therese*

★★ **Santa Maria della Vittoria** (CX) – Meisterwerk Carlo Madernas. Im prachtvoll ausgeschmückten **Innenraum**★★★ befindet sich die berühmte Skulpturengruppe (1652) Berninis ***Die Verzückung der hl. Therese***★★★.

★ **San Pietro in Montorio** (BY) – 15. Jh. Sie enthält eine interessante ***Geißelung***★ von **Sebastiano del Piombo**. Im Innenhof ein **Tempelchen**★ von Bramante (1499). Der Kirchenvorplatz eröffnet einen herrlichen **Blick**★★★ auf Rom.

★ **San Pietro in Vincoli** (CY) – Mausoleum Papst Julius' II. mit dem kraftvollen und ergreifenden ***Moses***★★★ von Michelangelo.

★★ **Santa Sabina** (BY) – Eine der ältesten Kirchen Roms (5. Jh.). Am **Mittelportal**★★ geschnitzte Türflügel aus Zypressenholz aus dem 5. Jh. Der lichte **Innenraum**★★ zeichnet sich durch harmonische Bauformen aus.

★★ **Santa Susanna** (CX **F**[2]) – 9. und 16. Jh. Herrliche **Fassade**★★ von Carlo Maderna.

Santi Cosma e Damiano (CY **F**[3]) – Aus dem 5. Jh. stammende Basilika. **Decke**★ aus dem 16. Jh. **Mosaiken**★ aus dem 6. und 7. Jh.

Bauwerke aus der Antike

★★ **Ara Pacis Augustae** (BX **A**) – Der mit schönen Reliefs geschmückte **Altar des Augusteischen Friedens** gilt als ein Hauptwerk der Kaiserzeit, dem Goldenen Zeitalter Roms.

★★ **Arco di Giano** (CY) – Der **Janusbogen** war ein öffentliches Stadttor, durch das die am meisten befahrenen Straßen hindurchführten.

★★ **Area Sacra del Largo Argentina** (BY) – Reste von vier Tempeln aus der Zeit der Römischen Republik.

Circo Massimo (CY) – In der größten Arena Roms wurden Wagenrennen veranstaltet.

★★ **Domus Aurea** – *Im Parco Oppio* (CDY). Das **Goldene Haus** ist die luxuriöse Residenz, die sich Nero nach dem Brand von Rom (64 n. Chr.) errichten ließ. Die unterirdischen Räume ähneln Grotten. Sie sind mit geometrischen Motiven, mit Traubenranken, Gewölben und Tierabbildungen, ausgestattet und inspirierten die Künstler der Renaissance zu der ornamentalen Ausgestaltung der Grotesken.

Mausoleo di Augusto (BX) – Die Architektur der für Augustus und seine Familie errichteten Grabstätte erinnert an die Tumuli der Etrusker.

★ **Piramide di Caio Cestio** (CZ **R**) – Originelles Grabmal, das sich der reiche Prätor C. Cestius (gest. 12 v. Chr.) bauen ließ.

★ **Tempio della Fortuna Virile** (CY **V**) – Ein strenger rechteckiger Bau aus dem späten 2. Jh. v. Chr.

★ **Tempio di Vesta** (CY **Y**) – Ein eleganter Rundtempel aus der Zeit des Augustus.

Museen und Paläste

★ **Galleria Nazionale d'Arte Moderna** ⓥ (**CV**) - Italienische Malerei und Skulpturen des 19. und 20. Jh.s.

★★★ **Museo Borghese** ⓥ (**CV**) - Skulpturen von Canova und Bernini, Gemälde von Raffael, Correggio, Tizian, Caravaggio u. v. a.

★★★ **Museo Nazionale Romano** - Die Sammlungen sind derzeit auf mehrere Orte verteilt: Das Kunstgewerbe der späten Römischen Republik und der Kaiserzeit befindet sich im **Palazzo Massimo alle Terme**★★★ ⓥ (**DX** - *hinter der Piazza dei Cinquecento, Eingang in der Villa Peretti 1*), die Ludovisi-Boncompagni-Sammlungen sind im **Palazzo Altemps**★★★ ⓥ (**BX M**^{2} - *Eingang an der Piazza Sant'Apollinare 44*) untergebracht, die ältesten Stücke können in den **Diokletiansthermen** (**DX** - *im Komplex um die Kirche Santa Maria degli Angeli*) besichtigt werden, und die **Aula Ottagona**★★★ ⓥ (**DX M**^{1} - *Eingang in der Via G. Romita 8*) ist bereits für die Öffentlichkeit zugänglich.

★★★ **Museo Nazionale di Villa Giulia** ⓥ (**BV**) - Außergewöhnliche Sammlung etruskischer Kunst.

★★ **Palazzo Barberini** ⓥ (**CX**) - Barockpalast (1623-33), der heute eine ausgezeichnete **Gemäldesammlung**★★ enthält. Werke von Raffael, Tizian, Tintoretto, Caravaggio, Holbein, Quinten Massys u. a. m.

★ **Palazzo Braschi** (**BX M**^{3}) - Klassizistischer Bau aus dem ausgehenden 18. Jh. Im Palazzo ist das **Museo di Roma**★ ⓥ eingerichtet, das die Entwicklung der Stadt Rom vom Mittelalter bis zur Neuzeit aufzeichnet.

★★ **Palazzo della Cancelleria** (**BXY**) - Eleganter Renaissancepalast (1483-1513) mit einem harmonischen zweistöckigen Arkadenhof.

Palazzo Chigi (**BX N**^{1}) - 16. Jh. Heute Sitz des Regierungspräsidenten.

Palazzo della Consulta (**CX**) - Sitz des Verfassungsgerichts. **Fassade**★ von Ferdinando Fuga (18. Jh.).

Palazzo Corsini (**ABY**) - Im 18. Jh. umgebauter Palast aus dem 15. Jh. Er hat eine **Gemäldesammlung** ⓥ aufgenommen, die u. a. Werke von Fra Angelico und Caravaggio enthält.

★ **Palazzo Doria Pamphili** (**CX M**^{5}) - Dieser schöne Palast aus dem 16. Jh. mit Barockfassade an der Via del Corso enthält die **Galleria Doria Pamphili**★★ ⓥ, eine reiche Gemälde- und Skulpturensammlung mit Werken von Caravaggio, Carracci, Rubens, Velázquez *(Bildnis des Papstes Innozenz X.)*.

★★★ **Palazzo Farnese** (**BY**) - Keine Besichtigung. Der Palast wurde 1515 durch den Kardinal Alessandro Farnese, den späteren Papst Paul III. (1534-1549), in Auftrag gegeben. Die Architekten waren Antonio da Sangallo il Giovane, Michelangelo (Dachgesims, das Farnesewappen über dem Mittelbalkon sowie das 2. Stockwerk des Innenhofs) und Vignola, der am Innenhof mitarbeitete und die rückwärtige Fassade des Palastes ausführte. Giacomo della Porta fügte in diese eine Loggia ein. Heute ist in dem Bau die französische Botschaft untergebracht.

Palazzo Madama (**BX N**^{3}) - 16. Jh. Sitz des Senats.

Palazzo di Montecitorio (**BX**) - 17. Jh. Heute Abgeordnetenhaus.

★★ **Palazzo del Quirinale** (**CX**) - Der Palast, heute Sitz des italienischen Staatspräsidenten, wurde im 16. Jh. als Sommerresidenz des Papstes erbaut.

Palazzo della Sapienza (**BX N**^{2}) - 16. Jh. Eine Seite des Hofs nimmt die Kirche **Sant'Ivo alla Sapienza**★ ein, eine Glanzleistung von Borromini (Glockenturm).

★ **Palazzo Spada** (**BY**) - 16. Jh. Im Palast befindet sich die **Galleria Spada**★ ⓥ, deren Bestände zum größten Teil im Besitz des Kardinals Spada waren; sie hat noch heute den Charakter einer Privatsammlung des 17. Jh.

★★ **Villa Farnesina** ⓥ (**ABY**) - Von 1508-1511 für Agostino Chigi errichtet. Chigi ließ die Räume von Raffael und seinen Schülern ausmalen.

Plätze, Straßen, Bauwerke, Parks und Gärten

★ **Piazza della Bocca della Verità** (**CY 15**) - Der schöne Platz nimmt in etwa die Stelle des antiken Forum Boarium ein. Er ist von Bauten aus der Antike (Janusbogen, Tempel der Fortuna Virile, Rundtempel der Vesta), dem Mittelalter (Santa Maria in Cosmedin) und der Barockzeit umgeben und ist ein charakteristisches Abbild der römischen Geschichte.

★ **Piazza Campo dei Fiori** (**BY**) - Auf diesem volkstümlichen Platz findet jeden Vormittag ein belebter, bunter Markt statt. Der Platz hat eine traurige Vergangenheit, denn früher verbrannte man hier die Ketzer, darunter am 17. Februar 1600 den Mönch Giordano Bruno, an den ein Denkmal mit deutscher Inschrift erinnert.

★ **Piazza Colonna** (**BX**) - Belebter Platz mit der **Ehrensäule des Marc Aurel**★ (2. Jh.).

★★ **Piazza del Quirinale** (**CX**) – Der Platz ist einer der schönsten Roms. Mit den antiken Statuen, dem Obelisk und den noblen, ihn umschließenden Palazzi spiegelt er das herrschaftliche Rom wider. Die antike Brunnenschale befand sich auf dem Forum Romanum.

★ **Piazza Sant'Ignazio** (**BX 58**) – Bezaubernder Platz, der an eine Theaterbühne mit barocker Kulisse erinnert.

★ **Porta San Paolo** (**CZ**) – Ausgangspunkt der Via Ostiense, die zur St-Pauls-Basilika führt, daher der Name des Tors.

★ **Porta San Sebastiano** (**DZ**) – Das beeindruckendste Stadttor Roms (3. Jh.).

★ **Via dei Coronari** (**BX 25**) – Ockerfarbene und dunkelbraune Fassaden säumen die Straße der Antiquitätenhändler.

B. Lipnitz/EXPLORER

Wer noch nie gelogen hat, kann getrost seine Hand hineinstecken

★ **E.U.R.** – *Anfahrt auf der Via C. Colombo* (**DZ**). *Die weitere Strecke ist aus der Michelin-Karte Nr. 1038 (Quadrate S bis W 1 bis 4) ersichtlich.* Diese Abkürzung bezeichnet ein modernes Stadtviertel (1939) Roms, *Esposizione Universale di Roma.* Mit den kolossalen, auf Repräsentation und Größe angelegten Bauten aus weißem Marmor entspricht die Trabantenstadt dem Stil der faschistischen Ära, ist aber durchaus nach modernen stadtplanerischen Kriterien angelegt. Eines der typischsten Gebäude ist das **Museo della Civiltà Romana**★★ ⓥ (Museum der römischen Zivilisation), das in Modellen, Nachbildungen und Abgüssen Geschichte, Kultur, Religion sowohl des öffentlichen wie privaten Lebens des römischen Imperiums dokumentiert.

★ **Gianicolo** (**AY**) – Die Passeggiata del Gianicolo ist eine Straße, die großartige **Blicke**★★★ über Rom mit seinen Kuppeln bietet.

★★ **Villa Borghese** (**CV**) – Der Park der Villa Borghese ist der größte Roms.

SABBIONETA★

Lombardei

4 438 Einwohner

Michelin-Karte Nr. 988 Falte 14, Nr. 428 oder 429 H 13

Der Bau der Stadt wurde 1558 von **Vespasiano Gonzaga** (1531-1591) veranlaßt, dem Heerführer Philipps II. von Spanien, der ihm zum Dank für seine treuen Dienste den 1429 von Philipp dem Guten (Herzog von Burgund) gestifteten Orden vom Goldenen Vlies verlieh. Den Bau seiner Idealstadt hat der feinsinnige und gebildete Vespasiano selbst geleitet.

★ **Historischer Stadtkern** ⓥ – Die sechseckige Stadtmauer, der sternförmige Grundriß und die schönen Bauwerke machen Sabbioneta zu einem Schmuckstück des italienischen Manierismus.

Die Wände und Decken des **Palazzo di Giardino**, in dem die Bälle stattfanden, wurden von Bernardino Campi (1522-1591) und seinen Schülern reich dekoriert; mit ihren 96 m ist die große **Galerie** eine der längsten der Renaissance.

Das von Vincenzo Scamozzi (1552-1616) entworfene **Teatro Olimpico** entstand zwischen 1588 und 1590 und ist eines der ersten überdachten Theatergebäude Europas. Das Innere ist mit Fresken von Künstlern aus der Schule von Veronese ausgeschmückt; die Tribüne ziert eine von Götterstatuen bekrönte Kolonnade. Im **Herzogspalast** (Palazzo Ducale) verdienen die schönen Kassettendecken im spanischen Stil, die hölzernen Reiterstandbilder der Gonzaga und die Ahnengalerie Beachtung.

In der **Chiesa dell'Incoronata**, einem achteckigen, von einer Kuppel abgeschlossenen Kirchenbau, befindet sich das Grabmal von Vespasiano mit einer Bronzestatue von Leone Leoni (1509-1590), die Vespasiano als römischen Kaiser darstellt.

Im **Sakralkunstmuseum** (Museo d'Arte Sacra) ist das Goldene Vlies Vespasianos ausgestellt, das 1988 in seinem Grab in der Chiesa dell'Incoronata gefunden wurde.

Die **Synagoge** aus dem 19. Jh. zeugt von der Geschichte der jüdischen Gemeinde von Sabbioneta, die vor allem aufgrund ihrer hervorragenden Druckerei, auf deren Dienste auch Vespasiano zurückgegriffen hatte, zu Ruhm und Ansehen gelangt war.

SALERNO★

Kampanien

148 996 Einwohner

Michelin-Karte Nr. 988 Falte 28 oder Nr. 431 E F 26 – Kartenskizze siehe AMALFI

Die zuerst von den Etruskern und dann von den Römern beherrschte Stadt wurde von den Langobarden zum Fürstentum erhoben. Der Normanne Robert Guiscard machte die Stadt 1077 zu seiner Hauptstadt.

Salerno entwickelte sich zu einer wohlhabenden Stadt, die wegen ihrer Universität, insbesondere der medizinischen Fakultät (zu der auch Frauen Zugang hatten), weit über die Grenzen Italiens hinaus einen exzellenten Ruf hatte. Die Hochschule, deren Blütezeit vom 11. bis zum 13. Jh. war, stand in so hohem Ansehen, daß Salerno den Beinamen „Stadt des Hippokrates" erhielt. Mit der Herrschaft des Hauses Anjou verlor Salerno zugunsten der rivalisierenden Nachbarstadt Neapel an Bedeutung. Während des Zweiten Weltkriegs, am 9. September 1943, landete die amerikanische 5. Armee in der Nähe der Stadt Salerno, die von Februar bis Juli 1944 Sitz der königlichen Regierung des freien Italiens wurde.

Entlang der harmonisch geschwungenen Küste des Golfs ist ein mittelalterliches Viertel von Salerno erhalten, das sich die Abhänge eines von einer Burg gekrönten Hügels hinaufzieht. Die schöne, von Palmen und Tamarisken gesäumte Promenade **Lungomare Trieste**★ bietet einen herrlichen Blick auf den Golf.

★★ **Duomo** ⓥ (**B**) – Der Bau entstand während der Herrschaft Robert Guiscards im arabisch-normannischen Stil und wurde von Papst Gregor VII. 1085 geweiht. Er ist dem Evangelisten Matthäus geweiht, dessen Reliquien sich in der Krypta befinden. Umbauten wurden im 18. Jh. vorgenommen; das Erdbeben von 1980 hat verschiedene Schäden verursacht. Eine Treppe führt zum Löwenportal (11. Jh.). Der eigentlichen Kirche ist ein quadratisches **Atrium** vorgelagert; die umlaufenden Gänge sind durch polychrome Steine und Bogenläufe mit antiken Säulen hervorgehoben. Auf der rechten Seite steht der wuchtige Campanile aus dem 12. Jh.

Eingeschränkter Autoverkehr in der Innenstadt

Abate Coforti (Largo)	AB 2	Paglia (Via M.)	B 13	Sedile di Pta Nuova (Pza)	B 24
Alfano I (Piazza)	B 3	Plebiscito (Largo)	B 14	Sorgente (Via Camillo)	B 25
Cavaliero (Via L.)	B 4	Portacatena (Via)	A 15	Velia (Via)	B 26
Cilento (Via A.)	B 6	Porta di Mare (Via)	A 16	Vittorio Emanuele (Corso)	B
Dogana Vecchia (Via)	A 7	Sabatini (Via A.)	A 19	24 Maggio (Piazza)	B 27
Duomo (Via)	B 8	S. Eremita (Via)	B 20		
Indipendenza (Via)	A 9	S. Tommaso d'Aquino (Largo)	B 22		
Lista (Via Stanislas)	A 10	Sedile del Campo (Largo)	A 23	Arco di Arechi	A A
Luciani (Piazza M.)	A 12			Museo Archeologico	B M1
Mercanti (Via)	AB				

Die **Bronzetüren**★ des Mittelportals wurden im 11. Jh. in Konstantinopel gegossen. Der Innenraum birgt zwei mit Einlegearbeiten reich geschmückte **Ambonen**★★; ihre schlanken Säulenschäfte tragen herrlich gemeißelte Kapitelle. Zusammen mit dem **Osterleuchter** bilden sie eine außergewöhnliche Gruppe von Kunstwerken aus dem 12.-13. Jh. Die rechte Apsiskapelle ist die Kreuzfahrerkapelle, so benannt, weil die Kreuzfahrer hier ihre Waffen segnen ließen. Unter dem Altar liegt Papst Gregor VII. begraben, der 1085 im Exil in Salerno starb. Im linken Seitenschiff befindet sich das Grabmal (15. Jh.) der Margarete Durazzo, Gemahlin König Karls III. von Neapel aus dem Hause Anjou.

Museo Archeologico ⓥ (**B M**[1]) - Das Museum ist in der schönen Klosteranlage von San Benedetto untergebracht und zeigt Funde aus der Vorgeschichte bis zur letzten Epoche des Kaiserreichs, darunter einen schönen **Bronzekopf des Apollo**★ (1. Jh. v. Chr.) und eine schöne Sammlung vorrömischer Stücke aus Bernstein.

★ **Via Mercanti** (**AB**) - Diese malerische Straße mit Läden, alten Häusern und Kapellen endet am Arechisbogen **Arco di Arechi** (**A A**), der im 8. Jh. von den Langobarden errichtet wurde.

Die Stadtpläne dieses Führers enthalten in erster Linie Hauptstraen und den Zugang zu Sehenswürdigkeiten.
Auf den Kartenskizzen sind die Streckenvorschläge und die Hauptverkehrsstraen verzeichnet.

SALUZZO★

Piemont

15 685 Einwohner

Michelin-Karte Nr. 428 I 14

Diese reizende kleine Stadt, über deren mittelalterlichem Stadtkern ein imposantes Schloß wacht, breitet sich fächerartig über einen Hügel aus. Vom 12. bis zum 16. Jh. herrschten hier mächtige Markgrafen, die diese Stadt zu einem eleganten und wohlhabenden kulturellen Zentrum erhoben.
In den engen und mit Kieselsteinen gepflasterten Gassen und Treppen läßt es sich gemütlich flanieren und im Vorbeigehen die wertvollen Zeugen der Vergangenheit betrachten. In den Antiquitätengeschäften und kunsthandwerklichen Werkstätten stößt man vielleicht auf das originelle Mitbringsel aus Holz oder Schmiedeeisen, das man schon seit langem gesucht hat.
Berühmte Söhne der Stadt waren der Patriot und Dichter **Silvio Pellico** (1789-1854), Autor des autobiographischen Werkes *Meine Gefängnisse* über seine Kerkerhaft in Brünn (in seinem Geburtshaus wird zur Zeit ein Museum eingerichtet), und der General Carlo Alberto Dalla Chiesa (1920-1982), der als Präfekt von Palermo ermordet wurde.

★ **Casa Cavassa** ⓥ - In das elegante Schloß aus dem 15. Jh. gelangt man durch ein wunderschönes Renaissance-Portal, über dem der Wahlspruch „Droit quoy qu'il soit" (Immer voran, was auch geschieht) und das Wahrzeichen der Cavassa (ein gegen den Strom schwimmender Fisch - *chavasse* im örtlichen Dialekt) angebracht sind. Um die herrliche Galerie im oberen Stock, auf deren Brüstung der flämisch-burgundische Künstler Hans Clemer (genannt der Meister von Elva) in Grisaille-Technik die *Arbeiten des Herkules* malte, gruppieren sich mehrere Räume, die noch ihre Originalausstattung, Renaissancemöbel sowie, über einem wertvollen Chorgestühl aus dem 15. Jh., ein kostbares Retabel vom selben Künstler mit dem Titel **Barmherzige Muttergottes**★ besitzen.

San Giovanni ⓥ - Hinter der nackten Fassade der Johanneskirche aus dem 14. Jh. verbirgt sich ein reich geschmücktes Inneres. Am Eingang des linken Seitenschiffs zeigt ein bemerkenswerter **Freskenzyklus**★ aus dem 15. Jh. Szenen aus dem Leben Christi vor einer Stadtlandschaft. Die abgebildeten Personengruppen sind sehr lebendig dargestellt. Das größte Meisterwerk der Kirche ist ihre außerordentlich kunstvoll gestaltete **Apsis**★★, ein wahres Schmuckstück burgundischer Gotik, eine „Filigranarbeit" aus grünem Sampeyre-Gestein. In die linke Nische ist das **Grabmal von Ludovico II.** von Saluzzo eingelassen, das von Benedetto Briosco (der Steinmetz und Bildhauer, der nach Amadeo an der Kartause von Pavia arbeitete) gefertigt wurde. Die rechte Nische sollte das Grabmal seiner Frau, Margarete von Foix, aufnehmen, die jedoch schließlich in Spanien ihre letzte Ruhe fand (in der linken Ecke steht auf einer kleinen Konsole eine seltsame Figur des Heiligen mit Brille). Vom linken Seitenschiff gelangt man zum Kreuzgang. Dahinter liegt das Kapitelhaus, in dem sich das **Mausoleum des Galeazzo Cavassa** befindet.

Unweit der Kirche auf der anderen Seite des Platzes steht der **Stadtturm (Torre Civica** ⓥ**)**, der im 15. Jh. von Markgraf Ludovico I. errichtet wurde. Der mühevolle Aufstieg wird durch eine herrliche **Aussicht**★ belohnt.

Der Diamant unter den Pilzen

Die Weiße *(tartufo bianco)* oder Piemont-Trüffel ist ein unterirdischer, knollenförmiger Pilz, der in feuchter und tonhaltiger Erde an schattigen Stellen wächst und mit den Wurzeln von Waldbäumen, hauptsächlich Eichen, Weiden und Pappeln, eine Symbiose bildet. Er besteht im wesentlichen aus Wasser und Mineralsalzen, die er durch die Baumwurzeln aufnimmt. Die Trüffelsucher nennt man *trifolai* (von *trifola*, der Dialektbezeichnung für Trüffeln). Ihre speziell abgerichteten Hunde graben die Trüffeln aus, ohne sie zu beschädigen.

Ausflüge in die Umgebung von Saluzzo

★ **Abbazia di Staffarda** ⓥ – *10 km nördlich über die S 589.* Die weitläufige Klosteranlage wurde im 12. und 13. Jh. von Zisterziensermönchen in einem Übergangsstil von der Romanik zur Gotik errichtet. In seiner Blütezeit war das Kloster ein wichtiges Handelszentrum. Rechter Hand des Eingangs befindet sich das Gästehaus mit seinem sehenswerten gotischen Refektorium. Etwas weiter links steht die Markthalle (Loggia del Mercato, 13. Jh.). Gegenüber gelangt man durch das langgestreckte Gebäude, in dem die Laienbrüder wohnten, in den **Kreuzgang**. Im hinteren Teil rechts steht die **Kirche**, die eine Säulenvorhalle besitzt. Die feierliche Strenge im Inneren, in dem das einzige Schmuckelement der Farbkontrast zwischen den roten Backsteinen und den Steinen ist, wird durch die asymmetrische Gestaltung etwas aufgelockert, die wohl eine Anspielung auf die Unzulänglichkeit des Menschen sein soll. Unter der Apsis spürt der Besucher vielleicht einen Blick auf sich gerichtet. In der Tat blickt von der Decke ein wenig verstört eine kleine Sonne aus dem 15. Jh. herab.
Die wunderschöne Gestaltung der **Apsis von außen** kann man sehr gut von der Straße aus betrachten, die zum Kloster führt.

Castello della Manta ⓥ – *4 km südlich über die S 589.* Die Festung aus dem 12. Jh. wurde im 15. Jh. von Valerano, dem Sohn Tommasos III., Markgraf von Saluzzo, in ein Herrenhaus umgebaut. Die wunderschönen **Fresken**★★ im Herrensaal (erste Hälfte des 15. Jh.s) zeigen mit der typischen Eleganz der Internationalen Gotik und ihrem Sinn für das Dekorative die *Parade der Helden und Heldinnen* sowie eine lebhafte Allegorie auf den Jungbrunnen. Die Figuren der Parade sind aus einer Ritterdichtung von Tommaso III. mit dem Titel *Der fahrende Ritter* entnommen.
Sehenswert ist auch **Savigliano** *(13 km östlich von Saluzzo über die P 7)* mit seiner **Piazza Santarosa**★ und den umliegenden Gebäuden aus dem Mittelalter und der Renaissance.

Die Langhe

Rundfahrt von Bra nach Alba von ca. 90 km.

Zwischen Tanaro und Bormida di Spigno liegt dieses Hügelland aus Kalkstein, in dem sich spitze Kämme mit tiefen, von reißenden Gebirgsbächen gegrabenen Tälern abwechseln. Auf den Hängen wachsen namhafte Weine wie Barolo und Nebbiolo. Andere kulinarische Spezialitäten der Gegend sind die berühmten weißen Trüffeln von Alba und die Haselnüsse, die man neben den Weinen der Gegend in den zahlreichen Weinstuben kosten kann. Die Route über La Morra, Monforte d'Alba, Dogliani, Belvedere Langhe, Bossolasco, Seralunga d'Alba und Grinzane Cavour bietet herrliche **Blicke**★ auf diese eindrucksvolle Landschaft, die von Burgen und Weinbergen geprägt ist. In der Burg von Grinzane Cavour hat seit 1982 die Jury des gleichnamigen Literaturpreises ihren Sitz.

Alba – Die Stadt entstand aus dem römischen *Alba Pompeia*, aus dem der Kaiser Pertinax (126-193 n. Chr.) stammte. Heute ist Alba bei den Feinschmeckern für seine Weißen Trüffeln oder auch Piemont-Trüffeln, die „**tartufi bianchi**" (Messe im Herbst), und seine Weine bekannt. Der Ort hat mehrere **Stadttürme**, einige Kirchen sowie Häuser aus dem Mittelalter. Im gotischen **Duomo San Lorenzo** ist das Chorgestühl aus der Renaissance mit wertvollen Einlegearbeiten und Schnitzereien bemerkenswert.

Die praktischen Angaben in diesem Reiseführer entsprechen dem Stand bei Redaktionsschluß.
Preise, Öffnungszeiten, Zufahrtswege usw. unterliegen jedoch ständigen Änderungen. Für eventuelle Unstimmigkeiten bitten wir daher um Verständnis.

SAN GIMIGNANO★★★

Toskana

6 954 Einwohner

Michelin-Karten Nr. 988 Falte 14, Nr. 428 Falte 38 oder Nr. 430 L 15

Im Herzen der toskanischen „Campagna", zwischen Weingärten und Olivenhainen, ragen die mittelalterlichen Türme San Gimignanos empor, das hoch oben auf einem Hügel liegt. Wegen der zahlreichen Türme wird es auch „San Gimignano dalle belle torri" (San Gimignano der Schönen Türme) genannt.
Im 12. Jh. war San Gimignano freier Marktflecken, der sich in den folgenden Jahrhunderten zu einer wohlhabenden Stadt entwickelte. Die zahlreichen **Geschlechtertürme**, die in der Feudalzeit entstanden, sollen, wie man lange Zeit annahm, zur Verteidigung errichtet worden und ein Zeichen für die Macht der adligen Familien gewesen sein. Diese spalteten sich in zwei Gruppen auf: die Ghibellinen, Anhänger des Kaisers, kämpften gegen die Guelfen, Anhänger des Papstes. Die Löcher im Mauerverband sollen dazu gedient haben, ein Netz von Verbindungsbrücken zwischen den Türmen der verbündeten Familien zu befestigen, die sich so im Notfall schnell versammeln konnten. Anders interpretiert sind die Bauwerke ein Zeichen für die glänzende wirtschaftliche Vergangenheit der Stadt. Im Mittelalter war sie bedeutendes Textilzentrum und bewahrte das Geheimnis für das Färben mit Safran, um gelbe Farbtöne zu erzielen. Um die kostbaren Stoffe, deren Wert von der Länge abhängig war, vor Staub und Sonne geschützt färben zu können, hatten die reichen Fabrikanten diese hohen Türme bauen lassen; wegen der Lage des Ortes war es nicht möglich, die Gebäude auszudehnen. Die Treppen wurden außen in den immer noch sichtbaren Löchern befestigt, damit kein Nutzraum verschenkt wurde.

★★ **Piazza della Cisterna** – Der Platz im Zentrum des Städtchens ist mit Ziegelsteinen im Fischgrätmuster gepflastert. In der Mitte steht der Brunnen (= cisterna) aus dem 13. Jh., von dem der Platz seinen Namen erhielt. Die Türme und die strengen Bürgerhäuser des 13. und 14. Jh.s machen ihn zu einem der malerischsten Plätze Italiens.

★★ **Piazza del Duomo** – Die Stiftskirche, Paläste und sieben Geschlechtertürme bilden einen majestätischen Rahmen.

★ **Santa Maria Assunta** ⓥ – Die romanische Kirche stammt aus dem 12. Jh. und wurde im 15. Jh. von Giuliano da Maiano vergrößert. Die Fassade wurde im 19. Jh. restauriert.
Im Innern befinden sich das ***Martyrium des hl. Sebastian*** (1465), ein Gemälde von Benozzo Gozzoli, und eine geschnitzte ***Verkündigung*** von Jacopo della Quercia *(an der Rückseite der Fassade)*. Die Seitenschiffe zieren auf der linken Seite **Fresken**★ von Bartolo di Fredi, die Szenen aus dem Neuen Testament darstellen (14. Jh.); an der rechten Seite sieht man **Fresken**★★ von Barna da Siena (um 1350), die in zarten Farben und eleganten Zeichnungen Szenen aus dem Leben Christi schildern *(von oben nach unten zu lesen)*. In der von Giuliano da Maiano erbauten **Cappella di Santa**

S. Chirol

Die Geschlechtertürme von San Gimignano: Trutzburgen oder Stofflager?

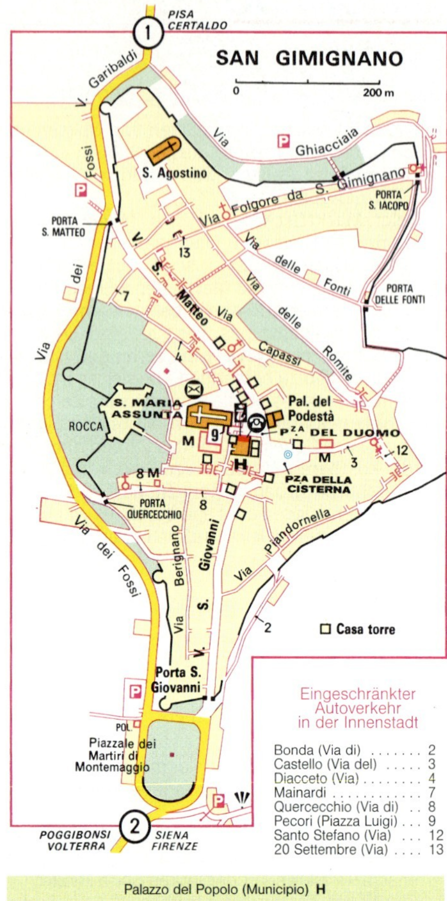

Palazzo del Popolo (Municipio) **H**

Fina ⓥ *(durch ein Gitter geschlossen)* steht ein fein skulptierter **Altar★** von Benedetto da Maiano; die Wände sind mit **Fresken★** von D. Ghirlandaio geschmückt (1475).

Der entlang des linken Seitenschiffs der Stiftskirche gelegene kleine **Piazza Luigi Pecori (9)** birgt im hinteren Teil eines Säulengangs eine anmutige *Mariä Verkündigung* von Ghirlandaio.

★ **Palazzo del Popolo (H)** – Neben dem Palast aus dem 13.-14. Jh. steht der hohe **Viereckturm**, von dessen oberer Plattform sich ein zauberhafter **Blick★★** über die Türme der Stadt und die rot braunen Dächer bietet.

Im Ratssaal befindet sich die 1467 von Benozzo Gozzoli restaurierte majestätisch thronende Maria mit Heiligen ***(Maestà★)*** von Lippo Memmi (1317). Im 2. Stock ist das Städtische Museum **(Museo Civico★)** untergebracht, das hauptsächlich Malereien aus Florentiner und Sieneser Werkstätten des 12.-15. Jh.s zeigt.

Palazzo del Podestà – Der im 13. Jh. erbaute Palast öffnet sich im Erdgeschoß durch eine Halle mit einem weitgespannten Bogen; überragt wird der Bau von dem 51 m hohen „Rognosa" genannten Turm. Daneben der Palazzo Chigi (13. Jh.).

Sant'Agostino – Im Chor der Kirche aus dem 13. Jh. sind die 17 **Fresken★★** zu bewundern, die Benozzo Gozzoli zwischen 1463 und 1467 ausführte. Die Bilder sind mit Natürlichkeit, frischen Farben, gelungener Perspektive und Liebe zum Detail gestaltet und schildern das Leben des hl. Augustinus, des Kirchenvaters. Hinten, links vom Eingang, befindet sich das **Grab★** des hl. Bartolo von Benedetto da Maiano (15. Jh.).

UMGEBUNG

★★ **Volterra** – *29 km südwestlich. Beschreibung siehe dort*

★ **San Vivaldo** – *17 km nordwestlich.* Die Franziskaner ließen sich im Jahre 1500 an diesem Ort nieder, um über die Gebeine des hl. Vivaldo zu wachen, der hier 1320 gestorben war. In fünfzehn Jahren erbauten sie ein Kloster und zahlreiche Kapellen (davon sind noch etwa 15 erhalten), die in verkleinertem Maßstab die Heiligen Stätten von Palästina nachgestalten. Die Kapellen des **Sacro Monte** ⓥ enthalten bemalte lebensgroße Statuen aus Terrakotta, die Szenen der Passionsgeschichte darstellen.

Certaldo – *13 km nördlich.* Das Städtchen Certaldo im bewaldeten Tal der Elsa ist die Heimat des Dichters **Boccaccio**. Dieser zählt mit Petrarca und Dante zu den drei großen Vätern der italienischen Sprache. Er wurde 1313 als Sohn eines Kaufmanns geboren und am Hofe der Anjou in Neapel erzogen. Giovanni Boccaccio ist ein typischer Vertreter der neuen bürgerlichen und städtischen Renaissance. Für seine Werke ist die ironische Darstellung menschlicher Charaktere bezeichnend, die den unterschiedlichsten Leidenschaften unterworfen sind. Sein Hauptwerk, das ***Decamerone*** ist eine Sammlung von 100 Novellen zehn junger Florentiner, die für zehn Tage vor der Pest aus ihrer Heimatstadt geflohen sind (1348) und ihre Tage ausfüllen, indem jeder von ihnen täglich den anderen eine Geschichte erzählt.
In der Oberstadt ist die **Casa del Boccaccio** ⓥ, heute ein Museum, zu besichtigen. In der Chiesa San Jacopo ist der Dichter begraben. Nicht weit davon erhebt sich der **Palazzo Pretorio** ⓥ, der im 16. Jh. neu aufgebaut wurde.

Repubblica di SAN MARINO★

Republik San Marino

25 515 Einwohner

Michelin-Karte Nr. 988 Falte 15, Nr. 429 und 430 K 19

Stadtplan im Michelin-Hotelführer ITALIA

Die Republik San Marino, einer der kleinsten (61 km²) und auch ältesten Staaten der Welt, liegt in herrlicher **Lage**★★★ in Adrianähe, auf den Hängen des Monte Titano, einem stark zerklüfteten Sandsteingebirge. Die Republik hat ihre eigenen Briefmarken, eine eigene Währung, eigene Truppen sowie eine eigene Polizei.
Nach der Legende wurde San Marino im 4. Jh. von einem frommen Maurer gegründet, der den Christenverfolgungen Diokletians entgehen wollte. Seit neun Jahrhunderten ist die Regierungsform der Republik fast unverändert geblieben; die beiden Regenten (Caitani-Reggenti) werden alle sechs Monate von den 60 Mitgliedern des Großen Rats gewählt und feierlich in ihr Amt eingeführt. Bei dieser Gelegenheit sieht man malerische Uniformen und alte Trachten in der Öffentlichkeit *(s. Veranstaltungskalender am Ende des Bandes).*
Die Wirtschaft bezieht ihre Einkünfte aus dem Tourismus und den damit verbundenen Tätigkeiten, dem Briefmarkenverkauf, Kunsthandwerk und dem Ackerbau. In San Marino sollte man den Moscato, einen vorzüglichen Wein, probieren.

SEHENSWÜRDIGKEITEN

Palazzo Pubblico (Regierungspalast) ⓥ – *Piazza della Libertà.* Der Regierungspalast wurde im ausgehenden 19. Jh. im gotischen Stil wieder aufgebaut (sehenswert ist vor allem der Saal des Großen Rats).

San Marino – *Piazzale Domus Plebis.* In der Kirche werden die Reliquien des Schutzpatrons des Landes, des heiligen Marino, aufbewahrt.
In der benachbarten Kirche San Pietro sind noch die zwei in den Felsen gehauenen Nischen zu sehen, die dem hl. Marino und dem hl. Leo als Lager gedient haben.

Rocca Guaita, Rocca Cesta oder della Fratta, Rocca Montale – Jede dieser drei Felsspitzen des Monte Titano ist von einer Burg, Torre genannt, bekrönt. Die Torri sind untereinander durch einen Wehrgang verbunden. Hier bietet sich eine herrliche **Fernsicht**★★★ auf den Apennin, die Küstenebene mit Rimini und über das Meer bis zur dalmatinischen Küste.
In der Burg Torre Cesta ist, das **Museo delle Armi Antiche** ⓥ untergebracht. Die Sammlung umfaßt mittelalterliche Waffen und Rüstungen aus dem 13. Jh. bis zum Spätmittelalter und, aus der Zeit des Schießpulvers, Gewehre und Pistolen des 16. bis 18. Jh.

Museo-Pinacoteca di San Francesco ⓥ – Es enthält Gemälde vom 12. bis 17. Jh. und aus dem 20. Jh. sowie etruskische Tonwaren und Gebrauchsgegenstände.

Museo Filatelico e Numismatico (Briefmarken- und Münzmuseum) – *In Borgo Maggiore.*
Sammlung von Briefmarken und Münzen, die von der Republik San Marino seit Mitte des 19. Jh.s herausgegeben wurden.

UMGEBUNG

★★ **San Leo** – *16 km südwestlich. In Richtung Norden, dann links abbiegen zum Tal der Marecchia; vor Pietracuta und vor der S 258 nochmals links abbiegen.* Die steil ansteigende, kurvenreiche Straße führt auf den hohen Felsen aus Kalkstein (639 m) zu einem beeindruckenden **Platz**★★, dessen Schönheit schon von Dante in der *Göttlichen Komödie* gepriesen wurde. Hoch oben liegt der alte Ort San Leo mit seiner **Festung**★ (Forte) aus dem 15. Jh., in der Cagliostro als Gefangener starb. Sie wurde von Francesco di Giorgio Martini errichtet und beherbergt ein **Museum** ⓥ. Das **Panorama**★★★ über das Marecchia-Tal, Montefeltro und San Marino ist überwältigend.
Beachtung verdienen die Kathedrale in lombardischer Romanik (1173) und die frühromanische Pfarrkirche (restauriert). Das **Museum der Sakralkunst (Museo di Arte Sacra** ⓥ – Werke aus dem 14. bis 18. Jh.) ist im Palazzo Medici (16. Jh., *Piazza Dante Alighieri 14*) eingerichtet.

Ein Hinweis für Feinschmecker:

In der Einführung dieses Reiseführers sind die beliebtesten Spezialitäten und bekanntesten Weine des Landes aufgeführt. Außerdem bietet Ihnen der Rote Michelin-Führer ITALIA jedes Jahr eine große Auswahl guter Restaurants.

SAN REMO

Ligurien

56 168 Einwohner

Michelin-Karte Nr. 988 Falte 12 oder 428 K 5 – Kartenskizze siehe unter La RIVIERA LIGURE

Stadtplan im Michelin-Hotelführer ITALIA

Zwischen Meer und Gebirge, an einer weiten Bucht, die durch das Schwarze und das Grüne Kap begrenzt wird, erstreckt sich San Remo. Die Hauptstadt der Riviera di Ponente erfreut sich das ganze Jahr über eines äußerst milden Klimas und des größten Sonnenreichtums Liguriens. Diese Vorzüge begründen zusammen mit den unzähligen Hotels und Kurhäusern, dem Jachthafen und dem Spielkasino, der Pferderennbahn, den glänzenden Festen und den kulturellen und sportlichen Veranstaltungen den Weltruhm San Remos. Die Stadt ist das bedeutendste Zentrum für den italienischen Blumenhandel. Millionen von Rosen, Nelken, Mimosen etc. werden in die ganze Welt verschickt (von Oktober bis Juni findet zwischen 6 und 8 Uhr der Mercato dei Fiori, der bekannte Blumenmarkt, statt).

Corso Imperatrice – Er ist bekannt für seine prächtigen Kanarischen Palmen. Die Promenade am Meer ist eine der elegantesten in Ligurien.

★ **La Pigna** – Die Oberstadt (Altstadt) wird wegen ihrer Form auch *La Pigna* (= Schnabel) genannt. Sie ist von winkligen Gassen und Treppen durchzogen, die von hohen schmalen Häusern gesäumt werden. Man kann von der Piazza Castello aus zur Barockkirche Madonna della Costa hinaufgehen – von hier bietet sich ein schöner **Blick**★ über die Stadt und die Bucht.

UMGEBUNG

★★ **Monte Bignone** (1 299 m Höhe) – *13 km nördlich.* Vom Gipfel des kiefernbewachsenen Berges hat man eine großartige **Aussicht**★★, die bis nach Cannes reicht.

Bussana Vecchia – *Richtung Arma di Taggia fahren und kurz hinter San Remo links auf eine steil ansteigende Straße abbiegen.*
Der hochgelegene mittelalterliche Ort, der 1887 bei einem Erdbeben zerstört wurde, war bis in die 60er Jahre hinein unbewohnt. Dann ließen sich dort ein paar zumeist ausländische Künstler nieder, die einen Teil der Häuser restaurierten. Nachdem sie sich zunächst von der Welt zurückziehen wollten, bieten die Künstler heute ihre Werke bzw. kunsthandwerklichen Erzeugnisse in kleinen Boutiquen entlang den gepflasterten Gassen an.

SANSEPOLCRO★

Toskana

15 670 Einwohner

Michelin-Karte Nr. 988 Falte 15 oder Nr. 430 L 18

In der kleinen Industriestadt (Teigwarenherstellung) sind die Festungsmauer und zahlreiche, zwischen dem Mittelalter und dem 18. Jh. entstandene **historische Gebäude**★ erhalten, Zeugen ihres frühen und lang anhaltenden Reichtums. Zu den schönsten Straßen gehören die **Via XX Settembre** und die **Via Matteotti**, an der ein schlichter romanisch-gotischer Dom steht. Der Stolz von Sansepolcro ist jedoch **Piero della Francesca**, der um 1415 in der Stadt geborene bedeutendste Maler der Frührenaissance.

★★ **Museo Civico (Städtisches Museum)** ⓥ – *Via Aggiunti 65.* Das Museum enthält mehrere beachtenswerte **Werke**★★★ von **Piero della Francesca**: eine *Auferstehung* (eines seiner Spätwerke), einen herrlichen Flügelaltar mit einer *Gnadenmadonna*, zwei Freskenfragmente, einen *Hl. Julian* und einen *Hl. Ludwig*. Bemerkenswert sind auch die Werke von Bassano, de Signorelli, der Schule von Della Robbia etc., Holzschnitte und einige Reliquiare. Vom 1. Stock hat man einen schönen Blick auf die Via Matteotti und besichtigt Fresken- und Sinopienfragmente aus dem 14. Jh. Im Untergeschoß Skulpturen und Architekturornamente (13. bis 18. Jh.).

San Lorenzo – Die Kirche besitzt eine schöne ***Kreuzabnahme***★ des Manieristen Rosso Fiorentino.

UMGEBUNG

★★ **Camaldoli** – *76 km nordwestlich.* Der Ort liegt im Herzen des Gebirges inmitten tiefer Wälder; hier gründete der hl. Romuald im 11. Jh. den Kamaldulenserorden. Das Kloster, am Ende eines Tals gelegen, wurde im 13. Jh. wiederaufgebaut. Darüber erhebt sich in der Einsamkeit die Einsiedelei **(Eremo**★**)**, ein nur von Mönchen bewohntes Dorf, das von Mauern umgeben ist. Die Klause des hl. Romuald und die schöne Kirche (18. Jh.) sind sehenswert.

S. Chirol

Castello di Poppi

★ **Convento della Verna** - *36 km nordwestlich.* Dieses inmitten eines Hochwaldes aus Kiefern, Tannen und Buchen gelegene Kloster wurde 1213 gegründet. Zehn Jahre später erhielt der hl. Franz von Assisi an der gleichen Stelle seine Wundmale. Die Kapelle der Stigmatisation, das Lager des Heiligen und die kleine Kirche Santa Maria degli Angeli sind zu besichtigen. Man kann ebenfalls den gewaltigen vorspringenden Felsblock bestaunen, unter dem er betete. Die Basilika enthält Terrakotten von Andrea della Robbia.

★ **Poppi** - *61 km nordwestlich.* Der malerische Ort, einst Hauptstadt des Casentino, liegt stolz über dem Arno und besitzt ein **Kastell**★ ⓥ der Grafen Guidi. Der gotische Bau (13. Jh.) hat einen eigenartigen mit Wappen geschmückten **Hof**★.

Monterchi - *17 km südlich.* In der Friedhofskapelle befindet sich über dem Altar das abgenommene Fresko der ***Madonna del Parto***★ *(Jungfrau der Niederkunft)*, eine Arbeit Piero della Francescas.

SIENA★★★

Toskana

56 842 Einwohner

Michelin-Karte Nr. 988 Falte 15 oder Nr. 430 M 15/16

Plan Siena und Umgebung im Michelin-Hotelführer ITALIA

Aus ockerfarbenem Stein, eine Verkörperung gotischen Städtebaus, erhebt sich Siena auf drei Hügeln im Herzen des toskanischen Hochlands. Eine stolze, kunstsinnige Stadt, deren gewundene Straßen und prachtvolle Stadtpaläste von einer Stadtmauer mit erstaunlichem Umfang umgeben sind. Im Zentrum liegt die Piazza del Campo, der berühmte Rathausplatz. Besser als irgendwo sonst läßt sich in Siena erahnen, was eine Stadtrepublik des italienischen Mittelalters bedeutete.

GESCHICHTLICHES

Durch Handel und Bankgeschäfte erwarb die selbständige Republik Siena im 13. und 14. Jh. Wohlstand. Jedoch lag das ghibellinische Siena in Widerstreit mit dem guelfischen Florenz, mit dem es um die Macht wetteiferte; die Sienesen errangen 1260 bei Montaperti einen glänzenden Sieg über Florenz. In dieser Zeit entstanden die eindrucksvollsten Bauten und die Sieneser Malschule, die später eine wichtige Rolle in der italienischen Kunstentwicklung spielen sollte.

Im Jahre 1348 raffte die Pest einen großen Teil der Bevölkerung hin; dies und die mörderischen Kämpfe zwischen den verfeindeten Parteien ließen Siena zu einer unbedeutenden Stadt herabsinken. Anfang des 15. Jh.s war ihre Glanzzeit endgültig vorbei.

Siena ist eine Stadt mit einer langen religiösen Tradition. Hier wurde 1347 die **hl. Katharina** geboren, die sich mit 7 Jahren mystisch mit Christus verlobte und mit 16 Jahren in ein Dominikanerkloster eintrat. Sie hatte zahlreiche Visionen und Ekstasen und erlebte in Pisa die Stigmatisation; 1377 trug sie zur Rückkehr des Papstes nach Rom bei, der seit 1309 in Avignon im Exil war. Ein anderer Heiliger, der sehr verehrt wird, ist **Bernhardin von Siena** (1380-1444). Er gab sein Studium auf, um den Pestkranken zu helfen. Mit 22 Jahren zog er die Franziskanerkutte an und gründete die Kongregation der Observanten, die die Regel des hl. Franz streng befolgen; er wirkte dann als Bußprediger, dem man sich kaum entziehen konnte, in ganz Italien.

KUNST IN SIENA

Siena lag nicht nur auf politischer, sondern auch auf künstlerischer Ebene im Wettstreit mit Florenz. Während in der Dantestadt „römische" Art mit dem Streben nach Ausgewogenheit und Realismus im Vordergrund stand, was zur Entwicklung der Formenfülle der Renaissance führte, folgte man in Siena weiterhin dem byzantinischen Vorbild. Diese „maniera bizantina", auch „maniera greca" genannt, zeichnet sich durch ein verschnörkeltes Linienspiel und zarte Farben aus, was den Reiz der gotischen Malerei ausmacht.

Duccio di Buoninsegna (um 1255-1318) steigerte durch bewegte Linien und stärkere Farbigkeit den dramatischen Ausdruck.

Sein Nachfolger **Simone Martini** (geb. um 1285, gest. 1344 in Avignon) gab seinen Darstellungen mehr Natürlichkeit, vereint mit einem extrem verfeinerten Farbenspiel und detaillierter Darstellungsweise. Die Brüder **Pietro und Ambrogio Lorenzetti**, malten noch wirklichkeitstreuer. Das bevorzugte Thema der Malschule von Siena war die Darstellung der Madonna. In der Frührenaissance weist die Sieneser Kunst weiterhin gotische Elemente auf. Während Florenz die Antike und ihre Mythen wiederentdeckte, blieben **Lorenzo Monaco, Giovanni di Paolo** und **Sassetta** einer Malweise treu, die zur Überfeinerung neigte und von weichen Linien und subtilen Farbharmonien bestimmt war.

In der Architektur verlieh der durch neue Elemente aufgelockerte gotische Stil der Stadt ein eigenes Gepräge: Gemeinsame Verwendung von Natur- und Backstein im unteren Teil der Gebäude, zahlreiche Öffnungen und insbesondere die Fenster mit Doppelbögen. Das bauliche Schaffen konzentrierte sich allerdings hauptsächlich auf den Dom, dessen Errichtung und Umbauten mehr als zwei Jahrhunderte in Anspruch nahmen. An der Fassade zeigt sich auch hier die einzigartige Sieneser Gotik mit Übergang vom romanischen zum gotischen Stil.

Die Pisaner Bildhauer Nicola und Giovanni Pisano machten sich ebenfalls um die Kathedrale verdient; letzterer schmückte die Fassade mit ausdrucksvollen Figuren und beeinflußte **Tino di Camaino**, der um 1280 in Siena geboren wurde, seinen Lebensabend an Hof der Anjou in Neapel verbrachte und dort starb. Der bedeutendste Sieneser Bildhauer war jedoch **Jacopo della Quercia** (1371-1438); er vereint in seinen Werken auf harmonische Weise die gotische Tradition und die Florentiner Kunst der Renaissance.

Piazza del Campo

★★★ PIAZZA DEL CAMPO (BX) *Besichtigung: 1 1/4 Std.*

Die fächer- bzw. muschelförmige, leicht geneigte, mit Ziegelsteinen gepflasterte Piazza gehört zu den schönsten Platzanlagen der Welt überhaupt.

An der Südseite erhebt sich die langgestreckte Fassade des aus Travertin und Backstein erbauten Palazzo Pubblico. Von dort teilen acht weiße Linien aus Steinplatten den Platz in neun Teile, die den Rat der Neun symbolisieren. Etwa in der Platzmitte steht der Brunnen **Fonte Gaia** (Freudenbrunnen), so benannt nach dem lauten Jubel, der bei seiner Einweihung im Jahre 1348 ausbrach (je mehr Brunnen eine Stadt früher besaß, umso größer war ihr Ansehen); 1419 wurde er mit Relieftafeln Jacopo della Quercias verziert (diese haben im Laufe der Zeit sehr gelitten und sind durch Kopien ersetzt worden).

Auf der Piazza del Campo findet zweimal jährlich das **Paliofest** (Palio delle Contrade) statt *(siehe Veranstaltungskalender am Ende des Bandes)*.

An den Vorbereitungen, die mehrere Wochen andauern, nehmen alle Einwohner teil; hier spiegelt sich bei der Organisation die mittelalterliche Verwaltung der Stadt wider, die in drei große Stadtviertel aufgeteilt war und diese wiederum in Pfarrbezirke („Contrade").

Bei dem waghalsigen Pferderennen um den Platz, bei dem alle Tricks erlaubt sind, stellen die Contrade die Teilnehmer. Diese reiten in Kostümen aus dem Mittelalter auf ungesattelten Pferden; die siegreiche Contrada erhält das „Palio", das Banner mit dem Bild der Madonna, Schutzpatronin der Stadt, zu deren Ehren das Rennen ausgetragen wird.

★★ **Palazzo Pubblico (Rathaus)** ⓥ (**BX H**) – Das elegante gotische Gebäude wurde Ende des 13. Jh.s bis Mitte des 14. Jh.s errichtet. Die Fenster haben Drillingsbögen in Kleeblattform, welche unter einem Entlastungsbogen zusammengefaßt sind. Das Mittelstück des Baus trägt einen Kupferkreis mit dem Zeichen IHS des hl. Bernhardin zur Verehrung des Namen Jesu.
An einer Seite des Palais erhebt sich der von Lippo Memmi entworfene 88 m hohe Turm **Torre del Mangia**.
Am Fuß des Turms steht die **Cappella di Piazza**; diese Kapelle in Form einer Loggia wurde 1352 nach der furchtbaren Pest erbaut und im darauffolgenden Jahrhundert im Renaissancestil umgestaltet.
Der Palazzo, einst Regierungssitz, wurde von den bedeutendsten Künstlern der Sieneser Malschule ausgeschmückt.

Sala dei Priori – Fresken von Spinello Aretino (1407), die Papst Alexander III. und seinen Gegenspieler Friedrich Barbarossa darstellen.

★ **Cappella** – Sie ist durch ein schönes **Gitter**★ geschlossen und besitzt Fresken von Taddeo di Bartolo mit Szenen aus dem Marienleben sowie ein herrliches **Chorgestühl**★★ (Anfang 15. Jh.) mit der Darstellung des Credo; am Altar eine *Heilige Familie*, eine Arbeit von Sodoma.

★★ **Sala del Mappamondo** – Entzückende ***Thronende Madonna***★★ (1315), das erste bekannte Werk Simone Martinis. Gegenüber das berühmte ***Reiterbildnis des Guidoriccio da Fogliano***★★ vom gleichen Künstler, das einen seltsamen Kontrast zwischen der realistisch dargestellten Person und der unwirklich erscheinenden Landschaft zeigt, von der sie sich abhebt.

★★ **Sala della Pace** – Im Friedenssaal sind kostbare, leider sehr beschädigte Malereien zu sehen, die Ambrogio Lorenzetti 1335-1340 mit erstaunlicher Detailfreudigkeit und Naturbeobachtung ausführte: Die allegorische ***Darstellung der guten und schlechten Regierung***★★.

Torre (Rathausturm) ⓥ – Von oben bietet sich ein herrlicher **Rundblick**★★ auf die Stadt mit ihren charakteristischen schwarz-braunen Ziegeldächern sowie auf das toskanische Hügelland.

S. Chirol

★★★ DER DOM UND DIE UMLIEGENDEN BAUTEN

Besichtigung: 1 1/2 Std.

★★★ **Duomo** (**AX**) - Die Fassade wurde Ende des 13. Jh.s von Giovanni Pisano begonnen, der sie mit zahlreichen ausdrucksstarken Statuen schmückte; der obere Teil wurde im 14. Jh. nach dem Vorbild des Doms von Orvieto fertiggestellt, der schlichte romanische Campanile 1313 errichtet.
Das **Innere** ⓥ des Gotteshauses zeigt abwechselnd Schichten von hellem und dunklem Marmor und bietet durch die unzähligen Pfeiler überraschende Perspektiven. Der **Fußboden**★★★ (15. und 16. Jh.), einzigartig auf der Welt, besteht aus 56 Marmortafeln. Die Darstellungen in Ritzzeichnungen oder Intarsien zeigen Sibyllen, Tugenden, Allegorien sowie Szenen aus dem Alten Testament und sind lebendig und von erstaunlicher Feinheit. Etwa 40 Künstler, darunter **Beccafumi**, haben daran gearbeitet. Im Chor schönes Bronzeziborium von Vecchietta (15. Jh.) und reich geschnitztes **Chorgestühl**★★ (14. und 16. Jh.). Vor dem linken Querschiff befindet sich die berühmte **Kanzel**★★★, die **Nicola Pisano** zwischen 1266 und 1268 schuf; sie umfaßt sieben Tafeln mit außergewöhnlich dramatischen Reliefs aus dem Leben Jesu. Im linken Seitenschiff führt ein hübsches Portal zur berühmten **Libreria Piccolomini** (Dombibliothek) ⓥ. **Pinturicchio** dekorierte sie 1502-1509 mit **Fresken**★★ in frischen Farben und von großer Lebendigkeit, die Episoden aus dem Leben Papst Pius'II. Piccolomini zum Thema haben; in der Mitte des Raums die *Drei Grazien*, eine römische Skulpturengruppe, die hellenistischen Einfluß aufweist (3. Jh.).

★★ **Museo dell'Opera Metropolitana (Dommuseum)** ⓥ (**ABX M**[1]) - Es ist im 1339 begonnenen Querschiff, dem einzigen fertiggestellten Gebäudeteil des geplanten großangelegten Doms untergebracht (die Arbeiten wurden wegen technischer Schwierigkeiten im Bereich der Grundmauern und insbesondere wegen der Pest von 1348 eingestellt). Das Museum enthält die Originalskulpturen der Domfassade, die von Giovanni Pisano geschaffen wurden, ein Flachrelief Jacopo della Quercias und vor allem die berühmte ***Maestà*** *(Thronende Madonna)*, die **Duccio** für den Hochaltar des Doms ausführte. Das einst auf beiden Seiten bemalte Tafelbild (heute getrennt) zeigt auf der aus mehreren Tafeln bestehenden Rückseite Szenen aus der Leidensgeschichte Christi.

★ **Battistero di San Giovanni** ⓥ (**AX A**) - Es wurde im 14. Jh. kryptaartig unter dem Domchor angelegt. Die begonnene gotische Fassade blieb unvollendet. Das Innere enthält Fresken (15. Jh.) und ein **Taufbecken**★★, das Jacopo della Quercia zugeschrieben wird; die Bronzereliefs des Beckens stammen von mehreren Meistern der toskanischen Renaissance, darunter Lorenzo Ghiberti und Donatello (Festmahl des Herodes).

WEITERE SEHENSWÜRDIGKEITEN

★★ **Pinacoteca** ⓥ (**BX**) - Die Gemäldesammlung befindet sich im **Palazzo Buonsignori**★ (15. Jh.) und gibt einen Überblick über die Sieneser Malerei des 13.-16. Jh.s. Die außergewöhnlich reiche Sammlung aus dem **13.-15. Jh.** befindet sich im 2. Stock. Neben den bemalten Kruzifixen (Ende 12. - Anfang 13. Jh.) und Werken des Malers Guido da Siena ist ein Frühwerk Duccios zu sehen, und zwar die kleine zarte ***Madonna der Franziskaner*** (Saal 4) in dem für die Sieneser Malschule typischen Stil, die eine seltene Reinheit ausstrahlt. Von Simone Martini befindet sich hier nur ein einziges, dafür aber im Ausdruck der Verinnerlichung selten erreichtes Werk, die ***Madonna*** (Saal 6). Saal 7 enthält mehrere Arbeiten der Brüder Lorenzetti, darunter das Altarwerk ***Pala del Carmine***, bei dem der Sieneser Realismus deutlich zum Ausdruck kommt (Szenen der Predella). Die kleine ***Madonna der Demut*** (Saal 13), mit schmaler Silhouette, ist vom naiven Landschaftshintergrund durch eine Rosenhecke getrennt; das Gemälde stammt von Giovanni di Paolo.
Im 1. Stock sind Schöpfungen von Pinturicchio ausgestellt: in Saal 31 eine ***Geburt Mariä*** von Beccafumi mit kühnen Farbabstufungen sowie ein ausdrucksvoller ***Christus in Banden*** von Sodoma.

★ **Via di Città** (**BX**), **via Banchi di Sopra** (**BVX 4**) - An den schmalen, belebten, mit Platten belegten Straßen ohne Bürgersteige stehen sehenswerte **Palazzi**★.
Kommt man von der Via San Pietro in die Via di Città, erhebt sich links der **Palazzo Piccolomini** (oder delle Papesse) (**S**) aus dem 15. Jh.; die Fassade mit Bossenquadern am unteren Teil zeigt florentinischen Stil. Fast genau gegenüber sieht man die langgezogene Fassade des gotischen **Palazzo Chigi-Saracini** (**N**), Sitz der Musikakademie. Etwas weiter rechts die **Loggia dei Mercanti** (**E**) im Übergangsstil der Gotik zur Renaissance, die einst Sitz des Handelsgerichts war; die obere Etage wurde im 17. Jh. hinzugefügt.
Im eleganten **Palazzo Tolomei** (**Z**), links, aus dem 13. Jh., wohnte Robert von Anjou, König von Neapel im Jahre 1310. An der auf drei Seiten geschlossenen **Piazza Salimbeni**★ (**BV**) stehen drei Gebäude, die repräsentativ für verschiedene Baustile sind: der gotische **Palazzo Salimbeni** (**V**) aus dem 14. Jh., rechts der **Palazzo Spannocchi** (**W**) aus der Renaissance (15. Jh.) und links der barocke **Palazzo Tantucci** (**X**) aus dem 16. Jh.

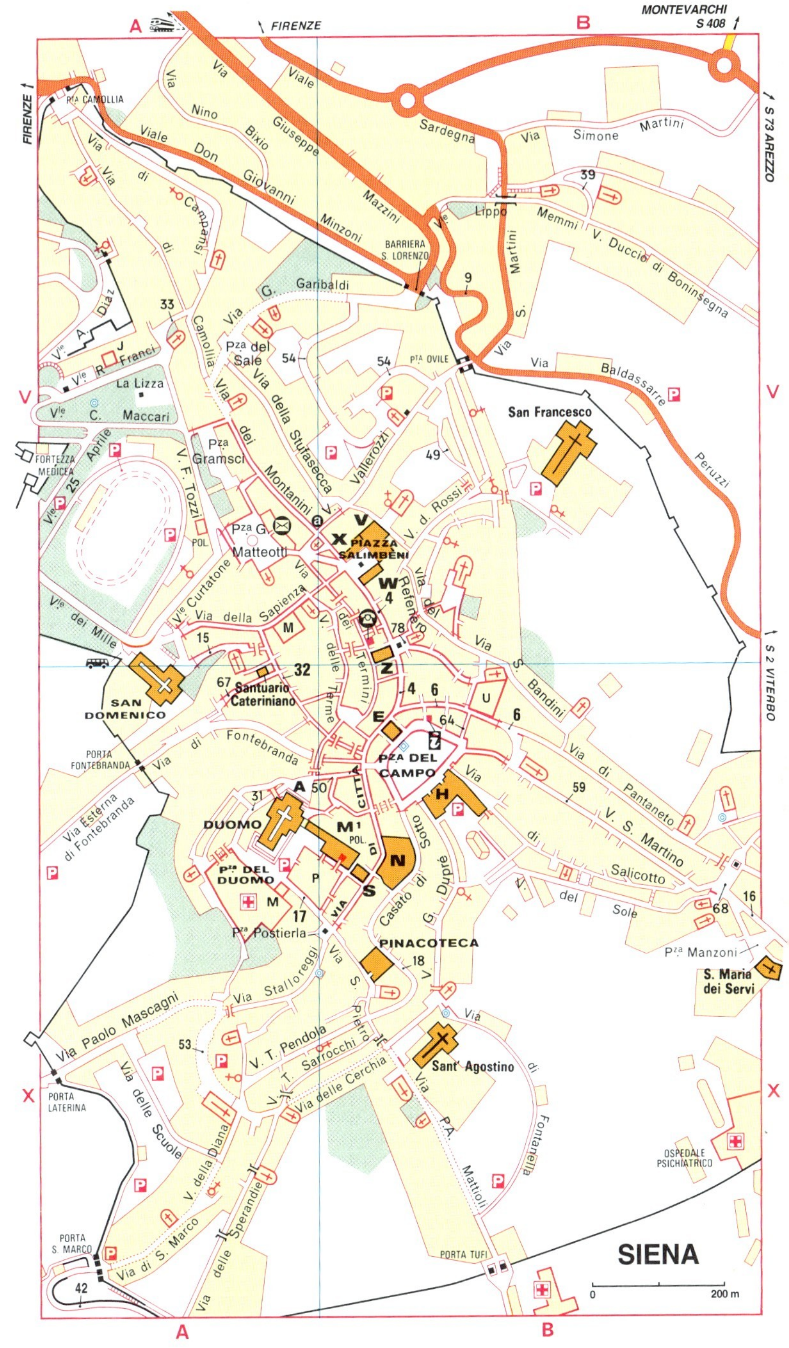

Eingeschränkter Autoverkehr in der Innenstadt

Banchi di Sopra (Via) . . . . . . BVX 4
Banchi di Sotto (Via) . . . . . . BX 6
Beccafumi (Via D.) . . . . BV 9
Camporegio (Via) . . . . AV 15
Cantine (Via delle) . . . . BX 16
Capitano (Via del) . . . . AX 17
Casato di Sopra . . . . BX 18
Città (Via di) . . . . BX
Fusari (Via) . . . . AX 31
Galluzza (Via della) . . . . AX 32
Gazzani (Via) . . . . AV 33
Maitani (Via L.) . . . . BV 39
Massetana (Strada) . . . . AX 42
Montanini (Via dei) . . . . AV
Montluc (Via Biagio di) . . . . AV 45
Orti (Via degli) . . . . BV 49
Pellegrini (Via dei) . . . . BX 50
Pian dei Mantellini . . . . AX 53
Pian d'Ovile . . . . ABV 54
Porrione (Via del) . . . . BX 59
Rinaldini (Via) . . . . BX 64
S. Caterina (Via di) . . . . AX 67
S. Girolamo (Via) . . . . BX 68
Tolomei (Piazza) . . . . BV 78
Vittorio Emanuele II (Viale) . . . . AV 85

Battistero S. Giovanni . . . . AX A
Duomo . . . . AX
Loggia dei Mercanti . . . . . BX E
Museo dell'Opera Metropolitana . . . . . . BX M¹
Palazzo Chigi-Saracini . . . . BX N
Palazzo Piccolomini . . . . . BX S
Palazzo Pubblico . . . . BX H
Palazzo Salimbeni . . . . BV V
Palazzo Spannocchi . . . . . BV W
Palazzo Tantucci . . . . BV X
Palazzo Tolomei . . . . BV Z
Pinacoteca . . . . BX
San Domenico . . . . AX
San Francesco . . . . BV
Sant' Agostino . . . . BX
Santa Maria dei Servi . . . . . BX
Santuario Cateriniano . . . . . . AX

★ **San Domenico** (**AX**) – In der gotischen Klosterkirche (13.-15. Jh.) erlebte die hl. Katharina ihre Ekstasen; ein wirklichkeitsgetreues Bildnis der Heiligen fertigte ihr Zeitgenosse Andrea Vanni.
Der Kopf der hl. Katharina wird in der gleichnamigen Kapelle (etwa in der Mitte des Schiffs, rechts) in einem von Giovanni di Stefano gefertigten schön skulptierten **Marmortabernakel**★ der Renaissance bewahrt; an der Wand **Fresken**★ von Sodoma, die Szenen aus dem Leben der Heiligen darstellen.

Santuario Cateriniano (Geburtshaus der hl. Katharina) (**AX**) – *Eingang: via Santa Caterina.* Die Räume sind zu einer Gebetsstätte geworden. Im Untergeschoß ist noch der Wohnraum der Heiligen zu sehen und im Obergeschoß das Kruzifix (13. Jh.), vor dem sie die Stigmata erhielt.

Sant'Agostino (**BX**) – Die im 13. Jh. errichtete Kirche besitzt einen barocken Innenraum. Bemerkenswert sind eine ***Anbetung des Kreuzes***★ von Perugino und **Werke**★ von Ambrogio Lorenzetti, Matteo di Giovanni und Sodoma (in der Sakramentskapelle).

SORRENTO★★

SORRENT – Kampanien

17 371 Einwohner
Michelin-Karte Nr. 431 F 25 – Kartenskizze siehe unter AMALFI
Stadtplan im Michelin-Hotelführer ITALIA

Das beliebte Reiseziel Sorrent, die Stadt der Gärten, erstreckt sich entlang einer weiten Bucht. Die Hotels und Villen liegen versteckt in blumenreichen Anlagen. Herrlich sind auch die üppigen Zitronen- und Orangenpflanzungen, für die die Stadt und die Gegend berühmt sind. Außerdem ist Sorrent bekannt für die Herstellung von Holzintarsien. Die Stadt ist die Heimat des Dichters **Torquato Tasso**, der hier 1544 geboren wurde.

★ **Museo Correale di Terranova** ⓥ – Das Museum wurde in einem Palast aus dem 18. Jh. eingerichtet und enthält einige bemerkenswerte Intarsienarbeiten aus Sorrent (**Sekretär** von 1910), eine kleine archäologische Sammlung und im ersten Stock Möbel aus dem 17. und 18. Jh. sowie interessante Gemälde aus Neapel (17.-18. Jh.). Zwei Säle sind den Landschaftsmalern der **Scuola di Posillipo** gewidmet, die um 1830 gegründet wurde und deren Hauptvertreter **Giacinto Gigante** (1806-1876) war. Im zweiten Stock ist eine schöne Porzellan- und Majolika-Sammlung untergebracht. Wenn man durch den Garten des Museums geht, erreicht man eine Aussichtsplattform, die einen herrlichen **Blick**★★ auf den Golf bietet.

Historisches Zentrum – Die Via San Cesareo, die Ost-West-Achse (Decumanus) der römischen Stadt, führt zum **Sedile Dominova**, wo während der Herrschaft des Hauses von Anjou die Stadtverwaltung untergebracht war. Das Gebäude präsentiert sich als eine mit Fresken geschmückte Loggia, die von einer Kuppel mit Majoliken aus dem 17. Jh. überragt wird.
Wenn man der rechtwinklig abgehenden Via San Giuliani folgt, erreicht man die Barockkirche San Francesco mit ihrem Zwiebelturm, neben der sich ein hübscher **Kreuzgang**★ aus dem 13. Jh. befindet. Die mit Pflanzenmotiven verzierten Kapitelle tragen sich überschneidende Arkaden im sizilianisch-arabischen Stil.
Gleich daneben liegt der öffentliche Park mit der **Villa Comunale**. Von hier aus hat man einen faszinierenden **Ausblick**★★ über den Golf von Neapel.

★★ LA PENISOLA SORRENTINA (HALBINSEL VON SORRENT)

Rundfahrt von 33 km. Siehe Kartenskizze unter AMALFI. Von Sorrent aus die Straße S 145 in westlicher Richtung nehmen, bei einer Gabelung rechts der Straße nach Massa Lubrense folgen.

Auf der kleinen kurvenreichen Straße kann man von Sorrent aus die Rundfahrt um die Halbinsel unternehmen. Immer wieder öffnen sich schöne Ausblicke auf die grünen Hügel, die Olivenhaine, Orangen- und Zitronenplantagen, die sich mit Weingärten abwechseln. Die Straße steigt steil an; am Straßenrand stehen Gitter, auf denen große Matten gestapelt sind, die im Winter die Zitrusbäume vor der Kälte schützen.
Von der **Punta del Capo di Sorrento** *(zu Fuß von der Kirche in Capo di Sorrento aus zu erreichen; hier zuerst die Straße rechts nehmen und bis zu einer Schule gehen; dort auf einem gepflasterten Weg weiter. 1 Std. hin und zurück)* hat man eine einmalige **Aussicht**★★ auf Sorrent. In **Sant'Agata sui Due Golfi**, das auf einem Bergkamm über dem Golf von Neapel und dem Golf von Salerno errichtet wurde, hat man vom Benediktinerkloster **Deserto** (1,5 km westlich des Dorfes) ⓥ einen herrlichen **Panoramablick**★★.
Hinter **Sant'Agata sui Due Golfi**, das auf einer Landzunge zwischen dem Golf von Neapel und dem Golf von Salerno liegt, führt die Straße steil abwärts nach Colli di San Pietro. Auf dem Rückweg nimmt man die Höhenstraße S 163 mit großartigen **Ausblicken**★★ auf den Golf von Neapel.

SPOLETO★

Umbrien

37 742 Einwohner
Michelin-Karte Nr. 988 Falte 26 oder Nr. 430 N 20 –
Stadtplan im Michelin-Hotelführer ITALIA

Die alte römische Stadt war im 6. und 8. Jh. als Sitz eines mächtigen langobardischen Herzogtums bekannt. Spoleto erstreckt sich an den Hängen eines Hügels und wird von der Burg der Päpste überragt. Der ernste und herbe Charakter der Stadt, in der der hl. Franziskus gern weilte, wird durch die malerischen Gassen, die Paläste und die vielen erhaltenen mittelalterlichen Bauten gemildert.
Jedes Jahr findet im Sommer das Internationale Musik- und Theaterfestival, das **Festival von Spoleto**, statt, das zahlreiche Zuschauer anlockt *(siehe Veranstaltungskalender am Ende des Bandes)*.

★★ **Duomo** – Das Baptisterium und der Dom begrenzen die harmonische und stille **Piazza del Duomo**★. Vor der Fassade des Doms, die mit einer Fensterrosette und einem Mosaik aus dem 13. Jh. geschmückt ist, befindet sich ein Portikus aus der Renaissance. Im Inneren sind das auf Pergamentpapier gemalte und auf einem Brett angebrachte Altarkreuz (1187) von Alberto Sozio *(gleich links)*, die Fresken von Pinturicchio *(erste Kapelle rechts)*, das Grabmal von Fra Filippo Lippi *(rechtes Querschiff)* und vor allem die **Fresken** in der Apsis sehenswert. Auf diesen von Fra Filippo Lippi und seinen Schülern ausgeführten Fresken sind Szenen aus dem Leben Marias dargestellt. Rechts neben dem *Marientod* hat sich Lippi in einer Dominikanerkutte dargestellt.

★★ **Ponte delle Torri** – Die Brücke, die zu einer zauberhaften Promenade führt, ist 230 m lang und befindet sich 80 m über dem Fluß. Sie wurde im 13. Jh. auf den Grundmauern eines römischen Aquäduktes erbaut. An einem Ende ihrer zehn Bogen ist noch ein kleiner Wehrbau erhalten.

★ **San Salvatore** – Es handelt sich um eine der ersten christlichen Kirchen Italiens, die wahrscheinlich im 4. Jh. von Mönchen aus dem Orient erbaut wurde. Im 9. Jh. wurde sie umgestaltet. Man erkennt deutlich die verschiedenen Materialien aus der Römerzeit, die zum Bau verwendet wurden.

★ **San Gregorio Maggiore** – Die romanische Kirche aus dem 12. Jh. wurde im 14. Jh. umgebaut. Links neben der Vorhalle mit dem Eingang befindet sich das Baptisterium (14. Jh.), das mit Fresken ausgemalt ist *(Kindermord)*. Der Campanile ist aus römischen Steinblöcken erbaut worden. In den drei streng wirkenden Kirchenschiffen tragen gedrungene Säulen die einfachen Würfelkapitelle. Im Gegensatz zu dieser Strenge steht der Chor, der mit einem Fresko aus dem 15. Jh. verziert ist; der skulptierte Reliquienschrein stammt aus der gleichen Zeit.

Arco di Druso (Drususbogen) – Der Bogen wurde 23 n. Chr. zu Ehren des Sohns des Tiberius errichtet.

San Domenico – Die Mauern der hübschen Kirche aus dem 13.-14. Jh. bestehen aus abwechselnd weißen und rosafarbenen Steinschichten. Der einschiffige Kirchenraum wurde im 14. und 15. Jh. mit Fresken ausgemalt. Im rechten Querhausarm befindet sich ein Gemälde von Lanfranco.

UMGEBUNG

★ **Straße nach Monteluco (Strada di Monteluco)** – *8 km östlich.* In Serpentinen windet sich die Straße hinauf nach **Monteluco**★ (850 m Höhe), einer antiken Kultstätte. Heute ist Monteluco ein Luftkurort, in dem man sich ein von Franz von Assisi gegründetes Kloster anschauen kann. Am Fuß des Monteluco steht die Kirche **San Pietro**, die eine bemerkenswerte romanische **Fassade**★ aus dem 13. Jh. mit skulptierten Verzierungen besitzt.

★ **Fonti del Clitunno (Clitumnusquelle)** – *13 km nördlich.* Das klare Quellwasser sprudelt inmitten üppiger Vegetation hervor und bildet kleine Seen. Der Ort war den Römern heilig – sie tauchten Opfertiere hier zur rituellen Reinigung ins Wasser. Ein Kilometer unterhalb steht der **Clitumnustempel** (Tempietto di Clitunno) ⏲, ein kleines frühchristliches Gebäude aus dem 5. Jh., dessen Säulen und Giebeldreieck mit Skulpturen ausgeschmückt sind.

Am Ende des Reiseführers finden Sie wichtige praktische Hinweise:
Anschriften von Verbänden, Fremdenverkehrsämtern und Informationsstellen
einen Veranstaltungskalender
Hinweise zur Freizeitgestaltung
Buchvorschläge
Öffnungszeiten der Sehenswürdigkeiten

STERZING

Siehe unter VIPITENO/STERZING

SUBIACO

Latium

8 999 Einwohner

Michelin-Karte Nr. 988 Falte 26 oder Nr. 430 Q 21

Bekannt wurde das Städtchen Subiaco durch den **hl. Benedikt von Nursia** und seine Zwillingsschwester Scholastika, die sich im 5. Jh. hierher zurückzogen und zwölf kleine Klöster gründeten. Hier legte der hl. Benedikt die Grundzüge der Benediktinerregel fest.
Man erreicht die Klöster auf der Straße nach Frosinone; nach 3 km, kurz vor der Aniene-Brücke, nach links abbiegen.

Monastero di Santa Scolastica ⓥ – Das Kloster liegt oberhalb der Schlucht des Aniene. Zum Kloster gehören der mächtige Campanile aus dem 11. Jh., die im 18. Jh. neu gestaltete Kirche sowie drei Kreuzgänge, wobei der dritte ein Werk der Cosmaten ist, bewundernswert in seiner Schlichtheit.

★ **Monastero di San Benedetto** ⓥ – Oberhalb des Klosters Santa Scolastica, eng an die steile Felswand gebaut, stehen die Gebäude des Klosters San Benedetto (13. und 14. Jh.). Die Kirche besteht aus einem Ober- und einem Unterbau. An den Wänden der **Oberkirche** befinden sich Fresken im Stil der Sieneser Malschule des 14. und der Umbrischen Schule des 15. Jh.s. Die Räume der **Unterkirche** liegen auf zwei Ebenen. Hier schuf der Meister Consolus Fresken im römischen Stil (13. Jh.).
Von hier aus betritt man die Grotte **Sacro Speco**, in der der hl. Benedikt drei Jahre lang lebte. Eine Wendeltreppe führt zu einer Kapelle, in der ein zu Lebzeiten des Heiligen angefertigtes Bildnis des Franz von Assisi aufbewahrt wird; es zeigt ihn ohne Wundmale und ohne Heiligenschein. Auf der **Scala Santa**, der Heiligen Treppe, geht man in die Kapelle der Madonna (Fresken der Sieneser Schule) und in die Grotte der Hirten (Grotta dei Pastori). Schließlich ist noch der Rosenstock zu sehen, in den sich der Heilige warf, um sich zu kasteien.

SULMONA★

Abruzzen

25 656 Einwohner

Michelin-Karte Nr. 988 Falte 27 oder Nr. 430 P 23

Kartenskizze siehe unter ABRUZZO

Die Stadt Sulmona liegt umgeben von majestätischen Berggipfeln in einem fruchtbaren Talbecken. Sie ist die Heimat des römischen Dichters **Ovid**, der sie mit dem Vers „Sulmona mihi patria est" (aus dem sich das Kürzel SMPE im Wappen der Stadt ableitet) verewigt hat. Sulmona war und ist ein dynamisches Handels- und Kunsthandwerkszentrum, das vor allem für seine Goldschmiede bekannt ist.

★ **Porta Napoli** – *Am südlichen Stadteingang.* Das gotische Stadttor mit Figurenkapitellen (14. Jh.) ist an der Außenseite mit einer einzigartigen Verzierung aus vergoldeten Bossenquadern, den Wappen des Hauses Anjou und römischen Reliefs versehen. Hier beginnt der elegante **Corso Ovidio**, der quer durch das mittelalterliche Stadtzentrum verläuft.

Piazza Garibaldi – Dieser Platz, auf dem mittwochs und samstags ein lebendiger, bunter Markt stattfindet, wird von den Spitzbögen des **Aquädukts** aus dem 13. Jh., einer Ecke der barocken Kirche Santa Chiara und dem gotischen Portal von San Filippo begrenzt. An der Außenseite des Aquädukts, in Richtung Corso Ovidio, steht die **Fontana del Vecchio** (Brunnen des Alten). Dieser schöne Renaissance-Brunnen verdankt seinen Namen der Inschrift, die unter dem bärtigen Kopf, der sich unter einem halbrunden Tympanon befindet, angebracht ist.
Am Ostersonntag veranstaltet man hier das **Fest der „Madonna che scappa in piazza"**, bei dem eine schwarz gekleidete Marienstatue der des auferstandenen Christus entgegengetragen wird; in Sichtweite wirft die Madonna ihre Trauerkleider ab, erscheint in strahlend grünem Kleid und eilt ihrem Sohn entgegen.

San Francesco della Scarpa – Die Kirche wurde im 13. Jh. von den Franziskanern errichtet, die Schuhe, aber keine Stiefel trugen (it. Scarpa = Schuh, daher der Name). Sie hat an der am Corso Ovidio liegenden Seite ein schönes romanisches **Portal**★, das von einem Glockenturm und den Resten der Abteigebäude flankiert wird.

Kleine bunte Leckereien

In den Schaufenstern des Corso Ovidio kann man ungewöhnliche Blumensträußchen bewundern: Es handelt sich dabei um die berühmten Dragees von Sulmona, die es seit dem Ende des 15. Jh.s gibt. Wer diese Bonbons kostet, erlebt eine angenehme Überraschung: Unter der Zuckerglasur verbergen sich sizilianische Mandeln, Nüsse, Schokolade und Trockenfrüchte. Mehr erfahren Sie im kleinen Museum für Kunst und Technik der Konfiseriehersteilung **(Museo dell'Arte e della Tecnologia Confetteria ⓥ)** neben der Fabrik Pelino, Via Introdacqua 55.

Palazzo dell'Annunziata – Dieses monumentale architektonische Ensemble illustriert vier Jahrhunderte Kunstgeschichte Sulmonas. Es wurde ab 1415 von einer Bußbrüderschaft errichtet und vereint Stilelemente der Gotik (reichhaltige Verzierung des linken Portals mit den Statuen der Jungfrau Maria und des hl. Michael, **Fenster mit Dreipaßbogen★** und Statuen der vier Kirchenväter), der Renaissance (das elegante mittlere Portal, das rechte Portal und die beiden Doppelfenster) und des Barock (die prächtige Fassade der angrenzenden Kirche). Auf halber Höhe verläuft ein wunderschöner **Fries★** (Jagdszenen und Amorfiguren). Im Inneren des Palastes befindet sich das Städtische Museum **(Museo Civico ⓥ)**.

UMGEBUNG

★ **Basilica di San Pelino** ⓥ – *13 km in nordwestlicher Richtung, in der Nähe des Dorfs Corfinio.* Der im 11. und 12. Jh. errichtete ehemalige Bischofssitz bietet an seiner Rückseite einen schönen Blick auf das **Apsis-Ensemble★** und die angrenzende Kapelle San Alessandro. Im Innern befindet sich eine schöne **Kanzel★** aus dem 12. Jh.

Popoli – *17 km in nordwestlicher Richtung.* Im Zentrum der kleinen Handelsstadt, auf der Piazza Grande, steht die Kirche San Francesco, deren gotische Fassade einen barocken Abschluß trägt. In einer Seitenstraße befindet sich die **Taverna ducale★**, ein eleganter, mit Wappen und Reliefs verzierter gotischer Bau, der als Zehnthof diente.

TARANTO★

TARENT – Apulien

231 350 Einwohner

Michelin-Karte Nr. 988 Falte 29 oder Nr. 431 F 33

Stadtpläne im Michelin-Hotelführer ITALIA

Der große Kriegshafen liegt geschützt in einer Bucht, die von beiden Seiten durch Inselfestungen bewacht wird. Tarent wurde im 7. Jh. v. Chr. gegründet und war eine der bedeutendsten Städte Großgriechenlands.

Die Karwoche ist Anlaß für Feierlichkeiten: von Gründonnerstag bis Karsamstag ziehen mehrere Prozessionen in erstaunlicher Langsamkeit von einer Kirche zur anderen durch die Stadt; eine dieser Prozessionen dauert 12 Stunden, eine andere sogar 14 Stunden.

★★ **Museo Nazionale** ⓥ – *Derzeit sind Umgestaltungsmaßnahmen im Gange, weshalb nicht alle Sammlungen ausgestellt sind.* Das Nationalmuseum gibt anhand der Ausgrabungsfunde aus Tarent und Umgebung einen guten Überblick über die Kultur Großgriechenlands. Unter den Skulpturen verdient die des **Poseidon★★**, die in Ugento ausgegraben wurde, besondere Beachtung: Diese Bronzefigur in archaischer Körperhaltung aus dem 6. Jh. v. Chr. wurde wahrscheinlich von lokalen Künstlern hergestellt. Man hielt sie zunächst für eine Darstellung des Meeresgottes, doch geht man nun davon aus, daß es sich um Zeus handelt, der einen Blitz und einen Vogel (nicht mehr vorhanden) in seiner Hand hält. Zu sehen ist auch eine außergewöhnliche **Keramiksammlung★★★** mit Gefäßen im korinthischen, attischen, italischen und apulischen Stil, die sich durch ein elegantes und kunstvolles Dekor auszeichnen. Besonders bemerkenswert ist die Sammlung von **Goldschmuck★★★**, die bewundernswerte Schmuckstücke aus Filigran und Goldfolie umfaßt, in die manchmal Edelsteine eingelegt sind oder Emailschmuck. Sie stammen aus der hellenistischen Zeit des 4. und 3. Jh.s v. Chr. und sind Grabfunde aus der Gegend.

★★ **Lungomare Vittorio Emanuele** – Diese von Palmen und Oleander gesäumte Promenade führt am Meer entlang.

★ **Giardini Comunali Vila Peripato (Stadtpark)** – Er liegt auf einer Terrasse oberhalb des Hafens (Mare Piccolo) und ist wegen seiner exotischen Pflanzen sehenswert.

Altstadt – Sie erstreckt sich auf einer Insel und ist durch zwei Brücken (eine davon eine Drehbrücke) mit dem Festland verbunden. Am äußersten westlichen Punkt steht die **aragonische Burg**, in der heute die Militärkommandantur der Marine untergebracht ist.

Duomo – Der mehrmals umgestaltete Kirchenbau mit seiner Barockfassade stammt aus dem 11. und 12. Jh. Der Innenraum besteht aus drei Kirchenschiffen, die durch antike Säulen mit römischen und byzantinischen Kapitellen getrennt sind. Die Decke wurde im 17. Jh. eingefügt; die **Cappella di San Cataldo**★ wurde im 18. Jh. mit verschiedenfarbigem Marmor ausgekleidet und mit Statuen versehen.

San Domenico Maggiore – Die im 14. Jh. erbaute Kirche wurde in der Barockzeit erheblich umgestaltet. Ihre leider etwas verfallene Fassade besitzt noch ein Spitzbogenportal und eine Fensterrose.

TARQUINIA★

Latium

14 868 Einwohner

Michelin-Karte Nr. 430 P 17

Die Stadt liegt auf einem felsigen Hochplateau am Tyrrhenischen Meer. In der Umgebung werden Weizen, Roggen und Oliven angebaut. Seine Berühmtheit verdankt Tarquinia der nahe gelegenen etruskischen Gräberstadt.
Die Gründung der Stadt soll in das 12., oder gar 13. Jh. v. Chr. zurückreichen; archäologische Funde aus der Zeit der Villanova-Kultur bezeugen ihr Bestehen im 9. Jh. v. Chr. (Die nach einem Ort bei Bologna benannte Kultur ist in der Po-Ebene, der Toskana und im nördlichen Latium um 1000 v. Chr. nachweisbar, wo sich später die Etrusker niederließen). Als wirtschaftlich bedeutende Hafenstadt am Fluß Marta war Tarquinia im 6. Jh. eine der wichtigsten Städte Etruriens. Vom 4. Jh. v. Chr. an geriet es in den Einflußbereich Roms; dann entvölkerte sich die Stadt infolge der Malaria. Ihr Niedergang wurde durch die Einfälle der Langobarden im 7. Jh. n. Chr. besiegelt. Die Bewohner flohen aus der antiken Stadt und gründeten die heutige neue Siedlung.

★★ **Necropoli Etrusca (Etruskische Nekropole)** ⓥ – *4 km südöstlich.* Die Gräberstadt liegt auf einer Anhöhe parallel zu der mit dem antiken Tarquinia. Die Nekropole erstreckt sich auf 5 km Länge und 1 km Breite und zählt ungefähr sechshundert Gräber aus dem 6.-1. Jh. v. Chr.
Vom Äußeren her sind die Grabbauten nichtssagend (anders als zum Beispiel die Grabanlagen zu Cerveteri); erst im Innern offenbart sich an den Wänden der Grabkammern ein einzigartiger Schatz: **Wandmalereien**★★★ schildern lebhaft und farbig das Alltagsleben der Verstorbenen und sind somit von unschätzbarem Wert für die Kenntnis der etruskischen Kultur.
Die bedeutendsten Grabkammern sind die folgenden: **Tomba del Barone** aus dem 6. Jh. v. Chr., **Tomba dei Leopardi** (5. Jh. v. Chr.), eine der schönsten der Nekropole, die nach den Leoparden und Panthern auf der Rückwand benannt und außerdem mit Tänzern und einem Festbankett verziert ist; die **Tomba dei Tori** (Stiergrab) (6. Jh. v. Chr.) ist mit erotischen Szenen ausgestattet; zwischen 530 und 520 v. Chr. wurde die **Tomba delle Leonesse** (Grab der Löwinnen) errichtet; die **Tomba Giglioli** (4. Jh. v. Chr.) ist in illusionistischer Malerei mit Gewändern und Waffen bemalt; die **Tomba della Caccia e della Pesca** (Ende 6. Jh. v. Chr.) besteht aus zwei Räumen, an deren Wänden Jagdszenen, Szenen eines Fischfangs und eines Banketts abgebildet sind.

Ross/RAPHO

Meisterwerk aus der Etruskerzeit: Die geflügelten Pferde

★ **Museo Nazionale Tarquiniese (Nationalmuseum von Tarquinia)** ⓥ – Das Museum ist im **Palazzo Vitelleschi**★ eingerichtet, der 1439 erbaut wurde. Es birgt Sammlungen von Grabbeigaben aus der Etruskerzeit. Es sind Sarkophage, Keramiken,

Elfenbeinarbeiten, Votivtafeln, attische Krater und Amphoren aus dem 6. Jh. v. Chr. ausgestellt. Bemerkenswert ist das Relief der beiden geflügelten Pferde (**Cavalli alati**★★★) aus Terrakotta. Im 2. Stock wurden einige der Grabkammern rekonstruiert: **Tomba del Letto Funebre** (460 v. Chr.) und **Tomba del Triclinio** (480-470 v. Chr.); letztere war wohl eine der schönsten Grabstätten in dieser unterirdischen Totenstadt.

★ **Santa Maria in Castello** ⓥ - *Zufahrt auf der Via Mazzini, dann durch die Via di Porta Castello, jenseits der Stadtmauer.* Neben einem hohen Geschlechterturm aus dem Mittelalter steht diese romanische Kirche (1121-1208); sie gehörte zum Kastell, das die Stadt beschützte. Das elegante Portal ist mit Cosmatenschmuck verziert; das Innere wirkt majestätisch.

TERNI

Umbrien

110 704 Einwohner

Michelin-Karte Nr. 988 Falte 26 oder Nr. 430 O 19

Stadtplan im Michelin-Hotelführer ITALIA

Die bedeutende Industriestadt Terni besitzt eine hübsche Altstadt. Hier stößt man noch auf alte Paläste, die Kirche San Francesco mit einem Glockenturm aus dem 15. Jh. und die Kirche San Salvatore, ein Bau aus der frühchristlichen Zeit (5. Jh.). Die Piazza della Repubblica und die Via Roma bilden das belebte Zentrum der Stadt.

UMGEBUNG

★★ **Cascata delle Marmore** ⓥ - Der Wasserfall, der in drei Stufen über Marmor fast senkrecht in eine tiefe Schlucht hinabstürzt, wurde von den Römern angelegt. *Zufahrt entweder über die Straße nach Macerata, S 209 (7 km östlich von Terni), oder über die Straße nach Rieti, S 79 (9 km östlich, zuzüglich 1/2 Stunde zu Fuß hin und zurück).*

Römische Ruinen von Carsulae (Rovine romane di Carsulae) - *16 km nordwestlich. Zufahrt über San Gemini und San Gemini Fonte.* Hier sind Überreste einer während der Kaiserzeit blühenden römischen Stadt zu sehen, die im 9. Jh. zerstört wurde.

Ferentillo - *18 km nordöstlich.* Das malerische Dorf wird von zwei Burgruinen überragt. Von hier aus *(5 km in Richtung Norden, dann 2 km auf einer nicht sehr guten Privatstraße)* erreicht man die Abtei **San Pietro in Valle** ⓥ, die im 7. Jh. gegründet und im 12. Jh. wieder aufgebaut wurde. Der Kreuzgang, die Fresken aus dem 12. Jh. sowie die römischen Sarkophage sind sehenswert.

TERRACINA

Latium

38 818 Einwohner

Michelin-Karte Nr. 988 Falte 26 oder Nr. 430 S 21

Die freundliche Stadt nimmt eine bevorzugte Lage am Golf von Gaeta ein, am Fuß einer Steilküste aus Kalkstein. Terracina war schon in der Römerzeit ein geschätzter Aufenthaltsort im Sommer, der damals *Anxur* hieß. Ein Teil der alten Stadtmauer und römische Ruinen blieben erhalten.

Duomo - Er steht auf der hübschen **Piazza del Municipio**, die den Plattenbelag des ehemaligen Forums aus der Römerzeit aufweist. Der Dom wurde 1075 geweiht; in der Vorhalle sind noch antike Säulen zu sehen, die einen Mosaikfries aus dem 12. Jh. tragen. Der Campanile mit den kleinen Säulen entstand später, im romanisch-gotischen Übergangsstil. Im Innern sind eine **Kanzel** und ein **Osterleuchter**★ zu bewundern, beides wunderschöne Cosmatenarbeiten aus dem 13. Jh.

★ **Tempio di Giove Anxur (Tempel des Jupiter Anxurus)** - *4 km zuzügl. 1/4 Std. zu Fuß hin und zurück auf der Via S. Francesco Nuovo.* Obwohl nur noch der Unterbau, eine überwölbte Galerie und ein Kryptoportikus erhalten sind, lohnt sich die Besichtigung allein wegen der landschaftlichen Schönheit dieses Orts und der herrlichen **Aussicht**★★, die sich von hier über die Stadt, die Kanäle und den Hafen bietet. Der Blick reicht weiter über den Monte Circeo und die Pontinischen Sümpfe, über die Fondi-Ebene mit ihren Seen und die Küste bis Gaeta.

UMGEBUNG

★ **Parco nazionale del Circeo** - Dieser Nationalpark wurde 1934 an dem schmalen Küstenstreifen zwischen Anzio und Terracina angelegt und umfaßt einen Teil der einstigen Pontinischen Sümpfe. Zu den schönsten Stätten gehören der **Monte Circeo**, auf dem der antiken Sage nach die Zauberin Circe wohnte, die Odysseus und seine Gefährten festhielt, und der **See von Sabaudia**, zu dem von **Sabaudia**, einer beliebten Sommerfrische, eine Brücke führt. Die **Küstenstraße** *(5 km von San Felice nach Torre Cervia)* wird von luxuriösen Villen und den typisch mediterranen Pflanzen und Blumen gesäumt.

Santuario della Madonna di TIRANO

Wallfahrtskirche Madonna di Tirano – Lombardei

Michelin-Karte Nr. 988 Falte 3, 4 oder Nr. 428 oder 429 D 12

1505 wurde am Ort der Erscheinung der heiligen Jungfrau mit dem Bau der Kirche der **Madonna di Tirano** begonnen. Die Kirche mit ihren drei Kirchenschiffen und einer Fassade aus dem Jahre 1676 weist ein prächtiges Barockdekor auf. Bemerkenswert sind die Fresken von Cipriano Valorsa di Grosio (1575-1578), auch „Raffael des Valtelline" genannt *(oberer Teil des Hauptschiffes)*, das Fresko der Erscheinung von 1513 *(links über dem Beichtstuhl)*, Gemälde eines Schülers von Morazzone *(Chorraum)*, und eine kostbare, reich verzierte **Orgel** aus dem 17. Jh.: das Gehäuse stammt von Giuseppe Bulgarini. Die mit der *Geburt Christi*, der *Anbetung der Hl. Drei Könige* und der *Beschneidung* bemalten Tafeln der Empore sind Werke von G. B. Salmoiraghi (1638).

TIVOLI★★★

Latium

53 291 Einwohner

Michelin-Karte Nr. 988 Falte 26 oder Nr. 430 Q 20

Stadtplan im Michelin-Hotelführer ITALIA

Die kleine Stadt liegt am Ufer des Flusses Aniene, an der Stelle wo er hinter den letzten Hügeln des Apennin auftaucht und in Kaskaden in die römische Campagna hinabstürzt. Tivoli war schon zur Zeit der Römer und auch später in der Renaissance ein beliebter Erholungsort. Die zahlreichen Villen bezeugen dies noch heute. In dem antiken *Tibur*, das von den Römern im 4. Jh. v. Chr. unterworfen wurde, lebte eine Sibylle, die dem Kaiser Augustus die Ankunft Jesu Christi voraussagte.

★★★ VILLA D'ESTE ⏱ *Besichtigung: 2 Std.*

Detaillierte Beschreibung der Villa im Grünen Reiseführer Rom.

Im Jahre 1550 beschloß Kardinal **Hippolito d'Este** aus jener kunstliebenden Fürstenfamilie, denen Goethes *Tasso* ein Denkmal gesetzt hat, sich nach Tivoli zurückzuziehen. Er ließ auf dem Gelände eines Benediktinerklosters von dem neapolitanischen Architekten Pirro Ligorio eine Villa bauen, die zum Inbegriff manieristischer Villenbaukunst werden sollte. Eine luxuriöse Gartenanlage zieht sich terrassenförmig vom Hauptbau den Hang hinunter. Komplizierte Achsen, Wasserspiele, Grotten und Statuen machen ihren Reiz aus: die Natur ist unter das Joch der Geometrie gezwungen worden.

Links vom Eingang der Villa steht die Kirche **Santa Maria Maggiore** mit gotischer Fassade. Im Chor befinden sich zwei Flügelaltäre (15. Jh.), über dem linken ein *Marienbild* von Jacopo Torriti, einem Mosaikkünstler des späten 13. Jh.s.

★★★ **Palast und Gärten** – Man betritt den Innenhof, den ehemaligen Kreuzgang des Klosters, und durchquert dann die kunstvoll ausgeschmückten Räume. Vom Erdgeschoß aus bietet sich ein schöner **Blick★** auf die Gärten und auf die Stadt Tivoli. Die doppelläufige Treppe führt zur oberen Allee der Gärten. Hier stößt man zuerst auf die **Fontana del Bicchierone** (Fontäne des dicken Glases). Der Brunnen, der die Form einer Muschel hat, soll von Bernini entworfen worden sein. Biegt man links ab, so erreicht man die „**Rometta**", einen Brunnen, auf dem mehrere Gebäude des antiken Rom nachgebildet wurden. Von hier führt die **Viale delle Cento Fontane★★★** (Allee mit den 100 Brunnen) zur **Fontana dell'Ovato★★★**, über der die Statue einer Sibylle thront. Etwas tiefer, über dem freien Platz mit den **Fischteichen** (Pescherie) befindet sich die **Fontana dell'Organo★★★** (Orgelbrunnen); ihre Wasserspiele ließen einst eine im oberen Teil der Fontäne eingebaute Orgel erklingen.
Im unteren Teil des Gartens sieht man die **Fontana della Natura**. Den Brunnen ziert eine Statue der Diana von Ephesus. Geht man den Park wieder hinauf, so kann man die **Fontana dei Draghi** (Drachenbrunnen) bewundern, die 1572 zu Ehren des Papstes Gregor XIII., angelegt wurde. Etwas weiter rechts liegen der **Fontana della Civetta** (Eulenbrunnen), ein Brunnen, der Vogelstimmen erzeugte, und die modernisierte **Fontäne mit dem Raub der Proserpina**.

★★ VILLA ADRIANA (HADRIANSVILLA) ⏱ *Besichtigung: 2 1/2 Std.*

6 km südwestlich zweigt man links von der Straße nach Rom (S 5) ab in eine kleine Straße, 4,5 km von Tivoli entfernt.

Diese Villa entstand auf Veranlassung des Kaisers **Hadrian** (76-138), der hier Stätten und Bauwerke nachbilden ließ, die ihn auf seinen Reisen durch das Römische Reich beeindruckt hatten. Die Residenz war vermutlich in der Antike die größte und prachtvollste Anlage dieser Art. Im Jahre 134 war die Villa praktisch fertiggestellt. Hadrian aber wurde krank – über den Tod seines

Osterr/ZEFA

In den Gärten der Villa d'Este

Günstlings Antinoos betrübt, starb er vier Jahre später. Die nachfolgenden Kaiser kamen zwar weiterhin nach Tivoli, doch geriet die Villa in der Folgezeit in Vergessenheit und verfiel. Im 15. Jh. begann man mit den Ausgrabungen, die sich bis ins 19. Jh. hinzogen. Dabei wurden unzählige Kunstwerke freigelegt, die private und staatliche Kunstsammlungen bereicherten. Erst 1870 ging das Gebäude in den Besitz des italienischen Staates über, der systematische Grabungen durchführen ließ, die dann schließlich die ganze Anlage freilegten.
Vor dem Rundgang sollte man sich das Modell des Palastes im Saal neben dem Erfrischungsstand ansehen. *Der Rundgang ist auf der Skizze eingezeichnet.*

★★ **Pecile (Poikile)** – Nachbildung einer Athener Säulenhofanlage. Das Wasserbecken hat die Form eines Rechtecks mit abgerundeten Schmalseiten. Der umlaufende innere Säulengang war so konzipiert, daß eine Seite immer im Schatten lag. Der Apsidensaal an einer Ecke, **Philosophensaal** (1) genannt, war vermutlich ein Lesesaal.

★★ **Teatro Marittimo** – Das kreisförmige Gebäude bestand aus einem runden Zentralbau und einem Säulengang, die durch einen Kanal voneinander getrennt waren. Der Kaiser, der im Alter menschenscheu geworden war, zog sich gerne in die Wasservilla zurück. In Richtung Süden sind die Ruinen eines **Nymphäums** erhalten sowie große Säulen, die zu einem Bau mit drei halbrunden Sälen gehörten, die sich auf einen Innenhof (2) öffneten.

★★ **Terme (Thermen)** – Die Ausführung der Thermen veranschaulicht den hohen Stand, den die römische Architektur damals erreicht hatte.
Man unterscheidet die Kleinen und die Großen Thermen; der Saal der Großen Thermen ist mit einer Apsis und einem herrlichen Gewölbe versehen.

Das benachbarte Gebäude, das als **Pretorio** bezeichnet wird, diente wahrscheinlich als Lagerraum.

Museo – *Wegen Restaurierung geschlossen.* Das Museum enthält die neuesten Grabungsfunde, nämlich römische Kopien von Werken des Phidias und des Polyklet; Karyatiden (Kopien nach denen des Erechteions auf der Akropolis von Athen) u.a.

★★★ **Canopo** – In Erinnerung an seine Reise nach Ägypten ließ Hadrian diesen Kanal anlegen. Die Stadt Kanopos war von Alexandria aus über einen von Gärten und Tempeln gesäumten Kanal erreichbar.
An der Südseite wurde der Serapistempel errichtet; dieser diente auch der göttlichen Verehrung des Antinoos, des Lieblings Kaiser Hadrians, der im Nil ertrunken war.
Nach der Besichtigung des Kanopus geht man zu den Ruinen oberhalb des Nymphäums zurück und wendet sich nach rechts. Der Weg führt zu einem **Fischteich** (**3**), den ein Säulenkranz umgibt.

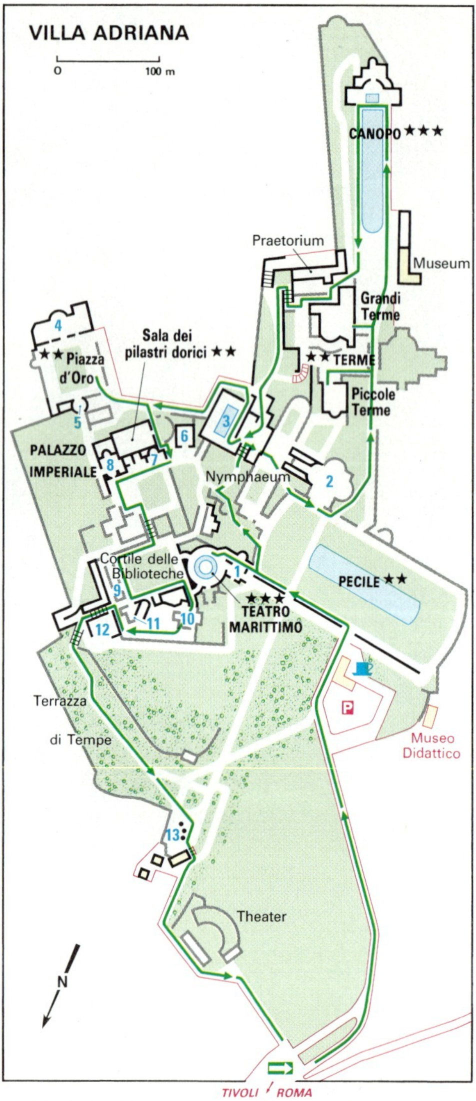

Palazzo imperiale (Kaiserlicher Palast) – Er umfaßte die Gebäude zwischen der Piazza d'Oro und den Bibliotheken.

★★ **Piazza d'Oro** – Der rechteckige Platz war von einem doppelten Säulengang umgeben. Er hatte keine eigentliche Funktion, er bewies nur die Schönheit der Architektur. An der einen Seite sind noch Ruinen eines achteckigen Saals (**4**) zu sehen und auf der gegenüberliegenden Seite die eines Saales mit Kuppel (**5**).

VILLA ADRIANA

Museo:	*Museum*	**Pretorio:**	*Prätorium*
Ninfeo:	*Nymphäum*	**Teatro:**	*Theater*
Palazzio:	*Palast*	**Terme:**	*Thermen*

★★ **Sala dei pilastri dorici** (Saal der dorischen Pfeiler) – Er erhielt seinen Namen nach den Pfeilern des Säulengangs, die mit dorischen Basen und Kapitellen versehen sind. Ferner sind noch die **Kaserne der Feuerwehr** (**6**) sowie die Ruinen des Sommerspeisesaals (**7**) und des Nymphäums (**8**) zu sehen. Dieser Gebäudekomplex lag an einem Hof, der von dem benachbarten Bibliothekshof (**Cortile delle Biblioteche**) durch einen der zahlreichen Kryptoportiken getrennt war. Von diesem Hof bietet sich eine reizvolle **Aussicht**★. Die zehn kleinen Räume an der Seite des Bibliothekshofs bilden das einstige Krankenhaus (**9**); der Boden ist mit phantasievollen **Mosaiken**★ ausgelegt. Die **Bibliotheken** waren, wie damals üblich, in eine griechische (**10**) und eine lateinische (**11**) Abteilung unterteilt.
Auf dem Weg zur **Terrazza di Tempe** durchquert man eine Reihe von Sälen mit Mosaikfußböden, die zu einem Speisesaal (**12**) gehörten. Die mit Bäumen bestandene Terrasse liegt hoch über dem Tal.
Der Weg führt vorbei an dem kreisförmigen **Venustempel** (**13**). Etwas weiter auf dem Weg befand sich links ein **Theater**, dessen Existenz man heute nur noch erahnen kann.

★ VILLA GREGORIANA

Wo der wilde Anio (Aniene) den Felsabbruch der Sabiner Berge in Wasserfällen hinabstürzt, kam es 1826 zu einer Überschwemmung, die mehrere Häuser und eine Kirche in die Tiefe riß. Papst Gregor XVI., ließ daraufhin den Strom in Kanälen bändigen. Der Rest der Kaskaden wurde mit einem weitläufigen englischen Park umgeben, von dessen Wegen und Brücken sich immer noch großartige Blicke auf den Wasserfall bieten.
Von der Großen Kaskade (**Grande Cascata**★★) aus fließt das Wasser weiter in die **Grotta della Sirena** und die **Grotta di Nettuno**. Man geht auf der anderen Seite der Schlucht bergauf und verläßt das Gelände der Villa Gregoriana beim Sibyllentempel (**Tempio di Vesta e Sibilla**), einem eleganten Rundtempel im korinthischen Stil aus spätrepublikanischer Zeit. Daneben steht ein Tempel im ionischen Stil.

AUSFLUG

★ **Palestrina** – *23 km südöstlich.* Die malerische Lage an den Hängen des Praenestiner Gebirges, der antike Stadtkern und die Reste des berühmten Tempels der Göttin Fortuna Primigenia machen aus diesem kleinen Ort eine ganz besondere Sehenswürdigkeit. Die vormals blühende Handelsstadt erlebte im 8. und 7. Jh. v. Chr. ihre Glanzzeit, bevor sie nach mehreren Schicksalsschlägen unter die Herrschaft der Römer kam, deren herrschende Schicht den Ort als Sommerfrische sehr zu schätzen wußte. Die Göttin Fortuna wurde an dieser Stelle bis zum Ende des 4. Jh.s verehrt, als das Heiligtum schließlich aufgegeben wurde und verfiel. Über den Ruinen entwickelte sich der mittelalterliche Marktort.

Tempio della Fortuna Primigenia – Das großartige Heiligtum (2.-1. Jh. v. Chr.) ist eine der bedeutendsten Schöpfungen der hellenistischen Architektur in Italien. Es bestand ursprünglich aus einer Anlage mit mehreren Terrassen, von deren unterem Teil nur die Halle der Basilika, zwei angrenzende Gebäude, eine natürliche Grotte und die Apside erhalten sind, aus der das berühmte Mosaik des Nils *(s. unten)* stammt. Der obere Tempelbezirk befand sich auf der vierten und letzten Plattform (die heutige Piazza della Cortina). An dieser Stelle wurde im 11. Jh. der Palazzo Colonna, der spätere Palazzo Barberini, errichtet, in dem heute das Altertumsmuseum untergebracht ist. Von seinem Vorplatz aus hat man eine herrliche **Aussicht**★ auf die Stadt und das Tal.

Museo Archeologico Prenestino – Im Altertumsmuseum von Praeneste sind Funde aus mehreren Nekropolen und Stücke aus der Barberini-Sammlung zu sehen. Das Glanzstück der Ausstellung ist das eindrucksvolle **Mosaik des Nils**★★, auf dem Ägypten und der Hochwasser führende Nil zu sehen sind.

TODI★★

Umbrien

16 899 Einwohner

Michelin-Karte Nr. 988 Falte 25, 26 oder Nr. 430 N 19

Todi, eine kleine alte Stadt in schöner **Lage**, besitzt noch drei konzentrische Ringmauern: die etruskische (Porta Marzai), die römische und die mittelalterliche.

★★ **Piazza del Popolo** – Der Platz bildet das Zentrum Todis. Die Paläste, die ihn umgeben, zeugen von der Vitalität und dem politischen Kräftespiel des mittelalterlichen Stadtlebens. Er ist von öffentlichen Bauten umrahmt: dem Dom gegenüber liegt an der Stirnseite der gotische **Palazzo dei Priori**★ (13. Jh.), einst Sitz des Podestà; die Fensteröffnungen wurden während der Renaissance vergrößert. Ein Turm (14. Jh.) mit trapezförmigem Grundriß überragt diesen Palast. Daneben erhebt sich der **Palazzo del Capitano**★, ein Bau aus dem 13. Jh., der mit eleganten Fenstergruppen dekoriert ist und auf Rundbogenarkaden ruht. Der **Palazzo del Popolo**★, das ehem. Rathaus, eines der ältesten in Italien (1213), schließt sich an. Heute sind im Palast ein Lapidarium (archäologische Sammlung), eine Gemäldegalerie und ein Museum (Etruskische und Römische Sammlungen) untergebracht.

★★ **San Fortunato** – *Piazza della Repubblica.* Die Bauzeit dauerte von 1292 bis 1460, so daß sich gotische und Renaissance-Elemente vermischten. Das **Hauptportal**★★ zieht durch die Ausschmückung mit Marmorreliefs die Aufmerksamkeit auf sich. Der Innenraum ist hell und hoch. Die 4. Kapelle rechts wurde von Masolino (1432) mit **Fresken** ausgemalt. In der Krypta befindet sich das Grabmal Jacopone da Todis (1230-1307), eines Dichters aus dem Franziskanerorden, Verfasser des *Stabat Mater*.

★ **Duomo** – Er wurde Anfang des 12. Jh.s begonnen. Eine großangelegte Treppe führt zu der harmonisch aus weißem und rosafarbenem Marmor gefügten Fassade, die von einer kunstvollen Fensterrose verschönt wird. Wenn man um den Dom geht, kann man die romanische Apsis bewundern. Im Innern beachte man die gotischen Kapitelle, das Taufbecken aus der Renaissance und das Chorgestühl mit Einlegearbeiten (1530).

Piazza Garibaldi – Auf dem neben der Piazza del Popolo gelegenen Platz steht ein großes Denkmal zu Ehren dieses italienischen Freiheitskämpfers. Von der Terrasse aus hat man einen sehr schönen **Blick**★★ auf das Tal und das Hügelland in der Ferne.

Rocca – Rechts an San Fortunato vorbei gelangt man zu den Ruinen der Burg (14. Jh.). Der Stadtpark bei der Burg ist angenehm schattig.

★ **Santa Maria della Consolazione** – *1 km westlich auf der Straße nach Orvieto.* Dem Renaissance-Ideal des Zentralbaus sehr nahekommend, steht die Kirche aus gelbem Kalkstein in plastischer Harmonie vor den Stadttoren, mit freiem Blick auf die Hügelketten im Westen. Sie wurde nach einem Entwurf von Bramante von verschiedenen Architekten 1508-1609 erbaut: über einem griechischen Kreuz mit drei Polygonalapsiden und einer Rundapsis erhebt sich der Bau in geschlossenem Umriß, von schön gemeißelten Pilastern mit Kompositkapitellen gegliedert. Der Kuppeltambour über der quadratischen Plattform mit Balustern zeigt Bramantes Schema der „Rhythmischen Gliederung" *(s. S. 235)* aus gekuppelten ionischen Pilastern. Die lichterfüllte Schlichtheit des Inneren (Kuppelfresko aus dem 16. Jh.; *Evangelisten* in den Zwickeln) wird etwas beeinträchtigt durch den barocken Hochaltar, der jedoch ein Gnadenbild aus dem 15. Jh. birgt. Die 12 Apostelfiguren stammen von Scalza (16. Jh.).

TOLENTINO

Marken

18 657 Einwohner

Michelin-Karte Nr. 988 Falte 16 oder Nr. 430 M 21

In dieser kleinen Stadt der Marken unterzeichneten Napoleon und Papst Pius VI. im Jahre 1797 den Vertrag von Tolentino, der die Rückkehr Avignons zu Frankreich besiegelte. 1961 wurde auf Initiative zahlreicher lokaler Künstler die **Internationale Biennale des Humors in der Kunst** (Biennale Internazionale dell'umorismo nell'Arte) ins Leben gerufen, deren zunehmender Erfolg zur Gründung des originellen **Karikaturenmuseums** (Museo della Caricatura) ⓥ im Palazzo Sangallo (Piazza della Libertà) führte.

★★ **San Nicola** ⓥ – Die Basilika ist dem gleichnamigen, als Wundertäter verehrten Augustinermönch gewidmet, der 1305 in Tolentino starb und in der Krypta der Kirche beigesetzt wurde. Das Äußere der Kirche spiegelt die verschiedenen Bauphasen zwischen 1305 und dem 18. Jh. wider. Die Fassade wurde während des 17. Jh.s im Barockstil erneuert, wobei das elegante Portal im spätgotischen Stil, das der Florentiner Nanni di Bartolo, ein Schüler von Donatello, im 15. Jh. schuf, erhalten blieb.

Der **Innenraum** beeindruckt durch ein prächtiges Dekor aus Marmor, Gold und Stuck sowie durch eine schöne Kassettendecke (1628). In der ersten Kapelle rechts hängt die *Erscheinung der hl. Anna* von Guercino (1591-1666).

Die große **Cappella del Cappellone** (Nikolaus-Kapelle), die als rechtes Querschiff dient, ist aufgrund der **Fresken**★★ eines anonymen Meisters der Schule von Rimini aus dem 14. Jh. der berühmteste Teil der Kirche. In den Gewölben sind die Evangelisten und die Kirchenlehrer zu sehen; die Wände sind mit Szenen aus dem Leben Christi und der Jungfrau Maria (oberer und mittlerer Teil) und des hl. Nikolaus von Tolentino (unterer Teil) geschmückt.

Museen ⓥ – Sie umfassen das **Keramikmuseum**, das **Museo dell'Opera**, mit einer schönen **Geburt Christi** aus Holz (14. Jh.), sowie die **Galerie der Votivtafeln**, mit einer Sammlung von über 500 Exponaten aus dem 15.-19. Jh., die als Ausdruck eines naiven und spontanen Glaubens beeindrucken.

UMGEBUNG

San Severino Marche – *11 km in nordwestlicher Richtung.* In diesem Städtchen, das um die originelle, elliptische **Piazza del Popolo** entstand, ist der Stadtkern aus dem Mittelalter und der Renaissance erhalten. Vom Gipfel des Hügels, auf dem sich der alte Dom erhebt, hat man einen schönen **Blick**★ auf die Stadt und die umliegenden Berge *(Aufstieg über die Via della Pitturetta).*

Pinacoteca Civica ⓥ – *Palazzo Tacchi-Venturi, Via Salimbeni 39.* Die wertvolle Sammlung umfaßt interessante Beispiele der lokalen Malerschule: **Lorenzo Salimbeni** und sein Bruder **Jacopo** haben die Bildsprache des 15. Jh.s durch einen Stil revolutioniert, der den Erfahrungen der höfischen Gotik mit schwungvollen und lebendigen Darstellungen eine größere Leichtigkeit verleiht. Die Pinakothek enthält außerdem ein prächtiges **Polyptychon** von Vittore Crivelli und eine zarte *Friedensmadonna* von Pinturicchio (1454-1513).

Ganz in der Nähe *(am Ende der Via Salimbeni links abbiegen)* befindet sich die Kirche **San Lorenzo in Doliolo** ⓥ (11. Jh.), die eine interessante Architektur und eine schöne **Krypta**★ mit einem Freskenzyklus aufweist, der den Brüdern Salimbeni und ihrer Schule zugeschrieben wird.

TORINO★★

TURIN – Piemont

961 512 Einwohner

Michelin-Karte Nr. 988 Falte 12 oder Nr. 428 G 4/5

Plan Turin und Umgebung im Michelin-Hotelführer ITALIA

Die Stadt eignet sich kaum für einen Blitzbesuch, bei dem die krassen Gegensätze, die Wesen und Charme Turins ausmachen, gar nicht wahrgenommen werden könnten. Die Stadt mußte sich zweimal in die Rolle einer Hauptstadt einfinden (Hauptstadt des neuen Königreichs Italien und Zentrum der Automobilindustrie); jetzt versucht sie, dem Klischee der „Fabrikstadt" zu entrinnen und zum Kulturzentrum des neuen Jahrtausends zu werden. Für Turin war die Technologie zwar wirtschaftlicher und kultureller Motor, aber ihre konservative Haltung hat die Stadt deswegen nicht abgelegt. Entsprechend schwer fielen ihr die historischen und sozialen Wandlungen, auch wenn sie diese letztlich selbst eingeleitet hatte. Die militärische Tradition des Hauses Savoyen hat dem Stadtbild mit einem gemäßigten und harmonischen Barockstil einen nüchternen und strengen Charakter verliehen, der weit von dem römischen Überfluß entfernt ist. Auch wenn in Turin seit Jahrhunderten das Grabtuch Christi aufbewahrt wird, pflegte man hier gleichzeitig eine esoterische, geheimnisvolle Atmosphäre, die Paracelsus, Nostradamus und Cagliostro angezogen hatte. Nietzsche, der, bevor er in geistige Umnachtung fiel, hier einige Jahre verbrachte und seine wichtigsten Werke verfaßte, versicherte: „Turin ist der erste Ort, an dem ich möglich bin."

GESCHICHTLICHES

Im 1. Jh. wurde die Hauptstadt der keltischen Tauriner unter Augustus zu einer römischen Kolonie mit dem Namen *Augusta Taurinorum.* Nach der Christianisierung wurde der Ort Anfang des 5. Jh.s Bischofssitz, im 6. Jh. Sitz eines langobardischen Herzogs und später eines Markgrafen am Südrand des Frankenreichs.

Im 11. Jh. kam Turin an das **Haus Savoyen**, mit dem es fast neun Jahrhunderte lang verbunden blieb. Das Haus Savoyen nahm mit Humbert I. von Savoyen, gen. Biancamano (Weißhand), der 1056 starb, seinen Anfang. Die Dynastie herrschte über Savoyen und Piemont. Dann stellte sie die Könige von Sardinien und von 1861 bis 1946 die Könige von Italien. Die Savoyer waren geschickte und diplomatische Regenten, manchmal auf der Seite des Kaisers, manchmal auf der Seite des Papstes. So konnten sie das Gleichgewicht zwischen Frankreich und den Herzögen von Mailand halten und ihren Machtbereich nach und nach ausdehnen. Anfang des 18. Jh.s ließen Karl Emanuel II. und Viktor Amadeus II. in Turin prächtige Baudenkmäler errichten und beriefen zu diesem Zweck die Architekten Guarini und Juvara an ihren Hof. Karl Emanuel III. verstärkte während seiner Regierungszeit (1732-1773) die Bedeutung der Stadt, indem er die Verwaltung seines Königreichs reformierte und in der Hauptstadt an seinem Hof eine strenge Etikette einführte.

Im Jahr 1798 wurde Karl Emanuel IV. von französischen Truppen gestürzt, die eine Herrschaft nach den Grundsätzen der Revolution von 1789 errichten wollten. Nach dem Sturz Napoleons gelang es Viktor Emanuel I., seinen Thron ohne Schwierigkeiten zurückzuerlangen und eine Politik zu führen, die jegliche Einmischung von außen abblockte. Turin entwickelte sich so zum Brennpunkt des Kampfes gegen Österreich und der italienischen Einigungsbewegung.

Dank der Entschlußkraft und Umsicht des leitenden Ministers Cavour gelang es Piemont, verbündet mit Frankreich, im Unabhängigkeitskrieg von 1859 Österreich zu schlagen und seine „Fremdherrschaft" abzuschütteln (Schlachten von Magenta und Solferino). Am 17. März 1861 wurde Vittorio Emanuele II. von Savoyen zum ersten König von Italien proklamiert. Turin war die erste Hauptstadt des neuen Königreichs, bis es 1865 zunächst von Florenz abgelöst wurde. Das Haus Savoyen regierte über Italien bis zur Ausrufung der Republik 1946.

TURIN ERLEBEN

Fremdenverkehrsämter - Die Büros an der **Piazza Castello 161** (☏ (011) 53 51 81 oder (011) 53 59 01) und am Bahnhof **Porta Nuova** (☏ (011) 53 13 27) sind täglich von 8.30-19.30 Uhr, das Verkehrsamt am **Flughafen Caselle** (☏ (011) 56 78 124) ist täglich von 8.30-23.30 Uhr geöffnet. Internet-Adresse: http://www.turismotorino.org. E-Mail: info@turismotorino.org

Straße, Schiene oder Luftweg?

Mit dem Auto - Trotz seiner Randlage nur rund einhundert Kilometer von der französischen Grenze entfernt, ist Turin gut an das italienische Autobahnnetz angeschlossen, über das man bequem zu verschiedenen anderen großen Städten gelangt: über die A 4 nach Mailand (140 km), die A 21 und A 26 nach Genua (170 km), die A 21 und A 1 nach Bologna (325 km) und die A 5 nach Aosta (115 km). Darüber hinaus kommt man in Turin selbst dank seines achteckigen Grundrisses und der im 19. Jh. gebauten breiten Straßen auch bei dichtem Verkehr mit dem Auto recht gut voran.

Mit dem Reisebus - Der Busbahnhof (☏ (011) 43 32 525) befindet sich am Corso Inghilterra, Ecke Corso Vittorio Emanuele II.

Mit dem Zug - Die wichtigsten Bahnhöfe sind **Porta Nuova**, Corso Vittorio Emanuele II 53 (Fahrkartenverkauf: ☏ (011) 66 92 825; Reservierung: (011) 53 24 27) und **Porta Susa**, Piazza XVIII Dicembre 8 (☏ (011) 53 85 13).

Mit dem Flugzeug - Der internationale Flughafen von Turin liegt 11 km nördlich der Stadt in **Caselle** (☏ (011) 56 76 361, Fax (011) 56 76 420, Internet-Adresse: http://www.turin-airport.com). Er wird von den meisten internationalen und italienischen Fluggesellschaften angeflogen. Es bestehen Verbindungen z. B. nach Amsterdam, Barcelona, Brüssel, Frankfurt, Lissabon, London, Madrid, Paris, Wien und Zürich.
Der Preis für eine Fahrt mit dem **Taxi** in die Innenstadt (Dauer ca. 30 Min.) schwankt zwischen 45 000 L am Tag und 75 000 L in der Nacht. Taxibestellung zum Flughafen: ☏ (011) 99 14 419.
Die **Busse** der Sadem verkehren alle 45 Min. zwischen der Stadt und dem Flughafen, von 5.15-22.30 Uhr ab Porto Nuova und Porta Susa (Adressen s. oben) und von 6.30-23.30 Uhr ab Flughafen (Ankunftshalle, gegenüber dem Ausgang für die Inlandsflüge). Die Fahrkarten (6 000 L) sind bei der Abfahrt in Turin an Verkaufsständen in der Nähe der Bahnhöfe oder direkt im Bus erhältlich, am Flughafen in der Nähe des Kiosks in der Abflughalle, an Fahrkartenautomaten oder in der Ankunftshalle der Inlandsflüge.

Autovermietung am Flughafen:

AVIS ☏ (011) 47 01 528
Eurodollar ☏ (011) 47 02 381
Europcar ☏ (011) 56 78 048
Hertz ☏ (011) 56 78 166
Italy by Car/Thrifty ☏ (011) 56 78 096
Maggiore/Budget ☏ (011) 47 01 929

Nützliche Adressen und Telefonnummern

Campingplatz - Villa Rey, Strada Superiore val San Martino 27, ☏ (011) 81 90 117
Hauptpost - Via Alfieri 10, ☏ (011) 54 68 00
Präfektur - Piazza Castello 201, ☏ (011) 55 891
Städtische Polizei - Corso XI Febbraio 22 , ☏ (011) 26 091
Reisezugauskunft - ☏ 1478 88 088 (gebührenfrei)
Tunnel und Paßstraßen (Sperrungen und Mautgebühren) - ☏ 194
Autobahn-Verkehrsinformationen - ☏ 02 35 201

Turin am Tag...

Am besten sieht man sich die Stadt natürlich zu Fuß an, denn trotz der beachtlichen Ausdehnung des Stadtgebiets hält sich die Fläche der historischen Altstadt in Grenzen. Zudem läßt es sich unter den eleganten Laubengängen der wichtigsten Straßen sehr angenehm flanieren.

Für weniger Beherzte hier einige hilfreiche Informationen:

Öffentliche Verkehrsmittel - Die städtischen Verkehrsbetriebe (ATM - Azienda Trasporti Municipali) befinden sich am Corso Turati 19/6 (☏ (011) 57 641 oder 167 01 91 152 (gebührenfrei), Internet-Adresse: http://www.comune.torino.it/-atm). Fahrkarten sind erhältlich in Zeitschriftenläden, Kiosken und einigen Gaststätten. Es gibt mehrere Fahrscheinarten: der normale Fahrschein (1 400 L) ist 70 Min. lang gültig, die Tageskarte (4 200 L) ermöglicht beliebig viele Fahrten an einem Tag, die Shopping-Karte (2 400 L) gilt ab Entwertung für 4 Stunden zwischen 9 und 20 Uhr, und die Shopping-Karte für Minigruppen (*Shopping insieme*, 4 500 L) ist nur am Samstag gültig; mit ihr können bis zu 3 Personen zwischen 14.30 und 20 Uhr beliebig viele Fahrten unternehmen.

Taxi - Central Taxi Radio (☎ (011) 57 44 oder (011) 57 48); Centrale Radio (☎ (011) 57 37); Radio Taxi (☎ (011) 57 30).

Weitere Möglichkeiten, die Stadt zu entdecken

Schiffsausflüge auf dem Po - Vom Kai Lungo Po Diaz (**DY 32**) gehen Ausflüge unterschiedlicher Dauer ab. Informationen unter ☎ (011) 57 64 590 oder (011) 88 80 10 (weitere Auskünfte beim Fremdenverkehrsamt).

Touristbus - Stadtbesichtigungen sowie Führungen zum Hügel und den Residenzen des Hauses Savoyen. Für Informationen und Reservierung (obligatorisch) wende man sich an das Fremdenverkehrsamt.

Zahnradbahn Sassi-Superga - Mit ihren alten Waggons erklimmt die Bahn die 3 km lange Strecke vom Bahnhof Sassi (von der Innenstadt aus mit der Straßenbahn 15 erreichbar) bis zur Basilica di Superga den grünen Hügel hinauf. Abfahrt stündlich von 10-16 Uhr (9-20 Uhr an Samstagen und Feiertagen) im Herbst und Winter sowie von 9-20 Uhr im Frühling und Sommer. Auskunft unter ☎ (011) 57 64 590.

Ausflug mit dem Fahrrad - Durch den herrlichen Mandria-Park in Venaria Reale (1 340 ha, 15 km nordwestlich der Innenstadt); Fahrradverleih, Pferdeausritte und Naturlehrpfade. Auskunft unter ☎ (011) 49 93 311.
Auch andere Parks der Stadt bieten Fahrräder zum Verleih an, weitere Informationen erhalten Sie unter ☎ 1670 18 235 (gebührenfrei).

...und Turin bei Nacht

Für Musikliebhaber... - ...gibt es in der Stadt mehrere ausgezeichnete Konzertsäle, darunter das **Auditorium Giovanni Agnelli del Lingotto**, Via Nizza 262/43 (Sinfoniekonzerte - ☎ (011) 66 44 551), das **Auditorium RAI**, an der Piazza Rossini, Ecke Via Rossini (Sinfonie- und Kammermusikkonzerte - ☎ (011) 81 04 653) und das **Conservatorio Guiseppe Verdi**, Via Mazzini 11 (☎ (011) 81 21 268). Nicht zu vergessen natürlich das **Teatro Regio**, Piazza Castello 215 (☎ (011) 88 15 241), wo man mit etwas Glück eine Oper oder ein Ballett anschauen kann.

Einige Adressen im ältesten Teil der Stadt

Nachdem man es lange Jahre vernachlässigt hatte, ist man zur Zeit dabei, das Viertel zwischen Via Garibaldi und Piazza Emanuele Filiberto zu renovieren und mit neuem Leben zu füllen. Es entwickelt sich derzeit zu einem Künstlerviertel.

Hafa Cafè (**CV**) - *Via Sant'Agostino 23/C (Querstraße zur Via Garibaldi, in der Nähe der Piazza Palazzo di Città). Geöffnet: 11.30-1 Uhr morgens.* Das marokkanische Café befindet sich neben dem gleichnamigen Geschäft (bis 21 Uhr geöffnet), in dem man Möbel und andere Gegenstände aus fernen Ländern erstehen kann; das Café bietet nordafrikanische Spezialitäten bei entsprechender Musikbegleitung.

La Nottola (**CV**) - *Via Sant'Agostino 17/C. Sonntag geschlossen.* Literatencafé, in dem Diskussionen, Dichterlesungen und Jazzkonzerte stattfinden.

Taqueria Las Rosas (**CV**) - *Via Bellezia 15/F. Mittags und sonntags geschlossen.* Wie der Name bereits andeutet, gibt es hier *Tacos* und *Tapas* zu einem Glas Sangria oder einem mexikanischen Cocktail.

Tre Galli (**CV**) - *Via Sant'Agostino 25, ☎ (011) 52 16 027. Geöffnet: 12.30-14.30 Uhr und 18-2 Uhr morgens. Sonntags geschlossen.* Die rustikal und spartanisch eingerichtete Weinstube mit Restaurant und Sommerterrasse ist eine ideale Anlaufstelle nach einem Theaterbesuch.

Einkaufsbummel

Die Bogengänge in der historischen Altstadt erstrecken sich über gut 18 km. Die erste Hälfte der Via Roma (**CXY** - *vom Bahnhof Porta Nuova kommend*) mit ihren Luxusboutiquen und der eleganten Galerie San Federico verdankt ihr modernes Erscheinungsbild aus den 30er Jahren des vergangenen Jahrhunderts dem Architekten Piacentini.
Nicht weit entfernt, in der Via Cavour (**DCY**) und der Via Maria Vittoria (**CDXY**), kommen Kunstfreunde und Antiquitätenliebhaber auf ihre Kosten, während die Via Lagrange eine wichtige Station für Feinschmecker ist. Hier findet man die feinsten Turiner Spezialitäten im Überfluß: *Agnolotti* (Ravioli mit Fleischfüllung), *Bagna Cauda* (Soße aus Knoblauch und Sardellen), die berühmten *Grissini* und natürlich verschiedene Schokoladenspezialitäten (Pralinen, *Gianduiotti, Bonet*); unter den regionalen Erzeugnissen findet man hier den erlesenen Weißwein Arneis, die Rotweine Barolo, Barbera, Grignolino und Nebbiolo, die Dessertweine Asti Spumante, Brachetto und Moscato d'Asti sowie den *Vermouth*, der im 18. Jh. in Turin erfunden wurde.
An der Piazza Castello beginnen die historische Via Po *(s. weiter unten)* und die geschäftige Einkaufsstraße Via Garibaldi (**CVX**), eine der längsten Fußgängerzonen Europas, mit jugendlicher und lockerer Atmosphäre. Am Samstagvormittag und jeden zweiten Sonntag im Monat findet hier ein sehenswerter Flohmarkt statt: der **Balòn** an der Porta Palazzo ist in Turin seit 1856 Tradition.

Übernachten in Turin

Eine vollständige Auswahl der Turiner Hotels finden Sie im aktuellen roten Michelin-Hotelführer ITALIA. Die im folgenden aufgeführten Adressen wurden wegen ihres besonders günstigen Preis-Leistungsverhältnisses, ihrer guten Lage oder ihres speziellen Reizes ausgesucht. Sie sind unterteilt in drei Preiskategorien auf der Grundlage des Preises für ein Doppelzimmer. Innerhalb der Kategorie ist die Reihenfolge alphabetisch *(zum Auffinden, siehe Stadtplan)*. Einige Häuser bieten am Wochenende und im Winter verbilligte Zimmer an. Wir raten Ihnen dringend, lange im voraus zu reservieren, da besonders in den günstigeren Hotels der Andrang recht groß ist.

Zu den Hotel- und Preiskategorien siehe S. 478

„GUT & PREISWERT"

Manche der in dieser Kategorie aufgelisteten Gasthäuser bieten auch Zimmer ohne Bad an; in diesem Fall vermindert sich der Preis um ca. 20-30 %.

Hotel Artuà (CY ⓔ) - *Via Brofferio 1, ☎ (011) 51 75 301, Fax (011) 51 75 141. 10 Zimmer mit Klimaanlage und Bad. Parkplatz. Kreditkarten werden akzeptiert.* Das Hotel ist im 4. Stock eines alten Palais in einem ruhigen Viertel untergebracht. Die Zimmer sind einfach, aber komfortabel. Die aufmerksamen Besitzer, die schön eingerichteten Gemeinschaftsräume mit Blick auf die Piazza Solferino und die interessanten Zimmerpreise am Wochenende und im Winter machen aus dieser Adresse etwas Besonderes.

Hotel Centrale (CY ⓝ) - *Via Mazzini 13, ☎ (011) 81 24 182, Fax (011) 88 33 59. 12 Zimmer mit Bad (darunter einige mit Dusche, aber ohne Toilette). Keine Kreditkarten.* Das Hotel wird gerade umgebaut. Die Zimmer im ersten Stock sind modern und funktional eingerichtet. Ausgezeichnetes Preis-Leistungsverhältnis.

Hotel Magenta (CY ⓧ) - *Corso Vittorio Emanuele II 67, ☎ (011) 54 26 49, Fax (011) 54 47 55. 18 Zimmer (davon ca. die Hälfte mit Bad). Kreditkarten werden akzeptiert.* Die einfachen, aber ansprechenden Zimmer dieses Hotels sind in einem wunderschönen alten Palais ganz in der Nähe des Bahnhofs Porta Nuova untergebracht.

Hotel Roma e Rocca Cavour (CY ⓩ) - *Piazza Carlo Felice 60, ☎ (011) 56 12 772, Fax (011) 56 28 137. 90 Zimmer (alle mit Bad und einige im Umbau). Kreditkarten werden akzeptiert.* Das elegante Hotel wird seit mehr als hundert Jahren von Angehörigen derselben Familie mit viel Liebe geführt und liegt am Platz gegenüber dem Bahnhof. Die Zimmer sind sehr gepflegt und mit schönen alten Möbeln ausgestattet. Parkett- oder Marmorfußböden, Teppiche und Muranoleuchter runden das gemütliche Bild ab. Verlangen Sie die hübsche Suite mit Kamin im dritten Stock; sie ist zwar meistens belegt, aber vielleicht haben Sie ja Glück. Am Wochenende, im August und während der Oster- und Weihnachtsferien bietet das Hotel sehr günstige Preise an. Im Jahr 1950 machte Cesare Pavese im Zimmer 346 seinem bewegten Leben ein Ende.

Hotel Solferino (CY ⓘ) - *Via Bofferio 3, ☎ (011) 56 13 444, Fax (011) 56 22 241. 10 Zimmer mit Klimaanlage. Parkplatz. Kreditkarten werden akzeptiert.* Siehe Beschreibung des Hotels Artuà, das gleich nebenan liegt; Preise und Leistungen sind sehr ähnlich.

Vinzaglio - *Corso Vinzaglio 12 (außerhalb des Plans, über die Via Cernaia* CX*). 14 Zimmer (einige mit Bad). Keine Kreditkarten.* Das einfache, aber ruhige und freundliche Hotel ist im 3. Stock eines alten Palais untergebracht. Die Zimmer sind schlicht, aber sauber. Das beste Preis-Leistungsverhältnis in dieser Kategorie.

„UNSERE EMPFEHLUNG"

Hotel Dogana Vecchia (CV ⓢ) - *Via Corte d'Appello 4, ☎ (011) 43 66 752, Fax (011) 43 67 194. 70 Zimmer. Parkplatz. Kreditkarten werden akzeptiert.* Die „Herberge zur Alten Zollstation" wurde Ende des 18. Jh.s erbaut und liegt im Herzen der historischen Altstadt. Früher war sie eine Poststation, an der berühmte Persönlichkeiten wie Mozart, Napoleon und Verdi haltmachten. Die elegantesten Zimmer sind die mit den antiken Möbeln. Wer jedoch mehr Wert auf Komfort legt, wird die moderneren vorziehen.

Hotel Liberty (CX ⓧ) - *Via Pietro Micca 15, ☎ (011) 56 28 801, Fax (011) 56 28 163. Kreditkarten werden akzeptiert.* Das Hotel wurde gegen Ende des 19. Jh.s gegründet, was heute noch in dem wundervollen Salon, der an die Gemeinschaftsräume grenzt, zu erkennen ist oder in den stilvoll eingerichteten Zimmern im 3. und 4. Stock. Moderner geht es im 5. Stock zu.

Hotel Victoria (CY ⓥ) - *Via Nino Costa 4, ☎ (011) 56 11 909, Fax (011) 56 11 806. 90 klimatisierte Zimmer. Kreditkarten werden akzeptiert.* Ein absolut reizendes und elegantes Hotel in ruhiger Lage, in dem einige Zimmer ganz individuell und gepflegt eingerichtet sind.

„SPITZENKATEGORIE"

Turin Palace Hotel (**CY ⓤ**) – *Via Sacchi 8, ☎ (011) 56 25 511, Fax (011) 56 12 187. Kreditkarten werden akzeptiert.* Vornehm und elegant, damit beschreibt man am besten das traditionsreiche Hotel, das seit 1872 besteht. Die Zimmereinrichtung zeugt von erlesenem Geschmack.

Relais Villa Sassi – *Strada al Traforo di Pino 47 (außerhalb des Plans, über den Corso Moncalieri DY), ☎ (011) 89 80 556, Fax (011) 89 80 095. Kreditkarten werden akzeptiert.* Die Villa wurde im 17. Jh. errichtet und steht mitten in einem riesigen, mehr als hundert Jahre alten Park von 20 000 m², der sich in 4 km Entfernung vom Stadtzentrum zu Füßen der Turiner Anhöhe erstreckt. Neben wunderschönen Zimmern und einem ausgezeichneten Restaurant bietet das Hotel auch eine herrliche Aussicht über den Park.

Restaurants und sonstige Gaststätten

ES MUSS NICHT IMMER NUR PANINI SEIN...

Wer ein einfaches Tagesessen oder eine leichte Mittagsmahlzeit sucht (zu vernünftigen Preisen und nicht viel teurer als ein Sandwich und ein Bier), hat in der Altstadt folgende Adressen zur Auswahl:

Arcadia (**CX**) – *Galleria Subalpina 16, ☎ (011) 56 13 898. Sonntag geschlossen.* Das Bistro befindet sich in der eleganten Galleria Subalpina (Piazza Castello) und ist auch eine Sushi-Bar. Die Tagesmenüs werden in einer erlesenen Umgebung serviert.

Brek – *Piazza Carlo Felice 22 (**CY 16**, ☎ (011) 53 45 56) und Via Santa Teresa 23 (Ecke Piazza Solferino **CY 75**, ☎ (011) 53 45 56).* Ein ansprechendes und gut geführtes Selbstbedienungsrestaurant mit einem reichhaltigen Angebot an frisch zubereiteten Speisen.

Caffè Baratti e Milano (**CX**) – *Piazza Castello 29, ☎ (011) 56 13 060.* Das elegante und historische Café liegt neben dem Arcadia und bietet ein Tagesgericht sowie leichte Kost.

Mamma Licia (**DZ**) – *Via Mazzini 50 (nördliche Parallelstraße zum Corso Vittorio Emanuele), ☎ (011) 88 89 42. Montags geschlossen.* Eine Trattoria mit familiärer Atmosphäre, die mit Reiseandenken und Gemälden, Geschenken von Stammgästen, dekoriert ist. Die Gerichte sind hausgemacht.

Olsen (**CX**) – *Via dei Mercanti 4B (Querstraße der Via Pietro Micca), ☎ (011) 43 61 573. Geöffnet: 11-23 Uhr. Sonntag und Montag geschlossen.* Café-Konditorei, die Selbstgemachtes aus biologischem Anbau zu einer reichen Auswahl an Kräutertees anbietet.

Porto di Savona (**DY**) – *Piazza Vittorio Veneto 2, ☎ (011) 81 73 500. Geschlossen: Montag und am Dienstagmittag.* Traditionelles italienisches Restaurant, das mit alten Fotos der Stadt und von berühmten Kunden aufwarten kann.

DIE UNVERMEIDLICHE PIZZA

Wir befinden uns zwar am Fuße des Mole Antonelliana und nicht am Vesuv, aber auch in Turin schmeckt eine gute Pizza zu Mittag oder zu Abend. Tischreservierung erforderlich.

Da Gennaro Esposito (**CV**) – *Via Passalacqua 9 (neben der Piazza Statuto), ☎ (011) 53 59 05. Geschlossen: Samstagmittag und Sonntag.*

Da Michele (**DY**) – *Piazza Vittorio Veneto 4, ☎ (011) 88 88 36. Dienstag geschlossen.*

Fratelli La Cozza – *Corso Regio Parco 39 (außerhalb des Plans), ☎ (011) 85 99 00.* Das von dem Komiker Piero Chambrietti in einem alten Bauernhaus eröffnete Restaurant ist einen Besuch wert. Das Mobiliar ist echter neapolitanischer Kitsch und das vorherrschende Motiv natürlich die Muschel *(cozza)*. Einen Vorgeschmack bekommen Sie unter http://www.lacozza.com.

La Focacceria (**CV**) – *Via Porta Palatina 4.* Pizza und Fladenbrot zum Mitnehmen.

Il Rospetto (**CZ**) – *Piazza Madama Cristina 5 (über die Via Madama Cristina), ☎ (011) 66 98 221.*

La Spaccanapoli (**CY**) – *Via Mazzini 19 (nördliche Parallelstraße des Corso Vittorio Emanuele), ☎ (011) 81 26 694.*

La Stua (**DZ**) – *Via Mazzini 46, ☎ (011) 81 78 339.*

KLEINE SÜNDE FÜR GENIESSER

Ristorante del Cambio (**CX 12**) – *Piazza Carignano 2, ☎ (011) 54 37 60, Fax (011) 53 52 82.* Eines der berühmtesten Restaurants Italiens und „das" Restaurant von Turin schlechthin. In dem aus der Mitte des 18. Jh.s stammenden Gourmet-Tempel scheint die Zeit stehengeblieben zu sein. Sie speisen umgeben von Samt und Seide, verschnörkelten Spiegeln und Goldbrokat, mit einem Ausblick auf den Palazzo Carignano, vielleicht sogar genau an dem Tisch, an dem schon Graf Cavour dinierte. Für dieses Vergnügen dürfen Sie mit rund 100 000 L pro Person rechnen.

STAMMCAFÉS DER SCHÖNEN UND REICHEN

Ob Adlige, Politiker, Intellektuelle oder Künstler, vom 18. Jh. bis heute konnte niemand dem Charme der eleganten Turiner Cafés widerstehen, die neben Eis, Kuchen und Gebäck vor allem *Bicerin* (oder *Bicchierino*, dt. „Gläschen") anbieten, ein köstliches Getränk aus Kaffe, Kakao und Sahne, von dem schon Alexandre Dumas sagte: „*Bicchierino* werde ich niemals vergessen, ein wundervolles Getränk, das man in allen Cafés serviert bekommt."
Folgende Cafés, alle in historischem Rahmen, sollten Sie sich unter keinen Umständen entgehen lassen: hier kann man in der eleganten Atmosphäre vergangener Zeiten Turiner Leckereien genießen.

Al Bicerin (**CV 27**) - *Piazza della Consolata 5 (über die Via della Consolata)*. 1763 gegründet. Der italienische Staatsmann Cavour zog sich hierher zurück, um seine politischen Sorgen zu vergessen.

Baratti & Milano (**CX**) - *Piazza Castello 29*. Dieses 1875 als Süßwarengeschäft eröffnete Café war mit seinen eleganten Jugendstilräumen bevorzugter Treffpunkt der Damen aus der feinen Turiner Gesellschaft.

Fiorio (**DX**) - *Via Po 8*. Das 1780 eröffnete Café war traditioneller Treffpunkt der Aristokraten und konservativen Intellektuellen. Seine köstlichen Eisbecher sind stadtbekannt.

Mulassano (**CX**) - *Piazza Castello 15*. In dem 1907 gegründeten, gemütlichen, mit Marmor, Bronze, Holz und Leder schön dekorierten Café mit viel Charme verkehrten die Honoratioren des Hauses von Savoyen und die Schauspieler des nahen Teatro Regio. Der Komiker Macario und der Dichter Guido Gozzano waren hier Stammgäste.

Piatti (**CY**) - *Corso Vittorio Emanuele II 72*. Diese Spirituosenhandlung entwickelte sich im Laufe der Zeit zu einem eleganten Jugendstil-Café, das vor allem von Intellektuellen und Schriftstellern, darunter Cesare Pavese, besucht wurde.

San Carlo (**CX**) - *Piazza San Carlo 156*. Das 1822 entstandene prachtvolle Café war während des Risorgimento eine Hochburg der Patrioten und entwickelte sich später zum Treffpunkt für Künstler, Literaten und Staatsmänner.

Torino (**CY**) - *Piazza San Carlo 204*. Das 1903 gegründete Jugendstil-Café ist mit goldenen Friesen, großen Lampen und kleinen Holzkaminen geschmückt. Hier verkehrten die Mitglieder der königlichen Familie, Intellektuelle und Schauspieler wie James Stewart, Ava Gardner oder Brigitte Bardot.

BEI LUST AUF WAS BESONDERS SÜSSES:

Avvignano (**CY 16**) - *Piazza Carlo Felice 50*. 1926 gegründetes Süßwarengeschäft.

Peyrano Pfatisch (**CY**) - *Corso Vittorio Emanuele II 76*. Die Turiner Adresse schlechthin für Schokolade.

Stratta (**CY**) - *Piazza San Carlo 191*. 1836 gegründetes Süßwarengeschäft.

Ein Meisterwerk von Juvarra: Jagdschloß Stupinigi

WIRTSCHAFT

Die Hauptstadt Piemonts, die sich dank dynamischer Industrieunternehmen zur italienischen Maschinenbaumetropole entwickelte, ist außerdem die Wiege der **italienischen Automobilindustrie**: Giovanni Agnelli legte 1889 in Turin den Grundstein für den FIAT-Konzern, und Vincenzo Lancia gründete 1906 die nach ihm benannte Firma, die 1969 von FIAT aufgekauft wurde. **Le Lingotto**, das historische Gebäude des FIAT-Konzerns, wurde 1920 im Zeichen der Funktionalität errichtet und mit den modernsten technischen Errungenschaften ausgestattet, z. B. den spektakulären spiralförmigen Versuchsrampen auf dem Dach. Le Corbusier bezeichnete das Gebäude als eine der eindrucksvollsten Leistungen der Industrie. Nach Einstellung der Produktion wurde das Gebäude von **Renzo Piano** in einen modernen Komplex mit Kongreß- und Messeräumen, Aufnahmestudio und Einkaufszentrum verwandelt. Wichtige Reifenhersteller und mehrere Karosseriebauer von Weltrang (darunter Pinin Farina) haben einen wertvollen Beitrag zur Entwicklung der Turiner Automobilindustrie geleistet.

Es gibt nicht nur Fiat in Turin

Jeder denkt bei Turin automatisch an Fiat, doch noch andere Firmen von Weltrang sind hier entstanden oder haben sich in der Stadt oder ihrer Umgebung niedergelassen: Lavazza, Cinzano, Martini & Rossi, Gancia, Caffarel und Peyrano auf dem Nahrungsmittelsektor; die Textilgruppe GFT, Patin der Marken Armani, Valentino, Cerruti und Ungaro; bei den Banken San Paolo und die Cassa di Risparmio di Torino, Italiens zweitgrößtes Bankhaus; bei den Versicherungen SAI, Toro und Reale Mutua Assicurazioni; bei den Telekom-Gesellschaften STET-Telecom Italia; bei der Sportbekleidung Robbe di Kappa, Superga und Invicta und bei der Schuhindustrie De Fonseca. Nicht zu vergessen natürlich Michelin: das Unternehmen konnte 1906 in dem historischen Gebäude in der Via Livorno sein erstes Produktionsunternehmen außerhalb Frankreichs eröffnen.

Turin beruft sich aber auch noch auf andere solide Traditionen: Hier wurden große Verlagshäuser wie Einaudi, Lattes, Loescher, Paravia, SEI und UTET gegründet, 1895 erschien die erste Ausgabe von *La Stampa*, einer der größten überregionalen Tageszeitungen, und mit dem Symphonieorchester der RAI und dem berühmten **Teatro Regio** ist die Stadt auch im Bereich der Musik ausgesprochen aktiv.
Sichtbarer Ausdruck all dieser Traditionen sind die zahlreichen kommerziellen und kulturellen Veranstaltungen, wie *Automobilmesse* (alle 2 Jahre), *Buchmesse*, *Salone de la Musica* und das Festival *Settembre Musica*. Nicht zu vergessen das berühmte Festival *Cinema Giovani*, mit dem die Stadt, die bis zum Ersten Weltkrieg die Metropole der italienischen Filmindustrie war, das Kino feiert.

HAUPTSEHENSWÜRDIGKEITEN

★★ **Piazza San Carlo** (**CXY**) – Der Platz ist durch die harmonische Anordnung der Gebäude eine städtebaulich gelungene Anlage. Im Süden bilden die Kirchen **San Carlo** und **Santa Cristina** beiderseits der Via Roma einen symmetrischen Abschluß. Die hübsche, von Kandelabern überragte Fassade von Santa Cristina *(links)* wurde von dem aus Sizilien stammenden Architekten Juvarra (1678-1736) entworfen, dem Turin einige seiner schönsten Gebäude verdankt.
In dem östlich gelegenen Palazzo, der von 1771 bis 1789 Sitz der französischen Botschaft war, ist heute die Philharmonische Akademie untergebracht. In der Mitte des Platzes erhebt sich Marocchettis *„Caval d'bronz"* (1838), die berühmte Reiterstatue des Herzogs Emanuel Philibert von Savoyen, der nach dem Sieg über die Franzosen in der Schlacht bei St-Quentin (1557) seine Länder nach 25 Jahren zurückgewinnen konnte (Frieden von Cateau-Cambrésis, 1559).

Palazzo dell'Accademia delle Scienze (**CX M**[1]) – In diesem Palast, der im 17. Jh. von Guarini entworfen wurde, befinden sich die bedeutendsten Museen Italiens.

★★ **Museo Egizio** (Ägyptisches Museum) ⌚ – *Erdgeschoß und erster Stock*. Eines der umfangreichsten Ägyptischen Museen der Welt. Im Untergeschoß sind die 1911 von den zwei italienischen Archäologen Schiaparelli und Farina realisierten Ausgrabungen ausgestellt.
Im Erdgeschoß sind die Plastiken untergebracht. Neben den ungefähr zwanzig stehenden und sitzenden Statuen der löwenköpfigen Göttin Sachmet aus Karnak ist eine bedeutende **Sammlung von Pharaonenstatuen** aus dem Neuen Reich (1580-1100 v. Chr.), dem Goldenen Zeitalter Ägyptens, zu sehen. In einem eigenen

Raum ist der **Tempel des Thutmosis III.** (um 1450 v. Chr.) ausgestellt, ein Geschenk der Vereinigten Arabischen Republik. Er wurde in Elessiya (200 km südlich von Assuan) abgebaut und hier wieder zusammengesetzt.
Die Sammlungen in der ersten Etage stellen das Leben und die Kultur der alten Ägypter dar. Besonders bemerkenswert ist eine Reihe von **Sarkophagen** aus dem Mittleren Reich (2100-1580 v. Chr.), einfache Särge, die im Neuen Reich mit Bildhauerarbeiten geschmückt wurden; außerdem interessante **Kanopen** (Grabvasen, in denen die Eingeweide der Verstorbenen aufbewahrt wurden); eine Sammlung von Mumien, denen Papyrusrollen beigegeben waren (das berühmte **Totenbuch**), ist ebenfalls zu sehen. Die nachgebildeten **Grabkammern** von Giseh (2500 v. Chr.) werden durch eine außergewöhnliche Sammlung von **Grabstelen** vervollständigt (Mittleres und Neues Reich). Die Juwelen und Keramiken stammen aus der ägyptischen Vorzeit (Naqadakultur, 4000-3000 v. Chr.). Ab dem 4. Jh. v. Chr. (Eroberung durch Alexander d. Gr.) ist der griechische Einfluß spürbar (Masken, Statuetten) und ab 30 v. Chr. wird der Einfluß Roms deutlich (Bronzevasen). Ein Saal ist den **Inschriften** gewidmet: Hieroglyphen (1824 von Champollion entschlüsselt) und die Hieratische Schrift, eine kursive Schreibweise der Hieroglyphen auf Papyrus, Kalkstein und Tonscherben.

★★ **Galleria Sabauda** ⓥ – *Zweiter und dritter Stock.* In der Galerie sind die thematisch und chronologisch geordneten Kunstsammlungen des Hauses Savoyen zu sehen. Die Abteilung der **Piemonteser Schulen des 14. bis 16. Jh.s**★ im zweiten Stock zeigt Werke des führenden Kopfes der piemontesischen Spätgotik, Martino Spanzotti (1455-1528), seines Schülers Defendente Ferrari (zwischen 1510 und 1531 aktiv) sowie der Künstler Macrino d'Alba (zwischen 1495 und 1528 aktiv) und Gaudenzio Ferrari (1475-1546). Dieser Maler – die ***Kreuzigung***★ gilt als eines seiner bedeutendsten Werke – war eng mit der Mailänder Gruppe verbunden. Die Abteilung der **Italienischen Schulen des 14. bis 16. Jh.s** zeigt u. a. Werke von Fra Angelico, Pollaiuolo und dessen Bruder Piero (Toskanische Schule), Bergognone (Lombardische Schule), Bartolomeo Vivarini und Giovanni Bellini (Venezianische Schule). Die **Sammlungen von Prinz Eugen** umfassen italienische und ausländische Werke, darunter eine der umfangreichsten Kollektionen Italiens mit **flämischen und holländischen Gemälden**★★: u. a. *Die Wundmale des hl. Franziskus* von Van Eyck (1390-1441), *Szenen aus der Leidensgeschichte Christi* von Hans Memling (um 1435-1494), der *Schlafende alte Mann* von Rembrandt (1609-1669) und zauberhafte **Landschaften** von Jan Bruegel d. Ä. (1568-1625).
Die **Collezioni dinastiche** im dritten Stock sind in drei chronologischen Abteilungen angeordnet und zeigen wunderschöne Beispiele der italienischen und europäischen Malerei des 15. bis 18. Jh.s. Zu den wichtigen Werken gehören die **Heimsuchung Mariä**★ und **Das Gebet des Frommen**★ von dem Flamen Rogier van der Weyden (1400-1464), das **Gastmahl im Haus des Simon**★, ein Jugendwerk von Veronese (1528-1588), die *Dreieinigkeit* von Tintoretto (1519-1594), die großen Gemälde von Bassano (16. Jh.), deren deutliche Lichteffekte schon Caravaggio ankündigen, die **Himmelfahrt Mariä**★★ von Gentileschi (1563-1639), ein Meisterwerk des Künstlers, das sich durch einen ausgeprägten Realismus auszeichnet, der **Söhne Karls I. von England**★, ein bewundernswertes offizielles Porträt von Van Dyck (1599-1641), die *Vier Elemente* des Bologneser Künstlers Albani (1578-1660), dessen klassische Darstellungsweise auf Guido Reni und die Carracci zurückgeht, das Porträt *Philips IV. von Spanien* von Velázquez (1599-1660), der *Triumph des Aurelian* von Tiepolo (1696-1770) und die schönen **Landschaften**★ des Venezianers Bellotto (1720-1780), eines Neffen von Canaletto. Die wertvolle **Gualino-Sammlung** umfaßt Werke aus Malerei, Bildhauerei und Kunsthandwerk verschiedener Herkunft und unterschiedlicher Epochen, darunter wertvolle chinesische Skulpturen.

★★ **Palazzo Carignagno** (**CX M²**) – Das schöne Barockgebäude von **Guarini** ist mit einer originellen und sehr lebhaften Fassade versehen. In diesem Palast wurde der Begründer der italienischen Einheit und erster König von Italien (1861), Viktor Emanuel II. (1820-1878), geboren. Heute ist hier das **Museo Nazionale del Risorgimento Italiano**★★ ⓥ untergebracht. Es enthält eine umfangreiche Sammlung von Dokumenten und Zeugnissen zur Geschichte des Landes vom Ende des 18. Jh.s bis zum Zweiten Weltkrieg, wobei die Ereignisse des Risorgimento im Vordergrund stehen. Die Besichtigung führt auch in den **Sala del Parlamento Subalpino**★, wo Cavour, Garibaldi, Verdi und Manzoni zwischen 1848 und 1860 ihre Reden hielten, sowie in die **Aula del Parlamento Italiano**, die für die immer zahlreicher werdenden Abgeordneten gebaut wurde, aber niemals zum Einsatz kam, da noch während der Bauarbeiten Florenz zur Hauptstadt ernannt wurde.

Piazza Castello (**CX 19**) – Dieser Platz, das politische und religiöse Herz Turins, entstand bei der Modernisierung der Stadt durch den Baumeister Ascanio Vitozzi (1539-1615). Die Turiner Hauptverkehrsadern haben hier ihren Ursprung. Der Platz wird vom königlichen Palast (Palazzo Reale) und den Arkaden abgeschlossen, hinter denen sich das **Teatro Regio** befindet. Das 1740 eingeweihte und während des Zweiten Weltkrieges bei Bombenangriffen stark beschädigte

TORINO

Street	Grid	No.
Alfieri (Via)	CY	6
Cadorna (Lungo Po L.)	DY	10
Carignano (Piazza)	CX	12
Carlo Emanuele II (Piazza)	DY	13
Carlo Felice (Piazza)	CY	16
Casale (Corso)	DY	18
Castello (Piazza)	CX	19
Cesare Augusto (Piazza)	CV	23
Consolata (Via della)	CV	27
Diaz (Lungo Po A.)	DY	32
Gran Madre di Dio (Piazza)	DY	38
Milano (Via)	CV	46
Napoli (Lungo Dora)	CV	50
Palazzo di Città (Piazza del)	CX	51
Ponte Isabella	CZ	53
Ponte Umberto I	DZ	54
Ponte Vittorio Emanuele I	DY	55
Repubblica (Pza della)	CV	62
Roma (Via)	CXY	
S. Carlo (Piazza)	CXY	
S. Francesco d'Assisi (Via)	CX	66
Solferino (Piazza)	CX	75
4 Marzo (Via)	CX	93
20 Settembre (Via)	CXY	96

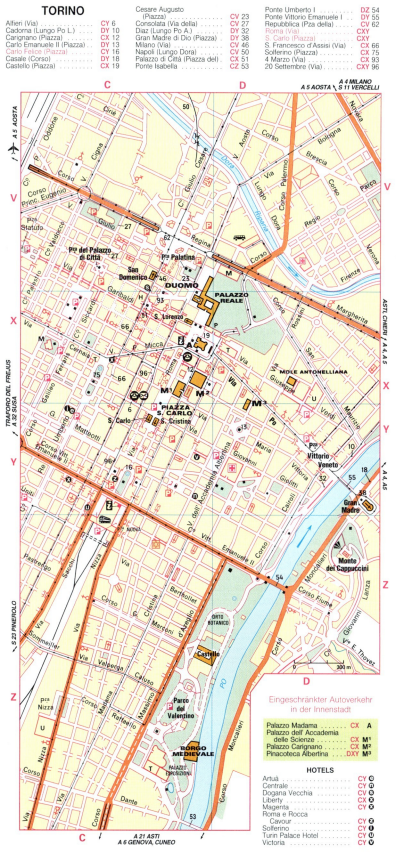

Eingeschränkter Autoverkehr in der Innenstadt

Sight	Grid	Key
Palazzo Madama	CX	A
Palazzo dell' Accademia delle Scienze	CX	M1
Palazzo Carignano	CX	M2
Pinacoteca Albertina	DXY	M3

HOTELS

Hotel	Grid	Key
Artuà	CY	e
Centrale	CY	n
Dogana Vecchia	CV	s
Liberty	CX	x
Magenta	CY	x
Roma e Rocca Cavour	CY	z
Solferino	CY	l
Turin Palace Hotel	CY	u
Victoria	CY	v

Theater wurde wiederaufgebaut und 1973 neu eröffnet. Ein Gitter von Umberto Mastroianni mit dem Titel *Musikalische Odyssee* schließt die Eingangshalle des Theaters. In der Mitte des Platzes thront das imposante Kastell, das dem Platz seinen Namen verlieh, bevor es in Palazzo Madama umbenannt wurde.

★ **Palazzo Madama** (**CX A**) - Dieser Palazzo verdankt seinen Namen den beiden „königlichen Damen", die hier im 17. und 18. Jh. wohnten: Christine von Frankreich (1606-1663), Witwe von Vittorio Amadeo I. und Jeanne de Savoie-Nemours, Witwe von Carlo Emanuele II. Das Kastell wurde im 14. und 15. Jh. auf den Resten eines römischen Tores errichtet. Diese Porta Pretoria gehörte zur ehemaligen Stadtmauer aus der Zeit des Augustus. Die westliche Fassade wurde im 18. Jh. von Juvarra im Rahmen eines großen Wiederaufbauprojekts entworfen, das durch den Tod von Jeanne de Nemours unterbrochen wurde. Die elegante Fassade und die große Freitreppe, die von französischen und römischen Vorbildern inspiriert waren, sind aufgrund des ausgewogenen Turiner Barockstils besser proportioniert als ihre Vorbilder.
Im Erdgeschoß ist das **Museo d'Arte Antica**★ ⓥ eingerichtet. In diesem Museum für Alte Kunst findet man interessante gotische Skulpturen, Chorgestühl aus dem Ende des 15. Jh.s und Gemälde der Piemonteser Schule (15., 16. Jh.): Gian Martino Spanzotti, Macrino d'Alba, Defendente und Gaudenzio Ferrari, ein *Bildnis eines Mannes* (1475) von Antonello da Messina und eine *Madonna* von Barnaba da Modena (14. Jh.). In der Abteilung für Kunsthandwerk sind griechische, germanische und romanische Goldschmiedearbeiten, Email- und Elfenbeinarbeiten, Holztruhen, Keramik und Möbel aus dem 15. Jh. ausgestellt.

★ **Palazzo Reale (Königspalast)** (**CDVX**) - Dieses schlichte Gebäude, dessen Fassade im 17. Jh. von Amedeo di Castellamonte entworfen wurde, war bis 1865 die Residenz der Fürsten von Savoyen. Eine schöne Treppe (**Scala delle Forbici**) von Filippo Juvarra führt in die **Gemächer** (Appartamenti) ⓥ im ersten Stock, die mit Dekorationen aus dem Barock, Rokoko und Klassizismus prächtig geschmückt sind. Im Palast befindet sich außerdem eine **königliche Rüstkammer**★ (Armeria Reale) ⓥ, die eine außergewöhnliche Waffen- und Rüstungssammlung sowie militärische Erinnerungsstücke vom 13. bis 20. Jh. enthält.
Links vom Palast erhebt sich die **Chiesa di San Lorenzo** (**CX**), die von Guarini mit einer Kuppel und einer recht kühnen Bekrönung versehen wurde.

★ **Duomo** ⓥ (**CX**) - Der Renaissancebau wurde Ende des 15. Jh.s durch Kardinal Della Rovere erbaut und dem hl. Johannes, dem Schutzpatron der Stadt, geweiht. Die Fassade besitzt drei mit schönen Bildhauerarbeiten versehene Portale, die Meo del Caprina zugeschrieben werden; der Campanile aus Backstein wurde 1720 von Juvara bekrönt.
Im **Innern** *(Treppe rechts im Chor)*, befindet sich über der Apsis die Kapelle mit dem hl. Grabtuch, ein Werk von Guarini (17. Jh.), der auch die Kuppel entwarf. Auf dem Altar eine Urne, die das kostbare aber umstrittene hl. Grabtuch (**Sacra Sindone**★★★) enthält, mit dem Christus nach der Kreuzabnahme bedeckt worden sein soll. In der Nacht des 11. April 1997 wurde die Kuppel durch einen Brand stark beschädigt und wurde vorübergehend durch eine Illusionsmalerei ersetzt; die Urne mit der kostbaren, doch leider umstrittenen Reliquie nahm dabei jedoch glücklicherweise keinen Schaden.

In der Nähe der Kathedrale befinden sich interessante Überreste der römischen Stadt: die Reste eines Theaters aus dem 2. Jh. n. Chr. und die **Porta Palatina** (1. Jh. n. Chr. - **CV**), ein schönes Beispiel für ein römisches Stadttor.

Die Via IV Marzo (**CX 93**) führt durch den ältesten Stadtkern bis zur eleganten und harmonisch gestalteten **Piazza del Palazzo di Città**, die von dem im 17. Jh. von Francesco Lanfranchi errichteten Rathaus (**CX H**) dominiert wird.

Etwas weiter (*rechts in die Via Milano einbiegen* - **CV 46**) steht die Kirche **San Domenico** ⓥ (14. Jh.), die einzige gotische Kirche der Stadt, in der sich neben Werken von D. Ferrari und M. Spanzotti ein schöner Freskenzyklus aus dem 14. Jh. befindet.

VON DER PIAZZA CASTELLO BIS ZUM PO

★ **Via Po** (**DXY**) - Diese Straße wurde im 17. und 18. Jh. als Verbindung zwischen dem historischen Zentrum und dem Po angelegt. Sie ist eine der schönsten und harmonischsten Straßen der Stadt, mit Palästen und Bogengängen in außergewöhnlicher architektonischer Einheit.

Nicht weit davon befindet sich die **Pinacoteca Albertina** (**M³**) ⓥ mit repräsentativen Werken aus Piemont, Lombardei und Venetien, einer holländisch-flämischen Sammlung sowie einer wunderschönen Reihe **Kartons**★ von Gaudenzio Ferrari und seiner Schule.

★ **Mole Antonelliana** ⓥ (**DX**) - Dieses eigentümliche, 167 m hohe Bauwerk und Wahrzeichen von Turin ist das originelle und kühne Werk des Architekten Alessandro Antonelli (1798-1888). Es wurde 1863 als Synagoge geplant und 1877 der Stadt übergeben. Von oben bietet sich ein schöner **Panoramablick**★★.

Piazza Vittorio Veneto (DY) – Dieser große, zum Fluß hin abfallende Platz aus dem 19. Jh. bietet einen bezaubernden **Blick**★★ auf den Hügel von Turin. Der Weg zu den **Murazzi** (Lungo Po Diaz), den gewaltigen, im 19. Jh. errichteten Verteidigungsmauern, führt zum Fluß hinunter. Jenseits der von Napoleon errichteten Brücke Ponte Vittorio Emanuele I. befindet sich das klassizistische Gebäude der **Chiesa della Gran Madre**.

Vom 284 m hohen **Monte dei Cappuccini**, rechts von der Kirche, bietet sich ein unvergleichlicher **Panoramablick**★★★ über die Stadt.

Parco del Valentino (CDZ) – Der Park erstreckt sich etwa 1,5 km am Po entlang und stellt eine angenehme Promenade am Ufer des Flusses dar. Im Norden liegt das 1688 für die Herzogin Marie-Christine von Frankreich gebaute **Castello del Valentino**. Der Park umschließt ebenso die Messehalle, das Teatro Nuovo (**T**) und den **Borgo Medievale**★ ⌚, eine getreue Nachbildung einer Häusergruppe und einer Burg aus dem Mittelalter.

WEITERE SEHENSWÜRDIGKEITEN

★★ **Galleria Civica di Arte Moderna e Contemporanea** ⌚ – *Via Magenta 31*. Die große Gemälde- und Skulpturensammlung bietet einen Überblick über die italienische Kunst des 19. und 20. Jh.s und deren Hauptvertreter, wobei die Region von Piemont den Schwerpunkt bildet. In der zweiten Etage, die dem 19. Jh. gewidmet ist, findet man die umfassendste Kollektion des aus Reggio Emilia stammenden **Antonio Fontanesi** (1818-1882). Seine Landschaften zeichnen sich durch feierliche Kompositionen, gedämpftes Licht sowie eine dichte und facettenreiche Farbgebung aus. Die erste Etage ist dem 20. Jh. gewidmet. Hier wird, ausgehend von wichtigen Ereignissen und bedeutenden Künstlern, die Entwicklung der italienischen Kunst und der zeitgenössischen europäischen Strömungen nachgezeichnet: G. Balla, F. Casorati, A. Martini, die Mailänder Gruppe Novecento, die metaphysische Malerei aus Ferrara (C. Carrà, De Chirico), die Römische Schule (Scipione, M. Mafai), die Turiner Gruppe „Gruppo dei Sei di Torino" (J. Boswell, G. Chessa, N. Galante, C. Levi, F. Menzio und E. Paolucci), bis hin zu den Erfahrungen der Informellen Kunst und der Arte Povera der 1960er Jahre. Im Erdgeschoß werden internationale Kunstwerke aus den letzten 30 Jahren gezeigt.

★★ **Museo dell'Automobile Carlo Biscaretti di Ruffia (Automobilmuseum)** ⌚ – *Im Süden der Stadt, zu erreichen über den Corso Massimo d'Azeglio* (CZ). *Weiter nach dem Plan von Turin und Umgebung im Michelin-Hotelführer Italia. Das Museum befindet sich Corso Unità d'Italia Nr. 40.*
In der großen Halle ist eine reiche Sammlung von Fahrzeugen, Karosserien, Motoren und graphischen Darstellungen ausgestellt, die einen Überblick über die Geschichte des Automobils von seinen Ursprüngen bis in die vergangenen zwanzig Jahre geben.
In einem Saal werden die erstaunliche Entwicklung der Materialien und Strukturen sowie die Geschichte und zahlreiche technische Details zum Thema Reifen dargestellt (Erinnerungsstücke an große Autorennen und an verschiedene bereifte Fahrzeuge: vom Fahrrad bis zum Flugzeug etc.).
Eine Bibliothek und umfangreiche Archive *(Besichtigung auf Anmeldung)* ergänzen die Ausstellung.

Automobilmuseum Carlo Biscaretti di Ruffia

Der 4. Mai 1949

Starke Regenfälle, mit Schnee vermischt, ergießen sich über Turin. Ein Flugzeug befindet sich im Landeanflug in der Nähe von Superga. Es hat berühmte Passagiere an Bord: 18 Spieler des Grande Torino, des legendären Fußballclubs von Turin, der 5 mal in Folge den italienischen Meistertitel gewonnen hat. 10 der Fußballer spielen in der Nationalmannschaft und stellen ihren harten Kern dar. Sie kommen zusammen mit Trainern, Begleitern, Fußballfunktionären und Journalisten von einem Freundschaftsspiel in Lissabon zurück. Die Sicht ist mehr als schlecht. Um 17.05 Uhr verliert das Flugzeug den Kontakt mit dem Kontrollturm und an Höhe. Die linke Tragfläche prallt an die Basilika und das Flugzeug stürzt ab. Die ganze Stadt ist gelähmt vor Trauer und Schmerz. Der Grande Torino hat aufgehört zu existieren, und mit ihm eine besondere Dimension des Sports.

UMGEBUNG

Siehe Plan Turin und Umgebung im Michelin-Hotelführer ITALIA

★ **Basilica di Superga** - *10 km östlich.* Auf einem Hügel wurde in 670 m Höhe zwischen 1717 und 1731 dieses mächtige Bauwerk errichtet, ein Meisterwerk des Architekten Juvara. Der überkuppelte Rundbau ist vor allem bemerkenswert wegen der monumentalen Fassade mit den mächtigen Säulen und Pilastern. Die der Muttergottes geweihte Kapelle im Chor ist Ziel von Wallfahrten. Die Kirche diente vor allem als Grablege der Könige von Sardinien.

Tombe dei Reali (Gruft der Königsfamilie) ⓥ - Die Krypta birgt das Grabmal von Viktor Amadeus II., der die Kirche in Erinnerung an die Befreiung Turins aus der Belagerung durch die französischen und spanischen Truppen im Jahre 1706 erbauen ließ. Daneben befinden sich auch die Grabmäler von Karl Albert von Savoyen und zahlreichen Fürsten des Hauses Savoyen.
Vom Kirchenvorplatz aus **Blick**★★★ auf Turin, die Po-Ebene und die Alpen.

★ **Rundfahrt über den Colle della Maddalena** - *32 km östlich.* Von Superga aus führt die Straße zuerst nach Pino Torinese, wobei sie herrliche **Blicke**★★ auf Turin bietet, und von dort weiter auf den **Colle della Maddalena**, wo zum Gedenken an die Gefallenen des Ersten Weltkriegs der vielbesuchte **Parco della Rimembranza** angelegt ist. Auf der Rückfahrt nach Turin ergeben sich zahlreiche schöne **Ausblicke**★; der **Parco Europa** in Cavoretto liegt oberhalb des südlichen Turin.

★ **Palazzina di caccia di Stupinigi (oder Palazzina Mauriziana)** ⓥ - *11 km südwestlich.* Die weitläufige Anlage wurde im 18. Jh. von Juvara für Viktor Amadeus II. von Savoyen als Jagdschloß erbaut; sie liegt in einem großen Park. Napoleon residierte in diesem Schloß, bevor er sich zum König von Italien krönen ließ. Der Palazzo wurde in ein **Museum für Wohnkultur** umgewandelt. Die Gemächer sind reich im Rokoko-Stil des 18. Jh.s ausgestattet.

★ DAS TAL VON SUSA *150 km, etwa ein Tag*

Turin in westlicher Richtung über den Corso Francia verlassen.

Castello di Rivoli - *14 km westlich.* Die von Juvara im 18. Jh. begonnene Barockresidenz für Viktor Amadeus II. von Savoyen blieb unvollendet. Nur der linke Flügel und der untere Teil des mittleren Pavillons wurden fertiggestellt. Ein **Museum für zeitgenössische Kunst** (Museo d'Arte contemporanea) ⓥ ist in den Räumen untergebracht (Werke der 60er Jahre bis heute).

Weiter auf der Straße S 25.

★ **Abbazia di Sant'Antonio di Ranverso** ⓥ - *6 km hinter Rivoli von der S 25 nach links abbiegen.* Aufgrund der Lage an der historischen Via Francigena bot diese Abtei vor allem Pilgern Schutz und versorgte Kranke, die an Gürtelrose, dem sogenannten „Feuer des hl. Antonius", litten. Die Kirche wurde im 12. Jh. errichtet und hat eine schöne Fassade mit drei Portalen, die mit Wimpergen und Fialen aus dem 15. Jh. geschmückt sind. Im Inneren sind schöne **Fresken**★ von **Giacomo Jaquerio** (von 1401 bis 1453 aktiv) vorhanden, die den Realismus der burgundischen Kunst mit der Finesse des höfischen Stils der Gotik verbinden. Die am besten erhaltenen Fresken befinden sich in der Sakristei: Die Szene mit den beiden Bauern, die ihre Schweine feilbieten, verweist auf die bei Gürtelrose traditionelle Behandlung mit Schweinefett. Der Hauptaltar ist mit einem schönen **Polyptychon** von Defendente Ferrari (von 1510 bis 1531 aktiv) geschmückt.

Avigliana - Bis zum 15. Jh. war diese kleine Stadt eine Lieblingsresidenz des Hauses Savoyen. Das historische Zentrum, das in der Nähe der romanisch-gotischen Pfarrkirche **San Giovanni** um die zauberhafte **Piazza Conte Rosso** entstand, wird von den Ruinen des **Kastells** (10. Jh.) überragt. Südöstlich des Zentrums befindet sich die Kirche **San Pietro**★ ⓥ (10.-11. Jh.), die einen schönen, zum größten Teil aus dem 14.-15. Jh. stammenden Freskenzyklus enthält.

Von Avigliana führt eine Panoramastraße an den beiden, in der Eiszeit entstandenen **Seen von Avigliana** (Laghi di Avigliana) vorbei weiter bis zur Abtei Sacra di San Michele (13,5 km).

★★★ **Sacra di San Michele** – Hoch am Hang (962 m) liegt diese alte **Benediktinerabtei** ⓥ. Im 13. Jh., während ihrer Glanzzeit, unterstanden San Michele 140 Klöster, und über 100 Mönche lebten hier. Im 10. Jh. von dem Auvergner Hugues de Montboissier gegründet, weist die Abtei eine gewisse Ähnlichkeit mit dem Kloster vom Mont-Saint-Michel in der Bretagne auf.
Nach Durchquerung des Eisernen Tores steigt man die Große Treppe hinauf zum **Tor des Tierkreises** (Porta dello Zodiaco), dessen Pilaster und Säulenkapitelle mit Bildhauerarbeiten des Maestro Nicolò (1135) verziert sind.

Die auf einem Felssporn erbaute **Abteikirche** im romanisch-gotischen Stil ist mit Fresken des 16. Jh.s ausgemalt; bemerkenswert ist auch die Bildhauerarbeit an den Kapitellen. Das Altarbild des Hauptaltars schuf Defendente Ferrari (Anfang 16. Jh.). Von der Esplanade bietet sich ein großartiger **Blick**★★★ auf das Gebirge, das Tal der Dora, das Turiner Becken und die Po-Ebene.

★ **Susa** – *30 km von Avigliana, über die S 25 oder A 32, Richtung Fréjus.* Die Stadt liegt am Fuße eines gewaltigen Bergmassivs mit dem Rocciamelone (3 538 m) als höchster Erhebung und an der Kreuzung der beiden Straßen nach Frankreich, weshalb man den Ort auch „Tor Italiens" nennt. Susa wurde von den Kelten gegründet und war während der Römerzeit ein blühendes Handelszentrum. Aufgrund ihrer strategischen Lage wurde die Stadt wiederholt zerstört (von Konstantin im Jahre 312 und von Barbarossa 1174).
Die **Porta Savoia**★, das nach der französischen Region benannte Wahrzeichen der Stadt, entstand Ende des 3. und Anfang des 4. Jh.s n. Chr., als die Stadtmauer erbaut wurde. Daneben befindet sich die **Kathedrale**, die 1027-1029 gegründet und im 14. Jh. im gotischen Stil vergrößert wurde. Die Südseite liegt an der kleinen Piazza San Giusto, auf der ein wunderschöner **romanischer Kampanile**★★ steht.
Der elegante **Arco di Augusto**★, das älteste Bauwerk der Stadt (8 v. Chr.), befindet sich in zauberhaft grünem Rahmen. Die vorhandenen Flachreliefs wurden von der lokalen Künstlerschule ausgeführt und haben den Bündnispakt zwischen Cottius, dem Lehnsherren von Susa, und Augustus zum Thema. Vor dem Bogen stehen die Reste eines **römischen Aquädukts** (4. Jh. n. Chr.) und, etwas weiter entfernt, die keltischen **Felsen** in Form kleiner **Schalen** (Rocce Coppelliformi – 6. bis 5. Jh. v. Chr.), die von den Druiden für Opferrituale verwendet wurden.
Im Süden befindet sich in beschaulichem Rahmen und, wie üblich, etwas außerhalb ein **Amphitheater** aus dem 1. bis 2. Jh. n. Chr.

Abbazia della Novalesa ⓥ – *8 km nordöstlich von Susa.* Diese imposante Benediktinerabtei wurde im 8. Jh. als Brückenkopf fränkischer Herrschaft auf Langobardengebiet gegründet und von den Sarazenen im 10. Jh. zerstört. Sie wurde wiederaufgebaut, zerfiel aber ab dem 13. Jh. zunehmend. Schmuckstück der Abtei sind die außergewöhnlichen **Fresken**★★ in der **Kapelle Sant'Eldrado** (12. Jh.) mit Darstellungen aus dem Leben des hl. Eldrado und des hl. Nikolaus von Bari.

★ MONFERRATO *150 km – einen Tag einplanen*

Die im folgenden vorgeschlagene Rundfahrt führt durch das Monferrato, eine liebliche Kalklandschaft, die im Norden vom Po, im Osten vom Alexandrinischen Flachland und im Südwesten von den Hügeln der Langhe begrenzt wird. Die Senke bei Villafranca d'Asti und der Unterlauf des Tanaro unterteilen das Gebiet in das Untere und Obere Montferrato (im Norden bzw. im Süden, ungeachtet des Namens). Auf den Hügeln stehen zahlreiche Festungen, und überall trifft man auf Burgen, Wehrtürme und befestigte Marktflecken. Das Land selbst ist fruchtbar und liefert einige der besten Weine Piemonts: Barbera, Dolcetto und Grignolino gehören zu den Rotweinen; Cortese und Gavi sind geschätzte Weißweine. Zum Dessert eignen sich vorzüglich Asti Spumante, Muskateller und Brachetto.

Turin in östlicher Richtung auf der S 10 verlassen.

Chieri – Die für ihre kulinarischen Leistungen bekannte Stadt besitzt einige wertvolle Baudenkmäler der Piemonteser Gotik. Hierzu gehören der Dom (15. Jh.) mit seiner romanisch-gotischen Taufkapelle und die Kirche San Domenico (13.-15. Jh.) mit ihrem schönen Kampanile.

Der Beschilderung in Richtung Castelnuovo Don Bosco (4 km südlich, in **Colle Don Bosco**, befindet sich das Geburtshaus des heiligen Giovanni Bosco sowie eine ihm geweihte Wallfahrtskirche) *und Albugnano folgen.*

Abbazia di Vezzolano ⓥ – Die in einem stillen grünen Tal verborgene Abtei ist eines der bedeutendsten Zeugnisse der romanisch-gotischen Architektur in Piemont. Die Fassade der Kirche aus Back- und Sandstein verschönt ein mit Reliefs verziertes Portal. Das Prunkstück von Vezzolano ist ein kostbarer **Lettner**★★ aus dem Jahr 1189, dessen herrliche mehrfarbige Flachreliefs die Patriarchen und Szenen aus dem Marienleben darstellen und der mit seinen großzügigen Abmessungen den Chorraum, der den Mönchen vorbehalten war, von den übrigen Gläubigen abtrennt. In den beiden Mittelschiffen sieht man Spitzbogen und ein Kreuzgratgewölbe, das auf Wandpfeilern aufliegt. Vom äußersten Ende des rechten Seitenschiffs aus gelangt man in den eleganten **Kreuzgang**★ (der eines der beiden Mittelschiffe umschließt), in dem noch Teile von Fresken aus dem 13. und 14. Jh. erhalten sind.

Asti – *Plan Turin und Umgebung im Michelin-Hotelführer ITALIA.* Asti ist der Geburtsort des Dichters Vittorio Alfieri; außerdem ist die Stadt bekannt für ihr Winzerfest und das „Palio", ein Volksfest mit Umzügen, bei dem die nahezu 1 000 Mitwirkenden Trachten des 14. und 15. Jh.s tragen *(siehe Veranstaltungskalender am Ende des Bandes).* Das **Battistero di San Pietro**★ aus dem 12. Jh. bildet mit der alten gleichnamigen Kirche (15. Jh.) und dem gotischen Kreuzgang eine harmonische Einheit. Im Herzen des malerischen alten Viertels erhebt sich der gotische Dom aus dem 14. Jh., der mit Malereien aus der Barockzeit ausgeschmückt ist.

Auf der Schnellstraße E 74 und anschließend der S 456 in Richtung Acqui Terme fahren.

★ **Burgenstraße des Ober-Monferrato (Strada dei Castelli)** – Die Höhenstraße von Acqui Terme nach Gavi, die auch Weinstraße genannt wird, verläuft auf dem Kamm der mit Weingärten bedeckten Anhöhen. **Acqui Terme**‡‡, das bereits zur Römerzeit für seine Schlammbäder und Thermalquellen berühmt war, ist immer noch eine reizende kleine Stadt, in der man Baudenkmäler aus römischer und mittelalterlicher Zeit besichtigen kann. Die Straße führt durch eine Reihe von Bergdörfern, die von Burgen überragt sind, darunter Visone, Morsasco, Cremolino, Molare, Tagliolo, Lerma, Casaleggio, Mornese und, in einem kleinen Haken in Richtung Nordosten, Montaldeo, Castelletto d'Orba und Silvano d'Orba.

Isole TREMITI★

TREMITI-INSELN – Apulien

374 Einwohner

Michelin-Karte Nr. 988 Falte 28 oder Nr. 431 A 28

Vor der Küste des Garganomassivs liegt die winzige Inselgruppe, die den gleichen geologischen Ursprung wie das Vorgebirge an der Küste hat. Dieser einzige Archipel der Adria besteht aus zwei größeren Inseln, San Nicola und San Domino, sowie den zwei unbewohnten kleinen Inseln Capraia und Pianosa (weiter entfernt). Bei der Überfahrt von Manfredonia aus hat man einen unvergeßlichen **Blick**★★★ auf den Küstenstreifen des Gargano mit seinen weißen Kalkfelsen. Auch das Vorbeigleiten an den malerischen Städtchen Vieste, Peschici und Rodi Garganico, die hoch über der Küste auf den steilen Felsen liegen, ist außerordentlich reizvoll. Vor den Klippen, scheinbar ins Meer gebaut, erscheinen die „Trabocco", die klassischen Fischfanggeräte dieser Gegend. Die Holzstege tragen Stangen, an denen die großen quadratischen Grundnetze befestigt sind.

★ **San Nicola** – Hoch oben auf einem schroffen Felsen erhebt sich die Abtei **Santa Maria al Mare** ⓥ, die im 9. Jh. von Benediktinern gegründet wurde. Eine befestigte Auffahrt führt hinauf. Im Innern der Kirche sind noch Reste eines Mosaiks aus dem 11. Jh. erhalten, sowie ein gotischer Flügelaltar des 15. Jh.s und ein byzantinisches Kruzifix (13. Jh.). Von den Kreuzgängen aus ist die Nachbarinsel San Domino erkennbar.

★ **San Domino** ⓥ – Eine Bootsrundfahrt bietet Gelegenheit, die felsige, stark zerklüftete, unberührte, mit Kiefern bewaldete Insel zu entdecken.

ANREISE

Von Juni bis September verkehren die Fähren *(Fahrtdauer 1 Std. 40 Min.)* und Tragflächenboote *(Fahrtdauer 40 Min. bis 1 Std.)* von **Navigazione Libera del Golfo** *(am Hafen, ☎ (0875) 70 39 37, Fax (0875) 70 48 59)* ab **Termoli** täglich nach Tremiti. Auch **Adriatica di Navigazione** *(Agenzia Intercontinental Viaggi, Corso Umberto I 93, ☎ (0875) 70 53 41, Fax (0875) 70 64 29)* unterhält eine tägliche Verbindung per Tragflächenboot.

Während derselben Monate verkehren täglich die Schnellboote von **Adriatica di Navigazione** zwischen Tremiti und **Ortona** *(Fahrtdauer 2 Std., Agenzia Fratino, Via Porto 34, ☎ (085) 90 63 855, Fax (085) 90 64 186)*, **Vieste** *(1 Std., Agenzia Gargano, Piazza Roma 7, ☎ (0884) 70 85 01, Fax (0884) 70 73 93)* sowie Punta Penna di **Vasto** *(1 Std., Agenzia Massacesi, Piazza Diomede 3, ☎ (0873) 36 71 74, Fax (0873) 69 380).*

TRENTO★

TRIENT – Trentino-Südtirol

103 668 Einwohner

Michelin-Karte Nr. 988 Falte 4 oder Nr. 429 D 15

Stadtplan im Michelin-Hotelführer ITALIA

Trient, Hauptstadt der Provinz Trentino, liegt im Talbecken der Etsch, umgeben von steilen Bergen, Hügeln und Talmulden, in der Nähe der Brentagruppe. Im Stadtbild bemerkt man deutsche und italienische Einflüsse. Der bedeutende Verkehrsknotenpunkt Trient, wo sich die Brennerstraße mit den Straßen nach Brescia und Venedig kreuzt, ist ein Landwirtschafts- und Industriezentrum.

GESCHICHTLICHES

Trient bestand schon zur Römerzeit; es wurde im 4. Jh. bereits Sitz eines Bischofs. Im 6. Jh. bemächtigte sich Theoderich, König der Ostgoten, der Stadt, die dann unter die Herrschaft der Langobarden geriet. Ab Ende des 10. Jh.s gehörte Trient zum Heiligen Römischen Reich Deutscher Nation. Von 1004 bis 1801 wurde Trient von Fürstbischöfen regiert.

Von 1545 bis 1563 fand hier das berühmte **Tridentiner Konzil** statt. Das von Papst Paul III. einberufene Konzil suchte dem Aufkommen des Protestantismus entgegenzuwirken und leitete die Gegenreformation ein, die das Bild der Kirche entscheidend änderte. Die wichtigsten Beschlüsse betrafen die Pflicht der Bischöfe, in ihrer Diözese zu residieren und den Ablaßmißbrauch. Durch diese Neuorganisierung kam das Bestreben zum Ausdruck, der katholischen Kirche wieder mehr Glaubwürdigkeit und Autorität zu verschaffen.

Nach der napoleonischen Zeit fiel Trient im 19. Jh. an Österreich, was im Wiener Kongreß (1814-1815) festgelegt wurde. Nach erbitterten Kämpfen trat Österreich Stadt und Provinz Trient 1918 an Italien ab.

★ DIE STADT DER FÜRSTBISCHÖFE *Besichtigung: 2 Std.*

★ **Piazza del Duomo** – Der Mittelpunkt der Stadt wird eingefaßt vom Dom, dem Palazzo Pretorio (13. Jh.; restauriert), dem Stadtturm und von den mit allegorischen Fresken aus dem 16. Jh. bemalten Rella-Häusern.

★ **Duomo** – Der majestätische Bau in lombardischer Romanik wurde im 12. und 13. Jh. errichtet. Die Fassade des nördlichen Querschiffs besitzt eine Fensterrose, um die das Glücksrad der Göttin Fortuna dargestellt ist, die über das auf- und absteigende Schicksal der Menschen wacht.

Im Innenraum fällt der Blick auf die beeindruckend steilen Treppen, die zu den Türmen führen. Rechts liegt die Cappella del Crocifisso (17. Jh.) mit dem Kruzifix, vor dem die Dekrete des Konzils bekanntgegeben wurden. Im rechten Querhausarm die Grabplatte des venezianischen Condottiere Sanseverino, der 1486 ermordet wurde.

Unter dem Chor wurden Reste einer **frühchristlichen Basilika** (Basilica paleocristiana) ⌚ aus dem 5. Jh. entdeckt.

★ **Museo Diocesano (Diözesanmuseum)** ⌚ – Im Palazzo Pretorio ist heute der Domschatz untergebracht. Die Sammlung enthalt Gemälde, geschnitzte **Holzbilder**★, ein **Altarbild**★ und acht in Brüssel gefertigte **Wandteppiche**★ aus dem 16. Jh., die Peter van Aelst schuf.

Via Belenzani – Diese schöne und vornehme Straße ist von Palästen im venezianischen Stil gesäumt. Dem Palazzo del Municipio (16. Jh.) gegenüber befinden sich mit Fresken geschmückte Häuser.

Via Manci – In dieser Straße findet man Häuser verschiedener Stilrichtungen: venezianische Loggien und Fresken sowie Häuser mit großen überhängenden Dächern, wie im Gebirge. Die Nr. 63 der Straße ist der Palazzo Galazzo aus dem 17. Jh.

★★ **Castello del Buon Consiglio** ⌚ – In diesem Kastell lebten vom 13. bis zum frühen 19. Jh. die Fürstbischöfe von Trient. Das Castelvecchio ist, wie der Name schon sagt, der älteste Teil, zu dem auch der sog. Adlerturm (**Torre Aquila**) gehört *(Anmeldung zu einer interessanten Führung in der Loggia del Romanino)*. Ein böhmischer Maler aus dem 15. Jh. hat hier Fresken zu den Monaten des Jahres erstellt, die sehr schön den Höfischen Stil der Gotik illustrieren. Die verschiedenen Szenen bieten für jeden etwas: Im Januar eine Schneeballschlacht der Burgherren, Wonnemonat Mai, Erntezeit im Oktober, und im Dezember wird das Feuerholz gesammelt.

Im 16. Jh. wurde das Fürstentum von Bernardo Cles regiert, der großen Einfluß auf das Leben in Trient hatte und das Kastell um den Palazzo Magno vergrößerte. Als Renaissancefürst ließ er seine Residenz von berühmten Künstlern, z. B. Dosso und Battista Dossi, dekorieren. Die beiden Künstler aus Ferrara schmückten die wichtigsten Räume, z. B. die Sala Grande. Die Fresken zu biblischen und

mythologischen Themen in den Gewölben (oben ist Phaeton auf seinem Sonnenwagen dargestellt) und die Fresken in den Lünetten der **Loggia** stammen von Romanino, einem Künstler aus Brescia.
Mit der Besichtigung des Kastells läßt sich auch ein Besuch der Kunst-, Münz- und Archäologiesammlungen sowie des Museo del Risorgimento verbinden.

WEITERE SEHENSWÜRDIGKEITEN

★ **Palazzo Tabarelli** – Ein bemerkenswerter Bau der venezianischen Renaissance mit Pilastern, rosa Marmorsäulen und Medaillons.

Santa Maria Maggiore – In dieser Kirche wurden zahlreiche Versammlungen des Konzils abgehalten. Santa Maria Maggiore ist ein Renaissancebau, der den romanischen Campanile der Vorgängerkirche behielt. Im Chor befindet sich eine marmorne Orgelempore mit Bildhauerarbeiten von Vincenzo und Gerolamo Grandi (1534). Am 2. Altar rechts im Hauptschiff ist ein Altaraufsatz von Moroni (16. Jh.) zu sehen: *Madonna und Heilige*.

Sant'Apollinare – Die kleine Kirche am rechten Ufer der Etsch ist romanischen Ursprungs. Ein sehr steiles Dach bedeckt das gotisch überwölbte Innere.

★★★ GRUPPO DEL BRENTA (BRENTAGRUPPE)

Rundfahrt ab Trient *233 km – 2 Tage rechnen*

Die wild zerrissenen Kalkberge der Brentagruppe verlängern die Dolomiten über das Etschtal hinaus. Tief eingeschnittene Täler, einsam liegende Seen, von der Erosion gestaltete Felstürme und Zinnen machen das Gebiet sehr reizvoll.

Von Trient aus die Straße S 45 b in Richtung Vezzano nehmen.

★ **Lago di Toblino (Toblino-See)** – Der reizvolle See ist am Ufer von hohen Gräsern umgeben, den Hintergrund bildet eine schroffe Felswand. Auf einer Landzunge steht ein Schlößchen, das den Fürstbischöfen von Trient als Sommerresidenz diente.

In der Karte sind außer den beschriebenen Städten und Sehenswürdigkeiten weitere, besonders malerische Orte eingezeichnet (in der kleinsten schwarzen Schrift).

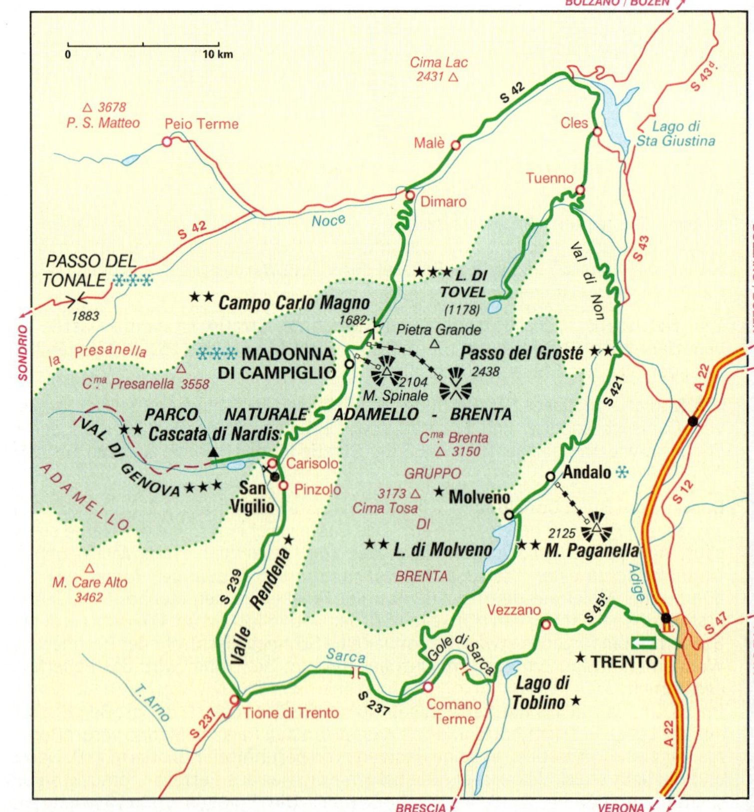

★ **Val Rendena** – In dem weiten Tal mit Tannen und Lärchen liegen heitere Dörfer. Die Kirchen in diesem Tal sind mit Fresken bemalt und haben weit vorgezogene Dächer. An der Südseite der **Kirche San Vigilio** bei Pinzolo sieht man einen bemerkenswerten Totentanz (1539) von Simone Baschenis.

★★★ **Val di Genova** – Dieses Tal, das in westlicher Richtung im Adamello-Granitmassiv verläuft, ist für seine ursprüngliche, wilde Naturlandschaft berühmt. An Felsen vorbei und am Wildbach entlang, der zwischen Felsblöcken braust, erreicht man den fast 100 m hohen **Nardis-Wasserfall**★★ (Cascata di Nardis).

❄❄ **Madonna di Campiglio** – Der angenehme Luftkurort erfreut sich im Sommer und Winter großer Beliebtheit. Die vielen Hotels sorgen für das Wohl des Gastes, dem sich hier zahlreiche Möglichkeiten für Bergtouren und Wanderungen bieten.

★★ **Campo Carlo Magno** – Karl der Große soll hier durchgezogen sein, weshalb der Ort nach ihm benannt wurde. Der Wintersportplatz und Ferienort liegt inmitten von Wäldern. Vom **Passo di Grosté** ⊙ *(mit der Seilschwebebahn zu erreichen)* öffnet sich ein großartiges **Panorama**★★ über die gesamte Brentagruppe.

Nach Dimaro fahren. Von dort weiter über Malè und Cles, wo man rechts abbiegt nach Tuenno.

★★★ **Lago di Tovel (Tovelsee)** – Auf einer Nebenstraße ab Tuenno fährt man durch Schluchten zum waldumrahmten Lago di Tovel. Der See nimmt im Sommer manchmal eine blutrote Färbung an, was auf die im Wasser lebenden Algen zurückzuführen ist.

❄ **Andalo** – Der Luftkurort in der großartigen Landschaft umgeben von herrlichen weiten Nadelwäldern wird von den Gebirgskämmen des Brentamassivs beherrscht. Vom **Monte Paganella** ⊙ aus *(mit der Seilschwebebahn zu erreichen)* bietet sich in 2 125 m Höhe bei guter Sicht ein herrlicher **Rundblick**★★ über die ganze Region bis hin zum Gardasee.

★ **Molveno** – Der im Sommer vielbesuchte Ferienort hat eine schöne Lage inmitten sanft abfallender Wiesen. Der **See**★★ etwas weiter südlich liegt in einem Kessel.

TREVISO★

Venetien

88 315 Einwohner

Michelin-Karte Nr. 988 Falte 5 oder Nr. 429 E/F 18 – Stadtplan im Michelin-Hotelführer ITALIA

Die Stadt Treviso, ein bedeutendes landwirtschaftliches und industrielles Zentrum, liegt inmitten der fruchtbaren Venetischen Ebene. Die gut erhaltene Altstadt ist noch von der Stadtmauer umgeben. Seit dem 14. Jh. teilt Treviso das Schicksal der berühmten Nachbarstadt Venedig.

★ **Piazza dei Signori** – Den Mittelpunkt der Altstadt bildet die Piazza dei Signori, auf der sich der Palazzo del Podestà erhebt, vom hohen Torre del Comune (Stadtturm) überragt. Daneben schließen sich der um 1207 errichtete **Palazzo de Trecento**★ und der Renaissance-Palast Palazzo Pretorio an. Die rückwärtigen Fassaden gehen auf einen kleinen Platz (Piazza Monte di Pietà), an dem sich das ehem. Pfandhaus (**Monte di Pietà** ⊙) mit der reich geschmückten Cappella dei Rettori befindet. Etwas unterhalb, auf der Piazza San Vito, stehen eng nebeneinander die Kirchen **Santa Lucia** und **San Vito**; erstere wurde von Tommaso da Modena, nach Giotto einem der bedeutendsten Maler des 14. Jh.s, mit bemerkenswerten **Fresken**★ ausgemalt.

★ **San Nicolò** – Der romanisch-gotische Kirchenbau ist im Innern mit interessanten Fresken ausgeschmückt, unter anderen von Tommaso da Modena (an den Rundpfeilern). In der Kapelle Onigo sind Porträts von Treviser Persönlichkeiten zu sehen, dargestellt von Lorenzo Lotto (16. Jh.); im Chor ist eine Thronende Madonna von Savoldo (16. Jh.) zu bewundern. Im benachbarten Kloster (**Convento**) ist der Kapitelsaal (Sala del Capitolo) sehenswert, der Bildnisse berühmter Dominikaner von Tommaso da Modena birgt.

★ **Museo Civico Bailo (Städtisches Museum)** ⊙ – *Borgo Cavour Nr. 22.* Hier sind ebenfalls Werke von Tommaso da Modena und Girolamo da Treviso (15. Jh.) sowie Gemälde von Vertretern der Venezianischen Schule ausgestellt.

Duomo – Im 15.-16. Jh. wurde der Dom mit den sieben Kuppeln erbaut. Die Fassade zeigt sich im neoklassizistischen Stil, die Krypta ist romanisch. Links vom Dom steht das Baptisterium aus dem 11. und 12. Jh. In der Capella dell'Annunziata (rechts vom Chor) Fresken des manieristischen Malers Pordenone und ein Altarbild mit der *Verkündigung* von Tizian.

San Francesco – *Viale San Antonio da Padova.* Die Kirche im romanisch-gotischen Übergangsstil besitzt ein holzverkleidetes Gewölbe, das Grabmal von Francesca, der Tochter des Dichters Petrarca, und das Grab eines Sohnes von Dante. Die erste Kapelle links im Chor wurde von Tommaso da Modena mit Fresken versehen.

UMGEBUNG

Maser - *29 km nordwestlich, auf der Straße S 346 zu erreichen.* In Maser, das hauptsächlich von der Landwirtschaft lebt, steht die berühmte **Villa Barbaro**★★★ ⓥ. Palladio erbaute sie 1560 für die Brüder Daniele Barbaro, Patriarch von Aquileja, und Marcantonio Barbaro, Botschafter der Republik Venedig. Mit dem **Freskenschmuck**★★★ der Räume verwirklichte Veronese eines seiner vollkommensten Werke und zeigte hierbei sein ganzes Können in illusionistischer Malerei, was Farbzusammenstellung, Komposition und Perpektive anbelangt. Unweit der Villa steht der **Tempietto**, eine runde Kapelle mit einer Kuppel, für die ebenfalls Palladio die Pläne zeichnete.

Vittorio Veneto - *41 km nördlich.* Diese Stadt wurde nach König Viktor Emanuel II. benannt. Ihr Name ruft die Erinnerung an die italienische Offensive Ende Oktober 1918 und den Sieg über die Österreicher wach. Eine Sammlung und Dokumentation dieser Ereignisse befindet sich im **Museo della Battaglia** ⓥ, das im südlichen Stadtteil Ceneda in der Loggia von Sansovino (oder Loggia Cenedese) untergebracht ist. Die Vorhalle der Loggia (16. Jh.) ist mit Fresken dekoriert. Der nördliche Teil der Stadt, Serravalle, hat seinen mittelalterlichen Charakter bewahrt. Die Kirche **San Giovanni** *(zu erreichen durch die Via Roma, dann die Via Mazzini)* birgt interessante **Fresken**★, die Jacobello del Fiore und Gentile da Fabriano (15. Jh.) zugeschrieben werden.

★ **Portogruaro** - *56 km östlich.* Die Stadt entwickelte sich vom 11. Jh. an um den als Handelsverbindung genutzten Fluß Lemene, der ihren Reichtum begründete. Zwei schöne Hauptstraßen mit schattigen Säulengängen führen zu beiden Seiten des Flusses am Wasser entlang. Sie werden von zahlreichen aus dem ausgehenden Mittelalter und aus der Renaissance (14. bis 16. Jh.) stammenden Palazzi im typisch venezianischen Stil gesäumt. Auf dem **Corso Martiri della Libertà**★★ (der Hauptgeschäftsstraße der Stadt) befindet sich unweit des Doms (19. Jh.) und seines schiefen romanischen Glockenturms der Bau des **Palazzo Municipale**★ im spätgotischen Stil (14. Jh.), dessen Fassade mit Zinnen versehen ist. Hinter dem Palazzo entdeckt man den Fluß (an dessen rechtem Ufer man zwei restaurierte Mühlen aus dem 15. Jh. wahrnimmt) und eine kleine Betkapelle (**Oratorio della pescheria**) (17. Jh.) mit eigenem Anlegeplatz. Das in der Via del Seminario (Hauptstraße der gegenüberliegenden Flußseite) gelegene **Museo nazionale Concordiese** ⓥ (Nr. 22) zeigt römische (eine kleine Bronze der Diana als Jägerin) und frühchristliche Sammlungen aus der Concordia Sagittaria *(3 km südlich)*, einer im Jahre 40 v. Chr. gegründeten römischen Siedlung.

TRIESTE★

TRIEST - Friaul-Julisch Venetien

230 644 Einwohner

Michelin-Karte Nr. 988 Falte 6 oder Nr. 429 F 23 - Stadtplan im Michelin-Hotelführer ITALIA

Triest ist eine moderne Stadt, die sich am gleichnamigen Golf, am Fuße eines Karstplateaus entlangzieht. Dieses reicht bis nach Duino und bildet mit den weißen Kalkfelsen eine steile Küste. Triest ist der wichtigste Hafen der Adria. Die 12 km langen Kaianlagen, die bis zur slowenischen Grenze reichen, sind Umschlagplatz für in- und ausländische Waren. Eine Erdölleitung verbindet Triest mit dem Ausland. Die Werften, die auf den Bau von großen Schiffen spezialisiert sind, tragen zur Bedeutung Triests als Hafenstadt bei.

GESCHICHTLICHES

Die Gründung der Stadt liegt sehr weit zurück; Kelten und Illyrer machten sich die Stadt streitig, bevor die Römer sie zu ihrem *Tergeste*, einem bedeutenden Handelszentrum, machten. Ein Kastell wachte über die Sicherheit der östlichen Grenzen des Reiches. Später kam Triest unter die Lehnsherrschaft der Patriarchen von Aquileja, im Mittelalter (1202) zu Venedig. Es lehnte sich gegen die Herrschaft der „Serenissima" auf und stellte sich 1832 unter den Schutz Österreichs. So spielte Triest bis zum 15. Jh. eine Vermittlerrolle zwischen diesen beiden Staaten. Nachdem es 1719 unter dem Habsburger Karl VI. zum Freihafen (Porto franco) und Sitz der „Orientalischen Handelskompanie" geworden war, erlebte die Stadt ihre große Blütezeit. Es entstanden zahlreiche Gebäude; Triest wurde auch zum Zufluchtsort für viele Europäer. Erst 1919 kam es nach erbitterten Kämpfen zu Italien. Zu Beginn dieses Jahrhunderts war es ein literarisches Zentrum, dank des Schriftstellers Italo Svevo und des Dichters Umberto Saba.

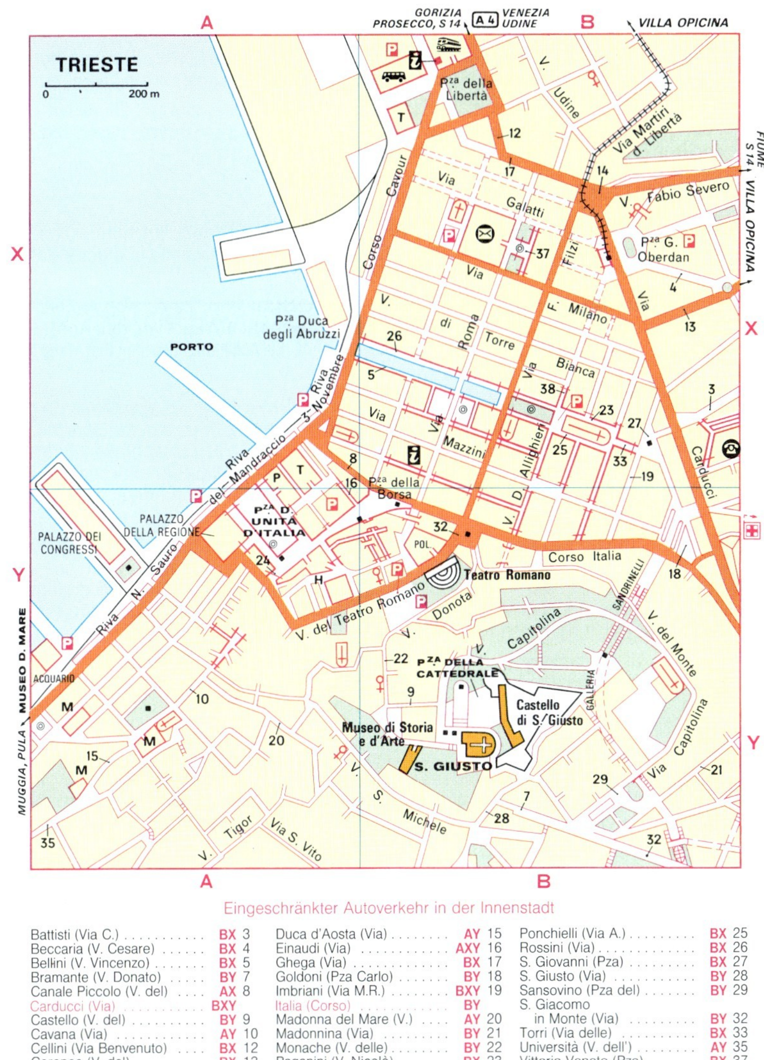

Battisti (Via C.)	BX	3	Duca d'Aosta (Via)	AY	15	Ponchielli (Via A.)	BX	25
Beccaria (V. Cesare)	BX	4	Einaudi (Via)	AXY	16	Rossini (Via)	BX	26
Bellini (V. Vincenzo)	BX	5	Ghega (Via)	BX	17	S. Giovanni (Pza)	BX	27
Bramante (V. Donato)	BY	7	Goldoni (Pza Carlo)	BY	18	S. Giusto (Via)	BY	28
Canale Piccolo (V. del)	AX	8	Imbriani (Via M.R.)	BXY	19	Sansovino (Pza del)	BY	29
Carducci (Via)	BXY		Italia (Corso)	BY		S. Giacomo		
Castello (V. del)	BY	9	Madonna del Mare (V.)	AY	20	in Monte (Via)	BY	32
Cavana (Via)	AY	10	Madonnina (Via)	BY	21	Torri (Via delle)	BX	33
Cellini (Via Benvenuto)	BX	12	Monache (V. delle)	BY	22	Università (V. dell')	AY	35
Coroneo (V. del)	BX	13	Paganini (V. Nicolò)	BX	23	Vittorio Veneto (Pza)	BX	37
Dalmazia (Pza)	BX	14	Pitteri (Largo R.)	AY	24	30 Ottobre (Via)	BX	38

★★ COLLE DI SAN GIUSTO *Besichtigung: 1 Std.*

Auf dem Gipfel des San-Giusto-Hügels befand sich das antike *Tergeste*. Auf der **Piazza della Cattedrale**★ (BY) sind unterhalb des Kastells (15., 16. Jh.) noch die Reste einer römischen Basilika zu sehen. Eine venezianische Säule aus dem Jahre 1560, der Altar der III. Armee (1929) und die Basilica di San Giusto sind noch erhalten.

★ **San Giusto** (BY) – Die erste Kirche wurde im 5. Jh. an der Stelle eines römischen Bauwerks errichtet; der heutige Bau stammt jedoch größtenteils aus dem 14. Jh. Die Fassade ist mit einer gotischen Rose versehen und mit einer Relieftafel und Bronzebüsten geschmückt. Der gedrungene Campanile, in dessen Erdgeschoß römische Säulenfragmente vermauert wurden, trägt eine Statue des hl. Justus (14. Jh.). Vom Turm bietet sich ein schöner weiter **Blick**★ über Triest.
Das **Innere**★ besteht aus fünf Kirchenschiffen, wobei die vier Seitenschiffe von zwei romanischen Kirchen stammen, die im 14. Jh. durch den Bau des Mittelschiffs verbunden wurden.
In der rechten Apsis kann man Mosaikarbeiten aus dem 13. Jh. und Fresken aus dem 11. Jh. bewundern, die die Legende des hl. Justus schildern. In der linken Apsis zeigt ein herrliches **Mosaik**★★ aus dem 12. Jh. die thronende Gottesmutter zwischen den Erzengeln Michael und Gabriel und darunter die Apostel.

Castello di San Giusto ⓥ (BY) – In der ehemaligen Festung ist heute ein **Museum** eingerichtet, das zahlreiche Möbel und eine interessante **Sammlung alter Waffen**★ enthält.

Museo di Storia e d'Arte (Museum für Kunst und Geschichte) ⓥ (**BY**) – Hier sind vor allem eine bemerkenswerte Sammlung von rotfigurigen **griechischen Vasen**★ sowie reizende römische **Kleinbronzen**★ ausgestellt.

Teatro Romano (Römisches Theater) (**BY**) – Am Fuß des San Giusto-Hügels lag das Theater, das Anfang des 2. Jh.s erbaut wurde.

DIE UNTERSTADT *Besichtigung: 1 Std.*

★ **Piazza dell'Unità d'Italia** (**AY**) – Drei Paläste im Stil der Jahrhundertwende erheben sich dort: der Gouverneurspalast, der Palazzo Comunale und der Palazzo del Lloyd Triestino, der bekannten Triester Schiffahrtsgesellschaft.

★ **Museo del Mare (Schiffahrtsmuseum)** ⓥ – *Via A. Ottaviano. Zu erreichen über die Riva Nazario Sauro* (**AY**). Hier wird die Geschichte der Schiffahrt von den Anfängen bis zum 18. Jh. aufgezeigt. Außergewöhnlich ist die **Abteilung über den Fischfang**★★.

UMGEBUNG

Santuario del Monte Grisa – *10 km nördlich. Von der Piazza della Libertà* (**BX**) *in Richtung Prosecco fahren, dann in Richtung Villa Opicina abbiegen und der Ausschilderung „Monte Grisa" folgen.* Die moderne Wallfahrtskirche ist der Jungfrau Maria geweiht. Von der Terrasse aus bietet sich ein herrlicher **Blick**★★ über den Golf von Triest.

Villa Opicina ⓥ – *9 km nördlich. Ausfahrt auf der Via Fabio Severo* (**BX**). *Nach 4,5 km die S 14 verlassen und links in die S 58 einbiegen. Auch mit der Standseilbahn von der Piazza Oberdan aus zu erreichen.* Der Villenvorort liegt in 348 m Höhe am Rande der Karsthochfläche. Vom Aussichtspunkt mit dem Obelisken hat man einen **Rundblick**★★ über Triest und den Golf.

★ **Castello di Miramare** ⓥ – *8 km nordwestlich auf der Küstenstraße.* Auf der Spitze einer Landzunge wurde das Schloß mit den terrassenförmig angelegten **Gärten**★ 1860 für den Erzherzog Maximilian von Österreich, den späteren Kaiser von Mexiko (1867 erschossen), und seine Gemahlin Charlotte von Belgien erbaut.

★ **Grotta Gigante** ⓥ – *13 km nördlich. Gleiche Strecke wie nach Villa Opicina, jedoch den Vorort durchqueren und dann links in Richtung Borgo Grotta Gigante abbiegen.* Eine Treppe führt in die riesige Höhle mit verschiedenartigsten Tropfsteingebilden. Am Eingang der Grotte ist ein **Museum für Höhlenforschung** eingerichtet.

Muggia – *14 km südlich. Über die Riva Nazario Sauro* (**AY**) *zu erreichen.* Triest gegenüber liegt diese kleine Stadt im venezianischen Stil. Sie besitzt einen gotischen Dom aus dem 15. Jh. mit einer eleganten Fassade aus istrischem Kalkstein; daneben erhebt sich der spitze Campanile.

Terra dei TRULLI★★★

Apulien

Michelin-Karte Nr. 988 Falte 29 oder Nr. 431 E 33

Zwischen Fasano, Ostuni, Martina Franca und Alberobello erstreckt sich eine Region, die ihren Namen von den eigenartigen Wohnstätten hat, auf die man hier stößt – die *Trulli*. Dies sind quadratische Häuser, deren konisch zulaufendes Dach mit den sogenannten *chiancarelle*, den grauen Steinplatten der Gegend, gedeckt sind. Ursprünglich wurden sie ohne Mörtel gebaut. Die Wände und Giebelränder sind weiß gekalkt. Auf den Dächern sitzen Fialen, deren Formen dem Reich der Magie entlehnt sind. Jeder Trullo besitzt nur einen Raum; daher werden im allgemeinen drei oder vier Trulli zu einem Gebäudekomplex zusammengefügt. Die Trulli haben seitlich einen besonders hohen Schornstein; eine Außentreppe führt zum Speicher. In einer Rundbogenöffnung unter dem Spitzgiebel befindet sich der Eingang. Dadurch, daß jede Steinreihe etwas nach innen vorkragt, entsteht im Innern ein Raum mit einem Scheingewölbe (Kraggewölbe).

★★★ **Alberobello** – Der Reiz der Stadt liegt in dem bedeutenden Trulli-Viertel (um 1400), in dem einzelne Trulli dicht beieinander stehen. Auf einem Hügel im südlichen Teil der Stadt (Zona Monumentale, Rioni Monti und Aia Piccola) ist die Trulli-Bebauung am dichtesten. Auf dem Gipfel erhebt sich die Kirche **San Antonio**, die auch in Trulli-Form erbaut wurde *(zu erreichen über die Via Monte Sant'Angelo)*. Die Vierung ist mit einer Kuppel überwölbt, die mit den Kuppeln der „Einfamilientrulli" identisch ist.

In Alberobello kann man zahlreiche Trulli besichtigen; von den Dächern aus hat man einen schönen Blick über das ganze Viertel. Dies gilt auch für das **Museo del Territorio (Heimatmuseum** ⓥ, im neuen Stadtviertel, Piazza XXVII Maggio), das in einem großen Trullo aus dem 18. Jh. untergebracht ist und in dem wechselnde Ausstellungen stattfinden. Hinter der Hauptkirche von Alberobello, an der Piazza Sacramento, befindet sich der **Trullo Sovrano**★ ⓥ, der größte Trullobau des Ortes mit zwei Stockwerken. Sein Dach hat nicht weniger als zwölf Kegelspitzen. In dem im 8. Jh. errichteten Gebäude läßt eine spärliche Möblierung auf den Zweck der einzelnen Räume schließen.

Everts/RAPHO

Trulli in Alberobello

Locorotondo – *36 km nördlich von Tarent*. Die Stadt liegt auf einem Hügel, um den sich kreisförmig die Straßen ziehen; daher der Ortsname, Locorotondo („runder Ort"). Im **historischen Stadtzentrum**★ stehen die Kirchen San Giorgio (klassizistisch) und Santa Maria la Greca, die durch ihre wunderschöne gotische Fensterrose den Blick auf sich zieht. Die Straße von Locorotondo nach Martina Franca führt durch das **Itria-Tal**★★, eine fruchtbare Ebene mit Weinstöcken und Olivenhainen, in der zahlreiche Trulli zu sehen sind.

★ **Martina Franca** – Das weiße Städtchen liegt auf einem der Hügel der Murge-Berge. In der von einer Stadtmauer umgebenen Altstadt auf dem Gipfel befinden sich viele Barock- und Rokokogebäude. Auf der schönen **Piazza Roma** steht der ehemalige **Herzogspalast** (Palazzo Ducale, 1668) ⓥ, dessen erstes Obergeschoß sehenswerte Fresken aus dem 18. Jh. schmücken. Über den Corso Vittorio Emanuele gelangt man zur Piazza Plebiscito, an der sich die weiße Fassade der Kirche **San Martino** erhebt. An ihrem Portal beeindruckt ein Hochrelief des heiligen Martin. Im Innern sind zwei wundervolle Marmorstatuen zu sehen: Die Frauengestalten zu beiden Seiten des Hochaltars (1773) stellen die Liebe und die Hoffnung dar. An der Piazza Maria Immacolata gleich nebenan, die man an ihren Säulengängen mit den Exedren erkennt, beginnt die **Via Cavour**★, in der sich zahlreiche Barockpaläste aneinanderreihen. In der Via Principe Umberto ganz in der Nähe kann man sich die herrliche Barockfassade der Kirche San Domenico anschauen.

TUSCANIA★

Latium

7 900 Einwohner

Michelin-Karte Nr. 988 Falte 25 oder Nr. 430 O 17

Tuscania, einst mächtige Etruskerstadt, dann römisches *Municipium* und auch im Mittelalter noch ein bedeutender Ort, hat Überreste der Wehrmauer und zwei herrliche Kirchen, die etwas außerhalb liegen, bewahrt.

Das Erdbeben im Februar 1971 beschädigte die historischen Bauwerke beträchtlich.

★★ **San Pietro** – Die Kirche mit der hellgelben Fassade steht auf einer Anhöhe an einem menschenleeren Platz, wo einst die etruskische Akropolis stand. Links daneben erheben sich zwei Türme aus dem Mittelalter, rechts neben der Kirche schließt sich das ehemalige Bischofspalais an.

Die ausgewogene Fassade datiert aus dem frühen 13. Jh.; die Evangelistensymbole umgeben eine Fensterrose, die wahrscheinlich von Meistern der Umbrischen Schule stammt. Etwas weiter unten ein Atlant (oder Tänzer?) und eine Männerfigur (Laokoon?), um deren Hals sich eine Schlange ringelt; diese Ausschmükkungen stammen wahrscheinlich aus der Etruskerzeit.

Das Innere geht auf das 11. Jh. zurück und wurde von lombardischen Meistern gestaltet. Massive Säulen mit kunstreich verzierten Kapitellen stützen die weitgespannten Arkaden. Im Hauptschiff blieb der ursprüngliche dekorative

Fußbodenbelag erhalten. Die Apsis mit einer Halbkuppel wurde im 12. Jh. mit Fresken ausgemalt. Die **Hallenkrypta**★★ ⓥ mit Kreuzgratgewölben wird von einer Vielzahl verschiedenartiger kleiner Säulen aus mehreren Epochen (römische, vorromanische und romanische) getragen.

★ **Santa Maria Maggiore** – Gegen Ende des 12. Jh.s erbaut, gleicht sie in mancher Hinsicht San Pietro. Besonders zu beachten ist die meisterhafte Bildhauerarbeit an den romanischen **Portalen**★★ aus dem 13. Jh.
Im Kirchenraum beachte man den Ambo, aus Fragmenten des 8., 9. und 12. Jh.s zusammengesetzt. Ein Fresko aus dem 14. Jh. zeigt über dem Triumphbogen in sehr realistischer Darstellung das Jüngste Gericht.

UDINE★

Friaul-Julisch Venetien

98 882 Einwohner

Michelin-Karte Nr. 988 Falte 6 oder Nr. 429 D 21

Stadtplan im Michelin-Hotelführer ITALIA

Diese reizende Stadt, seit 1238 Sitz der Patriarchen von Aquileia, kam 1420 unter die Herrschaft Venedigs. Udine liegt auf einem Hügel (den schönsten Eindruck erhält man im malerischen Vicolo Sottomonte), auf dem eine Burg thront. Der besondere Charme der Stadt liegt in ihren Gebäuden aus der Gotik und Renaissance, den stillen Plätzen und den von Arkaden gesäumten Gassen. Das Erdbeben von 1976, das ganz Friaul erschütterte, beschädigte leider auch Udine in starkem Maße.

★★ **Piazza della Libertà** – Den Platz, der seine Renaissance-Atmosphäre bewahrt hat, umstehen mehrere bedeutende Gebäude. Die **Loggia del Lionello**, ehemaliger Palazzo del Comune, verdankt ihren Namen dem Erbauer des Palastes (1457). Die venezianische Gotik ist hier an den zierlichen Arkaden und dem weißen und rosafarbenen Stein zu erkennen. Gegenüber, auf dem erhöhten Teil der Piazza, steht die **Loggia di San Giovanni** (16. Jh.). Sie wird von einem hohen Mittelbogen aus der Renaissance gebildet und von einem Uhrturm mit Stundenschlägern nach venezianischem Vorbild überragt. Die Platzmitte wird geschmückt von den Säulen des hl. Markus und der Gerechtigkeit, den Standbildern des Herkules und Cacus sowie von einem Brunnen aus dem 16. Jh.

Castello ⓥ – Das majestätische Kastell aus dem 16. Jh. war einst der Sitz der venezianischen Statthalter. Vom Vorplatz des Kastells aus bietet sich ein schöner Blick über die Stadt und Friaul.
An das Kastell schließt sich die Kirche **Santa Maria del Castello** (13. Jh.) an, deren Fassade und Campanile aus dem 16. Jh. stammen; auf dem Turm der Erzengel Gabriel. Im Kircheninneren ist ein Fresko des 13. Jh.s zu bewundern, das die Kreuzabnahme darstellt.

Duomo ⓥ – Das gotische Gebäude aus dem 14. Jh. wurde im 18. Jh. umgebaut. Die Fassade ist mit einem schönen spätgotischen Portal verziert. Am Glockenturm befinden sich auf einer Seite Statuen des Verkündigungsengels und des Erzengels Gabriel (14. Jh.).
Die **Innenausstattung**★ ist im Barockstil gehalten – Orgelempore, Kanzel, Grabmäler, Altaraufsätze und Chorgestühl sind in diesem Stil gearbeitet. Das Gewölbe der Sakramentskapelle schmückte Tiepolo mit Fresken in illusionistischer Malerei. Rechts des Domes steht das **Oratorio della Purità** ⓥ, eine Betkapelle, deren Decke das 1757 von Tiepolo ausgeführte Fresko der Himmelfahrt Mariä ziert.

Palazzo Arcivescovile (Erzbischöflicher Palast) ⓥ – Der Erzbischöfliche Palast (16.-18. Jh.) enthält prächtige **Fresken**★ von Tiepolo: im Treppenhaus *Der Sturz der abtrünnigen Engel*, in den Gemächern großartige Kompositionen mit Themen aus dem Alten Testament.

Piazza Matteotti – Der hübsche viereckige Platz, wo der Markt abgehalten wird, ist von Häusern mit Arkaden umgeben. Auch die elegante Barockkirche San Giacomo (16. Jh.), ein Brunnen aus dem 16. Jh. und eine Mariensäule prägen die Atmosphäre des Platzes. Die malerischen Straßen Via Mercato Vecchio und Via Vittorio Veneto laden zum Bummeln ein. Dort liegt unter den Arkaden ein Geschäft neben dem andern.

UMGEBUNG

★★ **Villa Manin** ⓥ – *30 km südwestlich in Passariano.* Die seit dem 13. Jahrhundert in Friaul (Gebiet unter Kontrolle von Venedig) ansässige Familie Manin bekleidete hohe Funktionen im Dienste der Serenissima. Die aus dem 16. Jh. stammende und als Gegenstück zu ihrem Palazzo am Canal Grande gedachte Villa wurde im 17. Jh. umgebaut, schon bald um zwei Seitenflügel ergänzt, um die Pracht von Versailles nachzuahmen, und schließlich durch halbrunde Nebengebäude verlängert, die dem Petersplatz in Rom nachempfunden waren. Dieses großartige Bauwerk wurde von Bonaparte für die Vorbereitung des **Vertrags von Campoformio** *(8 km südwestlich von Udine gelegen)* ausgewählt, der, wie es die Ironie der

Geschichte will, im Wohnsitz des letzten Dogen, Ludovico Manin, unterzeichnet wurde (ohne daß er umbenannt worden wäre, obwohl doch hier das Ende der Republik von Venedig besiegelt wurde).
Im rechten Flügel kann man die Kapelle und ihre Sakristei, den einstigen Stall mit schönen Kutschen und Automobilen des 18. und 19. Jh.s sowie eine Waffensammlung (Ausstellungsstücke aus dem 15. bis 18. Jh.) besichtigen. In der Villa werden jeden Sommer Wechselausstellungen gezeigt, die Gelegenheit bieten, den prächtigen Freskenschmuck der weiten Säle zu entdecken. Im schönen Park sind eine Reihe von Statuen aufgestellt.

URBINO★★

Marken

15 143 Einwohner

Michelin-Karte Nr. 988 Falten 15, 16, Nr. 429 oder 430 K 19

Stadtplan im Michelin-Hotelführer ITALIA

Auf zwei Anhöhen erbaut, beherrscht Urbino das umliegende Hügelland, das in ein sanftes, goldenes Licht getaucht ist. Urbino ist noch von seiner alten Stadtbefestigung umgeben. Vom 12. Jh. an wurde es von der Familie der Montefeltro regiert und erreichte seine Blütezeit unter der Herrschaft des Herzogs **Federico da Montefeltro** (1444-1482). Dieser war nicht nur ein kluger Condottiere, sondern wußte auch Literatur und Kunst zu schätzen. Aus Urbino stammt Raffaello Sanzio (1483-1520), der unter dem Namen **Raffael** berühmt wurde.
Das noch sehr authentische historische Stadtzentrum von Urbino wurde 1998 in die Liste des Weltkulturerbes der UNESCO aufgenommen.

★★★ PALAZZO DUCALE (HERZOGSPALAST) *Besichtigung: 1 1/2 Std.*

Der harmonische, geschmackvolle Bau wurde zwischen 1444 und 1472 auf Veranlassung des Herzogs Federico von dem dalmatinischen Baumeister Luciano Laurano gebaut, dem Francesco di Giorgio aus Siena folgte. Seine Anlage ist vom Standort westlich der Altstadt bestimmt, der eine weite Aussicht bietet. Die hohe Fassade ist zum Tal hin von übereinander liegenden Loggien unterbrochen. Zwei runde schlanke Türme rahmen sie ein. Das Gesamtbild erscheint elegant und originell. Im Osten bietet der Palast einen strengen Anblick. Eine lange Fassade mit unregelmäßigen Öffnungen führt an der Piazza Rinascimento entlang. Die Nordfassade wurde majestätisch streng gestaltet; die vier rechteckigen Fenster des ersten Stocks sind zu den drei großen Türen des Erdgeschosses versetzt angeordnet. Der Innenhof des Palastes zeigt florentinischen Einfluß. Er verkörpert das Harmoniemodell der Renaissance durch die reine und leichte Linienführung, die ausgewogene Architektur und die Verbindung der rosafarbenen Töne der Ziegelsteine mit den weißen des Marmors.
Im Erdgeschoß befinden sich das **Archäologische Museum** (Steinfragmente: Inschriften, Stelen, architektonische Stücke ...), die **Bibliothek des Herzogs** und die **Kellerräume** des Palastes.

★★ **Galleria Nazionale delle Marche (Nationalgalerie der Marken)** ⓥ – Die Räume des 1. Stocks, die ihre ursprüngliche Dekoration behalten haben, beherbergen einige besondere **Meisterwerke**★★★: eine Predella mit der Legende vom *Raub einer Hostie* (1465-1469) von Paolo Uccello; die *Madonna von Senigallia* sowie *Die Geißelung* von Piero della Francesca; den *„Idealen Platz"* von Laurana und eine berühmtes Frauenbildnis von Raffael, das ***Die Stumme*** genannt wird. Das **Studiolo**★★★, das Arbeitszimmer des Herzogs Federico, in das er sich gerne zur Lektüre zurückzog, besitzt herrliche Holztäfelung. Der 2. Stock enthält eine Sammlung italienischer Malerei des 16. und 17. Jh.s sowie Majoliken aus dem 17. und 18. Jh.
Nördlich des Palastes steht die im 19. Jh. von Valadier erbaute Kathedrale.

WEITERE SEHENSWÜRDIGKEITEN

★ **Casa di Raffaello (Raffaels Geburtshaus)** ⓥ – *Via Raffaello 57.* Raffael lebte bis zu seinem 14. Lebensjahr in diesem Haus, einem typischen Bürgerhaus des 15. Jh.s, das seinem Vater Giovanni Sanzio (oder Santi) gehörte. Es werden einige Erinnerungsstücke und Möbel aus der damaligen Zeit aufbewahrt.

San Giovanni Battista e San Giuseppe ⓥ – *Via Barocci.* Die beiden Kirchen liegen direkt nebeneinander. In San Giovanni Battista (14. Jh.) sind **Fresken**★ von Salimbeni sehenswert, in denen er Szenen aus dem Leben Johannes' des Täufers schildert. San Giuseppe stammt aus dem 16. Jh.; im Kirchenschiff ist eine riesige Statue des hl. Joseph (18. Jh.) aufgestellt, die mit Grisaille (grau in grau) gefaßt ist. Ferner sind vier große Gemälde von Carlo Roncalli (17.-18. Jh.) und eine schöne **Krippe**★ aus Stuck mit lebensgroßen Figuren zu sehen, ein Werk von Federico Brandani (1522-1575).

★★ **Strada Panoramica** – Von der Piazza Roma aus verläuft die Straße auf einem Hügel. Der **Blick**★★ auf die Stadtbefestigung, die Unterstadt, den Herzogspalast und die Kathedrale, die alle in rotem Backstein schimmern, ist unvergeßlich.

VENEZIA***

VENEDIG – Venetien

327 700 Einwohner

Michelin Karte Nr. 988 Falte 5 oder Nr. 429 F 18/19

Venedig, die legendäre Stadt: Erbaut auf schlammigem Grund inmitten der Lagune stieg sie in ihrer über zweitausendjährigen Geschichte zur unabhängigen Beherrscherin eines Weltreiches auf. Noch heute ist das Wasser Schutz und Bedrohung ihrer Existenz zugleich.
Venedig spiegelt die unterschiedlichsten Stimmungslagen wider: Für seine Einwohner, die Gassen und Plätze mit ihrem *ciacole* (Geschnatter) erfüllen, ist Venedig eine lebendige und fröhliche Stadt; für Menschen, die sie im Lichte der Thomas-Mann-Verfilmung *Der Tod in Venedig* von Luchino Visconti sehen, strahlt sie eine melancholische Abschiedsstimmung aus. Venedig vermittelt jedem Besucher einen anderen, sehr persönlichen Eindruck.

SPAZIERGANG DURCH VENEDIG

Die Stadt ist auf 117 Inseln erbaut und zählt 150 Kanäle und 400 Brücken. Kanal heißt hier *rio*, Platz *campo*, Straße *calle* oder *salizzada*, Kai *riva* oder *fondamenta*, ein zugeschütteter Kanal *rio terrà*, eine Unterführung unter einem Haus hindurch *sottoportego*, ein Hof *corte* und ein kleiner Platz *campiello*.
Die engen Straßen mit den klangvollen Namen haben keinen Bürgersteig und sind mit Steinplatten gepflastert. Sie sind gesäumt von blumengeschmückten Balkonen, Madonnenstatuen, Aushängeschildern und Laternen. Handwerkerläden und Paläste wechseln sich ab. Dazwischen liegen hübsche Plätze mit den *Vera da Pozzo*, den mit Steinmetzarbeiten oft kunstvoll verzierten Brunnen.
Mittelpunkt des öffentlichen Lebens ist die Piazza San Marco, der Markusplatz, wo Touristen und Einheimische auf den Terrassen der berühmten Cafés Florian und Quadri Platz nehmen, um der Musik zu lauschen, vor sich hinzuträumen oder die Mosaiken der Markuskirche zu betrachten, die in der Abendsonne erstrahlen. Das Café Quadri ist stärker besucht, das Florian bekannter: Es wurde 1720 gegründet und empfing in seinen mit Spiegeln und allegorischen Darstellungen geschmückten Salons schon Lord Byron, Goethe, George Sand, Musset, Henri de Régnier und Wagner.
Vom Markusplatz aus, wo in den prächtigen Schaufenstern Spitzen, Schmuck und Spiegel aus der berühmten Glasfabrik von Murano zu bewundern sind, gelangt man über die Mercerie (**EU**), die Geschäftsstraßen, zum Rialto-Viertel. Auf der anderen Seite der Rialto-Brücke reihen sich die dicht gedrängten Stände der Gemüse- *(erberia)* und Fischhändler *(pescheria)* aneinander, die von zahllosen Lastbooten beliefert werden.
Die Mahlzeiten in den Trattorien gehören zu den Freuden des venezianischen Lebens. Hier ißt man hauptsächlich Fisch und Meeresfrüchte, wie *Filetto di San Pietro* (Petersfischfilet), *Calamaretti* und *Seppie* (Tintenfische), *Anguille* (Aale), *Cozze alla Veneziana* (Muscheln auf venezianische Art), aber auch *Fegato alla Veneziana* (Kalbsleber auf venezianische Art mit Zwiebeln). Begleitet werden diese Gerichte von den guten Weinen der Region, wie die Rotweine Valpolicella, Bardolino und Amarone oder die Weißweine Soave und Prosecco.

Gondeln – Seit Jahrhunderten ist die Gondel das Hauptverkehrsmittel Venedigs. Ihr strenges, schlichtes Aussehen verdankt sie vor allem ihrer charakteristischen Verzierung, dem edlen Bugeisen, das ein Gegengewicht zum Gondoliere bildet und symbolische Bedeutung hat: Angeblich ist der gebogene Teil der Dogenmütze nachempfunden *(Corno ducale)*, während die sechs Zacken für die Stadtteile Venedigs stehen. Die siebte Zacke, die ins Innere der Gondel weist, symbolisiert die Insel La Giudecca.

Die Venezianer – Venedigs Einwohner haben eine helle Hautfarbe und sprechen leicht lispelnd einen äußerst klangvollen Dialekt, der das Italienische selbst bei den Ortsnamen verdrängt. Sie gelten als praktische und geschäftstüchtige Menschen. Lange Zeit ermöglichten ihnen *Bautta* (Halbmaske aus schwarzem Samt) und *Domino* (weiter Kapuzenmantel), die heute noch zur Karnevalszeit getragen werden, ein anonymes Auftreten, ohne das die Offenheit ihrer Worte unmöglich gewesen wäre.

Die Vermählung mit dem Meer – Mit dieser prunkvollen Zeremonie *(La Sposalizio del Mare)* feiert Venedig seit dem Jahre 1000 (mit einigen Unterbrechungen) seinen Sieg über die Piraten der dalmatinischen und istrischen Städte und drückt damit auf eindrucksvolle Weise seine besondere Verbundenheit mit dem Meer aus, dem es seit vielen Jahrhunderten seine Größe und noch heute seine Schönheit zu verdanken hat. Zum Gedenken daran fuhr der Doge, in goldene Gewänder gekleidet, jedes Jahr am Himmelfahrtstag (auf venezianisch: *Sensa*) auf seiner vergoldeten Prunkgaleere *Bucintoro* auf die Lagune hinaus, um zum Zeichen der Vermählung mit dem Meer einen Ring in die Fluten zu werfen. Dabei sprach er: „Euch, Meer, im Zeichen unserer wahren und ewigen Herrschaft über Euch".

Y. Arthus-Bertrand/ALTITUDE

Amphibienstadt Venedig

GESCHICHTLICHES

Im Jahre 811 wurde Venedig von den Bewohnern der in der Nähe des Lido liegenden Insel Malamocco gegründet, als sie sich auf der Flucht vor den Franken auf die sichereren Inseln am Rivo Alto (heute Rialto) zurückzogen. Dort wählten sie ihren ersten Dogen, Agnello Partecipazio. So begann der tausendjährige Aufstieg der Stadt zur *Repubblica Serenissima*, der Republik Venedig. Nachdem der Leichnam des Apostels Markus (San Marco) von Alexandria nach Venedig überführt worden war, wurde dieser im Jahre 828 Schutzpatron der Stadt.

Die venezianische Handelsmacht – Zwischen dem 9. und dem 13. Jh. nutzte Venedig seine günstige Lage zwischen Orient und Okzident und konnte als bedeutende Handels- und Seemacht wichtige Märkte in Istrien und Dalmatien erobern. Im Jahre 1204 gelang es der Republik, im Verlauf eines Kreuzzuges unter der geschickten und listenreichen Führung des Dogen Dandolo Konstantinopel zu erobern. Die erbeuteten Schätze bereicherten die Stadt, während gleichzeitig der Handel mit wertvollen Waren aufblühte. **Marco Polo** (1254-1324) kehrte mit sagenhaften Reichtümern aus China zurück und beeindruckte die Europäer mit seinen auf Französisch verfaßten Reiseberichten *(Die Reisen des Venezianers Marco Polo)*. Die langen Kämpfe mit Genua um die Vormacht auf See endeten 1381 mit dem Sieg der Venezianischen Republik.

Höhepunkt der Macht – In der ersten Hälfte des 15. Jh.s erreichte die Republik den Gipfel ihrer Macht. Die Türken konnten 1416 in der Schlacht bei Gallipoli besiegt werden, und Venedig dehnte seine Herrschaft über Morea (Peloponnes), Zypern und Kandia, das heutige Kreta, aus. Auf dem italienischen Festland bemächtigte es sich zwischen 1414 und 1428 der Städte Verona, Vicenza, Padua, Udine, Brescia und Bergamo. Die Adria wurde von Korfu bis zum Po zum *Mare Veneziano*.

Niedergang – Mit der Eroberung Konstantinopels durch die Türken im Jahre 1453 begann der Niedergang Venedigs. Nach der Entdeckung Amerikas verschoben sich die Handelsrouten. Zudem mußte sich Venedig mit den Türken auseinandersetzen, die im Jahre 1500 Zypern eroberten, jedoch 1571 in der Seeschlacht von **Lepanto**, an der die Venezianer maßgeblich beteiligt waren, besiegt wurden. Nachdem die Türken im 17. Jh. nach 25jähriger Belagerung Kandia (Kreta) erobert hatten, war der Verfall der Seemacht besiegelt.

1797 wurde die *Repubblica Serenissima* von Napoleon erobert und verlor ihre Selbständigkeit, die fast zehn Jahrhunderte gedauert hatte. Mit dem **Vertrag von Campoformio** trat er die Stadt an Österreich ab. 1866 wurden Venedig und Venetien mit Italien vereinigt.

Accademia (Ponte dell')	BV	3
Bandiera e Moro (Campo)	FV	6
Capello (Ramo)	FT	10
Gallina, Giacento (Calle Larga)	FT	18
Leoncini (Piazzetta dei)	EV	21
Libertà (Ponte della)	AT	24
Nuova (Strada)	DET	28
Orologio (Merceria dell')	EV	31
Pescaria (Campo della)	DT	34
San Bartolomeo (Campo)	ET	39
San Giovanni Crisostomo (Salizzada) .	ET	43
San Lorenzo (Calle Larga)	FT	46
San Marco (Calle Larga) .	EV	49
San Marco (Piazzetta) . . .	EV	52
S. Maurizio (Campo)	DV	55
San Moisé (Salizzada) . . .	EV	58
San Salvador (Merceria) .	EU	61
San Samuelle (Campo)	BV	64
San Simeon Profeta (Campo)	BT	66
San Zulian (Merceria) . . .	EU	67
Sant'Angelo (Campo) . . .	DV	70
Santi Apostoli (Rio Terà dei)	ET	75
Sauro Nazario (Campo) . .	BT	76
Seriman (Salizzada)	ET	78
Traghetto (Campo dei) . .	DV	79
Verona (Calle della)	DV	82
2 Aprille (Via)	ET	85

Dauerhafte Oligarchie – Von Beginn an sollte die Machtstruktur in der Venezianischen Republik vermeiden, daß sie in den Händen eines einzigen Mannes lag. So wurde das oberste Amt, das der Doge innehatte, schon bald von mehreren Räten überwacht. Der Große Rat *(Maggior Consiglio)* arbeitete die Gesetze aus, der Senat war für Außenpolitik, Handel und die Streitmacht verantwortlich. Der Rat der Zehn war für die Sicherheit im Staate zuständig und verfügte über ein Netz von Polizisten und Spitzeln, die in der Stadt eine Atmosphäre des Mißtrauens entstehen ließen.

Palazzo dei Camerlenghi	ET	A
Palazzo Balbi (Pal. della Ragione)	BV	B
Pal. Lando Corner Spinelli	CDU	E
Palazzo Loredan (Municipio)	DU	H
Museo diocesano di arte sacra	FV	M
Fondaco dei Turchi (Museo di storia naturale)	BT	M5
Torre dell'Orologio	EV	N
Pal. Corner della Ca' Granda (Prefettura)	DV	P
Campanile	EV	Q
Teatro Goldoni	DU	T1

HOTELS

Abbazia	BT	a
Calcina	BV	r
Cipriani	FV	v
Danieli	FV	a
Falier	BU	n
Flora	DV	s
Gritti Palace	DV	i
Istituto S. Giuseppe	EU	e
Paganelli	FV	x
Serenissima	DV	c

VENEZIANISCHE MALEREI

Siehe Tabelle „Maler der italienischen Renaissance", S. 64.

Die venezianische Malerei ist gekennzeichnet durch eine starke Sinnenfreude, die im Vorrang der Farbe vor der Form und in einem besonderen Sinn für die Wirkung des Lichts zum Ausdruck kommt. Wie ein Schleier liegt das Licht über der Landschaft und läßt die harten Konturen verschwimmen. Die Kunsthistoriker haben oft den Malstil der wissenschaftlich arbeitenden und nach bestimmten Idealen strebenden Florentiner Schule dem freizügigeren und spontaneren Stil der Venezianischen Schule gegenübergestellt. An ihrem Beispiel hat man sich bis hin zu den Impressionisten orientiert.

Die eigentlichen Anfänge der venezianischen Malerei gehen auf die Familie **Bellini** zurück: den Vater Jacopo, seinen älteren Sohn Gentile und vor allem den jüngeren Sohn **Giovanni**, auch **Ciambelliono** (1430-1516) genannt. Er war ein Künstler von tiefer Spiritualität und zugleich einer der ersten Renaissancemaler, dem in seinen Gemälden eine ganz natürliche Einbettung des Menschen in die Natur gelang. Gleichzeitig entstand das Werk ihres Schülers **Carpaccio** (1455-1525), eine Art Chronik mit zugleich präzisen und phantasievollen Darstellungen. Zur selben Zeit wird der Einfluß von **Giorgione** spürbar. Sein Schüler **Lorenzo Lotto** befaßt sich zudem mit dem nordischen Realismus.

Die Renaissance endet glanzvoll mit drei großen Malern: **Tizian** (um 1490 - 1576) schuf dramatische Szenen, bei denen sich die Darstellung der Bewegung in weichen Übergängen verliert; **Veronese** (1528-1588) war ein Meister der dekorativen Kunst, dem es gelang, aufgrund seines Reichtums an Farben und Materialien die Schönheit der Lagunenstadt wiederzugeben; **Tintoretto** (1518-1594) schließlich war ein Visionär, dessen Technik - eine gewaltsame, dynamische Pinselführung - seine innere Unruhe ausdrückt.

Die Künstler des 18. Jh.s versuchen, das graublau schimmernde, leicht verschleierte Licht der Stadt einzufangen: **Canaletto** (1697-1768) und sein Schüler Bellotto (1720-1780) fanden ihre Inspiration hauptsächlich in der Landschaft. **Francesco Guardi** (1712-1793) malte in leuchtenden Farben, **Pietro Longhi** (1702-1758) schuf vor allem Genrebilder, **Giambattista Tiepolo** (1696-1770) gestaltete großartige Fresken in luftigen, transparenten Farben, ebenso wie sein Sohn Giandomenico (1727-1804).

Die typische Spontaneität und charakteristische Ausdrucksstärke der venezianischen Malerei finden wir auch bei den Musikern wieder, deren berühmtester Vertreter **Antonio Vivaldi** (1678-1741) ist. Er war jahrelang Lehrer für Geige und Viola da Gamba am Ospedale della Pietà (die Hospitäler waren karitative Einrichtungen und Waisenhäuser, an denen auch Musikunterricht erteilt wurde).

ZWISCHEN KANÄLEN UND GASSEN

Vaporetto, Gondel oder Schiff

In Venedig fahren die öffentlichen Verkehrsmittel natürlich nur auf dem Wasser. Dabei sollte man allerdings berücksichtigen, daß wegen des dichten - und damit langsamen - Verkehrs auf dem Canal Grande sowie aufgrund der recht ungünstig gelegenen Haltestellen der *Vaporetti* (ein Transportmittel, das zwar bequem ist, wegen der besonderen „Straßenführung" der Stadt jedoch so gut wie nie direkt an den Sehenswürdigkeiten hält) ein Spaziergang häufig schneller zum Ziel führt, wenn man Wartezeiten und die Fahrtdauer mitrechnet.

Für den mit Koffern und Taschen bepackten Reisenden ist es hingegen stets ein eher beschwerliches Unterfangen, zu seiner Unterkunft zu gelangen. Dies wird bereits durch den besonders steilen Anstieg zur Scalzibrücke deutlich, der ersten Brücke direkt nach dem Bahnhof. Aber auch ohne Gepäck ist die Besichtigung Venedigs, mit dem ständigen Auf und Ab über Brücken, selbst für geübte Wanderer eine anstrengende Tortur.

Deshalb macht man gerne und nur allzuoft von den berühmten Vaporetti Gebrauch. Im folgenden einige Angaben zu den wichtigsten und meistbenutzten Bootslinien:

- **1**: Wie ein Omnibus hält dieses Vaporetto an allen Anlegestellen des Canal Grande, von Piazzale Roma über Bahnhof *(Stazione Santa Lucia)* und Markusplatz bis zum Lido.
- **82**: Diese Linie ist wegen der geringeren Anzahl an Haltestellen die schnellere. Sie verläuft von Tronchetto über den Piazzale Roma bis zum Lido, vorbei an La Guidecca, San Giorgio Maggiore und San Marco .
- **52**: Diese Linie führt über die beiden Kanäle Cannaregio und Arsenal, die in das Herz Venedigs vorstoßen, bis nach Murano.
- **12** und **14**: Beide verbinden Burano und Torcello miteinander, wobei die Nr. 14 bis nach Punta Sabbioni fährt.

Eine einfache Fahrt kostet 6 000 L, der Fahrschein hin und zurück 10 000 L. 24- bzw. 72-Stunden-Fahrscheine kosten 18 000 bzw. 35 000 Lire. Ihre Gültigkeitsdauer beginnt mit dem ersten Entwerten. Der Preis einer Wochenkarte beläuft sich auf 60 000 L.

Wer sich zu Fuß auf Besichtigungstour begibt, wird erleichtert feststellen, daß es neben den drei Brücken über den Canal Grande (Scalzi, Rialto und Accademia) auch noch die Möglichkeit gibt, den Kanal mit Hilfe eines *Traghetto* zu überqueren. Auf diesen kleinen Fähren gelangt man stehend (eine recht wackelige Angelegenheit) und für nur 700 Lire (bei Festlichkeiten steigt der Preis etwas an) von einem Ufer zum anderen. Die für diese Fähren eingerichteten sieben Anlegestellen befinden sich am Bahnhof (Stazione), in S. Marcuola, S. Sofia, Al Carbon, S. Tomà, S. Samuele und S. Maria del Giglio. Wenn man allerdings eine **Gondelfahrt** nach allen Regeln der Kunst machen möchte, muß man dafür erheblich mehr ausgeben. Der offizielle Preis für eine 50minütige Gondelfahrt auf den Kanälen beläuft sich ohne Musikbegleitung auf 120 000 Lire. Dieser Preis ist maximal durch sechs teilbar, da eine Gondel bis zu sechs Personen befördern kann. Für jede Verlängerung der Fahrt um weitere 25 Minuten sind 60 000 Lire mehr zu bezahlen. Die besonders romantische Gondelfahrt bei Nacht hat natürlich auch ihren Preis: Sie kostet zwischen 20 und 8 Uhr 150 000 L für die ersten 50 Minuten und zusätzlich 75 000 L für jeweils weitere 25 Minuten. Ausführliche Auskünfte erhalten Sie beim Istituzione per la Conservazione della Gondola e la Tutela dei Gondolieri, ☎ (041) 528 50 75.
Wer sich die Schönheiten Venedigs und seiner Lagune ungestört und alleine anschauen möchte, kann bei Brussa, Cannaregio 331, ☎ (041) 71 57 87 oder (041) 72 05 50 ein **Boot** mieten.

Wo erhält man Informationen?

Gleich bei der Ankunft kann man sich an den Informationsschalter im Bahnhof Santa Lucia, ☎ (041) 529 87 27, wenden. Die Zentrale des Fremdenverkehrsbüros (☎ (041) 522 63 56) befindet sich ganz in der Nähe des Markusplatzes, in den Parkanlagen entlang der Mole, unweit von *Harry's Bar*.
Wer auf dem Lido wohnt, erhält unter ☎ (041) 526 57 21 alle Auskünfte, die er braucht.

Venedig einmal anders

Wer auf dem Gebiet der Restaurierung von Kunstwerken bereits Erfahrungen gesammelt hat, kann sich an das **Centro europeo di formazione degli artigiani per la conservazione del patrimonio architettonico** (Europäisches Ausbildungszentrum für Kunsthandwerker zur Erhaltung der Baudenkmäler) wenden, das auf der Insel San Servolo Kurse abhält, in denen die Restaurierungsmethoden von Kunstwerken und Baudenkmälern gelehrt werden.
Auskünfte sind erhältlich im Ausbildungszentrum, Isola die San Servolo, Casella Postale 676, 30100 Venezia, ☎ (041) 526 85 46 oder 47, Fax (041) 27 60 211.
Diejenigen Besucher, die vor allem Ruhe und Erholung suchen, sind bei den Franziskanern auf der Insel San Francesco del Deserto gut aufgehoben. Sie werden sogar von ihnen mit dem Boot in Burano abgeholt (☎ (041) 528 68 63).

Für junge Leute

Wer das Glück hat, zwischen 14 und 29 Jahre alt zu sein, kann mit der Karte **Rolling Venice** (5 000 L°) eine Ermäßigung für rund 2 000 Einrichtungen erwerben: Hotels, Jugendherbergen, Campingplätze, öffentliche Verkehrsmittel, Mensen, Museen, die Biennale und zahlreiche Geschäfte sind beteiligt.
Zum Kauf dieser Karte genügt die Vorlage des Personalausweises oder Führerscheins in einer der folgenden Verkaufsstellen:
- Am Bahnhof Santa Lucia in der *Agenzia Transalpino*, ☎ (041) 52 41 334 (Montag bis Freitag 8.30-12.30 Uhr und 15-19 Uhr; Samstag nur vormittags), oder von Juli bis September im speziellen Verkaufsstand *Rolling Venice* (täglich 8-20 Uhr);
- *Assessorato alle politiche giovanili* (Jugendamt), in der Corte Contarina, San Marco 1529, ☎ (041) 27 47 645 (Montag bis Freitag 9.30-13 Uhr, sowie Dienstag und Donnerstag zusätzlich 15-17 Uhr);
- *Centro Turistico Studentesco e Giovanile*, Dorsoduro 3252, ☎ (041) 52 49 232 (Montag bis Freitag 9.30-13 Uhr und 15-19 Uhr);
- *Agenzia Arte e Storia*, Corte Canal 659, Santa Croce, ☎ (041) 52 49 232 (Montag bis Freitag 9-13 Uhr und 15.30-19 Uhr);
- *Associazione Italiana Alberghi per la Gioventù*, Calle del Castelforte San Rocco 3101, San Polo, ☎ (041) 52 04 414 (Montag bis Samstag 8-14 Uhr).

Bei einem Kauf im Wert von 10 000 L erhält man neben der Karte auch einen Führer von Venedig und eine Liste mit nützlichen Adressen.

Was liest man in Venedig?

Gazzettino, natürlich! Auf den mit Informationen gespickten Seiten erfahren Sie nicht nur das wichtigste über alles, was in der Dogenstadt Rang und Namen hat, sondern sind auch über kulturelle Veranstaltungen und touristische Highlights immer auf dem laufenden.

Theater

Musik und Theater sind seit jeher fester Bestandteil des Lebensgefühls in der Lagunenstadt. Venedig verfügt über drei große Theater, Konzerte werden aber auch in zahlreichen Kirchen, wie Pietà, Frari und Santo Stefano, gegeben.

Gran Teatro La Fenice – Während des Wiederaufbaus des zerstörten Theaters finden die Veranstaltungen im PalaFenice auf der Insel Tronchetto statt. Achten Sie auf die Plakatanschläge in der Stadt oder erkundigen Sie sich unter ☎ (041) 78 65 37 (8-14 Uhr).

Teatro Goldoni – Es liegt in der Calle del Teatro und bietet ein umfangreiches Programm mit Theaterstücken und Konzerten (☎ (041) 520 54 22).

Teatro a l'Avogaria – Calle Avogaria, Dorsoduro 1617 (☎ (041) 520 61 30).

Teatro Fontamenta Nuove – Am Kai gleichen Namens ganz in der Nähe der Sacca della Misericordia (Cannaregio 5013). Im Angebot finden sich Theater-, Musik- und Tanzvorstellungen. Auskunft unter ☎ (041) 522 44 98.

Übernachten in Venedig

Ein Hotelzimmer in Venedig zu finden, kann recht einfach oder wie die Suche nach der Stecknadel im Heuhaufen sein. Zwar gibt es Unterkunftsmöglichkeiten jeglicher Art in Hülle und Fülle, doch die Preise sind extrem hoch. Begriffe wie Haupt- und Nebensaison scheinen hier eine gegensätzliche Bedeutung anzunehmen, da die Hitze und Feuchtigkeit im Sommer die Menschen aus der Stadt treibt und einen Aufenthalt darin nicht gerade zum Vergnügen werden läßt. **Reservieren Sie so früh wie möglich!**
Eine vollständige Auswahl der Hotels in Venedig finden Sie im aktuellen roten Michelin-Hotelführer ITALIA. Die im folgenden aufgeführten Adressen wurden wegen ihres besonders günstigen Preis-Leistungsverhältnisses, ihrer guten Lage oder ihres speziellen Reizes ausgesucht. Sie sind unterteilt in drei Preiskategorien auf der Grundlage des Preises für ein Doppelzimmer. Innerhalb der Kategorie ist die Reihenfolge alphabetisch *(zum Auffinden siehe Stadtplan)*. Zahlreiche Häuser erhöhen ihre Preise bei Festlichkeiten. Wir raten Ihnen dringend, die Zimmerpreise im voraus telefonisch zu erfragen.

Zu den Hotel- und Preiskategorien siehe S. 478

„GUT & PREISWERT"

Will man für weniger als 150 000 L unterkommen, muß man in der Regel auf die **religiösen Einrichtungen** zurückgreifen, die Unterkunftsmöglichkeiten anbieten. Die „vernünftigen" Preise haben allerdings den Nachteil, daß man spätestens um 22.30 Uhr in seinem Zimmer sein muß.

Istituto S. Giuseppe (EU ⓐ) – *Castello, 5402, ☎ (041) 52 25 352.* In der Nähe der Markuskirche.

Ostello della Giudecca – *Giudecca, 86, ☎ (041) 52 38 211.*

„UNSERE EMPFEHLUNG"

Pensione La Calcina (BV ⓡ) – *Zattere 780, Vaporetto-Anlegestelle: Zattere, ☎ (041) 52 06 466, Fax (041) 52 27 045. 29 klimatisierte Zimmer. Kreditkarten werden akzeptiert.* Von dem ehemaligen Haus *locanda*, in dem der englische Schriftsteller John Ruskin 1876 logierte, existiert nur noch eine Fotografie in der Eingangshalle. Das vollkommen umgebaute Hotel steht an derselben Stelle und ist eine identische Nachbildung dieses Gebäudes, vom Speisesaal über die Zimmer bis zur Terrasse. Seine wunderbare Lage am Canale della Giudecca und die lichtdurchfluteten Räume, eine Seltenheit in den engen Gassen von Venedig, machen den Aufenthalt noch angenehmer.

Hotel Falier (BU ⓝ) – *Salizzada S. Pantalon 130, Vaporetto-Anlagestelle: San Tomà, ☎ (041) 71 08 82, Fax (041) 52 06 554. 19 Zimmer. Kreditkarten werden akzeptiert.* Einen ruhigen und angenehmen Aufenthalt verspricht dieses Hotel, das sogar einen kleinen Garten besitzt, in der Nähe der Frari-Kirche in einem etwas abseits gelegenen Viertel.

Hotel Paganelli (FV ⓧ) – *Riva degli Schiavoni 4182, Vaporetto-Anlegestelle: San Zaccaria, ☎ (041) 52 24 324, Fax (041) 52 39 267. 22 Zimmer mit Klimaanlage. Kreditkarten werden akzeptiert.* Das typisch venezianische Gebäude ist ein Familienbetrieb und steht an der Bucht von San Marco, auf die einige Zimmer hinausgehen. Von den anderen (im Anbau) blickt man auf den Campo S. Zaccaria.

Hotel Serenissima (DV ⓔ) – *Calle Goldoni 4486, Vaporetto-Anlegestelle: Rialto oder San Marco, ☎ (041) 52 00 011, Fax (041) 52 23 292. 34 Zimmer mit Klimaanlage. Hotelrestaurant. Kreditkarten werden akzeptiert.* Die Zimmer dieses schlichten und ansprechenden Hotels nur zwei Schritte vom Markusplatz sind modern eingerichtet.

„SPITZENKATEGORIE"

Hotel Abbazia (BT ⓐ) – *Calle Priuli 68, Vaporetto-Anlegestelle: Ferrovia, ☎ (041) 71 73 33, Fax (041) 71 79 49. 39 klimatisierte Zimmer. Kreditkarten werden akzeptiert.* Das Hotel liegt günstig in der Nähe des Bahnhofs und ist geprägt von schlichter Eleganz und dem ungewöhnlichen Gebäude, in dem es untergebracht ist. In dem ehemaligen Karmelitenkloster dient das Refektorium, in dem noch die alten Tische, Stühle und die Kanzel für den Abt stehen, als Hotelbar. In den langen Gängen glaubt man, jeden Augenblick auf eine Prozession von Mönchen zu stoßen.

Hotel Cipriani (FV ⓥ) – *Giudecca 10, Vaporetto-Anlegestelle: Zitelle, ☎ (041) 52 07 744, Fax (041) 52 03 930. 92 Zimmer und 12 Suiten (darunter 7 im Palazzo Vendramin), Klimaanlage, Garten, Schwimmbad, Restaurant. Kreditkarten werden akzeptiert.* Das abseits der großen Menschenmassen liegende Hotel ist der Inbegriff der wohlproportionierten und geschmackvollen Eleganz. Es bietet in seinen Zimmern im Palazzo Vendramin eine wunderschöne Aussicht auf den Markusplatz.

Hotel Danieli (FV ⓐ) – *Riva degli Schiavoni 4196, Vaporetto-Anlegestelle: San Zaccaria, ☎ (041) 52 26 480, Fax (041) 52 00 208. 221 Zimmer und 9 Suiten mit Klimaanlage und Restaurant. Kreditkarten werden akzeptiert.* Für viele Besucher ist Venedig ein Traumgebilde, in dem sich Paläste und prachtvolle Eleganz mit den romantischen Bildern aus Literatur und Film vermischen und der Stadt einen irrealen und dekadenten Anstrich verleihen. In dem Moment, in dem man den Palazzo Dandolo betritt, in dem seit 1822 das Hotel Danieli untergebracht ist, taucht man in dieses Traumgebilde ein. Säulen, Brüstungen, Galerien und kunstvolles Steinmaßwerk erinnern an die schöne Dekoration von Neuschwanstein. Solch überschwengliche Pracht verfehlte nicht ihre Wirkung auf Schriftsteller und Musiker, die hier residierten: Dickens, Wagner, Balzac, Proust, George Sand und Alfred de Musset.

Hotel Des Bains – *Lido, Lungomare Marconi 17 (außerhalb des Plans), ☎ (041) 52 65 921, Fax (041) 52 60 113. 190 Zimmer mit Klimaanlage, Restaurant, Schwimmbad. Kreditkarten werden akzeptiert.* Die Veranda, der Park und der riesige Hotelstrand, die lichtdurchfluteten Speisesäle im Klassizismus oder Jugendstil, kurz, alles in diesem Hotel erinnert an die Verfilmung von Thomas Manns Roman *Der Tod in Venedig*.

Hotel Flora (DV ⓢ) – *Calle larga XXII Marzo 2283/A, Vaporetto-Anlegestelle: San Marco oder Santa Maria del Giglio, ☎ (041) 52 05 844, Fax (041) 52 28 217. 44 klimatisierte Zimmer. Kreditkarten werden akzeptiert.* Das Hotel scheint sich ganz der Kunst verschrieben zu haben und strömt eine wunderbare Atmosphäre der Jahrhundertwende aus. Man pflegt hier die Liebe zum Detail, was sich im ganzen Haus, vom Treppenhaus aus den Zwanziger Jahren bis zur Einrichtung der Zimmer und dem beschaulichen Garten bemerkbar macht.

Hotel Gritti Palace (DV ⓘ) – *Campo Santa Maria del Giglio 2467, Vaporetto-Anlegestelle: Santa Maria del Giglio, ☎ (041) 79 46 11, Fax (041) 52 00 942. 87 Zimmer und 6 Suiten. Restaurant. Kreditkarten werden akzeptiert.* „Wie ein Doge behandelt zu werden" ist in diesem Hotel mehr als nur eine Redensart, denn es ist in der ehemaligen Residenz des Dogen Gritti untergebracht. Unvergeßlich bleiben die vielen Filmstars, die bei den Filmfestspielen von Venedig auf der Terrasse des Hotels posierten, die auf dem Canal Grande „schwimmt".
Bei der Inneneinrichtung ist jedes Detail ein Abglanz des Stolzes, mit dem man den vergangenen Ruhm der „Serenissima" erhalten will.

Auf der Suche nach einem Restaurant (oder einem Bàcaro)

ZUR VORBEREITUNG EINE EINFÜHRUNG IN DEN VENEZIANISCHEN DIALEKT

Bàcaro bezeichnet eine Gaststätte, den Ort, an dem man sich verabredet und bei *Cichèto* und *Ombra* gemütlich miteinander plaudert. In ein *Bàcaro* geht man schon in den frühen Morgenstunden. *Cichèto* ist das typisch venezianische Appetithäppchen und *Ombra* das traditionelle Glas Weiß- oder Rotwein. Anschließend bestellt man sich einen Kabeljau *(Bacalà)* oder die in einer Essigmarinade eingelegten gebratenen Sardinen *(Sàrde in saor)*, die mit Zwiebeln, Pinienkernen und Rosinen abgeschmeckt werden. *Spriz* heißt der venezianische Aperitif, der aus Weißwein, einem bitteren Likör und Sprudelwasser zubereitet wird.

UND NUN ZU TISCH!

Al Mascaròn, Calle Lunga S. Maria Formosa, Castello 5525, (☎ (041) 52 25 995) ist eine typische *Osteria*. Am besten reserviert man im voraus.

In der **Alla Patatina**, Calle Saoneri, San Polo 2741, kann man an der Theke unter einer reichhaltigen Auswahl an Salaten wählen (köstlich auch die Backofenkartoffeln) oder im Restaurant noch weitere Gerichte kosten. Es herrscht immer reger Betrieb.

Alla Zucca, Santa Croce 1762 (☎ (041) 52 41 570), zeichnet sich durch eine abwechslungsreiche und kreative Küche aus. Besonders zu empfehlen sind die Salate. Auch hier ist eine Tischreservierung angebracht.

Bei **Da Zorzi**, Calle dei Fuseri, San Marco 4359, gibt es die beste (noch mit der Hand geschlagene) Schlagsahne von Venedig.

Gam-Gam, Fondamenta Pescaria 1122, in der Unterführung des Alten Ghettos, ist ein jüdisches Restaurant mit einem anheimelnden Ambiente.

L'Olandese volante, Campo S. Lio 5658, zwischen dem Campo S. Maria Formosa und der Rialtobrücke, reiche Auswahl an Salaten und Biersorten.

Im **Piero e Mauro**, Calle dei Fabbri 881, nur zwei Schritte vom Markusplatz entfernt, bekommt man Sandwiches, *Crostini* und gutes Bier. Das kleine Restaurant ist einem Schiffsraum nachempfunden.

Die **Taverna San Trovaso** (☎ (041) 520 37 03) liegt am Kanal gleichen Namens (Dorsoduro 1016) und ist bekannt für ihre große Auswahl an Gerichten und ihre köstlichen Pizzas. Reservierung empfohlen!

BESICHTIGUNG

Bei einem eintägigen Aufenthalt kann man das Zentrum Venedigs rund um den Markusplatz kennenlernen. 2-3 Tage Aufenthalt geben Gelegenheit, zudem die Accademia (Kunstakademie), einige *Scuole* (Bruderschaften) und Kirchen zu besichtigen, die viele Kunstschätze beherbergen. Bei einem einwöchigen Aufenthalt kann man in Ruhe die besondere Stimmung in den Gassen und auf den Inseln der Lagune auf sich wirken lassen.

★★★ Piazza San Marco (Markusplatz - EV)

Der Markusplatz ist das Herz Venedigs. Rund herum, unter den Arkaden der Prokuratien (Amtsgebäude), befinden sich berühmte Cafés wie das Florian und das Quadri sowie verschiedene Luxusgeschäfte. Der Platz öffnet sich zum Canal Grande über die zauberhafte *Piazzetta* (**64**). Seit 1172 stehen hier die beiden aus dem Orient stammenden Granitsäulen mit dem Markuslöwen und dem hl. Theodor.

★★★ **Basilica** – In der Markuskirche vermischen sich byzantinischer und abendländischer Stil. Mit dem Bau der Kirche wurde im Laufe des zehnten nachchristlichen Jahrhunderts begonnen. Anläßlich ihrer feierlichen Weihe im Jahre 1094 tauchte der Leichnam des Apostels Markus auf wundersame Weise wieder auf. Die Verzückung, die jeder Besucher beim Betreten der Basilika empfindet, rührt von der prächtigen Ausschmückung mit Marmor und **Mosaiken** her. Den Grundriß bildet ein griechisches Kreuz, das von der zwiebelförmigen Kuppel des Zentralbaus und vier unterschiedlich hohen Kuppeln über den Kreuzarmen überragt wird.

Fassade – Fünf mit Marmor und Skulpturen geschmückte Portale führen in das Innere der Kirche. Kopien der vier berühmten **Bronzepferde** *(Originale im Museum der Markuskirche)* stehen auf der Balustrade über dem Mittelportal, dessen drei Bogenfelder mit römisch-byzantinischen Flachreliefs geschmückt sind (über dem linken Portal ist die Überführung des Leichnams des hl. Markus dargestellt).

Rechts der Fassade, zum Dogenpalast hin, befindet sich eine Figurengruppe aus Porphyr, die sog. **Tetrarchen**★ (4. Jh.). Der Urteilsspruch, der von dem nahe gelegenen Bannstein aus verlesen wurde, scheint die Beamten in Angst und Schrecken zu versetzen. Von diesem Säulenstumpf aus wurden auch die Gesetze verkündet. Auf der linken Seite der Kirche liegt der schöne, kleine Platz Piazzetta dei Leoncini (**45**).

Vorhalle – Die Mosaiken der Vorhalle sind ein Auftakt zu den Erzählungen der im Kircheninnern befindlichen Mosaiken und zeigen Szenen aus dem Alten Testament.

Von hier aus gelangt man zur Galerie und zum Museum der **Markuskirche** (Galleria e Museo Marciano) ⌚, wo die **vergoldeten Bronzepferde**★★ ausgestellt sind.

Innenraum – Beim Betreten der Kirche wird man überwältigt von der Leuchtkraft der Mosaiken, von denen die ersten im Jahre 1071 von Mosaikkünstlern aus Konstantinopel geschaffen wurden, und den Mosaikfußböden (12. Jh.) mit ihren Tierdarstellungen und geometrischen Mustern, die durch den unregelmäßigen Untergrund leicht gewellt sind. Der Hochaltar ist von dem höher gelegenen

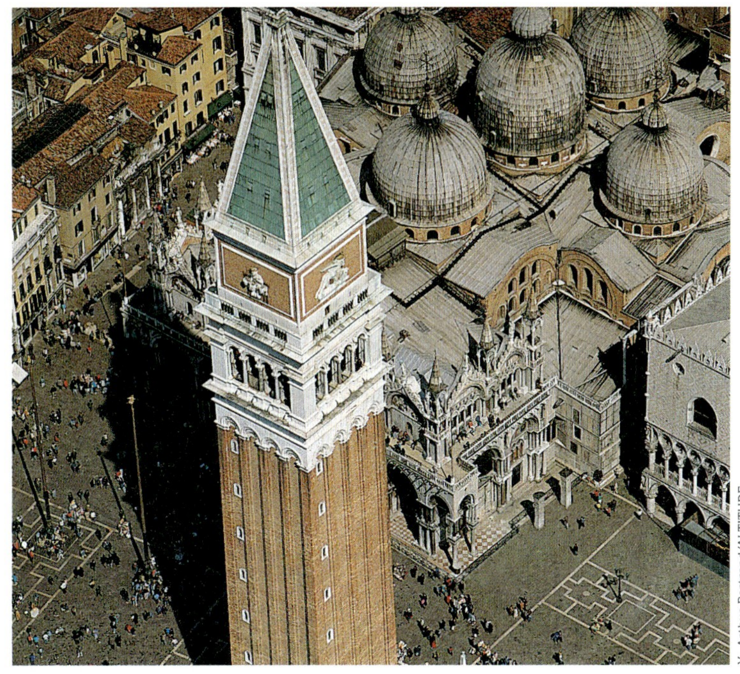

Y. Arthus-Bertrand/ALTITUDE

Der Markusplatz aus der Taubenperspektive

Presbyterium umgeben und vom Hauptschiff durch eine Ikonostase getrennt. Dahinter folgt ein Ziborium, das von **Alabastersäulen**★★ getragen wird, und dann die **Pala d'Oro**★★★. Diese im 10. Jh. begonnene Altartafel ist ein Meisterwerk der gotischen Goldschmiedekunst. Die sterblichen Überreste des hl. Markus ruhen unter dem Hochaltar.

Die Mosaiken zeigen Szenen aus dem Neuen Testament, von der Kuppel der Apsis, die den segnenden Christus Pantokrator zeigt, bis zur Vorhalle, in deren Gewölbe das *Jüngste Gericht* dargestellt ist. Beim Eintritt entdeckt man gleich rechts an dem großen Bogen der Apokalypse Darstellungen aus den Texten von Johannes dem Täufer. Die Mosaiken der dem Portal nächstgelegenen Kuppel stellen das Pfingstwunder dar. Wenn man auf die Kuppel des Zentralbaus zugeht, kann man an dem großen Westbogen den Leidensweg Christi bis zu seiner Kreuzigung verfolgen. Auf dem Südbogen, der zum rechten Querhaus führt, sieht man die *Versuchung Christi*, den *Einzug in Jerusalem*, das *Abendmahl* und die *Fußwaschung*. In der Hauptkuppel, der sog. *Himmelfahrtskuppel*, sind die Apostel und die Jungfrau Maria, die Allegorien der Tugenden und die Seligpreisungen dargestellt. Der segnende Christus überragt die Szene. In der Kuppel über dem Chor wird die Ankunft des Messias gezeigt. Die Mosaiken des Nordbogens, der zum linken Querhaus führt, sind nach Entwürfen von Tintoretto *(Hl. Michael, Abendmahl, die Hochzeit zu Kana)* und Veronese *(Heilung des Leprakranken)* ausgeführt worden. In der Kuppel des rechten Querschiffs, der *Johanneskuppel*, finden wir Darstellungen der Bergpredigt und Szenen aus dem Leben des hl. Johannes.

Durch das rechte Querhaus kommt man zur **Schatzkammer**★ (Tesoro), in der vor allem religiöse Objekte gezeigt werden, die Venezianer bei der Einnahme Konstantinopels im Jahre 1204 erbeutet haben.

★★ **Campanile** – Dieser 96 m hohe Glockenturm ist das Wahrzeichen Venedigs, das man sogar vom Festland aus erkennen kann. Er ist eine exakte Nachbildung des *Campanile* aus dem 16. Jh., der im Jahre 1902 eingestürzt war. Von oben hat man eine wunderbare **Aussicht**★★ vom Canale de la Giudecca bis zum Canal Grande, von den Terrassendächern der Stadt bis zu den Inseln in der Lagune. Der *Campanile* erhebt sich über der **Logetta Sansoviniana**, in deren Nischen die von Sansovino geschaffenen Statuen Minerva, Apollo, Merkur und eine Allegorie des Frieden stehen. Die Terrasse wird von einer Balustrade mit einem Gitter aus dem 18. Jh. abgeschlossen.

★★ Palazzo Ducale (Dogenpalast – EFV)

Der Dogenpalast, Symbol der Macht und des Ruhms Venedigs, war die Residenz der Dogen und Sitz der Regierung, eines Gerichtshofes und eines Staatsgefängnisses. Er wurde im 12. Jh. erbaut und zwischen dem ausgehenden 13. und dem 16. Jh. grundlegend umgestaltet.

Ein schönes geometrisches Muster aus weißem und rosa Marmor verleiht den beiden **Fassaden** einen besonderen Reiz. An den Ecken des Palastes sind Figurengruppen zu sehen, die (von links nach rechts) das ***Urteil des Salomon*** (vermutlich ein Werk von Bartolomeo Bon), *Adam und Eva* und die ***Trunkenheit Noahs*** (gotische Skulpturen des 14. und 15. Jh.s) darstellen. Die Galerie im ersten Stock hat ein sehr schönes Maßwerk mit Vierpässen. Der Haupteingang ist die **Porta della Carta**★★ (Pforte des Papiers), vielleicht so genannt wegen der damals hier tätigen Schreiber und der Archive. Im Bogenfeld des spätgotischen Tors (1442) ist der Markuslöwe zu sehen, vor dem der Doge Foscari kniet. Unter dem Foscari-Bogen befindet man sich direkt gegenüber der Scala dei Giganti (Treppe der Riesen) mit den Kolossalstatuen Mars und Neptun von Sansovino.

Innenraum – Die Besichtigung beginnt oben an der **Scala d'Oro**, der goldenen Treppe von Sansovino. Man kommt nacheinander durch folgende Säle: den **Sala delle Quattro Porte** (Saal der vier Türen), in welchem die Botschafter darauf warteten, vom Dogen empfangen zu werden, den **Sala dell'Anticollegio**, das Vorzimmer der Botschafter und Delegationen, den **Sala del Collegio**, wo unter dem Vorsitz des Dogen das *Collegio* zusammentrat, den **Sala del Senato**, auch Saal der ***Pregadi*** genannt, da die Mitglieder des Senats „gebeten" wurden, einen schriftlichen Antrag auf ihre Teilnahme an den Versammlungen zu stellen, den **Sala del Consiglio dei Dieci** (Rat der Zehn), wo dieser außergewöhnliche Gerichtshof zusammentrat, der zum Schutz der staatlichen Institutionen über eine Geheimpolizei und Vertrauensmänner verfügte, den **Sala della Bussola** (Kompaßsaal), in dem die Angeklagten auf ihr Verhör warten mußten, den Saal der **Armeria** (Waffenkammer) sowie den **Sala del Maggior Consiglio** (Saal des Großen Rates), der eine Größe von 1 300 m^2 hat und in dem die Sitzungen des Gremiums stattfanden, das fast alle Staatsbeamten der Republik, auch den Dogen, wählte. Neben den Gemälden und Bildnissen der 76 Dogen hängt hier auch das ***Paradies*** von Tintoretto. Die Besichtigung führt weiter durch den **Sala dello Scrutinio**, wo die Wahlen stattfanden, die **Prigioni Nuove** (Neue Kerker) auf der anderen Seite der Seufzerbrücke, den **Sala dei Censori**, wo ein Gericht tagte, und den **Sala dell'Avogaria** (die *avogadori* waren vom Staat beauftragte Anwälte, die über die Einhaltung der Gesetze wachten).

★★ **Ponte dei Sospiri (Seufzerbrücke)** – Diese berühmte Brücke verbindet den Dogenpalast mit den Neuen Kerkern. Sie wurde zwischen dem 16. und 17. Jh. erbaut und verdankt ihren Namen den Schriftstellern der Romantik, für die diese Brücke das letzte Bild eines für immer verlorenen Venedigs war, das den Verurteilten in den Kerkern blieb.

Torre dell'Orologio (Uhrenturm) ⓥ (**N**) – Seit dem Ende des 15. Jh.s schlagen die beiden Mohren auf dem Turm die Stunden.

★★ **Museo Correr** ⓥ (**EV**) – Dieses Museum befindet sich in der Ala Napoleonica (Napoleon-Flügel), die im Westen an den Platz angrenzt. Es zeigt Gemälde und Skulpturen sowie eine Sammlung zur tausendjährigen Stadtgeschichte.

★ **Libreria Sansoviniana** (**EV**) – Der Bau dieses harmonischen und edlen Gebäudes wurde 1553 von Sansovino begonnen; in Nr. 7 ist die **Biblioteca Nazionale Marciana** (**EV**) untergebracht, wo man sich Manuskripte, Landkarten und Kupferstiche ansehen kann.

★★★ Canal Grande

Diese Hauptverkehrsader von Venedig ist 3,8 km lang, 30-70 m breit, durchschnittlich 5,5 m tief und durchzieht die Stadt in einer umgekehrt S-förmigen Windung. Vom Canal Grande aus kann man am besten die Paläste entdecken, die sich in ihm spiegeln. Am linken Ufer folgen nacheinander:

★★ **Palazzo Labia** ⓥ (**BT**) – Der Palast aus dem 18. Jh. wurde von Tiepolo mit schönen **Fresken**★ ausgemalt, die die Geschichte von Antonius und Kleopatra schildern. Zahlreiche Decken in diesem Palast wurden von diesem Künstler geschmückt.

★ **Palazzo Vendramin Calergi** (**CT**) – Dieser Palast ist ein Werk des Baumeisters Codussi und stammt vom Anfang des 16. Jh.s. **Richard Wagner** wohnte und starb hier.

★★★ **Ca' d'Oro** (**DT**) – Dieser prächtige, im spätgotischen Stil erbaute Palast hat zwar die Verzierungen eingebüßt, die ihm seinen Namen (Goldenes Haus) gaben, nicht aber seine Schönheit, die bereits an der Fassade zu erkennen ist. Hier liegt die **Galleria Franchetti** ⓥ, in der man einen bemerkenswerten ***Hl. Sebastian***★★ von Mantegna bewundern kann.

★★ **Ponte di Rialto** (**ET**) – Die Rialtobrücke ist die Hauptverbindung zwischen den beiden Ufern und war ursprünglich, im 12. Jh., aus Holz. Die jetzige Brücke, ein Werk von Antonio da Ponte, wurde 1591 eingeweiht. Sie ist die sechste Brücke, allerdings die erste aus Stein.

Ca' d'Oro

★ **Palazzo Grassi** (**BV**) – Dieser im 18. Jh. von Giorgio Massari errichtete Palast ist der letzte große Palazzo Venedigs, der noch vor dem Fall der Republik fertiggestellt wurde. Hier finden große Ausstellungen statt.

Am rechten Ufer folgen nacheinander:

★ **Ca' Pesaro** (**DT**) – Dieser Palast wurde von Longhena erbaut. Das Erdgeschoß hat eine Rustikaverkleidung (Diamantquader). Hier befinden sich das Museum für **Orientalische Kunst** (Museo di arte orientale) ⓥ und die **Galerie für Moderne Kunst** (Galleria internazionale di arte moderna) ⓥ.

★★ **Ca' Rezzonico** (**BV**) – Dieser letzte von Longhena entworfene Palast wurde von Massari vollendet. Hier ist das **Museum des venezianischen 18. Jahrhunderts** (Museo del Settecento Veneziano) ⓥ untergebracht.

★ **Ca' Dario** (**DV**) – Der kleine Palast stammt vom Ende des 15. Jh.s und hat eine prachtvolle Verzierung aus mehrfarbigem Marmor. Da einige seiner unglücklichen Besitzer eines nicht natürlichen Todes starben, umgibt ihn eine etwas unheilvolle Atmosphäre.

★★ Gallerie dell'Accademia ⓥ (BV)

Mit ihren Werken aus dem 14. bis 18. Jh. stellt die Accademia die umfassendste und bedeutendste Sammlung venezianischer Malerei dar. Bemerkenswert sind vor allem die ***Madonna mit Heiligen*** und die ***Maria mit dem Kinde zwischen hl. Katharina und Maria Magdalena*** von Giovanni Bellini, die ***Berufung der Söhne des Zebedäus*** von Marco Basaiti, der ***Hl. Georg*** von Andrea Mantegna, ***Das Gewitter*** von Giorgione, eher Darstellung eines Seelenzustandes als des Wetters, das ***Porträt eines Edelmannes in seinem Studierzimmer*** von Lorenzo Lotto (in dem verlorenen Blick des lesenden Mannes läßt uns der Künstler einen Gedanken oder eine Erinnerung erahnen), die fast unheilvoll anmutende ***Pietà*** von Tizian, ***Das Gastmahl im Hause des Levi*** von Veronese sowie die helle und lichterfüllte Bildergruppe ***Wunder der hl. Kreuzreliquie*** von Gentile Bellini und Carpaccio. Auch die bunten Gemälde zur ***Legende der hl. Ursula*** stammen von Carpaccio.

Scuole

Die *Scuole*, von denen es bis zu vierhundert in Venedig gab, waren Laienbruderschaften, in denen sich Bürger der venezianischen Mittelschicht vom Mittelalter bis zum Ende der Republik zusammenschlossen, um sich religiösen und wohltätigen Aufgaben zu widmen. Jede Bruderschaft hatte ihren Schutzheiligen und ihre Statuten, die *Mariegola*.
Alle hatten ihren Sitz in prachtvollen Palästen, deren Innenräume von berühmten Künstlern ausgestaltet wurden.
Um eine Vorstellung des künstlerischen Reichtums dieser Bruderschaften zu bekommen, genügt es, die **Scuola Grande di San Rocco**★★★ ⓥ (**BU**) zu besichtigen, wo Tintoretto Szenen des Alten und Neuen Testaments dargestellt hat, sowie die **Scuola San Giorgio degli Schiavoni**★★★ ⓥ (**FU**), eine wahre Schatztruhe fein gestalteter Werke Carpaccios, der in seinen Gemälden zu den Legenden des hl. Georg, des hl. Trifon und des hl. Hieronymus in warmen Farben schwelgt.

Die bedeutendsten Kirchen

★★ **Santa Maria della Salute** (**DV**) – 1630 gelobten die Bürger von Venedig, als Dank für die Errettung vor der Pestepidemie eine Kirche zu bauen. So wurde nach einem Entwurf von Longhena die weiße „Salute" errichtet. Ihre Silhouette ist u. a. wegen der „große Ohren" *(Orecchioni)* genannten konzentrischen Voluten weltbekannt. In der Sakristei befindet sich das Gemälde ***Die Hochzeit zu Kana*** von Tintoretto, der sich selbst in der Person des ersten Apostels von links darstellte.

★ **San Giorgio Maggiore** (**FV**) – Die schönste **Aussicht**★★★ auf Venedig bietet sich vom **Campanile** (Glockenturm) ⓥ dieser Kirche. Sie wurde von Palladio erbaut und birgt in ihrem Chor zwei große Gemälde von Tintoretto, das *Abendmahl und den Mannaregen*.

★★ **San Zanipòlo** (**FT**) – Auf der einen Seite des Platzes, auf dem das **Reiterstandbild des Bartolomeo Colleoni**★★ von Verrocchio steht, fesselt die Trompe-l'œil-Fassade der **Scuola Grande di San Marco**★ den Blick. Überragt wird der Platz von der gotischen Basilika, die den Aposteln Johannes und Paulus gewidmet ist. Im venezianischen Dialekt werden die Namen der beiden Heiligen (Giovanni e Paolo) liebevoll zu „*Zanipòlo*" zusammengezogen. Die grandios und feierlich wirkende Basilika, Grabstätte der Dogen, wird im Inneren durch das Licht der Rosette im rechten Querhaus in leuchtende Farben getaucht.

★★★ **I Frari** ⓥ (**BTU**) – Auch der Name dieser Kirche ist eine Kurzform: „Fra(ti Mino)ri" (Kirche der kleinen Brüder). Sie wirkt ebenso majestätisch wie die Kirche San Zanipòlo und enthält ebenfalls Grabmäler. Den Fluchtpunkt der Perspektive bildet im Chor das Gemälde ***Mariä Himmelfahrt*** von Tizian.

★★ **San Zaccaria** (**FV**) – Schon mit einem flüchtigen Blick aus den Fenstern des Dogenpalastes erfaßt man diese schöne, im Stil der Gotik und Renaissance erbaute Kirche mit der hohen, weißen, dreigeteilten Fassade. Die Wände des Innenraumes sind mit Gemälden bedeckt; verweilen sollte man vor allem vor dem Bild ***Predigt des Heiligen*** von Giovanni Bellini, das von wunderbarer Reinheit erstrahlt.

★★ **San Sebastiano** (**ABV**) – Dies ist die Kirche, die von Veronese fast vollständig mit Fresken ausgemalt wurde. Die meisten Fresken haben das Martyrium des hl. Sebastian zum Thema, dem das Gotteshaus geweiht ist.

Weitere Sehenswürdigkeiten und Museen in Venedig

★ **Arsenale** (**FGUV**) – Ein erstes Hafenbecken mit einer Schiffswerft existierte in Venedig schon im Jahre 1104, als mit den Kreuzzügen der Schiffsbau einen Aufschwung erlebte. Das Gelände ist von mittelalterlichen Mauern mit Türmen in regelmäßigen Abständen umgeben. Es hat zwei Einfahrten: die eine von der Landseite aus, mit einem Wachtor, vor dem antike griechische Löwen stehen, und die andere von der Meerseite aus, mit zwei markanten Türmen, zwischen denen die *Vaporetti* hindurchfahren.

★★ **Ghetto** (**BT**) – Der in einem abgelegenen Viertel von Cannaregio, abseits der lauten und fröhlichen Strada Nova gelegene jüdische Stadtteil ist von ergreifender Schönheit. Das Ghetto von Venedig war das erste des Abendlandes. Der Name leitet sich von dem italienischen Wort *Getto* (Guß) ab, in venezianischer Mundart *Geto*, da sich hier früher eine Gießerei befand. Die Juden germanischen Ursprungs sprachen das italienische *„g" („dj")* wie das deutsche *„g"* aus, und so entstand das Wort „Ghetto", das heute schlimme Erinnerungen wachruft. Man kann hier das jüdische Museum *(Museo ebraico)* und die **Synagogen** besichtigen.

Giudecca (**A-FV**) - Diese stille, etwas vernachlässigte Insel hat ihren eigenen Charme und bietet dem Besucher ein Bild der ruhmreichen Vergangenheit Venedigs. Hier steht die **Kirche Il Redentore**★ (Erlöserkirche) von Palladio, deren Entstehung - wie bei der Salute - einem Gelübde aus der Zeit der Pest von 1576 zu verdanken ist. An jedem dritten Julisonntag werden hier die Feierlichkeiten zu Ehren des *Redentore* begangen, die stets mit einem Feuerwerk *(Foghi)* enden.

★ **Collezione Peggy Guggenheim** ⓥ (**DV**) - In diesem luxuriösen Palast sind Werke aus dem 20. Jh. ausgestellt, mit denen sich Peggy Guggenheim umgeben hatte, als sie hier vom Kriegsende bis zu ihrem Tode residierte.

★ **Fondazione Querini-Stampalla** ⓥ (**FU**) - Dieses Museum ist wie geschaffen für Liebhaber vergangener Zeiten, die bei den **Bilderzyklen**★★ zu Opfer- und Jagdszenen von Pietro Longhi gewiß auf ihre Kosten kommen.

★ **Museo Storico Navale (Schiffsmuseum)** (**FV**) - Das Museum am Kanal Sa Biagio enthält zahlreiche Modelle der venezianischen Galeeren aus dem 16.-18. Jh. sowie eine verkleinerte Nachbildung des „Bucintoro", der Prunkgaleere des Dogen, sowie Modelle und Uniformen zur Illustration der Geschichte der Marine im 19. und 20. Jh.

San Michele (**FT**) - Auf der Friedhofsinsel von Venedig liegen u. a. Strawinsky, Diaghilev und Ezra Pound begraben. Die Renaissancekirche (15. Jh.) besitzt eine Kreuzgang aus dem 14. Jh.

Die Lagune

Siehe Plan Venedig und Umgebung im Grünen Michelin-Reiseführer Venedig

⛱⛱ **Der Lido** - Der Lido ist der „Hausstrand" der Venezianer, ein Badestrand mit leicht dekadenter Atmosphäre, an dem auch das Casino liegt und das italienische Filmfest Mostra stattfindet.

★★ **Murano** - Ende des 13. Jh.s beschloß der Große Rat aus Angst vor Feuersbrünsten, die wegen der ausschließlichen Holzbauweise der damaligen Zeit ständig in Venedig ausbrachen, die Glashütten auf die Laguneninsel Murano zu verlegen, die seither die „Glasinsel" ist (**Museo di Arte vetraria**★ ⓥ). Die Brennöfen und die lautstarken Aufforderungen der Verkäufer, Geschäfte und Glashütten aufzusuchen, sollten jedoch nicht von der künstlerischen Stimmung auf der Insel ablenken, die bei einem Spaziergang bis zur Kirche **Santi Maria e Donato**★★ spürbar wird. Die Apsis dieser Basilika stellt einen Höhepunkt der dekorativen venezianisch-byzantinischen Baukunst dar, und die **Mosaikfußböden**★★ erinnern an die der Markuskirche.

★★ **Burano** - Die farbenprächtigste Insel der Lagune. An den Schwellen ihrer Häuser, die in allen Farben des Regenbogens leuchten, arbeiten die Frauen an ihren Spitzenkissen.

★★ **Torcello** - Nur noch die Steine dieser „Geisterinsel" zeugen von der glorreichen Vergangenheit, die damit begann, daß die Einwohner von Altino vor den Lombarden flohen. Torcello wurde Bischofssitz, und im Jahre 639 begann man mit dem Bau der Kirche. Als Venedig im 10. Jh. aufblühte, wurde Torcello auf seinen Platz am Rande der Lagune zurückverwiesen, wo es trotz der verheerenden Auswirkungen der Malaria einen intensiven Zauber entfalten konnte.
Ruinen und die ehrwürdigen alten Mauern der Kirchen **Santa Maria Assunta** und **Santa Fosca** tauchen aus dem Gras auf. Im Inneren der **Basilika** ⓥ bringen die **Mosaiken**★ mit der Darstellung des ***Jüngsten Gerichts*** Licht in die große Schlichtheit, die über der ganzen Insel liegt. Es scheint, als wolle Torcello sich wieder mit Menschen bevölkern, die vom Ton der Engelstrompeten aus den Eingeweiden der Meeresungeheuer, die sie verschlungen hatten, zurückgerufen werden.

★★ **Riviera del Brenta (Brenta-Riviera)** - *Siehe Brenta*

Sie haben mehr von Besichtigungen und Ausflügen, wenn Sie vorher die Kapitel der Einleitung zur Kunst und Architektur, Landesnatur und Gastronomie gelesen haben.

Val VENOSTA/VINTSCHGAU★

Trentino-Südtirol

Michelin Karte Nr. 988 Falte 4 oder Nr. 429 B/C 13/14

Der Vintschgau, ein langgestrecktes, sonniges Tal mit vielen Apfelbäumen, wird nach Westen hin, beim Anstieg zum Reschenpaß, allmählich breiter. Der Kurort Meran liegt am Ausgang des Tales, einer natürlichen Verbindung, die ins Veltlin führt (über das Stilfserjoch), in die Schweiz (über den Ofenpaß) und nach Österreich (über den Reschenpaß).
Kein Wunder, daß die Geschichte dieses Tals sehr weit zurückreicht, und niemand könnte sie besser erzählen, als der berühmte Gletschermann Ötzi, der vor 5 300 Jahren starb und im Schnalstal *(Val Senales)*, einem Seitental des Vintschgaus, plötzlich aus seinem eisigen Grab ans Tageslicht kam *(man kann ihn im archäologischen Museum in Bozen bewundern; siehe dort)*.

Von Meran die Etsch entlang zum Reschenpass

Merano/Meran - *Siehe dort*

Naturno/Naturns - Der Weg von Meran in Richtung Reschenpaß führt an der imposanten Brauerei Forst vorbei und nach etwa 15 km bis nach Naturns, an der Mündung von Vintschgau und Schnalstal. Dieser Verkehrsknotenpunkt wird seit dem 13. Jh. von **Castel/Burg Juval** ⓥ beherrscht, das sich heute im Besitz des Bergsteigers Reinhold Messner befindet und von diesem mit wertvollen Erinnerungsstücken von seinen Expeditionen nach Tibet ausgeschmückt wurde.

★ **San Procolo/Sankt Prokulus** ⓥ - Ehe man ins Dorf gelangt, bemerkt man etwas abseits inmitten von Obstbäumen die Kapelle des hl. Prokulus, auf die ein Schild hinweist. Dieses Kirchlein enthält die ältesten Fresken der Region (8. Jh.). Das bemerkenswerteste Fresko ist zweifellos der sog. **Heilige auf der Schaukel**. Seine ausdrucksstarken, zufriedenen Züge sollen die des Bischofs Prokulus von Verona sein. Man nimmt an, daß die Szene den Augenblick wiedergibt, in der er über ein aus dem Fenster geworfenes Seil aus der Stadt flieht. Doch könnte man angesichts der erstaunten Blicke der Männer an einem hohen Fenster und von weiteren sechs Personen an einem dritten Fenster auch denken, daß der Heilige es genießt, zu schaukeln...

Sluderno/Schluderns - Das Dorf schmiegt sich an den Fuß der **Churburg / Castel Coira** ⓥ (1253), die im Renaissancestil umgestaltet wurde. Die schöne Innenterrasse ist die passende Kulisse für den Stammbaum der Grafen Trapp, Eigentümer der Burg. Der große, alte Waffensaal ist eine der Hauptattraktionen.

Glorenza/Glurns - Diese alte, bereits 1178 erwähnte Stadt hat heute keine tausend Einwohner mehr. Doch ist sie einen Halt wert, da es sich um die einzige befestigte Stadt Südtirols handelt, die die Zeiten überdauert hat. Die gesamte Stadtmauer ist noch vorhanden, und hier stehen die einzigen Arkaden des Tals. Die Pfarrkirche außerhalb des Mauerringes wird an der Fassade von einem Fresko aus dem Jahre 1496 geschmückt, auf dem das Jüngste Gericht dargestellt ist.

Malles/Mals - In diesem Ort findet sich ein Kleinod der Romanik, die **Kirche San Benedetto** ⓥ**/Sankt Benedikt**, die im 9. Jh. errichtet wurde. Auf den Fresken sind unter anderem ihre beiden Gründer dargestellt: ein fränkischer Ritter mit seinem Schwert und ein Geistlicher, der ein Modell der Kirche in Händen hält. Beide sind von quadratischen Heiligenscheinen umgeben.

Burgusio/Burgeis - Beim Aufstieg zum Reschenpaß kann man die weiße, massige **Abtei Marienberg** ⓥ (Montemaria) nicht übersehen, auch nicht, wenn es schneit, da sich dann das Schwarz des spitzen Daches und der Zwiebeldächer der Türme und des Glockenturms vom Schnee abhebt.
Bei der Besichtigung der **Krypta** kann man prachtvolle romanische Fresken bewundern, die beim Bau der Abtei im 12. Jh. ausgeführt wurden und die Apokalypse zum Thema haben. Unbestreitbar ist der byzantinische Einfluß. Christus als Pantokrator wird in einer Mandorla, einem mandelförmigen Heiligenschein dargestellt, der von einem Regenbogen als Symbol des Friedens eingefaßt ist. An seinen Seiten sieht man Cherubim und Seraphim, deren Flügel in Flammen auslaufen. Weiter unten stehen die Evangelisten. Gegenüber sind die Mauern des himmlischen Jerusalems dargestellt.

Lago di Resia/Reschenstausee - Geheimnisvoll und symbolträchtig ragt die Spitze eines Glockenturms aus dem Wasser des Sees. Es handelt sich um den Turm der früheren Kirche von Curono/Graun, die 1950, als das Tal geflutet wurde, im Wasser versank.

VERONA★★★

Venetien

255 313 Einwohner
Michelin-Karte Nr. 988 Falte 4, Nr. 428 oder 429 F 14/15
Plan Verona und Umgebung im Michelin-Hotelführer ITALIA

Verona liegt, von einer doppelten Flußschleife der Etsch umflossen, in einem Hügelland. Nach Venedig ist Verona die bedeutendste Kunststadt Venetiens. Die **Piazza Bra** (**ABVX**) ist durch die belebte Via Mazzini (**BV**) mit der Altstadt innerhalb der Etsch-Schleife verbunden. Die Opernsaison und das Theaterfestival „Estate Teatrale" ziehen jedes Jahr zahlreiche Besucher an *(s. Veranstaltungskalender am Ende des Bandes).* Im Römischen Kaiserreich war Verona eine bedeutende Kolonie, die dann von den Ostgoten, den Langobarden und den Franken eingenommen wurde. Unter der Herrschaft der **Scaliger**, die im Auftrag des Kaisers von 1260 bis 1387 regierten, erlebte die Stadt ihre Glanzzeit. Nach diesem Fürstengeschlecht kamen die Mailänder Visconti und ab 1405 war Verona Teil der Republik Venedig. 1814 fiel es an Österreich und wurde 1866 mit Venetien dem italienischen Königreich einverleibt.

Romeo und Julia – Die Handlung dieser dramatischen Liebesgeschichte, die Shakespeare unsterblich machte, hatte Verona zum Schauplatz. Die Helden des Dramas gehörten zwei verfeindeten Familien an. Die Geschichte spielte sich um 1302 ab, in einer Zeit, als Guelfen, zu denen die Montecchi gehörten, und Ghibellinen, auf deren Seite die Capuleti standen, miteinander in unerbittlicher Fehde lagen.

Pisanello und die Malerschule von Verona – Die Maler Veronas waren empfänglich für die Einflüsse der rheinischen Malerschule und entwickelten einen gotischen Stil, der Geschmeidigkeit der Linien mit detaillierter Darstellung vereint. Der große Reisende, Maler, Zeichner und Medailleur **Pisanello** (um 1395 - um 1450) ist der bedeutendste Vertreter der Malerschule von Verona. Seine Kunst trägt mit den phantastischen Farben, der genauen Beobachtung und den feinen Linien noch Züge der spätmittelalterlichen Welt; andererseits leitet sie die neue Diesseitszugewandtheit der Renaissance ein.

SEHENSWÜRDIGKEITEN

★★ **Piazza delle Erbe** (**BV**) – Das einstige Forum verwandelt sich in einen belebten Platz, wenn morgens die Blumen-, Obst- und Gemüsehändler ihre Stände für den Markt aufstellen.

Auf dem Platz stehen das „Capitello", eine überdachte Tribüne aus dem 16. Jh., von der die Verordnungen und Urteile verlesen wurden, die Marktsäule, der Brunnen mit der Madonna Verona, einer römischen Figur, die die Stadt symbolisiert, und die Säule mit dem geflügelten Markuslöwen von Venedig.

Rings um den Platz bilden Paläste und alte Häuser, teilweise auf rosa Marmorsäulen ruhend und mit Fresken geschmückt, einen würdigen Rahmen. An der Nordseite des Platzes steht der barocke **Palazzo Maffei** (**B**).

In der nahen Via Cappello (Nr. 23) fällt das Haus der Julia (**Casa di Giulietta** ⌚) auf, ein gotischer Palast, der der Familie Capuleti gehörte, und wo im Innenhof noch Julias Balkon zu sehen ist.

★★ **Piazza dei Signori** (**BV**) – Die Via della Costa führt auf diesen eleganten Platz, der wie ein Salon im Freien wirkt. Rechts erhebt sich der **Palazzo del Comune**, der auch Palazzo della Ragione (**D**) genannt wird, aus dem 12. Jh. Er wird überragt von dem Stadturm **Torre dei Lamberti** ⌚ aus Steinen und Ziegeln, der eine achteckige Bekrönung hat. Ein Bogen verbindet den Turm mit dem danebenliegenden Justizpalast (**Palazzo dei Tribunali**, früher Palazzo del Capitano) (**J**[1]), an dessen Seite der massive Backsteinturm Torrione Scaligero steht. Gegenüber liegt die **Loggia del Consiglio** (**E**), ein eleganter Renaissancebau in venezianischem Stil.

An der Ostseite erhebt sich der **Palazzo del Governo** (**P**) aus dem späten 13. Jh., der mit Zinnen bekrönt ist und ein schönes klassizistisches Portal (1533) von Sanmicheli besitzt. Der Palast war einst Residenz der Scaliger, später Sitz der venezianischen Statthalter.

★★ **Arche Scaligere (Scaligergräber)** (**BV**) – Die Scaliger ließen ihre Grabstätten *(= arche)* zwischen ihrem Palast und ihrer Kirche errichten. Auf den Sarkophagen sieht man das Familienwappen mit der symbolischen Leiter *(= scala).* Die eleganten gotischen Mausoleen sind von einer Marmorbrüstung und kunstvollen Gittern aus Schmiedeeisen umgeben und mit Heiligenstatuen geschmückt. Über dem Portal der romanischen Kirche **Santa Maria Antica** befinden sich der Sarkophag des beliebten Cangrande I. (gest. 1329) und seine Reiterstatue *(Original im Museum des Castelvecchio).*

★★ **Arena (Amphitheater)** ⌚ (**BVX**) – Das großartige römische Amphitheater, eines der größten Italiens, kann auf seinen 44 Stufen ungefähr 15 000 Zuschauer aufnehmen. Sein Ursprung geht auf das Ende des 1. Jh.s zurück, worauf auch seine Bauart aus hellroten Marmorquadern unter zusätzlicher Verwendung von Back- und Feuerstein hinweist. Jedes Jahr finden hier großartige Opernaufführungen statt. Von den oberen Stufen hat man einen weiten **Blick**★★ über die Stadt, bei guter Sicht bis zu den Alpen.

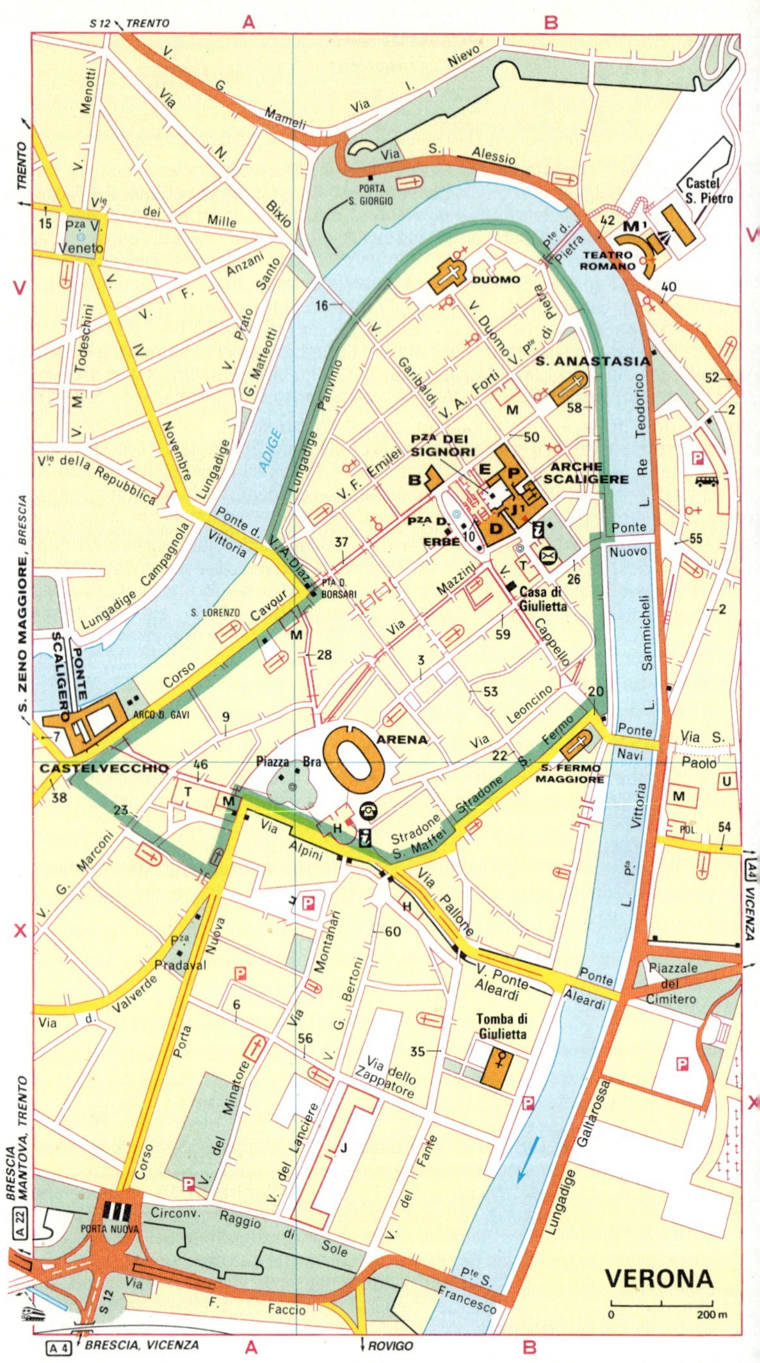

Eingeschränkter Autoverkehr in der Innenstadt

★★ **Castelvecchio und Ponte Scaligero (Alte Burg und Scaliger-Brücke)** (AV) - Die Befestigungsanlage wurde 1354 von Cangrande II. errichtet. Die Burg umfaßt zwei Gebäudeteile. Sie sind über einen Durchgang verbunden, der von einem Wehrturm verteidigt wird.

In den Räumen der Burg befindet sich das von Carlo Scarpa beispielhaft gestaltete **Museo d'Arte**★★ ⓥ. Die Gemäldeabteilung vermittelt einen guten Überblick über die Veroneser Malerei des 12.-16. Jh.s und ihre Verbindungen zu Venedig und zur Internationalen Gotik *(s. Einleitung)*. In den ehemaligen Wohnräumen sind Fresken einheimischer Maler zu sehen, Gemälde von Stefano da Verona, Pisanello, Giambono, Carlo Crivelli (die herrliche *Madonna der Passion*), Mantegna, Carpaccio sowie von den Bellini.

Die oberen Säle sind den Meistern der Veroneser Schule in der Renaissance gewidmet - Morone, Liberale da Verona *(Madonna mit dem Stieglitz)*, Girolamo dai Libri und Veronese. Ebenso sind Werke von venezianischen Malern zu sehen (Tintoretto, Guardi, Tiepolo und Longhi). Im Museum sind auch Skulpturen sowie Waffen- und Schmucksammlungen ausgestellt.

★★ **San Zeno Maggiore** - *Eingang über Largo D. Bosco* (AV **7**). *Siehe Stadtplan im Michelin-Hotelführer ITALIA.* Sie zählt zu den schönsten Kirchen romanischen Stils in Oberitalien und wurde nach basilikalem Schema und lombardischer Bauart im 12. Jh. errichtet. Die Außenansicht besticht durch die mit Lisenen und Bogenläufen verzierte Fassade und den Wechsel von Ziegelmauerwerk und hellem Haustein an Seitenwänden und Glockenturm, der dem Bau eine heitere Note verleiht. Der auf zwei Löwen ruhende Portalvorbau schützt die wunderbaren **Bronzetüren**★★★ (11. und 12. Jh.), auf denen Szenen aus dem Alten und Neuen Testamen dargestellt sind. Die Reliefs aus dem 12. Jh. auf den Mauern rechts und links des Portals stammen von den Meistern Nicolò und Guglielmo (12. Jh.). Im Bogenfeld des Portals steht eine Statue des hl. Zeno, des Schutzheiligen der Stadt.

Das Innere beeindruckt durch die Schmucklosigkeit und Höhe des Kirchenraums. Das Mittelschiff ist mit einer Halbtonne in Zimmermannsarbeit gedeckt, die Seitenschiffe haben hölzerne Vierteltonnen. Auf dem Hauptaltar ein prachtvolles **Triptychon**★★ (1459) von Mantegna, ein bedeutendes Zeugnis der Kunst dieses Malers, reich verziert und streng in der Aussagekraft.

Man bemerke am Chorgitter die Statuen aus dem 14. Jh.; in der linken Chorkapelle die farbige Statue des *Lachenden hl. Zeno*.

Links der Kirche befindet sich ein kleiner romanischer Kreuzgang.

★ **Sant'Anastasia** ⓥ (BV) - Der Kirchenbau wurde Ende des 13. Jh.s begonnen und im 15. Jh. fertiggestellt. Die Fassade ziert ein Doppeltor aus dem 14. Jh., das mit Fresken und Skulpturen geschmückt ist. Beachtenswert ist der Campanile. Das weite und hohe Innere enthält vier gemalte ***Apostel*** von Michele da Verona und 17 **Terrakottareliefs**★ von Michele da Firenze *(Pellegrini-Kapelle)*, ferner das Votivfresko ***Kniende Ritter der Cavalli-Familie vor der Jungfrau Maria***★ (1380) von Altichiero *(1. Kapelle des rechten Querschiffs)*, sowie das berühmte Fresko ***Der hl. Georg befreit die Prinzessin von Trapezunt***★★ (1436) von Pisanello *(über der Pellegrini-Kapelle, rechts vom Hochaltar)*, eine phantastische Szene, in der genaue Beobachtung und gotische Ausschmückung eng zusammenwirken.

★ **Duomo** (BV) - Der Chor des **Doms** ist romanisch (12. Jh.), das Kirchenschiff im gotischen Stil erbaut, der Glockenturm klassizistisch. Das bemerkenswerte Hauptportal in lombardischer Romanik wurde von Meister Nicolò mit Skulpturen und Flachreliefs geschmückt. Im Innern sind schöne Pfeiler aus hellrotem Marmor zu sehen. Über dem 1. Altar links befindet sich *Die Himmelfahrt Mariä*, von Tizian; die marmorne Chorschranke wurde von Sanmicheli geschaffen (16. Jh.).

Das Wohnviertel der Domherren um die Kathedrale verdient einen Besuch.

★ **Teatro Romano (Römisches Theater)** ⓥ (BV) - Es stammt aus der Zeit des Augustus, wurde aber stark restauriert. Es dient heute für Aufführungen während der Theaterfestspiele im Sommer.

Von hier kann man das ehem. Kloster **San Girolamo** erreichen *(Aufzug)*, in dem das kleine **Museo Archeologico** ⓥ (**M**[1]) untergebracht ist: schöner **Blick** über die Stadt.

Castel San Pietro (BV) - *Über die Treppe ab Regaste Redentore* (BV **42**) *zu erreichen.*

Von den Terrassen des Kastells, dessen Bau in die Zeit der Visconti und der Herrschaft Venedigs zurückreichen soll, ergibt sich ein großartiger **Blick**★★ über Verona.

★ **San Fermo Maggiore** (BVX) - Diese Kirche wurde im 11.-12. Jh. erbaut und später verändert. Ihre Fassade stellt eine geschickte Vereinigung des romanischen mit dem gotischen Baustil dar. Der einschiffige Innenraum ist mit einer hölzernen Halbtonne gedeckt. Links vom Eingang ist besonders das Fresko von Pisanello ***Die Verkündigung***★ zu bewundern, das das Grabdenkmal der Familie Brenzoni (1430) schmückt.

Tomba di Giulietta (Grab der Julia) ⓥ (BX) - *Via del Pontiere.*

Es liegt im Kreuzgang bei der Kirche San Francesco al Corso, wo Romeo und Julia sich vermählt haben sollen.

VICENZA★★

Venetien

108 947 Einwohner

Michelin-Karte Nr. 988 Falten 4, 5 oder Nr. 429 F 16 –
Stadtplan im Michelin-Hotelführer ITALIA

Die vornehme, stolze Stadt liegt am Fuß der Monti Berici. Die rege Industrie- und Handelsstadt verfügt nicht nur über eine traditionsreiche Textilindustrie, sondern auch über zahlreiche Goldschmiedewerkstätten sowie mechanische und chemische Industrie. Vicenza liegt verkehrsgünstig an der bedeutenden Kreuzung der Straßen zwischen Venetien und dem Trentino. Eine lukullische Spezialität ist „baccalà alla Vicentina", Stockfisch in einer Soße, dazu Polenta. Besonders empfehlenswert dazu sind die Weine von den Monti Berici (Barbarano, Gambellara, Breganze).

AUS KUNST UND GESCHICHTE

Der schon in der Vorgeschichte besiedelte Ort war bei den Römern unter dem Namen *Vicetia* bekannt. Im 12. Jh. war Vicenza eine freie Stadt. Nach einigen Auseinandersetzungen mit seinen Nachbarn Padua und Verona begab sich Vicenza im 15. Jh. unter den Schutz der Republik Venedig. Unter dieser Herrschaft erlebte die Stadt ihre Blütezeit; dank der stolzen und großen Mäzene entstanden unzählige Paläste.

Andrea Palladio – Die baulichen Aktivitäten, die der Stadt den Beinamen eines „Venedig auf dem Festland" einbrachten, sind vor allem auf Andrea Palladio zurückzuführen, einen außergewöhnlichen Künstler, der lange Zeit in Vicenza gelebt hat. Er wurde 1508 in Padua geboren und starb 1580 in Vicenza. Palladio war der letzte große Architekt der Renaissance, dem es gelang, in einer Kunst von höchster Ausgewogenheit, die Antike und die Vorstellungen seiner Zeit zu vereinen. Der Humanist Trissino ermutigte ihn hierbei. Nachdem Palladio die antiken Bauten Roms erforscht und die Lehren des römischen Baumeisters Vitruv studiert hatte, verfaßte er 1570 ***Die vier Bücher zur Architektur***, die ihn und seine Werke in ganz Europa bekannt und berühmt machten. Für **Palladios Stil** sind klassische Eleganz und Klarheit charakteristisch, einfache und symmetrische Formen herrschen vor. Ebenso typisch sind harmonisch gestaltete Fassaden, die das Giebeldreieck und die Vorhalle kombinieren, wie es an der Kirche San Giorgio Maggiore in Venedig der Fall ist. Palladio erhielt Aufträge von den reichen Venezianern, die sich auf dem Festland Residenzen bauen ließen. Zur ernsten Würde kamen bei diesen Palästen eine kunstvolle Einpassung der Architektur in den natürlichen Rahmen und die Hervorhebung durch ein Sockelgeschoß, so daß diese Villen aufragen wie neue Tempel an den Ufern des Brenta-Kanals oder den Hängen der Monti Berici. Sein Schüler Vincenzo Scamozzi (1552-1616) beendete einige Werke Palladios und setzte dessen Stil fort.

★★ PALLADIOS STADT *Besichtigung: 1/2 Tag*

★★ **Piazza dei Signori** – Dieser Platz ist wie der Markusplatz in Venedig ein „Freiluftsalon" nach dem Vorbild des römischen Forums und besitzt wie die Piazzetta zwei Säulen, die eine mit dem Markuslöwen, die andere mit der Statue des Erlösers.

Der stolze **Torre Bissara**★ aus dem 12. Jh. und die **Basilica**★★ ⓥ (1549-1617) nehmen eine ganze Platzseite ein. Der Kirchenbau, ein Meisterwerk Palladios, hinterläßt mit den Bogengalerien im dorischen und ionischen Stil einen wunderbaren Eindruck von Kraft und ausgewogener Klarheit. Das Dach in Kielbogenform wurde bei einem Bombenangriff zerstört und vollständig wiederhergestellt. Wie sie ja auch in der Antike ein profaner Versammlungs-, Markt- oder Gerichtsbau war, diente die Basilika zu Versammlungen des Großen Rates.

Gegenüber steht der mit Fresken geschmückte Palazzo des **Monte di Pietà** (15. Jh.), dessen Gebäude die Barockfassade der Kirche San Vincenzo einrahmen. Links, an der Ecke der Contrà del Monte erhebt sich die **Loggia del Capitaniato**★, einst Residenz der Statthalter von Venedig, deren Bau 1571 nach den Plänen Palladios begonnen wurde, aber unvollendet blieb. Sie weist eine Kolossalordnung auf, deren stockwerkübergreifende Säulen mit Kompositkapitellen geschmückt sind; Statuen und Stuckarbeiten erinnern an den Seesieg von Lepanto.

★★ **Teatro Olimpico (Olympisches Theater)** ⓥ – Der prächtige Bau aus Holz und Stuck wurde 1580 von Palladio nach dem Modell antiker Theater entworfen. Über den halbkreisförmig angeordneten Stufen verläuft ein **Säulengang**, dessen Balustrade mit Statuen geschmückt ist. Die **Bühnenwand**★★★ gehört mit ihren übereinander liegenden Nischen, Säulen und Statuen, die den Blick auf eine von Scamozzi in illusionistischer Malerei dargestellte Straße freigeben, zu den schönsten ihrer Art.

★ **Corso Andrea Palladio** – Er bildet die große Verkehrsader von Vicenza und wird, wie auch die angrenzenden Straßen, durch zahlreiche Paläste verschönt, die von Palladio und seinen Schülern entworfen wurden. Gleich zu Anfang sieht man den **Palazzo Chiericati** *(siehe unten)*, eines der interessantesten und majestätischsten Gebäude Palladios. Nr. 147 ist der **Palazzo Da Schio** in venezianischer Gotik (15. Jh.), der früher auch Ca d'Oro genannt wurde, weil er mit Fresken auf Goldgrund geschmückt war. In der Contrà San Gaetano Thiene stößt man auf die orientalisch anmutende Fassade des **Palazzo Thiene**, ein Werk Palladios; die Hauptfassade im Renaissancestil stammt aus dem Ende des 15. Jh.s (Contrà Porti Nr. 12). Gegenüber liegt der **Palazzo Porto-Barbaran**, der auch von Palladio entworfen wurde. Der **Palazzo Trissino** (Nr. 98 des Corso Palladio) ist ein gelungener Bau von Scamozzi (1592). Der feierliche **Palazzo Valmarana**, der 1566 von Palladio errichtet wurde, befindet sich Corso Fogazzaro Nr. 16.

★ **Museo Civico** (Städtisches Museum) – *1. Stock des Palazzo Chiericati.*
Man sieht die frühen Meister Venedigs (Paolo Veneziano: *Marientod*), eine ***Kreuzigung***★★ von Hans Memling; außerdem Gemälde von Bartolomeo Montagna (Schüler von Giovanni Bellini, der in Vicenza tätig war), von Mantegna und Carpaccio. Von den Venezianern sind Werke von L. Lotto, Veronese, Bassano, Piazzetta, Tiepolo, Tintoretto ausgestellt; außerdem Gemälde niederländischer und flämischer Maler wie Brueghel d. Ä. und van Dyck.

WEITERE SEHENSWÜRDIGKEITEN

Santa Corona – *Contrà Santa Corona.* Die Kirche wurde im 13. Jh. zur Bewahrung einer Reliquie aus der Dornenkrone, die der französische König Ludwig der Heilige dem Bischof von Vicenza geschenkt hatte, erbaut. Das dreischiffige Innere mit Kreuzgewölbe und einem Renaissance-Chor enthält zwei bedeutende Gemälde: die ***Taufe Christi***★★ von Giovanni Bellini *(5. Altar links)* und eine ***Anbetung der Hl. Drei Könige***★★ (1573) von Veronese *(3. Kapelle rechts)*. Die 4. Kapelle rechts besitzt eine schöne **Decke**★, deren Felder bemalt und mit vergoldetem Stuck verziert sind; das Gemälde von B. Montagna zeigt *Maria Magdalena und Heilige.*

Duomo – Er wurde zwischen dem 14. und 16. Jh. erbaut und hat eine zweifarbige gotische Fassade sowie eine Apsis aus der Renaissance. Den Innenraum ziert ein schöner **Flügelaltar**★ (1356) von Lorenzo Veneziano *(5. Kapelle rechts).*

Giardino Salvi (Salvi-Garten) – Der mit Statuen und Springbrunnen verschönte Garten ist beiderseits von Kanälen eingefaßt, in denen sich die zwei reizenden Loggien im Stile Palladios (16. und 17. Jh.) spiegeln.

UMGEBUNG

★★ **Villa Valmarana „ai Nani"** – *2 km südlich, auf der Straße nach Este, dann in die 1. Straße rechts einbiegen.* Die Villa entstand im 17. Jh. und wurde 1757 von **Gian Domenico Tiepolo** mit prächtigen **Fresken**★★★ ausgemalt, die auf lebendige und kunstvolle Art verschiedene Szenen aus dem täglichen Leben in Venetien zeigen, vor allem den Karneval der Lagunenstadt, der ein bevorzugtes Thema des Malers war.

★ **La Rotonda** – *2 km südöstlich auf der Straße nach Este, dann auf die 2. Straße rechts abbiegen.* Diese Villa ist eines der berühmtesten Werke von Palladio. Der Kuppelbau hat einen quadratischen Grundriß; auf jeder Seite befindet sich ein auf Säulen ruhendes Giebeldreieck, das an einen antiken Tempel erinnert.

★ **Basilica di Monte Berico; Monti Berici** – *2 km südlich, über die Viale Venezia und die Viale X Giugno zu erreichen.* Der Weg ist bis zum Gipfel des Monte Berico von einem Säulengang aus dem 18. Jh. mit Kapellen gesäumt. Auf dem Hügel erhebt sich die barocke Kuppelkirche. Von der Esplanade aus hat man einen weiten **Rundblick**★★ über Vicenza, die Ebene Venetiens und die Alpen. Das Innere der Kirche birgt eine Pietà von B. Montagna (1500).
Von hier führt eine Straße in südliche Richtung nach Arcugnano und Barbarano mitten durch ein liebliches Hügelland vulkanischen Ursprungs, wo man immer wieder Patriziervillen entdeckt, die teilweise in Landgüter umgewandelt wurden.

Montecchio Maggiore – *13 km südwestlich, über die Straße S 11 zu erreichen.* Die zwei Burgruinen rufen die Erinnerung an Romeo und Julia wach; von hier kann man schöne **Aussichten**★ auf die Po-Ebene und Vicenza genießen.
An der Ausfahrt von Montecchio auf der Straße nach Tavernelle liegt die **Villa Cordellina-Lombardi**, deren **Salon**★ von Tiepolo mit Fresken ausgemalt wurde.

VINTSCHGAU

Siehe unter Val VENOSTA/VINTCHGAU

VIPITENO/STERZING

Trentino-Südtirol

5 652 Einwohner

Michelin-Karte Nr. 429 B 16

Die lange Geschichte von Sterzing beginnt bereits in der Bronzezeit; während der Römerzeit war *Vipitenum* ein Relais an der Straße nach Rätien. *Stercengum* (aus dem sich der deutsche Name Sterzing herleitet) ist in einer Urkunde aus dem Jahre 1180 erwähnt. Ihre Blütezeit erlebte die Stadt im 15. und 16. Jh., als in den benachbarten Tälern Silber und Blei gewonnen wurde. Eine Bergwerksbesichtigung im nahe gelegenen Val Ridanna/Ridnauntal oder in Predoi/Prettau, im Valle Aurina/Ahrntal, bietet einen Einblick in diesen Südtiroler Wirtschaftszweig.

Eine Stadt, eine Straße – 15 km vor der österreichischen Grenze erstreckt sich der hübsche Ort Sterzing mit seinen für Italien untypischen Erkern und schönen Bogengängen entlang der Straße. Der Torre delle Dodici/Zwölferturm (15. Jh.) teilt die Straße in zwei Abschnitte: die malerische **Via Città Nuova/Neustadtstraße★** im Süden, mit dem Rathaus aus dem 16. Jh., und die Via Città Vecchia/Altstadtstraße. Auf dem Platz, an dem beide Abschnitte zusammentreffen, befindet sich die Chiesa dello Spirito Sancto/Heiliggeistkirche mit zahlreichen Fresken aus dem 15. Jh.

UMGEBUNG

Cascate di Stanghe ⓥ/Wasserfall von Stange – *Zunächst Richtung Racines/Ratschings, dann Richtung Stange fahren.*
Der Wasserfall von Stange liegt in einer engen, gewundenen, vom Wasser geschaffenen Schlucht, die an manchen Stellen weiße und grüne Streifen aufweist. Die Felsspalten lassen sich über im Gestein verankerte Holzstege problemlos überwinden. Ein Spaziergang durch die Schlucht und im Wald hinter dem Dorf ist äußerst angenehm, wobei der Weg flußaufwärts natürlich etwas mühsamer ist. Es besteht auch die Möglichkeit, entlang des Wasserfalls in die Schlucht hinabzusteigen *(das Auto beim Café oder bei der Kapelle stehenlassen)* und auf dem Wanderweg Nr. 13 über die Wiesen zurückzukehren. Dabei bietet sich ein herrlicher Blick auf die Almen. Natürlich kann man den Weg auch in umgekehrter Richtung gehen (flußabwärts 45 Minuten, in Gegenrichtung etwa eine Stunde).

Montecavallo/Roßkopf – An der Brennerstraße führt kurz nach dem Ende der Via Città Vecchia eine Seilbahn auf den Roßkopf in 2000 m Höhe. Dort bieten sich zahlreiche Wandermöglichkeiten.

VITERBO★

Latium

60 319 Einwohner

Michelin-Karte Nr. 988 Falte 25 oder Nr. 430 O 18 – Stadtplan im Michelin-Hotelführer ITALIA

Die Stadt macht noch heute durch die gut erhaltene Stadtbefestigung einen mittelalterlichen Eindruck. Vor allem die Straßen und Gassen des Stadtviertels **San Pellegrino★★**, des Viertels des einfachen Volkes und der Handwerker, sind mit ihren überwölbten Passagen, Türmen und Außentreppen charakteristisch.

★★ **Piazza San Lorenzo** – Der Platz, der die Stelle der etruskischen Akropolis einnimmt, versetzt ins Mittelalter zurück: ein Haus (13. Jh.) auf etruskischen Grundmauern *(heute Klinik)*, der Dom (1192) mit seinem eleganten gotischen Glockenturm und vor allem der einzigartige **Palazzo dei Papi★★** (Papstpalast) aus dem 13. Jh., eines der interessantesten Gebäude der mittelalterlichen Architektur im Latium. Den besten Blick über den historischen Stadtkern hat man von der Piazza Martiri d'Ungheria aus.

Museo Civico (Städtisches Museum) ⓥ – *Piazza F. Crispi.* In den alten Gebäuden des ehemaligen Klosters Santa Maria della Verità befindet sich das Museum. Die archäologische Abteilung zeigt etruskische und römische Funde aus der Umgebung Viterbos. Sarkophage und Grabbeigaben, die in den Gräbern gefunden wurden, sind hier ausgestellt. In der Gemäldeabteilung im 1. Stock befinden sich schöne Terrakotten der Familie della Robbia und einige Gemälde (Salvatore Rosa, Sebastiano del Piombo sowie Pastura, ein einheimischer Maler des 15.-16. Jh.s).

UMGEBUNG

Santuario della Madonna della Quercia – *3 km nordöstlich.* Die Kirche im Renaissancestil besitzt eine Fassade aus Bossenwerk. Andrea della Robbia schmückte die Bogenfelder aus. Der Kreuzgang zeigt gotische und Renaissance-Stilelemente.

★★ **Villa Lante** ⓥ **in Bagnaia** – *5 km nordöstlich.* Die elegante Villa aus dem 16. Jh. wurde nach Entwürfen von Vignola errichtet und diente vielen Päpsten als Residenz. Herrlich ist der zur gleichen Zeit angelegte Garten im italienischen Stil mit geometrischer Anordnung und zahlreichen Wasserspielen.

★ **Teatro romano di Ferento** ⓥ **(Römisches Theater)** – *9 km nördlich.* Das gut erhaltene Bauwerk aus dem 1. Jh. ist das bedeutendste Zeugnis des römischen *Ferentium*, von dem weitere Ruinen auf dem einsamen Plateau liegen. Zwischen der Straße und dem einstigen Decumanus ist noch die Bühnenmauer aus Backsteinen zu sehen, sowie ein Portikus aus behauenen Steinen, die ohne Mörtelverbund einfach übereinander gesetzt wurden; außerdem 13 Stufen für die Zuschauer.

Bomarzo – *21 km nordöstlich, über die Straße S 204 zu erreichen.* Etwas unterhalb des Dorfes befindet sich der **Monsterpark** (Parco dei Mostri) ⓥ, eine Erfindung des manieristischen Künstlers Vicino Orsini (16. Jh.). Auf dem Gelände sind eine Reihe von **Steinbildwerken**★ von phantastischen Formen aufgestellt.

Montefiascone – *17 km nordwestlich.* Montefiascone liegt inmitten von Weinbergen, die den herrlichen Weißwein „Est, Est, Est" hervorbringen.
Die Stadt besitzt einen mächtigen **Duomo**, dessen Kuppel von Sanmicheli stammt, und **San Flaviano**★, eine interessante Kirche in lombardischer Romanik, die eigentlich aus zwei übereinanderliegenden Kirchen besteht. In der Unterkirche zeigt ein Fresko die Kürze und Nichtigkeit des irdischen Lebens (Gleichnis von den drei Toten und den drei Lebenden). Gegenüber befindet sich der Grabstein des deutschen Prälaten Johannes Fugger, eines großen Weinkenners. Dieser schickte bei einer Romreise einen Bediensteten voraus, um den Wein zu prüfen und den besten mit der Inschrift „Est" an der Herbergstür zu vermelden *(vinum est bonum = der Wein ist gut).* Der Diener probierte in Montefiascone so köstlichen Wein, daß er „Est, Est, Est" an das Tor schrieb. Sein Herr fand die Angaben dermaßen zutreffend, daß er von dem guten Montefiascone trank, trank, trank ... und schließlich daran starb.

★ **Lago di Vico (Vico-See)** – *18 km südöstlich, über die Via Santa Maria di Gradi.* Den herrlichen, einsam gelegenen Kratersee umgeben bewaldete Hänge (Buchen, Kastanien, Eichen und am Ufer Haselnußsträucher).

Civita Castellana – *36 km südöstlich.* Civita Castellana liegt an der Stelle des antiken *Falerii Veteres*, das 241 von den Römern zerstört wurde. Erst im 8. oder 9. Jh. entstand die Stadt wieder neu.
Der **Duomo** besitzt eine elegante **Vorhalle**★ aus dem Jahre 1210, die von den Cosmaten ausgeschmückt wurde. Die Burg (**Rocca**), Ende des 15. Jh.s von Sangallo d. Ä. erbaut, war Residenz von Cesare Borgia.

VOLTERRA★★

Toskana

12 855 Einwohner

Michelin-Karte Nr. 988 Falte 14 oder Nr. 430 L 14

Seine beherrschende Lage inmitten kahler Hügel, in einer Toskana, die so ganz anders ist als die liebliche Umgebung von Florenz, und die fast vollständig erhaltene Befestigungsanlage ergeben ein beeindruckendes Bild. Die alte Etruskerstadt war auch unter den Römern und im Mittelalter von Bedeutung.
Volterra ist bekannt für seine Gegenstände aus Alabaster. Westlich der Stadt liegen Salzgärten zur Gewinnung von Kochsalz und Soda.
1 km nordwestlich der Stadt befinden sich die sog. **Balze**★, durch Erosion entstandene Steilhänge mit grandiosen Schluchten.

★★ **Piazza dei Priori** – Der Platz ist von alten ehrwürdigen Palästen umgeben, wie dem Palazzo Pretorio (13. Jh.) mit Zwillingsfenstern und dem Torre del Podestà oder Torre del Porcellino, der nach einem Relief mit der Darstellung eines kleinen Wildschweins am oberen Teil des Turms benannt ist. Gegenüber erhebt sich der Palazzo dei Priori (erste Hälfte des 13. Jh. s), der älteste in der Toskana. Die Fassade ist mit zahlreichen Wappen (aus Terrakotta, Marmor oder Stein) der Statthalter von Florenz geschmückt.

★ **Duomo und Battistero** – An der malerischen Piazza San Giovanni steht der Dom, ursprünglich in Pisaner Romanik, jedoch mehrmals umgebaut.
Der dreischiffige Innenraum ruht auf Monolith-Säulen mit Kapitellen aus dem 16. Jh. Über dem 2. Altar des linken Kirchenschiffs ist eine schöne *Verkündigung* (Ende 15. Jh.) zu bewundern. Das Querschiff enthält im linken Teil eine *Madonna* eines Sieneser Meisters (15. Jh.) und im rechten Teil eine **Kreuzabnahme**★★ des 13. Jh.s aus bemaltem Holz. Im Mittelschiff steht die großartige Kanzel aus dem 17. Jh. mit Flachreliefs aus dem 12. Jh. Das achteckige Baptisterium stammt aus dem Jahre 1283.

Auf der Via Roma bis hinter den Bogen Buomparenti gehen.

Via dei Sarti – Sie ist von Palästen gesäumt, unter denen die interessantesten die folgenden sind: an der Nr. 1 der Palazzo Minucci-Solaini, der Antonio da Sangallo zugeschrieben wird – in ihm befindet sich eine Pinakothek *(siehe unten)* – und an der Nr. 37 der **Palazzo Viti** ⓥ (**A**), dessen prächtige Renaissancefassade von Ammannati errichtet wurde. Hier drehte Luchino Visconti 1964 einige Szenen seines Films *Sandra (Vaghe stelle dell'orsa)*. Ausgestellt sind die prachtvollen Kleidungsstücke des Alabasterhändlers Giuseppe Viti.

Pinacoteca ⓥ – *Via dei Sarti 1*. Die Pinakothek enthält sakrale Kunstwerke von toskanischen Meistern des 14.-17. Jh.s. Zu den schönsten Werken zählen eine *Verkündigung* von Luca Signorelli und eine *Kreuzabnahme*, ein Meisterwerk des Florentiner Manierismus von Rosso Fiorentino.

★ **Museo Etrusco Guarnacci (Etruskisches Museum)** ⓥ – Das Museum zeigt über 600 etruskische, aus Tuffstein, Alabaster und gebranntem Ton hergestellte Ascheurnen, viele davon mit eindrucksvoll realistischen Porträtskulpturen der Verstorbenen.

★ **Porta all'Arco** – Der etruskische Torbogen besteht aus mächtigen Steinblöcken.

Römische Ruinen (Rovine romane) – Westlich der Porta Fiorentina liegen die Ruinen eines römischen Theaters aus dem 1. Jh. v. Ch.

Porta Docciola – Zugang über eine lange Treppe. Das befestigte Tor stammt aus dem 13. Jh. Daneben ist ein mittelalterliches Waschhaus erhalten.

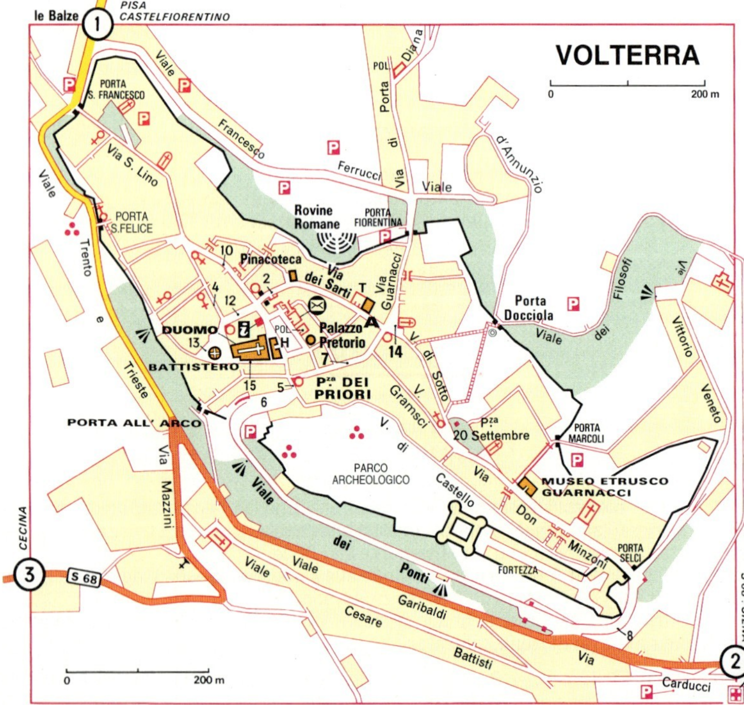

Buonparenti (Via) 2
Franceschini (Via) 4
Marchesi (Via) 5
Martiri della Libertà (Piazza) 6
Matteotti (Via) 7
Porta Selci (Via di) 8
Ricciarelli (Via) 10
Roma (Via) 12
S. Giovanni (Pza) 13
S. Michele (Piazza) 14
Turazza (Via) 15

Palazzo Viti **A**

Sommelet/DIAF

Die Steilhänge der Balze bei Volterra

Viale dei Ponti - Das ist die bevorzugte Promenade der Einwohner Volterras. Von der Viale aus biete sich eine schöner **Ausblick★★** auf das Toskanische Erzgebirge *(siehe unten)*. Die höchste Stelle nimmt die Fortezza ein (heute Gefängnis). Dieses mächtige Fort, ein hervorragendes Beispiel der Festungsbaukunst, umfaßt die Rocca Vecchia (14. Jh.) und die Rocca Nuova, die 1472 zusammen mit dem Bergfried und vier Ecktürmen errichtet wurde.

UMGEBUNG

Larderello - *33 km südlich auf ③ des Plans.* Es liegt im Zentrum des Toskanischen Erzgebirges (**Colline Metalliferi★**), dessen Name von den hier abgebauten Eisen-, Kupfer- und Pyritvorkommen stammt. Larderello ist einer der eigenartigsten Orte der Toskana. Die unwirtliche Gegend, das zischende Geräusch der Dämpfe, der Rauch der Hochöfen und der Maschinenlärm bilden eine seltsame Kulisse.

Nationalpark La Maddalena

G. Simeone/DIAF

Italiens Inseln

Sardinien (Sardegna)

Bei dem Versuch, sich eine Urlandschaft unserer Erde vorzustellen, mag diese Insel den Träumen sehr nahe kommen: Von Wind und Wasser geformte Felsen, Stille, nur von den Geräuschen der Natur unterbrochen, Wälder von Korkeichen, Steineichen und Oleander, Düfte von Kräutern und beeindruckend klares Meerwasser.

LANDESNATUR

Sardinien ist nach Sizilien mit 24 089 km² die zweitgrößte Mittelmeerinsel. Im Norden ist sie durch die Straße von Bonifacio von Korsika getrennt, im Osten und Süden trennt sie die westliche Hälfte des Mittelmeeres vom Tyrrhenischen Meer ab. Die Form der Insel ist geprägt von vier großen Meerbusen: dem Golf von Asinara im Norden, dem Golf von Orosei im Osten, dem Golf von Cagliari im Süden und dem Golf von Oristano im Westen. An ihrem Rand liegen mehrere kleine Inseln wie Asinara, das Maddalena-Archipel, Tavolara, Sant'Antioco und San Pietro.
Drei Viertel der Insel bestehen aus einem kristallinen Gesteinsuntergrund, ein Überbleibsel der variskischen Gebirgsbildung, aus der häufig recht hohe Faltungen entstanden sind und deren abgeflachte Gipfel sie noch klobiger und wilder erscheinen lassen. Die höchste Erhebung ist die Punta La Marmora mit 1 834 m im Gennargentumassiv. Vulkanische Ablagerungen und ein breiter, im Tertiär entstandener Graben, die Campidano-Ebene (18% der Gesamtfläche), an deren Endpunkten sich die Städte Cagliari und Oristano befinden, machen den restlichen Teil der Insel aus.

EINE GESCHICHTE, DIE WEIT ZURÜCKREICHT

Aus alten Zeiten - Die Felsengebilde Sardiniens - *„Domus de janas"* („Hexenhöhlen") mit den unheimlich wirkenden menschlichen Zügen, und die inmitten der Felder aufragenden Dolmen oder Nuraghen, die zahllose Jahrhunderte unbeschadet überdauert haben - berichten uns von längst vergangenen Zeiten.
Die nuragische Zivilisation bestand von 1 800 bis 500 v. Chr. und hatte ihre Blütezeit zwischen 1 200 und 900 v. Chr. Die **Nuraghi**, von denen es noch ungefähr 7 000 gibt, sind kegelstumpfförmige Türme, innen hohl und von einem Gewölbe abgeschlossen. Ihr Name ist auf den Wortstamm *nur* zurückzuführen, aus dem auch *nurra* - mit der Bedeutung „Hügel", aber auch „Höhle" - gebildet ist. Sie bestehen aus aufeinander geschichteten Steinblöcken ohne Mörtelverbund, die wahrscheinlich auf Rollen über eine Schräge transportiert wurden. Die Nuraghen dienten als Wohnstätte und Wachturm, von wo aus Vieh und Umgebung überwacht werden konnten; mehrere zusammenhängende Nuraghen bildeten eine Festung.

ANREISE

Fährverbindungen nach Sardinien gibt es ganzjährig von Bonifacio, Genua, Livorno, Civitavecchia oder Neapel. Falls Sie im Sommer nach Sardinien reisen möchten, ist es ratsam, die Überfahrt lange im voraus zu buchen.
Flugverbindungen gibt es nach Alghero, Cagliari, Olbia und Sassari.
Weitere Informationen zu Schiffahrts- und Fluggesellschaften sowie Routenvorschläge finden Sie im Michelin-Hotelführer ITALIA sowie auf der Michelin-Karte Nr. 433.

Auf Sardinien angekommen ...

Man kann sich gar nicht satt sehen an dieser Insel, ihrer herben, schier unerschöpflichen Natur, dem Farbenspiel des Meeres und den Spuren einer jahrtausendealten Zivilisation. Auch wenn man es eilig hat, sollte man mindestens eine Woche bleiben - und am besten eine Rundreise machen!
Auf den Straßen im Ostteil der Insel ist es ratsam, nicht zu warten, bis die Benzinanzeige aufleuchtet, da Tankstellen nur vereinzelt zu finden sind.

... geht es mit der Dampflok weiter!

Falls Sie es nicht eilig haben und die Landschaft ganz gemächlich, wie Reisende in früheren Zeiten entdecken wollen, dann nehmen Sie den **grünen Minizug** mit der dicken Dampflok. Er verkehrt auf festen Strecken (Mandras-Sorgono, Mandras-Arbatax, Macomer-Bosa, Tempio Pausania-Palau), kann aber auch komplett gemietet werden. Nähere Auskünfte erteilen die Fremdenverkehrsbüros **Ufficio Turismo Trenino Verde** (☏ +39 070 30 14 10 oder +39 070 30 62 21) und **Ente Sardo Industrie Turistiche** (☏ +39 167 01 31 53, gebührenfrei).

SARDEGNA
0
40 km
CORSE
Bonifacio
Arcipelago della Maddalena ★★
Sta-Teresa Gallura
Porto Rafael
Capo Testa
Baia Sardinia
Palau
PORTO CERVO
Arzachena
Costa Smeralda ★★
Cala di Volpe
Isola Asinara
Golfo dell' Asinara
Li Golghi
PORTO ROTONDO
S 133
Liscia
S 125
Spiaggia della Pelosa
Capo del Falcone
l'Elefante
Tempio Pausania
Olbia
I. Tavolara
Castelsardo
Stintino
S 127
S 134
△ 1359
M. Limbara
Porto Torres
S 199
S. Teodoro
S. Pietro di Simbranos
S 200
SASSARI
Lago del Coghinas
971 △
M. Nieddu
Necropoli di Anghelu Ruju
Santissima Trinità di Saccargia ★★
Porto Ferro
S 127bis
S 131
S 597
Porto Conte
Palmavera ★
San Pietro di Sorres
Torralba
Tirso
M. Albo
1127 △
S 131 d.c.n.
★★★ GROTTA DI NETTUNO
Alghero ★
Santu Antine
Dorgali
Golfo di Orosei
S 129bis
S 129
Nuoro
Parco
Naz.
S 125
Macomer
S 131 d.c.n.
Barbagia
del
Golfo
S 128
Santa Sabina
Fonni
di
★★★ STRADA ARBATAX-DORGALI
Losa
S 389
Orosei
Baunei
M. Ferru 1050
L. Omodeo
Monti
Lotzorai
S 131
Abbasanta
Tonara
e del
Arbatax
S 292
Sorgono
1834
P. la Marmora
del
Santa Cristina
Tirso
Aritzo
Gennargentu
Tortoli
Stagno di Cabras
Oristano
Gennargentu ★★
★ Tharros
Sta Giusta ★
S 128
S 198
Golfo di Oristano
Arborea
★★ Barumini
Isili
Lago del Flumendosa
S 125
★★ Nuraghe Su Nuraxi
Santa Vittoria di Serri ★
Sardara
S 197
L. Mulargia
Menhirs
S 126
S 128
Goni
Flumendosa
Mannu
S 131
△ 1236
M. Linas
Dolianova
S'Oro
Muravera
1067 △
M. Serpeddi
STRADA DI MURAVERA ★★★
Iglesias
S 130
S 125
Costa Rei
CAGLIARI
Poetto
Villasimius
I. di San Pietro
S 126
1116 △
M. is Caravius
Carloforte
Golfo di Cagliari
Capo Carbonara
S. Antioco
S 195
Nora
★ I. di S. Antioco
S 195
Sta-Margherita
Porto Pino
Costa
del
Sur
Capo Spartivento
C. Teulada
Capo Malfatano
S 389
T. Sologo
F. Cedrino
S 131 d.c.n.
Sa Ena 'e Thomes
S 125
Serra Orrios ★
M. Ortobene ★
955
Lago del Cedrino
Ispinigòli ★★
Golfo
NUORO
Motorra
R. d'Oliena
★ Su Gologone
M. Bardia
△ 882
di
Cala Gonone
Oliena
DORGALI
Orosei
Tiscali
Grotta del Bue Marino
S 389
P. Corrasi
△ 1463
Parco
Nazionale
Cala Luna
Supramonte
★★★ STRADA ARBATAX-DORGALI
Barbagia
del
Golfo
R. Flumineddu
di
Orosei
Ollolai
Orgosolo
Gola Su Gorruppu
e
del
S 125
Gennargentu
0
10 km

Aber noch andere Spuren sind uns aus diesen fernen Zeiten erhalten: zum einen die Dolmen, überbaute Gänge, bei denen es sich um Grabkammern aus einem mit Steinplatten abgedeckten, rechteckigen Raum und einem Grabhügel handelt, zum anderen die Gigantengräber *(s. Arzachena)*.

Die Religion der nuraghischen Völker steht in engem Bezug zum Wasser, einem kostbaren Gut. Als Gott der Quellen und Brunnen, der auch die Dürre abwenden konnte, galt der Stier, den man sehr oft auf Abbildungen findet.

Völkerwanderung – Im Laufe der Geschichte wird Sardinien immer wieder von fremden Volksstämmen erobert. Im 8. Jh. v. Chr. fallen die Phönizier ein, gefolgt von den Karthagern. Diese Handel treibenden Seefahrer siedeln sich vor allem in den Küstengebieten an; den Bergregionen bleiben sie fern, aber sie roden die Ebene von Campidano, um dort Getreide anzubauen. Die Römer, die 238 v. Chr. die Insel einnehmen, setzen die landwirtschaftliche Erschließung Sardiniens fort, indem sie es zu einer ihrer Kornkammern machen. Im Jahre 455 n. Chr. kommen die Vandalen; 534 unterwirft Byzanz die Insel, die um das 7. Jh. von den Sarazenen angegriffen wird. Nach dem Jahr 1000 streiten sich die Stadtrepubliken Genua und Pisa immer wieder um Sardinien. 1295 beginnt die spanische Herrschaft, die 1713 im Spanischen Erbfolgekrieg mit dem Verlust der Insel an Österreich endet. Der österreichische Kaiser tritt sie 1718 im Tausch gegen Sizilien an **Viktor Amadeus II. von Savoyen** ab, der die Sardischen Provinzen gründet und den Titel „König von Sardinien" annimmt.
Ab 1861 ist das Schicksal Sardiniens eng mit dem der italienischen Einigung verflochten, und seit 1948 genießt die Insel als autonome Region einen Sonderstatus.

KÖCHE UND KUNSTHANDWERKER

Bitte zu Tisch! – Sardinien ist eine Insel mit intensiven aromatischen Düften, die von den Pflanzen und Kräutern reichlich verströmt werden. Man findet sie auch in der typisch sardischen Küche und ihren einfachen und schmackhaften Speisen wieder. Als Brot werden dünne Teigfladen gegessen: **Carasau** („Notenblätter" – *Carta da musica* – für Nichtsarden).
Typische Nudeln sind die sardischen *Gnocchetti*, die aber mit *Gnocchi* nichts gemein haben, sondern aus einem ähnlichen Teig wie Muschelnudeln zubereitet werden. Sie werden auch **Malloreddus** genannt und oft mit Würstchen und Tomatensoße serviert. Es gibt unzählige Sorten Schafs- und Ziegenkäse, aber auch den *Fiore sardo* (eine Art Mozzarella aus Kuhmilch).
Zu den beliebtesten Gebäckarten zählen die mehreckigen **Papassinos**, die in Puderzucker gewendet und mit winzigen bunten Zuckerkügelchen bestreut werden, sowie die runden, frittierten und mit Honig bestrichenen **Sebadas** oder *Seadas*.
Zu den Gerichten passen die hervorragenden Weine **Anghelu Ruju** und **Cannonau**. Ein ausgezeichneter Likör ist der **Mirto**.

Kunsthandwerk – Sardinien ist auch die Insel der Kunsthandwerker, welche die traditionsreiche Goldschmiedekunst ausüben oder ihre Erzeugnisse aus Ton, Leder, Holz und Kork von Hand fertigen, Teppiche weben oder Körbe flechten.

ALGHERO★

40 477 Einwohner
Michelin-Karte Nr. 433 F 6

Über den Ursprung dieses reizvollen Hafenortes, in dem noch Korallenfischerei betrieben wird, ist nichts bekannt. Er liegt inmitten von Olivenhainen, Eukalyptusbäumen und Pinien. Die Katalanen nahmen Alghero 1354 in Besitz und verliehen dem Ort eine spanische Prägung, die ihm den Namen „Barcelonetta" von Sardinien eintrug. Der spanische Einfluß ist noch in Architektur, Sprache (katalanischer Dialekt) und Brauchtum spürbar. Heute ist Alghero ein beliebter Ferienort.
Nördlich der Stadt erstreckt sich ein 5 km langer Sandstrand.

★ **Città Vecchia (Altstadt)** – Der alte Stadtkern mit engen Gassen ist von einer Befestigung umgeben. Von der **Kathedrale** *(Via Roma)* sind das Portal und der Campanile in katalonischer Gotik sehenswert. Einen schönen gotischen Innenraum hat die Kirche **San Francesco** (14. und 15. Jh.), die auch einen reizvollen **Kreuzgang** aus goldgelbem Tuffstein besitzt.
Der Fischerhafen liegt im Norden unterhalb der Stadtmauer. Von hier aus kann man mit dem Schiff die **Neptunsgrotte**★★★ besichtigen *(siehe unter Porto Conte)*.

UMGEBUNG

★★ **Grotta di Nettuno** ⓥ – *Die Neptunsgrotte liegt 27 km westlich von Alghero; die Zufahrt ist auch mit dem Schiff möglich.* Eine Straße mit atemberaubendem **Ausblick**★★ auf die zerklüftete Felsenküste führt zum **Capo Caccia**, wo das Meer eine Grotte ausgewaschen hat.
Über 654 Stufen gelangt man auf einer Treppe den Steilhang hinab zur Grotte. Der See mit seiner wie marmoriert schimmernden Oberfläche (daher sein Name *Lamarmora*) und die Tropfsteingebilde unterschiedlicher Formen, von stämmigen „Orgelpfeifen" bis zu zart glitzerndem „Engelshaar", machen den Reiz dieses Besuches aus.

★ **Nuraghe Palmavera** ⓥ – *Etwa 10 km in Richtung Porto Conte.* Diese Nurage, ein schöner Bau aus weißem Kalkstein, zu dem zwei Türme und zwei Eingänge gehören, ist von den Überresten einer prähistorischen Siedlung umgeben, die aus dicht gedrängten Hütten bestand.

Nekropole Angelhu Ruju ⓥ – *Etwa 10 km in Richtung Porto Torres.* Die Begräbnisstätte besteht aus 38 unterirdischen Totengrüften aus der frühen Bronzezeit (3 000 v. Chr).

ARZACHENA

10 284 Einwohner
Michelin-Karte Nr. 433 D 10

Dieses einst von Bauern und Viehzüchtern bewohnte Dorf verdankt seine Berühmtheit dem bizarr verwitterten Felsen, der hinter ihm in Pilzform aufragt, seiner reizvollen Lage im Hinterland der Costa Smeralda sowie den archäologischen Überresten in seiner Umgebung.

Alte Steine

Ganz in der Nähe von Arzachena stehen die verwaisten Ruinen eines Gigantengrabes und einer Nekropole.

Gigantengräber

So hießen im Volksmund diese Gräber, die bis ins späte 2. Jahrtausend v. Chr. zurückgehen und eine Weiterentwicklung der anspruchsloseren Grabstätten wie z. B. der Dolmen bilden. Die gangartige Grabkammer der sogenannten *Nuraghe* war mit einem Hügel bedeckt. An der Vorderseite befand sich die *Exedra*, ein aus aufrechten Steinen gebildeter Raum, in dem rituelle Kulthandlungen vollzogen wurden. Die „Fassade" bestand aus einer großen, mit Reliefs verzierten Stele, in deren Mitte sich ein Loch für den Korridor befand. Dieser Ausgang „ins Leere" könnte die Verbindung zum Jenseits symbolisiert haben.

★ **Gigantengrab Li Golghi** – *Von Arzachena aus in Richtung Luogosanto fahren; nach etwa 7 km rechts abbiegen und den Hinweisschildern folgen.*
Dieses Megalithgrab läßt sich der Zeit zwischen 1 800 und 1 200 v. Chr. zuordnen. Es wurde von einem ellipsenförmigen, 27 m langen Grabhügel überragt.

Nekropole Li Muri – *Zurück zur Wegkreuzung und den Hinweisschildern zur Nekropole Li Muri folgen; am ersten oder zweiten Haus sollten Sie dann das Auto stehen lassen, da die Straße ab hier in schlechtem Zustand und nicht mehr asphaltiert ist, und die letzten 500 m zu Fuß gehen.*
Die kreisförmig angelegte Nekropole entstand zwischen 3 500 und 2 700 v. Chr.; sie besteht aus einem zentralen Dolmen mit der Grabkammer, umgeben von fünf, aus Steinblöcken gebildeten konzentrischen Kreisen, auf denen der Grabhügel ruhte.

*Die praktischen Angaben in diesem Reiseführer entsprechen dem Stand bei Redaktionsschluß.
Preise, Öffnungszeiten, Zufahrtswege usw. unterliegen
jedoch ständigen Änderungen. Für eventuelle Unstimmigkeiten bitten wir daher um Verständnis.*

La BARBAGIA

Michelin-Karte Nr. 433 G, H 9 und 10

Dieser Teil Sardiniens, in dem von alters her Viehzucht betrieben wurde, liegt im Schatten des Gennargentu-Massivs. In diesem unberührten Landstrich mit seinem ganz besonderen Zauber gibt es zahlreiche verborgene Felsspalten, die nur die Hirten kennen, und die vielen Pflanzen- (Steineichen, Kastanienbäume, Haselnußsträucher, Stechpalmen, Zwergwacholder, Thymian, Eiben usw.) und Tierarten (Königs- und Habichtsadler, Wanderfalken, Milane, Wildschweine, Füchse, Mufflons) als Lebensraum dient.
La Barbagia gehört zum **Gennargentumassiv**★★, das auch die Kalksteinhochebene **Supramonte** in der Nähe von Orgosolo, Oliena und Dorgali umfaßt.

NATUR, GESCHICHTE UND MEER

Zwischen Lotzorai und Baunei – Die herrliche und menschenleere **Straße von Arbatax nach Dorgali**★★★ (S 125) dringt tief in eine Landschaft ein, die in Richtung La Barbagia immer eindrucksvoller wird.

In **Lotzorai** weist ein gelbes Schild auf die Straße hin, die zu den **Domus de janas** führt. Diese Ausgrabungsstätte umfaßt rund zehn Steinbauten, die etwas unheimlich wirken (die Öffnungen im Felsen sind teilweise so angelegt, daß der Eindruck entsteht, man sehe Gesichter).
Vom höchsten Punkt (über 1 000 m) dieses Gebietes bietet sich ein schöner Blick auf das Gebirge, das sich von Frühling bis Herbst mit gelb blühendem, herrlich duftendem Ginster schmückt.

Domus de janas

Dieser Name bedeutet „Haus der Feen" und steht für Felshöhlen, die zwischen Anfang des 4. und Mitte des 3. Jahrtausends v. Chr. geschaffen wurden. In einigen der in Granit-, Kalk-, Basalt- und Sandsteinfelsen gehauenen Höhlen finden sich Malereien mit Rindern oder Ziegen.

Dorgali – Das Touristenzentrum von La Barbagia ist bekannt für schönes Kunsthandwerk, lebendige Kultur und gutes Essen. Der Hafen des Ortes befindet sich in Cala Gonone. Auf der von kleinen Geschäften mit landestypischem Warenangebot (hier werden die Teppiche nach einem besonderen Muster gewebt) gesäumten Hauptstraße, der Via Lamormara, ist jeder Stein Zeuge der Geschichte. Aus der Cannonau-Rebe wird hier seit zweitausend Jahren eine bekannte Weinsorte gekeltert.
Nicht weit entfernt, an der Straße von Dorgali zur S 129, befinden sich die nuragische Siedlung **Serra Orrios**★ sowie, etwas weiter in Richtung Lula, das Gigantengrab **Sa Ena 'e Thomes**.
Dieses weist die typische Grabkammer auf, mit einem, wie bei den Dolmen, durch Steinplatten gedeckten Gang. Vor der Kammer befindet sich eine im Halbrund aufgestellte Steinreihe, deren Mittelpunkt eine große ovale Stele mit eingekerbten Verzierungen und einer kleinen Eingangsöffnung an der Unterseite bildet.

Cala Gonone – *10 km östlich*. In Serpentinen windet sich die **Panoramastraße**★★ zu dem kleinen Dorf hinab, das in einer herrlichen Bucht liegt. Der Hafen ist Ausgangspunkt für Bootsausflüge.

Cala Luna – Kristallklares Wasser umspielt mit leichtem Wellenschlag den Strand und die Felsgrotten.

Grotta del Bue Marino ⏲ – Als „Seeochsen" bezeichnet man auch die Mönchsrobben, die bis Ende der 70er Jahre in dieser Grotte lebten. Im öffentlich zugänglichen Teil führt ein Weg durch einen Wald von Tropfsteinformationen bis zu einem unterirdischen Flußlauf.

Dolmen Motorra – Auf der S 125 in nördliche Richtung fahren; nach einer Wegbiegung, bei Kilometerstein 207, ist der Fußweg zum Dolmen ausgeschildert. Man sollte dem Weg folgen und sich nicht beirren lassen, wenn man den Dolmen nicht gleich sieht: nach fünf Minuten taucht er mitten in einem Feld auf. Die Deckplatte wird von sieben aufrecht stehenden Steinblöcken getragen. Dieser Dolmen wurde Anfang des dritten Jahrtausends v. Chr. errichtet.

★★ **Grotta di Ispinigòli** ⏲ – Etwa 7 km hinter Dorgali führt von der S 125 eine Straße zur Grotte.
Sobald man im Inneren der Grotte vor einem Abgrund angelangt ist, erkennt man, daß die Höhle nicht tunnel-, sondern brunnenförmig ist. Der Blick fällt auf einen beeindruckenden **Stalagmiten**, der die Decke zu stützen scheint: er ragt 38 m in die Höhe und ist die zweithöchste nach oben wachsende Tropfsteinsäule der Welt (die höchste befindet sich im US-Bundesstaat Neumexiko). Die Grotte aus der Erdvergangenheit liegt heute jedoch trocken, und ohne Wasser erfolgt keine

weitere Tropfsteinbildung mehr. Die Gebilde sind entweder lamellen- („Messer" bzw. „Vorhänge") oder blumenförmig (wenn sie, ähnlich wie Korallen, unter Wasser entstanden sind).
Die vorherrschende rötliche Farbe erklärt sich aus der relativ dünnen Felsschicht der Decke. Eine dickere Schicht hätte das Wasser stärker gefiltert, womit sich ausschließlich Kalkablagerungen mit weißer Farbe gebildet hätten.
Die aufsteigenden Stalagmiten sind größer als die Stalaktiten, da sich mit dem reichlich herabrinnenden Wasser die Ablagerungen auf dem Boden sehr schnell ansammeln konnten.
Schmuckgegenstände phönizischer Machart und menschliche Knochenfunde legen die Vermutung nahe, daß die Grotte für Opferrituale oder von der nuragischen Bevölkerung womöglich auch als Grabstätte genutzt wurde.

★ **Su Gologone** – *17 km westlich von Dorgali, an der Straße von Oliena.* Zuerst führt der Weg durch **Oliena**, ein großes Dorf am Fuße einer stark zerklüfteten Felswand des Sopramonte, in dem man die Frauen noch in ihren traditionellen Trachten sehen kann. Etwas weiter *(ungefähr 6 km hinter dem Ort geht links ein kleiner Weg ab)* kommt man zu der Stelle, an der zwischen grünen Sträuchern die Su-Gologone-Quelle aus einer Felsspalte hervorsprudelt.

Orgosolo – Das ausgedehnte Hirtendorf war wegen der Straßenräuber berüchtigt, die in dieser Gegend ihr Unwesen trieben; 1961 drehte Vittorio de Seta hier seinen Film *Die Banditen von Orgosolo*. Heute lädt das Dorf, auch wegen des farbenfrohen Mauerwerks, wieder zu einem Besuch ein.

Die Zeitspannen bei den Ausflügen ist so berechnet, dạ Sie während der Fahrt Landschaft und empfohlene Sehenswürdigkeiten in Mụe betrachten können.

BARUMINI★★

1 471 Einwohner
Michelin-Karte Nr. 988 Falte 33 oder 433 H 9

In der Nähe dieses kleinen Orts sind viele Spuren aus der Zeit der ersten Besiedlung der Insel erhalten.

★★ **Nuraghe Su Nuraxi** ⓥ – *2 km westlich, links an der Straße nach Tuili gelegen.* Es ist ein mächtiges Bollwerk aus mehreren Nuraghentürmen, die durch Gänge miteinander verbunden sind. Im Osten liegt ein großes Nuraghendorf.

★ **Santa Vittoria di Serri** – *38 km östlich. In Richtung Nuoro fahren, in Nurallao rechts abbiegen.* Es sind Reste einer vorgeschichtlichen Kultstätte zu sehen. Auf dem Weg dorthin kommt man durch das Dorf **Isili**, wo es viele Handwerksbetriebe (Webereien, Möbelschreinereien) gibt.

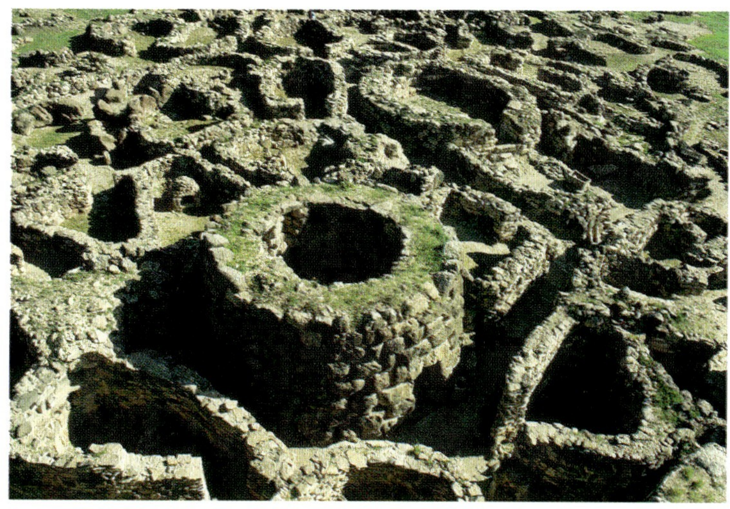

S. Chirol

Nuraghen

CAGLIARI

202 944 Einwohner
Michelin-Karte Nr. 433 J 9

Trotz des alten, von den Pisanern im 13. Jh. befestigten Stadtkerns wirkt Cagliari, Hauptstadt Sardiniens und geschäftiger Hafen, insgesamt modern. Es war unter dem Namen *Karalis* eine blühende Karthagerstadt und wurde später eine römische Kolonie.

Die **Terrazza Umberto I°** (**Z**) gewährt einen weiten **Ausblick**★★ über Stadt, Hafen und Bucht. In Cagliari feiert man ein glanzvolles **Fest** zu Ehren von Sardiniens Schutzpatron **Sant'Efisio**. Es gehört zu den schönsten Veranstaltungen dieser Art in Italien *(siehe Veranstaltungskalender am Ende des Bandes).*

Cattedrale (**Y**) – Im 13. Jh. im pisanischen Stil errichtet und im 17. Jh. umgebaut. Im Innern sind zwei großartige **Kanzeln**★★ zu sehen. Sie wurden 1162 von Guglielmo von Pisa geschaffen und mit kunstvollen Skulpturen geschmückt. Die einzelnen Szenen aus dem Leben Christi zeichnen sich durch eine besonders schöne Komposition aus.

Durch die kleine Pforte rechts im Chor steigt man zum **Santuario** hinab. Die im 17. Jh. ausgeschmückte Krypta birgt in entlang der Wände aufgestellten Urnen die Überreste von 292 christlichen Märtyrern. Eine Tür rechts führt in die Kapelle mit dem Grabmal der Marie Luise von Savoyen, der Schwester des Königs von Sardinien und Gemahlin des späteren Königs Ludwig XVIII. von Frankreich.

★ **Museo Archeologico Nazionale (Archäologisches Nationalmuseum)** (**Y**) ⓥ – Es enthält Waffen, Keramiken und vor allem **Kleinbronzen**★★★ aus der prähistorischen Epoche der sardischen Geschichte. Ferner phönizische, punische und römische Funde.

★ **Torre dell' Elefante** (Y) **und Torre San Pancrazio** (Y) – Beide Türme aus dem frühen 14. Jh. sind Reste der pisanischen Stadtbefestigung.

Anfiteatro Romano (Römisches Amphitheater) (Y) – Es ist das bedeutendste römische Bauwerk Sardiniens.

Orto Botanico (Botanischer Garten) (Y) – In dem Garten wachsen Pflanzen des Mittelmeerraums und der Tropen.

UMGEBUNG

★★★ **Straße nach Muravera** – *Ausfahrt über ① des Plans.* 30 km nach Cagliari beginnt eine herrliche Strecke durch wilde Schluchten aus rötlichem Gestein (porphyrische Granite).

COSTA SMERALDA★★

Michelin-Karte Nr. 433 D 10

Dieser vom Wind gezeichnete Landstrich hat nichts von seiner Ursprünglichkeit verloren. Die vom Dickicht überwucherten Granithügel ziehen sich bis zum smaragdfarben schimmernden Meer hinab.
Vor gar nicht langer Zeit lebten hier noch Hirten und Bauern. Seit 1962 jedoch gibt sich der internationale Jet-Set an der *Costa Smeralda* ein Stelldichein. Damals hatte Prinz Karim Aga Khan die Idee, an dieser Stelle gemeinsam mit einer Investoren-Gruppe ein Touristenparadies zu schaffen.
Somit ist heute der östliche Teil der Gallura ein Traumziel für Segler und Surfer sowie Golf- und Tennisspieler.
Hauptzentren sind **Porto Cervo**, Cala di Volpe und **Baia Sardinia**.

La Gallura

La Gallura bildet den nordöstlichen Zipfel Sardiniens. Dem Besucher, der bis ins Landesinnere vorstößt, wo sich der Limbara auf 1 359 m erhebt, eröffnet sich ein Blick auf hochgelegene Granitplateaus, Korkeichen und ausgehöhlte Felswände. Zur Küste hin bietet sich dem Auge eine ebenso schroffe Landschaft, und das intensive Farbenspiel des Meeres ist mit Sicherheit absolut einmalig.

Arcipelago della MADDALENA★★

Inselgruppe La MADDALENA

Michelin-Karte Nr. 90 Falte 10 oder 433 D 10

Die Maddalena-Inselgruppe liegt gegenüber von **Korsika** und besteht aus den Inseln La Maddalena, Caprera, Santo Stefano, Spargi, Budelli, Razzoli, Santa Maria und weiteren kleinen Inseln.

Diese abgeschiedenen Inseln, auf denen sich früher gelegentlich Hirten versammelten, wurden 1767 dem Königreich Sardinien angegliedert. Die Insel La Maddalena, die seitdem militärischen Zwecken diente (in jüngster Zeit als NATO-Stützpunkt), wurde 1996 zum **Nationalpark** erklärt.

★★ **La Maddalena** – Wer die 20 km lange **Panoramastraße** entlangfährt, versteht sofort, weshalb diese kleine Insel einen so exzellenten Ruf hat. Das Meer kräuselt sich in größeren und kleineren Buchten und nimmt dabei atemberaubende Farben an.

★ **Caprera** – Garibaldi erwarb einst einen Teil dieser Insel, die über den Passo della Moneta mit La Maddalena verbunden ist. Heute befindet sich hier ein renommiertes Segelzentrum.

★ **Casa di Garibaldi** – Im Garten des Garibaldi-Hauses gibt es heute noch den Baum, den Garibaldi (1807-1882) im Jahre 1867 bei der Geburt seiner Tochter Clelia pflanzte. In den Räumen des Hauses sind persönliche Gegenstände aus dem Besitz des *Generalissime* zu sehen sowie Kleidungsstücke seiner Ehefrauen, Geliebten und Kinder. Von einem Zimmer bietet sich ein schöner Blick auf die Nachbarinsel Korsika: In diesem Raum starb 1882 Garibaldi. Seine letzte Ruhestätte befindet sich im Garten, neben den Gräbern seiner Kinder und seiner letzten Ehefrau.

Anreise

Ab Palau, am Fuße des „Bären-Kaps" *(Capo d'Orso)*, verkehren viertelstündlich Fähren. *Weitere Informationen finden Sie im aktuellen Roten Michelin-Führer ITALIA.*

NUORO

37 955 Einwohner
Michelin-Karte Nr. 433 G 9/10

Nuoro liegt am Fuß des Monte Ortobene am Rand des Barbagia-Gebiets bzw. des Gennargentu-Massivs. Man bewahrt hier treu die alten Bräuche und trägt noch immer die überlieferten Trachten, die besonders gut beim **Erlöserfest** (Sagra del Redentore) und dem anschließenden Folklore-Festival zur Geltung kommen *(siehe auch Veranstaltungskalender am Ende des Bandes).* Aus Nuoro stammt die Schriftstellerin Grazia Deledda, die 1926 den Nobelpreis erhielt.

★ **Museo della Vita e delle Tradizioni Popolari Sarde** ⌚ – *Via A. Mereu 56.* Das Heimatmuseum präsentiert eine Sammlung von Trachten und Kleidung aus allen Gebieten der Insel.

UMGEBUNG

★ **Monte Ortobene** – *9 km östlich.* Vom Gipfel bieten sich schöne Ausblicke auf die Umgebung.

ORISTANO

33 066 Einwohner
Michelin-Karte Nr. 433 H 7

Der Hauptort Westsardiniens wurde 1070 von Tharros aus gegründet. Im 14. Jh. leisteten die Oristaner erbitterten Widerstand gegen die Herrschaft Aragoniens.

Piazza Roma – Es ist eine breite Esplanade, wo noch ein Rest der 1291 errichteten Stadtmauer in Gestalt des zinnengekrönten Torre di San Cristoforo steht. Hier beginnt auch der **Corso Umberto**, die Hauptgeschäftsstraße der Stadt.

San Francesco – Im 19. Jh. wurde die Kirche neu erbaut. Ihre interessantesten **Kunstwerke**★ sind ein Holzkruzifix (wahrscheinlich aus der Rheinischen Schule des 14. Jh.s), ein Teil eines Flügelaltars mit der *Stigmatisation des Hl. Franz von Assisi*, gemalt von dem sardischen Künstler Pietro Cavaro (16. Jh.) sowie eine Figur des hl. Basilius von Nino Pisano (im 14. Jh.).

UMGEBUNG

★ **Santa Giusta** – *3 km südlich.* Im gleichnamigen Dorf am Ufer eines kleinen Sees erhebt sich die **Basilika**, die zwischen 1135 und 1145 erbaut wurde. Der Baustil der Basilika ist typisch für die sardischen Sakralbauten, bei denen pisanische und lombardische Elemente harmonisch und elegant zusammenfließen. So ist die dreigeteilte Fassade lombardisch, das mit Steinmetzarbeiten verzierte Portal pisanisch.
Die drei Kirchenschiffe im Inneren werden von Säulen getragen, deren Basen und Kapitelle romanischen und mittelalterlichen Ursprungs sind. Das erhöhte Mittelschiff hat eine kastenförmige Decke, während die Seitenschiffe Kreuzgewölbe aufweisen. Die Kapellen des rechten Seitenschiffes wie auch der Campanile sind moderne Bauten; unter dem erhöhten Chor befindet sich eine Krypta.

Arborea – *18 km südlich.* Die hübsche kleine Stadt wurde 1928 völlig neu gebaut, als die faschistische Regierung die Sümpfe dieses Gebiets trockenlegen ließ.

PORTO TORRES

21 999 Einwohner
Michelin-Karte Nr. 433 E 7

Die Stadt liegt an einem weiten Golf und ist der Hafen von Sassari. Sie wurde von Cäsar gegründet und hatte in der Römerzeit sicherlich große Bedeutung (Ruinen in Bahnhofsnähe).

★ **San Gavino** – Sie stellt ein schönes Beispiel der mittelalterlichen Baukunst Sardiniens dar. Die Kirche wurde Ende des 11. Jh.s von den Pisanern errichtet (Rundbogenfriese und Lisenen auf der linken Seite) und kurz darauf von lombardischen Meistern umgebaut und vergrößert. Das von Bogenläufen eingerahmte Portal aus dem 15. Jh. ist typisch für die katalonische Gotik. Im Innern ist der Wechsel von Säulengruppen und Pfeilern sowie der Farbkontrast zwischen den Marmorsäulen und dem Granit besonders reizvoll. Die große **Krypta** birgt die Reliquien des hl. Gavinius; die Skulpturen auf dem schönen römischen **Sarkophag**★ stellen die Musen dar.

Isola di SANT'ANTIOCO★

Insel SANT'ANTIOCO

11 938 Einwohner

Michelin-Karte Nr. 433 K 7

Sant'Antioco ist die größte Insel eines Archipels vulkanischen Ursprungs vor der Südwestküste Sardiniens. Viele Täler durchziehen das im Westen als Steilküste zum Meer abfallende Gebiet. Der gleichnamige Hauptort ist durch einen Damm mit Sardinien verbunden.
Unter der dem heiligen Antioco geweihten Basilika befinden sich **Katakomben**, die in die ehemaligen unterirdischen Grabkammern der Punier eingelassen wurden. Sie stammen aus dem 4.-6. Jh. n. Chr.

★ **Ruinen von Sulci** ⓥ **(Vestigia di Sulcis)** – Die antike Stadt *Sulci* war eine Gründung der Phönizier und hat der Inselgruppe ihren Namen gegeben. Die Besichtigung ist in verschiedene Abschnitte unterteilt. In der Gräberstadt sieht man die in das Vulkangestein gehauenen Grabkammern, die bei den Puniern (auch Karthagern genannt) bis zur Ankunft der Römer in Gebrauch waren. Im **Archäologischen Museum** sind die Ausgrabungsfunde ausgestellt, darunter eine schöne **Stelensammlung**★. Im **Ausgrabungsbereich** befindet sich das **Tophet-Heiligtum**★, ein Gelände, auf dem zunächst die Phönizier und später die Karthager ihre männlichen Erstgeborenen als Opfer darbrachten. Er diente im folgenden als Friedhof, auf dem totgeborene oder jung verstorbene Kinder beigesetzt wurden.

Tratalias – *Ca. 18 km nordöstlich von Sant'Antioco.* In einem Dorf, das aus dem Wilden Westen zu stammen scheint, steht die pisanisch-romanische Kirche Santa Maria (13. Jh.).

Monte Sirai – *19 km nördlich von Sant'Antioco.* Auf einer Anhöhe sind die Überreste einer phönizischen Siedlung (gegr. um 750 v. Chr.) erhalten, die die Karthager 520 v. Chr. zerstörten. Sie ließen sich in der Folgezeit selbst darin nieder und befestigten den Standort. Die Römer taten im Jahr 238 v. Chr. das gleiche, zerstörten die Festung und bauten sie für sich selbst wieder auf. Um 110 v. Chr. verließen die Einwohner die Stadt.

SASSARI

122 131 Einwohner

Michelin-Karte Nr. 433 E 7 – Stadtplan im Michelin-Hotelführer ITALIA

Die zweitgrößte Stadt Sardiniens weist in ihrem Erscheinungsbild einen auffälligen Gegensatz zwischen den modernen Vierteln und dem alten Stadtkern um den Dom auf. Immer belebt sind die Piazza d'Italia und der Corso Vittorio Emanuele II.
In Sassari feiert man zahlreiche Feste, insbesondere die berühmte **Cavalcata Sarda.** Hierbei veranstalten die Bewohner der verschiedenen Provinzen Sardiniens einen Trachtenumzug zu Pferd durch die Stadt. Das **Festa dei Ceri** (Kerzenfest) besteht seit Ende des 16. Jh.s. Es ist die Erfüllung eines Gelübdes, das bei einer Pestepidemie abgelegt worden war. Aus diesem Anlaß tragen Angehörige der verschiedenen Berufsgruppen riesige, mit Bändern geschmückte Kerzen aus vergoldetem oder versilbertem Holz durch die Stadt *(siehe Veranstaltungskalender am Ende des Bandes).*

★ **Museo Nazionale Sanna (Nationalmuseum Sanna)** ⓥ – Es birgt eine sehr reiche Sammlung zur Völkerkunde Sardiniens und eine Gemäldegalerie.

Duomo – Der Bau zeigt verschiedene Stilrichtungen: Der Campanile stammt noch aus dem 13. Jh., erhielt aber erst im 17. Jh. eine Bekrönung; die **Fassade**★ ist im spanischen Barock (Ende 17. Jh.), während das Innere noch den ursprünglichen gotischen Stil aufweist.

Ein Juwel der romanischen Baukunst

★★ **Chiesa della Santissima Trinità di Saccargia** – *17 km südöstlich, zunächst in Richtung Cagliari (S 131), dann in Richtung Olbia (S 597).*
Aus der kargen Landschaft, die man von Sassari kommend durchquert, taucht plötzlich die Kirche, einst Teil einer Kamaldulenserabtei, mit einem schlanken Kirchturm auf. Sie wurde im 12. Jh. aus Schichten schwarzer und weißer Steine erbaut, in der typischen Art des pisanischen Stils. An der Fassade wurde im 13. Jh. eine Säulenhalle errichtet.
Der Innenraum ist wie in allen romanischen Kirchen beeindruckend. Byzantinisch anmutende Fresken des 13. Jh.s mit Szenen der Leidensgeschichte Christi schmücken die Apsis. Weiter oben sind die Jungfrau Maria und die Apostel, in der Kuppel ein von Engeln und Erzengeln umringter Christus dargestellt.

THARROS★

Michelin-Karte Nr. 433 H 7
1,5 km südlich von San Giovanni di Sinis

Die Gründung (8. oder 7. Jh. v. Chr.) der Phönizier auf der schmalen Halbinsel Sinis am nördlichen Ende des weiten Golfes von Oristano war ein wichtiger Stützpunkt zwischen Marseille und Karthago, bevor sie im 3. Jh. v. Chr. von den Römern erobert wurde. Um das Jahr 1000 gaben die Bewohner die Stadt plötzlich auf und siedelten nach Oristano um. Mit der Zeit wurde Tharros gänzlich von Sand zugedeckt.

Zona archeologica (Archäologische Stätten) ⌚– Sie liegen bei der Anhöhe, auf der ein Turm aus spanischer Zeit steht, der Torre di San Giovanni. Man erkennt ganz deutlich den typisch punischen Stadtgrundriß mit Abwasserkanälen, Zisternen und Thermen, Wohnviertel, punischem Tempel mit dorischen Halbsäulen und Tophet-Heiligtum *(s. Sant'Antioco)* auf dem Hügel. Die beiden weißen, einzeln stehenden Säulen wurden in den 1980er Jahren wiederaufgebaut.

TORTOLÌ

9 693 Einwohner
Michelin-Karte Nr. 433 H 10

Tortolì bildet das Zentrum der Provinz **Ogliastra**, einer Region von wilder Schönheit, die sich durch kegelstumpfförmige Felsen in Form von *Tacchi* (Absätze) auszeichnet. Im Landesinneren wird hauptsächlich Viehzucht, an der Küste Ackerbau betrieben.

Das Meer bei Tortolì

Hier wirkt der Küstenstreifen durch das Wasser wie poliert, vor allem bei Gairo, wo die Kieselsteine *Coccorocci* genannt werden. Bei **Orrì** gedeiht der Sadebaum (eine Wacholderart).

Arbatax - *5,5 km östlich.* Der Hafen von Arbatax bietet für Tortolì den Zugang zum Meer. Die nahe gelegenen rötlichen Porphyrfelsen prägen das Bild von Arbatax. Der Ausblick über die von Bergen umschlossene Bucht ist beeindruckend. Die kleinere Cala Moresca *(ausgeschildert)* gibt sich dafür beschaulicher.

Sizilien (Sicilia)

Sizilien, die größte Insel des Mittelmeers, hat eine Fläche von 25 709 km². Wegen ihrer Dreiecksform wurde sie unter der griechischen Herrschaft „Trinakria" genannt. Heute leben fast 5 Millionen Einwohner in dem größtenteils gebirgigen Land, dessen höchste Erhebung der Vulkan Ätna (3 340 m) ist.
Im Laufe seiner Geschichte wurde Sizilien wiederholt von Erdbeben heimgesucht. Das Beben von 1693 vernichtete den Großteil des Südwestens, das von 1908 zerstörte fast ganz Messina, während 1968 hauptsächlich der Westteil der Insel betroffen war.

Anreise – *Siehe Kapitel Praktische Hinweise*

Besichtigung der Insel – Sechs oder sieben Tage genügen für einen Aufenthalt, um sich ein Bild von Sizilien zu machen. Die im Reiseführer beschriebenen Städte und Sehenswürdigkeiten sind auf der untenstehenden Karte verzeichnet; weitere reizvolle Orte sind in kleinerer schwarzer Schrift vermerkt. *Rundreiseroute siehe Einleitung.*

WISSENSWERTES AUS GESCHICHTE UND KUNSTGESCHICHTE

Die Lage Siziliens, dieser großen, das Mittelmeer beherrschenden Insel unweit des Festlandes, hat im Laufe der Jahrhunderte immer wieder Eroberer angezogen. Zuerst die Griechen: Diese trafen hier im 8. Jh. v. Chr. zwei Volksgruppen an, die Urbevölkerung der **Sikaner** und die aus Italien eingewanderten **Sikuler**. Jahrhundertelang mußten sich die Griechen hier gegen Karthager behaupten, die an den Küsten Handelsplätze gegründet hatten. Schließlich gelang es ihnen, die Karthager in den Westteil der Insel abzudrängen, wo sie bis zur Belagerung von Mozia (397 v. Chr.) durch Dionysos I. blieben.
Trotz der Übergriffe der Tyrannen von Gela und Syrakus bildete das 5. Jh. den Höhepunkt der griechischen Herrschaft in Sizilien. In jener Zeit, in der sich die Gegner friedlich verhielten, errichtete man überall auf der Insel herrliche Bauwerke; Syrakus wurde zu einer Rivalin von Athen.
Die Ankunft der durch die fruchtbaren Böden angelockten Römer zerstörte allerdings das mühsam erreichte Kräftegleichgewicht: Nach dem Ersten Punischen Krieg (241 v. Chr.) befand sich ganz Sizilien in der Hand der Römer. Es wurde zur Provinz erhoben und von einem Prätor verwaltet. In der Völkerwanderungszeit wurde die Insel wie ganz Süditalien von Germanenstämmen überrannt.
535 kam Sizilien in den Besitz von Byzanz. Im 9. Jh. wurde es von der nordafrikanischen Dynastie der Aghlabiden erobert, unter deren Herrschaft Sizilien eine Zeit großen Wohlstands erlebte. Die Araber wurden ihrerseits im 11. Jh. durch die Normannen verjagt, doch auch diese Herrscher, darunter besonders König **Roger II.**, der in Palermo residierte, verhalfen der Insel zu einer Periode politischer Macht und kultureller Blüte.
Die Stauferzeit wird überstrahlt von der Persönlichkeit **Friedrichs II.** 1266 folgte das Haus Anjou, das bereits 1282 nach dem Volksaufstand der sog. **Sizilianischen Vesper** von Aragonien abgelöst wurde. Als Alfons der Großmütige von Aragon Sizilien mit Neapel vereinigte, nahm er den Titel eines „Königs beider Sizilien" (1442) an. Dann fiel die Insel durch Heirat an die Bourbonen, die 1860 von Garibaldi und seinem „Zug der Tausend" gestürzt wurden.
Alle diese verschiedenen Herrscher haben Brauchtum, Kunst und Kultur Siziliens geprägt. Die Griechen hinterließen prächtige Theater und herrliche dorische Tempel, im Kalkstein der Insel erbaut. In der kurzen Zeit der Normannenherrschaft, die wirtschaftlichen Reichtum und eine Blüte der Kunst mit sich brachte, entstanden Kirchen und Paläste, in deren Stil sich sehr verschiedene Einflüsse vermischen: Blieb die Architektur noch normannisch, so zeigten die Dekorationsformen (Hufeisenbogen, Kuppeln, reich verzierte Decken) arabische Elemente. In den goldglänzenden Mosaiken der Wände ist der byzantinische Ursprung unverkennbar. Dieser insbesondere in Palermo, Monreale, Cefalù und Messina auftretende Stil wird als **arabisch-normannischer** oder **sizilianisch-normannischer** Stil bezeichnet.
Abgesehen von wenigen, dafür aber wunderschönen Ausnahmen, wie z. B. **Antonello da Messina**, der mehr auf dem Festland tätig war, hat die Renaissance Sizilien wenig geprägt. Hingegen wurde der spanisch geprägte Barock Ende des 18. Jh.s hier mit Begeisterung aufgenommen. Als Architekten traten **Rosario Gagliardi** in Noto und Ragusa, **Vaccarini** in Catania und **Giacomo Serpotta** hervor; letzterer schmückte so manche Kapelle Palermos mit seinen phantasievollen Skulpturen.
Die sizilianische Literatur *(s. Kapitel Literatur in der Einleitung)* erlebte im 19. und 20. Jh. mit **Giovanni Verga**, dem Erneuerer des italienischen Romans, und **Luigi Pirandello** eine Glanzzeit. Unter den Schriftstellern des 20. Jh.s, die sich die sizilianische Realität ihrer Zeit zum Thema auserkoren haben, seien **Elio Vittorini** (1908-1966), **Vitaliano Brancati** (1907-1954) und vor allem **Leonardo Sciascia** (1921-1989) genannt. Im gleichen Atemzug könnte man auch **Gesualdo Bufalino** (1920-1996) und den Dichter **Salvator Quasimodo** (1901-1968) nennen.

SIZILIEN HEUTE

Die vielen verschiedenen Eroberer und Kolonisatoren haben nicht nur in Kunst, Kultur und Literatur ihre Spuren hinterlassen, sondern hatten auch wirtschaftliche Konsequenzen. Mit Ausnahme der Normannen haben alle Herrscher nach den Arabern die natürlichen Ressourcen und die Bevölkerung skrupellos ausgebeutet. Dadurch wurde eine eigenständige Entwicklung der Insel sowie eine optimale Nutzung ihrer Reichtümer verhindert und ein langsamer Prozeß des wirtschaftlichen Verfalls in Gang gesetzt.

Heute kann Sizilien wirtschaftlich nur durch staatliche Beihilfen überleben. Die neuen Förderpläne sollen die Abwanderung der jungen Generation stoppen, die natürlichen Schätze der Insel nutzen helfen und einen gewissen Wohlstand zurückbringen.

Geographisch und wirtschaftlich ist die Insel in drei Regionen unterteilt: In den Provinzen Catania und Syrakus sowie im südlichen Teil der Provinz Messina haben sich chemische Industrie und Erdölraffinerien angesiedelt; außerdem wird hier intensiv und mit Erfolg Landwirtschaft betrieben. In der zweiten Region (Palermo,

Trapani und ein Teil von Messina) sind der Dienstleistungssektor und die Bauindustrie stark vertreten. In der dritten Region (Agrigente, Caltanissetta und Enna), der ärmsten von allen, haben die geringen Erträge in der Landwirtschaft und die allgemeine Unterentwicklung zu einer massiven Abwanderung aus den ländlichen Gebieten und zur anhaltenden Verschlechterung der wirtschaftlichen Lage geführt. Der Fischfang ist in Sizilien einer der wirtschaftlich aktivsten Bereiche. Eine Vorrangstellung nehmen dabei der Thunfischfang in der Gegend um Trapani und der Schwertfischfang vor Messina ein, die beide eine alte sizilianische Tradition sind.

Die umherziehenden Musiker und andere Formen der Folklore sind heute praktisch von der Straße verschwunden. Was die berühmten, bunt bemalten und aus kunstvoller Schmiedearbeit hergestellten **sizilianischen Karren**, Meisterwerke der Handwerkskunst, anbetrifft, die bis in die 1950er Jahre das Hauptverkehrsmittel darstellten, so sieht man sie nur noch bei Festen oder in Museen.

In Palermo kann man noch Vorstellungen des populären Marionettentheaters (= *pupi)* beiwohnen, dessen Stücke vom Rolandslied oder dem Ariostschen „*Orlando Furioso*" inspiriert sind.

ÄGADISCHE INSELN

Siehe unter Isole EGADI

AGRIGENTO***

AGRIGENT

56 273 Einwohner

Michelin-Karte Nr. 432 P 22 – Plan von Stadt und Umgebung im Michelin-Hotelführer ITALIA

Auf einem Hügel direkt am Meer liegt Agrigent, das ehemalige griechische *Akragas*, nach Pindar die „schönste aller sterblichen Städte". Sie besteht aus zwei Teilen: einem hochgelegenen mittelalterlichen Ort mit modernem Stadtteil und, tiefergelegen, auf einem langen, fälschlich „Tal der Tempel" genannten Felsgrat, den großartigen Ruinen aus der Antike (1997 in die Liste des Weltkulturerbes der UNESCO aufgenommen).

Die Stadt wurde 580 v. Chr. von griechischen Siedlern aus Rhodos gegründet, welche zuerst in Gela Fuß gefaßt hatten. Tyrannen beherrschten sie, darunter **Phalaris**, der grausamste, im 6. Jh., und **Theron**, der baufreudigste, ein Jahrhundert später. Agrigent ist die Heimat des Philosophen **Empedokles** (5. Jh. v. Chr.). Auch **Luigi Pirandello** (1867-1936), der Nobelpreisträger, ist hier geboren. Pirandello ist der Schöpfer des modernen Theaters. In seinen Werken *(Es ist so, wie Sie meinen; Sechs Personen suchen einen Autor)* sind die Beziehungen zwischen den handelnden Personen auf Unverständnis und Absurdität gegründet.

*** VALLE DEI TEMPLI (TAL DER TEMPEL) *Besichtigung: 3 Stunden*

Von den zahlreichen zwischen Ende des 6. und Ende des 5. Jh.s v. Chr. errichteten Tempeln sind neun noch teilweise zu erkennen. Ihr Einsturz wird von manchen den Erdbeben zugeschrieben, andere sind der Meinung, daß die Zerstörungen bilderstürmerischen frühen Christen zuzuschreiben sind. Nur der gegen Ende des 6. Jh.s in eine Kirche verwandelte Concordiatempel ist unversehrt geblieben.

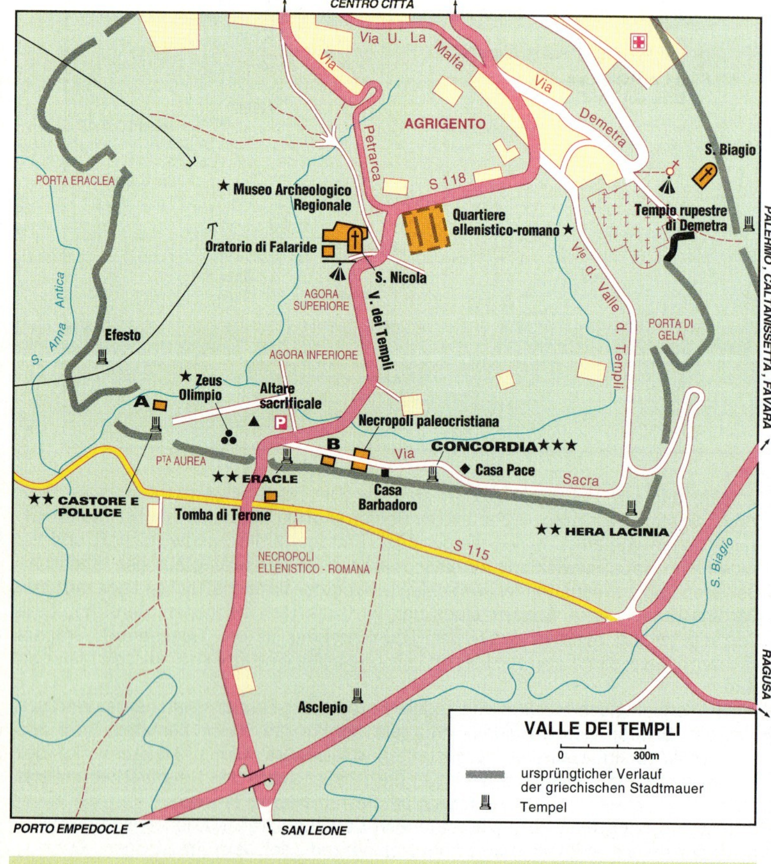

B. Kaufmann

Reste des Dioskurentempels

★ **Tempio di Zeus Olimpio (Jupitertempel)** – Hätte man den Bau damals beendet, wäre dieser heute fast vollständig zerstörte Tempel mit seinen 113 m Länge und 56 m Breite einer der größten Tempel der Antike gewesen. Sein Hauptgesims wurde von 20 m hohen Säulen getragen, zwischen denen vermutlich Kolossalstatuen als Gebälkträger (**Telamonen** oder Atlanten) standen. Eine davon (mit über 7,50 m Höhe) befindet sich heute im Archäologischen Museum. Eine Nachbildung auf dem Boden in der Mitte des Tempels vermittelt einen Eindruck vom Ausmaß des geplanten Baus.

★★ **Tempio di Castore e Polluce o dei Dioscuri (Dioskurentempel)** – Von diesem **Tempel**, der den Dioskuren, den Zwillingen Kastor und Pollux, geweiht war, sind nur vier Säulen mit einem Gesimsfragment erhalten, auf dem in der Ecke eine kleine Rose, das Symbol von Rhodos, zu sehen ist.
Rechts davon erstreckt sich der den chthonischen Göttinnen Demeter und Persephone geweihte **Tempelbezirk** mit einem quadratischen und einem runden Opferaltar; in der Mitte des runden Altars befindet sich ein heiliger Brunnen.

Zurück zur Piazzale und die Via dei Templi einschlagen.

★★ **Tempio dei Eracle (Heraklestempel)** – Dieser im archaischen dorischen Stil erbaute **Tempel des Herakles** (Herkules) ist vermutlich der älteste von Agrigent (520 v. Chr.); nur acht der Säulen wurden wiederaufgerichtet.
Etwas weiter vorne, auf der linken Seite, sind tiefe Rillen zu erkennen, die in der Regel als Wagenspuren gedeutet werden. Ihre ausgeprägte Tiefe rührt vermutlich daher, daß sie nach und nach als Wasserleitung Verwendung fanden.

★★★ **Tempio della Concordia (Concordiatempel)** - Dieser Tempel ist der majestätischste und am besten erhaltene unter den dorischen Tempeln Siziliens. Er wurde um die Mitte des 5. Jh.s v. Chr. errichtet. 34 kraftvolle Säulen aus Kalktuff umstehen ihn; vom Stuck, womit der Tuff einst umkleidet war, ist nichts mehr erhalten.
Sein heutiger Name stammt von einer in der Nähe gefundenen römischen Inschrift; welcher Gottheit der Tempel geweiht war, ist nicht bekannt. Innen sieht man noch die Einbauten aus christlicher Zeit.

★★ **Tempio Hera Lacinia (Junotempel)** - Auf dem höchsten Punkt des Hügels befand sich der Tempel der Hera Lacinia (die Verehrung dieser Göttin - Juno - auf dem Cap Colonna - *im Altertum Lacinium, s. Crotone* - breitete sich auf ganz Großgriechenland aus). Vom Tempel selbst ist nur ein Teil der Säulenreihen erhalten. Östlich davon befindet sich ein Opferaltar und hinter dem Tempel eine Zisterne.

WEITERE SEHENSWÜRDIGKEITEN

★ **Museo Archeologico Regionale (Regionales Museum für Archäologie)** ⓥ - *Eingang durch den Kreuzgang der Kirche San Nicola.* Im regionalen archäologischen Museum befindet sich eine Sammlung **griechischer Vasen**★ (darunter das Original des weißgrundigen **Kraters des Perseus und der Andromeda**). Ein Saal ist den **Telamonen**★ des Jupitertempels gewidmet. Sehenswert sind auch der **Ephebe von Agrigent**★★ *(Saal 10)*, eine Marmorstatue aus dem 5. Jh. v. Chr., und der herrliche **Krater von Gela**★★ *(Saal 15)*, der im oberen Teil mit einem Kentaurenkampf geschmückt ist, im unteren Teil mit der Darstellung des Kampfes der Griechen gegen die Amazonen.

Oratorio di Falaride (Kapelle des Phalaris) ⓥ - *Eingang durch eine Passage im Kreuzgang von San Nicola.* Der Legende nach soll hier in der Nähe der Palast des Tyrannen Phalaris von Agrigent gestanden haben. Dabei handelt es sich wahrscheinlich um einen hellenistischen Tempel, der während der normannischen Epoche umgebaut wurde.

San Nicola ⓥ - Schlichte Kirche im Übergangsstil von der Romanik zur Gotik. Sie enthält einen herrlichen **römischen Sarkophag**★ mit der Darstellung von Phädras Tod. Der Kirchenvorplatz bietet eine schöne **Sicht**★ auf die Tempel.

★ **Quartiere ellenistico-romano (Griechisch-römisches Stadtviertel)** ⓥ - Die Anlage dieser Gebäudereste in einem Netz von Hauptstraßen zeugt von einem im 4. Jh. bereits ausgeprägten Sinn für Städtebau.

Die moderne Stadt - Leben und Trubel konzentrieren sich heutzutage um die **Piazzale Aldo Moro**, von der die schöne Geschäftsstraße **Via Atenea** abgeht. Über der Altstadt mit ihren vielen Treppen ragt der **Dom** auf, ein ursprünglich normannischer Bau, der später stark verändert wurde.
Auf dem Rückweg hinunter in Richtung Piazzale Aldo Moro kann man die **Abteikirche Santo Spirito**★ ⓥ mit vier reizvollen **Stuckreliefs**★ besichtigen, die Giacomo Serpotta zugeschrieben werden.

UMGEBUNG

★ **Tomba di Terone (Grab des Theron)** - *Sichtbar von der Straße nach Caltagirone.* Der 3 m hohe Grabbau ist zwar nach Theron, einem Tyrannen von Agrigent, benannt, soll jedoch während der römischen Epoche zu Ehren der im 2. Punischen Krieg gefallenen Soldaten errichtet worden sein.

Casa di Pirandello ⓥ - *6 km westlich in Richtung Porto Empedocle (S 115). Kurz hinter dem Morandi-Viadukt nach links abbiegen.* Das Geburtshaus Luigi Pirandellos steht einsam in den Weinbergen. Unweit des kleinen Gebäudes liegt der Dichter im Schatten einer Kiefer begraben.

ÄTNA

Siehe unter ETNA

Ein Hinweis für Feinschmecker:

In der Einführung dieses Reiseführers sind die beliebtesten Spezialitäten und bekanntesten Weine des Landes aufgeführt. Außerdem bietet Ihnen der Rote Michelin-Führer ITALIA jedes Jahr eine große Auswahl guter Restaurants.

CALTAGIRONE★

39 187 Einwohner
Michelin-Karte Nr. 432 Falte 25 P

In Caltagirone steht die Keramik im Mittelpunkt des Lebens: Sie ist nicht nur in den vielen Läden präsent, die reichlich mit Vasen, Tellern und Nippes angefüllt sind, sondern schmückt auch Brücken, Balustraden, Balkone (z. B. den zauberhaften Balkon der **Casa Ventimiglia** aus dem 18. Jh.) und die Fassaden der Paläste, von denen es in der Hauptstraße Via Roma zahlreiche gibt.

★ **Villa Comunale** – Diese schöne Parkanlage wurde Ende des 19. Jh.s von Basile nach dem Vorbild der englischen Gärten entworfen. Längs der Via Roma ist sie von einer mit Majolikavasen geschmückten Balustrade begrenzt. Auf einer Esplanade thront der ebenfalls mit Majolika verzierte und maurisch anmutende reizende kleine **Musikpavillon**.

Museo della Ceramica ⓥ – Im **Teatrino**, einem originellen, mit Majolika verkleideten Bauwerk aus dem 18. Jh., befindet sich dieses interessante Museum, das die Geschichte des örtlichen Töpferhandwerks von der Vorgeschichte bis zum Beginn des 20. Jh.s dokumentiert. Ein schöner **Krater**★ aus dem 5. Jh. v. Chr. mit der Darstellung eines Töpfers und eines jungen, an der Töpferscheibe arbeitenden Mannes zeigt, wie weit dieses Handwerk verbreitet war und welche Bedeutung ihm bereits in ganz frühen Zeiten zukam.

★ **Scala di Santa Maria del Monte** – Diese Treppe mit 142 Stufen aus Vulkangestein wurde im 17. Jh. angelegt, um die alte Oberstadt mit dem neueren Teil zu verbinden. Die Setzstufen sind mit Majolikaplatten dekoriert, auf denen sich Blumenmotive, Ornamente und geometrische Muster abwechseln. Alljährlich werden am 24. und 25. Juli kleine Lichter auf der Treppe aufgestellt, die stets ein anderes Bild ergeben. Das häufigste Motiv ist ein Adler mit einem Kreuz auf der Brust, das Wahrzeichen der Stadt.

Villa romana del CASALE★★★

Römische Villa CASALE
Michelin-Karte Nr. 432 O 25

Die weitläufige römische Villa (3 500 m²) aus dem 3. oder 4. Jh. n. Chr. gehörte wahrscheinlich einer hochgestellten Persönlichkeit. Sehenswert ist sie vor allem wegen der fast die gesamte Fläche einnehmenden **Fußbodenmosaiken**★★★. Sie stammen vermutlich von einem afrikanischen Meister und behandeln in umfangreichen Farbtönen die verschiedensten Themen mit Darstellungen sowohl aus der Mythologie und dem täglichen Leben als auch von besonderen Ereignissen wie eine große Jagd oder Zirkusspiele.
1997 nahm die UNESCO die Villa in die Liste des Weltkulturerbes auf.

SCALA

Der Bikini war offensichtlich keine Erfindung des 20. Jh.s

Besichtigung ⓥ – Am interessantesten sind die Mosaiken mit den Darstellungen kleiner **Amorfiguren** (Putti) beim Fischfang oder beim Spiel mit Delphinen, die Mosaiken im Saal der kleinen Jagd (**Sala della Piccola Caccia**★★★), die wichtige Momente einer Treibjagd zeigen, diejenigen im Gang der großen Jagd (**Ambulacro della Grande Caccia**★★★), die den Fang und Verkauf von Raubtieren für Zirkusspiele zeigen sowie die Sportszenen im **Saal der 10 jungen Mädchen im Bikini**★★ und die **Arbeiten des Herakles** im **Triclinium**★★★ (Speisesaal).

UMGEBUNG

Piazza Armerina – *Etwa 5 km in südwestlicher Richtung.* In grüner Umgebung, am Abhang eines kleinen Tals, drängt sich das interessante **mittelalterliche Zentrum**★ von Piazza Armerina am Fuße eines barocken **Doms** ⓥ.

Auf der Karte der "Ferienorte" am Anfang dieses Reiseführers finden Sie Städte und kleinere Orte, die sich besonders gut für einen Aufenthalt eignen; sei es
für ein Wochenende
für die Übernachtung auf der Durchreise
als Ferienort
als Seebad, Jachthafen oder Kurort.

CATANIA★

342 275 Einwohner
Michelin-Karte Nr. 432 O 27
Plan Catania und Umgebung im Michelin-Hotelführer ITALIA

Catania ist eine rege Hafen- und Industriestadt. Obwohl sie schon mehrmals durch Ausbrüche des Ätnas zerstört wurde, hat sie, besonders in den vergangenen Jahren, einen starken wirtschaftlichen Aufschwung erlebt. Das Stadtbild ist durch gerade, breite Straßen aufgelockert und mit zahlreichen Barockbauten verschönt, die der Architekt **Vaccarini** nach dem Erdbeben von 1693 errichtete. Aus Catania stammen **Vincenzo Bellini** (1801-1835), Komponist der Oper *Norma*, und **Giovanni Verga**.
Catania ist mit Temperaturen von über 40 °C die heißeste Stadt Italiens; sie hält auch den weniger beneidenswerten Rekord der höchsten Kriminalität, weshalb man sie mit dem Beinamen „Chicago Siziliens" bedacht hat.

★ **Piazza del Duomo** (**DZ**) – Vaccarini hat aus diesem Platz im Zentrum von Catania ein schönes Barock-Ensemble gemacht, bestehend aus dem **Elefantenbrunnen**, der 1735 von Vaccarini entworfen wurde, dem Rathaus (**Palazzo Senatorio** oder **Elefantenpalast**) mit seiner harmonischen Fassade und dem der hl. Agatha, der Schutzheiligen Catanias geweihten **Duomo**★. Der Dom wurde Ende des 11. Jh.s von dem Normannen Roger I. errichtet, nach dem zerstörerischen Erdbeben von 1693 wiederaufgebaut und von Vaccarini mit einer eleganten **Fassade**★ versehen. Die links vom Dom stehende **Badia di Santa Agata**★ rundet das harmonische Bild dieses Platzes ab.

Etwas weiter, in der Via Museo Biscari, befindet sich der **Palazzo Biscari**★ ⓥ, der schönste weltliche Palazzo der Stadt. Die Südseite weist eine beeindruckende **Dekoration**★★ aus Figuren, Putti und Voluten auf.

★ **Via Etnea** (**DXY**) – Diese berühmte, 3 km lange, schnurgerade Verkehrsader bietet von überall Aussicht auf den Ätna. Sie wird von den schönsten Geschäften der Stadt gesäumt; entlang dieser Prachtstraße liegen viele Paläste, Kirchen und vor allem die **Villa Bellini**★ genannten Gärten.

Westliches Viertel – Das Stadtviertel erstreckt sich längs der Via Vittorio Emanuele II.; diese kreuzt die **Via Crociferi**★, die als die Barockstraße Catanias schlechthin betrachtet wird, und führt am **Antiken Theater** ⓥ vorbei.

★ **Castello Ursino** ⓥ (**DZ**) – Der strenge, schmucklose Bau Friedrichs II. (13. Jh.) enthält heute das **Museo civico** mit interessanten Sammlungen. Die Burg hat einen quadratischen Grundriß und ist mit vier Türmen versehen.

UMGEBUNG

Acireale – *17 km nördlich.* Die Straße führt durch **Aci Castello**, mit einem schwarzen **Kastell**★ aus Vulkangestein, und den kleinen Fischerort **Aci Trezza**; vor dessen Küste liegen die Zyklopen-Klippen, die **Faraglioni dei Ciclope**★, jene Felsen, von denen es in der Sage heißt, der Zyklop Polyphem habe sie der Flotte des Odysseus hinterhergeschleudert, nachdem dieser ihn überlistet und geblendet hatte. Dann erreicht man Acireale. Diese überwiegend moderne Stadt besitzt noch schöne Bauten und Platzanlagen aus der Barockzeit, darunter den **Piazza del Duomo**★ mit der Basilica Santi Pietro e Paolo und dem Rathaus, sowie die Kirche **San Sebastiano**, deren harmonische **Fassade**★ mit Säulen sowie Friesen aus Girlanden und Amorfiguren verziert ist.

CATANIA

DZ 3
Angelo Custode (Via) ......
Benedetto (Piazza A. d.) .... DZ 11
Biondi (Via) .... EY 12
Bovio (Piazza G.) .... EY 15
Carlo Alberto (Piazza) ...... EY 19
Castello Ursino (Via) .... DZ 21
Conte di Torino (Via) .... EY 25
Currò (Piazza) .... DZ 26
Cutelli (Piazza) .... EZ 27
Dante (Piazza) .... DY 29
Etnea (Via) .... DXY
Giuffrida (Via Vincenzo) ..... EX 39
Guardie (Piazza delle) ...... EY 42
Imbriani
(Via Matteo Renato) ..... DEX 43
Landolina (Via) .... EZ 45
Lupo (Piazza Pietro) .... EY 47
Museo Biscari (Via) .... EZ 57
Orlando (V. Vitt. E.) .... EX 60
Porticello (Via) .... EZ 68
Rabbordone (Via) .... EY 69
Rapisardi (Via Michele) .... EY 70
Rotunda (Via d.) .... DYZ 77
S. Anna (Via) .... DZ 79
San Francesco d'Assisi
(Piazza) .... DZ 80
San Gaetano
alle Grotte (Via) .... DEY 81
San Giuseppe
al Duomo (Via) .... DZ 82
Spirito Santo (Piazza) ..... EY 87
Stesicoro (Piazza) .... DY 91
Teatro Massimo (Via) ...... EYZ 92
Trento (Piazza) .... EX 95
Umberto I (Via) .... DEX
Università (Piazza dell') .... DZ 96
Verga (Piazza) .... EX 98
Vittorio Emanuele III
(Piazza) .... EY 100

Anfiteatro .... DY A
Badia di S. Agata .... EZ B
Casa di Verga .... DZ C
Collegiata .... DY D
Museo Belliniano .... DZ M1
Museo Emilio Greco .... DZ M1
Odeon .... DZ N
Palazzo Asmundo .... DZ R1
Palazzo Manganelli ..... EY R2
Palazzo S. Demetrio .... DY R3
S. Agata al Carcere ..... DY S1
S. Benedetto .... DZ S2
S. Francesco .... DZ S4
S. Francesco Borgia .... DYZ S5
S. Giuliano .... DY S6
S. Michele Arcangelo ... DY S7
S. Nicolò l'Arena .... DY S8
Teatro Antico .... DZ T1
Teatro Bellini .... EY T2
Terme della Rotonda .... DZ V

SIZILIEN

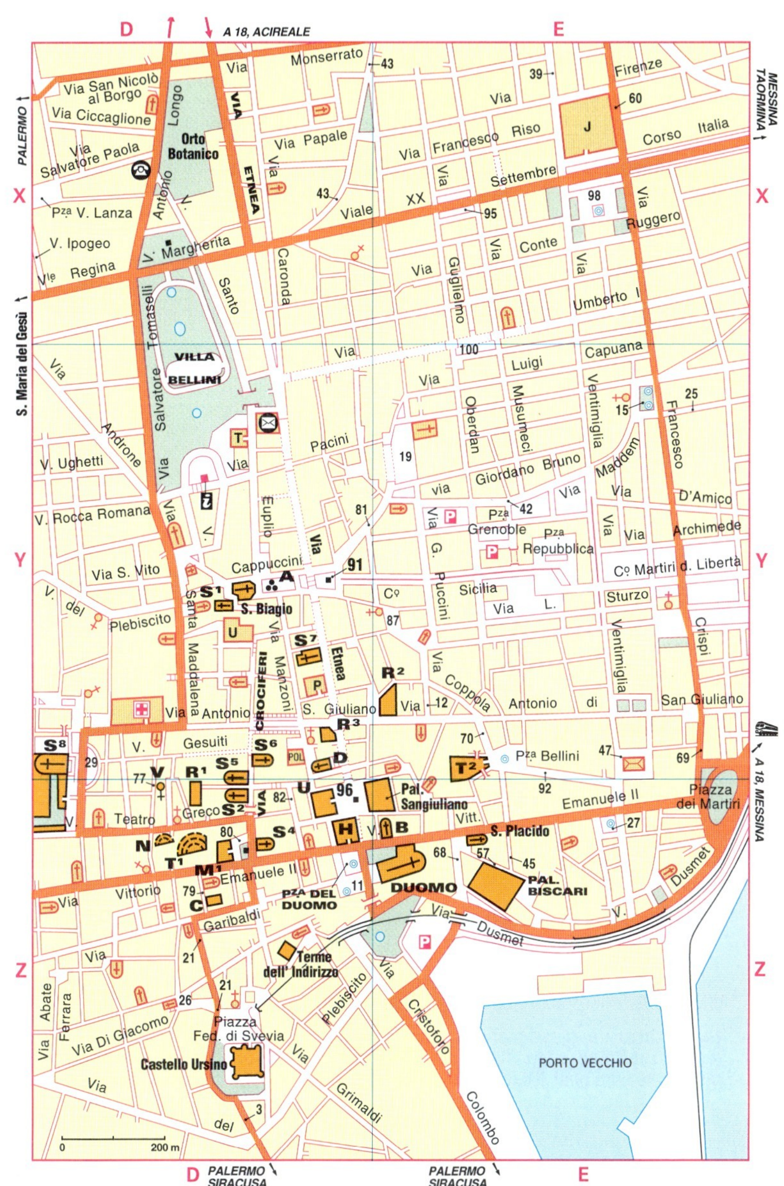

Die Stadtpläne dieses Führers enthalten in erster Linie Hauptstraßen und den Zugang zu Sehenswürdigkeiten. Auf den Kartenskizzen sind die Streckenvorschläge und die Hauptverkehrsstraßen verzeichnet.

CEFALÙ★★

14 045 Einwohner
Michelin-Karte Nr. 432 M 24

Die kleine Fischerstadt Cefalù, in schöner **Lage**★★ zwischen dem Meer und einem felsigen Vorgebirge, besitzt eine herrliche romanische Kathedrale.

★★ **Duomo** ⓥ – Der Bau aus gelblichem Stein entstand in Erfüllung eines Gelübdes, das der Normannenkönig Roger II. (12. Jh.) in Seenot abgelegt hatte. Der zwischen 1131 und 1240 errichtete Bau (er erinnert an St-Étienne von Caen) ist der normannischen Romanik verpflichtet: hohe Mittelapsis mit flachen Seitenapsiden; Westfassade mit quadratischen Doppeltürmen. Die Vorhalle erneuerte im 15. Jh. ein lombardischer Meister; die Katze darauf stellt das Wappentier des Bischofs Gatto (= Katze) dar.
Normannisch ist auch der offene Dachstuhl über zwei von den drei Kirchenschiffen und den Querschiffsemporen. Die Säulen werden von herrlichen **Säulenkapitellen**★★ im sizilianisch-normannischen Stil gekrönt *(s. Einführung, das Kapitel über die Kunst)*. **Wundervolle Mosaiken**★★ schmücken das *Presbiterio*. Ihre Bilder in erstaunlich vielen verschiedenen Farbtönen auf Goldgrund sind der vollendete Ausdruck der spätbyzantinischen Kunst des 12. Jh.s. In der oberen Zone erkennt man Christus als Pantokrator (Weltenherrscher); darunter sind in drei Reihen die Jungfrau Maria mit vier Erzengeln und die 12 Apostel angeordnet. Erst im 13. Jh. entstanden die Engelsmosaiken der Kuppel und die der Propheten an den Seitenwänden.
Man beachte im Chor rechts den Bischofsthron, links den Königsthron; beide sind aus Marmor und mit Mosaiken verziert.

Museo Mandralisca ⓥ – Es liegt in der gegenüber dem Dom beginnenden malerischen Via Mandralisca und verfügt insbesondere über ein bemerkenswertes ***Männerbildnis***★ von Antonello da Messina.

Isole EGADI★

ÄGADISCHE INSELN

4 621 Einwohner
Michelin-Karte Nr. 432 M/N 18/19

Der kleine Archipel besteht aus den Inseln Favignana, Levanzo und Marettimo und ist Trapani vorgelagert.
Die wilde Schönheit seiner Landschaft und Küsten und das besonders klare Wasser machen seinen Reiz aus. Auf den Ägadischen Inseln schlossen Römer und Karthager 241 v. Chr. den Frieden, der den 1. Punischen Krieg beendete und Sizilien den Römern überließ.

★ **Favignana** – Die kaum 20 km² große Insel hat Schmetterlingsform. Sie wird auf ihrer ganzen Länge von der **Montagna Grossa** durchzogen, einem bis zu 310 m hohen Gebirge, das in steilen, zerklüfteten Hängen zum Meer abfällt.
Die Insulaner sind Meister im Thunfischfang: Bei der fünfzig Tage dauernden Kampagne in den Monaten Mai/Juni werden die Fische in einem weitläufigen Netzesystem gefangen und dann auf nicht ungefährliche Weise mit der Harpune getötet.
Favignana ist der Hauptort der Inselgruppe. Er wird vom Fort Santa Catarina beherrscht, ursprünglich ein Sarazenenturm, den der Normannenkönig Roger II. wieder aufbauen ließ; unter den Bourbonen diente das Fort als Gefängnis.
Östlich des Hafens liegen vom Meer überschwemmte ehemalige **Tuffsteinbrüche**★. Auf Bootsausflügen kann man die Grotten besichtigen, insbesondere die **Grotta Azzurra**★ in der nahen Hafenbucht.

★ **Levanzo** – Zum Aufenthalt eignet sich dieses winzige Eiland von weniger als 6 km² Fläche kaum, denn hier gibt es weder Fahrstraßen noch Quellwasser. Immerhin scheint die Insel in vorgeschichtlicher Zeit besiedelt gewesen zu sein. Vor allem in der **Grotta del Genovese** ⓥ, die man von Cala Dogana aus mit dem Schiff erreicht, sind 1950 entsprechende Spuren entdeckt worden.

★ **Marettimo** – In diesem abseits der Touristenpfade gelegenen malerischen **Hafen**★ *(er besitzt keine Anlegestelle, man muß mit einem Boot vom Schiff an Land gehen)* gibt es nur ein paar Restaurants, aber keine Hotels. Bei der **Inselrundfahrt** mit dem Schiff entdeckt man in den zerklüfteten Felswänden der Küste zahlreiche Grotten.

ANREISE

Ab **Trapani** gibt es tägliche Verbindungen mit den Fähren *(Fahrtdauer 1 bis 2 Std. 45 Min. je nach Insel)* und Tragflächenbooten *(Dauer 15 Min. bis 1 Std.)* von **Siremar** *(Agenzia Mare Viaggi, Via Staiti 61/63, ☎ (0923) 54 05 15, Fax (0932) 20 663)*. Im Sommer verkehrt ein Tragflächenboot der **Ustica Lines** *(☎ (081) 76 12 515)* auf der Strecke Trapani-Favignana-Ustica-Neapel (und zurück). Die Überfahrt von Favignana nach Neapel dauert etwa 6 Stunden.

ENNA★

28 532 Einwohner
Michelin-Karte Nr. 432 O 24

Die etwas herb anmutende Stadt in einer von der Sonne versengten Landschaft wird wegen ihrer **Lage**★★, 942 m hoch im Mittelpunkt der Insel, auch als „Belvedere Siziliens" bezeichnet.

An das Ufer des 10 km entfernten **Pergusa-Sees** verlegt die Sage den Raub der Persephone durch Pluto, den Herrscher über die Unterwelt.

★ **Castello di Lombardia** ⓥ – Die mittelalterliche Burg hat sechs ihrer ursprünglich zwanzig Türme bewahrt. Vom höchsten Turm aus bietet sich ein einzigartiger **Rundblick**★★★ auf das kleine Bergdorf Calascibetta, den Ätna und fast alle Gebirgsketten Siziliens. Hinter der Burg befindet sich an der Stelle, wo einst ein der Demeter geweihter Tempel stand, ein **Aussichtspunkt** (Belvedere), der einen herrlichen **Blick**★ auf Calascibetta und Enna bietet.

Duomo ⓥ – Beim Wiederaufbau im Barockstil (16. und 17. Jh.) blieben die Apsiden aus gotischer Zeit (14. Jh.) erhalten. Die fein gearbeitete **Kassettendecke**★ im Inneren weist an den Enden der „Balken" merkwürdige geflügelte Kreaturen auf.

★ **Torre di Federico (Friedrichsturm)** – *Vom Castello di Lombardia aus gesehen am entgegengesetzten Ende der Via Roma.* Einst hätte man Enna wohl als eine „Stadt der Türme" bezeichnen können, denn es gab wegen der strategischen Lage des Orts hier besonders viele. Der für Friedrich II., errichtete achteckige Bau liegt erhöht in der Mitte eines kleinen Parks.

Isole EOLIE★★★

LIPARISCHE INSELN

12 946 Einwohner
Michelin-Karte Nr. 432 L 25/26/27, K 27

Die Liparischen Inseln werden auch **Äolische Inseln** genannt, da nach der griechischen Sage hier Äolus, der Gott der Winde, wohnte. Die Inselgruppe umfaßt neben kleineren Felseninseln die sieben Hauptinseln Lipari, Vulcano, Alicudi, Salina, Filicudi, Stromboli und **Panarea**. Alle sind sie durch ihren vulkanischen Ursprung, ihre Schönheit, ihr Licht und ihr mildes Klima ungemein reizvoll.
Das sich hier vorzüglich für die Unterwasserjagd eignende, tiefblaue Meer mit seiner sehr verschiedenartigen Fauna (Fliegende Fische, Schwertfische, Schildkröten, Seepferdchen – aber auch Hammerhaie!) machen die Liparischen Inseln zu einem Paradies für den naturliebenden Menschen. Bei **Bootsausflügen** läßt sich die malerisch zerklüftete Küste mit ihren verborgenen und einsamen Buchten bewundern. Die Einwohner leben vom Fischfang, dem Weinbau und der Bearbeitung von Bimsstein (Lipari).

★★ **Isola di Lipari** – Die größte Insel des Archipels besteht aus Felsen vulkanischen Ursprungs, die steil ins Meer abfallen. In der Antike lieferte Lipari große Mengen Obsidian, das schwarze Gesteinsglas aus rasch erkalteter Lava; an der Ostküste wurde Bimsstein gewonnen (eine Aktivität, die immer weiter zurückgeht). Heute baut man hier Getreide und Kapernsträucher an, betreibt Fischfang und gewinnt Bimsstein (an der Ostküste).

ANREISE

Ab **Milazzo** gibt es tägliche Verbindungen mit den Fähren *(Fahrtdauer 1 1/2 bis 4 Std. je nach Insel)* von **Siremar** *(Via dei Mille, ☎ (090) 92 83 242, Fax (090) 92 83 243)* und den Tragflächenbooten *(Dauer 40 Min. bis 2 Std. 45 Min.)* von **Siremar** und **Aliscafi SNAV** *(Via Rizzo 9/10, ☎ (090) 92 87 728, Fax (090) 92 81 798)*.
Aliscafi SNAV unterhält darüber hinaus ganzjährig tägliche Verbindungen ab **Messina** *(Via San Raineri 22, ☎ (090) 77 75, Fax (090) 71 73 58)* und ab **Reggio di Calabria** *(Fährhafen, ☎ (0965) 29 568)* sowie von Juni bis September tägliche Fahrten ab **Palermo** *(Piazza Principe di Belmonte 51/55, ☎ (091) 58 65 33, Fax (091) 58 48 30)* und mehrmals wöchentlich ab **Cefalù** *(Corso Ruggero 47, ☎ (0921) 42 15 95)*.
Ab **Neapel** verkehren zahlreiche Fähren *(14 Std.)* von **Siremar** *(Via Depetris 78, ☎ (081) 55 12 112, Fax (081) 55 12 114)* und in der Hochsaison die Tragflächenboote *(4 Std.)* von **Aliscafi SNAV** *(Via Caracciolo 10, ☎ (081) 76 12 348, Fax (081) 76 12 141)*.

Feuerspeiender Stromboli

Die Stadt **Lipari**★ wird nördlich und südlich von den Buchten Marina Lunga (Strand) und Marina Corta begrenzt. Das alte Viertel mit seinem erhaltenen Mauergürtel aus dem 13. und 14. Jh. und einer von den Spaniern im 16. Jh. auf normannischen Resten erbauten Burg beherrscht das Bild. In der Burg befindet sich heute ein **archäologisches Museum**★★ (Museo Archeologico Eoliano) ⊙ mit Rekonstruktionen bronzezeitlicher Grabstätten sowie einer schönen Sammlung von **Kratern mit roten Figuren**★, **Amphoren**★ und **Theatermasken**★★ aus Terrakotta.

Ab Marina Corta kann man eine **Schiffsfahrt**★★ zur felsigen Südwestküste unternehmen. Bei der **Inselrundfahrt mit dem Auto**★★ sollte man sich die **Bimssteinbrüche** von Canneto und Campo Bianco ansehen. Das Vorgebirge **Le Puntazze** bietet eine weite, die fünf Inseln Alicudi, Filicudi, Salina, Panarea und Stromboli umfassende Aussicht; am schönsten ist diese jedoch beim Belvedere von **Quattrochi**, wo sich eines der herrlichsten **Panoramen**★★★ der ganzen Inselgruppe bietet.

★★★ **Vulcano** – Auf dieser durch die Tätigkeit von vier Vulkanen entstandenen 21 km^2 großen Insel befand sich nach der Mythologie die Schmiede des Vulcanus, des Gottes des Feuers. Obwohl seit 1890 hier kein Vulkanausbruch mehr stattgefunden hat, ist die vulkanische Tätigkeit immer gegenwärtig. Sie zeigt sich in Form von Rauchspalten, ausströmenden Gasen (manchmal unter dem Meer) oder im Ausbruch von heißen – wegen ihrer therapeutischen Eigenschaften geschätzten schwefelhaltigen Schlammströmen. Vulcano ist mit den zerklüfteten Küsten, öden Landstrichen und den durch Spuren von Schwefel, Eisenoxyden und Alaun erstaunlich gefärbten Böden eine wilde und beunruhigende Insel von ganz besonderem Reiz.

Der Hauptort **Porto Levante** liegt am Fuß des Großen Kraters. Ein von Gasströmen stark erwärmtes Wasser macht seinen Strand und und das Baden hier besonders angenehm.
Einfach überwältigend ist ein **Ausflug zum Gran Cratere**★★★ *(etwa 2 Std. hin und zurück)*, einerseits wegen des Kratererlebnisses selbst, andererseits aber auch wegen der herrlich weiten Ausblicke über die gesamte Inselgruppe. Vom **Capo Grillo** umfaßt die Sicht mehrere Inseln.
Die **Inselrundfahrt mit dem Schiff** *(ab Porto Ponente)* bietet eine Fülle von überraschenden Ansichten und Perspektiven, vor allem an der Nordwestküste, wo die Lava zahlreiche Basaltnadeln und -klippen gebildet hat.

Kleine Schwächen, große Genießer

Das Restaurant **Filippino** *(Piazza del Municipio, ☏ (090) 98 11 002)* ist auf der Insel eine echte Institution, die seit fast hundert Jahren die Tradition der heimischen Küche pflegt. Ein Menü kostet etwa 70 000 L.
Köstliche *Cannoli* (Blätterteigrollen mit Ricotta-Käse, Zucker und kandierten Früchten gefüllt, die im Ofen oder in der Pfanne gebacken werden), Cassata und Eisvariationen erwarten Sie in der Konditorei **Subba** *(Corso Vittorio Emanuele 92)*.

Tips und Adressen

★★★ **Stromboli** – Der Vulkan Stromboli, von weitem an seiner Rauchfahne kenntlich, bildet eine unwirtliche, fast straßenlose Insel. Auf den wenigen landwirtschaftlichen Nutzflächen wachsen die Trauben für den feurigen Malvasiawein. Die kleinen, weiß gekalkten Häuser haben ausgesprochen maurischen Charakter.
Der **Krater**★★★ des 924 m hohen Vulkankegels ist häufig aktiv. Seine donnernden Explosionen werden von Ausbrüchen flüssiger Lava begleitet. Man kann das Schauspiel aus der Nähe betrachten und zum Krater hinaufwandern *(etwa 5 Std. hin und zurück, beschwerlicher Weg, es empfiehlt sich, einen Führer mitzunehmen)*. Auch vom Boot aus ist es möglich, dem Fluß der Schlacke- und Lavamassen beizuwohnen, die sich, einer Feuerschleppe gleich, als sogenannte *Sciara del fuoco* zum Meer hinunterwälzen – ein besonders nachts großartiges, unvergeßliches Naturschauspiel.
Neben dem Stromboli ragt die malerische Felseninsel **Strombolicchio** aus dem Meer. Ihr Gipfel ist über eine sehr steile Treppe zugänglich und bietet einen herrlichen Ausblick auf den Stromboli, die Liparischen Inseln sowie die Küsten von Kalabrien und Sizilien.

★ **Salina** – Sechs erloschene Vulkane bilden diese Insel, davon haben zwei ihr typisches kegelförmiges Profil bewahrt. Der höhere der beiden, der **Monte Fossa delle Felci**, ist mit 962 m gleichzeitig die höchste Erhebung der Inselgruppe. Interessant ist eine Fahrt auf der Panoramastraße. Die unteren Berghänge sind mit bebauten Terrassen bedeckt, auf denen Malvasier und Kapernsträucher gedeihen.

ERICE★★

31 077 Einwohner
Michelin-Karte Nr. 432 M 19

Die alte, ursprünglich phönizische, dann griechische Stadt erfreut sich einer unvergleichlich schönen **Lage**★★★ in 750 m Höhe auf dem Eryx-Berg. Sie ist noch mit einer Stadtmauer umgeben und hat im Gewirr der stillen Gassen reizvolle alte Bausubstanz bewahrt.
Erice war in der Antike ein berühmtes Heiligtum: Sein Tempel war nacheinander den Göttinnen Astarte, Aphrodite und Venus geweiht und wurde besonders gern von den Seefahrern besucht.

Castello di Venere – Die Burg wurde im 12. Jh. von den Normannen an der Stelle des Venustempels errichtet und krönt einen Felssporn am Ende des Stadtbergs. Von hier und dem nahen Park (Giardino del Balio) bietet sich eine herrliche **Aussicht**★★, bei klarem Wetter bis hinüber zur tunesischen Küste.

★ **Chiesa Madre** – Die Kirche wurde im 14. Jh. mit Steinen des Venustempels gebaut; die Vorhalle kam im 15. Jh. hinzu. Schmuckelemente des zinnengekrönten Campanile neben der Kirche sind zierliche Zwillingsbogenfenster (13. Jh.).

ETNA★★★

ÄTNA

Michelin-Karte Nr. 432 N 26/27 – Höhe etwa 3 340 m

Der Ätna ist der größte noch tätige Vulkan Europas. Außerdem ist er der höchste Berg Siziliens und bis spät ins Frühjahr hinein mit Schnee bedeckt. Er entstand gleichzeitig mit der Ebene um Catania durch vulkanische Tätigkeit am Grabenbruch zwischen der europäischen und afrikanischen Platte, wahrscheinlich an der Stelle einer Meeresbucht. Die Ausbrüche des Ätna sind seit dem Altertum bekannt. 1669 ereignete sich die furchtbarste Katastrophe: die Lavaströme flossen bis zum Meer und zerstörten Catania. Die bemerkenswertesten Ausbrüche der letzten Zeit waren 1910, als sich 23 neue Krater bildeten, 1917, als ein Lavastrahl 800 m hoch geschleudert wurde, und 1923, als der Lavafluß 18 Monate später noch warm war. Die letzten größeren Eruptionen fanden 1971, 1974, 1978, 1979, März 1981, März 1983, 1985 und 1991 statt.
1987 wurde der 59 000 ha große **Parco dell'Etna** gegründet. Der Gipfelkrater ist fast immer mit Gasen und Dämpfen gefüllt, die als Wolke über dem Bergkegel stehen und ihn im Umkreis von 250 km anzeigen.
An den unteren Hängen des Vulkans wachsen Orangen-, Mandarinen-, Zitronen- und Olivenbäume; hier gedeiht auch ein köstlicher Wein. Ab 500 m Höhe trifft man Kastanienbäume an, die weiter oben von Eichen, Buchen, Birken und Fichten abgelöst werden. Ab einer Höhe von 2 100 m verschwindet die Vegetation fast gänzlich, nur auf den Hängen der Nebenkrater sind zwischen porösen Schlacken und Bimsstein gelegentlich einige **Dornensträucher** *(Astragalus siculus)* auszumachen.

★★★ **Aufstieg auf den Ätna** – Der Aufstieg auf den Ätna kann über die Südflanke ab Catania über Nicolosi erfolgen oder über die Nordostflanke ab Taormina über Linguaglossa. *Warme Kleidung und festes Schuhwerk sind empfehlenswert.*

Aufstieg über die Südflanke ⓥ – Die Exkursion, teils mit der Seilbahn, teils im Geländewagen, führt bis in 3 000 m Höhe und verläuft je nach Zustand des Vulkans anders. Sie endet in der Nähe des grandiosen **Valle del Bove**, das von über 1 200 m hohen Lavawänden begrenzt wird, aus deren Kratern und Spalten Rauch aufsteigt.

Aufstieg über die Nordostflanke ⓥ („Etna-Nord") – Hinter Linguaglossa fährt man durch einen schönen Lariciokiefernwald, dann an Villaggio Mareneve (Wintersport) vorbei. In Piano Provenzana (1 800 m) endet die Fahrstraße. In der Nähe des neuen Observatoriums bietet sich ein herrlicher **Ausblick★★**. Der Aufstieg endet in einer überwältigenden Lavalandschaft, aus der stellenweise Rauchsäulen aufsteigen.

Circumetnea – Diese Ringstraße um den Ätna zeigt den Vulkan in all seinen unterschiedlichen Facetten und führt zudem an einigen interessanten Dörfern vorbei.

LIPARISCHE INSELN

Siehe unter Isole EOLIE

MARSALA

80 689 Einwohner
Michelin-Karte Nr. 432 N 19

Das antike *Lilybaeum* am gleichnamigen Kap im äußersten Westen Siziliens wurde von den Sarazenen zerstört und anschließend unter dem Namen *Marsah el Allah* (Hafen Gottes) wiederaufgebaut. Bekannt ist die Stadt vor allem durch ihren aromatischen Süßwein Marsala, den der englische Kaufmann John Woodhouse im 18. Jh. bekannt machte.
Garibaldi ging 1860 mit eintausend Freiwilligen in roten Hemden in Marsala an Land. Dieser **„Zug der Tausend"** triumphierte über die Bourbonen und befreite den Süden Italiens von deren Herrschaft.

Das Zentrum der Stadt ist um die **Piazza della Repubblica** angeordnet, an der die Kathedrale und das Rathaus liegen.
In Meeresnähe *(Via Boeo)* liegt das **Museo Archeologico di Baglio Anselmi** ⓥ in einer ehemaligen Winzergenossenschaft. Hier ist insbesondere das Wrack eines **punischen Kriegsschiffes★** zu sehen, das in der Nähe von Mozia gefunden wurde *(s. Trapani, Umgebung)*.

MESSINA

262 172 Einwohner

Michelin-Karte Nr. 432 M 28 – Stadtplan im Michelin-Hotelführer ITALIA

Obwohl die von den Griechen *Zankle* genannte Stadt seit ihrer Gründung (um 730 v. Chr.) schon viele Male zerstört wurde, ist Messina heute wieder ein reges Kultur- und Handelszentrum. Weder Erdbeben (das von 1908 zerstörte Messina zu 90% und forderte in der Gegend 80 000 Todesopfer), noch Epidemien oder Krieg konnten die Menschen davon abhalten, wieder bei diesem geschützten Naturhafen zu siedeln und die alten Verbindungen zu den anderen Städten der Insel sowie zum Festland neu anzuknüpfen und aufrechtzuerhalten.

Antonello da Messina

Der 1430 in Messina geborene Maler wurde in Neapel ausgebildet, wo er die Malweise der altniederländischen Schule kennenlernte. Später interessierte er sich für die Entdeckungen seiner toskanischen Künstlerkollegen, die mit Hilfe der Perspektive architektonische Details und überhaupt alles Gegenständliche plastisch voll zur Geltung zu bringen wußten. Das Werk Antonellos zeigt die meisterhafte Umsetzung seiner künstlerischen Absicht: die feindosierte Harmonie seiner Formen und Farbwerte erreicht eine unmittelbar zum Betrachter sprechende Verinnerlichung des Dargestellten. Diese Malweise beeindruckte in der nächsten Generation vor allem die Meister der venezianischen Renaissance, wie Giovanni Bellini und V. Carpaccio, die ihn zum Vorbild nahmen. Antonello starb um 1479 in Sizilien.

★ **Museo Regionale** ⓥ – *An der am Meer entlangführenden Viale della Libertà, an der nördlichen Stadtausfahrt.* Das Museum enthält Skulpturen, kunstgewerbliche Sammlungen und eine Pinakothek. Unter den Skulpturen ist vor allem ein Holzkruzifix vom Ende des 14. Jh.s interessant. Bei den Gemälden verdienen folgende Werke besondere Beachtung: das ***Polyptychon des hl. Gregor*** (1473) von Antonello da Messina, dessen Bildkomposition toskanische und altniederländische Einflüsse vereint; von Colyn de Coter (Ende 15. Jh.) eine ***Kreuzabnahme*** und zwei Gemälde von Caravaggio (***Anbetung der Hirten*** und ***Auferweckung des Lazarus***), die er in seinen letzten Lebensjahren, zwischen 1608 und 1610, schuf; die **Berline des Senats**★ von 1742 ist sehr sorgfältig ausgeführt.

Duomo – Der durch das Erdbeben von 1908 und die Bombenangriffe von 1943 fast völlig zerstörte Dom wurde im ursprünglichen normannischen Stil des 12. Jh.s wiederaufgebaut. Man betritt ihn durch das mit zartem Skulpturenschmuck verzierte **Hauptportal**★ aus dem 15. Jh. Der 60 m hohe Glockenturm neben dem Gebäude trägt eine 1933 in Straßburg gebaute **astronomische Uhr**★; sie gilt als die größte der Welt.

Santissima Annunziata dei Catalani – *Die auf der rechten Seite des Doms beginnende Via Lepanto zur Via Cesare Battisti fahren.* Die im Jahre 1100 unter der Herrschaft der Normannenkönige errichtete und im 13. Jh. umgebaute Kirche ist nach ihren Stiftern, den katalonischen Kaufleuten, benannt. Ihre ***Apsis***★ zeigt den typisch normannischen Kompositstil, in dem sich romanische (Blendarkaden auf kleinen Säulen), arabische (geometrische Motive aus buntem Stein) und byzantinische Elemente (Tambourkuppel) vereinen.

Die Kollektion Der Grüne Reiseführer informiert über:
Landschaften
Kunst- und Naturdenkmäler
malerische und interessante Strecken, Rundfahrten
Erdkunde
Geschichte, Kunst
Ferienorte.
Außerdem enthalten sie Stadt- und Gebäudepläne
und viele praktische Hinweise.

MONREALE★★★

29 122 Einwohner
Michelin-Karte Nr. 432 M 21

Die Stadt Monreale liegt beherrschend oberhalb der Küstenebene von Palermo (Conca d'Oro). Sie entstand um eine berühmte von Normannenherrscher Wilhelm II. im 12. Jh. gestiftete **Benediktinerabtei.**

★★★ **Duomo** ✓ – Am skulpturengeschmückten Mittelportal ist noch die wunderschöne, mit figürlichen Reliefs verzierte **Bronzetür**★★ (1185) des Meisters Bonanus von Pisa erhalten. Mehr vom byzantinischen Stil beeinflußt scheint die Bronzetür des linken **Seitenportals**★, ein Werk des Barisanus aus Trani (12. Jh.). Kunstvoll verschlungene Blendarkaden, von arabischem Kunstsinn inspiriert, zieren das **Chorhaupt**★★.

Die prachtvolle Innenausstattung (Marmorintarsien, Malerei) des auf basilikalem Grundriß errichteten Doms wird überstrahlt von den herrlichen **Mosaiken**★★★ aus dem 12. und 13. Jh.

Sie bedecken Apsisgewölbe und Wände bis unter den offenen Dachstuhl und bilden die Geschichten des Alten und Neuen Testaments in einem vollständigen Zyklus ab. Sie kulminieren im **Christus Pantokrator**, der Erlösungshoffnung des Jüngsten Tages. Über dem Bischofsthron ist im Altarraum der Stifter dargestellt, der Normannenkönig Wilhelm II., der die Kirche der Jungfrau Maria übergibt.

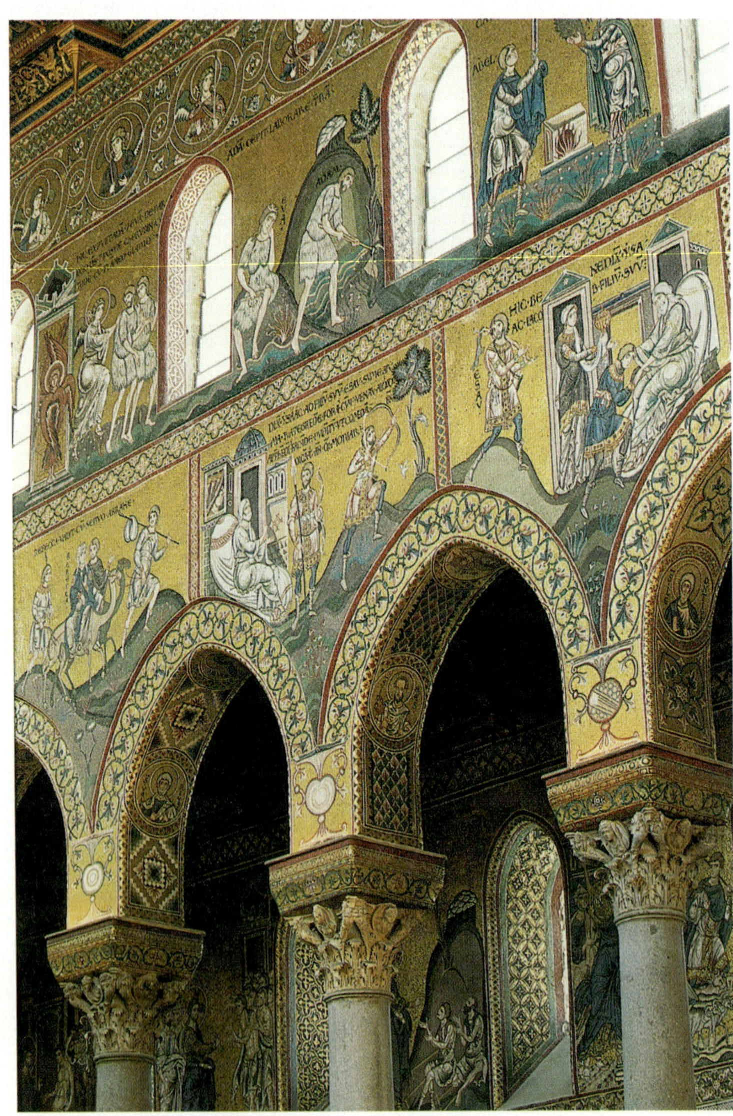

Mittelalterliches Bilderbuch: Mosaiken im Dom

Gegenüber erkennt man oberhalb des Königsthrons nochmals Wilhelm II., wie er aus den Händen Christi seine Krone erhält, Symbol für Herrschaft und ewiges Leben.

★★★ **Aufgang zu den Terrassen** - Die Domterrassen bieten eine wundervolle **Aussicht**★★ auf den Kreuzgang und die Conca d'Oro.

★★★ **Chiostro (Kreuzgang)** ⓥ - Nicht weniger berühmt ist der rechts des Doms gelegene Kreuzgang. Von hier aus sieht man die Kirche in ihrer ganzen Pracht. An der Südseite befindet sich das Brunnenhaus mit dem originellen Brunnen der Mönche. Die gestelzten Spitzbögen ruhen auf Doppelsäulen, deren Kapitelle mit erstaunlicher Freiheit bearbeitet sind.

NOTO★

21 818 Einwohner
Michelin-Karte Nr. 432 Q 27

Nachdem das Erdbeben von 1693 das alte Noto, eine Gründung der Sikuler, vollständig zerstört hatte, wurde der Ort in 10 km Entfernung vom alten Siedlungsgebiet wieder aufgebaut. An den im Schachbrettsystem angelegten Straßen erheben sich zahlreiche noble Barockbauten, Kirchen, Paläste und Monumente. Ihr weißer Kalkstein aus der Gegend hat mit der Zeit einen warmen gelblichen Farbton angenommen. Unter den Baumeistern der Stadt verdient besonders **Rosario Gagliardi** Erwähnung.

Das barocke Zentrum - Es erstreckt sich um den **Corso Vittorio Emanuele**, der sich an drei Stellen zu Plätzen erweitert. An diesen Plätzen erheben sich die Fassaden von drei monumentalen Kirchen in einem imposanten und offenen Barockstil: **San Francesco all'Immacolata** ⓥ und die **Kathedrale**★★ (ihre Kuppel und ein großer Teil des Hauptschiffes sind 1996 eingestürzt) auf der zauberhaften **Piazza Municipio**★ sowie **San Domenico**★ ⓥ. Rechts vor der Kirche verläuft die **Via Corrado Nicolaci**★. Die leicht abfallende, von Palästen mit schönen Balkonen gesäumte Straße wirkt wie eine Bühnendekoration, in deren Hintergrund sich die Kirche Montevergine erhebt. Besonders beachtenswert ist der **Palazzo Nicolaci di Villadorata** mit seinen phantasievollen **Balkonen**★★★.

PALERMO★★★

728 843 Einwohner
Michelin-Karte Nr. 432 M 21/22
Plan Palermo und Umgebung im Michelin-Hotelführer ITALIA

Siziliens Hauptstadt und wichtigster Hafen liegt an einer weiten Bucht, die im Norden vom Monte Pellegrino, im Süden vom Kap Zafferano begrenzt wird. Sie erhebt sich am Rand einer von Hügeln im Halbrund umschlossenen fruchtbaren Ebene, **Conca d'Oro** genannt und mit Zitrusplantagen bedeckt.

GESCHICHTLICHES

Von den Phöniziern gegründet und später Rom und Byzanz untertan, stand Palermo von 831 bis 1072 unter der Herrschaft der Sarazenen. Diese hinterließen der Stadt ein orientalisches Gepräge, das in den exotischen Gärten, den Kuppeln mancher Gebäude, dem dortigen Menschenschlag und der typischen Sinnesart der Einwohner erkennbar geblieben ist. Die Normannen eroberten Palermo im Jahre 1072. Ihr baufreudiger König **Roger II.** wählte es zur Hauptstadt seines Reichs. Seine Architekten verstanden es, den normannischen Stil mit den überlieferten Dekorationsformen der Sarazenen und Byzantiner zu verschmelzen, so daß die Regentschaft Rogers II. in Palermo zu einem Goldenen Zeitalter der Kunst wurde. Danach führten der Staufer Friedrich II. und das Haus Anjou die Gotik (13. Jh.) ein. Nach drei Jahrhunderten spanischer Herrschaft verliehen die Bourbonenkönige von Neapel der Stadt einen barocken Charakter.

Die Sizilianische Vesper – Nach dem Untergang der Staufer übergab der Papst die Insel Karl I. von Anjou (1266). Doch bereits 1282 kam es am Ostermontag (oder -dienstag) beim Vesperläuten zur Volkserhebung. Den äußeren Anlaß dazu hatten die Franzosen, die von den Italienern *Tartaglioni* (Stammler) genannt wurden, durch Belästigung einer jungen Palermitanerin in der Kirche Santo Spirito gegeben... Alle Franzosen, die das Wort „cicero" (= Kichererbse) nicht korrekt aussprechen konnten, wurden ermordet. Der Gouverneur Jean de St-Rémy mußte sich die Belagerung seines Palastes in der Via Alloro gefallen lassen.

VOM PLATZ QUATTRO CANTI ZUM PALAZZO DEI NORMANNI *Dauer: 3 Std.*

Der Gang durch den historischen Stadtkern beginnt mit zwei schönen, belebten Plätzen im Zentrum Palermos und endet beim Palazzo dei Normanni, wo heute wie einst die Politik gemacht wird.

★ **Quattro Canti** (**BY**) – *Schnittpunkt der Via Vittorio Emanuele und der Via Maqueda*. Die „Vier Ecken", die dem Platz seinen Namen gegeben haben, sind abgeschrägt und mit Statuen und Brunnen geschmückt. Die Anlage ist ein schönes Beispiel für den spanischen Barock des frühen 17. Jh.s. In der Kirche **San Guiseppe ai Teatini** sollte man sich die effektvolle **Barockausstattung**★ ansehen.

★ **Piazza Pretoria** (**BY**) – Hier erhebt sich ein monumentaler, mit vielen Marmorstatuen geschmückter **Brunnen**★★, das Werk eines Florentiner Bildhauers des 16. Jh.s. Eine Seite des Platzes nimmt der **Palazzo Pretorio** (**H**) (das heutige Rathaus) ein.

Die Pracht der Piazza Pretoria kommt bei Nacht noch besser zur Geltung

PALERMO ERLEBEN

Anreise – Am schnellsten kommt man mit dem **Flugzeug** nach Palermo. Der Flughafen **Falcone-Borsellino** (vormals „Punta Rais", ☎ (091) 70 20 111) liegt 30 km nördlich der Stadt, an der Autobahn A 29. Verschiedene Fluggesellschaften fliegen Palermo an, allerdings ausschließlich im Rahmen von Inlandsflügen. Vom Ausland muß man praktisch immer in Rom umsteigen. Zwischen dem Flughafen und der Stadt verkehren Busse (Abfahrt jede halbe Stunde, von 5 Uhr morgens bis zur Ankunft des letzten Fluges), die in der Viale Lazio, an der Piazza Ruggero Settimo vor dem Politeama-Theater und am Hauptbahnhof vor dem Hotel Elena haltmachen. Die Fahrt dauert ca. 1 Stunde und kostet 6 500 L (einfache Fahrt). Nähere Auskünfte erhalten Sie unter ☎ (091) 58 04 57 oder (091) 58 63 51.
Tägliche Verbindungen mit der **Autofähre** gibt es nur ab **Neapel**. Die Fahrt dauert 11 Stunden *(Tirrenia Navigazione, Stazione Marittima, Molo Angioino, ☎ (081) 25 41 711, Fax (081) 25 14 767)*. Von April bis Oktober verkehren zusätzlich Luftkissenboote, die für die Überfahrt nur 4 Std. 30 Min. brauchen *(SNAV, Via Caracciolo 10, ☎ (081) 76 12 348, Fax (081) 76 12 141)*. Ab **Genua** fährt nur an bestimmten Tagen eine Fähre oder ein Luftkissenboot nach Palermo. Die Fahrt dauert 24 Std. *(Tirrenia Navigazione, Stazione Marittima, Pontile Colombo, ☎ (010) 26 981, Fax (010) 26 98 241)* bzw. 20 Stunden *(Grand Navi Veloci, Via Fieschi 17, ☎ (010) 58 93 31, Fax (010) 55 09 225)*. Das gleiche gilt für **Livorno** (17 Stunden Überfahrt, *Grandi Navi Veloci, Varco Galvani Darsena 1, ☎ (0586) 40 98 04, Fax (0586) 42 97 17*). Einmal wöchentlich besteht eine Verbindung ab **Cagliari** *(Tirrenia Navigazione, Agenzia Agenave, Via Campidano 1, ☎ (070) 66 60 65, Fax (070) 66 38 53)*.

Verkehrsmittel in der Stadt – Wegen des dichten Verkehrs und der beschränkten Parkmöglichkeiten wird davon abgeraten, das Auto zu benutzen. Außerhalb der Innenstadt gibt es mehrere große Parkplätze *(siehe Plan von Palermo und Umgebung im roten Michelin-Hotelführer ITALIA)*. Auch in der Via Lincoln, direkt neben dem Orto Botanico und unweit der Piazza della Kalsa, gibt es gute Parkmöglichkeiten.
Am besten kommt man immer noch mit dem Bus voran bzw. mit dem Taxi, bei größeren Entfernungen, und natürlich mit den eigenen zwei Beinen, sobald man in dem Viertel angekommen ist, das man besichtigen will.

Bus – Es gibt Stundentickets (1 500 L) oder Tageskarten (5 000 L), die sich bei mehr als drei Fahrten täglich lohnen.

Taxi – Autoradio Taxi *(☎ (091) 51 27 27)* und Radio Taxi Trinacria *(☎ (091) 22 54 55)*.

Märkte – Die interessantesten und malerischsten Märkte sind gewiß die Lebensmittelmärkte, die mit ihren bunten Planen und farbenfrohen Auslagen (hier sind besonders die Obst- und Gemüsestände sowie die Fischtheken sehenswert), die nur von nackten Glühbirnen erhellt werden, große Menschenmengen anziehen. Der bekannteste Lebensmittelmarkt Palermos ist der **Vucciria**, auf dem ein buntes und lautes Treiben herrscht. Er findet jeden Morgen (außer Sonntag) bis 14 Uhr in der Nähe des alten Hafens (La Cala), in der Via Cassari-Argenteria und den umliegenden Straßen bis fast zur Piazza San Domenico, statt. Auch der Lebensmittelmarkt **Ballarò** im Viertel um die Piazza del Carmine und der **Capo**-Markt sind gut besucht (auf dem ersten Abschnitt, um die Piazza Beati Paoli, werden Lebensmittel verkauft, auf dem zweiten Abschnitt, in der Via Sant'Agostino und der Via Baniera, Kleidungsstücke).

Übernachten in Palermo

Eine vollständige Auswahl der Hotels in Palermo finden Sie im aktuellen roten Michelin-Hotelführer ITALIA. Die im folgenden aufgeführten Adressen wurden wegen ihres besonders günstigen Preis-Leistungsverhältnisses, ihrer guten Lage oder ihres speziellen Reizes ausgesucht. Sie sind unterteilt in drei Preiskategorien auf der Grundlage des Preises für ein Doppelzimmer. Innerhalb der Kategorie ist die Reihenfolge alphabetisch *(zum Auffinden siehe Stadtplan)*. Wir raten Ihnen dringend, die Preise vorher telefonisch zu erfragen und lange im voraus zu reservieren, da besonders in den günstigeren Hotels der Andrang recht groß ist.

Zu den Hotel- und Preiskategorien siehe S. 478

„GUT & PREISWERT"

Hotel Azzuro di Lampedusa (**BY ⓔ**) – *Via Roma 111, ☎ (091) 61 71 409. 12 Zimmer. Kreditkarten werden akzeptiert.* Dieses kürzlich umgebaute Hotel im 5. Stock (mit Aufzug) eines Palais im historischen Stadtzentrum ist wegen seiner äußerst günstigen Preise besonders interessant.

Hotel Gardenia (**BX** ⓐ) – *Via Marino Stabile 136,* ☎ *(091) 32 27 61. 10 Zimmer mit Klimaanlage, Hotelgarage (20 000 L°). Kreditkarten werden akzeptiert.* Der Familienbetrieb befindet sich im 7. Stock (Aufzug) eines Palazzo in der Altstadt.

Hotel Moderno (**BY** ⓝ) – *Via Roma 276,* ☎ *(091) 58 86 83. 38 Zimmer mit Klimaanlage. Kreditkarten werden akzeptiert.* Das einfache, aber gut geführte Hotel liegt im 3. und 4. Stock eines Gebäudes mit Aufzug.

Hotel Posta (**BY** ⓒ) – *Via Gagini 77,* ☎ *(091) 58 73 38, Fax (091) 58 73 47. 27 klimatisierte Zimmer. Kreditkarten werden akzeptiert.* Ein Familienbetrieb, schlicht und gepflegt.

„UNSERE EMPFEHLUNG"

Massimo Plaza Hotel (**BY** ⓢ) – *Via Maqueda 437,* ☎ *(091) 32 56 57, Fax (091) 32 57 11. 15 Zimmer mit Klimaanlage. Kreditkarten werden akzeptiert.* Das kleine Hotel ist im 1. Stock eines Gebäudes gegenüber dem Theater Massimo untergebracht und verbindet Eleganz und vornehmen Stil mit modernster Geräuschisolierung.

Principe di Villafranca (**AX** ⓔ) – *Via Turrisi Colonna 4,* ☎ *(091) 61 18 523, Fax (091) 58 87 05. 34 Zimmer.* Das Hotel steht in dem ehemaligen berühmten Garten der Fürsten von Villafranca. Die eleganten Zimmer sind mit antiken Möbeln und allem Komfort ausgestattet. Die Gemeinschaftsräume sind besonders erlesen eingerichtet.

„SPITZENKATEGORIE"

Centrale Palace Hotel (**BY** ⓘ) – *Corso Vittorio Emanuele 327,* ☎ *(091) 33 66. 63 Zimmer mit allem nur erdenklichen Komfort. Kreditkarten werden akzeptiert.* In dem Nobelhotel, das in einem Palais aus dem späten 18. Jh. untergebracht ist, tut man alles für das Wohlbefinden des Gastes. Die Gemeinschaftsräume sind äußerst stilvoll eingerichtet, besonders das Panoramarestaurant im ersten Stock.

Essen und Trinken

TRADITIONELLE RESTAURANTS

Capricci di Sicilia (**BX**) – *Via Istituto Pignatelli an der Ecke zur Piazza Sturzo,* ☎ *(091) 32 77 77. Geschlossen: Montag und im August.* Ein einfaches Lokal, in dem man eine reichhaltige Auswahl an einheimischen Gerichten hat.

Trattoria Biondo (**AX**) – *Via Carducci 15 (nördlich der Piazza Castelnuovo),* ☎ *(091) 58 36 62. Geschlossen: Mittwoch und vom 15. Juli bis 10. September.* Ein ansprechendes und ruhiges Restaurant, das für seine Pilzvariationen berühmt ist.

Santandrea (**BY**) – *Piazza S Andrea 4,* ☎ *(091) 33 49 99. Geschlossen: Dienstag und im Januar.* Das Lokal liegt inmitten des Vucciria-Marktes und bietet klassische sizilianische Küche.

Tonnara Florio – *Discesa Tonnara 4, Stadtviertel Arenella (außerhalb des Plans).* Das schöne Jugendstilgebäude, das allerdings durchaus eine Renovierung vertragen könnte, besitzt einen hübschen Garten. Einige der Räume dienten früher der Lagerung von Fischerbooten oder der Verarbeitung von Thunfisch. Das Haus wurde umgebaut und beherbergt heute eine Diskothek und eine Pizzeria (in den Räumen der Thunfischverarbeitung, die mit einigen Fischereigeräten und Andenken der Familie Florio ausgeschmückt sind).

FÜR DEN KLEINEN HUNGER ZWISCHENDURCH

Die am weitesten verbreiteten Spezialitäten sind *sfinciuni* (ein *sfincione* ist eine Pizza mit Tomaten, Sardellen, Zwiebeln und Paniermehlkruste), *panino con la milza* (Brötchen mit Innereien) und *panelle* (gebratener Teig aus Kichererbsenmehl), die man auch oft auf den Märkten angeboten bekommt. In der **Antica Focacceria San Francesco**, mitten im mittelalterlichen Stadtkern gegenüber der Kirche gleichen Namens, kann man *focacce farcite* (gefüllte Teigtaschen), *arancini di riso* (sieht aus wie eine Apfelsine, ist aber Risotto), *torte salate* (eine Art Quiche), *ricotta fritta* (gebratener Quark aus Schafsmilch) und *sfincione* kosten. Sie besitzt außerdem im Innern eine schöne alte Einrichtung mit Marmortischen und einem alten Ofen als Theke.
Bei einem Besuch des Viertels um die Viale della Libertà sollten Sie unbedingt eines der Panini von **Di Martino** *(Via Mazzini 54)* kosten.

Ratschlag für Genießer – Von den zahlreichen verlockenden Konditoreien sind zwei ganz besonders empfehlenswert: **Oscar** *(Via Mariano 39)*, deren bekannteste Spezialität die Torta Devil ist, und die **Bar Costa** *(Via G. D'Annunzio 15)*, die für ihre Leckereien aus Orangen- und Zitronencreme bekannt ist. Daneben sind die **Pasticceria Scimone** *(Via Miceli 18)* und die legendäre **Pasticceria Mazzara** *(Via Generale Magliocco 15)*, in der Giuseppe Tomasi di Lampedusa regelmäßig einzukehren pflegte, einen Besuch wert.

★★ **La Martorana** ⓥ (**BY**) - Der Name der Kirche lautet eigentlich Santa Maria dell'Ammiraglio, nach ihrem Stifter, einem Admiral König Rogers II. Die Kirche von 1143 wurde im 16. und 17. Jh. verändert (Errichtung einer Barockfassade an der linken Kirchenseite).
Durch die Vorhalle aus dem 12. Jh. betritt man das Gotteshaus, dessen ältester Teil mit herrlichen byzantinischen **Mosaiken**★★ ausgeschmückt ist. Darauf sind Szenen des Neuen Testaments dargestellt *(Verkündigung, Christi Geburt, Marientod)*; in der Apsis *Christus als Pantokrator.* Auf den Mosaiken an den Enden der Seitenschiffe sind König Roger (von Christus gekrönt) und Admiral Georg von Antiochien (zu Füßen der Gottesmutter) zu erkennen.

★★ **San Cataldo** ⓥ (**BZ**) - Diese ebenfalls aus dem 12. Jh. stammende Kirche erinnert durch ihren strengen rechteckigen Grundriß, die drei wie „Eunuchenkappen" gestalteten Kuppeln, die zierlichen Zinnen als Wandabschluß und die mit durchbrochenen Steinplatten ausgefüllten Fenster der Fassade an den arabischen Baustil.
Wegen der drei roten Kuppeln von San Cataldo hat die kleine **Piazza Bellini**★, an der die beiden Kirchen stehen, etwas Maurisches, was auch für andere Stellen in Palermo gilt.

★ **Cattedrale** ⓥ (**AYZ**) - Sie wurde Ende des 12. Jh.s im sizilianisch-normannischen Stil erbaut und in der Folgezeit mehrmals verändert (im 15. Jh. kam die südliche Vorhalle hinzu, im 18. Jh. die Kuppel). Immerhin ist die für den sizilianisch-normannischen Stil typische geometrische Verzierung in den **Apsiden**★ erhalten geblieben. Der Innenraum der Kathedrale wurde im 18. Jh. vollständig erneuert. Hier stehen zur Rechten die Sarkophage Friedrichs II. und anderer Herrscher aus den Häusern Hohenstaufen, Anjou und Aragonien.
Der sehenswerte **Kirchenschatz** (Tesoro) ⓥ enthält die herrliche **Kaiserkrone**★ der Konstanze von Aragonien.

★★ **Palazzo dei Normanni** (**AZ**) - Vom weitläufigen Palast, den die Normannen auf den Resten einer Sarazenenfestung errichteten, sind nur der mittlere Teil und der mächtige Torre Pisana erhalten.
Als ein vollendetes Beispiel für die verfeinerte Kunst dieser Epoche zeigt sich jedoch die **Cappella Palatina**★★★ (Palastkapelle) ⓥ im ersten Stock. Sie wurde unter der Herrschaft von Roger II. zwischen 1130 und 1140 mit einer wunderschönen arabisch-normannischen Dekoration erbaut. Zehn antike Säulen unterteilen das Gebäude in drei Hauptschiffe. Die oberen Wandpartien, Apsiden und die Kuppel sind mit golden schimmernden **Mosaiken**★★★ bedeckt und in ihrer Pracht denen von Ravenna und Konstantinopel ebenbürtig; sie gehören zum Schönsten, was diese Kunstgattung in Europa hervorgebracht hat. Der Marmorfußboden, die Stalaktitendecke und die reich verzierte Kanzel runden das Bild ab.
Im zweiten Stock befinden sich die **ehemaligen königlichen Gemächer**★★ ⓥ mit dem **Saal des Königs Roger II.**★★ aus dem 12. Jh., der mit Mosaiken mit Jagdszenen geschmückt ist.

★★ **San Giovanni degli Eremiti** ⓥ (**AZ**) - Nur wenige Schritte vom Palast entfernt, ist diese Kirche inmitten eines Gartens eine kleine, grüne Oase, in die der Verkehrslärm kaum noch durchdringt. Die Kirche wurde 1132 im Auftrag Rogers II. von arabischen Architekten errichtet und mit rosafarbenen Kuppeln überwölbt. Daneben ein bezaubernder exotischer Garten und darin ein **Kreuzgang** (13. Jh.), dessen zierliche Arkaden von Zwillingssäulen getragen werden.

VON SAN FRANCESCO ZUM PALAZZO ABATELLIS

Die Hauptverkehrsader Via Vittorio Emanuele teilt die Stadt: nördlich, an der Piazza Caracciolo, wird an jedem Vormittag (außer an Sonntagen) der typische Markt **Vucciria** (**BY**) abgehalten. Südlich erstreckt sich eine ruhigere Gegend mit vielen alten Palais und Kirchen, die zu Entdeckungstouren einlädt.

★ **San Francesco d'Assisi** ⓥ(**CY**) - Die im 13. Jh. errichtete Vorgängerkirche wurde im Zweiten Weltkrieg zerstört und im alten Stil wieder aufgebaut. Besonders schön sind das original erhaltene **Portal**★ und die Fensterrose der Fassade. Im schlichten, weiten Innenraum stehen acht allegorische Figuren von Serpotta.

★★★ **Oratorio di San Lorenzo** (**CY N[4]**) - Die Kapelle ist das späte Meisterwerk von **Giacomo Serpotta**. Das Innere ist mit puppenspielartigen Szenen aus dem Leben des heiligen Franziskus (rechte Seite) und des heiligen Laurentius (linke Seite) ausgeschmückt. Die Figuren sind reizende jubilierende Putti in seltsamen Posen und mit wunderlichen Gesichtsausdrücken.

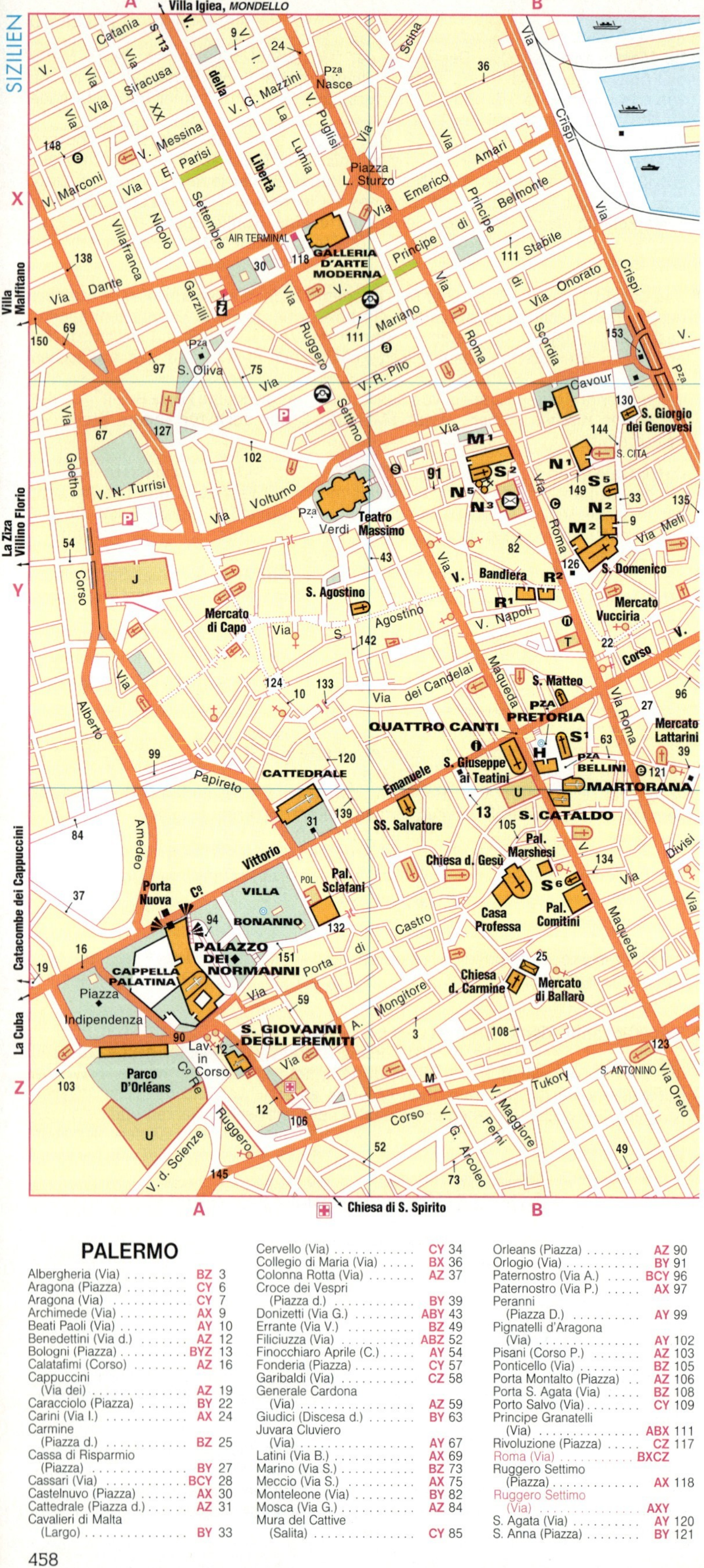

PALERMO

Albergheria (Via) . . . . BZ 3
Aragona (Piazza) . . . . CY 6
Aragona (Via) . . . . CY 7
Archimede (Via) . . . . AX 9
Beati Paoli (Via) . . . . AY 10
Benedettini (Via d.) . . . . AZ 12
Bologni (Piazza) . . . . BYZ 13
Calatafimi (Corso) . . . . AZ 16
Cappuccini
(Via dei) . . . . AZ 19
Caracciolo (Piazza) . . . . BY 22
Carini (Via I.) . . . . AX 24
Carmine
(Piazza d.) . . . . BZ 25
Cassa di Risparmio
(Piazza) . . . . BY 27
Cassari (Via) . . . . BCY 28
Castelnuvo (Piazza) . . . . AX 30
Cattedrale (Piazza d.) . . . . . . AZ 31
Cavalieri di Malta
(Largo) . . . . BY 33
Cervello (Via) . . . . CY 34
Collegio di Maria (Via) . . . . . BX 36
Colonna Rotta (Via) . . . . AZ 37
Croce dei Vespri
(Piazza d.) . . . . BY 39
Donizetti (Via G.) . . . . ABY 43
Errante (Via V.) . . . . BZ 49
Filiciuzza (Via) . . . . ABZ 52
Finocchiaro Aprile (C.) . . . . . AY 54
Fonderia (Piazza) . . . . CY 57
Garibaldi (Via) . . . . CZ 58
Generale Cardona
(Via) . . . . AZ 59
Giudici (Discesa d.) . . . . BY 63
Juvara Cluviero
(Via) . . . . AY 67
Latini (Via B.) . . . . AX 69
Marino (Via S.) . . . . BZ 73
Meccio (Via S.) . . . . AX 75
Monteleone (Via) . . . . BY 82
Mosca (Via G.) . . . . AZ 84
Mura del Cattive
(Salita) . . . . CY 85
Orleans (Piazza) . . . . AZ 90
Orlogio (Via) . . . . BY 91
Paternostro (Via A.) . . . . . . BCY 96
Paternostro (Via P.) . . . . . . AX 97
Peranni
(Piazza D.) . . . . AY 99
Pignatelli d'Aragona
(Via) . . . . AY 102
Pisani (Corso P.) . . . . AZ 103
Ponticello (Via) . . . . BZ 105
Porta Montalto (Piazza) . . . AZ 106
Porta S. Agata (Via) . . . . . . BZ 108
Porto Salvo (Via) . . . . CY 109
Principe Granatelli
(Via) . . . . ABX 111
Rivoluzione (Piazza) . . . . . . CZ 117
Roma (Via) . . . . BXCZ
Ruggero Settimo
(Piazza) . . . . AX 118
Ruggero Settimo
(Via) . . . . AXY
S. Agata (Via) . . . . AY 120
S. Anna (Piazza) . . . . BY 121

S. Antonino (Piazza)	BZ	123
S. Cosmo (Piazza)	AY	124
S. Domenico (Piazza)	BY	126
S. Francesco da Paola (Piazza)	AY	127
S. Francesco d'Assisi (Piazza)	CY	129
S. Giorgio dei Genovesi (Piazza)	BY	130
S. Giovanni Decollato (Piazetta)	AZ	132
S. Isidoro alla Guilla (Piazza)	AY	133
S. Orsola (Vicolo)	BZ	134
S. Sebastiano (Via)	BY	135
S. Teresa (Via)	CY	136
Sammartino (Via)	AX	138
Scuole (Via d.)	AZ	139
Spasimo (Via d.)	CY	141
Spirito Santo (Via d.)	ABY	142
Squarcialupo (Via)	BY	144
Stazzone (Piazza)	AZ	145
Torremuza (Via)	CY	147
Turrisi Colonna (Via)	AX	148
Valverde (Via)	BY	149
Virgilio (Piazza)	AX	150
Vittoria (Piazza d.)	AZ	151
Vittorio Emanuele (Corso)	AZCY	
XIII Vittime (Piazza d.)	BX	153

HOTELS

Azzurro di Lampedusa	BY	e
Centrale Palace Hotel	BY	i
Gardenia	BX	a
Massimo Plaza Hotel	BY	s
Moderno	BY	n
Posta	BY	c
Principe di Villafranca	AX	e

Galleria Regionale di Sicilia (Pal. Abatellis)	CY	G
Museo Archeologico Regionale	BY	M^1
Museo del Risorgimento	BY	M^2
Museo Internazionale delle Marionette	CY	M^3
Oratorio del Rosario di S. Cita	BY	N^1
Oratorio del Rosario di S. Domenico	BY	N^2
Oratorio di S. Caterina d'Alessandria	BY	N^3
Oratorio di S. Filippo Neri	BY	N^5
Oratorio di S. Lorenzo	CY	N^4
Palazzo Oneto di Sperlinga	BY	R^1
Palazzo Pretorio (Municipio)	BY	H
Palazzo Termine	BY	R^2
Prefettura	BY	P
S. Caterina	BY	S^1
S. Ignazio all'Olivella	BY	S^2
S. Maria della Catena	CY	S^3
S. Maria della Pietà	CY	S^4
S. Maria di Valverde	BY	S^5
S. Orsola	BZ	S^6
S. Teresa alla Kalsa	CY	S^7

★ **Palazzo Mirto** ⊙ (**CY**) - Der noch mit den alten Möbeln aus dem 18. und 19. Jh. ausgestattete Palast gehörte früher den Fürsten Lanza-Filangieri. Die Besichtigung beginnt mit den schönen **Pferdeställen** (19. Jh.) in einem Nebengebäude; dann kommt man in den Palast, wo nur die Repräsentationsräume im ersten Stock gezeigt werden. Bemerkenswert sind der schöne **kleine chinesische Salon** (Salottino cinese) mit einem Lederparkett und Seidentapeten, auf denen Szenen aus dem Alltagsleben dargestellt sind, sowie das eigenartige **Rauchzimmer**★, dessen Wände mit gesticheltem und bemaltem Leder bespannt sind. Prachtvolle Seide bedeckt die Wände und Möbel des **Pompadour-Salons**★. Unter den Ausstattungsstücken verdienen die schöne Gläsersammlung (16.-18. Jh., *Salvator-Rosa-Salon*), das mit Trachtenmotiven bemalte Service neapolitanischer Teller (19. Jh., *im Vorraum des Kleinen chinesischen Salons*) und das Meißner Porzellan mit einem Dekor aus Blumen und Tieren (18. Jh., *Speisezimmer*) besondere Erwähnung.

★ **Palazzo Chiaramonte** (**CY**) - Dieser schöne gotische Palast von 1307 wurde für viele Profanbauten Siziliens und Süditaliens zum Vorbild.

In der Anlage gegenüber (Giardino Garibaldi) stehen prachtvolle **Ficus magnolioides**★★.

★★ **Museo Internazionale delle Marionette (Internationales Handpuppenmuseum)** ⊙ (**CY M³**) - Das Marionettentheater *(pupi)* war früher in Sizilien sehr beliebt. Seine Hauptfiguren sind die beiden gegensätzlichen Helden Orlando (Roland) und Rinaldo, die den Ritterromanen des 16. Jh.s (Ariost, Tasso) entlehnt sind.
Das Museum besitzt eine sehr schöne Sammlung sizilianischer *Pupi*. Zu den ältesten Marionetten (19. Jh.) gehören die des Theaters Gaspare Canino, deren Gesichter ausgesprochen ausdrucksvoll sind.
In der anderen Abteilung werden Marionetten aus anderen Ländern gezeigt, wobei dem Orient ein großer Platz eingeräumt ist.

★★ **Galleria Regionale della Sicilia** ⊙ (**CY G**) - Dieses Museum im schönen **Palazzo Abatellis**★ (15. Jh.) enthält eine Abteilung mittelalterlicher Kunst und eine Gemäldesammlung mit Werken vom 11. bis zum 18. Jh. Die Exponate sind durch verschiedene Farben und vorzugsweise natürliches Licht wunderschön zur Geltung gebracht, nachdem der berühmte Architekt und Designer Carlo Scarpa in den 50er Jahren mit der Gestaltung der Innenräume betraut worden war. Besondere Beachtung verdienen das großartige Fresko ***Triumph des Todes***★★★, das aus dem Palazzo Scalfani stammt, und die **Bildnisbüste der Eleonore von Aragonien**★★ von Francesco Laurana; unter den Gemälden sei auf die ***Maria der Verkündigung***★★ von Antonello da Messina hingewiesen sowie auf den ***Altar der Familie Malvagna***★★ von dem niederländischen Maler Mabuse.

HINTER DEM ALTEN HAFEN LA CALA

La Cala, der alte Hafen der Stadt, wurde früher mit Ketten geschlossen, die heute in der Kirche **Santa Maria alla Catena**★ (**CY S³**) aufbewahrt werden. Die Kirche stammt aus der Übergangszeit zwischen Gotik und Renaissance.

★★★ **Oratorio del Rosario di San Domenico** ⊙ (**BY N²**) - Die wunderschönen Stuckverzierungen dieser Kapelle stammen von dem bedeutenden Barockdekorateur **Giacomo Serpotta**. Bemerkenswert ist die Bewegungsvielfalt der unzähligen Putti.

★★★ **Oratorio del Rosario di Santa Cita** ⊙ (**BY N¹**) - Diese Kapelle ist das Meisterwerk von **Giacomo Serpotta**, der von 1686 bis 1718 an ihr gearbeitet hat. In einem regelrechten Wirbel scheinen Putti und Engel, die die Gemälde mit Darstellungen aus den Mysterien umrahmen, miteinander zu spielen.

★ **Museo Archeologico Regionale** ⊙ (**BY M¹**) - Das Archäologische Museum wurde in einem Klosterbau aus dem 16. Jh. eingerichtet. Es enthält Grabungsfunde aus Sizilien, wo sich in der Antike mehrere Kulturen abgelöst haben. Erwähnt seien folgende Exponate: im Erdgeschoß zwei phönikische Sarkophage, der „Stein von Palermo" (eine ägyptische Inschrift), die herrlichen **Metopen**★★ der Tempel von Selinunt (6. und 5. Jh. v. Chr.) und die Rekonstruktion des Frontgiebels vom Tempel C *(Gabrici-Saal)*; im 1. Stock Bronzen, darunter der berühmte ***Widder***★★ (hellenistisches Werk aus Syrakus), ***Herakles beim Töten eines Hirschs***★★ und ein marmorner ***Satyr***★ (Kopie nach Praxiteles). Im 2. Stock zwei schöne Mosaiken (2. Jh. unserer Zeitrechnung), auf denen die *Jahreszeiten* und die Szene ***Orpheus und die Tiere*** dargestellt sind.

WEITERE SEHENSWÜRDIGKEITEN

★★ **Villa Malfitano** ⊙ - *Außerhalb des Stadtplans über die Via Dante* (**AX**). Diese in einem wunderschönen **Garten**★★ verborgene Jugendstilvilla besitzt eine erlesene Innenausstattung mit zahlreichen Objekten aus dem Orient. Die **Dekoration** des **Sommersalons** von Ettore de Maria Bergler ragt besonders hervor: Ein Trompe-l'œil-Gemälde verwandelt den Raum in eine kühle Veranda inmitten üppiger Vegetation.

★★ **Catacombe dei Cappuccini (Kapuzinergruft)** Ⓥ - *Zu erreichen über die Via dei Cappuccini* (**AZ 19**). Die Besichtigung dieser Gänge ist eine makabre Angelegenheit und hinterläßt einen bleibenden Eindruck: Etwa 8 000 Tote haben vom 17. bis Ende 19. Jh. hier ihre letzte Bleibe gefunden. Durch die außerordentlich trockene Luft vor Verwesung geschützt, sind sie in den verschiedensten Stellungen aufgereiht und erwarten den Besucher größtenteils im Sonntagsstaat.

★ **La Zisa** Ⓥ - *Zu erreichen über den Corso Finocchiaro Aprile* (**AY 54**). Lustschloß im arabisch-normannischen Stil. Das im 12. Jh. errichtete Anwesen wurde im 17. Jh. zum Patrizierhaus umgebaut. Nach einer umfassenden Restaurierung hat es heute eine ägyptische Sammlung aufgenommen. Diese ist überwiegend aus Exponaten der mameluckischen und türkischen Zeit zusammengesetzt, und paßt gut in die alten, mit vielen Nischen versehenen Räume.

★ **Orto Botanico** Ⓥ **(Botanischer Garten)** (**CDZ**) - In diesem angenehm stillen Park wächst eine herrliche Vielfalt tropischer Pflanzen und Bäume, unter denen sich einige sehr schöne Exemplare des **Ficus Magnolioides**★★ befinden.

Parco della Favorita - *3 km nördlich, an der Viale Diana.* Schöner Landschaftspark, der im 18. Jh. von den Bourbonen angelegt wurde. Neben der Chinesischen Villa (Palazzina Cinese) zeigt das **Museo Ethnografico Pitrè** Ⓥ zahlreiche traditionelle sizilianische Gebrauchsgegenstände.

UMGEBUNG

★★★ **Monreale** - *8 km südwestlich. Ausfahrt auf dem Corso Calatafimi* (**AZ 12**), *der S 186. Beschreibung siehe dort*

Monte Pellegrino - *14 km nördlich. Ausfahrt auf der Via Crispi.* Von der Straße aus bieten sich herrliche **Ausblicke**★★★ auf Palermo und die Küstenebene Conca d'Oro. Unterwegs kann man die **Kapelle der hl. Rosalia** aus dem 17. Jh. besichtigen.

★ **Ruinen von Solunto** - *19 km östlich. Ausfahrt auf der S 113* (**DZ**). *Beschreibung siehe Solunto.* Im **Archäologischen Bezirk** (Zona archeologica) Ⓥ auf dem Gelände der einst punischen, dann römischen Stadt sind Ruinen des Forums, eines Theaters, Grundmauern von Häusern, Reste von Straßen und Kanalisationen sowie viele Zisternen erhalten. Auf der Via Ippodamo da Mileto kann man zum Gipfel gelangen, wo sich eine schöne **Aussicht**★★ auf die Bucht von Palermo und den Monte Pellegrino eröffnet.

Bagheria - *16 km östlich auf der Autobahn A 19; 4 km südwestlich von Solunto.* Das Städtchen ist für seine Barockvillen bekannt, darunter besonders die **Villa Palagonia** Ⓥ mit bemerkenswerten **Skulpturen**★ von Grotesken und Ungeheuern. Die Villa Cattolica beherbergt die **Städtische Galerie für moderne und zeitgenössische Kunst Renato Guttuso** sowie das von Giacomo Manzù angefertigte Grabmal des Malers.

Isola di PANTELLERIA★★

7 442 Einwohner
Michelin-Karte Nr. 432 Q 17/18

Die westlichste der zu Sizilien gehörenden kleineren Inseln liegt in nur 84 km Entfernung vor dem tunesischen Kap Bon, auf gleicher geographischer Breite wie die Stadt Tunis. Ihren besonderen Reiz bilden die steilen, zerklüfteten Felsküsten, die mit Terrassenkulturen bedeckten Hänge und die würfelförmigen, arabisch wirkenden Häuser.

Die „Schwarze Perle des Mittelmeers" ist eine 83 km² große Vulkaninsel und erreicht in der **Montagna Grande** eine Höhe von 836 m.

An den Berghängen wachsen gute Weine, wie z. B. der Muskateller Tanit und der moussierende Solimano; außerdem bringt die Insel Kapern hervor.

Funde aus vorgeschichtlicher Zeit zeugen von einer sehr frühen Besiedlung. Pantelleria wurde im Laufe seiner Geschichte praktisch von denselben Eroberern wie denen von Sizilien in Besitz genommen. Es waren dies nacheinander die Phönizier, Karthager, Griechen, Römer, Wandalen, Byzantiner, Araber und Normannen. Letztere verbanden das Geschick der Insel mit dem Siziliens (1123).

ANREISE

Am kürzesten ist die Anreise mit dem **Flugzeug**. Alitalia und Air Sicilia bieten täglich Direktflüge ab Trapani und Palermo an, im Sommer auch ab Rom und Mailand.

Ab **Trapani** verkehren auch die Fähren *(Fahrtdauer ca. 5 Std.)* von **Siremar** *(Via Staiti 61/63, ☎ (0923) 54 05 15, Fax (0932) 20 663)* nach Pantelleria.

BESICHTIGUNG *3 Std.*

★★ **Inselrundfahrt mit dem Auto** – *40 km.* Eine sehr malerische Küstenstraße erschließt dem Besucher die vielfältigen Aspekte der herrlichen Landschaft, ihre Klippen und Steilküsten, Buchten, Grotten, Thermalquellen, Seen...
Wenn man von Pantelleria aus nach Süden fährt, ist das Steinzeitdorf mit einem Grabmal auf ellipsenförmigem Grundriß (**Sese Grande**★) ausgeschildert. Danach erreicht man das Dorf **Scauri**★, das besonders schön liegt. Im Süden der Insel bieten sich bei **Dietro Isola** herrliche **Ausblicke**★★ von der in dieser Gegend hoch über der Küste verlaufenden Straße.
Das Kap **Punta dell'Arco**★ endet in einem Bogen aus grauer Lava, „**Bogen des Elefanten**★" genannt. Schöne Vulkanlandschaften sind die **Cala dei Cinque Denti**★ und der daran anschließende Küstenstreifen im Nordosten der Insel. Von dort aus kann man ins Landesinnere fahren, zum Spiegel der Venus (**Specchio di Venere**★), einem wunderschönen See mit grünem Wasser.

★★ **Montagna Grande** – *13 km südöstlich von Pantelleria.* Vom Gipfel aus hat man einen herrlichen **Rundblick**★★ über die Insel. Bei klarer Sicht sind sogar die Küsten Siziliens und Tunesiens zu erkennen.

Auf der Karte der "Ferienorte" am Anfang dieses Reiseführers finden Sie Städte und kleinere Orte, die sich besonders gut für einen Aufenthalt eignen; sei es
für ein Wochenende
für die Übernachtung auf der Durchreise
als Ferienort
als Seebad, Jachthafen oder Kurort.

RAGUSA★

69 606 Einwohner
Michelin-Karte Nr. 432 Q 26

Ragusa wurde beim Erdbeben von 1693 zum Teil zerstört und wiederaufgebaut. Die Stadt liegt in einer beeindruckenden **Landschaft**★ auf einem von tiefen Schluchten umgebenen Plateau. Im Westen erstrecken sich die modernen Viertel, im Osten befindet sich der alte Stadtteil Ragusa Ibla auf einem Ausläufer der Hybläischen Tafel. Bei Ankunft aus Richtung Syrakus bieten sich herrliche **Ausblicke**★★ auf die Altstadt.
Wegen der Asphalt- und Erdölvorkommen hat sich in der Umgebung Ragusas viel Industrie angesiedelt.

★ **Ragusa Ibla** – Ein Gewirr teilweise mittelalterlicher Gassen durchzieht die im Geist der Barockzeit wiederaufgebaute Altstadt. Hier findet man schöne Gebäude mit Balkonen, deren Konsolen mit Figuren und karikaturistischen Masken reich verziert sind. Das Zentrum ist um die Piazza del Duomo angeordnet, an der sich die Kirche **San Giorgio**★★ ⓥ erhebt, ein elegantes Barockbauwerk des vorwiegend in Noto tätigen Baumeisters **Rosario Gagliardi**. Die Fassade aus rosafarbenem Stein hat einen konvexen Mittelteil, der von drei Säulenreihen und zwei mit Voluten gekrönten Flügeln geschlossen wird. Die Kirche **San Guiseppe**★ ⓥ, ganz in der Nähe, weist so große Ähnlichkeiten mit San Giorgio auf, daß sich die Vermutung, sie stamme vom selben Architekten, geradezu aufdrängt.

Der moderne Stadtteil – Dieser Teil der Stadt, mit seinen schachbrettartig angeordneten Straßen, wird von der **Cattedrale di San Giovanni** ⓥ aus dem 18. Jh. beherrscht, vor der sich ein kleiner Platz öffnet. Ganz in der Nähe befindet sich das **Archäologische Museum** (Museo Archeologico Ibleo ⓥ – *Palazzo Mediterraneo, Via Natalelli*). Es zeigt Ausgrabungsfunde aus der Gegend von Ragusa, insbesondere aus der antiken griechischen Stadt *Camarina*.

UMGEBUNG

★ **Modica** – *15 km in südlicher Richtung.* Eingekeilt in einem engen Tal befindet sich diese Kleinstadt mit schönen Barockbauten, u. a. der majestätischen Kirche **San Giorgio**★★ ⓥ, einem originellen Bauwerk, zu dem eine lange Treppe hinaufführt. Das **Museum für Volkskunde und -kunst**★ (Museo delle Arti e Tradizioni Popolari) ⓥ zeigt interessante Nachbildungen aus bestimmten Aktivitätsbereichen (Handwerk und Landwirtschaft).

Rovine di SEGESTA★★★

Ruinen von SEGESTA

Michelin-Karte Nr. 432 N 20 – 35 km südöstlich von Trapani

Zwischen sanften, rotbraunen und ockerfarbenen Hügeln, die einen angenehmen Kontrast zu den unendlich vielen Grüntönen der Landschaft bilden, liegt die Ausgrabungsstätte in einem einzigartigem Rahmen, vor dem sich der isoliert stehende, imposante dorische Tempel abhebt.
Wie Erice wurde Segesta wahrscheinlich von den Phönikern gegründet und entwickelte sich später zu einer der bedeutendsten griechischen Kolonien des Mittelmeerraums. Im 5. Jh. war die Stadt die große Gegnerin Selinunts und soll um das Jahr 1000 von den Wandalen zerstört worden sein.

★★★ **Tempel** ⓥ – Er steht einsam in einer herben Landschaft auf einer Anhöhe, die eine tiefe Schlucht umgibt. Der 430 v. Chr. im dorischen Stil errichtete Bau besitzt noch seine 36 Kalksteinsäulen, das Gebälk und die beiden Giebel. Die Zufahrtsstraße zum Theater *(2 km, Pendelverkehr)* bietet eine herrliche **Sicht**★★ auf den Tempel.

★ **Theater** – In hellenistischer Zeit im Halbrund in den Felshang gebautes Theater. Sein Durchmesser beträgt 63 m; die Sitzstufen weisen in Richtung des Golfs von Castellammare, den man am Horizont hinter den Höhenzügen glänzen sieht.

B. Kaufmann

Klassische Proportionen: der Tempel von Segesta

Antica Città di SELINUNTE★★

Ruinen von SELINUNT

Michelin-Karte Nr. 432 O 20 – 15 km westlich von Castelvetrano

Selinunt wurde im 7. Jh. v. Chr. von Dorern aus *Megara Hyblaea* gegründet. Die Karthager zerstörten es 409 und nach dem Wiederaufbau erneut im Jahre 250 v. Chr. Der Einsturz der Tempel scheint aber durch Erdbeben verursacht worden zu sein.

Zona archeologica (Ausgrabungsbereich) ⓥ – Zunächst erreicht man die Esplanade mit den Ruinen dreier Tempel, von denen der 1957 rekonstruierte **Tempel E** (5. Jh. v. Chr.) als erster in Sicht kommt. Vom Tempel E, den 38 Säulen umgeben, bietet sich eine schöne Aussicht auf die ferne Akropolis und das Meer, auf der anderen Seite sieht man in unmittelbarer Nähe die Ruine des völlig zerstörten Tempels F und dahinter den Tempel G, wahrscheinlich ein Apollotempel. Dieser war mit über 100 m Länge einer der größten Tempel des Altertums; eine der die Säulen bildenden Trommeln wog allein mehrere Tonnen und auch sein Ruinenfeld gibt Zeugnis von der Riesenhaftigkeit der Anlage. Links davon erhebt sich jenseits der „Gorgo Cottone"-Niederung die **Akropolis**, überragt von den Säulen des bereits 1926 wiederaufgebauten ältesten **Tempels C** aus dem 6. Jh. v. Chr.
Hier standen vier weitere, heute zerstörte Tempel (A, B, D, O). Im Westen lag am Ufer des Modione ein Heiligtum der Demeter Malophoros („Granatapfelträgerin").

SIRACUSA★★★

SYRAKUS

126 884 Einwohner
Michelin-Karte Nr. 432 P 27

Syrakus liegt landschaftlich wunderschön an einer Bucht und besitzt ein besonders mildes Klima. Einst war es die bedeutendste Stadt Siziliens, ja sogar Großgriechenlands, die den Vergleich mit Athen nicht zu scheuen brauchte. Gegründet wurde sie Mitte des 8. Jh.s v. Chr. von korinthischen Seefahrern, die sich auf der Insel Ortygia festsetzten. Bald regierten Tyrannen über Syrakus und führten die Stadt wirtschaftlich zu großer Blüte; im 5. und 4. Jh. v. Chr. zählte sie nahezu 300 000 Einwohner. Nach der Einnahme durch die Römer im Zweiten Punischen

Krieg (212 v. Chr.) wurde Syrakus nacheinander von Germanenstämmen (Völkerwanderungszeit), Byzantinern (6. Jh.), Arabern (9. Jh.) und Normannen in Besitz genommen.

Tyrannen und Intellektuelle - Bei den Griechen gab es bestimmte Städte, die von sog. Tyrannen (griechisch = Herrscher) mit unbeschränkten Machtbefugnissen regiert wurden. Syrakus war eine solche Stadt. Schon 485 hatte **Gelon**, Tyrann von Gela, die Herrschaft über Syrakus an sich gerissen. Sein Bruder **Hieron I.**, eine wenig liebenswerte Persönlichkeit, war immerhin ein Förderer der Künste und holte die Dichter **Pindar** und **Aischylos** an seinen Hof; letzterer starb 456 in Gela. Der berühmteste Tyrann von Syrakus war **Dionysios d. Ä.** (405-367). Er lebte in ständiger Furcht vor Attentätern. Als einmal ein Höfling neidvoll das Glück des Tyrannen pries, ließ

SIRACUSA

Straße	Planquadrat	Nr.
Agrigento (Via)	BCY	2
Archimede (Piazza)	CZ	3
Capodieci (Via)	CZ	4
Castello Maniace (Via)	CZ	6
Catania (Via)	BY	7
Crispi (Via F.)	BY	9
Diaz (Viale A.)	BY	10
Dionisio il Grande (Riviera)	CY	12
Duomo (Piazza)	CZ	13
Foro Siracusano	BYZ	16
Gelone (Corso)	BY	
Maestranza (Via d.)	CZ	18
Marconi (Piazzale)	BZ	19
Matteotti (Corso G.)	CZ	21
Mergulensi (Via)	CZ	22
Mirabella (Via)	CZ	24
Necropoli Groticelle (Via d.)	BY	25
Pancali (Piazza)	CZ	27
Paradiso (Via)	AY	28
Puglia (Via)	CY	30
Regina Margherita (Viale)	BYZ	31
Romagnoli (Via)	ABY	33
S. Giovanni (Viale)	BY	34
S. Martino (Via)	CZ	36
Sepolcri (Via d.)	AY	37
Svevia (Piazza F. d.)	CZ	38
Testaferrata (Via G.)	BY	39
Tripoli (Via)	BZ	40
Umberto I (Corso)	BZ	
Von Platen (Via A.)	BY	41
XX Settembre (Via)	CZ	42

Sehenswürdigkeit	Planquadrat	Zeichen
Basilica di S. Giovanni Evangelista	BY	A
Chiesa dei Gesuiti	CZ	C1
Chiesa di S. Benedetto	CZ	C2
Duomo	CZ	D
Galleria Civica d'Arte Contemporanea	CZ	M1
Grotta dei Cordari	AY	E
Latomia del Casale	BY	L1
Latomia del Paradiso	AY	L2
Latomia di S. Venera	BY	L3
Latomia Intagliatella	AY	L4
Museo del Papiro	BY	M2
Orecchio di Dionisio	AY	Q
Palazzo Beneventano del Bosco	CZ	R1
Palazzo del Senato	CZ	R2
Palazzo Mergulese-Montalto	CZ	R4
S. Filippo Neri	CZ	S1
S. Francesco all'Immacolata	CZ	S2
S. Lucia	CZ	S3
S. Nicolò dei Cordari	AY	S4
Tempio di Apollo	CZ	V
Tomba di Archimede	BY	W

HOTELS

Hotel	Planquadrat	Zeichen
Domus Mariae	CZ	a
Grand Hotel Villa Politi	CY	c

Dionysios diesen Damokles bestens bewirten, aber über dem Kopf des Gastes ein Schwert an einem Haar aufhängen, um zu beweisen, daß auch das Leben eines Herrschers in Gefahr geraten kann. In einem solchen Gefühl der Bedrohung lebte Dionysios ständig, verließ nur selten seinen Palast auf der Insel Ortygia, trug stets einen Harnisch unter dem Gewand und wechselte jede Nacht das Schlafzimmer. Den Philosophen Platon, der nach Syrakus gekommen war, um die Politik in einer Tyrannis zu studieren, ließ er als Sklaven verkaufen.
Ein Sohn der Stadt ist der 287 v. Chr. geborene berühmte Mathematiker **Archimedes**. Er war immer sehr zerstreut und oft derart in seine Betrachtungen vertieft, daß er darüber Essen und Trinken vergaß. In der Badewanne fand er das nach ihm benannte Prinzip: Vor Freude über seine Entdeckung sprang er aus dem Wasser und lief „Heureka" rufend (ich hab's gefunden) splitternackt durch die Straßen. Als die Römer seine Stadt belagerten, erfand er ein System aus Spiegeln und optischen Linsen, mit dem er die feindliche Flotte in Brand stecken wollte. Die Belagerer konnten jedoch in Syrakus eindringen, und das Schwert eines römischen Soldaten durchbohrte den in seine Berechnungen vertieften Wissenschaftler.

★★ L'ORTIGIA **(ORTYGIA)** (CZ) *Besichtigung: 3/4 Std.*

Auf der Insel Ortigia stehen viele schöne mittelalterliche und barocke Bauten. Besonders reizvoll sind die zahlreichen Palazzi, die die **Via della Maestranza**★ säumen (**18**). Eine sehr harmonische Anlage ist die **Piazza del Duomo**★ (**13**); Paläste mit eleganten Balkonen und die monumentale Fassade des **Duomo**★ ⌚(**D**) fassen ihn ein. Die Kathedrale wurde im 7. Jh. auf Fundamenten eines dorischen Athenatempels errichtet; Säulen davon sind auf der linken Seite und im Innern des christlichen Gotteshauses wiederverwendet. Im Innern sieht man mehrere Skulpturen von Mitgliedern der Bildhauerfamilie Gagini, die sich im 16. Jh. in Sizilien niedergelassen hatte. Besonders bemerkenswert darunter ist die Statue *Madonna de la Neve*.

★ **Fonte Arethusa (Arethusenquelle)** – An dieser Stelle liegt die sagenhafte Wiege der Stadt. Die Nymphe Arethusa, vom Flußgott Alpheios verfolgt, soll hier von Artemis in eine Quelle verwandelt worden sein. Obwohl diese dicht beim Meer liegt, ist es eine Süßwasserquelle, deren Wasser sich in einem Becken sammelt. Unterhalb beginnt die beliebte Promenadenstraße der Syrakuser, **Passeggio Adorno**.

★ **Galleria Regionale di Palazzo Bellomo** ⌚(**M[1]**) – Die Gemäldegalerie befindet sich in einem schönen Palast aus dem 13. Jh., der im 15. Jh. im katalonischen Stil umgebaut wurde. Ihre Glanzstücke sind die ***Verkündigung***★ von Antonello da Messina, die, obwohl sie beschädigt ist, nichts von ihrer Schönheit eingebüßt hat, und das ***Begräbnis der hl. Lucia***★ von Caravaggio. Außerdem sind Goldschmiedearbeiten, sizilianische Krippen und liturgische Gewänder ausgestellt.

★★★ PARCO ARCHEOLOGICO DELLA NEAPOLIS

(ARCHÄOLOGISCHE STÄTTEN) ⌚ (AY)

Besichtigung: 2 Std. zu Fuß. Eingang an der Viale Rizzo oder der Via Paradiso

★★★ **Teatro Greco (Griechisches Theater)** – Es stammt aus dem 5. Jh. v. Chr. und ist eines der größten Theater der antiken Welt. Seine Sitzreihen sind in den Berghang hineingebaut. Hier wurden „Die Perser" von Äschylos uraufgeführt. Unweit davon liegt die **Gräberstraße** (Via dei Sepolcri – **37**) mit Felsengräbern.

★★ **Latomia del Paradiso (Steinbruch des Paradieses)** (**L[2]**) – Der heute stillgelegte Steinbruch wurde bereits im Altertum ausgebeutet. Die Gänge sind zum Teil beim Erdbeben von 1693 eingestürzt. Auf seinem Abraum ist ein Orangenhain angepflanzt worden. Das Ohr des Dionysios **Orecchio di Dionisio**★★★, (**Q**) ist eine künstliche Höhle. Der Maler Caravaggio fand hierfür 1608 diesen anschaulichen Namen, der auch an eine alte Legende erinnert: Dank des klaren Echos dieser Höhle soll es nämlich dem Tyrannen möglich gewesen sein, die Gespräche der hier eingeschlossenen Gefangenen zu belauschen.

Ara di Ierone II (Altar Hierons II.) – Links der Via Paradiso befindet sich dieser fast 200 m lange, teilweise in den Fels gehauene Altar, auf dem bei öffentlichen Zeremonien Opfer dargebracht wurden.

★ **Anfiteatro Romano (Römisches Amphitheater)** – 3. oder 4. Jh. Es maß 140 × 119 m. Seine in den Felshang gebauten Sitzreihen sind heute von Kiefern umgeben.

★★ MUSEO ARCHEOLOGICO REGIONALE P. ORSI

(ARCHÄOLOGISCHES REGIONALMUSEUM P. ORSI) ⌚ (BY) *Besichtigung: 1 Std.*

Der dem Archäologen Paolo Orsi (1859-1953) gewidmete Museumsbau befindet sich im Park der **Villa Landolina** und enthält Sammlungen zur Geschichte Siziliens von der Vorgeschichte bis zu den Kolonien des Stadtstaats Syrakus im 7. Jh. v. Chr. Nach der Geologie und der Tierwelt der Insel, illustriert durch zwei Zwergelefantenskelette, ist die Vorgeschichte dargestellt, beginnend mit der Altsteinzeit und dem Erscheinen des Menschen auf Sizilien.

Die zweite Abteilung ist der Mitte des 8. Jh.s v. Chr. eingeleiteten griechischen Kolonisierung der Insel gewidmet, die anhand von Ausgrabungsfunden aus Leontinoi (Kuros aus Marmor), Megara Hyblaea und Syrakus eindrucksvoll dokumentiert ist. Besonders erwähnt seien die Statue einer **Muttergottheit**★ (in Kalkstein), Keramik, Reste von Bauwerken und Modelle der bedeutenden Heiligtümer von Ortygia, dem ältesten Stadtteil von Syrakus u. a. m. Bevor man zu der Syrakus gewidmeten Ausstellung gelangt, kommt man an einer **Venus Anadyomene**★ vorbei. Es handelt sich um eine römische Kopie eines Werkes des griechischen Bildhauers Praxiteles, die hier vorübergehend aufgestellt wurde.
In der dritten Abteilung sind die Kolonien von Syrakus dargestellt: die im Jahre 664 gegründete Kolonie Akrai (Palazzolo Acreide), Kasmenai (Monte Casale, Gründung 644) und Camarina (598). Die Sammlungen umfassen Kalksteinskulpturen, einen wohl von einem Tempel von Camarina stammenden **Reiter** u. a. Auch Funde aus den hellenisierten Orten im Inselinneren (große Demeter-Statue oder thronende Kore) sowie die unter der Leitung von Paolo Orsi gemachten Ausgrabungen bei Gela und Agrigent haben hier Platz gefunden.

WEITERE SEHENSWÜRDIGKEITEN

★★ **Catacombe di San Giovanni (St. Johannes-Katakomben)** ⓥ (BY) – Syrakus ist nach Rom die italienische Stadt mit den meisten Katakomben. Im Gegensatz zu den römischen Katakomben, die in besonders weichen Tuffstein gehauen waren, entstanden die Syrakuser Grabstätten in hartem Kalkgestein, wodurch weitläufige Räume geschaffen werden konnten, in denen bis zu sieben Gräber Platz fanden.

UMGEBUNG

★★ **Fonte Ciane (Kyanequelle)** ⓥ – *8 km südwestlich. Zufahrt mit der Fähre empfehlenswert.* Man fährt den **Ciane**★★ aufwärts, entlang einer in Italien einzigartigen Papyrusvegetation. Hier soll die Nymphe Kyane sich dem Raub der Persephone durch Hades widersetzt haben und deswegen in eine Quelle verwandelt worden sein.

★ **Castello Eurialo (Euryelosbefestigung)** ⓥ – *9 km nordwestlich.* Die von Dionysios I. im 4. Jh. v. Chr. errichtete Anlage ist eine der weitläufigsten Festungen der griechischen Epoche überhaupt. Von hier hat man eine weite **Aussicht**★★.

TAORMINA★★★

10 560 Einwohner
Michelin-Karte Nr. 432 N 27 – Stadtplan im Michelin-Hotelführer ITALIA

Die ruhige Stadt ist berühmt für die Schönheit ihrer Gärten und antiken Ruinen. In prachtvoller **Lage**★★★ auf einer Terrasse 250 m hoch über dem Meer gelegen, wird sie vom mächtigen Bergkegel des Ätna überragt.

★★ **Teatro Greco** ⓥ – Das griechische Theater stammt aus dem 3. Jh. v. Chr. und wurde von den Römern für Zirkusspiele umgebaut. Im Sommer werden hier Werke antiker Dichter aufgeführt. Von den oberen Sitzreihen aus bietet sich ein wunderbarer **Ausblick**★★★ auf die Säulen und Mauerreste der Bühnenwand und über das Küstengebiet bis hin zum Ätna.

★ **Corso Umberto** – Hauptverkehrsader von Taormina, deren Verlauf durch drei Tore unterteilt wird: die Porta di Catania am Westende, die Porta di Mezzo (mit Uhrturm) in der Mitte und die Porta di Messina am Ostende.

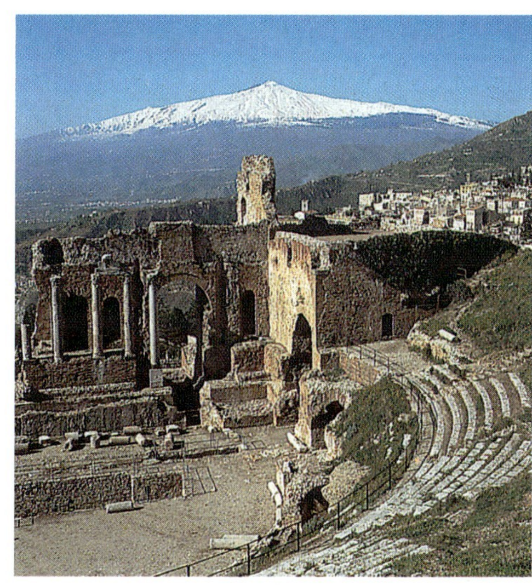

Helbig/ZEFA

Taormina: Griechisches Theater vor der Kulisse des Ätna

An der Piazza del Duomo mit hübschem Barockbrunnen erhebt sich die gotische Fassade des Doms ⓥ. Etwa auf halber Strecke liegt die terrassenförmige **Piazza 9 Aprile★**, die eine herrliche **Aussicht★★** auf den Golf bietet. An der Piazza Vittorio Emanuele, dem einstigen Forum, liegt der **Palazzo Corvaja** aus dem 15. Jh.

★ **Die Gärten der Villa Comunale** – Der in Terrassen angeordnete Park mit vielen Blumen und exotischen Pflanzen bietet einen herrlichen Blick auf die Küste und das Meer.

UMGEBUNG

★ **Castello** – *4 km in Richtung Castelmola, dann rechts auf einen Weg abbiegen. Man kann auch dorthin wandern (1 Std. hin und zurück).* Das Kastell auf dem Gipfel des Monte Tauro (390 m) ist auf den Resten der alten Akropolis errichtet. Von hier kann man den großartigen **Ausblick★★** auf Taormina genießen.

★ **Castelmola** – *5 km in nordwestlicher Richtung.* Das kleine Bergdorf in schöner **Lage★** mit Panoramablick ist um die zauberhafte kleine Piazza del Duomo entstanden, von der ein richtiges Gewirr gepflasterter Gassen abgeht. An mehreren Stellen bietet sich ein schöner **Blick★** auf den Ätna, die Nordküste und die Strände unterhalb von Taormina.

★ **Gole dell'Alcantara** ⓥ – *Ungefähr 17 km in westlicher Richtung.* Zwischen hohen Lavawänden in unregelmäßigen geometrischen Formen, die das glitzernde Licht der Wasserfälle wie Prismenspiegel zu brechen scheinen, verengt sich der Flußlauf. Ausgerüstet mit Watthosen *(am Eingang auszuleihen)* kann man eine kurze, aber bezaubernde Strecke den Fluß hinaufwandern.

Sie haben mehr von Besichtigungen und Ausflügen, wenn Sie vorher die Kapitel der Einleitung zur Kunst und Architektur, Landesnatur und Gastronomie gelesen haben.

TINDARI★

Michelin-Karte Nr. 432 M 27 – 62 km westlich von Messina

Das antike griechische *Tyndaris* wurde 396 v. Chr. gegründet. Es liegt hoch auf dem Kap gleichen Namens, wo auch eine bedeutende **Wallfahrtskirche** mit einer Schwarzen Madonna steht.
Die **Ausgrabungen** (Rovine) ⓥ umfassen im wesentlichen Überreste einer mächtigen **Stadtbefestigung**, ein Theater mit Meerblick sowie ein **Basilika** genanntes schönes römisches Arkadenhaus; letzteres ist vor dem Forum gelegen, zu welchem der *Decumanus* (Hauptstraße der antiken Stadt) führt.

TRAPANI

69 469 Einwohner
Michelin-Karte Nr. 432 M 19 – Stadtplan im Michelin-Hotelführer ITALIA

Trapani und sein gut geschützter Hafen (Salzhandel) liegen den Ägadischen Inseln gegenüber. Eine schöne Uferstraße führt von der Stadtmitte zum Strand San Giuliano *(3 km nördlich)*.

★ **Santuario dell'Annunziata** ⓥ – Im 14. Jh. errichtet, im 17. Jh. umgebaut und vergrößert; der Campanile ist barock. An der linken Seite der Kirche erhebt sich der hübsche kuppelgekrönte Renaissancebau der **Cappella dei Marinai** (Seemannskapelle, 16. Jh.). Die **Marienkapelle★** im Inneren, die mit einem wohlgestalteten Renaissancebogen beginnt, besitzt eine schöne Madonnenstatue aus dem 14. Jh., **Madonna di Trapani**, die Nino Pisano zugeschrieben wird.

★ **Museo Pepoli** ⓥ – Es befindet sich neben der Annunziata. Die Sammlungen umfassen Skulpturen (Werke der Bildhauerfamilie Gagini) und Gemälde, darunter das **Polyptychon von Trapani★** aus dem 15. Jh., eine ***Pietà*★** von Roberto di Oderisio, *Der hl. Bartholomäus*, von Ribera, und die *Stigmatisation des hl. Franziskus*, ein Werk von Tizian. Auch die kunsthandwerklichen Arbeiten aus der Gegend verdienen Beachtung, besonders die Korallenarbeiten und eine sehr kunstvoll gestaltete Krippe.

★ **Historisches Zentrum** – Es erstreckt sich auf der ins Meer ragenden Landzunge und wird im Osten von der Villa Margherita abgeschlossen. Hier befinden sich schöne Palazzi, insbesondere an der Rua Nova (der heutigen Via Garibaldi) und der Rua Grande (dem heutigen Corso Vittorio Emanuele).

UMGEBUNG

Saline dello Stagnone (Die Salzgärten) - Die Küstenstraße von Trapani nach Marsala ist von Salzgärten gesäumt. Diese von kleinen Erdwällen eingefaßten spiegelnden Teiche bilden eine schachbrettartige Fläche in schimmernden Farbnuancen. Ein paar Windmühlen erinnern an die Zeit, wo die Windenergie zum Mahlen des Salzes oder zum Pumpen des Wassers eingesetzt wurde. Die Salzernte im Sommer bietet das schönste Bild. Dann verstärkt sich mit dem Salzgehalt des Wassers die rötliche Farbe der Becken, während die bereits trockengelegten mittleren Flächen in der Sonne glänzen und darauf warten, daß ihr Salz am Rand zu kleinen Bergen gehäuft wird. In **Nubia** wurde in einem Salzarbeiterhaus des 17. Jh.s ein kleines Salzmuseum, das **Museo del Sale** ⓥ, eingerichtet, in dem anhand von altem Werkzeug und Schautafeln die Gewinnung von Meersalz dargestellt wird. In der Nähe von Mozia kann man eine der renovierten **Mühlen** (Mulino) ⓥ besichtigen.

★ **Isola di Mozia** ⓥ - *Etwa 14 km südlich von Trapani; Pkw an der Landungsbrücke stehen lassen.* Die Überfahrt erfolgt mit den Booten der Fischer. Es handelt sich um eine ehemalige phönikische Kolonie, die im 8. Jh. v. Chr. auf einer der vier Inseln in der **Laguna dello Stagnone** gegründet wurde. Ein Fußweg führt um die gesamte Insel und zu den Resten der phönikischen Stadt *(etwa 1 1/2 Std.; es empfiehlt sich, dem Weg gegen den Uhrzeigersinn zu folgen).* In einem kleinen **Museum** ⓥ sind die auf der Insel gefundenen Objekte ausgestellt, darunter der wunderschöne, eindeutig griechisch beeinflußte **Ephebe von Mozia★★** mit seiner stolzen Körperhaltung und dem langen, in feine Falten gelegten Gewand.

Isola di USTICA★★

Insel USTICA

1 370 Einwohner

Michelin-Karte Nr 432 K 21

Diese winzige Insel vulkanischen Ursprungs steht seit 1987 unter Naturschutz. An ihrer zerklüfteten Küste gibt es wunderschöne Höhlen, kleine Buchten und Strände.

ANREISE

Ab **Palermo** kann man die Fähren *(Fahrtdauer ca. 2 Std. 30 Min.)* oder Tragflächenboote *(ca. 70 Min.)* von **Siremar** *(Via Crispi 118, ☎ (091) 58 26 88)* nehmen. Im Sommer verkehren Tragflächenboote von **Ustica Lines** *(☎ (081) 76 12 515)* auf der Strecke Trapani-Favignana-Ustica-Neapel. Die Überfahrt von Neapel nach Ustica dauert ca. 4 Std.

Insel - Die Häuser des kleinen Ortes **Ustica★** sind wie ein Amphitheater um die Bucht mit dem Hafen angeordnet. In der Nähe der **Faraglioni** (Felsklippen gegenüber von Colombaia) wurde ein großes **prähistorisches Dorf★** ⓥ aus der Bronzezeit gefunden. Entlang der Küste gibt es viele kleine Strände und schöne Felsenbuchten, u. a. das sogenannte **„natürliche Schwimmbecken"★**.

Meeresschutzgebiet ⓥ - Dieses Naturschutzgebiet wurde eingerichtet, um den natürlichen Lebensraum und die Vielfalt der Tierarten im Meer um die Insel herum zu schützen, die von der Umweltverschmutzung besonders wenig betroffen ist (Ustica liegt inmitten einer vom Atlantik kommenden Strömung). Die Verwaltung des Naturschutzgebietes organisiert Führungen in einige Höhlen sowie Exkursionen mit Taucherbrille und Schnorchel. Taucher mit Sauerstoffflasche kommen in den Genuß des unvergleichlichen **Unterwasserschauspiels★★** in der Nähe des Felsens **Scoglio del Medico**.

Fayenceschmuck im Kloster Santa Lucia in Neapel

G. Simeone/DIAF

Praktische Hinweise

Hauptreiserouten

Aus der Karte sind die Entfernungen und die Fahrtdauer zwischen einigen größeren italienischen Städten ersichtlich. Es ist aber nur eine Auswahl an Strecken, die dem Reisenden beim Kalkulieren der Fahrzeit helfen soll.
Italien besitzt das zweitdichteste Verkehrsnetz in Europa.

Wer seine Reiseroute selbst planen möchte, sollte dazu auch:

- die Karte der Hauptsehenswürdigkeiten,
- die Karte der Streckenvorschläge
- die Karte der Ferienorte und
- den Veranstaltungskalender *(am Ende des Bandes)* zu Rate ziehen.

UNTERWEGS IN ITALIEN

Italien verfügt über ein ausreichend ausgebautes Autobahnnetz, um das gesamte Land in kurzer Zeit zu durchqueren. Das ausgesprochen dichte Netz anderer Straßen ermöglicht es dagegen, Strecken zu erkunden, die weitab von den großen Handels- und Fremdenverkehrsachsen gelegen sind.

Römerstraßen

Bei einer Autoreise durch Italien kann man oft feststellen, daß ein Großteil der wichtigsten Verkehrswege einen eigenen Namen besitzt. Sie stammen noch aus der Römerzeit und wurden im Lauf der Jahrhunderte immer weiter ausgebaut und mit anderen Straßen verbunden.

Die **Via Appia**, deren Bau 312 v. Chr. begonnen wurde, führte zum Zeitpunkt ihrer größten Ausdehnung von Rom bis Brindisi. Heute ist nur noch ein kleiner Abschnitt von ihr erhalten, der sich auf die unmittelbare Umgebung von Rom beschränkt.
Die **Via Aurelia** (241 v. Chr.) verband Rom über Genua mit Arles. Es ist die heutige SS1, auch „Via Aurelia" genannt, die man ab Ventimiglia fahren kann.
Die **Via Cassia**, die im 2. Jh. v. Chr. gepflastert wurde, durchquerte Etrurien und führte von Rom nach Arezzo. Sie wurde anschließend bis nach Florenz und Modena verlängert. Die gegenwärtige SS2, die denselben Namen trägt, verbindet Rom mit Florenz.
Die **Via Emilia** (187 v. Chr.) von Rimini nach Piacenza hat der Region Emilia ihren Namen gegeben. Im Kaiserreich wurde sie bis Aosta und Aquileja verlängert. Die heutige Via Emilia folgt exakt dem antiken Verlauf.
Der Anfang der **Via Flaminia** (220 v. Chr.) von Rom nach Rimini ist heute eine der modernsten Verkehrsadern der Ewigen Stadt.

Reisevorschläge für die Hauptreiseziele

Zur Vervollständigung der am Beginn des Bandes gegebenen Informationen zu den einzelnen Regionen Italiens soll an dieser Stelle nochmals auf besonders beliebte Reiseziele eingegangen werden.

Venedig – Es empfiehlt sich, mit dem Zug dorthin zu fahren. Man wird ideal auf den Aufenthalt eingestimmt, wenn man morgens gegen 7.30 Uhr aufwacht und der Zug gerade die Lagune durchquert. Vom Santa Lucia-Bahnhof sind es nur noch wenige Meter bis zur nächsten Vaporetto-Anlegestelle.
Man kann Venedig aber auch mit dem Flugzeug erreichen oder mit dem Auto (über die SS 11), was allerdings mit einem unerfreulichen Aufenthalt auf dem ständig verstopften Piazzale Roma verbunden ist, wo man das Auto parken muß (entweder im Parkhaus am Piazzale Roma oder auf der künstlichen Insel Tronchetto).
Venedig ist zu jeder Jahreszeit faszinierend, aber vielleicht doch am schönsten im Frühjahr – bevor die Touristenströme kommen – oder im Herbst, wenn die Stadt wieder den Venezianern gehört.

Toskana – Diese von Meer und Gebirge gleichermaßen geprägte Landschaft ist ausgesprochen lieblich. Zudem sind hier viele kleine alte Städte erhalten, die von mittelalterlichen Türmen überragt werden und oft einen nachhaltigen Einfluß auf die italienische Kunst und Sprache ausgeübt haben.
Florenz, die Hauptstadt der Toskana, ist über die Autobahn A 1 Mailand-Rom (von der Küste kommend über die Autobahn A11) schnell und einfach zu erreichen. Dennoch raten wir zur Anreise mit dem Zug, da sich der Bahnhof Santa-Maria-Novella im Stadtzentrum befindet und es kein Vergnügen ist, in den engen, oft verstopften Straßen der Altstadt Auto zu fahren; zudem gibt es dort so gut wie keine Parkmöglichkeiten.
Für Fahrten in die Umgebung von Florenz und Ausflüge in das Hügelland bei Chianti, das Argentario-Massif oder die Maremmen ist das Auto allerdings das beste und angenehmste Verkehrsmittel.

Rom – *Siehe den Abschnitt Anreise im Kapitel über Rom.*

Golf von Neapel – Die Sonne und das blaue Meer des weiten Golfs von Neapel wurden schon in vielen unvergeßlichen Liedern besungen; hier liegen die berühmten Inseln Capri, Ischia und Procida, die per Schiff oder Gleitboot *(Aliscafi)* von Neapel aus erreichbar sind (Anlegestellen am Molo Beverello oder in Margellina).
Neapel gehört zu den malerischsten Städten Italiens; man kann es mit dem Zug, über die Autobahnen A 1, A 2 oder A 3 (Mailand-Rom und Rom-Reggio di Calabria) oder mit dem Flugzeug (Flughafen Capodichino) erreichen.
Bei Taxifahrten in Neapel sollte man sich im voraus über den Fahrpreis einigen.

Dolomiten – Die Dolomiten sind ein Teil der Südlichen Kalkalpen. Sie reichen vom Trentino-Südtirol bis nach Venetien. Ihre steilwandigen Gebirgsstöcke sind ausgesprochen eindrucksvoll und in der Höhe oft in Form von Zinnen, Türmen und Felsnadeln zerklüftet. Dank der vielen Sportmöglichkeiten (Ski, Bergsteigen, Wanderungen, Spaziergänge) sind sie im Sommer und im Winter ein beliebtes Reiseziel. Hat man nur ein paar Tage Zeit, so kann man die Region auch bei einer Hüttenwanderung auf der „Alta via" entdecken. Die Küche ist einfach, aber schmackhaft. Zu ihren Spezialitäten – Speck, Spargel und *Polenta alla montanara* – paßt der köstliche Käse Asiago; als Nachtisch gibt es die ausgezeichneten Waldbeeren.
Die Anfahrt erfolgt über die Autobahnen A 4 und A 22 (Brennerautobahn).
Auskunft bei den regionalen Fremdenverkehrsämtern (Azienda di Promozione Turistica) oder den Informationsstellen der größeren Städte, insbesondere Bolzano/Bozen (☎ (04) 71/99 38 08), Belluno (☎ (04) 37/94 00 83), Region Cadore (☎ (04) 35/93 59) und Cortina d'Ampezzo (☎ (04) 36/32 31).

Vor der Abreise

Italienische Fremdenverkehrsbüros

Wenden Sie sich zur Vorbereitung Ihrer Reise, zur Zusammenstellung der erforderlichen Unterlagen, zur Überprüfung bestimmter Informationen usw. vorzugsweise an das **ENIT (Ente Nazionale Italiano per il Turismo)**:

In Deutschland

D-10178 Berlin, Karl-Liebknecht-Str. 34, ☎ (030) 247 83 97-8
D-60329 Frankfurt a. M., Kaiserstr. 65 ☎ (069) 23 74 30 oder 25 91 26
D-80336 München, Goethestr. 20, ☎ (089) 53 13 17

Für die Bestellung von Informationsmaterial gilt die landesweite Servicenummer ☎ (0190) 70 64 40.

In der Schweiz

CH-8001 Zürich, Uraniastr. 32, ☎ (01) 211 79 17 oder (01) 211 30 31

In Österreich

A-1010 Wien, Kärntnerring 4, ☎ (01) 505 16 30 oder 505 16 39

In vielen italienischen Provinzhauptstädten gibt es ein regionales Fremdenverkehrsamt mit der Bezeichnung **A.P.T. (Azienda di Promozione Turistica)**. In anderen Provinzen heißt diese Institution **E.P.T. (Ente Provinciale per il Turismo)**. In Ferienorten gibt es eine lokale Informationsstelle der **Azienda Autonoma di Soggiorno, Cura e Turismo (A.S.)**. Die Adressen und Telefonnummern der wichtigsten Fremdenverkehrsämter der beschriebenen Gebiete sind im Kapitel „Besichtigungsbedingungen" vermerkt. Auch im roten Michelin-Hotelführer ITALIA finden Sie die Adressen der Fremdenverkehrsämter der darin behandelten Orte. Außerdem enthält er die Adressen der Geschäftsstellen des italienischen Automobilclubs (A.C.I.).
Darüber hinaus können auch die Zweigstellen der **C.I.T.** Auskünfte erteilen. Im deutschsprachigen Raum befindet sich ein Büro in D-50667 Köln, Komödienstraße 49, ☎ (0221) 20 70 90.

Diplomatische und konsularische Vertretungen

Deutschland

Botschaft: **Rom**, Via San Martino della Battaglia 4, ☎ (06) 49 21 31
Konsulate und Generalkonsulate: **Mailand**, Via Solferino 40, ☎ (02) 623 11 01; **Florenz**, Lungarno A. Vespucci 30, ☎ (055) 29 47 22; **Neapel**, Via Crispi 69, ☎ (081) 76 13 393; **Venedig**, Cannaregio 4201, ☎ (041) 523 76 75; **Palermo**, Viale Francesco Scaduto 2/D, ☎ (091) 625 46 60 oder (091) 342 575, siehe auch unter http://www.auswaertiges-amt.de.

Österreich

Botschaft: **Rom**, Via Pergolesi 3, ☎ (06) 855 82 41
Konsulate und Generalkonsulate: **Mailand**, Via Tranquillo Cremona 27, ☎ (02) 48 12 937; Triest, Via Fabio Filzi 1, ☎ (040) 63 16 88 oder (040) 63 17 97; **Neapel**, Corso Umberto I 275, ☎ (081) 28 77 24; **Palermo**, Via Leonardo Da Vinci 145, ☎ (091) 68 25 696, siehe auch unter http://www.bmaa.gv.at

Schweiz

Botschaft: **Rom**, Via Barnaba Oriani 61, ☎ (06) 809 571
Konsulate: **Mailand**, Via Palestro 2, ☎ (02) 77 79 161; **Neapel**, Via Pergolesi 1, ☎ (081) 76 14 390; **Venedig**, Dorsoduro 810, ☎ (041) 52 25 996 oder (041) 52 03 944, siehe auch unter http://www.eda.admin.ch

Anreise

Mit dem Auto – Die Anreise ist zu jeder Jahreszeit problemlos. Von der Schweiz, Deutschland oder Österreich kommend erreicht man dank des dichten Autobahnnetzes schnell die Lombardei und Venetien und von dort aus alle anderen Regionen Italiens. Hilfreich bei der Wahl der Reiseroute sind die **Michelin-Straßenkarten** *(s. Karten und Pläne)*.
Abgesehen von der Einreise über Menton/Ventimiglia an der Côte d'Azur und über das österreichische Villach führen die Anfahrtsstrecken nach Italien über Pässe (Brenner, Reschen) bzw. durch Tunnel wie den San Bernardino, Großen St. Bernhard, St. Gotthard oder Montblanc *(geschlossen bis Frühjahr 2001)*.

Mit dem Zug – Für den Besuch einer italienischen Großstadt ist der Zug eine günstige Anreisemöglichkeit; mehrere Städte können von Berlin, Frankfurt, München, Wien und Zürich aus mit dem Nachtzug erreicht werden.
Für Florenz und Venedig stellt der Zug (zumindest bei der ersten Reise) das beste Transportmittel dar, da sich der Bahnhof mitten im Stadtzentrum befindet.
Eine schnelle und bequeme Verbindung zwischen Mailand, Turin, Genua, Venedig, Bari und Rom ist der **Pendolino**.
Auskünfte über Ermäßigungen erteilen die deutschen, schweizerischen bzw. österreichischen Eisenbahnen.

Mit dem Flugzeug – Es bestehen regelmäßige Flugverbindungen zwischen den bedeutendsten Städten Italiens und den Haupt- und Großstädten in Deutschland, Österreich und der Schweiz. Auskunft erteilen die Vertretungen von Lufthansa, Austrian Airlines, Swissair und Alitalia. Von Berlin, Frankfurt, München, Wien und Zürich aus gibt es tägliche Flugverbindungen nach Turin, Mailand (dort eventuell umsteigen nach Florenz), Florenz, Venedig, Rom, Pisa (von dort direkte Züge ins Stadtzentrum von Florenz, Fahrtzeit 1 Stunde), Bologna, Genua, Neapel, Verona, Cagliari (Sardinien) und Catania (Sizilien). Genauere Auskünfte und Einzelheiten bezüglich der Flugverbindungen nach Bari und Palermo erhalten Sie in Ihrem Reisebüro bzw. auf den Websites der o. g. Fluggesellschaften.

Mit dem Schiff – Die zahlreichen **italienischen Inseln** sind durch Fähren und Gleitboote mit dem Festland verbunden und besonders im Sommer beliebte Ferienorte. Es ist deshalb ratsam, sich lange im voraus seine Fahrkarte zu besorgen, besonders wenn man mit dem Auto überfahren oder eine Kabine buchen möchte. Junge Leute oder besonders „sportliche" Reisende können die Überfahrt an Deck verbringen und brauchen nicht unbedingt zu reservieren. Sie können ihre Fahrkarte sogar noch einige Stunden vor der Abfahrt am Schalter an der Anlegestelle erstehen. Genauere Informationen zu allen Möglichkeiten erhalten Sie im aktuellen **Michelin-Hotelführer ITALIA**, in dem die notwendigen Adressen, Telefonnummern sowie die jeweilige Dauer der Überfahrt angegeben sind.

Sizilien – Die wichtigsten Schiffsverbindungen werden von der *Tirrenia Navigazione* auf folgenden Strecken angeboten:
- Reggio di Calabria – Messina, Catania oder Syrakus
- Genua – Palermo, Catania oder Syrakus
- Cagliari – Palermo oder Trapani

Die Reederei *Grandi Traghetti* versorgt die Strecken Genua – Palermo und Livorno – Palermo und die Reederei Caronte die Strecke Villa San Giovanni – Messina.

Sardinien – Auch hier übernimmt die *Tirrenia Navigazione* sowie die *Sardinia Ferries* und die *Grandi Traghetti* die wichtigsten Verbindungen, und zwar im einzelnen:
- *Tirrenia Navigazione*: Civitavecchia – Cagliari, Olbia oder Arbatax; Genua – Cagliari, Olbia, Arbatax oder Porto Torres; La Spezia – Olbia und Neapel – Cagliari.
- *Sardinia Ferries* und *Grandi Traghetti*: Livorno – Golfo Arnaci.

Einreiseformalitäten

Papiere – Für Besucher aus der Europäischen Union und der Schweiz genügt für die Einreise nach Italien der Personalausweis. Kinder unter 16 Jahren benötigen einen Kinderausweis bzw. Paß oder müssen im Reisepaß der Eltern eingetragen sein.

Autofahrer – Nationaler oder internationaler Führerschein.

Fahrzeugpapiere – Für Kraftfahrzeuge, einschließlich Wohn- und Gepäckanhänger, braucht man nur die Papiere des Heimatlandes. Die **grüne internationale Versicherungskarte** sollte man unbedingt mitnehmen, denn sie vereinfacht bei Schadensfällen die Abwicklung.

Kranken- und Unfallversicherung – Für Personen aus den **Mitgliedstaaten der Europäischen Union** gibt es einen internationalen Krankenschein (**Formular E 111**). Dieser wird von der heimischen Krankenkasse ausgestellt und muß auf der Reise mitgeführt werden. Er wird nach der Heimkehr zusammen mit den vom italienischen Arzt oder Krankenhaus ausgestellten Papieren (Krankenschein, Rezept) der heimatlichen Krankenkasse vorgelegt. Diese erstattet die Beträge gemäß den Bestimmungen im Reiseland zurück. Privatversicherte können bei ihrer Krankenversicherung einen italienischen Krankenschein vorlegen, die Kosten werden den Bestimmungen entsprechend vergütet.
Da in der Schweiz eine Krankenversicherung nicht obligatorisch ist, müssen Schweizer Touristen in Italien ihre Krankenkosten selbst bezahlen. Für Autounfälle wurde eine Konvention abgeschlossen. Es ist ratsam, ein Formular des **Europäischen Unfallprotokolls** mitzuführen.

Sioen/CEDRI

Sizilianischer Karren

Haustiere – Für die Einreise ist eine höchstens 10 Tage zuvor ausgestellte Impfbescheinigung vorzulegen, aus der hervorgeht, daß das mitreisende Haustier vor mindestens einem und maximal elf Monaten gegen Tollwut geimpft wurde. In vielen italienischen Hotels und auf vielen Campingplätzen sind Haustiere nicht zugelassen; der Rote Michelin Hotel-und Restaurantführer Italia informiert über Hotels, die auch Gäste mit Hunden willkommen heißen.

Reiseveranstalter

Wer sich nicht um die zahlreichen Formalitäten kümmern oder die Hotelreservierungen vornehmen will, kann sich bequem an einen der vielen Reiseveranstalter wenden, die Aufenthalte in den großen Kunststädten Italiens oder bestimmte Rundreisen in die beliebtesten Touristenregionen organisieren. Im Angebot sind die Anreise (per Zug oder Flugzeug), die Unterkunft (in Vollpension, Halbpension oder nur mit Frühstück in einem Zwei-, Drei-, Vier- oder Fünf-Sterne-Hotel), die Zubringerfahrten (per Zug oder Flugzeug), die Reise in einem modernen Reisebus, wenn es sich um eine Rundreise handelt, eventuell ein Besichtigungsprogramm und ein Reiseführer enthalten. Der Preis variiert je nach Abfahrtsort, dem Transportmittel nach Italien, der Hotelkategorie, dem Umfang der Leistungen und natürlich der Dauer des Aufenthalts.

Einer dieser Veranstalter ist C.I.T. (siehe Abschnitt Nützliche Adressen), die Wochenendreisen (drei Tage und zwei Nächte) nach Rom oder Venedig (freies Programm), Aufenthalte von acht Tagen und sieben Nächten in wahlweise zwei oder drei Städten (Venedig-Rom, Florenz-Rom, Venedig-Florenz, Rom-Neapel, Venedig-Florenz-Rom) oder Rundreisen von acht oder neun Tagen durch die vorgenannten Städte zuzüglich Capri oder die Gegend um Neapel anbietet.

Sprachkurse, interessante Informationen über Italien, nützliche Links u.v.a.m. bieten die **Italienischen Kulturinstitute** (Istituto Italiano di Cultura) in vielen deutschen Städten sowie deren Homepages, z. B. www.iic-colonia.de/; ourworld.compuserve.com/homepages/IIC hamburg/index.htm; http://ourworld.compuserve.com/homepages/IICStoccarda/

Verschiedenes

Gesetzliche Feiertage - 1. und 6. Januar, Ostersonntag und -montag, 25. April (Jahrestag der Befreiung 1945), 1. Mai, 15. August („Ferragosto"), 1. November, 8., 25. und 26. Dezember. Darüber hinaus feiert jede Stadt das Fest ihres Schutzheiligen.

Post - Die Postämter (auch in Italien ist der Postdienst vom Telekommunikationsdienst getrennt) sind von 8.30 bis 13.30 Uhr (beziehungsweise bis 12 Uhr am Samstag sowie am letzten Tag des Monats) geöffnet.

Telefon - Die staatliche italienische Telefongesellschaft C.I.T. (manchmal sieht man noch das alte Logo SIP an den Telefonkabinen) unterhält Geschäftsstellen mit **öffentlichen Telefonkabinen**, in denen die Telefongespräche sofort an der Kasse bezahlt werden können.
Zusätzlich zu den Münzfernsprechern (beziehungsweise zu den gelegentlich noch mit Marken - *gettoni* - funktionierenden Apparaten) gibt es immer mehr **Kartentelefone**. Die Telefonkarten sind in den Geschäftsstellen der C.I.T. sowie in Tabakläden (gekennzeichnet durch ein Symbol mit einem weißen T auf schwarzem Grund) erhältlich. Vor dem ersten Gebrauch muß wie in der Anleitung auf der Karte beschrieben die perforierte Ecke abgetrennt werden, da die Karte sonst nicht funktioniert.

Ferngespräche

Von Italien nach Deutschland: 00 + 49 + Nummer des Fernsprechteilnehmers ohne die 0 vor der Vorwahl
Von Italien nach Österreich: 00 + 43 + Nummer des Fernsprechteilnehmers ohne die 0 vor der Vorwahl
Von Italien in die Schweiz: 00 + 41 + Nummer des Fernsprechteilnehmers ohne die 0 vor der Vorwahl
Von Deutschland, Österreich und Schweiz nach Italien: 00 + 39 + Nummer des Fernsprechteilnehmers *mit* der 0 vor der Vorwahl. Wenn Sie allerdings ein italienisches Handy anwählen, fällt die 0 weg.

Inlandsgespräche

Innerhalb einer Stadt und ihrer unmittelbaren Umgebung braucht lediglich die Nummer des Teilnehmers gewählt zu werden. Für ein Gespräch in eine andere Stadt wird die Vorwahl dieser Stadt (prinzipiell mit 0 beginnend), gefolgt von der Nummer des Teilnehmers gewählt.

Währung - Die italienische Währungseinheit ist die Lira. Der seit der Einführung des Euro festgelegte Wechselkurs beträgt 0,5165 Euro für 1 000 Lire, was ungefähr einer Mark entspricht.

Banken - Die Banken sind im allgemeinen von 8.30-13.30 und von 15-16 Uhr geöffnet und an Wochenenden und an Feiertagen geschlossen.
Geld kann (mit Ausnahme von Reiseschecks) darüber hinaus bei der Hauptpost (posta centrale) und in Wechselstuben getauscht werden. Es wird generell eine Provision einbehalten.
An einigen Geldautomaten kann ebenfalls Geld getauscht werden.

Kreditkarten - Immer häufiger können Zahlungen mit Kreditkarten vorgenommen werden. Im **Michelin-Hotelführer ITALIA** sind die Kreditkarten aufgeführt, die von den empfohlenen Restaurants und Hotels akzeptiert werden. Bei der Bezahlung mit der Karte bestehen in Italien zwei unterschiedliche Systeme nebeneinander: der „Bancomat" und die Kreditkarte, weswegen die Italiener im allgemeinen zwei unterschiedliche Karten besitzen. Beim **Bancomat-Verfahren** muß man seine Geheimnummer eingeben und zusätzlich eine Kommission von 3 000 L pro Zahlung entrichten. Das Kreditkartenverfahren ist unentgeltlich und verlangt lediglich eine Unterschrift auf der Quittung. Um die Kommission beim Bancomat zu vermeiden, sollte man immer die Zahlung per *Carta di credito* verlangen, wenn man im Hotel, im Restaurant oder beim Einkauf nach der Nummer seiner Kreditkarte gefragt wird. Die Auszahlung von Bargeld an den Geldautomaten geht allerdings nur über Bancomat. Dabei ist die Kommission von 3 000 L jedoch meistens noch günstiger als die Kommission der Wechselstuben und Banken.

Apotheken - Die Apotheken *(farmacia)* sind mit einem rot-weißen Kreuz gekennzeichnet. Ist eine Apotheke geschlossen, sind die Namen und Adressen der diensthabenden Notärzte und Apotheken angeschlagen.

Einkaufen

Öffnungszeiten der Geschäfte - Im Zentrum der Großstädte bleiben die Geschäfte im allgemeinen über Mittag geöffnet, in kleineren Städten gelten folgende Öffnungszeiten: 9-12.30 Uhr und 15.30-19.30 Uhr. In den Badeorten bleiben viele Geschäfte bis spät abends geöffnet.

Bekleidung und Schuhe – Beachten Sie, daß die italienischen Konfektionsgrößen nicht den deutschen entsprechen, sondern um eine Größe darüber liegen, d. h. Größe 42 in Deutschland entspricht Größe 44 in Italien. Bei den Schuhgrößen ist es umgekehrt; Größe 37 in Italien entspricht Größe 38 in Deutschland.

Informationen rund um das Auto

Straßenkarten – Abgesehen von den auf Seite 6 empfohlenen **Michelin-Karten** gibt es die vom **Italienischen Touring Club (T.C.I.)**, Corso Italia 10, 20122 Milano ☎ (02) 85 26 1, herausgegebenen Regionalkarten von Italien im Maßstab 1 : 200 000 .

Verkehrshinweise – Die **Höchstgeschwindigkeit** beträgt in Ortschaften 50 km/h, auf den Landstraßen 90 km/h; auf den Autobahnen richtet sie sich nach dem Hubraum des Motors: sie reicht von 90 km/h (600cm³) bis 110-130 km/h (über 1 000 cm³).

Sicherheitsgurt – Auf den Vorder- und den Rücksitzen besteht Gurtanlegepflicht.

Verkehrsschilder – Die Übersetzung der am häufigsten anzutreffenden Verkehrshinweise findet sich im Wörterverzeichnis *(am Ende der Praktischen Hinweise)*.

Parken – Sehr oft findet man **bewachte Parkplätze** vor, vor allem in der Gegend um Neapel. Um unangenehme Überraschungen zu vermeiden, sollte man sich nach dem Preis erkundigen, bevor man sein Auto abstellt. Im Süden Italiens ist jedoch allemal besser, die geforderten Parktarife zu bezahlen, als seinen Wagen unbewacht zu lassen. In Städten kann man in manchen Bereichen nur beschränkt oder gar nicht parken. Auf diese Zonen weisen große rechteckige Schilder hin (Aufschrift **Zona a traffico limitato riservata ai veicoli autorizzati**). Sie befinden sich im allgemeinen in der Altstadt, die man wie die engen Gassen oder Straßen ohne Gehsteig als Parkmöglichkeit meiden sollte.

Kraftstoff – An italienischen Tankstellen sind vier verschiedene Arten von Kraftstoff *(benzina)* erhältlich:

Diesel: Benzina
Super verbleit: **Super**
Super bleifrei (Oktanzahl 95): **Senza piombo**
Super plus bleifrei (Oktanzahl 98): **Super Plus** bzw. **Euro Plus**

Nützliche Telefonnummern:

12: Auskunft (kostenlos aus einem öffentlichen Münzfernsprecher)
15: R-Gespräch
112: Notruf Carabinieri
113: Notruf Polizei, Rotes Kreuz, Notarzt
115: Feuerwehr
116: Pannendienst des A.C.I. (Italienischer Automobilclub)

In Italien ist das Telefonieren ab 18.30 Uhr billiger. Zwischen 22 und 8 Uhr, ab 13.30 Uhr am Samstag und den ganzen Tag an Sonn- und Feiertagen wird der Preis halbiert.

Auf den **Landstraßen** schließen die Tankstellen im allgemeinen zwischen 12.30 und 15 Uhr. An manchen Tankstellen gibt es automatische Zapfsäulen, an denen man mit der Kreditkarte oder in bar bezahlen kann, allerdings werden nur 10 000- und 50 000-Lire-Scheine angenommen.

Hinweise auf Sehenswürdigkeiten – Schilder mit gelbem Grund weisen auf Sehenswürdigkeiten hin.

Elektrogeräte – Die Spannung beträgt **220 V**. Eurostecker passen problemlos in italienische Steckdosen, für Schukostecker sind Adapter *(adattatore)* wegen der manchmal unterschiedlichen Steckdosen notwendig und im Handel erhältlich.

Zeitzone – In Italien gilt die gleiche Uhrzeit wie in Deutschland, Österreich oder der Schweiz. Die Umstellung auf die Sommer- oder Winterzeit findet am selben Tag wie in den genannten Ländern statt. Die Italiener nennen die Sommerzeit „ora legale" und die Winterzeit „ora solare".

Strände – In einigen vielbesuchten Gebieten Italiens (Ligurien, toskanische Küste, Adria) gibt es Strände, an denen man Eintritt verlangt, die dafür aber oft sauberer sind als die anderen Strandzonen.

Unterkunft und Verpflegung

UNTERKUNFT

Hotels – In den neuen Abschnitten mit der Bezeichnung Tips und Adressen (gekennzeichnet durch einen blauen Streifen am äußeren Rand einer Seite) ist bei den großen Städten eine Liste von Hotels zusammengestellt, die auf der Grundlage einer Übernachtung in einem Doppelzimmer in drei Kategorien unterteilt sind:

- „**GUT & PREISWERT**" beinhaltet Häuser, in denen der Preis unter 150 000 L liegt;
- „**UNSERE EMPFEHLUNG**" umfaßt Hotels, deren Zimmerpreise zwischen 150 000 und 300 000 L liegen;
- „**SPITZENKATEGORIE**" bezeichnet erstklassige und luxuriöse Hotels, in denen der Aufenthalt zu einem unvergeßlichen Erlebnis wird. Die Preise sind natürlich dementsprechend.

Eine größere Auswahl von Hotels und Restaurants finden Sie im Michelin-Hotelführer ITALIA. Bitte beachten Sie, daß die Zimmerpreise gewöhnlich in der Hochsaison (Juli und August) erheblich steigen und daß Sie rechtzeitig reservieren sollten. Wenn Sie Ihre Ausgaben möglichst einschränken möchten und mit dem eigenen Fahrzeug unterwegs sind, raten wir Ihnen, nach Möglichkeit außerhalb der Städte ein Zimmer zu suchen. Hier ist das Preis-Leistungsverhältnis oft besser und der Service ebenso gut.

Ferien auf dem Land – In den meisten Fällen hat man neben der Unterkunft auch Gelegenheit, die Produkte und Spezialitäten des Bauernhofes zu kosten. Mancherorts sind Unterkunft und Service so erlesen wie in den besten Hotels. In diesen Fällen ist der Preis natürlich entsprechend. Die meisten Höfe liegen in der Toskana, in Umbrien, Trentino-Südtirol, auf Sizilien und auf Sardinien. In jeder guten italienischen Buchhandlung sind die Führer erhältlich, in denen man die Adressen und Beschreibungen der ländlichen Unterkunftsmöglichkeiten findet: *Vacanze e Natura* (herausgegeben von Associazione Terranostra, ☎ (06) 46 821), *Agriturismo e Vacanze Verdi* (herausgegeben von **Associazione Agriturist**, ☎ (06) 68 52 342), *Guida all'Agriturismo de Demetra* und *Vacanze Verdi*, herausgegeben von Edagricole, die eine Auswahl unter mehr als 400 Adressen anbieten. Nähere Auskunft erteilt auch **Turismo Verde**, Via Flaminia 56, Roma, ☎ (06) 36 11 051.

Religiöse Einrichtungen – Eine preisgünstige Gelegenheit, eine Nacht in einer großen Stadt zu verbringen. Die Zimmereinrichtung ist meistens äußerst spartanisch, aber gepflegt. Der einzige Nachteil ist die „Sperrstunde", die den Gast zwingt, zwischen 22.30 und 23 Uhr in seine Unterkunft zurückzukehren. Auskünfte erteilen die Fremdenverkehrsämter oder die Verwaltungen der Bistümer.

Bed and Breakfast – Im Angebot sind oft hochwertige Unterkunftsmöglichkeiten in ländlicher Umgebung. Diese Art der Unterkunft verbreitet sich in Italien mehr und mehr. Nähere Auskünfte erhalten Sie bei **Bed & Breakfast Italia**, Palazzo Sforza Cesarini, Corso Vittorio Emanuele II 282, 00186 Roma (☎ (06) 68 78 618, Fax (06) 68 78 619, Internet: http://www.bbitalia.it, E-Mail: info@bbitalia.it), bei **Dolce Casa**, Via Messina 15, 20154 Milano (☎ (02) 33 11 814, Fax (02) 33 13 009, Internet: http://www.touritel.com/dolcecasa, E-Mail: dolcecasa@touritel.com), oder bei dem Verein **Bed and Breakfast in Italy**, der die Region Friaul abdeckt (Via Sanguarzo 13, 33043 Cividale del Friuli, Udine, ☎ (04) 32 73 18 54, E-Mail: s.raccaro@now.finfor.com).

Jugendherbergen – In Italien heißen die Jugendherbergen **Ostelli della Gioventù**. Es ist ratsam, sich im Heimatland einen internationalen Jugendherbergsausweis zu besorgen, da die Jahreskarte nicht in allen italienischen Jugendherbergen erhältlich ist.

Campingplätze – Jedes Jahr gibt der italienische Touringclub in Zusammenarbeit mit dem Campingverband den Campingführer *Campeggi e villaggi turistici in Italia* heraus, der ausführliche Informationen über alle Campingplätze Italiens enthält. Auskunft erteilt die Federazione Italiana del Campeggio e del Caravanning (Federcampeggio), Via Vittorio Emanuele 11, 50041 Calenzano (FI), ☎ (055) 88 23 91, Fax (05) 58 82 59 18.

Berghütten – Wer im Urlaub Bergsteigen oder Bergwandern möchte, bekommt vom CAI (Club Alpino Italiano, Via Fonseca Pimentel 7, Mailand, ☎ (02) 86 46 35 16) eine vollständige Auflistung der Unterkunftsmöglichkeiten in alpiner Höhe.

Attraktive Pauschalangebote – Für Kurzaufenthalte in bestimmten Städten sollte in einem Reisebüro nach einem Pauschalangebot Zug + Hotel beziehungsweise Flug + Hotel gefragt werden. In manchen Fällen umfaßt ein solches Pauschalangebot auch eine Eintrittskarte für Museen der Stadt.

VERPFLEGUNG

Die neuen Abschnitte mit der Bezeichnung Tips und Adressen (gekennzeichnet durch einen blauen Streifen am äußeren Rand einer Seite) bieten für die großen Städte eine Auswahl unterschiedlicher Gaststätten, die wegen ihrer besonderen Atmosphäre oder ihres einzigartigen Charakters ausgewählt wurden. Der aktuelle rote **Michelin-Hotelführer ITALIA** beinhaltet ein erheblich breiteres Angebot, das die ganze Bandbreite der italienischen Küche umfaßt *(siehe Kapitel Gastronomie in der Einleitung)*.

Die Gerichte

Zusammensetzung einer italienischen Mahlzeit – Die traditionelle Mahlzeit besteht aus einer Vorspeise **(antipasto)**, z. B. Rohkost, Wurst, eingelegtes Gemüse, einem ersten Gang **(primo** bzw. **primo piatto)** Reis bzw. Nudeln, einem **secondo**, dem Fleisch- oder Fischgericht, das mit einem **contorno** (Gemüse oder Salat) serviert wird. Nach dem Käse **(formaggio)** gibt es Obst **(frutta)** und/oder ein anderes Dessert wie Kuchen **(dolce)**, Halbgefrorenes **(semifreddo)** oder Eis **(gelato)**.

Getränke – **Wasser** wird meist in Flaschen serviert. Will man eine Karaffe, muß man um *acqua naturale* bitten. Als Mineralwasser *(acqua minerale)* wird stilles Wasser *(non gassata)* oder ein mit Kohlensäure angereichertes Wasser *(acqua gassata)* serviert. **Wein** wird auf der Karte ausgesucht. Will man weniger als eine Flasche trinken, bietet sich die Möglichkeit, den Hauswein **(vino della casa)** in der Karaffe **(in caraffa, vino sfuso)** zu bestellen. Dabei präzisiert man die Menge mit *un quartino* (Viertel) bzw. *mezzo litro* (halber Liter). **Bier** gibt es in der Flasche oder vom Faß **(alla spina)**. Die bekanntesten italienischen Marken sind Moretti, Forst, Peroni.

Kleines Nudel-ABC

Cannelloni: Nudelrollen mit Fleischfüllung in Soße
Farfalle: Nudeln in Schmetterlingsform
Fettuccine: römische Tagliatelle (etwas dünner als die üblichen Tagliatelle)
Fusilli: kleine, spiralförmige Nudeln
Lasagne: Auflauf aus Nudelteigplatten, gefüllt mit Hackfleisch, Tomaten- und Bechamelsoße und bestreut mit Parmesan
Maccheroni: Nudeln in Röhrchenform, hierzulande unter dem Namen Makkaroni bekannt
Ravioli: Teigtaschen mit Gemüse-, Fleisch- oder Käsefüllung
Spaghetti: der große Klassiker unter den Nudeln, jeder kennt ihn
Tagliatelle: schmale Nudelbänder
Tortellini: kleine runde Teigwaren mit Fleisch- oder Käsefüllung, die in einer Sahnesoße oder Fleischbrühe serviert werden

Kaffee

Diese große Spezialität der Italiener, die den Kaffee etwas stärker rösten als die Deutschen, wird zu jeder beliebigen Tageszeit getrunken. Der **espresso** ist dem eingedeutschten Expresso vergleichbar. Er ist ausgesprochen stark und bedeckt gerade den Boden der Tasse. Will man einen etwas weniger starken Kaffee, bittet man um **caffè lungo**. Der Kaffee **corretto** ist mit Schnaps „korrigiert". Beim **caffè latte** handelt es sich um einen einfachen Kaffee mit Milch, im Unterschied zum Kaffee **macchiato**, der in einer kleinen Tasse serviert und sozusagen nur mit Milch „bekleckst" ist. Der **cappuccino** (oder „cappuccio") ist ein Kaffee mit schaumig geschlagener und nach Belieben mit Kakao bestreuter Milch.

G. del Magro/SIPA PRESS

Würfelzucker wird in Italien nur selten verwendet. Man sollte sich daher nicht wundern, wenn man auf dem Tresen der Bars lediglich Streuzucker findet; im allgemeinen ist er in schönen länglichen, oft silbernen Zuckerdosen mit Deckel, in denen sich jeder Gast mit Hilfe eines langstieligen Löffels bedient.

Im allgemeinen bezahlt man in den Bars zunächst sein Getränk an der Kasse und bestellt es, mit einem entsprechenden Bon ausgerüstet, anschließend am Tresen beim Kellner.

Eis

Die italienischen Eis- und Sorbetspezialitäten **(gelati)** machen den Italienurlaub noch schöner. Neben Sorbets aus Fruchtsaft gibt es **stracciatella**, ein Milcheis mit Schokoladenstückchen; **gianduia** schmeckt nach der beliebten gleichnamigen Haselnußschokolade; **bacio** ist ein Eis mit Milchschokolade; **fior di latte** und **panna** werden mit Sahne hergestellt, **cassata** ist Vanilleeis mit kandierten Früchten und **crema** eine gelbe Eiscreme mit Vanillegeschmack.
Beim **tiramisù** handelt es sich um ein mit Creme aus Eigelb und Mascapone, Löffelbiskuits und Kaffee zubereitetes kaltes Dessert.

Sandwiches, belegte Brötchen

Beim Belegen von Brötchen bzw. Sandwiches sind der Phantasie in Italien keine Grenzen gesetzt. Allerdings wird die anderswo übliche Butter hier durch etwas Olivenöl ersetzt. Der Belag kann eine dünne Scheibe rohen oder gekochten Schinkens **(prosciutto crudo, prosciutto cotto)** sein, die mit Artischockenherzen, Tomaten, Pilzen oder Spinat garniert ist. Häufig sind die Sandwiches auch mit Mortadella belegt. Manchmal findet man auch Sardellen oder Frischkäse (z. B. Mozzarella und Stracchino). Die Brötchen bzw. Sandwiches sind oft bereits fertig zubereitet und in einer Vitrine ausgestellt; sie können auch nach Ihren persönlichen Wünschen zusammengestellt werden.
Die italienischen Brötchen bzw. Sandwiches - es gibt sie mit verschiedenen Brotsorten - sind in der Regel relativ klein und werden meist in folgenden Formen angeboten:
schiacciata: wie ein Tortenstück aussehendes Sandwich aus mit Öl beträufeltem und leicht gesalzenem Fladenbrot
tramezzino: dreieckiges Sandwich aus diagonal durchgeschnittenem Weißbrot
panino: aus einem runden oder länglichem Brötchen zubereitetes Sandwich, das frisch aufgebacken wird.
Eine gute Idee für Zwischendurch ist **taglio di pizza**, eine Einzelportion Pizza, die in Bars auf großen Metallblechen zubereitet und stückweise *(al taglio)* verkauft wird.

Freizeitgestaltung

Naturerlebnis in den Nationalparks

Die Nationalparks (*Parchi nazionali*) stellen ein besonders attraktives Reiseziel dar. Im Vergleich zum traditionellen Tourismus steht hier der Kontakt mit der Natur im Vordergrund. Auf der Internet-Seite http:/www.ctsviaggi.com/parchionine/ erfährt man mehr.

Parco Nazionale del Gran Paradiso – *Siehe Aosta*. Dieser Park umfaßt das Piemont und das Aostatal. Man erreicht ihn von Turin aus entweder über die SS 460 bis Ceresole Reale oder über die Autobahn A 5, die man hinter Aosta in Richtung Cogne verläßt.

Park von Stilfs/Stelvio – In diesem Park liegen die Bergmassive Ortler und Monte Cevedale, sowie die Täler von Valfurva und Trafoi, das Martell-, das Ulten- und das Suldental. Die Zufahrt erfolgt entweder von der Lombardei aus über die SS 38 bis Bormio oder vom Trentino aus über die Autobahn und anschließend über die SS 43 bis Rabbi. Nähere Informationen erhalten Sie in den Fremdenverkehrsämtern von Sulden (☎ (04) 73 61 30 15), Malè (☎ (04) 73 90 12 80) oder bei Associazione Turistica Val Martello (☎ (04) 73 74 45 98).

Dolomitennationalpark von Bellune – Er erstreckt sich am rechten Lauf des Piave zwischen Feltre und Bellune und umschließt drei große Bergmassive: die Vette Feltrine, die Monti del Sole und die Schiara-Gruppe. Man erreicht ihn von Bellune aus über die SS 50 oder von Treviso aus über die SS 348 bis Feltre, wo sich die Parkverwaltung befindet (Piazzale Zancanaro 1, ☎ (04) 39 30 42 33).

Parco Nazionale delle Monti dell'Uccellina – Diesen mitten in den Maremmen gelegenen Nationalpark erreicht man über die Autobahn A 12 nach Grosseto und von dort weiter in Richtung Alberese, wo sich das Besucherzentrum befindet (Fremdenverkehrsamt, geöffnet von 7.30 bis 18 Uhr).

Parco Nazionale dei Monti Sibillini – Er besteht aus dem weitläufigen Kalksteinmassiv zwischen den Marken und Umbrien. Anfahrtswege gibt es von Macerata über die S 78 in Richtung Sernano und Amandola oder von Spoleto über den Paß Forca di Cerro auf der S 209, anschließend über die S 320 und S 396 nach Norcia. Auskünfte beim Fremdenverkehrsamt der Marken in Ancona (Via Gentile da Fabriano 9, 60125 Ancona, ☎ (071) 80 61).

Nationalpark Gran Sasso – *Siehe Abruzzo*. Auskünfte beim Fremdenverkehrsamt von L'Aquila (☎ (08) 62 41 08 08).

Parco Nazionale d'Abruzzo – *Siehe Kasten im Kapitel Abruzzo*.

Parco Nazionale della Maiella – Erreichbar ab den Ausfahrten der Autobahn A 5 Sulmone, Bussi, Torre de'Passari und Scafa. Auskunft bei der Parkverwaltung oder der Regionalverwaltung (Viale Bovio 425, 65123 Pescara, ☎ (08) 57 44 63).

Parco Nazionale del Circeo – *Siehe Terracina*.

Parco Nazionale del Cilento e Vallo di Diano – *Siehe Cilento*.

Parco Nazionale del Gargano – Er deckt die gesamte Landzunge von Gargano ab und erstreckt sich bis zu den Tremiti-Inseln. Die Besucherzentren befinden sich in San Marco in Lamis (Via della Vittoria 64, ☎ (08) 82 83 32 82) und in der Gemeinde Monte Sant'Angelo, im Ortsteil Foresta Umbra (☎ (08 84 56 09 44). Ansprechpartner ist das Fremdenverkehrsamt in Foggia (Via E. Perrone 17, ☎ (08) 81 23 141).

Parco Nazionale del Pollino – Der Park erstreckt sich an den Hängen des Monte Pollino (2 248 m), einer der Gipfel der lukanisch-kalabrischen Apenninen. Auskunft über Ausflüge erteilt das Fremdenverkehrsamt von Castrovillari (☎ (09) 81 32 591).

Parco Nazionale della Calabria – Dieser Nationalpark erstreckt sich über die bewaldeten Bergmassive des Großen und Kleinen Sila und des Aspromonte. Auskunft bei der Parkverwaltung in Cosenza (Viale della Repubblica 26, ☎ (09) 84 76 760).

Parco Nazionale del Golfo di Orosei, Gennargentu e Asinara – Der beste Ausgangspunkt für Ausflüge in den Nationalpark ist Nuoro, wo das regionale Fremdenverkehrsamt Auskünfte erteilt (Piazza Italia 19, ☎ (07) 84 32 307).

Heil- und Thermalquellen

Schon zu Zeiten der Etrusker waren die an vielen Stellen der Apenninhalbinsel vorkommenden Heilquellen bekannt, und man kam von weither, um sie therapeutisch zu nutzen. Heute sind Kuraufenthalte noch immer beliebt. Nicht zuletzt locken neben den hochwertigen Heilbehandlungen und dem erholsamen Aufenthalt das vielfältige Freizeitangebot und die Möglichkeiten zur Besichtigung von Naturdenkmälern und Sehenswürdigkeiten in der Umgebung. Auskunft erteilt das **E.N.I.T. (Ente Nazionale Italiano per il Turismo)** Via Marghera 2, 00185 Roma, ☎ (06) 49 711.

Sport

Wer auch im Urlaub auf sportliche Betätigung nicht verzichten will, findet im folgenden einige hilfreiche Adressen:

Kanusport – Federazione Italiana Canottaggio, Viale Tiziano 70, 00196 Roma (☎ (06) 32 33 770) und Federazione Italiana Canoa e Kayak, Via Flaminia 357, 00196 Roma (☎ (06) 32 42 050).

Jagen – Federazione Italiana della Caccia, Viale Tiziano 70, 00196 Roma (☎ (06) 32 33 779).

Radsport – Federazione Ciclistica Italiana, Stadio Olimpico, Curva Nord, Cancello L, Porta 91, 00194 Foro Italico, Roma (☎ (06) 68 57 813).

Golf – Federazione Italiana Golf, Viale Tiziano 74, 00196 Roma (☎ (06) 36 85 81 08).

Angeln, Fischen – Federazione Italiana Pesca Sportiva e Attività Subacquee, Viale Tiziano 70, 00196 Roma (☎ (06) 36 85 85 22).

Wandern und Bergsteigen – Sowohl in den Alpen als auch in den Apenninen gibt es zahlreiche Routen in verschiedenen Schwierigkeitsgraden. Federazione Italiana Escursionismo, Via La Spezia 58/r, 16149 Genova (☎ (010) 41 41 94) und Club Alpino Italiano, Via Fonseca Pimentel 7, Milano, (☎ (02) 86 46 35 16).

Wasserski – Federazione Italiana Sci Nautico, Via Piranesi 44, 20137 Milano (☎ (02) 76 11 02 40).

Höhlenforschung – Società Speleologica Italiana, Via Zamboni 61, 40127 Bologna, ☎ (051) 25 00 49.

Wintersport – Die italienischen Wintersportorte in den Alpen besitzen ausgezeichnete Pisten und Loipen. Die wichtigsten sind auf der Karte der Ferienorte am Anfang des Reiseführers verzeichnet. Ausführliche Informationen erhält man bei den örtlichen Fremdenverkehrsämtern oder bei Federazione Italiana Sport Invernali, Via Piranesi 44, 20137 Milano (☎ (02) 75 731).

Reiten – Federazione Italiana di Turismo Equestre, Via Ponte di Castel Giubileo 27, 00188 Roma (☎ (06) 33 28 060).

Segeln und Surfen – Federazione Italiana Vela, Viale Brigata Bisagno 2, 16129 Genova (☎ (010) 58 94 31).

Vergnügungsparks

Ein unvergeßliches Erlebnis für Groß und Klein mit Spiel, Spaß und Nervenkitzel bieten die im folgenden aufgeführten Freizeitparks.

Edenlandia – *Viale Kennedy 76, Neapel (s. Plan von Neapel und Umgebung im roten Michelin-Hotelführer Italia oder Michelin-Karte Nr. 431). Die Autobahn Tangenziale (in Richtung Gaeta) an der Ausfahrt 10 oder 11 verlassen.* Geöffnet: Juli und Aug. 17 Uhr (Sonntag ab 10.30 Uhr) bis Mitternacht; Juni an Werktagen 16-22 Uhr, am Wochenende 10.30 Uhr bis Mitternacht; April und Mai an Werktagen 12-20 Uhr, am Wochenende 10.30 Uhr bis Mitternacht; Okt. bis März nur am Wochenende 10.30 Uhr bis Mitternacht (abweichende Öffnungszeiten an Weihnachten und Neujahr). Eintritt: 4 000 L; Attraktionen: 16 000 L. ☎ (08) 12 39 96 93.

Fantasy World Minitalia – *Via Vittorio Veneto 52, Capriate S. Gervasio (37 km östlich von Mailand über die Autobahn A 4, s. Michelin-Karte Nr. 219 Falte 20). Die Autobahn an der Ausfahrt Capriate verlassen.* Geöffnet: im Sommer 9.30-19.30 Uhr (August bis 23 Uhr), sonst bis 18 Uhr (Mitte Nov. bis Mitte März nur am Wochenende geöffnet). Eintritt: 22 000 L; Kinder über 3 Jahre und unter 1,40 m Körpergröße: 18 000 L. ☎ (02) 90 90 169.

Fiabilandia – *In Rivazzura di Rimini (Michelin-Karte Nr. 429 oder 430 J 19). Anfahrt über die Autobahn A 14, Ausfahrt Rimini-Süd.* Geöffnet: Mitte Juni bis Mitte Sept. 10 Uhr bis Mitternacht; sonst bis 18 Uhr. Geschlossen: Nov. bis Ostern. Eintritt: 25 000 L, Kinder über 3 Jahre und unter 1,40 m Körpergröße: 18 000 L. ☎ (05) 41 37 20 64.

Gardaland – *In Ronchi, Gemeinde Castelnuovo del Garda (Michelin-Karte Nr. 428 oder 429 F 14). Anfahrt über die Autobahn A 4, Ausfahrt Peschiera del Garda, oder die A 22, Ausfahrt Affi.* Geöffnet: Mitte Juni bis Mitte Sept. 9 Uhr bis Mitternacht, sonst bis 18 Uhr; Okt. nur am Wochenende 9.30-18.30 Uhr. Geschlossen: Nov. bis März. Eintritt: 36 000 L; Kinder unter 10 Jahren: 31 000 L. ☎ (04) 56 44 97 77.

Italia in Miniatura – *Via Popilia 239, Viserba (Michelin-Karte Nr. 429 oder 430 J 19). Anfahrt über die Autobahn A 14, Ausfahrt Rimini-Nord.* ♿ Geöffnet: Juli und Aug. 9 Uhr bis Mitternacht, sonst bis Einbruch der Dunkelheit. An Sonn- und Feiertagen ab 8.30 Uhr. Attraktionen: von 1 Std. nach Öffnung bis 1 Std. vor Schließung des Parks. Von November bis März geschlossen. Eintritt: 22/24 000 L je nach Saison; 17/18 000 L für Jugendliche unter 18 und Personen über 65 Jahre; Eintritt frei für Behinderte und Kinder unter 1 m Körpergröße. Café, Restaurant und Buchladen. Internet: www.italiainminiatura.com. ☎ (0541) 73 20 04.

Mirabilandia – *Statale Adriatica 16, km 162, Ravenna (an der S 16, südlich von Ravenna, Michelin-Karte Nr. 429 oder 430 I 18). Anfahrt über die Autobahn A 14, Ausfahrt Ravenna (von Norden) oder Ausfahrt Rimini-Nord (von Süden), anschließend weiter auf der S 16.* Geöffnet: im August 10 Uhr bis Mitternacht, im Juli bis 23 Uhr, sonst bis 18 Uhr; im Okt. nur an den beiden ersten Wochenenden. Geschlossen: Okt. bis März. Eintritt: 34 000 L; Kinder unter 1 m Körpergröße Eintritt frei ; Kinder von 1 m bis 1,50 m : 27 000 L. ☎ (05) 44 56 11 11.

Bücher-, Film- und Musiktips

BÜCHER

Kunst und Geschichte

Michael Seidlmayer: **Geschichte Italiens**, Kröners Taschenausgabe, Stuttgart
Johannes Schwarzkopf: **Italien-Ploetz**, Ploetz, Freiburg
Franz Tichy: **Italien**, Wissensch. Buchgesellsch., Darmstadt
T. W. Potter: **Das römische Italien**, Reclam, Stuttgart
H. A. Stützer: **Kleine Geschichte der römischen Kunst**, DuMont, Köln
Burckhardt, J.: **Die Kultur der Renaissance in Italien**, A. Kröner Verlag, Stuttgart
John Kent: **Florenz und Siena**, Droemer/Knaur, München
Florenz zur Zeit der Renaissance; Venedig im Spätmittelalter, Kollektion BildGeschichte, Ploetz, Freiburg
Gerda Bödefeld/Berthold Hinz: **Die Villen im Veneto**, DuMont Kunstreise, Köln
Knaurs Kulturführer: **Italien**, Droemer/Knaur, München

Bildbände

Giovanni Arpino/Bruno Quaranta: **Italien**, Umschau-Verlag, Frankfurt
Guido Rossi/Franco Lefèvre: **Italien aus der Luft**, DuMont, Köln
Italien, Land ohne Ende, Hirmer, München
Reise durch Italien, Stürtz, Würzburg
Time-Life: **Italien**
Martin Thomas: **Magisches Apulien**, Harenberg, Dortmund
Fulvio Roiter: **Capri; Florenz und die Toskana; Venedig**, Schroll, München
Luca Visentini: **Cinque Terre**, BLV, München
M. Locher/R. Mayer: **Ischia**, Bruckmann, München
Giancarlo Gasponi: **Strahlendes Rom**, Schüler Verlag, München
Herbert Hartmann: **Sizilien**, Süddeutscher Verlag, München
E. Höhne: **Goldenes Südtirol**, Bruckmann, München
Unter dem Himmel der Toskana, DuMont, Köln
Die Italienische Renaissance, Könemann, Köln

Literatur, Reisebeschreibungen, Erinnerungen

Manfred Hardt (Hg.): **Ciao Bellezza. Deutsche Dichter über Italien. Ein Lesebuch**, Piper, München
Werner Bergengruen: **Römisches Erinnerungsbuch**, Verlag Herder, Freiburg
Johann Wolfgang von Goethe: **Italienische Reise**, dtv, München
Doris Maurer: **Literarischer Führer durch Italien**, Insel-Verlag, Frankfurt
E. Peterich: **Italien**, 3 Bände, Prestel-Verlag, München
F. Prinz zu Sayn-Wittgenstein: **Südtirol und das Trentino**, Prestel-Verlag, München

Allgemeine Reiseliteratur

Günter Engler: **Treffpunkt Scala, musikalischer Reiseführer durch Italien**, Reclam, Stuttgart
Buchers Reisebegleiter: **Toskana; Elba; Gardasee; Florenz**, Bucher, München
Merian-Hefte: **Florenz; Mailand; Neapel-Capri-Ischia; Rom; Sardinien; Sizilien; Südtirol; Toskana; Turin-Piemont-Aostatal; Vatikan; Venedig**, Hoffmann und Campe, Hamburg

Sonstiges

Carmine Chiellino: **Kleines Italien-Lexikon**, Beck, München
Land und Leute: Italien, Polyglott, München
Munzinger Länderprofile: **Italien: Fakten-Personen-Ereignisse**, Mai-Verlag, Buchschlag
Gerda Rob: **Unbekannter Nachbar Italien**, AT-Verlag, Aarau

MUSIK

Johann-Sebastian Bach, **Concerto italiano**

Paganini, **Karneval von Venedig/Variationen**

Felix Mendelssohn-Bartoldy, **Italienische Symphonie**

Franz Liszt, 2.und 3. Buch der **Années de pèlerinage** über Italien; **Sonnenhymnus des hl. Franziskus von Assisi**; aus den Sinfonischen Dichtungen die **Sinfonie zu Dantes Divina commedia**

Hector Berlioz, **Benvenuto Cellini**

Pjotr Iljitsch Tschaikowski, **Cappriccio Italien**

Ottorino Respighi, **Römische Brunnen, Pinien von Rom, Drei Bilder von Botticelli, Römische Feste**

Nicht zu vergessen natürlich die vielen neapolitanischen Volkslieder: **O sole moi, Funiculì Funiculà**, Torna a Surriento etc.

FILME

Das antike Rom wird in zahlreichen Filmen nach Hollywoodmanier behandelt: **Quo Vadis** von Mervyn Le Roy (1951), **Julius Cäsar** von Joseph Mankiewicz (1953), **Ben Hur** von William Wyler (1959), **Die letzten Tage von Pompeji** von Mario Bonnard (1959), **Spartacus** von Stanley Kubrick (1960), **Gladiator** von Ridley Scott (2000)

1949 **Stromboli** von Roberto Rossellini
1950 **Liebesrausch auf Capri** von William Dieterle (Neapel und Umgebung)
1951 **Don Camillo und Peppone** von Julien Duvivier (spielt in einem Dorf in der Po-Ebene), gefolgt von drei Fortsetzungen
1953 **Ein Herz und eine Krone** von William Wyler (Rom)
1953 **Die Müßiggänger** von Federico Fellini
1954 **Traum meines Lebens** von David Lean (Venedig)
1960 **Die mit der Liebe spielen/Das Abenteuer** von Antonioni (Liparische Inseln und Sizilien)
1960 **Bel Antonio** von Bolognini (Catania)
1969 **Kindheit, Berufung u. erste Erlebnisse des Venezianers Giacomo Casanova** von Luigi Comencini
1970 **Der Tod in Venedig** von Luchino Visconti
1971 **Fellinis Roma** von Federico Fellini
1975 **Die Macht und ihr Preis** von Francesco Rosi (Sizilien)
1976 **1900** von Bernardo Bertolucci (Italien von 1900 bis 1945)
1976 **Fellinis Casanova** von Federico Fellini
1976 **Viva Italia** von Dino Risi
1978 **Der Holzschuhbaum** von Ermanno Olmi (Lombardei im 19. Jh.)
1979 **Christus kam nur bis Eboli** von Francesco Rosi (Kampanien)
1984 **Die 100 Tage von Palermo** von Giuseppe Ferrara
1985 **Zimmer mit Aussicht** von James Ivory (Florenz und Umgebung)
1987 **Die goldene Brille** von Giuliano Montaldo (Ferrara)
1988 **Domani, Domani** von Daniele Luchetti (Toskana)
1992 **Gestohlene Kinder** von Gianni Amelio
1993 **Marcellino Pane e Vino** von Luigi Comencini
1994 **Mediterraneo** von Gabriel Salvatores
1995 **Liebes Tagebuch** von Nanni Moretti
1996 **Der Postmann** von Massimo Troisi
1997 **Mit geschlossenen Augen** von Francesca Archibugi
1998 **Pasolini – Un delitto italiano** von Marco Tullio Giordana
1998 **Das Leben ist schön** von Roberto Benigni

Siehe auch die Rubrik DER ITALIENISCHE FILM im Einführungsteil

Video

Toskana, Falken Nr. 6148
Italien, BVP Nr. 86
Apulien; Kalabrien; Lombardei; Die Marken; Neapel; Rom zu Fuß; Sardinien; Toskana; Umbrien; Venedig;
DuMont Video-Reiseführer, Köln

Veranstaltungskalender

30. und 31. Januar

Aosta .... St. Ursus-Messe: Verkauf handwerklicher Erzeugnisse der Gegend.

1. und 2. Woche Februar

Agrigent .... Sagra del mandorlo in fiore (Fest des blühenden Mandelbaums).

Karneval

Venedig .... Feierlichkeiten auf den Plätzen, Veranstaltungen in den Theatern, Konzerte.

Viareggio .... Großer Umzug mit geschmückten Wagen und Maskierten, volkstümliche Veranstaltungen.

Ivrea .... Volkstümliche Veranstaltungen, darunter die berühmte Apfelsinenschlacht.

Letzter Freitag der Karnevalszeit

Verona .... Maskenzug „venerdì gnocolar" (Gnocchi-Freitag, benannt nach den Grieß- oder Mehlklößchen).

1. April

San Marino .... Einsetzung der Stadtregenten.

Gründonnerstag und Karfreitag

Tarent .... Religiöse Bräuche der Karwoche: Prozessionen zu Ehren der Muttergottes der Sieben Schmerzen (Addolorata) und des Mysteriums.

Ostersonntag

Florenz .... Scoppio del Carro (vormittags auf der Piazza del Duomo): Explosion eines Festwagens, ausgelöst durch eine Taube, die vom Hochaltar des Doms auf einem Seil herabgleitet.

Sulmona .... Fest der „Madonna che scappa in Piazza".

Mittwoch bis Sonntag nach Ostern

Loreto .... Internationales Kirchenmusikfestival

Mai und Juni

Florenz .... Maggio musicale: zahlreiche künstlerische Darbietungen (Konzerte, Opernvorstellungen, Balletvorführungen etc.)

1. Mai

Cagliari .... Fest des Sant'Efisio.

1. Sonntag im Mai

Neapel .... Fest des St. Januarius-Wunders im Dom.

1. Donnerstag nach dem 1. Mai

Assisi .... Calendimaggio (3 Tage lang).

7. bis 9. Mai

Bari .... St. Nikolaus-Fest: am 7. Mai großer historischer Umzug, am 8. Mai Messe und Prozession am Strand, die Statue des Heiligen wird auf das offene Meer hinausgefahren.

15. Mai

Gubbio .... Ceri-Lauf.

Vorletzter Sonntag im Mai

Sassari .... Cavalcata Sarda.

Letzter Sonntag im Mai

Gubbio .... Wettkampf im Armbrustschießen auf der Piazza della Signoria (Palio della Balestra).

Ende Mai-Anfang Juni

Taormina .... Sizilianisches Trachten- und Wagenfest.

Erste Junihälfte bis Anfang September (in geraden Jahren)

Venedig .... Kunstbiennale: *Auskunft beim Komitee der Biennale in Venedig, ☎ (041) 521 87 11*

16. und 17. Juni

Pisa .... Luminaria di San Ranieri: Fest des hl. Rainer.

24. Juni, sowie an zwei weiteren Tagen des Monats

Florenz .... Calcio Storico Fiorentino: Ballspiel auf der Piazza della Signoria und herrliche Umzüge in Trachten des 16. Jh.s, Feuerwerk auf dem Piazzale Michelangelo.

Vorletzter Sonntag im Juni

Arezzo .... Giostra del Saracino (Sarazenenkämpfe).

Ende Juni bis Mitte Juli

Spoleto .... Spoleto Festival: Internationale Theater-, Musik- und Ballettfestspiele.

Juli-August

Perugia .... Umbrisches Jazzfestival.

Ende Juni bis Ende Aug.

Verona .... Theaterfestival und Opernfestspiele im römischen Amphitheater.

2. Juli

Siena .... Palio delle Contrade.

3. Samstag im Juli

Venedig .... Erlöserfest: Feuerwerk in der Nacht von Samstag auf Sonntag, religiöse Feiern und Regatta am Sonntag.

1. Sonntag im August

Ascoli Piceno .... Quintana-Fest: Umzug der Vertreter der verschiedenen Stadtviertel in Trachten des 15. Jh.s und Ritterturnier.

14. August

Sassari .... Discesa dei Candelieri: Kerzenprozession.

16. August

Siena .... Palio delle Contrade.

Letzte Woche im August

Ferrara .... Ferrara Buskers Festival: Darbietungen fahrender Musikanten.

29. August und am vorletzten Sonntag im August

Nuoro .... Erlöserfest.

Ende August, Anfang September

Venedig .... Internationale Filmfestspiele im Seebad Lido. *Auskunft erteilt die Biennale di Venezia, ☎ (041) 521 87 11.*

1. Sonntag im September

Arezzo .... Giostra del Saracino: Sarazenenkämpfe.

Venedig .... Historische Regatta auf dem Canal Grande.

7. September

Florenz .... Rificolone-Fest (Laternen aus buntem Papier): musikalische und folkloristische Veranstaltungen in den verschiedenen Stadtvierteln.

7. und 8. September

Loreto .... Fest Mariä Geburt.

2. Freitag, Samstag und Sonntag im September (in geraden Jahren)

Marostica .... Partita a Scacchi (Schachpartie mit riesigen Figuren).

2. Sonntag im September

Asti .... Festival delle Sagre. Verteilung von Speisen an die Besucher.

Sansepolcro .... Palio della Balestra: Wettkampf im Armbrustschießen in mittelalterlichen Trachten.

13. September

Lucca .... Luminaria di Santa Croce (ab 20 Uhr).

2. und 3. Sonntag im September

Foligno .... Giostra della Quintana (Turnierspiele).

19. September

Neapel .... Fest des St. Januarius-Wunders im Dom.

3. Sonntag im September

Asti .... Palio: Volksfest und Umzüge.

1. Oktober

San Marino .... Einsetzung der Stadtregenten.

Nacht vom 9. auf den 10. Dezember

Loreto .... Fest der Überführung der Santa Casa.

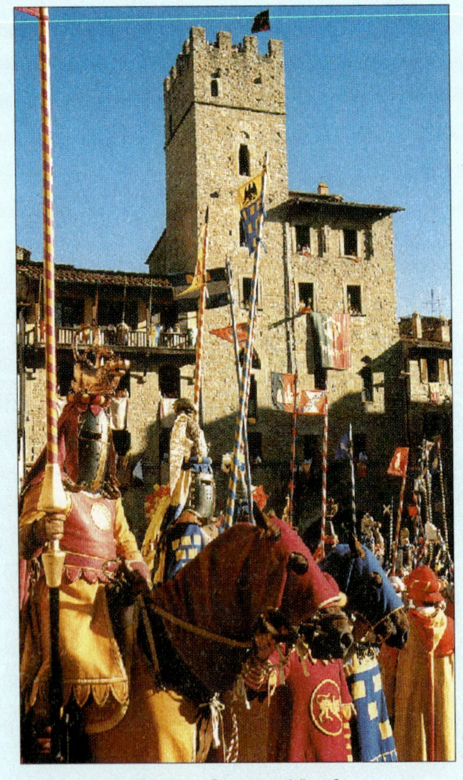

S. Chirol

Arezzo - Sarazenenkämpfe

Wörterverzeichnis

UNTERWEGS UND IN DER STADT

a destra, a sinistra	rechts, links
banchina	Straßenrand
binario	Bahnsteig
corso	Straße
discesa	Gefälle
dogana	Zoll
fermata	Haltestelle (Bus)
fiume	Fluß
frana	Erdrutsch
ghiaccio	Glatteis
ingresso	Eingang
lavori in corso	Bauarbeiten
neve	Schnee
passaggio a livello	Bahnübergang
passo	Paß
pericolo	Gefahr
piazza, largo	Platz
piazzale	Esplanade
stazione	Bahnhof
stretto	eng, schmal
uscita	Ausgang
viale	Allee
vietato	verboten

LANDSCHAFTEN UND SEHENSWÜRDIGKEITEN

abbazia, convento	Kloster
affreschi	Fresken
aperto	geöffnet
cappella	Kapelle
casa	Haus
castello	Schloß, Burg
chiesa	Kirche
chiostro	Kreuzgang
chiuso	geschlossen
città	Stadt
cortile	Hof
dintorni	Umgebung
duomo	Dom
funivia, seggiovia	Standseilbahn, Schwebebahn
giardino, giardini	Garten, Gärten
gola, gole	Schlucht, Schluchten
lago	See
lungomare	Strandpromenade
mercato	Markt
navata	Kirchenschiff
palazzo	Palast
passeggiata	Spaziergang
piano	Stockwerk
quadro	Gemälde
rivolgersi a ...	man wende sich an ...
rocca	Burg
rovine, ruderi	Ruinen
sagrestia	Sakristei
scavi	Ausgrabungen
spiaggia	Strand
tesoro	Schatz
torre	Turm
vista	Aussicht, Blick

ALLGEMEINES

si, no	ja, nein
signore	Herr
signora	Frau
signorina	Fräulein
ieri	gestern
oggi	heute
domani	morgen
mattina	der Morgen
sera	der Abend
pomeriggio	der Nachmittag
per favore	bitte
grazie tante	vielen Dank
scusi	Entschuldigung
basta	genug
buon giorno	Guten Tag
arrivederci	Auf Wiedersehen
molto, poco	viel, wenig
più, meno	mehr, weniger
caro	teuer
quanto?	wieviel
grande, piccolo	groß, klein
la strada per ...?	die Straße nach
dove? quando?	wo? wann?
dov'è ...?	wo befindet sich ...?
si puo visitare?	Kann man ... besichtigen?
che ora é?	Wie spät ist es?
non capisco	Ich verstehe nicht
tutto, tutti	alles, alle
Vorrei...	Ich möchte...

ZAHLEN

0	**zero**	10	**dieci**	20	**venti**
1	**uno**	11	**undici**	30	**trenta**
2	**due**	12	**dodici**	40	**quaranta**
3	**tre**	13	**tredici**	50	**cinquanta**
4	**quattro**	14	**quattordici**	60	**sessanta**
5	**cinque**	15	**quindici**	70	**settanta**
6	**sei**	16	**sedici**	80	**ottanta**
7	**sette**	17	**diciassette**	90	**novanta**
8	**otto**	18	**diciotto**	100	**cento**
9	**nove**	19	**diciannove**	1000	**mille**

Besichtigungsbedingungen

Aufgrund der schwankenden Lebenshaltungskosten und der veränderlichen Öffnungszeiten geben wir die folgenden Informationen ohne Gewähr.
Die Angaben gelten für Einzelbesucher (ohne Ermäßigung); für Gruppen können bei Voranmeldung im allgemeinen besondere Bedingungen vereinbart werden.
Viele Museen sind nur vormittags geöffnet oder können wegen Personalmangels oder Restaurierungsarbeiten vorübergehend geschlossen sein. In den meisten Fällen werden die letzten Eintrittskarten eine halbe Stunde vor Schließung ausgegeben. Sollte der Verkaufsschluß noch früher erfolgen, ist die Uhrzeit des letzten Einlasses in den Besichtigungsbedingungen angegeben.
Es wird empfohlen, sich vor einer Besichtigung telefonisch zu erkundigen, da die vielen italienischen Kulturdenkmäler mitunter über Jahre restauriert werden.
***Gesetzliche Feiertage**: siehe unter „Praktische Hinweise".*
Kirchen sollten während der Gottesdienste nicht besichtigt werden; sie sind meist von 12 bzw. 13 bis 16 Uhr geschlossen.
Während der Mitte Dezember stattfindenden Woche der Kulturdenkmäler ist bei zahlreichen Bauwerken der Eintritt frei.
***Besichtigung von Kirchen**: häufig wird auf Hinweisschildern in Kirchen darauf hingewiesen, daß man das Bauwerk korrekt gekleidet besichtigen soll. Von kurzen Hosen und ärmellosen T-Shirts wird abgeraten.*
Telefon: die Telefonnummern sind mit in Klammern stehender Vorwahlnummer (prefisso) angegeben; bei Gesprächen vom Ausland wird die vorangehende Null weggelassen.
Auf Einrichtungen für Rollstuhlfahrer weist das Zeichen ♿ nach dem Ortsnamen hin.
Die Sehenswürdigkeiten, für die besondere Besichtigungsbedingungen gelten, sind im Hauptteil durch das Zeichen ◷ kenntlich gemacht. Sie sind auf den folgenden Seiten im einzelnen genannt, wobei die Reihenfolge der Sehenswürdigkeiten im Hauptteil beibehalten wurde.

ABRUZZO/ABRUZZEN

Gran Sasso

Campo Imperatore – Zufahrt mit der Seilbahn, geöffnet: 8.30-17 Uhr (Aug. bis 18 Uhr). 22 000 L hin und zurück Samstag und Sonntag, sonst 18 000 L. ☎ (0862) 60 61 43 oder (0862) 40 00 07. Anfahrt auch möglich im Auto ab Fonte Cerreto über die S 17 bis (Dez. bis April gesperrt).

Castelli

Museo delle Ceramiche – Zur Zeit wegen Renovierung geschlossen. Auskunft über Öffnungszeiten und Eintrittspreise unter ☎ (0861) 97 93 98.

Das Hochland

Pescocostanzo

Santa Maria del Colle – Besichtigung im allgemeinen 8-12 und 17-19 Uhr. ☎ (0864) 64 14 40.

Ausflüge in den Abruzzen

Alba Fucens

Ausgrabungsstätte – Besichtigung: 9 Uhr bis 1 Std. vor Sonnenuntergang. Kontaktperson: Sig. Di Mattia, ☎ (0863) 23 561.

San Pietro – Für eine Besichtigung wende man sich ein paar Tage im voraus an Sig. Di Mattia, ☎ (0863) 23 561

Bominaco

Kirchen – Besichtigung in Begleitung des Küsters Sig. Cassiani (einige Tage vorher anmelden). Spende erbeten. ☎ (0862) 93 604.

San Giovanni in Venere – Besichtigung: 7-19 Uhr. Spende erbeten. ☎ (0872) 60 132.

AMALFI

ℹ Corso Roma 19/21 – ☎ (089) 87 11 07

Duomo di Sant'Andrea: Chiostro del Paradiso und Diözesanmuseum – Geöffnet: Mitte Juni bis Mitte Sept. 9-21 Uhr; Nov. bis Feb. 10-13 und 14-17 Uhr; sonst 9-19 Uhr. 3 000 L. ☎ (089) 87 22 03.

Amalfitanische Küste

Grotta dello Smeraldo – Zugang und Besichtigung per Aufzug 9-16 Uhr. 5 000 L (Aufzug und Besichtigung). Anfahrt zur Grotte möglich per Schiff ab Amalfi; 10 000 L (Fahrt hin und zurück und Besichtigung).

ANAGNI

Cattedrale: Krypta und Kirchenschatz – Führung (15 Min., auf italienisch): 9-13 und 16-19 Uhr; April bis Okt. 15-18 Uhr. 5 000 L. ☎ (0775) 72 83 74. www.axa.it/anagni.

ANCONA

Thaon de Revel 4 – ☎ (071) 35 89 91

Duomo – Geöffnet: täglich 8-12 und 15 bis 19 Uhr. ☎ (071) 52 688.

Museo Archeologico Nazionale delle Marche – ♿ (teilweise). Geöffnet: täglich 8.30-19.30 Uhr (Samstag bis 23 Uhr). Geschlossen: 1. Jan., 1. Mai und 25. Dez. 8 000 L. ☎ (071) 20 26 02.

Galleria Comunale Francesco Podesti – Geöffnet: 9-19 Uhr (Sonntag ab 15 Uhr). Geschlossen: Montag Nachmittag, an Feiertagen und am 4. Mai. 5 000 L. ☎ (071) 22 25 041.

Portonovo: Chiesa di Santa Maria – Auskunft über Besichtigungszeiten und Eintrittspreise erteilt die Sopraintendenza d'Ancona, ☎ (071) 22 831.

AOSTA

Piazza Chanoux 8 – ☎ (0165) 23 66 27

Collegiata di Sant'Orso – Geöffnet: Mai bis Sept. 9-19 Uhr; sonst 10-17 Uhr (letzter Einlaß 30 Min. vor Schließung). Keine Besichtigung am Sonntag und während der Gottesdienste. ☎ (0165) 26 20 26.

Cattedrale: Tesoro (Kirchenschatz) – ♿ Geöffnet: 1. April bis 30. Sept. 10-12 und 15-18 Uhr (Sonntag nur nachmittags); sonst auf Anfrage. Führungen möglich (30 Min.). 4 000 L. ☎ (0165) 40 251.

Valle d'Aosta

Parco Nazionale del Gran Paradiso – Der Ente Parco Nazionale Gran Paradiso (PNGP) organisiert Ausflüge mit Führern. Auskunft beim Centro Visitatori di Noasca. ☎ (0124) 90 10 70. Darüber hinaus bieten auch folgende Organisationen Touren und Ausflüge an: Cooperativa Habitat, Via E. Aubert 48, Aosta, ☎ (0165) 36 38 51 ; Cooperativa Il Roc, Via Umberto I 1, Noasca, ☎ (0124) 90 11 01; Associazione Guide della Natura, Piazza Chamoux 40, Cogne, ☎ (0165) 74 282; Associazione Opuntia, Casella Postale 1280, 10100 Torino, ☎ (011) 66 95 014.

Informationszentren des PNGP:

Über die Aostastraße zu erreichen: Rhêmes-Notre Dame (Schutzhütte Breuil) – geöffnet: im Sommer täglich, sonst nur am Wochenende.
Val Savarenche (Schutzhütte Degioz), auf der Straße nach Val Savarenche – geöffnet: Juli und Aug. täglich; Ostern, Juni und Sept. am Wochenende und 25. Dez.
Cogne (Schutzhütte Valnontey), in Cogne rechts abbiegen; alpiner botanischer Garten „Paradisia" – geöffnet im Sommer.

Vom Locana-Tal zu erreichen: Ronco Canavese (Piazza del Municipio), in Pont Canavese nach rechts abbiegen; Ceresole Reale (Dorf Pian della Balma) über Noasca hinausfahren; Locana (ehemalige Kirche San Francesco). Diese Informationszentren sind im Juli und Aug. täglich, im Juni und Sept. am Wochenende sowie an Ostern und Weihnachten geöffnet. Nähere Auskunft im Sekretariat der Fremdenverkehrsabteilung (Segreteria Turistica del Parco) des Parks, c/o Centro Visitatori di Noasca.

Castello di Fénis – Besichtigung: März bis Sept. 9-19 Uhr (Juli und Aug. bis 20 Uhr); sonst 10-17 Uhr. Geschlossen: 1. Jan. und 25. Dez. Führungen (30 Min.) möglich in Deutsch, Englisch, Spanisch und Französisch. 6 000 L. ☎ (0165) 76 42 63.

Castello di Issogne – Führungen (1/2 Std.): 1. Mai bis 30. Sept. täglich 9-18.30 Uhr; sonst: 10-16.30 Uhr. 10 000 L. ☎ (0125) 92 93 73.

AQUILEIA

Cripta della basilica – Besichtigung: April bis Sept. 8.30 bis 19 Uhr (an Sonn- und Feiertagen 19.30 Uhr); Okt. bis März 8.30-12.30 und 14.30-17.30 Uhr (an Sonn- und Feiertagen 18 Uhr). 4 000 L. ☎ (0431) 91 067 bzw. ☎ (0431) 91 97 19 (Pfarramt).

Römische Ruinen – Besichtigung: ganzjährig 9 Uhr bis 1 Std. vor Sonnenuntergang. Geschlossen: 1. Jan. und 25. Dez. Eintritt frei. ☎ (0431) 91 016.

Museo Archeologico – ♿ Geöffnet: ganzjährig 8.30-19.30 Uhr; Montag 8.30-14 Uhr; Samstag 8.30-20 Uhr (im Sommer bis 23 Uhr). 8 000 L. ☎ (0431) 91 016.

Museo Paleocristiano – Geöffnet: ganzjährig 9-14 Uhr. ☎ (0431) 91 131.

AREZZO

ℹ Piazza della Repubblica 28 - ☎ (0575) 37 76 78

Fresken von Piero della Francesca – Besichtigung nur nach Voranmeldung unter ☎ (0575) 90 04 04 (Info im Internet: www.pierodellafrancesca.it) oder unter ☎ (06) 32 810. Montag bis Freitag 9-18.30 Uhr; Samstag bis 17.30 Uhr; Sonntag 13-17.30 Uhr. Geschlossen: 13. Juni und 4. Okt.

Casa del Vasari – Geöffnet: ganzjährig 9-19 Uhr (an Sonn- und Feiertagen bis 13 Uhr). Geschlossen: Dienstag und an nationalen Feiertagen. ☎ (0575) 40 901.

Museo Statale d'Arte Medievale e Moderna – Geöffnet: täglich außer Montag 9-19 Uhr (an Sonn- und Feiertagen bis 13 Uhr). 8 000 L. ☎ (0575) 23 868.

Museo Archeologico – ♿ (teilweise). Geöffnet: 9-14 Uhr (an Sonn- und Feiertagen bis 13 Uhr); Donnerstag und Samstag 9-19 Uhr; erster Sonntag im Monat 9-19 Uhr. Geschlossen: 1. Jan., 1. Mai und 25. Dez. 8 000 L (für Personen über 65 oder unter 18 Jahren und während der Woche der Kulturgüter Eintritt frei). ☎ (0575) 20 882.

Promontorio dell'ARGENTARIO

Antica Città di Cosa (Ruinen) – Besichtigung: Mai bis Sept. 9-19 Uhr; sonst 9-13.30 Uhr. Die Besichtigung der Ruinen ist kostenlos, der Eintritt in das Museum beträgt 4 000 L. ☎ (0564) 88 14 21.

ASCOLI PICENO

ℹ Piazza del Popolo 17 - ☎ (0736) 25 30 45

Duomo – Besichtigung: 7-12.30 und 16-19 Uhr. ☎ (0736) 25 97 74.

Pinacoteca – ♿ Geöffnet: 9-19.30 Uhr, an Sonn- und Feiertagen 9-13 und 15.30-19.30 Uhr. Geschlossen: 1. Jan., 1. Nov., 25. Dez. 6 000 L. ☎ (0736) 29 82 13.

Museo Archeologico – ♿ Geöffnet: Täglich 8.30-19.30 Uhr. 4 000 L. ☎ (0736) 25 35 62.

Sant'Agostino – Besichtigung: 7-12.30 und 15-20 Uhr. Auskunft: ☎ (0736) 25 30 45 (APT).

Santi Vincenzo ed Anastasio – Zur Besichtigung einige Tage im voraus das Fremdenverkehrsamt informieren. ☎ (0736) 25 30 45 (APT).

Ponte Romano di Solestà – Führung auf vorherige Anfrage beim Fremdenverkehrsamt. ☎ (0736) 25 30 45 (APT).

Umgebung

Civitella del Tronto: Festung – Besichtigung: im Sommer 10-13 und 15-19.30 Uhr; sonst bis 18 Uhr. 5 000 L. Führungen (50 Min.) möglich. ☎ (0861) 91 588.

ASSISI

ℹ Piazza del Comune 12 ☎ (075) 81 25 34

Basilica inferiore: Tesoro und Collezione (Sammlung) Perkins – ♿ Geöffnet: April bis Okt. täglich außer Sonntag 9.30-12 und 14-18 Uhr. Geschlossen: 15. Aug. und 4. Okt. 3 000 L. ☎ (075) 81 90 01.

Rocca Maggiore – Derzeit geschlossen. ☎ (075) 81 52 92.

Oratorio dei Pellegrini – Wegen Restaurierungsarbeiten geschlossen. Nach Abschluß der Arbeiten Besichtigung täglich außer Sonntag 9-12 und 15-18 Uhr. ☎ (075) 81 22 67.

Umgebung

Eremo delle Carceri – Geöffnet: während der Sommerzeit 6.30-19.30 Uhr, im Winter 6.30-17 Uhr. ☎ (075) 81 23 01.

Convento di San Damiano – Besichtigung: Ostern bis Okt. täglich 10-12.30 und 14-18 Uhr (sonst bis 16.30 Uhr). ☎ (075) 81 22 73.

Basilica di Santa Maria degli Angeli – Besichtigung: täglich 6.30-20 Uhr, im Aug. zusätzlich 21-23 Uhr. ☎ (075) 80 511.

Foligno: Palazzo Trinci – ♿ Besichtigung: täglich außer Montag 10-19 Uhr. Geschlossen: 1. Jan. und 25. Dez. Buchladen. 5 000 L (Kinder unter 6 Jahren Eintritt frei). ☎ (0742) 35 79 89.

ATRI

Cattedrale – Besichtigung: 8-12 und 15-19 Uhr (im Winter bis 16 Uhr). ☎ (085) 87 286.

Umgebung

San Clemente al Vomano – Zur Besichtigung wende man sich an ☎ (085) 89 81 28. Spende erwünscht.

BARI

Piazza Aldo Moro 32/a - ☏ (080) 52 42 244

Castello - Geöffnet: täglich außer Montag 9-13 und 15.30-19 Uhr, Sonntag nur vormittags. An Feiertagen geschlossen. 4 000 L. ☏ (080) 52 86 263.

Pinacoteca - ♿ Geöffnet: täglich außer Montag 9.30-13 und 16-19 Uhr (Sonntag nur 9-13 Uhr). 5 000 L. ☏ (080) 54 12 421.

Museo Archeologico - Wegen Umbauarbeiten geschlossen.

BARLETTA

Corso Garibaldi 208 - ☏ (0883) 33 13 31

Pinacoteca Comunale - Geöffnet: Mai bis Sept. täglich außer Montag 9-13 und 16-19 Uhr, sonst 9-13 und 15-19 Uhr. 5 000 L. ☏ (0883) 57 86 13.

BASSANO DEL GRAPPA

Largo Corona d'Italia 35 - ☏ (0424) 52 43 51

Museo Civico - Geöffnet: täglich außer Montag 9-18.30 Uhr, Sonntag erst ab 15.30 Uhr. 7 000 L. Internet: www.x-land.it/MuseoBassano. ☏ (0424) 52 22 35.

Umgebung

Possagno

Geburtshaus von Canova und Gipsoteca - ♿ Besichtigung: täglich außer Montag Mai bis Sept. 9-12 und 15-18 Uhr; sonst 9-12 und 14-17 Uhr. An Feiertagen geschlossen. 6 500 L. ☏ (0423) 54 43 23.

Tempio di Canova - Gleiche Öffnungszeiten wie die Gipsoteca. Besichtigung der Kuppel: 3 000 L.

BELLUNO

Piazza dei Martiri 8 - ☏ (0437) 94 00 83

Museo Civico - Geöffnet: April bis Sept. täglich außer Montag 10-12 und 16-19 Uhr, an Sonn- und Feiertagen 10.30-12.30 Uhr; sonst täglich außer an Sonn- und Feiertagen 10-12 und 15-18 Uhr, Montag und Samstag nur vormittags. 4 000 L. ☏ (0437) 94 48 36.

Umgebung

Feltre: Museo Civico - Geöffnet: April bis Sept. täglich außer Montag 10-13 und 16-19 Uhr; sonst täglich außer Montag 10-13 und 15-18 Uhr. An Nationalfeiertagen geschlossen. 8 000 L. Internet: www.comune.feltre.bl.it. ☏ (0439) 88 52 42.

BENEVENTO

Piazza Roma - ☏ (0824) 31 99 38

Teatro Romano - Besichtigung: 9 Uhr bis 1 Std. vor Sonnenuntergang. 4 000 L.

Santa Sofia - Besichtigung: im Sommer täglich 7.30-11 und 17.30-19.30 Uhr; sonst auf Anfrage im Pfarramt. ☏ (0824) 81 206.

Museo del Sannio - ♿ Geöffnet: täglich außer Montag 9-13 Uhr. Geschlossen: 1. Jan., Ostern, 25. und 26. Dez. 5 000 L. ☏ (0824) 21 818.

BERGAMO

Vicolo Aquila Nera 2 - ☏ (035) 24 22 26

Turm des Palazzo della Ragione - Geöffnet: Mai bis Mitte Sept. 10-20 Uhr, Freitag und Samstag bis 22 Uhr; Mitte Sept. bis Okt. täglich 9.30-12.30 und 14.30-19 Uhr (Wochenende 10-19 Uhr); März und April täglich außer Montag und Dienstag 10.30-12.30 und 14-18 Uhr; sonst nur Samstag sowie an Sonn- und Feiertagen 10.30-12.30 Uhr und 14-16 Uhr. 2 000 L. Internet: www.apt.bergamo.it. ☏ (035) 24 22 26.

Cappella Colleoni - Geöffnet: März bis Okt. täglich außer Montag 9-12.30 und 14-18.30 Uhr, sonst 9-12.30 und 14-16.30 Uhr.

Basilica di Santa Maria Maggiore - Geöffnet: April bis Okt. 8-12 und 15-19 Uhr; sonst bis 18 Uhr; an Sonn- und Feiertagen 8-10.30 und 15-19 Uhr. ☏ (035) 24 68 55.

Via Bartolomeo Colleoni 9 und 11 - Besichtigung nur im Sommer und am Sonntag nach vorheriger Anmeldung. ☏ (035) 21 71 85.

Accademia Carrara - ♿ Geöffnet: täglich außer Dienstag 9.30-12.30 und 14.30-17.30 Uhr. 5 000 L (Personen über 60 oder unter 18 Jahren Eintritt frei); am Sonntag Eintritt frei. Internet: www.accademiacarrara.bergamo.it. ☏ (035) 39 96 45.

Umgebung

Brembo di Dalmine: Museo del Presepio - ♿ Geöffnet: Dez. und Jan. an Werktagen 14-18 Uhr und an Sonn- und Feiertagen 9-12 und 14-19 Uhr, sonst nur an Sonn- und Feiertagen 14-18 Uhr. 6 000 L. ☏ (035) 56 33 83.

BOLOGNA

Piazza Maggiore 6 - ☏ (051) 23 93 60

Sammelkarte – Es gibt eine Eintrittskarte, die für alle städtischen Museen der Stadt Bologna gültig ist. 12 000 L (1 Tag gültig), 16 000 L (3 Tage gültig).

Palazzo Comunale – ♿ Besichtigung: wenn die Räumlichkeiten nicht genutzt werden. Eintritt frei. ☏ (051) 20 31 11.

Collezione Comunali d'Arte – ♿ (teilweise). Geöffnet: täglich außer Montag 10-18 Uhr. Geschlossen: 1. Jan. und 25. Dez. 8 000 L. Internet: www.comune.bologna.it/iperbole/museicivici/. ☏ (051) 20 36 29.

Museo Morandi – ♿ Geöffnet: täglich außer Montag 10-18 Uhr. 8 000 L. Führungen und Verleih von Audiogeräten (in Englisch, Französisch und Italienisch). ☏ (051) 20 36 46.

Palazzo del Podestà und Palazzo di re Enzo – Besichtigung der Innenräume nur bei Ausstellungen möglich. Auskunft unter ☏ (051) 22 45 00.

Museo Civico Archeologico – ♿ Geöffnet: täglich außer Montag 9-14 Uhr, Samstag sowie an Sonn- und Feiertagen 9-13 und 15.30-19 Uhr. Geschlossen: an Nationalfeiertagen. 8 000 L. Führungen (1 1/2 Std.) möglich. Internet: www.comune.bologna.it/bologna1/Musei/Archeologico/. ☏ (051) 23 38 49.

Palazzo dell'Archiginnasio: Teatro Anatomico – ♿ (teilweise). Geöffnet: ganzjährig 9-13 Uhr. Geschlossen: an Sonn- und Nationalfeiertagen sowie in manchen Jahren im August. Audiovisuelle Vorführungen. Eintritt frei. ☏ (051) 27 64 11.

Torre degli Asinelli – Geöffnet: im Sommer 9-18 Uhr, im Winter bis 17 Uhr. 3 000 L.

San Giacomo Maggiore: Oratorium Santa Cecilia – Führungen möglich 10.30-12 und 15.30-17 Uhr. Spende erbeten. ☏ (051) 22 59 70.

Pinacoteca Nazionale – Geöffnet: täglich außer Montag 9-14 Uhr (Donnerstag bis 19.30 Uhr), an Sonntagen 9-13 und 14-20 Uhr. Geschlossen: an nationalen Feiertagen. 8 000 L. ☏ (051) 24 32 22.

Museo d'Arte Industriale und Galleria Davia Bargellini – ♿ (teilweise). Geöffnet: ganzjährig täglich außer Montag 9-14 Uhr (Sonntag bis 13 Uhr). An Feiertagen geschlossen. Eintritt frei. ☏ (051) 23 67 08.

Basilica di Santo Stefano: Museo – Geöffnet: täglich 9-12 Uhr und 15.30-18 Uhr, an Feiertagen bis 13 bzw. 18.30 Uhr. ☏ (051) 22 32 56.

Museo Civico Medievale – ♿ Geöffnet: Montag bis Freitag 9-14 Uhr, Samstag und Sonntag 9-13 und 15.30-19 Uhr. Geschlossen: Dienstag, 1. Jan. und 25. Dez. 8 000 L. Internet: www.comune.bologna.it/iperbole/museicivici/. ☏ (051) 20 39 30.

BOLSENA

Chiesa di Santa Cristina – Geöffnet: April bis Okt. täglich 7.15-12.30 und 15.30-20 Uhr; sonst 7.15-12.30 und 15-18 Uhr. In Grotte und Katakomben Führung: 9.30-11.30 und 15 Uhr bis 1 Std. vor Schließung jede halbe Stunde. Voranmeldung eine Woche im voraus empfehlenswert. 5 000 L (Kinder 2 500 L). ☏ (0761) 79 90 67.

BOLZANO/BOZEN

Piazza Parrocchia 11 - ☏ (0471) 99 38 08

Museo Archeologico dell'Alto Adige – Geöffnet: täglich außer Montag 10-18 Uhr (Donnerstag 20 Uhr), letzter Einlaß 1 Std. vor Schließung. Geschlossen: 1. Jan., 1. Mai und 25. Dez. 10 000 L (Studenten unter 27 und Personen über 60 Jahren 5 000 L). Internet: www.iceman.it. ☏ (0471) 98 20 98 oder (0471) 98 25 76.

Dominikanerkirche – Geöffnet: täglich 9.30-17.30 Uhr. ☏ (0471) 97 31 33.

Franziskanerkirche – Geöffnet: täglich außer an Feiertagen 10-12 und 14.30-18 Uhr. ☏ (0471) 97 72 93.

Riviera del BRENTA

Schiffsausflug zu den Villen – Fährbetrieb mit *Il Burchiello*: Ende März bis Ende Okt. (darüber hinaus verkehrt auch ein modernes Motorboot). Das Schiff läuft Mittwoch, Freitag und Sonntag um 8.15 Uhr in Padua (Piazzale Boschetti) aus und erreicht Venedig (Markus-Platz) am späten Nachmittag; mit Besichtigung der Villen Pisani, Widmann (auch Barchessa Valmarana genannt) und Foscari (genannt *La Malcontenta*).
Die Rückfahrt von Venedig erfolgt am Dienstag, Donnerstag und Samstag (Pontile della Pietà um 9 Uhr). Das Besichtigungsprogramm ist gleich, verläuft nur in umgekehrter Reihenfolge. Die Fahrt kostet 110 000 L; für Kinder unter 6 Jahren kostenlos. Auskünfte erteilt: New Siamic Express, ☏ (049) 66 09 44, Internet: www.siamic.it.

Villa Pisani – Geöffnet: während der Sommerzeit täglich außer Montag 9-18 Uhr; sonst 9-16 Uhr. Geschlossen: 1. Jan., 1. Mai und 25. Dez. 5 000 L (nur Park), 10 000 L (Park und Villa). ☏ (049) 50 20 74.

Villa Widmann Foscari – Geöffnet: Juni bis Sept. täglich außer Montag 10-18 Uhr, Samstag sowie an Sonn- und Feiertagen 10-19 Uhr; sonst nur auf Anfrage. 8 000 L. ☎ (041) 56 09 350.

Villa Foscari, „La Malcontenta" – Geöffnet: April bis Mitte Nov. Dienstag und Samstag 9-12 Uhr. 15 000 L.

BRESCIA

Corso Zanardelli 34 – ☎ (030) 43 418

Pinacoteca Tosio Martinengo – ♿ (teilweise). Geöffnet: Juni bis Sept. täglich außer Montag 10-17 Uhr; sonst 9-13 und 14.30-17 Uhr. 5 000 L. ☎ (030) 377 49 99.

Museo della Città – ♿ (teilweise). Geöffnet: täglich außer Montag 10-18 Uhr. ☎ (030) 29 77 834.

Museo delli Armi Luigi Marzoli – Gleiche Besichtigungsbedingungen wie bei der Pinacoteca Tosio Martinengo.

BRESSANONE/BRIXEN

Viale Stazione 9 – ☎ (0472) 83 64 01

Museo Diocesano/Diözesanmuseum – Geöffnet: 10-17 Uhr. Im Dez. und Jan. ist nur das Krippenmuseum 14-17 Uhr geöffnet. Geschlossen: Montag. 8 000 L. ☎ (0472) 83 05 05.

Umgebung

Aussichtspunkt Plose – Von dem Dorf St. Andreas, südöstlich von Brixen, Fahrt mit der Seilschwebebahn (in Betrieb im Winter und von Juli bis Sept. einschl.) nach Valcroce, dann mit der Kabinenbahn zum Plose (nur im Winter in Betrieb). Ausführlichere Informationen beim Fremdenverkehrsamt, ☎ (0472) 83 64 01, oder der Società Funivia Plose, ☎ (0472) 20 04 33.

Abbazia di Novacella/Kloster Neustift – Führungen (1 Std.): April bis Okt. täglich außer an Sonn- und Feiertagen um 10, 11, 14, 15 und 16 Uhr, Samstag von Nov. bis März nur vormittags. 6 500 L. Internet: www.kloster-neustift.it. ☎ (0472) 83 61 89.

BRINDISI

Lungomare Regina Margherita – ☎ (0831) 52 30 72

Museo Archeologico F. Ribezzo – Geöffnet: ganzjährig täglich außer am Wochenende 9-13.30 Uhr; Dienstag auch 15.30-19 Uhr. Eintritt frei. ☎ (0831) 56 35 45.

C

CALABRIA

Palmi: Museo comunale – Geöffnet: 8-14 und 15.30-17.30 Uhr. 3 000 L. ☎ (0966) 26 22 50.

Altomonte: Museo Civico – ♿ (teilweise). Geöffnet: ganzjährig 8-20 Uhr. 3 000 L. ☎ (0981) 94 82 16.

Paola: Santuario – Besichtigung: April bis Sept. täglich 6-12.30 und 14-20 Uhr, sonst 6-12.30 und 14-18 Uhr.

Rossano: Museo Diocesano – Geöffnet: Mai bis Sept. täglich außer Montag 9-13 und 16.30-20 Uhr, Sonntag 9.30-13 und 16.30-19 Uhr; sonst täglich außer Montag 9.30-12 und 16-18 Uhr, Sonntag 10-12 und 16.30-18 Uhr. 2 000 L. ☎ (0983) 52 52 63.

Sibari

Museo Archeologico – ♿ Besichtigung: täglich 9-20 Uhr. 4 000 L. ☎ (0981) 79 48 69.

Ausgrabungsstätte (Parco Archeologico della Sibaritide) – Geöffnet: 9 Uhr bis 1 Std. vor Sonnenuntergang.

Stilo: La Cattolica – ♿ (teilweise). Besichtigung: 8-20 Uhr. Internet: www.calnet.it/territorio/comuni/stilo/welcome.htm. ☎ (0964) 77 60 06.

Val CAMONICA

Parco Nazionale delle Incisioni Rupestri – ♿ (teilweise). Geöffnet: März bis Mitte Okt. täglich außer Montag 8.30-19 Uhr, sonst bis 16.30 Uhr. An Feiertagen geschlossen. 8 000 L.

Riserva Naturale delle Incisioni Rupestri di Ceto, Cimbergo e Paspardo – ♿ (teilweise). Geöffnet: im Sommer 9-18 Uhr, im Winter 9-12 und 13.30-17 Uhr. Geschlossen: 1. Jan. und 25. Dez. 3 000 L (Sammelkarte mit Museo di Nadro). ☎ (0364) 43 34 465.

Museo di Nadro – ♿ (teilweise). Geöffnet: gleiche Öffnungszeiten wie Riserva Naturale.

Palazzo Farnese di CAPRAROLA

Besichtigung: im Sommer täglich außer Montag 8.30-19 Uhr; sonst täglich außer Montag (Ostermontag geöffnet) 9-16 Uhr. An nationalen Feiertagen geschlossen. 4 000 L. ☎ (0761) 64 60 52.

CAPRI

ℹ Piazza Umberto I 19 ☎ (081) 83 70 686

Funicolare (Standseilbahn) – Es gibt einen kombinierten Fahrschein für die Standseilbahn und den Bus, der einen ganzen Tag lang gültig ist. 7 200L.

Grotta Azzurra – Schiffahrt zur Grotte und Besichtigung das ganze Jahr über (außer bei stürmischer See): 9 Uhr bis 1 Std. vor Sonnenuntergang. Dauer: etwa 1 Std. Fahrt mit der Barke: 7 500 L; Eintritt Grotte: 8 000 L.; Seeausflug von Marina Grande aus: 23 500 L. (einschl. Fahrt mit dem Schnellboot, Barke und Besichtigung der Grotte). An Sonn- und Feiertagen kann möglicherweise ein Aufpreis von 1 000 L für das Schnellboot und 700 L für die Barke verlangt werden.

Inselrundfahrt – Schiffahrt täglich und das ganze Jahr über (außer bei stürmischer See). Abfahrt von Marina Grande um 9.30 Uhr. Dauer: ca. 2 Std. Preis: 15-20 000 L (je nach Reederei) zuzügl. 15 500 L für die Besichtigung der Grotte Azzurra; an Sonn- und Feiertagen wird ein höherer Preis verlangt.

Villa Jovis – Geöffnet: 9 Uhr bis 1 Std. vor Sonnenuntergang. 4 000 L. ☎ (081) 83 70 381.

Certosa di San Giacomo – ♿ (teilweise). Geöffnet: täglich außer Montag 9-14 Uhr. Geschlossen: an nationalen Feiertagen. Eintritt frei. ☎ (081) 83 76 218.

Anacapri

Villa San Michele – ♿ (teilweise). Geöffnet: Mai bis Sept. 9-18 Uhr; April und Okt. 9.30-17 Uhr; Nov. bis Febr. 10.30-15.30 Uhr; März 9.30-16.30 Uhr. 8 000 L. Internet: www.caprionline.com/axelmunthe. ☎ (081) 83 71 401.

San Michele – 2 000 L.

Monte Solaro – Sessellift geöffnet: 9 Uhr bis 1 Std. vor Sonnenuntergang. Geschlossen: Dienstag von Nov. bis Feb. 9 000 L (hin und zurück). Kein Zutritt für Kinder unter 11 Jahren. Café. ☎ (081) 83 71 428.

CAPUA

ℹ Piazza Giudici 4 - ☎ (0823) 96 13 22

Duomo – Besichtigung: täglich außer Sonntag nachmittag 8-12 und 17-19.30 Uhr.

Museo Campano – Geöffnet: täglich außer Montag 9-13.30 Uhr (Sonntag bis 13 Uhr). Geschlossen: an Feiertagen. 8 000 L. Führungen (1 1/2 Std.) möglich. Audiovisuelle Vorführungen. ☎ (0823) 96 14 02.

Umgebung

Santa Maria Capua Vetere

Kampanisches Amphitheater – Besichtigung: täglich außer Montag 9 Uhr bis 2 Std. vor Sonnenuntergang. An Feiertagen geschlossen. 5 000 L (Sammeleintrittskarte für Mithräum und Museo dell'Antica Capua). ☎ (0823) 79 88 64.

Mithräum – Zur Besichtigung wende man sich an das Amphitheater.

Museo Archeologico dell'Antica Capua – ♿ Geöffnet: täglich außer Montag 9-18 Uhr. An nationalen Feiertagen geschlossen. 5 000 L (Sammeleintrittskarte für Amphitheater und Mithräum). ☎ (0823) 84 42 06.

Basilica di Sant'Angelo in Formis – Besichtigung: täglich 10-16 Uhr. Sollte die Kirche geschlossen sein, wenden Sie sich an den Küster oder rufen Sie folgende Nummer an: ☎ (0823) 96 00 69.

CARRARA

Umgebung

Sarzana: Fortezza di Sarzanello – Informationen beim Ufficio Cultura: ☎ (0187) 61 42 27.

Abbazia di CASAMARI

Führung: täglich außer Sonntag vormittag 9-12 und 15-18 Uhr. Anmeldung einige Tage im voraus. ☎ (0775) 28 23 71.

CASERTA

ℹ Corso Trieste 39 (Ecke Piazza Dante) - ☎ (0823) 32 11 37

La Reggia – Geöffnet: täglich außer Montag 9-19 Uhr. An nationalen Feiertagen geschlossen. 8 000 L. ☎ (0823) 44 71 47.

Park – ♿ Geöffnet: täglich außer Montag 9 Uhr bis 2 Std. vor Sonnenuntergang. An Feiertagen geschlossen. 4 000 L (einschl. des Englischen Gartens, der 1 Std. vor dem Park schließt). ☎ (0823) 44 71 47.

Umgebung

Caserta Vecchia: Cattedrale - Besichtigung: täglich 9-13 und 15.30-18.30 Uhr (im Sommer bis 19.30 Uhr). ☎ (0823) 37 13 18.

CASTELFRANCO VENETO

Casa Natale di Giorgione - Geöffnet: täglich außer Montag 9.30-12.30 und 15-18 Uhr. Geschlossen: 1. Jan., Ostern, 15. Aug. und 25. Dez. 2 500 L. ☎ (0423) 49 12 40.

CASTELLAMMARE DI STABIA

i Piazza Matteotti 34/35 - ☎ (081) 87 11 334

Antiquarium - Wegen Renovierungsarbeiten geschlossen. Auskunft unter ☎ (081) 87 14 541.

Villa di Arianna - Geöffnet: ganzjährig 9 Uhr bis 2 Std. vor Sonnenuntergang. An Feiertagen geschlossen. Eintritt frei. ☎ (081) 87 14 541.

Villa di San Marco - Geöffnet: ganzjährig 9 Uhr bis 2 Std. vor Sonnenuntergang. Geschlossen: 1. Jan., 1. Mai und 25. Dez. Eintritt frei. ☎ (081) 87 14 541.

CASTELLI ROMANI

Villa Aldobrandini - Besichtigung der Gärten: täglich außer am Wochenende und an Feiertagen 9-13 und 15-18 Uhr (im Winter bis 17 Uhr). Besichtigung vorher anmelden, auch kurzfristig, bei I.A.T., Piazza Marconi 1, ☎ (06) 94 20 331.

CERVETERI

Necropoli della Banditaccia - Geöffnet: täglich außer Montag 9 Uhr bis Sonnenuntergang. Geschlossen: 1. Jan., 1. Mai und 25. Dez. Führungen (2 Std.) möglich. Café und Buchladen. 8 000 L. ☎ (06) 99 40 001.

Castello Orsini-Odescalchi - Besichtigung: im Sommer täglich außer Montag 9-12.30 und 16-19.30 Uhr; sonst täglich außer Montag 10-12 und 17.30 Uhr. Geschlossen: 1. Jan. und 25. Dez. 12 000 L. ☎ (06) 99 80 43 48.

CHIAVENNA

Collegiata di San Lorenzo: Baptisterium und Kirchenschatz - ♿ Besichtigung: Dienstag bis Freitag und Sonntag 15-18 Uhr; Samstag 10-12 Uhr. Montag geschlossen. 6 000 L. ☎ (0343) 37 152.

Giardino Botanico e Archeologico - Geöffnet: während der Sommerzeit Dienstag bis Sonntag 10-12 und 14-18 Uhr; sonst 14-17 Uhr, Sonntag nur vormittags. 3 000 L. ☎ (0343) 33 442 (Coop. Tur. di Chiavenna).

CHIETI

i Via Spaventa 10 - ☎ (0871) 63 640

Museo Archeologico Nazionale degli Abruzzi - ♿ Geöffnet: 9-19 Uhr. Geschlossen: 1. Jan., 1. Mai und 25. Dez. 8 000 L. Internet: www.muvi.org/musarc/. ☎ (0871) 33 16 68.

Umgebung

San Clemente a Casauria - Besichtigung: täglich 8-18 Uhr. ☎ (085) 88 85 828.

CHIUSI

i Piazza Duomo 1 - ☎ (0578) 22 76 67

Museo archeologico - Geöffnet: 8-20 Uhr; an Sonn- und Feiertagen bis 13 Uhr (April bis Okt. bis 20 Uhr). Geschlossen: 1. Jan., 1. Mai, 25. April und 25. Dez. 8 000 L (Jugendliche zwischen 18 und 25 Jahren 4 000 L, Kinder und Personen unter 18 oder über 65 Jahren sowie während der Woche der Kulturgüter und am Europäischen Kulturtag Eintritt frei). Führungen (1 Std.) möglich in Deutsch, Englisch, Niederländisch und Italienisch. Audiovisuelle Vorführung. Buchladen. ☎ (0578) 20 177.

Museo della Cattedrale - Geöffnet: 1. Juni bis 15. Okt. täglich 9.30-12.45 und 16.30-19 Uhr; sonst werktags 9.30-12.45 Uhr, Samstag, an Sonn- und Feiertagen außerdem 16-19 Uhr. Geschlossen: Ostern und 25. Dez. 3 000 L (Kinder unter 10 Jahren Eintritt frei). Führungen (45 Min.) möglich in Italienisch und, nach vorheriger Anfrage, in Deutsch, Englisch und Französisch. Führung durch etruskisches Gräberfeld „Labirinto di Porsenna" und die römische Zisterne: 10-12 Uhr. 5 000 L. ☎ (0578) 22 64 90.

CILENTO

Velia: Ausgrabungen - Geöffnet: 9 Uhr bis 1 Std. vor Sonnenuntergang. Geschlossen: 1. Jan., 1. Mai und 25. Dez. 4 000 L. ☎ (0974) 97 23 96.

Cap Palinuro: Ausflüge mit dem Schiff - April bis Okt. 9-18 Uhr. ☎ (0974) 93 82 94.

Padula: Certosa di San Lorenzo – Besichtigung: April bis Okt. täglich 9-18.30 Uhr; sonst 9-16.30 Uhr. 4 000 L. Internet: www.speednet.org/arte/certosa/certosa/html. ☎ (0974) 77 745.

Grotte di Pertosa – Führung (1 Std.): April bis Sept. 8-19 Uhr; sonst 9-16 Uhr. Kurze Führung: 10 000 L, lange Führung: 15 000 L (empfohlen). Internet: www.vipnet.it/pert/grotte.html. ☎ (0975) 39 70 37.

WWF-Oase von Persano – Führung (2 Std.): Juni bis Sept. 9-17 Uhr; sonst um 10, 11 und 15 Uhr. Mindestens 1 Tag zuvor anmelden. Audiovisuelle Vorführung. Cafeteria, Restaurant und Buchladen. 10 000 L (Kinder 5 000 L). ☎ (0828) 97 46 84.

CIVIDALE DEL FRIULI

ℹ Corso d'Aquileia 10 - ☎ (0432) 73 14 61

Duomo: Museo Cristiano – Geöffnet: April bis Okt. 9.30-12 und 15-19 Uhr, an Sonn- und Feiertagen 15-19 Uhr; sonst 9.30-12 und 15-18 Uhr, an Sonn- und Feiertagen 15-18 Uhr. Eintritt frei. ☎ (0437) 730 11 44.

Museo Archeologico Nazionale – ♿ Geöffnet: im Sommer 8.30-19 Uhr, Montag 9-14 Uhr, Samstag 8.30-23 Uhr, Sonntag 8.30-20 Uhr; sonst 8.30-14 Uhr. Geschlossen: 1. Jan., 1. Mai und 25. Dez. 4 000 L. ☎ (0432) 70 07 00.

Tempietto – Geöffnet: April bis Okt. 9-13 und 15-18.30 Uhr; sonst 10-13 und 15.30-17.30 Uhr. 2 000 L. ☎ (0432) 73 08 67.

CIVITAVECCHIA

ℹ Viale Garibaldi 42 - ☎ (0766) 25 348

Museo Nazionale Archeologico – Geöffnet: täglich außer Montag 9-13 Uhr. An Feiertagen geschlossen. Eintritt frei. ☎ (0766) 23 604.

Terme di Traiano – Für eine Besichtigung wende man sich an das Museo Nazionale Archeologico.

COMO

ℹ Piazza Cavour 17 - ☎ (031) 26 97 12

Villa Olmo – Geöffnet: ganzjährig täglich außer Montag 8.30-12.30 und 15-18 Uhr. ☎ (031) 25 24 43.

CONEGLIANO

ℹ Via Colombo 45 - ☎ (0438) 21 230

Duomo – Besichtigung auf vorherige Anfrage beim Pfarramt, täglich 9-12 Uhr, Sonntag 15-18 Uhr.

Castello – Geöffnet: April bis Sept. 10-12.30 und 15.30-19 Uhr (im Aug. zusätzlich Freitag und Samstag 21-22.30 Uhr); sonst 10-12.30 und 15-18.30 Uhr. Geschlossen: Montag außer an Feiertagen, erster Werktag nach einem Montag, der ein Feiertag gewesen ist, und im November. 3 000 L (Kinder zwischen 6 und 14 Jahren 2 000 L, Kinder unter 6 Jahren Eintritt frei). ☎ (0438) 22 871.

CORTINA D'AMPEZZO

ℹ Piazetta San Francesco 8 - ☎ (0436) 32 31

Tondi di Faloria – Seilschwebebahn von Via Ria de Zeto nach Faloria; von Faloria zum Tondi di Faloria: im Winter mit dem Schlepplift „Tondi" und dem Sessellift „Girilada", im Sommer auch mit dem Jeep.

Tofana di Mezzo – Seilschwebebahn „Freccia nel Cielo" 39 000 L. *Hier handelt es sich um den für 1995 geltenden Preis, der jährlich um 10% steigt.* Nähere Auskunft beim Fremdenverkehrsamt (s. o.).

Belvedere Pocol – Autobusse fahren stündlich vom 1. Dez. bis Ostern und von Mitte Juli bis Mitte Sept. ab Piazza Roma.

CORTONA

ℹ Via Nazionale 42 - ☎ (0575) 63 03 52

Museo Diocesano – Geöffnet: März bis Sept. täglich außer Montag 9.30-13 und 15.30-19 Uhr (Okt. bis 18 Uhr, sonst bis 17 Uhr). Geschlossen: Ostern und 25. Dez. 8 000 L (Kinder 2 000 L). ☎ (0575) 62 830.

Museo dell'Accademia Etrusca – Geöffnet: April bis Okt. täglich außer Montag 10-19 Uhr; sonst 10-17 Uhr. Geschlossen: 1. Jan. und 25. Dez. Führungen (1 Std.) möglich in Englisch und Italienisch. Buchladen. 8 000 L. Internet: www.accademia-etrusca.net. ☎ (0575) 63 72 35.

CREMONA

ℹ Piazza del Comune 5 - ☎ (0372) 23 233

Torrazzo – Geöffnet: in der Hochsaison werktags außer Montag 10.30-12 und 15-18 Uhr, an Sonn- und Feiertagen 10.30-12.30 und 15-19 Uhr; sonst werktags je nach den Wetterverhältnissen und an Sonn- und Feiertagen 10.30-12.30 und 15-18 Uhr. 8 000 L. ☎ (0330) 71 59 35. Zur Besichtigung einer Geigenbauerwerkstatt oder der astronomischen Uhr Anmeldung unter ☎ (0372) 27 633.

Palazzo Comunale - ♿ Geöffnet: täglich außer Montag 8.30-18.30 Uhr; Sonntag 10-18 Uhr. Geschlossen: 1. Jan., 1. Mai und 25. Dez. 6 000 L (Kinder unter 6 Jahren und während der Woche der Kulturgüter Eintritt frei). ☎ (0372) 22 138 (Anmeldung zur Vorführung des Spiels einer alten Geige).

Museo Civico Ala Ponzone - Geöffnet: täglich außer Montag 8.30-18 Uhr; an Sonn- und Feiertagen 10-18 Uhr. Geschlossen: 1. Jan., 1. Mai und 25. Dez. 10 000 L (Kinder unter 6 Jahren und während der Woche der Kulturgüter Eintritt frei). ☎ (0372) 46 18 85.

Museo Stradivariano - ♿ (teilweise). Geöffnet: täglich außer Montag 8.30-18, an Sonn- und Feiertagen 10-18 Uhr. Geschlossen: 1. Jan., 1. Mai und 25. Dez. 6 000 L (Kinder unter 6 Jahren und während der Woche der Kulturgüter Eintritt frei). ☎ (0372) 46 18 86.

CROTONE

ℹ Via Torino 148 - ☎ (0962) 23 185

Museo Archeologico - Geöffnet: täglich 9-13 und 15-19 Uhr. Geschlossen: während der Vorbereitung einer neuen Ausstellung. Eintritt frei. ☎ (0962) 20 179.

CUMA

Acropoli - Geöffnet: 9 Uhr bis 1 Std. vor Sonnenuntergang. Geschlossen: 1. Jan., 1. Mai und 25. Dez. 4 000 L. ☎ (081) 85 43 060.

D

DOLOMITI

Marmolada: Seilschwebebahn von Malga Ciapela - Die Sommer- und Winterfahrpläne beginnen jedes Jahr jeweils zu einem anderen Zeitpunkt. Auskunft: ☎ (0437) 72 13 19, Fax (0437) 72 12 90.

Pustertal: Castello di Rodengo/Burg Rodenegg - Führung (1 Std.): Mai bis Mitte Okt. täglich außer Montag um 11 und 15 Uhr. Auskunft unter ☎ (0472) 45 40 56.

Brunico/Bruneck: Freilichtmuseum - ♿ (teilweise). Besichtigung: Ostern bis Okt. täglich außer Montag 9.30-17.30 Uhr, an Sonn- und Feiertagen 14-18 Uhr. 5 000 L. ☎ (0474) 55 20 87.

Tre Cime di Lavaredo/Drei Zinnen - Gebührenpflichtige Straße: 30 000 L hin und zurück.

Pieve di Cadore: Museo Tiziano - Geöffnet: 20. Juni bis Mitte Sept. täglich außer Montag 9.30-12.30 und 16-19 Uhr. 2 500 L. ☎ (0435) 31 644.

E

Isola d'ELBA

ℹ Calata Italia 26 - 57037 Portoferraio - ☎ (0565) 91 46 71

Portoferraio: Museo Napoleonico dei Mulini - Geöffnet: während der Sommerzeit 9-19.30 Uhr, an Sonn- und Feiertagen ganzjährig 9-13 Uhr; sonst 9-16.30 Uhr. Geschlossen: 1. Jan., 1. Mai und 25. Dez. 6 000 L (Personen zwischen 18 und 25 Jahren 3 000 L, Personen unter 18 oder über 60 Jahren und während der Woche der Kulturgüter Eintritt frei). Sammelkarte einschl. Besichtigung des Palazzina dei Mulini und der Villa Napoleone di San Martino, gültig für drei Tage 10 000 L. Internet: www.ambientepi.arti.beniculturali.it. ☎ (0565) 91 58 46.

Monte Capanne - **Kabinenbahn** (cabinovia): im Juli und Aug. 10-12.15 und 14.30-18.30; Ostern bis Juni und Sept. und Okt. 10-12.15 und 14.30-18 Uhr. Geschlossen: Anfang Nov. bis Ostern. 20 000 L hin und zurück (Kinder 12 000 L). ☎ (0565) 90 12 15.

Marciana: Museo Archeologico - Zur Zeit wegen Renovierungsarbeiten geschlossen.

Villa Napoleone di San Martino - Geöffnet: während der Sommerzeit 9-19.30 Uhr, an Sonn- und Feiertagen ganzjährig 9-13 Uhr; sonst 9-16.30 Uhr. Geschlossen: 1. Jan., 1. Mai und 25. Dez. 6 000 L (Personen zwischen 18 und 25 Jahren 3 000 L, Personen unter 18 oder über 65 sowie während der Woche der Kulturgüter Eintritt frei). Sammelkarte einschließl. Besichtigung der Villa di S. Martino und des Palazzina dei Mulini, gültig drei Tage 10 000 L. Internet: www.ambientepi.arti.beniculturali.it. ☎ (0565) 91 46 88.

ERCOLANO/HERKULANEUM

Ausgrabungen (Scavi) – ♿ (teilweise). Besichtigung: 8.30 Uhr bis 2 Std. vor Sonnenuntergang. Geschlossen: 1. Jan., 1. Mai und 25. Dez. Sammelkarte (gültig 1 Tag) für Ercolano, Oplonti, Stabia, Boscoreale: 16 000 L, Sammelkarte (gültig 3 Tage) für Ercolano, Pompeji, Oplonti, Stabia, Boscoreale: 26 000 L. Internet: www.pompeiisites.org. ☎ (081) 73 90 963.

F

FABRIANO

ℹ Corso della Repubblica 70 – ☎ (0732) 53 87

Pinacoteca Civica – Seit dem Erdbeben geschlossen.

Museo della Carta e della Filigrana – ♿ (teilweise). Geöffnet: täglich außer Montag 10-18 Uhr, Sonntag 10-12 und 14-17 Uhr. Führungen (1 Std.) möglich in verschiedenen Sprachen. An Feiertagen geschlossen. 5 500 L. Internet: www.museodellacarta.com. ☎ (0732) 70 92 97.

Umgebung

Grotte di Frasassi – ♿ (teilweise). Führung (70 Min.) zu unterschiedlichen Uhrzeiten im Lauf des Jahres. Geschlossen: 1. Jan., 8.-30. Jan., 4. und 25. Dez. 18 000 L (Kinder 15 000 L). Internet: www.frasassi.com. ☎ (0732) 97 211 oder ☎ (0732) 90 080.

FAENZA

ℹ Piazza del Popolo 1 – ☎ (0546) 25 231

Museo Internazionale della Ceramica – ♿ (in Begleitung). Geöffnet: im Sommer täglich außer Montag 9-19 Uhr (Sonntag 9.30-13 und 15-19 Uhr); sonst Dienstag bis Freitag 9-13 Uhr (Samstag und Sonntag 9-13 und 15-18 Uhr). An Feiertagen geschlossen. 10 000 L. Internet: www.racine.ra.it/micfaenza. ☎ (0546) 21 240.

Pinacoteca Comunale – Bis auf weiteres wegen Restaurierung geschlossen. Bei Führungen sind dennoch einige Werke zu besichtigen. Auskunft ☎ (0546) 25 231.

FANO

ℹ Viale Cesare Battisti 10 – ☎ (0721) 80 35 34

Museo Civico – ♿ (teilweise). Geöffnet: im Sommer täglich außer Montag 8.30-12.30 und 17-19 Uhr; Sonntag und sonst nur vormittags. Geschlossen: an Feiertagen und 10. Juli. 5 000 L. ☎ (0721) 82 83 62.

FERMO

ℹ Piazza del Popolo 5 – ☎ (0734) 22 87 38

Pinacoteca Civica – ♿ Geöffnet: im Sommer täglich außer Montag 10-13 und 15.30-19.30 Uhr; sonst 9.30-13 und 15.30-18.30 Uhr. 3 000 L. ☎ (0734) 21 71 40.

Römische Zisternen – ♿ Besichtigung: täglich außer Montag 9.30-13.30 Uhr. 3 000 L (Kinder von 8 bis 12 Jahren 1 500 L). Internet: www.sapienza.it/htmldoc/fermo/musei.htm. ☎ (0734) 28 43 49.

Duomo – Besichtigung: im Sommer 10-13 und 15-19 Uhr; sonst nach Voranmeldung. ☎ (0734) 22 09 214.

Umgebung

Montefiore dell'Aso: Stiftskirche – Besichtigung: im allgemeinen täglich 7.30-12 und 15-19.30 Uhr. Nähere Auskunft und Anmeldung zur Führung unter ☎ (0734) 93 81 03.

Borgo di Stazione Montecosaro: Santa Maria a pié di Chienti – Besichtigung: 8-17 Uhr.

FERRARA

ℹ Castello Estense – ☎ (0532) 20 93 70

Castello Estense – Geöffnet: täglich außer Montag 9.30-17 Uhr. 8 000 L. ☎ (0532) 29 92 33.

Duomo: Museo – Das Museum zieht gerade in die ehemalige Kirche San Romano in der Straße gleichen Namens um. Nähere Auskunft beim Fremdenverkehrsamt.

Sinagoghe – Führung (1 Std.), in englisch und italienisch, um 10, 11 und 12 Uhr. Geschlossen: Freitag, Samstag, an jüdischen Festtagen und im August. 7 000 L. Internet: www.comune.fe.it/museoebraico/index.htm. ☎ (0532) 21 08 28.

Palazzo Schifanoia – Geöffnet: ganzjährig 9-19 Uhr. An Feiertagen geschlossen. 8 000 L (Sammelkarte für die Besichtigung von Lapidarium und Palazzina di Marfisa d'Este: 10 000 L). Audiovisuelle Vorführung. Internet: www.comune.fe.it/museiaa/schifanoia/. ☎ (0532) 64 178.

Palazzina di Marfisa d'Este - Geöffnet: 9.30-13 und 15-18 Uhr. An Feiertagen geschlossen. 4 000 L (Sammelkarte für die Besichtigung des Palazzo Schifanoia: 10 000 L). ☎ (0532) 20 74 50.

Casa Romei - ♿ (teilweise). Geöffnet: täglich 8.30-19 Uhr (Sonntag und Montag nur bis 14 Uhr). An Feiertagen geschlossen. 4 000 L. ☎ (0532) 24 03 41.

Palazzo di Ludovico il Moro - Besichtigung: täglich außer Montag 9-14 Uhr (im Sommer bis 19 Uhr). An Feiertagen geschlossen. Führung mit Audiogeräten in Englisch und Italienisch. Audiovisuelle Vorführung. 8 000 L. ☎ (0532) 66 299.

Sant'Antonio in Polesine - Geöffnet: 9.30-11.30 und 15-17 Uhr. Geschlossen: Samstagnachmittag, an Sonn- und Feiertagen. Spende erbeten. ☎ (0532) 64 068.

Palazzo dei Diamanti: Pinacoteca Nazionale - Geöffnet: täglich außer Montag 9-14 Uhr, an Sonn- und Feiertagen bis 13 Uhr. An Feiertagen geschlossen. 8 000 L. ☎ (0532) 20 58 44.

Museo Boldini - ♿ Geöffnet: ganzjährig 9-13 und 15-18 Uhr. 8 000 L. ☎ (0532) 20 99 88.

Casa dell'Ariosto - Wegen Restaurierung geschlossen. Nähere Auskunft beim Fremdenverkehrsamt.

FIESOLE

ℹ Piazza Mino da Fiesole 36 - ☎ (055) 59 87 20

Convento di San Francesco - Geöffnet: 9-12.30 und 15-18 Uhr. Keine Besichtigung während der Gottesdienste. ☎ (055) 59 175.

Zona archeologica und Museo Archeologico - ♿ (teilweise). Geöffnet: 29. März bis Sept. täglich 9.30-19 Uhr; im März und 1.-24. Okt. 9.30-18 Uhr; 25. Okt. bis Febr. 9.30-17 Uhr. Geschlossen: erster Dienstag im Monat, 1. Jan. und 25. Dez. 10 000 L (ermäßigter Preis: 6 000 L, Kinder unter 8 Jahren Eintritt frei), Familienticket: 25 000 L. Führungen (1 bis 3 Std.) möglich. Café. Buchladen. ☎ (055) 59 477.

Antiquarium Costantini - Dieselben Besichtigungsbedingungen wie beim Museo Archeologico (Sammelkarte).

Museo Bandini - Dieselben Besichtigungsbedingungen wie beim Museo Archeologico (ist aber nicht behindertengerecht).

FIRENZE

ℹ Via Cavour 1 - ☎ (055) 29 08 32

Duomo - Geöffnet: werktags 10-17 Uhr, Donnerstag 10-15.30 Uhr, an Sonn- und Feiertagen 13.30-17 Uhr, erster Samstag im Monat 10-15.30 Uhr. Führungen möglich an Werktagen zu den angeschlagenen Uhrzeiten. Besichtigung der Krypta: 10-17 Uhr (an den gleichen Tagen geschlossen wie die Kuppel, zusätzl. am 8. Sept.). 5 000 L. ☎ (055) 23 02 885.

Aufstieg zur Kuppel - Geöffnet: täglich außer Sonntag 8.30-19.30 Uhr, Samstag bis 17 Uhr, erster Samstag im Monat bis 15.20 Uhr (letzter Einlaß 40 Min. vor Schließung). Geschlossen: Gründonnerstag, 1. und 6. Jan., 24. Juni, 15. Aug., 1. Nov., 8. Dez. und 25. Dez. 10 000 L. ☎ (055) 23 02 885.

Campanile - Geöffnet: täglich 9-19.30 Uhr (letzter Einlaß 40 Min. vor Schließung). Geschlossen: 1. Jan., 7. bis 27. Feb., Ostern, 8. Sept., 25. Dez. Buchladen. 10 000 L. ☎ (055) 23 02 885.

Battistero - Geöffnet: ganzjährig Montag bis Samstag 12-18.30 Uhr; an Sonn- und Feiertagen 8.30-13.30 Uhr. Geschlossen: 1. Jan., Ostern, 24. Juni und 25. Dez. 5 000 L. ☎ (055) 23 02 885.

Museo dell'Opera del Duomo - Geöffnet: in der Hochsaison täglich 8-19 Uhr, Sonntag bis 14 Uhr; sonst täglich 8-14 Uhr (letzter Einlaß 40 Min. vor Schließung). Geschlossen: 1. Jan., Ostern und 25. Dez. 10 000 L. ☎ (055) 23 02 885.

Palazzo Vecchio - ♿ (teilweise). Geöffnet: werktags außer Donnerstag 9-19 Uhr, Donnerstag und an Sonn- und Feiertagen 9-14 Uhr. Geschlossen: an Nationalfeiertagen. Führungen möglich. Restaurant. Buchladen. 10 000 L (Kinder unter 12 Jahren Eintritt frei). Internet: www.comune.firenze.it. ☎ (055) 26 25 961.

Galleria degli Uffizi - ♿ (teilweise). Geöffnet: täglich außer Montag 8.30-19 Uhr (Samstag bis 22 Uhr). Geschlossen: 1. Jan., 1. Mai und 25. Dez. 12 000 L. Internet: www.uffizi.firenze.it. ☎ (055) 23 88 651.

Palazzo Pitti

Galleria Palatina - Gleiche Öffnungszeiten wie Appartamenti Reali.

Appartamenti Reali - ♿ Besichtigung: Mai bis Okt. täglich außer Montag 8.30-22 Uhr (an Sonn- und Feiertagen bis 20 Uhr); sonst täglich außer Montag 8.30-19 Uhr (an Sonn- und Feiertagen bis 14 Uhr). Geschlossen: Januar bis April (außer 1. Jan.), 1. Mai und 25. Dez. 12 000 L. ☎ (055) 23 88 614.

Museo degli Argenti – Geöffnet: täglich 9-13.30 Uhr. Geschlossen: 1., 3. und 5. Montag des Monats, 2. und 4. Sonntag des Monats, 1. Jan., 1. Mai und 25. Dez. Café, Restaurant und Buchladen. 4 000 L (Kinder und während der Woche der Kulturgüter Eintritt frei). Internet: www.sbas.firenze.it. ☎ (055) 23 88 709.

Galleria d'Arte Moderna – ♿ Geöffnet: täglich 8.30-13.50 Uhr. Geschlossen: 1., 3. und 5. Montag des Monats, 2. und 4. Sonntag des Monats, 1. Jan., 1. Mai und 25. Dez. 8 000 L (während der Woche der Kulturgüter Eintritt frei). Führungen möglich über Firenze Musei, Auskunft unter ☎ (055) 29 48 83. Café. Buchladen. ☎ (055) 23 88 601.

Giardino di Boboli – Geöffnet: Mai bis Okt. 9-20 Uhr; März bis April 9-17.30 Uhr; sonst 9-16.30 Uhr. Geschlossen: 1. und letzter Montag des Monats sowie 1. Jan., 1. Mai und 25. Dez. Café und Restaurant. Buchladen. 4 000 L (Personen unter 18 oder über 65 und während der Woche der Kulturgüter Eintritt frei). Internet: www.ambientefi.arti.beniculturali.it. ☎ (055) 23 48 63.

Museo delle Porcellane – Geöffnet: 8.50-13.50 Uhr (letzter Einlaß 13.15 Uhr). Geschlossen: wie Museo degli Argenti. 4 000 L (während der Woche der Kulturgüter Eintritt frei). ☎ (055) 23 88 709.

Bargello – ♿ Geöffnet: täglich 8.30-13.50 Uhr (letzter Einlaß 13.20 Uhr). Geschlossen: 1., 3. und 5. Sonntag des Monats, 2. und 4. Montag des Monats, 1. Jan., Ostern, 1. Mai und 25. Dez. 8 000 L (Personen unter 18 oder über 65 und während der Woche der Kulturgüter Eintritt frei). Sammelkarte 3 Tage gültig für die Besichtigung von Accademia und Cappelle Medicee: 25 000 L. Führungen (1 Std.) möglich in verschiedenen Sprachen. Buchladen. Internet: www.sbas.firenze.it. ☎ (055) 23 88 606.

Biblioteca Medicea Laurenziana – ♿ (teilweise) Geöffnet: täglich außer an Sonn- und Feiertagen 9-13 Uhr (letzter Einlaß 12.40 Uhr). Geschlossen: 1. und 6. Jan., Ostern, 25. April, 1. Mai, 15. Aug., 1. Nov., 8. Dez. und 25. Dez. Eintritt frei. ☎ (055) 21 07 60.

Cappelle Medicee – Geöffnet: täglich 8.30-17 Uhr, an Feiertagen bis 13.50 Uhr. Geschlossen: 1., 3. und 5. Montag des Monats, 2. und 4. Sonntag des Monats, 1. Jan., 1. Mai und 25. Dez. 11 000 L (Personen von 18 bis 26 Jahren 5 500 L, Personen unter 18 oder über 65 Jahren Eintritt frei). ☎ (055) 29 48 83.

Palazzo Medici-Riccardi – ♿ (teilweise). Besichtigung: täglich außer Mittwoch 9-19 Uhr. Geschlossen: 1. Jan. 8 000 L (Kinder 5 000 L). Audiovisuelle Vorführung. Buchladen. ☎ (055) 27 60 340.

San Marco – ♿ (teilweise). Geöffnet: täglich 8.30-13.50 Uhr, Samstag bis 18.50 Uhr, Sonntag bis 19 Uhr. Geschlossen: 1., 3. und 5. Sonntag des Monats, 2. und 4. Montag des Monats, 1. Jan., 1. Mai und 25. Dez. Buchladen. 8 000 L (Personen unter 18 oder über 65 und während der Woche der Kulturgüter Eintritt frei). Internet: www.sbas.firenze.it. ☎ (055) 23 88 608.

Galleria dell'Accademia – ♿ Geöffnet: täglich außer Montag 8.30-18.50 Uhr. Geschlossen: 1. Jan., 1. Mai und 25. Dez. 12 000 L (Personen unter 18 Jahren und während der Woche der Kulturgüter Eintritt frei). Buchladen. Internet: www.sbas.firenze.it. ☎ (055) 23 88 612.

Santa Maria Novella – Geöffnet: 7-12 und 15-18 Uhr, Samstag bis 17 Uhr, an Sonn- und Feiertagen nur 15-17 Uhr. Zur Besichtigung der Kapelle wird 14 Tage vorher eine Voranmeldung erbeten per Fax unter (055) 286 086 (Convento di Santa Maria Novella). Internet: www.smn.it/.

Chiostro verde – ♿ Besichtigung: täglich außer Freitag und an nationalen Feiertagen 9-14 Uhr. 5 000 L (Kinder unter 12 Jahren Eintritt frei). Führungen möglich. Internet: www.comune.firenze.it. ☎ (055) 26 25 961.

Santa Croce

Kirche und Sakristei – Geöffnet: März bis Okt. 10-18 Uhr, Samstag bis 17.30 Uhr, an Sonn- und Feiertagen ganzjährig 15-17.30 Uhr; sonst 10-12.30 und 15-18 Uhr, Samstag bis 17.30 Uhr. ☎ (055) 24 46 19.

Cappella dei Pazzi und Museo dell'Opera – ♿ (teilweise). Geöffnet: März bis Sept. täglich außer Mittwoch 10-19 Uhr; sonst 10-18 Uhr. Geschlossen: 1. Jan. und 25. Dez. Buchladen. 8 000 L (Kinder 5 000 L). ☎ (055) 24 46 19.

Santa Maria del Carmine: Cappella Brancacci – ♿ (teilweise). Geöffnet: werktags außer Dienstag 10-17 Uhr, an Sonn- und Feiertagen 13-17 Uhr. Geschlossen: an nationalen Feiertagen, 7. Jan. und 16. Juli. 5 000 L (Kinder unter 12 Jahren Eintritt frei). Führungen möglich. Buchladen. Internet: www.comune.firenze.it. ☎ (055) 26 25 961.

Casa Buonarroti – ♿ (teilweise). Geöffnet: täglich außer Dienstag 9.30-13.30 Uhr. Geschlossen: 1. Jan., Ostern, 25. April, 1. Mai, 15. Aug. und 25. Dez. 12 000 L (ermäßigter Eintritt 8 000 L). Führungen möglich in Italienisch nach Voranmeldung. Audiovisuelle Vorführung. Buchladen. Internet: www.casabuonarroti.it. ☎ (055) 24 17 52.

Cenacolo di Sant'Apollonia – Geöffnet: täglich 8.30-13.50 Uhr. Geschlossen: 1., 3. und 5. Sonntag des Monats, 2. und 4. Montag des Monats, 1. Jan., 1. Mai und 25. Dez. Eintritt frei.

Cenacolo di San Salvi – ♿ (teilweise). Geöffnet: täglich außer Montag 8.30-13.50 Uhr. Geschlossen: 1. Jan., 1. Mai und 25. Dez. Eintritt frei. ☎ (055) 23 88 603.

Museo Archeologico – Geöffnet: Montag 14-19 Uhr, Dienstag bis Freitag 9-19 Uhr, Samstag 9-14 Uhr, an Sonn- und Feiertagen 9-19 Uhr. Geschlossen: 1. Jan., 1. Mai und 25. Dez. 8 000 L (Personen unter 18 oder über 65 und während der Woche der Kulturgüter Eintritt frei). Buchladen. Internet: www.comune.firenze.it/soggetti/sat. ☎ (055) 23 575.

Museo della Casa Fiorentina Antica – Derzeit wegen Renovierung geschlossen.

Museo Marino Marini – ♿ Geöffnet: Juni bis Sept. werktags außer Dienstag 10-17 Uhr (Donnerstag bis 23 Uhr), Sonntag bis 13 Uhr; sonst 10-17 Uhr, Sonntag bis 13 Uhr; Geschlossen: 1. Mai, im August und 25. Dez. 8 000 L (Kinder 4 000 L, während der Woche der Kulturdenkmäler Eintritt frei). Führungen (1 Std.) möglich in Italienisch. Buchladen. ☎ (055) 21 94 32.

Museo di Storia della Scienza – ♿ Geöffnet: werktags 9.30-13 und 14-17 Uhr, Sonntag 10-13 Uhr. Geschlossen: an nationalen Feiertagen, 24. Aug. 12 000 L (Kinder 6 000 L, während der Woche der Kulturgüter Eintritt frei). Internet: www.imss.fi.it. ☎ (055) 29 34 93.

Opificio delle Pietre Dure – ♿ Geöffnet: täglich außer an Sonn- und Feiertagen 9-14 Uhr. 4 000 L (während der Woche der Kulturgüter Eintritt frei). Buchladen. Internet: www.dada.it/propart/opd.htm. ☎ (055) 26 51 357.

Galleria dell'Ospedale degli Innocenti – Geöffnet: täglich außer Mittwoch 8.30-14 Uhr. Geschlossen: 1. Jan., Ostern, 1. Mai, 15. Aug. und 25. Dez. 5 000 L (Kinder Eintritt frei). Buchladen. Internet: www.minori.it/innocenti/attività.htm. ☎ (055) 24 91 723.

Umgebung

Villa La Petraia – Führung: Juni bis Aug. täglich 9-19.30 Uhr; April, Mai, Sept. und Okt. 9-18.30 Uhr; März 9-17.30 Uhr; Nov. bis Febr. 9-16.30 Uhr. Geschlossen: 2. und 3. Montag des Monats, 1. Jan., 1. Mai, und 25. Dez. 4 000 L (Personen von 18 bis 25 Jahren 2 000 L, Personen unter 18 oder über 65 Jahren und während der Woche der Kulturgüter Eintritt frei). Selbstbedienungsrestaurant. Internet: www.ambientefi.arti.beniculturali.it. ☎ (055) 45 26 91.

Villa di Castello – Besichtigung nur des Parks: Juni bis Aug. 9-19.30 Uhr; April, Mai und Sept. 9-18.30 Uhr; März und Okt. 9-17.30 Uhr; Nov. bis Febr. 9-16.30 Uhr. Letzter Einlaß 1 Std. vor Schließung. Geschlossen: 2. und 3. Montag des Monats. 4 000 L (Sammelkarte einschl. Besichtigung der Villa La Petraia). ☎ (055) 45 47 91.

Villa di Poggio a Caiano – ♿ Führung: Juni bis Aug. stündlich 9-19.30 Uhr; April, Mai und Sept. 9-18.30 Uhr; März und Okt. 9-17.30 Uhr; Nov. bis Febr. 9-16.30 Uhr. Letzter Einlaß 1 Std. vor Schließung. Geschlossen: an jedem 2. und 3. Montag im Monat sowie 1. Jan., 1. Mai und 25 Dez. 4 000 L (Personen unter 18 oder über 60 Jahren und während der Woche der Kulturgüter Eintritt frei). ☎ (055) 87 70 12.

Museo Archeologico Etrusco della Villa Ferdinanda – Geöffnet: April bis Sept. täglich außer Mittwoch 9.30-13 Uhr, an Sonn- und Feiertagen bis 12.30 Uhr; sonst 9.30-12.30 Uhr. Geschlossen: 1. Jan., Ostern, 1. Mai., 15. Aug., 1. Nov. und 25. Dez. 8 000 L (Kinder und Personen über 60 Jahren 4 000 L). Audiovisuelle Vorführung (20 Min.). Buchladen. Internet: www.po-net.prato.it/MUSEI. ☎ (055) 87 18 124.

Certosa del Galluzzo – Führungen: im Sommer täglich außer Montag 9-11.30 und 15-17.30 Uhr; im Winter täglich außer Montag 9-12 und 15-16.30 Uhr. Spende erbeten. ☎ (055) 20 49 226.

FORLI

Corso della Repubblica 23 – ☎ (0543) 71 24 35

Pinacoteca – ♿ (teilweise). Geöffnet: werktags außer Montag 9-13.30 Uhr, Sonntag bis 13 Uhr. Geschlossen: 4. Feb. und nationale Feiertage. Eintritt frei. ☎ (0543) 71 26 06.

Umgebung

Cesena: Biblioteca Malatestiana – Führungen (45 Min.): an Werktagen 9-12.30 und 16-19 Uhr; an Sonn- und Feiertagen 10-12.30 Uhr. 5 000 L. Internet: www.racine.ravenna.it/malatestiana/fs-Homepage.html. ☎ (0547) 61 08 92.

Abbazia di FOSSANOVA

Besichtigung: täglich 7-12 und 16-19.30 Uhr (im Winter 15-19 Uhr). Führung möglich nach Voranmeldung. ☎ (0773) 93 061.

GAETA

ℹ Corso Cavour 16 (vom 15.6. bis 15.9.) - ☎ (0771) 46 11 65

Monte Orlando - Betreten des Parks nur zu Fuß. Besichtigung: im Sommer 8-19 Uhr; sonst bis 17 Uhr. Ein Pendelbus fährt von Juni bis Sept. zum Gipfel täglich 9-18.30 Uhr, sonst nur am Wochenende von 10.20 Uhr bis 16.30 Uhr. 2 000 L hin und zurück. Ausflüge mit Führer organisiert die Cooperativa Elios ☎ (0338) 45 74 621 (Mobiltelefon).

Umgebung

Sperlonga: Museo Archeologico - Besichtigung: 9 Uhr bis 2 Std. vor Sonnenuntergang. Geschlossen: 1. Jan., 1. Mai und 25. Dez. 4 000 L. ☎ (0771) 54 028.

Promontorio del GARGANO

Vieste: Museo Malacologico - Geöffnet: 15. März bis Mai und 1. bis 15. Okt. täglich 9.30-13 und 16.30-21 Uhr; im Juni und Juli bis 23 Uhr; im Aug. bis 00.30 Uhr; im Sept. bis 22.30 Uhr. Geschlossen: 15. Okt. bis 15. März. Eintritt frei. ☎ (0884) 70 76 88.

GENOVA

ℹ Stazione Principe - ☎ (010) 26 26 633i Via al Porto Antico (Palazzina Santa Maria) - ☎ (010) 24 87 11

Hafenrundfahrt - Ab Aquarium und Ponta dei Mille (in der Nähe des Hauptbahnhofs) täglich und den ganzen Tag über. Häufigkeit der Fahrten je nach der Besucherzahl. Dauer: 45 Min. 10 000 L. Es ist ratsam, sich vorher telefonisch zu erkundigen. ☎ (010) 26 57 12.
Darüber hinaus werden von März bis Sept. Mini-Kreuzfahrten nach San Fruttuoso, Portofino, Cinque Terre und Porto Venere sowie in Zusammenarbeit mit dem WWF Ausflüge zur Beobachtung der Walfische angeboten. Abfahrten zwischen 8.30 und 12.30 Uhr, Rückkehr nach Genua 19 Uhr. 25 000 L bis 55 000 L. Buchung mehrere Tage im voraus. ☎ (010) 26 57 12.

Acquario - ♿ (teilweise). Geöffnet: ganzjährig an Werktagen alle 30 Min. 9.30-19 Uhr, Donnerstag bis 23 Uhr, Samstag und an Sonn- und Feiertagen bis 20 Uhr. Kassenschluß 1 1/2 Std. vor Schließung. Geschlossen: Montag von Okt. bis Febr. 19 000 L (einschl. 3D-Filmvorführung 22 000 L); Kinder von 3 und 12 Jahren 12 000 L (einschl. 3D-Film 13 000 L). Führungen und Verleih von Audioführern in verschiedenen Sprachen möglich. Internet: www.acquario.ge.it. ☎ (010) 24 81 205.

Città dei Bambini - Besichtigung: 10-18 Uhr; für Gruppen Voranmeldung erforderlich. Kinder werden nur in Begleitung Erwachsener eingelassen. Geschlossen: Montag und vom 25. Sept. bis 9. Okt. 8 000 L. Internet: www.cittadeibambini.net/cdb/. ☎ (010) 24 75 702.

Padiglione del Mare et della Navigazione - Geöffnet: täglich 10.30-18 Uhr (Sonntag bis 19 Uhr); im Winter 1 Std. früher. Geschlossen: Montag im Winter. Führungen möglich. 9 000 L. (010) 24 63 678.

Cattedrale di San Lorenzo: Tesoro - Führung: an Werktagen 9-12 und 15-18 Uhr. 8 000 L. ☎ (010) 31 12 69.

Sant'Agostino Museo di Architettura e Scultura Ligure - ♿ Besichtigung: täglich außer Montag 9-19 Uhr (Sonntag bis 12.30 Uhr). An Feiertagen geschlossen. ☎ (010) 25 11 263.

Palazzo Carrega-Cataldi - Besichtigung: 9-18 Uhr nur nach Voranmeldung. Geschlossen: Samstag und an Sonn- und Feiertagen. Eintritt frei. ☎ (010) 27 041.

Palazzo Municipale - Besichtigung: 8-12 und 13-16.30 Uhr, Freitag bis 15 Uhr. Geschlossen: Samstag sowie an Sonn- und Feiertagen. Führungen (20 Min.) möglich. ☎ (010) 20 98 22 23.

Palazzo Bianco - Geöffnet: täglich außer Montag 9-13 Uhr, Mittwoch und Samstag 9-19 Uhr. Geschlossen: an Feiertagen. 6 000 L; am Sonntag Eintritt frei. Sammelkarte für Besichtigung eines anderen städtischen Museums: 10 000 L. ☎ (010) 24 76 377.

Palazzo Rosso - Gleiche Öffnungszeiten wie Palazzo Bianco. ☎ (010) 24 76 351.

Galleria Nazionale di Palazzo Spinola - ♿ (teilweise). Geöffnet: täglich außer Montag 9-20 Uhr, Sonntag 14-20 Uhr. An nationalen Feiertagen geschlossen. 8 000 L, Sammelkarte für Palazzo Reale: 12 000 L. Audiovisuelle Vorführung. ☎ (010) 24 77 071.

Palazzo Reale - ♿ (teilweise). Geöffnet: Montag und Dienstag 8.15-13.45 Uhr, Sonntag, Mittwoch, Donnerstag und Freitag 8.15-19.15 Uhr, Samstag 18.15-19.15 und 20-23 Uhr. An Feiertagen geschlossen. 8 000 L, 2 000 L für den Garten, Sammelkarte mit Palazzo Spinola: 12 000 L. Führungen (1 Std.) möglich. ☎ (010) 27 10 202.

Palazzo del Principe - Besichtigung: Samstag 15-18 Uhr, Sonntag 10-13 Uhr; sonst auf Anfrage. Geschlossen: an nationalen Feiertagen und im August. 10 000 L. ☏ (010) 25 55 09.

Villetta Di Negro: Museo Chiossone - Geöffnet: 9-13 Uhr. Geschlossen: Montag, Mittwoch und jeden 1. und 4. Sonntag im Monat sowie an nationalen Feiertagen. 6 000 L; am Sonntag Eintritt frei. Führungen (1 Std.) möglich. ☏ (010) 54 22 85.

GROSSETO

Via Fucini 43 - ☏ (0564) 45 45 10

Museo Archeologico della Maremma - ♿ Besichtigung: Mai bis Okt. 10-13 und 17-20 Uhr; März und April 9-13 und 16-18 Uhr; sonst 9-13 Uhr, Samstag und Sonntag auch 16-18 Uhr. Geschlossen: Montag, 1. Jan., 1. Mai und 25. Dez. 10 000 L (Studenten und Personen über 60 Jahren 5 000 L, Kinder unter 6 Jahren Eintritt frei). Internet: www.gol.grosseto.it. ☏ (0564) 48 87 50.

Umgebung

Ruinen von Roselle - Besichtigung: Juli bis Sept. 9-20.30 Uhr; April bis Juni 9-18.30 Uhr; sonst 9-17.30 Uhr. Geschlossen: 1. Jan., 1. Mai und 25. Dez. Café und Buchladen. 8 000 L (Kinder Eintritt frei). Führungen (2 Std.) möglich. ☏ (0564) 40 24 03.

GUBBIO

Piazza Oderisi 6 - ☏ (075) 92 20 693

Palazzo dei Consoli - Geöffnet: 1. April bis 30. Sept. täglich 10-13 und 15-18 Uhr; sonst 10-13 und 14-17 Uhr. Geschlossen: 1. Jan., 14 und 15. Mai und 25. Dez. 7 000 L. ☏ (075) 92 74 298.

Palazzo Ducale - ♿ Geöffnet: 9-18.30 Uhr, Samstag 9-24 Uhr, an Sonn- und Feiertagen 9-13.30 und 14-18.30 Uhr. Geschlossen: Montag, 1. Jan. und 25. Dez. 4 000 L. ☏ (075) 92 75 872.

Duomo: Cappella Vescovile - Geöffnet: täglich außer Montag 9-13 und 15-19 Uhr, am Wochenende 10-18.30 Uhr. 10 000 L. Internet: www.museogubbio.org. ☏ (075) 922 09 04.

I

ISCHIA

Corso Colonna 116 - ☏ (081) 50 74 231

Castello aragonese - Besichtigung: 9.30 Uhr bis 1 Std. vor Sonnenuntergang. 10 000 L (inkl. Aufzug zur Burg). ☏ (081) 99 28 34.

J

JESI

Pinacoteca comunale - Geöffnet: werktags außer Montag 9-13 und 16-19 Uhr; an Sonn- und Feiertagen 10-13 und 17-20 Uhr. 4 000 L. Führungen (30 Min.) möglich. ☏ (0731) 58 659.

L

Regione dei LAGHI

Man kann mehrere Ausflüge mit dem Schiff oder Tragflügelboot (aliscafo) auf den jeweiligen Seen (siehe alphabetische Reihenfolge) miteinander kombinieren. Hier soll lediglich ein kleiner Überblick gegeben werden. Sie erhalten zusätzliche Informationen zu Abfahrtszeiten, Ausflugsdauer und den verschiedenen Preisen bei den örtlichen Fremdenverkehrsämtern.

Lago Maggiore

Schiffsfahrten - Wichtigste Strecken: ab Arona oder Anger nach Locarno mit Mittagessen an Bord; ab Stresa oder Laveno zu den Borromäischen-Inseln und der Villa Taranto; Autofähren auf der Strecke Intra und Laveno. Es gibt spezielle Tagesfahrkarten, mit denen man beliebig oft mit dem Schiff fahren kann. Sondertarife für Gruppen und Rentner. Im Sommer finden auch Nachtfahrten statt. Nähere Auskünfte unter ☏ 800 55 18 (gebührenfrei).

Angera: Rocca Borromeo – Geöffnet: 9.30-12.30 und 14-18 Uhr (im Okt. bis 17 Uhr). Geschlossen: Nov. bis 26. März. 11 000 L. ☎ (0331) 93 13 00.

Arona: San Carlone – Geöffnet: Mitte März bis Ende Sept. 8.30-12.30 und 14-18.30 Uhr; Okt. bis Anf. Nov. 9-12.30 und 14-17 Uhr; sonst nur Samstag, sowie an Sonn- und Feiertagen 9-12.30 und 14-17 Uhr. Geschlossen: 25. Dez. 5 000 L. ☎ (0322) 24 96 69.

Isole Borromee – Tagesticket zu den Inseln: 2 Inseln hin und zurück 10 400, 3 Inseln und Villa Taranto 17 400 L. Ausführlichere Informationen beim Ufficio Informazioni Turistiche (Fremdenverkehrsamt) von Stresa ☎ (0323) 30 416.

Isola Bella: Schloß – Besichtigung: 27. März bis 24. Okt. 9-12 und 13.30-17.30 Uhr (Okt. bis 17 Uhr). 15 000 L. ☎ (0323) 30 556.

Isola Madre: Garten – Besichtigung: 27. März bis 24. Okt. 9-12 Uhr und 13.30-17.30 Uhr (Okt. bis 17 Uhr). 15 000 L. ☎ (0323) 31 261.

Cerro: Museo della Ceramica – Geöffnet: 1. Juli bis 31. Aug. täglich außer Montag 10-12 und 15.30-18.30 Uhr; sonst nur Freitag und am Wochenende 10-12 und 14.30-17.30 Uhr. Geschlossen: 1. Jan., Ostern, 15. Aug. und 25. Dez. 4 000 L. ☎ (0332) 66 65 30.

Laveno Mombello: Kabinenbahn zum Sasso del Ferro – Ganzjährig in Betrieb 10-17.30 Uhr.

Pallanza: Villa Taranto – Geöffnet: April bis Sept. 8.30-19.30 Uhr; Okt. bis 17.30 Uhr. Geschlossen: 1. Nov. bis 31. März. 12 000 L (Kinder 10 000 L). ☎ (0323) 40 45 55 und 55 66 67.

Santa Caterina del Sasso – Geöffnet: März bis Okt. 8.30-12 und 14-18 Uhr; sonst nur am Wochenende und an Feiertagen 9-12 und 14-17 Uhr (in der Weihnachtszeit täglich zu den gleichen Uhrzeiten). Eintritt frei. ☎ (0332) 64 71 72.

Stresa

Mottarone – Zufahrt ab Alpino auf der Strada Borromea (gebührenpflichtige Straße). 7 000 L hin und zurück; oder mit der Seilschwebebahn (funivia) von Stresa. ☎ (0323) 30 339.

Villa Pallavicino – Geöffnet: März bis Okt. 9-18 Uhr. 12 000 L (Kinder unter 14 Jahren 9 000 L). ☎ (0323) 32 407.

Gignese: Museo Dell'Ombrello e del Parasole – Geöffnet: April bis Sept. 10-12 und 15-18 Uhr. Geschlossen: Montag (außer Juli und August). 2 500 L. ☎ (0323) 20 80 64.

Lago d'Orta

Schiffsverbindung – Ab Orta San Giulio: täglich von Ostern bis Ende Sept. etwa alle 1/2 Std.; sonst an Sonn- und Feiertagen sowie März, Okt. und Nov. Samstag etwa alle 3/4 Std.; Fahrtdauer: 5 Min. Preis je nach Jahreszeit. ☎ (0322) 84 48 62. Überfahrt auch mit dem Motorboot möglich (4 000 L hin und zurück), Auskünfte erhältlich bei Sig. Urani ☎ (0338) 30 34 904 (Mobiltelefon) oder Sig. Fabris, ☎ (0338) 87 98 39 (Mobiltelefon).

Basilica di San Giulio – Geöffnet: während der Sommerzeit 9.30-12.15 und 14-18.45 Uhr (Montag ab 11 Uhr), Sonntag 9.30-10.45, 14-16.45 und 17.45-18.45 Uhr; sonst 9.30-12.15 und 14-17.45 Uhr, an Sonn- und Feiertagen 9.30-10.45 und 14-17.45 Uhr. Keine Besichtigung während der Gottesdienste.

Lago di Lugano

Schiffsrundfahrt – Rundfahrt „Gran Giro del Lago" täglich von Ende März bis Mitte Okt. Abfahrt ab Lugano: 14.40 Uhr; Rückkehr: 17.15 Uhr. Erläuterungen in 4 Sprachen. Restaurant an Bord. Weitere Ausflüge mit dem Schiff (unterschiedliche Dauer und Preise) sind möglich: Auskunft erteilt: Società Navigazione del Lago di Lugano. ☎ 00 41/91/971 52 23.

Bisuschio: Villa Cicogna Mozzoni – ♿ (teilweise). Führung (45 Min.): in Englisch, Französisch oder Italienisch; an Sonn- und Feiertagen 9.30-12 und 14.30-19 Uhr; im Aug. täglich 14.30-19 Uhr. Geschlossen: jeder erste Sonntag im Monat ab Nov. bis 3. Sonntag im März, Ostersonntag. 10 000 L. ☎ (0332) 47 11 34.

Lago di Como

Schiffsfahrten – Verbindungen ab Como nach Colico, Lecco, Tremezzo Bellagio oder Menaggio; ab Tremezzo nach Dongo, Domaso und Colico; mit dem Tragflügelboot ab Como nach Tremezzo, Bellagio und Menaggio; Autofähren zwischen Bellagio, Varenna, Menaggio und Cadenabbia. Die Tageskarte gilt für beliebig viele Fahrten auf dem See. Im Sommer finden am Samstag Nachtfahrten statt. Auskünfte: ☎ 800 55 18 01 (gebührenfrei).

Bellagio

Villa Serbelloni – Führung: 11 und 16 Uhr. Geschlossen: Montag und Nov. bis März. 9 000 L. ☎ (031) 951 551.

Giardini di Villa Melzi – ♿ (teilweise). Geöffnet: Mitte März bis Okt. 9-18.30 Uhr. 8 000 L. ☎ (031) 95 12 81.

Tremezzo: Villa Carlotta – Geöffnet: April bis Sept. 9-18 Uhr; sonst 9-11.30 und 14-16.30 Uhr. Geschlossen: Nov. bis Feb. 12 000 L. Internet: www.unicei.it/villacarlotta/. ☎ (0344) 40 405.

Varenna: Villa Monastero – Besichtigung: April, Mai, Sept. und Okt. 9-18 Uhr; Juni bis Aug. 9-19 Uhr. 3 000 L. ☎ (0341) 83 01 29.

Lago d'Iseo

Schiffsausflüge – Im Frühjahr und Sommer. Abfahrt am Vormittag (ab Sarnico, Iseo oder Lovere), Rückkehr am Abend; Dauer: etwa 7 Std.; Zwischenaufenthalt auf Monte Isola; Essen an Bord möglich.
Ausflug zu den drei Inseln, Abfahrt am Nachmittag ab Iseo; Dauer: 2 Std.
Rundfahrt über den See am Nachmittag (ab Sarnico, Iseo, Lovere und Monte Isola), Rückkehr am Abend. Auskunft bei I.A.T. in Iseo, Lungolago Marconi 2. ☎ (030) 98 02 09.

Lovere: Galleria Tadini – Geöffnet: Mitte April bis Mitte Okt. 15-18 Uhr, an Sonn- und Feiertagen 10-12 und 15-18 Uhr. 7 000 L. Internet: www.intercam.it/tadini. ☎ (035) 96 01 32.

Monte Isola: Schiffsverbindungen – Regelmäßige Abfahrt ab Iseo. Ab **Sulzano**: jede 1/4 Std. 4 200 L hin und zurück. Weitere Schiffsverbindungen bestehen auch von anderen Orten aus (z. B. Sale Marasino). Auskunft erteilt I.A.T., Iseo, Lungolago Marconi 2c, ☎ (030) 98 02 09.

Lago di Garda

Schiffsfahrt – Von Desenzano oder Peschiera nach Riva del Garda mit Gelegenheit zum Mittagessen. Ausflüge nach Sirmione, Gardone, Salò und Limone. Autofährenverbindung zwischen Maderno und Torri. Tageskarten ermöglichen beliebig viele Fahrten auf dem See. Sondertarife für Gruppen und Senioren. Im Sommer Nachtfahrten auf dem See. Auskünfte unter ☎ 800 55 18 01 (gebührenfrei).

Desenzano del Garda: Villa Romana – ♿ Geöffnet: März bis 14. Okt. 8.30-19.30 Uhr; sonst 8.30-17 Uhr (das Museum schließt ganzjährig um 19.30 Uhr). Geschlossen: Montag außer an Feiertagen, in diesem Fall Dienstag sowie 1. Jan., 1. Mai und 25. Dez. 4 000 L. ☎ (030) 91 43 547.

Gardone Riviera: Vittoriale – Geöffnet: 1. April bis Sept. 8.30-20 Uhr; sonst 9-17 Uhr (am Wochenende bis 17.30 Uhr). 10 000 L. Internet: www.vittoriale.it. ☎ (0365) 29 65 11.

Villa La Priora – Führung (30 Min.) in Deutsch, Englisch, Französisch und Italienisch: April bis Sept. 10-18 Uhr; sonst 9-13 und 14-17 Uhr. Geschlossen: Montag. 20 000 L. Internet: www.vittoriale.it. ☎ (0365) 29 65 11.

Malcesine: Monte Baldo – Die Seilschwebebahn ist täglich von 8-17, 18 oder 19 Uhr in Betrieb, je nach Jahreszeit. Abfahrt: jede 1/2 Std. Geschlossen: März und Nov. bis Mitte Dez. 15 000 L einfache Fahrt, 20 000 L hin und zurück. ☎ (045) 74 00 206.

Riva del Garda: Museo Civico La Rocca – ♿ Geöffnet: im Sommer werktags außer Montag 9.30-18.30 Uhr, an Sonn- und Feiertagen ganzjährig 9.30-12 und 14-17.30 Uhr; sonst werktags außer Montag 9.30-17.30 Uhr. 4 000 L. ☎ (0464) 57 38 69.

San Martino della Battaglia: Museo, Ossario, Torre monumentale – ♿ Gleiche Öffnungszeiten wie Museum in Solferino. Geschlossen: Dienstag. 6 000 L. ☎ (030) 99 10 370.

Sirmione

Rocca Scaligera – Geöffnet: täglich außer Montag 9-19 Uhr. Geschlossen: 1. Jan., 1. Mai und 25. Dez. 8 000 L (für Kinder und während der Woche der Kulturgüter Eintritt frei). ☎ (030) 91 64 68.

Grotte di Catullo – ♿ (teilweise). Geöffnet: März bis 14. Okt. 8.30-19.30 Uhr; sonst 8.30-16.30 Uhr, an Sonn- und Feiertagen 9-17 Uhr (Museum 19.30 Uhr). Geschlossen: Montag außer an Feiertagen, in einem solchen Fall dann Dienstag sowie 1. Jan. und 25. Dez. 8 000 L. ☎ (030) 91 61 57.

Solferino

Ossario und Museo – ♿ (teilweise). Geöffnet: April bis Sept. täglich außer Montag 9-12.30 und 14.30-18.30 Uhr. Geschlossen: Okt. bis März (Anfrage beim Küster). 3 000 L. ☎ (0376) 85 40 19.

Valeggio sul Mincio: Parco Giardino Sigurtà – ♿ Geöffnet: März bis Anfang Nov. 9-18 Uhr. 15 000 L (Jugendliche 10 000 L, Kinder unter 6 Jahren Eintritt frei). Internet: www.sigurta.it. ☎ (045) 63 71 033.

L'AQUILA

Piazza Santa Maria di Paganica 5 – ☎ (0862) 41 08 08

Santa Maria di Collemaggio – Besichtigung: 8-12.30 und 15-19 Uhr; im Winter bis 18 Uhr.

San Bernardino – Besichtigung: werktags 9.30-12 und 16-18 Uhr, Sonntag 9.45-10.30 und 16-18 Uhr; im Winter täglich bis 17 Uhr. ☎ (0862) 22 255.

Museo Nazionale d'Abruzzo – ♿ Geöffnet: täglich außer Montag 9-19 Uhr. An Feiertagen geschlossen. 8 000 L. Führungen (1 Std.) möglich. Audiovisuelle Vorführung. Internet: www.muvi.org/museonazionaledabruzzo/. ☎ (0862) 63 32 39.

LECCE

Corso Vittorio Emanuele 24 – ☎ (0832) 24 80 92

Museo Provinciale Sigismondo Castromediano – Wegen Renovierung geschlossen.

Umgebung

Santa Maria di Cerrate: Museo delle Tradizioni Popolari – Besichtigung: täglich außer Montag 9-13.30 und 14.30-19.30 Uhr.

LIGNANO

Via Latisana 42 – ☎ (0431) 71 821

Parco Zoo Punta Verde – ♿ Geöffnet: März bis Okt. täglich von 9 Uhr bis Sonnenuntergang; im Febr. nur an Sonn- und Feiertagen 10-15 Uhr. 14 000 L (Kinder 11 000 L). Internet: www.lignano.com/parco-zoo. ☎ (0431) 42 87 75.

LORETO

Via Solari 3 – ☎ (071) 97 02 76

Santuario della Santa Casa – Besichtigung: April bis Okt. 7-20 Uhr; sonst 7-19 Uhr. Die Santa Casa ist von 12.30-14.30 Uhr geschlossen. Spende erbeten. ☎ (071) 97 01 04.

Pinacoteca – Geöffnet: April bis Okt. täglich außer Montag 9-13 und 16-19 Uhr (vom 15.6. bis 15.9. Donnerstag und Freitag zusätzl. 21-23 Uhr); sonst nur am Wochenende 10-13 und 15-18 Uhr. 7 000 L. ☎ (071) 97 77 59.

Umgebung

Recanati: Palazzo Leopardi – ♿ (teilweise). Führung (20 Min.): im Sommer 9-20 Uhr; sonst 9-12 und 15-17 Uhr. Geschlossen: 1. Jan. und 25. Dez. 7 000 L (Sammelkarte für die ständige Ausstellung und die Bibliothek 12 000 L), 1. Montag (Werktag) des Monats Eintritt frei. ☎ (071) 75 73 380.

Recanati: Museo Civico – ♿ Besichtigung: täglich außer Montag 10-13 und 16-19 Uhr. An Feiertagen geschlossen. 6 000 L. ☎ (071) 75 70 410.

LUCCA

Vecchia Porta S. Donato – Piazzale Verdi – ☎ (0583) 41 96 89

Casa dei Guinigi – Geöffnet: März bis Sept. 9-19.30 Uhr; im Okt. 10-18 Uhr; sonst 10-16.30 Uhr. Geschlossen: 25. Dez. 5 000 L (Kinder von 6 bis 12 Jahren 3 000 L, unter 6 Jahren Eintritt frei). ☎ (0583) 48 524.

Pinacoteca – ♿ (teilweise). Geöffnet: täglich außer Montag 9-19 Uhr, an Sonn- und Feiertagen 9-14 Uhr. Geschlossen: 1. Jan., 1. Mai und 25. Dez. 8 000 L (Personen unter 18 Jahren Eintritt frei). ☎ (0583) 55 570.

Museo Nazionale di Villa Guinigi – ♿ (teilweise). Geöffnet: täglich außer Montag 9-19 Uhr, an Sonn- und Feiertagen 9-14 Uhr. Geschlossen: 1. Jan., 1. Mai und 25. Dez. 8 000 L (Personen von 18 bis 25 Jahren 4 000 L, Personen unter 18 Jahren Eintritt frei). Buchladen. ☎ (0583) 49 60 33.

Umgebung

Villa Reale – Führung (1 Std.): März bis Nov. täglich außer Montag (Werktag) um 10, 11, 12, 15, 16, 17 und 18 Uhr in Italienisch; sonst nur nach Voranmeldung. 10 000 L. ☎ (0583) 30 108.

Villa Mansi – Geöffnet: März bis Nov. täglich 10-12.30 und 15 Uhr bis Sonnenuntergang. 9 000 L. Internet: www.anteprimaweb.com/villamansi. ☎ (0583) 92 00 96.

Villa Torrigiani – ♿ (teilweise). Führung (20 Min.) in Englisch und Italienisch: März bis Okt. täglich außer Dienstag 10-12 und 15 Uhr bis Sonnenuntergang. 15 000 L (Kinder unter 12 Jahren Eintritt frei). ☎ (0583) 92 80 08.

MANTOVA

ℹ Piazza Mantegna 6 - ☎ (0376) 32 82 53

Palazzo Ducale - ♿ (teilweise). Besichtigung: im Sommer täglich außer Montag 8.45-18.30 Uhr, Samstag auch 20-22 Uhr. Geschlossen: 1. Jan. und 25. Dez. 12 000 L (Kinder und während der Woche der Kulturgüter Eintritt frei). ☎ (0376) 38 21 50.

Rotonda di San Lorenzo - Geöffnet: Mitte März bis Mitte Nov. täglich 10-12.30 und 14.30-16.30 Uhr; sonst 11-12 Uhr.

Teatro Accademico - Geöffnet: täglich außer Montag 9.30-12.30 und 15-18 Uhr. Geschlossen: 1. Jan., 1. Mai, 15. Aug. und 25. Dez. 4 000 L. ☎ (0376) 32 76 53.

Palazzo d'Arco - Führung: März bis Nov. täglich außer Montag 10-12 und 14.30-17.30 Uhr. Geschlossen: 1. Jan., Ostern, 11. Mai und 25. Dez. 5 000 L. Für eine Besichtigung zu einer anderen Jahreszeit, Auskunft unter ☎ (0376) 32 22 42.

Palazzo Te - ♿ (teilweise). Geöffnet: 9-18 Uhr, Montag 13-18 Uhr. Geschlossen: 1. Jan., 1. Mai und 25. Dez. 12 000 L. ☎ (0376) 32 32 66.

MASSA MARITTIMA

Museo Archeologico - Geöffnet: April bis Okt. täglich außer Montag 10-12.30 und 15.30-19 Uhr; sonst bis 10-12.30 und 15-17 Uhr. 5 000 L. ☎ (0566) 90 22 89.

Fortezza dei Senesi und Torre del Candeliere - Geöffnet: April bis Okt. täglich außer Montag 10-13 und 15-18 Uhr; sonst 11-13 und 14.30-16.30 Uhr. 3 000 L. ☎ (0566) 90 22 89.

Museo della Miniera - Führungen: April bis Okt. täglich um 10.15, 11.15, 12, 15.30, 16.15, 17 und 17.45 Uhr; sonst letzte Führung um 16.15 Uhr. 10 000 L. ☎ (0566) 90 22 89.

MATERA

ℹ Via dei Viti de Marco 9 - ☎ (0835) 33 19 83

San Pietro Caveoso - Geöffnet: werktags 9-12 und 15.30-19.30 Uhr, Sonntag 9.30-12.30 und 16-19 Uhr. ☎ (0835) 31 15 10.

Museo Nazionale Ridola - ♿ Geöffnet: täglich 9-19 Uhr. Geschlossen: 1. Jan., 1. Mai und 25. Dez. 5 000 L. ☎ (0835) 31 00 58.

MERANO/MERAN

ℹ Corso della Libertà 35 - ☎ (0473) 23 52 23

Castello Principesco/Landesfürstliche Burg - Besichtigung: April bis Okt. Montag bis Freitag 10.30-12 und 14-18 Uhr, Samstag 9-12 Uhr. Geschlossen: an Sonn- und Feiertagen. 4 000 L. ☎ (0473) 23 60 15.

Umgebung

Merano 2000 - Seilschwebebahn: 1. Juni bis 7. Nov. und 18. Dez. bis 10. April: täglich 9-17 Uhr. ☎ (0473) 23 48 21.

Tirolo/Dorf Tirol: Castel Tirolo/Burg Tirol - Auskunft unter ☎ (0473) 22 02 21.

MILANO

ℹ Via Marconi 1 (Piazza Duomo) - ☎ (02) 72 52 43 00

Duomo:

Krypta und Kirchenschatz - Besichtigung: 10-12 und 14-18 Uhr. 2 000 L. Der Eintritt zur Krypta S. Carlo ist frei.

Baptisterium - Geöffnet: täglich 9.30-17 Uhr. 3 000 L. ☎ (02) 72 02 26 56.

Rundgang auf dem Dach - Geöffnet: Mitte Febr. bis Mitte Nov. täglich 9-17.45; sonst bis 16.15 Uhr. Geschlossen: 25. April, 1. Mai und 25. Dez. Aufstieg zu Fuß: 6 000 L, mit dem Fahrstuhl: 9 000 L. ☎ (02) 72 02 26 56.

Museo del Duomo - ♿ (teilweise). Geöffnet: täglich 9.30-12.30 und 15-18 Uhr. Geschlossen: Ostern, 25. April, 1. Mai und 25. Dez. 10 000 L. ☎ (02) 72 02 26 56.

Scala: Museo del Teatro - Geöffnet: 9-12.30 und 14-17.30 Uhr. Geschlossen: Sonntag von Nov. bis April sowie 1. Jan., Ostern, 15. Aug. und Weihnachten. 6 000 L. Internet: www.museoteatrale.com.

Pinacoteca di Brera - ♿ Geöffnet: täglich außer Montag 8.30-19.30 Uhr (Samstag bis 23 Uhr). Geschlossen: 1. Jan. und 1. Mai. 12 000 L.

Castello Sforzesco - Geöffnet: täglich 9-17.40 Uhr. Geschlossen: 1. Jan., 1. Mai, 15. Aug. und 25. Dez. Eintritt frei.

Biblioteca Ambrosiana - Geöffnet: täglich außer Montag 10-17.30 Uhr. Geschlossen: 1. Jan., Ostern, 1. Mai und 25. Dez. 12 000 L. ☎ (02) 80 69 21.

Museo Poldi-Pezzoli - Geöffnet: täglich außer Montag 10-18 Uhr. Geschlossen: 1. Jan., Ostern, 25. April, 1. Mai, 15. Aug., 1. Nov., 8. Dez. und 25. Dez. 10 000 L. ☎ (02) 79 48 89.

Galleria d'Arte Moderna – Geöffnet: 9-17.45 Uhr. Geschlossen: 1. Jan., 1. Mai, 15. Aug. und 25. Dez. Eintritt frei. ☎ (02) 760 028 19.

Casa di Manzoni – Geöffnet: werktags außer Montag 9-12 und 14-16 Uhr. Geschlossen: Samstag, an Sonn- und Feiertagen sowie im August und vom 24. Dez. bis 6. Jan. Eintritt frei. ☎ (02) 86 46 04 03.

Museo Civico di Storia Naturale – ♿ (teilweise). Geöffnet: täglich 9-18 Uhr, Samstag und Sonntag 9.30-18.30 Uhr. Geschlossen: 1. Jan., 1. Mai und 25. Dez. Eintritt frei. ☎ (02) 79 98 70.

Palazzo Bagatti Valsecchi – Geöffnet: täglich außer Montag 13-17 Uhr. Geschlossen: an Feiertagen und zwei Wochen im Aug. 10 000 L, Mittwoch 5 000 L. Internet: www.museobagattivalsecchi.org. ☎ (02) 76 00 61 32.

Museo della Scienza e della Tecnica Leonardo da Vinci – ♿ Geöffnet: werktags außer Montag 9.30-17 Uhr, Samstag, an Sonn- und Feiertagen 9.30-18.30 Uhr. 12 000 L. Internet: www.museoscienza.org. ☎ (02) 48 55 51.

Santa Maria delle Grazie: Cenacolo – Vor der Besichtigung telefonische Anmeldung erforderlich: aus dem Ausland ☎ (02) 894 211 46, in Italien ☎ 199 199 100 (Ortsgespräch über 60 km). 12 000 L, zusätzl. 2 000 L für die Reservierung.

Museo Civico di Archeologia – Geöffnet: täglich außer Montag 9-17.30 Uhr. Geschlossen: 1. Jan., 1. Mai und 25. Dez. Eintritt frei. ☎ (02) 86 45 00 11.

Basilica di San Lorenzo Maggiore: Cappella di Sant'Aquilino – Geöffnet: täglich 9.30-18.30 Uhr. 2 000 L.

Umgebung

Abbazia di Chiaravalle – Besichtigung: täglich außer Montag 9-11.45 und 15-17.45 Uhr, an Sonn- und Feiertagen 11-12.20 und 15-16.45 (im Sommer bis 18.45 Uhr). Im Sommer am Sonntag Führungen um 15.30 und 17 Uhr, im Winter um 16 Uhr. Zur Besichtigung an Werktagen ist eine Anmeldung 3 Wochen im voraus erforderlich. ☎ (0257) 40 34 04.

MODENA

ℹ Piazza Grande 17 – ☎ (059) 20 66 60

Museo del Duomo – Derzeit wegen Restaurierungsarbeiten geschlossen. ☎ (059) 21 60 78.

Biblioteca Estense – ♿ Geöffnet: 9-13 Uhr. Geschlossen: an Sonn- und Feiertagen, Montag und die erste Septemberhälfte. Eintritt frei. ☎ (059) 22 22 48.

Galleria Estense – Geöffnet: Dienstag, Freitag und Samstag 9-19 Uhr, Mittwoch und Donnerstag 9-14 Uhr, Sonntag 9-13 Uhr. Geschlossen: Montag sowie 1. Jan., 1. Mai und 25. Dez. 8 000 L. Internet: www.galleriaestense.it/. ☎ (059) 22 21 45.

Umgebung

Abbazia di Nonantola – Geöffnet: 8-12.30 und 15-19.30 Uhr. ☎ (059) 54 90 53.

Carpi: Castello dei Pio – ♿ (teilweise). Geöffnet: Juli und Aug. Donnerstag, Samstag, Sonntag 10-13 und 16-19 Uhr; sonst 10-12.30 und 15.30-18.30 Uhr. Geschlossen: an den übrigen Werktagen und vom 2. Nov. bis 20. März. 3 000 L. Führungen möglich in verschiedenen Sprachen. ☎ (059) 64 92 98.

MOLISE

Agnone: Museo Internazionale della Campagna – ♿ Besichtigung nur nach Voranmeldung. An Feiertagen geschlossen. ☎ (0865) 78 235.

Altilia Saepinum – Besichtigung: 9 Uhr bis 1 Std. vor Sonnenuntergang. ☎ (0874) 79 02 07.

Pietrabbondante: Italisches Heiligtum – Besichtigung: 9 Uhr bis 1 Std. vor Sonnenuntergang. ☎ (0865) 76 129.

San Vincenzo al Volturno – Die Führungen (ca. 2 Std.) durch den Ausgrabungsbereich und die Kirche werden durchgeführt von der Associazione Culturale Atena. 3-4 Tage vorher anmelden. 5 000 L. ☎ (0865) 95 10 06.

Abbazia di MONTECASSINO

Abbazia – Geöffnet: April bis Okt. 9-12 und 15.30-18 Uhr; sonst bis 17 Uhr. Eintritt frei. ☎ (0776) 26 529.

Museo Abbaziale – Geöffnet: April bis Okt. 9-12 und 15.30-18 Uhr; sonst nur am Wochenende bis 17 Uhr. 3 000 L. ☎ (0776) 31 15 29.

Cassino: Museo Archeologico Nazionale – ♿ (teilweise). Geöffnet: 9 Uhr bis 1 Std. vor Sonnenuntergang. An Feiertagen geschlossen. 4 000 L. ☎ (0776) 30 11 68.

MONTECATINI TERME

ℹ Viale Verdi 66/a - ☏ (0572) 77 22 44

Museo dell'Accademia d'arte - ♿ (teilweise). Geöffnet: im Sommer täglich außer Montag 15-19 Uhr; sonst nur auf Anfrage. Eintritt frei. ☏ (0572) 76 63 36.

Umgebung

Collodi: Parco Pinocchio - ♿ (teilweise). Geöffnet: täglich von 8.30 Uhr bis Sonnenuntergang. 12 000 L (Kinder 7 000 L). Café, Restaurant und Buchladen. Internet: www.pinocchio.it. ☏ (0572) 42 93 42.

Collodi: Villa Garzoni - Wegen Renovierung geschlossen. Man kann allerdings den Park besichtigen: 9 Uhr bis Sonnenuntergang. Nähere Auskünfte unter ☏ (0572) 42 95 90.

MONTEFALCO

Torre Comunale - Wegen Restaurierungsarbeiten geschlossen.

Museo di San Francesco - Geöffnet: im Juli und Aug. 10.30-13 und 15-19 Uhr (Aug. bis 19.30 Uhr); März bis Mai und im Sept. und Okt. 10.30-13 und 14-18 Uhr; Nov. bis Febr. 10.30-13 und 14.30-17 Uhr. Geschlossen: Montag von Nov. bis Febr., 1. Jan. und 25. Dez. 5 000 L. ☏ (0742) 37 95 98.

Abbazia di MONTE OLIVETO MAGGIORE

Abbazia - ♿ (teilweise). Geöffnet: während der Sommerzeit 9.15-12 und 15.15-17.45; sonst bis 17 Uhr. Eintritt frei. Führungen möglich in Deutsch, Englisch, Französisch und Italienisch. Audiovisuelle Vorführung. Internet: www.ftbcc.it/monteoliveto. ☏ (0577) 70 76 11.

MONTEPULCIANO

Torre del Palazzo Comunale - Geöffnet: 9-13 Uhr. Geschlossen: an Sonn- und Feiertagen. Eintritt frei. ☏ (0578) 71 21.

Museo Civico - Derzeit wegen Renovierung geschlossen. ☏ (0578) 71 69 35.

MONTE SANT'ANGELO

Tomba di Rotari - Geöffnet: April bis Okt. 9-13 und 14.30-19.30 Uhr; sonst auf telefonische Anfrage unter ☏ (0884) 56 18 09. 1 000 L.

MONZA

Duomo: Domschatz - Geöffnet: werktags 9-11.30 und 15-17.30 Uhr, an Sonn- und Feiertagen 11.30-12 und 15-17.30 Uhr. 6 000 L. ☏ (039) 32 34 04.

N

NAPOLI

ℹ Piazza dei Martiri 58 - ☏ (081) 40 53 11
ℹ Palazzo Reale (Piazza del Plebiscito) - ☏ (081) 25 25 711
ℹ Piazza del Gesù Nuovo 7 - ☏ (081) 55 23 328

Castel Nuovo - ♿ (teilweise). Geöffnet: 9-19 Uhr. Geschlossen: Sonntag. 10 000 L. ☏ (081) 79 52 003.

Teatro San Carlo - Besichtigung: Samstag und Sonntag 14-15.30 Uhr. 5 000 L. ☏ (081) 79 72 331.

Palazzo Reale - ♿ Geöffnet: täglich außer Mittwoch 9-14 Uhr. An Feiertagen geschlossen. 8 000 L. ☏ (081) 58 08 111.

Chiesa del Gesù Nuovo - Besichtigung: 8-12.30 und 16-19 Uhr. ☏ (081) 55 18 613.

Chiesa di Santa Chiara - Geöffnet: 7-13 und 16-20 Uhr. Kreuzgang und Museum: 9.30-13 und 14.30-17.30 Uhr, Sonntag nur vormittags. 6 000 L. ☏ (081) 55 26 209.

San Domenico Maggiore - Besichtigung: 9-12 und 16-18 Uhr. ☏ (081) 45 91 88.

Cappella Sansevero - Geöffnet: täglich außer Dienstag 10-17 Uhr, an Sonn- und Feiertagen 10-13.30 Uhr. 8 000 L. ☏ (081) 55 18 470.

San Gregorio Armeno - Geöffnet: 9.30-12 Uhr. ☏ (081) 55 20 186.

San Lorenzo Maggiore - Geöffnet: werktags 8-12.30 und 16.30-18.30 Uhr, Sonntag 8-13 Uhr. ☏ (081) 29 05 80.

Ausgrabungen - Besichtigung: werktags außer Dienstag 9-13 und 15.30-17.30 Uhr (während der Sommerzeit 16-18.30 Uhr), Sonntag 9-13.30 Uhr. 5 000 L (Kinder 2 500 L). Führungen (1 Std.) möglich. ☏ (081) 45 49 48.

Pio Monte della Misericordia ☏ (081) 44 69 44.

Duomo

San Gennaro: werktags 8.30-12.30 und 16.30-18.30 Uhr, Sonntag nur vormittags. ☎ (081) 29 47 44.

Santa Restituta und Ausgrabungsbereich: werktags 9-12 und 16.30-19 Uhr, Sonntag nur vormittags. 5 000 L für den Ausgrabungsbereich. ☎ (081) 44 91 39.

Quadreria dei Girolamini - Besichtigung: werktags 9.30-13 Uhr. Geschlossen: Sonntag, im August und an Feiertagen. ☎ (081) 44 91 39.

Biblioteca dei Girolamini - Auskunft über Besichtigungsmöglichkeiten unter ☎ (081) 29 44 44.

Decumano Maggiore - Besichtigung: täglich außer Sonntag 9-13.30 Uhr. ☎ (081) 29 23 75.
Chiesa dei Girolamini ☎ (081) 44 91 39.
San Paolo Maggiore: Besichtigung auch am Sonntag vormittag, ☎ (081) 45 40 48.
Purgatorio ad Arco - Besichtigung auch am Sonntag vormittag, ☎ (081) 45 93 12.
San Pietro a Maiella - Besichtigung auch am Sonntag vormittag, ☎ (081) 45 90 08.

Museo Archeologico Nazionale - ♿ Geöffnet: täglich außer Dienstag 9-14 Uhr (im Sommer längere Öffnungszeiten). An Feiertagen geschlossen. 12 000 L. Internet: www.cib.na.cnr.it/mann/museo1/mann.html. ☎ (081) 44 01 66.

Palazzo Cuomo: Museo Civico Filangieri - Geöffnet: 9.30-13.30 und 15.30-18.30 Uhr. Geschlossen: Sonntag nachmittag, Montag und an Feiertagen. 5 000 L. ☎ (081) 20 31 75.

Sant'Anna dei Lombardi - Nur vormittags geöffnet.

Certosa di San Martino - Geöffnet: täglich außer Montag 9-14 Uhr. An Feiertagen geschlossen. 11000 L. ☎ (081) 57 81 769.

Palazzo und Galleria Nazionale di Capodimonte - ♿ Geöffnet: täglich außer Montag 9-20 Uhr. An Feiertagen geschlossen. 14 000 L. Cafeteria, Restaurant und Buchladen. Internet: www.capodimonte.selfin.net/capodim/home.htm. ☎ (081) 74 99 111.

Museo Nazionale di Ceramica Duca di Martina - Geöffnet: täglich außer Montag 9-14 Uhr. An Feiertagen geschlossen. 5 000 L. ☎ (081) 57 88 418.

Catacombe di San Gennaro - Führung (40 Min.): um 9.30, 10.15, 11 und 11.45 Uhr. Geschlossen: 1. Jan. 5 000 L. Audiovisuelle Vorführung. ☎ (081) 74 11 071.

Villa Comunale: Acquario - ♿ Geöffnet: 1. März bis 31. Okt. werktags außer Montag 9-18 Uhr, an Sonn- und Feiertagen 10-18 Uhr; sonst 9-17 Uhr, an Sonn- und Feiertagen bis 13 Uhr. 3 000 L (Kinder unter 12 Jahren 1 500 L). ☎ (081) 58 33 263.

Museo Principe di Aragona Pignatelli Cortes - ♿ (teilweise). Geöffnet: täglich außer Montag 9-14 Uhr. An Feiertagen geschlossen. 4 000 L. Führungen (1 Std.) möglich in verschiedenen Sprachen. ☎ (081) 66 96 75.

Golfo di NAPOLI

Terme di Baia - Geöffnet: 9 Uhr bis 1 Std. vor Sonnenuntergang. Geschlossen: 1. Jan. und 1. Mai. 4 000 L. ☎ (081) 86 87 592

Bacoli: Cento Camerelle - Besichtigung: 9 Uhr bis 1 Std. vor Sonnenuntergang, Anfrage beim Wärter, Via Cento Camerelle. Auskunft ☎ (081) 86 87 541 (Ufficio Beni Culturali del comune di Bacoli - Fremdenverkehrsamt).

Piscina Mirabile - Geöffnet: 9 Uhr bis eine Std. vor Sonnenuntergang. Eintritt frei (Spende erbeten). Auskunft ☎ (081) 52 61 481 oder (081) 52 65 068.

Vesuv: Besteigung des Vulkans - Gebührenpflichtiger Parkplatz am Ende der Straße bzw. in Herkulaneum; Buszubringer ab Bahnhof, Linie „Circumvesuviana". Auf dem Gipfel Besichtigung des Kraters nur mit Führung (9 000 L); Hauptverantwortlicher Führer: Signor Pompilio, ☎ (081) 73 22 726. Bergwacht (Collegio Regionale Guide Alpine), Via Panoramica 172, Ercolano, ☎ (081) 77 75 720.

Torre Annunziata: Villa di Oplontis - Geöffnet: 8.30 Uhr bis 2 Std. vor Sonnenuntergang. Geschlossen: 1. Jan., 1. Mai und 25. Dez. 10 000 L, Sammelkarte (gültig 3 Tage) für Oplonti, Pompeji, Ercolano, Stabia und Boscoreale: 26 000 L. Internet: www.pompeiisites.org. ☎ (081) 86 21 755.

Monte Faito - Seilbahn (10 Min.): in Betrieb von April bis Okt. 9.25-16.25 Uhr, Abfahrt alle 20-30 Min; Mitte Juni bis Mitte Aug. 7.25-19.15 Uhr. 12 000 L. Auskunft unter ☎ (081) 87 11 334.

O

ORVIETO

ℹ Piazzo Duomo 24 - ☎ (0763) 34 17 72

Palazzo dei Papi: Museo dell'Opera del Duomo - Wegen Renovierung geschlossen.

Capella della Madonna di S. Brizio - Besichtigung: April bis Sept. werktags 10-12.45 und 14.30-19.15 Uhr; März und Okt. bis 18.15 Uhr; sonst bis 17.15 Uhr; Juli bis Sept. an Sonn- und Feiertagen 14.30-18.45 Uhr, sonst bis 17.45 Uhr. Während des Gottesdienstes keine Besichtigung. 3 000 L. ☎ (0763) 34 24 77.

Orvieto Underground - Führung (1 Std.), in Deutsch, Englisch, Französisch und Italienisch, Ausgangspunkt Piazza Duomo 24: ganzjährig um 11, 12.15, 16 und 17.15 Uhr. Geschlossen: 25. Dez. 10 000 L. ☎ (0763) 34 48 91.

Pozzo di San Patrizio - Geöffnet: 1. April bis 30. Sept. 10-18.45 Uhr; sonst 10-17.45 Uhr. 6 000 L (Kinder 4 000 L). ☎ (0763) 43 37 68.

Museo Archeologico Faina - ♿ Geöffnet: 31. März bis 28. Sept. täglich 9.30-18 Uhr; sonst 10-13 und 14.30-17 Uhr. Geschlossen: Montag im Winter. 8 000 L. ☎ (0763) 34 15 11.

OSTIA ANTICA

Scavi (Ausgrabungen) - Besichtigung: ganzjährig 9 Uhr bis 2 Std. vor Sonnenuntergang. Geschlossen: Montag, 1. Jan., 1. Mai und 25. Dez. 8 000 L. Internet: www.itnw.roma.it/ostia/scavi. ☎ (06) 56 35 80 99.

Museo - Auskunft unter ☎ (06) 56 35 80 99.

OTRANTO

Ausflug

Grotta Zinzulusa - Führung (20 Min.), in Italienisch (im Sommer auch Englisch und Französisch): 15. Juli bis 15. Sept. 9.30-19 Uhr; sonst 10-16 Uhr. Bei starkem Seegang keine Besichtigung. 5 000 L. Internet: www.castro.it. ☎ (0836) 94 38 12 oder (0836) 94 70 05.

P

PADOVA

ℹ Stazione (Bahnhof) - ☎ (049) 87 52 077

Cappella degli Scrovegni - Besichtigung nur nach Voranmeldung: Febr. bis Okt. 9-19 Uhr; sonst 9-18 Uhr. Geschlossen: Montag (außer Febr. bis Dez.) und an Feiertagen. 10 000 L. Internet: www.padovanet.it/museicivici. ☎ (049) 82 04 550.

Museo Civico agli Eremitani - Geöffnet: 1. Febr. bis 31. Okt. 9-19 Uhr, sonst 9-18 Uhr. Geschlossen: Montag und an Feiertagen. 10 000 L (einschl. Besichtigung der Capella degli Scrovegni). Internet: www.padovanet.it/museicivici. ☎ (049) 82 04 550.

Basilica del Santo - Geöffnet: 28. März bis 24. Okt. 6.30-19.45 Uhr; im Winter bis 19 Uhr. Internet: www.mess-s-antonio.it/basilica/index.htm. ☎ (049) 82 42 811.

Oratorio di San Giorgio und Scuola di Sant'Antonio - Das Oratorium ist derzeit wegen Renovierung geschlossen. Besichtigung der Scuola: März bis Sept. 9-12.30 und 14.30-19 Uhr; sonst 9-12.30 und 14.30-17 Uhr. Geschlossen: 1. Jan. und 25. Dez. Führungen (1 Std.) möglich. 3 000 L (Kinder 2 000 L). ☎ (049) 87 55 235.

Palazzo della Ragione - Besichtigung: Febr. bis Okt. 9-19 Uhr; sonst bis 18 Uhr. Geschlossen: Montag und an Feiertagen. 7 000 L. Internet: www.padovanet.it/museicivici. ☎ (049) 82 05 006.

Università: „Teatro anatomico" - Führung: Montag, Mittwoch und Freitag um 15, 16 und 17 Uhr, Dienstag, Donnerstag und Samstag um 9, 10 und 11 Uhr. 5 000 L. ☎ (049) 82 09 711.

Caffè Pedrocchi: Räume im Obergeschoß - Geöffnet: täglich außer Montag 9.30-12.30 und 15.30-18 Uhr. An Feiertagen geschlossen. 5 000 L. Internet: www.padovanet.it/museicivici. ☎ (049) 82 05 007.

Orto Botanico - ♿ (teilweise) Geöffnet: werktags 9-13 Uhr. An Sonn- und Feiertagen geschlossen. 5 000 L. ☎ (049) 827 21 19.

Umgebung

Arquà Petrarca: Casa del Petrarca - Besichtigung: täglich außer Montag, Febr. bis Sept. 9-12 und 15-18.30 Uhr; sonst 9-12 und 14.30-17 Uhr. 6 000 L. Buchladen. ☎ (0429) 71 82 94.

Museo Nazionale Atestino - ♿ Geöffnet: ganzjährig: 9-19 Uhr. 4 000 L. ☎ (0429) 20 85.

PAESTUM

ℹ Via Magna Grecia 151/156 (Ausgrabungsstätte) - ☎ (0828) 72 23 22

Rovine - ♿ (teilweise). Geöffnet: 9 Uhr bis 1 Std. vor Sonnenuntergang. An Feiertagen geschlossen. 8 000 L. ☎ (0828) 81 10 16.

Museo - ♿ (teilweise). Geöffnet: 9-18.30 Uhr. Geschlossen: 1. und 3. Montag des Monats und an Feiertagen. 8 000 L. Führungen möglich in verschiedenen Sprachen. ☎ (0828) 81 10 23.

PARMA

ℹ Via Melloni 1/b - ☎ (0521) 21 88 89

San Giovanni Evangelista: Kreuzgänge des Klosters - Geöffnet: 9-12 und 15.30-18 Uhr, Sonntag 10-12 und 15.30-18 Uhr. Spende erbeten. ☎ (0521) 23 55 92.

Antica Spezieria di San Giovanni Evangelista - ♿ Besichtigung: täglich außer Montag 9-14 Uhr. An Feiertagen geschlossen. 4 000 L. ☎ (0521) 23 36 17.

Museo Archeologico Nazionale - ♿ (teilweise). Geöffnet: täglich außer Montag 9-19 Uhr. An Feiertagen geschlossen. 4 000 L. ☎ (0521) 23 37 18.

Galleria Nazionale - ♿ Geöffnet: täglich außer Montag 9-14 Uhr. An Feiertagen geschlossen. 8 000 L (nur die Galerie), 12 000 L (Galerie und Teatro Farnese). ☎ (0521) 23 36 17.

Teatro Farnese - ♿ Geöffnet: täglich außer Montag 9-19.30 Uhr. An Feiertagen geschlossen. 4 000 L (nur das Theater), 12 000 L (Theater und Galleria Nazionale). ☎ (0521) 23 36 17.

Camera del Corregio/di San Paolo - ♿ Geöffnet: täglich außer Montag 9-19.30 Uhr. An Feiertagen geschlossen. 4 000 L. ☎ (0521) 23 36 17.

Fondazione-Museo Glauco-Lombardi - ♿ Geöffnet: werktags außer Montag 10-15 Uhr, Sonntag 9-13 Uhr. An Feiertagen geschlossen. 10 000 L. ☎ (0521) 23 37 27.

Santa Maria della Steccata - Geöffnet: 9-12 und 15-18 Uhr. Spende erbeten. ☎ (0521) 23 49 37.

Casa di Arturo Toscanini - Führung (1/2 Std.) in verschiedenen Sprachen: täglich außer Montag 10-13 und 15-18 Uhr, Sonntag nur vormittags. 3 000 L. ☎ (0521) 28 54 99.

Umgebung

Torrechiara - ♿ (teilweise). Geöffnet: Mai bis Okt. täglich außer Montag 8.30-19 Uhr; sonst 8.30-15.30 Uhr. An Feiertagen geschlossen. 4 000 L. ☎ (0521) 35 52 55.

Fontanellato: Rocca San Vitale - ♿ (teilweise). Führung (1 Std.): April bis Sept. 9.30-11.30 und 15-18 Uhr; sonst bis 17 Uhr. Geschlossen: Montag und 25. Dez. 7 000 L + 5 000 L für die Fresken von Parmigianino. Internet: www.fontanellato.org/. ☎ (0521) 82 23 46.

PAVIA

ℹ Via Fabio Filzi 2 - ☎ (0382) 22 156

Castello Visconteo - Geöffnet: 9-13.30, Sonntag bis 13 Uhr; April bis Juni, im Sept. und Okt. am Wochenende auch nachmittags. Montag geschlossen. 8 000 L. ☎ (0382) 33 853.

Certosa di PAVIA

Besichtigung: täglich außer Montag (Feiertage ausgenommen) 9-11.30 und 14.30-18 Uhr. Führungen (1 Std.) möglich. Spende erwünscht. ☎ (0382) 92 56 13.

PERUGIA

ℹ Piazza IV Novembre 3 - ☎ (075) 57 36 458

Galleria Nazionale dell'Umbria - ♿ Geöffnet: werktags 9-19 Uhr, an Sonn- und Feiertagen 9-20 Uhr. Geschlossen: erster Montag des Monats. 8 000 L. ☎ (075) 57 41 247.

Museo Archeologico Nazionale dell'Umbria - Geöffnet: 9-19 Uhr, Sonntag: 9-13 Uhr. 4 000 L. ☎ (075) 57 27 141.

Collegio del Cambio - Geöffnet: März bis Okt. (sowie 20. Dez. bis 6. Jan.) täglich 9-12.30 und 14.30-17.30 Uhr; sonst täglich außer Montag 8-14 Uhr. An Sonn- und Feiertagen (ganzjährig): 9-12.30 Uhr. Geschlossen: 1. Jan., 1. Mai und 25. Dez. 5 000 L. Internet: www.perusia.it/cambio. ☎ (075) 57 28 599.

Umgebung

Ipogeo dei Volumni - Geöffnet: im Juli und Aug. 9-12.30 und 16.30-19 Uhr; sonst 9-13 und 15.30-18.30 Uhr. Geschlossen: 1. Jan., 1. Mai und 25. Dez. 4 000 L. ☎ (075) 39 33 29.

Torgiano: Museo del Vino - Geöffnet: während der Sommerzeit 9-13 und 15-19 Uhr, sonst 9-13 und 15-18 Uhr. 5 000 L. Internet: www.lungarotti.it. ☎ (075) 98 80 200.

PESARO

Viale Trieste 164 - ☏ (0721) 69 341

Casa Natale di Rossini – Geöffnet: im Juli und Aug. täglich außer Montag 17-23 Uhr; sonst 9.30-12.30 und 16-19 Uhr (Dienstag und Mittwoch nur vormittags). 5 000 L (Sammelkarte mit Musei Civici 8 000 L). ☏ (0721) 30 053.

Musei Civici – Gleiche Öffnungszeiten wie Casa Rossini.

Museo Oliveriano – ♿ Geöffnet: 1. Juli bis 30. Aug. 16-19.30 Uhr; sonst nach Voranmeldung 9-12 Uhr. Geschlossen: an Sonn- und Feiertagen sowie am 24. Sept. Eintritt frei. ☏ (0721) 33 344.

Umgebung

Gradara: Rocca – ♿ (teilweise). Geöffnet: 9-19 Uhr, Montag 9-14 Uhr, Sonntag 9-20 Uhr. An Feiertagen geschlossen. 8 000 L. Führungen (30 Min.) möglich, Anmeldung einige Tage zuvor erforderlich. ☏ (0541) 96 41 81.

PIACENZA

Piazza Mercanti 7- ☏ (0523) 32 93 24

Duomo – Geöffnet: 7-12 und 16-19 Uhr.

Galleria d'Arte Moderna Ricci Oddi – Wegen Renovierung geschlossen. Wiedereröffnung voraussichtlich: Ende 2000. ☏ (0523) 32 07 42.

San Savino – Geöffnet: 7-12 und 15-16 Uhr, Sonntag nur vormittags.

Musei Civici – ♿ Geöffnet: täglich außer Montag 9.30-13 Uhr, Freitag und am Wochenende zusätzl. 15-18 Uhr. Geschlossen: an Feiertagen und am 4. Juli. 10 000 L. Führungen (1 1/2 Std.) möglich. Internet: www.farnese.net. ☏ (0523) 32 69 81.

San Sisto – Geöffnet: 7-10 und 16.30-18 Uhr, Samstag 7-10 und 15-18 Uhr, Sonntag 7-12 und 15-18 Uhr.

Madonna di Campagna – Geöffnet: 8.30-12 und 15.30-18.30 Uhr.

Galleria Alberoni – ♿ (teilweise). Führung (1 1/2 Std.) in verschiedenen Sprachen: Ostern bis Juni und Sept. bis Okt. Samstag und Sonntag 15-16.30 Uhr. 10 000 L. ☏ (0523) 32 20 74.

PIENZA

Museo Diocesano – Geöffnet: täglich außer Dienstag 10-13 und 14-18.30 Uhr. 8 000 L (ermäßigter Tarif 5 000 L). ☏ (0578) 74 99 05.

Palazzo Piccolomini – Führung (1/2 Std.): April bis Sept. täglich außer Montag 10-12.30 und 16-19 Uhr; sonst 10-12.30 und 15-18 Uhr. Nov. geschlossen. 5 000 L. ☏ (0578) 74 85 03.

Umgebung

Montalcino: Burg und Rundgang – Geöffnet: April bis Okt. 9-20 Uhr; sonst 9-18 Uhr. Geschlossen: Montag und an 25. Dez. 4 000 L. Café und Buchladen. ☏ (0577) 84 92 11.

Montalcino: Museo Diocesano – ♿ Geöffnet: täglich außer Montag April bis Dez. 10-18 Uhr; sonst 10-13 und 14-17.40 Uhr. 7 000 L (Kinder von 6 bis 12 Jahren 5 000 L). Führungen (1 Std.) möglich in Italienisch und nach Voranmeldung in Englisch. Buchladen. ☏ (0577) 84 93.

Abbazia di Sant'Antimo – Besichtigung: werktags 10.30-12.30 und 15-18.30 Uhr, an Sonn- und Feiertagen 9.15-10.45 und 15-18 Uhr. ☏ (0577) 84 56 59.

PISA

Piazza del Duomo - ☏ (050) 56 04 64

Duomo – Besichtigung: 7.45-20 Uhr. Letzter Einlaß 15 Min. vor Schließung. 3 000 L.

Battistero – Gleiche Besichtigungsbedingungen wie Museo dell'Opera del Duomo.

Camposanto – Gleiche Besichtigungsbedingungen wie Museo dell'Opera del Duomo.

Museo dell'Opera del Duomo – Besichtigung: im Sommer 8-20 Uhr. Letzter Einlaß 15 Min. vor Schließung. 10 000 L für 2 Sehenswürdigkeiten oder Museen, 15 000 L für 4 Sehenswürdigkeiten oder Museen, 18 000 L für 5 Sehenswürdigkeiten.

Museo delle Sinopie – Gleiche Besichtigungsbedingungen wie Museo dell'Opera del Duomo.

Museo Nazionale di San Matteo – ♿ Geöffnet: täglich außer Montag 9-19 Uhr, an Sonn- und Feiertagen bis 14 Uhr. Geschlossen: 1. Jan., 1. Mai und 25. Dez. 8 000 L (Personen von 18 bis 25 Jahren 4 000 L, Personen unter 18 oder über 65 Jahren und während der Woche der Kulturgüter Eintritt frei), Sammelkarte mit Museo di Palazzo Reale 12 000 L. Internet: www.ambientepi.arti.beniculturali.it. ☏ (050) 54 18 65.

Umgebung

Torre del Lago Puccini: Villa Puccini – ♿ (teilweise). Führung (20 Min.) in Deutsch, Englisch, Französisch und Italienisch: Juni bis Okt. täglich 10-12.30 und 15-18.30 Uhr; April bis Juni bis 18.30 Uhr; sonst 10-12.30 und 14.30-17.30 Uhr. Geschlossen: Montag (außer im Sommer) und Nov. 7 000 L (Kinder von 7 bis 10 Jahren 3 000 L). ☎ (0584) 34 14 45.

PISTOIA

ℹ Piazza del Duomo - ☎ (0573) 21 622

Duomo: Altarkapelle des hl. Jakobus – Besichtigung: 10-12 und 16-17.45 Uhr, an Sonn- und Feiertagen 11.20-12 und 16-17.30 Uhr. ☎ (0573) 25 095.

Battistero – ♿ Geöffnet: täglich außer Montag 9.30-12.30 und 15-18 Uhr, an Sonn- und Feiertagen nur vormittags. Geschlossen: 1. Jan. und 25. Dez. ☎ (0573) 37 12 80.

Museo Civico – ♿ Geöffnet: täglich außer Montag 10-19 Uhr, an Sonn- und Feiertagen 9-12.30 Uhr. Geschlossen: 1. Jan., 1. Mai, 25. Dez. 6 000 L (ermäßigter Tarif 3 000 L); am Samstag Nachmittag Eintritt frei. ☎ (0573) 37 12 78.

Palazzo del Tau: Dokumentations zentrum – ♿ Geöffnet: täglich außer Montag 9-13 und 15-19 Uhr, an Sonn- und Feiertagen 9-12.30 Uhr. Geschlossen: 1. Jan., 1. Mai und 25. Dez. 6 000 L (Kinder 3 000 L), am Samstag Nachmittag Eintritt frei. Audiovisuelle Vorführung (40 Min.). Café und Buchladen. ☎ (0573) 30 285.

Umgebung

Vinci: Museo Leonardiano – ♿ Geöffnet: März bis Okt. 9.30-19 Uhr; sonst bis 18 Uhr. 7 000 L (Kinder von 6 bis 14 Jahren 3 000 L, Kinder unter 6 Jahren Eintritt frei). Führungen (1 Std.) auf vorherige Anfrage möglich in Deutsch, Englisch, Französisch und Italienisch. Audiovisuelle Vorführung (ca. 45 Min.). Buchladen. Internet: www.leonet.it/comuni/vinci. ☎ (0571) 56 055.

Geburtshaus von Leonardo da Vinci – ♿ (teilweise). Besichtigung: März bis Okt. 9.30-19 Uhr; sonst bis 18 Uhr. Eintritt frei. Auf vorherige Anfrage Führungen (30 Min.) möglich in Deutsch, Englisch und Italienisch. ☎ (0571) 56 055.

POMPEI

Besichtigung – Geöffnet: 9 Uhr bis 2 Std. vor Sonnenuntergang. Geschlossen: 1. Jan., 1. Mai und 25. Dez. Sammelkarte (gültig 1 Tag) für Pompeji, Oplonti, Stabia und Boscoreale: 16 000 L, Sammelkarte (gültig 3 Tage) für Pompeji, Ercolano, Oplonti, Stabia und Boscoreale: 26 000 L. Eingang durch die Porta Marina (Via Villa dei Misteri oder Piazza Esedra) oder über die Piazza Anfiteatro (Via Plinio und Via Roma). An der Porta Marina befinden sich ein Informationsstand (geöffnet 9-17 Uhr), ein Buchladen und eine Garderobe (eine andere Garderobe befindet sich an der Piazza Anfiteatro). Internet: www.pompeiisites.org/. ☎ (081) 53 65 154.

Abbazia di POMPOSA

♿ (teilweise). Geöffnet: April bis Okt. 8.30-12 und 14.30-19 Uhr; sonst 9.30-16 Uhr. Die Öffnungszeiten wechseln, erkundigen Sie sich vorher telefonisch. An Feiertagen geschlossen. Eintrittspreis für das Museum: 4 000 L. ☎ (0533) 71 91 10.

Promontorio di PORTOFINO

ℹ Via XXV Aprile 2, Santa Margherita Ligure ☎ (0185) 28 74 85

Castello di San Giorgio – Geöffnet: täglich außer Dienstag 10-17 Uhr. 3 000 L. ☎ (0185) 26 90 46.

Umgebung

Anfahrt nach Portofino Vetta – Privatstraße mit freiem Zugang bei Redaktionsschluß. Auskunft unter ☎ (0185) 77 01 60 oder bei Pro Loco Camogli ☎ (0185) 77 10 66.

San Fruttuoso: Schiffsverbindung – Von Rapallo, Santa Margherita und Portofino: 13 000 bis 21 000 L hin und zurück, Servizio Marittimo del Tigullio ☎ (0185) 28 46 70. Von Camagli hin und zurück 13 000 L, Servizio Motobarche „Golfo Paradiso" ☎ (0185) 77 20 91.

POZZUOLI

ℹ Piazza Matteotti 1/A - ☎ (081) 52 66 639

Anfiteatro Flavio – Geöffnet: ganzjährig 9 Uhr bis 2 Std. vor Sonnenuntergang. An Feiertagen geschlossen. 4 000 L. ☎ (081) 52 66 007.

Solfatara – ♿ Geöffnet: 8.30 Uhr bis 1 Std. vor Sonnenuntergang. 8 000 L. Führungen (45 Min.) möglich in verschiedenen Sprachen. ☎ (081) 52 62 341.

PRATO

🅱 Via Cairoli 48 - ☏ (0574) 24 112

Museo dell'Opera del Duomo - ♿ (teilweise). Geöffnet: täglich außer Dienstag 9.30-12.30 und 15-18.30 Uhr, an Sonn- und Feiertagen nur vormittags. Geschlossen: 1. Jan., Ostern, 1. Mai und 25. Dez. 10 000 L (Sammelkarte mit Museo di Pittura Murale und Castello dell'Imperatore), Jugendliche unter 18 Jahren, am 26. Dez. und während der Woche der Kulturgüter Eintritt frei. ☏ (0574) 29 339.

PUGLIA

Canosa di Puglia: Ipogei Lagrasta (Gruften) - Geöffnet: im Sommer täglich außer Montag 9-13 und 16-18 Uhr; sonst an Sonn- und Feiertagen 8-14 Uhr. Eintritt frei. ☏ (0883) 66 21 83.

Castel del Monte - Geöffnet: 1. April bis 30. Sept. 9-19 Uhr; sonst 9-13 Uhr. Geschlossen: 1. Jan., 1. Mai und 25. Dez. 4 000 L.

Grotta di Castellana - Führung (stündlich, in Deutsch, Englisch, Französisch und Italienisch): Kurze Strecke (1 km, ca. 1 Std.): Ende März bis Anfang Nov. 8.30-13 und 14.30-19 Uhr. 15 000 L (Kinder von 6 bis 14 Jahren 12 000 L). Lange Strecke bis zur Weißen Grotte (3 km, ca. 2 Std.): Ende März bis Anfang Nov. 9-12 und 15-18 Uhr. 25 000 L (Kinder von 6 bis 14 Jahren 20 000 L); sonstige Jahreszeit auf Anfrage. Personen mit Herzbeschwerden wird von der Besichtigung abgeraten. ☏ (080) 49 98 211 oder 800 21 39 76 (gebührenfrei).

Gioia del Colle: Normannische Burg - ♿ (teilweise). Geöffnet: werktags 8.30-13 und 15.30-19.30 Uhr, Sonntag 8.30-19.30 Uhr. 4 000 L. ☏ (080) 34 81 305.

Lucera: Museo Civico G. Fiorelli - Geöffnet: täglich außer Montag 9-13 und 15.30-18.30, Sonntag nur vormittags. An Feiertagen geschlossen. 1 500 L. ☏ (0881) 54 70 41.

Ostuni: Museo Archeologico - Geöffnet: werktags außer Montag 8.30-13 Uhr (Donnerstag auch 15.30-19 Uhr), Sonntag 10-12.30 und 15.30-19 Uhr. 3 000 L. ☏ (0831) 33 63 83.

Ruvo di Puglia: Museo Archeologico Jatta - Geöffnet: 9.30-13.30 Uhr, Freitag und Samstag 14.30-19.30 Uhr. An Feiertagen geschlossen. ☏ (080) 81 28 48.

R

RAVELLO

🅱 Piazza Duomo 10 - ☏ (089) 85 70 96

Villa Rufolo - ♿ (teilweise). Geöffnet: April bis Sept. 9-20 Uhr; sonst 9-18 Uhr. Geschlossen: 1. Jan. und 25. Dez. 5 000 L. ☏ (089) 85 76 57.

Konzertveranstaltungen in der Villa Rufolo - Auskünfte erteilt die Società dei concerti di Ravello, ☏ (089) 85 81 49, Fax (089) 85 82 249 oder das Fremdenverkehrsamt.

Museo del Duomo - Geöffnet: März bis Okt. 9.30-13 und 15-19.00 Uhr; sonst kürzere Öffnungszeiten, Auskunft erteilt das Fremdenverkehrsamt. 2 000 L.

San Giovanni del Toro - Voranmeldung beim Fremdenverkehrsamt erforderlich.

Villa Cimbrone - Geöffnet: 9 Uhr bis Sonnenuntergang. 8 000 L. ☏ (089) 85 71 38.

RAVENNA

🅱 Via Salara 8/12 - ☏ (0544) 35 404

Mit einem Sammelkarte kann man das Mausoleum der Galla Placidia, San Vitale, das Neon-Baptisterium, Sant'Apollinare Nuovo und das Erzbischöfliche Museum besichtigen: 8-10 000 L (je nach Jahreszeit); Sammelkarte für Museo Nazionale und Mausoleo di Teodorico: 10 000 L; für S. Apollinare in Classe, Museo Nazionale und Mausoleo di Teodorico: 12 000 L. Nähere Auskünfte und Reservierung unter ☏ (0544) 21 99 38 oder Internet: www.ravennaservice.net.

Basilica di San Vitale - Geöffnet: im Sommer 9-19 Uhr; sonst 9-16.30 Uhr. Geschlossen: 1. Jan. und 25. Dez. ☏ (0544) 21 81 58.

Mausoleo di Galla Placidia - Geöffnet: im Sommer 9-19 Uhr; sonst 9-16.30 Uhr. März bis Mai Besichtigung nur nach Voranmeldung. Geschlossen: 1. Jan. und 25. Dez. ☏ (0544) 21 81 51.

Museo Nazionale - Geöffnet: täglich außer Montag 8.30-19.30 Uhr. An Feiertagen geschlossen. 8 000 L. ☏ (0544) 34 057.

Battistero Neoniano - Geöffnet: im Sommer 9.30-18.30 Uhr; sonst 9.30-16.30 Uhr. Geschlossen: 1. Jan. und 25. Dez. ☏ (0544) 21 81 58.

Museo Arcivescoville - Geöffnet: im Sommer 9-19 Uhr; sonst 9-16.30 Uhr. Geschlossen: 1. Jan. und 25. Dez. ☏ (0544) 21 81 58.

Battistero degli Ariani - Geöffnet: April bis Mitte Okt. 8.30-19 Uhr; sonst 8.30-13.30 Uhr. Eintritt frei. ☎ (0544) 34 424.

Basilica di Sant'Apollinare Nuovo - Geöffnet: im Sommer 9-19 Uhr; sonst 9.30-16.30 Uhr. Geschlossen: 1. Jan. und 25. Dez. ☎ (0544) 21 81 58.

Pinacoteca Comunale - Geöffnet: 9-13 und 15-18 Uhr. Geschlossen: Mittwoch und Samstag nachmittag, Sonntag morgen, Montag und an Feiertagen. 6 000 L. ☎ (0544) 48 28 74.

Mausoleo di Teodorico - Geöffnet: im Sommer 9-19 Uhr; im Winter bis 13.30 Uhr. An Feiertagen geschlossen. 4 000 L. ☎ (0544) 45 16 83.

Basilica di Sant'Apollinare in Classe - Geöffnet: im Sommer 9-19 Uhr; im Winter bis 17 Uhr, Sonntag ganzjährig 9-13 Uhr. Geschlossen: an Feiertagen und am 23. Juli. 4 000 L. ☎ (0544) 45 36 43.

REGGIO DI CALABRIA

ℹ Corso Garibaldi 329 - ☎ (0965) 89 20 12

Museo Nazionale - ♿ Geöffnet: 9-20 Uhr. Geschlossen: 1. und 3. Montag des Monats sowie an Feiertagen. 8 000 L (während der Woche der Kulturgüter Eintritt frei). ☎ (0965) 81 22 55.

REGGIO EMILIA

ℹ Piazza Prampolini 5/c - ☎ (0522) 45 11 52

San Prospero - ☎ (0522) 43 46 67.

Musei Civici - ♿ (teilweise). Geöffnet: werktags außer Montag 9-12 Uhr, Samstag und Sonntag 9-12 und 15-18 Uhr; im Juli und Aug. 21-24 Uhr. Geschlossen: 1. Jan., 16.-31. Aug. und 25. Dez. Eintritt frei. ☎ (0522) 45 64 77.

Galleria Parmeggiani - Gleiche Besichtigungsbedingungen wie Musei Civici.

Madonna della Ghiara - Geöffnet: werktags 10-12 und 16-17.30 Uhr, an Sonn- und Feiertagen 10.25-10.50 und 15.30-17.30 Uhr. ☎ (0522) 43 97 07.

Umgebung

Brescello: Museo - Geöffnet: ganzjährig an Arbeitstagen 14.30-18 Uhr (für eine Besichtigung am Vormittag, Auskunft bei Sig. Carpi, im Rathaus, Piazza Matteotti 12), Samstag 10-12 und 14.30-18 Uhr, an Sonn- und Feiertagen 9.30-12.30 und 14-19 Uhr. Spende erbeten. ☎ (0522) 68 75 26 oder (0522) 96 21 58.

RIETI

ℹ piazza Vittorio Emanuele 17 (Portici del Comune) - ☎ 0746 20 32 20

Umgebung

Convento di Fonte Colombo - Besichtigung: 8-12 und 15.30-19 Uhr. Führungen nach Vereinbarung möglich. ☎ (0746) 21 01 25.

Greccio: Convento San Francesco - Geöffnet: ganzjährig 9-12.30 und 15-18.30 Uhr (im Winter bis 18 Uhr); Sonntag ab 9.30 Uhr. ☎ (0746) 75 01 27.

Poggio Bustone: Convento San Giacamo - Geöffnet: 9-12 und 15-18 Uhr. Führungen (1 Std.) und Verleih von Audiogeräten möglich. ☎ (0746) 68 89 16.

Convento La Foresta - Führung: 8.30-12 und 15-19 Uhr (Sonntagmorgen nur 10-11.15 Uhr). ☎ (0746) 20 00 85.

RIMINI

Museo della Città - ♿ Geöffnet: täglich außer Montag 9-13.30 und 15.30-18.30 Uhr. 6 000 L. ☎ (0541) 21 482.

La RIVIERA

Mortola Inferiore: Giardini Hanbury - Geöffnet: täglich 9 Uhr bis 2 Std. vor Sonnenuntergang (im Winter 10-17 Uhr). Geschlossen: im Winter Mittwochnachmittag. 12 000 L (Kinder unter 14 Jahren 7 000 L). Café. ☎ (0184) 22 95 07.

Grotte di Toirano - Führung (1Std. 10 Min.), in Deutsch, Englisch, Französisch und Italienisch: Juli und Aug. 9-12 und 14-17.30 Uhr; April und Mai 9-12.30 und 14-17 Uhr; Sept. bis Juni 9-12 und 14-17 Uhr. Geschlossen: 25. Nov. bis 25. Dez. 15 000 L (Kinder 8 000 L). ☎ (0182) 98 062.

Albissola Marina: Villa Faraggiana - Führung (40 Min.): April bis Sept. täglich 15-19 Uhr. Geschlossen: Montag und Ostern. 8 000 L. ☎ (019) 48 06 22.

La Spezia

Museo Navale - ♿ (teilweise). Geöffnet: 9-12 und 14-18 Uhr, Montag und Freitag nur vormittags, Sonntag 8.30-13.15 Uhr. 3 000 L (am St. Josefstag und am Tag der Streitkräfte Eintritt frei). ☎ (0187) 77 07 50.

Museo Lia - Geöffnet: täglich außer Montag 10-18 Uhr. An Feiertagen geschlossen. 12 000 L. Führungen (2 Std.) in verschiedenen Sprachen möglich. Internet: www.castagna.it/mal. ☎ (0187) 73 11 00.

ROMA

i Via Parigi 5 - ☎ (06) 48 89 92 53
i Fiumicino - ☎ (06) 65 95 60 74

Museo del palazzo dei Conservatori - Geöffnet: täglich außer Montag 10-21 Uhr. An Feiertagen geschlossen. 16 000 L. Führungen (1 1/2 Std.) möglich. ☎ (06) 67 10 20 71.

Musei Capitolini - Gleiche Besichtigungsbedingungen wie im Museo del palazzo dei Conservatori. ☎ (06) 67 10 20 71.

Terme di Caracalla - Geöffnet: 9 Uhr bis 2 Stunden vor Sonnenuntergang. Geschlossen: 1. Jan., 1. Mai und 25. Dez. 8 000 L. ☎ (06) 57 58 626 oder (06) 39 74 99 07 (Centro servizi per l'archeologia).

Catacombe di San Callisto - Führung (1 Std.) in verschiedenen Sprachen: 8.30-12.30 und 14.30-17.30 Uhr (im Winter bis 17 Uhr). Geschlossen: Mittwoch, 1. Jan., Februar, Ostern und 25. Dez. 8 000 L (Kinder 4 000 L, letzter Sonntag im September Eintritt frei). Internet: www.catacombe.roma.it. ☎ (06) 51 30 151.

Catacombe di San Sebastiano - Führung (1 Std.) in verschiedenen Sprachen: 8.30-12.30 und 14.30-17.30 Uhr (im Winter bis 17 Uhr). Geschlossen: Sonntag, Nov. und Dez., 1. Jan., Ostern und 25. Dez. 8 000 L (Kinder 4 000 L, letzter Sonntag im September Eintritt frei). ☎ (06) 78 50 350.

Catacombe di Santa Domitilla - Führung (1 Std.) in verschiedenen Sprachen: 8.30-12.30 und 14.30-17.30 Uhr (im Winter bis 17 Uhr). Geschlossen: Dienstag, Jan., Ostern und 25. Dez. 8 000 L (Kinder 4 000 L, letzter Sonntag im September Eintritt frei). Internet: www.catacombe.roma.it. ☎ (06) 51 10 342.

Castel Sant'Angelo - Geöffnet: täglich außer Montag 9-20 Uhr. Geschlossen: 1. Jan., 1. Mai und 25. Dez. 10 000 L. Führungen (90 Min.) und Verleih von Audiogeräten möglich. ☎ (06) 39 08 07 30.

Colosseo - Geöffnet: 9 Uhr bis 1 Stunde vor Sonnenuntergang. Geschlossen: 1. Jan., 1. Mai und 25. Dez. 10 000 L. Führungen und Verleih von Audiogeräten möglich. ☎ (06) 70 04 261 und (06) 70 05 469 für die Führungen.

Mercati Traiane - ♿ (teilweise). Geöffnet: April bis Sept. täglich außer Montag 9-18.30 Uhr; sonst 9-16.30 Uhr. Geschlossen: nachmittags an Feiertagen, 1. Jan., 1. Mai und 25. Dez. 8 000 L. ☎ (06) 69 94 10 20.

Foro Romano und Palatino - Geöffnet: 9 Uhr bis 1 Std. vor Sonnenuntergang. Geschlossen: 1. Jan., 1. Mai und 25. Dez. Führungen und Verleih von Audiogeräten möglich. ☎ (06) 69 90 110 oder (06) 39 74 99 07 (Information und Voranmeldung in Englisch und Italienisch).

Pantheon - Geöffnet: werktags 9-18.30 Uhr, Sonntag 9-13 Uhr. An Feiertagen geschlossen. Eintritt frei. ☎ (06) 68 30 02 30.

Museo di Palazzo Venezia - Geöffnet: täglich außer Montag 9-14 Uhr. Geschlossen: 1. Jan., 1. Mai und 25. Dez. 8 000 L. ☎ (06) 69 99 43 19.

Basilica di San Giovanni in Laterano - Geöffnet: täglich 7-19 Uhr. ☎ (06) 69 88 64 93.

San Paolo fuori le Mura - Geöffnet: im Sommer 7.30-18.30 Uhr; sonst 7-18 Uhr. Kreuzgang: 9-13 und 15-18.30 Uhr. ☎ (06) 54 09 374.

Basilica di Santa Maria Maggiore - Geöffnet: werktags 9-17.30 Uhr (Samstag bis 16 Uhr), Sonntag 13-17.30 Uhr. ☎ (0333) 20 88 790.

Loggia di Santa Maria Maggiore - Geöffnet: 9-18 Uhr. 5 000 L. ☎ (0333) 20 88 790.

Vaticano: Città e giardini (Vatikan und Gärten) - Führung (2 Std.) am Vormittag. Geschlossen: Mittwoch und Sonntag und an denselben Feiertagen wie beim Musei Vaticani. 20 000 L. Voranmeldung beim Ufficio Informazioni erforderlich, ☎ (06) 69 88 44 66 oder 69 88 48 66, Fax (06) 69 88 51 00.

Basilica di San Pietro - Geöffnet: täglich 7-19 Uhr; im Winter bis 18 Uhr, in zeitlichen Abständen, die sich nach den Pontifikalämtern richten. ☎ (06) 69 88 44 66.

Salita alla cupola (Kuppel) - Geöffnet: April bis Sept. 8-18 Uhr; sonst bis 16.30 Uhr. 8 000 L mit dem Aufzug; 7 000 L zu Fuß. Auskunft unter ☎ (06) 69 88 44 66.

Museo Storico und Kirchenschatz - ♿ Geöffnet: April bis Sept. 9-18 Uhr; sonst 9-17 Uhr. Geschlossen: Ostern und 25. Dez. 8 000 L (Kinder unter 12 Jahren 5 000 L). ☎ (06) 69 88 18 40.

Musei Vaticani - ♿ Geöffnet: 8.45-16.45 Uhr (Kassenschluß 15.30 Uhr), Samstag und letzter Sonntag im Monat 8.45-13.45 Uhr (Kassenschluß 12.30 Uhr). Geschlossen: Sonntag (außer am letzten Sonntag des Monats) sowie 1. und 6 Jan., 11. Febr., 19. März, Ostersonntag und -montag, 1. Mai, Christi Himmelfahrt, Fronleichnam, 29. Juni, 15. und 16. Aug., 1. Nov., 8., 25. und 26. Dez. 18 000 L (Kinder unter 14 Jahren 12 000 L; am letzten Sonntag im Monat Eintritt frei). Führungen mit Tonband in Deutsch, Englisch, Französisch, Italienisch, Japanisch und Spanisch möglich. 4 Führungsstrecken sind für Behinderte angelegt; Rollstühle verfügbar. Café, Cafeteria und Selbstbedienungsrestaurant. ☎ (06) 69 88 33 33.

Chiesa di Santa Cecilia in Trastevere - Geöffnet: 8-12.30 und 14.30-19 Uhr. 2 000 L. ☎ (06) 58 99 289.

Santa Cecilia in Trastevere (Jüngstes Gericht von Cavallini) - Besichtigung: Dienstag und Donnerstag 10-12 Uhr, Sonntag nach der Messe um 10.30 Uhr. Spende erbeten. ☎ (06) 58 99 289.

Galleria Nazionale d'Arte Moderna - ♿ Geöffnet: täglich außer Montag 9-19 Uhr, an Sonn- und Feiertagen bis 20 Uhr. Geschlossen: 1. Jan., 1. Mai und 25. Dez. 12 000 L. Führungen (1 Std.) möglich in verschiedenen Sprachen. Internet: www.gnam.arti.beniculturali.it. ☎ (06) 32 29 81.

Museo Borghese - Besichtigung: nur nach Voranmeldung täglich außer Montag 9-19 Uhr, Sonntag bis 20 Uhr. Geschlossen: an Feiertagen. 10 000 L + 2 000 L für die Reservierung. Führungen (2 Std.) möglich in verschiedenen Sprachen. Café. Anmeldung unter ☎ (06) 32 810, Fax (06) 32 65 13 29.

Palazzo Massimo alle Terme - ♿ Geöffnet: täglich außer Montag 9-18.45 Uhr, an Sonn- und Feiertagen bis 19.45 Uhr. Geschlossen: 1. Jan., 1. Mai und 25. Dez. 12 000 L. Führungen (täglich 4) möglich durch einen Archäologen: 6 000 L zusätzlich. Führung per Audiogerät: 7 000 L zusätzlich. Auskunft und Anmeldung unter ☎ (06) 48 15 576 oder (06) 39 08 07 30.

Palazzo Altemps - Geöffnet: täglich außer Montag 9-18.45 Uhr, Sonntag bis 19.45 Uhr. An Feiertagen geschlossen. 10 000 L. Führungen (1 1/2 Std.) und Verleih von Audiogeräten in verschiedenen Sprachen möglich. ☎ (06) 39 74 99 07.

Aula Ottagona - Geöffnet: täglich 9-14 Uhr, Sonntag bis 13 Uhr. Eintritt frei. Auskunft unter ☎ (06) 39 74 99 07.

Museo Nazionale di Villa Giulia - ♿ (teilweise). Geöffnet: täglich außer Montag 9-19 Uhr, an Sonn- und Feiertagen bis 14 Uhr. Geschlossen: 1. Jan., 1. Mai und 25. Dez. 8 000 L. Führungen (2 Std.) in verschiedenen Sprachen möglich. Café und Restaurant. ☎ (06) 32 26 65 71.

Palazzo Barberini: Galleria Nazionale di Arte Antica - Geöffnet: täglich außer Montag 9-18 Uhr, an Sonn- und Feiertagen bis 19 Uhr. Im Sommer können verlängerte Öffnungszeiten gelten. Geschlossen: 1. Jan. und 25. Dez. 12 000 L (Personen von 18 bis 25 Jahren 7 000 L, Personen unter 18 oder über 65 Jahren 2 000 L). Führungen (1 Std.) möglich. ☎ (06) 48 14 591, Fax (06) 48 80 560.

Palazzo Braschi, Museo di Roma - Wegen Restaurierung geschlossen. Auskunft unter ☎ (06) 68 75 880, E-Mail: braschi1@comune.roma.it.

Galleria Nazionale d'Arte Antica in Palazzo Corsini - Geöffnet: werktags außer Montag 9-19 Uhr, Samstag bis 14 und Sonntag bis 13 Uhr. An Feiertagen geschlossen. 8 000 L. Führungen möglich. ☎ (06) 68 80 23 23.

Galleria Doria Pamphili - Geöffnet: täglich außer Donnerstag 10-17 Uhr. An Feiertagen geschlossen. 14 000 L (Kinder 11 000 L) inkl. Verleih von Audiogeräten in Englisch, Französisch und Italienisch (ca. 60 Min.). Internet: www.doriapamphiljit. ☎ (06) 67 97 323.

Galleria Spada - Geöffnet: täglich außer Montag 9-19 Uhr, Sonntag bis 13 Uhr. Geschlossen: 1. Jan., 1. Mai und 25. Dez. 10 000 L. Führungen (1 Std.) in Englisch und Italienisch möglich. ☎ (06) 68 74 896.

Villa Farnesina - Geöffnet: 9-13 Uhr (letzter Einlaß 12.40 Uhr). Geschlossen: an Sonn- und Feiertagen. 8 000 L. Internet: www.lincei.it. ☎ (06) 68 80 17 67.

Museo della Civiltà Romana - ♿ (in Begleitung). Geöffnet: täglich außer Montag 9-18.30 Uhr, Sonntag bis 13.30 Uhr. Geschlossen: 1. Jan., 1. Mai und 25. Dez. 8 000 L. ☎ (06) 59 26 135.

S

SABBIONETA

Historischer Stadtkern - Führungen, organisiert vom Fremdenverkehrsamt, Piazza d'Armi 1, ☎ (0375) 22 10 44 für die Profanarchitektur, oder Via Vespasiano Gonzaga 27, ☎ (0375) 52 039 für die Kirchen und Synagoge.

SALERNO

ℹ Via Roma 258 - ☎ (089) 22 47 44

Duomo - Besichtigung: 8-12 und 16-20 Uhr. ☎ (089) 23 13 87.

Museo Archeologico - ♿ (teilweise). Geöffnet: 9-20 Uhr. Sonntag geschlossen. Eintritt frei. ☎ (089) 23 11 35.

SALUZZO

Casa Cavassa - Besichtigung: 9-12.15 und 15-18.15 Uhr (Okt. bis März 14-17.15 Uhr). Geschlossen: Sonntagvormittag, Montag und Dienstag. 5 000 L (Sammelkarte mit Torre Civica 6 000 L). ☎ (0175) 41 455.

San Giovanni - Besichtigung: 9-12 und 15-18 Uhr.

Torre Civica - Besichtigung: 9-12 und 15-18.15 Uhr (Okt. bis März bis 17.15 Uhr). Geschlossen: Montag und Dienstag. 2 500 L (Sammelkarte mit Casa Cavassa 6 000 L).

Ausflüge in die Umgebung von Saluzzo

Abbazia di Staffarda - Besichtigung: täglich außer Montag 9-12.30 und 14-18 Uhr (Okt. bis März bis 17 Uhr). 8 000 L. ☎ (0175) 27 32 15.

Castello della Manta - Besichtigung: 10-13 und 14-18 Uhr (Okt. bis Mitte Dez. bis 17 Uhr). Geschlossen: Montag, außer an Feiertagen, und von Mitte Dezember bis Ende Jan. 6 000 L. ☎ (0175) 87 822.

SAN GIMIGNANO

ℹ Piazzo Duomo 1 - ☎ (0577) 94 00 08

Collegiata di Santa Maria Assunta und Cappella di S. Fina - Geöffnet: April bis Okt. 9.30-19.30 Uhr, Samstag 9.30-17 Uhr, an Sonn- und Feiertagen ganzjährig 13-17 Uhr; sonst 9.30-17 Uhr. 6 000 L (Kinder von 6 bis 18 Jahren 3 000 L). ☎ (0577) 94 22 26.

Umgebung

San Vivaldo: Sacro Monte - Besichtigung: werktags 9-11.30 und 15 Uhr bis Sonnenuntergang, Samstag nur vormittags, an Sonn- und Feiertagen 13 Uhr bis Sonnenuntergang. Besichtigung ohne Führung: an Sonn- und Feiertagen. An Werktagen nur mit Führung. Spende erbeten. ☎ (0571) 68 01 14.

Certaldo

Casa del Boccaccio - Wegen Umbauarbeiten geschlossen. ☎ (0571) 66 42 08.

Palazzo Pretorio - Geöffnet: April bis Ende Okt. täglich 9.30-13 und 14-19.30 Uhr; sonst 10-12.30 und 15-18 Uhr. 5 000 L. ☎ (0571) 66 12 19.

Repubblica di SAN MARINO

ℹ Contrada Omagnano 20 - ☎ (0549) 88 24 10

Palazzo Pubblico - Besichtigung: im Sommer 8-20 Uhr; sonst 8.45-17 Uhr. Geschlossen: 1. Jan., Nachmittag des 2. Nov. und 25. Dez. 4 000 L (Sammelkarte mit Museo di San Francesco). ☎ (0549) 88 27 08.

Museo delle Armi Antiche - Gleiche Besichtigungsbedingungen wie Museo-Pinacoteca di San Francesco. 6 000 L (inkl. Besichtigung der ersten Burg). ☎ (0549) 88 26 70.

Museo-Pinacoteca di San Francesco - Geöffnet: im Sommer 8-20 Uhr; sonst 8.45-17 Uhr. Geschlossen: 1. Jan., Nachmittag des 2. Nov. und 25. Dez. 4 000 L (Sammelkarte mit Palazzo Pubblico). ☎ (0549) 88 51 32.

Umgebung

San Leo: Musei della Città - Geöffnet: 9-18 Uhr; im Juli und Aug. verlängerte Öffnungszeiten. 10 000 L (gültig für alle Museen und Sehenswürdigkeiten). Führungen (3 Std.) nach Voranmeldung möglich. Kostenlose Fahrt zur Festung. ☎ (0541) 91 63 06 oder 800 55 38 00 (gebührenfrei).

SANSEPOLCRO

Museo Civico - ♿ (teilweise). Geöffnet: Juni bis Sept. 9-13 und 14.30-19.30 Uhr; sonst 9.30-13 und 14.30-18 Uhr. 10 000 L (Kinder von 10 bis 16 Jahren 5 000 L, am 12. Okt. Eintritt frei). Buchladen. Internet: www.sansepolcro.net. ☎ (0575) 73 22 18.

Umgebung

Poppi: Castello dei Conti Guidi – Geöffnet: Mitte März bis Mitte Okt. täglich 9.30-12.30 und 15-18 Uhr; sonst Donnerstag bis Sonntag 9.30-12.30 und 14.30-17.30 Uhr (Montag bis Mittwoch auf Anfrage). 5 000 L (ermäßigter Tarif 3 000 L, Kinder unter 10 Jahren Eintritt frei). Führungen (1 Std.) möglich in Italienisch. Buchladen. Internet: www.casentino.net/poppi. ☎ (0575) 50 22 20.

SIENA

ℹ Piazza del Campo 56 - ☎ (0577) 28 05 51

Palazzo Pubblico – Geöffnet: März bis Okt. 10-19 Uhr (Juli und Aug. bis 23 Uhr); sonst 10-16 Uhr, an Sonn- und Feiertagen ganzjährig 10-18.30 Uhr. Geschlossen: 1. Jan., 1. Mai, 1. Dez. und 25. Dez. 12 000 L. ☎ (0577) 29 22 63.

Turm – Geöffnet: April bis Okt. 10-19 Uhr (Juli und Aug. bis 23 Uhr); Nov. bis März 10-16 Uhr. Geschlossen: 1. Jan., 1. Mai, 1. Dez. und 25. Dez. 10 000 L (inkl. Palazzo Pubblico 18 000 L).

Duomo – Geöffnet: 16. März bis 31. Okt. 7.30-19.30 Uhr; sonst 7.30-13 und 14.30-17 Uhr, Sonntag ganzjährig 7.30-13 und 14.30 Uhr bis zum Ende der Messe. Internet: www.operaduomo.it. ☎ (0577) 28 30 48.
Libreria Piccolomini: Geöffnet: Mitte März bis Okt. 9-19.30 Uhr; sonst 10-13 und 14.30-17 Uhr. 2 000 L.

Museo dell'Opera Metropolitana – Geöffnet: 16. März bis 30. Sept. 9-19.30 Uhr; Okt 9-18 Uhr; sonst 9-13.30 Uhr. Geschlossen: 1. Jan. und 25. Dez. 6 000 L (Kinder unter 12 Jahren Eintritt frei). Verleih von Audiogeräten. Buchladen. Internet www.operaduomo.it. ☎ (0577) 28 30 48.

Battistero di San Giovanni – Geöffnet: 16. März bis 30. Sept. 9-19.30 Uhr, Okt. 9-18 Uhr; sonst 10-13 und 14.30-17 Uhr. Geschlossen: 1. Jan. und 25. Dez. 3 000 L (Kinder unter 12 Jahren Eintritt frei). Internet: www.operaduomo.it. ☎ (0577) 28 30 48.

Pinacoteca – ♿ Geöffnet: täglich 8.30-13.30 und 14.30-19 Uhr, an Sonn- und Feiertagen 8-13 Uhr. Geschlossen: 1. Jan., 1. Mai und 25. Dez. 4 000 L (Kinder und während der Woche der Kulturgüter Eintritt frei). Buchladen. ☎ (0577) 28 11 61.

SORRENTO

ℹ Via de Maio 35 - ☎ (081) 80 74 033

Museo Correale di Terranova – Geöffnet: 9-14 Uhr. Geschlossen: Dienstag, zweite Januarhälfte und an Feiertagen. 8 000 L. ☎ (081) 87 81 846.

Halbinsel von Sorrent

Sant'Agata sui Due Golfi: Belvedere del Deserto – Fragen Sie die Nonnen nach dem Schlüssel. Informationen über Öffnungszeiten unter ☎ (081) 80 89 571.

SPOLETO

ℹ Piazza Libertà 7 - ☎ (0743) 22 03 11

Umgebung

Tempietto di Clitunno – Geöffnet: im Sommer 9-20 Uhr; sonst bis 16.30 Uhr. 1 500 L. ☎ (0743) 52 11 41.

SUBIACO

Monastero di Santa Scolastica – Führung (30 Min.): 9-12.30 und 15.30-19 Uhr. Spende erbeten. ☎ (0774) 85 525.

Monastero di San Benedetto – Geöffnet: 9-12.30 und 15-18 Uhr. Anmeldung einige Tage im voraus erwünscht. Spende willkommen. ☎ (0774) 85 039.

SULMONA

ℹ Corso Ovidio 208 - ☎ (0864) 53 276

Museo dell'Arte e della Tecnologia Confettiera – Führung (15-30 Min.) in verschiedenen Sprachen: täglich außer Sonntag 9-11.30 und 15.30-17.30 Uhr. Eintritt frei. Internet: www.pelino.it. ☎ (0864) 21 00 47.

Museo Civico – Geöffnet: täglich außer Montag 10-12 und 16-18 Uhr. 1 000 L. ☎ (0864) 21 02 16.

Umgebung

Basilica di San Pelino – Besichtigung: im Sommer 8.30-12 und 14.30-18 Uhr; im Winter auf Anfrage. ☎ (0864) 72 81 20.

TARANTO

ℹ Corso Umberto 113 - ☎ (099) 45 32 392

Museo Nazionale - Zur Zeit geschlossen. ☎ (099) 45 32 112.

TARQUINIA

ℹ Piazza Cavour 1 - ☎ (0766) 85 63 84

Necropoli Etrusca - Geöffnet: täglich außer Montag 9 Uhr bis Sonnenuntergang. An Feiertagen geschlossen. 8 000 L.

Museo Nazionale Tarquiniese - Geöffnet: täglich außer Montag 9-19 Uhr. An Feiertagen geschlossen. 8 000 L. Führungen (2 Std.) möglich. ☎ (0766) 85 60 36.

Santa Maria in Castello - Sich an Signora Colomba Bassi wenden, die neben dem Turm wohnt (eine Spende bereithalten.)

TERNI

ℹ Viale Cesare Battisti 7 - ☎ (0744) 42 30 47

Umgebung

Cascata delle Marmore - Wechselnde Öffnungszeiten. Auskunft bei der Cooperativa La Mongolfiera, ☎ (0744) 67 540, oder im Centro escursionistico Le Marmore, ☎ (0336) 60 77 81.

Ferentillo: Abbazia di San Pietro in Valle - Geöffnet: ganzjährig 10-12 und 14-17 Uhr. ☎ (0744) 78 03 16.

TIVOLI

ℹ Largo Garibaldi - ☎ (0774) 31 12 49

Villa d'Este - Geöffnet: April bis Sept. täglich außer Montag 9-18 Uhr; sonst 9-16 Uhr. An Feiertagen geschlossen. 8 000 L. ☎ (0774) 31 20 70.

Villa Adriana - Geöffnet: April bis Sept. 9-18 Uhr; sonst 9-16 Uhr. An Feiertagen geschlossen. 8 000 L. ☎ (0774) 53 02 03.

Villa Gregoriana - Geöffnet: Mai bis Sept. 10-19.30 Uhr; sonst 9.30-18 Uhr (Okt. bis Dez. bis 16.30 Uhr). 5 500 L. Führungen (2 Std.) möglich.

Ausflug

Palestrina: Museo Archeologico Prenestino - ♿ Geöffnet: 9 Uhr bis 1 Std. vor Sonnenuntergang. An Feiertagen geschlossen. 4 000 L. Führungen und Verleih von Audiogeräten (1 Std.) möglich. ☎ (06) 95 38 100.

TODI

ℹ Piazza Umberto I 6 - ☎ (075) 89 43 395

Palazzo del Popolo/del Capitano - Geöffnet: April bis Aug. täglich außer Montag 10.30-13 und 14.30-18 Uhr; März und Sept. bis 17 Uhr; sonst 10.30-13 und 14-16.30 Uhr. 6 000 L. ☎ (075) 89 44 148.

TOLENTINO

ℹ Piazza Libertà 19 - ☎ (0733) 97 29 37

Museo della Caricatura - ♿ Geöffnet: täglich außer Montag 10-13 und 16-19 Uhr (im Winter 15-18 Uhr). An Feiertagen geschlossen. 5 000 L. ☎ (0733) 96 97 97.

Basilica di San Nicola und Museen - Geöffnet: 9.30-12 und 16-19 Uhr. Internet: www.sannicola.sinp.net. ☎ (0733) 96 99 96.

Umgebung

San Severino Marche

Pinacoteca Civica - ♿ Geöffnet: Juli bis Sept. täglich außer Montag 9-13 und 16.30-18.30 Uhr; sonst 9-13 Uhr. An Feiertagen und jeden zweiten Sonntag geschlossen. 4 000 L. ☎ (0733) 63 80 95.

San Lorenzo in Doliolo - Geöffnet: 9-19 Uhr. ☎ (0733) 63 83 51.

TORINO

ℹ Piazza Castello 161 - ☎ (011) 53 51 81
ℹ Bahnhof Porta Nuova - ☎ (011) 53 13 27
ℹ Flughafen Caselle - ☎ (011) 56 78 124

Museo Egizio - ♿ Geöffnet: täglich außer Montag 8.30-19.30 Uhr. An Feiertagen geschlossen. 12 000 L. Führungen (1 1/2 Std.) in verschiedenen Sprachen möglich. Internet: www.multix.it/museoegizio to/. ☎ (011) 56 11 776.

Galleria Sabauda - ♿ (teilweise). Geöffnet: 9-14 Uhr; Donnerstag 10-19 Uhr; Sonntag Führung. Geschlossen: Montag sowie an Feiertagen. 8 000 L (Sammelkarte mit Museo Egizio 15 000 L). ☎ (011) 54 74 40.

Museo del Risorgimento - Geöffnet: täglich außer Montag 9-19 Uhr, an Sonn- und Feiertagen 9-13 Uhr. Geschlossen: 4. April sowie an nationalen Feiertagen. 8 000 L. Führungen (1 1/2 Std.) möglich. Internet: www.regione.piemonte.it/cultura /risorgimento/. ☎ (011) 56 21 147.

Palazzo Madama: Museo d'arte antica - Wegen Renovierung geschlossen.

Palazzo Reale

Appartamenti - ♿ (teilweise). Führung (40 Min.): täglich außer Montag 9-18 Uhr. An Feiertagen geschlossen. 8 000 L. ☎ (011) 43 61 455.

Armeria Reale - Geöffnet: Dienstag und Donnerstag 13.30-19 Uhr. An den anderen Tagen vormittags Besichtigung nur für Schulklassen. Geschlossen: an Sonn- und Feiertagen. 8 000 L. ☎ (011) 54 38 89.

Duomo - ♿ Geöffnet: 7-12 und 15-19 Uhr. ☎ (011) 43 60 790.

San Domenico - Geöffnet: 7.30-12 und 16-18.30 Uhr. ☎ (011) 43 62 237.

Pincacoteca Albertina - ♿ Geöffnet: täglich außer Montag 9-13 und 15-19 Uhr. An Feiertagen geschlossen. 8 000 L. Internet: www.nes.it/accademiaalbertina.torino. ☎ (011) 81 77 862.

Mole Antonelliana - Derzeit noch geschlossen, um ein neues Filmmuseum einzurichten.

Borgo e Castello Medievale - ♿ (außer Burg). Geöffnet: täglich außer Montag 9-19 Uhr. An Feiertagen geschlossen. Dorf Eintritt frei; Burg 5 000 L. Führungen und Verleih von Audiogeräten möglich. ☎ (011) 66 99 372.

Galleria Civica d'Arte Moderna e Contemporanea - ♿ Geöffnet: täglich außer Montag 9-19 Uhr. An Feiertagen geschlossen. 10 000 L. Führungen (1 1/2 Std.) in verschiedenen Sprachen möglich. Internet: www.gam.intesa.it. ☎ (011) 56 29 911.

Museo dell'Automobile Carlo Biscaretti di Ruffia - ♿ Geöffnet: täglich außer Montag 10-18.30 Uhr. 10 000 L. ☎ (011) 67 76 66.

Umgebung

Basilica di Superga: Tombe dei Reali - Führung: April bis Sept. täglich außer Freitag 9.30-12 und 15-18 Uhr; sonst 10-12 und 15-17 Uhr. Spende erbeten. ☎ (011) 89 80 083.

Palazzina di caccia di Stupinigi - Führung (40 Min.): täglich außer Montag 10-18 Uhr (im Winter bis 17 Uhr). An Feiertagen geschlossen. 10 000 L. ☎ (011) 35 81 220.

La Val di Susa

Castello di Rivoli: Museo d'Arte Contemporanea - ♿ Geöffnet: werktags außer Montag 10-17 Uhr, Samstag, an Sonn- und Feiertagen bis 19 Uhr. An Feiertagen geschlossen. Samstag 15.30 Uhr und Sonntag um 11 und 15.30 kostenlose Führungen (1 Std.). 12 000 L. ☎ (011) 95 65 922.

Abbazia di Sant'Antonio di Ranverso - Geöffnet: täglich außer Montag 9-12 und 14.30-17.30 Uhr (im Winter bis 16 Uhr). 5 000 L. ☎ (011) 93 67 450.

Avigliana: San Pietro - Geöffnet: im Sommer Samstag und Sonntag 9-12 und 15-18 Uhr; sonst Auskunft im Fremdenverkehrsamt.

Sacra di San Michele - Besichtigung: täglich außer Montag 9-12.30 und 15-18 Uhr (im Winter bis 17 Uhr). Am Sonntag Führungen (20 Min.). 4 000 L. ☎ (011) 93 91 30.

Abbazia della Novalesa - Führung (15 Min.): Juli und Aug. werktags 10.30-16.30 Uhr, Samstag 9-11.30 und um 16.30 Uhr, Sonntag um 11.30 Uhr; Samstag und Sonntag 9-11.30 Uhr. Spende erbeten. Wegen des prekären Zustandes der Fresken kann die Kapelle S. Eldrado bei Regen oder Schnee nicht besichtigt werden. ☎ (0122) 65 32 10.

Montferrato

Abbazia di Vezzolano - Geöffnet: täglich außer Montag 9.30-12.30 und 14-18.30 Uhr (im Winter bis 17 Uhr). ☎ (011) 99 20 607.

Isole TREMITI

San Nicola: Abbazia di Santa Maria al Mare - Ganzjährig geöffnet. ☎ (0882) 46 30 63.

San Domino: Schiffsfahrten - Auskünfte über Ausflugsfahrten um San Domino, San Nicola oder den ganzen Archipel: unter ☎ (0882) 66 30 32 (Società Cooperativa AMAR BLU).

TRENTO

ℹ Via Manci 2 - ☎ (0461) 98 38 80

Basilica Paleocristiana - Geöffnet: täglich außer an Sonn- und Feiertagen 10-12.30 und 14.30-18 Uhr. 2 000 L; Sammelkarte einschl. der Besichtigung des Museo Diocesano: 5 000 L. Für eine Führung 2 Wochen im voraus anmelden bei Signora Domenica Primerano, ☎ (0461) 23 44 19.

Museo Diocesano - ♿ Geöffnet: täglich außer Sonntag 9.30-12.30 und 14.30-18 Uhr. Geschlossen: 1. Jan., 26. Juni, 15. Aug., 1. Nov., 8. Dez. und 25. Dez. 5 000 L (einschl. der Besichtigung der Basilica Paleocristiana). ☎ (0461) 23 44 19.

Castello del Buon Consiglio - ♿ (mit Unterstützung eines Museumsbediensteten). Besichtigung: April bis Sept. täglich außer Montag um 9-12 und 14-17.30 Uhr; sonst bis 17 Uhr. 9 000 L (Personen unter 18 oder über 60 Jahren sowie Studenten 5 000 L, Kinder unter 12 Jahren und während der Woche der Kulturgüter Eintritt frei). ☎ (0461) 23 37 70.

Gruppo del Brenta

Campo Carlo Magno: Passo del Grosté - Die Seilschwebebahn *(cabinovia)* ist während der Hochsaison in Betrieb. ☎ (0465) 44 77 44.

Monte Paganella - Fahrt mit der Seilschwebebahn (funivia) und anschließend mit dem Sessellift (seggiovia): Ende Juni bis Mitte Sept. und Dez. bis April. Im Winter Skipaß für das ganze Skigebiet (die Tarife ändern sich jedes Jahr). Fahrt ab Fai della Paganella zu den gleichen Zeiten auch mit dem Sessellift möglich. Gleiche Bedingungen. ☎ (0461) 58 58 36.

TREVISO

ℹ Piazza Monte di Pietà 8 - ☎ (0422) 54 76 32

Monte di Pietà - Besichtigung: nur auf Anfrage beim Segreteria Generale di Cassamarca, Piazza di Pietà 3, Treviso, ☎ (0422) 65 43 20.

Museo Civico Bailo - Geöffnet: täglich außer Montag 9-12.30 und 14.30-17 Uhr, Sonntag nur 9-12 Uhr. Geschlossen: an Feiertagen. 3 000 L. ☎ (0422) 59 13 37.

Umgebung

Maser: Villa Barbaro - Geöffnet: März bis Okt. Dienstag, Samstag und an Sonn- und Feiertagen 15-18 Uhr; sonst Samstag, an Sonn- und Feiertagen 14.30-17 Uhr. Geschlossen: vom 24. Dez. bis 6. Jan. 9 500 L. ☎ (0423) 92 30 04.

Vittorio Veneto: Museo della Battaglia - Geöffnet: Mai bis Sept. täglich außer Montag 10-12 und 16-18.30 Uhr; sonst: 10-12 und 14-17 Uhr. An Feiertagen geschlossen. 5 000 L. ☎ (0438) 57 695.

Portogruaro: Museo Nazionale Concordiese - Geöffnet: 9-19 Uhr. Geschlossen: 1. Jan., 1. Mai und 25. Dez. 4 000 L. ☎ (0421) 72 674.

TRIESTE

ℹ Via S. Nicolò 20 - ☎ (040) 67 96 11
ℹ Hauptbahnhof - ☎ (040) 42 01 82

Castello di San Giusto - Geöffnet: täglich außer Montag 9-13 Uhr. An Feiertagen geschlossen. 3 000 L. ☎ (040) 31 36 36.

Museo di Storia e d'Arte - Geöffnet: täglich außer Montag 9-13 Uhr (Mittwoch bis 19 Uhr). An Feiertagen geschlossen. 3 000 L. ☎ (040) 31 05 00.

Civico Museo del Mare - Geöffnet: täglich außer Montag 8.30-13.30 Uhr. 5 000 L. ☎ (040) 30 49 87.

Umgebung

Villa Opicina: Zufahrt mit der Standseilbahn - Täglich ab Opicina von 7-20 Uhr in Betrieb. Abfahrt: alle 20 Min., ab Piazza Oberdan von 7.11-20.11 Uhr.

Castello di Miramare

Museo Storico - ♿ Geöffnet: April bis Sept. 9-19 Uhr; März und Okt. 9-18 Uhr; Nov. bis Febr. bis 17 Uhr. 8 000 L. Internet: www.castello-miramare.it. ☎ (040) 22 41 43.

Giardino di Castello di Miramare (Gärten) - ♿ (teilweise). Geöffnet: April bis Sept. 8-19 Uhr; März und Okt. 9-18 Uhr; Nov. bis Febr. 9-17 Uhr.

Grotta Gigante: Grotte und Museum - Führungen: April bis Sept. halbstündlich 10-18 Uhr; März und Okt. stündlich 10-16 Uhr; sonst stündlich 10-12 und 14-16 Uhr. Geschlossen: Montag außer an Feiertagen und außer im Juli und Aug., 1. Jan. und 25. Dez. ☎ (040) 32 73 12.

Terra dei TRULLI

Alberobello: Museo del Territorio - ♿ Besichtigung mit Audiogerät: 10-13 und 16.30-19.30 Uhr (November bis März bis 19 Uhr). Geschlossen: 1. Jan. und 25. Dez. 2 500 L. ☎ (080) 43 25 171.

Alberobello: Trullo Sovrano - ♿ (teilweise). Besichtigung: im Sommer 9.30-13 und 15-20 Uhr; sonst 9.30-12.30 und 15-18.30 Uhr. 2 500 L. ☎ (0355) 80 32 082.

Martina Franca: Palazzo Ducale - Besichtigung: werktags 8-20 Uhr, an Sonn- und Feiertagen 9-12 und 16-20 Uhr. Eintritt frei. ☎ (080) 48 36 255/4.

TUSCANIA

San Pietro: cripta - Geöffnet: während der geltenden Sommerzeit 9-13 und 14.30-19 Uhr; sonst bis 17 Uhr. ☎ (0761) 43 63 71.

U

UDINE

ℹ Piazza I Maggio 7 - ☎ (0432) 29 59 72

Castello - ♿ Geöffnet: täglich außer Montag 9.30-12.30 und 15-18 Uhr, Sonntag nur vormittags. An Feiertagen geschlossen. 4 000 L. ☎ (0432) 50 18 24.

Duomo - Besichtigung: werktags 7.30-12 und 16-20 Uhr, an Sonn- und Feiertagen 7.30-13 und 16-20 Uhr, außer während der Gottesdienste.

Palazzo Arcivescovile - Geöffnet: täglich außer Montag und Dienstag 10-12 und 15-18 Uhr. 7 000 L. ☎ (0432) 25 003.

Umgebung

Passariano: Villa Manin - ♿ Geöffnet: während der Sommerzeit täglich 9-12.30 und 15-18 Uhr; sonst 9-12.30 und 14-17 Uhr. ☎ (0432) 90 66 57.

URBINO

ℹ Piazza Rinascimento 1 - ☎ (0722) 26 13

Galleria Nazionale delle Marche - Geöffnet: 9-19 Uhr. Geschlossen: Montagnachmittag und an Feiertagen. 8 000 L. ☎ (0722) 32 90 57 oder (0722) 27 60.

Casa di Raffaello - Geöffnet: 9-13 und 15-19 Uhr, Sonntag 10-13 Uhr. Geschlossen: 1. Jan. und 25. Dez. 5 000 L. ☎ (0722) 32 01 05.

San Giovanni Battista e San Giuseppe - Geöffnet: 10-12.30 und 15-17.30 Uhr; im Winter nur vormittags. Geschlossen: Sonntagnachmittag. 3 000 L. ☎ (0347) 67 11 181.

VENEZIA

ℹ Calle Ascensione 71f - ☎ (041) 52 98 740

Galleria e Museo Marciano - Geöffnet: 16. Mai bis 29. Sept. 9.45-17.30 Uhr; sonst 9.45-16.30 Uhr. 3 000 L. ☎ (041) 52 25 205.

Pala d'Oro - Geöffnet: 16. Mai bis 29. Sept. werktags 9.45-17 Uhr, an Sonn- und Feiertagen 14-17 Uhr; sonst werktags 9.45-16 Uhr, an Sonn- und Feiertagen 14-16 Uhr. 3 000 L. ☎ (041) 52 25 205.

Tesoro - Gleiche Besichtigungsbedingungen wie Pala d'Oro. ☎ (041) 52 22 205.

Campanile di San Marco - Besichtigung: im Sommer 9.30-21.30 Uhr; Okt. bis Dez. 9.30-16.30 Uhr; sonst 9.30-16 Uhr. Geschlossen: 1. Jan. 10 000 L. ☎ (041) 52 24 064.

Palazzo Ducale - Geöffnet: April bis Okt. 9-19 Uhr (letzter Einlaß 17.30 Uhr); sonst 9-17 Uhr (letzter Einlaß 15.30 Uhr). Geschlossen: 1. Jan. und 25. Dez. 18 000 L (Sammelkarte mit Museo Correr, Museo Archeologico, Biblioteca Nazionale Marciana, Palazzo Mocenigo, Museo Vetrario di Muranoe und Museo del Merletto di Burano). Führungen mit Tonband möglich: 7 000 L. ☎ (041) 52 24 951.

Procuratie: Torre dell'Orologio - Vorübergehend geschlossen.

Museo Correr - ♿ Gleiche Besichtigungsbedingungen wie Palazzo Ducale.

Ca' d'Oro: Galleria Franchetti - Geöffnet: 9-14 Uhr. An Feiertagen geschlossen. 6 000 L. ☎ (041) 52 38 790.

Ca' Pesaro: Museo di Arte Orientale - Geöffnet: täglich außer Montag 9-13.30 Uhr. An Feiertagen geschlossen. 4 000 L. ☎ (041) 52 41 173.

Ca' Pesaro: Galleria Internazionale di Arte Moderna - Wegen Renovierung geschlossen. Nähere Auskunft unter ☎ (041) 72 11 27.

Ca' Rezzonico: Museo del Settecento Veneziano - ♿ Geöffnet: täglich außer Freitag 10-17 Uhr (im Winter bis 16 Uhr). 12 000 L. ☎ (041) 24 10 100.

Gallerie dell'Accademia - ♿ Geöffnet: im Sommer werktags 8.30-19.30 Uhr; Sonntags und während der restlichen Monate 9-19 Uhr. Geschlossen: Montag Nachmittag, 1. Jan., 1. Mai und 25. Dez. 15 000 L. ☎ (041) 52 22 247.

Scuola Grande di San Rocco - ♿ Geöffnet: 28. März bis 2. Nov. täglich 9-17.30 Uhr, sonst 10-16 Uhr. Geschlossen: 1. Jan., Ostern und 25. Dez. 9 000 L (am 16. August (Tag des heiligen Rocco) Eintritt frei). Internet: www.sanrocco.it. ☎ (041) 52 34 864.

Scuola di San Giorgio degli Schiavoni - ♿ Geöffnet: täglich außer Montag 10-12.30 und 15-18 Uhr; Sonntag nur vormittags. An Feiertagen geschlossen. 5 000 L. ☎ (041) 52 28 828.

San Giorgio Maggiore: Campanile - Aufstieg: im Sommer 9.30-12.30 und 14.30-18 Uhr; im Winter 10-12 und 14.30-16.30 Uhr. 3 000 L (mit Aufzug).

I Frari - Besichtigung: werktags 9-18 Uhr, an Sonn- und Feiertagen 13-18 Uhr. 3 000 L. Chorus Associazione Chiese di Venezia ☎ (041) 27 50 462.

Collezione Peggy Guggenheim - Geöffnet: täglich außer Dienstag 11-18 Uhr. Geschlossen: 25. Dez. 12 000 L. ☎ (041) 52 06 288.

Fondazione Querini-Stampalia - Geöffnet: täglich außer Montag 10-13 und 15-18 Uhr; Freitag und Samstag bis 22 Uhr. 12 000 L. ☎ (041) 27 11 411.

Murano: Museo di Arte Vetraria - Geöffnet: während der Sommerzeit täglich außer Mittwoch 10-16.30 Uhr; sonst bis 15.30 Uhr. An Feiertagen geschlossen. Eintrittspreise siehe Palazzo Ducale. ☎ (041) 73 95 86.

Torcello: Basilica - Besichtigung: im Sommer 10.30-17.30 Uhr, im Winter 10-17 Uhr. 5 000 L. Der Kampanile ist nur von April bis Okt. zu besichtigen. 4 000 L. ☎ (041) 27 02 464.

Val VENOSTA/VINTSCHGAU

Naturno/Naturns

Castel/Burg Juval - Führung (1 Std.), in Deutsch und Italienisch: Palmsonntag bis 30. Juni und Sept. bis Ende Okt. täglich außer Mittwoch 10-16 Uhr. 12 000 L. ☎ (0348) 44 33 871 (Mobiltelefon).

San Procolo/Sankt Prokulus - Besichtigung: Anfang April bis Anfang Nov. Geschlossen: Montag außer an Feiertagen. 2 000 L. Führungen (20 Min.) möglich in Deutsch und Italienisch. ☎ (0473) 66 73 12.

Sluderno/Schluderns: Castel Coira/Churburg - Führung (1 Std.) in verschiedenen Sprachen: 20. März bis 1. Nov. täglich außer Montag 10-12 und 14-16.30 Uhr. 10 000 L.

Malles/Mals: San Benedetto/Sankt Benedikt - Besichtigung: täglich außer Sonntag 9-11.30 und 13.30-17 Uhr. Man kann den Schlüssel bei Fam. Weisskopf im Haus Nr. 31 bekommen. 1 000 L.

Burgusio/Burgeis: Abtei Montemaria/Marienberg - Führung: Juli bis Okt. Montag bis Freitag 10, 11, 15 und 16 Uhr, Samstag 10 und 11 Uhr; April bis Juli Montag bis Freitag 10.45 und 15 Uhr, Samstag 10.45 Uhr; sonst auf Anfrage. ☎ (0473) 83 13 06.

VERONA

ℹ Piazza delle Erbe 38 - ☎ (045) 80 00 065

Casa di Giulietta - Geöffnet: täglich außer Montag 9-18.30 Uhr. An Feiertagen geschlossen. 6 000 L. ☎ (045) 80 34 303.

Palazzo del Comune: Torre dei Lamberti - Geöffnet: täglich außer Montag 9-18.30 Uhr. An Feiertagen geschlossen. 4 000 L mit dem Aufzug, 3 000 L zu Fuß. ☎ (045) 80 32 726.

Arena - Besichtigung: während der Opernsaison täglich außer Montag 9-15 Uhr; im Winter 9-18.30 Uhr. An Feiertagen geschlossen. 6 000 L. ☎ (045) 80 03 204.

Castelvecchio: Museo d'Arte - Geöffnet: täglich außer Montag 9-18.30 Uhr. An Feiertagen geschlossen. 6 000 L. ☎ (045) 59 47 34.

Sant'Anastasia: Cappella Giusti - Geöffnet: März bis Okt. 9-18 Uhr, an Sonn- und Feiertagen 13-18 Uhr; sonst täglich außer Montag 10-13 und 13.30-16 Uhr, an Sonn- und Feiertagen 13-17 Uhr. 3 000 L. Auskunft bei Associazione Chiese Vive ☎ (045) 59 28 13.

Teatro romano - Gleiche Besichtigungsbedingungen wie Tomba di Giulietta. ☎ (045) 80 00 360.

Museo Archeologico - Geöffnet: täglich außer Montag 8-13 Uhr. 5 000 L. (045) 80 00 360.

Tomba di Giulietta - ♿ Besichtigung: täglich außer Montag 9-19 Uhr. An Feiertagen geschlossen. 5 000 L. ☎ (045) 80 00 361.

VICENZA

ℹ Piazza Matteotti 12 - ☎ (0444) 32 08 54

Basilica - Geöffnet: täglich außer Montag 9-17 Uhr. ☎ (0444) 32 32 81.

Teatro Olimpico - Geöffnet: täglich außer Montag 9-17 Uhr. 12 000 L (Sammelkarte mit Museo Civico). ☎ (0444) 22 28 00.

Museo Civico di Palazzo Chiericati - ♿ (teilweise). Geöffnet: täglich außer Montag 10-17 Uhr. An Feiertagen geschlossen. 12 000 L (Sammelkarte mit Teatro Olimpico). ☎ (0444) 32 13 48.

Umgebung

Villa Valmarana „ai Nani" - Geöffnet: Mai bis Sept. 15-18 Uhr; März und April 14.30-17.30 Uhr; Okt. und Nov. 14-17 Uhr. Mittwoch, Donnerstag, Samstag, an Sonn- und Feiertagen ganzjährig zusätzlich von 10-12 Uhr. Geschlossen: Montag sowie 6. Nov. bis 14. März. 10 000 L. ☎ (0444) 54 39 76.

La Rotonda - Von außen: täglich außer Montag 10-12 und 15-18 Uhr. Von innen: nur Mittwoch 10-12 und 15-18 Uhr. Geschlossen: 5. Nov. bis 14. März. 10 000 L, 5 000 L (nur Garten). ☎ (0444) 32 17 93.

Montecchio Maggiore: Villa Cordellina-Lombardi - Geöffnet: werktags außer Montag 9-13 Uhr, Samstag und an Sonn- und Feiertagen 9-12 und 15-18 Uhr. Geschlossen: an nationalen Feiertagen sowie Nov. bis März. 4 000 L. ☎ (0444) 39 91 11.

VIPITENO/STERZING

ℹ Piazza Città 3 - ☎ (0472) 76 53 25

Umgebung

Cascate di Stanghe/Wasserfall von Stange - Besichtigung: Mai bis Okt. 9.30-17.30 Uhr. 4 000 L.

VITERBO

ℹ Piazza S. Carluccio - ☎ (0761) 30 47 95

Museo Civico - ♿ Geöffnet: täglich außer Montag 9-19 Uhr; im Winter bis 18 Uhr. An Feiertagen geschlossen. 6 000 L. ☎ (0761) 34 82 75.

Umgebung

Villa Lante di Bagnaia - ♿ Besichtigung des italienischen Gartens und der Loggien unter den beiden Palais nur mit Führung (1/2 Std.): täglich außer Montag 9 Uhr bis 2 Std. vor Sonnenuntergang. An Feiertagen geschlossen. 4 000 L. ☎ (0761) 28 80 08.

Ferento: Teatro romano - ♿ Geöffnet: im Sommer 9 Uhr bis 1/2 Std. vor Sonnenuntergang, an Sonn- und Feiertagen sowie im Winter täglich 9-13.30 Uhr. Geschlossen: Montag. Eintritt frei. ☎ (0761) 32 59 29.

Bomarzo: Parco dei Mostri - ♿ Besichtigung: ganzjährig 8 Uhr bis Sonnenuntergang. 15 000 L. ☎ (0761) 92 40 29.

VOLTERRA

ℹ Piazza dei Priori 20 - ☎ (0588) 87 257

Palazzo Viti - Geöffnet: April bis Anfang Nov. 9-13 und 14.30-18 Uhr; sonst nur auf Anfrage unter ☎ (0588) 84 047. Buchladen. Internet: space.tim.it/arte/gbussola/. 7 000 L (Kinder und Studenten 5 000 L).

Pinacoteca - ♿ Geöffnet: Mitte März bis Anfang Nov. 9-19 Uhr; sonst: 9-14 Uhr. Geschlossen: 1. Jan. und 25. Dez. Sammelkarte (für alle anderen Museen von Volterra) 12 000 L; Studenten und Personen über 60 Jahren 8 000 L; für Familien bis zu 4 Personen 25 000 L. ☎ (0588) 87 580.

Museo Etrusco Guarnacci - ♿ Geöffnet: Mitte März bis Anfang Nov. 9-19 Uhr; sonst: 9-14 Uhr. Geschlossen: 1. Jan. und 25. Dez. Sammelkarte für die Museen 12 000 L; Studenten und Personen über 60 Jahren 8 000 L, für Familien bis zu 4 Personen 20 000 L. Verleih von Audiogeräten. ☎ (0588) 86 347.

Sardinien

ALGHERO

ℹ Piazza Portaterra 9 - ☎ (079) 97 90 54

Umgebung

Grotta di Nettuno - Führung: April bis Ende Sept. täglich jede Stunde 9-18 Uhr; Jan. bis März und Nov. bis Dez. 9-13 Uhr; Okt. 10-16 Uhr. 15 000 L.

Nuraghe Palmavera - Besichtigung: März bis Sept. täglich 9-19 Uhr; sonst 9.30-16 Uhr. 5 000 L mit Führung, 4 000 L ohne Führung. Sammelkarte mit Anghelu Ruju ohne Führung 7 000 L, mit Führung 9 000 L. ☎ (079) 95 32 00.

Necropoli di Anghelu Ruju - Gleiche Besichtigungsbedingungen wie Nuraghe Palmavera.

BARBAGIA

Grotta del Bue Marino - Führung (etwa 1 Std.): im Aug. um 9, 10, 11, 12, 15, 16 und 17 Uhr; im Juli 10, 11, 12 und 15 Uhr; im Sept. 10, 11 und 15 Uhr; sonst um 11 und 15 Uhr. Geschlossen: Dez. (außer um die Weihnachtszeit) bis März. 10 000 L + 10 000 L für die Anfahrt. ☎ (0784) 96 243, (0784) 93 696 oder (0784) 93 305.

Grotta di Ispinigòli – Führung: im Juli und Aug. stündlich 9-13 und 15-18 Uhr; im April und Mai 9-12 und 15-17 Uhr; im Juni und Sept. 9-12 und 15-18 Uhr; im Okt. und Nov. 10-12 und 15-17 Uhr. Geschlossen: Dez. (außer in der Weihnachtszeit, während der die Öffnungszeiten von Okt. gelten) bis März. 10 000 L. ☎ (0784) 96 243.

BARUMINI

Nuraghe su Nuraxi – Führung: im Sommer 9-19 Uhr; im Winter bis 16.30 Uhr. 8 000 L. ☎ (0337) 81 30 87 (Mobiltelefon).

CAGLIARI

ℹ Piazza Matteotti 9 - ☎ (070) 66 92 55

Museo Archeologico Nazionale – ♿ Geöffnet: April bis Sept. täglich außer Montag 9-13.30 und 15-19 Uhr; sonst 9-19 Uhr. An Feiertagen geschlossen. 5 000 L. ☎ (070) 65 59 11.

Orto Botanico – ♿ (teilweise). Geöffnet: täglich 8-13.30 und 15-18.30 Uhr (Mai bis Aug. bis 20 Uhr). Geschlossen: nachmittags von Mitte Okt. bis Ende März, Ostersonntag und -montag, 1. Mai vormittags, 15. Aug. und 25. Dez. 1 000 L (Kinder bis 6 und Personen über 60 Jahren Eintritt frei). ☎ (070) 67 53 501.

Arcipelago della MADDALENA

ℹ Cala Cavetta - ☎ (0789) 73 63 21

Isola di Caprera: Casa di Garibaldi – Besichtigung in Begleitung eines Bediensteten: 9-13.30 Uhr. An Feiertagen geschlossen. 4 000 L. ☎ (0789) 72 71 62.

NUORO

ℹ Piazza Italia 19 - ☎ (0784) 30 083

Museo della Vita e delle Tradizioni Popolari Sarde – Besichtigung in Begleitung eines Bediensteten: 15. Juni bis 30. Sept. täglich 9-19 Uhr; sonst 9-13 und 15-19 Uhr. 5 000 L. ☎ (0784) 24 29 00.

Isola di SANT'ANTIOCO

Vestigia di Sulcis – ♿ (teilweise). Geöffnet: täglich 9-13 und 15.30-18 Uhr; im Sommer bis 19 Uhr. An Feiertagen geschlossen. 8 000 L. ☎ (0781) 83 590.

SASSARI

ℹ Via Roma 62 - ☎ (079) 23 17 77

Museo Nazionale Sanna – Geöffnet: täglich außer Montag 9-19 Uhr. An Feiertagen geschlossen. 4 000 L. ☎ (079) 27 22 03.

THARROS

Zona archeologica – Geöffnet: 9 Uhr bis 2 Std. vor Sonnenuntergang. 8 000 L.

Sizilien

AGRIGENTO

Valle dei Templi – Besichtigung: 8 Uhr bis 1 Std. vor Sonnenuntergang. ☎ (0922) 26 191.

Museo Archeologico Regionale – Geöffnet: täglich 9-13 Uhr, Mittwoch bis Samstag auch 14-18 Uhr. Die genannten Öffnungszeiten können Änderungen unterliegen; es ist ratsam, sich vorher telefonisch zu erkundigen. 8 000 L. ☎ (0922) 40 15 65.

Oratorio di Falaride – Geöffnet: 9-13.30 Uhr, Mittwoch bis Samstag auch 14-18.30 Uhr. Eintritt frei.

San Nicola – Besichtigung: 9.30-12 und 15.30-17.30 Uhr.

Quartiere ellenistico-romano – Geöffnet: 8.30 Uhr bis 1 Std. vor Sonnenuntergang, an Sonn- und Feiertagen bis 13.30 Uhr.

Abbazia di Santo Spirito – Für die Besichtigung wende man sich an das ehemalige Kloster.

Umgebung

Casa di Pirandello – Geöffnet: 8-20 Uhr. Audiovisuelle Vorführung. ☎ (0922) 44 41 11.

CALTAGIRONE

Museo della Ceremica - Geöffnet: 9-18.30 Uhr. 5 000 L. Führungen (45 Min.) möglich. ☎ (0933) 21 680.

Villa Romana del CASALE

Geöffnet: 9 Uhr bis 2 Std. vor Sonnenuntergang. 8 000 L. ☎ (0935) 68 00 36.

Umgebung

Piazza Armerina: Duomo - Besichtigung: 8-12.30 und 15.30-18.30 Uhr. ☎ (0935) 68 02 14.

CATANIA

Palazzo Biscari - Führung (20 Min.): werktags 9.30-12.30 und 16-19 Uhr. Geschlossen: an Sonn- und Feiertagen sowie im Aug. 10 000 L (erster Dienstag des Monats Eintritt frei). Voranmeldung erforderlich. ☎ (095) 32 18 18.

Teatro Antico - Besichtigung: 8-18 Uhr. 6 000 L (Sammelkarte mit Anfiteatro romano). ☎ (095) 73 06 211 oder (095) 53 01 18.

Castello Ursino und Museo civico - Geöffnet: täglich außer Montag 9-13 und 15-18 Uhr, Sonntag nur vormittags. ☎ (095) 34 58 30.

CEFALÙ

Duomo - Besichtigung: 8-12 und 15.30-19 Uhr, im Winter bis 17.30 Uhr. ☎ (0921) 92 20 21.

Museo Mandralisca - Geöffnet: April bis Ende Sept. 9-12.30 und 15.30-19 Uhr; sonst 9-12.30 und 15.30-18 Uhr. 6 000 L (Kinder 2 000 L). ☎ (0921) 42 15 47.

Isole EGADI

Levanzo: Ausflug zur Grotta del Genovese - Auskunft bei Signor Natale Castiglione, Via Calvario 27, Isola di Levanzo, ☎ (0923) 92 40 32, (0360) 63 92 61 oder (0339) 74 18 800 (Mobiltelefon).

ENNA

Castello di Lombardia - Geöffnet: 9-13 und 15-17 Uhr, April bis Sept. durchgehend geöffnet. Eintritt frei. ☎ (0935) 40 347.

Duomo - Besichtigung: 9-13 und 16-19 Uhr, im Sommer bis 20 Uhr. ☎ (0935) 50 31 65.

Isole EOLIE

Isola di Lipari: Museo Archeologico Eoliano - ♿ (teilweise). Geöffnet: April bis Sept. 9-13.30 und 16-19 Uhr, Sonntag 9-13 Uhr; sonst 9-13.30 und 15-18 Uhr (letzter Einlaß 30 Min. vor Schließung). 8 000 L (Personen unter 18 oder über 65 Jahren Eintritt frei). Internet: www.museolipari.org. ☎ (090) 98 80 174.

Stromboli: Aufstieg zum Krater - Führung: Auskunft beim Amt der Bergführer von Stromboli CAI-AGAI, Porto di Sacri und Piazza S. Vicenzo, Stromboli, ☎/Fax (090) 98 62 11 oder (090) 98 62 63, Mobiltelefon: (0368) 66 49 18 oder (0330) 96 53 67. Internet: www.netnet.it/agaistromboli; E-Mail: agaistromboli@netnet.it.

ÄTNA

Südflanke: ab Karwoche bis 31. Okt. (unter der Bedingung, daß es die Wetterverhältnisse erlauben) Auffahrt per Seilschwebebahn (von 1 900 m bis 2 500 m) ab Schutzhütte Sapienza (Stazione Etna Sud). Von der Endstation der Seilschwebebahn fahren Geländewagen bis auf 3 000 m Höhe, und von dort wird die restliche zugelassene Strecke (etwa 300 m) zu Fuß zurückgelegt. Dauer des Ausflugs: 3 Std. hin und zurück. 68 000 L (einschließl. Versicherung und Führer). Nähere Auskünfte (auch über die Ausflüge bei Nacht) bei Funivia dell'Etna, Piazza Vittorio Emanuele 45 in Nicolosi, ☎ (095) 91 41 41 oder (095) 91 11 58 oder bei der Gruppo Guide Alpine Etna Sud, Via Etna 49, Nicolosi, ☎ (095) 79 14 755. Auf Anfrage werden auch Trekking-Ausflüge, Skiabfahrten und die Besichtigung der Lavagrotten organisiert.

Nordflanke: Mitte Mai bis Mitte Oktober ab Piano Provenzana fahren Geländewagen zum Krater. Dauer: 3 Std. hin und zurück. 60 000 L einschl. Führer. Nähere Auskünfte (auch über die Ausflüge bei Nacht) bei STAR, Via G. Marconi 28 in Linguaglossa, ☎ (095) 64 31 80 oder in Piano Provenzana, ☎ (095) 64 34 30 oder beim Fremdenverkehrsamt (Pro Loco) in Linguaglossa, Piazza Annunziata 5, ☎ (095) 64 30 94.

MARSALA

Museo Archeologico di Baglio Anselmi - ♿ Geöffnet: 9-14 und 16-19 Uhr, Montag, Dienstag und Donnerstag nur vormittags. 4 000 L. Audiovisuelle Vorführung. ☎ (0923) 95 25 35.

MESSINA

Museo Regionale – ♿ Geöffnet: werktags 9-13.30 Uhr, an Sonn- und Feiertagen bis 12.30 Uhr, Dienstag, Donnerstag und Samstag auch 15-18.30 Uhr (im Winter bis 17.30 Uhr). 8 000 L. Führungen und Verleih von Audiogeräten möglich. Audiovisuelle Vorführung. ☎ (090) 36 12 92.

MONREALE

Duomo – Geöffnet: 8-18.30 Uhr. Besichtigung des Domschatzes in der Cappelle del SS. Crocifisso: 9.30-11.45 und 15.30-17.45 Uhr. 4 000 L. Aufstieg zu den Domterrassen zu denselben Öffnungszeiten. 3 000 L. ☎ (091) 64 04 413 oder (091) 64 02 424.

Chiostro – Geöffnet: 9-18.30 Uhr, an Sonn- und Feiertagen 9-13 Uhr. 8 000 L (Sammelkarte (2 Tage gültig) für den Kreuzgang von San Giovanni degli Eremiti, die Cuba und die Zisa di Palermo: 15 000 L). ☎ (091) 64 04 403.

NOTO

San Francesco all'Immacolata – Geöffnet: 8-12 und 16-18 Uhr, im Sommer bis 20 Uhr. ☎ (0931) 83 50 05.

San Domenico – Wegen Renovierung geschlossen. Nähere Auskunft bei Associazione Allakatalla, ☎ (0931) 83 50 05.

PALERMO

La Martorana – Geöffnet: 8.30-13 und 15.30-19 Uhr (im Winter bis 17.30 Uhr), an Sonn- und Feiertagen nur vormittags. ☎ (091) 61 61 692.

San Cataldo – Geöffnet: 9-15.30 Uhr, Samstag und Sonntag bis 12.30 Uhr. Auskunft in der Kirche La Martorana.

Cattedrale – Geöffnet: werktags 9.30-19 Uhr, an Sonn- und Feiertagen 8-13.30 und 16-19 Uhr. ☎ (091) 33 43 76.

Tesoro della Cattedrale – Geöffnet: 9.30-17.30 Uhr. Geschlossen: an Sonn- und Feiertagen. 2 000 L.

Cappella Palatina – Geöffnet: 9-12 und 15-17 Uhr, Sonntag 9-10 und 12-13 Uhr. Geschlossen: Samstag, Sonntag Nachmittag und an Feiertagen. Eintritt frei. ☎ (091) 70 54 879.

Ehemalige königliche Gemächer – Nur Führung (30 Min.): Montag, Freitag und Samstag 9-12 Uhr. Für Gruppen wird eine Anmeldung per Fax erbeten, Fax (091) 70 54 737.

Chiesa di San Giovanni degli Eremiti – Geöffnet: 9-18.30 Uhr, Sonntag nur bis 13 Uhr. 8 000 L. ☎ (091) 65 15 019.

San Francesco d'Assisi – Geöffnet: täglich außer Sonntag 10-16 Uhr, Samstag nur bis 12 Uhr. Für Führungen einige Tage im voraus im Pfarramt anmelden. ☎ (091) 58 23 70.

Pallazzo Mirto – Geöffnet: 9-18.30 Uhr, an Sonn- und Feiertagen bis 13 Uhr. 5 000 L. ☎ (091) 61 64 751.

Museo Internazionale delle Marionette – Geöffnet: 9-13 und 16-19 Uhr, Samstag nur bis 13 Uhr. Geschlossen: an Sonn- und Feiertagen sowie am 15. Juli. 5 000 L (Kinder 3 000 L). Audiovisuelle Vorführung. ☎ (091) 32 80 60.

Galleria Regionale della Sicilia – Geöffnet: 9-13.30 Uhr, Sonntag nur 9-12.30 Uhr, Dienstag und Donnerstag auch 15-19.30 Uhr. 8 000 L. ☎ (091) 62 30 011.

Oratorio del Rosario di San Domenico – Geöffnet: 9-13 und 15-18.30 Uhr. Geschlossen: Samstagnachmittag und Sonntag. Nähere Auskünfte unter ☎ (0329) 61 95 122.

Oratorio del Rosario di Santa Cita – Geöffnet: 9-13 und 15-17 Uhr. Sonntags wende man sich an das nahe gelegene Istituto del Sacro Cuore. Spende erbeten. ☎ (091) 33 27 79.

Museo Archeologico Regionale – ♿ (teilweise). Geöffnet: 9-13.45 Uhr, Dienstag und Freitag außerdem 15-18.45 Uhr, Sonntag 9-13.15 Uhr. 8 000 L. Audiovisuelle Vorführung. ☎ (091) 61 16 805.

Villa Malfitano – Führung (30 Min.): täglich 9-13 Uhr. Geschlossen: an Sonn- und Feiertagen sowie am 15. Juli. 5 000 L. ☎ (091) 68 20 52.

Catacombe dei Cappuccini – Geöffnet: täglich 9-12 und 15-17 Uhr. Spende erwünscht. ☎ (091) 21 21 17.

La Zisa – Geöffnet: 9-18.30 Uhr, Sonntag bis 13 Uhr. 5 000 L. ☎ (091) 65 20 269.

Orto Botanico – Geöffnet: Montag bis Freitag 9-17 Uhr, am Wochenende 9-13 Uhr. An Feiertagen geschlossen. 6 000 L. ☎ (091) 62 38 241.

Parco della Favorita: Museo Etnografico Pitrè – ♿ (teilweise). Geöffnet: ganzjährig täglich außer Freitag 9-20 Uhr. An Feiertagen geschlossen. 6 000 L. Für Führungen (45 Min.) Voranmeldung erforderlich. ☎ (091) 74 04 893.

Umgebung

Solunto: Zona Archeologica – Geöffnet: werktags 9 Uhr bis 1 Std. vor Sonnenuntergang, Sonntag 9-12.30 Uhr. 4 000 L (Personen unter 18 oder über 60 Jahren Eintritt frei). ☎ (091) 90 45 57.

Bagheria: Villa Palagonia – Geöffnet: im Sommer 9-12.30 und 16-19 Uhr; sonst 9-12.30 und 15-17 Uhr. 5 000 L (Kinder unter 10 Jahren 2 000 L). ☎ (091) 93 20 88.

RAGUSA

San Giorgio – Geöffnet: 9-12 und 16-19 Uhr.

San Guiseppe – Besichtigung: 9.30-12 und 15-18 Uhr.

Cattedrale di San Giovanni – Besichtigung: 7.30-12 und 16-19.30 Uhr. ☎ (0932) 62 15 99.

Museo Archeologico Ibleo – Geöffnet: 9-18.30 Uhr. 4 000 L (Personen unter 18 oder über 60 Jahren Eintritt frei). ☎ (0932) 62 29 63.

Umgebung

Modica

San Giorgio – Geöffnet: 8-12 und 15.30-19 Uhr.

Museo delle Arti e Tradizioni Popolari – Geöffnet: im Sommer 10-13 und 16-19 Uhr; sonst 9.30-12.30 Uhr. 4 000 L. ☎ (0932) 75 27 47.

SEGESTA

Tempio – Geöffnet: 9 Uhr bis 1 Std. vor Sonnenuntergang. 8 000 L. Busverbindung zum Theater. Café und Restaurant. ☎ (0924) 95 23 56.

SELINUNTE

Zona archeologica – ♿ Geöffnet: 9 Uhr bis 3 Std. vor Sonnenuntergang. Verleih von Audiogeräten. 8 000 L. ☎ (0924) 46 277.

SIRACUSA

Duomo – Besichtigung: ca. 8-12.45 und 16-19.30 Uhr; im Winter bis 18.30 Uhr.

Galleria Regionale di Palazzo Bellomo – Geöffnet: 9-13.30, an Sonn- und Feiertagen 9-12.30 Uhr. 5 000 L. ☎ (0931) 69 511.

Parco Archeologico della Neapolis – ♿ (teilweise). Geöffnet: 9 Uhr bis 2 Std. vor Sonnenuntergang. 8 000 L. ☎ (0931) 48 11 42.

Museo Archeologico Regionale Paolo Orsi – ♿ Geöffnet: täglich 9-13 Uhr, Montag und Mittwoch nachmittag auch 15.30-18.30 Uhr. Geschlossen: Montag Vormittag sowie am 2. und 4. Sonntag im Monat. 8 000 L. Audiovisuelle Vorführung. ☎ (0931) 46 40 22.

Catacombe di San Giovanni – Führung (30 Min.): täglich außer Dienstag 9-12 und 14.30-17 Uhr. 4 000 L (Kinder 2 000 L). ☎ (0931) 67 955.

Umgebung

Fonte Ciane – Zur Besichtigung wende man sich an Sigg. Vella. ☎ (0931) 69 076 oder (0368) 31 68 199 (Mobiltelefon).

Castello Eurialo – Geöffnet: 9 Uhr bis 2 Std. vor Sonnenuntergang. Eintritt frei. ☎ (0931) 71 17 73.

TAORMINA

Teatro Greco – ♿ (teilweise). Geöffnet: 9 Uhr bis 2 Std. vor Sonnenuntergang. 8 000 L. ☎ (0942) 23 220.

Duomo – Besichtigung: 8.30-12 und 16-19 Uhr. ☎ (0942) 23 123.

Umgebung

Gole dell'Alcantara – Besichtigung: Mai bis Okt. 7-20 Uhr; sonst 7-17 Uhr. Cafe und Restaurant. 4 000 L. Verleih von Stiefeln und Watthosen: 13 000 L. Die genannten Preise unterliegen Schwankungen. ☎ (0942) 98 50 10.

TINDARI

Ruinen (Rovine) - Geöffnet: 9 Uhr bis 2 Std. vor Sonnenuntergang. 4 000 L (Sammelkarte mit Villa Romana di Patti: 6 000 L). ☎ (0941) 36 90 23.

TRAPANI

Santuario dell'Annunziata - Geöffnet: 7-12 und 13-19 Uhr, im Sommer bis 20 Uhr. Voranmeldung einige Tage im voraus empfehlenswert. ☎ (0923) 53 91 84.

Museo Pepoli - ♿ Geöffnet: 9-13.30 Uhr, Dienstag und Donnerstag außerdem 15-18.30 Uhr, Sonntag 9-12.30 Uhr. 5 000 L. Audiovisuelle Vorführung. ☎ (0923) 53 12 42.

Umgebung

Museo del Sale di Nubia - ♿ Geöffnet: 9-13 und 15-17 Uhr, Sonntag nur vormittags. 2 000 L (Kinder 1 000 L). Führungen (30 Min.) möglich. Audiovisuelle Vorführung. ☎ (0923) 86 71 42.

Mühle - Bei genügend Wind ist die Mühle während der Sommerzeit Mittwoch und Samstag 16-18 Uhr in Betrieb; sonst auf Anfrage am Wochenende. Nähere Auskunft erhalten Sie bei der Saline Ettore e Infersa ☎ (0923) 96 69 36.

Isola di Mozia: Anfahrt und Museum - April bis Sept. 9-13 und 15-18.30 Uhr; sonst nur vormittags. 5 000 L (Fahrt) und 8 000 L (Eintritt in das Museum). Führungen (1 Std.) möglich. ☎ (0923) 71 25 98.

USTICA

Prähistorisches Dorf - Von der Umfriedung aus ganzjährig zu besichtigen. Für eine genauere Besichtigung wende man sich an das Informationszentrum des Meeresschutzgebietes. ☎ (091) 84 49 456.

Meeresschutzgebiet - Das Informationszentrum befindet sich auf dem Hauptplatz des Dorfes. ☎ (091) 84 49 456.

Orts- und Namenregister

Amalfi *Kampanien* .... Städte, Sehenswürdigkeiten, Reisegebiete und die Regionen Italiens, zu denen sie gehören

Dante, Alighieri .... Historische Persönlichkeit, Begriff aus Kunst oder Geschichte, ortsübliche Bezeichnung, die im Text beschrieben bzw. näher erklärt wird

Einzelne Sehenswürdigkeiten (Schlösser, Abteien, Kirchen, Villen, Nekropolen, Thermen, Aussichtspunkte, Berge, Seen, Inseln, Schluchten, Grotten, Dolmen, Nuraghen etc.) erscheinen unter ihrem Eigennamen.

A

B

C

D

E

F

G-H

I

J

K

L

M

N

O

P

R

S

T

U

V

W

Z